O processo da estratégia

M667p   O processo da estratégia : conceitos, contextos e casos selecionados / Henry
         Mintzberg ... [et al.] ; tradução Luciana de Oliveira da Rocha. – 4. ed. –
         Porto Alegre : Bookman, 2006.
         496 p. ; 28 cm.

         ISBN 978-85-363-0587-5

         1. Administração de Empresas – Planejamento estratégico. 2.
         Administração de Empresas – Mudança organizacional. 3.
         Administração de Empresas – Estratégia. I. Rocha, Luciana de Oliveira da

         CDU 658.012.2

Catalogação na publicação: Júlia Angst Coelho – CRB Provisório 05/05

Henry **Mintzberg**
McGill University

Joseph **Lampel**
City University, London

James Brian **Quinn**
Dartmouth College

Sumantra **Ghoshal**
London Business School

4ª edição

O processo da estratégia

conceitos, contextos e casos selecionados

Tradução:
Luciana de Oliveira da Rocha

Consultoria, supervisão e revisão técnica desta edição:
Alziro Rodrigues
Docteur ès-Sciences de Gestion (HEC, França)
Professor da PUCRS

Reimpressão 2009

bookman®

2006

Obra originalmente publicada sob o título
The Strategy Process: Concepts, Contexts, Cases, 4/ed.
Mintzberg, Henry; Lampel, Joseph; Quinn, James Brian; Ghoshal, Sumantra
© 2003. Tradução autorizada a partir do original em língua inglesa publicado pela Pearson Education, Inc., sob o selo Prentice Hall.
Todos os direitos reservados.

ISBN 0-13-047913-6

Capa: *Gustavo Demarchi*

Leitura final: *Marecy Pedron de Oliveira*

Supervisão editorial: *Arysinha Jacques Affonso*

Editoração eletrônica e fotolitos: *Laser House*

Reservados todos os direitos de publicação, em língua portuguesa, à
ARTMED® EDITORA S.A.
(BOOKMAN® COMPANHIA EDITORA é uma divisão ARTMED® EDITORA S.A.)
Av. Jerônimo de Ornelas, 670 - Santana
90040-340 Porto Alegre RS
Fone (51) 3027-7000 Fax (51) 3027-7070

É proibida a duplicação ou reprodução deste volume, no todo ou em parte,
sob quaisquer formas ou por quaisquer meios (eletrônico, mecânico, gravação,
fotocópia, distribuição na Web e outros), sem permissão expressa da editora.

SÃO PAULO
Av. Angélica, 1091 - Higienópolis
01227-100 São Paulo SP
Fone (11) 3665-1100 Fax (11) 3667-1333

SAC 0800 703-3444

IMPRESSO NO BRASIL
PRINTED IN BRAZIL
Impresso sob demanda na Meta Brasil a pedido do Grupo A Educação.

Sobre os Autores

Henry Mintzberg

Henry Mintzberg é professor de estudos de Administração da McGill University em Montreal, Canadá. Suas pesquisas lidam com questões de Administração Geral e Organizações, focando-se na natureza do trabalho gerencial, nas formas de organização e no processo de formação da estratégia. Recentemente, ele concluiu um livro sobre *Developing managers, not MBAs* e um panfleto intitulado *Getting Past Smith e Marx... Towards a Balanced Society*. Ele também promove o desenvolvimento de uma família de programas de mestrado para gerentes. Suas atividades de ensino concentram-se em seminários específicos para gerentes e trabalhos com alunos de doutorado.

Fez mestrado e doutorado na M.I.T. Sloan School of Management e formou-se em engenharia mecânica na McGill, tendo trabalhado com pesquisa operacional para a Canadian National Railways. Recentemente foi nomeado dignitário da Order of Canada e da 'Orde Nationale du Quebec e tem diplomas honorários de treze universidades. Ele também presidiu a Strategic Management Society de 1988 a 1991 e é membro eleito da Royal Society of Canada (o primeiro de uma faculdade de Administração), da Academy of Management e da International Academy of Management. Foi nomeado Acadêmico Eminente pela Academy of Management no ano 2000.

Joseph Lampel

Joseph Lampel é professor de estratégia na City University Business School em Londres. Concluiu seu doutorado em gerenciamento estratégico na McGill University em 1990 e recebeu o prêmio de melhor dissertação da Administrative Science Association of Canada. Após terminar sua pós-graduação, lecionou por sete anos na Stern School of Business, New York University. Em seguida mudou-se para o Reino Unido, onde ocupou algumas posições na University of St. Andrews e na University of Nottingham. Ele é co-autor de *The Strategy Safari* com Henry Mintzberg e Bruce Ahalstrand. Ele publicou bastante sobre estratégia em periódicos de Administração, e seus artigos também apareceram no *Financial Times* e na *Fortune Magazine*.

James Brian Quinn

O professor Quinn é uma autoridade reconhecida nos campos de planejamento estratégico, gerenciamento de mudança tecnológica, inovação empreendedora e administração de intelecto e tecnologia no setor de serviços. Ele recebeu os prestigiados prêmios Outstanding Educator Award e Book of the Year (por *Intelligent Enterprise)* da Academy of Management.

Sumantra Ghoshal

Sumantra Ghoshal é professor de Gestão Estratégica e Internacional da London Business School. Ele também atua como Diretor Fundador da Indian School of Business em Hyderabad, da qual a LBS é sócia, e como membro do The Committee of Overseers of the Harvard Business School. *Managing Across Borders: The Transnational Solution*, um livro que ele escreveu em co-autoria com Christopher Bartlett, foi listado no *Financial Times* como um dos 50 livros de Administração mais influentes e foi traduzido para nove idiomas. *The Differentiated Network: Organizing the Multinational Corporation for Value Creation*, um livro dele em co-autoria com Nitin Nohria, ganhou o George Terry Book Award em 1997. *The Individualized Corporation*, em co-autoria com Christopher Bartlett, ganhou o Igor Ansoff Award em 1997 e foi traduzido para sete idiomas. Seu último livro, *Managing Radical Change*, ganhou o prêmio Management Book of the Year na Índia. Com doutorado na MIT School of Management e na Harvard Business School, Sumantra atua na diretoria editorial de diversas publicações e foi nomeado membro da Academy of Management, da Academy of International Business e do World Economic Forum.

Agradecimentos

Este livro foi originalmente idealizado por James Brian Quinn e Henry Mintzberg, com a certeza de que a área de estratégia não precisava de um novo tipo de livro de textos. Queríamos um que olhasse os processos e também as análises; que fosse baseado em conceitos e contextos dinâmicos de estratégia, e não na extenuada dicotomia de formulação e implementação; e que atingisse esses objetivos em um estilo inteligente, eclético e intenso. Tentamos combinar teoria e prática, além de descrição e prescrição, em novas formas que oferecessem algo que nenhuma delas poderia oferecer sozinha. Todos esses objetivos permanecem inalterados nesta quarta edição.

Essa edição acrescenta Joseph Lampel e Sumantra Ghosal na autoria do livro. Como Brian Quinn aposentou-se de sua longa e impressionante carreira na Tuck School em Dartmouth, não sem antes gerar muitos casos impressionantes, Joseph Lampel, da City University em Londres, assumiu a responsabilidade pela parte dos casos no livro, além de ajudar na seleção dos textos para leitura. Mantivemos vários entre os mais populares de Brian Quinn e acrescentamos novos casos, principalmente de variedade internacional (provavelmente sem paralelo nesse aspecto por qualquer outro livro). Sumantra Ghoshal, da London Business School, contribuiu com vários desses casos, e também com diversos artigos. Henry Mintzberg, da McGill University, manteve a responsabilidade pelos textos para leitura, que passaram pela maior revisão desde o lançamento deste livro. Mantivemos aqueles que funcionaram bem no passado, acreditando que a boa leitura não fica desatualizada, ao contrário, envelhece como o bom vinho. Mas também encontramos muitos novos bons textos, que equivalem a cerca de metade dos textos publicados nesta edição em comparação à anterior.

Desejamos expressar nossa mais alta consideração a diversas pessoas que nos ajudaram, especialmente Santa Balanca-Rodrigues, Chahrazed Abdallah, Pushkar Jha e Daniel Ronen, e, na Prentice Hall, Jennifer Glennon, Theresa Festa, David Scheffer e Geraldine Lyons.

Também fazemos um agradecimento especial àqueles que trabalharam com este livro em seus estágios iniciais: as muitas aulas com os alunos "cobaias" do M.B.A. da McGill e da Tuck, e nossos muitos colegas, profissionais e acadêmicos, que fizeram sugestões úteis, deram aulas experimentais baseadas no livro e comentaram detalhadamente sobre formas de melhorá-lo. Em particular, agradecemos a Bill Joyce, Rich D'Aveni, Philip Anderson e Sydney Finkelstein, da Tuck; John Voyer, da University of Southern Maine; Bill Davidson, da University of Southern California; Pierre Brunet e Bill Taylor, da Concordia University em Montreal; Fritz Reiger, da University of Windsor; Jan Jorgensen, Cynthia Hardy e Tom Powell, da McGill; Robert Gurgelman, da Stanford; e Franz Lohrke e Gary Castrogiovanni, da Louisiana State University.

Uma última palavra: este livro não está terminado. Assim como o assunto de grande parte de seu conteúdo, nosso texto é um processo contínuo, não uma declaração estática. Há todos os tipos de oportunidade para melhoria. Por favor, envie para nós suas sugestões de como melhorar os textos para leitura, os casos e a organização do livro como um todo e sua apresentação. Acreditamos que a criação de estratégia é um processo de aprendizado; nós também estamos engajados em um processo de aprendizado. Obrigado e aproveite o livro.

Henry Mintzberg
Joseph Lampel
James Brian Quinn
Sumantra Ghoshal

Sumário

Introdução 13

Seção I   *Estratégia*   21

Capítulo 1   **Estratégias**   23

       1.1   Cinco Ps para estratégia   24
       1.2   Estratégias para mudança   29
       1.3   O que é estratégia   34
       1.4   Reflexão sobre o processo estratégico   39

Capítulo 2   **Estrategistas**   45

       2.1   O trabalho do gerente   46
       2.2   Artistas, artesãos e tecnocratas   58
       2.3   Bons gerentes não tomam decisões políticas   63
       2.4   O novo trabalho do líder: construir organizações de aprendizado   67
       2.5   Em louvor ao gerente intermediário   74

Capítulo 3   **Formulando a Estratégia**   77

       3.1   O conceito de estratégia corporativa   78
       3.2   Avaliando a estratégia empresarial   84
       3.3   Objetivo estratégico   90

Capítulo 4   **Analisando a Estratégia 94**

       4.1   Como as forças competitivas moldam a estratégia   95
       4.2   Buscando vantagem competitiva internamente   101
       4.3   Sustentando o desempenho superior: comprometimentos e capacidades   104
       4.4   Manobras competitivas   110
       4.5   Estratégias genéricas   112
       4.6   Um guia para posicionamento estratégico   122

Capítulo 5   Formação da Estratégia   129

- 5.1   Moldando a estratégia   130
- 5.2   Estratégia como tomada de decisão estratégica   137
- 5.3   O efeito Honda   139
- 5.4   A mitologia da Honda e a estratégia do setor   146

Capítulo 6   Mudança Estratégica   151

- 6.1   Transformando organizações   152
- 6.2   Convergência e revolução: administrando o ritmo irregular da evolução organizacional   159
- 6.3   Incrementalismo lógico: administrando a formação de estratégia   165
- 6.4   O modelo crescendo de rejuvenescimento   169

Seção II   *Forças*   177

Capítulo 7   Conhecimento   179

- 7.1   O perigo da objetividade   179
- 7.2   Estratégia como conhecimento   181

Capítulo 8   Organização   184

- 8.1   A estruturação das organizações   185
- 8.2   Estratégia e planejamento organizacional   199
- 8.3   O *design* de novas formas organizacionais   205

Capítulo 9   Tecnologia   211

- 9.1   Personalizando a personalização   211
- 9.2   Evitando as armadilhas das tecnologias emergentes   215

Capítulo 10   Colaboração   221

- 10.1   Colaborando para competir   221
- 10.2   Por que criar alianças   225
- 10.3   Criando conhecimento por meio da colaboração   229

Capítulo 11   Globalização   234

- 11.1   Gerenciando além das fronteiras: novas respostas organizacionais   235
- 11.2   Estratégia global... num mundo de nações   240
- 11.3   Sete mitos relacionados à estratégia global   247

Capítulo 12   Valores   251

- 12.1   Novos valores, moralidade e ética estratégica   252
- 12.2   Liderança na administração   255
- 12.3   Um novo manifesto para administração   258

Seção III — Contextos   265

Capítulo 13 — Administrando Empresas Iniciantes   267

13.1 A organização empreendedora   268
13.2 Estratégia competitiva em indústrias emergentes   275
13.3 Como os empreendedores criam estratégias que funcionam   277

Capítulo 14 — Administrando Maturidade   283

14.1 A organização máquina   284
14.2 Dinâmicas de custo: efeito de escala e de experiência   295
14.3 Inovação na burocracia   301
14.4 Desafios para as organizações e tecnologias de informação   304

Capítulo 15 — Administrando Especialistas   311

15.1 A organização profissional   312
15.2 Administrando o intelecto   320
15.3 Equilibrando a empresa de serviços profissionais   326
15.4 Liderança dissimulada: notas sobre gestão de profissionais   332

Capítulo 16 — Administrando Inovação   336

16.1 A organização inovadora   337
16.2 Administrando no espaço em branco   348
16.3 Antecipando a forma celular   351
16.4 As competências essenciais das empresas baseadas em projeto   354

Capítulo 17 — Administrando Diversidade   359

17.1 A organização diversificada   360
17.2 Administrando grandes grupos no Oriente e no Ocidente   369
17.3 De vantagem competitiva a estratégia corporativa   373

Capítulo 18 — Administrando Outras Situações   381

18.1 Além da configuração   382
18.2 Adaptação organizacional   387
18.3 Inovação da estratégia e a busca de valor   389
18.4 Como nos tornamos digitais sem uma estratégia   392
18.5 Administrando silenciosamente   396

Casos

1. Robin Hood   403
2. Canon: Competindo em Habilidades   405
3. Lufthansa 2000: Mantendo o Ímpeto da Mudança   417
4. LVMH: Levando a Arte Ocidental de Viver para o Mundo   438
5. AmBev: A Criação de um Gigante Brasileiro   448
6. Sportsmake: Uma Crise de Sucessão   453
7. Reorganização na Axion Consulting (A)   455
8. Reorganização na Axion Consulting (B)   457
9. Natura: A Mágica por trás da Empresa mais Admirada do Brasil   458
10. Um Restaurante com uma Diferença   475

Bibliografia   477

Índice de Nomes   481

Índice   485

Introdução

Na primeira edição, tentamos produzir um tipo de livro diferente no campo da Estratégia ou da Administração Geral.

Tentamos proporcionar ao leitor riqueza em teoria, riqueza em prática e uma base de associação entre as duas. Rejeitamos o método de estudo de caso restrito, que exclui ou abranda a teoria e, dessa forma, renega os benefícios acumulados de muitos anos de pesquisa cuidadosa e raciocínio sobre os processos de gestão. Também rejeitamos um método alternativo, que impõe um modelo altamente racional de como o processo de estratégia *deveria* funcionar. Colaboramos neste livro porque acreditamos que neste complexo mundo de organizações são necessários vários conceitos para esclarecer e iluminar aspectos peculiares dessa complexidade.

Não há um "melhor caminho" para criar estratégia, nem há um "melhor caminho" para organização. Formas muito diferentes funcionam bem em determinados conceitos. Acreditamos que explorar sistematicamente uma variedade mais completa criará um entendimento mais profundo e mais útil do processo de estratégia. Nessa edição revisada, permanecemos leais a essas crenças e objetivos, ao mesmo tempo em que fizemos grandes mudanças nos textos para leitura e nos casos. Mantivemos alguns textos clássicos, mas incluímos muitos outros.

Uma seleção de casos permite discutir o valor e os limites dos novos métodos de administração e as dimensões das novas questões gerenciais.

Este livro, ao contrário de muitos outros, é eclético. Apresentar artigos já publicados e trechos de outros livros em sua forma original, e não filtrados por nossas próprias idéias, é uma forma de reforçar essa variedade. Cada autor tem suas idéias e sua própria forma de expressá-las (inclusive nós!). Resumidos por nós, esses textos perderiam grande parte de sua riqueza.

Não nos desculpamos por contradições entre as idéias dos principais pensadores. O mundo é cheio de contradições. O perigo reside no uso de soluções fixas para uma realidade matizada, não na abertura de perspectivas para diferentes interpretações. O estrategista eficiente é aquele que pode conviver com contradições, que pode aprender a entender suas causas e efeitos e que pode reconciliá-las o suficiente para gerar ação efetiva. Os textos foram, não obstante, ordenados por capítulo para sugerir algumas formas nas quais podemos considerar a reconciliação. Nossas próprias introduções, em cada capítulo, pretendem auxiliar nessa tarefa e ajudar a colocar os textos em perspectiva.

Sobre a Teoria

Devemos falar algo sobre a teoria. Não consideramos teoria um palavrão, nem nos desculpamos por fazer dela um componente importante deste livro. Para algumas pessoas, ser teórico é ser desligado da realidade e não prático. Mas um brilhante cientista social uma vez disse: "Nada é tão prático como uma boa teoria". E todos os médicos, engenheiros e físicos bem-sucedidos têm que concordar: eles seriam incapazes de praticar seu trabalho moderno sem as teorias. Teorias são úteis porque reduzem a necessidade de armazenar massas de dados. É mais fácil lembrar-se de uma simples estrutura sobre algum fenômeno do que considerar cada pequeno detalhe que você observa. Em certo sentido, as teorias são parecidas com a catalogação em bibliotecas. O mundo seria muito confuso sem elas. Elas lhe permitem armazenar e acessar convenientemente suas próprias experiências e também as de outras pessoas.

A pessoa, porém, pode sofrer não apenas com a ausência de teorias, mas também ao ser dominada por elas sem perceber. Parafraseando John Maynard Keynes, os "homens mais práticos" são escravos de alguma teoria ultrapassada. Quer a gente perceba ou não, nosso comportamento é guiado por sistemas de idéias que vamos internalizando com o correr dos anos. Muito pode ser aprendido ao colocar tudo isso para fora, examinar tudo mais cuidadosamente e comparar com formas alternativas de ver o mundo – incluindo aquelas baseadas em estudo sistemático (ou seja, pesquisa). Uma de nossas intenções primárias neste livro é expor as limitações das teorias convencionais e oferecer explicações alternativas, que podem ser diretrizes superiores para entender e agir em contextos específicos.

Teoria Prescritiva versus Teoria Descritiva

Ao contrário de muitos livros nesta área, este tenta explicar o mundo como ele é, e não como alguém pensa que ele *deveria* ser. Embora tenha havido, em alguns momentos, uma tendência a desdenhar tais teorias *descritivas*, as *prescritivas* (ou normativas) sempre são o problema, e não a solução, na área de Administração. Não há uma melhor maneira em administração; não há uma única prescrição que funcione para todas as organizações. Mesmo quando uma receita parece eficaz em um determinado contexto, ela exige um entendimento sofisticado de qual é exatamente o contexto e como ele funciona. Em outras palavras, não se pode decidir com certeza o que deve ser feito em um sistema tão complicado como o de uma organização contemporânea sem um entendimento genuíno de como aquela organização realmente funciona. Em Engenharia, nenhum aluno questiona o fato de ter que aprender Física; em Medicina, o fato de ter que aprender anatomia. Imagine um estudante de Engenharia levantando a mão na aula de Física: "Olha, professor, tudo bem que você nos diga como o átomo funciona. Mas o que realmente queremos saber é como o átomo *deveria* funcionar". Por que uma pergunta similar de um estudante de Administração na área de estratégia deveria ser considerada mais apropriada? Como as pessoas podem administrar sistemas complexos que elas não entendem?

Entretanto, não ignoramos a teoria prescritiva quando ela nos pareceu útil. Diversas técnicas prescritivas (análise do segmento, curvas de experiência, etc.) são discutidas. Mas elas estão associadas a outros textos (e eventualmente a casos) que vão ajudar a entender o contexto e as limitações de sua utilidade. Tanto os textos como os casos oferecem oportunidades de buscar toda a complexidade das situações estratégicas. Você vai encontrar um vasto leque de questões e perspectivas. Um de nossos principais objetivos é integrar diversas visões, em vez de permitir que a estratégia seja fragmentada apenas em "questões humanas" e "questões econômicas". Os textos e os casos fornecem uma base para lidar com toda a complexidade do gerenciamento estratégico.

Sobre as Fontes

Como os textos para leitura são selecionados e editados? Alguns livros se vangloriam de que todos os seus textos são novos. Nós não fazemos tal alegação; na verdade, gostaríamos de pleitear algo diferente; muitos de nossos textos já existem há bastante tempo, tempo suficiente para amadurecer, como bons vinhos. Nosso critério para inclusão não foi o artigo ser recente, mas sim a qualidade de seu conteúdo, ou seja, sua capacidade de explicar algum aspecto do processo estratégico melhor do que qualquer outro artigo. Artigos realmente bons não envelhecem com o tempo. Ao contrário, o tempo acentua suas qualidades. Então você pode procurar aqui clássicos dos anos 50 ainda totalmente relevantes, juntamente com as idéias mais recentes deste novo milênio.

Não temos, evidentemente, tendência a usar artigos velhos – apenas os bons. Assim, o material deste livro vai desde o clássico até artigos publicados pouco antes de terminarmos nossa seleção (e também uns poucos ainda não-publicados). Você encontrará artigos dos mais sérios jornais acadêmicos, das melhores revistas técnicas, livros e alguns de fontes muito obscuras. O melhor, algumas vezes, pode ser encontrado em lugares estranhos.

Tentamos incluir um número maior de textos mais curtos, em vez de poucos textos mais longos, e tentamos apresentá-los o máximo possível como uma ampla variedade de boas idéias, embora mantendo a clareza. Para fazer isso, quase sempre foi necessário resumir os textos. Na verdade, nos esforçamos muito, na hora de resumir, para extrair as principais mensagens de cada texto da maneira mais breve, concisa e clara possível. Infelizmente, nossos resumos algumas vezes nos forçaram a eliminar exemplos interessantes e questões secundárias. (Nos textos e também nos casos já publicados, reticências... significam que foi excluída uma parte do original, enquanto que o uso de colchetes [ ] significa nossas próprias inserções de esclarecimentos mínimos no texto original). Desculpamo-nos com você, leitor, e com os autores, por termos feito isso, mas esperamos que o resultado geral justifique nossa atitude.

Também incluímos vários trabalhos de nossa autoria. Talvez tenhamos sido influenciados, tendo menos padrões objetivos com os quais comparar aquilo que escrevemos. Mas também temos mensagens para transmitir, e os textos de nossa autoria examinam os temas básicos que consideramos importantes nos cursos atuais de política e estratégia.

Sobre os Casos

Um grande perigo de estudar o processo de estratégia – provavelmente o assunto mais atraente no currículo de Administração e no ápice dos projetos organizacionais – é que alunos e professores podem acabar ficando isolados das coisas básicas da empresa. A síndrome "Não me aborreça com detalhes operacionais; estou aqui para lidar com as grandes questões" foi a morte de muitos cursos de estratégia (para não falar nas práticas gerenciais). Processos de estratégia efetivos sempre abordam pontos específicos. Por essa razão, os casos são a forma mais conveniente de introduzir a prática na sala de aula, para cobrir uma variedade de experiências e para envolver os alunos ativamente em análise e tomada de decisão.

Os casos são a opção pedagógica escolhida quando se estuda estratégia, mas trata-se de um método com potenciais armadilhas e becos sem saída. É fácil esquecer que casos são narrativas seletivas. Nesse aspecto, casos curtos e bem focados são melhores do que casos longos e muito detalhados. Eles têm menos tendência a levar alguém a ver a narrativa como um desvio da realidade, em vez de vê-la como uma representação da realidade, e parcial.

Embora os casos sejam uma representação parcial da realidade, podem ser reveladores se usados de forma correta. Eles nos conduzem, irresistivelmente, à prescrição. O convite para se pronunciar é apelador: quantos podem resistir a ser o CEO da IBM ou da Microsoft por um dia? Porém, é uma delegação de poder falsa. Eles não apenas são baseados em informações incompletas (pioradas pela ilusão de uma descrição ampla), como também não têm a pressão nem as nuances necessárias para a tomada de decisão.

Os casos são positivos quando usados para ilustrar e estimular. Eles ilustram situações e dilemas. Eles estimulam o pensamento ao focar a mente em questões cruciais, forçando o aluno a lutar com as questões sem o conforto de imaginar que as questões propostas na sala de aula poderão ser resolvidas na sala de aula.

Nossos casos, conscientemente, contêm aspectos descritivos e prescritivos da estratégia, e, como autores deste livro, temos diferentes visões para utilizar – apenas descrição ou descrição com prescrição. Por outro lado, os casos fornecem dados e histórico para tomada de grandes decisões. Os alunos podem avaliar a situação em todo o seu contexto, sugerir as direções futuras que seriam melhores para a organização em questão e discutir como as soluções deles podem ser realisticamente implementadas. Por outro lado, cada caso também é uma oportunidade de entender as dinâmicas de uma organização – o contexto histórico dos problemas que ela enfrenta, suas prováveis reações a soluções variáveis, etc. Ao contrário de muitos casos que se concentram apenas nos aspectos analíticos de uma decisão, os nossos forçam o leitor a considerar constantemente as confusas decisões nas organizações e a obter a resposta desejada para qualquer decisão. Nesse aspecto, o estudo de caso pode envolver muita análise descritiva *e* prescritiva.

Associando Textos e Casos

Os casos neste livro não pretendem enfatizar teorias em particular, e os materiais teóricos foram incluídos porque explicam determinados casos. Cada caso apresenta uma realidade específica e cada texto, uma interpretação conceitual de algum fenômeno. Os textos estão agrupados de forma que abordem alguns aspectos comuns ou questões teóricas.

Fornecemos algumas diretrizes gerais para relacionar determinados casos a grupos de texto. Mas não leve isso ao pé da letra: estude cada caso por ele mesmo. Os casos são intrinsecamente mais ricos do que os textos. Cada um contém uma ampla variedade de questões – muitas terrivelmente confusas – sem nenhuma ordem em particular. Os textos, por outro lado, são claros e ordenados, professando uma ou algumas idéias conceituais básicas e fornecendo algum vocabulário específico. Quando os dois se juntam – algumas vezes, por esforço direto, e, mais freqüentemente, de forma indireta, à medida que idéias conceituais são relembradas na situação de um determinado caso – algum aprendizado poderoso pode ocorrer na forma de esclarecimento e, esperamos, de revelação.

Tente descobrir como determinadas teorias podem ajudá-lo a entender algumas das questões nos casos e fornecer estruturas úteis para chegar a conclusões. Talvez o grande teórico militar, Von Clausewitz, tenha expressado isso melhor há dois séculos:

Tudo que a teoria pode fazer é dar ao artista ou ao soldado pontos de referência e padrões de avaliação; seu objetivo final não é dizer a ele como agir, mas sim desenvolver sua capacidade de julgamento (1976:15).

Ao relacionar a teoria aos casos, lembre-se de que um julgamento confiável depende de conhecer as limitações da primeira e a imperfeição dos segundos. As teorias compartimentam a realidade. Você não deve aceitar essa compartimentação como a recebe. Vá além ao preparar cada caso. Use qualquer conceito que você considerar útil, tanto com base nos capítulos do livro como em seu conhecimento pessoal. Da mesma forma, lembre-se de que os casos nunca contam a história inteira (como poderiam!). Isso é mais evidente nos que lidam com pessoas reais e companhias reais. Como deixam de fora muita coisa, vale a pena fazer uma pesquisa em jornais, Websites, *Quem é Quem* ou qualquer outra referência que lhe venha à cabeça. Os casos também podem apresentar situações imaginárias, mas nem por isso devem ser considerados irreais. O objetivo deles é aumentar a consciência das principais questões, evitando as tendências que acompanham nosso conhecimento acidental de verdadeiras companhias e fatos.

Discussões dos Casos

Os casos de Administração fornecem uma base concreta para os alunos analisarem e compartilharem enquanto discutem questões gerenciais. Sem esse foco, as discussões de teoria podem tornar-se muito confusas. Você pode ter em mente a imagem de uma organização ou uma situação muito diferente da dos outros participantes da discussão. Como resultado, o que parece ser uma diferença em teoria acaba – depois de muita discussão – quase sempre se transformando simplesmente em uma diferença de percepção das realidades que cercam os exemplos.

Neste livro, tentamos fornecer três níveis de aprendizado: primeiro, uma chance para compartilhar idéias gerais dos principais teóricos (nos textos para leitura); segundo, uma oportunidade para testar a aplicabilidade e os limites dessas teorias em situações (casos) específicas; terceiro, a capacidade de desenvolver uma mistura especial das idéias da própria pessoa com base em observações empíricas e raciocínio indutivo (da análise dos casos). Todos são métodos úteis; alguns alunos e professores vão preferir um determinado *mix* para seu nível especial de experiência ou atitude. Outros vão preferir um *mix* totalmente diferente.

Nossa intenção não é usar os casos como exemplos de práticas gerenciais ruins ou excepcionalmente boas. Eles também, como observamos, não dão exemplos de conceitos de um determinado texto. Eles são veículos de discussão para testar os limites e os benefícios de vários métodos. E são veículos analíticos para aplicar e testar conceitos e ferramentas desenvolvidas em sua educação e experiência. Os casos podem ter dimensões de *marketing*, operações, contábeis, financeiras, relações humanas, planejamento e controle, ambiente externo, ética, política e quantitativas. Todas as dimensões devem ser abordadas no preparo e nas discussões em classe, embora alguns aspectos inevitavelmente se mostrem mais importantes em uma situação do que em outra.

De qualquer forma, você deve procurar diversos grupos de questões. Primeiro, você deve entender o que aconteceu naquela situação. Por que aconteceu dessa forma? Quais são os pontos fortes ou fracos do que aconteceu? O que poderia ter sido alterado para melhor? Como? Por quê? Segundo, sempre há questões sobre o que deve ser feito em seguida. Quais são as principais questões a serem resolvidas? Quais são as principais alternativas disponíveis? Que resultados a organização poderia esperar de cada uma? Que alternativa ela deveria selecionar? Por quê? Terceiro, quase sempre haverá dados quantitativos "difíceis" e impressões qualitativas "fáceis" em todas as situações. Os dois merecem atenção.

Mas lembre-se de que nenhuma situação de estratégia realista é apenas um problema de comportamento da organização ou um problema analítico financeiro ou econômico. Os dois grupos de informações devem ser considerados e deve-se desenvolver uma solução integrada. Nossos casos são conscientemente construídos para isso. Devido à sua complexidade, tentamos manter os casos o mais curto possível. Nessa seção cruzada, tentamos capturar algumas questões, conceitos e produtos mais importantes de nossa época. Acreditamos que Administração é uma coisa divertida e importante. Os casos tentam passar essa imagem.

Não há uma resposta "correta" para nenhum caso. Pode haver muitas "boas" respostas e muitas ruins. O objetivo de um curso de estratégia deve ser ajudá-lo a entender a natureza dessas respostas "melhores", o que procurar, como analisar alternativas e como enxergar através da complexidade de alcançar soluções e implantá-las em organizações reais. Um curso de estratégia pode apenas aumentar sua probabilidade de sucesso, não assegurá-la. O número total de variáveis em uma situação estratégica real geralmente vai além do controle de qualquer pessoa ou grupo. Por isso, mais um conselho: não se baseie excessivamente em desempenho como um critério para avaliar a eficácia de uma estratégia. Um empresa pode ter sucesso ou fracassar não por causa de suas decisões específicas, mas por causa de sorte, de uma personalidade fora do comum, da ação bizarra de um oponente, de ações internacionais sobre as quais não tem controle, etc. Um dos produtos de um curso estratégico bem-sucedido deve ser um pouco de humildade.

Diretrizes para Estudo de Caso

Na última edição, tínhamos colocado algumas perguntas no final de cada caso. Nesta edição, decidimos tirar as perguntas. Uma parte crucial da reflexão e da análise em classe, como ocorre no mundo real, surge a partir de perguntas realmente importantes. Fazer a pergunta certa em estratégia é análogo a um explorador que precisa encontrar seu rumo antes de iniciar a jornada. Não há uma metodologia padrão para fazer perguntas: intuição e experiência desempenham um papel muito importante nesse processo.

Os casos são um solo rico para a investigação das realidades estratégicas. A complexidade deles sempre se estende para muito além da superfície. Cada camada pode revelar novas informações e recompensas. Como qualquer boa história de mistério, um caso pode fornecer muitas pistas, nunca todas, mas, surpreendentemente, algumas vezes mais do que os gerentes conseguem absorver em uma situação real.

Acreditando que nenhum "método enlatado" é viável para *todas* as situações estratégicas, selecionamos casos que abordam diversas questões e construções teóricas. Quase todos os casos contêm tal riqueza e complexidade que poderiam ser posicionados em diferentes locais em um bom curso de estratégia. Deixamos a seleção final de casos ao estilo e a critério do professor e seus alunos.

A Estrutura Deste Livro

Não à Formulação, Depois a Implementação

A primeira edição deste livro apresentava um formato de capítulo que era novo no campo de estratégia. Ao contrário de muitos outros, neste livro não havia um capítulo ou uma seção específica, dedicado à "implementação" em si. A suposição em outros livros é que a estratégia é formulada e depois implementada, com estruturas organizacionais, sistemas de controle e outras coisas, seguindo obedientemente na esteira da estratégia.

Neste livro, como na realidade, formulação e implementação estão interligadas como processos interativos complexos nos quais políticas, valores, cultura organizacional e estilos gerenciais determinam ou constrangem determinadas decisões estratégicas. E estratégia, estrutura e sistemas se juntam de maneira complexa para influenciar os resultados. Embora formulação e implementação de estratégia possam ser separadas em algumas situações – talvez em crises, em alguns empreendimentos totalmente novos, e também em empresas enfrentando futuros previsíveis – esse fato não é comum. Certamente não consideramos possível construir um livro inteiro (muito menos um campo inteiro) com base nessa distinção conceitual.

Antes Conceitos, Depois Contextos

Os textos estão divididos basicamente em duas partes. A primeira trata de *conceitos*, a segunda, de *contextos*. No início deste livro apresentamos conceitos como parcelas iguais na complexa teia de idéias que compõe o que chamamos de "processo de estratégia". Na segunda metade do livro, combinamos esses conceitos em várias situações distintas, que chamamos de *contextos*.

O diagrama que se segue ilustra esse ponto. Conceitos, mostrados na parte de cima, são divididos em dois grupos – estratégia e forças – para representar as duas primeiras seções do livro. Os contextos reúnem todos esses conceitos, em uma variedade de situações – cobertas pela terceira seção – que consideramos essenciais na área de estratégia atualmente (embora dificilmente sejam as únicas). O esboço do livro, capítulo por capítulo, é o seguinte:

Seção I: Estratégia

A primeira seção é chamada *Estratégia* e compreende seis capítulos, dois de natureza introdutória e quatro sobre os processos por meio dos quais ocorre a criação de estratégia. O Capítulo 1 apresenta as estratégias em si e investiga o significado dessa palavra importante para ampliar sua visão do assunto. Aqui, se estabelece o desafio para que você questione as visões convencionais, especialmente quando elas agem para estreitar as perspectivas. Os temas apresentados neste capítulo são citados em todo o livro e devem ser entendidos.

O Capítulo 2 apresenta um conjunto muito importante de atores neste livro, os *estrategistas* – todas aquelas pessoas que desempenham papéis importantes no processo de estratégia. Ao examinar o trabalho do gerente geral e de outros estrategistas, talvez devamos contrariar diversas noções amplamente aceitas. Fazemos isso para ajudá-lo a entender as reais complexidades e dificuldades de criar estratégia e administrar organizações contemporâneas.

Os Capítulos 3 a 5 tratam de um tema que é exaustivamente mencionado no livro – até o ponto de ser refletido em seu título: o desenvolvimento de um entendimento dos *processos* por meio dos quais as estratégias são criadas. O Capítulo 3 analisa a *formulação de estratégia*, especificamente em alguns modelos prescritivos amplamente aceitos de como as organizações devem desenvolver suas estratégias. O Capítulo 4 estende essas idéias para maneiras mais formais de *analisar a estratégia* e considerar quais formas "genéricas" uma estratégia pode assumir – se é que pode. Embora os textos dos capítulos finais desafiem alguns desses preceitos, não questionaremos a importância de ter que entendê-los. Eles são fundamentais para entender o processo de estratégia atual.

O Capítulo 5 passa do método prescritivo para o descritivo. Visando ao entendimento da *formação de estratégia*, considera como as estratégias realmente *são* formadas nas organizações (não necessariamente ao serem formuladas) e *por que* diferentes processos podem ser eficazes em circunstâncias específicas. Este livro assume uma posição não-convencional ao considerar que planejamento e outros métodos formais não são as únicas – e geralmente também não são as mais desejadas – formas de fazer estratégia. Você verá nossa ênfase em processo descritivo – como um parceiro equivalente, com preocupações mais tradicionais em relação a questões técnicas e analíticas – como sendo um dos temas unificadores deste livro. O Capítulo 6, então, volta sua atenção para a natureza da *mudança estratégica* e como isso pode acontecer.

Seção II: Forças

Na Seção I, os textos apresentaram estratégia, o estrategista e várias formas por meio das quais a estratégia deve ser formulada e executada de forma factual. Na Seção II, *Forças*, apresentamos seis conceitos adicionais que fazem parte do processo de estratégia.

No Capítulo 7, discutimos a influência do *conhecimento*. Estratégia é fundamentalmente um conceito na cabeça das pessoas, por isso devemos entender a forma como pensamos nela – nosso processo cognitivo. O Capítulo 8 trata de *organização*, a forma como reunimos e projetamos as instituições para as quais as estratégias são criadas. O Capítulo 9 trata de outra força importante no processo, a *tecnologia*. No Capítulo 10 falamos sobre a natureza da *colaboração* e sua influência no processo estratégico, desde colaboração entre pessoas até alianças entre corporações. O Capítulo 11 trata de *globalização*, aquela noção muito popular embora excessivamente destacada sobre a qual a maioria de nós precisa de um entendimento muito mais cuidadoso. Por último, mas certamente não menos importante, está a consideração dos *valores* que nos conduzem. Juntas, essas seis forças podem ser compreendidas se entendermos os processos modernos de criação de estratégia.

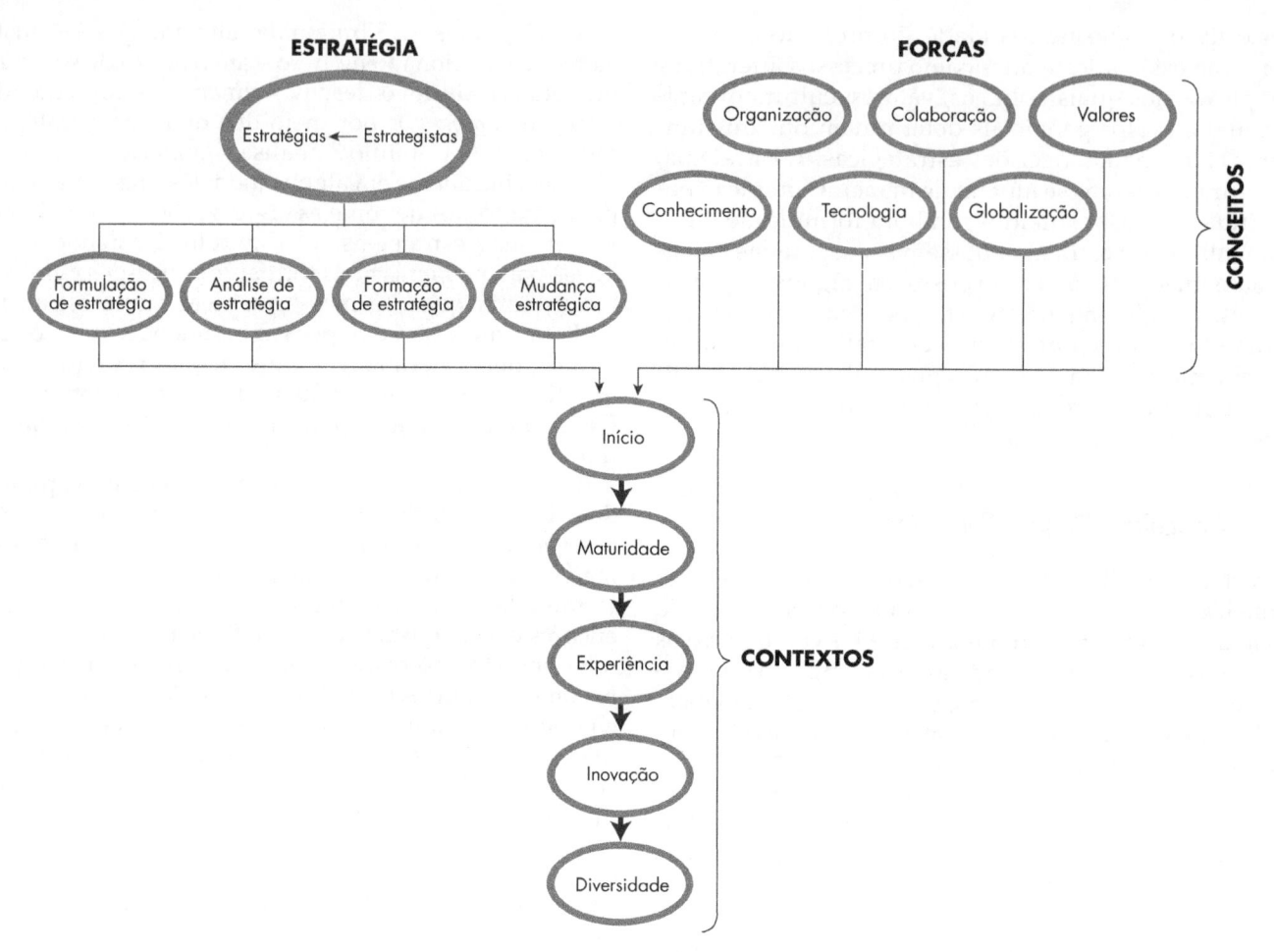

Diagrama do Processo de Estratégia.

Seção III: Contextos

A Seção III é chamada de *Contextos*. Consideramos como todos os elementos apresentados até agora – as estratégias, os processos por meio dos quais elas são formuladas e formadas, os estrategistas, o conhecimento, a organização, a tecnologia, a colaboração, a globalização e os valores – são combinados para se ajustar a determinados contextos, cinco no total.

O Capítulo 13 lida com a *administração de empresas iniciantes (start-ups)*, na qual, quase sempre, organizações bastante simples acabam sob o comando estrito de líderes fortes, ou "empreendedores", freqüentemente pessoas com visão. O Capítulo 14 examina a questão de *administrar maturidade*, um contexto comum para muitas grandes empresas e organizações governamentais envolvidas na produção em massa e/ou distribuição de bens e serviços.

Os Capítulos 14 e 15 consideram a *administração de especialistas* e *administração de inovação*, dois contextos envolvendo organizações muito especializadas. No primeiro caso, os especialistas trabalham de forma relativamente independente em condições bastante estáveis, enquanto que no contexto de inovação eles se reúnem em equipes de projetos sob condições mais dinâmicas. O que esses dois contextos têm em comum, porém, é que ambos agem de formas que contrariam muitas das noções amplamente aceitas sobre como as organizações devem ser estruturadas e criar estratégias.

O Capítulo 17 considera a *administração da diversidade* e lida com organizações que diversificaram sua linha de produtos ou serviços e geralmente divisionalizaram suas estruturas para lidar com maiores variedades dos ambientes que enfrentam. Finalmente, o Capítulo 18, chamado *Administrando outras situações*, encerra o livro ao considerar algumas visões bastante incomuns de processo de estratégia e organizações que funcionam apesar de serem diferentes – e desafiarem crenças arraigadas. Você não precisa ser incomum para ser bem-sucedido, mas precisa ser tolerante com o incomum para ser um gerente bem-sucedido.

Ao considerar cada um desses contextos amplamente diferentes, tentamos discutir a situação na qual é mais provável encontrar cada um deles, as estruturas mais apropriadas para cada um, os tipos de estratégias que tendem a ser adotadas, os processos pelos quais essas estratégias tendem a ser formadas e devem ser formuladas, e questões sociais ligadas ao contexto.

Suplementos para o professor

A quarta edição de *O processo de estratégia* é acompanhada por um Manual do Professor*, que inclui resumos detalhados dos textos para leitura e questões para discussão de cada capítulo, além das notas para o professor em cada um dos casos.

Bem, aí está. Trabalhamos muito neste livro, tanto no original como nas edições revisadas, para aperfeiçoá-lo. Tentamos pensar nas coisas desde o básico, o que resultou em um texto que, em estilo, formato e conteúdo é incomum no campo da estratégia. Nosso produto pode não ser perfeito, mas acreditamos que é bom. Agora é sua vez de descobrir se concorda. Aproveite a leitura.

Henry Mintzberg
Joseph Lampel
James Brian Quinn
Sumantra Ghoshal

---

* Este material de apoio está disponível, em inglês. Os professores interessados devem entrar em contato com a Bookman Editora pelo endereço secretariaeditorial@artmed.com.br.

Seção I

Estratégia

Capítulo 1
Estratégias

Começamos este livro em seu ponto focal: estratégia. A primeira seção chama-se "Estratégia", o primeiro capítulo, "Estratégias". Os outros capítulos desta seção descrevem o papel dos estrategistas e considera os processos por meio dos quais as estratégias se desenvolvem a partir de três perspectivas: formulação deliberada, análise sistemática e formação emergente. O último capítulo aborda mudança estratégica. Mas, neste capítulo inicial, consideramos o conceito central – as estratégias em si.

O que é estratégia? Não há uma definição única, universalmente aceita. Vários autores e dirigentes usam o termo diferentemente; por exemplo, alguns incluem metas e objetivos como parte da estratégia, enquanto outros fazem distinções claras entre elas. Nossa intenção ao incluir os textos que se seguem para leitura não é promover nenhuma visão da estratégia, mas sim sugerir diversas visões que possam ser úteis. Como ficará evidente em todo o texto, nosso desejo não é estreitar perspectivas, mas ampliá-las, tentando esclarecer algumas questões. Ao fazer a leitura, seria útil pensar sobre o significado de estratégia, tentar entender como diferentes pessoas usam o termo e depois ver se certas definições se encaixam melhor em determinados contextos.

A primeira leitura, do co-autor Henry Mintzberg, da McGill University em Montreal, serve para abrir o conceito de estratégia a uma variedade de visões, algumas muito diferentes dos textos tradicionais. Mintzberg foca várias definições distintas de estratégias como plano (e também pretexto), padrão, posição e perspectiva. Ele usa as duas primeiras definições para nos levar além da estratégia deliberada – além da visão tradicional do termo – até a noção de estratégia *emergente*. Isso lança a idéia de que as estratégias podem fazer parte de uma organização sem que isso seja pretendido conscientemente, ou seja, sem ser *formulado*. Isso pode parecer contra toda a crença da literatura de estratégia, mas Mintzberg argumenta que muitas pessoas implicitamente usam o termo dessa forma, ainda que não o definam assim.

A terceira leitura, um artigo premiado de Michael Porter, da Harvard Business School, nos leva a um lugar diferente. Aqui, Porter, provavelmente o escritor mais conhecido no campo da estratégia, concentra-se em estratégia como um conceito firmemente integrado, claramente coerente e altamente deliberado, que coloca a empresa em posição de obter vantagem competitiva. Porter sugere que a preocupação excessiva com eficácia operacional desvia a atenção da estratégia. Estratégia competitiva significa ser diferente dos concorrentes. Isso consiste em desenvolver um conjunto de atividades específicas para dar suporte à posição estratégica. Defender essa posição, entretanto, depende do desenvolvimento de habilidades que os concorrentes terão dificuldade para imitar.

A leitura seguinte, neste capítulo, dos co-autores Mintzberg e Joseph Lampel, da London's City University, "reflete" sobre o processo estratégico, especificamente ao apresentar dez perspectivas, ou escolas de pensamento, que descrevem o campo atualmente. A estratégia é um elefante, argumentam eles, e somos todos o homem cego do provérbio agarrando diferentes partes e fingindo entender o todo. Essas escolas – e, mais importante, sua inter-relação – reaparecem continuamente em todo o livro, por isso, de certa forma, essa leitura também ajuda a apresentar o livro.

Depois de terminar essas leituras, esperamos que você esteja menos certo sobre o uso da palavra estratégia, porém mais preparado para encarar o estudo do processo estratégico sob uma perspectiva mais ampla e com a mente aberta. Não há respostas universalmente corretas neste campo (mais do que há na maioria dos outros campos), mas há perspectivas interessantes e construtivas.

USANDO OS ESTUDOS DE CASO

A compreensão explícita e intuitiva é essencial para entender a estratégia. Porém, algumas vezes, a questão do que é estratégia vai muito além dessa compreensão. O caso Robin Hood ilustra claramente as múltiplas facetas da estratégia. Alguém poderia argumentar com Porter, no texto "O que é estratégia", que Robin Hood só começa a ter uma estratégia quando passa a fazer perguntas sérias sobre o que ele está fazendo e para onde está indo. Ou alguém pode pegar a visão de Mintzberg em "Cinco Ps para estratégia" e argumentar que as ações de Robin Hood, em momentos diferentes, adaptam-se às diferentes definições de estratégia.

Quando olhamos para casos como LVMH e AmBev, que assumem a visão mais ampla, é possível argumentar com Mintzberg e Lampel em "Refletindo sobre o processo estratégico" que não há uma escola única de estratégia, mas sim diferentes escolas, dependendo das suposições e perspectivas.

LEITURA 1.1
CINCO PS PARA ESTRATÉGIA[1]
por Henry Mintzberg

A natureza humana insiste em uma definição para cada conceito. Mas a palavra *estratégia* há tempos vem sendo usada implicitamente de diferentes maneiras, ainda que tradicionalmente tenha sido definida de uma única forma. O reconhecimento explícito das definições múltiplas pode ajudar as pessoas a moverem-se neste campo difícil. Assim, apresentamos aqui cinco definições de estratégia – como plano, pretexto, padrão, posição e perspectiva – e depois consideraremos algumas de suas inter-relações.

ESTRATÉGIA COMO PLANO

Para quase todos a quem você perguntar, **estratégia é um plano** – algum tipo de curso de ação *conscientemente pretendido*, uma diretriz (ou conjunto de diretrizes) para lidar com uma situação. Uma criança tem uma "estratégia" para pular uma cerca, uma corporação tem uma estratégia para capturar um mercado. Por essa definição, as estratégias têm duas características essenciais: são criadas antes das ações às quais vão se aplicar e são desenvolvidas consciente e propositalmente. Um conjunto de definições em diversos campos reforça essa visão. Por exemplo:

- no campo militar: estratégia está relacionada à "criação de um plano de guerra... preparação das campanhas individuais e, dentro delas, decisão do comprometimento individual" (Von Clausewitz, 1976:177).

- na teoria dos jogos: estratégia é "um plano completo: um plano que especifica que escolhas [o jogador] vai fazer em cada situação possível" (Von Newman e Morgenstern, 1944:79).

- em administração: "estratégia é um plano unificado, amplo e integrado... criado para assegurar que os objetivos básicos da empresa sejam atingidos" (Glueck, 1980:9).

Como planos, as estratégias podem ser gerais ou específicas. Há o uso da palavra no sentido específico que deve ser identificado aqui. Como plano, uma **estratégia** também **pode ser um pretexto**, realmente apenas uma "manobra" específica para superar um oponente ou concorrente. A criança pode usar a cerca como um pretexto para levar um valentão para o quintal, onde seu Doberman aguarda os intrusos. Da mesma forma, uma corporação pode ameaçar expandir a capacidade da fábrica para desencorajar um concorrente de construir uma nova fábrica. Aqui a estratégia real (como plano, ou seja, a intenção real) é a ameaça, não a expansão em si, e, como tal, é um pretexto.

Na verdade, há uma literatura crescente no campo da gestão estratégica, e também sobre o processo geral de barganha, que vê a estratégia dessa forma e por isso concentra atenção em seus aspectos mais dinâmicos e competitivos. Por exemplo, em seu livro muito popular, *Competitive Strategy*, Porter (1980) dedica um capítulo aos "Sinais de mercado" (incluindo discussão sobre os efeitos de anunciar mudanças, o uso de "marca lutadora" e o uso de ameaças de processos privados antitrustes) e outro às "Mudanças Competitivas" (incluindo ações para conseguir resposta competitiva antecipada). E Schelling (1980) dedica grande parte de seu famoso livro *The Strategy of Conflict* ao tópico dos pretextos para superar rivais em uma situação competitiva ou de barganha.

ESTRATÉGIA COMO PADRÃO

Mas, se as estratégias podem ser pretendidas (seja como planos gerais, seja como pretexto específico), elas certamente também podem ser realizadas. Em outras palavras, definir estratégia como um plano não é suficiente; também precisamos de uma definição que englobe o comportamento resultante. Assim, propõe-se uma terceira definição: **estratégia é um padrão** – especificamente, um padrão em uma corrente de ações (Mintzberg e Waters, 1985). Por essa definição, quando Picasso pintou quadros azuis por um período, foi uma estratégia, assim como foi estratégia o comportamento da Ford Motor Company quando Henry Ford oferecia o modelo T apenas na cor preta. Em outras palavras, por essa definição, estratégia é *consistência* no comportamento, *pretendida ou não*.

Isso pode soar como uma definição estranha para uma palavra que tem sido tão associada à livre vontade (*strategos*, em grego, a arte do general do exército [Evered 1983]). Mas o ponto principal é que, embora quase ninguém defina estratégia dessa forma, muitas pessoas parecem usá-la uma vez ou outra. Considere esta citação de um executivo empresarial: "Gradualmente, a abordagem bem-sucedida transforma-se em um modelo de ação que se torna nossa estratégia. Nós certamente não temos uma estratégia global para isso" (citado em Quinn, 1980:35). Esse comentário é inconsistente apenas se nos restringirmos a uma definição de estratégia: o que esse homem parece estar dizendo é que a empresa dele tem estratégia como padrão, mas não como plano. Ou considere este comentário na *Business Week* sobre uma *joint-venture* entre General Motors e Toyota:

---

[1] Publicado originalmente em *California Management Review* (Fall 1987), © 1987 pelos reitores da University of California. Reimpresso com cortes e permissão de *California Management Review*.

A tentativa de acordo com a Toyota pode ser muito importante porque é outro exemplo de como a estratégia da GM se reduz a fazer um pouco de tudo até que o mercado decida para onde vai. (*Business Week*, 31 outubro 1983).

Um jornalista inferiu um padrão no comportamento de uma corporação e chamou-o de estratégia.

O ponto é que cada vez que um jornalista imputa uma estratégia a uma corporação ou a um governo, e cada vez que um executivo faz a mesma coisa com um concorrente ou mesmo com a administração superior de sua empresa, eles estão implicitamente definindo estratégia como padrão de ação – ou seja, inferindo consistentemente um comportamento e rotulando isso como estratégia. Eles podem, evidentemente, ir além e imputar intenção àquela consistência – ou seja, assumir que há um plano por trás do padrão. Mas isso é uma suposição, que pode vir a ser falsa.

Assim, as definições de estratégia como plano e padrão podem ser muito independentes uma da outra: planos podem não se realizar, enquanto que padrões podem aparecer sem ser preconcebidos. Parafraseando Hume, as estratégias podem resultar de ações humanas, mas não de projetos humanos (ver Majone, 1976-77). Se rotulamos a primeira definição como estratégia *pretendida* e a segunda como estratégia *realizada*, conforme mostrado na Figura 1, podemos distinguir estratégias *deliberadas*, nas quais as intenções que existiam previamente foram realizadas, das estratégias *emergentes*, nas quais os modelos se desenvolveram sem intenções, ou apesar delas (que se tornaram *não-realizadas*).

Querer que uma estratégia seja verdadeiramente deliberada – ou seja, para que um padrão seja pretendido *exatamente* como realizado – pareceria ser uma exigência exagerada. Intenções precisas teriam que ser declaradas antecipadamente pelos líderes da organização; isso teria que ser aceito por todos os demais e então realizado sem qualquer interferência de forças de mercado, tecnológicas, políticas, etc. Da mesma forma, uma estratégia verdadeiramente emergente é novamente uma exigência exagerada, requerendo consistência de ação sem qualquer dica de intenção. (Sem consistência significa *sem* estratégia, ou pelo menos estratégia não-realizada). Assim, algumas estratégias aproximam-se o suficiente de uma dessas formas, enquanto outras – provavelmente a maioria – localizam-se em uma linha contínua que existe entre as duas, refletindo aspectos deliberados e também emergentes. O Quadro 1 lista vários tipos de estratégias ao longo dessa linha.

ESTRATÉGIAS SOBRE O QUÊ?

Rotular estratégias como planos ou padrões também levanta uma questão básica: *estratégias sobre o quê*? Muitos escritores respondem discutindo a disposição dos recursos, mas a questão permanece: que recursos e para que finalidade? Um exército pode planejar reduzir o número de cravos nas ferraduras de seus cavalos, ou uma corporação pode realizar um padrão de *marketing* apenas com produtos pintados de preto, mas isso dificilmente se encaixaria no grande rótulo "estratégia". Ou se encaixaria?

Como a palavra foi colocada em uso pelos militares, "estratégia" refere-se a coisas importantes, "táticas" para os detalhes (mais formalmente, "táticas ensinam o uso das forças armadas no alistamento, estratégia usa o alistamento com o objetivo de guerra" (von Clausewitz, 1976:128]). Cravos nas ferraduras, cores de carros; trata-se certamente de detalhes. O problema é que, fazendo uma retrospectiva, detalhes algumas vezes podem provar ser "estratégicos". Mesmo entre os militares: "Por falta de um cravo, perdeu-se a ferradura; por falta da ferradura, perdeu-se o cavalo...", e assim por diante passando pelo cavaleiro e pelo general até a batalha, "tudo pela falta de um cravo na ferradura"* (Franklin, 1977:280).

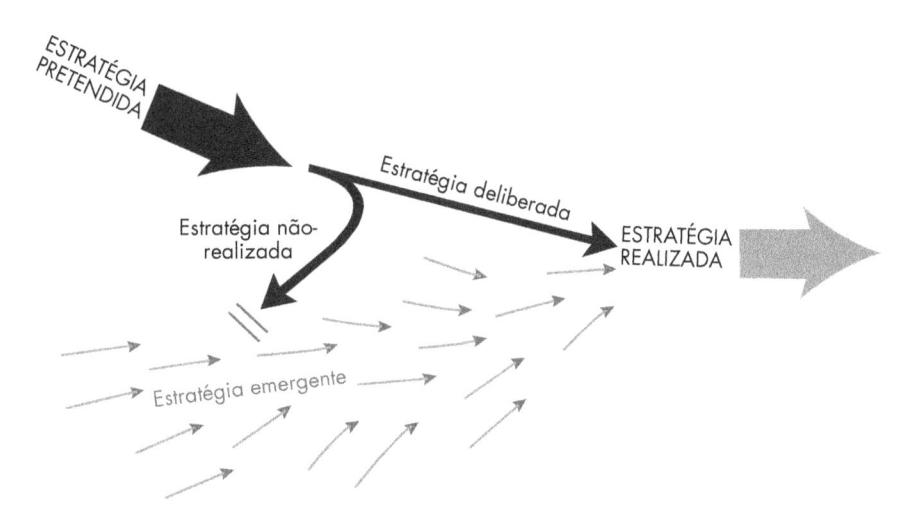

Figura 1 Estratégias deliberadas e emergentes.

---

* N. de T.: Tradução livre de um poema de George Herbert, Jacula Prudentum (1651).

Na verdade, uma das razões pelas quais Henry Ford perdeu a guerra contra a General Motors foi por ter se recusado a pintar seus carros de outras cores além de preto.

Rumelt (1980) observa que "as estratégias de uma pessoa são as táticas de outras – ou seja, o que é estratégico depende de onde você está". Também depende de *quando* você está; o que parece tático hoje pode vir a ser estratégico amanhã. O ponto é que não se deve usar rótulos para indicar que algumas questões são *inevitavelmente* mais importantes do que outras. Algumas vezes, compensa administrar os detalhes e deixar as estratégias surgirem por si próprias. Assim, há boas razões para se referir a questões como mais ou menos "estratégicas", ou, em outras palavras, mais ou menos "importantes" em algum contexto, seja como pretendido antes de agir, seja como realizado depois de agir. Dessa forma, a resposta à pergunta "a que se refere a estratégia" é: potencialmente a tudo. Refere-se a produtos e processos, clientes e cidadãos, responsabilidades sociais e interesses próprios, controle e cor.

Dois aspectos do conteúdo da estratégia devem, porém, ser destacados porque são de particular importância.

Estratégia como Posição

A quarta definição é que **estratégia é uma posição** – especificamente, um meio de localizar uma organização naquilo que os teóricos organizacionais gostam de chamar de "ambiente". Por essa definição, estratégia torna-se a força mediadora – ou a "combinação", segundo Hofer e Schendel (1978:4) – entre organização e ambiente, ou seja, entre o contexto interno e o externo. Em termos ecológicos, estratégia torna-se um "nicho"; em termos econômicos, um local que gera "renda" (ou seja, "retorno por [estar] em um local 'único'" [Bowman, 1974:47]); em termos administrativos, um "domínio" de produto-mercado (Thompson, 1967), o local no ambiente onde os recursos estão concentrados.

Observe que essa definição de estratégia pode ser compatível com qualquer uma (ou todas) das anteriores; pode-se pré-selecionar uma posição e aspirar a ela por meio de um plano (ou pretexto), e/ou ela pode ser alcançada, talvez até encontrada, por meio de um padrão de comportamento.

Nas visões militares e de jogos da estratégia, a posição é geralmente usada no contexto daquilo chamado de "jogo entre duas pessoas", mais conhecido no mundo empresarial como competição direta (na qual os pretextos são muito comuns). A definição de estratégia como posição, porém, implicitamente nos permite abrir o conceito para os chamados jogos de 'n' pessoas (ou seja, muitos jogadores) e ir além. Em outras palavras, embora posição possa sempre ser definida em relação a um único competidor (o que ocorre literalmente na área militar, na qual a posição se torna o local de batalha), ela também pode ser considerada no contexto de diversos competidores ou simplesmente em relação aos mercados ou um ambiente como um todo. Mas estratégia como posição também pode ir além da competição, economia e outros. Na verdade, qual o significado da palavra "nicho", senão

---

Quadro 1 Vários tipos de estratégia, desde muito deliberada até totalmente emergente

Estratégia planejada: intenções precisas são formuladas e articuladas por uma liderança central e apoiadas por controles formais para assegurar a implementação sem surpresas em um ambiente benigno, controlável ou previsível (para assegurar que não haja distorção de intenções); essas estratégias são altamente deliberadas.

Estratégia empreendedora: existem intenções como uma visão pessoal, e não articulada, de um único líder, adaptáveis a novas oportunidades; a organização está sob o controle pessoal do líder e localizada em um nicho protegido em seu ambiente; essas estratégia são relativamente deliberadas, mas podem emergir também.

Estratégia ideológica: existem intenções como uma visão coletiva de todos os membros da organização, controladas por normas fortemente compartilhadas; a organização é sempre proativa frente a seu ambiente; essas estratégias são bastante deliberadas.

Estratégia guarda-chuva: uma liderança em controle parcial das ações organizacionais define alvos estratégicos ou fronteiras dentro das quais os outros devem agir (por exemplo, que todos os novos produtos tenham preço alto com base na tecnologia de ponta, embora de fato esses produtos devam ser deixados para emergir); como resultado, as estratégias são parcialmente deliberadas (as fronteiras) e parcialmente emergentes (os padrões dentro delas); essa estratégia também pode ser chamada deliberadamente emergente, considerando que a liderança propositalmente permite que se tenha flexibilidade para manobrar e formar padrões dentro das fronteiras.

Estratégia de processo: a liderança controla os aspectos de processo da estratégia (quem é contratado e assim tem uma chance de influenciar a estratégia, dentro de que estruturas eles vão trabalhar, etc.), deixando o conteúdo real da estratégia para os outros; as estratégias são de novo parcialmente deliberadas (processo de envolvimento) e parcialmente emergente (conteúdo de envolvimento), e deliberadamente emergentes.

Estratégia desconectada: membros ou subunidades indefinidamente conectados ao resto da organização produzem padrões na corrente de suas próprias ações na ausência disso, ou em contradição direta com as intenções centrais ou comuns da organização como um todo; as estratégias podem ser deliberadas para aqueles que as criam.

Estratégia de consenso: por meio de ajuste mútuo, vários membros convergem para padrões que permeiam a organização na falta de intenções centrais ou comuns; essas estratégias são bastante emergentes em sua natureza.

Estratégia imposta: o ambiente externo dita padrões de ações, seja por imposição direta (digamos, por um proprietário externo ou por um cliente forte) ou por meio de apropriação implícita ou limitação de escolha organizacional (como em uma grande empresa aérea que deve voar com jatos jumbo para continuar viável); essas estratégias são organizacionalmente emergentes, embora possam ser internalizadas, tornando-se deliberadas.

Adaptado de Mintzberg e Waters (1985:270).

uma posição ocupada para *evitar* competição. Assim, podemos passar da definição usada pelo general Ulysses Grant em meados de 1860, "Estratégia [é] a disposição dos recursos de alguém da maneira que lhe dê mais chance de derrotar o inimigo", para a do professor Richard Rumelt em meados de 1980, "Estratégia é criar situações para rendas econômicas e encontrar formas de sustentar essas situações" (Rumelt, 1982), ou seja, qualquer posição viável, diretamente competitiva ou não.

Astley e Fombrun (1983), na verdade, dão o próximo passo lógico para apresentar a noção de estratégia "coletiva", ou seja, estratégia que visa promover a cooperação entre as organizações, mesmo supostos concorrentes (equivalente, em biologia, a animais que se reúnem em bandos, em busca de proteção). Tais estratégias podem variar "de acordos e discussões informais a mecanismos formais, como diretorias corporativas associadas, *joint-ventures* e fusões". Na verdade, consideradas de um ângulo ligeiramente diferente, elas podem ser descritas algumas vezes como estratégias *políticas*, ou seja, estratégias para subverter forças legítimas de competição.

Estratégia como Perspectiva

Enquanto a quarta definição de estratégia olha para fora, buscando localizar a organização no ambiente externo, e para baixo, para posições concretas, a quinta olha para dentro da organização, na verdade, para dentro da cabeça dos estrategistas coletivos, mas com uma visão mais ampla. Aqui, **estratégia é uma perspectiva**, seu conteúdo consistindo não apenas de uma posição escolhida, mas também de uma maneira fixa de olhar o mundo. Há organizações que favorecem o *marketing* e constroem toda uma ideologia a seu redor (a IBM); a Hewlett-Packard desenvolveu a "maneira HP", baseada em sua cultura de engenharia, enquanto que o McDonald's tornou-se famoso por sua ênfase em qualidade, serviço e limpeza.

Nesse aspecto, estratégia é para a organização aquilo que a personalidade é para o indivíduo. Na verdade, um dos primeiros e mais influentes autores a escrever sobre estratégia (pelo menos na forma como suas idéias refletiram em textos mais populares) foi Philip Selznick (1957:47), que escreveu sobre o "caráter" de uma organização – "comprometimentos" distintos e integrados "com maneiras de agir e responder" que são construídos diretamente. Diversos conceitos de outros campos também capturam essa noção; os antropólogos referem-se à "cultura" de uma sociedade, e os sociólogos à sua "ideologia"; os teóricos militares escrevem sobre a "grande estratégia" dos exércitos; teóricos da administração usaram termos como "teoria dos negócios" e sua "força motriz" (Drucker, 1974; Tregoe e Zimmerman, 1980); e os alemães talvez capturem melhor o sentido com sua palavra "weltanschauung", literalmente "visão do mundo", significando intuição coletiva sobre como o mundo funciona.

Esta quinta definição sugere acima de tudo que estratégia é um *conceito*. Isso tem uma implicação importante, ou seja, todas as estratégias são abstrações que existem apenas na cabeça das partes interessadas. É importante lembrar que ninguém nunca viu ou tocou uma estratégia; cada estratégia é uma invenção, uma criação da imaginação de alguém, seja concebida com a intenção de regular o comportamento antes que ocorra a ação, seja inferida como padrão para descrever um comportamento que já ocorreu.

O que é de fundamental importância nesta quinta definição, porém, é que a perspectiva é *compartilhada*. Como indicado nas palavras *weltanschauung*, *cultura* e *ideologia* (em relação à sociedade), mas não à palavra *personalidade*, estratégia é uma perspectiva compartilhada pelos membros de uma organização, por suas intenções e/ou por suas ações. Na verdade, quando falamos sobre estratégia neste contexto, entramos na esfera da *mente coletiva* – pessoas unidas por pensamento e/ou comportamento comum. Dessa forma, uma questão importante no estudo da formação de estratégia é como ler essa mente coletiva – para entender como as intenções se espalham pelo sistema chamado organização para se tornarem compartilhadas e que ações devem ser praticadas em bases coletivas e consistentes.

Inter-Relacionando os Ps

Como sugerido acima, estratégia como posição e perspectiva pode ser compatível com estratégia como plano e/ou padrão. Mas, na verdade, as relações entre essas diferentes definições podem ser mais complexas do que isso. Por exemplo, enquanto alguns consideram perspectiva como *sendo* um plano (Lapierre, 1980, escreve sobre estratégias como "sonhos em busca da realidade"), outros a descrevem como *criadora* de planos (por exemplo, como posições e/ou padrões em algum tipo de hierarquia implícita). Mas o conceito de estratégia emergente é que um padrão pode surgir e ser reconhecido, de forma a criar um plano formal, talvez dentro de uma perspectiva geral.

Podemos perguntar em primeiro lugar como surge a perspectiva. Provavelmente por meio de experiências anteriores: a organização tentou várias coisas em seus anos iniciais e gradualmente consolidou uma perspectiva que funcionava. Em outras palavras, parece que as organizações desenvolvem "caráter", da mesma forma como as pessoas desenvolvem personalidade – interagindo com o mundo como o vêem por meio do uso de suas habilidades inatas e inclinações naturais. Assim, o padrão também pode gerar a perspectiva. E a posição também pode. A discussão de Witness Perrow (1970:161) sobre "homens de lã" e "homens de seda" do comércio têxtil, pessoas que desenvolveram uma dedicação quase religiosa às fibras que produziram.

Porém, não importa como apareçam, há razões para acreditar que enquanto planos e posições podem ser dispensáveis, perspectivas são imutáveis (Brunsson, 1982). Em outras palavras, uma vez estabelecidas, as perspectivas podem ser difíceis de mudar. Na verdade, uma perspectiva pode se tornar tão profundamente arraigada no comportamento de uma organização que as crenças associadas podem se tornar subconscientes na cabeça de seus membros. Quando isso ocorre, a perspectiva pode passar a se parecer mais com um padrão do que com um plano – em outras palavras, pode se basear mais na consistência de comportamentos do que na articulação das intenções.

Evidentemente, se a perspectiva é imutável, então uma mudança em plano e posição dentro da perspectiva é fácil se comparada a uma mudança de perspectiva. Nesse aspecto, é interessante destacar o caso do Egg McMuffin. Esse produto, quando novo – o café da manhã norte-americano em um bolinho – foi uma mudança estratégica da rede de lanchonetes McDonald's? Lançada em turmas de MBA, essa questão quebra-cabeças (ou pelo menos quebra-estômagos) inevitavelmente gerava debates empolgados. Os proponentes (normalmente pessoas com simpatia por *fast-food*) alegam que evidentemente foi: levou o McDonald's a um novo mercado, o de café da manhã, ampliando o uso das instalações já existentes. Os oponentes replicam que isso não faz sentido; nada mudou, apenas alguns poucos ingredientes: é a mesma velha papa em uma nova embalagem. Evidentemente, os dois lados estão certos – e errados. Depende simplesmente de como se define estratégia. Posição alterada; a perspectiva permaneceu a mesma. Na verdade – e este é o ponto – a posição poderia ser facilmente alterada porque é compatível com a perspectiva existente. O Egg McMuffin é todo McDonald's, não apenas em produto e embalagem, mas também em produção e propagação. Mas imagine uma mudança de posição no McDonald's que exigisse uma mudança de perspectiva – digamos, introduzir jantar à luz de velas com serviço personalizado (seu McPato com laranja preparado ao ser pedido) para capturar o mercado de pessoas que jantam tarde da noite. Não precisamos dizer mais nada, exceto, talvez, rotular isso de "síndrome Egg McMuffin".

A NECESSIDADE DE ECLETISMO NA DEFINIÇÃO

Embora existam várias relações entre as diferentes definições, nenhuma relação, tampouco qualquer definição para a questão, tem precedência sobre as demais. De algumas maneiras, essas definições concorrem entre si (pelo fato de algumas poderem ser substituídas por outras), mas talvez, de maneira mais importante, elas se complementem. Nem todos os planos tornam-se padrão, e nem todos os padrões desenvolvem-se como planejado; alguns pretextos são menos do que posições, enquanto que outras estratégias são mais do que posições embora menos do que perspectivas. Cada definição acrescenta elementos importantes ao nosso entendimento de estratégia; na verdade, as definições nos encorajam a tratar de questões sobre as organizações como um todo.

Como plano, a estratégia trata da maneira como os líderes tentam estabelecer direção para as organizações, colocando-as em cursos de ação predeterminados. Estratégia como plano também levanta a questão fundamental do conhecimento – como as intenções são criadas inicialmente no cérebro humano, na verdade, o que as intenções significam de fato. A estrada para o inferno, neste campo, pode ser pavimentada por aqueles que consideram todas as intenções declaradas por seu valor nominal. Ao estudar estratégia como plano, temos que, de alguma forma, penetrar na cabeça do estrategista, descobrir o que de fato ele pretende.

Como pretexto, a estratégia nos leva à esfera da competição direta, na qual ameaças, estratagemas e várias outras manobras são utilizadas para obter vantagem. Isso coloca o processo de formação de estratégia em seu ambiente mais dinâmico, em que um movimento gera um contramovimento, e assim por diante. Embora ironicamente, a estratégia em si é um conceito que tem suas raízes não na mudança, mas na estabilidade – em planos fixos e padrões estabelecidos. Como então conciliar as noções dinâmicas de estratégia como pretexto com as noções estáticas de estratégia como padrão e outras formas de plano?

Como padrão, a estratégia concentra-se em ação, lembrando-nos de que o conceito é vazio se não levar em consideração o comportamento. A estratégia como padrão também lança a noção de convergência, a obtenção de consistência no comportamento de uma organização. Como essa consistência se forma, de onde ela vem? A estratégia percebida, quando considerada junto com a estratégia pretendida, nos encoraja a considerar a noção de que estratégias podem surgir ou ser deliberadamente impostas.

Como posição, a estratégia nos encoraja a olhar para as organizações em seus ambientes competitivos – como elas encontram suas posições e se protegem para enfrentar a concorrência, evitá-la ou subvertê-la. Isso nos permite pensar sobre a organização em termos ecológicos, como organismos em nichos que lutam para sobreviver em um mundo de hostilidade e incerteza, e também como simbiose.

E, finalmente, como perspectiva a estratégia levanta questões intrigantes sobre intenção e comportamento em um contexto coletivo. Se definirmos organização como ação coletiva tentando cumprir uma missão comum (uma forma especial de dizer que um grupo de pessoas sob um rótulo comum – seja na General Motors ou em uma loja Luigi's Body Shop – de alguma forma consegue colaborar na produção de produtos e serviços específicos), então a estratégia como perspectiva levanta a questão de como as intenções se difundem por meio de um grupo de pessoas para se tornarem compartilhadas como normas e valores, e como padrões de comportamento se tornam profundamente arraigados no grupo.

Assim, estratégia não é apenas a noção de como lidar com um inimigo ou um grupo de concorrentes ou um mercado, como é mencionado em grande parte da literatura e seu uso popular. Ela também nos leva a algumas questões mais fundamentais sobre organizações como instrumentos para percepção e ação coletiva.

Para concluir, uma boa dose de confusão, neste campo, vem dos usos contraditórios e mal definidos do termo estratégia. Ao explicar e usar as várias definições, podemos conseguir evitar parte dessa confusão, enriquecendo assim nossa capacidade de entender e administrar os processos por meio dos quais as estratégias se formam.

Leitura 1.2
Estratégias para Mudança[2]
por James Brian Quinn

Algumas Definições Úteis

Considerando que as palavras *estratégia, objetivos, metas, política* e *programas* têm diferentes significados para cada leitor ou para as várias culturas organizacionais, eu [tento] usar certas definições consistentemente... Por clareza – e não por pedantismo – seguem essas definições.

Uma **estratégia** é o *padrão* ou *plano* que *integra* as *principais* metas, políticas e seqüências de ação da organização em um todo *coeso*. Uma estratégia bem-formulada ajuda a *organizar* e *alocar* os recursos de uma organização em uma *postura única* e *viável*, baseada em suas *competências* e *deficiências internas* relativas, *mudanças* antecipadas *no ambiente* e movimentos contingentes por parte dos *oponentes inteligentes*.

As **metas** (ou **objetivos**) estabelecem *o que* vai ser atingido e *quando* os resultados devem ser obtidos, mas não estabelecem *como* os resultados devem ser atingidos. Todas as organizações têm metas múltiplas dentro de uma hierarquia complexa (Simon, 1964): desde objetivos de valor, que expressam as premissas de valor amplas para onde a empresa deve se dirigir, passando por objetivos organizacionais gerais, que estabelecem a *natureza* pretendida do empreendimento e as *direções* nas quais a empresa deve se mover, até uma série de metas menos permanentes, que definem objetivos para cada unidade organizacional, suas subunidades e, finalmente, todas as principais atividades programadas dentro de cada subunidade. Os principais objetivos – aqueles que afetam a direção geral e a viabilidade da entidade – são chamados de *objetivos estratégicos*.

As **políticas** são regras ou diretrizes que expressam os *limites* dentro dos quais a ação deve ocorrer. Essas regras sempre têm a forma de decisões contingentes para resolver conflitos entre objetivos específicos. Por exemplo: "Não exceder três meses para o estoque de qualquer item sem aprovação corporativa". Como os objetivos que suportam, as políticas existem em uma hierarquia em toda a organização. As principais políticas – aquelas que orientam a direção geral e a postura da entidade ou que determinam sua viabilidade – são chamadas de *políticas estratégicas*.

Os **programas** especificam a *seqüência de ações passo a passo*, necessária para atingir os principais objetivos. Expressam *como* os objetivos vão ser atingidos dentro dos limites estabelecidos pela política. Asseguram que recursos sejam comprometidos para atingir as metas e fazem um acompanhamento dinâmico, por meio do qual podemos medir o progresso. Os principais programas que determinam a força e a viabilidade geral de uma entidade são chamados de *programas estratégicos*.

As **decisões estratégicas** são aquelas que determinam a direção geral de um empreendimento e sua viabilidade final à luz das mudanças previsíveis, imprevisíveis e irreconhecíveis que podem ocorrer nos principais ambientes adjacentes. Elas sutilmente moldam as verdadeiras metas do empreendimento. Ajudam a delinear os limites amplos dentro dos quais a empresa opera. Ditam tanto os recursos que a empresa terá disponíveis para suas tarefas como os principais padrões para os quais esses recursos serão alocados. E determinam a eficácia da empresa – se suas principais forças estão na direção certa considerando seus potenciais recursos – em vez de dizer se as tarefas individuais são desempenhadas eficientemente. Gerenciamento voltado para a eficiência, junto com a miríade de decisões necessárias para manter a vida diária e os serviços da empresa, formam o domínio de operações.

Estratégias versus Táticas

As estratégias normalmente existem em muitos níveis diferentes em qualquer grande organização. Por exemplo, no governo há estratégias de comércio internacional, de economia nacional, do departamento do tesouro, de gastos militares, de investimento, fiscais, de suprimento monetário, bancárias, de desenvolvimento regional e de reemprego local – todas hierarquicamente relacionadas entre si, embora cada uma tenha suas próprias exigências. De forma similar, as empresas têm diversas estratégias, que vão desde níveis corporativos até níveis departamentais dentro das divisões. Assim, se as estratégias existem em todos esses níveis, como estratégias e táticas

---

[2] Extraído de James Brian Quinn, *Strategies for Change: Logical Incrementalism* (copyright © Richard D. Irwin, Inc. 1980), capítulos 1 e 5, reimpresso com permissão do editor.

diferem? Normalmente a diferença básica está na escala de ação ou na perspectiva do líder. O que parece ser uma "tática" para o presidente (ou para o general) pode ser uma "estratégia" para o diretor de *marketing* (ou para o tenente) se determinar o sucesso final e a viabilidade da organização. Em um sentido mais preciso, as táticas podem ocorrer em qualquer nível. Elas são os realinhamentos de ação-interação de curta duração e adaptáveis que as forças opostas usam para atingir metas limitadas depois de seu contato inicial. A estratégia define uma base contínua para ordenar essas adaptações em direção a objetivos concebidos de forma mais ampla.

Uma estratégia genuína é sempre necessária quando as potenciais ações ou respostas de oponentes inteligentes podem afetar seriamente o esforço para atingir o resultado desejado – independentemente do nível de esforço organizacional no empreendimento total. Essa condição quase sempre pertence às ações importantes executadas no nível mais alto das organizações concorrentes. Porém, os teóricos do jogo rapidamente apontam que algumas ações importantes de alto nível – por exemplo, enviar uma frota em tempos de paz através do Atlântico – exigem meramente a elaboração de planos e programas coordenados (Von Neumann e Morgenstern, 1944; Shubik, 1975; McDonald, 1950). Um novo conjunto completo de conceitos, uma verdadeira estratégia, é necessário se algumas pessoas ou alguns países decidirem se opor aos objetivos da frota. E são esses conceitos que em grande parte diferenciam a formulação estratégica de um planejamento programado mais simples.

As estratégias podem ser vistas como declarações prévias para orientar a ação ou como resultados posteriores de um comportamento real. Nas organizações mais complexas... uma pessoa seria bastante pressionada para encontrar uma declaração prévia completa de uma estratégia total que seja de fato seguida. Freqüentemente a existência de uma estratégia (ou mudança de estratégia) pode ser clara para um observador objetivo, embora não seja ainda aparente para os executivos que tomam decisões críticas. Por isso, deve-se olhar para o *padrão* emergente real das metas, políticas e principais programas operacionais da empresa para ver qual é a sua verdadeira estratégia (Mintzberg, 1972). Seja conscientemente estabelecido com antecedência, ou seja simplesmente um entendimento amplamente aceito, resultante de uma série de decisões, esse padrão se torna a estratégia real da empresa. E são as mudanças nesse padrão – independentemente do que possa dizer qualquer documento estratégico formal – que os analistas ou tomadores de decisões estratégicas devem observar se desejarem compreender ou alterar a postura estratégica de suas preocupações...

O ENFOQUE CLÁSSICO DA ESTRATÉGIA

As estratégias militares-diplomáticas existem desde a pré-história. Na verdade, uma das funções dos primeiros historiadores e poetas era coletar o conhecimento acumulado dessas estratégias de vida ou morte, bem-sucedidas ou não, e convertê-lo em sabedoria e orientação para o futuro. À medida que as sociedades cresciam e os conflitos se tornavam mais complexos, generais, estadistas e capitães estudavam, codificavam e testavam conceitos estratégicos essenciais até que surgisse um grupo coerente de princípios. De várias formas, esses princípios foram depois destilados nas máximas de Sun Tzu (1963), Maquiavel (1950), Napoleão (1940), Von Clausewitz (1976), Foch (1970), Lenin (1927), Hart (1954), Montgomery (1958) ou Mao Tse-Tung (1967). Com algumas poucas exceções – em grande parte resultantes da tecnologia moderna – os princípios mais básicos de estratégia já existiam e têm registro muito anterior à Era Cristã. As instituições modernas primariamente adaptaram e modificaram esses princípios para seus próprios ambientes especiais.

Embora possamos escolher diversas estratégias militares-diplomáticas como exemplo, as ações de Felipe e Alexandre em Chaeronea* (em 338 a.C.) contêm muitos conceitos atualmente relevantes (Varner e Alger, 1978; Green, 1970)...

Uma estratégia clássica

Uma grande estratégia

Felipe e seu jovem filho, Alexandre, tinham *objetivos* muito *claros*. Eles queriam livrar a Macedônia da influência das cidades-estados gregas e *estabelecer domínio* sobre o que era então essencialmente o norte da Grécia. Eles também queriam que Atenas participasse de uma coalizão com eles contra a Pérsia em seu flanco oriental. *Avaliando seus recursos*, decidiram evitar a superioridade esmagadora da frota ateniense e *decidiram preceder* o ataque nas cidades fortemente cercadas de Atenas e Tebas, onde suas falanges e cavalarias soberbamente treinadas não teriam *vantagens diferenciadas*. Felipe e Alexandre usaram uma *abordagem indireta* quando um convite do Conselho Amphictyonic levou seus exércitos ao sul para punir Amphissa. Em uma *seqüência planejada de ações e manobras enganosas*, eles seguiram sua marcha em linha direta para Amphissa, *desviaram-se do inimigo e fortaleceram uma base importante*, Elatea. Então tomaram atitudes *para enfraquecer seus oponentes política e moralmente*, pressionando a recuperação das comunidades fenícias anteriormente dispersadas pelos tebanos e fazendo com que Felipe fosse declarado campeão dos deuses délficos. Depois, *usando mensagens enganosas* para fazer os inimigos acreditarem que tinham seguido para o norte até Thrace e também usando *fontes de inteligência desenvolvidas*, os macedônios, em um *ataque surpresa*, aniquilaram as posições da Grécia próximas de Amphissa. Isso *fez com que seus oponentes deixassem suas posições defensivas* nas montanhas próximas para *consolidar suas forças* perto da cidade de Chaeronea.

Lá, avaliando as *forças relativas* de seus oponentes, os macedônios primeiro *tentaram negociar* para atingir seus objetivos. Não obtendo sucesso, tinham um *plano de contingência bem-desenvolvido*, que determinava como *atacar e massacrar* os gregos. Antes disso, evidentemente, os macedônios

---

* N. de T.: Cidade da Grécia antiga.

haviam *organizado* suas tropas nas famosas falanges e tinham *desenvolvido* a *logística completa* necessária para seu suporte de campo, incluindo lanças mais longas, que ajudaram as falanges macedônias a penetrar o sólido escudo representado pelas formações gregas fortemente unidas. *Usando as vantagens naturais* de seu terreno, os macedônios desenvolveram um suporte de cavalaria para os movimentos de suas falanges que ia muito além da capacidade grega. Finalmente, usando uma *vantagem relativa* – a *estrutura de comando* permitida por seu *sistema social* hierárquico – contra os gregos mais democráticos, os nobres macedônios *treinaram seu pessoal*, transformando-os em uma das forças mais *disciplinadas e altamente motivadas* do mundo.

A estratégia da batalha

Dando suporte a isso, havia a estratégia de batalha em Chaeronea, que surgiu da seguinte forma: Felipe e Alexandre primeiro *analisaram suas forças e fraquezas específicas, além da posição atual e os possíveis movimentos de seus oponentes*. A força dos macedônios estava na tecnologia de suas novas lanças, na *mobilidade* de suas falanges soberbamente disciplinadas e nas poderosas unidades de cavalaria lideradas por Alexandre. O ponto fraco deles era estar em número muito reduzido e ter enfrentado – por parte dos atenienses e tebanos – algumas das melhores tropas do mundo. Porém, seus oponentes tinham dois pontos fracos. Um era o flanco esquerdo da Grécia, com tropas fracamente armadas posicionadas próximo à acrópole de Chaeronea e próximo a alguns soldados mais fortemente armados – mas apressadamente reunidos – levando ao centro guardado pelos atenienses. O famoso grupo Tebano ancorou sua asa direita grega próximo a um pântano no rio Cephissus. [ver Figura 1].

Felipe e Alexandre *organizaram suas lideranças para comandar as principais posições*, Felipe tomou a asa direita e Alexandre a cavalaria. *Alinharam suas forças em postura única, que usava seus pontos fortes e anulava seus pontos fracos*. Eles escolheram locais onde poderiam *concentrar suas forças, que posições conceder* e em que *pontos principais deveriam ceder ou não*. Começando com suas unidades posicionadas atrás das linhas gregas (ver mapa), eles desenvolveram uma *força principal concentrada* contra a asa esquerda grega e atacaram *o ponto fraco de seus oponentes* – as tropas próximas a Chaeronea – com a mais disciplinada das unidades macedônias, a brigada de guardas. Depois de fazer pressão e estender a linha grega para sua esquerda, a brigada de guardas abruptamente começou uma *retirada planejada*. Essa *dissimulação* fez com que os gregos rompessem suas fileiras e seguissem em frente, acreditando que os macedônios estivessem batendo em retirada. Isso *estendeu os recursos dos oponentes* à medida que o centro grego se movia para a esquerda para *manter contato* com seu flanco e para atacar os macedônios "fugitivos". Então, *com precisão predeterminada*, a cavalaria de Alexandre *atacou a exposição* da linha estendida, ao mesmo tempo em que as falanges de Felipe *se reuniam novamente como planeja-*

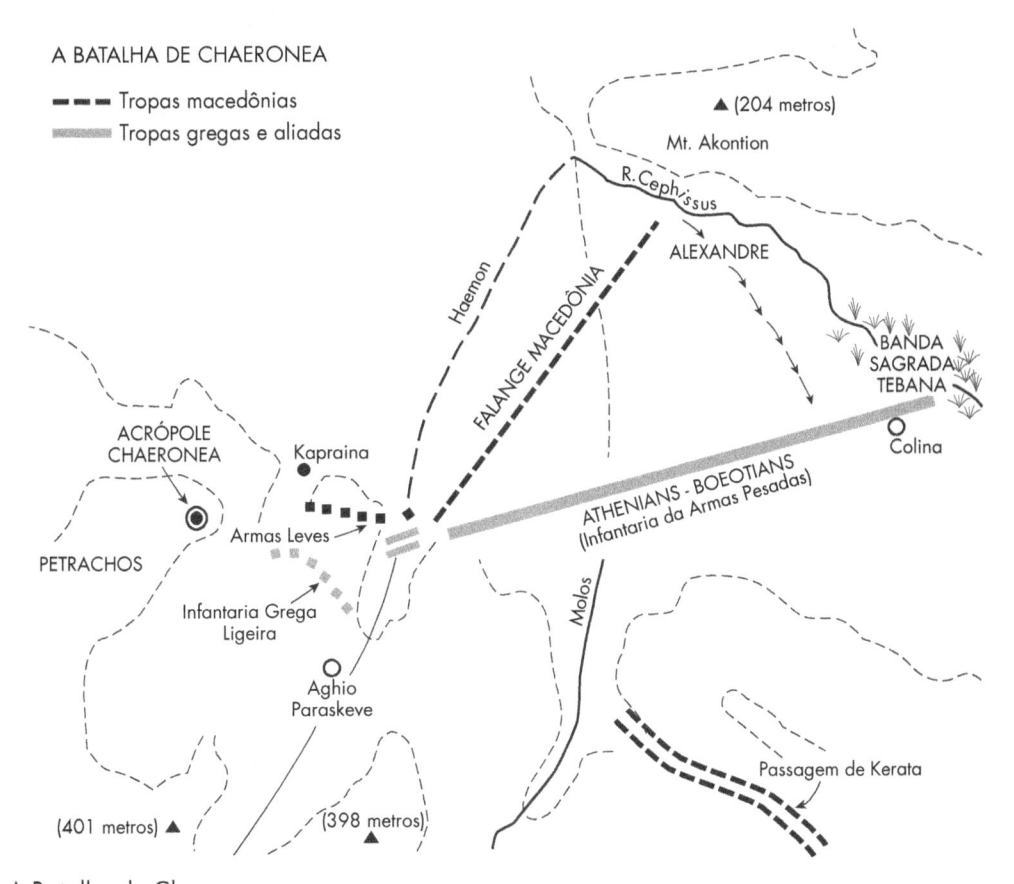

Figura 1 A Batalha de Chaeronea.
Fonte: Modificada com permissão de P. Green, Alexandre the Great, Praeger Publishers, New York (1970).

do em terras altas às margens do rio Heamon. Alexandre *avançou* e *formou uma cabeça de ponte* atrás dos gregos. Ele *refocou suas forças contra um segmento* da linha dos oponentes; sua cavalaria *cercou e destruiu* o grupo Tebano à medida que o *poder esmagador* de suas falanges se espalhava pela brecha que havia criado. Com sua *posição assegurada*, o flanco esquerdo macedônio passou a *atacar o flanco* dos atenienses. Com a ajuda do *contra-ataque planejado* de Felipe, os macedônios expandiram seu domínio e massacraram o alvo crítico, ou seja, o centro grego...

ANALOGIAS MODERNAS

Conceitos similares continuam a dominar a era moderna do pensamento estratégico formal. Quando começa esse período, Scharnhorst ainda destaca a necessidade de *analisar as forças sociais e estruturas* como base para *compreender os estilos de comando eficazes* e os *estímulos motivacionais* (Von Clausewitz, 1976:8). Frederico o Grande provou isso no campo. Presumivelmente baseado em tais análises, ele adotou *treinamento, disciplina* e *manobras rápidas* como conceitos centrais para uma cultura alemã altamente disciplinada, que tinha que estar sempre pronta para lutar em dois *fronts* (Phillips, 1940). Von Bülow (1806) continuou a enfatizar os papéis estratégicos dominantes do *posicionamento geográfico* e dos *sistemas de suporte logístico* na estratégia. Tanto Jomini (1971) como Von Büllow (1806) enfatizaram os conceitos de *concentração, pontos de domínio* e *rapidez de movimentos* como temas estratégicos centrais e até tentaram transformá-los em princípios matematicamente precisos para sua época.

Mais tarde, Von Clausewitz falou sobre a superioridade de *objetivos principais claros* na guerra e sobre o desenvolvimento de estratégias de guerra como um componente das *metas mais amplas* da nação com *horizontes de tempo* que se estendem para além da guerra em si. Dentro desse conceito, ele afirmou que uma estratégia efetiva deveria se concentrar ao redor de relativamente *poucos princípios centrais* que possam *criar, guiar* e *manter* o domínio, apesar dos grandes atritos que ocorrem quando alguém tenta posicionar ou manobrar grandes forças na guerra. Entre esses princípios, ele incluiu muitos dos conceitos em vigor na época macedônia: *espírito de moral, surpresa, astúcia, concentração no espaço, domínio de posições selecionadas, uso de reservas estratégicas, unificação com o tempo, tensão e liberação*, e assim por diante. Ele mostrou como esses princípios amplos se aplicam a um número específico de situações de ataque, defesa, flanqueamento e retirada; mas sempre enfatizou o intangível da *liderança*. Seu posicionamento básico e seus princípios organizacionais deveriam ser associados com audácia, perseverança e genialidade. Ele enfatizava constantemente – como fazia Napoleão – a necessidade de *flexibilidade planejada* quando se aderisse à batalha.

Analistas estratégicos posteriores adaptaram esses temas clássicos para conflitos em maior escala. Von Schlieffen reuniu *a força* de números imensos e produção da Alemanha com as vastas *capacidades de manobra* dos campos de Flandres para posicionar a nação, conceitualmente, atrás de um *alinhamento único de forças* ("um ancinho gigante"), que poderia "ir além dos flancos" de seus oponentes franceses, *atacar pontos fracos* (suas linhas de fornecimento e retaguarda), capturar e *manter os principais centros políticos* da França e *dominar ou destruir* seu exército enfraquecido no campo (Tuchman, 1962). Por outro lado, Foch e Grandmaison viam *moral* (*élan*), *nervos* (*cran*) e *ataque concentrado* contínuo (*attaque à outrance*) como itens que *iam ao encontro dos valores* de uma nação francesa volátil, recentemente derrotada, que tinha decidido (tanto por razões morais como de *coalizão*) estabelecer *limites importantes* em suas próprias ações na I Guerra Mundial – ou seja, não atacar primeiro nem através da Bélgica.

Na medida em que essas duas estratégias perdiam a forma e se tornavam um massacre direto nos conflitos armados, Hart (1954) revitalizou a *abordagem indireta* e isso se tornou o tema central do pensamento estratégico britânico entre as guerras. Mais tarde, nos Estados Unidos, Matloff e Snell (1953) começaram a enfatizar o planejamento para *coalizões em larga escala*, à medida que surgiam as forças gigantes da II Guerra Mundial. O grupo Enigma *moveu-se secretamente para desenvolver uma rede de inteligência* que foi crucial para os resultados da guerra (Stevenson, 1976). Mas, uma vez engajado na guerra, George Marshall ainda via como única esperança de vitória dos Aliados primeiro a *concentração de forças esmagadoras* contra um inimigo (Alemanha), depois a *admissão das perdas iniciais* no Pacífico, *refocando as forças Aliadas* em um *movimento coordenado seqüencial gigantesco* contra o Japão. No teatro ocidental, MacArthur primeiro *se retraiu, consolidou uma base para* operações, *construiu sua logística, evitou as forças de seus oponentes, ignorou* as posições defensivas estabelecidas pelo Japão e, numa *manobra flanqueada gigantesca*, estava pronto para invadir o Japão depois de *suavizar sua vontade política e psicológica* por meio de bombardeios em massa (James, 1970).

Todos esses pensadores e praticantes modernos usam princípios clássicos de estratégia datados da era grega, mas talvez as analogias mais surpreendentes da II Guerra Mundial estejam nas estratégias de batalha de Patton e Rommel, que eram quase uma cópia carbonada dos conceitos macedônios de concentração planejada, inovação rápida, envolvimento e ataque pelas costas dos inimigos (Essame, 1974; Farago, 1964; Irving, 1977; Young, 1974).

Conceitos similares ainda permeiam estratégias bem-concebidas – sejam elas estratégias governamentais, diplomáticas, militares, esportivas ou empresariais. O que poderia ser mais direto do que o paralelo entre Chaeronea e uma estratégia empresarial bem-desenvolvida, que primeiro se aproxima e depois se afasta para determinar as forças dos oponentes, forçando-os a aumentar seu comprometimento, depois concentrar recursos, atacar uma exposição clara, massacrar um segmento de mercado selecionado, construir uma cabeça de ponte no mercado e depois reagrupar e expandir a partir dessa base para dominar um campo mais amplo? Muitas companhias seguiram exatamente tais estratégias com muito sucesso...

Dimensões da Estratégia

A análise das estratégias militares-diplomáticas e analogias similares em outros campos fornecem algumas informações essenciais para as dimensões básicas, natureza e projeto das estratégias formais.

Primeiro, estratégias formais eficazes contêm três elementos essenciais: (1) as *metas* (ou objetivos) mais importantes a serem atingidas, (2) as *políticas* mais importantes que orientam ou limitam a ação e (3) as principais *seqüências de ação* (ou programas) que levarão ao cumprimento das metas definidas dentro dos limites estabelecidos. Como a estratégia determina a direção geral e o foco de ação da organização, sua formulação não pode ser considerada como mera geração e alinhamento de programas para atingir metas predeterminadas. O desenvolvimento da meta é uma parte integrante da formulação de estratégia...

Segundo, estratégias eficazes se desenvolvem ao redor de *alguns poucos conceitos e forças principais*, que lhes dão coesão, equilíbrio e foco. Algumas forças são temporárias; outras podem ser mantidas até o fim da estratégia. Algumas custam mais por ganho unitário do que outras. Os recursos devem ser *alocados em padrões* que garantam recursos suficientes para que todas as forças sejam bem-sucedidas, independentemente de seu custo/ganho relativo. E as unidades organizacionais devem ser coordenadas e as ações controladas para dar suporte ao padrão de força pretendido ou à estratégia total...

Terceiro, a estratégia lida não apenas com o imprevisível, mas também com o *desconhecido*. Para as principais estratégias empresariais, nenhum analista pode prever as formas precisas por meio das quais todas as forças opositoras vão interagir umas com as outras, ser distorcidas pela natureza ou pelas emoções humanas, ou ser modificadas pela imaginação e reações intencionais de oponentes inteligentes (Braybrooke e Lindblom, 1963). Muitos observaram como os sistemas em larga escala podem responder muito contra-intuitivamente (Forrester, 1971) a ações aparentemente racionais, ou como uma série aparentemente bizarra de fatos pode conspirar para evitar ou auxiliar o sucesso (White, 1978; Lindblom, 1959)...

Conseqüentemente, a essência da estratégia – seja militar, diplomática, empresarial, esportiva, (ou) política... – é *construir uma postura* que seja tão forte (e potencialmente flexível) de maneira seletiva para que a organização possa atingir suas metas, independentemente de como forças externas imprevistas possam de fato interagir quando chega a hora.

Quarto, assim como as organizações militares têm escalões múltiplos de estratégias de grupo, teatro, área, batalha, infantaria e artilharia, outras organizações complexas deveriam ter diversas estratégias hierarquicamente relacionadas, que se apoiassem mutuamente (Vancil e Lorange, 1975; Vancil, 1976). Cada uma dessas estratégias pode ser mais ou menos completa, congruente com o nível de descentralização pretendido. Cada uma deveria ser moldada como um elemento coeso de estratégias de nível mais alto. Embora, pelas razões citadas, obter coesão total entre todas as estratégias de uma grande organização seja uma tarefa sobre-humana para qualquer presidente, é importante que haja formas sistemáticas para testar cada componente da estratégia e confirmar que ele atenda os princípios mais importantes de uma estratégia bem-formada.

Os critérios derivados das estratégias militares-diplomáticas garantem uma estrutura excelente para isso, ainda que freqüentemente alguém veja alegadas estratégias formais em todos os níveis organizacionais que não são estratégias de fato. Como ignoram ou até violam os princípios estratégicos mais básicos, elas são pouco mais do que um conjunto de filosofias ou aglomeração de programas. Não têm coesão, flexibilidade, força e senso de posicionamento contra a oposição inteligente e outros critérios que a análise histórica sugere que as estratégias eficazes devem conter. Seja formalmente ou incrementalmente derivadas, as estratégias devem ser pelo menos intelectualmente testadas com base em critérios apropriados.

Critérios para uma Estratégia Eficaz

Ao desenvolver uma estratégia para lidar com o desconhecido, que fatores devem ser considerados? Embora cada situação estratégica seja única, há alguns critérios comuns que tendem a definir uma boa estratégia? O fato de uma estratégia ter funcionado bem no passado não é critério suficiente para julgá-la. Grant era realmente um estrategista melhor do que Lee? A estratégia de Foch era melhor do que a de Von Schlieffen? A estratégia de Xerxes era superior à de Leônidas? Foi a estratégia dos russos que lhes permitiu invadir a Tcheco-Eslováquia em 1968? Evidentemente, outros fatores além da estratégia – incluindo sorte, recursos esmagadores, implementação soberba ou estúpida e erros do inimigo – ajudam a determinar os resultados finais. Além disso, no momento em que se formula a estratégia, não podemos usar o critério de sucesso anterior porque o resultado ainda não é concreto. Precisamos claramente de algumas diretrizes para definir uma estrutura estratégica eficaz.

Uns poucos estudos sugeriram alguns critérios iniciais para avaliar uma estratégia (Tilles, 1963; Christensen et al., 1978). Esses critérios incluem clareza, impacto motivacional, consistência interna, compatibilidade com o ambiente, adequação à luz dos recursos, grau de risco, combinação dos valores pessoais com os principais números, horizonte de tempo e funcionalidade... Além disso, exemplos históricos – dos ambientes empresarial e militar-diplomático – sugerem que estratégias eficazes devem pelo menos englobar alguns outros fatores críticos e elementos estruturais...

- *Objetivos claros, decisivos*: todos os esforços estão dirigidos para metas gerais claramente compreendidas, decisivas e alcançáveis? Metas específicas de unidades subordinadas podem mudar no calor de campanhas ou de competição, mas as metas dominantes de estratégia para todas as unidades devem permanecer claras o suficiente para gerar continuidade e coesão das escolhas táticas durante o horizonte de tempo da estratégia. Nem todas as metas precisam ser escritas ou numericamente precisas, mas devem ser claras e decisivas – ou seja, se forem atingidas, devem assegurar viabilidade e vitalidade contínua da entidade frente a frente com seus oponentes.

- *Manter a iniciativa*: a estratégia preserva a liberdade de ação e aumenta o comprometimento? Estabelece o ritmo e determina o curso dos fatos em vez de reagir a eles? Uma postura reativa prolongada resulta em inquietação e baixa moral, além de eliminar a vantagem de precisão e intangíveis para os oponentes. Finalmente, tal postura aumenta custos, diminui o número de opções disponíveis e diminui a probabilidade de atingir sucesso suficiente para assegurar independência e continuidade.

- *Concentração*: a estratégia concentra poder superior em local e momento considerados decisivos? A estratégia definiu precisamente o que vai tornar a empresa superior em poder – ou seja, "melhor" em dimensões críticas – em relação a seus oponentes. Uma competência diferenciada gera mais sucesso com menos recursos e é a base essencial para ganhos (ou lucros) mais altos do que os do concorrente...

- *Flexibilidade*: a estratégia foi propositalmente construída em direcionadores de recursos e dimensões para flexibilidade e manobra? Capacidades reservadas, manobras planejadas e reposicionamento permitem o uso de recursos mínimos ao mesmo tempo em que mantêm os oponentes em desvantagem relativa. Como corolários de concentração e concessão, permitem ao estrategista reutilizar as mesmas forças para dominar posições selecionadas em diferentes momentos. Elas também forçam oponentes menos flexíveis a usar mais recursos para manter posições predeterminadas, ao mesmo tempo em que exigem comprometimento fixo mínimo dos recursos de alguém para fins defensivos.

- *Liderança coordenada e comprometida*: a estratégia garante liderança responsável e comprometida para cada uma de suas principais metas?... [Líderes] devem ser escolhidos e motivados, de forma que seus próprios interesses e valores se ajustem às necessidades de seus papéis. Estratégias bem-sucedidas exigem comprometimento, não apenas aceitação.

- *Surpresa*: a estratégia faz uso de rapidez, segredo e inteligência para atacar oponentes expostos ou despreparados em momentos inesperados? Com surpresa e no momento correto, pode-se atingir sucesso independente da proporção de energia empregada e pode-se, decididamente, mudar posições estratégicas...

- *Segurança*: a estratégia assegura bases de recursos e pontos operacionais vitais para a empresa? Desenvolve um sistema de informações eficaz o suficiente para evitar surpresas por parte dos oponentes? Desenvolve a logística completa para dar suporte a cada uma de suas principais forças? Usa coalizão efetiva para estender a base de recursos e zonas de aceitação amigável para a empresa?...

Esses são elementos críticos da estratégia, seja na empresa, no governo ou na guerra.

LEITURA 1.3
O QUE É ESTRATÉGIA[3]
por Michael E. Porter

I. EFICÁCIA OPERACIONAL NÃO É ESTRATÉGIA

Por quase duas décadas, os gerentes vêm aprendendo a jogar com novas regras. As companhias devem ser flexíveis para responder rapidamente às mudanças competitivas e de mercado. Devem medir seu desempenho constantemente para atingir a melhor prática. Devem terceirizar agressivamente para ganhar eficiência. E devem nutrir algumas poucas competências básicas na corrida para se manter à frente dos rivais.

Posicionamento – que já foi o núcleo da estratégia – é rejeitado como sendo muito estático para os dinâmicos mercados atuais e as tecnologias mutantes. Segundo o novo dogma, os rivais podem copiar rapidamente qualquer posição de mercado e a vantagem competitiva é, na melhor das hipóteses, temporária.

Mas essas crenças são perigosas meias verdades e estão conduzindo mais e mais companhias para o caminho da competição mutuamente destrutiva. É verdade que algumas barreiras à concorrência estão caindo à medida que

---
[3] Extraído de "What Is Strategy?", Michael E. Porter, *Harvard Business Review*, (November-December 1996)

regulamentações são atenuadas e mercados se tornam globais. É verdade que as companhias investiram apropriadamente em energia para se tornar mais enxutas e mais rápidas. Em muitos segmentos, porém, o que alguns chamam de *hipercompetição* é um autoflagelo, não o resultado inevitável de uma mudança de paradigma de competição.

A raiz do problema é a falha em distinguir entre eficácia operacional e estratégia. A busca por produtividade, qualidade e velocidade gerou um grande número de ferramentas e técnicas gerenciais importantes: gerenciamento com qualidade total, avaliação de desempenho, competição baseada em tempo, terceirização, parcerias, reengenharia, mudança gerencial. Embora as melhorias operacionais resultantes tenham sido sempre drásticas, muitas empresas ficaram frustradas com sua incapacidade de traduzir esses ganhos em lucratividade sustentada. E, de grão em grão, quase imperceptivelmente, as ferramentas gerenciais tomaram o lugar da estratégia. À medida que os gerentes pressionam para melhorar em todas as frentes, eles se afastam cada vez mais de posições competitivas viáveis.

EFICÁCIA OPERACIONAL: NECESSÁRIA, MAS NÃO SUFICIENTE

Eficácia operacional e estratégia são ambas essenciais para um desempenho superior, o que, acima de tudo, é a meta primária de qualquer empresa. Mas elas trabalham de forma muito diferente.

Uma companhia só pode ter um desempenho melhor que suas rivais se puder estabelecer uma diferença que possa preservar. Ela deve entregar maior valor aos clientes ou criar valor comparável a um custo mais baixo, ou as duas coisas. A aritmética de lucratividade superior vem em seguida: entregar maior valor permite que uma companhia cobre preços unitários médios mais altos; maior eficiência resulta em custos unitários médios mais baixos.

Finalmente, todas as diferenças entre companhias em relação a custo ou preço derivam das centenas de atividades exigidas para criar, produzir, vender e entregar seus produtos ou serviços, como visita a clientes, montagem do produto final e treinamento de funcionários. O custo é gerado pelo desempenho das atividades, e a vantagem de custo resulta do desempenho de determinadas atividades de forma mais eficiente do que os concorrentes. De maneira similar, a diferenciação surge da escolha de atividades e de como elas são desempenhadas. Atividades, então, são as unidades básicas da vantagem competitiva. Vantagem ou desvantagem geral resultam de todas as atividades de uma empresa, não de algumas.

Eficácia operacional (EO) significa desempenhar atividades similares *melhor* do que os rivais. Eficácia operacional inclui, mas não se limita à, eficiência. Refere-se a qualquer número de práticas que permitam a uma empresa utilizar melhor seus recursos – por exemplo, reduzindo os defeitos em produtos ou desenvolvendo melhores produtos mais rapidamente. Em contraste, posicionamento estratégico significa desempenhar atividades *diferentes* dos rivais ou desempenhar atividades similares de *maneira diferente*.

As diferenças em eficácia operacional entre as empresas são muitas. Algumas empresas conseguem extrair mais de seus recursos do que outras porque eliminam esforço desperdiçado, empregam tecnologia mais avançada, motivam melhor seus funcionários ou têm mais habilidade no gerenciamento de determinadas atividades ou conjuntos de atividades. Tais diferenças em eficácia operacional são uma fonte importante de diferenças na lucratividade entre concorrentes porque afetam diretamente as posições de custo relativo e os níveis de diferenciação...

Imagine por um momento uma *fronteira de produtividade* que constitua a soma de todas as melhores práticas existentes em uma determinada época. Pense nisso como o valor máximo que uma empresa que produz um determinado produto ou serviço pode criar a um determinado custo, usando as melhores tecnologias, habilidades, técnicas gerenciais e matérias-primas disponíveis. A fronteira de produtividade pode ser aplicada a atividades individuais, a grupos de atividades associadas, como processamento de pedidos e produção, e a todas as atividades da empresa. Quando uma empresa melhora sua eficácia operacional, ela se move em direção à fronteira. Fazer isso pode exigir investimento de capital, pessoal diferente ou simplesmente novas formas de gerenciar.

A fronteira de produtividade muda constantemente à medida que novas tecnologias e métodos gerenciais são desenvolvidos e à medida que novas informações se tornam disponíveis...

A concorrência em EO muda visivelmente a fronteira de produtividade, efetivamente elevando o nível para todos. Mas, embora tal concorrência produza melhoria absoluta na eficácia operacional, ela não gera melhoria relativa para ninguém. Considere o setor de impressão comercial nos EUA, avaliado em mais de US$ 5 bilhões. Os principais participantes – R.R. Donnelley & Sons Company, Quebecor, World Color Press e Big Flower Press – estão concorrendo diretamente, atendendo todos os tipos de cliente, oferecendo o mesmo leque de tecnologias de impressão (gravura e *offset* via web), investindo pesadamente nos mesmos novos equipamentos, rodando suas prensas mais rapidamente e reduzindo o número de funcionários. Mas os principais ganhos de produtividade resultantes estão sendo capturados pelos clientes e fornecedores de equipamentos, não fixados em lucratividade superior...

A segunda razão pela qual a eficácia operacional é insuficiente – convergência competitiva – é mais sutil e insidiosa. Quanto mais avaliação as empresas fazem, mais elas se parecem. Quanto mais as rivais terceirizam atividades com parceiros eficientes, em geral os mesmos, mais genéricas tornam-se essas atividades. À medida que os rivais imitam uns aos outros em melhorias de qualidade, ciclos de tempo ou parcerias de fornecimento, as estratégias convergem e a concorrência torna se uma série de corridas em direção a caminhos idênticos em que ninguém pode vencer. Concorrência baseada apenas em eficácia operacional é mutuamente destrutiva, gerando atritos que somente podem ser detidos pela limitação da concorrência.

A recente onda de consolidação de segmentos por meio de fusões faz sentido no contexto da concorrência em EO. Conduzidas por pressões de desempenho, mas com falta de visão estratégica, muitas empresas não têm outra idéia melhor do que comprar suas rivais. Os concorrentes que ficam são normalmente aqueles que sobreviveram aos demais, e não companhias com verdadeiras vantagens.

II. ESTRATÉGIA BASEIA-SE EM ATIVIDADES ÚNICAS

As estratégia competitiva significa ser diferente. Significa escolher deliberadamente um conjunto de atividades diferentes para entregar um *mix* único de valores.

A Southwest Airlines Company, por exemplo, oferece viagens de curta distância, baixo custo, com serviço ponto-a-ponto entre cidades médias e aeroportos secundários em grandes cidades. A Southwest evita os grandes aeroportos e não voa grandes distâncias...

A IKEA, comerciante global de móveis sediada na Suécia, também tem um posicionamento estratégico claro. A IKEA visa aos jovens compradores de mobília, que querem estilo com baixo custo. O que transforma esse conceito de *marketing* em posicionamento estratégico é o conjunto de atividades sob medida que o faz funcionar. Como a Southwest, a IKEA decidiu desempenhar atividade de maneira diferente de seus rivais...

AS ORIGENS DAS POSIÇÕES ESTRATÉGICAS

As posições estratégicas surgem de três fontes distintas, que não são mutuamente exclusivas e sempre se sobrepõem. Primeiro, posicionamento pode ser baseado na produção de um subconjunto de produtos ou serviços em um segmento. Chamo isso de *posicionamento baseado em variedade* porque se baseia na escolha das variedades de produto ou serviço, e não em segmentos de cliente. O posicionamento baseado em variedade faz sentido econômico quando uma empresa pode produzir melhor determinados produtos ou serviços usando conjuntos de atividades diferenciados.

A Jiffy Lube International, por exemplo, é especializada em lubrificantes automotivos e não oferece nenhum outro serviço de reparo ou manutenção de veículos. Sua cadeia de valores produz serviços mais rápidos a custo mais baixo do que as linhas de reparo mais amplas nas oficinas mecânicas, uma combinação tão atraente que muitos clientes subdividem suas compras, fazendo troca de óleo no concorrente focado, Jiffy Lube, e indo aos rivais para outros serviços...

Uma segunda base para posicionamento é a de atender a maioria ou todas as necessidades de um determinado grupo de clientes. Chamo isso de *posicionamento baseado em necessidade*, que está mais próximo do pensamento tradicional de visar a um segmento de clientes. Surge quando há grupos de clientes com necessidades diferentes e quando um conjunto de atividades específico pode atender melhor essas necessidades. Alguns grupos de clientes são mais sensíveis a preço do que outros, demandam diferentes características de produto e precisam de quantidades variadas de informações, suporte e serviços. Os clientes da IKEA são um bom exemplo de tal grupo. A IKEA tenta atender todas as necessidades de mobiliário doméstico para seus clientes-alvo, não apenas para um subgrupo...

É intuitivo para a maioria dos gerentes conceber sua empresa em termos das necessidades dos clientes que atendem. Mas um elemento crítico do posicionamento baseado em necessidade não é de forma alguma intuitivo e é sempre ignorado. As diferenças em necessidades não vão se traduzir em posições significativas a não ser que o melhor conjunto de atividades para satisfazê-los *também* seja diferente. Se não for o caso, cada concorrente pode atender essas mesmas necessidades e não haverá nada único ou valioso nesse posicionamento...

A terceira base para posicionamento é a de segmentar clientes acessíveis de diferentes formas. Embora suas necessidades sejam similares às de outros clientes, a melhor configuração de atividades para alcançá-los é diferente. Chamo isso de *posicionamento baseado em acesso*. Acesso pode ser uma função da geografia do cliente ou da escala do cliente – ou qualquer coisa que exija um conjunto de atividades diferentes para alcançar os clientes da melhor forma...

Clientes rurais *versus* clientes urbanos são um exemplo de acesso conduzindo diferenças em atividades. Atender clientes pequenos ao invés dos grandes ou clientes densamente reunidos ao invés daqueles bastante espalhados são outros exemplos nos quais a melhor forma de configurar as atividades de *marketing*, processamento de pedido, logística e serviços pós-venda para atender necessidades similares de grupos distintos será sempre diferente...

Tendo definido posicionamento, podemos agora começar a responder à pergunta "O que é estratégia?". Estratégia é a criação de uma posição de valor e única, envolvendo um conjunto de atividades diferentes. Se houvesse apenas uma posição ideal, não haveria necessidade de estratégia. As empresas enfrentariam um problema simples – vencer a corrida para descobri-la e apropriar-se dela. A essência do posicionamento estratégico é escolher atividades que sejam diferentes das atividades dos rivais. Se o mesmo conjunto de atividades fosse melhor para produzir todas as variedades, atender todas as necessidades e acessar todos os clientes, as empresas poderiam facilmente passar de uma atividade para outra, e a eficácia operacional determinaria o desempenho.

III. UMA POSIÇÃO ESTRATÉGICA SUSTENTÁVEL EXIGE INTERCÂMBIOS

Escolher uma posição única, porém, não é suficiente para garantir vantagem sustentável. Uma posição de valor vai atrair imitação por parte dos interessados, que tendem a copiar usando uma das duas formas.

Primeiro, um concorrente pode se reposicionar para igualar outro que tenha desempenho superior... Um segundo tipo de imitação, muito mais comum, é a indecisão. O indeciso tenta igualar os benefícios de uma posição bem-sucedida, ao mesmo tempo em que mantém sua posição existente. Ele acrescenta novas características, serviços ou tecnologias em atividades que já desempenha.

Para aqueles que alegam que os concorrentes podem copiar qualquer posição de mercado, o segmento de empresas aéreas é um teste de caso perfeito. Pode parecer que quase todos os concorrentes são capazes de imitar as atividades de outra empresa aérea. Qualquer empresa pode comprar os mesmos aviões, alugar os mesmos hangares e igualar os serviços de menu, passagens e manuseio de bagagens oferecidos pelas outras.

A Continental Airlines viu como a Southwest estava indo bem e decidiu imitá-la. Embora mantivesse sua posição como empresa aérea completa, a Continental também decidiu igualar a Southwest em algumas rotas ponto a ponto. A empresa aérea chamou o novo serviço de Continental Lite. Eliminou refeições e serviços de primeira classe, aumentou a freqüência de partidas, reduziu as tarifas e diminuiu o tempo de permanência no hangar. Como a Continental continuou sendo uma empresa de serviço completo em outras rotas, ela continuou a usar agentes de viagem e sua frota mista de aviões, e também continuou despachando bagagens e fazendo marcação de assento.

Mas uma posição estratégica não é sustentável a não ser que haja intercâmbio com outras posições. Os intercâmbios ocorrem quando as atividades são incompatíveis. Colocando em termos simples, intercâmbio significa que mais de uma coisa necessita menos de outra. Uma empresa aérea pode decidir servir refeições – acrescentando custos e aumentando o tempo de permanência no hangar – ou pode decidir não servir, mas não pode fazer as duas coisas sem sofrer grandes ineficiências...

Os intercâmbios surgem por três motivos. O primeiro é a inconsistência na imagem ou na reputação. Uma empresa conhecida por um tipo de valor pode perder credibilidade e confundir os clientes – ou mesmo minar sua reputação – se entregar outro tipo de valor ou tentar fazer duas coisas inconsistentes ao mesmo tempo...

Segundo, e mais importante, os intercâmbios surgem a partir das próprias atividades. As posições diferentes (com atividades sob medida) exigem configurações de produtos diferentes, equipamentos diferentes, comportamento diferente dos funcionários, habilidades diferentes e sistemas gerenciais diferentes. Muitos intercâmbios refletem inflexibilidade em máquinas, pessoas ou sistemas. Quanto mais a IKEA configurava suas atividades para reduzir custos, fazendo com que o próprio cliente retirasse e montasse os móveis, menos capacidade ela tinha de satisfazer os clientes que exigiam um nível de serviço mais alto...

Finalmente, os intercâmbios surgem dos limites em coordenação e controle internos. Ao optar claramente por concorrer de uma forma ou de outra, a gerência sênior torna claras as prioridades organizacionais. Por outro lado, empresas que tentam ser tudo para os clientes arriscam-se a ter confusão nas trincheiras à medida que os funcionários tentam tomar decisões operacionais do dia-a-dia sem uma estrutura clara.

O posicionamento de intercâmbios está presente na concorrência e é essencial para a estratégia. Eles criam a necessidade de escolher e limitar propositalmente o que uma empresa oferece. Impedem a indecisão ou o reposicionamento, pois os concorrentes que adotam essas posturas minam suas estratégias e degradam o valor de suas atividades já existentes.

Os intercâmbios finalmente atingiram a Continental Lite. A empresa aérea perdeu centenas de milhões de dólares e o CEO perdeu o emprego. Os aviões atrasavam-se para sair de cidades congestionadas ou demoravam no hangar devido às transferências de bagagem...

A Continental tentou concorrer em dois setores ao mesmo tempo. Tentando oferecer baixo custo em algumas rotas e serviço completo em outras, a empresa pagou uma penalidade enorme por sua indecisão...

Na última década, à medida que os gerentes melhoravam muito a eficácia operacional, eles internalizavam a idéia de que eliminar os intercâmbios é uma coisa boa. Mas se não houver intercâmbios as empresas nunca vão atingir vantagem sustentável. Elas vão ter que correr cada vez mais rápido apenas para manter sua posição.

Ao retomarmos a questão "O que é estratégia?", vemos que os intercâmbios acrescentam uma nova dimensão à resposta. Estratégia é fazer intercâmbios ao competir. A essência da estratégia é escolher o que *não* fazer. Sem intercâmbios, não haveria necessidade de escolha e, conseqüentemente, de estratégia. Qualquer boa idéia poderia e deveria ser rapidamente imitada. Novamente, o desempenho depende totalmente da eficácia operacional.

IV. O AJUSTE GERA VANTAGEM COMPETITIVA E SUSTENTABILIDADE

As escolhas de posicionamento determinam não apenas as atividades que uma companhia vai desempenhar e como ela vai configurar as atividades individuais, mas também como essas atividades se relacionam umas com as outras. Enquanto a eficácia operacional discorre sobre atingir excelência em atividades individuais ou funções, a estratégia discorre sobre *combinar* atividades...

Qual é a competência básica da Southwest? Seus principais fatores de sucesso? A resposta correta é que tudo deve ser considerado. A estratégia da Southwest envolve todo um sistema de atividades, não um conjunto de partes. Sua vantagem competitiva vem da forma como as atividades se ajustam e reforçam umas às outras.

O ajuste impede os imitadores de criar uma cadeia que seja tão forte como seu *link mais forte*. Como na maioria das empresas com boas estratégias, as atividades da Southwest complementam-se de forma a criar valor econômico real. O custo de uma atividade, por exemplo, é reduzido devido à forma como outras atividades são desempenhadas. De maneira similar, o valor de uma atividade para os clientes pode ser aumentado pelas outras atividades da companhia. Essa é a maneira pela qual o ajuste estratégico cria vantagem competitiva e lucratividade superior.

Tipos de Ajuste

A importância do ajuste entre as políticas funcionais é uma das mais antigas idéias em estratégia. Gradualmente, porém, ela vem sendo suplantada na agenda gerencial. Em vez de ver a empresa como um todo, os gerentes voltaram-se para competências "básicas", recursos "críticos" e fatores de sucesso "importantes". Na verdade, o ajuste é um componente da vantagem competitiva muito mais importante do que muitas pessoas percebem...

Há três tipos de ajuste, embora eles não sejam mutuamente exclusivos. O ajuste de primeira ordem é a *consistência simples* entre cada atividade (função) e a estratégia global...

A consistência assegura que as vantagens competitivas das atividades se acumulem e não se desgastem ou não se cancelem. Isso facilita a comunicação da estratégia a clientes, funcionários e acionistas e faz aumentar a dedicação dos colaboradores.

O ajuste de segunda ordem ocorre quando as *atividades são reforçadas*... A Bic Corporation vende uma linha reduzida de canetas simples, de baixo custo, para literalmente todos os grandes clientes do mercado (varejo, comercial, promocional e brinde) através de todos os canais disponíveis. Assim como qualquer posicionamento baseado em variedade atendendo um amplo grupo de clientes, a Bic enfatiza uma necessidade comum (preço baixo por uma caneta aceitável) e usa métodos de *marketing* de longo alcance (uma grande equipe de vendas e muito anúncio em televisão)...

O ajuste de terceira ordem vai além do reforço de atividade para o que chamo de *otimização de esforço*. A Gap, varejista de roupas informais, considera a disponibilidade de produto em suas lojas um elemento crucial de sua estratégia. A Gap poderia manter produtos em um estoque da própria loja ou reabastecer por armazéns. A empresa otimizou seu esforço entre essas atividades ao reabastecer sua seleção de roupas básicas quase diariamente a partir de três armazéns, minimizando assim a necessidade de manter grandes estoques nas lojas. A ênfase é na reposição porque a estratégia de comercialização da Gap é manter itens básicos em relativamente poucas cores...

Nos três tipos de ajuste, o todo é mais importante do que as partes. A vantagem competitiva surge a partir do *sistema completo* de atividades. O ajuste entre atividades reduz substancialmente o custo ou aumenta a diferenciação. Além disso, o valor competitivo das atividades individuais – ou das habilidades, competências ou recursos associados – não pode ser separado do sistema ou da estratégia. Assim, em empresas competitivas pode ser um erro explicar o sucesso especificando forças individuais, competências básicas ou recursos críticos. A lista de forças passa por muitos departamentos, e a força de um se soma com a dos outros. É mais útil pensar em termos de temas que permeiam as diversas atividades, como baixo custo, uma noção particular de serviços a clientes ou um conceito particular de valor entregue. Esses temas são incorporados em nichos de atividade fortemente associadas.

Ajuste e Sustentabilidade

O ajuste estratégico, entre muitas atividades, é fundamental não apenas para vantagem competitiva mas também para a sustentabilidade dessa vantagem. É mais difícil para um concorrente copiar um conjunto de atividades interligadas do que imitar simplesmente um determinado método da equipe de vendas, ou igualar uma tecnologia de processo, ou copiar um conjunto de características do produto. Posições baseadas em sistemas de atividades são muito mais sustentáveis do que aquelas baseadas em atividades individuais...

Quanto mais o posicionamento de uma empresa se baseia em sistemas de atividade com ajustes de segunda e terceira ordem, mais sustentável será a vantagem. Tais sistemas, por sua natureza específica, são normalmente difíceis de compreender fora da empresa e, por essa razão, difíceis de imitar. E, mesmo que os concorrentes possam identificar as interconexões relevantes, terão dificuldades em reproduzi-las. Conseguir ajuste é difícil porque exige integração de decisões e ações entre muitas subunidades independentes...

As posições mais viáveis são aquelas cujos sistemas de atividades são incompatíveis devido aos intercâmbios. O posicionamento estratégico estabelece as regras de intercâmbio que definem como as atividades individuais serão configuradas e integradas. Ver a estratégia como sistemas de atividades apenas esclarece porque a estrutura, os sistemas e os processos organizacionais precisam ser específicos para a estratégia. Criar uma organização sob medida para a estratégia, por outro lado, facilita a obtenção de complementações e contribui para a sustentabilidade.

Uma implicação é que as posições estratégicas deveriam ter um horizonte de uma década ou mais, não de um único ciclo de planejamento. Mudanças freqüentes no planejamento custam caro. A empresa não apenas deve reconfigurar suas atividades individuais, como também realinhar sistemas completos. Algumas atividades podem nunca se igualar à estratégia vacilante. O resultado inevitável de mudanças freqüentes na estratégia, ou da falha em escolher uma posição distinta em primeiro lugar, são as configurações de atividade *"me-too"* ou evasivas, inconsistências entre departamentos e dissonância organizacional.

O que é estratégia? Podemos agora completar a resposta a essa pergunta. Estratégia é criar ajuste entre as atividades de uma empresa. O sucesso de uma estratégia depende de fazer bem várias coisas – e não apenas algumas – e da integração entre elas. Se não houver ajuste entre as atividades, não há estratégia diferenciada e há pouca sustentabilidade. A gerência se volta para a tarefa mais simples de supervisionar os departamentos independentes, e a eficácia operacional determina o desempenho relativo de uma organização.

LEITURA 1.4
REFLEXÃO SOBRE O PROCESSO ESTRATÉGICO[4]
por Henry Mintzberg e Joseph Lampel

Somos os cegos e a formação da estratégia é o nosso elefante. Cada um de nós, tentando lidar os mistérios da fera, segura uma parte ou outra e, nas palavras do poema de John Godfrey Saxe*, do século passado:

> Continuamos em total ignorância
> do que cada parte significa,
> E falar sobre um Elefante,
> Que nenhum de [nós] viu!

Os consultores se parecem com grandes caçadores embarcando em seus safáris em busca de presas e troféus, enquanto que os acadêmicos preferem fotos de safáris – mantendo uma distância segura dos animais que desejam observar.

Os gerentes são encorajados a aceitar uma perspectiva restrita ou outra – as glórias do planejamento ou as maravilhas do aprendizado, as demandas da análise competitiva externa ou os imperativos de uma visão interna "baseada em recursos". Grande parte desses textos e conselhos tem sido decididamente mal-empregadas simplesmente porque os gerentes não têm outra escolha senão enfrentar a fera toda.

Na primeira parte deste artigo, revisamos brevemente a evolução do campo em termos de dez "escolas" (baseado em Mintzberg, Ahlstrand e Lampel, *Strategy Safari*, 1998). Perguntamos se essas perspectivas representam processos fundamentalmente diferentes de criação da estratégia ou diferentes *partes* do mesmo processo. Nos dois casos, nossa resposta é sim. Tentamos mostrar como alguns trabalhos recentes tendem a transcender essas perspectivas históricas – de certa forma, como

tem havido fertilização cruzada. Nossa pesquisa histórica sobre literatura estratégica sugere que ela tem sido caracterizada por dez principais escolas desde seu início, nos anos 60 – três *prescritivas* (ou "deve ser") e sete *descritivas* (ou "é").

ESCOLA DE DESIGN: UM PROCESSO DE CONCEPÇÃO

A perspectiva original – criada por Selznick (1957), seguida por Chandler (1962) e melhor definida por Andrews (em Learned et al., 1965) – vê a formação da estratégia como a obtenção do ajuste essencial entre as forças e as fraquezas internas com as ameaças e oportunidades externas. A gerência sênior formula estratégias claras, simples e únicas, em um processo deliberado de pensamento consciente – que não é nem formalmente analítico nem informalmente intuitivo – de forma que todos possam implementar as estratégias. Essa era a visão dominante do processo estratégico, pelo menos nos anos 70, e, podem alegar alguns, ainda é hoje devido à sua influência implícita em grande parte da teoria e da prática. Porém, a escola de *design* não se desenvolveu no sentido de fazer surgir variantes dentro de seu próprio contexto. Ao contrário, ela se combinou com outras visões em contextos bem diferentes.

ESCOLA DE PLANEJAMENTO: UM PROCESSO FORMAL

A escola de planejamento cresceu em paralelo com a escola de *design* – na verdade, o livro de H. Igor Ansoff apareceu em 1965, assim como o texto inicial de Andrews. Mas, no volume inicial da publicação, a escola de planejamento predominou até meados dos anos 70, hesitou nos anos 80, mas continua a ser um ramo importante da literatura atual. O livro de Ansoff reflete a maioria das suposições da escola de *design* exceto uma

---

[4] Reimpresso com cortes de "Reflecting on the Strategy Process", Henry Mintzberg e Joseph Lampel, *Sloan Management Review*, Vol. 40 (3), 1999, 21-30.

* N. de T.: John Godfrey Saxe (1816-1887), poeta americano, escreveu esse poema com base na fábula indiana chamada "Os cegos e o elefante".

muito importante: de que o processo não é apenas cerebral, mas também formal, podendo ser decomposto em passos distintos, delineados por listas de verificação e suportado por técnicas (especialmente em relação a objetivos, orçamentos, programas e planos operacionais). Isso significa que os funcionários da área de planejamento substituíram gerentes seniores, de fato, como verdadeiros participantes no processo.

Escola de Posicionamento: Um Processo Analítico

A terceira das escolas prescritivas, comumente chamada de posicionamento, foi a visão dominante da formação da estratégia nos anos 80. Recebeu um ímpeto especial de Michael Porter em 1980, seguindo um trabalho anterior sobre posicionamento estratégico acadêmico (notadamente por Hatten e Schendel) e em consultoria pelo Boston Consulting Group e o projeto PIMS – tudo precedido por uma vasta literatura sobre estratégia militar, da época de Sun Tzu no ano 400 a.C. (ver Sun Tzu, 1971). Nessa visão, a estratégia reduz-se a posições genéricas selecionadas por meio de análises formalizadas das situações do segmento. Assim, os planejadores tornam-se analistas. Isso provou ser especialmente lucrativo, tanto para consultores como para acadêmicos, que podem se concentrar em dados difíceis e promover suas "verdades científicas" para publicações e empresas. Essa literatura cresceu em todas as direções para incluir grupos estratégicos, cadeias de valor, teoria dos jogos e outras idéias – mas sempre com essa inclinação analítica.

Escola Empreendedora: Um Processo Visionário

Enquanto isso, em outras frentes, a maioria em gotas e torrentes em vez de ondas, surgiam abordagens totalmente diferentes para a formação da estratégia. De forma muito parecida com a escola de *design*, a escola empreendedora centrava o processo no presidente; mas, ao contrário da escola de *design* e da escola de planejamento, baseava esse processo nos mistérios da intuição. Isso mudou a estratégia, que passou de projetos, planos ou posições precisas para *visões* vagas ou perspectivas amplas, para ser vista, em certo sentido, sempre por meio de metáforas. Isso focou o processo em contextos particulares – início, nicho ou propriedade privada, assim como "recuperação de posição" pelo líder poderoso – embora tenha sido certamente mencionado que toda organização precisa da visão de um líder criativo. Nessa visão, porém, o líder mantém tal controle sobre a *implementação* de sua visão *formulada* que a distinção central entre as três escolas prescritivas começa a ser derrubada.

Escola Cognitiva: Um Processo Mental

No *front* acadêmico, a origem das estratégias gerava um interesse considerável. Se as estratégias se desenvolveram na cabeça das pessoas como estruturas, modelos, mapas, conceitos ou esquemas, o que poderíamos entender sobre esses processos mentais? Particularmente nos anos 80 e continuando hoje, a pesquisa vem desenvolvendo constantemente uma tendência cognitiva na criação da estratégia e em cognição como processamento de informação, mapeamento da estrutura de conhecimento e obtenção de conceito – esse último importante para a formação da estratégia, embora seja aquele em que o progresso tem sido mínimo. Enquanto isso, um outro ramo mais novo dessa escola adotou uma visão mais subjetiva, *interpretativa* ou *construtivista*, do processo de estratégia: a cognição é usada para construir estratégias como interpretações criativas, e não simplesmente para mapear a realidade de uma forma mais ou menos objetiva, porém distorcida.

Escola de Aprendizado: Um Processo Emergente

De todas as escolas *descritivas*, a escola de aprendizado cresceu em uma onda legítima e desafiou as sempre dominantes escolas prescritivas. Iniciada com o trabalho de Lindblom sobre incrementalismo desarticulado (Braybrooke e Lindblom, 1963) e passando pelo incrementalismo lógico de Quinn (1980), as noções de risco de Bower (1970) e Burgelman, as idéias sobre estratégia emergente de Mintzberg *et al*. e a noção de retrospectiva com sentido de Weick (1979), surgiu um modelo de criação de estratégia como aprendizado que era diferente das escolas anteriores. Nessa visão, as estratégias eram emergentes, os estrategistas podiam ser encontrados em toda a organização, e as chamadas formulação e implementação entrelaçavam-se.

Escola de Poder: Um Processo de Negociação

Uma corrente tênue, mas muito diferente da literatura, concentrou-se na criação de estratégia baseada em poder. Parecem existir duas orientações separadas. *Micro* poder vê o desenvolvimento da estratégia *dentro* da organização como essencialmente político – um processo envolvendo barganha, persuasão e confrontação entre os atores que dividem o poder. *Macro* poder vê a organização como uma entidade que usa seu poder sobre os outros e entre seus parceiros de alianças, *joint-ventures* e outras redes de relacionamento para negociar estratégias "coletivas" de seu interesse.

Escola Cultural: Um Processo Social

Coloque o poder de frente para um espelho e sua imagem reversa é a cultura. Enquanto o primeiro termo concentra-se em interesse próprio e fragmentação, o último concentra-se em interesses comuns e integração – formação de estratégia como um processo social baseado em cultura. Novamente encontramos uma corrente tênue da literatura, concentrada particularmente na in-

Tabela 1	Dimensões das dez escolas, parte A				
	Design	**Planejamento**	**Posicionamento**	**Empreendedora**	**Cognitiva**
Fontes	P. Selznick (e talvez trabalho anterior, por exemplo, de W.H. Newman), depois K.R. Andrews	H.I. Ansoff	Trabalho da Purdue University (D.E. Schendel, K.J. Haten), depois notavelmente M.E.Porter	J.A. Schumpeter, A.H.Cole e outros em economia	H.A. Simon e J.G. March
Disciplina de base	Nenhuma (arquitetura como metáfora)	Alguns *links* com planejamento urbano, teoria de sistemas e cibernética	Economia (organização industrial) e história militar	Nenhuma (embora os trabalhos iniciais venham de economistas)	Psicologia (cognitiva)
Campeões	Estudo de caso de professores (especialmente na ou da Harvard University), aficionados por liderança – especialmente nos EUA	Gerentes "profissionais", MBAs, especialistas (especialmente em finanças), consultores e controladores governamentais – especialmente na França e nos EUA	Como na escola de planejamento, particularmente tipos de pessoal analítico, "butiques" de consultoria e escritores militares – especialmente nos EUA	Imprensa popular, individualistas, pequenas empresas, pessoas em todos os lugares, porém, mais decididamente na América Latina e entre os chineses no estrangeiro	Aqueles com uma tendência psicológica – pessimistas em uma asa, otimistas na outra
Mensagem pretendida	Ajustar	Formalizar	Analisar	Imaginar	Enfrentar ou criar
Mensagem realizada	Pensar (criação de estratégia como estudo de caso)	Programar (em vez de formular)	Calcular (em vez de criar ou comprometer)	Centralizar (e então esperar)	Preocupar-se (sendo incapaz de enfrentar em qualquer um dos casos)
Categoria da escola	Prescritiva	Prescritiva	Prescritiva	Descritiva (algumas vezes prescritiva)	Descritiva
Homilia associada	"Olhe antes de pular".	"É melhor prevenir do que remediar."	"Nada além dos fatos, senhora."	"Leve-nos ao seu líder."	"Vou ver quando acreditar."

fluência da cultura para desencorajar mudança estratégica importante. A cultura tornou-se uma questão importante na literatura norte-americana depois que o impacto da administração japonesa foi totalmente percebido nos anos 80; mais tarde, foi dada alguma atenção para as implicações da formulação de estratégia. Porém, a Suécia desenvolveu uma pesquisa interessante nos anos 70, tendo a cultura como tema central, embora dificilmente exclusivo, estimulada pelo trabalho inicial de Rhenman e Normann, e feita por pessoas como Hedberg e Jonsson, dentre outros.

ESCOLA AMBIENTAL: UM PROCESSO REATIVO

Talvez não estritamente gestão estratégica, se alguém definir o termo dizendo que ele se refere à maneira como as organizações usam graus de liberdade para manobrar entre seus ambientes, a escola ambiental entretanto merece alguma atenção por iluminar as demandas do ambiente. Nessa categoria, incluímos a chamada "teoria de contingência" que considera as respostas esperadas das organizações que enfrentam determinadas condições ambientais e textos da "ecologia da população", que impõem limites severos às escolhas estratégicas. A "teoria institucional", que trata das pressões institucionais enfrentadas pelas organizações, talvez seja um híbrido das escolas de poder e cognitiva.

ESCOLA DE CONFIGURAÇÃO: UM PROCESSO DE TRANSFORMAÇÃO

Finalmente, chegamos a uma teoria e prática mais extensa e integradora. Um lado dessa escola, mais acadêmico e descritivo, vê as organizações como configurações – agrupamentos coerentes de características e comportamentos – e integra as alegações de outras escolas – cada configuração, na verdade, em seu próprio lugar. Planejamento, por exemplo, prevalece em organizações tipo máquina, sob condições de estabilidade relativa, enquanto que o espírito empreendedor pode ser encontrado nas configurações mais dinâmicas de empresas iniciantes e em recuperação de posição. Mas, se as organizações podem ser descritas em tais *condições*, as mudanças devem então ser descritas como *transformações* drásticas – o salto de uma condição para outra. E assim, desenvolveu-se uma teoria e prática de transformação – mais prescritiva e orientada para a prática (e promovida pelos consultores). Entretanto, essas duas teorias e práticas diferentes complementam uma à outra e, em nossa opinião, pertencem à mesma escola.

Tabela 1	Dimensões das dez escolas, parte B				
	Aprendizado	**Poder**	**Cultural**	**Ambiental**	**Configuração**
Fontes	C.E. Lindblom, R.M. Cyert e J.G. March, K.E. Weick, J.B. Quinn e C.K. Prahalad G. Hamel	G.T. Allison (micro), J. Pfeffer e G.R. Salancik e W.G. Astley (macro)	E. Rhenman e R. Normann na Suécia Nenhuma fonte óbvia em outros locais	M.T. Hannan e J. Freeman. Teóricos da contingência (ex.: D.S. Pugh et al.)	A.D. Chandler, grupo da McGill University (H. Mintzberg, D. Miller e outros), R.E. Miles e C.C. Snow
Disciplina de base	Nenhuma (talvez algumas ligações periféricas com a teoria do aprendizado em psicologia e educação); teoria do caos em matemática	Ciência política	Antropologia	Biologia	História
Campeões	Pessoas inclinadas à experimentação, ambigüidade, adaptabilidade – especialmente no Japão e na Escandinávia	Pessoas que gostam de poder, política e conspiração – especialmente na França	Pessoas que gostam do social, do espiritual, do coletivo –especialmente na Escandinávia e no Japão	Ecologistas de populações, alguns teóricos organizacionais, divisores e positivistas em geral – especialmente nos países anglo-saxãos	Aglomeradores e integradores em geral, bem como agentes de mudança; configuração mais popular talvez na Holanda; transformação mais popular nos EUA
Mensagem pretendida	Aprendizado	Promoção	União	Reação	Integração, transformação
Mensagem realizada	Faça (ao invés de tentar)	Acumule (ao invés de compartilhar)	Perpetue (ao invés de mudar)	Capitule (ao invés de confrontar)	Aglomere (ao invés de dividir, adaptar)
Categoria da escola	Descritiva	Descritiva	Descritiva	Descritiva	Descritiva e prescritiva
Homilia associada	"Se você não conseguir na primeira vez, tente, tente novamente."	"Procure o número um."	"Um fruto nunca cai longe do pé."	"Tudo é relativo."	"Tudo tem seu tempo..."

Conversando Sobre Gestão Estratégica

Durante o século XIX, diversos exploradores foram em busca da fonte do Nilo. Na época, tornava-se cada vez mais evidente que a fonte não era definitiva. Isso não era algo que os financiadores da expedição e o público queriam ouvir. Depois de alguns debates, os exploradores anunciaram sua descoberta: a fonte do Nilo era o Lago Victoria! Esse é um veredicto em geral rejeitado pelos geógrafos contemporâneos, que podem aparecer com outras respostas no futuro. A fonte de um rio, afinal, é uma questão de interpretação, não um fato esperando para ser descoberto.

A gestão estratégica sofre do mesmo mal que atormentou os exploradores vitorianos. Nós também somos uma comunidade de exploradores, concorrendo para descobertas, com financiadores ávidos por resultados e um público que exige respostas.

Alguns exploradores que buscam a fonte da estratégia encontraram "princípios iniciais" que explicam a natureza do processo. Esses princípios normalmente se baseiam em disciplinas básicas, como economia, sociologia ou biologia. Outros invocam um conceito central, como cultura da organização, para explicar porque algumas estratégias dão certo e outras não. A conseqüência foi tocar uma parte do elefante da gestão estratégica e falar sobre ela como se nada mais existisse. Evidentemente, nas áreas de redação e consultoria, para ser bem sucedido e vender, os campeões devem defender suas posições, erguer fronteiras sobre suas visões, ao mesmo tempo em que descartam ou negam outras. Ou, para retornar à nossa metáfora, como açougueiros (nos incluímos nesse grupo), eles dividem a realidade segundo sua própria conveniência, exatamente como caçadores furtivos, que levam a presa do elefante e deixam a carcaça apodrecendo.

Para repetir um ponto importante, tal comportamento afinal não atende um executivo atuante. Essas pessoas, como observado, têm que lidar com a fera completa da formação de estratégia, não apenas para mantê-la viva, mas para ajudar a sustentar alguma energia da vida real. É verdade, elas podem usar isso de várias formas – assim como um elefante pode ser um animal de carga ou um símbolo de cerimônia – mas apenas se for mantido intacto como um ser vivente. As maiores falhas na gestão estratégica ocorrem quando os dirigentes levam um ponto de vista muito a sério. Esse campo teve sua obsessão com planejamento, depois posições genéricas baseadas em cálculos cuidadosos e, agora, aprendizado.

Assim, temos o prazer de observar que alguns dos enfoques mais recentes da formação de estratégia passam por essas dez escolas de forma eclética e interessante. Isso sugere uma expansão da literatura (ver Tabela 2 para uma lista desses enfoques relacionados às escolas). Por exemplo, uma pesquisa sobre análise de *stakeholders** associa as escolas de planejamento e posicionamento, enquanto que o trabalho de Porter e outros sobre o que pode ser chamado de manobra estratégica (vantagem do primeiro a mover-se, uso de ataques simulados, etc.) conectam a escola de posicionamento à de poder. E a teoria do caos, como aplicada na gestão estratégica, pode ser vista como um híbrido das escolas de aprendizado e ambiental. Talvez o enfoque mais conhecido seja o de "capacidades dinâmicas", de Prahalad e Hamel. Vemos suas noções de competência básica, objetivo estratégico e extensão – reminiscências do trabalho anterior de Itami – como um híbrido das escolas de aprendizado e *design*: liderança forte para encorajar o aprendizado estratégico contínuo.

Tabela 2 — Combinação das escolas de formação de estratégia

Enfoque	Escolas
Capacidades dinâmicas	*Design*, Aprendizado
Teoria baseada em recurso	Cultural, Aprendizado
Técnicas suaves (ex.: análise de cenário e análise de *stakeholder*)	Planejamento, Aprendizado ou Poder
Construcionismo	Cognitiva, Cultural
Teoria do caos e evolucionária	Aprendizado, Ambiental
Teoria institucional ou cognitiva	Ambiental, Poder
Intrapreendimento (empreendimento)	Ambiental, Empreendedora
Mudança revolucionária	Configuração, Empreendedora
Estratégia negociada	Poder, Posicionamento
Manobra estratégica	Posicionamento, Poder

UM PROCESSO OU ENFOQUES DIFERENTES

Essas escolas representam diferentes processos de formação de estratégias ou diferentes partes do mesmo processo? Achamos que qualquer resposta seria muito restrita.

---

* N. de T.: *Stakeholders* são quaisquer partes interessadas na empresa (funcionários, clientes, acionistas, fornecedores, etc.).

Algumas das escolas são claramente estágios ou aspectos do processo de formação da estratégia (ver Figura 1):

- A escola cognitiva reside na mente do estrategista localizado no *centro*.
- A escola de posicionamento olha *para trás*, para dados estabelecidos que são analisados e colocados em uma caixa-preta de criação de estratégia.
- A escola de planejamento olha um pouco *à frente* para programar as estratégias criadas de outras formas.
- A escola de *design* olha muito *à frente* para uma perspectiva estratégica.
- A escola empreendedora vê *além* de uma visão única de futuro.
- As escolas de aprendizado e poder olham *por baixo*, emaranhadas em detalhes. O aprendizado olha nas raízes do gramado, enquanto o poder olha sob as rochas – lugares que a organização pode não querer expor.
- A escola cultural olha *para baixo*, oculta em nuvens de crenças.
- Acima da escola cultural, a escola ambiental olha *sobre*, por assim dizer.
- A escola de configuração olha *para* o processo ou, podemos dizer, *em volta* dele, em contraste com a escola cognitiva, que tenta olhar *para dentro* do processo.

Lidar com todas essas complexidades em um processo pode parecer difícil. Mas essa é a natureza da fera. A formação de estratégia *é* projeto sensato, visão intuitiva e aprendizado emergente; é sobre transformação e também perpetuação; deve envolver cognição individual e interação social, cooperação e conflito; tem que incluir análise prévia e programação posterior, além de negociação durante; e tudo isso deve ser em resposta ao que pode ser um ambiente exigente. Tente omitir qualquer um desses itens e veja o que acontece!

Assim, claramente, o processo pode pender para os atributos de uma escola ou de outra: em direção à escola empreendedora durante a fase inicial ou quando houver necessidade de um reposicionamento drástico; em direção à escola de aprendizado sob condições dinâmicas, quando a previsão é quase impossível, e assim por diante. Algumas vezes o processo tem que ser mais individualmente cognitivo do que socialmente interativo (em pequenas empresas, por exemplo). Algumas estratégias parecem ser mais racionalmente deliberadas (especialmente em setores maduros de produção em massa e no governo), enquanto que outras tendem a ser mais adaptavelmente emergentes (como em setores dinâmicos de alta tecnologia). O ambiente

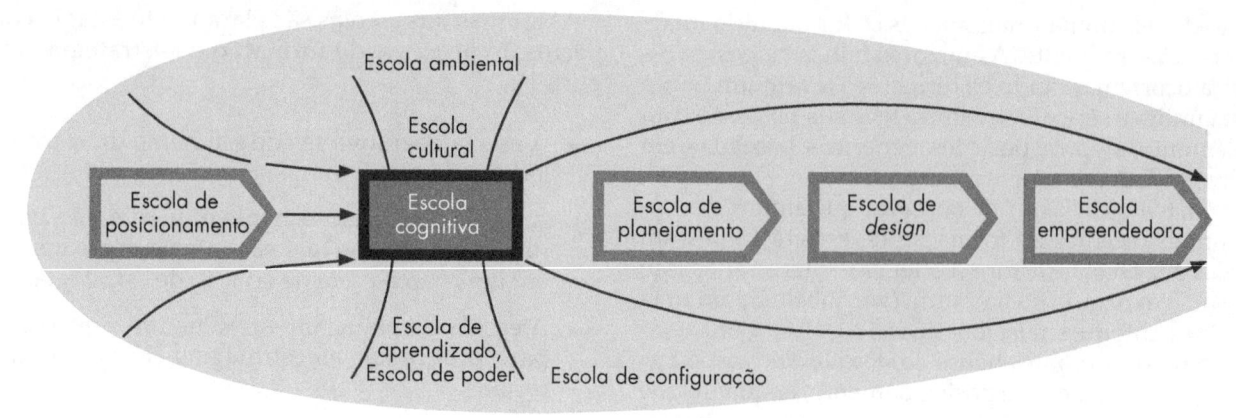

Figura 1 Formação de estratégia como um processo único.

às vezes pode ser muito exigente (durante revoltas sociais), enquanto que em outros momentos (ou até ao mesmo tempo) os líderes empresariais conseguem mover-se por meio dele com facilidade. Há, afinal de contas, estágios e períodos identificáveis na criação da estratégia, não em um único sentido absoluto, mas como tendências reconhecíveis.

A Figura 2 mostra as escolas como processos diferentes ao longo de duas dimensões: condições dos processos internos e condições do mundo externo. Nessa visão, os praticantes podem escolher entre os vários processos (ou combiná-los quando for o caso) – desde que nenhum deles seja forçado a um extremo ilógico (ver Tabela 3).

Tabela 3 Indo além da margem na formação da estratégia

Escola	Extremo ilógico
Design	Fixação
Planejamento	Ritual
Posicionamento	Fortificação
Empreendedora	Idolatria
Cognitiva	Fantasia
Aprendizado	Impulso
Poder	Intriga
Cultural	Excentricidade
Ambiental	Conformidade
Configuração	Degeneração

EM BUSCA DA GESTÃO ESTRATÉGICA

Acadêmicos e consultores devem certamente continuar investigando elementos importantes de cada escola. Mas, mais importante do que isso, temos que ir além das limitações de cada escola: temos que saber como a formação da estratégia, que combina todas essas escolas e mais, funciona de fato.

Temos que fazer perguntas melhores e gerar menos hipóteses – para nos permitir sermos influenciados pelas preocupações da vida real em vez de sermos empurrados por conceitos enganosos. Precisamos de melhores práticas, não de teoria mais caprichada. Então, devemos nos preocupar com processo e conteúdo, estática e dinâmica, limitação e inspiração, o cognitivo e o coletivo, o planejado e o aprendido, o econômico e o político. Em outras palavras, devemos dar mais atenção ao elefante inteiro – para a formação da estratégia como um todo. Talvez não possamos nunca vê-la por completo, mas certamente poderemos vê-la melhor.

Figura 2 Formação de estratégia como processos múltiplos.

Capítulo 2
Estrategistas

Todos os livros convencionais sobre estratégia ou política concentram-se no trabalho do gerente-geral como principal ingrediente para entender o processo de formação da estratégia. A discussão de estratégia emergente no último capítulo sugere que não assumimos uma visão tão restrita do estrategista. Qualquer um na organização, que venha a controlar ações importantes ou estabelecer precedentes, pode ser um estrategista; o estrategista também pode ser um grupo de pessoas. Os gerentes são obviamente os primeiros candidatos a tal papel, pois sua perspectiva é geralmente mais ampla do que a de qualquer outra pessoa que se reporte para eles e porque eles naturalmente têm muito poder.

Apresentamos cinco textos para leitura que descrevem o trabalho do gerente. O de Mintzberg desafia a visão convencional do gerente. A imagem apresentada nesse artigo é de um trabalho caracterizado por pressão, interrupção, orientação para ação, comunicação oral em vez de escrita e trabalho com pessoas externas à organização e colegas, tanto quanto com os chamados subordinados. A leitura então segue descrevendo o conteúdo do trabalho gerencial, argumentando que ele ocorre em três níveis – um nível de informação muito abstrato, um nível intermediário, com pessoas, e um nível concreto de ação. Os papéis que os gerentes desempenham podem se ajustar a esses níveis, mas, como enfatizado, os gerentes devem lidar com todos os níveis de uma forma integrada, embora muitos favoreçam um nível ou outro.

O segundo texto trata de alguns aspectos da administração em diferentes estilos de gerenciamento. Escrito por Patricia Pitcher, da Montreal's Ecole des Hautes Etudes Commerciales, o texto compara os estilos de artistas, artesãos e tecnocratas – ou, se você preferir, visionários criativos, líderes simpáticos e analistas sistemáticos. Pitcher não gosta dos tecnocratas, como você verá, acreditando que artistas e artesãos devem assumir a liderança nas organizações atuais.

Uma conclusão evidente e importante dessa leitura é que os gerentes nem sempre atuam como estrategistas que deveriam ser – como líderes conduzindo suas organizações da mesma forma como regentes regem suas orquestras (pelo menos da maneira como vemos no pódio, um ponto que vamos desenvolver melhor no Capítulo 15). O artigo de Edward Wrapp, da University of Chicago, ilustra como isso acontece nas grandes organizações. Ele descreve os gerentes como um tipo de animal político, fornecendo orientação ampla, mas facilitando ou pressionando com suas estratégias, parte por parte, de maneiras bastante inesperadas. Eles raramente declaram metas específicas. Praticam "a arte da imprecisão", tentando "evitar a política camisa-de-força", ao mesmo tempo em que se concentram em algumas poucas questões realmente relevantes. Sempre que possível, movem-se através de "corredores de indiferença comparativa" para evitar oposição desmedida, ao mesmo tempo que tentam assegurar direção coesiva para suas organizações.

O artigo seguinte, de Peter Senge, da MIT Sloan School of Management, baseado em seu famoso livro *A Quinta Disciplina*, caracteriza o "novo trabalho do líder" como construção da "organização de aprendizado". Senge vê a capacidade de aprendizado como fonte primária de vantagem competitiva de uma empresa e alega que facilitar o aprendizado organizacional é a principal tarefa do estrategista. Senge acredita que a visão de longo prazo é a principal fonte de tensão na organização e, conseqüentemente, de energia no processo de aprendizado. O gerente deve ser o projetista, o professor e o administrador da organização de aprendizado e, para desempenhar esses papéis, deve desenvolver um novo conjunto de habilidades, que Senge descreve no artigo. Acima de tudo, o gerente deve promover o pensamento sistêmico. Em resumo, o novo líder de Senge pode muito bem ser o artesão de Pitcher (ver especialmente a citação que ele usa para encerrar a discussão – dificilmente o tecnocrata ou mesmo o artista), caso em que esta leitura dá vida àquele estilo de uma forma interessante.

Finalmente, há um artigo recente de Quy Huy, do INSEAD, o principal artigo da edição de setembro/outubro de 2001 do *Harvard Business Review*. Gerentes de nível intermediário receberam uma acusação injusta, acredita Quy, e assim ele escreveu "Em louvor ao gerente intermediário". O ponto que ele levanta é importante, há muito esperado, e ajuda a promover o fato de que gerentes de nível intermediário são um componente crítico em todas as organizações, especialmente naquelas que querem adotar processos eficazes de mudança estratégica.

Como reconciliamos essas diferentes visões de estrategista? Em certo nível, talvez não tenhamos necessidade de uma grande teoria que integre todas elas. Há diferentes tipos de gerentes e diferentes crenças e estilos, além de diferentes tipos de autores: lentes diferentes capturam aspectos diferentes do trabalho gerencial. Você também pode observar similaridades nos papéis e nas tarefas dos estrategistas descritos nestes textos, apesar da linguagem bem diferente usada pelos autores. Pense, por exemplo, sobre como os estilos de Pitcher relacionam-se aos papéis gerenciais descritos por Mintzberg.

Usando os Estudos de Caso

Não foi por acidente que estratégia foi originalmente definida como a "arte do estrategista". E, na verdade, não faltam estrategistas fascinantes em nossos casos. O caso Sportsmake, lida com o impacto da personalidade e da visão de um estrategista na organização após sua morte repentina. A diretoria enfrenta a decisão de escolher quem será apontado como sucessor, e isso levanta a questão de decidir se tal substituição deve anunciar mudança ou enfatizar a continuidade.

A frustação de um novo CEO enfrentando a inércia da gerência é uma situação analisada com perspicácia por Wrapp em seu texto "Bons gerentes não tomam decisões políticas". Mas Bernard Arnault raramente tem problemas com inércia organizacional porque ele, sozinho, desenvolveu a estratégia da LVMH. Seu método é bem-descrito por Senge em "O novo trabalho do líder". É uma mistura de visão forte e aprendizado rápido. Porém, como observa Pitcher em seu texto "Artistas, artesãos e tecnocratas", Bernard Arnault, sem falar em muitos outros gerentes que desempenham um papel de destaque neste livro, pratica estratégia com um estilo particular. Bernard Arnault é claramente o artista. Com relação a qual de nossos casos descreve o estrategista como tecnocrata, deixamos com você a tarefa de decidir.

Leitura 2.1
O Trabalho do Gerente[1]
por Henry Mintzberg

Tom Peters diz que bons gerentes são executores. (Wall Street diz que eles "fecham negócios"). Michael Porter sugere que são pensadores. Não são, argumentam Abraham Zaleznik e Warren Bennis: bons gerentes são realmente líderes. Contudo, durante a maior parte deste século, os escritores clássicos – Henri Fayol e Lyndell Urwick, entre outros – continuam nos dizendo que bons gerentes são essencialmente controladores.

Curiosamente, todos os escritores mais conhecidos da literatura gerencial parecem enfatizar uma determinada parte do trabalho do gerente e excluir outras. Juntos talvez eles cubram todas as partes, mas mesmo isso não descreve todo o trabalhado de um administrador.

Além disso, a imagem deixada por tudo isso em relação ao trabalho do gerente é a de um trabalho altamente sistemático e cuidadosamente controlado. Isso é folclore. Os fatos são muito diferentes.

Devemos começar revisando alguns resultados de pesquisas iniciais sobre as *características* do trabalho do gerente, comparando folclore com fatos, como eu os observei em meu primeiro estudo sobre trabalho gerencial (publicado nos anos 70), reforçado por outra pesquisa. Depois vamos apresentar uma nova estrutura para pensar sobre o *conteúdo* do trabalho – o que os gerentes realmente fazem – com base em algumas observações recentes que fiz de gerentes em muitas situações diferentes.

---

[1] Esse trabalho combina trechos de "The Manager's Job: Folklore and Fact", publicado em *Harvard Business Review* (July-August 1975) sobre as características do trabalho, com a estrutura do contexto do trabalho, publicada em "Rounding Out the Manager's Job" em *Sloan Management Review* (Fall 1994).

Folclore e Fatos Sobre o Trabalho Gerencial

Há quatro mitos sobre o trabalho do gerente que não se sustentam sob uma investigação cuidadosa dos fatos:

Folclore: O gerente é um planejador reflexivo e sistemático. A evidência nessa questão é esmagadora, mas nem uma ínfima parte dela confirma essa declaração.

Fato: Estudos após estudos têm mostrado que os gerentes trabalham em ritmo incansável, que suas atividades são caracterizadas por brevidade, variedade e descontinuidade, e que eles são fortemente orientados para ação e não gostam de atividades reflexivas. Considere esta prova:

- Metade das atividades exercidas pelos cinco presidentes [norte-americanos] [que estudei em minha própria pesquisa (Mintzberg, 1973a)] durou menos de nove minutos, e apenas 10% excedeu uma hora. Um estudo com 56 capatazes descobriu que eles desempenham em média 583 atividades em um turno de oito horas, uma média de uma a cada 48 segundos (Guest, 1956:478). O ritmo de trabalho para presidentes de empresas e capatazes era incansável. Os presidentes enfrentavam uma torrente constante de ligações telefônicas e correspondência, a partir do momento em que chegavam de manhã até quando iam embora à noite. Pausas para café e almoço eram inevitavelmente relacionadas ao trabalho, e os subordinados sempre presentes pareciam usurpar cada momento livre.

- Um estudo diário com 160 gerentes britânicos de nível médio e alto descobriu que eles trabalhavam por meia hora ou mais, sem interrupção, apenas cerca de uma vez a cada dois dias (Stewart, 1967).

- Dos contatos verbais com presidentes em meu estudo, 93% foram arranjados com finalidade específica. Apenas 1% do tempo dos executivos era gasto em visitas de observação sem objetivo fixo. Apenas um dos 368 contatos verbais não estava relacionado a uma questão específica e poderia ser chamado de planejamento geral. Outro pesquisador descobriu que *"não houve um único caso* no qual o gerente reportasse a obtenção de informações externas importantes por meio de uma conversa geral ou outra comunicação pessoal não-dirigida" (Aguilar, 1967:102).

- Nenhum estudo encontrou padrões importantes na maneira como os gerentes programam seu tempo. Eles parecem pular de uma questão para outra, respondendo continuamente às necessidades do momento.

É esse o planejador descrito pela visão clássica? Dificilmente. Então, como podemos explicar esse comportamento? O gerente está simplesmente respondendo às pressões do trabalho. Descobri que meus executivos-chefe terminavam muitas de suas próprias atividades, em geral, saindo de reuniões antes do final e interrompendo seu trabalho para falar com subordinados. Um deles não apenas posicionou sua mesa de forma que pudesse enxergar através de um longo corredor, mas também deixava sua porta aberta quando estava sozinho – um convite para os subordinados entrarem e interromperem.

Evidentemente, esses gerentes queriam encorajar o fluxo de informações. Mas, o mais importante, eles pareciam estar condicionados por suas próprias cargas de trabalho. Eles entendiam que a oportunidade custava seu próprio tempo e estavam continuamente cientes de suas obrigações sempre presentes – mensagens a serem respondidas, telefonemas para atender e assim por diante. Parece que não importa o que esteja fazendo, o gerente é atormentado pelas possibilidades do que poderia ou deveria fazer.

Quando planeja, o gerente parece fazê-lo implicitamente no contexto de suas ações diárias, não em algum processo reservado durante duas semanas na montanha para o retiro da organização. Os planos dos executivos-chefe que estudei pareciam existir apenas na cabeça deles – como intenções flexíveis, embora sempre específicas. Não obstante a literatura tradicional, o trabalho gerencial não desenvolve planejadores reflexivos; o gerente tem que responder aos estímulos em tempo real, é uma pessoa condicionada por seu trabalho, preferindo viver a ação a atrasá-la.

Folclore: O gerente eficaz não tem obrigações regulares a cumprir. Os gerentes ouvem constantemente que devem dedicar mais tempo planejando e delegando e menos tempo aos detalhes operacionais. Afinal de contas, essas não são tarefas de um gerente. Para usar a analogia popular, o bom gerente, como o bom regente, orquestra tudo cuidadosamente com antecedência, depois senta-se para colher os frutos de seu trabalho, respondendo ocasionalmente a exceções imprevistas...

Fato: Além de lidar com exceções, o trabalho gerencial envolve o cumprimento de diversas obrigações regulares, incluindo rituais e cerimônias, negociações e processamento de informações que conectam a organização ao seu ambiente. Considere algumas evidências de estudos de pesquisas anteriores:

- Um estudo sobre o trabalho dos presidentes de pequenas empresas descobriu que eles se envolvem em atividades de rotina porque suas empresas não podem contratar especialistas e têm tão pouco pessoal operacional que uma simples ausência obriga o presidente a substituir o faltoso (Choran em Mintzberg, 1973a).

- Um estudo com gerentes de vendas e com executivos-chefe de empresas sugere que é parte natural de ambos os trabalhos visitar clientes importantes, assumindo que o gerente deseja manter tais clientes (Davis, 1957; Copeman, 1963).

- Alguém, em tom parcial de brincadeira, descreveu o gerente como a pessoa que recebe os visitantes enquanto os outros fazem seu trabalho. Em meu estudo, descobri que certas tarefas cerimoniais – encontrar dignitários visitantes, distribuir relógios de ouro, dirigir jantares de Natal – são uma parte intrínseca do trabalho de executivos-chefe.

- Estudos sobre o fluxo de informações dos gerentes sugerem que eles desempenham um papel fundamental para conseguir informações externas "delicadas" (grande parte delas disponível para eles apenas por sua posição) e passá-las para seus subordinados.

Folclore: O gerente sênior precisa de informações agregadas, que devem ser disponibilizadas por um sistema formal de informações gerenciais. Mantendo essa visão clássica do gerente como aquela pessoa sentada no topo de um sistema hierárquico regulado, o gerente da literatura deveria receber todas as informações importantes por meio de um sistema de gerenciamento de informações gigantesco e amplo.

Mas isso nunca se comprovou. Uma olhada em como os gerentes de fato processam as informações torna a razão muito clara. Os gerentes têm cinco mídias sob seu comando – documentos, chamadas telefônicas, reuniões agendadas e não-agendadas e visitas de observação.

Fato: Os gerentes favorecem muito a mídia verbal – ou seja, chamadas telefônicas e reuniões. A prova vem de cada um dos estudos anteriores sobre trabalho gerencial. Considere o seguinte:

- Em dois estudos britânicos, os gerentes gastavam em média 66% e 80% de seu tempo em comunicações verbais (orais) (Stewart, 1967; Burns, 1954). Em meu estudo feito com cinco executivos-chefe norte-americanos, o número era 78%.

- Esses cinco executivos-chefe tratavam o processamento de *e-mails* como um fardo que poderiam dispensar. Um deles trabalhou em um sábado de manhã para processar 142 mensagens em apenas três horas, para "se livrar de tudo isso". Esse mesmo executivo olhou para a primeira correspondência "impressa" que havia recebido em toda a semana, um relatório de custo padrão, e colocou-o de lado com o seguinte comentário: "Nunca leio isso".

- Esses mesmos cinco presidentes responderam a dois dos 40 relatórios rotineiros que receberam durante as cinco semanas de meu estudo e quatro itens em 104 periódicos. Eles folheavam a maioria dos periódicos em segundos, quase ritualmente. No geral, esses presidentes de grandes organizações iniciaram por si próprios – ou seja, não em resposta a algo que receberam – um total geral de 25 correspondências durante os 25 dias que os observei.

Uma análise das mensagens recebidas pelos executivos revela um quadro interessante – apenas 13% era de uso específico e imediato. Então, agora, temos mais uma peça do quebra-cabeça: poucas mensagens trazem informações importantes e atuais – a ação de um concorrente, o humor de um legislador governamental ou a audiência de um *show* na televisão na noite passada. Apesar disso, essas eram as informações que conduziam os gerentes, interrompendo suas reuniões e reprogramando seus dias de trabalho.

Considere outro resultado interessante. Os gerentes parecem tratar com carinho as informações "delicadas", especialmente fofoca, boato e especulação. Por quê? A razão é a oportunidade; a fofoca de hoje pode ser o fato de amanhã. O gerente que não está acessível para uma ligação telefônica informando-o de que o maior cliente da empresa foi visto jogando golfe com seu principal concorrente pode ler sobre uma queda drástica nas vendas no próximo relatório trimestral. Mas então será tarde demais.

Considere as palavras de Richard Neustadt, que estudou os hábitos de coleta de informação dos presidentes Roosevelt, Truman e Eisenhower.

> Não são informações gerais que ajudam um presidente a ver riscos pessoais; não são resumos, nem pesquisas, nem as *amálgamas suaves*... Ao contrário... são as peculiaridades e finalidades de *detalhes tangíveis* que, reunidos em sua mente, iluminam o lado oculto das questões colocadas diante dele. Para ajudar a si próprio ele deve buscar o mais amplamente possível para cada fato, opinião ou fofoca, mantendo seus interesses e suas relações como presidente. Ele deve tornar-se seu próprio diretor em sua própria central de inteligência (1960:153-154 – itálico acrescentado).

A ênfase dos gerentes na mídia verbal levanta dois pontos importantes:

Primeiro, informações verbais são armazenadas na cabeça das pessoas. Apenas quando escritas é que essas informações podem ser guardadas nos arquivos da organização – seja em gabinetes de metal ou em memória de computador – e os gerentes aparentemente não escrevem muito do que ouvem. Assim, o banco de dados estratégicos da organização não está na memória de seus computadores, mas, sim, na cabeça de seus gerentes.

Segundo, o uso extensivo de mídia verbal por parte dos gerentes ajuda a explicar porque eles relutam em delegar tarefas. Se observarmos que a maioria das informações importantes para os gerentes vem em forma verbal e é armazenada na cabeça deles, podemos entender bem sua relutância. Não é como se pudessem passar um dossiê para alguém; eles têm que dispor de algum tempo para "descarregar a memória" – para dizer a alguém tudo que sabem sobre o assunto. Mas isso pode levar tanto tempo que os gerentes acham mais fácil fazer eles mesmos. Assim, os gerentes estão presos por seus próprios sistemas de informações a um "dilema de delegação" – fazer muita coisa eles mesmos ou delegar para seus subordinados sem lhes passar as informações adequadas.

Folclore: Gestão é, ou pelo menos está se tornando rapidamente, uma ciência e uma profissão. Por quase todas as definições de *ciência* e *profissão*, essa declaração é falsa. Uma breve observação de qualquer gerente vai rapidamente pôr de lado a noção de que gerentes praticam uma ciência. Uma ciência envolve o cumprimento de procedimentos ou programas sistemáticos, analiticamente determinados. Se nem ao menos sabemos que procedimentos os gerentes usam, como podemos prescrevê-los por análise científica? E como podemos chamar gestão de profissão se não podemos especificar o que os gerentes devem aprender?

Fato: Os programas dos gerentes – para organizar tempo, processar informações, tomar decisões, etc. – permanecem encerrados dentro da cabeça deles. Assim, para descrever esses programas nos baseamos em palavras como julgamento e intuição, raramente parando para perceber que elas são meros rótulos para nossa ignorância.

Fiquei chocado durante meu estudo com o fato de os executivos que eu observava – todos muito competentes por qualquer padrão – serem fundamentalmente indistinguíveis de seus correspondentes de cem anos atrás (ou mil anos, se for o caso). A informação de que eles precisam difere, mas eles a procuram da mesma maneira – de viva-voz. As decisões deles relacionam-se à tecnologia moderna, mas os procedimentos que usam para tomar essas decisões são os mesmos usados pelo gerente do século XIX. Na verdade, o gerente está em um tipo de círculo, com pressões de trabalho cada vez maiores, mas nenhuma ajuda disponível por parte da ciência gerencial.

Considerando os fatos, podemos ver que o trabalho do gerente é muito complicado e difícil. O gerente é sobrecarregado com obrigações; ainda assim, não consegue delegar tarefas facilmente. Como resultado, é levado a trabalhar demais e é forçado a fazer muitas tarefas superficialmente. Brevidade, fragmentação e comunicação verbal caracterizam o trabalho. Essas são as características do trabalho gerencial que impediram as tentativas científicas de melhorá-lo. Como resultado, os cientistas da administração concentraram seus esforços em funções especializadas da organização, nas quais podem analisar mais facilmente os procedimentos e quantificar as informações relevantes. Assim, o primeiro passo para ajudar os gerentes é descobrir qual é realmente o trabalho deles.

UMA DESCRIÇÃO BÁSICA DO TRABALHO GERENCIAL

Agora vamos tentar juntar algumas peças desse quebra-cabeça. O gerente pode ser definido como a pessoa responsável por uma organização ou por uma de suas unidades. Além de presidentes, essa definição pode incluir vice-presidentes, enfermeiras-chefes, treinadores de hóquei e primeiros-ministros. Será que todas essas pessoas têm algo em comum? Na verdade, têm. Nossa descrição assume a forma de um modelo, construindo a imagem do trabalho do gerente de dentro para fora, começando no centro, com a pessoa e sua estrutura, e trabalhando a partir daí, camada por camada.

A PESSOA QUE EXERCE O CARGO

Começamos no centro, com a pessoa que faz o trabalho. As pessoas não são neutras quando assumem um novo trabalho gerencial, uma simples massa para ser modelada na forma requerida. A Figura 1 mostra que as pessoas vêm para o trabalho gerencial com um conjunto de *valores*, nesse estágio da vida provavelmente firmemente estabelecido, e também com alguma *experiência* que, por um lado, formou um conjunto de habilidades ou *competências*, talvez afiadas por treinamento e, por outro lado, forneceu uma base de *conhecimento*. Esse conhecimento, evidentemente, é usado diretamente, mas também é convertido em um conjunto de *modelos mentais*, métodos importantes pelos quais os gerentes interpretam o mundo ao seu redor – por exemplo, como a enfermeira-chefe de um hospital percebe o comportamento dos cirurgiões com quem ela deve trabalhar. Juntas, todas essas características determinam fortemente como qualquer gerente lida com um determinado trabalho – seu *estilo* de gestão. O estilo ganhará vida quando começarmos a ver *como* um gerente cumpre as *tarefas* exigidas por seu trabalho.

A ESTRUTURA DO TRABALHO

Encaixe a pessoa descrita em determinada tarefa gerencial e você terá o trabalho gerencial. No núcleo dele há algum tipo de *estrutura* para o trabalho, a postura mental que o titular assume para desempenhar suas funções. Estrutura é estratégia, com certeza, possivelmente até visão, mas é mais do que isso. É objetivo, seja para criar algo novo, para manter algo que já foi criado ou adaptar isso às mudanças, ou ainda para recriar alguma coisa. Estrutura também é *perspectiva* – mas com uma visão ampla da organização e sua missão – e *posições* – relacionadas a produtos, serviços e mercados específicos.

Alain Noël, que estudou a relação entre as estruturas e o trabalho dos presidentes de três pequenas empresas, disse que os gerentes tinham "ocupações" e "preocupações" (Noël, 1989). As estruturas descrevem as preocupações, enquanto papéis (discutidos abaixo) descrevem as ocupações. Mas a estrutura também faz surgir o primeiro papel deste modelo, que eu chamo de **concepção**, ou seja, pensar sobre objetivo, perspectiva e posições de uma determinada unidade a ser gerenciada por um período específico de tempo.

O PROGRAMA DE TRABALHO

Considerando uma pessoa em um determinado trabalho gerencial com uma determinada estrutura, surge a questão de como isso se manifesta em forma de atividades específicas. Isso acontece por meio de uma *agenda* para executar o trabalho e o papel associado de **programação**, que recebeu atenção considerável na literatura administrativa. A agenda é considerada aqui em dois aspectos. Primeiro, a estrutura manifesta-se como um conjunto de *questões* atuais, na verdade, qualquer coisa que exija atenção do gerente, dividido em unidades gerenciáveis – o que Tom Peters gosta de chamar de "nacos". Pergunte a qualquer gerente sobre seu trabalho, e a primeira resposta quase inevitável será sobre as "questões" de maior preocupação, aquelas coisas "no prato", como se diz por aí. Ou olhe al-

Figura 1   A pessoa no trabalho.

gumas agendas de reuniões e verá uma lista parecida de questões (em vez de decisões). Essas questões, na verdade, operacionalizam a estrutura (além, evidentemente, de mudá-la ao adicionar novas preocupações).

Quanto mais definida a estrutura, mais integradas são as questões. E também mais realizáveis, pois é uma estrutura vaga que faz surgir os fenômenos muito comuns da "lista de desejos" irrealizáveis em uma organização. Algumas vezes a estrutura pode ser tão definida, e as questões tão fortemente integradas, que se reduzem ao que Noël chamou de "obsessão magnificente" (Noël, 1989). Na verdade, todas as preocupações do gerente giram em torno de uma questão central, por exemplo, fazer um novo trabalho de fusão.

Segundo, a estrutura e as questões são manifestadas em uma *programação* mais tangível, as alocações específicas de tempo gerencial em bases diárias. Também incluído aqui, ainda que implicitamente, está o estabelecimento de prioridades entre as questões. O planejamento do tempo e a priorização das questões são obviamente uma grande preocupação para todos os gerentes e, na verdade, consomem grande parte do tempo gerencial. Dessa forma, muita atenção tem sido dedicada a essas preocupações, incluindo vários cursos sobre "administração do tempo".

O Núcleo no Contexto

Se rotulamos a pessoa no trabalho com uma estrutura manifestada por uma agenda, o *núcleo* central do trabalho do gerente (mostrado pelos círculos concêntricos na Figura 2), então nos voltamos em seguida para o contexto no qual esse núcleo está embutido, o ambiente no qual o trabalho é praticado.

O contexto do trabalho é mostrado na Figura 2 pelas linhas que cercam o núcleo. O contexto pode ser dividido em três áreas, rotuladas de interno, interior e externo na Figura 2.

O interno refere-se à unidade que está sendo gerenciada, mostrada abaixo do gerente para representar sua autoridade formal sobre as pessoas e atividades que a compõem – o setor de enfermagem do hospital no caso da enfermeira-chefe, por exemplo. *O interior*, mostrado à direita, refere-se ao resto da organização – outros membros e outras unidades com os quais o gerente deve trabalhar, mas sobre os quais não tem autoridade formal, por exemplo, os médicos, a cozinha, os fisioterapeutas no resto no hospital, para continuar com o mesmo exemplo. (Evidentemente, no caso do presidente, não há separação entre interno e interior: essa pessoa tem autoridade sobre toda a organização.) E o *externo* refere-se ao resto do contexto que não é formalmente parte da organização, mas com o qual o gerente deve trabalhar – neste exemplo, parentes dos pacientes, instituições de internação a longo prazo para onde alguns pacientes são enviados, associações de enfermagem, etc. A importância dessa distinção (por conveniência, vamos nos referir quase sempre a interno e externo) é que grande parte do trabalho gerencial é claramente dirigido para a unidade sobre a qual o gerente tem responsabilidade oficial ou para seus vários contextos de fronteira, por meio dos quais o gerente deve agir sem essa responsabilidade.

Administrando em Três Níveis

Agora estamos prontos para falar sobre os comportamentos reais adotados pelos gerentes em seu trabalho. A essência do modelo, designado para nos permitir "enxergar" o trabalho gerencial de forma mais ampla, em uma figura, é que esses papéis são desempenhados em três níveis sucessivos, cada um interno e externo à unidade. Isso é representado pelos círculos concêntricos de especificidade crescente, mostrados na Figura 3.

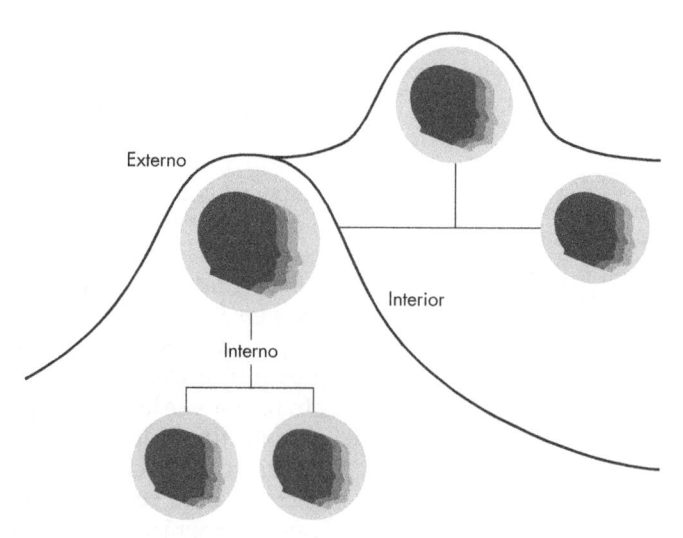

Figura 2 O núcleo no contexto.

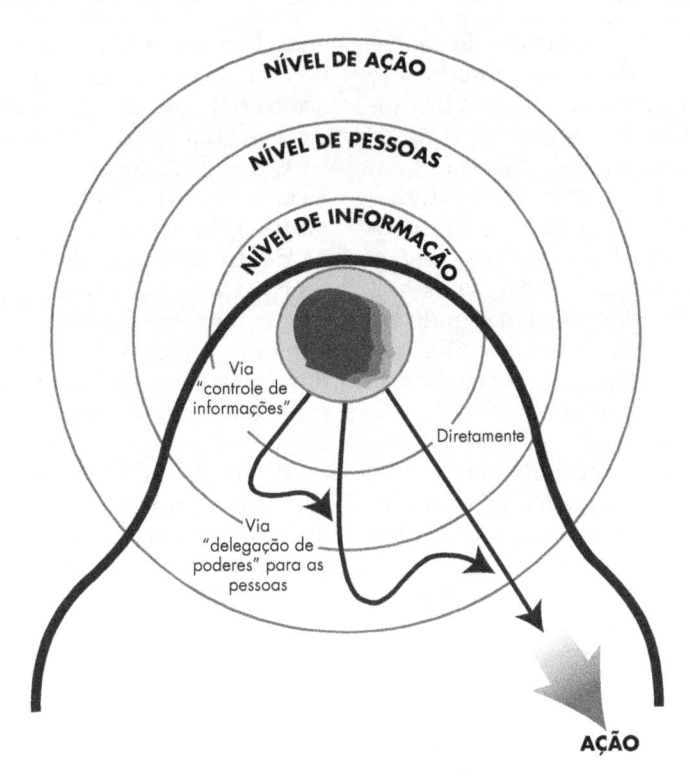

Figura 3 Três níveis de estímulo à ação.

De fora (ou do nível mais tangível) para dentro, os gerentes podem administrar a *ação* diretamente, podem administrar *pessoas* para encorajá-las a realizar as ações necessárias e podem administrar *informações* para influenciar as pessoas a executarem as ações necessárias. Em outras palavras, o objetivo final do trabalho gerencial e do funcionamento de qualquer unidade organizacional, a tomada de ação, pode ser administrado diretamente, indiretamente por intermédio de pessoas, ou ainda indiretamente por informações por intermédio de pessoas. O gerente pode decidir intervir em um dos três níveis, mas, quando fizer isso, deve seguir trabalhando nos níveis remanescentes. Mais tarde vamos ver que o nível favorecido por um determinado gerente torna-se um determinante importante de seu estilo gerencial, distinguindo especialmente os chamados "executores", que preferem ação direta; os "líderes", que preferem trabalhar por intermédio das pessoas, e os "administradores", que preferem trabalhar por meio da informação.

Administrando por Informação

Administrar por informação é posicionar-se a dois passos do objetivo do trabalho gerencial. O gerente processa informações para conduzir pessoas que, por sua vez, devem assegurar que as ações necessárias sejam executadas. Em outras palavras, aqui as atividades do gerente não se concentram nem nas pessoas nem nas ações, e sim em informações como forma indireta de fazer as coisas acontecerem. Ironicamente, embora essa tenha sido a percepção clássica do trabalho gerencial na primeira metade deste século, recentemente ela também se tornou novamente uma visão popular, em alguns casos quase obsessiva, resumida pela abordagem de administração chamada de "resultado final".

Os vários comportamentos informacionais dos gerentes podem ser agrupados em dois papéis amplos, aqui rotulados de comunicação e controle, mostrados na Figura 4.

A **comunicação** refere-se à coleta e disseminação de informações. Na Figura 4, a comunicação é mostrada pelas setas duplas para indicar que os gerentes dedicam grande esforço ao fluxo de informações de mão dupla com as pessoas ao seu redor – funcionários de suas próprias unidades, outros no resto da organização e, especialmente, como a evidência empírica deixa muito claro, um grande número de pessoas de fora da organização com quem eles mantêm contato regular. O chefe de uma divisão regional da polícia nacional passou boa parte do dia em que o observei trocando informações com o escritório central e os funcionários de seu departamento.

Os gerentes "examinam" seus ambientes, monitoram suas próprias unidades, compartilham com outras pessoas e disseminam uma quantidade considerável das informações que obtêm. Os gerentes podem ser descritos como "centros nervosos" de suas unidades, que usam sua posição para obter acesso a uma ampla variedade de fontes de informações. Dentro da unidade, cada um é um especialista que geralmente sabe mais sobre sua especialidade do que o gerente. Mas, como o gerente está ligado a todos os especialistas, ele deve ter uma base de conhecimento mais ampla sobre a unidade em geral. Isso se pode aplicar ao chefe de um gigantesco sistema de saúde, em relação a questões políticas amplas, e também ao diretor clínico de uma de suas unidades hospitalares em relação aos serviços prestados nessa unidade. E externamente, devido a sua posição, os gerentes têm acesso a outros gerentes, que também são centros nervosos de suas próprias unidades. Assim, eles tendem a ficar expostos a fontes poderosas de informações externas, emergindo assim também como centros nervosos externos. O presidente da empresa de assistência médica pode conversar com dirigentes de empresas similares em outros países e obter acesso a um leque de informações talvez inacessíveis até mesmo em seus relatórios mais influentes.

O resultado de tudo isso é que uma quantidade considerável de informações passa a ser privilegiada, principalmente se considerarmos o quanto é oral e não-verbal. Assim, para trabalhar bem com as pessoas ao seu redor, os gerentes devem dedicar um tempo considerável compartilhando informações, tanto externamente (em um tipo de papel de porta-voz) quanto internamente (em um tipo de papel disseminador).

Em meu estudo inicial sobre executivos-chefe, descobri que cerca de 40% do tempo deles era dedicado quase que exclusivamente ao papel de comunicação – apenas para obter e compartilhar informações – deixando de lado os aspectos de processamento de informações de todos os outros papéis. Em outras palavras, o trabalho de administrar é fundamentalmente o de processar informações, notadamente ao falar e especialmente ao ouvir. A Figura 4 mostra o núcleo interior (a pessoa no trabalho, concebendo e programando), conectado aos anéis externos (os papéis mais tangíveis de administrar pessoas e ações) por meio do que pode ser chamado de membrana de processamento de informações em torno do trabalho.

O que pode ser chamado de papel de **controle** descreve os esforços dos gerentes, não apenas para obter e compartilhar informações, mas para usá-las de forma diretiva dentro de suas unidades: para evocar ou provocar ações gerais por parte das pessoas que se reportam a eles. Eles fazem isso de três maneiras amplas: desenvolvem sistemas, projetam estruturas e impõem diretrizes. Cada um desses itens visa a controlar a forma como as pessoas trabalham, especialmente em relação à realocação de recursos e às ações que elas são inclinadas a praticar.

Primeiro, o desenvolvimento de sistemas é a forma mais geral das três e a mais próxima da concepção. Usa a informação para controlar o comportamento das pessoas. Os gerentes são sempre responsáveis por estabelecer e até dirigir tais sistemas em suas unidades, incluindo os de planejamento e controle de desempenho (como preparo de orçamento). Robert Simons observou como os executivos-chefe tendem a selecionar um determinado sistema e a fazer dele a chave para o exercício de controle, de uma forma que ele chama de "interativa" (Simons, 1990, 1991).

Segundo, os gerentes exercem controle por meio da criação de estruturas em suas unidades. Ao estabelecer responsabilidades e definir autoridade hierárquica, eles novamente exercem controle, ainda que passivamente, por meio do processamento de informações. As pessoas são informadas sobre suas tarefas, o que por sua vez deve levá-las a executar as ações apropriadas.

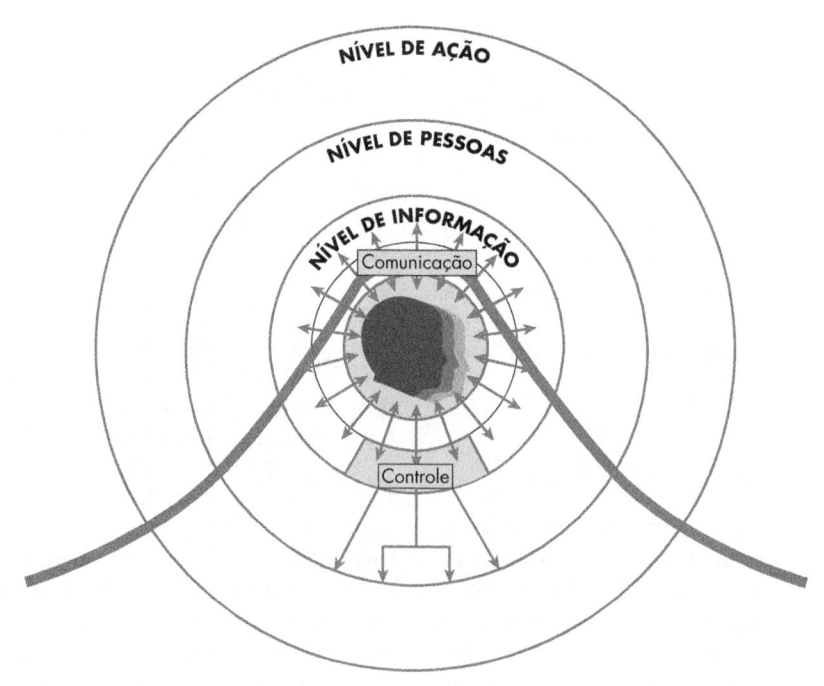

Figura 4   Os papéis de informação.

O terceiro é a imposição de diretrizes, a forma mais direta das três, mais próxima das pessoas e das ações, embora ainda informacional por natureza. Os gerentes pronunciam-se: fazem escolhas específicas e dão ordens específicas, geralmente no processo de "delegar" determinadas responsabilidades e "autorizar" determinadas solicitações. Na verdade, os gerentes administram transmitindo informações para as pessoas de forma que elas possam agir.

Se um processo completo de tomada de decisão puder ser considerado nestes três estágios de diagnóstico, projeto e decisão – em outras palavras, identificar questões, descobrir possíveis soluções e escolher uma – então estamos lidando com uma visão restrita de tomada de decisão. Delegar significa principalmente diagnosticar ("Você poderia por favor resolver esse problema neste contexto?"), enquanto que autorizar significa principalmente decidir ("OK, você pode continuar"). De qualquer forma, a parte mais rica do processo, o estágio de criar possíveis soluções, reside na pessoa que está sendo controlada, e não no gerente em si, cujo comportamento permanece bastante passivo. Assim, o gerente como controlador parece menos um *ator* com as mangas arregaçadas, trabalhando, do que um *revisor* que fica sentado no escritório e transmite julgamento. Essa é a razão pela qual esse papel é caracterizado como informacional: vou descrever um método mais produtivo de tomada de decisão na seção que fala sobre papéis de ação.

O papel de controle é mostrado na Figura 4 impelindo para baixo na unidade do gerente, pois é lá que a autoridade formal é exercida. As setas simples representam as diretrizes impostas, enquanto que as setas duplas simbolizam o projeto da estrutura e o desenvolvimento de sistemas. Na Figura 4, a proximidade do papel de controle com a agenda do gerente reflete o fato de que o controle de informações é a maneira mais direta de operacionalizar a agenda, por exemplo, usando orçamentos para impor prioridades ou delegações para atribuir responsabilidades. O papel de controle é, evidentemente, o que as pessoas têm em mente quando se referem ao aspecto "administrativo" do trabalho gerencial.

ADMINISTRANDO POR MEIO DE PESSOAS

Administrar por meio de pessoas, e não de informações, é mover-se um passo além em direção à ação, mas ainda permanecer afastado dela. Isso porque, aqui, o foco da atenção gerencial torna-se afeto em vez de efeito. Outras pessoas tornam-se os meios para que as coisas sejam feitas, não o gerente em si, ou mesmo a substância dos pensamentos do gerente.

Se os papéis de informação (e de controle em particular) dominavam nosso pensamento anterior sobre trabalho gerencial, agora as pessoas entraram em cena, ou pelo menos entraram nos livros, como entidades a serem "motivadas" e depois "dotadas de poder". A influência passa a substituir a informação e comprometimento passa a disputar com cálculo a atenção do gerente. Na verdade, nos anos 60 e 70, especialmente, a administração de pessoas, independentemente do conteúdo – estratégias a serem realizadas, informações a serem processadas ou mesmo ações a serem executadas – tornou-se uma obsessão virtual na literatura, seja sob o rótulo de "relações humanas", "Teoria Y" ou "administração participativa" (e depois "qualidade de vida no trabalho", substituída por "administração com qualidade total").

Por um longo tempo, porém, essas pessoas permaneceram como "subordinadas" de diversas formas. A "participação" manteve-as subordinadas, pois isso sempre foi considerado uma garantia de comando dos gerentes ainda totalmente no controle. O mesmo ocorre com o popular termo "delegação de poder", que implica que está sendo dado poder a alguém graças aos gerentes. (Os diretores de hospital não podem "dar poder" aos médicos!) As pessoas também permaneceram subordinadas porque seu foco total foi na unidade interna, não na externa. Somente depois que começaram pesquisas sérias sobre trabalho gerencial é que ficou evidente o quanto era importante para os gerentes o contato com as pessoas de fora de suas unidades. Literalmente, todos os estudos sobre como os gerentes gastavam seu tempo indicavam que pessoas externas, de uma ampla variedade de tipos, geralmente tomavam tanto tempo da atenção dos gerentes quanto os chamados "subordinados". Devemos então descrever dois papéis das pessoas, mostrados na Figura 5, um interno, chamado de chefia, e outro externo, chamado de ligação.

O papel de **chefia** provavelmente recebeu mais atenção na literatura gerencial do que todos os outros papéis combinados. Por isso não precisamos estender o assunto aqui. Mas também não podemos ignorá-lo: os gerentes certamente fazem muito mais do que chefiar pessoas em suas próprias unidades, e chefiar certamente vai muito além do que os gerentes fazem (como de fato fazem todos os papéis, conforme já observamos com a comunicação). Mas o trabalho deles certamente não pode ser compreendido sem essa dimensão. Podemos descrever o papel de chefia em três níveis, como indicado na Figura 5.

Primeiro, os gerentes chefiam em nível *individual*, "um por um", como diz a expressão. Eles encorajam e dirigem as pessoas de suas unidades – motivando-as, inspirando-as, treinando-as, educando-as, impulsionando-as, aconselhando-as, etc. Todos os gerentes que observei, desde o chefe-executivo de uma importante força policial até o gerente-geral de um parque nas montanhas, paravam para conversar informalmente com seu pessoal durante o dia, encorajando-o em seu trabalho. Segundo, os gerentes chefiam em nível de *grupo*, especialmente ao formar e administrar equipes, um esforço que recebeu atenção considerável nos últimos anos. Novamente, reuniões de equipe, incluindo formação de equipe, figuraram em muitas das minhas observações; por exemplo, a diretora de uma companhia cinematográfica de Londres, que mantinha as equipes de filmagem juntas tanto por fins efetivos como afetivos. E terceiro, eles chefiam em nível de *unidade*, especialmente em relação à criação e manutenção de cultura, outro assunto que recebeu atenção crescente nos últimos anos (graças especialmente aos japoneses). Os gerentes, por exemplo, executam muitos atos de natureza simbólica (tarefas de "testa-de-ferro") para sustentar a cultura, como quando o chefe da força policial nacional visitava o instituto de treinamento de seus oficiais (o que ele fazia freqüentemente) para imbuir as normas e atitudes da polícia nas classes de formandos.

Todos os gerentes parecem gastar tempo nos três níveis de chefia, embora, novamente, os estilos variem de acordo com contexto e personalidade. Se o papel de comunicação descreve o gerente como o centro nervoso da unidade, então o papel de chefia deve caracterizá-lo como "centro energético", um conceito talvez melhor capturado na maravilhosa descrição de Maeterlinck do "espírito de colméia" (Maeterlinck, 1918). Com a "química" (no caso da abelha rainha de Maeterlinck, literalmente) gerencial correta, pode ser que a simples presença do gerente resolva muitas coisas. Ao exalar essa substância mística, o líder une seu pessoal, incentivando-o a ação para atingir a missão da unidade e para adaptá-la a um mundo mutante.

O excesso de atenção ao papel de chefia foi provavelmente compensado pela atenção inadequada ao papel de **ligação**. Porém, em sua alocação de tempo simples, os gerentes gastam tanto tempo no papel de ligação com o mundo externo quanto gastam como líderes internos, em estudo após estudo. Ainda assim, a questão parece não ser bem compreendida. Na verdade, hoje mais do que nunca, ela deve ser entendida devido ao número crescente de *joint-ventures* e outras relações de colaboração e de rede entre as organizações, além da mudança gradual no conceito de empregado "cativo" como um "agente" autônomo que fornece mão-de-obra.

A Figura 5 sugere um pequeno modelo do papel de ligação. As setas para dentro e para fora indicam que o gerente atua como advogado de sua influência fora da unidade e também como recipiente de grande parte da influência exercida de fora. No meio há duas linhas paralelas que representam o aspecto amortecedor desse papel – ou seja, os gerentes devem regular o recebimento de influência externa para proteger suas unidades. Para usar um termo popular, eles são os "porteiros" da influência. Ou, para acrescentar uma metáfora, o gerente age como um tipo de válvula entre a unidade e seu ambiente. Isso fica muito claro em minha observação dos três níveis de gerenciamento em um sistema de parque nacional – um diretor regional, o gerente do parque e o gerente de operações do país onde se situa o parque. Eles se situam em um leque muito complexo de forças – fomentadores que querem aumentar suas oportunidades de negócios, ambientalistas que querem preservar o hábitat natural, turistas que querem aproveitar a beleza, caminhoneiros que querem dirigir dentro do parque sem impedimentos, políticos que querem evitar publicidade negativa, etc. É, de fato, um ato de equilíbrio, ou de amortecimento, delicado!

Todos os gerentes parecem passar grande parte do tempo construindo uma "rede" de relacionamento – fazendo um vasto leque de contatos e intrincadas coalizões de partidários fora de suas próprias unidades, seja no resto da organização, seja fora dela, no mundo como um todo. Em todos esses contatos, o gerente representa a unidade externamente, promove suas necessidades e defende

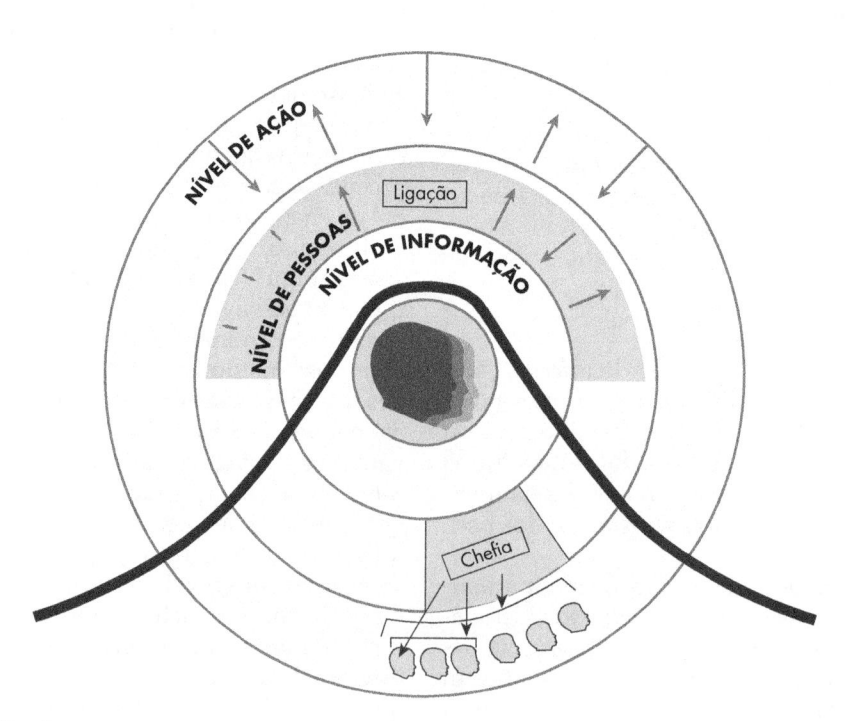

Figura 5   Os papéis das pessoas.

suas causas. Em resposta, espera-se que essas pessoas forneçam um fluxo constante de informações para a unidade, além de várias formas de suporte e favores específicos. Essa rede era mais evidente no caso da diretora da empresa cinematográfica que observei, que possuía uma rede de contatos impressionante, a fim de negociar seus contratos complexos com as várias mídias em diferentes países.

Por outro lado, as pessoas que pretendem influenciar o comportamento de uma organização ou de uma de suas subunidades sempre vão exercer pressão diretamente no gerente, esperando que ele transmita a influência para dentro, como foi mostrado claramente no trabalho do gerente dos parques. Aqui, então, o trabalho gerencial torna-se um equilíbrio delicado, um complicado ato de mediação. Os gerentes que deixam a influência externa entrar muito livremente – que agem como peneiras – podem deixar seu pessoal maluco. (Obviamente, aqueles que agem como esponja, absorvendo pessoalmente todas as influências, podem ficar malucos!) E aqueles que bloqueiam todas as influências – que agem como guia de raio X – podem tirar suas unidades da realidade (e assim secar as fontes de suporte externo). Dessa forma, que influência passar e como, tendo em mente que a influência exercida externamente tem grandes probabilidades de ser espelhada pela influência que retorna, passa a ser outro aspecto do estilo gerencial e tem merecido atenção crescente no estudo do trabalho e treinamento dos gerentes.

Ação Gerencial

Se os gerentes administram passivamente por informações e afetivamente por meio das pessoas, então eles também administram ativa e instrumentalmente por meio de seu envolvimento direto na ação. Na verdade, essa é uma visão do trabalho gerencial há muito estabelecida, embora o excesso de atenção neste século, primeiro para o controle e depois para a chefia, e mais recentemente para a concepção (da estratégia planejada), tenha obscurecido sua importância. Leonard Sayles, porém, há muito tempo vem insistindo nisso constantemente, começando com seu livro de 1964 e culminando com *The Working Leader* (publicado em 1993), no qual ele faz declarações mais fortes ainda, insistindo que os gerentes devem ser os pontos focais para a ação dentro de suas unidades e oriundas delas (Sayles, 1964, 1993). O envolvimento direto deles deve, na visão do autor, ter precedência sobre a força de tração da liderança e a força de impulsão do controle.

Devo me referir a esse envolvimento como o papel de **executor**. Mas, ao usar esse rótulo – bem popular no vernáculo gerencial ("Mary Ann é uma executora) – é necessário destacar que os gerentes, na verdade, dificilmente "executam" alguma coisa. Muitos nem mesmo discam seus próprios telefones! Observe um gerente e você verá alguém cujo trabalho consiste quase que exclusivamente em falar e ouvir, além de, evidentemente, observar e "sentir". (Essa, aliás, é a razão pela qual mostro o gerente no núcleo do modelo como uma cabeça e não como um corpo inteiro!)

Entretanto, o que "executor" presumivelmente significa é chegar mais perto da ação, ficando finalmente a apenas um passo dela. Gerentes como executores administram diretamente a execução da ação, e não indiretamente por meio da gestão de pessoas ou do processamento de informações. Na verdade, um "executor" é realmente alguém que manda fazer o trabalho (ou, como os franceses dizem com sua expressão *faire faire*, "fazer" com que alguma coisa "seja feita"). E o vernáculo gerencial, na verdade, está repleto de expressões que refletem essa idéia: "fechar negócios", "mudança de campeão", "bombeiros", "projetos malabaristas". Em termos da tomada de decisão apresentada anteriormente, aqui o gerente diagnostica e cria, além de também decidir: ele se torna profunda e totalmente envolvido na administração de determinadas atividades. Assim, no dia em que passei com o administrador de uma pequena cadeia de varejo, vi um fluxo contínuo de todos os tipos de pessoa indo e vindo, a maioria envolvida em algum aspecto do desenvolvimento ou das operações da loja, que estava lá para obter instruções específicas sobre como proceder em seguida. Ele não estava delegando ou autorizando, mas gerenciando muito claramente o desenvolvimento de projetos específicos, passo a passo.

Assim como eles se comunicam ao redor do círculo, o mesmo fazem os gerentes "executores", como mostrado na Figura 6. *Execução interna* envolve projetos e problemas. Em outras palavras, muita "execução" tem a ver com a mudança da unidade em si, proativa e reativamente. Os gerentes mudam os campeões para explorar oportunidades para suas unidades, e eles lidam com problemas e resolvem crises, normalmente "colocando a mão na massa". Na verdade, o presidente que observei em uma grande empresa de sistemas francesa passou parte do seu dia em uma reunião discutindo um contrato de um cliente específico. Perguntado porque compareceu à reunião, ele disse que era um projeto importantíssimo que poderia mudar sua empresa. Ele estava sendo informado, com certeza, mas também "executando" (mais do que controlando): ele era um membro ativo da equipe. Aqui, então, o gerente torna-se um verdadeiro projetista (ou, no exemplo acima, um dos projetistas), não de estratégias abstratas ou de estruturas generalizadas, mas de projetos tangíveis de mudança. E a evidência, na verdade, é que gerentes de todos os níveis normalmente lidam com vários projetos desse tipo ao mesmo tempo, talvez várias dúzias no caso de presidentes de empresas. Por isso a popularidade do termo "administração de projetos".

Alguns gerentes continuam a fazer um trabalho regular depois que se tornam gerentes. Por exemplo, uma enfermeira-chefe pode ver um paciente, assim como o papa comanda a oração dos fiéis, ou um reitor pode dar uma aula. Feito para seu próprio bem, isso deve ser considerado separadamente do trabalho gerencial. Mas essas coisas em geral são feitas por muitas razões geren-

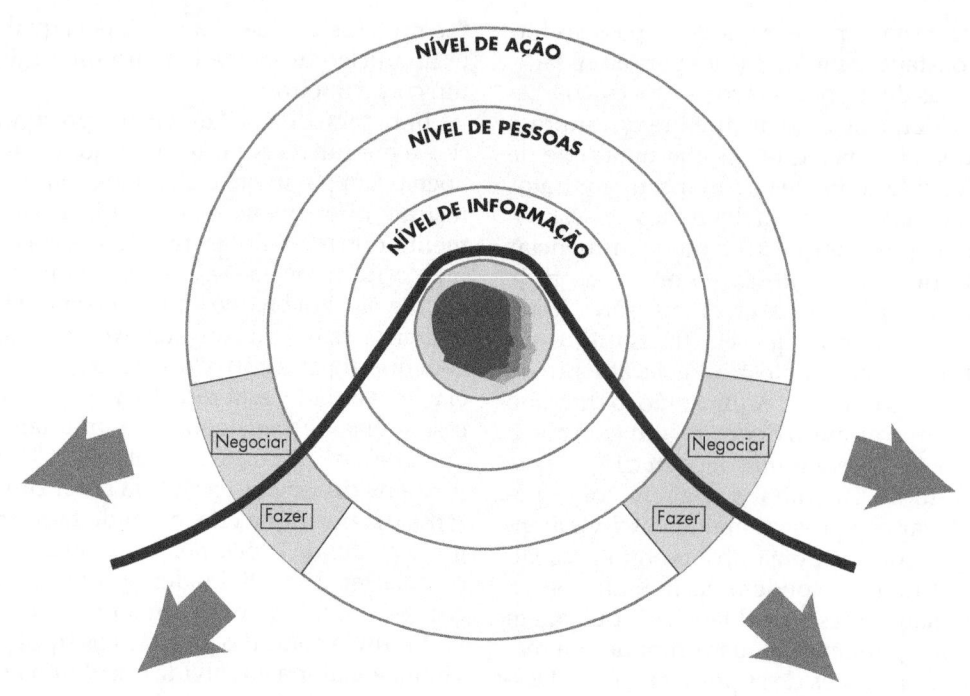

Figura 6 Os papéis de ação.

ciais também. Essa pode ser uma forma eficaz de "manter contato" com o trabalho das unidades e de descobrir eventuais problemas, caso em que se enquadraria no papel de comunicação. Ou pode ser feito para demonstrar envolvimento e comprometimento com as outras pessoas da unidade, caso em que se enquadraria no papel de formação de cultura dentro do papel de chefia.

Execução externa, ou *negociação*, ocorre em termos de acordos e negociações. Novamente, há muitas provas da importância da negociação no trabalho gerencial. O caso mais evidente em minhas observações foi da diretora de uma empresa cinematográfica, que estava trabalhando em diversos negócios intrincados, um após o outro. Era uma empresa pequena e fazer negócios era uma parte importante do trabalho dela. Mas, mesmo em organizações maiores, os gerentes seniores têm que dedicar um tempo considerável às negociações, especialmente quando surgem momentos críticos. Afinal de contas, são eles que têm autoridade para comprometer recursos de suas unidades e são eles os centros nervosos das informações de suas unidades e também os centros energéticos de suas atividades, isso para não falar dos centros conceituais de suas estratégias. Dessa forma, ao redor dos círculos, as ações conectam-se às pessoas, que se conectam às informações, que se conectam à estrutura.

O Trabalho Bem-Arrematado de Gerenciar

Abri este artigo observando que os escritores mais conhecidos da área de administração parecem enfatizar um aspecto do trabalho – com os termos que temos agora, "executar" para Tom Peters, "conceber" para Michael Porter, "chefiar" para Abraham Zaleznik e Warren Bennis, "controlar" para os escritores clássicos. Agora podemos entender porque talvez estejam todos errados: seguir o conselho de qualquer um deles pode levar à prática assimétrica do trabalho gerencial. Como uma roda desbalanceada em uma freqüência ressonante, corre-se o risco de perder o controle sobre o trabalho. Essa é a razão pela qual é importante mostrar todos os componentes do trabalho gerencial em um diagrama integrado simples, como na Figura 7, para lembrar as pessoas, em uma olhada rápida, que esses componentes são parte do trabalho e não podem ser separados.

Aceitar o conselho de Tom Peters – "'Não pense, faça' é a frase que eu apoio" – pode levar à explosão centrífuga do trabalho, na medida em que ele voa em todas as direções, livre de uma estrutura forte que o ancore em seu núcleo. Mas aceitar o espírito oposto do texto de Michael Porter – de que o importante é a concepção da estrutura, especialmente das posições estratégicas – pode não produzir um resultado melhor: implosão centrípeta na medida em que o trabalho se encerra cerebralmente em si próprio, livre de conexões tangíveis com suas ações externas. Pensar é difícil e pode esgotar o ocupante do cargo, enquanto que agir é mais fácil e não pode mantê-lo no lugar. Somente juntos esses dois conceitos garantem o equilíbrio que parece ser tão característico do gerenciamento eficaz.

Chefia exagerada produz um trabalho sem contentamento – sem objetivo, sem estrutura e sem ação – enquanto que associação exagerada produz um trabalho separado de suas raízes internas – relações públicas em

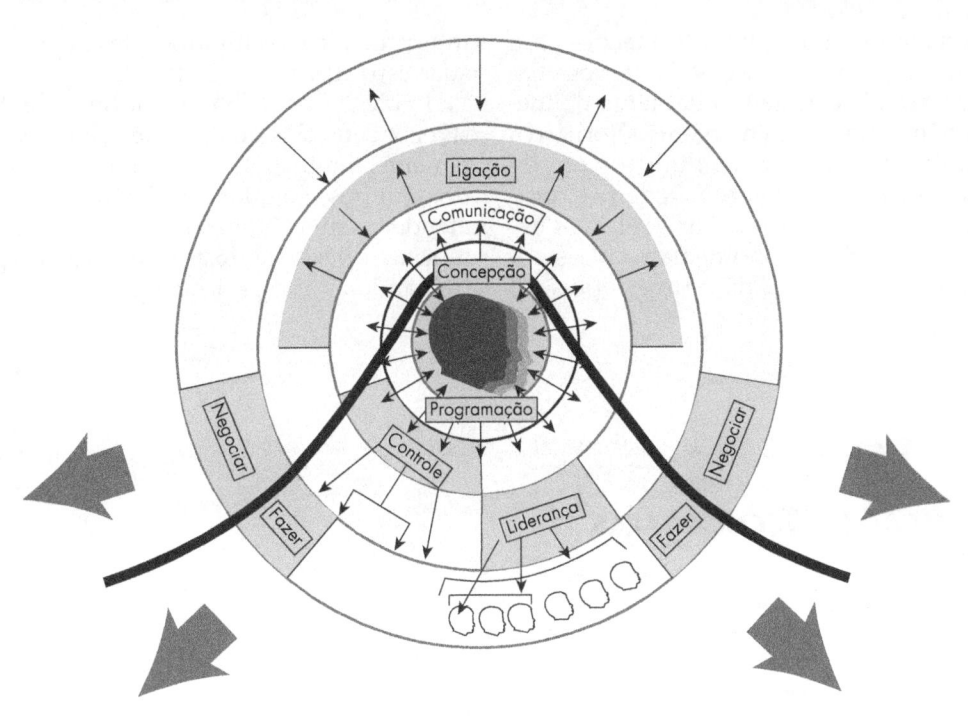

Figura 7 Trabalho gerencial bem-arrematado.

vez de serviço público. O gerente que apenas comunica ou que apenas concebe nunca consegue que nada seja feito, ao passo que o gerente que apenas "executa" acaba fazendo tudo sozinho. E, evidentemente, todos sabemos que isso acontece com gerentes que acreditam que seu trabalho é meramente controlar. Um mau trocadilho pode ser usado para a boa prática: o gerente deve praticar um trabalho bem-arrematado.

Embora possamos conceitualmente separar os componentes desse trabalho, continuo afirmando que eles não podem ser separados em termos de comportamento. Em outras palavras, pode ser útil, até mesmo necessário, delinear as partes para fins de projeto, seleção, treinamento e suporte. Mas o trabalho não pode ser praticado como um conjunto de partes independentes. O núcleo é um tipo de imã que mantém o resto junto, enquanto que o anel de comunicação age como uma membrana que permite o fluxo de informação entre o pensamento interno e os comportamentos externos, que por sua vez conectam as pessoas às ações.

Na verdade, os aspectos mais interessantes deste trabalho podem muito bem estar nas bordas, entre as partes componentes. Por exemplo, Andrew Grove, presidente da Intel, gosta de descrever o que faz como "cotovelada", uma mistura perfeita de controle, chefia e execução (Grove, 1983). Isso pode significar pressionar pessoas tangivelmente, mas não agressivamente, como pode ocorrer com a pressão pura, e não friamente, como ocorre no controle puro, mas com um senso de liderança. Devemos observar que há margens similares entre interno e externo, pensamento e comportamento, comunicação e controle.

Gerentes que tentam "negociar" externamente sem "executar" internamente acabam inevitavelmente tendo problemas. Considere todos esses presidentes que "fecharam o negócio", adquiriram a empresa ou qualquer coisa assim e depois passaram o trabalho para outras pessoas para a execução. Da mesma forma, não faz mais sentido conceber e então deixar de chefiar e executar (como tem sido a tendência no chamado "planejamento estratégico", no qual o controle sempre foi considerado suficiente para "implementação") do que executar ou chefiar sem pensar na estrutura na qual se encaixam essas atividades. Uma única tarefa gerencial pode ser executada por uma pequena equipe, mas apenas se o grupo estiver muito unido – especialmente pelo anel da comunicação – de forma a agir como uma entidade única. Isso não significa dizer, evidentemente, que gerentes diferentes não enfatizam papéis diferentes ou aspectos diferentes do trabalho. Por exemplo, podemos distinguir um estilo *conceitual* de gestão, que se concentra no desenvolvimento da estrutura, um estilo *administrativo*, que se preocupa primariamente com o controle, um estilo *interpessoal*, que favorece liderança interna ou conexão externa, e um estilo *de ação*, que se preocupa principalmente com execução e negociação tangíveis. E, à medida que avançamos nessa ordem, o estilo geral de administração pode ser descrito como menos *opaco* e mais *visível*.

Um aspecto final do estilo gerencial está relacionado às inter-relações entre os vários componentes do trabalho gerencial. Por exemplo, podemos fazer uma distinção importante entre métodos *dedutivos* e *indutivos* de trabalho gerencial. O primeiro atua do núcleo para fora, à medida que a estrutura concebida é implementada por meio de programações que usam informações para conduzir as pessoas a praticar as ações. Podemos chamar isso de estilo *cerebral* de gestão – altamente deliberado. Mas há também uma visão emergente alternativa do processo administrativo, que atua indutivamente, da superfície externa para o núcleo interno. Podemos rotular isso de estilo *intuitivo*. Como disse Karl Weick, os gerentes agem para pensar. Eles experimentam coisas para obter experiência, manter o que dá certo e depois, ao interpretar os resultados, desenvolver gradualmente suas estruturas (Weick, 1979).

Evidentemente, há uma infinidade de contextos possíveis dentro dos quais pode-se praticar gestão. Evidentemente, também, talvez um modelo como o apresentado aqui possa ajudar a ordenar esses contextos e então atender as difíceis exigências de projetar os trabalhos gerenciais, selecionando as pessoas certas para executá-lo e treinando-as apropriadamente.

Leitura 2.2
Artistas, Artesãos e Tecnocratas[2]
por Patricia Pitcher

Se você deseja mudar uma corporação norte-americana, terá que mudar seus gerentes – não a cultura, não a estrutura, mas sim as pessoas. Todo o resto é abstração.

Em meus vinte anos como executiva, membro da diretoria de uma corporação avaliada em bilhões de dólares, e recentemente como acadêmica, uma lição destaca-se. Dê a um tecnocrata autoridade final e ele vai conduzir todo o resto: visão e seus portadores – artistas – serão substituídos; experiência e seus portadores – artesãos – continuarão. A discordância será conduzida para fora da diretoria. A organização vai arraigar-se, voltar-se para seu interior e para o curto prazo...

Como Identificar um Tecnocrata

Tecnocratas nunca se atrapalham com palavras, diagramas ou gráficos. Eles sempre têm um plano de ação dividido em três partes. Raramente riem alto, exceto, talvez, nos jogos de beisebol; nunca no trabalho. Ao explicar porque devemos permitir que Jim ou George partam, sempre usam expressões como "Ele apenas não era suficientemente duro, profissional, moderno, rigoroso, sério, trabalhador." Se eles continuarem e mencionarem "muito emocional", cuidado! Você tem um tecnocrata nas mãos. Essa pessoa será descrita por seus pares e colegas como controlada, conservadora, séria, analítica, objetiva, intensa, determinada, cerebral, metódica e meticulosa. Individualmente, qualquer uma dessas palavras seria um elogio; juntas, representam uma síndrome. Aqui está um exemplo de como um tecnocrata pensa:

> Espelhando uma tendência mundial..., iniciamos em 1989 e continuamos em 1990 um amplo programa sob o qual operações foram reagrupadas, ativos foram vendidos e atividades racionalizadas. Novos presidentes foram nomeados e nossa estratégia é a lucratividade.

Nesse parágrafo extraído de um relatório anual, observamos três coisas. Primeiro, o tecnocrata adora a sabedoria convencional, por isso a primeira frase "Espelhando-se em uma tendência mundial"; se todo mundo está fazendo isso, deve estar certo. Segundo, vemos a palavra "racionalizadas"; esse é o lema. Terceiro, somos informados de que todos os caras ruins foram despedidos e substituídos por pessoas sérias. Quando as coisas saírem erradas, sempre será culpa de alguma outra pessoa.

Reconhecendo um Artista

Como você reconhece um artista? Bem, em grande parte pelo oposto. Qual é seu plano estratégico para o futuro? Resposta: "crescer", "alcançar US$ 5 bilhões em vendas", "ultrapassar os concorrentes", "ser líder mundial em 2020". Os artistas costumam dar poucos detalhes, não especificam como farão as coisas. As apresentações para a diretoria são um pouco soltas – a não ser que sejam feitas pelo diretor-financeiro. O presidente artista pode ficar abertamente zangado ou eufórico durante as reuniões de diretoria. Como falam os presidentes artistas? Ouça um:

> O que é estratégia, afinal? Um plano magnífico? Não. Você tenta instilar uma visão que você tem e fazer com que as pessoas a comprem. A estratégia vem da astrologia; evasivas, sonhos, romances, ficção-científica, percepção da sociedade, alguma loucura talvez, capacidade de adivinhar. É clara porém fluida. Ação gera precisão. Muito vago, mas torna-se claro no ato da transformação. Criação é tempestade.

Quando presidentes como esse falam para a diretoria sobre "astrologia; evasivas, sonhos", a diretoria tende a se sentir um pouco desconfortável. Os pares e colegas dessa pessoa a descrevem como corajosa, audaciosa, fascinante, volátil, intuitiva, empreendedora, inspi-

---

[2] Reimpresso com cortes do artigo originalmente entitulado "Balancing Personality Types at the Top", com permissão de *Business Quarterly* (Winter 1993) publicado pela Western Business School, University of Western Ontario, London, Canada.

radora, imaginativa, imprevisível e divertida. Os tecnocratas vão aplicar rótulos como "lunáticos" ou, mais simplesmente, malucos. O artista faz amigos e inimigos facilmente. Poucos têm uma reação neutra. A organização como um todo é um local empolgante para estar; confusa talvez, ou talvez atordoante, mas ainda assim empolgante.

E Agora, o Artesão

Rosabeth Moss Kanter insiste, e eu acho que ela está totalmente certa, que as pessoas enxergam mais longe quando vêem seus líderes como pessoas confiáveis e acreditam que os sacrifícios que fazem são genuinamente para o futuro coletivo, e não para encher o bolso de alguém hoje. Os artesãos organizacionais incorporam esses valores. As pessoas acreditam neles. Eles vêem a organização como uma instituição duradoura, com vida própria, com um passado e um futuro, da qual ele é um dos guardiães. Eles tendem a permanecer na organização e dessa forma estão intimamente familiarizados com seu passado e infinitamente preocupados em preservar sua identidade no meio das mudanças. O artesão garante continuidade e cola organizacional, e estimula lealdade e comprometimento.

Os artesãos são fundamentalmente conservadores, arraigados à tradição. Samuel Johnson, o grande sátiro britânico, escreveu: "Você não pode, nem com toda a conversa do mundo, capacitar um homem a fazer um sapato." Experiência e prática são essenciais para o julgamento. O que ocorre se você não tem experiência na empresa, no segmento, na organização? Como disse o presidente de uma empresa, referindo-se a um famoso profissional jovem e brilhante: "Ele será massacrado por todos os homens de sapato de camurça azul do país". O que ele queria dizer é que esse jovem brilhante seria vítima dos vendedores de idéia que comercializam velhas idéias em novas embalagens, e que ele as compraria por não ter experiência. Ele possivelmente não teria como saber que a idéia já foi testada – e rejeitada – há 20 anos. Artesãos demandam submissão à autoridade. O aprendizado é longo, frustrante e algumas vezes árduo. Não há atalhos. Polanyi argumenta:

> Aprender por meio de exemplos é submeter-se à autoridade. Você segue seu mestre porque acredita na maneira como ele faz as coisas, mesmo quando não pode analisar ou estimar em detalhes a sua eficácia. A sociedade que deseja preservar um tipo de conhecimento pessoal deve submeter-se à tradição.

Imagine a frustração de um jovem executivo brilhante quando seu chefe artesão não pode responder à pergunta "Por quê?". O artesão é inarticulado. A resposta à pergunta do jovem gerente está escondida nas artimanhas da profissão, no conhecimento tácito. Então, ele pensa que seu chefe é um tolo. Se ele fosse o chefe, o funcionário seria condenado como um tolo da velha guarda e despedido.

O que isso nos diz sobre os artesãos? Primeiro, artesãos são pacientes, tanto com eles mesmos quanto com os outros; sabem que levou um longo tempo para que adquirissem suas habilidades e que o mesmo ocorre com outras pessoas. Eles regularmente exibem aquela qualidade muito procurada, o julgamento; o julgamento resulta da longa experiência. Os jovens raramente o têm. Os colegas de um artesão vão descrevê-lo como sábio, amável, humano, honesto, franco, responsável, confiável, razoável, mente aberta e realista. Aqui temos o discurso de um artesão sobre tecnocratas:

> Mesmo que eles tenham uma visão, como vão conseguir colocá-la em prática? Não há continuidade gerencial. Na reunião de planejamento deste ano, restavam quatro de quatorze pessoas em relação à reunião de dois anos atrás. A cada dois anos há um novo presidente. Não há oportunidade para falhar, então não há continuidade. Eles se concentram diretamente em lucro, mas nunca vão consegui-lo porque lucro vem de visão e das pessoas e eles não investem em pessoas. Se você cuida das pessoas, o lucro é conseqüência. Você não pode chegar a ele diretamente. Retorno sobre investimento de 12,5% é piada; estaremos acabados [em cinco anos]. Eles se recusam a enxergar isso. Você não pode corrigir um problema a não ser que saiba que ele existe. É como eu. Olho no espelho e vejo um jovem zagueiro, não um careca de meia-idade com uma barriga proeminente. Você tem que ver a realidade para mudá-la.

Os artesãos acreditam que os tecnocratas não têm visão e, ainda que tivessem, não adiantaria nada porque "não investem em pessoas". O discurso do artesão acima faz objeção a projeções de tendências; "Retorno sobre investimento de 12,5% é piada; estaremos acabados [em cinco anos]." O credo dele é "Se você cuida das pessoas, o lucro é conseqüência."... (ver Figura 1 para um resumo desses tipos de estereótipos gerenciais).

Trabalho em Equipe e os Tipos

Quando o sério olha para o engraçado, o que vê? Vermelho. Vê alegria; vê irresponsabilidade; vê infantilidade. Quando o analítico olha para o intuitivo, vê um sonhador, cabeça nas nuvens. Quando o sábio olha para o cerebral, vê uma cabeça sem coração, vê brilho desprovido de julgamento. E assim por diante. Em resumo, os três tipos de pessoa não podem se comunicar. Vivem em mundos diferentes, com valores diferentes e metas diferentes. Estruturam diferentes perguntas e diferentes respostas para todas as questões enfrentadas pela corporação. Acreditam que seus conflitos se baseiam em idéias quando, na verdade, eles se baseiam em caráter.

Por exemplo, recentemente uma grande corporação internacional passou por grandes dificuldades com o preço de suas ações. Não importa o que fizesse, as ações eram comercializadas a 50% de desconto do seu valor contábil. Por quê? Ouça o diálogo de surdos travado entre os principais executivos e o CEO da corporação. Estão todos falando sobre o mesmo assunto, mas não é possível perceber isso.

O ARTISTA	O ARTESÃO	O TECNOCRATA
Corajoso	Responsável	Conservador
Ousado	Sábio	Metódico
Empolgante	Humano	Objetivo
Volátil	Direto	Controlado
Intuitivo	Mente aberta	Cerebral
Empreendedor	Realista	Analítico
Inspirador	Confiável	Determinado
Imaginativo	Razoável	Meticuloso
Imprevisível	Honesto	Intenso
Divertido	Amigável	Sério

Figura 1 Estereótipos gerenciais.

Um *artista*: "Claro que o preço das ações está baixo! (Ele sempre fala com pontos de exclamação.) Não estamos fazendo nada para criar interesse, mágica! Não compramos nada, não lançamos nada, não sonhamos com nada há meses! Ninguém acredita que temos um futuro brilhante pela frente! As ações vão subir quando as pessoas acreditarem em nossos sonhos!"

Um *tecnocrata* (firmemente): "São todos os chamados sonhos que se transformaram em pesadelos de custo. Não temos tido resultados de ganhos trimestrais consistentes nos últimos três anos. Em dois trimestres, nossos ganhos refletiram alguma melhora marginal. Assim que os analistas começarem a acreditar em nossa capacidade de controlar custos, eles vão se transformar em crentes e começar a recomendar nossas ações."

Um *artesão*: "As pessoas no mercado não são estúpidas. Sabem que, por termos tanta rotatividade gerencial, não temos continuidade. Sabem que perdemos o contato com nossos mercados tradicionais. O cara contratado para gerenciar nossa principal divisão de produtos não reconheceria um dos produtos se caísse sobre ele. Toda a equipe de vendas está desmotivada. O que precisamos é nos voltarmos para aquilo que fazemos melhor."

Manter-se centrado não é um novo conceito teórico para os artesãos, é a vida deles. Eles sempre fizeram isso. É tão natural como respirar. O programa de redução de custos inevitavelmente proposto pelo tecnocrata vai de encontro ao núcleo do que o artesão considera como a solução do problema. O tecnocrata quer cortar a gordura, orçamentos de *marketing* inflados, conferências para treinamento de vendas e despesas de desenvolvimento de pessoal. O artesão vê o problema de lucratividade como um sintoma, um reflexo da desmotivação do pessoal, uma redução do senso de lealdade e, conseqüentemente, de esforço – um legado da última etapa de redução de pessoal e da substituição dos líderes em quem eles acreditavam. O tecnocrata é perigoso porque, para o artesão, ele é muito teórico, "muito distante do dia-a-dia" para entender as questões reais...

Em uma grande multinacional que estudei durante os últimos dez anos, os tecnocratas triunfaram verdadeiramente. A Figura 2 mostra a evolução de dez anos na equipe gerencial. Começando com um saudável *mix* de artistas, artesãos e tecnocratas, em 1990 a estrutura havia se voltado irrevogavelmente para os tecnocratas. Dois artesãos remanescentes estavam na estrutura de poder apenas nominalmente; ambos estavam procurando emprego.

O resultado dessa mudança foram mudanças paralelas na estratégia e na estrutura. Sob a égide do artista, a corporação tinha uma visão externa, cada vez mais internacionalmente orientada. Alimentados pelo crescimento interno e pelas aquisições, os ativos elevaram-se. As subsidiárias foram em grande parte deixadas por sua própria conta – a estrutura de poder era descentralizada – e a atmosfera, a ética predominante, ou cultura, se você desejar, era de trabalho em equipe, crescimento e empolgação. Por insegurança ou por um simples erro de julgamento, o artista escolheu como sucessor alguém que era seu oposto. Promovido a número um, o tecnocrata começou a instalar outros tecnocratas e a racionalizar, organizar e controlar. O subproduto da centralização foi a desmoralização. A estratégia tornou-se, conforme as palavras constantes nos relatórios anuais, lucratividade. Lucratividade não era e não é uma estratégia e certamente não pode inspirar ninguém como meta final: "O que você faz para viver?" "Eu tenho lucro". Perdendo os artistas, a empresa perdeu visão. Perdendo os artesãos, perdeu sua humanidade. Embora lucratividade tenha se tor-

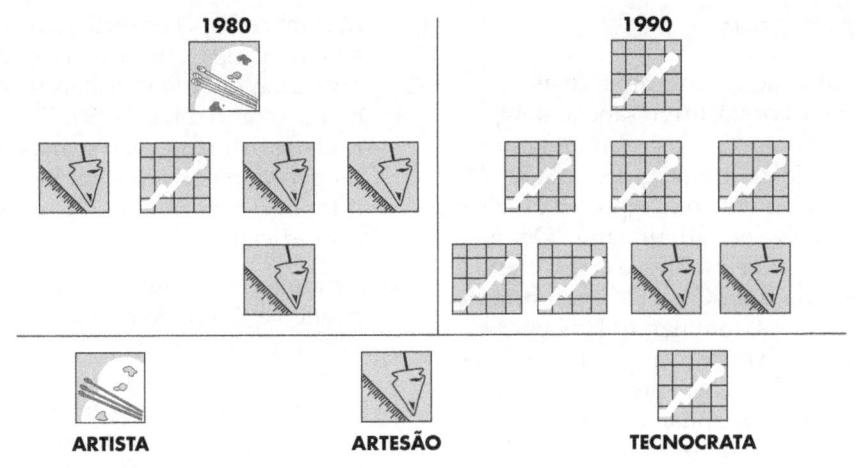

Figura 2 A transformação do tecnocrata.

nado a senha, os lucros não aumentaram. Nem o preço das ações. O grupo foi posteriormente absorvido por um concorrente mais ambicioso.

O Triunfo do Tecnocrata

... Os tecnocratas têm uma maneira de nos fazer sentir seguros. Com suas respostas imediatas, seus diagramas e seus gráficos, eles nos fazem sentir que tudo ficará bem desde que sigamos as regras: as regras da lógica, da boa prática empresarial, administração modelo, administração participativa, administração com qualidade total e as novas regras da globalização e das alianças estratégicas. Eles fazem tudo soar tão claro, tão racional, tão confortante, tão certo – um tipo de Betty Crocker.*

... Como vocês vêem um gerente? – perguntei a meus alunos. "Ele é calmo, racional, bem-equilibrado, comedido, analítico, metódico, habilidoso, treinado, sério", disseram eles. Penso que estou ouvindo uma liturgia – uma liturgia da crença da escola tecnocrata. A pessoa que eles descrevem é um tipo de gerente que agora está firmemente ancorado como o único tipo. Tornou-se uma questão de definição.

A Organização de Aprendizado

Se concordarmos por um momento com a suposição narcisista de que nossa época é de descontinuidade, então a velha maneira de fazer as coisas não funciona mais. Organizações precisam aprender – rápida e continuamente. Como o aprendizado ocorre? Na virada do século, o filósofo norte-americano George Santayana escreveu: "O progresso do homem tem uma fase poética na qual ele imagina o mundo, depois uma fase científica na qual ele filtra e testa aquilo que imaginou". Culturalmente, sempre confiamos em nossos visionários para nos indicar o novo caminho. Na ciência, chamamos de visionário um gênio; nas letras, um poeta; na política, um estadista, nos negócios, um líder; genericamente, um artista. O que todos esses rótulos têm em comum é a idéia de alguém que rompe totalmente com a sabedoria convencional, alguém que vê o que os outros não vêem, alguém que imagina uma nova ordem. Isso é aprendizado descontínuo. Chamamos de imaginativo.

Então, há um aprendizado contínuo, diário. O que é descoberto na arte passa a ser usado e é transformado, concretizado, moldado e esculpido pela experiência. Uma grande idéia, em geral bastante vaga, é refinada pela prática com o correr do tempo. Os erros são corrigidos. Acrescenta-se ânimo à estrutura. O acúmulo vagaroso de talento em sua aplicação é o domínio do trabalho artesanal. Àquele que o executa chamamos de habilidoso.

Finalmente, há uma terceira forma de aprendizado. Ela vem da codificação do velho conhecimento; dos livros e dos trabalhos científicos. Ela vem de estudo e diligência e não exige discernimento nem prática para torná-la nossa. Chamamos a pessoa que a possui de inteligente, e, se a pessoa a possuir em um grau muito alto, de brilhante.

Com nossa religião eliminamos a fase poética e a fase artesã do aprendizado, tentando reduzir tudo ao lado científico. (Afinal de contas, somos filhos do Iluminismo.) Passamos a acreditar que gerentes que têm um diploma de MBA, que podem entender um balanço e que podem falar inteligentemente sobre alianças estratégicas dariam bons CEOs. Isso não faz sentido. Se eles não tiverem imaginação, vão apenas imitar a concorrência – estratégia como arte pintada pelos números. Se não tiverem habilidade, não vão entender seus mercados. Se não tiverem sabedoria, vão rasgar o tecido da organização.

---

* N. de T.: Marca de produtos alimentícios nos EUA, cujas embalagens trazem a foto de uma mulher. A imagem que estampa as embalagens foi criada por computador a partir da mistura das fotos de 75 mulheres de raças diferentes e é muito famosa nos EUA.

VISÃO, CONTINUIDADE E CONTROLE

Há três formas de aprendizado, cada uma delas igualmente necessária. Liderança consiste em saber como juntar o pacote e fazê-lo funcionar. Consiste em integrar visão, continuidade e controle na equipe gerencial.

O primeiro passo é obviamente o diagnóstico. Qual é a imagem da minha organização atualmente? Quantos artistas, artesãos e tecnocratas eu tenho, e como eles estão funcionalmente distribuídos? Qual é o equilíbrio de poder entre eles? Qual é a ética dominante? Há liberdade para errar, o que é indispensável para a possibilidade de ser bem-sucedido? Há orgulho suficiente do uso dado à emoção, às habilidades e ao brilhantismo? Esse diagnóstico é evidentemente mais fácil de propor do que de fazer, e isso por três razões:

1. Artistas, artesãos e tecnocratas raramente existem como tais; eles são arquétipos. Pessoas reais vêm em embalagens mais complexas. Podemos ver artistas, por exemplo, que têm um pouco de artesãos. Podemos ver artesãos conservadores e cerebrais e podemos ver tecnocratas emocionalmente descontrolados, ou artistas altamente analíticos e determinados. Raramente vemos alguém que combina as três coisas – embora acreditemos que vemos.

2. A tarefa é dificultada ainda mais pelos mascarados. Enfrentando um artista, raramente somos enganados. E, com sua lealdade e franqueza, os artesãos normalmente acabam se denunciando. Mas o tecnocrata, particularmente o da variedade brilhante, é difícil de ver. Os tecnocratas veneram a sabedoria convencional – não a sabedoria de um tipo tradicional, mas uma nova sabedoria. Por exemplo, recentemente tive o prazer de ouvir um discurso sobre administração com qualidade total e delegação de poder de um CEO tecnocrata arquetípico. Ele tinha eliminado sistematicamente todos os artistas e artesãos de sua organização. Experimentação e lealdade não existiam mais porque um passo em falso significava demissão. Agora ele queria enxertar novas energias de delegação de poder em sua organização moribunda. E, o que é pior, ele estava sendo sincero. Ele realmente não sabia que essas receitas gerenciais, concebidas em forma de procedimentos, não dariam certo. O enxerto não ia acontecer. Mas, para sua diretoria e outros observadores, esse homem estava dizendo todas as coisas certas. Ele estava mascarado como um artesão. Outros, novamente da variedade brilhante, vão se mascarar como artistas; inteligentes e versados em um tipo superficial de caminho, eles parecem saber o futuro. Aqui, podemos ser radicalmente enganados.

3. Finalmente, há uma terceira razão pela qual o diagnóstico é tão cheio de incertezas. Somos nós. O que vemos depende de onde estamos. Se sou um tecnocrata, terei tendência a ver outros tecnocratas mais brilhantes como artistas. Vou considerá-los visionários e empreendedores, sagazes e corajosos. Se sou um artesão puro, não verei qualquer utilidade em um tecnocrata. Como me disse recentemente um CEO artesão: "Eles dão bons consultores." Para ele, um tecnocrata brilhante é perigoso como gerente porque é intelectualmente desconectado da realidade. E os artistas também têm seus pontos cegos, não tanto sobre as pessoas como sobre objetos adequados de atenção. Por essa razão, inserido no processo de diagnóstico deve haver um elemento de julgamento coletivo – julgamento que não se baseia exclusivamente no ponto de vista de um ou de outro arquétipo...

A frustração crescente com os modelos gerenciais formais, associada ao reconhecimento crescente da dificuldade de planejamento em um mundo turbulento, levou à convocação de uma liderança carismática, como se a presença de um líder carismático pudesse, de alguma forma, eliminar todo o trabalho duro da administração de uma empresa. Certamente, os artistas descritos aqui são carismáticos e sua presença é vital para o sucesso. Mas eles não estão sozinhos. Você precisa de artistas, artesãos e tecnocratas na dose certa e no lugar certo. Você precisa de alguém com visão, mas você também precisa de alguém que possa desenvolver as pessoas, as estruturas e os sistemas para fazer do sonho uma realidade. Se você tiver as pessoas certas, elas vão fazer o trabalho que chega naturalmente a elas; você não precisa ensinar ao peixe como nadar. [A] principal tarefa gerencial [de um CEO] não é saber tudo, mas sim montar uma equipe executiva que faça o trabalho.

LEITURA 2.3
BONS GERENTES NÃO TOMAM DECISÕES POLÍTICAS[3]
por H. Edward Wrapp

O alcance máximo da administração é uma terra de mistérios e intriga. Poucas pessoas já estiveram lá, e os habitantes atuais freqüentemente enviam mensagens que são incoerentes para os outros níveis gerenciais e para o mundo em geral. Isso pode ser responsável por mitos, ilusões e caricaturas que permeiam a literatura da administração – por exemplo, noções amplamente sustentadas como estas:

- A vida torna-se menos complicada à medida que um gerente alcança o topo da pirâmide.
- O gerente no topo sabe tudo que está acontecendo na organização, pode controlar qualquer recurso do qual venha a precisar e, por isso, pode ser mais decidido.
- O dia de um gerente-geral é ocupado com tomada de decisões políticas amplas e formulação de objetivos precisos.
- A atividade primária do principal executivo é conceitualizar planos de longo prazo.
- Em uma grande empresa, o principal executivo pode ser visto meditando sobre o papel de sua organização na sociedade.

Sugiro que nenhuma dessas versões, sozinha ou em combinação, seja um retrato acurado do que um gerente geral faz. Talvez estudantes do processo administrativo estejam abertamente ansiosos para desenvolver uma teoria e uma disciplina. Como disse um executivo que conheço: "Acho que faço algumas das coisas descritas nos livros e artigos, mas as descrições são sem vida, e meu trabalho não é."

Que características em comum, então, os executivos bem-sucedido exibem *na realidade*? Devo identificar cinco habilidades ou talentos que, em minha experiência, parecem especialmente importantes...

MANTER-SE BEM-INFORMADO

Primeiro, cada um dos meus heróis tem um talento especial para se manter informado sobre um vasto leque de decisões operacionais tomadas em diferentes níveis da companhia. À medida que sobe a escada, ele desenvolve uma rede de fontes de informações em muitos departamentos diferentes. Ele cultiva essas fontes e as mantém abertas, não importa o quanto suba na organização. Quando a necessidade surge, ele ignora as linhas do organograma para buscar mais de uma versão da situação.

Em alguns casos, especialmente quando suspeitam que ele não concordará integralmente com suas decisões, seus subordinados preferem informá-lo antecipadamente antes de anunciarem uma decisão. Nessas circunstâncias, ele está em posição de retardar a decisão, ou redirecioná-la, ou até mesmo de bloquear qualquer ação adicional. Porém, ele não insiste nesse procedimento. Normalmente deixa que os membros de sua organização decidam em que estágio vão informá-lo.

Os gerentes de nível mais alto são freqüentemente criticados por escritores, consultores e gerentes de nível mais baixo por continuar a se envolver nos problemas operacionais depois de serem promovidos ao topo, em vez de olhar para um "quadro mais amplo". Sem dúvida, alguns gerentes perdem-se em uma confusão de detalhes e insistem em tomar muitas decisões. Superficialmente, o bom gerente pode parecer cometer o mesmo erro – mas seu objetivo é diferente. Ele sabe que apenas se mantendo bem-informado sobre as decisões tomadas pode evitar a esterilidade tão freqüentemente encontrada naqueles que se isolam das operações. Se ele segue o conselho de se desligar das operações, pode em breve se ver subsistindo em uma dieta de abstrações, deixando a escolha do que come nas mãos de seus subordinados. Como diz Kenneth Boulding: "O verdadeiro propósito de uma hierarquia é evitar que as informações alcancem as camadas mais altas. Ela opera como um filtro de informações e há poucos cestos de lixo ao longo do caminho" (em *Business Week*, February 18, 1967:202)...

FOCANDO TEMPO E ENERGIA

A segunda habilidade do bom gerente é que ele sabe como economizar sua energia e seu tempo para aquelas poucas determinadas questões, decisões ou problemas que exigem sua atenção pessoal. Ele sabe a fina e sutil diferença entre manter-se totalmente informado sobre decisões operacionais e permitir que a organização o force a participar dessas decisões, ou, pior ainda, a tomá-las. Reconhecendo que pode emprestar seu talento para resolver apenas um número limitado de questões, ele escolhe as questões que acredita que vão ter o maior impacto a longo prazo para a companhia, e nas quais suas habilidades especiais podem ser mais produtivas. Sob circunstâncias normais, ele vai se limitar a três ou quatro objetivos principais durante um único período de atividade sustentada.

---
[3] Originalmente publicado em *Harvard Business Review* (September-October 1967) e ganhador do prêmio McKinsey como melhor artigo no *Review* em 1967. Copyright © 1967 pelo presidente e colegas do Harvard College; todos os direitos reservados. Reimpresso com cortes sob permissão da *Harvard Business Review*.

E o que ocorre com as situações nas quais ele decide *não* se envolver como tomador de decisão? Ele se certifica (usando a primeira habilidade mencionada) de que a organização o mantenha informado sobre essas situações em seus vários estágios; ele não quer ser acusado de indiferença em relação a tais questões. Ele treina seus subordinados para não trazer as questões para que ele decida. A comunicação que vem de baixo até ele resume-se essencialmente a: "Aqui está nossa opinião e aqui está o que propomos fazer." Reservando seu encorajamento sincero para os projetos que têm uma promessa superior de contribuição para a estratégia corporativa total, ele simplesmente acusa o recebimento de informações sobre outras questões. Quando vê um problema para o qual a organização necessita de sua ajuda, ele descobre uma maneira de transmitir seu conhecimento sem dar ordens – normalmente fazendo perguntas perceptivas.

JOGANDO O JOGO DO PODER

Até que ponto altos executivos bem-sucedidos impõem suas idéias e propostas para a organização? A noção muito comum de que o "primeiro a se mover" continuamente cria e impõe novos programas, como um líder majoritário poderoso em um Congresso liberal, é em minha opinião muito enganosa.

O gerente bem-sucedido é sensível à estrutura de poder da organização. Ao considerar qualquer proposta atual importante, ele pode plotar a posição de várias pessoas e unidades na organização, em uma escala que varia desde suporte completo e sincero até uma oposição determinada, algumas vezes amarga e normalmente bem disfarçada. No meio da escala há uma área de indiferença comparativa. Normalmente, diversos aspectos de uma proposta vão se encaixar nessa área, e *aqui é onde ele sabe que pode operar*. Ele avalia a profundidade e a natureza dos grupos dentro da organização. Sua percepção permite-lhe mover-se através do que chamo de *corredores de indiferença comparativa*. Ele raramente força a passagem quando um corredor está bloqueado, preferindo fazer uma pausa até que seja liberado.

Relacionada à essa habilidade particular está sua capacidade de reconhecer a necessidade de alguns lançadores de balões de ensaio na organização. Ele sabe que a organização vai tolerar apenas um certo número de propostas que emanam do ápice da pirâmide. Não importa o quão penosamente ele seja tentado a estimular a organização com um fluxo de suas próprias idéias, ele sabe que deve trabalhar por meio dos homens das idéias em diferentes partes da organização. Conforme estuda as reações das principais pessoas e grupos aos balões de ensaio que esses homens lançam, ele é capaz de fazer uma melhor avaliação de como limitar a emasculação das várias propostas. Porque raramente ele encontra uma proposta que tenha apoio dos quatro quadrantes de uma organização. O surgimento de apoio forte em alguns quadrantes é sinal quase certo do surgimento de forte oposição em outros.

VALOR DO SENSO DE OPORTUNIDADE

Circunstâncias como essas significam que um bom senso de oportunidade é um ativo impagável para um alto executivo... Como um bom gerente se posiciona em um ponto no tempo, ele pode identificar um conjunto de metas nas quais esteja interessado, embora o esboço delas possa ser muito vago. A programação dele, que também é bastante vaga, sugere que algumas serão alcançadas mais cedo do que outras, e que algumas podem ser seguramente adiadas por vários meses ou anos. Ele tem uma noção ainda mais vaga de como alcançar essas metas. Avalia as principais pessoas e grupos. Sabe que cada um tem seu próprio conjunto de metas, algumas das quais ele compreende totalmente e outras sobre as quais pode apenas especular. Ele também sabe que essas pessoas e grupos representam bloqueios para certos programas ou projetos e que esses pontos de oposição devem ser levados em consideração. À medida que as decisões operacionais diárias são tomadas e as propostas são respondidas, tanto pelas pessoas como pelos grupos, ele percebe mais claramente onde estão os corredores de indiferença comparativa. Ele age de acordo.

A ARTE DA IMPRECISÃO

A quarta habilidade do gerente bem-sucedido é saber como convencer a organização de que ela tem um senso de direção *sem de fato se comprometer com um determinado conjunto de objetivos*. Isso não significa dizer que ele não tem objetivos – pessoais e corporativos, de longo e de curto prazo. Esses objetivos são guias importantes para seu pensamento e ele os modifica continuamente à medida que entende melhor os recursos com os quais está trabalhando, a concorrência e as demandas mutantes do mercado. Mas quando a organização clama pela declaração de objetivos, estes são alguns exemplos do que ouvem dele:

"Nossa empresa visa a ser a número um em seu segmento."

"Nosso objetivo é crescer com lucro."

"Buscamos o retorno máximo sobre investimento."

"A meta gerencial é cumprir nossa responsabilidade junto aos acionistas, funcionários e público."

Em minha opinião, declarações como essas não garantem quase nenhuma orientação para os vários níveis de gestão. Ainda assim, são quase imediatamente aceitas como objetivos por um grande número de pessoas inteligentes.

Mantendo a Viabilidade

Por que o bom gerente se afasta assustado de declarações precisas sobre seus objetivos para a organização? A principal razão é que ele considera impossível estabelecer objetivos específicos que sejam relevantes para qualquer período futuro razoável. As condições empresariais mudam contínua e rapidamente, e a estratégia corporativa deve ser revisada para levar em conta essas mudanças. Quanto mais explícita a declaração de estratégia, mais difícil se torna persuadir a organização a se voltar para metas diferentes quando as necessidades e as condições mudam.

O público e os acionistas, com certeza, devem achar que a organização tem um conjunto de objetivos bem-definido e um senso de direção claro. Mas, na realidade, o bom executivo raramente está muito certo da direção a ser tomada. Melhor do que ninguém, ele sente as muitas, muitas ameaças para a empresa – ameaças que estão na economia, nas ações dos concorrentes e, não menos importante, dentro de sua própria organização.

Ele também sabe que é impossível declarar objetivos de forma clara o suficiente para que todos na organização entendam o que eles significam. Os objetivos só são comunicados com o tempo por meio de consistência ou padrão nas decisões operacionais. Tais decisões são mais significativas do que palavras. Em situações nas quais objetivos precisos são explicados detalhadamente, a organização tende a interpretá-los da forma que atenda suas próprias necessidades.

Subordinados que vivem pressionando para ter objetivos mais precisos estão na verdade trabalhando contra seus interesses. Cada vez que objetivos são declarados mais especificamente, o leque de possibilidades de operação dos subordinados é reduzido. O campo mais restrito significa menos espaço para percorrer e acomodar o fluxo de idéias que vem desse nível de organização.

A Política Camisa-de-Força

A relutância do gerente bem-sucedido em ser preciso estende-se à área das decisões políticas. Ele raramente faz declarações políticas diretas. Ele deve saber que em algumas empresas há executivos que gastam mais tempo na arbitragem de disputas causadas pelas políticas estabelecidas do que levando a empresa para frente. As cartilhas gerenciais sustentam que políticas bem-definidas são condição *sine qua non* para uma empresa bem-administrada. Minha pesquisa não confirma essa alegação. Por exemplo:

> O presidente de uma empresa com a qual estou familiarizado deliberadamente deixa vagas as atribuições de seus altos executivos e recusa-se a definir políticas para eles. Ele distribui novas atribuições aparentemente sem nenhum padrão em mente e conscientemente estabelece riscos competitivos entre seus subordinados. Seus métodos, embora jamais venham a ser sancionados por um planejador organizacional clássico, são deliberados – e, incidentalmente, muito eficazes.

Já que gerentes capazes não tomam decisões políticas, isso significa que empresas bem-administradas operam sem políticas? Certamente não. Mas as políticas são aquelas que surgem com o tempo a partir de um *mix* indescritível de decisões operacionais. De qualquer simples decisão operacional pode surgir uma dimensão muito mínima de política como a organização a compreende; de uma série de decisões vem um padrão de diretrizes para vários níveis da organização.

O gerente habilidoso resiste ao impulso de redigir um credo para a empresa ou de compilar um manual de políticas. Preocupação com declarações detalhadas de objetivos corporativos e metas departamentais e com organogramas amplos e descrições de cargo é sempre o primeiro sintoma de uma organização que está nos estágios iniciais da atrofia.

A escola da "administração por objetivos", tão amplamente divulgada nos últimos anos, sugere que objetivos detalhados sejam divulgados por todos os níveis da corporação. Esse método é viável nos níveis mais baixos de gerência, mas torna-se inviável nos níveis mais altos. A alta gerência deve pensar nos objetivos em detalhes, mas comumente alguns dos objetivos devem ser contidos, ou pelo menos comunicados à organização em doses modestas. Um processo de condicionamento que pode se estender por meses ou anos é necessário para preparar a organização para uma saída radical daquilo que hoje ela se esforça para conseguir.

Suponha, por exemplo, que o presidente de uma empresa está convencido de que ela deve sair de sua principal área de negócios, por onde esteve durante 35 anos. Embora essa mudança de curso seja um de seus objetivos, ele pode achar que não deve revelar a idéia nem mesmo para seus vice-presidentes, cujo conhecimento total está na área de negócios atual. Um anúncio abrupto de que a empresa está alterando seu curso seria um choque muito grande para a maioria deles. Ele então começa a se mover em direção a seu objetivo, mas sem revelá-lo totalmente a seu grupo gerencial.

Uma revelação detalhada de objetivos pode apenas complicar a tarefa de alcançá-los. Declarações específicas e detalhadas dão à oposição uma oportunidade de organizar suas defesas.

Misturando Objetivos

A quinta e mais importante habilidade que vou descrever tem pouca relação com a doutrina de que gestão é (ou deveria ser) uma ciência ampla, sistemática, lógica e bem-programada. De todas as heresias descritas aqui, esta deve ser a que mais atinge os doutrinadores!

O gerente bem-sucedido, em minhas observações, reconhece a futilidade de tentar empurrar pacotes ou programas completos para sua organização. Ele está disposto a concordar com aceitação parcial para atingir um progresso modesto em relação a suas metas. Evitando debates sobre princípios, ele tenta reunir partículas que podem parecer incidentais em um programa que move pelo menos parte do caminho em direção a seus objetivos. Sua atitude é baseada em otimismo e persistência. Repetidamente, ele diz a si mesmo: "Deve haver algumas partes desta proposta sobre as quais podemos capitalizar."

Quando identifica relações entre as diferentes propostas que tem diante de si, ele sabe que elas apresentam oportunidades de combinação e reestruturação. Acontece que ele é um homem de vastos interesses e curiosidade. Quanto mais coisas souber, mais oportunidades terá de descobrir partes relacionadas. Esse processo não exige grande brilho intelectual ou criatividade incomum. Quanto mais amplo o leque de seus interesses, maior a probabilidade de que ele consiga reunir diversas propostas não-relacionadas. Ele é habilidoso como analista, mas ainda mais talentoso como idealizador.

Se o gerente construiu ou herdou uma organização sólida, será difícil para ele ter uma idéia sobre a qual ninguém na empresa tenha pensado antes. Sua contribuição mais importante pode ser o fato de ver as relações como ninguém mais vê...

CONTRASTANDO QUADROS

É interessante notar, nos trabalhos de diversos alunos de administração, o surgimento do conceito que, em vez de tomar decisões, a principal tarefa do líder é manter condições operacionais que permitam aos vários sistemas de tomada de decisão funcionar efetivamente. Parece-me que aqueles que apóiam essa teoria ignoram as mudanças sutis de direção que o líder pode garantir. Ele não pode acrescentar objetivo e estrutura aos julgamentos equilibrados dos subordinados se simplesmente assinar em baixo de suas decisões. Ele deve pesar as questões e tomar suas próprias decisões...

Muitos artigos sobre executivos bem-sucedidos os mostram como grandes pensadores que se sentam em suas mesas rascunhando grandes projetos para suas companhias. Os altos executivos mais bem-sucedidos que vi trabalhando não operam dessa forma. Em vez de produzir uma árvore de decisão totalmente desenvolvida, eles começam com um galho, ajudando-o a crescer, e só se aventuram por esses galhos depois de terem testado quanto peso eles agüentam.

Em meu quadro, o gerente-geral senta-se no meio de uma corrente contínua de problemas operacionais. A organização lhe apresenta um fluxo de propostas para lidar com os problemas. Algumas dessas propostas estão em relatórios formais, volumosos e bem-documentados; algumas são tão fugazes como a entrada de um subordinado cuja última inspiração veio durante a pausa matinal para o cafezinho. Sabendo que não faz nenhum sentido dizer "Este é um problema financeiro" ou "Aquele é um problema de comunicação", o gerente não tem uma compulsão para classificar seus problemas. Ele, na verdade, fica impávido diante de um problema que se opõe à classificação. Como disse o falecido Gary Steiner, em um de seus discursos: "Ele tem uma grande tolerância pela ambigüidade".

Ao considerar as propostas, o gerente-geral testa cada uma de acordo com os três critérios abaixo:

- A proposta total – ou, mais freqüentemente, algumas partes da proposta – vai mover a organização em direção aos objetivos que ele tem em mente?

- Como a proposta – no todo ou em parte – será recebida pelos vários grupos e subgrupos na organização? De onde virá a oposição mais forte, que grupo dará o maior suporte e que grupo será neutro ou indiferente?

- Como a proposta se relaciona aos programas já em processo ou recentemente propostos? Algumas partes da proposta que está sendo analisada podem ser acrescentadas a um programa já em curso, ou podem ser combinadas com outras propostas, total ou parcialmente, para formar um pacote que possa ser conduzido por toda a organização?...

CONCLUSÃO

Para recapitular, o gerente-geral possui cinco habilidades importantes. Ele sabe como:

1. *Manter abertos muitos canais de informação* – Ninguém discorda da necessidade de um sistema de alerta prévio que garanta pontos de vista variados sobre uma questão. Porém, poucos gerentes sabem como praticar essa habilidade, e os livros de administração não acrescentam quase nada ao nosso entendimento das técnicas que tornam isso viável.

2. *Concentrar-se em um número limitado de questões importantes* – Não importa o quão habilidoso seja o gerente em concentrar suas energias e talentos, ele inevitavelmente é pego por diversas obrigações irrelevantes. A liderança ativa de uma organização exige um alto nível de envolvimento pessoal, e envolvimento pessoal significa muitas atividades que consomem tempo e que têm um impacto infinitesimal na estratégia corporativa. Assim, esta segunda habilidade, embora talvez a mais lógica das cinco, não é de forma alguma a mais fácil de pôr em prática.

3. *Identificar os corredores de indiferença comparativa* – Há inferências de que o bom gerente não tem idéias próprias, espera até que sua organização proponha soluções e nunca usa sua autoridade para forçar uma proposta para a organização? Tais inferências não são intencionais. A mensagem é que a boa organização só vai tolerar direção vinda do alto; o bom gerente, dessa forma, prefere sentir o quanto ele pode pressionar.

4. *Dar à organização um sentido de direção com objetivos abertos* – Ao avaliar essa habilidade, tenha em mente que estou falando sobre altos níveis de gerência. Nos níveis mais baixos, o gerente deve ser encorajado a escrever seus objetivos, se não por outra razão, pelo menos para certificar-se de que eles são consistentes com a estratégia corporativa.

5. *Identificar oportunidades e relações na corrente de problemas e decisões operacionais* – Para que não se conclua da descrição desta habilidade que o bom gerente é mais um improvisador do que um planejador, deixe-me enfatizar que ele é um planejador e encoraja o planejamento para seus subordinados. É interessante notar, porém, que planejadores profissionais podem ficar irritados com um bom gerente geral. A maioria deles reclama sobre a falta de visão dos gerentes. Eles desenvolvem um plano principal, mas o presidente (ou outro executivo operacional) parece ignorá-lo, ou dar-lhe importância mínima, adotando pequenas partes para implementação. Eles parecem achar que o poder de um bom plano principal será óbvio para todos e sua implementação, automática. Mas o gerente geral sabe que mesmo que o plano seja sólido e imaginativo, o trabalho apenas começou. A longa e dolorosa tarefa de implementação vai depender de sua habilidade, não da habilidade do planejador...

LEITURA 2.4

O NOVO TRABALHO DO LÍDER: CONSTRUIR ORGANIZAÇÕES DE APRENDIZADO[4]
por Peter M. Senge

Os seres humanos são feitos para o aprendizado. Ninguém precisa ensinar uma criança a andar, a falar ou a dominar as relações espaciais necessárias para empilhar oito blocos de construção sem que eles caiam. As crianças vêm totalmente equipadas com um desejo insaciável de explorar e experimentar. Infelizmente, as instituições primárias de nossa sociedade são orientadas predominantemente para controlar, e não para aprender, recompensando pessoas por fazer pelos outros, e não por cultivar sua curiosidade natural e impulso para aprender. A criança, ao entrar na escola, descobre rapidamente que o jogo é dar a resposta certa e evitar erros – um lema não menos obrigatório para o aspirante a gerente.

"Nosso sistema predominante de gestão destruiu as pessoas", escreve W. Edwards Deming, líder do movimento de qualidade (Senge, 1990). "As pessoas nascem com motivações intrínsecas, auto-estima, dignidade, curiosidade de aprender, alegria no aprendizado. As forças de destruição começam com as crianças – um prêmio pela melhor fantasia de Halloween, pelas notas na escola, por medalhas de ouro, e assim por diante, até a universidade. No trabalho, pessoas, equipes e divisões são avaliadas – recompensa para as que estão no topo, punição para as que ficam por baixo. Administração por objetivos, quotas, pagamento de incentivos e planos de negócios estabelecidos separadamente, divisão por divisão, causam ainda mais perdas, desconhecidas e irreconhecíveis."

Ironicamente, ao concentrar-se em desempenho para aprovação de outras pessoas, as corporações criam condições específicas que vão predestiná-las a um desempenho medíocre. A longo prazo, desempenho superior depende de aprendizado superior. Um estudo na Shell mostrou... que "a chave para a sobrevivência de longo prazo do grande complexo industrial era a capacidade de fazer 'experimentos na margem', de explorar continuamente novos negócios e novas oportunidades organizacionais que criam potenciais novas fontes de crescimento" (de Geus, 1988, pp. 70-74).

Hoje, a necessidade de entender como as organizações aprendem e de acelerar esse aprendizado é maior do que nunca. Os velhos tempos, quando Henry Ford, Alfred Sloan ou Tom Watson *aprendiam com a organização,* já passaram. Em um mundo cada vez mais dinâmico, interdependente e imprevisível, simplesmente não é mais possível para ninguém "compreender tudo no topo". O modelo antigo, "o topo pensa e a parte de baixo age" deve agora ceder lugar para pensamento integrador e ação em todos os níveis...

APRENDIZADO ADAPTÁVEL E APRENDIZADO GERADOR

A visão dominante nas organizações de aprendizado enfatiza a adaptabilidade crescente... Mas adaptação crescente é apenas o primeiro estágio em direção às organizações de aprendizado. O impulso de aprender das crianças é mais profundo do que o desejo de responder e adaptar-se mais efetivamente às mudanças ambientais. O impulso de aprender, em seu núcleo, é um impulso para ser gerador, para expandir nossa capacidade. Essa é a razão pela qual corporações líderes concentram-se em aprendizado *gerador,* que está relacionado à criação e também ao aprendizado *adaptável,* que está relacionado à cópia...

---

[4] Reimpresso de *Sloan Management Review* (Fall 1990), pp. 7-23; com permissão do editor. Copyright © 1990 por *Sloan Management Review.* Todos os direitos reservados.

Aprendizado gerador, ao contrário do aprendizado adaptável, exige novas formas de olhar o mundo, seja para entender os clientes, seja para entender como administrar melhor uma empresa. Durante anos, os industriais norte-americanos buscaram vantagem competitiva em controles agressivos de estoque, incentivos contra excesso de produção e adoção rígida de previsões de produção. Apesar desses incentivos, o desempenho deles era sempre superado pelo das empresas japonesas, que viam os desafios da produção de forma diferente. Elas perceberam que eliminar atrasos no processo de produção era a chave para reduzir a instabilidade e melhorar custos, produtividade e serviços. Elas trabalhavam para construir redes de relacionamentos com fornecedores confiáveis e para reprojetar os processos físicos de produção de forma a reduzir atrasos em compra de materiais, início de produção e processamento de estoque – um método com alavancagem muito mais alta para melhorar custos e lealdade dos clientes.

Como observou George Stalk, do Boston Consulting Group, os japoneses entendiam a importância dos atrasos porque viam o processo de colocação de pedido, programação de produção, compra de materiais, produção e distribuição *como um sistema integrado*. "O que distorce tanto o sistema é o tempo", observou Stalk – os atrasos múltiplos entre fatos e respostas. "Essas distorções reverberam em todo o sistema, gerando interrupções, perdas e ineficiência" (Stalk, 1988, pp. 41-51). Aprendizado gerador exige que se veja os sistemas que controlam os fatos. Quando deixamos de entender a fonte sistêmica de problemas, somos obrigados a "continuar" com os sintomas em vez de eliminar as causas. O melhor que podemos fazer sempre é aprendizado adaptável.

O Novo Trabalho do Líder

... Nossa visão tradicional de líderes – como pessoas especiais que estabelecem a direção, tomam as principais decisões e energizam as tropas – está profundamente arraigada em uma visão de mundo individualista, e não sistêmica. Especialmente no ocidente, líderes são *heróis* – grandes homens (e ocasionalmente mulheres) que tomam a dianteira em tempos de crise. Enquanto prevalecem tais mitos, eles reforçam o foco em fatos de curto prazo e heróis carismáticos em vez de forças sistêmicas e aprendizado coletivo.

A liderança nas organizações de aprendizado concentra-se em trabalhos mais sutis e ao final mais importantes. Em uma organização de aprendizado, os papéis dos líderes diferem drasticamente daqueles dos tomadores de decisão carismáticos. Líderes são projetistas, professores e administradores. Esses papéis exigem novas habilidades: a capacidade de construir visão compartilhada, de trazer para a superfície e desafiar os modelos mentais vigentes e de promover padrões de pensamento mais sistêmicos. Em resumo, líderes nas organizações de aprendizado são responsáveis por *construir organizações* nas quais as pessoas possam expandir continuamente a capacidade de moldar seu futuro – ou seja, os líderes são responsáveis pelo aprendizado.

Tensão Criativa: O Princípio Integrador

Liderança em uma organização de aprendizado começa com o princípio da tensão criativa (Fritz, 1989, 1990). Tensão criativa surge quando vemos claramente onde queremos estar, nossa "visão", e quando dizemos a verdade sobre onde estamos, nossa "realidade atual". A lacuna entre as duas gera uma tensão natural...

Tensão criativa pode ser resolvida de duas maneiras básicas: levando a realidade atual em direção à visão, ou trazendo a visão para a realidade atual. Pessoas, grupos e organizações que aprendem como lidar com a tensão criativa aprendem como usar a energia que ela gera para mover a realidade de forma mais confiável em direção a suas visões...

Sem visão não há tensão criativa. Tensão criativa não pode ser gerada somente a partir da realidade atual. Todas as análises do mundo nunca vão gerar uma visão. Muitos, que estariam de outra forma qualificados para liderar, falham porque tentam substituir análise por visão. Eles acreditam que, se as pessoas apenas compreendessem a realidade atual, certamente sentiriam a motivação para mudar. Então se desapontam ao descobrir que as pessoas "resistem" às mudanças pessoais e organizacionais que devem ser feitas para alterar a realidade. O que elas nunca entendem é que a energia natural para mudar a realidade é gerada pelo quadro do que poderia ser, que é mais importante para as pessoas do que o que é de fato.

Mas a tensão criativa não pode ser gerada apenas a partir da visão; ela também exige um quadro acurado da realidade atual. Assim como Martin Luther King teve um sonho, ele também lutava continuamente para "dramatizar as condições vergonhosas" de racismo e preconceito, de forma que elas não pudessem mais ser ignoradas. Visão sem um entendimento da realidade atual tem mais chance de promover cinismo do que criatividade. O princípio da tensão criativa ensina que *um quadro acurado da realidade atual é tão importante como um quadro convincente do futuro desejado.*

Liderar por meio de tensão criativa é diferente de resolver problemas. Na solução de problemas, a energia para mudança vem de tentar sair de um aspecto indesejável da realidade atual. Com tensão criativa, a energia para mudança vem da visão, daquilo que queremos criar, justaposto com a realidade atual. Embora essa distinção possa parecer pequena, as conseqüências não são. Muitas pessoas e organizações só conseguem se motivar para mudança quando seus problemas são ruins o suficiente para levá-los a mudar. Isso funciona por um período, mas o processo de mudança sai do curso assim que o problema que gerou a mudança se torna menos evidente. Com o problema resolvido, a motivação para mudança é extrínseca. Com tensão criativa, a motivação é intrínseca. Essa distinção espelha a diferença entre aprendizado adaptável e aprendizado gerador.

Novos Papéis

A imagem de autoritarismo tradicional do líder como "o chefe chamando os peões" foi reorganizada por ser muito simples e inadequada. Segundo Edgar Schein (1985), "A liderança está interligada com a formação da cultura". Construir a cultura de uma organização e moldar sua evolução é a "única e essencial função" da liderança. Em uma organização de aprendizado, os papéis críticos de liderança – projetista, professor e administrador – têm antecedentes na maneira como os líderes contribuíram para a construção das organizações no passado. Mas cada papel assume novos significados na organização de aprendizado e, como veremos nas próximas seções, exigem novas habilidades e ferramentas.

Líder como Projetista

Imagine que sua organização é um navio e que você é o "líder". Qual é o seu papel?

Fiz essa pergunta a grupos de gerentes muitas vezes. A resposta mais comum, sem surpresa, é "o capitão". Outros dizem "o navegador, estabelecendo a direção". Outros ainda dizem "O homem do leme, que de fato controla a direção", ou "O engenheiro lá embaixo, que mantém o fogo aceso, fornecendo energia", ou "A direção social, certificando-se de que todos estejam registrados, envolvidos e comunicando-se". Embora esses sejam papéis de liderança legítimos, há outro que, de várias formas, supera todos em importância. Ainda assim ele raramente é mencionado.

O papel de liderança negligenciado é o de *projetista* do navio. Ninguém tem uma influência mais abrangente do que o projetista. Que diferença faz o capitão dizer "Virar 30 graus a estibordo" quando o projetista construiu um leme que só vira para bombordo, ou que leva seis horas para virar para estibordo? É infrutífero ser o líder em uma organização malplanejada.

As funções de projeto, ou o que alguns chamam de "arquitetura social", raramente são visíveis; acontecem por trás das câmaras. As conseqüências que aparecem hoje são resultados do trabalho feito no passado, e o trabalho feito hoje vai mostrar seus benefícios em um futuro distante. Aqueles que aspiram a liderar movidos por um desejo de controle, ou de ganhar fama, ou simplesmente de estar no centro da ação, vão considerar pouco atraente o calmo trabalho de projeto na liderança.

Mas o que, especificamente, está envolvido em projeto organizacional? "Projeto organizacional é muito mal-interpretado como sendo movimentos ao redor de caixas e linhas", diz o CEO da Hanover Insurance Company, William O'Brien. "A primeira tarefa do projeto organizacional está relacionada à criação de idéias dominantes de objetivo, visão e valores básicos, segundo as quais as pessoas vão viver." Poucos atos de liderança têm um impacto mais duradouro na organização do que a construção de uma base de objetivos e valores básicos...

Se as idéias dominantes constituem a primeira tarefa de projeto na liderança, a segunda tarefa envolve políticas, estratégias e estruturas que traduzem idéias orientadoras em decisões empresariais. O teórico de liderança Philip Selznick (1957) chama política e estrutura de "personificação institucional de objetivo". "A elaboração de políticas (as regras que guiam as decisões) deve ser uma ação separada da tomada de decisões", diz Jay Forrester (1965, pp. 5-17). "Se não for assim, as pressões de curto prazo vão usurpar tempo da criação de políticas."

Tradicionalmente, escritores como Selznick e Forrester tendem a ver a criação e a implementação de políticas como trabalho de um pequeno número de gerentes seniores. Mas essa visão está mudando. Tanto o ambiente empresarial dinâmico como a exigência da organização de aprendizado para contratar pessoas em todos os níveis, agora, tornam claro que essa segunda tarefa de projeto é mais sutil. Henry Mintzberg argumentou que a estratégia é menos um plano racional atingido no abstrato e implementado em toda a organização do que um "fenômeno emergente". As organizações bem-sucedidas "criam estratégia", segundo Mintzberg (1987, pp. 66-75) na medida em que aprendem continuamente sobre condições empresariais mutantes e fazem um balanço entre o que é desejado e o que é possível. A chave não é conseguir a estratégia correta, mas incentivar o pensamento estratégico. "A escolha de ação individual é apenas parte da... necessidade do criador de políticas", segundo Mason e Mitroff (1981, p. 16). "Mais importante é a necessidade de atingir uma compreensão sobre a natureza da complexidade e formular conceitos e visões de mundo para lidar com isso."

Por trás de políticas, estratégias e estruturas apropriadas estão processos de aprendizado eficazes: a criação deles é a terceira responsabilidade principal de projeto nas organizações de aprendizado. Isso não isenta os gerentes seniores de suas responsabilidades estratégicas. Na verdade, aprofunda e estende essas responsabilidades. Agora, eles não são apenas responsáveis por garantir que uma organização tenha estratégias e políticas bem-desenvolvidas, mas também por garantir que existam processos por meio dos quais essas estratégias e políticas sejam continuamente melhoradas.

No início dos anos 70, a Shell era a mais fraca entre as sete grandes empresas de petróleo. Hoje, Shell e Exxon são indiscutivelmente as mais fortes, tanto em tamanho como em saúde financeira. A ascendência da Shell começou com frustração. Por volta de 1971, membros do "grupo de planejamento" da Shell, em Londres, começaram a antever mudanças drásticas e imprevisíveis no mercado de petróleo. Porém, provou-se impossível convencer os gerentes de que o mundo estável de crescimento contínuo na demanda e no fornecimento de petróleo que eles conheciam há vinte anos estava prestes a mudar. Apesar de uma análise brilhante e de uma apresentação engenhosa, os planejadores da Shell perceberam, nas palavras de Pierre Wack (1985, pp. 73-89) que "não tinham conseguido mudar o comportamento na maior parte da organização Shell". O progresso teria provavelmente chegado lá se a frustração não tivesse aberto caminho para uma visão radicalmente nova de pensamento corporativo.

Enquanto analisavam a falha, a visão dos planejadores em relação à sua tarefa básica mudou: "Não vemos mais nossa tarefa como produzir uma visão documentada do ambiente empresarial futuro em cinco ou dez anos à frente. Nossa meta real era o microcosmo (o 'modelo mental') de nossos tomadores de decisão". Apenas quando os planejadores conceitualizaram novamente sua tarefa básica como promover aprendizado em vez de arquitetar planos é que suas idéias começaram a ter impacto. A ferramenta inicial usada foi a "análise de cenário", por meio da qual os planejadores encorajavam os gerentes operacionais a pensar sobre como eles administrariam, no futuro, sob possíveis diferentes cenários. Não importava se os gerentes acreditavam nos cenários dos planejadores, o que importava é que eles se engajassem em esclarecer as implicações. Dessa forma, os planejadores da Shell condicionavam os gerentes a estarem mentalmente preparados para uma mudança de preços baixos para preços altos e de estabilidade para instabilidade. Os resultados foram significativos. Quando a OPEP se tornou uma realidade, a Shell respondeu rapidamente, aumentando o controle da empresa nas operações locais (para aumentar sua facilidade de manobra no novo ambiente político), formando estoques intermediários e acelerando o desenvolvimento de fontes não ligadas à OPEP – ações que seus concorrentes demoraram muito para pôr em prática ou que nem puseram.

Um pouco inadvertidamente, os planejadores da Shell descobriram a alavancagem de projetar os processos de aprendizado institucionais, por meio dos quais, nas palavras do antigo diretor de planejamento de Geus (1988), "as equipes gerenciais mudam os modelos mentais compartilhados de suas companhias, seus mercados e seus concorrentes." Desde então, "planejamento como aprendizado" tornou-se um provérbio na Shell, e o Grupo de Planejamento busca continuamente novas ferramentas de aprendizado que possam ser integradas ao processo de planejamento. Algumas são descritas a seguir.

Líder como Professor

"A primeira responsabilidade de um líder", escreve o CEO aposentado da Herman Miller, Max de Pree (1989, p. 9), "é definir a realidade." Grande parte da alavancagem que os líderes podem realmente exercer se baseia em ajudar as pessoas a atingir visões mais acuradas, mais profundas e mais *poderosas* da realidade.

Um líder como professor *não* significa um líder como especialista autoritário, cujo trabalho é ensinar as pessoas a "corrigir" a visão da realidade. Ao contrário, significa ajudar todos na organização, inclusive ele mesmo, a conseguir uma visão mais profunda da realidade atual. Isso está em linha com uma visão popular emergente de líderes como técnicos, guias ou facilitadores... Nas organizações de aprendizado, esse papel de professor é desenvolvido adicionalmente em virtude da atenção explícita aos modelos mentais das pessoas e pela influência da perspectiva dos sistemas.

O papel do líder como professor começa por trazer à superfície os modelos mentais que as pessoas têm sobre questões importantes. Ninguém carrega uma organização, um mercado ou um estado de tecnologia na cabeça. O que carregamos na cabeça são suposições. Esses quadros mentais de como o mundo funciona têm uma influência significativa na maneira como percebemos problemas e oportunidades, identificamos cursos de ação e fazemos escolhas.

Uma razão pela qual os modelos mentais são tão profundamente arraigados é por serem amplamente tácitos. Ian Mitroff, em seu estudo sobre a General Motors, argumenta que uma suposição prevaleceu durante anos nos Estados Unidos, a de que "carros são símbolo de *status*. Por essa razão, estilo é mais importante do que qualidade" (Mitroff, 1988, pp. 66-67). Os fabricantes de automóveis de Detroit não diziam "Temos um *modelo mental* de que as pessoas só se preocupam com estilo." Poucos gerentes de fato diriam publicamente que o importante para as pessoas era estilo. Pelo tempo que a visão permaneceu não-expressa, havia poucas possibilidades de desafiar sua validade ou de formar suposições mais acuradas.

Mas trabalhar com modelos mentais significa ir além de revelar suposições escondidas. "Realidade", como percebida pela maioria das pessoas na maioria das organizações, significa pressão que pode ser suportada, crises contra as quais se pode reagir e limitações que podem ser aceitas. Líderes como professores ajudam as pessoas a *reestruturar suas visões de realidade* para ver além das condições e fatos superficiais, chegando às causas implícitas dos problemas – e assim ver novas possibilidades para moldar o futuro.

Especificamente, líderes podem influenciar as pessoas a verem a realidade em três níveis distintos: fatos, modelos de comportamento e estrutura sistêmica.

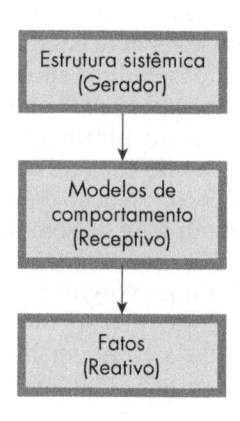

```
Estrutura sistêmica
    (Gerador)
        ↓
   Modelos de
  comportamento
   (Receptivo)
        ↓
      Fatos
    (Reativo)
```

A questão principal passa a ser *onde os líderes predominantemente focam suas atenções e as atenções de sua organização?*

A sociedade contemporânea foca-se predominantemente em fatos. A mídia reforça essa perspectiva, com atenção quase exclusiva aos fatos drásticos de curto prazo. Esse foco leva naturalmente a explicar o que acontece em termos desses fatos: "O índice Dow Jones subiu 16 pontos porque os lucros do quarto trimestre foram anunciados ontem".

As explicações de modelo de comportamento são mais raras, na cultura contemporânea, do que explicações de fato, mas elas ocorrem. "Análise de tendência" é um exemplo de como ver modelos de comportamento. Um bom editorial que interpreta um conjunto de fatos, no contexto de mudanças históricas de longo prazo, é outro exemplo. Explicações sistêmicas e estruturais vão ainda mais fundo ao abordar a questão "O que causa os modelos de comportamento?"

De certa forma, os três níveis de explicação são igualmente verdadeiros. Mas sua utilidade é bastante diferente. Explicação de fatos – quem fez o quê para quem – condena seus portadores a uma postura reativa em direção à mudança. Explicações de modelo de comportamento concentram-se em identificar tendências de longo prazo e avaliar suas implicações. Elas pelo menos sugerem como, com o tempo, podemos responder às condições mutantes. Explicações estruturais são as mais poderosas. Apenas elas abordam as causas implícitas do comportamento a um nível tal que os modelos de comportamento podem ser alterados.

De um modo geral, os líderes de nossas instituições atuais focam sua atenção em fatos e modelos de comportamento e, sob a influência deles, as organizações fazem o mesmo. Essa é a razão pela qual organizações contemporâneas são predominantemente reativas ou, quando muito, receptivas – raramente geradoras. Por outro lado, os líderes nas organizações de aprendizado prestam atenção aos três níveis, mas focam-se especialmente em estrutura sistêmica; em geral por meio de exemplo, eles ensinam as pessoas em toda a organização a fazerem o mesmo.

LÍDER COMO ADMINISTRADOR

Este é o mais sutil dos papéis de liderança. Ao contrário dos papéis de projetista e professor, este é quase que somente uma questão de atitude. É uma atitude crítica para a organização de aprendizado.

Embora a administração seja há muito tempo reconhecida como um aspecto da liderança, sua fonte ainda não é totalmente compreendida. Acredito que Robert Greenleaf (1977) chegou perto de uma explicação real para o administrador, em seu livro seminal *Servant Leadership*. Nesse livro, Greenleaf argumenta que "O líder servidor *é* servidor em primeiro lugar... Começa com o sentimento natural de que ele deseja servir, para servir *primeiro*. Essa escolha consciente o leva a aspirar à liderança. Essa pessoa é muito diferente daquela que é líder em primeiro lugar, talvez devido à necessidade de aliviar um ímpeto de poder não-usual ou de adquirir possessões materiais".

O senso de administrador do líder opera em dois níveis: administrar as pessoas que eles lideram e administrar com o objetivo ou missão mais ampla em que se baseia o empreendimento. O primeiro tipo surge de um entendimento profundo do impacto que a liderança de alguém pode ter sobre os outros. As pessoas podem sofrer econômica, emocional e espiritualmente sob uma liderança inapta. Além disso, pessoas em uma organização de aprendizado são mais vulneráveis devido a seu comprometimento e senso de propriedade compartilhada. Os líderes que entendem isso possuem naturalmente um senso de responsabilidade. O segundo tipo de administração surge do senso de objetivo pessoal do líder e de seu comprometimento com a missão geral da organização. O impulso natural de aprendizado das pessoas é desencadeado quando elas se envolvem em um empreendimento que consideram digno de seu comprometimento total. Ou, como coloca Lawrence Miller (1984): "Atingir retorno sobre o patrimônio não consegue, como meta, mobilizar as mais nobres forças de nossa alma".

Líderes envolvidos na construção de organizações de aprendizado sentem-se naturalmente como parte de um objetivo mais amplo, que vai além de suas organizações. Eles são parte de uma mudança na maneira como a empresa opera, não a partir de um impulso filantrópico vago, mas sim de uma convicção de que seus esforços vão gerar organizações mais produtivas, capazes de atingir níveis mais altos de sucesso organizacional e satisfação pessoal do que as organizações mais tradicionais...

NOVAS HABILIDADES

Os novos papéis de liderança exigem novas habilidades de liderança. Essas habilidades só podem ser desenvolvidas, segundo meu entendimento, por meio de um comprometimento para toda a vida. Não é suficiente que uma ou duas pessoas desenvolvam essas habilidades. Elas devem estar presentes em toda a organização. Essa é uma das razões pelas quais entender as *disciplinas* de uma organização de aprendizado é tão importante. Essas disciplinas englobam os princípios e as práticas que podem gerar o desenvolvimento da liderança.

As três áreas críticas de habilidades (disciplinas) são construir visão compartilhada, trazer à tona e desafiar modelos mentais e engajar-se em pensamentos sistêmicos.[5]

---

[5] Esses pontos são condensados a partir da prática das cinco disciplinas examinadas em Senge (1990).

Construir Visão Compartilhada

Como as visões individuais são reunidas para criar visões compartilhadas? Uma metáfora útil é o holograma, a imagem em três dimensões criada por fontes de luz que interagem.

Se você cortar uma fotografia ao meio, cada metade mostra apenas parte da imagem total. Mas se você dividir um holograma, cada parte, não importa o tamanho, mostra a imagem total intacta. Da mesma forma, quando um grupo de pessoas compartilha uma visão em uma organização, cada pessoa vê um quadro individual da organização como o melhor. Cada uma compartilha a responsabilidade pelo todo, não apenas por uma parte. Mas as peças que compõem o holograma não são idênticas. Cada uma representa a imagem total de um ponto de vista diferente. É algo como fazer buracos na cortina de uma janela; cada buraco oferece um ângulo único de visão da imagem completa. Assim, a visão de cada indivíduo também é única.

Quando você acrescenta peças a um holograma, algo interessante acontece. A imagem torna-se mais intensa, ganha mais vida. Quando um número maior de pessoas passa a compartilhar uma visão, mais real torna-se essa visão no sentido de uma realidade mental que as pessoas podem de fato se imaginar atingido. Elas agora têm parceiros, co-criadores; a visão não está mais apenas em seus ombros. Logo no início, quando estão criando uma visão individual, as pessoas podem referir-se a ela como "minha visão". Mas, à medida que a visão compartilhada se desenvolve, torna-se "minha visão" e "nossa visão".

As habilidades envolvidas na construção de visão compartilhada incluem o seguinte:

- *Encorajar a visão pessoal*. Visões compartilhadas surgem a partir de visões pessoais. Isso não significa que as pessoas se preocupam apenas com seus próprios interesses – na verdade, os valores das pessoas normalmente incluem dimensões relacionadas à família, à organização, à comunidade e até mesmo ao mundo. Ao contrário, significa que nossa capacidade de preocupação é *pessoal*.

- *Comunicar e pedir suporte*. Os líderes devem querer compartilhar suas próprias visões continuamente, em vez de serem os representantes oficiais da visão corporativa. Eles também devem estar preparados para perguntar: "Esta visão merece nosso comprometimento?" Isso pode ser difícil para uma pessoa acostumada a estabelecer metas e esperar concordância.

- *Encarar a visão como um processo contínuo*. Construir visão compartilhada é um processo infinito. Em qualquer ponto pode haver uma determinada imagem do futuro que seja predominante, mas essa imagem vai se desenvolver. Hoje, muitos gerentes querem se desobrigar do "negócio de visão" redigindo uma Declaração de Visão Oficial. Tais declarações quase sempre não têm a vitalidade, o frescor e a empolgação de uma visão genuína, que surge quando as pessoas perguntam "O que queremos atingir de fato?"

- *Misturar visões extrínsecas e intrínsecas*. Muitas visões energizantes são extrínsecas – ou seja, concentram-se em atingir alguma coisa relativa a algo externo à organização, por exemplo, um concorrente. Mas uma meta limitada a vencer um concorrente pode, assim que a visão for atingida, tornar-se facilmente uma postura defensiva. Em contraste, metas intrínsecas, como criar um novo tipo de produto, levar um produto estabelecido a um novo nível ou estabelecer um novo padrão para satisfação do cliente podem gerar um novo nível de criatividade e inovação. Visões intrínsecas e extrínsecas precisam coexistir; uma visão baseada somente na derrota de um adversário pode vir a enfraquecer uma organização.

- *Distinguir visões positivas de visões negativas*. Muitas organizações apenas se unem quando sua sobrevivência está ameaçada. De forma similar, muitos movimentos sociais visam a eliminar o que as pessoas não desejam: por exemplo, movimento anti-drogas, antitabagismo ou antiarmas nucleares. Visões negativas possuem uma mensagem sutil de impotência: as pessoas só vão se juntar se houver ameaça suficiente. Visões negativas também tendem a ser de curto prazo. Duas fontes fundamentais de energia podem motivar as organizações: medo e aspiração. O medo, fonte de energia por trás das visões negativas, pode produzir mudanças extraordinárias em períodos mais curtos, mas a aspiração permanece como uma fonte contínua de aprendizado e crescimento.

Trazendo à Tona e Testando Modelos Mentais

Muitas das melhores idéias nas organizações nunca são postas em prática. Uma das razões é que novas idéias e iniciativas sempre divergem dos modelos mentais já estabelecidos. A tarefa de liderança de desafiar suposições sem invocar uma posição defensiva exige reflexão e habilidades de pesquisa possuídas por poucos líderes nas tradicionais organizações controladoras.[6]

- *Enxergar falhas de abstração*. Nossa mente move-se literalmente à velocidade da luz. Ironicamente, isso sempre retarda nosso aprendizado, pois aceitamos as generalizações tão rapidamente que nunca pensamos em testá-las. Então confundimos nossas generalizações com os dados observáveis nos quais elas se baseiam, tratando as generalizações *como se fossem dados*...

---

[6] As idéias abaixo são baseadas em grande parte no trabalho de Chris Argyris, Donald Schon e seus colegas da Action Science. C. Argyris e D. Schon, *Organizational Learning: A Theory-in-Action Perspective* (1978); C. Argyris, R. Putman e D. Smith, *Action Science* (1985); C. Argyris, *Strategy, Change, and Defensive Routines* (1985); e C. Argyris, *Overcoming Organizational Defenses* (1990).

- *Equilibrar pesquisa e defesa.* A maioria dos gerentes tem habilidade para articular suas visões e apresentá-las de forma persuasiva. Embora isso seja importante, as habilidades de defesa tornam-se contraproducentes na medida em que os gerentes passam a ter mais responsabilidade e a enfrentar questões mais complexas, que exigem aprendizado colaborativo entre pessoas diferentes, igualmente inteligentes. Os líderes nas organizações de aprendizado precisam ter habilidades de pesquisa *e* de defesa...

- *Distinguir teoria adotada da teoria em uso.* Todos gostamos de pensar que possuímos certas visões, mas em geral nossas ações revelam visões mais profundas. Por exemplo, posso proclamar que as pessoas são confiáveis, mas jamais emprestar dinheiro aos amigos e guardar de forma ciumenta minhas posses. Obviamente, meu modelo mental mais profundo (minha teoria em uso) é diferente de minha teoria adotada. Reconhecer as lacunas entre visões adotadas e teorias em uso (o que sempre exige a ajuda de terceiros) pode ser fundamental para um aprendizado mais profundo.

- *Reconhecer e enfraquecer as rotinas defensivas.* Como disse um CEO durante nossa pesquisa, "Ninguém fala sobre um assunto em uma reunião de negócios, às oito horas da manhã, da mesma maneira como falaria em casa à noite ou em um bar no final do dia". A razão é o que Chris Argyris chama de "rotinas defensivas", hábitos arraigados usados para nos proteger do embaraço e da ameaça resultantes de expor nosso pensamento. Para a maioria de nós, tais defesas começam a ser construídas logo cedo em resposta às pressões, quando temos que achar a resposta certa na escola ou em casa. As organizações acrescentam novos níveis de ansiedade de desempenho e, por essa razão, amplificam e exacerbam essa atitude defensiva. Ironicamente, isso dificulta ainda mais a exposição de modelos mentais escondidos, reduzindo o aprendizado.

O primeiro desafio é reconhecer as rotinas defensivas, depois investigar suas operações. Aqueles que são bons para revelar e enfraquecer rotinas defensivas operam com um alto nível de auto revelação em relação a sua própria posição defensiva (ex.: Notei que não estou me sentindo à vontade com o rumo que esta conversa está tomando. Talvez não esteja entendendo bem ou esteja me sentindo ameaçado de maneira que não posso ver. Você poderia me ajudar a entender isso melhor?).

PENSAMENTOS SISTÊMICOS

Todos sabemos que os líderes devem ajudar as pessoas a ver o quadro geral. Mas as habilidades reais por meio das quais os líderes devem fazer isso não são totalmente compreendidas. Em minha experiência, líderes bem-sucedidos normalmente são, em grande parte, "pensadores sistêmicos". Eles se concentram menos nos fatos do dia-a-dia e mais em tendências e forças de mudança implícitas. Mas fazem isso de uma forma quase que totalmente intuitiva. A consequência é que eles são sempre incapazes de explicar suas intuições para os outros e sentem-se frustrados porque os outros não vêem o mundo como eles.

Um dos desenvolvimentos mais importantes na ciência administrativa hoje é a combinação gradual do pensamento gerencial sistêmico em um campo de estudo e prática. Esse campo sugere algumas habilidades importantes para os futuros líderes:

- *Ver inter-relações, não coisas; processos, não imagens isoladas.* A maioria de nós foi condicionada durante a vida a focar-se em coisas e a ver o mundo em imagens estáticas. Isso nos leva a explicações lineares de fenômenos sistêmicos. Por exemplo, em uma competição entre exércitos cada parte está convencida de que a outra é *a causa* dos problemas. Eles reagem a cada novo movimento como um fato isolado, não como parte de um processo. Por não conseguirem ver a inter-relação entre essas ações, eles são capturados.

- *Mover-se para além da culpa.* Tendemos a culpar os outros ou as circunstâncias externas por nossos problemas. Mas são sistemas malprojetados, e não pessoas incompetentes ou desmotivadas, que causam a maioria dos problemas organizacionais. O pensamento sistêmico nos mostra que não há nada lá fora – que você e a causa de seus problemas são parte de um sistema único.

- *Separar complexidade de detalhes de complexidade dinâmica.* Alguns tipos de complexidade são estrategicamente mais importantes do que outros. Complexidade de detalhes surge quando há muitas variáveis. Complexidade dinâmica surge quando causa e efeito estão distantes em tempo e espaço e quando as consequências em relação ao tempo de intervenção são sutis, e não óbvia, para muitos participantes do sistema. A alavancagem, na maioria da situações gerenciais, está em entender a complexidade dinâmica, não a complexidade de detalhes.

- *Focar-se em áreas de alta alavancagem.* Alguns chamam o pensamento sistêmico de "nova ciência melancólica" porque ele afirma que as soluções mais óbvias não funcionam – quando muito, melhoram questões a curto prazo, apenas para piorar as coisas a longo prazo. Mas há outro lado na história. O pensamento sistêmico também mostra que ações pequenas e bem-focadas podem produzir melhorias importantes e duradouras, se praticadas na hora certa. Os pensadores sistêmicos referem-se a essa idéia como princípio de "alavancagem". Resolver um problema difícil é sempre uma questão de ver onde está a alta alavancagem, onde uma mudança – com um mínimo de esforço – geraria melhoria duradoura e importante.

- *Evitar soluções sintomáticas.* As pressões para intervir nos sistemas administrativos que não estão dando certo podem ser irresistíveis. Infelizmente, devido ao pensamento linear que predomina na maioria das organizações, as intervenções geralmente se concentram em causas sintomáticas fixas, não em causas implícitas. Isso resulta em alívio apenas temporário e tende a criar ainda mais pressão no futuro, exigindo intervenção adicional, de baixa alavancagem. Se os líderes cedem a essas pressões, eles podem ser sugados em uma espiral sem fim de intervenções crescentes. Algumas vezes, os atos de liderança mais difíceis são abster-se de intervir usando soluções populares rápidas e manter a pressão em todos para identificar soluções mais duradouras.

Embora líderes que consigam articular explicações sistêmicas não sejam raros, aqueles que *conseguem* vão deixar sua marca na organização... A conseqüência de líderes sem habilidades de pensamento sistêmico pode ser devastadora. Muitos líderes carismáticos administram quase que exclusivamente no nível dos fatos. Eles agem nas visões e nas crises, e pouco fazem entre as duas. Sob a liderança deles, a organização pula de uma crise para outra. No final, a visão geral das pessoas na organização torna-se dominada por fatos e reações. Muitos, especialmente aqueles que estão profundamente comprometidos, se cansam. Por fim, o cinismo passa a permear a organização. As pessoas não têm controle sobre seu tempo, muito menos sobre seu destino.

Problemas similares surgem com o "estrategista visionário", o líder com visão que vê padrões de mudança e fatos. Esse líder está mais bem preparado para administrar mudança. Ele pode explicar estratégias em termos de tendências emergentes e assim promover um clima menos reativo. Mas tais líderes comunicam uma orientação receptiva em vez de uma geradora.

Muitos líderes talentosos têm intuições ricas, altamente sistêmicas, mas não podem explicar essas intuições aos outros. Ironicamente, sempre acabam como líderes autoritários, mesmo quando não querem ser, porque apenas eles vêem as decisões que devem ser tomadas. São incapazes de conceitualizar suas idéias estratégicas de forma que elas possam se tornar de conhecimento público, abertas a desafios e a melhorias adicionais...

Acredito que [um] novo tipo de desenvolvimento gerencial vai se concentrar em papéis, habilidades e ferramentas para liderança nas organizações de aprendizado. Indubitavelmente, as idéias oferecidas acima são apenas uma aproximação rudimentar desse novo território. Quanto mais cedo começarmos a explorar seriamente o território, mais cedo o mapa inicial pode ser melhorado – e mais cedo entenderemos uma visão antiga de liderança:

O líder perverso é aquele que as pessoas desprezam.
O bom líder é aquele que as pessoas reverenciam.
O grande líder existe quando as pessoas dizem "Nós fizemos isso".

–Lao Tsu

LEITURA 2.5
EM LOUVOR AO GERENTE INTERMEDIÁRIO[7]
por Quy Nguyen Huy

A própria expressão "gerente intermediário" evoca mediocridade: uma pessoa que defende teimosamente o *status quo* porque não tem imaginação suficiente para sonhar com algo melhor – ou, pior, alguém que sabota as tentativas alheias de mudar a organização para melhor.

A imprensa popular e algumas gerações de consultores de mudança gerencial reforçaram esse estereótipo. Introduzindo uma grande iniciativa? Cuidado com os gerentes intermediários – é neles que você encontrará a maior resistência. Fazendo uma reengenharia em seus processos empresariais? Comece varrendo os gerentes intermediários – eles são apenas intermediários; não agregam valor. Até muito recentemente, qualquer um que dedicasse seu tempo à leitura de práticas gerenciais, em vez de observar gerentes reais no trabalho, poderia concluir que os gerentes intermediários estão ou deveriam estar condenados à extinção.

Mas não dê o bilhete azul ainda. Gerentes intermediários, como veremos, fazem contribuições valiosas para a realização de mudanças radicais em uma empresa – contribuições que em grande parte não são reconhecidas pelos executivos mais seniores. Essas contribuições ocorrem em quatro áreas principais. Primeiro, os gerentes intermediários sempre têm idéias empreendedoras que eles podem e desejam pôr em prática – basta que alguém os ouça. Segundo, eles são muito melhores do que executivos seniores para alavancar as redes informais de uma empresa, que tornam possíveis mudanças grandes e duradouras. Terceiro, eles se mantêm sintonizados aos humores e às necessidades emocionais dos funcionários, assegurando assim que a oportunidade para a iniciativa de mudança seja mantida. E, finalmente, eles administram a tensão entre continuidade e mudança – evitando que a organização caia em inércia extrema, por um lado, ou em caos extremo, por outro.

---
[7] Extraído de "In Praise of Middle Managers", Quy Nguyen Huy, *Harvard Business Review* (September-October 2001).

Evidentemente, nem todos os gerentes intermediários em todas as organizações são um modelo de vigor e energia empreendedora. Mas eu argumentaria que se os gerentes seniores dispensarem o papel que os gerentes intermediários desempenham – e reduzirem descuidadamente sua classificação – eles vão diminuir drasticamente suas chances de realizar mudanças radicais. Na verdade, os gerentes intermediários podem ser os aliados mais eficazes dos altos executivos no momento de efetuar uma grande mudança na empresa. Vamos analisar melhor suas forças subestimadas.

O EMPREENDEDOR

No que se refere a prever e implementar mudanças, os gerentes intermediários estão em posição organizacional única. Eles estão próximos das operações diárias, dos clientes e dos funcionários da linha de frente – mais próximos do que os gerentes seniores – de forma que sabem melhor do que ninguém onde estão os problemas. Mas eles também estão longe o suficiente da linha de trabalho para que possam ver um quadro mais geral, permitindo que enxerguem novas possibilidades, tanto para resolver problemas como para encorajar o crescimento. Vistos como um grupo, os gerentes intermediários são mais diversos do que seus colegas seniores em, por exemplo, áreas funcionais, experiência profissional, geografia, gênero e cultura étnica. Como resultado, suas idéias são mais diversas. Assim, os gerentes intermediários são um campo fértil de idéias criativas sobre como crescer e mudar uma empresa. Na verdade, as idéias dos gerentes intermediários são sempre melhores do que as idéias de seus chefes.

Considere uma grande empresa de telecomunicações que analisei. Quando iniciou um programa radical de mudança há alguns anos, foram criados 117 projetos separados. Dos projetos propostos pelos altos executivos, 80% foram abandonados por falta de expectativa ou falharam completamente. Enquanto isso, 80% dos projetos iniciados pelos gerentes intermediários foram bem-sucedidos, gerando pelo menos US$ 300 milhões em lucros anuais.

Os gerentes intermediários foram igualmente bem-sucedidos em estimular a inovação em outras empresas que analisei. Foi, por exemplo, uma equipe de gerentes intermediários que desenvolveu a Super Dry Beer, um produto inovador que permitiu à cervejaria japonesa Asahi capturar uma nova fatia de mercado. Esse sucesso preparou o ambiente para um esforço de recuperação de posição da empresa.

Quanto mais de perto eu analiso as empresas, mais exemplos eu vejo de executivos seniores que não ouvem seus gerentes intermediários. Boas idéias normalmente morrem antes mesmo de ver a luz do dia.

Não receber o crédito é [outro] problema muito presente. Quando a empresa de telecomunicações que analisei adotou seu programa de mudança radical, tinha uma nova diretoria. Os principais executivos muito sensatamente passaram a tarefa de gerar novas idéias para um grupo de gerentes intermediários que estava na empresa há muito tempo, cujas idéias comprovaram-se mais sólidas e lucrativas do que as idéias da gerência sênior. Mas não era assim que o mundo externo via a situação. Os acionistas e a mídia achavam que a nova diretoria tinha chegado e feito uma limpeza, permitindo que a empresa se recuperasse. De certa forma eles fizeram isso, mas não fizeram sozinhos e não fizeram limpando a casa.

O COMUNICADOR

Além de ser uma fonte importante de idéias empreendedoras, os gerentes intermediários também são unicamente qualificados para comunicar as mudanças propostas para a organização. As iniciativas de mudança têm dois estágios, concepção e implementação, e todos sabem que as falhas ocorrem em sua maioria no segundo estágio. O que não é tão conhecido é o papel central que os gerentes intermediários desempenham durante esse estágio. A implementação bem-sucedida exige comunicação clara e convincente em toda a organização. Os gerentes intermediários podem divulgar a idéia e conseguir que as pessoas a adotem porque eles normalmente têm as melhores redes sociais na empresa. Muitos deles começaram a carreira na área operacional ou como especialistas técnicos. Com o tempo e por meio de várias empresas de cargo na mesma empresa, construíram redes de relacionamento amplas e profundas. Eles sabem quem realmente faz o quê e como conseguir que as coisas sejam feitas. Normalmente suas redes incluem obrigações não-escritas e favores trocados, dando aos gerentes intermediários uma grande quantidade de alavancagem informal.

Os gerentes seniores têm suas próprias redes, evidentemente, mas elas tendem a ser menos poderosas porque muitos desses executivos estão na empresa há menos tempo...

Se os gerentes intermediários com as melhores redes – e mais credibilidade – genuinamente comprarem a idéia do programa de mudança, eles vão vendê-la para o resto na organização de maneira sutil, e não ameaçadora. E eles vão saber que grupos ou pessoas são mais necessários a bordo e como direcionar as mensagens para os diferentes públicos.

Algumas vezes os próprios executivos seniores podem representar barreiras contra mudança, e isso exige uma comunicação cheia de tato dos gerentes intermediários para manter a empresa no ritmo. Por exemplo, um gerente intermediário em uma grande empresa aérea que pesquisei percebeu que a maioria dos executivos seniores mal sabia como usar um computador. Poucos entendiam as possibilidades ou as limitações da Web o suficiente para tomar decisões estratégicas sobre o uso da Internet e do *e-commerce* na empresa. Para ensiná-los, o gerente intermediário desenvolveu um programa de aconselhamento reverso: funcionários mais jovens ensinariam os executivos mais experientes a usarem a Internet. Em troca, os executivos exporiam seus jovens mentores a questões, decisões e práticas empresariais de nível mais sênior. Cada membro do par era separado por vários níveis hierárquicos e cada um vinha de uma unidade de negócios diferente. O gerente intermediário assumiu corretamente que esse grau de separação deixaria os executivos mais confortáveis para admitir sua falta de conhecimento em relação ao computador. O programa foi um sucesso; no final, centenas de executivos da empresa aérea tornaram-se mais conhecedores de informática e menos temerosos em relação à mudança...

O TERAPEUTA

Mudanças radicais no ambiente de trabalho podem gerar altos níveis de medo entre os funcionários. A incerteza da mudança pode reduzir o moral e gerar ansiedade que, não controlada, pode resultar em depressão e paralisia. Uma vez deprimidas, as pessoas param de aprender, de adaptar se ou de ajudar a mover o grupo para frente. Os gerentes seniores não podem fazer muito para aliviar essa dor; eles estão muito afastados dos trabalhadores para ajudar e também estão mais focados externamente do que internamente.

Dessa forma, os gerentes intermediários não têm outra escolha senão lidar com o bem-estar emocional de seus funcionários durante os períodos de mudança radical. Se eles ignorarem isso, até o trabalho mais útil terá uma parada, pois as pessoas saem da empresa ou têm medo de agir. Mesmo que eles particularmente lastimem a falta de atenção de seus próprios chefes, muitos gerentes intermediários asseguram que seu próprio senso de alienação não atinja seus subordinados. Eles fazem várias coisas para criar um ambiente de trabalho psicologicamente seguro. Novamente, eles podem fazer isso devido a sua posição dentro da organização. Eles conhecem as pessoas que reportam para eles – e também as que se reportam para essas pessoas – e podem comunicar-se com elas direta e pessoalmente, e não por um vago discurso corporativo. Eles também podem preparar conversas individuais para atender necessidades individuais. Alguns funcionários irão preocupar-se muito em saber se uma nova direção estratégica é correta para a empresa; outros estarão muito mais interessados em saber se serão forçados a mudar ou a abandonar seu horário flexível...

O ACROBATA

A mudança organizacional bem-sucedida exige atenção não apenas em relação ao moral dos funcionários, mas também ao equilíbrio entre mudança e continuidade. Se ocorrer muita mudança rapidamente, sobrevirá o caos. Se poucas mudanças acontecerem muito vagarosamente, resultará em inércia organizacional. Os dois extremos podem afetar seriamente o desempenho organizacional. Mesmo durante épocas normais, os gerentes intermediários dedicam uma energia considerável para encontrar o *mix* correto entre os dois. Quando mudanças radicais são impostas a partir do topo, esse equilíbrio torna-se ainda mais importante – e muito mais difícil.

Gerentes intermediários, como as pessoas que se reportam a eles, ficam sobrecarregados e estressados durante períodos de mudanças profundas – mas eu observei que eles encontravam realização profissional e pessoal ao atingir esse determinado equilíbrio. Eles são solucionadores de problemas, normalmente, e ficam aliviados ao arregaçar as mangas e descobrir como fazer aquela bagunça funcionar. Eles não fazem as coisas da mesma maneira, evidentemente – e, do ponto de vista da gerência sênior, isso é bom. Alguns gerentes intermediários prestam mais atenção ao aspecto de continuidade da equação, e outros tendem mais para o lado da mudança.

Já analisamos o que os gerentes intermediários fazem para assegurar continuidade. Eles "mantêm a empresa funcionando", como me disse um deles com certo orgulho. Na empresa de telecomunicações que analisei, o foco dos gerentes intermediários em continuidade contribuiu para um corte relativamente tranqüilo de cerca de 13.000 postos de trabalho. Mostrando flexibilidade e justiça, e trabalhando junto com os representantes do sindicato, os gerentes neutralizaram o ressentimento e evitaram uma greve. A preocupação deles com os funcionários manteve a ansiedade em níveis administráveis. A lealdade deles à organização provavelmente reduziu os índices de rotatividade. E, como resultado das ações dos gerentes intermediários, a empresa de telecomunicações conseguiu gerar receitas em níveis decentes durante um período extremamente difícil, garantindo assim o dinheiro necessário para uma variedade de projetos de mudança. Outros gerentes intermediários estão mais interessados em promover a mudança. Eles promovem projetos, fazendo muita pressão nas pessoas que controlam recursos e também em seu próprio pessoal.

O desafio [hoje] é descobrir como manter valores e capacidades básicos e simultaneamente mudar a maneira como o trabalho é feito, colocando a organização em nova direção estratégica. Isso não vai acontecer a não ser que alguém na organização ajude a acontecer. Os gerentes intermediários entendem – de maneira profunda – esses valores e competência básicos. Eles são os que podem traduzir e sintetizar, os que podem implementar a estratégia porque sabem como conseguir que o trabalho seja feito, os que podem evitar que os grupos de trabalho se transformem em um caos alienado e paralisado e os que podem ser persuadidos a colocar sua credibilidade em jogo para transformar visão em realidade.

O executivo sênior que aprende a reconhecer, respeitar e lidar de forma justa com os gerentes intermediários mais influentes na organização vai ganhar aliados de confiança – e melhorar as chances de realizar uma mudança organizacional complexa, mas necessária.

Capítulo 3
Formulando a Estratégia

Muito do que já foi publicado sobre processo estratégico fala sobre a maneira como a estratégia *deve* ser projetada ou conscientemente *formulada*. Tem havido grande consenso sobre como isso funciona, embora, como veremos mais tarde, esse consenso agora esteja se desgastando. Talvez devêssemos concluir mais apropriadamente que houve duas ondas de consenso. A primeira, que se desenvolveu nos anos 60, é apresentada neste capítulo; a segunda, que começou nos anos 80, não desafiou tanto a primeira quanto se baseou nela. Isso é apresentado no Capítulo 4. Ambas são muito vivas – devemos dizer, ainda dominantes.

Ken Andrews, da Harvard Business School, é a pessoa mais comumente associada à primeira onda, embora Bill Newman, da Columbia, tenha escrito sobre algumas dessas questões muito antes, e Igor Ansoff tenha destacado simultaneamente visões muito similares enquanto esteve na Carnegie-Mellon. Mas o texto de Andrews tornou-se o mais conhecido, em parte por ser escrito de forma tão simples e clara e, em parte, porque foi incorporado em um livro popular (com casos) proveniente da Harvard Business School.

Reproduzimos trechos do texto de Andrews (revisado conforme sua própria publicação em 1980, mas baseado na edição original de 1965). Esses trechos servem para apresentar o ponto básico de que estratégia, afinal, exige a obtenção de ajuste entre a situação externa (oportunidades e ameaças) e a capacidade interna (forças e fraquezas). Conforme você for lendo o texto de Andrews, diversas premissas básicas rapidamente vão se tornar evidentes. Dentre elas está a diferença clara entre formulação de estratégia e implementação de estratégia (na verdade, entre pensamento e ação), a crença de que estratégia (ou pelo menos a estratégia pretendida) deve ser explícita, a noção de que a estrutura deve seguir a estratégia (em outras palavras, ser projetada de acordo com ela) e a suposição de que estratégia emana da liderança formal da organização. Premissas similares estão presentes na maior parte da literatura prescritiva de gerenciamento estratégico.

Esse "modelo" (se podemos chamar assim) provou-se muito útil em muitas circunstâncias como uma maneira ampla de analisar uma situação estratégica e pensar sobre produção de estratégia. Um estrategista cuidadoso certamente vai tocar todas as bases sugeridas neste método. Mas, em muitas circunstâncias, o modelo não pode ou não deve ser seguido ao pé da letra, como discutiremos no Capítulo 5 e mais adiante.

O texto de Rumelt dispõe sobre um elemento desse modelo tradicional – a avaliação de estratégias. Embora o texto de Andrews contenha uma discussão similar, Rumelt, graduado na Harvard Business School e professor de estratégia na UCLA, desenvolve o seu de uma forma particularmente elegante.

A terceira leitura é de Gary Hamel, que construiu uma excelente reputação no campo de estratégia como consultor, autor e acadêmico, e C. K. Prahalad, igualmente muito conhecido e associado à University of Michigan. Eles falam sobre "objetivo estratégico", assumindo uma visão, em certo sentido. O desafio da liderança é criar "uma obsessão pela vitória" que vai energizar as ações coletivas de todos os funcionários. Os gerentes precisam estabelecer tal ambição, acreditam os autores, para ajudar as pessoas a desenvolver fé em sua própria capacidade de alcançar metas difíceis, para motivá-las a fazer isso e para canalizar suas energias em um progresso passo a passo, que eles comparam com "correr uma maratona em trechos de 400 metros". A visão tradicional de formulação da estratégia exige uma idéia acurada de futuro e um plano para chegar a esse futuro. Andrews destaca um processo sistemático para fazer isso. Rumelt mostra uma metodologia para julgar se isso pode ser feito. Na prática, entretanto, fatos inesperados tendem a frustrar até a estratégia mais cuidadosamente formulada. Para alguns, isso sugere que deveríamos deixar as estratégias se desenvolverem. Outros, porém, insistem que estratégia exige direção. Hamel e Prahalad argumentam que a formulação da estratégia deve consistir de metas gerais que capturem a essência do que a organização está tentando fazer. Corretamente formulado e apropriadamente envolvido com energia e comprometimento, o "objetivo estratégico" resultante desafia a organização a ampliar suas fronteiras e remover os obstáculos para além dos limites atuais.

Enquanto formulação da estratégia tradicional implica direção vinda do topo, objetivo estratégico implica delegação de poder. As metas são suficientemente gerais para permitir aos membros da organização infundir suas próprias perspectivas na implementação.

Usando os Estudos de Caso

Em um sentido, as empresas estão sempre formulando (ou reformulando) sua estratégia. Porém, a formulação de estratégia vem à tona e torna-se explícita quando as empresas estão em encruzilhadas, enfrentando novas ameaças ou oportunidades atraentes. O caso Lufthansa fala sobre uma empresa que superou a ameaça de falência, em parte por ter buscado uma aliança estratégica. Como seria a formulação de estratégia conjunta com outras empresas aéreas? No texto "O conceito de estratégia corporativa", Andrews estabelece um processo ordenado que a Lufthansa poderia seguir para obter melhores resultados.

O caso Sportsmake, porém, sugere que muitas corporações não vêem estratégia como um processo ordenado. Elas se movem de uma oportunidade para outra, normalmente conduzidas pela visão e pela personalidade de seu CEO. E quando o CEO inesperadamente sai de cena, como ocorreu neste caso, a escolha de um sucessor levanta a questão da direção estratégica, que não é fácil de lidar usando o processo padrão de planejamento.

Leitura 3.1
O Conceito de Estratégia Corporativa[1]
por Kenneth R. Andrews

O Conceito de Estratégia

O que é Estratégia

A estratégia corporativa é o modelo de decisões de uma empresa que determina e revela seus objetivos, propósitos ou metas, produz as principais políticas e planos para atingir essas metas e define o escopo de negócios que a empresa vai adotar, o tipo de organização econômica e humana que ela é ou pretende ser e a natureza da contribuição econômica e não-econômica que ela pretende fazer para seus acionistas, funcionários, clientes e comunidades...

A decisão estratégia que contribui para esse modelo é eficaz por longos períodos de tempo, afeta a empresa de diferentes formas, foca-se em e compromete uma parte significativa de seus recursos para os resultados esperados. O modelo resultante de uma série de tais decisões provavelmente vai definir o caráter e a imagem central de uma empresa, a individualidade dela para seus membros e vários públicos e a posição que ela vai ocupar em seu segmento e mercados. Vai permitir a especificação de objetivos particulares a serem atingidos por meio de uma seqüência fixa de investimentos e decisões de implementação e vai governar diretamente a disposição ou redisposição de recursos para tornar as decisões efetivas.

Alguns aspectos de tal modelo de decisões podem estar em uma corporação estabelecida, imutáveis há longos períodos de tempo, como o comprometimento com a qualidade, ou alta tecnologia, ou certas matérias-primas, ou boas relações trabalhistas. Outros aspectos da estratégia podem mudar à medida que o mundo muda, ou antes, como linha de produtos, processo de produção, ou práticas de comercialização e estilo. Os determinantes básicos do caráter de uma empresa, se objetivamente institucionalizados, tendem a persistir com o tempo e a moldar a natureza de mudanças substanciais nas escolhas de produto-mercado e na alocação de recursos...

É importante, porém, não interpretar a idéia de outra forma, ou seja, separar metas de políticas criadas para atingir essas metas. A essência da definição de estratégia que acabei de registrar é *modelo*. A interdependência de objetivos, políticas e ação organizada é crucial para a particularidade de uma estratégia individual e sua oportunidade de identificar vantagem competitiva. É a unidade, a coerência e a consistência interna das decisões estratégicas de uma empresa que vão posicioná-la em seu ambiente e dar-lhe identidade, poder para mobilizar suas forças e possibilidade de sucesso no mercado. É a inter-relação de um conjunto de metas e políticas que cristaliza, a partir da realidade sem forma do ambiente de uma empresa, um conjunto de problemas que uma organização pode juntar e resolver.

O que você está fazendo, em resumo, nunca é significativo a não ser que você possa dizer ou indicar que está fazendo isso porque a qualidade da ação administrativa e a motivação que lhe dá poder não podem ser avaliadas sem conhecer sua relação com o objetivo. Dividir o sistema de metas corporativas e as principais políticas que determinam o caráter para atingir objetivos resulta em conceitos restritos e mecânicos de gestão estratégica e em uma mudança infindável da lógica...

Declarações Concisas de Estratégia

Antes de esclarecermos este conceito por aplicação, devemos especificar os termos nos quais a estratégia é geralmente expressa. Uma declaração concisa de estratégia vai caracterizar a linha de produtos e serviços oferecida ou planejada pela empresa, os mercados e segmentos de mercado para os quais os produtos e serviços são

---

[1] Extraído de Kenneth R. Andrews, *The Concept of Corporate Strategy*, ed. rev. (copyright © por Richard D. Irwin, Inc., 1980), Caps. 2 e 3; reimpresso com permissão do editor.

ou serão criados, e os canais através dos quais esses mercados serão alcançados. Serão especificados os meios pelos quais a operação será financiada, assim como os objetivos de lucro e a ênfase a ser dada na segurança do capital *versus* nível de retorno. As principais políticas para departamentos centrais como *marketing*, produção, compras, pesquisa e desenvolvimento, relações trabalhistas e pessoal serão redigidas de forma a diferenciar a empresa das outras e, normalmente, estarão inclusos o tamanho, o formato e o clima pretendidos pela organização.

Cada empresa, se desejar preparar um resumo da estratégia a partir daquilo que entende como seus objetivos, terá uma declaração diferente, com diferentes categorias de decisão enfatizadas para indicar o que deseja ser ou fazer...

FORMULAÇÃO DA ESTRATÉGIA

A estratégia corporativa é um processo organizacional, de muitas formas inseparável da estrutura, do comportamento e da cultura da empresa onde ocorre. Entretanto, podemos abstrair desse processo dois aspectos importantes, inter-relacionados na vida real, mas separados para fins de análise. O primeiro pode ser chamado de *formulação*, o segundo, de *implementação*. Decidir como será a estratégia pode ser entendido como uma atividade racional, mesmo quando possui um lado emocional... pode complicar a escolha entre alternativas futuras...

As principais subatividades da formulação de estratégia como uma atividade lógica incluem identificação de oportunidades e ameaças no ambiente da companhia e inclusão de algumas estimativas ou riscos para as alternativas discerníveis. Antes de fazer uma escolha, devemos avaliar as forças e as fraquezas de uma empresa, além dos recursos à mão e disponíveis. Sua capacidade real ou potencial de aproveitar as necessidades percebidas no mercado ou de lidar com possíveis riscos deve ser estimada da forma mais objetiva possível. A alternativa estratégica resultante dessa comparação entre oportunidade e capacidade corporativa em um nível aceitável de risco é o que podemos chamar de *estratégia econômica*.

O processo descrito assume que os estrategistas são analiticamente objetivos ao estimar a capacidade relativa da empresa e a oportunidade que eles vêem ou antecipam no desenvolvimento de mercados. Saber se pretendem assumir riscos altos ou baixos depende presumivelmente de seus objetivos de lucro. Quanto mais alto for esse objetivo, mais eles devem estar dispostos a assumir um risco correspondentemente alto de que a oportunidade de mercado se desenvolva ou que a competência corporativa necessária não esteja disponível.

Até aqui descrevemos os processos intelectuais para avaliar o que uma empresa *deve fazer* em termos de oportunidade ambiental, para decidir o que ela pode *fazer* em termos de capacidade e poder e para reunir essas duas considerações em um equilíbrio ideal. A determinação da estratégia também exige consideração de quais são as alternativas preferidas pelo presidente e talvez por seus associados imediatos, deixando de lado as considerações econômicas. Valores pessoais, aspirações e ideais podem, e em nossa opinião apropriadamente devem, influenciar a escolha final de objetivos. Assim, o que os executivos de uma empresa *querem fazer* também deve ser considerado em uma decisão estratégica.

Finalmente, escolha estratégica tem um aspecto ético – um fato muito mais drasticamente ilustrado em alguns segmentos do que em outros. As alternativas devem ser ordenadas em termos do grau de risco que representam, de forma que possam ser comparadas com padrões de receptividade para as expectativas da sociedade que o estrategista escolheu. O executivo pode achar algumas alternativas mais atraentes do que outras ao considerar o bem ou o serviço para a sociedade. O que uma empresa *deveria fazer* parece então ser o quarto elemento da decisão estratégica...

A IMPLEMENTAÇÃO DA ESTRATÉGIA

Como a implementação efetiva pode tornar uma decisão estratégica sólida ineficaz ou uma escolha bem-sucedida discutível, é importante examinar os processos de implementação, pesando as vantagens das alternativas estratégicas disponíveis. A implementação da estratégia compreende uma série de subatividades primariamente administrativas. Se o objetivo é determinado, então podemos mobilizar os recursos de uma empresa para atingi-lo. Uma estrutura organizacional apropriada para o desempenho eficiente das tarefas exigidas deve ser posta em prática pelos sistemas de informação e relacionamentos, permitindo uma coordenação das atividades subdivididas. Os processos organizacionais de avaliação de desempenho, remuneração, desenvolvimento gerencial – todos emaranhados nos sistemas de incentivos e controles – devem ser voltados para o tipo de comportamento exigido pelo objetivo organizacional. O papel de liderança pessoal é importante e algumas vezes decisivo para a realização da estratégia. Embora saibamos que a estrutura da organização e os processos de remuneração, controle de incentivos e desenvolvimento gerencial influenciam e restringem a formulação de estratégia, devemos olhar primeiro para a proposição lógica que a estrutura deve seguir a estratégia para enfrentar mais tarde a realidade organizacional de que a estratégia também segue a estrutura. Quando tivermos examinado as duas tendências, entenderemos e até certo ponto estaremos preparados para lidar com a interdependência de formulação e implementação do objetivo corporativo. A Figura 1 pode ser útil para entender a análise de estratégia como modelo de decisões inter-relacionadas...

RELACIONANDO OPORTUNIDADES A RECURSOS

A escolha de uma estratégia apropriada para uma empresa começa na identificação de oportunidades e riscos em seu ambiente. Essa [discussão] está relacionada à identificação de um leque de alternativas estratégicas, à redução desse leque por meio do reconhecimento das restrições impostas pela capacidade corporativa e à determinação de uma ou mais estratégias econômicas em um nível aceitável de risco...

A Natureza do Ambiente da Empresa

O ambiente de uma organização de negócios, como o de qualquer outra entidade orgânica, é o modelo de todas as condições e influências externas que afetam sua vida e seu desenvolvimento. As influências ambientais relevantes para a decisão estratégica operam no segmento de uma empresa, na comunidade onde ela mantém seus negócios, em sua cidade, em seu país e em seu mundo. São influências tecnológicas, econômicas, físicas, sociais e políticas. O estrategista corporativo normalmente está pelo menos intuitivamente a par dessas características do ambiente. Mas em todas as categorias têm ocorrido mudanças em graus variados – mais rápidas em tecnologia, mais lentas na política. As mudanças no ambiente empresarial precisam de monitoramento contínuo por parte da companhia para que a definição de seus negócios não se torne indistinta ou obsoleta. Como por definição, a formulação da estratégia é feita com o futuro em mente, os executivos que participam do processo de planejamento estratégico devem estar cientes daqueles aspectos do ambiente que são especialmente suscetíveis ao tipo de mudança que vai afetar o futuro da empresa.

Tecnologia

Do ponto de vista do estrategista corporativo, os desenvolvimentos tecnológicos não são apenas os mais rápidos como também os de mais longo alcance para estender ou contratar oportunidade para uma empresa já estabelecida. Incluem as descobertas da ciência, o impacto do desenvolvimento de produtos relacionados, as melhorias menos drásticas em máquinas e processos e o progresso da automação e do processamento de dados...

Ecologia

Costumava ser possível assumir as características físicas de um ambiente e considerá-las favoráveis ao desenvolvimento industrial. Os locais para instalação de fábricas eram escolhidos usando-se critérios como disponibilidade de processamento e resfriamento de água, acessibilidade a várias formas de transporte e estabilidade das condições do solo. Com o aumento na sensibilidade ao impacto do ambiente físico na atividade industrial, torna-se essencial, em geral para cumprir a lei, considerar como a expansão planejada e mesmo as operações contínuas sob padrões mutantes vão afetar e como as pessoas vão achar que afetam o ar, a água, a densidade do trânsito e a qualidade de vida em geral de qualquer área na qual a companhia queira entrar...

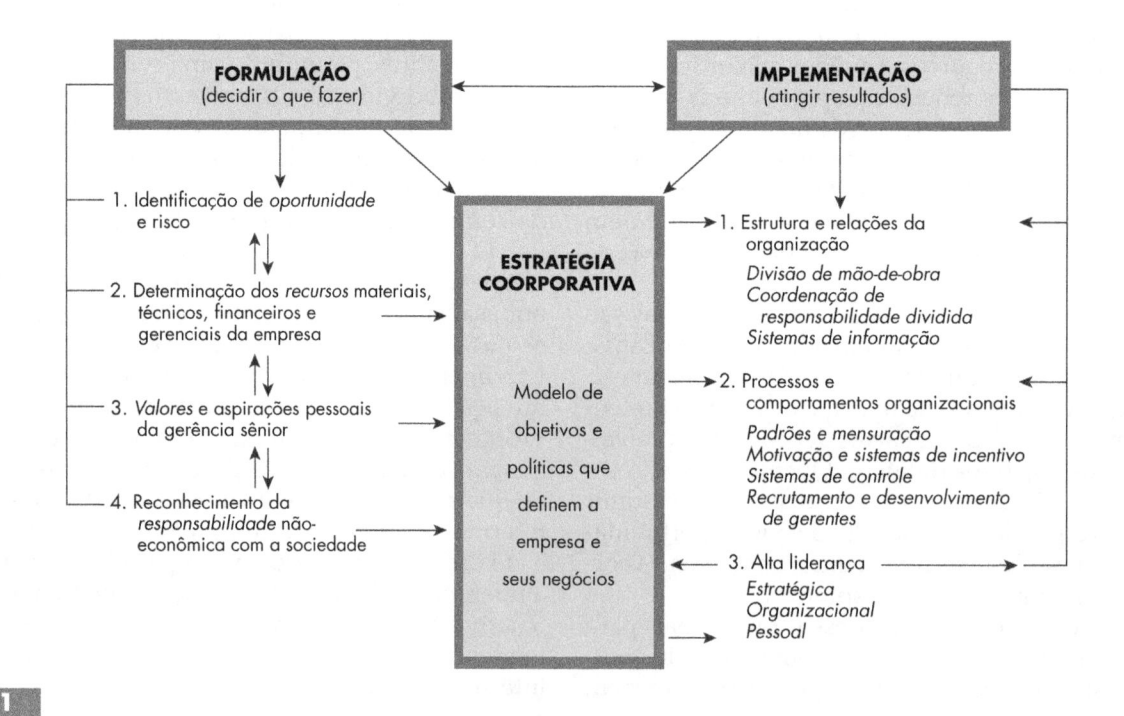

Figura 1

Economia

Como as empresas estão mais habituadas a monitorar tendências econômicas do que aquelas em outras esferas, é menos provável que sejam pegas de surpresa por desenvolvimentos maciços como internacionalização da concorrência, retorno da China e da Rússia ao comércio com o Ocidente, o desenvolvimento mais lento do que o projetado nos países de Terceiro Mundo, a americanização da demanda e da cultura nos países em desenvolvimento e o resultante recuo do nacionalismo, a importância crescente de grandes corporações multinacionais e as conseqüências da hostilidade do país onde se instalam, a recorrência da recessão e a persistência da inflação em todas as fases do ciclo empresarial. As conseqüências das tendências econômicas mundiais precisam ser monitoradas mais detalhadamente por todos os segmentos ou empresas.

Segmento

Embora o ambiente do segmento seja aquele que a maioria dos estrategistas da empresa acredita conhecer muito bem, as oportunidades e os riscos que residem nesse ambiente são sempre enevoados pela familiaridade e pela aceitação indiscriminada da posição relativa estabelecida pelos concorrentes...

Sociedade

Os desenvolvimentos sociais sobre os quais os estrategistas se mantêm informados incluem forças influenciais como a busca de igualdade pelos grupos minoritários, a demanda das mulheres por oportunidade e reconhecimento, os padrões mutantes de trabalho e lazer, os efeitos da urbanização sobre o indivíduo, a família e a vizinhança, o aumento da criminalidade, o declínio da moralidade convencional e a composição mutante da população mundial.

Política

As forças políticas importantes para as empresas são similarmente amplas e complexas – as relações mutantes entre países comunistas e não-comunistas (Oriente e Ocidente) e entre países prósperos e pobres (norte e sul), a relação entre empresas públicas e governamentais, entre trabalhadores e gerência, o impacto do planejamento nacional no planejamento corporativo e a ascensão do que George Lodge (1975) chama de ideologia comunitária...

Embora não seja possível saber ou descrever aqui a importância de tais tendências técnicas, econômicas, sociais e políticas e as possibilidades para o estrategista de uma determinada empresa, algumas coisas simples são claras. A mudança de valores vai gerar expectativas diferentes em relação ao papel que a empresa deve desempenhar. As empresas deverão cumprir sua missão não apenas com economia no uso de energia, mas também com sensibilidade ao ambiente ecológico. Organizações de todos os tipos serão convocadas a ser mais explícitas sobre suas metas e atender às necessidades e aspirações (por exemplo, de educação) de seus membros.

De qualquer forma, a mudança ameaça todas as estratégias estabelecidas. Sabemos que uma empresa próspera – por si mesma um sistema vivo – está envolvida em uma variedade de inter-relações com sistemas maiores que englobam seu ambiente tecnológico, econômico, ecológico, social e político. Se os desenvolvimentos ambientais estão destruindo e criando oportunidades de negócios, informações antecipadas de instâncias específicas relevantes para uma única empresa são essenciais para o planejamento inteligente. Risco e oportunidade no último quarto do século XX exigem dos executivos um interesse acentuado no que está acontecendo fora de suas empresas. Mais do que isso, é necessário desenvolver uma maneira prática de acompanhar desenvolvimentos que prometem coisas boas e ruins, é preciso planejar lucros ou perdas...

Para a empresa que não determinou o que dita sua estratégia ou que não embarcou em uma pesquisa sistemática de mudança ambiental, manter constantemente na cabeça umas poucas perguntas simples ajuda a destacar oportunidades e riscos mutantes. Ao examinar sua própria empresa ou uma na qual você esteja interessado, estas questões devem levar a uma estimativa de oportunidade e risco no ambiente atual e previsto da empresa.

1. Quais são as características econômicas, técnicas e físicas essenciais no segmento do qual a empresa participa?
2. Que tendências sugerindo mudanças futuras nas características econômicas e técnicas são aparentes?
3. Qual a natureza da concorrência dentro do setor e em outros segmentos?
4. Quais as exigência para o sucesso ao competir no segmento da empresa?
5. Considerando os desenvolvimentos técnicos, econômicos, sociais e políticos que se aplicam mais diretamente, qual o leque de estratégias disponíveis para qualquer empresa neste segmento?

IDENTIFICANDO COMPETÊNCIA E RECURSOS CORPORATIVOS

O primeiro passo para validar uma possível escolha entre várias oportunidades é determinar se a organização tem capacidade para levá-la a cabo de forma bem-sucedida. A capacidade de uma organização é sua aptidão, demonstrada e potencial, para atingir, apesar das circunstâncias opostas ou da concorrência, o que quer que tenha se proposto a fazer. Todas as organizações têm forças e fraquezas reais e potenciais. Como é prudente formular a estratégia visando estender ou maximizar uma e conter ou minimizar a outra, é importante tentar determinar quais são elas e distinguir uma da outra.

Também é possível, embora muito mais difícil, para uma empresa conhecer suas próprias forças e limitações, assim como é manter uma vigilância viável de seu ambiente mutante. Subjetividade, falta de confiança e indisposição para enfrentar a realidade dificultam, tanto para organizações como para pessoas, a tarefa de se conhecer. Mas é essencial, embora difícil, que uma pessoa madura atinja uma auto consciência razoável, de forma que a organização possa identificar aproximadamente sua força central e sua vulnerabilidade crítica...

Para fazer uma contribuição efetiva ao planejamento estratégico, os principais atributos a serem avaliados devem ser identificados e consistentes com os critérios estabelecidos para julgá-los. Se a atenção for dirigida para estratégias, comprometimentos políticos e práticas passadas no contexto de discrepância entre metas organizacionais e seu cumprimento, é possível obter um resultado útil para o planejamento estratégico de um gerente. A avaliação das forças e fraquezas associadas ao cumprimento de objetivos específicos torna-se, nas palavras de Stevenson (1976), o "principal *link* em um círculo de resposta" que permite aos executivos aprender com os sucessos ou os fracassos das políticas que instituem.

Embora [um] estudo de Stevenson não encontre ou estabeleça uma forma sistemática para desenvolver ou usar tal conhecimento, os membros das organizações desenvolvem julgamentos sobre o que a empresa faz particularmente bem – sua competência básica. Se for possível alcançar um consenso sobre essa capacidade, não importa o quão subjetivamente, é possível estimar sua aplicação para identificar oportunidades.

Fontes de aptidões

As forças de uma empresa constituem um recurso para crescimento e diversificação e resultam primariamente da experiência de fabricar e comercializar uma linha de produtos ou de prestar um serviço. Elas também são inerentes (1) ao desenvolvimento de pontos fortes e pontos fracos das pessoas que compõem a organização, (2) ao grau em que a capacidade individual é efetivamente aplicada às tarefas comuns e (3) à qualidade de coordenação dos esforços individuais e em grupo.

A experiência obtida por meio da execução bem-sucedida de uma estratégia centrada em uma meta pode inesperadamente desenvolver aptidões que podem ser aplicadas a outros fins. Se elas devem ou não ser aplicadas é outra questão. Por exemplo, um fabricante de sal pode fortalecer sua posição competitiva ao oferecer a seus clientes um equipamento para armazenar sal. Se, ao fazer melhorias técnicas nesse equipamento, um novo princípio solenóide for aperfeiçoado a ponto de poder ser usado em muitos problemas de manobras industriais, essa inovação patenteável e comercializável deveria ser explorada? A resposta não se baseia apenas no resultado de uma análise econômica que diria se essa oportunidade se mostra como uma possibilidade durável e lucrativa ou não, mas também no fato de saber se a organização possui as forças financeiras, de produção e de comercialização necessárias para explorar a descoberta e conviver com seu sucesso. A primeira questão provavelmente terá uma resposta mais positiva do que a segunda. Nesse contexto, parece importante lembrar que lampejos de força individuais e não-sustentados não são tão confiáveis como os frutos da experiência gradualmente acumulada com produto e mercado.

Mesmo quando a competência para explorar uma oportunidade é alimentada pela experiência em campos relacionados, o nível dessa competência pode ser muito baixo para se confiar demais nele. Assim, uma cadeia de lojas de roupas infantis pode muito bem adquirir habilidades administrativas, de comercialização, de compra e de venda que lhe permitam acrescentar um departamento de roupas femininas. De forma similar, uma equipe de vendas eficaz na distribuição de máquinas de escrever pode ganhar proficiência na venda de máquinas e suprimentos para escritório. Mas, mesmo nesses casos, é bom perguntar que aptidão *diferenciada* essas empresas podem trazer para o varejo de roupas ou de equipamentos para escritório que vão tirar os clientes de uma quantidade enorme de concorrentes.

Identificando forças

A competência característica de uma organização é mais do que aquilo que ela pode fazer; é aquilo que ela pode fazer particularmente bem. Para identificar as forças menos óbvias ou por produto de uma organização que podem ser transferidas para novas oportunidades mais lucrativas, devemos começar examinando a linha de produtos atual da organização e definindo as funções que ela desempenha em seus mercados. Quase todos os produtos de consumo têm funções relacionadas a outras funções para as quais uma empresa qualificada poderia se mover. A máquina de escrever, por exemplo, é mais do que uma simples máquina para mecanizar a escrita, como já foi considerada se olhada apenas do ponto de vista de seu projetista e fabricante. Analisada de perto pelo ponto de vista dos potenciais usuários, descobre-se que a máquina de escrever contribuiu para um amplo leque de funções de processamento de informações. Qualquer uma dessas funções pode sugerir uma área a ser explorada por um fabricante de máquinas de escrever. Definir tacitamente uma máquina de escrever como um substituto para a caneta-tinteiro como instrumento de escrita, em vez de defini-la como um aparelho de entrada e saída para processamento de texto, foi a explicação para a percepção tardia dos fabricantes das antigas máquinas de escrever quando a IBM lançou a máquina de escrever elétrica e os equipamentos de entrada e saída ligados ao computador que ela possibilitou. A definição de produto que poderia levar à identificação de habilidades transferíveis deve ser expressa em termos das necessidades de mercado que ela pode atender, e não das especificações técnicas que ela atende.

Além de olhar para os usos ou funções para os quais os produtos atuais contribuem, o suposto diversificador deve identificar lucrativamente as habilidades implícitas em qualquer sucesso já atingido. As qualificações de uma organização eficiente no desempenho de suas tarefas de longo prazo passam a ser dadas como certas e consideradas rotineiras, como o fornecimento contínuo de serviços de primeira classe. As informações necessárias para identificar as forças essenciais que justifiquem novos empreendimentos não vêm naturalmente. Seu cultivo pode provavelmente ser ajudado pelo reconhecimento das necessidades a serem analisadas. De qualquer forma, devemos olhar além da capacidade da empresa de inventar novos produtos. Atingir liderança de produto não é possível para um grande número de empresas, e felizmente novos produtos patenteáveis não são o único caminho para novas oportunidades. Outros caminhos incluem novos serviços de *marketing*, novos métodos de distribuição, novos valores nas combinações preço-qualidade e comercialização criativa. O esforço para encontrar ou criar competência realmente diferenciada pode ser a verdadeira chave para o sucesso de uma empresa ou mesmo para seu desenvolvimento futuro. Por exemplo, a capacidade de um fabricante de cimento de administrar uma frota de caminhões mais efetivamente do que seus concorrentes pode constituir uma de suas principais forças competitivas na venda de um produto sem diferenciação.

Combinando oportunidade e competência

A forma de estreitar o leque de alternativas, ampliado pela identificação imaginativa de novas possibilidades, é combinar oportunidade e competência, depois de identificar acuradamente e avaliar a importância futura de cada uma. É essa combinação que estabelece a missão econômica de uma empresa e sua posição no ambiente. A combinação é criada para minimizar os pontos fracos organizacionais e maximizar os pontos fortes. De qualquer forma, sempre há risco. E quando a oportunidade parece superar a competência diferenciada atual, a disposição para apostar que essa competência pode ser levada ao nível exigido é quase indispensável para uma estratégia que desafia a organização e as pessoas que a compõem. A Figura 2 mostra a união de oportunidade e recursos que resulta em estratégia econômica.

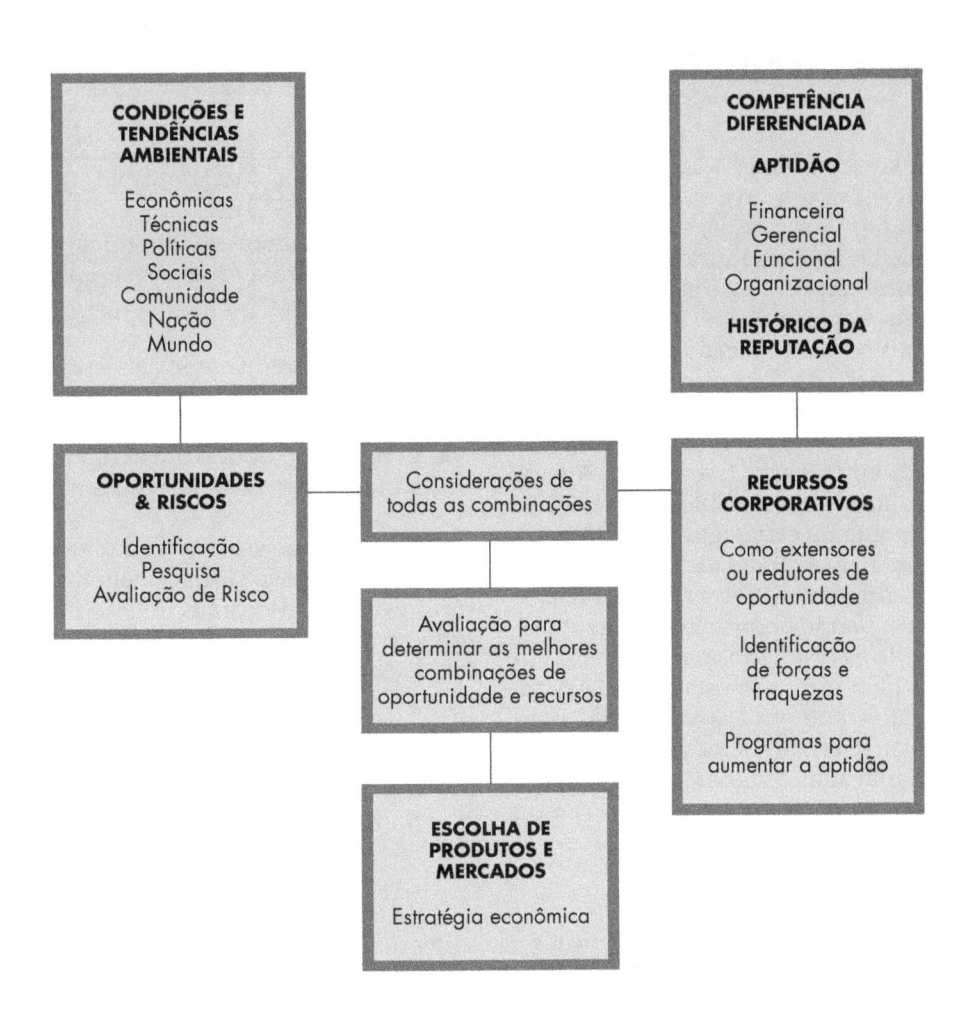

Figura 2

Antes de deixarmos o ato criativo de reunir a capacidade interna única de uma empresa e a oportunidade que surge no mundo externo, devemos observar que – além da competência diferenciada – os principais recursos encontrados em qualquer empresa são dinheiro e pessoas – pessoas da área técnica e da área gerencial. Em um estágio avançado de desenvolvimento econômico, o dinheiro parece ser um problema menor do que a competência técnica, que por sua vez é menos crítica do que a capacidade gerencial. Não assuma que capacidade gerencial pode surgir em qualquer ocasião. A diversificação da indústria norte-americana é marcada por centenas de exemplos nos quais uma empresa forte em uma determinada área não tem capacidade de administrar outra que exija habilidades diferentes. Deve-se adquirir o direito de obter lucros atraentes em um período longo. Oportunismo sem competência é um caminho para o reino encantado...

Além de fazer uma avaliação das oportunidades de mercado e da capacidade organizacional, a decisão de produzir e comercializar um determinado produto ou serviço deve ser acompanhada por uma identificação da natureza do negócio e do tipo de empresa que a diretoria deseja. Tal conceito orientador é produto de muitas considerações, incluindo os valores pessoais do gerente...

Exclusividade da estratégia

Em todas as empresas, a forma de combinar competência diferenciada, recursos e valores organizacionais deve ser única. As diferenças entre empresas são tão numerosas quanto as diferenças entre pessoas. As combinações de oportunidades para as quais podemos aplicar competências diferenciadas, recursos e valores são igualmente numerosas. Pensar em como fazer uma combinação efetiva é menos recompensador do que fazer a combinação. O esforço é um exercício altamente estimulante e desafiador. O resultado será único para cada empresa e cada situação.

LEITURA 3.2

AVALIANDO A ESTRATÉGIA EMPRESARIAL[2]
por Richard R. Rumelt

A estratégia não pode ser formulada nem ajustada para circunstâncias mutantes sem um processo de avaliação da estratégia. Seja feita por uma pessoa, seja como parte de um procedimento de revisão organizacional, a avaliação da estratégia constitui um passo essencial no processo de orientação de uma empresa.

Para muitos executivos, a avaliação da estratégia é simplesmente uma avaliação de desempenho da empresa. Ela cresceu? O índice de lucro está normal ou subiu? Se as respostas a essas perguntas forem afirmativas, alega-se que a estratégia da empresa deve ser sólida. Apesar de sua simplicidade inatacável, essa linha de raciocínio perde a totalidade do ponto da estratégia – de que os fatores críticos que determinam a qualidade dos resultados atuais nem sempre são diretamente observáveis ou simples de mensurar e que, quando oportunidades ou ameaças afetarem diretamente os resultados operacionais, poderá ser tarde demais para uma resposta eficaz. Assim, avaliação de estratégia é uma tentativa de olhar para além dos fatos óbvios relacionados à saúde de uma empresa no curto prazo e avaliar os fatores e tendências mais fundamentais que governam o sucesso no campo de ação escolhido.

O DESAFIO DA AVALIAÇÃO

Não importa como seja atingido, o resultado da avaliação de uma estratégia empresarial traz respostas a estas três perguntas:

- Os objetivos da empresa são apropriados?
- As principais políticas e planos são apropriados?
- O resultado obtido até agora confirma ou rebate as suposições críticas nas quais a estratégia se baseia?

Encontrar respostas adequadas para essas perguntas não é um processo simples nem direto. Exige um repertório razoável de conhecimento baseado na situação e um grau de informações superior ao usual. Em particular, as principais questões que dificultam a avaliação e com as quais o analista deve lidar são:

- Cada estratégia de negócios é única. Por exemplo, um fabricante de papel pode contar com sua vasta floresta que suporta quase todas as tempestades, enquanto que outro pode contar primariamente com suas máquinas modernas e um amplo sistema de distribuição. Nenhuma das estratégias está "errada" ou "certa" em um sentido absoluto; ambas podem estar certas ou erradas para as empresas em questão. Desta forma, a avaliação de estratégia deve se basear em um tipo de lógica situacional que não se concen-

---

[2] Este trabalho é uma versão revisada e atualizada para este livro. "The Evaluation of Business Strategy" foi publicado originalmente em W. F. Glueck, *Strategic Management and Business Policy* (New York: McGraw-Hill, 1980). Nova versão impressa aqui com permissão do autor.

tre em uma "única melhor maneira", mas naquela que possa ser adaptada a cada problema à medida que ele surgir.

- A estratégia está principalmente relacionada com a seleção de metas e objetivos. Muitas pessoas, incluindo executivos experientes, acham muito mais fácil estabelecer ou tentar atingir metas do que as avaliar. Isso em parte é conseqüência de treinamento em solução de problemas em vez de estruturação de problemas. Também surge a partir de uma tendência a confundir valores, que são expressões fundamentais da personalidade humana, com objetivos, que são mecanismos para emprestar coerência à ação.

- Os sistemas formais de revisão estratégica, embora atraentes em princípio, podem criar situações explosivas de conflito. Não apenas existem sérias dúvidas sobre quem está qualificado para fazer uma avaliação objetiva, como também a idéia de avaliação de estratégia implica administração por "muito mais do que resultados" e vai contra grande parte da filosofia administrativa popular atual.

Os Princípios Gerais de Avaliação da Estratégia

O termo "estratégia" tem sido tão amplamente utilizado para diferentes fins que perdeu qualquer sentido claramente definido. Para nossos objetivos, estratégia é um conjunto de objetivos, políticas e planos que define o escopo da empresa e seus métodos de sobrevivência e sucesso. Alternativamente, poderíamos dizer que determinadas políticas, planos e objetivos de uma empresa expressam sua estratégia para lidar com um ambiente competitivo complexo.

Um dos dogmas fundamentais da ciência é que uma teoria nunca pode ser provada como absolutamente verdadeira. Uma teoria pode, porém, ser declarada como absolutamente falsa se não conseguir passar por um teste. Similarmente, é impossível demonstrar de forma conclusiva que uma determinada estratégia empresarial seja ótima, ou mesmo garantir que ela vai funcionar. Podemos, entretanto, testá-la em busca de imperfeições críticas. Entre os muitos testes que poderiam ser justificadamente aplicados a uma estratégia empresarial, a maioria enquadra-se em um desses critérios gerais:

- *Consistência*: a estratégia não deve apresentar metas e políticas mutuamente inconsistentes.

- *Concordância*: a estratégia deve representar uma resposta que se adapte ao ambiente externo e às mudanças críticas que ocorrem nesse ambiente.

- *Vantagem*: a estratégia deve permitir a criação e/ou manutenção de vantagem competitiva em uma área de atividade selecionada.

- *Viabilidade*: a estratégia não deve exigir demais dos recursos disponíveis nem criar subproblemas insolúveis.

Uma estratégia que não atenda a um ou mais desses critérios é muito suspeita. Ela não desempenha pelo menos uma das principais funções necessárias para a sobrevivência da empresa. Experiência em um determinado segmento ou outro ambiente permite ao analista afiar esses critérios e acrescentar outros, apropriados à situação com a qual está lidando.

Consistência

Inconsistência gritante em uma estratégia parece improvável até que se perceba que muitas estratégias não foram explicitamente formuladas e se desenvolveram com o tempo, de maneira *ad hoc*. Mesmo estratégias que são resultado de procedimentos formais podem facilmente conter acordos de compromisso entre grupos de forças opostas.

Inconsistência em estratégia não é simplesmente uma falha na lógica. Uma das principais funções da estratégia é fornecer coerência às ações organizacionais. Um conceito claro e explícito de estratégia pode promover um clima de coordenação tácita mais eficiente do que a maioria dos mecanismos administrativos. Muitas empresas de alta tecnologia, por exemplo, enfrentam uma escolha estratégica básica entre oferecer produtos de alto custo que sejam tecnicamente mais avançados ou produtos de custo mais baixo que sejam mais padronizados e vendidos em volumes mais altos. Se a gerência sênior não enunciar clara e consistentemente a posição da corporação nessas questões, haverá conflitos contínuos entre vendas, projetos, engenharia e produção. Uma estratégia clara e consistente, por sua vez, permite ao engenheiro de vendas negociar um contrato com um mínimo de coordenação – os intercâmbios são uma parte explícita da postura da empresa.

O conflito organizacional e as discussões interdepartamentais são sempre sintomas de desordem gerencial, mas também podem indicar problemas de inconsistência estratégica. Aqui estão alguns indicadores que podem ajudar a resolver esses dois problemas:

- Se os problemas de coordenação e planejamento continuam apesar das mudanças de pessoal e tendem a ser mais baseados em fatos do que em pessoas, provavelmente são causados por inconsistências na estratégia.

- Se o sucesso de um departamento organizacional significa o fracasso de outro, ou se é visto dessa forma, ou a estrutura objetiva básica é inconsistente ou a estrutura organizacional está desnecessariamente duplicada.

- Se, apesar das tentativas de delegar autoridade, os problemas organizacionais continuarem a ser levados ao topo para solução de questões políticas, a estratégia básica provavelmente é inconsistente.

Um tipo final de consistência que deve existir na estratégia é entre objetivos organizacionais e valores do grupo gerencial. A inconsistência nessa área é mais um problema de formulação de estratégia do que de avaliação de uma estratégia já implementada. Ela ainda pode surgir, entretanto, se a direção futura da empresa exige mudanças que conflitam com os valores gerenciais. A fonte mais freqüente de tais conflitos é o crescimento. Conforme uma empresa se expande para além da escala que permite um método fácil e informal de operação, muitos executivos experimentam um sentido agudo de perda. Embora crescimento possa evidentemente ser restringido, é necessário atenção especial na posição competitiva da empresa se ela desejar sobreviver sem crescimento. As mesmas questões básicas surgem quando outros tipos de valores pessoais ou sociais entram em conflito com as políticas existentes ou aparentemente necessárias: a solução de conflitos normalmente exige um ajuste na estratégia competitiva.

Concordância

A maneira como uma empresa se relaciona com seu ambiente tem dois aspectos: a empresa deve se igualar e se adaptar a seu ambiente e deve ao mesmo tempo concorrer com outras empresas que também estão tentando se adaptar. Esse caráter duplo de relacionamento entre a empresa e seu ambiente tem sua analogia em dois aspectos diferentes da escolha estratégica e dois métodos diferentes de avaliação de estratégia.

O primeiro aspecto de ajuste lida com a missão básica ou escopo da empresa, e o segundo com sua posição competitiva especial ou sua "força". A análise do primeiro item é normalmente feita por meio de observação da mudança das condições econômicas e sociais através do tempo. A análise do segundo item, por outro lado, concentra-se tipicamente nas diferenças entre as empresas em determinado período. Chamamos o primeiro de aspecto *genérico* da estratégia, e o segundo de estratégia *competitiva*. A estratégia genérica lida com a criação de valores sociais – a questão de saber se os produtos e serviços que estão sendo criados valem mais do que custam.

A estratégia competitiva, por outro lado, lida com a necessidade da empresa de capturar alguns valores sociais como lucro. A Tabela 1 resume as diferenças entre esses conceitos.

A noção de concordância, ou combinação, entretanto, nos leva a focar na estratégia genérica. O papel do avaliador, neste caso, é examinar o modelo básico de relações econômicas que caracterizam a empresa e determinar se está ou não sendo criado valor suficiente para sustentar a estratégia. A maioria das macroanálises das condições econômicas mutantes tem origem na formulação ou avaliação de estratégias genéricas. Por exemplo, o departamento de planejamento prevê que em seis anos a tela plana de cristal líquido vai substituir as telas de vídeo baseadas em CRT nos computadores. A mensagem básica aqui aos fabricantes de monitores baseados em CRT é que suas estratégias genéricas estão se tornando obsoletas. Observe que a ameaça, neste caso, não é para uma determinada empresa, posição competitiva ou abordagem individual ao mercado, mas sim para a missão genérica básica.

Uma das maiores dificuldades para avaliar a concordância é que a maior parte das ameaças críticas a uma empresa vem de fora, ameaçando um grupo inteiro de empresas. A gerência, porém, está sempre tão absorta no pensamento competitivo que tais ameaças são reconhecidas apenas depois que o dano já alcançou proporções consideráveis.

Outra dificuldade para avaliar o ajuste entre a missão de uma empresa e o ambiente é que análise de tendência normalmente não revela as mudanças mais críticas – elas são o resultado de interações entre as tendências. O supermercado, por exemplo, só passou a existir quando a refrigeração doméstica e o uso muito difundido do automóvel permitiram que os clientes comprassem volumes significativamente maiores. Juntos, o supermercado, o automóvel e o movimento para os subúrbios formam o vínculo que deu origem aos *shopping centers*. Esses, por sua vez, mudaram a natureza do varejo e, junto com o declínio dos centros urbanos, criaram novas formas de empreendimento, como o cinema suburbano com quatro telas. Assim, enquanto tendências gerais econômicas ou demográficas podem parecer estáveis por muitos anos, há ondas de mudança ocorrendo no nível institucional.

A chave para avaliar a concordância é entender por que a empresa existe em sua posição atual e como ela

Tabela 1 Estratégia genérica *versus* estratégia competitiva

	Estratégia genérica	**Estratégia competitiva**
Questão de valor	Valor social	Valor corporativo
Restrição de valor	Valor do cliente > custo	Preço > Custo
Indicador de sucesso	Crescimento de vendas	Mérito corporativo aumentado
Tarefa estratégica básica	Adaptar-se à mudança	Inovar, impedir imitação, deter rivais
Como a estratégia é expressa	Definição de produto-mercado	Vantagem, posição e políticas de suporte
Método básico para análise	Estudo de um segmento através do tempo	Comparação entre rivais

atingiu seu padrão atual. Uma vez que o analista obtenha um bom entendimento da base econômica que dá suporte e define a empresa, é possível estudar as conseqüências das principais tendências e mudanças. Sem tal entendimento, não há uma boa forma de decidir que tipos de mudança são mais cruciais, e o analista pode ser rapidamente massacrado com dados.

VANTAGEM

Não é exagero dizer que estratégia competitiva é a arte de criar ou explorar as vantagens mais fortes, duradouras e mais difíceis de duplicar.

A estratégia competitiva, em contraste com a estratégia genérica, concentra-se nas diferenças entre as empresas, e não em suas missões comuns. O problema que ela aborda não é tanto "como essa função pode ser desempenhada" mas sim "como podemos fazer melhor do que nossos concorrentes, ou pelo menos igual a eles?" A cadeia de supermercados, por exemplo, representa uma estratégia genérica bem-sucedida. Como uma forma de fazer negócios, de organizar as transações econômicas, ela substituiu quase todas as lojas de alimentos menores, administradas pelos donos, de uma era anterior. Ainda assim, um participante potencial ou real do mercado de varejo de alimentos deve ir além dessa estratégia genérica e encontrar uma forma de concorrer nessa área. Em outro exemplo, o sucesso inicial da IBM no segmento de computadores pessoais foi genérico – outras empresas logo copiaram o conceito básico do produto. Quando isso aconteceu, a IBM teve que tentar forjar uma estratégia competitiva forte nesta área ou buscar um tipo diferente de arena competitiva.

Vantagens competitivas normalmente podem ser associadas a uma dessas três raízes:

- Habilidades superiores
- Recursos superiores
- Posição superior

Ao examinar uma potencial vantagem, a questão crítica é "O que sustenta essa vantagem, evitando que os concorrentes a imitem ou dupliquem?" As aptidões de uma empresa podem ser uma fonte de vantagem se forem baseadas em sua própria história de aprendizado por experiência e se tiverem raízes no comportamento coordenado de várias pessoas. Por outro lado, habilidades baseadas em princípios científicos geralmente aceitos, em um treinamento que pode ser adquirido pelos concorrentes, ou que pode ser analisado e copiado por outras empresas, não são fonte de vantagem sustentada.

As *habilidades* que compõem as vantagens são normalmente organizacionais, e não individuais. Envolvem a coordenação especializada ou colaboração de especialistas e são construídas pela atuação recíproca de investimento, trabalho e aprendizado. Ao contrário dos ativos físicos, as habilidades melhoram com o uso. Habilidades que não são usadas e melhoradas continuamente atrofiam.

Os recursos incluem patentes, direitos de marca registrada, ativos físicos especializados e as relações comerciais da empresa com fornecedores e canais de distribuição. Além disso, a reputação de uma empresa junto a seus funcionários, fornecedores e clientes é um recurso. Os recursos que constituem vantagens são especializados, construídos vagarosamente através do tempo com o exercício acumulado de habilidades superiores, ou são obtidos por um primeiro a se mover perspicazmente, ou apenas por pura sorte. Por exemplo, as habilidades especiais da Nucor na construção de mini-usinas estão incorporadas em usinas físicas superiores. A reputação da Goldman Sachs como primeiro banco de investimento dos EUA foi construída através dos anos e hoje é um grande recurso por direito.

A *posição* de uma empresa é constituída por produtos ou serviços que ela fornece, dos segmentos de mercado para os quais ela vende e de seu grau de isolamento em relação à competição direta. Em geral, as melhores posições envolvem o fornecimento de produtos com um valor único para compradores insensíveis a preço, enquanto que posições fracas envolvem ser uma das muitas empresas que fornecem produtos com valor marginal a compradores muito bem-informados e sensíveis a preço.

A vantagem de posição pode ser obtida com previsão, habilidades e/ou recursos superiores, ou simplesmente por pura sorte. Uma vez obtida, uma boa posição pode ser defendida. Isso significa que ela (1) gera retorno de valor suficiente para garantir sua manutenção contínua e (2) custaria tão caro para ser reproduzida que os rivais são impedidos de atacar o núcleo dos negócios em escala total. A posição, devemos observar, tende a ser autosustentada se os fatores ambientais básicos nos quais ela se baseia permanecerem estáveis. Assim, seria quase impossível destituir firmas estabelecidas, mesmo que seus níveis de atividade básica sejam apenas medianos. E quando um ambiente mutante permite que se ganhe posições por meio de um novo entrante ou inovador, os resultados podem ser espetaculares.

Existem dois tipos de vantagens posicionais: (1) vantagens do primeiro a se mover e (2) reforçadoras. A *vantagem* mais básica *do primeiro a se mover* ocorre quando a escala mínima para ser eficiente exige um grande (perdido) investimento relativo ao mercado. Assim, a primeira empresa a abrir uma grande loja de descontos em uma área rural impossibilita, por sua escala relativa, seguidores próximos. As vantagens mais sutis do primeiro a se mover ocorrem quando os efeitos da padronização "prendem" os clientes ao produto do primeiro a se mover (p. ex., Lotus 1-2-3). O aprendizado do comprador e os fenômenos relacionados podem aumentar a transferência de custos do comprador, protegendo a base de clientes de um ataque. Programas de milhagem são voltados para essa direção. Os primeiros a se moverem também podem obter vantagens construindo seus canais de distribuição, unindo-se a fornecedores especializados ou ganhando a atenção dos clientes. O primeiro produto de uma classe a ganhar a propaganda de massa, por exemplo, tende a se incutir mais profundamente na cabeça das pessoas do que o segundo, o terceiro ou o quarto. Em um estudo cuidadoso de produtos de consumo freqüentemente adquiridos, Urban et al. (1986) descobriu que (todo o resto permanecendo inalterado) o primeiro entrante terá uma participação de mercado que tem $\sqrt{n}$ vezes o tamanho daquela do entrante 'n'.

As *reforçadoras* são políticas ou práticas que agem para fortalecer ou preservar uma posição forte de mercado e que são mais fáceis de executar por causa da posição. A idéia de que determinadas disposições dos recursos de alguém pode aumentar sua eficácia combinada, e talvez até colocar forças rivais em um estado de desordem, é o núcleo da noção tradicional de estratégia. São as reforçadoras que garantem vantagem de posição, a qualidade estratégica familiar para os teóricos militares, jogadores de xadrez e diplomatas.

Uma empresa com grande participação de mercado, por ser uma das primeiras a se mover ou por ter liderança tecnológica, pode normalmente construir um sistema de produção e distribuição mais eficiente. Concorrentes com menos demanda simplesmente não podem cobrir os custos fixos de instalação maiores e mais eficientes, então, para eles, instalações maiores não são uma opção econômica. Nesse caso, as economias de escala são um reforço da posição de mercado, não a causa da posição de mercado. A empresa que tem uma marca forte pode usar isso como reforço no lançamento de marcas relacionadas. Uma empresa que vende um revestimento especializado para uma ampla variedade de usuários pode ter mais informações sobre como adaptar o revestimento para condições especiais do que seus concorrentes com vendas mais limitadas – usada de forma apropriada, essa informação é reforçadora. Uma marca famosa aparece na TV e em filmes porque é famosa, e isso é outra reforçadora. Um exemplo dado por Porter (1985: 145) é da Steinway and Sons, o primeiro fabricante de pianos nos EUA. Steinway mantém um estoque disperso de grandes pianos que pianistas aprovados podem usar para concertos pagando um aluguel muito baixo. A política é menos cara para um líder do que para um seguidor e ajuda a manter a liderança.

O retorno positivo fornecido pelas reforçadoras é a fonte de poder das vantagens baseadas em posição – as políticas que agem para melhorar posição podem não exigir habilidades incomuns; elas simplesmente funcionam mais efetivamente para aqueles que já estão em primeiro lugar.

Embora não seja verdade que empresas maiores sempre têm vantagens, é verdade que empresas maiores tendem a operar em mercados e usar procedimentos que fazem de seu tamanho uma vantagem. Grandes empresas nacionais de produtos de consumo, por exemplo, normalmente vão ter vantagem sobre pequenas empresas regionais no uso eficiente de propaganda em massa, principalmente em redes de TV. A empresa maior tende a negociar produtos cujo efeito marginal da propaganda seja mais potente, enquanto que as menores vão buscar posição de produto/mercado que explorem outros tipos de vantagem.

Outras vantagens baseadas em posição vêm de fatores como:

- Ter a propriedade de fontes especiais de matérias-primas ou contratos de fornecimento vantajosos de longo prazo.

- Estar geograficamente localizado perto dos principais clientes em um negócio que envolve investimentos fixos significantes e altos custos de transporte.

- Ser líder em um campo de serviço que permita ou exija a construção de uma base de experiência única para atender os clientes.

- Ser um produtor de linha completa em um mercado com o fenômeno de troca de produtos mais caros por outros mais baratos.

- Ter ampla reputação como fornecedor de produtos ou serviços considerados confiáveis e seguros.

Em todos os casos, a posição permite que se adote políticas competitivas que podem servir para reforçar a posição. Sempre que esse tipo de fenômeno de retorno positivo for encontrado, o *mix* particular de políticas que o criam será considerado como uma posição defensável. Os principais fatores que animam histórias de sucesso industrial, como as da IBM e da Eastman Kodak, são o domínio inicial e rápido de posições fortes abertas pelas novas tecnologias.

VIABILIDADE

O último teste geral da estratégia é a viabilidade. A estratégia pode ser testada com os recursos físicos, humanos e financeiros disponíveis? Os recursos financeiros de uma empresa são mais fáceis de quantificar e normalmente são a primeira limitação contra a qual a estratégia é testada. Alguma vezes esquecemos, porém, que métodos inovadores para expansão financeira podem estender as limitações finais e fornecer uma vantagem competitiva, mesmo que apenas temporária. Mecanismos como subsidiárias financeiras cativas, acordos de venda e arrendamento renovado e associação de hipotecas das fábricas com contratos de longo prazo têm sido usados efetivamente para ajudar a ganhar posições importantes em segmentos com expansão repentina.

A limitação menos quantificável, porém a mais rígida, na escolha estratégica é aquela imposta pelas habilidades individuais e organizacionais disponíveis.

Ao avaliar a capacidade da organização de executar uma estratégia, é útil fazer três perguntas separadas:

- A organização demonstrou possuir capacidade para resolver problemas e/ou competências especiais exigidas pela estratégia? Uma estratégia, como tal, não deve e não pode especificar em detalhes cada ação a ser executada. Seu objetivo é fornecer estrutura para a questão geral das metas e métodos da empresas para lidar com seu ambiente. Fica a critério dos membros e dos departamentos de uma organização executar as tarefas definidas pela estratégia. Uma estratégia que exija o cumprimento de tarefas que estejam fora do âmbito de habilidade e conhecimento disponível ou que sejam facilmente conseguidas não pode ser aceita. Ela é inviável ou incompleta.

- A organização demonstrou o grau de habilidade de coordenação e integração necessário para executar a estratégia? As principais tarefas necessárias para uma estratégia não apenas exigem habilidades especializadas como também, em geral, fazem exigências consideráveis em relação à capacidade da organização de integrar atividades díspares. Um fabricante de móveis padronizados para escritório pode descobrir, por exemplo, que sua dificuldade primária para entrar no novo mercado de sistemas de escritórios modulares é a falta de interação sofisticada entre o departamento de vendas de campo e a produção. Empresas que esperam expandir suas fronteiras nacionais com sistemas mundiais integrados de produção e comercialização também devem saber que o processo organizacional, e não a habilidade funcional em si ou a força competitiva isolada, torna-se um *link* fraco na postura estratégica.

- A estratégia desafia e motiva as principais pessoas e é aceitável para aquelas que devem apóia-la? O objetivo da estratégia é dispor efetivamente dos recursos únicos e diferenciados de uma empresa. Se os principais gerentes não são tocados pela estratégia, não se empolgam com suas metas ou seus métodos, ou não dão um amplo suporte a essa alternativa, ela vai falhar.

O Processo de Avaliação da Estratégia

A avaliação da estratégia pode ocorrer como uma tarefa analítica abstrata, talvez desempenhada por consultores. Porém, mais freqüentemente ela é uma parte integrante do processo de planejamento, revisão e controle da organização. Em algumas organizações, a avaliação é informal, apenas ocasional, breve e apressada. Outras criaram sistemas elaborados, contendo sessões formais periódicas de revisão de estratégia. Nos dois casos, a qualidade da avaliação da estratégia e, posteriormente, a qualidade do desempenho corporativo, será determinada mais pela capacidade da organização de se auto-avaliar e aprender do que pela técnica analítica empregada.

Em um estudo sobre aprendizado organizacional, Argyris e Schon fazem uma distinção entre aprendizado de ciclo único e aprendizado de ciclo duplo. Eles argumentam que o aprendizado organizacional formal é do tipo resposta-controle – os desvios entre desempenho esperado e real levam à solução de problemas, o que faz com que o sistema fique novamente sob controle. Eles observam que

> [O aprendizado de ciclo único] está relacionado primariamente à eficácia – ou seja, qual a melhor forma de atingir as metas e objetivos organizacionais existentes e qual a melhor forma de manter o desempenho organizacional dentro dos níveis especificados pelas normas existentes. Em alguns casos, porém, a correção de erros exige um ciclo de aprendizado no qual as normas organizacionais sejam modificadas... Chamamos esse tipo de aprendizado de "ciclo duplo". Há... um ciclo duplo de resposta que conecta a detecção de erro não apenas às estratégias e suposições para desempenho eficaz como também às normas que definem desempenho eficaz. [1978:20]

Essas idéias são paralelas às de Ashby, um cientista cibernético. Ashby (1954) argumentou que todos os sistemas de resposta exigem mais do que um controle de erro de ciclo único para ter estabilidade; eles também precisam de uma forma de monitorar certas variáveis críticas e mudar as "metas" do sistema quando velhos métodos de controle não funcionam mais.

Esses pontos de vista nos ajudam a lembrar que os processos estratégicos reais em qualquer organização não são encontrados ao olhar as coisas que vêm a ser rotuladas de "estratégicas" ou "de longo prazo". Ao contrário, os componentes reais do processo estratégico são, por definição, aquelas atividades que afetam mais fortemente a seleção e a modificação de objetivos e que influenciam o comprometimento irreversível de recursos importantes. Eles também sugerem que métodos apropriados de avaliação de estratégia não podem ser especificados em termos abstratos. Ao contrário, o método de avaliação de uma organização deve estar de acordo com sua postura estratégica e trabalhar em conjunto com seus métodos de planejamento e controle.

Na maioria das empresas, a avaliação ampla da estratégia não é freqüente e, quando ocorre, é normalmente provocada por uma mudança na liderança ou no desempenho financeiro. O fato de a avaliação ampla da estratégia não ser um fato regular nem parte de um sistema formal tende a ser deplorado por alguns teóricos, mas há diversas boas razões para essa situação. Obviamente, qualquer atividade que se torne um procedimento anual é obrigada a se tornar mais automática. Embora a avaliação da estratégia em bases anuais possa gerar alguns tipos de eficiência na coleta e análise de dados, também tende a canalizar fortemente os tipos de perguntas feitas e inibir uma reflexão mais ampla.

Segundo, uma boa estratégia não precisa de reformulação constante. É uma estrutura para solução contínua de problemas, não a solução do problema em si. Um executivo sênior expressou a questão desta forma: "Se você joga com a força, não precisa repensar sempre o plano inteiro; pode se concentrar em detalhes. Então, quando você nos ouvir falando sobre pequenas mudanças nas ferramentas, não é porque esquecemos o quadro geral, mas sim porque estamos cuidando dele."

A estratégia também representa um alinhamento político dentro da empresa e incorpora convicções e comprometimentos passados dos principais executivos. Uma avaliação ampla da estratégia não é apenas um exercício analítico; ela traz à tona o modelo básico de comprometimentos e políticas. A maioria das organizações seria prejudicada e não ajudada ao ter a validade de suas missões discutida em bases regulares. Orçamentos com base-zero, por exemplo, foram uma tentativa de fazer com que as agências rejustificassem sua existência cada vez que um novo orçamento era feito. Se isso fosse literalmente verdade, sobraria pouco tempo e energia para qualquer outra atividade que não fosse política.

Finalmente, há razões competitivas para não revisar a validade de uma estratégia tão livremente! Há um vasto leque de confrontações competitivas nas quais é crucial ser capaz de convencer os outros de que a posição ou a estratégia de alguém é fixa e inabalável. A análise de Schelling (1963) sobre barganha e conflito mostra que grande parte do que está envolvido nas negociações é encontrar formas de obrigar ou comprometer alguém de maneira convincente. Esse é o princípio implícito no conceito de retrocesso e que está por trás da tática do líder do sindicato de reclamar ao mesmo tempo que concorda com a solicitação de moderação da diretoria; ele não pode controlar os membros se as demandas menos moderadas não forem atendidas. Na estratégia empresarial, tais situações ocorrem em oligopólios clássicos, duelos de capacidade de fábrica, conflitos de novos produtos e outras situações nas quais o vencedor pode ser a parte cujas políticas são mais dignas de crédito. As empresas japonesas na área de eletrônica, por exemplo, ganharam uma reputação tão forte como jogadores comprometidos com baixo custo que sua simples entrada no mercado induz alguns rivais a desistirem. Se, ao contrário, tais empresas tivessem a reputação de revisar continuamente a conveniência de continuar cada produto, seriam muito menos ameaçadoras e, por conseguinte, concorrentes menos eficazes...

Conclusões

Avaliação de estratégia é a análise de planos e dos resultados dos planos que estão centralmente relacionados ou afetam a missão básica de uma empresa. Seu foco especial é a separação entre resultados operacionais óbvios e fatores que sustentam sucesso ou fracasso no domínio de atividades escolhido. Seu resultado é rejeição, modificação ou ratificação das estratégias e dos planos existentes...

Na maioria das empresas médias ou grandes, a avaliação da estratégia não é uma tarefa puramente intelectual. As questões envolvidas são importantes demais e são muito relacionadas à distribuição de poder e autoridade na formulação ou avaliação da estratégia para acontecerem em um ambiente de torre de marfim. Na verdade, a maioria das empresas raramente se envolve em avaliação de estratégia formal e explícita. Ao contrário, a avaliação da estratégia é um processo contínuo e difícil de separar dos sistemas normais de planejamento, relatório, controle e recompensa da empresa. Desse ponto de vista, a avaliação de estratégia é menos uma tarefa intelectual do que um processo organizacional.

Finalmente, a capacidade de uma empresa de manter sua posição competitiva em um mundo de rivalidade e mudança pode ser melhor trabalhada por gerentes que consigam manter uma visão dupla de estratégia e avaliação de estratégia – eles devem desejar e poder perceber a estratégia dentro do tumulto de atividades diárias e construir e manter estruturas e sistemas que façam dos fatores estratégicos objeto da atividade atual.

Leitura 3.3
Objetivo Estratégico[3]
por Gary Hamel e C. K. Prahalad

Os executivos de hoje em muitos segmentos estão trabalhando duro para alcançar as vantagens competitivas de seus novos rivais globais. Eles estão transferindo suas fábricas para outros países em busca de baixo custo de mão-de-obra, racionalizando linhas de produtos para capturar economias de escala globais, instituindo círculos de qualidade e produção *just-in-time*, e adotando práticas japonesas de recursos humanos. Se a competitividade ainda parece fora de alcance, fazem alianças estratégicas, normalmente com as mesmas empresas que mais incomodam seu equilíbrio competitivo.

Embora sejam iniciativas importantes, poucas vão além da simples imitação... Para esses executivos e suas empresas, reconquistar competitividade significa repensar muitos de seus conceitos básicos de estratégia...

---
[3] Publicado originalmente sob o mesmo nome em *Harvard Business Review* (May-June 1989). Copyright © 1989 pelo presidente e colegas do Harvard College; todos os direitos reservados. Reimpresso com permissão de *Harvard Business Review*.

Os novos competidores globais encaram estratégia de uma perspectiva fundamentalmente diferente daquela que serve de base ao pensamento gerencial ocidental...

As empresas que atingiram liderança global nos últimos 20 anos invariavelmente começaram com ambições desproporcionais a seus recursos e capacidade. Mas criaram uma obsessão de vencer em todos os níveis da organização e sustentaram essa obsessão na busca da liderança global nos últimos 10 ou 20 anos. Chamamos essa obsessão de "objetivo estratégico".

Por um lado, objetivo estratégico prevê uma posição de liderança desejada e estabelece os critérios que a organização vai usar para representar esse progresso. A Komatsu decidiu "cercar a Caterpillar". A Canon queria "bater a Xerox". A Honda aspirava a tornar-se uma segunda Ford – uma pioneira automotiva. Todas são expressões de objetivo estratégico.

Ao mesmo tempo, objetivo estratégico é mais do que simplesmente ambição desenfreada. (Muitas empresas possuem um objetivo estratégico ambicioso, embora aquém de suas metas). O conceito também engloba um processo de gestão ativa que inclui: focar a atenção da organização na essência da vitória; motivar pessoas ao comunicar o valor da meta; deixar espaço para contribuições individuais e de equipes; sustentar o entusiasmo fornecendo definições para novas operações à medida que as circunstâncias mudam; e usar consistentemente o objetivo para guiar as alocações de recursos.

O objetivo estratégico captura a essência da vitória. O programa Apolo – enviar um homem à lua antes dos soviéticos – era competitivamente focado como a iniciativa de Komatsu contra a Caterpillar. O programa espacial tornou-se um marco na corrida tecnológica entre Estados Unidos e URSS... Para a Coca-Cola, o objetivo estratégico tem sido colocar a Coca "ao alcance da mão" de todos os consumidores do mundo.

O objetivo estratégico é estável. Nas batalhas por liderança global, uma das tarefas mais críticas é estender a amplitude da atenção gerencial. O objetivo estratégico garante consistência às ações de curto prazo, ao mesmo tempo em que deixa espaço para reinterpretação conforme o surgimento de novas oportunidades...

O objetivo estratégico estabelece uma meta que justifica esforço pessoal e comprometimento. Pergunte aos presidentes de muitas corporações norte-americanas como eles medem sua contribuição para o sucesso de suas empresas e você provavelmente obterá uma resposta expressa em termos de riqueza dos acionistas. Em uma empresa que possui objetivo estratégico, a alta gerência tende a falar mais em termos de liderança global de mercado. A liderança na participação de mercado normalmente gera riqueza para os acionistas, com certeza. Mas as duas metas não têm o mesmo impacto motivacional. É difícil imaginar gerentes de nível intermediário, muito menos seus subordinados, acordando todos os dias com o único pensamento de gerar mais riqueza para os acionistas. Mas eles não deveriam se sentir diferentes devido ao desafio de "Bater a Benz" – o grito de guerra de um fabricante de automóveis japonês? O objetivo estratégico dá aos funcionários a única meta que merece comprometimento: desbancar o melhor ou continuar sendo o melhor, em todo o mundo...

Assim como você não pode planejar uma busca de 10-20 anos pela liderança global, a chance de chegar uma posição de liderança por acidente também é remota. Não acreditamos que liderança global venha de um processo não-dirigido de intra-empreendimento. Também não é produto de um projeto secreto ou outras técnicas para risco interno. Por trás de tais programas está uma suposição nihilista: a organização é tão cheia de preconceitos, tão ortodoxamente escondida que a única forma de inovar é colocar algumas pessoas brilhantes em uma sala escura, acrescentar algum dinheiro e esperar que alguma coisa maravilhosa aconteça. No enfoque de inovação do "Vale do Silício", o único papel da alta gerência é aperfeiçoar a estratégia corporativa para os sucessos empreendedores que vêm de baixo. Aqui o valor agregado pela alta gerência é realmente baixo...

Nas empresas que superam restrições de recursos para construir posições de liderança, vemos uma relação diferente entre meios e fins. Embora o objetivo estratégico seja claro sobre seus fins, é flexível em relação aos meios – deixando espaço para improvisação. Atingir objetivo estratégico exige uma criatividade enorme em relação aos meios... Mas essa criatividade vem a serviço de um fim claramente prescrito. A criatividade é desenfreada, mas não totalmente solta, pois a alta gerência estabelece critérios contra os quais os funcionários podem testar previamente a lógica de suas iniciativas. Gerentes intermediários devem fazer mais do que comunicar metas financeiras prometidas; eles também devem comunicar a direção ampla implícita no objetivo estratégico de suas organizações.

O objetivo estratégico implica uma ampliação considerável para uma organização. As aptidões e os recursos atuais não serão suficientes. Isso força a organização a ser mais inventiva, a fazer mais com seus recursos limitados. Enquanto a visão tradicional de estratégia se concentra no grau de ajuste entre os recursos existentes e as oportunidades atuais, o objetivo estratégico cria uma falta de ajuste extrema entre recursos e ambições. A alta gerência então desafia a organização a preencher essa lacuna construindo sistematicamente novas vantagens. Para a Canon isso significou primeiro entender as patentes da Xerox, depois licenciar tecnologia para criar um produto que gerasse experiência inicial de mercado, depois aumentar a velocidade dos esforços internos de P&D, depois licenciar sua própria tecnologia para outros fabricantes para aprofundar ainda mais P&D, depois entrar em segmentos de mercado no Japão e na Europa, onde a Xerox era fraca, e assim por diante.

Nesse aspecto, o objetivo estratégico é como uma maratona dividida em percursos de 400 metros. Ninguém sabe como o terreno será no quilômetro 26, então o papel da alta gerência é focar a atenção da organização no trecho a ser coberto nos próximos 400 metros. Em diversas empresas, a diretoria fez isso apresentando à organização uma série de desafios corporativos, cada um especificando o próximo obstáculo na corrida para atingir o objetivo estratégico. Em um ano, o desafio podia ser qualidade, no próximo, atendimento ao cliente, depois entrada em novos mercados, depois uma linha de produção rejuvenescida. Como indica esse exemplo, desafios corporativos são uma forma de dirigir a aquisição de novas vantagens competitivas, uma forma de identificar o ponto focal para os esforços dos funcionários a médio prazo. Assim como no objetivo estratégico, a alta gerência é específica em relação aos fins (reduzir o tempo de desenvolvimento de produto em 75%, por exemplo), mas menos prescritiva sobre os meios.

Como o objetivo estratégico, os desafios expandem a organização. Para tomar o lugar da Xerox na área de copiadoras pessoais, a Canon estabeleceu para seus engenheiros uma meta de preço de US$ 1.000 para uma copiadora doméstica. Na época, a copiadora mais barata da Canon era vendida por centenas de milhares de dólares... Os engenheiros da Canon foram desafiados a reinventar a copiadora – um desafio que eles superaram substituindo um cartucho descartável no complexo mecanismo de transferência de imagens usado em outras copiadoras...

Para que um desafio seja eficaz, as pessoas e as equipes em toda a organização devem entendê-lo e ver as implicações para seu próprio trabalho. As empresas que estabelecem desafios corporativos para criar novas vantagens competitivas (como a Ford e a IBM fizeram com melhoria de qualidade) descobrem rapidamente que, para engajar toda a organização, a alta gerência precisa:

Criar um senso de urgência ou de quase crise, ampliando os sinais fracos no ambiente que apontam para a necessidade de melhoria, em vez de permitir que a falta de ação precipite uma crise real...

Desenvolver um foco competitivo em todos os níveis por meio do uso generalizado de inteligência competitiva. Cada funcionário deve ser capaz de medir seus esforços contra os melhores concorrentes de forma que o desafio se torne pessoal...

Fornecer aos funcionários as habilidades de que eles precisam para trabalhar efetivamente – treinamento em ferramentas estatísticas, solução de problemas, engenharia de valor e montagem de equipes, por exemplo.

Dar tempo à organização para digerir um desafio antes de lançar outro. Quando iniciativas concorrentes sobrecarregam a organização, os gerentes de nível intermediário sempre tentam proteger seu pessoal dos inconvenientes da mudança de prioridade. Mas essa atitude "espere e verá se eles falam sério dessa vez" acaba destruindo a credibilidade dos desafios corporativos.

Estabelecer marcos claros e revisar mecanismos para acompanhar o progresso e assegurar que reconhecimento interno e recompensas reforcem o comportamento desejado. A meta é tornar o desafio inevitável para todos na empresa...

A responsabilidade recíproca significa lucro compartilhado e dor compartilhada... na Nissan, quando o iene se fortaleceu: a alta gerência teve uma grande redução nos pagamentos e então pediu aos gerentes de nível intermediário e aos empregados da linha de produção para se sacrificarem relativamente menos. Em muitas empresas, a dor da revitalização atinge quase que exclusivamente os funcionários menos responsáveis pelo declínio do empreendimento... Essa abordagem unilateral para reconquistar competitividade impede que muitas empresas utilizem a força intelectual de seus funcionários.

Criar um senso de responsabilidade recíproca é crucial porque a competitividade depende afinal do ritmo no qual a empresa implanta novas vantagens dentro da organização, não de seu estoque de vantagens a qualquer momento. Assim, precisamos expandir o conceito de vantagem competitiva para além da carta marcada que muitos gerentes hoje utilizam: meus custos estão mais baixos? Meu produto vai exigir um prêmio no preço?

Poucas vantagens competitivas são muito duradouras. Descobrir uma nova vantagem competitiva é mais ou menos como conseguir uma boa dica sobre ações: a primeira pessoa a agir com base na informação faz mais dinheiro do que a última...

Manter registro das vantagens existentes não é o mesmo que construir novas vantagens. A essência da estratégia está em criar as vantagens competitivas de amanhã mais rápido do que os concorrentes podem imitar aquelas que você possui hoje. Nos anos 60, os produtores japoneses baseavam-se em vantagens de custo de mão-de-obra e custo de capital. Quando os fabricantes ocidentais começaram a transferir sua produção para outros países, as empresas japonesas aceleraram seus investimentos em tecnologia de processo e criaram vantagens de escala e qualidade. Então, como seus concorrentes norte-americanos e europeus racionalizaram a produção, eles colocaram mais lenha na fogueira acelerando o índice de desenvolvimento de produto. Depois construíram marcas globais. Depois tiraram as habilidades dos concorrentes por meio de alianças e acordos de terceirização. Moral da história? A capacidade de uma organização de melhorar aptidões existentes e aprender novas é a vantagem competitiva mais defensável de todas.

Para atingir o objetivo estratégico, uma companhia normalmente deve usar concorrentes maiores, mais bem financiados. Isso significa administrar cuidadosamente acordos competitivos, de forma que recursos escassos sejam conservados. Os gerentes não podem fazer isso simplesmente jogando o mesmo jogo de forma melhor – fazendo melhoria marginal à tecnologia e às práticas comerciais do concorrente. Ao contrário, devem mudar fundamentalmente o jogo de forma a colocar os participantes em desvantagem – criando novos métodos para entrar no mercado, construindo vantagem e guerra competitiva. Para concorrentes inteligentes, a meta não é imitação competitiva, mas sim inovação competitiva, a arte de ter riscos competitivos em proporções administráveis.

Quatro enfoques para inovação competitiva são evidentes na expansão global das empresas japonesas. São eles: construir camadas de vantagem, procurar tijolos soltos, mudar os termos do acordo e competir por meio da colaboração.

Quanto mais amplo o portfólio de vantagens de uma empresa, menor o risco que ela enfrenta nas batalhas competitivas. Os novos competidores globais construíram tais portfólios expandindo constantemente seu arsenal de armas competitivas. Eles se movem inexoravelmente das vantagens menos defensáveis, como baixo custo de mão-de-obra, para vantagens mais defensáveis, como marcas globais...

As escolas de administração perpetuaram a noção de que um gerente com novos cálculos de valor em uma mão e planejamento de portfólio na outra podem administrar qualquer empresa em qualquer lugar.

Em muitas empresas diversificadas, a alta gerência avalia os gerentes de linha apenas com base nos números porque não existe outra base para diálogo. Os gerentes se movimentam tantas vezes como parte de seu "desenvolvimento de carreira" que em geral não entendem as nuanças das empresas que administram. Na GE, por exemplo, um gerente de trajetória rápida, liderando um novo empreendimento, mudou de área cinco vezes em cinco anos. Sua série de sucessos rápidos finalmente chegou ao fim quando ele enfrentou um concorrente japonês cujos gerentes vinham labutando juntos na mesma área de negócios há mais de uma década.

Independentemente de habilidade e esforço, gerentes de trajetória rápida têm poucas chances de desenvolver um conhecimento profundo do negócio, necessário para discutir objetivamente opções tecnológicas, estratégias dos concorrentes e oportunidades globais. Dessa forma, as discussões invariavelmente gravitam ao redor de "números", enquanto o valor agregado pelos gerentes é limitado ao conhecimento financeiro e de planejamento que eles carregam de um trabalho para outro. O conhecimento do planejamento interno e dos sistemas contábeis da empresa substitui o conhecimento substancial dela, tornando improvável a inovação competitiva.

Quando os gerentes sabem que suas atribuições têm uma estrutura de tempo de dois a três anos, eles sofrem grande pressão para criar rapidamente um bom registro de sua trajetória. Essa pressão normalmente assume uma das duas formas. Ou o gerente não se compromete com metas cujas linhas vão além de seu mandato, ou adota metas ambiciosas, espremendo-as em uma estrutura de tempo absurdamente pequena. Desejar ser o número um em uma área de negócios é a essência do objetivo estratégico mas impor um horizonte de três ou quatro anos para esse esforço é um convite para o desastre. As aquisições são feitas com pouca atenção aos problemas de integração. A organização torna-se sobrecarregada com iniciativas. Os empreendimentos colaborativos são formados sem atenção adequada às consequências competitivas.

Quase todas as teorias de gestão estratégica e quase todos os sistemas de planejamento corporativo são baseados em uma hierarquia estratégica na qual as metas corporativas guiam as estratégias das unidades de negócios, e as estratégias das unidades de negócios guiam as táticas funcionais. Nessa hierarquia, a gerência sênior cria as estratégias, e os níveis mais baixos a executam. A dicotomia entre formulação e implementação é familiar e amplamente aceita. Mas a hierarquia estratégica mina a competitividade ao promover uma visão elitista de gestão, que tende a descredenciar a maioria das organizações. Os funcionários não conseguem identificar as metas corporativas ou se envolvem profundamente na tarefa de se tornarem mais competitivos.

A hierarquia da estratégia não é a única explicação para uma visão elitista de gerenciamento, evidentemente. Os mitos que crescem ao redor de gerentes bem-sucedidos... perpetuam essa visão. O mesmo faz um ambiente empresarial turbulento. Os gerentes de nível intermediário, fustigados pelas circunstâncias que parecem ir além de seu controle, querem desesperadamente acreditar que a alta gerência tem todas as respostas. E a alta gerência, por sua vez, hesita em admitir que não tem medo de desmoralizar os funcionários de nível mais baixo...

Infelizmente, uma ameaça que todos percebem, mas sobre a qual ninguém fala, cria mais ansiedade do que uma ameaça claramente identificada, que passa a ser o ponto focal dos esforços de solução de problemas em toda a empresa. Essa é uma das razões pelas quais a honestidade e a humildade da alta gerência são pré-requisitos básicos para a revitalização. Outra razão é a necessidade de fazer da participação mais do que um lema.

Os programas como círculos de qualidade e serviço total ao cliente sempre ficam aquém das expectativas porque os gerentes não reconhecem que a implementação bem-sucedida exige mais do que estruturas administrativas. As dificuldades em incorporar novas capacidades são geralmente creditadas a problemas de "comunicação", com a suposição não-declarada de que, se apenas a comunicação de cima para baixo era mais eficaz – "se apenas a gerência intermediária vai receber a mensagem exata" –, o novo programa criaria raízes rapidamente. A necessidade de comunicação de baixo para cima é sempre ignorada, ou considerada como sendo nada mais do que respostas. Em contraste, as empresas japonesas ganham, não porque têm gerentes mais inteligentes, mas porque desenvolveram formas de utilizar a "sabedoria do formigueiro". Elas sabem que gerentes de nível mais alto são um pouco como os astronautas que circundam a terra em naves espaciais. Pode ser que os astronautas recebam todas as glórias, mas todos sabem que a verdadeira inteligência por trás da missão está com os pés bem firmes no chão...

Desenvolver fé na capacidade da organização de atingir suas metas, motivá-la a fazer isso, focar sua atenção o suficiente para internalizar novas aptidões – esse é o real desafio para a alta gerência. Apenas levantando esse desafio é que os gerentes seniores vão ganhar a coragem de que precisam para comprometer a si e a suas empresas com a liderança global.

Capítulo 4
Analisando a Estratégia

Como observado na introdução do Capítulo 3, uma segunda visão prescritiva de como a estratégia deveria ser formulada foi desenvolvida nos anos 80. Sua contribuição é menos como um novo modelo conceitual – na verdade, ela engloba a maioria das suposições do modelo tradicional – e mais como uma estruturação cuidadosa dos tipos de análises formais que devem ser feitas para desenvolver uma estratégia bem-sucedida. Um resultado dessa abordagem mais formal é que muitos daqueles que aderem a ela passam a achar que as estratégias se encaixam em certas classificações "genéricas" – não sendo criadas individualmente, mas sendo selecionadas a partir de um conjunto limitado de opções. Esse método provou ser mais poderoso e útil em situações específicas.

Michael Porter tornou-se o líder dessa escola depois de fazer doutorado no departamento de economia de Harvard. Ao construir pontes internacionais entre os campos de política gerencial e organização industrial – esta última um ramo da economia relacionado ao desempenho dos setores como uma função de suas características competitivas – Porter elaborou sobre as visões iniciais de Andrews, Ansoff, Newman e outros.

Abrimos este capítulo com o modelo básico de Porter de análise competitiva e análise do setor, provavelmente seu trabalho mais conhecido na área de análise de estratégia. Como apresentado nesse artigo premiado da *Harvard Business Review*, ele propõe uma estrutura de cinco forças que, em sua visão, definem a postura básica de competição em um segmento – o poder de barganha dos fornecedores e compradores existentes, a ameaça de substitutos e novos entrantes e a intensidade da rivalidade existente. O modelo é poderoso, como você verá nas referências feitas nas leituras subseqüentes e também em sua aplicação nos estudos de caso.

Os próximos dois artigos, de Jay Barney da Ohio State University e Pankaj Ghemawat e Gary Pisano da Harvard Business School, vão mais além nessa perspectiva analítica, abordando dois aspectos desenvolvidos depois que Porter escreveu seus livros de fôlego nos anos 80. A vantagem competitiva sustentável é o cálice sagrado daquilo que gostamos de chamar de método de "conteúdo" para estratégia. Ela é, entretanto, uma meta surpreendentemente evasiva. O modelo das cinco forças de Porter sugere que a vantagem competitiva sustentável pode ser descoberta por meio de uma análise apropriada do segmento. O único problema com esse modelo é que a mesma análise normalmente se aplica igualmente bem a mais de uma empresa (por isso a noção de "grupos estratégicos"). O artigo de Barney aceita o desafio, mostrando aquilo que ficou conhecido como visão da empresa baseada em recurso. Essa visão alega que vantagem competitiva sustentável não é produto da posição correta no ambiente externo, mas sim derivada dos recursos internos da empresa. Mais especificamente, os recursos devem atender a quatro critérios para conferir vantagem competitiva sustentável. Eles devem ser valiosos, inimitáveis, raros e insubstituíveis.

Em "Sustentando o desempenho superior: comprometimentos e capacidades", Ghemawat e Pisano alegam que os critérios de Barney não são suficientes para assegurar vantagem sustentável. Sustentabilidade deve incluir outras condições – em particular a necessidade de evitar que outras empresas imitem e se apropriem de recursos e a necessidade de assegurar que funcionários (ou outros agentes da organização) evitem abusar de suas posições pelo desempenho ruim ou de apropriação indevida de recursos. Investimentos de larga escala nos recursos certos podem ajudar as empresas a satisfazerem essas condições, mas, além dessas ações discretas, as empresas devem fazer investimentos regulares em pequena escala para formar suas aptidões.

Porter também é conhecido por diversos outros conceitos: "estratégias genéricas", que ele alega existirem três em particular – liderança de custo, diferenciação e foco (ou escopo); a "cadeia de valores" como forma de decomposição das atividades de uma empresa para aplicar a análise estratégica de vários tipos; grupos estratégicos, nos quais empresas com estratégias semelhantes competem em subsegmentos de um setor; e "ambientes genéricos do setor", como "fragmentado" e "maduro", que refletem características similares.

Vamos ouvir sobre Porter novamente nesse último item em nossa terceira seção. Mas suas três estratégias genéricas e também seu conceito de cadeia de valor estão resumidos na leitura seguinte deste capítulo. Aqui, Mintzberg busca apresentar um quadro mais amplo das várias estratégias genéricas que as empresas geralmente adotam. Essas estratégias genéricas são descritas em quatro níveis como estratégias relacionadas com a localização do negócio principal da empresa, a distinção do negócio principal por meio de "diferenciação" e "escopo", a elaboração do negócio principal e a extensão do negócio principal.

A quarta leitura do capítulo vê a análise estratégica por uma ótica muito diferente, em um tipo de direção política. Você deve se lembrar de uma das definições de estratégia apresentadas no Capítulo 1 e que não foi mais mencionada – estratégia como pretexto. Nesta leitura, o pretexto adquire vida na forma de "manobras competitivas" e os vários meios que os estrategistas usam para vencer os concorrentes. Essa leitura é baseada em dois pequenos artigos intitulados "Brinkmanship in Business" e "The Nonlogical Strategy", de Bruce Henderson, extraídos de seu livro *Henderson on Corporate Strategy*, que é uma coletânea de pontos de vista curtos, eficazes e dogmáticos. Henderson fundou o Boston Consulting Group e transformou-o em uma grande força internacional na área de consultoria gerencial.

A literatura de análise estratégica, ou "posicionamento", como ela algumas vezes é chamada, tende, como a análise em si, a ser muito decomposta em relação à investigação das partes do que na combinação do todo. Dessa forma, os conceitos tendem a ir e vir em um ritmo frenético, confundindo leitores e escritores. Assim, Mintzberg preparou para este livro uma peça integradora chamada "Um guia para o posicionamento estratégico", que tenta colocar esses vários conceitos em uma única estrutura. Para fazer isso, ele usa a metáfora de uma plataforma de lançamento, que lança seus produtos e serviços no terreno dos mercados. Você provavelmente vai se divertir um pouco com essa nova contribuição à literatura da gestão estratégica.

USANDO OS ESTUDOS DE CASO

O modelo das cinco forças de Porter é, sem dúvida, o mais influente modelo analítico em estratégia. Em princípio, pode ser aplicado à maioria dos casos neste livro. Na prática, é melhor aplicado aos casos em que a tomada de decisão estratégica esteja fortemente associada às condições do setor. Isso é muito evidente no caso da AmBev e o setor de cerveja.

A ênfase de Porter na importância do contexto externo é balanceada pela insistência de Barney de que a vantagem sustentável depende tanto ou mais dos recursos internos da empresa. Esses recursos são muito difíceis de destacar quando olhamos para companhias como Lufthansa e LVMH. (Tente; pode ser um exercício interessante). Ghemawat e Pisano, evidentemente, argumentam que capacidades, não recursos, são a chave para a sustentabilidade. O caso da Canon tem sido usado com freqüência para explorar essa visão. Porém, capacidades, assim como recursos, são uma construção analítica difícil.

Análise estratégica efetiva pode se basear menos em "grandes" teorias, como as de Porter e Barney, e mais no encontro da estrutura correta para identificar movimentos e posições. "Manobras competitivas" de Henderson traz o modelo de Porter de volta à cena. O caso da Lufthansa mostra como as empresas focam em seus concorrentes. Em "Estratégias genéricas" e "Um guia para posicionamento estratégico", Mintzberg abre a tipologia de Porter para novos tipos de estratégias empresariais.

LEITURA 4.1
COMO AS FORÇAS COMPETITIVAS MOLDAM A ESTRATÉGIA[1]
por Michael E. Porter

A essência da formulação de estratégia é lidar com a concorrência. É fácil ver a competição de uma forma muito restrita e muito pessimista. Embora ouçamos, algumas vezes, os executivos reclamando do contrário, concorrência intensa em um segmento não é coincidência, nem má sorte.

Além disso, na luta por participação de mercado, a concorrência não se manifesta apenas nos outros participantes. Ao contrário, concorrência em um segmento tem suas raízes em economias implícitas, e existem forças competitivas que vão muito além dos combatentes estabelecidos em determinado segmento. Clientes, fornecedores, potenciais entrantes e produtos substitutos são todos competidores que podem ser mais ou menos importantes ou ativos, dependendo do segmento.

O estado de competição em um segmento depende de cinco forças básicas, que são diagramadas na Figura 1.

O poder coletivo dessas forças determina o potencial de lucro final de um setor. Esse poder varia de *intenso*, em setores como pneus, latas de metal e aço, nos quais nenhuma empresa consegue retornos espetaculares sobre investimento, até *suave*, em setores como serviços e equipamentos para campos de petróleo, refrigerantes e artigos para toalete, nos quais há espaço para retornos bastante altos.

No segmento "perfeitamente competitivo" dos economistas, as manobras para conseguir posição são feitas sem impedimento e é muito fácil entrar em um segmento. Esse tipo de estrutura de segmento, evidentemente, oferece a pior projeção para lucratividade a longo prazo. Quanto mais fracas as forças coletivamente, maior a oportunidade de desempenho superior.

Seja qual for sua força coletiva, a meta dos estrategistas corporativos é encontrar uma posição na indústria em que sua empresa possa se defender melhor contra essas forças ou possa influenciá-las a seu favor. O poder coletivo dessas forças pode ser dolorosamente aparente para todos os antagonistas, mas para lidar com elas, o estrategista deve olhar sob a superfície e analisar as fontes de cada uma delas. Por exemplo, o que torna o setor vulne-

---
[1] Publicado originalmente em *Harvard Business Review* (March-April 1979) e ganhador do prêmio McKinsey como melhor artigo no *Review* em 1979. Copyright © 1979 pelo presidente e colegas do Harvard College; todos os direitos reservados. Reimpresso com cortes sob permissão de *Harvard Business Review*.

rável à entrada? O que determina o poder de barganha dos fornecedores?

O conhecimento dessas fontes implícitas de pressão competitiva garante a infra-estrutura para um programa estratégico de ação. Elas destacam os pontos fortes e os pontos fracos críticos da empresa, motivam o posicionamento da empresa em seu setor, revelam as áreas nas quais as mudanças estratégicas podem gerar maiores retornos e destacam os locais em que as tendências do setor prometem ter maior importância, seja como oportunidade ou como ameaça. Entender essas fontes também provou ser útil para ajudar na consideração de áreas para diversificação.

FORÇAS COMPETITIVAS

A força ou as forças competitivas mais fortes determinam a lucratividade de uma indústria e por isso são de grande importância para a formulação da estratégia. Por

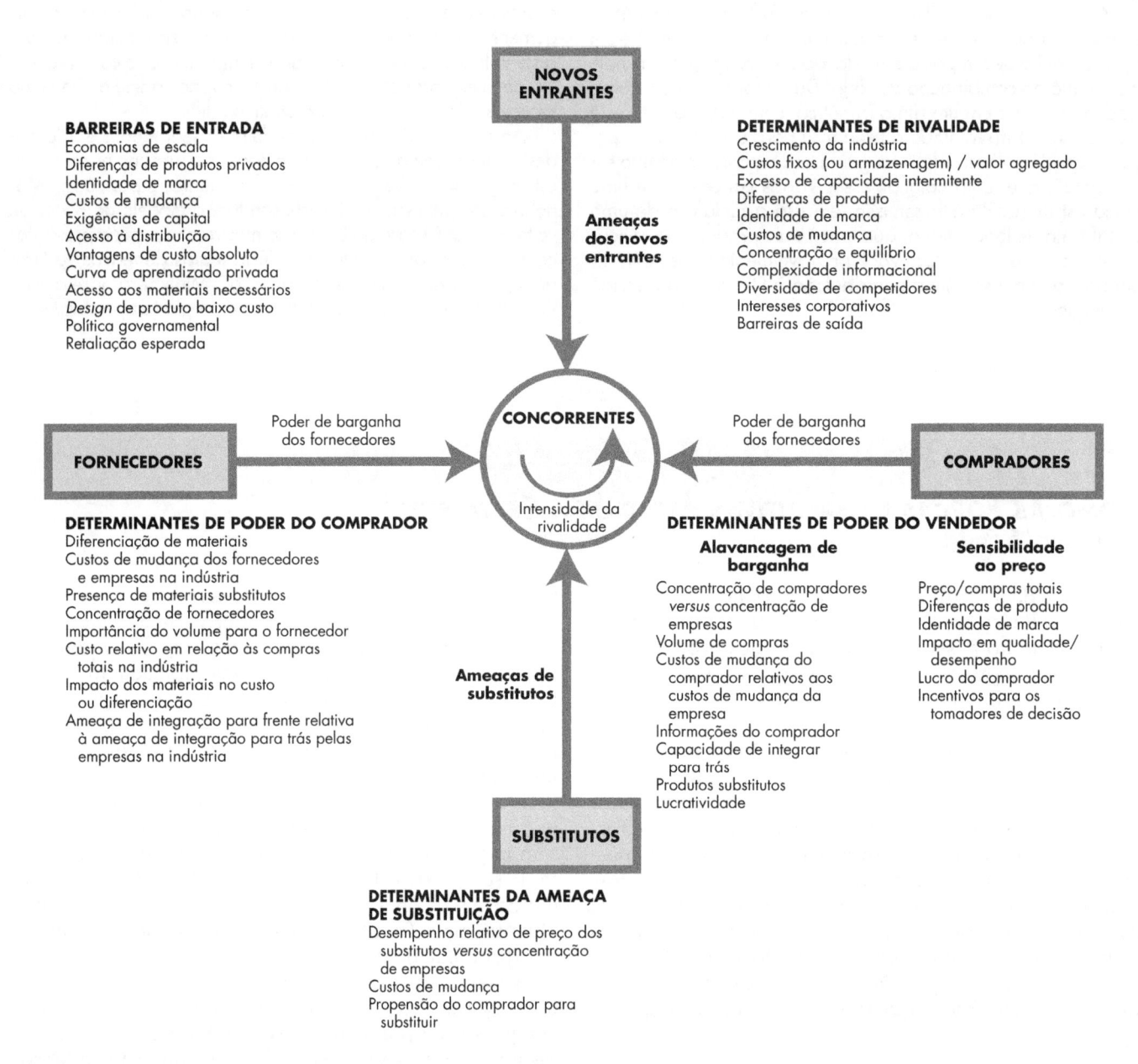

Figura 1 Elementos de estrutura do segmento.
Usado com permissão de The Free Press, uma divisão da Macmillan, Inc., de *Competitive Strategy: Techniques for Analyzing Industries and Competitors* de Michael E. Porter. Copyright © 1980 por The Free Press. [Usado no lugar da Figura 1 do artigo, pois contém mais detalhes.]

exemplo, mesmo uma empresa com posição forte em um setor não ameaçado por potenciais entrantes terá retornos baixos se enfrentar um produto substituto superior ou com custo mais baixo – como ocorreu com os fabricantes de válvulas eletrônicas e máquinas de café, que aprenderam com o próprio sofrimento. Em uma situação dessas, enfrentar o produto substituto torna-se a prioridade estratégica número um.

Evidentemente, forças diferentes destacam-se ao moldar a concorrência em cada indústria. No setor de navios-tanques, a força principal provavelmente é representada pelos compradores (as grandes empresas petrolíferas), enquanto que no setor de pneus a força está em compradores poderosos associados a concorrentes duros. No setor de aço, as principais forças são concorrentes estrangeiros e materiais substitutos.

Cada setor tem uma estrutura implícita, ou um conjunto de características fundamentais, econômicas e técnicas, que dão origem a essas forças competitivas. O estrategista que deseja posicionar sua empresa para lidar melhor com o ambiente de sua indústria ou influenciar o ambiente a favor da empresa deve saber o que faz o ambiente se mover.

Essa visão de competição também é aplicável a segmentos de serviços e vendas de produtos. Para evitar a monotonia neste artigo, vou me referir a produtos e serviços como "produtos". O mesmo princípio geral aplica-se a todos os tipos de empresa.

Algumas poucas características são críticas para o poder de cada força competitiva. Vamos discuti-las nesta seção.

Ameaça de Entrada

Os novos entrantes em um segmento trazem nova capacidade, o desejo de ganhar participação de mercado e, em geral, recursos substanciais. As empresas que diversificam por meio de aquisição em outros mercados sempre alavancam seus recursos para gerar uma mudança drástica, como a Philip Morris fez com a cerveja Miller.

A seriedade da ameaça de entrada depende das barreiras existentes e da reação que o entrante pode esperar dos concorrentes. Se as barreiras de entrada são altas e se os concorrentes entrincheirados podem fazer retaliação pronunciada a um novo entrante, este obviamente não representa uma ameaça de entrada séria.

Há seis fontes principais de barreiras de entrada:

1. *Economias de escala* – essas economias detêm a entrada forçando o aspirante a entrar em larga escala ou aceitar uma desvantagem de custo. As economias de escala em produção, pesquisa, *marketing* e serviços são provavelmente as principais barreiras para entrar no setor de computadores de grande porte, como a Xerox e a GE descobriram lamentavelmente. Economias de escala também podem atuar como obstáculos em distribuição, utilização da equipe de vendas, financiamento e quase todas as outras áreas de uma empresa.

2. *Diferenciação de produto* – a identificação de marca cria uma barreira para forçar os entrantes a gastar muito para conquistar a lealdade do cliente. A propaganda, serviços a clientes, ser o primeiro do setor e diferenças no produto estão entre os fatores que promovem a identificação de marca. Essa talvez seja a barreira de entrada mais importante nos setores de refrigerantes, remédios, cosméticos, bancos de investimento e contabilidade pública. Para criar barreiras altas ao redor de suas empresas, as cervejarias associam identificação de marca com economias de escala em produção, distribuição e *marketing*.

3. *Exigências de capital* – a necessidade de investir grandes recursos financeiros para concorrer cria uma barreira de entrada, particularmente se o capital for exigido para gastos não-recuperáveis em propaganda antecipada ou P&D. O capital não é necessário apenas para ativo fixo, mas também para crédito ao cliente, para estoque e para absorver as perdas iniciais. Embora as grandes corporações tenham recursos financeiros para invadir quase todos os setores, as exigências gigantescas de capital em certas áreas, como fabricação de computadores e extração mineral, limitam o número de possíveis entrantes.

4. *Desvantagens de custo independente de tamanho* – as empresas entrincheiradas podem ter vantagens de custo não disponíveis para potenciais rivais, independentemente de seu tamanho e das economias de escala obtidas. Essas vantagens podem originar-se dos efeitos da curva de aprendizado (e de sua prima mais próxima, a curva de experiência), tecnologia privada, acesso às melhores fontes de matéria-prima, ativos adquiridos a preços pré-inflação, subsídios governamentais ou localização favorável. Algumas vezes, as vantagens de custo são legalmente impostas, como no caso das patentes...

5. *Acesso aos canais de distribuição* – o garoto novo no quarteirão deve, evidentemente, assegurar a distribuição de seus produtos ou serviços. Um novo produto alimentício, por exemplo, pode tirar os outros da prateleira do supermercado por meio de redução de preço, promoções, esforços de venda intensos ou de alguma outra forma. Quanto mais limitados forem os canais de atacado ou varejo e quanto mais os concorrentes existentes mantiverem isso dessa forma, obviamente mais difícil será a entrada nesse segmento. Algumas vezes, essa barreira é tão alta que, para ultrapassá-la, um novo concorrente deve criar seus próprios canais de distribuição, como fez a Timex no setor de relógios nos anos 50.

6. *Políticas governamentais* – o governo pode limitar ou mesmo excluir setores com controles como exigências de licenciamento ou acesso limitado a matérias-

primas. Os setores regulamentados como transporte com caminhões, varejo de bebidas e despachos aduaneiros são exemplos marcantes; restrições governamentais mais sutis operam em campos como desenvolvimento de área para esqui e mineração de carvão. O governo também pode desempenhar um papel indireto importante em relação às barreiras de entrada por meio de controle como padrões de poluição do ar e da água e regulamentações de segurança.

As expectativas dos concorrentes sobre a reação dos competidores já existentes também vai influenciar a decisão de entrar ou não. A empresa provavelmente pensará duas vezes se os participantes atuais já atacaram violentamente um novo entrante ou se:

- Os participantes do setor possuem recursos substanciais para lutar, incluindo excesso de caixa e poder de empréstimo não-utilizado, capacidade produtiva ou influência sobre canais de distribuição e clientes.

- Os participantes do setor parecem dispostos a reduzir preços pelo desejo de manter sua participação de mercado ou devido ao excesso de capacidade do segmento.

- O crescimento do setor é lento, afetando sua capacidade de absorver mais um participante e provavelmente afetando o desempenho financeiro de todas as partes envolvidas.

Condições mutantes

Do ponto de vista estratégico, há dois pontos adicionais importantes sobre a ameaça de entrada.

Primeiro, essa ameaça muda, evidentemente, à medida que mudam as condições. O término das patentes básicas da Polaroid em fotografia instantânea, por exemplo, reduziu muito o custo absoluto de sua barreira de entrada construída pela tecnologia privada. Não foi surpresa a entrada da Kodak no mercado. A diferenciação do produto na impressão desapareceu. Inversamente, no setor automotivo as economias de escala aumentaram muito com a automação pós-II Guerra Mundial e com a integração vertical – impedindo literalmente a entrada de novos participantes bem-sucedidos.

Segundo, as decisões estratégicas envolvendo um grande segmento de um setor podem ter um forte impacto nas condições que determinam a ameaça de entrada. Por exemplo, as ações de muitos produtores de vinho norte-americanos, nos anos 60, para aumentar os lançamentos de produtos, intensificar os níveis de propaganda e expandir a distribuição nacional certamente fortaleceram as barreiras de entrada, aumentando as economias de escala e dificultando o acesso aos canais de distribuição. De forma similar, as decisões dos membros do setor de veículos de passeio de integrar verticalmente para reduzir custos aumentou consideravelmente as economias de escala e elevou as barreiras de custo de capital.

FORNECEDORES E COMPRADORES PODEROSOS

Fornecedores podem exercer poder de barganha sobre os participantes de uma indústria ao elevar preços ou reduzir a qualidade dos produtos e serviços adquiridos. Fornecedores poderosos podem assim extorquir a lucratividade de um setor incapaz de recuperar os aumentos de custo em seus próprios preços. Ao elevar seus preços, os produtores de refrigerante contribuíram para a erosão da lucratividade das engarrafadoras porque essas, enfrentando concorrência intensa de refrescos em pó, sucos de frutas e outras bebidas, limitaram a liberdade de aumentar *seus* próprios preços. Os clientes também podem forçar os preços para baixo, exigir qualidade mais alta ou melhores serviços e jogar os concorrentes uns contra os outros – tudo às custas dos lucros do setor.

O poder de cada grupo importante de fornecedores ou compradores depende de diversas características de sua situação de mercado e da importância relativa de suas vendas ou compras para o setor comparadas com os negócios em geral.

Um grupo de *fornecedores* é poderoso se:

- É dominado por poucas empresas e é mais concentrado do que o setor para o qual vende.

- Seu produto é único ou pelo menos diferenciado, ou se tiver custos de mudança. Os custos de mudança são custos fixos que os compradores enfrentam ao mudar de fornecedor. Eles surgem porque, entre outras coisas, as especificações do produto de um comprador o associam a determinados fornecedores, ele investiu pesadamente em equipamentos auxiliares especializados ou no aprendizado para operar o equipamento de um fornecedor (como um *software* de computador), ou suas linhas de produção estão conectadas às instalações de produção do fornecedor (como ocorre em alguns fabricantes de embalagens para bebidas).

- Não é obrigado a brigar com outros produtos para vender para um segmento. Por exemplo, a concorrência entre as empresas de aço e de alumínio, para vender para as fábricas de latas, testa o poder de cada fornecedor.

- Representa uma verdadeira ameaça de integração antecipada para as empresas do setor. Isso gera uma confirmação da capacidade de melhoria do setor em relação ao que ele compra.

- O setor não é um cliente importante para o grupo de fornecedores. Se *for* um cliente importante, a sorte dos fornecedores estará fortemente associada ao setor e eles vão querer protegê-lo por meio de preços razoáveis e assistência em atividades como P&D e *lobby*.

Um grupo de *compradores* é poderoso se:

- For concentrado ou comprar em grandes volumes. Compradores de grandes volumes representam forças particularmente potentes se o setor for caracterizado por custos fixos muito altos – como ocorre com embalagens de metal, refino de milho e químicos a granel, por exemplo – o que aumenta o interesse em manter a capacidade totalmente utilizada.

- Os produtos que adquire do setor são padronizados ou não-diferenciados. Os compradores, certos de que sempre vão encontrar fornecedores alternativos, podem jogar uma empresa contra a outra, como fazem na extração de alumínio.

- Os produtos que compram do setor são componentes de seus produtos e representam uma fração significativa do custo. Os compradores tendem a comprar por um preço favorável e seletivamente. Quando o produto vendido pelo setor em questão é uma pequena fração do custo dos compradores, eles tendem a ser menos sensíveis a preço.

- Gera lucros baixos, o que cria grande incentivo para reduzir custos de compra. Compradores altamente lucrativos, porém, geralmente são menos sensíveis a preço (desde que, evidentemente, o item não represente uma grande fração de seus custos).

- O produto do setor não seja importante para a qualidade dos produtos ou serviços dos compradores. Quando a qualidade do produto dos compradores é muito afetada pela qualidade do produto adquirido, os compradores em geral são menos sensíveis a preço. Entre os setores nessa situação estão os de equipamentos para campos de petróleo, em que uma falha de funcionamento pode gerar grandes perdas, e acessórios para instrumentos médicos e de teste, em que a qualidade do acessório pode influenciar a impressão do usuário sobre a qualidade do equipamento.

- O produto do setor não gera economia para o comprador. Quando o produto ou serviço adquirido pode pagar-se várias vezes, o comprador raramente é sensível a preço; ao contrário, ele está interessado em qualidade. Isso ocorre em serviços como bancos de investimento e contabilidade pública, nos quais erros de julgamento podem custar caro e ser embaraçosos, e em empresas como perfuradoras de poços de petróleo, nas quais uma pesquisa acurada pode economizar milhares de dólares em custos de perfuração.

- Os compradores representam uma verdadeira ameaça de integração para trás na fabricação do produto do setor. As três grandes produtoras de automóvel e os principais compradores de carro sempre usaram a ameaça de fabricação própria para alavancar a barganha. Mas, algumas vezes, um setor ameaça os compradores com a possibilidade de que seus membros possam fazer integração para frente.

A maioria dessas fontes de poder dos compradores pode ser atribuída a consumidores como grupo e também a compradores industriais e comerciais; é necessário apenas uma modificação na estrutura. Os consumidores tendem a ser mais sensíveis a preço quando compram produtos não-diferenciados, caros em relação a sua renda e de um tipo no qual a qualidade não seja particularmente importante.

O poder de compra dos varejistas é determinado pelas mesmas regras, com um acréscimo importante. Os varejistas podem conseguir um grande poder de barganha em relação aos fabricantes quando são capazes de influenciar as decisões de compra dos consumidores, como fazem nos componentes de áudio, jóias, eletrodomésticos, produtos esportivos e outros.

Ação estratégica

A escolha de uma empresa, em relação aos fornecedores de quem ela vai comprar ou grupos de compradores para quem ela vai vender, deve ser vista como uma decisão estratégica crucial. Uma empresa pode melhorar sua postura estratégica ao encontrar fornecedores ou compradores que possuam menos poder de influenciá-la adversamente.

Mais comum é a situação de uma empresa que consegue escolher para quem vai vender – em outras palavras, seleção de comprador. Raramente os grupos de compradores para os quais uma empresa vende têm todos o mesmo poder. Ainda que uma empresa venda para um único setor, normalmente existem segmentos dentro desse setor que exercem menos poder (e que, por conseguinte, são menos sensíveis a preço) do que outros. Por exemplo, o mercado de reposição para a maioria dos produtos é menos sensível a preço do que o mercado geral.

Como regra, uma empresa só pode vender para compradores poderosos e mesmo assim ter lucratividade acima da média se for um produtor de baixo custo em seu setor ou se seus produtos tiverem algumas características incomuns, senão únicas. Ao fornecer motores elétricos para grandes clientes, a Emerson Electric tem altos retornos porque sua posição de baixo custo lhe permite praticar preços iguais ou inferiores aos da concorrência.

Se a empresa não tem uma posição de baixo custo ou um produto único, vender para todos é uma auto-derrota pois, quanto maior o nível de vendas, mais vulnerável se torna a empresa. A empresa pode precisar de coragem para fazer uma reviravolta e vender apenas para os clientes menos potentes.

A seleção de compradores tem sido a chave do sucesso da National Can e da Crown Cork & Seal. Elas se concentram em segmentos do setor de latas nos quais podem criar uma diferenciação de produto, minimizar a ameaça de integração para trás e assim mitigar o poder aterrador de seus clientes. Evidentemente, alguns setores não podem se dar ao luxo de selecionar "bons" compradores.

Como os fatores que geram poder para fornecedores e compradores mudam com o tempo ou como resultado de decisões estratégicas de uma empresa, naturalmente o poder desses grupos aumenta ou diminui. No setor de roupas prontas, como os compradores (lojas de departamento e lojas de roupas) se tornaram mais concentrados e o controle passou para as grandes cadeias, começou a haver uma pressão crescente, e o setor passou a sofrer perdas marginais. O setor não foi capaz de diferenciar seus produtos ou criar custos de mudança que prendessem os compradores o suficiente para neutralizar essas tendências.

Produtos Substitutos

Estabelecendo um teto para os preços que podem ser cobrados, produtos ou serviços substitutos limitam o potencial de um setor. A não ser que possa melhorar a qualidade do produto ou diferenciá-lo de alguma forma (por meio de *marketing*, por exemplo), o setor vai ser afetado em ganhos e possivelmente em crescimento.

Manifestamente, quanto mais atraente a relação de preço-desempenho oferecida pelos produtos substitutos, mais firme o teto estabelecido para o potencial lucro do setor. Produtores de açúcar, que enfrentam a comercialização, em larga escala, de xarope de milho com frutose, um substituto do açúcar, estão aprendendo essa lição atualmente.

Os substitutos não apenas limitam os lucros em tempos normais, mas também reduzem a bonança da qual um setor pode desfrutar em tempos de alta. Em 1978, os produtores de isolante de fibra de vidro tiveram uma demanda sem precedentes como resultado dos altos custos de energia e de um inverno rigoroso. Mas a capacidade do setor de aumentar preço foi temperada pelo excesso de substitutos de isolamento, incluindo celulose, lã mineral e espuma expandida. Esses substitutos estão destinados a se tornar uma força ainda maior quando o ciclo atual de expansão de fábrica por parte dos produtos de isolamento de fibra de vidro alcançar capacidade suficiente para atender a demanda (então considerável).

Produtos substitutos que merecem mais atenção estrategicamente são aqueles que (1) estão sujeitos a tendências de melhoria em sua relação preço-desempenho com o produto do setor ou (2) são produzidos por setores com altos lucros. Os substitutos entram rapidamente em jogo se algum desenvolvimento aumentar a concorrência em seus setores, causando redução de preço ou melhoria de desempenho.

Manobras para Posicionar

A rivalidade entre os concorrentes existentes assume a forma familiar de manobras para posicionar – usando táticas como concorrência de preço, lançamento de produto e guerra de propaganda. A rivalidade intensa está relacionada com a presença de diversos fatores:

- Os competidores são numerosos ou têm aproximadamente o mesmo tamanho e poder. Nos últimos anos, em muitos setores norte-americanos os concorrentes estrangeiros têm se tornado, evidentemente, parte do quadro competitivo.

- O crescimento do setor é lento, gerando batalhas por participação de mercado que envolvem membros voltados para a expansão.

- O produto ou serviço não tem diferenciação ou custos de mudança, o que prende os compradores e protege um combatente de ataques a seus clientes por outros combatentes.

- Os custos fixos são altos ou o produto é perecível, criando uma forte tentação de reduzir preços. Muitas empresas de materiais básicos, como papel e alumínio, sofrem com esse problema quando a demanda é reduzida.

- A capacidade é normalmente aumentada em grandes incrementos. Tais adições, como nas empresas de cloro e vinil cloro, afetam o equilíbrio entre fornecimento-demanda do setor e sempre geram períodos de excesso de capacidade e redução de preços.

- As barreiras de saída são altas. As barreiras de saída, como ativos muito especializados ou lealdade gerencial a uma determinada empresa, mantêm as empresas concorrendo mesmo quando elas têm pouco retorno ou retorno negativo sobre o investimento. O excesso de capacidade continua funcionando e a lucratividade dos concorrentes saudáveis sofre quando os doentes entram em cena. Se todo o setor sofre de excesso de capacidade, talvez deva buscar ajuda governamental – particularmente, se houver competição estrangeira.

- Os rivais têm estratégias, origens e "personalidades" diferentes. Eles têm idéias diferentes sobre como competir e acabam batendo cabeça continuamente durante o processo...

Embora uma empresa deva conviver com muitos desses fatores – porque eles se baseiam na economia do setor – ela pode ter alguma latitude para melhorar essas questões por meio de mudanças estratégicas. Por exemplo, ela pode tentar criar custos de mudança para os compradores ou aumentar a diferenciação de produto. Um foco nos esforços de vendas nos segmentos de crescimento mais rápido do setor ou em áreas de mercado com custos fixos mais baixos pode reduzir o impacto da rivalidade no setor. Se for viável, uma empresa pode tentar evitar o confronto com concorrentes por meio de barreiras de saída altas, evitando assim o envolvimento em reduções de preço mais amargas.

Formulação da Estratégia

Uma vez que o estrategista corporativo tenha avaliado as forças que afetam a concorrência em seu setor e suas causas implícitas, ele pode identificar as forças e as fraquezas de sua empresa. As forças e as fraquezas cruciais do ponto de vista de um estrategista são as posturas de uma empresa em relação às causas implícitas de cada força. Onde ela se situa em relação aos substitutos? Em relação às fontes de barreiras de entrada?

Depois, o estrategista deve criar um plano de ação que pode incluir (1) posicionamento da empresa de forma que suas aptidões gerem a melhor defesa contra as forças competitivas; e/ou (2) influência no equilíbrio de forças por meio de movimentos estratégicos, melhorando assim a posição da empresa; e/ou (3) antecipando mudanças nos fatores implícitos nas forças e respondendo a essas mudanças, com a esperança de explorar a alteração, escolhendo uma estratégia apropriada para o novo equilíbrio competitivo antes que os oponentes o reconheçam. Vou considerar separadamente cada abordagem estratégica.

Posicionando a Empresa

A primeira abordagem pega a estrutura existente no setor e adapta as forças e fraquezas da empresa a ela. A estratégia pode ser vista como construtora de defesas contra as forças competitivas ou usada para encontrar posições em um setor em que as forças sejam mais fracas.

Conhecimento das aptidões da empresa e das causas das forças competitivas vão destacar as áreas nas quais a empresa deve ter competição adicional e onde evitá-la. Se a empresa for um produtor de baixo custo, ela pode decidir enfrentar compradores poderosos cuidando de vender a eles apenas produtos não vulneráveis à concorrência de substitutos...

Influenciando o Equilíbrio

Ao lidar com as forças que conduzem a concorrência no setor, uma empresa pode desenvolver uma estratégia que assuma uma posição ofensiva. Essa postura é designada para fazer mais do que simplesmente lidar com as forças em si; ela deve alterar suas causas.

Inovações em *marketing* podem gerar identificação de marca ou diferenciar o produto de outra forma. Investimentos de capital em instalações de larga escala ou integração vertical afetam as barreiras de entrada. O equilíbrio de forças é parcialmente resultado de fatores externos e está parcialmente sob controle da empresa.

Explorando a Mudança no Segmento

A evolução do setor é estrategicamente importante porque, evidentemente, traz mudança nas fontes de competição que identifiquei. No modelo familiar do ciclo de vida do produto, por exemplo, os índices de crescimento mudam, diz-se que a diferenciação de produto declina à medida que a empresa se torna mais madura e as empresas tendem a se integrar verticalmente.

Essas tendências não são tão importantes por si mesmas; o fator crítico é saber se elas afetam as fontes de competição...

Obviamente, as tendências que trazem prioridade mais alta do ponto de vista estratégico são aquelas que afetam as fontes de competição mais importantes no setor e aquelas que levam novas causas para o primeiro plano...

A estrutura para analisar a concorrência que eu descrevi também pode ser usada para prever a eventual lucratividade de um setor. No planejamento de longo prazo, a tarefa é examinar cada força competitiva, prever a magnitude de cada causa implícita e então construir um quadro do provável potencial de lucro do setor...

A chave para o crescimento – mesmo para a sobrevivência – é assumir uma posição menos vulnerável ao ataque dos oponentes que estão no mesmo nível, sejam estabelecidos ou novos, e menos vulnerável à erosão da direção de compradores, fornecedores e produtos substitutos. O estabelecimento de tal posição pode assumir muitas formas – solidificar relações com clientes favoráveis, diferenciar o produto, substantiva ou psicologicamente, por meio de *marketing*, integração para frente ou para trás, estabelecer liderança tecnológica.

Leitura 4.2
Buscando Vantagem Competitiva Internamente[2]
por Jay B. Barney

A história da pesquisa em gerenciamento estratégico pode ser entendida como uma tentativa de "preencher os espaços" criados pela estrutura SWOT; ou seja, ir além da sugestão de que forças, fraquezas, oportunidades e ameaças são importantes na compreensão da vantagem competitiva para sugerir modelos e estruturas que possam ser usados na análise e avaliação desses fenômenos.

---

[2] Reimpresso com cortes de "Looking Inside for Competitive Advantage", Jay B. Barney, *Academy of Management Executive*, 1995, Vol. 9 (4), 49-61.

Michael Porter (1980, 1985) e seus associados desenvolveram diversos modelos e estruturas para analisar oportunidades e ameaças ambientais. O trabalho de Porter sobre o "modelo das cinco forças", a relação entre a estrutura do setor, as oportunidades estratégicas e os grupos estratégicos pode ser entendido como um esforço de desembrulhar os conceitos de oportunidades e ameaças ambientais como ameaças em uma forma teoricamente rigorosa, embora altamente aplicável.

Porém, a estrutura SWOT nos diz que a análise ambiental – não importa o quão rigorosa – é apenas metade da história. Um entendimento completo das fontes de vantagem competitiva também exige a análise das forças e fraquezas internas de uma empresa. A importância de integrar análise interna com análise ambiental pode ser vista ao avaliar as fontes de vantagem competitiva de muitas empresas. Considere, por exemplo:

- a WalMart, uma empresa que, nos últimos vinte anos, tem tido um retorno constante sobre vendas duas vezes maior do que a média do setor;
- a Southwest Airlines, uma empresa cujos lucros continuam a crescer, apesar das perdas de outras empresas aéreas nos EUA, que totalizaram quase US$ 10 bilhões entre 1990 e 1993; e
- a Nucor Steel, uma empresa cujo preço das ações continuou a subir nos anos 80 e 90, embora o valor de mercado da maioria das empresas siderúrgicas tenha permanecido estável ou caído durante o mesmo período.

Essas empresas, e muitas outras, obtiveram vantagens competitivas – apesar dos ambientes não-atraentes, com altas ameaças e baixas oportunidades, nos quais operam. Mesmo a análise mais cuidadosa e completa do ambiente competitivo dessas empresas não pode, por si só, explicar seu sucesso. Tais explicações devem incluir os atributos internos das empresas – suas forças e fraquezas – como fontes de vantagem competitiva. Seguindo práticas mais recentes, os atributos internos serão chamados de *recursos* e *capacidades* durante a discussão que se segue.

Os recursos e as capacidades de uma empresa incluem todos os ativos financeiros, físicos, humanos e organizacionais usados por ela para desenvolver, fabricar e entregar produtos ou serviços para seus clientes. Recursos financeiros incluem débito, patrimônio, lucros retidos, etc. Recursos físicos incluem máquinas, instalações de produção e edificações que as empresas usam em suas operações. Recursos humanos incluem toda a experiência, conhecimento, julgamento, propensão à tomada de risco e sabedoria das pessoas associadas à empresa. Recursos organizacionais incluem a história, as relações, a confiança e a cultura organizacional que são atributos dos grupos de pessoas associadas à empresa, junto com sua estrutura hierárquica formal, sistemas de controle gerencial explícito e políticas de remuneração.

No processo de preencher os "espaços em branco internos" criados pela análise FFOA, os gerentes devem considerar quatro questões importantes sobre seus recursos e aptidões: (1) a questão de valor, (2) a questão de raridade, (3) a questão da imitabilidade e (4) a questão da organização.

A Questão de Valor

Para começar a avaliar as implicações competitivas dos recursos e das capacidades de uma empresa, os executivos devem primeiro responder a uma pergunta sobre valor: os recursos e as capacidades da empresa agregam valor, permitindo que ela explore oportunidades e/ou neutralize ameaças?

A resposta a essa pergunta, para algumas empresas, tem sido sim. A Sony, por exemplo, tem muita experiência em projeto, fabricação e venda de tecnologia eletrônica miniaturizada. A Sony vem usando esses recursos para explorar diversas oportunidades de mercado, incluindo toca-fitas portáteis, CD *players* portáteis, televisões portáteis e câmaras de vídeo 8 mm portáteis...

Infelizmente, para outras empresas a resposta à pergunta sobre valor tem sido não... A Sears foi incapaz de reconhecer ou de responder às mudanças no mercado de varejo, criadas pela WalMart e pelas lojas de varejo especializadas. De certa forma, o sucesso histórico da Sears, junto com seu comprometimento de se manter fiel à forma tradicional de fazer as coisas, fizeram que a empresa perdesse oportunidades de mercado importantes.

Embora os recursos e as capacidades de uma empresa possam ter agregado valor no passado, mudanças no gosto dos clientes, na estrutura do setor ou na tecnologia podem torná-los menos valiosos no futuro. As capacidades da General Electric na fabricação de transistores tornou-se muito menos importante quando os semicondutores foram inventados...

Algumas mudanças ambientais são tão importantes que poucos, ou nenhum, recursos das empresas permanecem valiosos em qualquer contexto ambiental. Porém, esse tipo de mudança ambiental radical é incomum. Mais comumente, mudanças no ambiente de uma empresa podem reduzir o valor de seus recursos em seu uso atual, ao mesmo tempo em que deixam o valor desses recursos inalterados em outros usos...

Diversas empresas enfrentaram essas mudanças ambientais encontrando novas formas de aplicar suas forças tradicionais. A AT&T desenvolveu reputação como fornecedora de serviços telefônicos de longa distância. Ela passou rapidamente a explorar essa reputação no recém-competitivo mercado de longa distância, comercializando agressivamente seus serviços concorrentes com os da MCI, Sprint e outras operadoras...

Ao responder à pergunta sobre valor, os executivos associam a análise de recursos e capacidades internas com a análise ambiental de oportunidades e ameaças. Os recursos das empresas não têm valor em um vácuo, ao contrário, têm valor apenas quando exploram oportunidades e/ou neutralizam ameaças. Os modelos desenvolvidos por Porter e seus associados podem ser usados para isolar potenciais oportunidades e ameaças que os recursos controlados por uma empresa podem explorar ou neutralizar...

A QUESTÃO DE RARIDADE

Saber que os recursos e as capacidades de uma empresa são valiosos é uma consideração inicial importante para entender as fontes internas de vantagem competitiva. Porém, se um determinado recurso ou aptidão é controlado por diversas empresas concorrentes, então esse recurso tem poucas chances de ser fonte de vantagem competitiva para qualquer uma delas. Ao contrário, recursos valiosos mas comuns (ou seja, não raros) são fontes de paridade competitiva. Para executivos que avaliam as implicações competitivas de seus recursos e aptidões, essas observações levam à segunda questão crítica: quantas empresas concorrentes já possuem esses recursos e aptidões valiosos?...

Embora os recursos e as capacidades devam ser raros entre empresas concorrentes para que sejam fonte de vantagem competitiva, isso não significa que recursos comuns, mas valiosos, não sejam importantes. Na verdade, tais recursos podem ser essenciais para a sobrevivência de uma empresa. Por outro lado, se os recursos de uma empresa são valiosos e raros, podem permitir que a empresa obtenha vantagem competitiva pelo menos temporária. As aptidões da WalMart no desenvolvimento e uso da coleta de dados no ponto de vendas para controlar estoque deu a ela uma vantagem competitiva sobre a K-Mart, empresa que até recentemente não tinha acesso a essa informação precisa...

A QUESTÃO DA IMITABILIDADE

Uma empresa que possui recursos e capacidades valiosos e raros pode conseguir pelo menos uma vantagem competitiva temporária. Se, além disso, as empresas concorrentes enfrentam uma desvantagem de custo para imitar esses recursos e capacidades, as empresas com essas capacidades especiais podem conseguir vantagem competitiva sustentada. Essas observações nos levam à questão da imitabilidade: as empresas sem recursos ou aptidões enfrentam uma desvantagem de custo para obtê-los comparadas com as empresas que já os possuem?

Obviamente, a imitação é crítica para entender a capacidade dos recursos e das capacidades de gerar vantagens competitivas sustentadas. A imitação pode ocorrer pelo menos de duas formas: duplicação e substituição. A duplicação ocorre quando uma empresa imitadora constrói o mesmo tipo de recursos da empresa que está imitando. Se uma firma tem vantagem competitiva devido a suas habilidades em pesquisa e desenvolvimento, então uma empresa duplicadora vai tentar copiar esses recursos desenvolvendo suas próprias habilidades em pesquisa e desenvolvimento. Além disso, as empresas podem conseguir substituir alguns recursos por outros. Se esses recursos substitutos tiverem as mesmas implicações estratégicas e não custarem mais caro para serem desenvolvidos, então a imitação por meio da substituição vai levar à paridade competitiva no longo prazo...

Conforme as empresas se desenvolvem, elas criam habilidades, capacidades e recursos únicos, refletindo sua trajetória particular por meio da história. Esses recursos e aptidões refletem as personalidades, experiências e relações únicas que existem em uma empresa...

[Considere] The Mailbox, Inc., uma empresa muito bem-sucedida no setor de correspondência em grande quantidade no mercado de Dallas-Ft. Worth. Se havia um setor no qual parecia improvável que uma empresa pudesse ter vantagem competitiva era o de correspondência em grande quantidade. As empresas nesse segmento recolhem correspondências dos clientes, separam por código postal e então levam ao correio para postagem. Onde está a vantagem competitiva aqui? Mesmo assim, a Mailbox tem tido uma enorme vantagem de participação de mercado na área de Dallas-Ft. Worth há anos. Por quê?

Quando questionados, os executivos da Mailbox têm dificuldade para descrever as fontes de suas vantagens sustentadas. Na verdade, eles não conseguem destacar *nenhuma* "grande decisão" que tenham tomado para gerar essa vantagem. Porém, quando esses executivos começam a falar sobre a empresa, torna-se claro que o sucesso não depende de fazer poucas grandes coisas certas, mas em fazer muitas pequenas coisas certas. A forma como administram os departamentos de contabilidade, finanças, recursos humanos, produção ou outros, separadamente, não é excepcional. Porém, administrar todos esses departamentos tão bem e tão consistentemente através do tempo é verdadeiramente excepcional. As empresas que tentarem concorrer com a Mailbox não terão que imitar apenas alguns poucos atributos internos; terão que imitar milhares, ou mesmo centenas de milhares desses atributos – na verdade, uma tarefa desanimadora.

[Outra] razão pela qual as empresas podem ter desvantagem de custo ao imitar recursos e capacidades é que esses recursos podem ser socialmente complexos. Alguns recursos físicos (p. ex., computadores, robôs e outras máquinas) controlados pelas empresas são muito complexos. Porém, as empresas que desejam imitar esses recursos físicos só precisam comprá-los, separá-los e duplicar a tecnologia em questão. Com algumas poucas exceções (incluindo os setores farmacêuticos e de especialidades químicas), as patentes dão pouca proteção contra a imitação dos recursos de uma empresa. Por outro lado, recursos e aptidões socialmente complexos – fenômenos organizacionais como reputação, confiança, amizade, trabalho em equipe e cultura – embora não sejam patenteáveis são muito mais difíceis de imitar. Imagine a dificuldade para imitar a cultura poderosa e facilitadora da Hewlett Packard (HP)...

A Questão de Organização

A potencial vantagem competitiva de uma empresa depende do valor, da raridade e da imitabilidade de seus recursos e capacidades. Porém, para perceber totalmente esse potencial, a empresa também deve ser organizada para explorar seus recursos e capacidades. Essas observações levam à questão da organização: a empresa está organizada para explorar todo o potencial competitivo de seus recursos e aptidões?

Diversos componentes da organização de uma empresa são relevantes para responder à pergunta relacionada à organização, incluindo sua estrutura hierárquica formal, seus sistemas de controle gerencial explícito e suas políticas de remuneração. Esses componentes são chamados de *recursos complementares* porque têm capacidade limitada de gerar vantagem competitiva isoladamente. Porém, combinados com outros recursos e capacidades, podem permitir que uma empresa se dê conta de toda sua vantagem competitiva.

... A vantagem competitiva contínua da WalMart, no setor de varejo, pode ser atribuída à sua entrada inicial nos mercados rurais no sul dos Estados Unidos. Porém, para explorar totalmente essa vantagem geográfica, a WalMart precisou implementar estruturas hierárquicas, sistemas de controle e políticas de compensação apropriadas. Já vimos que um desses componentes da organização WalMart – seu sistema de controle de estoque no ponto de vendas – está sendo imitado pela K-Mart, razão pela qual esse sistema, por si só, não é uma fonte de vantagem competitiva sustentada. Porém, esse sistema de controle de estoque permitiu que a WalMart aproveitasse totalmente sua localização rural, diminuindo a possibilidade de ficar sem produtos e reduzindo os custos de estoque...

O Desafio Gerencial

No final, esta discussão nos recorda que a vantagem competitiva sustentada não pode ser criada simplesmente ao avaliar oportunidades e ameaças ambientais, conduzindo a empresa apenas para ambientes com altas oportunidades e baixas ameaças. Ao contrário, criar vantagem competitiva sustentada depende de recursos e capacidades únicos que uma empresa traz para a concorrência em seu ambiente. Para descobrir esses recursos e aptidões, os executivos devem olhar para dentro de suas empresas buscando recursos valiosos, raros e cuja imitação seja cara, e depois explorar esses recursos em toda a organização.

LEITURA 4.3
Sustentando o Desempenho Superior: Comprometimentos e Capacidades[3]
por Pankaj Ghemawat e Gary Pisano

...Uma vantagem competitiva é geralmente necessária para desempenho superior sustentado. Mas a experiência sugere que isso está longe de ser suficiente...

Ameaças à Sustentabilidade

Um produto com posição de mercado superior tende a gerar desempenho superior sustentado desde que satisfaça duas condições: *escassez* e *apropriabilidade*. A importância da escassez neste contexto pode ser destacada com o exemplo do ar *versus* o diamante, adorado pelos economistas. Por que o ar em seu pulmão vale menos, a preços de mercado, do que a pedra preciosa que pode estar no seu dedo? Uma explicação parcial é que se incorre em menos custos para transformar o ar da atmosfera em algo que você esteja disposto a respirar do que para transformar um diamante bruto em algo que você possa usar. Mas esse diferencial de custo não é o único elemento da diferença de preços. O diferencial da escassez também está presente. O ar respirável está disponível em quantidades tão abundantes que literalmente não há valor de escassez em lugar nenhum. Os diamantes de qualidade são muito mais raros. A diferença implícita no valor da escassez responde pela maior parte das diferenças de preço sustentadas entre ar e diamante.

Para testar se uma posição ou opção estratégica oferece valor de escassez sustentável, é importante fazer dois tipos de pergunta. A primeira é por que a escassez não induz os concorrentes, reais ou potenciais, a copiar a posição superior: essa é a ameaça da *imitação*. A segunda

---

[3] Reimpresso com cortes de P. Ghemawat e G. Pisano, "Sustaining Superior Performance: Commitments and Capabilities", *Harvard Business School Note*: 9-798-008, July 31, 1997.

pergunta é saber se os concorrentes, mesmo quando incapazes de atacar diretamente o valor da escassez, não conseguiriam encontrar uma forma de chegar até ela: essa é a ameaça da *substituição*.

A segunda condição para sustentabilidade, a apropriabilidade, é de grande interesse porque, mesmo quando uma organização pode contar com valor de escassez sustentado, a capacidade que seus proprietários têm de colocar esse dinheiro no bolso não pode ser dada como certa. Outras pessoas, buscando ampliar seus próprios interesses, podem conseguir sugar parte desse valor: essa é a ameaça do *impedimento*. Eles, particularmente os funcionários, também podem desperdiçar parte desse dinheiro: essa é a ameaça da *redução*. Em outras palavras, o impedimento ameaça desviar o valor da escassez e a redução dissipa-o.

As quatro ameaças à sustentabilidade – imitação, substituição, impedimento e redução – têm duas coisas em comum: a intensidade de cada uma tende a aumentar com a quantidade de valor gerado (posicionamento), e cada uma tende a precisar de tempo para que seus efeitos deixem de ser sentidos. Elas serão elaboradas e ilustradas em detalhes uma de cada vez, começando com ameaças externas à organização.

IMITAÇÃO

A imitação é a ameaça mais direta e óbvia à sustentabilidade. Segundo a evidência seccional cruzada, a imitação é endêmica. Em setores conduzidos pela capacidade, o acréscimo por parte de um participante geralmente resulta em adições pelos outros, visando a preservar suas parcelas de capacidade...

A forma mais óbvia de analisar a ameaça da imitação (e também as outras ameaças à sustentabilidade discutidas neste texto) é descobrir que participantes serão mais afetados pela escolha estratégica da organização, avaliar suas possíveis respostas e, se essas respostas parecerem ameaçadoras, pensar sobre como elas podem ser evitadas ou aliviadas...

Quando o número de concorrentes a ser levado em conta é [grande], ou quando a análise concentra-se no longo prazo, faz... sentido procurar impedimentos à imitação... Tais impedimentos são normalmente classificados como tipos diferentes de *vantagens dos pioneiros*. Parece haver cinco formas principais de vantagens dos pioneiros [baseadas no trabalho anterior de Ghemawat e Teece (ed.), 1987].

Informações privadas. Uma das possíveis razões para mover-se primeiro é ter melhores informações. Até o ponto em que essas informações puderem ser mantidas como privadas – enquanto for caro para os supostos imitadores recorrer a elas – a imitação será inibida. A privacidade tem mais chance de ser obtida quando as informações são mais tácitas do que especificáveis (ou seja, não se prestam a cópia) e quando ninguém pode levá-las para fora da organização.

Economias de tamanho. As economias de tamanho referem-se às (possíveis) vantagens de ser grande. Elas existem em três variedades diferentes: economias de escala, que são as vantagens de ser grande em uma determinada área de negócios em determinado momento; economias de aprendizado, que são as vantagens de ser grande em uma determinada área de negócios com o correr do tempo; economias de escopo, que são as vantagens de ser grande em áreas de negócios inter-relacionadas. Se houver economias de tamanho, o pioneiro pode ser capaz de deter a imitação ao se comprometer a explorá-la. Essa possibilidade depende do temor do possível imitador de que, se ele tentar alcançar o tamanho do pioneiro, o fornecimento pode exceder a demanda o suficiente para fazer com que ele se arrependa do esforço.

Contratos/relações administráveis. Os pioneiros podem conseguir fechar contratos ou estabelecer relações em termos melhores do que aqueles disponíveis para os que vêm depois...

Ameaça de retaliação. Há diversas razões... pelas quais os pioneiros podem conseguir deter a imitação com ameaças de retaliação intensa. Porém, falar sobre retaliação é fácil. Para ser digna de crédito, a ameaça deve ser apoiada tanto pela capacidade como pela disposição de retaliar. Movimentos retaliadores que satisfaçam as duas condições podem ser diretamente lucrativos ou refletir a disposição demonstrada pelo pioneiro de ser duro com os intrusos, apesar das perdas imediatas que poderia sofrer.

Tempo de resposta. Mesmo que as informações não sejam impactadas, que tamanho não seja fonte de economias, que contratos/relações não sejam administráveis e que a retaliação não seja digna de crédito, a imitação normalmente exige um período de tempo mínimo. Da perspectiva do pioneiro, isso pode ser descrito como tempo de resposta... A única conclusão sensata sobre ser pioneiro ou retardatário é aquela tirada há muito tempo por Alfred P. Sloan: se você chegar atrasado, tem que ser melhor.

SUBSTITUIÇÃO

O valor da escassez pode ser ameaçado pela substituição, assim como pela imitação: a capacidade existente pode ser substituída por outra mais nova e melhor, as preferências do cliente podem mudar de forma a erodir as bases de clientes já estabelecidas, e o conhecimento existente pode ser ultrapassado. Embora se confundam um com o outro nas fronteiras, há dois aspectos nos quais a substituição é uma ameaça menos direta à escassez do que a imitação. Primeiro, as ameaças de substituição têm menos chance de estar confinadas a concorrentes diretos. Segundo, a substituição bem-sucedida envolve a descoberta de um caminho para contornar a escassez, mas não um ataque direto a ela...

A ameaça de substituição depende de mudanças ambientais que criam incompatibilidade suficiente entre posições estabelecidas e oportunidades de mercado para anular as vantagens dos pioneiros. Embora tais mudanças possam ter diversas formas variadas, mudanças em tecnologia, em demanda e em disponibilidade ou em preços de materiais parecem ser, nessa ordem, as portas de acesso mais importantes para uma substituição bem-sucedida. Observe a implicação de que as ameaças de substituição tendem a ser mais freqüentes em setores de alta tecnologia, de moda e outras áreas *criativas,* nas quais os fatores de destaque têm vida curta (ou seja, ficam obsoletos relativamente rápido)...

IMPEDIMENTO

Mesmo se o valor da escassez puder ser preservado contra a imitação e a substituição, não se pode considerar como certa a capacidade da organização de proceder corretamente. A possibilidade de expropriação é uma conseqüência da lacuna entre propriedade e controle: essa lacuna existe normalmente e em geral deixa espaço para comportamento de se autobeneficiar por parte dos não-proprietários. Tal comportamento pode reduzir a parcela do proprietário sobre o valor total da escassez (impedimento) ou o valor total da escassez disponível para ser dividido entre proprietários e não-proprietários (redução), ou as duas coisas. A ameaça diversionária de impedimento será discutida nesta subseção, e a ameaça dispersa da redução, na próxima.

O impedimento é um problema mais ligado à negociação do que à competição, segundo definições convencionais. Ele é uma ameaça sempre que a perpetuação de uma posição competitiva superior depender da cooperação contínua de complementos...

Um exemplo ajudará a tornar essa descrição mais concreta. Refere-se ao impedimento dos proprietários das franquias da Liga Nacional de Futebol (LNF) nos anos 70 e 80[4]. A LNF consiste em franquias independentes que vêm atuando, na maior parte do tempo, como um cartel com base em isenções antitruste seletivas. Desde 1970, a LNF vem resistindo às ameaças de imitação da Liga Mundial de Futebol (LMF) e da Liga de Futebol dos Estados Unidos (LFES), cada uma operando menos de três temporadas. Ela resistiu às ameaças de substituição sustentando índices de difusão muito mais altos do que qualquer outro esporte. Como resultado, conseguiu assinar contratos lucrativos para muitos anos com três redes de TV em 1978 e em 1982, contratos que aumentaram a receita total disponível para a média dos times da LNF em 77%, em termos *reais,* entre 1970 e 1984. Apesar desse registro vencedor, entretanto, a receita operacional média dos times caiu um terço durante esses anos. Por quê?

O impedimento pelos jogadores da LNF parece ser a principal razão para a queda. Pessoas com tamanho, habilidade e arrojo necessários para jogar futebol profissional são obviamente recursos especializados. A complementaridade essencial de seus serviços para o valor de escassez das franquias de futebol tem sido evidente desde o começo do futebol profissional: multidões de 70.000 pessoas...

Reconhecendo o potencial resultante do impedimento, a LNF desenvolveu diversas práticas para contê-lo. Os jogadores assinavam contratos por longos períodos... [havia] direitos exclusivos para selecionar novatos e restrições ao livre agenciamento de veteranos [etc.].

REDUÇÃO

A redução é a ameaça final à sustentabilidade que deve ser levada em conta. A redução mede o quanto o valor da escassez percebido pela organização fica abaixo do potencial disponível. A diferença conceitual entre redução e impedimento é que o primeiro encolhe o tamanho total do bolo disponível para os proprietários e não-proprietários, enquanto que o segundo encolhe a fatia que o proprietário tem daquele bolo...

A redução não pode, por definição, ser menor do que zero. Um de seus limites superiores está implícito na condição de que as organizações não podem sustentar perdas indefinidamente. Como resultado, pode-se esperar que posições de mercado de produtos particularmente valiosos sustentem a maior parte do escopo para redução. Ou, em linguagem mais simples, dietas ricas tendem a entupir as artérias organizacionais. Dessa maneira, estima-se que a fração de receitas dissipada, em média, varie de 10% a 40% [ver, para exemplo, Caves e Barton, 1990]. Essas estimativas indicam tanto a importância da redução como a dificuldade de medi-la precisamente.

[Considere] a empresa de copiadoras Xerox nos anos 70 e 80. As informações reunidas... indicam que os anos 80 marcaram uma recuperação de posição substancial para a empresa. Seus gerentes parecem ter conseguido isso de várias formas. Eles... estabeleceram metas para melhoria e incentivos para alcançar essas metas. E reforçaram esses incentivos tentando criar uma cultura organizacional que enfatizasse qualidade, receptividade e outras coisas boas. A gerência da Xerox merece um crédito considerável pela implementação bem-sucedida de todas essas iniciativas nos anos 80.

Também está claro, porém, que a Xerox não poderia ter conseguido melhorias tão significativas em sua área de copiadoras nos anos 80 se não tivesse acumulado quantias estupendas de redução nos anos 70. As declarações da própria Xerox sobre as economias atingidas nos anos 80, além de outras estimativas, sugerem que, no final dos anos 70, a redução estava dissipando pelo menos 20% das receitas de vendas da empresa... A sugestão de que a Xerox desperdiçou grande parte de seu patrimônio nos anos 70 é fortemente confirmada pelo que aconteceu com seus acionistas durante os anos 70 e início dos anos 90: o índice de enriquecimento dos acionistas em relação aos ganhos retidos nos anos 70 e início dos anos 80 foi -220% para a Xerox...

---

[4] A descrição que se segue é baseada, em parte, em Michael E. Porter, "The NFL vs. the USFL", Caso HBS n. 9-386-168.

CONSTRUINDO VANTAGENS COMPETITIVAS SUSTENTÁVEIS

As ameaças múltiplas e potentes à sustentabilidade implicam que os gerentes não podem considerar como certa a sustentabilidade de uma vantagem competitiva real ou projetada. Muito já foi escrito recentemente sobre as raízes do desempenho superior sustentado. A maioria dessas contribuições pode ser classificada em termos do debate para saber se a sustentabilidade está *realmente* enraizada em recursos ou atividades.

A visão baseada em recursos parece ter tido mais adesões na área acadêmica. Como resultado parcial, não há uma única declaração autoritária de visão de sustentabilidade baseada em recurso. Mas os autores desta tradição tendem a considerar os recursos *intrinsecamente inimitáveis* – recursos para os quais a imitação é, de fato, infinitamente cara – como as jóias da coroa da empresa. Os exemplos incluem recursos fisicamente únicos (p. ex., a melhor localização da cidade para varejo), recursos cuja imitação é legalmente inviável (p. ex., patentes) e recursos compostos que podem ser impossíveis de imitar devido à *ambigüidade causal* (a incapacidade de descobrir o que faz uma empresa bem-sucedida funcionar) ou *complexidade social* que pode colocá-los "além da capacidade das empresas de administrar e influenciar sistematicamente" (p. ex., cultura corporativa) [Barnes, 1991].

O método baseado em atividade, por outro lado, concentra-se nas atividades que as empresas desempenham, e não nos recursos que elas possuem. Embora o método baseado em atividade venha sendo utilizado há muito tempo para analisar o posicionamento competitivo, o ajuste entre muitas atividades distintas, mas interativas, também foi proposto recentemente como uma explicação da sustentabilidade, como no artigo de Porter "O que é estratégia?" [1991]. A idéia básica aqui é que a imitação pode levar mais tempo, custar mais e oferecer menos certos prospectos para o sucesso quando um concorrente precisa igualar muitas dimensões, em vez de apenas uma ou duas.

Achamos que esses dois métodos são úteis, especialmente se forem vistos como complementares. Com base na definição convencional de recursos como fatores fixados no curto prazo, a alocação de recursos de uma empresa determina as atividades que ela pode desempenhar em um determinado momento. Essas atividades, por outro lado, são importantes porque é apenas em relação a elas que a vantagem ou a desvantagem competitiva pode ser avaliada.

Acreditamos também, entretanto, que os dois métodos – mesmo juntos – são incompletos,... os teóricos baseados em recursos normalmente consideram a alocação de recursos da empresa como certa e concentram-se no desenvolvimento de curto prazo desses fatores fixados em mercado de produto. E o método baseado em atividade, embora insista que pode levar mais tempo e custar mais caro para igualar um competidor com muitas dimensões, em vez de um com uma ou duas, deixa de explicar por que a inovação estratégica, no sentido de construir um sistema de atividades que se ajuste, é mais fácil ou mais lucrativa do que a imitação estratégica.

A solução para essa deficiência parece exigir integração e generalização dos métodos baseados em recursos e em atividades... A Figura 1 traz uma estrutura dinâmica simples desse tipo, na qual tanto a história como a administração são importantes. As duas curvas de resposta (as linhas tracejadas da figura) que vão da direita para a esquerda capturam as formas nas quais as atividades que uma empresa desempenha e seus comprometimentos de recursos afetam sua alocação de recursos futura ou o estabelecimento de oportunidades. As setas de linha cheia que vão da esquerda para a direita indicam que as escolhas sobre que atividades desempenhar e como desempenhá-las são restringidas por recursos que só podem ser alterados a longo prazo. E a primeira seta de linha cheia que vai de alocação de recursos para comprometimento de recursos também atua como um lembrete de que os termos nos quais a empresa pode comprometer seus recursos dependem, em parte, do resíduo não-depreciado das escolhas que ela fez no passado...

ASSUMINDO COMPROMISSOS

Por compromissos nos referimos a algumas poucas decisões importantes e difíceis – como aquisição de outra empresa, lançamento de um novo produto, realização

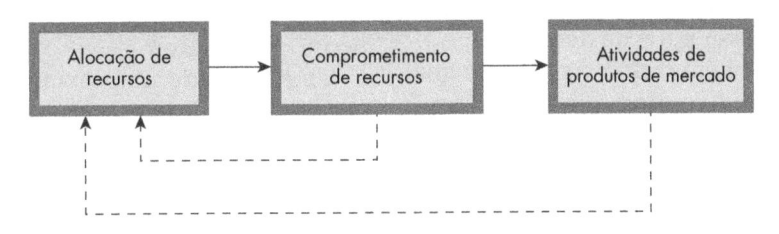

Figura 1 Uma visão dinâmica da empresa.
Adaptado da Figura 3, Pankaj Ghemawat, "Resources and Strategy: An IO Perspective", *working paper* da Harvard Business School (1991), p. 20.

de uma grande expansão de capacidade, etc. – que terão efeitos significativos e duradouros em possíveis cursos de ação futuros. A irreversibilidade de tais grandes decisões ou, de forma equivalente, os custos de convencer alguém a tomá-las, exige uma análise profunda do futuro...

A irreversibilidade, e não o dinheiro envolvido, é a medida correta para saber se uma determinada decisão exige um comprometimento muito grande ou não. Há três indicadores econômicos de tal irreversibilidade: custos de perda significativos, custos de oportunidade e período de tempo. Considere esses três indicadores sucessivamente.

Custos de perda criam irreversibilidade por meio de *comprometimento*. Quando uma empresa perde muito dinheiro em recursos especializados em um determinado curso de ação do qual não pode se desfazer rapidamente, há uma suposição a favor de continuar a usá-los. De outra forma, eles não teriam valor. A decisão da Boeing de desenvolver uma aeronave de corpo amplo para o 747 é um bom exemplo. Em algum momento, o investimento líquido da empresa no projeto excedeu consideravelmente seu valor líquido. Como resultado, estava perdido a não ser que a empresa pudesse fazer o avião voar. Isso significava que a Boeing estava comprometida com o 747, que já se encontrava em fase de desenvolvimento...

Os custos de oportunidade criam irreversibilidade por meio de *fechamento*, que é a imagem inversa do comprometimento. Os efeitos de fechamento persistem devido à dificuldade de reativar recursos adormecidos, readquirir recursos descartados ou recriar oportunidades perdidas para desenvolver determinados recursos de formas específicas. Considere, por exemplo, a decisão da Reynolds Metals de fechar sua refinaria de alumínio em Hurricane Creek, Arkansas, depois de anos de operações não-lucrativas. Essa decisão de fechamento impediu a Reynolds de usar aquela refinaria novamente – mesmo que os preços do alumínio viessem a se recuperar...

O terceiro indicador de irreversibilidade é o *período de tempo* na alteração de alocação de recursos de uma empresa. Por exemplo, quando a Coors começou a tornar sua cerveja um produto nacional no final dos anos 70 e início dos anos 80, todos sabiam, desde o início, que a mudança de uma posição regional para uma posição global exigiria pelo menos a maior parte da década...

O exemplo da Coors também ilustra o ponto de que escolhas de posição competitiva exigem grandes compromissos (e também estratégias) porque geralmente envolvem um conjunto de comprometimentos difíceis de reverter para desempenhar determinadas atividades de certas maneiras. Se as escolhas de posicionamento não fossem difíceis de reverter, uma empresa poderia simplesmente tentar uma determinada posição e, se não desse certo, mudá-la sem custo!

Tendo identificado os fatores que determinam se uma decisão específica representa ou não um grande comprometimento, é hora de nos voltarmos para as formas por meio das quais os comprometimentos podem gerar desempenho superior sustentado. É conveniente começar com as duas ameaças à escassez, imitação e substituição. A forma pela qual os comprometimentos podem aliviar a ameaça à imitação é bastante óbvia: ao apostar em determinadas oportunidades por meio de comprometimentos, uma empresa pode conseguir criar para si mesma vantagens sustentáveis do pioneiro como aquelas que foram discutidas na seção anterior...

A ameaça final à sustentabilidade, a redução, é a menos associada aos tipos de comprometimentos discutidos nesta seção. Embora comprometimentos financeiros (p. ex., assumir débitos) e outros mecanismos contratuais possam algumas vezes ajudar a diminuir a redução, muitos outros métodos para melhorar a eficiência organizacional são difíceis de interpretar em termos relacionados à irreversibilidade. Essa é uma razão pela qual os comprometimentos nem sempre geram desempenho superior: a organização também é importante.

Uma segunda razão, e ainda mais importante, pela qual os comprometimentos nem sempre geram desempenho superior vem da incerteza. Em um mundo incerto, muitos comprometimentos falham, razão pela qual comprometimentos podem levar à persistência de desempenho inferior e também de desempenho superior...

DESENVOLVENDO CAPACIDADES

A seção anterior desta nota destacou como os comprometimentos em larga escala com os fatores apropriados podem permitir que uma empresa construa escassez e mantenha a apropriabilidade. Nem todos os comprometimentos, entretanto, são "difíceis". Em muitos casos, as empresas podem construir escassez e manter apropriabilidade por meio de uma série de investimentos cumulativos em menor escala, feitos por longos períodos de tempo. Por exemplo, durante anos e centenas de projetos de desenvolvimento de produtos e processos, a Intel acumulou um conhecimento relativamente único sobre projeto e fabricação de microprocessadores – conhecimento que se provou uma fonte poderosa e durável de vantagem competitiva. Como devemos pensar sobre tais "capacidades", desenvolvidas gradualmente com o tempo?

Uma forma de se aproximar do conceito de capacidades organizacionais é refletir sobre o que as organizações fazem. Em uma determinada época, uma organização – seja um banco, uma empresa de biotecnologia ou uma instituição acadêmica – está engajada em um conjunto completo de atividades ou processos (fazendo empréstimos, pesquisando medicamentos, formando alunos, etc.) voltado para desenvolvimento, produção e/ou entrega de conjuntos de serviços e produtos escolhidos. As capacidades de uma organização caracterizam que atividades ela pode desempenhar dentro de um leque previsível de proficiência...

Parte da razão [pela qual pode ser difícil imitar capacidades] parece estar relacionada a informações privadas... o conhecimento no qual se baseiam as capacidades parece ser sempre tácito, e não especificável... porque é enraizado em processos organizacionais detalhados e complexos que, como um bônus, são sempre difíceis de ser observados pelos competidores. Aprendizado cumulativo, particularmente o aprendizado localizado gerado pela prática, e os períodos de tempo parecem sempre desempenhar um papel de destaque para tornar as capacidades mais difíceis de serem imitadas. E, finalmente, "metacapacidades", associadas com integração, transformação e reconfiguração, também podem estar sujeitas a barreiras similares contra imitação, embora nosso entendimento delas esteja, neste ponto, deploravelmente subdesenvolvido.[5]

Evidentemente, a imitação é apenas uma das ameaças à escassez: o valor da escassez também pode ser corroído pela substituição. Como ocorre com as ameaças de imitação; as ameaças de substituição não podem ser totalmente bloqueadas. Elas podem ser mitigadas, porém, por meio de investimentos em capacidades "superiores" ou "básicas", que fornecem uma base para mudar as posições de mercado dos produtos da empresa...

Tendo dito isso, devemos acrescentar que a capacidade das empresas de se prevenir contra as ameaças de substituição é limitada: não existe algo como uma capacidade multifuncional, que dê à empresa vantagem competitiva em todas as circunstâncias...

Finalmente, as vantagens competitivas sustentadas pelas capacidades superiores devem ser resistentes às ameaças de apropriabilidade e também de escassez se desejam garantir uma base para desempenho superior sustentado. Como as capacidades estão enraizadas em processos organizacionais que englobam muitas pessoas e podem conectar diversas empresas, elas estão menos sujeitas do que outros tipos de ativos a impedimentos e, discutivelmente, à redução. Quando uma vantagem competitiva se baseia no acesso a uma pessoa ou a um pequeno grupo de pessoas, ou exige os serviços de um determinado fornecedor, a sustentabilidade será altamente vulnerável em relação a problemas de impedimento...

Resumindo as várias ameaças à sustentabilidade, capacidades superiores podem de fato dar suporte ao desempenho superior sustentado. Mas há muitos desafios que precisam ser enfrentados para fazer dessa capacidade uma realidade. Em primeiro lugar, a superioridade competitiva de uma capacidade deve ser demonstrável: a falta de um teste objetivo ao longo dessa dimensão tende a levar os gerentes a designar qualquer coisa que a organização faça e com a qual eles se preocupem como uma de suas principais capacidades (ou competências). Infelizmente, muitas das características que fazem delas potenciais fontes de vantagem competitiva sustentável também podem torná-las difíceis de avaliar competitivamente.

Segundo, dada a natureza incremental do desenvolvimento de capacidades, as empresas que buscam desenvolver capacidades superiores como base para vantagens competitivas sustentáveis devem evitar que a coerência geral de seus esforços de desenvolvimento de capacidade seja reduzida, escolha por escolha, jogando no lixo tendências e similares. Um pouco parodoxalmente, isso torna relativamente difícil a escolha de que capacidades desenvolver e como desenvolvê-las... A similaridade torna-se menos paradoxal quando alguém percebe que o impulso de desenvolvimento da capacidade tem os mesmos efeitos de comprometimento, fechamento e período de tempo associados às decisões de comprometimento convencionalmente difíceis.

Terceiro, a similaridade com decisões difíceis de comprometimento tem alguns dos mesmos efeitos indesejados: capacidades específicas também implicam rigidez específica que pode, em um mundo incerto, resultar em um desempenho inferior ao invés de superior [ver Leonard-Barton, 1992]. Em outras palavras, nem desenvolvimento de capacidades nem comprometimento são provas concretas de receita para o sucesso. Ao contrário, analisar cuidadosamente a estratégia revela o que os matemáticos chamam de teorema de impossibilidde: nenhuma empresa pode esperar conseguir sustentar uma vantagem competitiva a não ser que tenha recursos ou conhecimentos superiores especializados. Dessa forma, assumir compromissos ou desenvolver capacidades específicas da empresa é necessário para o sucesso sustentado mas pode não ser suficiente. É uma conclusão sensata para encerrar. Considerando a evidência sobre a extensão da [in]sustentabilidade, achamos que é apropriada.

---

[5] Para a discussão original que estrutura essas e outras questões relacionadas a capacidades, ver David J. Teece e Gary P. Pisano, "The Dynamic Capabilities of Firms: an Introduction", *Industrial and Corporate Change* (1994 no. 3), pp. 537-556.

Leitura 4.4
Manobras Competitivas[6]
por Bruce Henderson

Diplomacia nos Negócios

Um homem de negócios sempre convence a si mesmo de que é completamente lógico em seu comportamento quando, na verdade, o fator crítico é seu viés emocional comparado ao viés emocional de seu opositor. Infelizmente, alguns executivos e alunos vêem a concorrência como um tipo de questão pessoal, objetiva e sem cor, com uma empresa competindo contra o campo como faz um jogador de golfe em um campeonato. Um exemplo melhor pode ser a comparação de uma competição empresarial com uma grande batalha na qual há muitos competidores, cada um tendo que ser trabalhado individualmente. A vitória, se atingida, é obtida com mais freqüência na cabeça de um competidor do que na arena econômica.

Devo enfatizar dois pontos. O primeiro é que a administração de uma empresa deve convencer cada competidor a parar voluntariamente de dedicar esforço máximo à aquisição de clientes e lucros. O segundo ponto é que a persuasão depende de fatores emocionais e intuitivos, e não de análises ou deduções.

A habilidade do negociador está em ser tão arbitrário quanto necessário para obter o melhor compromisso possível sem destruir de fato a base para a cooperação voluntária mútua de auto-restrição. Há várias regras comuns estabelecidas para o sucesso em tal empreitada:

1. Assegure-se de que seu rival está totalmente ciente do que pode ganhar se cooperar e o que vai lhe custar se ele não o fizer.

2. Evite qualquer ação que desperte as emoções de seu competidor, pois é essencial que ele se comporte de maneira lógica e razoável.

3. Convença seu oponente de que você está emocionalmente dedicado à sua posição e totalmente convencido de que ela é razoável.

Vale a pena enfatizar que seu competidor estará em desvantagem máxima se agir de maneira completamente racional, objetiva e lógica. Isso o fará colaborar enquanto julgar que pode ser beneficiado. Na verdade, se ele for completamente lógico, não vai se abster do lucro da cooperação desde que haja *qualquer* benefício líquido.

---

[6] "Brinkmanship in Business" e "The Nonlogical Strategy", em *Henderson on Corporate Strategy* (Cambridge, MA: Abt Books, 1979), pp. 27-33, título selecionado para este livro; seção em "Rules for Strategist", originalmente no final de "Brinkmanship in Business" movida para o final de "The Nonlogical Strategy", reimpresso com permissão do editor.

Competidores Amigáveis

Pode parecer estranho para a maioria dos executivos falar sobre cooperação com concorrentes. Mas é difícil visualizar uma situação na qual valeria a pena competir até a destruição total de um competidor. De qualquer forma, há mais vantagem em reduzir a competição com a condição de que o competidor faça o mesmo. Tal constrangimento mútuo é cooperação, seja ele reconhecido como tal ou não.

Sem cooperação por parte dos competidores, não pode haver estabilidade. Vemos isso mais claramente nas relações internacionais em tempos de paz. Há abusos constantes e atos agressivos. E a conseqüência final é sempre auto-restrição voluntariamente imposta ou destruição mútua. Assim, a diplomacia internacional tem apenas um objetivo: estabilizar a cooperação entre nações independentes nas bases mais favoráveis possíveis. A diplomacia pode ser descrita como a arte de ser teimoso, arbitrário e insensato sem despertar respostas emocionais.

Os executivos devem observar a similaridade entre competição econômica e o comportamento dos países em tempo de paz. O objetivo nos dois casos é atingir uma moderação cooperativa voluntária por parte de competidores que, de outra forma, seriam agressivos. A eliminação completa da concorrência é quase inconcebível. O objetivo das guerras econômicas mais fervorosas é conseguir um acordo para coexistência, não a aniquilação. A competição e o abuso mútuo não param; vão existir sempre. Mas vão existir sob alguma medida de contenção mútua.

Táticas de "Guerra Fria"

Uma falha nas negociações é inevitável se ambas as partes persistirem em posições arbitrárias incompatíveis. Ainda assim, há grandes áreas de negócios nas quais algum grau de comportamento arbitrário é essencial para proteger os interesses da empresa. Na verdade, é necessário um tipo de diplomacia. O termo foi cunhado para descrever a diplomacia internacional da guerra fria, mas também descreve um padrão normal nos negócios.

Em um confronto entre partes que ao mesmo tempo concorrem e cooperam entre si, decidir o que aceitar é essencialmente emocional ou arbitrário. Decidir o que é executável exige uma avaliação do grau de intransigência da outra parte. O objetivo é convencer o outro que você está arbitrária e emocionalmente comprometido, ao mesmo tempo em que tenta descobrir o que ele realmente aceitaria em um acordo. O competidor conhecido como friamente lógico está em grande desvantagem. Logicamente, ele pode se comprometer até o ponto em que não haja mais nenhuma vantagem na cooperação. Se, ao contrário, ele for emocional, irracional e arbitrário, terá uma grande vantagem.

Conseqüência

O núcleo da estratégia de negócios de uma empresa é promover atitudes por parte dos concorrentes que os levem a moderar a si próprios ou a agir de uma forma que os gestores considerem vantajosa. Na diplomacia e na estratégia militar, a chave para o sucesso é basicamente a mesma.

A forma mais facilmente reconhecida de reforçar a cooperação é exibir uma disposição óbvia de usar uma força irresistível ou esmagadora. Isso exige pouca habilidade estratégica, mas há o problema de convencer a organização concorrente de que a força será usada sem de fato recorrer a ela (o que seria caro e inconveniente).

Na indústria, porém, a força disponível normalmente não é esmagadora, embora uma empresa consiga infligir grandes punições à outra. Em um caso clássico, cada parte pode infligir tal punição à outra. Se houvesse conflito aberto, então as duas partes perderiam. Se cooperarem entre si, as duas partes ficam em posição melhor, mas não necessariamente equilibrada – particularmente se uma delas estiver tentando mudar sua posição.

Quando uma parte pode punir a outra, as possibilidades de acordo dependem de três coisas:

1. Da disposição de cada parte de aceitar o risco de punição.
2. Da crença de cada parte de que a outra parte está disposta a aceitar o risco de punição.
3. Do grau de racionalidade no comportamento de cada parte.

Se essas conclusões estão corretas, o que podemos deduzir sobre a maneira como ganhamos e perdemos vantagens na competição empresarial?

Primeiro, a indisposição da administração para aceitar o risco de punição quase com certeza vai resultar na punição ou em condições de cooperação progressivamente mais onerosas – considerando que a concorrência tenha reconhecido a atitude.

Segundo, a crença sobre comportamento ou resposta futura de um concorrente é o que determina a cooperação competitiva. Em outras palavras, o que conta não é o julgamento da capacidade real, mas sim o provável uso da capacidade.

Terceiro, quanto menos racional ou menos previsível parecer o comportamento de um concorrente, maior a vantagem dele para estabelecer um equilíbrio competitivo favorável. Essa vantagem é limitada apenas pela necessidade dele de evitar forçar seus concorrentes em uma posição insustentável ou criar um antagonismo emocional que os torne insensatos e irracionais (como ele é).

A Estratégia Não Lógica

O objetivo da estratégia, da diplomacia e da guerra na área empresarial é produzir uma relação estável que lhe seja favorável com o consentimento de seus concorrentes. Por definição, moderação por parte de um concorrente é cooperação. Tal cooperação de um competidor deve ser vista como lucrativa para ele. *Qualquer competição que no final não elimine um concorrente exige a cooperação dele para estabilizar a situação.* O acordo é geralmente de não-agressão tática; a alternativa é morte para todos exceto um competidor. Uma situação competitiva estável exige um acordo entre as partes concorrentes para manter o autocontrole. Tal acordo não pode ser alcançado pela lógica. Deve ser atingido pelo equilíbrio emocional das forças. Essa é a razão pela qual é necessário parecer irracional para os competidores. Pela mesma razão, você deve parecer insensato e arbitrário nas negociações com clientes e fornecedores.

Competição e cooperação andam lado a lado em todas as situações da vida real. Se não fosse assim, os conflitos sempre terminariam com o extermínio do concorrente. Há um ponto em todas as situações de conflito no qual as duas partes ganham mais ou perdem menos com a paz do que poderiam ganhar com qualquer vitória previsível. A partir desse ponto a cooperação é mais lucrativa do que o conflito. Mas como os benefícios podem ser compartilhados?

Em situações de conflitos negociadas, o participante friamente lógico está em grande desvantagem. Logicamente, ele pode se comprometer até que não haja mais vantagem na cooperação. O negociador/competidor cujo comportamento é irracional ou arbitrário tem grande vantagem se puder depender do fato de seu oponente ser lógico e não-emocional. O competidor arbitrário ou irracional pode exigir muito mais do que uma parcela razoável, e assim seu oponente lógico ainda pode ganhar ao se comprometer com a cooperação em vez de evitá-la.

A falta de monopólio nos negócios exige contenção voluntária da competição. Em algum momento deve haver um acordo tático de não-concorrência. A não ser que a redução de comercialização tenha sido aceita por todos os concorrentes, a agressão resultante inevitavelmente eliminaria os competidores menos eficientes, deixando apenas um. As leis antitruste representam uma tentativa formal de limitar a competição. Todas as leis antimonopólio e de comércio justo constituem uma restrição da competição.

A destruição absoluta de um concorrente quase nunca é lucrativa, a não ser que o competidor não queira aceitar a paz. Em nossos contratos sociais diários, em nossas relações internacionais e em nossas negociações empresariais, temos muito mais capacidade de prejudicar aqueles que nos cercam do que jamais ousaríamos fazer. Outros têm o mesmo poder de dano que temos. O acordo implícito para restringir nossa potencial agressão é tudo que se coloca entre nós e a eventual eliminação de uma parte pela outra. Tanto a guerra como a diplomacia são mecanismos para estabelecer ou manter essa restrição auto-imposta por todos os competidores. O conflito continua, mas dentro de uma área implícita de acordo cooperativo.

Há um limite definido para o âmbito dentro do qual os competidores podem esperar atingir um equilíbrio ou negociar uma mudança no equilíbrio, ainda que por associação. Atitudes arbitrárias, não-cooperativas ou agressivas vão produzir reações igualmente emocionais. Essas reações emocionais, por sua vez, são a base para respostas ilógicas e arbitrárias. Assim, comportamento ilógico é autolimitador.

Essa é a razão pela qual a arte da diplomacia pode ser descrita como a capacidade de ser insensato sem despertar ressentimento. É válido lembrar que o objetivo da diplomacia é incluir a cooperação em termos relativamente mais favoráveis para você do que para seus protagonistas sem uso de força real.

Mais vitórias empresariais são obtidas na cabeça dos competidores do que nos laboratórios, nas fábricas ou no mercado. A convicção de um concorrente de que você é emocional, dogmático ou ilógico em sua estratégia de negócios pode ser um ativo valioso. Essa convicção por parte dele pode resultar na aceitação de suas ações sem retaliação, o que, de outra forma, seria impensável. Mais importante, a antecipação de reações ilógicas ou desenfreadas de sua parte pode inibir a agressão competitiva dele.

REGRAS PARA O ESTRATEGISTA

Se me pedissem para transformar as condições e forças descritas em conselhos para o estrategista empresarial, eu sugeriria cinco regras:

1. Você deve saber, o mais acuradamente possível, qual o interesse da concorrência no contato com você. Não é o que você ganha ou perde, mas o que ele ganha ou perde que estabelece o limite da capacidade dele de se comprometer com você.

2. Quanto menos o concorrente souber sobre seus interesses, menos vantagens ele tem. Sem um ponto de referência, ele não sabe sequer se você está sendo insensato.

3. É absolutamente essencial conhecer caráter, atitudes, motivos e comportamento habitual de um concorrente se você deseja ter vantagem de negociação.

4. Quanto mais arbitrárias forem suas demandas, melhor será sua posição competitiva relativa – desde que você não desperte uma reação emocional.

5. Quanto menos arbitrário você parecer, mais arbitrário você pode ser de fato.

Essas regras constituem a arte da diplomacia empresarial. São diretrizes para conseguir uma vitória estratégica na cabeça dos concorrentes. Uma vez que essa vitória seja conquistada, ela pode ser convertida em uma vitória competitiva em termos de volume de vendas, custos e lucros.

LEITURA 4.5
ESTRATÉGIAS GENÉRICAS[7]
por Henry Mintzberg

Quase todos os autores sérios preocupados com questões de "conteúdo" em gestão estratégica, sem falar nos escritórios de consultoria estratégica, têm sua própria lista de estratégias comumente adotadas por diferentes organizações. O problema é que essas listas quase sempre se concentram restritamente em tipos especiais de estratégias ou agregam arbitrariamente todas as variedades existentes sem uma ordem real.

[7] Versão condensada, preparada para este livro, de um artigo de Henry Mintzberg, "Generic Strategies Toward a Compehensive Framework", originalmente publicado em *Advances in Strategic Management*, Vol. 5 (Greenwich, CT: JAI Press, 1988) pp. 1-67.

Em 1965, Igor Ansoff propôs um modelo de quatro estratégias que se tornaria muito conhecido – penetração de mercado, desenvolvimento de produto, desenvolvimento de mercado e diversificação (1965:109). Mas isso não era muito abrangente. Quinze anos mais tarde, Michael Porter (1980) apresentou o que se tornou a lista mais conhecida de "estratégias genéricas": liderança de custo, diferenciação e foco. Mas a lista de Porter também era incompleta: enquanto Ansoff tinha se concentrado nas *extensões* da estratégia empresarial, Porter concentrara-se em *identificar* a estratégia empresarial em primeiro lugar.

Acreditamos que as famílias de estratégias podem ser divididas em cinco grupos amplos, conforme a seguir:

Capítulo 4 – Analisando a Estratégia

1. Localizar o negócio principal da empresa.

2. Diferenciar o negócio principal da empresa.

3. Elaborar o negócio principal da empresa.

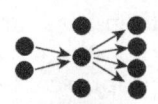

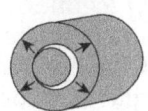

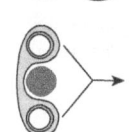

4. Ampliar o negócio principal da empresa.

5. Reconceber o negócio principal da empresa.

Esses cinco grupos de estratégias são apresentados como uma hierarquia lógica, embora devamos enfatizar que as estratégias não necessariamente se desenvolvem dessa forma nas organizações.

LOCALIZANDO O NEGÓCIO PRINCIPAL DA EMPRESA

Podemos imaginar a existência de uma empresa na junção de uma rede de setores que pegam matérias-primas e, por meio da compra e da venda, produzem vários produtos acabados (ou serviços). A Figura 1, por exemplo, mostra uma empresa hipotética de canoas em tal rede. A localização das principais estratégias pode ser descrita em relação ao estágio da empresa na rede e em um determinado setor em questão.

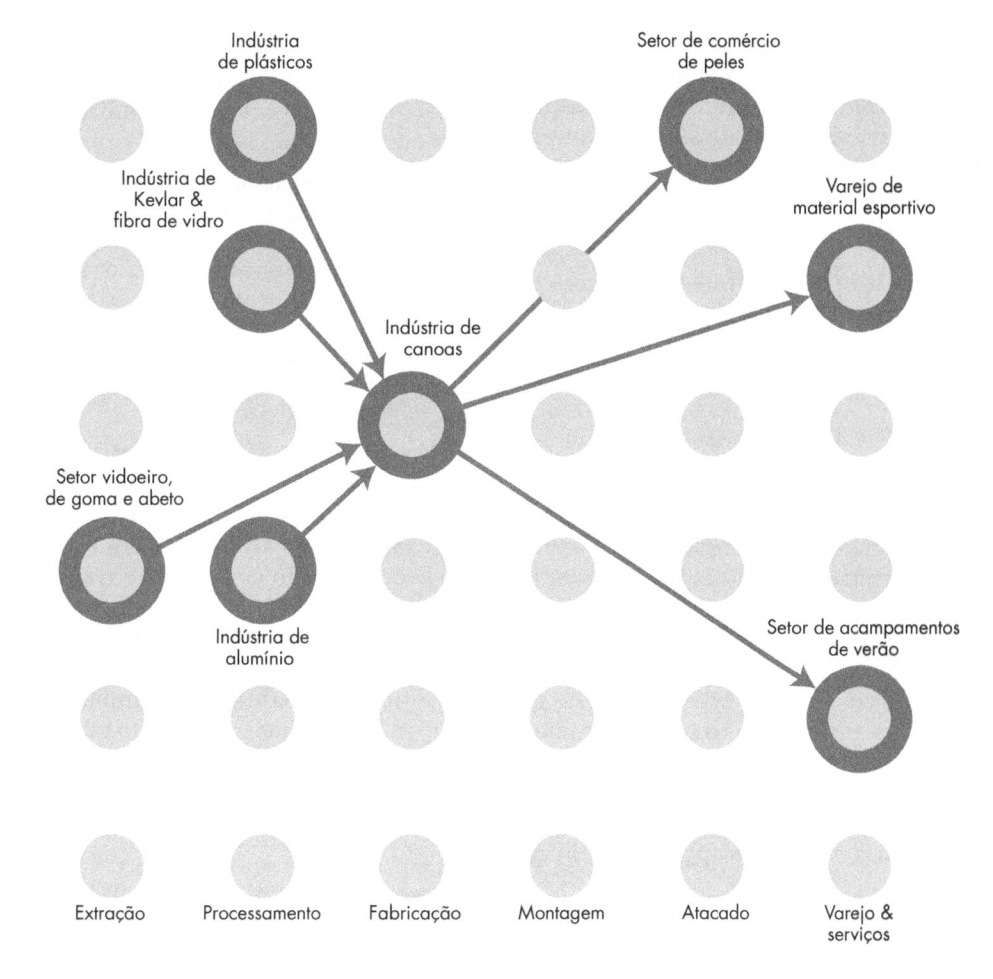

Figura 1 Localizando o negócio principal da empresa como uma junção na rede de segmentos.

ESTRATÉGIAS DE ESTÁGIO DE OPERAÇÕES

Tradicionalmente, os setores são classificados dentro dos seguintes estágios de operações: primário (extração e conversão de matérias-primas), secundário (produção) ou terciário (entrega ou outro serviço). Mais recentemente, porém, o estado no "fluxo" tem sido a forma favorita de descrição.

Estratégia empresarial ascendente

Empresas ascendentes atuam próximas à matéria-prima. O fluxo de produto tende a ser divergente, de um material básico (madeira, alumínio) a uma variedade de usos para ele. Empresas ascendentes tendem a valorizar mais tecnologia e capital do que pessoas, e são mais inclinadas a buscar vantagem por meio de baixos custos do que por altas margens e a favorecer aumento de vendas em vez de retração de mercado (Galbraith, 1983: 65-66).

Estratégia empresarial intermediária

Aqui, a organização situa-se no pescoço de uma ampulheta, despejando uma variedade de matérias-primas em um único processo de produção de onde saem produtos para uma variedade de usuários, muito similar à empresa de canoas mostrada na Figura 1.

Estratégia empresarial final

Aqui, uma ampla variedade de matérias-primas converge-se em um funil estreito, como os muitos produtos vendidos por uma loja de departamentos.

ESTRATÉGIAS DE INDÚSTRIA

Muitos fatores estão envolvidos na identificação de um setor, tantos que seria difícil desenvolver um conjunto conciso de rótulos genéricos. Além disso, mudar continuamente transforma arbitrariamente as fronteiras entre "setores". Produtos diversos são reunidos de forma que dois setores se tornem um só, enquanto produtos tradicionalmente agrupados são separados, de forma que um segmento se transforme em dois. Os economistas no governo e em outros locais gastam muito tempo tentando juntar tudo isso por meio dos códigos da Classificação Industrial Padrão ou similares. Na verdade, eles tentam fixar o que os estrategistas tentam mudar: vantagem competitiva sempre vem com a reconcepção da definição de um setor.

DISTINGUINDO O PRINCIPAL NEGÓCIO DA EMPRESA

Tendo localizado o círculo que identifica o principal negócio da empresa, o próximo passo é abri-lo – para distinguir as características que permitem a uma organização atingir vantagem competitiva e sobreviver em seu próprio contexto.

AS ÁREAS FUNCIONAIS

O segundo nível de estratégia pode englobar um conjunto completo de estratégias em várias áreas funcionais. Como mostrado na Figura 2, elas podem incluir estratégias de "fonte" de materiais, estratégias de "processamento" de matérias-primas e estratégias de "entrega" de resultados, todas reforçadas por um conjunto de estratégias "de suporte".

Essa tem sido uma forma popular de descrever as organizações, especialmente desde que Michael Porter escreveu seu livro de 1985 com base na "cadeia de valor genérica", mostrada na Figura 3. Porter apresenta isso como "uma forma sistemática de examinar todas as atividades que uma empresa desempenha e como elas interagem entre si... para analisar as fontes de vantagem competitiva" (1985: 33). Tal cadeia, e a maneira como ela desempenha atividades individuais, reflete a "história de uma empresa, sua estratégia, seu método de implementação da estratégia e as economias implícitas nas atividades em si" (p. 36). Segundo Porter:

> "a meta de qualquer estratégia genérica" é "criar valor para os compradores" como um lucro. Dessa forma, a cadeia de valores mostra o valor total e consiste de *atividade de valor* e *margem*. As atividades de valor são as atividades físicas e tecnológicas que uma empresa desempenha. São blocos de construção por meio dos quais uma empresa cria produtos valiosos para seus compradores. A margem é a diferença entre o valor total e o custo coletivo de desempenhar as atividades de valor...

As atividades de valor podem ser divididas em dois tipos amplos, atividades *primárias* e atividades *de suporte*. As atividades primárias, listadas na parte de baixo da Figura 3, são as atividades envolvidas na criação física do produto e em sua venda e transferência para o comprador, e também na assistência pós-venda. Em qualquer empresa, as atividades primárias podem ser divididas em cinco categorias genéricas, mostradas na Figura 3. As atividades de suporte apóiam as atividades primárias e a si próprias fornecendo materiais adquiridos, tecnologia, recursos humanos e várias funções em toda a empresa (p. 38).[8]

---

[8] Em outras palavras, é a diferenciação de preço que conduz naturalmente a estratégia funcional de redução de custos assim como é a diferenciação de produto que conduz naturalmente as estratégias funcionais de aumento de qualidade ou criação de inovação. (Para ser consistente com o rótulo de "liderança de custo", Porter teria que chamar sua estratégia de diferenciação de "liderança de produto".) Uma empresa poderia, evidentemente, cortar custos ao mesmo tempo que mantém os preços equivalentes aos do concorrente. Mas em geral isso significa menos serviços, qualidade inferior, menos características, etc., e assim o cliente teria que ser atraído por preços mais baixos. [Ver Mintzberg (1988: 14-17) para uma discussão mais completa sobre essa questão.]

Capítulo 4 – Analisando a Estratégia

ESTRATÉGIAS DE SUPORTE
- Jurídico
- Controle
- Treinamento
- Etc.

ESTRATÉGIAS DE FONTE
- Compras
- Pessoas
- Finanças

ESTRATÉGIAS DE ENTREGA
- *Marketing*
  - mercado/canal
  - preço
  - promoção
- Vendas
- Distribuição
- Serviços

ESTRATÉGIAS DE PROCESSAMENTO
- Desenvolvimento de processo
- Operações (incluindo produtividade)
  - fabricação
  - montagem

ESTRATÉGIAS DE PROJETO
- Pesquisa de produto
- Desenvolvimento de produto

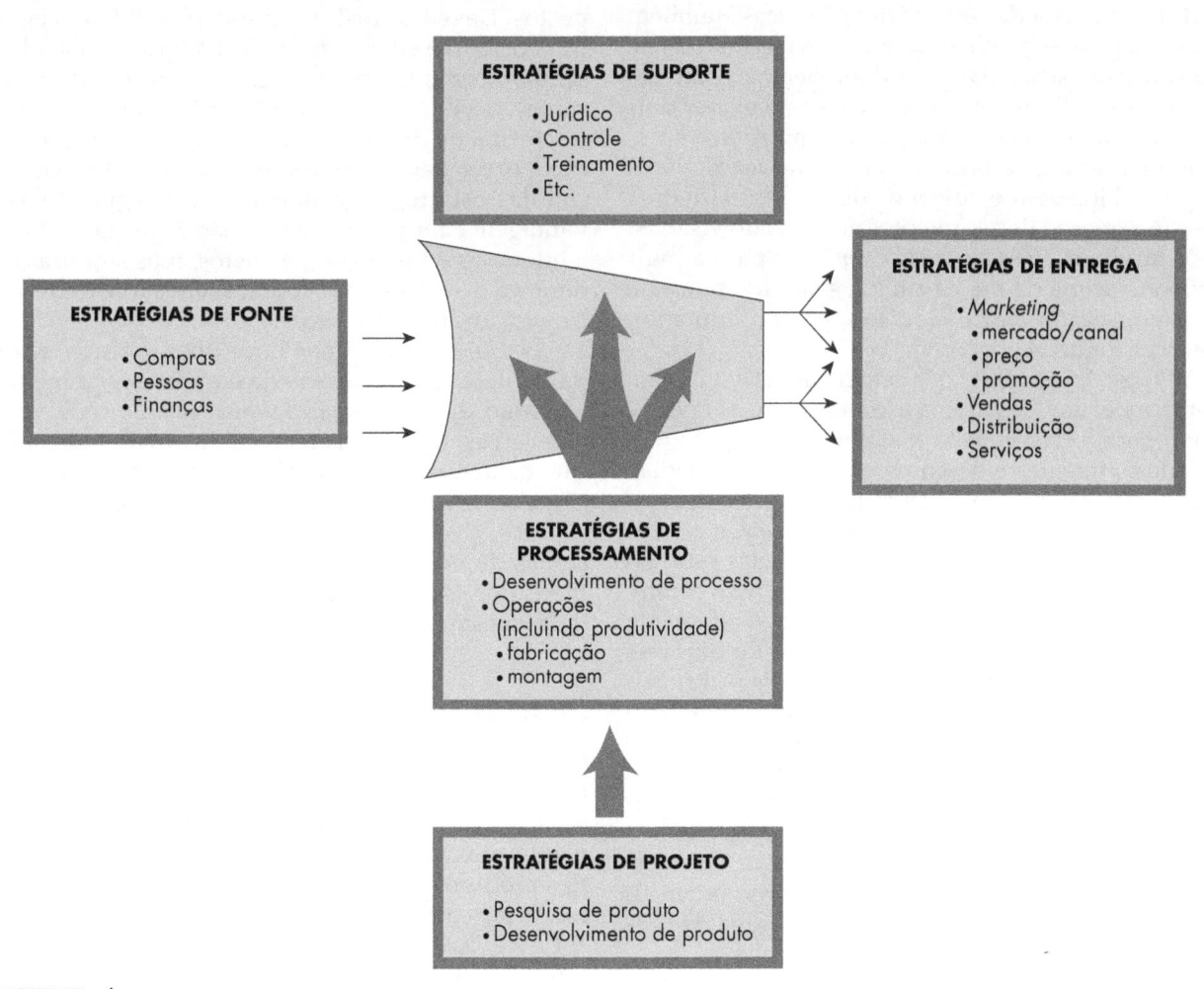

Figura 2 Áreas funcionais em termos de sistemas.

Figura 3 A cadeia de valor genérica.

Estratégias Genéricas de Porter

A estrutura de Porter de "estratégias genéricas" também tornou-se amplamente utilizada. Em nossa terminologia, elas constituem estratégias para diferenciar a principal área de negócios. Porter acredita que há pelo menos dois "tipos básicos de vantagem competitiva que uma empresa pode possuir: custos baixos ou diferenciação" (1985: 11). Isso combina com o "escopo" de operação de uma empresa (a extensão dos segmentos de mercado visados) a fim de produzir "três *estratégias genéricas* para atingir desempenho acima da média em um setor: liderança de custo, diferenciação e foco" (ou seja, escopo limitado), mostrado na Figura 4.

Para Porter, empresas que querem ganhar vantagem competitiva devem "fazer uma escolha" entre as opções; "ser tudo para todas as pessoas é uma receita para mediocridade estratégica e desempenho abaixo da média" (p. 12). Ou, nas palavras que se tornaram mais controversas, "uma empresa que adota todas as estratégias genéricas mas não consegue concluir nenhuma delas está 'no meio do atoleiro'" (p. 16). Gilbert e Strebel (1992), porém, discordam disso, argumentando que empresas altamente bem-sucedidas, como alguns fabricantes de automóveis japoneses, adotaram "estratégias passo a passo". Primeiro elas usam uma estratégia de baixo custo para assegurar mercados, e depois, por meio de movimentos de diferenciação "proativos" (digamos, aumento na qualidade), capturam certos segmentos de mercado importantes. Outras empresas começam com diferenciação de valor e prosseguem com redução de preço "preventiva". Na verdade, os autores argumentam que as empresas podem alcançar as duas formas de vantagem competitiva de Porter simultaneamente.

As estratégias que escrevemos nesta seção têm Porter como ponto de partida, mas diferem em alguns aspectos. Devemos distinguir escopo e diferenciação, como Porter fez em seu livro de 1980 (o foco sendo apresentado como um escopo restrito em seu livro mais recente), mas devemos introduzir liderança de custo como forma de diferenciação (especificamente, com relação a preço baixo). Se, como argumenta Porter, a intenção das estratégias genéricas é conseguir e sustentar vantagem competitiva, então não importa apenas obter a liderança na redução de custos, mas sim usar essa liderança de custos para cobrar menos que o concorrente e assim atrair compradores.[9]

Assim, apresentamos aqui dois tipos de estratégia para diferenciar o negócio da empresa. O primeiro é um conjunto de estratégias *de diferenciação* cada vez mais extensivas, mostradas na face do círculo. Elas identificam o que uma empresa tem de fundamentalmente distinto no mercado, como ela é de fato percebida pelos clientes. O segundo é um conjunto de estratégias *de escopo* cada vez menos extensivas. Elas identificam que mercados as empresas estão buscando, segundo a visão delas mesmas.

Estratégias de Diferenciação

Como geralmente acordado na literatura de gestão estratégica, uma organização distingue-se em um mercado competitivo ao diferenciar suas ofertas de alguma maneira – atuando para distinguir seus produtos e serviços dos produtos e serviços dos concorrentes. Assim, a diferenciação completa a face do círculo usada para identificar o negócio da empresa. Uma organização pode diferenciar suas ofertas de seis maneiras básicas:

---

[9] Nossa figura difere da de Porter em alguns pontos. Como ele dá mais ênfase ao fluxo de material físico (por exemplo, afirmando que "logística interna" engloba manuseio de materiais, armazenagem, controle de estoque, programação de veículos e devolução para fornecedores), ele mostra compras e recursos humanos como atividades de suporte, enquanto que, assumindo a orientação de um sistema mais formal, a Figura 2 mostra essas atividades como dados entre as estratégias de fonte. Da mesma forma, ele considera o desenvolvimento de tecnologia uma atividade de suporte enquanto que a Figura 2 o considera como parte do processamento. (Entre as razões que Porter dá para fazer isso é que tal desenvolvimento pode pertencer a "logística externa" ou entrega e também processamento. Embora seja verdade, também parece ser verdade que o desenvolvimento de tecnologia pertence mais a operações do que à entrega, especialmente nas empresas de manufatura que são o foco da atenção de Porter. Da mesma forma, Porter descreve compras como pertencente a uma das atividades primárias ou outras atividades de suporte relacionadas. Mas em nossos termos isso não deixa de ser um aspecto de fonte no lado interno). Na verdade, a descrição de Porter relegaria engenharia e projeto de produto (sem falar em recursos humanos e compras) a atividades de apoio, e não a atividades de linha, uma posição que certamente seria contestada em muitas empresas de manufatura (com projeto de produto, por exemplo, sendo mencionado apenas perifericamente em seu texto (p.42) junto com outras atividades de "desenvolvimento de tecnologia" como pesquisa de mídia e procedimentos de serviços).

VANTAGEM COMPETITIVA

	Custo mais baixo	Diferenciação
Alvo amplo	1. Liderança de custo	2. Diferenciação
Alvo restrito	3A. Foco em custo	3B. Foco em diferenciação

LIMITE COMPETITIVO

Figura 4 Estratégias genéricas de Porter.

Estratégia de diferenciação de preço

A maneira mais básica de diferenciar um produto (ou serviço) é simplesmente cobrar um preço mais baixo por ele. Todo o resto permanecendo igual, ou não tão desigual, as pessoas vão sempre abrir caminho até a porta onde está o produto mais barato. A diferenciação de preço pode ser usada com um produto não-diferenciado de qualquer outra forma – na verdade, um *design* padrão, por meio uma *commodity*. O produtor simplesmente absorve a margem perdida, ou a compõe por meio de um volume de vendas mais alto. Mas outras vezes, sustentar uma diferenciação de preço é uma estratégia de *design* com a intenção de criar um produto que seja intrinsecamente mais barato.

Estratégia de diferenciação de imagem

O *marketing*, algumas vezes, é usado para aparentar diferenciação onde ela não existe – cria-se uma imagem para o produto. Isso pode incluir também diferenças cosméticas em um produto, que não melhorem seu desempenho de forma séria – por exemplo, colocar um iogurte em uma embalagem mais caprichada. (Evidentemente, se for a imagem que está à venda, em outras palavras, se o produto é intrinsecamente cosmético como, digamos, um *jeans* de grife, então as diferenças cosméticas deveriam ser descritas na diferenciação de *design*.)

Estratégia de diferenciação de suporte

Mais substancial, embora ainda sem efeito no produto em si, é diferenciar com base em algo que siga junto com o produto, alguma base de suporte. Isso pode ter a ver com a venda do produto (como crédito especial ou entrega em 24 horas), atendimento relacionado ao produto (como um serviço pós-venda excepcional), ou fornecimento de um produto ou serviço relacionado juntamente com o básico (lições de remo junto com a canoa que você compra). Em um artigo entitulado "Sucesso de *marketing* por meio da diferenciação – de qualquer coisa", Theodore Levitt defendeu o interessante ponto que "não há nada como uma *commodity*" (1980: 8). Seu ponto básico é que não importa o quanto seja difícil atingir a diferenciação por meio de *design*, sempre há uma base para atingir outra forma substancial de diferenciação, especialmente por meio de suporte.

Estratégia de diferenciação de qualidade

A diferenciação de qualidade está relacionada às características do produto que o tornam melhor – não fundamentalmente diferente, apenas melhor. O produto possui (1) maior confiabilidade inicial, (2) maior durabilidade a longo prazo e/ou (3) desempenho superior.

Estratégia de diferenciação de design

A última, porém não menos importante, diferenciação está baseada em *design* – oferecer algo que seja realmente diferente, que se destaque do "*design* dominante" se houver um, oferecendo características únicas. Quando todos fabricavam câmaras cujas fotos podiam ser vistas na semana seguinte, Edward Land desenvolveu uma cujas fotos podiam ser vistas no minuto seguinte.

Estratégia de não-diferenciação

Não ter qualquer base para diferenciação é uma estratégia: na verdade, uma estratégia bem comum, que pode ser adotada deliberadamente. Assim, há um espaço em branco no círculo. Considerando que haja espaço suficiente no mercado e uma administração sem habilidade ou sem vontade de diferenciar o que faz, pode haver espaço para imitação.

ESTRATÉGIAS DE ESCOPO

A segunda dimensão para diferenciar o negócio da empresa é o *escopo* dos produtos e serviços oferecidos, na verdade, a extensão dos mercados para os quais eles são vendidos. Escopo é essencialmente um conceito conduzido pela demanda, assumindo sua direção a partir do mercado para o que já existe lá. A diferenciação, em contraste, é uma questão conduzida por fornecimento, enraizada na natureza do produto em si – o que é oferecido ao mercado (W.E. Smith, 1956). A diferenciação, por concentrar-se no produto oferecido, adota a perspectiva do cliente, existindo apenas quando a pessoa percebe alguma característica que agregue valor ao produto. E escopo, por focar-se no mercado atendido, adota a perspectiva do produtor, existindo apenas na mente coletiva da organização – em termos de como ela difunde e desagrega seus mercados (em outras palavras, aquilo que o pessoal de *marketing* chama de segmentação).

Estratégia de não-segmentação

"Tamanho único": o Ford modelo T, bom para todos. Na verdade, hoje é difícil pensar sobre um produto que não seja segmentado de alguma forma. Então, o verdadeiro significado da estratégia de não-segmentação é que a organização tenta capturar uma grande parcela de mercado com uma configuração básica de produto.

Estratégias de segmentação

As possibilidades de segmentação são infinitas, assim como os graus possíveis. Podemos, porém, distinguir uma série delas, desde uma estratégia de segmentação simples (três tamanhos básicos de clipes para papel) até uma estratégia de segmentação hiper-refinada (como em projetos de iluminação). Além disso, algumas organizações tentam ser *abrangentes*, atender a todos os segmentos (lojas de departamento, grandes fabricantes de cereais), outras tentam ser *seletivas*, (visando cuidadosamente apenas a determinados segmentos (p. ex., fundos mútuos "limpos").

Estratégia de nicho

Estratégias de nicho concentram-se em um único segmento. Assim como o urso panda encontrou seu nicho biológico no consumo de brotos de bambu, o mesmo ocorreu com a empresa de canoas, que descobriu seu nicho de mercado na fabricação de modelos de corrida, ou com muitas empresas que são diferenciadas apenas pelo fato de fornecerem suas ofertas altamente padronizadas em um único local, um nicho geográfico – a mercearia da esquina, o produtor regional de cimento, o escritório nacional da Cruz Vermelha. Todos tendem a seguir receitas do "segmento", fornecendo para sua comunidade particular. Em certo sentido, todas as estratégias são, de certa forma, de nicho, caracterizadas tanto pelo que excluem como pelo que incluem. Nenhuma organização pode ser tudo para todas as pessoas. A estratégia que engloba tudo não é de fato uma estratégia.

Estratégias de personalização

A personalização representa o caso limite da segmentação: desagregação do mercado até o ponto em que cada cliente constitui um segmento único. A personalização *pura*, na qual o produto é desenvolvido do zero para cada cliente, é encontrada em casas projetadas por arquitetos e máquinas para fins especiais. Ela se infiltra em toda a cadeia de valor: o produto não apenas é entregue de forma personalizada, montado ou até fabricado sob encomenda, mas também é projetado para o cliente individual em primeiro lugar. Menos ambiciosa, mas provavelmente mais comum, é a personalização *sob medida*: um projeto básico é modificado, geralmente no estágio de fabricação, de acordo com as necessidades ou especificações do cliente (certas residências, próteses modificadas para se ajustar às juntas ósseas de cada consumidor, etc.). A *personalização padronizada* significa que os produtos finais são montados mediante solicitação individual com componentes padronizados – como no caso dos automóveis, em que o cliente pode escolher cor, motor e vários acessórios. Os avanços nos projetos e fabricação auxilia-

dos por computador (CAD CAM) causaram uma proliferação de personalização padronizada e também de personalização sob medida.

ELABORANDO A ESSÊNCIA DA EMPRESA

Uma organização pode elaborar seus negócios de várias formas. Pode desenvolver suas ofertas de produtos dentro daquela área de negócios, pode desenvolver seu mercado via novos segmentos, novos canais ou novas áreas geográficas, ou pode simplesmente empurrar mais vigorosamente os mesmo produtos para os mesmos mercados. Em 1965, Igor Ansoff mostrou estas estratégias, como apresentado na Figura 5.

Estratégias de penetração

As estratégias de penetração atuam a partir de uma base de produtos e mercados já existentes, tentando penetrar no mercado ao aumentar a participação da organização nesse mercado. Isso pode ser feito por *expansão* direta ou pela *aquisição* de competidores existentes. Tentar expandir as vendas sem qualquer mudança fundamental no produto ou mercado (adquirindo participação de mercado por meio de mais promoção, etc.) é a coisa mais óbvia a fazer e talvez a mais difícil de conseguir pois, pelo menos em um mercado relativamente estável, isso significa extrair participação de mercado de outras empresas, o que logicamente gera um aumento na concorrência. Aquisições, sempre que possível, obviamente evitam isso, mas talvez a um custo alto. A estratégia da colheita, popularizada nos anos 70 pelo Boston Consulting Group, de certa forma representa o oposto das estratégias de penetração. A forma de lidar com "vacas leiteiras" – negócios com alta participação de mercado, mas baixo potencial de crescimento – era colher seus frutos, cessar os investimentos e explorar qualquer potencial restante. A mistura de metáforas pode ser um indicador da dubiedade da estratégia, pois colher os frutos de uma "vaca" significa, evidentemente, "matá-la".

Estratégias de desenvolvimento de mercado

A estratégia predominante aqui é a *elaboração de mercado*, que significa promover produtos existentes em novos mercados – na verdade, expandir o escopo da empresa encontrando novos segmentos de mercados, talvez atendidos por novos canais. A substituição de produto é um caso particular de elaboração de mercado, no qual os usos de um produto são promovidos, permitindo que seja substituído por outros produtos. A *consolidação de mercado* é o inverso da elaboração de mercado, ou seja, a redução do número de segmentos. Mas esta não é apenas uma estratégia de falha. Considerando a tendência comum de proliferar segmentos de mercado, faz sentido para a organização saudável racionalizá-los periodicamente para purgar os excessos.

Estratégias de expansão geográfica

Uma forma importante de desenvolvimento de mercado pode ser a expansão geográfica – levar a oferta de produtos existentes para novas áreas geográficas – qualquer lugar, desde o próximo quarteirão até ao redor do mundo. Quando isso envolve também uma estratégia de racionalização geográfica – localizar diferentes departamentos da empresa em diferentes locais – o procedimento às vezes é chamado de "estratégia global". A empresa de móveis IKEA, por exemplo, faz seus projetos na Escandinávia, produz na Europa oriental, entre outros locais, e comercializa na Europa ocidental e na América do Norte.

Estratégias de desenvolvimento de produto

Aqui podemos distinguir uma simples estratégia de *extensão de produto* de uma estratégia mais extensiva de *proliferação da linha de produtos* e a contrapartida delas, a *racionalização da linha de produtos*. Oferecer produtos novos ou modificados na mesma área de negócios básica é outra forma óbvia de elaborar a essência da empresa – de flocos de milho a farelo de trigo e flocos de arroz, oferecendo todas as permutações e combinações possíveis em grãos comestíveis. Isso pode representar diferenciação por *design*, se os produtos forem novos e diferenciados, ou não mais que um aumento de escopo por meio da segmentação, se forem acrescentados produtos padronizados à linha. A proliferação da linha de produtos significa visar a uma segmentação ampla de produto – a cobertura completa de uma determinada área de negócios. Racionalização significa selecionar produtos e reduzir a linha para se livrar de sobreposições ou de excessos não-lucrativos. Novamente devemos esperar ciclos de extensão e racionalização de produto, pelo menos em empresas (como cosméticos e têxteis) predispostas à proliferação em suas linhas de produtos.

A seguir, vem a questão de quais estratégias de natureza genérica estão disponíveis para ampliar e reconceber o principal negócio da empresa. Esses métodos são criados para responder à pergunta de nível corporativo: "Em que área de negócios deveríamos estar?"

As estratégias criadas para levar as organizações para além de seu negócio principal podem ser adotadas nas chamadas formas verticais ou horizontais, e também em uma combinação das duas. A "vertical" significa para trás ou para frente na cadeia de operações, a estratégia sendo conhecida formalmente como "integração vertical", embora seja difícil entender porque a denominação vertical, especialmente porque o fluxo de produtos e a cadeia em si são quase sempre desenhados horizontalmente. Por isso, chamaremos esse processo de integração da cadeia. A diversificação "horizontal" (sua própria geometria não mais evidente), que será chamada aqui apenas de diversificação simples, refere-se à incorporação, dentro da organização, de outra empresa paralela, não na mesma cadeia de operações.

ESTRATÉGIAS DE INTEGRAÇÃO DA CADEIA

As organizações podem estender suas cadeias de operações de forma descendente ou ascendente, englobando em suas próprias operações as atividades de seus clientes no lado da entrega ou de seus fornecedores no lado de compras. Na verdade, eles decidem "fazer" em vez de "comprar" ou vender. *Concessão* (Barreyre, 1984: Barreyre e Carle, 1983) é o rótulo proposto para descrever a estratégia oposta, na qual a organização decide comprar o que produzia anteriormente (também chamada "terceirização"), ou vender o que era previamente transferido.

ESTRATÉGIAS DE DIVERSIFICAÇÃO

A *diversificação* refere-se à entrada em algumas áreas de negócios que não estão na mesma cadeia de operações. Pode estar *relacionada* à alguma competência distinta ou a um ativo do principal negócio da empresa (também chamada de diversificação *concêntrica*); de outra maneira é chamada de diversificação *não-relacionada* ou *conglomerada*. Na diversificação relacionada, há uma sinergia potencial evidente entre a nova empresa e o principal negócio da empresa, baseado em instalações, ativos, canais, habilidades ou mesmo oportunidades em comum. Porter (1985: 323-4) faz uma distinção aqui entre relação "intangível" e "tangível". A primeira é baseada em alguma habilidade funcional ou gerencial considerada comum nas empresas, como o uso das habilidades de *marketing* da Philip Morris na Kraft. A última refere-se a empresas que de fato "compartilham atividades na cadeia de valor" (p. 323), por exemplo, produtos diferentes vendidos pela mesma equipe de vendas. Devemos enfatizar que não importa qual seja sua base, toda a diversificação relacionada também é fundamentalmente não-relacionada, como muitas organizações diversificadas descobriram para seu pesar. Ou seja, não importa o que há em comum entre duas empresas diferentes, há muitas coisas que não são comuns.

ESTRATÉGIAS DE ENTRADA E DE CONTROLE

A integração ou a diversificação da cadeia pode ser atingida por meio de *desenvolvimento interno* ou *aquisição*. Em outras palavras, uma organização pode entrar em uma nova área de negócios ao se desenvolver ou ao adquirir uma organização que já esteja na área. Tanto o desenvolvimento interno como a aquisição envolvem propriedade completa e controle formal de negócios diversificados. Mas há um conjunto de outras estratégias possíveis, como segue:

Estratégias de entrada e de controle	
Propriedade e controle total	■ Desenvolvimento interno ■ Aquisição
Propriedade e controle parcial	■ Maioria, minoria ■ Sociedades, incluindo – Joint-venture – Chave na mão (controle temporário)
Controle parcial sem propriedade	■ Licenciamento ■ Franquia ■ Contratação a longo prazo

ESTRATÉGIAS COMBINADAS DE INTEGRAÇÃO-DIVERSIFICAÇÃO

Entre as mais interessantes estão as estratégias que combinam integração da cadeia com diversificação de negócios, algumas vezes, conduzindo as organizações até redes completas de novos negócios. A *diversificação de subproduto* envolve a venda de subprodutos da cadeia de operações em mercados separados, como ocorre quando uma empresa aérea oferece seus serviços de manutenção a outras empresas aéreas. A nova atividade eleva-se a uma forma de desenvolvimento de mercado em algum ponto intermediário da cadeia de operações. A *diversificação associada* vai além da diversificação de subproduto: uma área de negócios simplesmente leva à outra, seja "verticalmente" integrada ou "horizontalmente" diversificada. A organização conduz sua cadeia de operações de forma ascendente, descendente e lateral; explora pré-produtos, produtos finais e subprodutos de seus principais produtos e também de todos os outros, terminando com uma rede de negócios. A *diversificação cristalina* leva a estratégia anterior ao limite, de forma que se torna difícil e talvez irrelevante distinguir integração de diversificação, atividades principais de atividades periféricas, áreas de negócios proximamente relacionadas de áreas distantemente relacionadas. O que antes eram associações claras em poucas cadeias hoje se transforma no que parece uma forma de crescimento cristalino, à medida que novas áreas de negócios são acrescentadas literalmente à direita e à esquerda, e também acima e abaixo. Aqui os negócios tendem a ser relacionados, pelo menos inicialmente, por meio do desenvolvimento interno das principais competências, como as "tecnologias de revestimento e aderência" que são comuns a muitos produtos da 3M.

ESTRATÉGIAS DE RETIRADA

Finalmente, há estratégias que revertem todas as estratégias de diversificação: as organizações cancelam os negócios nos quais atuam. "Saída" tem sido um rótulo popular para isso, retirada é outro. Algumas vezes, as organizações *reduzem* suas atividades, cancelando licenças de longo prazo, deixando de vender subprodutos, reduzindo suas redes cristalinas. Outras vezes, abandonam ou *liquidam* empresas (o oposto do desenvolvimento interno), ou então se *desfazem* delas (o oposto de aquisição).

RECONCEBENDO O(S) NEGÓCIO(S) PRINCIPAL(IS) DA(S) EMPRESA(S)

Pode parecer estranho encerrar uma discussão sobre estratégias de desenvolvimento mais elaborado de uma empresa com estratégias envolvendo a reconcepção da empresa. Mas, em um sentido importante, há uma lógica por trás disso: depois que o negócio principal da empresa foi identificado, diferenciado, elaborado e ampliado, sempre há necessidade não apenas de consolidá-lo, mas também de redefini-lo e reconfigurá-lo – em essência, de reconcebê-lo. À medida que se desenvolvem através de todas as ondas de expansão, integração, diversificação, etc., algumas organizações perdem seu próprio sentido. A reconcepção torna-se então a forma final de consolidação: racionalizar não apenas os excessos nas ofertas de produtos ou segmentos de mercados, ou mesmo novos negócios, mas todas essas coisas juntas e ainda mais – a essência da estratégia completa em si. Podemos identificar três estratégias básicas de reconcepção.

ESTRATÉGIA DE REDEFINIÇÃO DE EMPRESA

Uma empresa, como destacou Abell (1980), pode ser definida de várias formas – pelas funções que desempenha, pelo mercado que atende, pelo produto que fabrica. Todas as empresas têm concepções populares. Algumas são restritas e tangíveis, como a empresa de canoas, outras são mais amplas e vagas, como as empresas de serviços financeiros. Todas essas definições, não importa o quanto sejam tangíveis, são afinal conceitos que existem na cabeça dos atores e observadores. Dessa forma, é possível, com um pouco de esforço e imaginação, *redefinir* uma determinada empresa – reconceber a "receita" de como aquela empresa é conduzida (Grinyer e Spender, 1979; Spender, 1989) – como fez Edwin Land quando desenvolveu a câmara Polaroid.[10]

ESTRATÉGIAS DE RECOMBINAÇÃO DE EMPRESAS

Como observa Porter, através das ondas de diversificação que varreram as empresas norte-americanas nos anos 60 e 70, "o conceito de sinergia tornou-se amplamente considerado como ultrapassado" – "uma boa idéia" mas "que raramente ocorre na prática" (1985: 317-18). As empresas eram elementos de um portfólio que podiam ser comprados e vendidos ou, no máximo, cultivados e colhidos. Deplorando essa conclusão, Porter dedicou três capítulos de seu livro de 1985 à "estratégia horizontal", a qual citaremos aqui (devido aos nossos problemas com geometria nesse campo) como

---

[10] MacMillian refere-se à estratégia de redefinição de empresa como "remoldagem da infra-estrutura do setor" (1983:18), enquanto que Porter a chama de "reconfiguração" (1985: 519-523), embora sua noção de *substituição* de produto (273-314) possa algumas vezes constituir uma forma de redefinição de empresa.

estratégias de recombinação de empresas – esforços para recombinar diferentes empresas de alguma forma, até o limite de reconceber várias empresas em uma só. As empresas podem ser recombinadas de maneira tangível ou apenas conceitual. Essa última foi encorajada pelo artigo "Miopia de *marketing*" (1960) de Levitt. Com algumas assinaturas, ferrovias podem entrar no setor de transportes, fabricantes de rolamentos no setor de redução de fricção. Mas, quando existe uma base substancial para combinar diferentes atividades, uma estratégia de recombinação de empresas pode ser muito eficaz. Talvez nunca tenha havido uma empresa de transportes, mas a 3M conseguiu basear-se em capacidades tecnológicas comuns para criar uma empresa de revestimento e adesivos.[11] A recombinação de empresas também pode ser mais tangível, baseada em atividades compartilhadas na cadeia de valor, como numa estratégia de *agrupamento*, na qual produtos complementares são vendidos juntos por um único preço (p. ex., serviços automotivos com um automóvel novo). Evidentemente, *desagrupamento* pode ser uma estratégia igualmente viável, como a venda de "apólice" de seguros livre de qualquer obrigação de investimento. Levadas a seu extremo lógico, as estratégias de recombinação mais tangíveis geram uma "visão sistêmica" da empresa, na qual todos os produtos e serviços são concebidos para estar estreitamente interrelacionados.

ESTRATÉGIAS DE REALOCAÇÃO BÁSICA

Finalmente, completamos o círculo, encerrando a discussão onde começamos, na localização do negócio principal da empresa. Uma organização, além de ter uma ou mais posições estratégicas no mercado, tende a ter o que Jay Galbraith (1983) chama de um único "centro de gravidade", algum lugar conceitual onde se concentram não apenas suas principais habilidades, mas também seu núcleo cultural, como na Procter & Gamble, que concentra seus esforços em "produtos de consumo com marca", cada um "vendido primariamente por meio de propaganda para a dona-de-casa e administrado por um gerente de marca" (p. 13). Mas, conforme ocorrem mudanças na posição estratégica, também podem ocorrer mudanças nesse centro de gravidade, de várias maneiras. Primeiro, a organização pode se mover *ao longo da cadeia de operações*, de forma ascendente ou descendente, como fez a General Mills, que passou "de um moinho de farinha de trigo para um fornecedor relacionado diversificado de produtos para donas-de-casa"; no fim, a empresa vendeu toda sua operação de moinho de farinha de trigo (p. 76). Segundo, pode haver uma mudança *entre as funções dominantes*, digamos de produção para *marketing*. Em terceiro, vem a mudança para uma *nova área de negócios*, seja no mesmo estágio da cadeia operacional ou não. Tais mudanças podem ser extremamente exigentes simplesmente porque cada segmento é uma cultura com suas próprias formas de pensamento e ação. Finalmente, temos a mudança para um *novo tema principal*, como a reorientação de um único departamento ou produto para um conceito mais amplo, por exemplo, quando a Procter & Gamble deixou de ser uma empresa de sabonetes para entrar na área de produtos de higiene pessoal.

Isso nos leva ao fim de nossa discussão sobre estratégias genéricas – nosso circuito desde a localização da essência da empresa, sua diferenciação, elaboração, ampliação e, finalmente, sua reconcepção.

Devemos encerrar advertindo que, embora uma estrutura de estratégias genéricas possa ser útil para pensar sobre posicionamento de uma organização, seu uso como guia pode colocar a organização em desvantagem em relação aos concorrentes que desenvolvem suas estratégias de formas mais criativas.

	PRODUTO EXISTENTE	**NOVO PRODUTO**
MERCADO EXISTENTE	Estratégias de penetração	Estratégias de desenvolvimento de produto
NOVO MERCADO	Estratégias de desenvolvimento de mercado	Estratégias de diversificação

Figura 5 Maneiras de aprimorar um determinado negócio. Fonte: Ansoff (1965:/09) com pequenas modificações; ver também Johnson e Jones (1957:52).

---

[11] Nossas suspeitas, devemos mencionar, é que tais rótulos sempre surgem após o fato, como a organização que busca uma forma de racionalizar a diversificação que já ocorreu. Na verdade, a estratégia é emergente. (Ver Capítulo 1, item "5 Ps para estratégia").

Leitura 4.6
Um Guia para Posicionamento Estratégico[12]
por Henry Mintzberg

Na maior parte da literatura sobre gestão estratégica que trata de posicionamento, os conceitos vêm e vão em um ritmo frenético. Assim, há necessidade de destacá-los – desenvolver uma estrutura para vê-los todos juntos e também fornecer um "glossário" do que eles significam, mesmo para especialistas que tendem a trabalhar duro em uma área ou em outra. Lamentavelmente, há pouca síntese no mundo da análise!

Assim, ofereceremos aqui um pequeno modelo. Ele é visual porque, de certa forma, tudo isso precisa ser visto para ser acreditado. O modelo é um tipo de metáfora, consistindo em uma plataforma de **lançamento**, representando uma organização, que envia **projéteis**, que são seus produtos e serviços, para um local onde estão os **alvos**, que são os mercados, enfrentando **rivais**, ou concorrência, na esperança de obter **ajuste**.

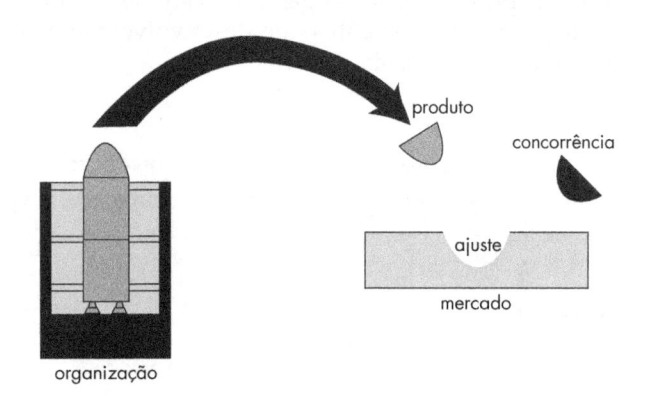

Devemos acrescentar que não escolhemos essa metáfora casualmente; a implicação de caça ou militar (ou qualquer outra) reflete muito a maneira como os autores desta escola tendem a ver o mundo. Usamos o modelo para localizar, explicar, ilustrar e especialmente associar os vários conceitos que formam essa escola.

O Veículo (Organização)

A organização é retratada como uma plataforma de lançamento, que desenvolve, produz e distribui seus produtos e serviços para o mercado. Para fazer isso, ela desempenha uma série de **funções empresariais** em uma seqüência que Michael Porter (1985) rotulou como **cadeia de valor**. Como mostrado em nossa ilustração, *design* (de produto e processo) e produção constituem a plataforma básica, enquanto suprimento e compras (incluindo financiamento) formam uma torre, e administração e suporte (como relações públicas e relações industriais) formam a outra. O veículo de lançamento tem dois foguetes de propulsão (que se separam durante a viagem do produto) – o primeiro para vendas e *marketing*, o segundo para distribuição física.

As funções da empresa são executadas por um conjunto de **competências** ou **capacidades** de vários tipos (como a capacidade de fazer pesquisa ou de fabricar produtos com baixo custo) e com o suporte de todos os tipos de **recursos** ou **ativos** (incluindo patentes, maquinário, etc.). Itami (1987) referiu-se às principais competências como **ativos invisíveis**, enquanto que Prahalad e Hamel (1990) chamaram a atenção para as **competências essenciais**, aquelas que se desenvolveram profundamente dentro da organização durante sua história e explicam suas **vantagens comparativas** e **competitivas** (como no exemplo do empreendimento dos produtos 3M ou do projeto de qualidade na Maytag). Elas podem talvez ser diferenciadas das competências superficiais ou comuns, mais tangíveis, codificadas e **imitáveis** em sua natureza (como a venda de produtos na mercearia da esquina). São facilmente adquiríveis e também podem ser perdidas facilmente – mais genéricas do que genéticas.

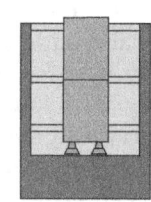

Essas competências essenciais devem ser sustentadas e aumentadas como a chave para o futuro da organização. Em parte, isso é feito por meio do acúmulo de **experiência**, segundo uma teoria popularizada pelo Boston Consulting Group nos anos 70 (ver Henderson, 1979): quanto mais a organização produz, mais ela se envolve com **aprendizado**, reduzindo seus custos mais rapidamente.

Na verdade, a teoria popular atual diz que a organização deve produzir o máximo de competências não-essenciais que puder para se tornar enxuta e flexível, sendo capaz de focar sua atenção naquilo que ela faz melhor. O resto deve ser comprado de fornecedores. Assim, a velha

---
[12] © Henry Mintzberg, 1996. Todos os direitos reservados. Reproduzido aqui com permissão do autor. Não pode ser reproduzido, no todo ou em parte, sem permissão escrita do autor. Ele gostaria de expressar sua admiração por Richard Rumelt, que prestou uma ajuda incalculável no desenvolvimento desse modelo.

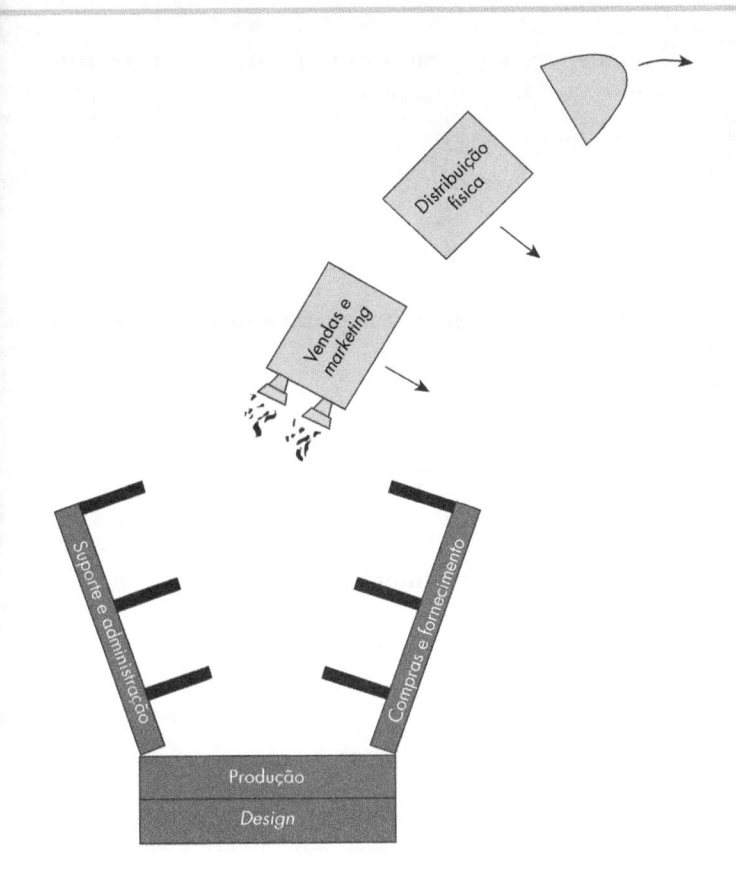

Capítulo 4 – Analisando a Estratégia

ciamento, relações de **franquias** e **contratos de longo prazo**; cuja combinação extensiva resulta em **redes**. Isso pode acontecer em paralelo, como quando uma empresa de eletrônicos combina sua capacidade de pesquisas com a de uma empresa de produtos mecânicos para desenvolver em conjunto novos produtos eletromagnéticos. Ou pode acontecer seqüencialmente, como quando a capacidade de projeto de uma empresa é combinada com a capacidade de produção de outra. Isso resulta em **sinergia**, o efeito 2 + 2 = 5 (Ansoff, 1965).

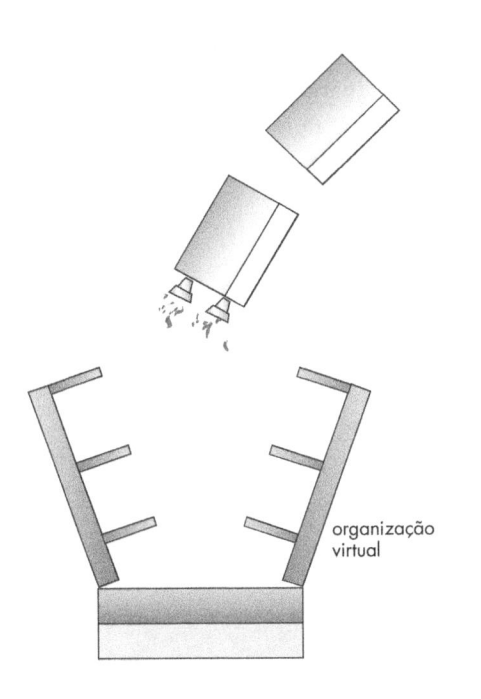

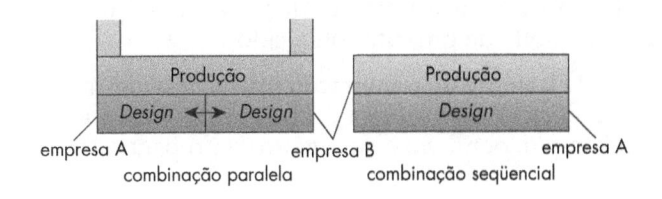

O Projétil (Produtos e Serviços)

Prosseguir ao longo da cadeia de valor vai afinal criar um produto (ou serviço) que será lançado para um mercado-alvo. As formas como isso pode ser feito são descritas, segundo a escola de posicionamento, por um conjunto de **estratégias genéricas** (Porter, 1980). Podemos usar nossa metáfora para descrever um amplo leque delas (com base em Mintzberg, 1988), segundo a natureza do projétil (tamanho, forma, espessura, etc.) e a seqüência de projéteis lançados (freqüência, direção, etc.). Primeiro vêm as estratégias genéricas, que caracterizam o produto em si:

estratégia de **integração vertical** – incorporando os fornecedores **à montante** e os clientes intermediários **à jusante**, de forma que você possa controlar estritamente as atividades deles – foi substituída por uma nova de **terceirização**, resultando na **organização virtual**.

As competências podem ser combinadas de várias formas, por exemplo, por meio de *joint-ventures* ou outras formas de **alianças** com parceiros, acordos de licen-

Estratégia de baixo custo ou de **diferenciação de preço** (significando produção de alto volume, tipo *commodity*)

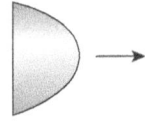

Estratégia de diferenciação de imagem (p.ex.: embalagem bonita)

Estratégia de diferenciação de suporte (p. ex.: prestação de serviço pós-venda)

Estratégia de diferenciação de qualidade (p. ex.: mais durável, mais confiável, melhor desempenho)

Estratégia de diferenciação de *design* (ex.: diferenças na função)

Depois vêm as estratégias que aprimoram ou estendem o âmbito de produtos oferecidos:

Estratégia de penetração (oferecer o mesmo produto mais intensamente no mesmo mercado, por exemplo, por meio de aumento na propaganda)

Estratégia de pacote (vender dois produtos juntos, como *software* junto com o computador)

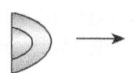

Estratégia de desenvolvimento de mercado (oferecer o mesmo produto em novos mercados)

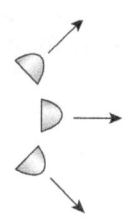

Estratégia de desenvolvimento de produto (oferecer novos produtos ao mesmo mercado)

Estratégia de diversificação (oferecer produtos diferentes para mercados diferentes)

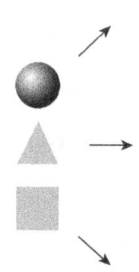

independentemente de os produtos serem **relacionados** ou **não-relacionados**

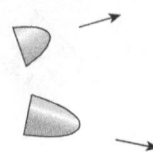

e de isso ser feito por meio da **aquisição** de outras empresas

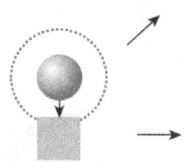

ou de **desenvolvimento interno** de novos produtos/mercados.

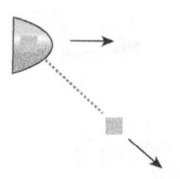

O ALVO (MERCADOS)

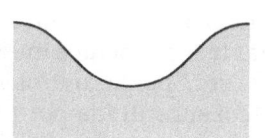

Novamente, a metáfora pode ser usada para fins de ilustração, mas aqui mostramos as características genéricas dos mercados (o local visado), primeiro por tamanho e divisibilidade, depois por localização e finalmente por estágio de evolução ou mudança.

Mercado de massa (grande, homogêneo)

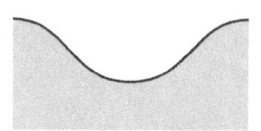

Mercado fragmentado (muitos nichos pequenos)

Mercado segmentado (segmentos de demanda diferenciada)

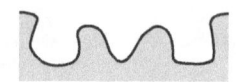

Mercado restrito (poucos e ocasionais compradores, como na área de reatores nucleares)

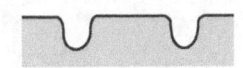

Mercados geográficos (observados da perspectiva de local)

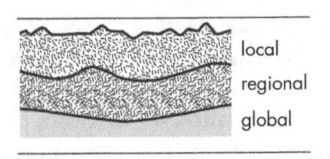

Mercado emergente (jovem, ainda não definido claramente)

Mercado estabelecido (maduro) (claramente definido)

Mercado desgastado

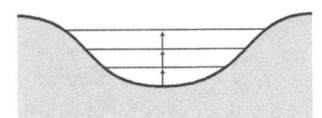

Mercado em erupção (passando por mudanças desestabilizadoras)

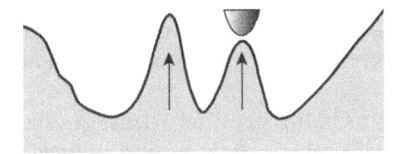

INDÚSTRIA E GRUPO

Onde termina um mercado e começa outro? Em nossa discussão, transpusemos as preocupações de várias disciplinas associadas à estratégia, desde as teorias de organização (a plataforma de lançamento) até gestão estratégica (o projétil) e depois *marketing* (o alvo). Aqui, ao elaborar mais detalhadamente o alvo, ou mais exatamente a natureza do terreno visado, passamos para o campo da economia, com foco em "setor".

Os economistas gastam muito tempo tentando identificar setores (pela definição de códigos SIC e outros). Porém, isso é muito arbitrário pois, em geral, eles nem bem identificam um segmento, e um estrategista o destrói (pois um dos trabalhos do estrategista é desintegrar os mesmos setores que os economistas identificam, como no caso da CNN, que pega um programa de notícias e o transforma em um subsegmento, especificamente, uma rede de televisão por seus próprios méritos).

Em nossa terminologia, um setor pode ser definido como panorama de mercados associados, isolados dos outros por bloqueios no terreno. Na literatura de economia e posicionamento estratégico, esses bloqueios são conhecidos como **barreiras de entrada** – por exemplo, algum tipo de conhecimento especial ou laços estreitos com o cliente que mantém potenciais competidores afastados. Michael Porter (1980) elaborou essa questão com sua noção de **grupo estratégico**, realmente um tipo de subsetor, empresas que adotam estratégias similares (por exemplo, revistas de notícias nacionais em oposição a revistas voltadas para públicos específicos, como fotógrafos amadores). Elas são diferenciadas por **barreiras de mobilidade**, em outras palavras, dificuldades para transferir-se para o grupo mesmo que esteja dentro do setor geral. Esses conceitos se encaixam facilmente em nossa metáfora, com barreiras mais altas para os setores e mais baixas para os grupos estratégicos, como segue:

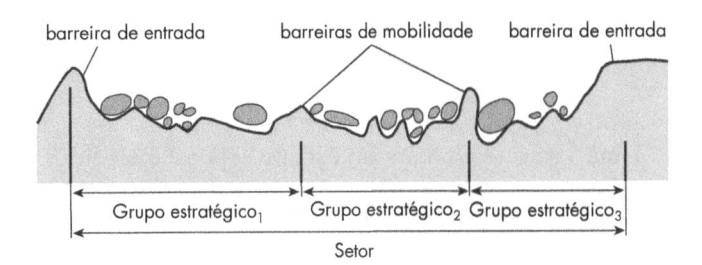

O AJUSTE (POSIÇÕES ESTRATÉGICAS)

Quando produtos e mercados (projéteis e alvos) são reunidos, alcançamos o conceito central de gestão estratégica, ou seja, **ajuste**, ou a posição estratégica em si – como os produtos se situam no mercado. O ajuste é discutido, logicamente, primeiro em termos de comparação entre a amplitude dos produtos oferecidos e os mercados atendidos (o que Porter chamada de **escopo**). Depois disso, devemos nos voltar para a qualidade do ajuste e para as formas de melhorá-lo.

Estratégia de *commodity* visa a um mercado de massa (percebido) com um produto único, padronizado

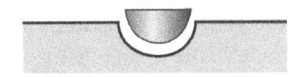

Estratégia de segmentação visa a um mercado segmentado (percebido) com diversos produtos voltados para cada um dos diferentes segmentos

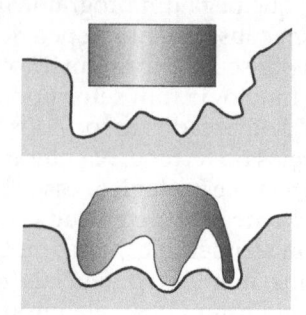

Estratégia de nicho visa a um pequeno segmento de mercado isolado com um produto claramente delineado.

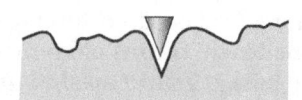

Estratégia de personalização (o extremo em criação de nicho e segmentação) projeta ou cria cada produto específico para uma determinada necessidade do cliente (como uma casa projetada por um arquiteto)

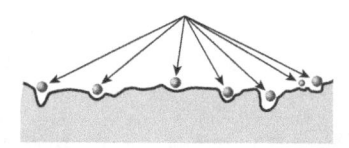

Uma vez que o ajuste ou escopo seja estabelecido, a atenção se volta para sua força, ou seja, o quanto ele é seguro – sua durabilidade ou **sustentabilidade**. Aqui os conceitos da escola de posicionamento são menos desenvolvidos, então usamos nossa metáfora para apresentar alguns novos conceitos que podem ser úteis.

Em primeiro lugar, identificamos o **ajuste natural** – no qual produto e mercado se encaixam naturalmente um ao outro, independentemente de o produto ter criado o mercado ou de o mercado ter encorajado o desenvolvimento do produto. Ajuste natural é inerentemente sustentável (por exemplo, porque normalmente há lealdade intrínseca do cliente, talvez assegurada pelos altos custos de mudança).

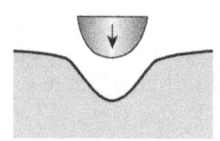

Ajuste natural: pressão do produto

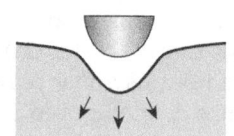

Ajuste do produto: atração do mercado

Isso é diferente de **ajuste forçado**, e também de **ajuste vulnerável**, que é fraco e facilmente desalojado, seja pelo ataque de competidores, seja por perda de interesse dos clientes.

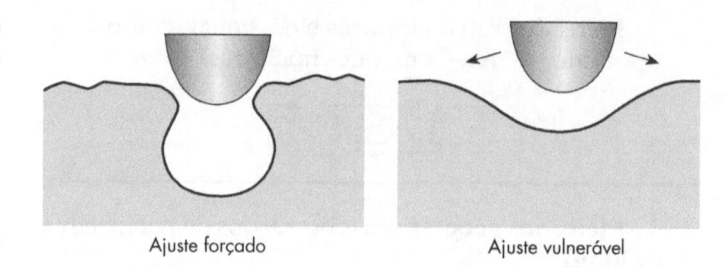

Ajuste forçado

Ajuste vulnerável

Quando o ajuste não é perfeito (como sempre ocorre em um mundo imperfeito), e por isso não é facilmente sustentável, devemos prestar atenção ao que podemos chamar de **mecanismos de reforço,** para melhorá-lo, ou **mecanismos isolantes**, para protegê-lo. Inspirados por nossa metáfora, sugerimos três tipos de mecanismos:

Estratégia de perfuração (entrar mais profundamente no mercado, por exemplo, usando a propaganda para fortalecer a lealdade à marca – mas isso pode sair caro)

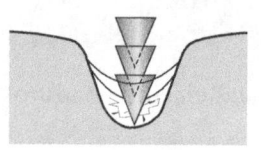

Estratégia de pacote (aumentando o ajuste com o acréscimo de elementos de suporte, como serviços pósvenda fortes, ou o uso de marcas de apoio – mas o vendedor pode acabar em um beco sem saída)

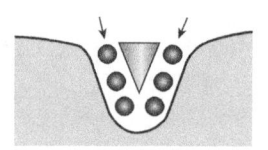

Estratégia de reforço (construir barreiras ou **abrigos** ao redor do ajuste, como a busca de proteção tarifária ou patente, ou assinar contratos de longo prazo com clientes – mas isso pode ruir, ou ainda, na verdade, pode cegar o vendedor para mudanças que ocorrem ao seu redor)

Também pode haver uma **estratégia de aprendizado** para melhorar o ajuste por meio da adaptabilidade, por exemplo, percorrendo a **curva de experiência** para tirar vantagem do fluxo regular de aprendizado que vem de produção de mais e mais produtos, ou simplesmente ao conhecer melhor as necessidades dos clientes, ou aproveitar as vantagens das **complementaridades** que vêm de diferentes partes de uma estratégia que reforça outra, como franquia e preparo em massa no varejo de alimentação rápida.

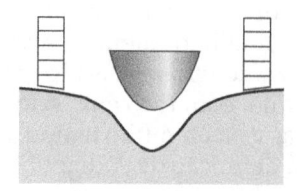

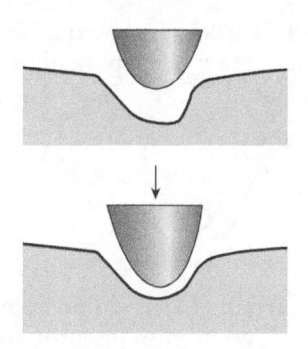

Evidentemente, se pode haver ajuste natural, ajuste forçado e ajuste vulnerável, também pode haver **desajuste**. Esse conceito ainda não foi muito desenvolvido pela literatura, mas podemos ao menos oferecer algumas idéias aqui:

Desajuste de capacidade (o que é oferecido excede o que o mercado pode receber)

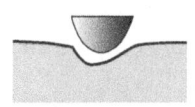

Desajuste de competência (as competências do produto não atendem às necessidades de mercado)

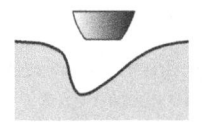

Desajuste de projeto (o projeto é incorreto para o mercado)

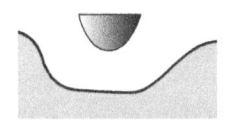

Desajuste de perda (estar preso em um mercado devido a barreiras de **saída**, como ocorre com máquinas especializadas, que não podem ser usadas em nenhum outro lugar).

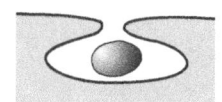

Desajuste míope (o produtor não pode ver o mercado – talvez devido a uma longa concentração em outros mercados)

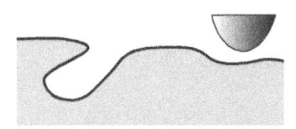

Desajuste de localização (o produtor está no local errado e não consegue alcançar o mercado – talvez porque algumas barreiras sejam muito altas)

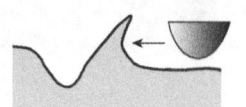

RIVALIDADE (COMPETIÇÃO)

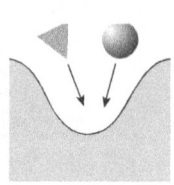

Até aqui, quase todas as relações têm sido entre um único vendedor e um ou mais mercados-alvo. Mas vendedores, assim como os compradores, não estão mais sozinhos. Há **rivalidade** no mercado, consistindo em **competidores** – capazes de fazer melhor ou fazer diferente. Então retornamos à economia para descrever várias situações competitivas.

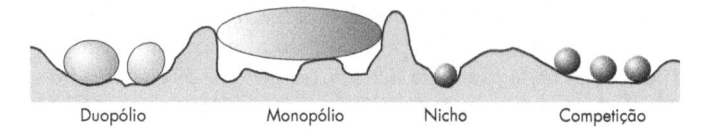

Duopólio   Monopólio   Nicho   Competição

Líder de mercado (ou **empresa dominante**)

Competição estável

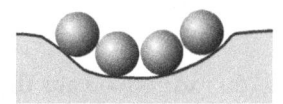

Competição multiponto (capacidade de agir em um mercado para influenciar as ações do competidor em outro mercado)

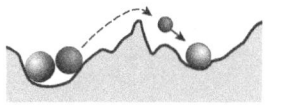

Competição instável (em um mercado maduro)

Competição instável (em um mercado emergente)

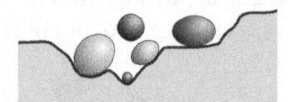

CONTESTABILIDADE

Obviamente, mercados são **contestáveis**. Novos competidores podem tentar entrar. Aqui nos baseamos especialmente na literatura da estratégia militar, adaptada para os negócios por escritores como Quinn (1980) e Porter (1980).

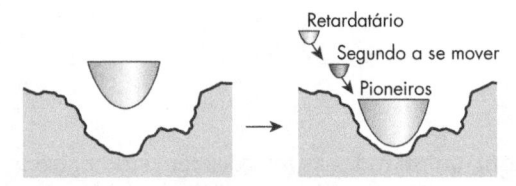

Os **pioneiros** tentam se posicionar em novos mercados para manter os rivais afastados. Mas os **retardatários** (incluindo o segundo a se mover) surgem e buscam uma fatia, quando não tentam eliminar totalmente seus rivais. (**A janela estratégica** refere-se ao período de oportunidade que ocorre quando se torna possível uma investida inicial ou posterior, por exemplo, porque o rival está tendo problemas, como uma greve na fábrica, ou porque os clientes ficaram subitamente vulneráveis a uma mudança de marca). Os retardatários usam vários tipos de estratégia militar:

Ataque frontal (por **concentração de forças**, p. ex., redução de custos)

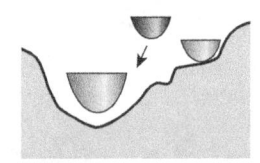

Ataque lateral (ou **indireto** ou **aos flancos**), talvez por

– campo minado (p. ex., tirando os clientes menos leais através de preços mais baixos)

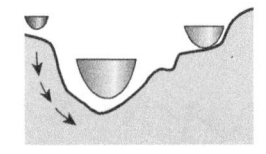

– ataque à marca de suporte (para desalojar a principal)

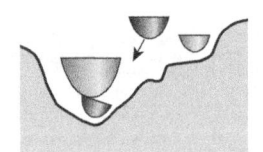

– ataque às fortificações, por meio de **estratégia de demolição** (p. ex., fazer *lobby* para eliminação das barreiras tarifárias)

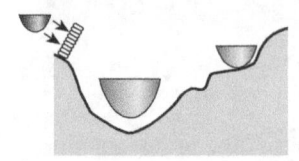

Ataque de guerrilha (série de pequenos ataques do tipo "bater e fugir", como movimentos súbitos de grandes descontos)

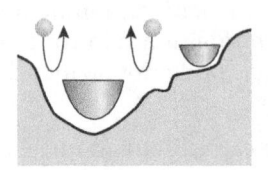

Sinalização dissimulada de mercado (dar a impressão de fazer algo, como pretender aumentar uma fábrica, para assustar um potencial competidor)

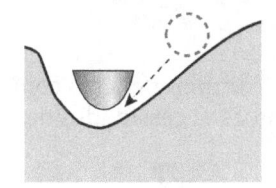

Os retardatários também podem tentar criar pequenos territórios por meio de estratégias de nicho (algumas vezes chamadas de "recolher as migalhas").

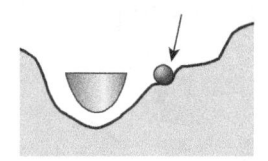

Finalmente, rivais podem chegar a um acordo com os atores já existentes de forma que tudo se resolva com uma **estratégia colaborativa**, talvez em um acordo confortável de fixação de preços ou um **cartel** de alocação de mercado.

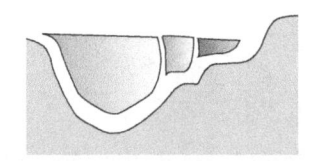

O estrategista verdadeiramente criativo, porém, se esquiva de todas essas categorias, ou pelo menos tenta recombiná-las de maneira criativa, para desenvolver uma **estratégia original**, para a qual não há diagrama, pois ninguém pode descrevê-la!

Capítulo 5
Formação da Estratégia

Os textos dos últimos dois capítulos descrevem como as estratégias deveriam ser feitas e, dessa forma, ilustram o lado prescritivo da área. Este capítulo traz leituras que descrevem como as estratégias realmente parecem ser feitas, o *lado descritivo*. Demos a este capítulo o título de "Formação da estratégia" para enfatizar o ponto apresentado no Capítulo 1, de que as estratégias podem ser formadas implicitamente e também podem ser formuladas explicitamente.

Os capítulos anteriores podem parecer lidar com uma utopia inatingível, e este com uma realidade imperfeita. Mas uma conclusão melhor pode ser que a prescrição oferece orientações úteis para pensar sobre os fins e sobre como ordenar os recursos físicos eficientemente para atingir esses fins, enquanto que a descrição fornece uma estrutura de referência útil para considerar como esses fins devem estar relacionados aos modelos de comportamento do mundo real nas organizações. Outra forma de dizer isso é que, embora as ferramentas analíticas e os modelos prescritos anteriormente sejam vitais para pensar sobre estratégia, eles também devem estar enraizados em um entendimento genuíno das realidades organizacionais. Infelizmente, autores que escrevem sobre gestão sempre foram rápidos para prescrever sem oferecer explicações suficientes sobre as razões pelas quais executivos e organizações agem da forma como fazem.

Começamos com um texto de Henry Mintzberg chamado "Moldando a estratégia", que sugere que os gerentes devem moldar as estratégias da mesma forma que os artesãos moldam a argila. Esse texto também faz referência ao texto de Mintzberg no Capítulo 1 sobre as diferentes formas de estratégia, aprofundando mais o conceito de estratégia emergente.

No texto seguinte, Kathy Eisenhardt, da Stanford University, descreve estratégia como um processo de tomada de decisão. Especialmente apropriado para as condições mais contemporâneas e dinâmicas de muitos setores (que ela chama de "alta velocidade"), Eisenhardt vê o processo estratégico como um conjunto de movimentos rápidos que usa a intuição coletiva em um empreendimento, estimula conflitos para melhorar o pensamento e mantém um ritmo disciplinado de tomada de decisões, ao mesmo tempo em que enfraquece o comportamento político dispendioso.

Em um capítulo que desafia muitas das noções aceitas sobre como fazer a estratégia, a próxima leitura pode ser a mais perturbadora de todas. Nela, Richard Pascale, um consultor, escritor e palestrante muito conhecido da Stanford Business School, desafia de frente não apenas o enfoque completo de análise de estratégia (como mostrado no último capítulo), especialmente como praticado pelo Boston Consulting Group (BCG), uma das mais conhecidas "consultorias de estratégia", mas também o conceito específico de formulação da estratégia em si.

Como ponto de partida, Pascale descreve um estudo do BCG feito para o governo britânico, explicando como os produtores daquele país perderam o mercado norte-americano de motocicletas para os japoneses e para a Honda em particular. A análise parece impecável e eminentemente lógica: os japoneses simplesmente eram mais inteligentes, pensando em uma estratégia brilhante antes de agir. Mas, então, Pascale voou para o Japão e entrevistou esses executivos inteligentes que puseram em prática esse ardil. Vamos deixar a história para Pascale, que a conta com muitos detalhes, exceto para deixar aqui sua mensagem básica: a abertura para o aprendizado e o comprometimento feroz com uma organização e seus mercado pode fazer mais pela criação de estratégia do que todas as análises brilhantes que podemos imaginar. (Pergunte-se, enquanto lê esses relatos, como o comportamento estratégico dos fabricantes de motocicleta britânicos que receberam o relatório do BCG poderia ser diferente se eles tivessem recebido a história de Pascale.) Pascale, na verdade, adota os argumentos para incrementalismo e criação de estratégia como um processo de criação e aprendizado para suas conclusões naturais.

Quem lê o relato de Pascale jamais se sentirá novamente muito complacente em relação à análise racional de estratégia. Incluímos este texto, porém, não para encorajar rejeição à análise ou ao pensamento muito sólido que havia nos trabalhos de Porter, Ansoff e outros. Ao contrário, queremos equilibrar a mensagem transmitida em grande parte da literatura estratégica com lições práticas do campo. O ponto é que estratégias bem-sucedidas não podem mais se basear exclusivamente em tais análises, nem podem existir sem elas.

O próximo texto, de Andrew Mair, do Birbeck College da University of London, escrito especialmente para esta edição, vai ainda mais além. Mair argumenta que muitos autores bem conhecidos no campo de estratégia usaram a Honda para promover seus próprios ângulos em estratégia, excluindo os demais (voltando às dez escolas e ao caso do elefante). De acordo com sua visão, todos esses relatos são tendenciosos. Eles ignoram informações cruciais e interpretam os fatos para fazer seus próprios casos. Esses relatos podem nos dizer mais sobre as necessidades de acadêmicos e consultores do que sobre o comportamento da Honda. Mair oferece uma interpretação diferente e mais sensata do verdadeiro comportamento da Honda.

Como sugerimos na introdução deste livro, não há verdades absolutas, apenas aproximações da verdade – tentando reconciliar perspectivas opostas, cada uma com suas próprias parcelas de verdade. Como observou Alfret North Whitehead, "busque a simplicidade e desconfie dela."

Usando os Estudos de Caso

"Moldando a estratégia", de Mintzberg, sugere que a formação de estratégia é sempre bastante emergente. Enxergamos isso melhor se assumirmos uma visão mais ampla, por exemplo, no caso da Lufthansa, no qual a estratégia se desenvolve durante um longo período. Mas e os períodos curtos? Certamente, aqui não há muito escopo para surgimento de estratégia.

Leitura 5.1
Moldando a Estratégia[1]
por Henry Mintzberg

Imagine alguém planejando uma estratégia. O que possivelmente vem à cabeça é uma imagem de pensamento ordenado: um gerente sênior, ou um grupo deles, sentados em um escritório, formulando cursos de ação que todos os demais vão implementar ou programar. A idéia básica é razão – controle racional, análise sistemática de concorrentes e mercados, das forças e fraquezas da empresa, com a combinação dessas análises produzindo estratégias claras, explícitas, desenvolvidas.

Agora imagine alguém *moldando* estratégia. Deve resultar uma imagem totalmente diferente, tão diferente de planejamento como criação é diferente de mecanização. Moldar evoca habilidade tradicional, dedicação, perfeição por meio do domínio dos detalhes. O que vem à cabeça não é tanto pensamento e razão, mas sim envolvimento, um sentimento de intimidade e harmonia com os materiais disponíveis, desenvolvido através de longa experiência e comprometimento. A formulação e a implementação se unem em um processo fluido de aprendizado pelo qual as estratégias criativas se desenvolvem.

Minha tese é simples: a imagem de moldagem captura melhor o processo por meio do qual ganham vida as estratégias efetivas. A imagem de planejamento, muito popular na literatura, distorce esses processos e, desse modo, desorienta a organização que a adota sem reservas.

Ao desenvolver esta tese, devo me basear nas experiências de um único artesão, um oleiro, e compará-las com os resultados de um projeto de pesquisa que acompanhou as estratégias de diversas corporações durante muitas décadas. Como os dois contextos são obviamente diferentes, minha metáfora, como minha afirmação, pode parecer improvável a princípio. Contudo, se pensarmos em um artesão como uma organização, podemos ver que ele também precisa resolver um dos maiores desafios enfrentados pelo estrategista corporativo: conhecer as capacidades da organização o suficiente para pensar profundamente sobre sua direção estratégica. Ao considerar a criação de estratégia da perspectiva de uma pessoa, livre de toda a parafernália do que é chamado de indústria da estratégia, podemos aprender algo sobre a formulação da estratégia na corporação. Da mesma forma como nosso oleiro tem que administrar sua arte, nossos gerentes também têm que criar sua estratégia.

No trabalho, o oleiro senta-se em frente a uma massa de argila que fica girando. A cabeça dele está na argila, mas ele também está ciente de estar diante de suas experiências passadas e suas projeções futuras. Ele sabe exatamente o que deu certo e o que não deu, no passado. Ele tem um conhecimento íntimo de seu trabalho, suas aptidões e seus mercados. Como artesão, ele sente mais do que analisa essas coisas; seu conhecimento é "tácito". Todas essas coisas vão trabalhando em sua mente enquanto sua mãos vão moldando a argila. O produto que surge na roda possivelmente estará dentro da tradição de seu trabalho anterior, mas ele pode romper com tudo e embarcar em uma nova direção. Ainda assim, o passado não é menos presente, projetando-se no futuro.

Na minha metáfora, gerentes são artesãos e estratégia é sua argila. Como o oleiro, eles ficam entre o passado das capacidades corporativas e o futuro das oportunidades de mercado. E, se forem verdadeiros artesãos, trarão para seu trabalho um conhecimento igualmente íntimo dos materiais que têm em mãos. Essa é a essência da criação de estratégia.

---

[1] Publicado originalmente em *Harvard Business Review* (July-August 1987) e ganhador do prêmio McKinsey como segundo melhor artigo no *Review* em 1987. Copyright © 1987 pelo presidente e colegas do Harvard College; todos os direitos reservados. Reimpresso com cortes sob permissão de *Harvard Business Review*.

1. Estratégias são Planos para o Futuro e Também Modelos do Passado

Pergunte para as pessoas o que é estratégia e quase todas vão defini-la como um plano de algum tipo, um guia explícito para comportamento futuro. Depois, pergunte a elas que estratégia um concorrente, ou o governo, ou até elas mesmas já adotaram de fato. As chances são de que descrevam consistência em comportamento passado – um modelo de ação durante um período de tempo. A estratégia, como podemos ver, é uma daquelas palavras que as pessoas definem de uma forma e usam de outra, sem perceber a diferença.

A razão para isso é simples. Apesar da definição formal de estratégia e de suas origens militares gregas, precisamos da palavra tanto para explicar ações passadas como para descrever o comportamento pretendido. Afinal, se estratégias podem ser planejadas e pretendidas, elas também podem ser adotadas e realizadas (ou não realizadas, se for o caso). E modelo de ação, ou o que chamamos de estratégia realizada, explica essa busca. Além do mais, assim como um plano não precisa produzir um padrão (algumas estratégias pretendidas simplesmente não se realizam), um padrão também não precisa resultar de um plano. Uma organização pode ter um padrão (ou uma estratégia realizada) sem saber, o que a impede de explicitá-lo.

Padrões, assim como a beleza, estão na cabeça de quem os vê, evidentemente. Mas encontrá-los em uma organização não é tão difícil. Mas e as estratégias pretendidas, aqueles planos e pronunciamentos formais sobre os quais pensamos quando usamos o termo *estratégia*? Ironicamente, aqui enfrentamos todos os tipos de problemas. Mesmo com um único artesão, como podemos saber quais eram de fato suas estratégias pretendidas? Se pudéssemos voltar atrás, encontraríamos expressões de intenção? E, se encontrássemos, poderíamos acreditar nelas? Sempre nos enganamos, e enganamos aos outros também, negando nossos motivos subconscientes. E lembre-se de que intenções são simples, ao menos quando comparadas com realizações.

Lendo a Mente da Organização

Se você acha que tudo isso está mais relacionado aos recessos freudianos da cabeça de um artesão do que às realidades práticas da produção de automóveis, pense novamente. Pois, quem sabe o que as estratégias pretendidas de uma organização realmente significam, muito menos o que elas são? Podemos simplesmente assumir nesse contexto coletivo que as estratégias pretendidas da empresa são representadas por planos formais ou por outras declarações provenientes dos escritórios executivos? Será que são apenas esperanças vãs ou racionalizações ou pretextos para enganar a concorrência? E mesmo se as intenções expressas existirem, até que ponto as várias pessoas na organização as compartilham? Como lemos as mentes coletivas? Quem é o estrategista, afinal?

A visão tradicional de gestão estratégica resolve esses problemas de forma muito simples, por meio daquilo que os teóricos organizacionais chamam de atribuição. Vemos isso o tempo todo na imprensa comercial. Quando a General Motors age, é porque seu CEO elaborou uma estratégia. Havendo realização, tem que ter havido intenção, e isso é automaticamente atribuído ao presidente.

Em um pequeno artigo de revista, essa suposição é compreensível. Os jornalistas não têm muito tempo para descobrir as origens das estratégias, e a GM é uma organização grande e complicada. Mas considere toda a complexidade e confusão que acompanha essa suposição – todas as reuniões e debates, as muitas pessoas, os impasses, as revelações e os desdobramentos de idéias. Agora imagine tentar criar um sistema formal de elaboração de estratégia em torno dessa suposição. Dá para imaginar que o planejamento estratégico formal seja sempre esse fracasso proclamado?

Para esclarecer parte da confusão – e sair da complexidade artificial que armamos em torno do processo de elaboração de estratégia – precisamos retomar alguns conceitos básicos. O mais básico de todos é a conexão íntima entre pensamento e ação. Essa é a chave para criar e, conseqüentemente, também para a criação de estratégia.

2. Estratégias Não Precisam ser Deliberadas – Também Podem Emergir, Mais ou Menos

Literalmente tudo que já foi escrito sobre elaboração de estratégia descreve isso como um processo deliberado. Primeiro pensamos, depois agimos. Formulamos, depois implementamos. A progressão parece perfeitamente sensata. Por que alguém iria querer agir de forma diferente?

Nosso artesão está no estúdio, girando a argila para fazer uma escultura arredondada. A argila gruda no pino giratório e uma forma arredondada aparece. Por que não fazer um vaso cilíndrico? Uma idéia leva à outra, até que um novo padrão se forme. A ação conduziu o pensamento: uma estratégia surgiu.

Lá fora, um vendedor visita um cliente. O produto não está muito bom e, juntos, eles elaboram algumas modificações. O vendedor retorna para sua empresa e transmite as mudanças; depois de duas ou três rodadas, eles finalmente chegam lá. Surge um novo produto, que eventualmente abre um novo mercado. A empresa mudou seu curso estratégico.

Na verdade, a maioria dos vendedores tem menos sorte do que esse ou do que nosso artesão. Em uma organização de uma pessoa só, o implementador é o formulador, então as inovações podem ser incorporadas na estratégia rápida e facilmente. Em uma grande organização, o inovador pode estar dez níveis distante do líder que supostamente dita a estratégia e pode precisar vender a idéia a dezenas de pares que fazem o mesmo trabalho.

Alguns vendedores, evidentemente, podem ir em frente por si mesmos, modificar produtos para atender seus clientes e convencer os trabalhadores da fábrica a produzi-los. Na verdade, eles adotam suas próprias estratégias. Talvez ninguém repare ou se preocupe. Algumas vezes, porém, suas inovações são notadas, talvez anos mais tarde, quando as estratégias predominantes da empresa forem destruídas, e seus líderes estiverem buscando algo novo. Então, a estratégia do vendedor pode ser autorizada a entrar no sistema, a tornar-se organizacional.

Essa história é improvável? Certamente, não. Nós todos já ouvimos histórias como essa. Mas como tendemos a ver apenas aquilo em que acreditamos, e se acreditamos que estratégias têm que ser planejadas, é improvável que vejamos o real significado de histórias como essa.

Considere como a National Film Board of Canada (NFB) adotou uma estratégia para seus filmes. A NFB é uma agência governamental federal, famosa por sua criatividade e experiência na produção de documentários curtos. Há alguns anos, ela financiou um produtor em um projeto que acabou sendo inesperadamente longo. Para distribuir esse filme, a NFB procurou os cinemas e inadvertidamente ganhou experiência na comercialização de filmes de longa metragem. Outros produtores adotaram a idéia e no final a NFB acabou adotando uma estratégia de produção de filmes – um modelo para produzir tais filmes.

Meu ponto é simples, ilusoriamente simples: estratégias podem *formar-se* e também ser *formadas*. Uma estratégia realizada pode surgir em resposta a uma situação que evolui, ou pode ser criada deliberadamente, por meio de um processo de formulação seguido por implementação. Mas quando essas intenções planejadas não produzem as ações desejadas, as organizações acabam ficando com estratégias não-realizadas.

Hoje ouvimos muito sobre estratégias não-realizadas, quase sempre relacionadas à reclamação de falha na implementação. A gerência foi negligente, os controles eram frouxos, as pessoas não estavam comprometidas. As desculpas abundam. Alguma vezes, na verdade, elas podem ser válidas. Mas em geral essas explicações são muito fáceis. Então algumas pessoas olham além da implementação para ver a formulação. Os estrategistas não foram suficientemente astutos.

Embora certamente seja verdade que muitas estratégias pretendidas são malconcebidas, acredito que o problema sempre está um passo à frente, na diferença que fazemos entre formulação e implementação, a suposição comum de que o pensamento deve ser independente e deve preceder a ação. Certamente, as pessoas podem ser mais inteligentes – mas não apenas concebendo estratégias mais brilhantes. Algumas vezes, elas podem ser mais inteligentes ao permitir que as estratégias se desenvolvam gradualmente, por meio de ações e experiências da organização. Estrategistas inteligentes entendem que não podem ser sempre inteligentes o suficiente para pensar em tudo com antecedência.

Mãos e Mentes

Nenhum artesão pensa em alguns dias e trabalha em outros. A mente do artesão funciona constantemente, em associação com suas mãos. Não obstante, algumas organizações tentam separar trabalho mental de trabalho manual. Ao fazê-lo, elas sempre rompem o *link* de resposta vital entre as duas coisas. O vendedor que encontra um cliente com uma necessidade não-atendida pode possuir a parcela de informação mais estratégica em toda a organização. Mas a informação é inútil se ele não puder criar uma estratégia em resposta a ela ou transmitir a informação a alguém que possa fazê-lo – porque os canais estão bloqueados ou porque os formuladores simplesmente deixaram de formular. A noção de que estratégia é algo que deve seguir seu curso até o fim, longe dos detalhes da administração diária de uma organização, é uma das maiores falácias do gerenciamento estratégico convencional. E explica muitas das mais drásticas falhas na política empresarial e pública atual.

As estratégias como a da NFB, que surgem sem intenções claras – ou apesar delas – podem ser chamadas de emergentes. As ações simplesmente convergem em modelos. Elas podem se tornar deliberadas, evidentemente, se o modelo for reconhecido e legitimado pela gerência sênior. Mas isso vem depois do fato.

Tudo isso pode soar estranho, eu sei. Estratégias que emergem? Gerentes que reconhecem estratégias já formadas? Há anos encontramos muita resistência por parte de pessoas aborrecidas pelo que elas acreditam ser nossa definição passiva de uma palavra tão associada a comportamento proativo e liberdade de expressão. Afinal de contas, estratégia significa controle – os gregos antigos a utilizavam para descrever a arte do general do exército.

Aprendizado Estratégico

Mas persistimos nesse uso por uma razão: aprendizado. A estratégia puramente deliberada impede o aprendizado uma vez que a estratégia é formulada; a estratégia emergente promove o aprendizado. As pessoas executam as ações uma a uma e respondem a elas, de maneira que os padrões acabam sendo formados.

Nosso artesão tenta fazer uma forma escultural livre. Isso não funciona, então ele arredonda um pouco aqui, nivela um pouco ali. O resultado parece melhor, mas ainda não totalmente correto. Ele tenta mais uma vez, e mais uma, e mais uma. No final, depois de dias ou meses ou anos, ele finalmente tem aquilo que queria. Ele tem uma nova estratégia.

Na prática, evidentemente, toda elaboração de estratégia tem dois caminhos: um deliberado, outro emergente. Assim como a elaboração de estratégia puramente deliberada impede o aprendizado, a elaboração de estratégia puramente emergente impede o controle. Levados ao extremo, nenhum desses pontos de vista faz muito sentido. Aprendizado deve estar associado a controle. Essa é a razão pela qual usamos a palavra *estratégia* tanto para comportamento emergente como para deliberado.

Da mesma forma, não existe uma estratégia puramente deliberada ou uma puramente emergente. Nenhuma organização – nem aquelas comandadas pelos antigos generais gregos – sabe o suficiente para prever tudo com antecedência, para ignorar o aprendizado no caminho. E nenhuma – nem mesmo a do artesão solitário – pode ser flexível o suficiente para deixar tudo ao acaso, para desistir de todo o controle. Criar exige controle, assim como exige receptividade do material que se tem em mãos. Assim, estratégias deliberada e emergente formam as extremidades de uma linha contínua ao longo da qual as estratégias criadas no mundo real podem ser encontradas. Algumas estratégias podem se aproximar de uma extremidade ou de outra, mas a maioria fica nos pontos intermediários.

3. Estratégias Efetivas Desenvolvem-se em Todo(s) Tipo(s) de Caminhos Estranhos

As estratégias efetivas podem aparecer em locais estranhos e se desenvolver por meio das formas mais inesperadas. Não há um caminho melhor para criar estratégias.

A forma do gato de cerâmica desmorona na roda, e nosso artesão vê um touro tomando forma. A argila gruda no pino rolante, resultando em uma linha de cilindros. Um disco é formado devido à falta de argila e ao espaço limitado do forno durante uma visita a um estúdio na França. Assim, erros se transformam em oportunidades e limitações estimulam a criatividade. A propensão natural para o experimento, ainda que aborrecida, também estimula a mudança estratégica.

As organizações que criam suas estratégias têm experiências similares. Lembre-se da National Film Board com seu inesperado longa metragem. Ou considere suas experiências com filmes experimentais, que fazem uso especial de animação e som. Durante 20 anos, a NFB produziu uma série simples, mas contínua de tais filmes. Na verdade, todos os filmes exceto um naquela série foram produzidos por uma única pessoa, Norman McLaren, o produtor mais celebrado da NFB. McLaren adotava uma *estratégia pessoal* de experimentação, deliberada para ele talvez (embora quem possa saber se ele tinha toda a série em mente ou se planejava um filme de cada vez?), mas não para a organização. Então, 20 anos mais tarde, outros seguiram seus passos e a série foi ampliada, e a estratégia pessoal dele tornou-se oganizacional.

Embora a NFB possa ser vista como um caso extremo, ela destaca um comportamento que pode ser encontrado, ainda que de forma modificada, em todas as organizações. Aqueles que duvidam devem ler o relato de Richard Pascale sobre como a Honda conseguiu um enorme sucesso no mercado norte-americano de motocicletas [o próximo artigo neste livro].

Criação de Estratégia Popular

Essas estratégias refletem, no todo ou em parte, o que gostamos de chamar de método popular de gestão estratégica. As estratégias crescem como ervas daninhas em um jardim. Elas têm raízes em todos os tipos de lugares, onde quer que as pessoas tenham capacidade de aprender (porque estão em contato com a situação) e haja recursos para dar suporte a essa capacidade. Essas estratégias se tornam organizacionais quando passam a ser coletivas, ou seja, quando proliferam para guiar o comportamento da organização como um todo.

Evidentemente, essa visão é exagerada. Mas não é menos extrema do que a visão convencional de gestão estratégica, que pode ser rotulada como método estufa. Nenhuma das duas está correta. A realidade fica entre as duas. Algumas das estratégias mais eficazes que descobrimos em nossa pesquisa combinavam deliberação e controle com flexibilidade e aprendizado organizacional.

Considere primeiro o que chamamos de *estratégia guarda-chuva*. Aqui a gerência sênior estabelece diretrizes amplas (digamos, para produzir apenas produtos de margem alta com tecnologia de ponta ou para favorecer produtos que usam tecnologia de aderência) e deixa as diretrizes específicas (como definir o que serão esses produtos) para outros que estão abaixo deles na organização. Essa estratégia não é apenas deliberada (em suas diretrizes) e emergente (em suas especificações), mas também é deliberadamente emergente, no sentido de que o processo é conscientemente administrado para permitir que surjam estratégias durante o trajeto. A IBM usava a estratégia guarda-chuva no início dos anos 60 com a série 360, quando sua diretoria aprovou um conjunto de critérios amplos para o projeto de uma família de computadores, desenvolvido posteriormente em detalhes por toda a organização. [Ver o caso da IBM nesta seção].

Deliberadamente emergente também é o que chamamos de *estratégia de processo*. Aqui a gerência controla o processo de formação de estratégia – preocupando-se com o projeto da estrutura, o pessoal necessário, os procedimentos, etc. – enquanto deixa o conteúdo real para outras pessoas.

Tanto as estratégias de processo como as estratégias de guarda-chuva parecem ser especialmente predominantes em empresas que exigem grande especialização e criatividade – 3M, Hewlett-Packard, National Film Board. Tais organizações só podem ser eficazes se permitirem que seus implementadores sejam formuladores, pois são as pessoas em níveis hierárquicos mais baixos que estão em contato com a situação real e que têm a experiência técnica necessária. De certa forma, essas são as organizações povoadas por artesãos, todos os quais devem ser estrategistas.

4. REORIENTAÇÕES ESTRATÉGICAS ACONTECEM EM ESPAÇOS BREVES E SÚBITOS

A visão convencional de gestão estratégica, especialmente na literatura de planejamento, alega que a mudança deve ser contínua: a organização deve se adaptar o tempo todo. Contudo, essa visão é irônica pois o próprio conceito de estratégia está enraizado em estabilidade, não em mudança. Como essa mesma literatura deixa claro, as organizações adotam estratégias para estabelecer direções, para desenhar cursos de ação e para obter cooperação de seus membros em torno de diretrizes comuns. Por qualquer definição, estratégia impõe estabilidade a uma organização. Falta de estabilidade significa falta de estratégia (nenhum curso de ação para o futuro, nenhum modelo do passado). Na verdade, o próprio fato de ter uma estratégia, e especialmente de torná-la explícita (como a literatura convencional implora aos gerentes para fazer), cria resistência à mudança estratégica!

O que a visão convencional deixa de levar em conta, então, é como e quando promover a mudança. Um dilema fundamental na criação de estratégia é a necessidade de reconciliar as forças para estabilidade e para mudança – concentrar esforços e ganhar eficiências operacionais por um lado e, por outro, adaptar-se e manter o ritmo com um ambiente externo mutante.

ESPAÇOS SÚBITOS

Nossa própria pesquisa e a de nossos colegas sugerem que as organizações lidam com essas forças opostas atendendo primeiro uma e depois a outra. Períodos claros de instabilidade e mudança normalmente podem ser identificados em qualquer organização: embora seja verdade que determinadas estratégias possam estar sempre mudando marginalmente, parece igualmente verdade que grandes mudanças na orientação estratégica só ocorrem raramente.

Em nosso estudo sobre a Steinberg, Inc., uma grande cadeia de supermercados de Quebec com escritórios em Montreal, descobrimos apenas duas reorientações importantes em 60 anos, desde a fundação da empresa até meados dos anos 70: uma mudança para auto-serviço em 1933 e a introdução de centros de compras e financiamento público em 1953. Na Volkswagenwerk, constatamos apenas uma entre o final dos anos 40 e os anos 70, a tumultuada mudança de projeto do Beetle tradicional para o tipo Audi. E na Air Canada não encontramos nenhuma nas primeiras duas décadas aérea que se seguiram ao posicionamento inicial da empresa.

Nossos colegas da McGill, Danny Miller and Peter Friesen (1984), acharam esse padrão de mudança tão comum em seus estudos de várias empresas (especialmente nas de alto desempenho) que construíram uma teoria com base nisso, o qual chamaram de teoria súbita de mudança estratégica. O ponto básico deles é que as organizações adotam dois modelos diferentes de comportamento em tempos diferentes.

Na maior parte do tempo elas adotam uma determinada orientação estratégia. A mudança pode parecer contínua, mas ocorre no contexto daquela orientação (aperfeiçoando uma determinada fórmula de varejo, por exemplo) e normalmente resulta em fazer mais do mesmo, talvez melhor. Muitas organizações favorecem esses períodos de estabilidade porque elas atingem sucesso, não por mudar as estratégias, mas por explorar aquelas que já possuem. Elas, como os artesãos, buscam melhoria contínua usando suas competências diferenciadas em cursos estabelecidos.

Enquanto isso acontece, porém, o mundo continua a mudar, algumas vezes com lentidão, noutras de forma drástica. Assim, gradual ou repentinamente, a orientação estratégica da organização perde a sintonia com seu ambiente. Então pode ocorrer o que Miller e Friesen chamam de revolução estratégica. Aquele longo período de mudança evolucionária é repentinamente pontuado por uma breve rodada de agitação revolucionária, na qual a organização altera rapidamente muitos de seus modelos estabelecidos. Na verdade, ela tenta atingir rapidamente uma nova estabilidade para restabelecer uma postura integrada entre um novo conjunto de estratégias, estruturas e cultura.

Mas, e todas essas estratégias emergentes que crescem como erva daninha em toda a organização? A teoria súbita sugere que as de fato inovadoras são geralmente mantidas para verificação em algum lugar da organização até que uma revolução estratégica se torne necessária. Então, como uma alternativa a ter que criar novas estratégias do zero ou ter que importar estratégias genéricas dos concorrentes, a organização pode se voltar para seus próprios padrões emergentes para encontrar uma nova orientação. À medida que a velha e estabelecida estratégia se desintegra, as sementes da nova começam a se espalhar.

Essa teoria súbita de mudança parece se aplicar particularmente bem a grandes empresas de produção em massa, como a Volkswagenwerk. Como elas se baseiam muito em procedimentos padronizados, sua resistência à reorientação estratégica tende a ser especialmente feroz. Então vemos longos períodos de estabilidade quebrados por curtos períodos de mudança revolucionária. As reorientações estratégicas são de fato revoluções culturais.

Em organizações mais criativas vemos um modelo um pouco diferente de mudança e estabilidade, mais equilibrado. As empresas que fabricam produtos inovadores aparentemente precisam correr em todas as direções de tempos em tempos para sustentar sua criatividade. Contudo, elas precisam sossegar depois de tais períodos para encontrar alguma ordem no caos resultante – convergência depois da divergência.

Porém, seja por meio de revoluções súbitas, seja por meio de ciclos de convergência e divergência, as organizações parecem precisar separar no tempo as forças básicas para mudança e estabilidade, reconciliando-as ao atender uma de cada vez. Muitas falhas estratégicas podem ser atribuídas à mistura das duas ou a uma obsessão por uma dessas forças em detrimento da outra.

Os problemas são evidentes no trabalho de muitos artesãos. Por um lado, há aqueles que se apegam à perfeição de um único tema e nunca mudam. No final, a criatividade desaparece de seus trabalhos e o mundo os ignora – como ocorreu com a Volkswagenwerk até que a empresa foi abalada por uma revolução estratégica. E há aqueles que estão sempre mudando, que passam de uma idéia para outra e nunca sossegam. Como nunca surge um tema ou uma estratégia em seu trabalho, eles não podem explorar ou desenvolver nenhuma competência diferenciada. E, como seu trabalho não tem definição, é possível que ocorram crises de identidade, durante as quais nem os artesãos nem sua clientela saberão o que fazer. Miller e Friesen (1978: 921) descobriam esse comportamento também nas empresas convencionais e o chamaram de "a empresa impulsiva ficando cega". Quantas vezes vemos isso em empresas que caem na farra das aquisições?

5. Administrar Estratégia, Então, é Criar Pensamento e Ação, Controle e Aprendizado, Estabilidade e Mudança

A visão popular vê o estrategista como um planejador ou um visionário, alguém sentado em um pedestal ditando estratégias brilhantes para que os demais as implementem. Embora reconhecendo a importância de pensar antecipadamente e, em especial, a necessidade de visão criativa nesse mundo didático, gostaria de propor uma visão adicional do estrategista – como um reconhecedor de padrões, um aprendiz se você desejar – que administra um processo no qual as estratégias (e visões) podem surgir e também ser deliberadamente concebidas. Também desejo redefinir aquele estrategista para incluir alguém na entidade coletiva, formada por muitos atores cujas ações recíprocas falam sobre a mente da organização. Esse estrategista *encontra* estratégias tanto quanto as cria, sempre em padrões formados inadvertidamente em seu próprio comportamento.

O que, então, significa criar estratégia? Vamos voltar às palavras associadas com o trabalho do artesão: dedicação, experiência, envolvimento com o material, toque pessoal, domínio dos detalhes, senso de harmonia e integração. Os executivos que formulam estratégia não gastam muito tempo em escritórios executivos lendo relatórios ou análises do segmento. Eles estão envolvidos, são receptivos a seus materiais, conhecem suas organizações e segmentos pelo toque pessoal. Eles também são sensíveis à experiência, reconhecendo que embora a visão individual possa ser importante, outros fatores também podem ajudar a determinar a estratégia.

Administrar estabilidade

Administrar estratégia é em grande parte administrar estabilidade, não mudança. Na verdade, a maior parte do tempo os gerentes seniores não devem formular estratégia; devem estar preocupados em tornar suas organizações o mais eficientes possível na adoção de estratégias que elas já possuem. Como os artesãos famosos, as organizações tornam-se famosas por dominar os detalhes.

Então, administrar estratégia, pelo menos em primeira instância, não é tanto promover a mudança como saber *quando* fazê-lo. Os defensores do planejamento estratégico sempre insistem que os gerentes devem planejar para a instabilidade perpétua do ambiente (por exemplo, elaborando anualmente planos para cinco anos). Mas essa obsessão com a mudança é prejudicial. As organizações que reavaliam suas estratégias continuamente são como pessoas que reavaliam seus empregos ou seus casamentos continuamente – nos dois casos, elas vão acabar enlouquecendo ou reduzindo-se à inatividade. O processo de planejamento formal repete-se com tanta freqüência e tão mecanicamente que torna a organização indiferente às mudanças reais, programando-a mais e mais profundamente nos padrões estabelecidos e, dessa forma, encorajando-a a fazer apenas adaptações mínimas.

O chamado planejamento estratégico deve ser reconhecido pelo que é: um meio não para criar estratégia, mas para programar uma estratégia já criada – para lidar formalmente com suas implicações. Isso é analítico por natureza, baseado em decomposição, enquanto criação de estratégia é essencialmente um processo de síntese. Essa é a razão pela qual tentar criar estratégias por meio de planejamento formal acaba resultando na extrapolação das estratégias já existentes ou na convivência com as estratégias dos concorrentes.

Isso não quer dizer que os planejadores não tenham um papel a desempenhar na formação de estratégia. Além de programar as estratégias criadas por outros meios, eles podem alimentar análises *ad hoc* na linha de frente dos processos de elaboração de estratégia para assegurar que os dados brutos sejam levados em conta. Eles também podem estimular outras pessoas a pensar estrategicamente. E, evidentemente, os chamados planejadores também podem ser estrategistas desde que sejam pensadores criativos, que se mantenham em contato com aquilo que seja relevante. Mas isso não tem nada a ver com a tecnologia do planejamento formal.

Detectar a descontinuidade

O ambiente não muda em bases regulares ou ordenadas. E raramente passa por mudanças drásticas, apesar das alegações sobre nossa "era da descontinuidade" e "turbulência" ambiental. (Vá dizer às pessoas que viveram a Grande Depressão ou aos sobreviventes do cerco de Leningrado durante a II Guerra Mundial que os nossos são tempos turbulentos.) Na maioria das vezes, a mudança é mínima e até temporária, não exigindo resposta estratégica. De vez em quando há uma descontinuidade verdadeiramente importante ou, menos freqüentemente, uma mudança de configuração no ambiente, onde tudo que é importante parece mudar de uma vez. Mas esses fatos, embora críticos, também são fáceis de reconhecer.

O desafio real na formulação de estratégia está em detectar as descontinuidades súbitas que podem minar uma empresa no futuro. E para isso não há técnica ou programa, apenas uma mente hábil em contato com a situação. Tais descontinuidades são inesperadas e irregulares, essencialmente sem precedentes. Podem ser enfrentadas apenas por mentes sintonizadas com os padrões existentes, embora capazes de perceber as quebras importantes desses modelos. Infelizmente, essa forma de pensamento estratégico tende a atrofiar durante longos períodos de estabilidade pelos quais passa a maioria das organizações. Então o truque é administrar dentro de uma determinada orientação estratégica durante a maior parte do tempo, porém ainda sendo capaz de perceber as descontinuidades ocasionais que são realmente importantes. A capacidade de fazer esse tipo de mudança no pensamento é a essência do gerenciamento estratégico. E está mais relacionada com visão e envolvimento do que com técnica analítica.

Conhecer a empresa

Observe o tipo de conhecimento envolvido no pensamento estratégico: não o conhecimento intelectual, não relatórios analíticos ou fatos e números abstratos (embora eles possam certamente ajudar), mas conhecimento pessoal, compreensão íntima, equivalente ao sentimento do artesão pela argila. Fatos estão disponíveis para todos; esse tipo de conhecimento não está. Sabedoria é a palavra que melhor captura isso. Mas sabedoria é uma palavra que acabou perdida nas burocracias que construímos para nós mesmos, nos sistemas projetados para distanciar os líderes dos detalhes operacionais. Mostre-me gerentes que acreditam que podem se basear no planejamento formal para criar suas estratégias e eu lhe mostrarei gerentes que não têm um conhecimento íntimo de suas empresas ou não têm criatividade para usar esse conhecimento.

Artesãos tem que treinar a si próprios para ver, para captar coisas que as outras pessoas não conseguem. O mesmo ocorre com gerentes de estratégia. Aqueles com um tipo de visão periférica são os mais aptos a detectar e aproveitar os fatos à medida que eles ocorrem.

Administrar padrões

Seja em um escritório executivo em Manhattan, seja no estúdio de um artesão em Montreal, a chave para administrar estratégia é a capacidade de detectar padrões emergentes e ajudá-los a tomar forma. O trabalho do gerente não é apenas preconceber estratégias específicas, mas também reconhecer seu surgimento em qualquer lugar na organização e intervir quando apropriado.

Como ervas daninhas que aparecem inesperadamente em um jardim, algumas estratégias emergentes podem precisar ser erradicadas imediatamente. Mas a gerência não pode agir tão rapidamente para cortar o inesperado, pois a visão de amanhã pode surgir da aberração de hoje. (Os europeus, afinal de contas, gostam de salada feita com as folhas de dente-de-leão, uma das mais notórias ervas daninhas norte-americanas.) Assim, alguns padrões devem ser observados até que seus efeitos se manifestem mais claramente. Aqueles que se comprovarem úteis podem se tornar deliberados e ser incorporados à estratégia formal, ainda que isso signifique mudar o guarda-chuva estratégico para cobri-los.

Então, administrar neste contexto é criar um clima no qual uma ampla variedade de estratégias possa surgir. Em organizações mais complexas, isso pode significar construção de estruturas flexíveis, contratação de pessoas criativas, definição de um guarda-chuva de estratégias amplo e observação dos padrões que emergem.

Reconciliar mudança e continuidade

Finalmente, os gerentes que estão pensando em mudanças radicais precisam manter a teoria súbita em mente. Como nos lembra Eclesiastes, há um tempo para semear e outro para colher. Alguns novos padrões devem ser mantidos em observação até a que a organização esteja pronta para uma revolução estratégica, ou pelo menos para um período de divergência. Os gerentes obcecados por mudança ou por estabilidade podem vir a prejudicar suas organizações. Como reconhecedor de padrões, o gerente precisa ser capaz de sentir quando explorar uma colheita de estratégias estabelecidas e quando encorajar novos esforços em substituição aos antigos.

Embora estratégia seja uma palavra habitualmente associada ao futuro, seu *link* com o passado não é menos importante. Como Kierkegaard observou uma vez, a vida é vivida para a frente, mas entendida pelo passado. Os gerentes podem ter que viver a estratégia no futuro, mas devem entendê-la através do passado.

Como artesãos com a argila, as organizações devem entender o passado se esperam administrar o futuro. Apenas entendendo os padrões que formam seu próprio comportamento, eles podem conhecer suas capacidades e seu potencial. Dessa forma, criar estratégia, assim como administrar a criação, exige uma síntese natural de futuro, presente e passado.

Leitura 5.2
Estratégia como Tomada de Decisão Estratégica[2]
por Kathleen M. Eisenhardt

Muitos executivos percebem que, para prosperar na próxima década, precisam se voltar para a questão fundamental da estratégia. O que é estratégia? Para usar uma definição simples mas poderosa da revista *The Economist*, estratégia responde duas perguntas básicas: "Para onde você quer ir?" e "Como quer chegar lá?"

As abordagens tradicionais de estratégia concentram-se na primeira pergunta. Envolvem a seleção de um mercado atraente, a escolha de uma posição estratégica defensável ou a construção das principais competências. Apenas mais tarde, os executivos lidam com a segunda questão, quando o fazem. Contudo, nos mercados de alta velocidade e muito competitivos de hoje, esses métodos são incompletos. Eles dão muita ênfase à capacidade do executivo de analisar e prever que segmentos, competências ou posições estratégicas serão viáveis e por quanto tempo e dão pouca ênfase ao desafio de criar estratégias realmente efetivas.

Muitos executivos de corporações bem-sucedidas adotaram uma perspectiva diferente em estratégia que Shona Brown e eu chamamos de "competindo no limite". No núcleo dessa perspectiva está o reconhecimento de que estratégia combina as perguntas "onde" e "como" para criar um fluxo contínuo de vantagens competitivas temporárias e mutantes...

Este artigo descreve estratégia como tomada de decisão estratégica, especialmente nos mercados que mudam rapidamente. Sua suposição implícita é que decisões do tipo "apostar a empresa" – aquelas que mudam a direção da empresa e geram novas vantagens competitivas – surgem com muito mais freqüência nesses mercados. Portanto, a capacidade de tomar decisões estratégicas rápidas, com amplo suporte e alta qualidade em bases freqüentes, é a pedra fundamental da estratégia eficaz. Para usar a linguagem do pensamento estratégico contemporâneo, a tomada de decisão estratégica é uma aptidão dinâmica fundamental nas empresas excelentes...

Nos dois estudos [feitos com colegas], surgiram diferenças claras entre os processos de tomada de decisão estratégica nas empresas mais e menos eficazes. Surpreendentemente, essas diferenças comumente estão baseadas em crenças de que conflitos retardam a escolha, politicagem é típica, e decisões rápidas são autocráticas. Em outras palavras, esses resultados desafiam a suposição de intercâmbio entre velocidade, qualidade e suporte. Porém, os tomadores de decisão estratégica mais eficazes fizeram escolhas rápidas, de alta qualidade e amplamente suportadas. Como fizeram isso? Quatro pontos de vista surgiram desta pesquisa e de meu outro trabalho com executivos. Tomadores de decisão eficazes criam estratégias ao:

- Construir intuição coletiva que aumenta a capacidade da diretoria de ver ameaças e oportunidades mais cedo e mais acuradamente.
- Estimular o conflito rápido para melhorar a qualidade do pensamento estratégico sem sacrificar muito tempo.
- Manter um ritmo disciplinado que conduza o processo de decisão a uma conclusão precisa.
- Enfraquecer o comportamento político que cria conflito improdutivo e perda de tempo.

Construir Intuição Coletiva

Um mito de tomada de decisão estratégica em mercados de alta velocidade é que não há tempo para reuniões formais e não há lugar para considerações cuidadosas de informações extensas. Os executivos, prossegue o pensamento, devem considerar dados limitados, específicos da decisão, concentrar-se em uma ou duas alternativas e tomar decisões às pressas.

Tomadores de decisões estratégicas eficazes não seguem esse método. Eles usam tanta informação quanto os executivos ineficientes, ou mais, e têm muito mais tendência a fazer reuniões regularmente programadas "imperdíveis". Eles se baseiam em muitas informações, em tempo real, sobre operações internas e externas, que discutem em reuniões intensivas. Eles evitam tanto as informações baseadas em relatos, que tendem a estar atrás da realidade da empresa, como as previsões para o futuro, que tendem a estar erradas. A partir de informações amplas e em tempo real, esses executivos constroem uma intuição coletiva que lhes permite se mover rápida e acuradamente quando surgem as oportunidades...

Por que informações em tempo real e reuniões "imperdíveis" geram tomada de decisão estratégica mais eficaz? Interação intensa cria equipes de gerentes que se conhecem muito bem. Familiaridade e amizade facilitam a conversação franca porque as pessoas ficam menos constrangidas com cortesias e mais dispostas a expressar visões diversas. O processo de decisão estratégica então se move mais rapidamente e se beneficia com as informações de alta qualidade... quando a interação intensa se concentra em métricas operacionais das empresas atuais, uma intuição profunda, ou "sentimento de coragem", é criada, dando aos gerentes uma noção superior de dinâmicas competitivas mutantes. Uma pesquisa de inteligência artificial com

---

[2] Extraído de "Strategy as Strategic Decision Making" de Kathleen M. Eisenhardt, *MIT Sloan Management Review*, primavera 1999, pp. 65-72, com permissão do editor. Copyright © 1999 por Massachusetts Institute of Technology. Todos os direitos reservados.

jogadores de campeonatos de xadrez indica como essa intuição é formada. Esses jogadores, por exemplo, desenvolvem a chamada intuição por meio da experiência. Pela prática freqüente, eles ganham habilidade de reconhecer e processar informações em padrões ou blocos que são a base da intuição. Esse processamento padronizado (que chamamos de "intuição") é mais rápido e mais acurado do que o processamento de peças de informação únicas. Consistente com essa pesquisa, muitos tomadores de decisão eficazes foram descritos por seus colegas como tendo "um sentimento instintivo imenso", "uma alta qualidade de compreensão" e "um senso intuitivo da empresa". Essa intuição dá aos executivos uma direção inicial para reconhecer e entender as questões estratégicas.

ESTIMULAR CONFLITOS RÁPIDOS

Em mercados de alta velocidade, muitos executivos são tentados a evitar conflitos. Eles assumem que o conflito vai atolar o processo de tomada de decisão em debates sem fim e degenerar-se em ataques pessoais. Eles tentam mover-se rapidamente em direção a umas poucas alternativas, analisar as melhores e fazer uma escolha rápida que aniquile a concorrência.

A realidade é diferente. Em mercados dinâmicos, o conflito é uma característica natural de tomadas de decisão de alto risco, pois gestores razoáveis sempre vão divergir em suas visões sobre como o mercado vai se revelar. Além disso, como demonstra uma pesquisa, o conflito estimula o pensamento inovador, cria um entendimento mais completo das opções e melhora a eficácia das decisões. Sem conflito, os tomadores de decisão geralmente perdem oportunidades de questionar suposições e deixam passar os principais elementos da decisão. Considerando o valor do conflito, os tomadores de decisão estratégica eficazes, em mercados que mudam rapidamente, não apenas toleram o conflito como o aceleram.

Uma forma que os executivos têm para acelerar o conflito é montar equipes executivas que sejam diversas em idades, sexo, histórico funcional e experiência corporativa...

Outra forma que os tomadores de decisão estratégica eficazes têm para acelerar o conflito é usando táticas "quebra-estrutura" que criam alternativas a pontos de vista óbvios. Uma dessas técnicas é o planejamento de cenário: as equipes consideram sistematicamente as decisões estratégicas à luz de diversas condições futuras possíveis. Em outras técnicas os executivos defendem alternativas com as quais concordam ou não e desempenham papéis de competidores. Os detalhes das técnicas não são cruciais. Ao contrário, o ponto é usá-las e variar entre elas para evitar o pensamento viciado...

Talvez a forma mais poderosa de acelerar o conflito seja criar alternativas múltiplas. A idéia é desenvolver alternativas tão rapidamente quanto possível, de forma que a equipe possa trabalhar com um leque de possibilidades simultaneamente. Como comentou um executivo: "Consideramos um conjunto de opções maior do que a maioria das pessoas". Considera-se totalmente apropriado que os executivos defendam opções que talvez não sejam suas preferidas apenas para estimular o debate...

Por que equipes diversas, técnicas "quebra-estrutura" e alternativas múltiplas geram conflitos mais rapidamente e resultam em decisões mais eficazes? A razão para equipes diversas é clara: elas levantam pontos de vista mais variados do que equipes homogêneas. O valor das técnicas "quebra-estrutura" é mais sutil. Além do benefício óbvio de gerar muitas perspectivas diferentes, essas técnicas estabelecem a norma de que conflito construtivo é uma parte esperada do processo de tomada de decisão estratégica. É aceitável e até desejável engajar-se em conflito. Além disso, técnicas "quebra-estrutura" são intelectualmente envolventes e até divertidas. Elas podem motivar até mesmo executivos apáticos a participar mais ativamente da expansão do pensamento estratégico.

O poder das alternativas múltiplas vem de diversas fontes. É evidente que forçar alternativas múltiplas acelera o conflito ao estimular os executivos a desenvolverem opções divergentes. Também permite a eles comparar alternativas rapidamente, ajudando-os a entender melhor suas próprias preferências. Além disso, alternativas múltiplas dão aos executivos a confiança de que não deixaram passar uma opção superior. Essa confiança é crucial em mercados que mudam rapidamente, onde os blocos para tomada de decisão eficaz são tanto emocionais quanto cognitivos. Finalmente, alternativas múltiplas enfraquecem a tensão interpessoal que acompanha o conflito, dando espaço aos membros da equipe para manobrar e salvar as aparências quando discordarem...

MANTER O RITMO

Tomadores de decisão menos eficazes enfrentam um dilema. Por um lado, acreditam que cada decisão estratégica é única. Cada uma exige seu próprio método analítico e cada uma se desdobra de uma maneira própria. Por outro lado, os mesmos tomadores de decisão acreditam que devem decidir o mais rápido possível. Entretanto, escolhas rápidas conflitam com escolhas únicas.

Os tomadores de decisão estratégica eficazes evitam esse dilema tentando manter o ritmo da decisão, sem acelerar sua velocidade. Eles lançam o processo de tomada de decisão imediatamente, mantêm a energia que cerca o processo e acabam com o debate no momento apropriado. Eles conduzem a tomada de decisão estratégica no momento certo...

Os tomadores de decisão estratégica eficazes acabam com o debate habilidosamente, normalmente usando um método de dois passos chamado "consenso com qualificação" para encerrar a tomada de decisão. Primeiro, os gestores conduzem o processo de decisão em si com o objetivo de consenso em mente. Se houver consenso, a escolha é feita. Se não houver, eles quebram o impasse usando uma regra de decisão como votação ou, mais comumente, permitindo que o executivo com maior interesse no resultado tome a decisão...

O ritmo da tomada de decisão ajuda os gestores a planejar seu progresso e os força a reconhecer os aspectos familiares da tomada de decisão que tornam o processo mais previsível. Também é importante lembrar que é mais crítico tomar a decisão no momento correto do que forjar consenso ou desenvolver análises de dados extensas. Como nos disse um executivo: "A pior decisão é não tomar decisão alguma..."

ALIVIAR AS POLÍTICAS

Alguns executivos acreditam que a política é uma parte natural da escolha estratégica. Eles vêem a tomada de decisão estratégica como algo que envolve altos interesses, compelindo os gerentes a influenciar uns aos outros, manipular informações e formar coalizões. O jogo rapidamente se torna uma competição entre gerentes ambiciosos.

Os tomadores de decisão estratégica mais eficazes assumem uma visão negativa da politicagem. Como politicagem sempre envolve o uso de informações para benefício próprio dos gerentes, ela distorce a base de informações, resultando em um processo inferior de tomada de decisão estratégica. Além disso, esses executivos vêem a atividade política como algo que os faz perder um tempo valioso. Sua perspectiva é de colaboração, não de competição, estabelecendo limites nas políticas e, mais comumente, conflito interpessoal.

Uma forma pela qual os executivos podem aliviar as políticas é criar metas comuns. Essas metas não implicam pensamento homogêneo. Ao contrário, sugerem que os gerentes têm uma visão compartilhada de onde querem chegar ou quem são seus competidores externos. Os gerentes da Neptune, uma empresa bem-sucedida na área de computação, estão muito cientes de sua concorrência externa. Em suas reuniões mensais, eles prestam muita atenção aos movimentos da concorrência e personalizam essa concorrência ao se referir individualmente aos gerentes das empresas concorrentes, particularmente seus opositores diretos. Eles têm uma meta coletiva clara em relação à sua própria classificação e posição de participação de mercado no segmento. É ser o número um. Na Intel, os gerentes normalmente alegam que "apenas os paranóicos sobrevivem"...

Uma forma mais direta de aliviar as políticas é por meio de uma estrutura de poder equilibrada, na qual cada principal tomador de decisão tenha uma área de responsabilidade clara, mas o líder seja o tomador de decisão mais poderoso...

O humor alivia a política. Tomadores de decisões estratégicas eficazes sempre aliviam a tensão tornando a empresa um local divertido. Eles enfatizam a animação dos mercados de ritmo rápido e a "correria" de concorrer nesses ambientes... O humor fortalece a visão colaborativa. Põe as pessoas em uma disposição positiva. Uma pesquisa mostrou que as pessoas com estrutura da mente positiva têm percepções mais acuradas em relação aos argumentos de outras pessoas e são mais otimistas, criativas na solução de seus problemas, clementes e colaborativas. O humor também permite aos gerentes transmitir informações negativas de uma maneira menos ameaçadora. Eles podem dizer em tom de brincadeira algo que, de outra forma, soaria ofensivo.

LEITURA 5.3
O EFEITO HONDA[3]
por Richard T. Pascale

Em seu valor de face, "estratégia" é um substantivo inocente. O Webster o define como planejamento em larga escala e direção de operações. No contexto empresarial, pertence a um processo pelo qual uma empresa pesquisa e analisa seu ambiente e seus recursos para (1) selecionar oportunidades definidas em termos de mercados a serem atendidos e produtos a serem fornecidos para esses mercados e (2) tomar decisões discretas para investir recursos a fim de atingir os objetivos identificados. (Bower, 1970: 7-8).

Mas, para uma vasta e influente população de executivos, planejadores, acadêmicos e consultores, estratégia é mais do que um substantivo convencional. Ela incorpora um modelo implícito de como as organizações devem ser guiadas e, conseqüentemente, preconfigura nossa maneira de pensar. A formulação de estratégia (1) é geralmente tida como um processo conduzido pela alta gerência, que deve estabelecer a direção estratégica, (2) é muito influenciada por modelos empíricos e conceitos e (3) é sempre associada a um processo de planejamento estratégico laborioso que, em algumas empresas, produziu mais papel do que resultado.

Um segmento "estratégico" de US$ 500 milhões por ano surgiu nos Estados Unidos e na Europa, formado

---
[3] Copyright © 1996 pelos reitores da University of California. Extraído de *California Management Review*, Vol. 38, No. 4. Com permissão dos reitores.

por consultores gerenciais, pessoal de planejamento estratégico e acadêmicos das escolas de administração. Ele serve de instrumento à ênfase que as empresas norte-americanas e européias dão a esse aspecto particular da gestão e direcionamento das corporações.

As palavras sempre têm significados derivados de seu contexto cultural. *Estratégia* é uma dessas palavras e em nenhum outro lugar o contraste de significados é mais pronunciado do que entre Japão e Estados Unidos. Os japoneses vêem a ênfase que damos à "estratégia" da mesma forma como vemos seu interesse por Kabuki* ou luta de sumô. Eles observam nosso interesse não com o objetivo de adquirir um interesse similar, mas sim como uma curiosidade em relação a nossas peculiaridades. Os japoneses são de alguma forma descrentes de uma "estratégia" única pois, na visão deles, qualquer idéia que concentre atenção faz isso em detrimento da visão periférica. Eles acreditam piamente que *visão periférica* é essencial para discernir mudanças no cliente, na tecnologia ou na concorrência, e que ela é a chave para a sobrevivência corporativa no longo prazo. Eles consideram qualquer possibilidade de ser conduzido por uma estratégia única como uma fraqueza.

Os japoneses têm um desconforto particular com conceitos estratégicos. Embora não rejeitem totalmente idéias como a curva de experiência ou a teoria de portfólio, eles as consideram como um estímulo à percepção. Eles sempre rejeitaram a "fórmula" de seus concorrentes norte-americanos, conduzidos por conceito, e se aproveitam de sua inflexibilidade. Na área de instrumentos musicais, por exemplo (um segmento maduro enfrentando estagnação em virtude da queda no índice de nascimentos nos Estados Unidos e no Japão), a Yamaha poderia ter classificado seus produtos como "fontes de renda" e ter ido atrás de coisas melhores (como fez seu principal concorrente nos EUA, a Baldwin United). Ao contrário, começando com uma parcela insignificante de mercado nos EUA, a Yamaha foi em frente e destruiu o domínio aparentemente inquestionável da Baldwin. O sucesso da YKK na área de zíperes contra a Talon (uma divisão da Textron) e a vitória da Honda sobre a Harley-Davidson (uma antiga subsidiária da AMF) no campo de motocicletas são exemplos paralelos. Os três casos envolveram conglomerados norte-americanos presos ao conceito de portfólio, que classificaram pianos, zíperes e motocicletas como negócios maduros a serem colhidos, e não para serem nutridos e defendidos. Evidentemente, aqueles que desenvolveram a teoria do portfólio e outros conceitos estratégicos protestam que nunca pretenderam ser aplicados sem critério no estabelecimento de direção estratégica. Mas a maioria também concordaria que há uma tendência muito difundida entre as corporações norte-americanas de aplicar mal os conceitos e de se tornar estrategicamente míope – ignorando o mercado, o cliente e os problemas de execução. Essa tendência em direção à má aplicação, perseverante e persistente há décadas, é um fenômeno que a literatura tem ignorado [para exceções, ver Hayes e Abernathy, 1980: 67; Hayes e Garvin, 1982:71]. Há necessidade de identificar explicitamente os fatores que influenciam a maneira como conceitualizamos estratégia – e que promovem seu mau uso.

HONDA: O MODELO DE ESTRATÉGIA

Em 1975, o Boston Consulting Group (BCG) apresentou ao governo britânico seu relatório final: *Alternativas estratégicas para o setor de motocicletas britânico*. Esse documento de 120 páginas identificava dois fatores principais que resultaram na saída dos britânicos do mercado mundial de motocicleta:

- Perda de participação de mercado e queda de lucratividade
- Desvantagem na economia de escala em tecnologia, distribuição e fabricação.

Durante o período de 1959 a 1973, a parcela britânica do mercado norte-americano de motocicletas havia caído de 49% para 9%. Apresentando a estratégia recomendada pelo BCG (de visar segmentos de mercado nos quais fosse possível atingir volumes de produção suficientes para ter preço competitivo), o relatório afirma:

> O sucesso dos produtores japoneses originou-se do crescimento de seu mercado doméstico durante os anos 50. Já na década de 60, apenas 4% da produção de motocicletas japonesas eram exportados. Nessa época, porém, os japoneses tinham desenvolvido volumes de produção gigantescos de motos pequenas em seu mercado doméstico e seguiram-se reduções de custo relacionadas a volume. Isso resultou em uma posição de custo altamente competitiva, que os japoneses usaram como trampolim para penetrar nos mercados mundiais com suas motos pequenas no início dos anos 60 (BCG: 1975: xiv).

O governo britânico tornou público o estudo do BCG, disseminando-o rapidamente nos Estados Unidos. Isso exemplifica a perspectiva do estrategista necessária (e, argumento eu, insuficiente) para:

- examinar a concorrência de uma perspectiva primariamente interempresarial,
- em um alto nível de abstração,
- com muita dependência dos conceitos macroeconômicos (como a curva de experiência).

Escritores de casos na Harvard Business School, UCLA e University of Virginia rapidamente condensaram o relatório do BCG para uso nas discussões em sala

---

* N. de T.: Kabuki é um gênero dramático japonês de origem popular que floresceu no século XVII. Caracteriza-se pelo maior realismo dos argumentos e diálogos, pelo uso mais amplo da música, do canto, de danças e de indumentárias de gosto popular. Sua principal característica é a atuação exclusiva de homens, inclusive nos papéis femininos.

de aula. Atualmente o texto é muito usado no primeiro ano dos cursos de política empresarial.

O tratamento histórico da Honda é de particular interesse no estudo do BCG e na interpretação subseqüente da Harvard Business School:

O *mix* de concorrentes no mercado norte-americano de motocicletas passou por uma grande mudança nos anos 60. Os registros de motocicletas aumentaram de 575.000 em 1960 para 1.382.000 em 1965. Antes de 1960, o mercado norte-americano era atendido principalmente pela Harley-Davidson dos EUA, BSA, Triumph e Norton do Reino Unido e MotoGuzzi da Itália. A Harley era líder de mercado, com total de vendas de US$ 16,6 milhões em 1959. Depois da II Guerra Mundial, as motocicletas nos EUA atraíam um grupo muito limitado de pessoas além da polícia e do pessoal do exército, que usavam as motos para trabalhar. Embora a maioria dos motociclistas fosse sem dúvida pessoas decentes, grupos de arruaceiros que andavam de moto e eram conhecidos por nomes como "Hell's Angels" (Anjos do inferno) e "Satan's Slaves" (Escravos de satã) davam à motocicleta uma imagem ruim. Até as jaquetas de couro, usadas pelo motociclistas como proteção, adquiriram uma imagem ofensiva. Um filme de 1953 chamado "The Wild Ones" (no Brasil, "O Rebelde"), cujas estrelas eram uma Triumph 650cc, uma jaqueta de couro preta e Marlon Brando, deu aos motociclistas arruaceiros uma grande cobertura na mídia. O estereótipo do motociclista era um adolescente encrenqueiro vestindo uma jaqueta de couro.

A Honda estabeleceu uma subsidiária nos Estados Unidos em 1959 – American Honda Motor Company – e isso foi um contraste profundo com outros produtores estrangeiros, que trabalhavam com distribuidores. A estratégia de *marketing* da Honda foi descrita no relatório anual de 1963 como "Com sua política de não vender primariamente para motociclistas confirmados, mas sim para membros do público em geral, que jamais tinham pensado duas vezes em ter uma motocicleta..." a Honda começou a se promover no mercado norte-americano com a menor e a mais leve de suas motocicletas. Ela tinha três velocidades de transmissão, embreagem automática, motor de cinco cavalos (o modelo norte-americano tinha apenas 2,5 cavalos), partida elétrica e acesso fácil para motociclistas do sexo feminino. E era mais fácil de dirigir. As máquinas Honda eram vendidas por menos de US$ 250 no varejo, contra US$ 1.000-US$ 1.500 das máquinas maiores, norte-americanas ou britânicas. Mesmo naquela época, a Honda era provavelmente superior a outros concorrentes em produtividade.

Em junho de 1960, o departamento de pesquisa e desenvolvimento da Honda tinha 700 projetistas/engenheiros. Isso pode ser comparado com 100 engenheiros/projetistas empregados por... (concorrentes europeus e norte-americanos). Em 1962, a produção homem/ano estava na faixa de 159 unidades, (um número só alcançado pela Harley-Davidson em 1974). O investimento líquido da Honda em ativo fixo foi de US$ 8.170 por funcionário... (mais que o dobro de seus concorrentes europeus e norte-americanos). Com vendas de US$ 55 milhões em 1959, a Honda já era o maior produtor de motocicletas do mundo.

A Honda seguiu uma política de desenvolvimento de mercado, região por região. Começou na Costa Oeste e moveu-se em direção ao leste por um período de quatro-cinco anos. A Honda vendeu 2.500 máquinas nos Estados Unidos em 1960. Em 1961, tinha 125 distribuidores e gastou US$ 150.000 em propaganda regional. Sua propaganda era dirigida para famílias jovens e o tema era "Você encontra as melhores pessoas em uma Honda". Isso era uma tentativa deliberada de dissociar as motos de desordeiros como os Hell's Angels.

O sucesso da Honda na criação de demanda para motocicletas leves foi fenomenal. As vendas da American Honda saltaram de US$ 500.000 em 1960 para US$ 77 milhões em 1965. Em 1966, os dados de participação de mercado mostravam a ascendência dos produtores japoneses e seu sucesso na venda de motocicletas leves [a Honda tinha 63% do mercado]... Começando praticamente do zero em 1960, as motos leves tinham claramente estabelecido sua liderança (Purkayastha, 1981: 5, 10, 11, 12).

Citando o relatório BCG

A indústria japonesa de motocicletas, e em particular a Honda, líder de mercado, apresenta um quadro [consistente]. A filosofia básica dos produtores japoneses é que altos volumes por modelo garantem potencial para alta produtividade como resultado de uso intensivo de capital e técnicas bastante automatizadas. Suas estratégias de *marketing* são dessa forma dirigidas para o desenvolvimento desse modelo de alto volume, daí a atenção especial que eles dão ao crescimento e à participação de mercado.

Com o tempo, o resultado geral dessa filosofia foi que os japoneses desenvolveram uma posição de liderança entrincheirada em termos de tecnologia e métodos de produção... Os principais fatores que parecem responder pela superioridade japonesa nas duas áreas são... (sistemas de produção especializados, equilíbrio das necessidades de engenharia e mercado, eficiência de custo e confiabilidade dos fornecedores) (BCG, 1975: 59,40).

Como prova da estratégia da Honda para ganhar posição como produtor de baixo custo e explorar economias de escala, outras fontes citam a construção de uma fábrica da Honda em 1959 para produzir 30.000 motocicletas por mês, muito além da demanda existente na época. (Até então, os modelos mais populares da Honda vendiam 2.000-3.000 unidades por mês.) (Sakiya, 1982: 119).

O quadro geral, conforme descrito nas citações, exemplifica o "modelo de estratégia". A Honda é retratada como uma empresa que visava a ser um produtor de custo baixo, utilizando sua posição de mercado dominante no Japão para forçar a entrada no mercado norte-americano, expandir aquele mercado ao redefinir um segmento da classe de lazer ("melhores pessoas") e explorar sua vantagem comparativa por meio de formação de preços e propaganda agressiva. Richard Rumelt, ao escrever a nota para os professores em uma adaptação do caso para a UCLA, declara: "A contribuição fundamental do BCG não é a curva de experiência em si, mas a suposição sempre presente de que as diferenças em custo (ou eficiência) são os componentes fundamentais da estratégia" (Rumelt, 1980: 2).

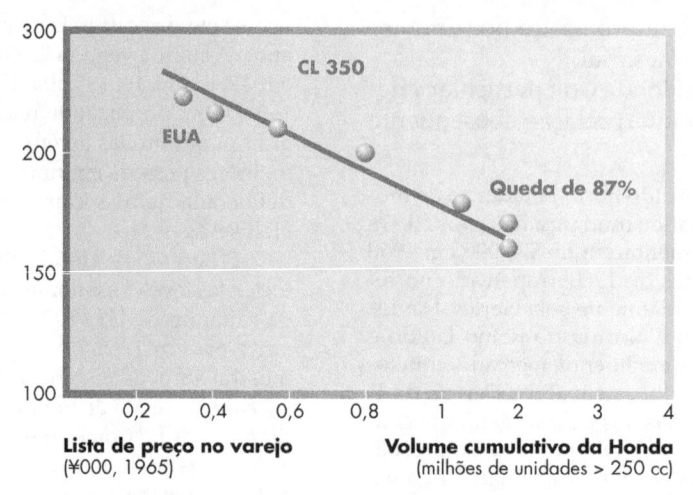

Figura 1 Fonte: BCG (1975), "Strategy Alternatives for the British Motorcycle Industry."

A Perspectiva do Processo Organizacional

Em 10 de setembro de 1982, os seis executivos japoneses responsáveis pela entrada da Honda no mercado norte-americano de motocicletas em 1959 reuniram-se no escritório central da empresa em Tóquio. Eles foram reunidos mediante minha solicitação para descrever em detalhes a seqüência de fatos que levou a Honda até sua posição final de domínio do mercado norte-americano. Todos tinham por volta de 60 anos; três estavam aposentados. A história que foi revelada, bastante abreviada, a seguir, destaca erros de cálculo, sorte e aprendizado organizacional – contrapontos da versão positiva de "estratégia" relatada anteriormente...

Qualquer relato dos sucessos da Honda deve assegurar, desde o início, o caráter singular de seu fundador, Soichiro Honda, e seu sócio, Takeo Fujisawa. Honda era um gênio criativo com um grande ego e um temperamento inconstante, dado a arroubos de "conquistador" (para usar a expressão dele) (Sakiya, 1979)...

O Japão pós-guerra tinha uma necessidade desesperadora de transporte. Fabricantes de motocicleta proliferavam, fabricando motores que, acoplados às bicicletas, transformavam-nas em "motopedais" improvisadas. O Sr. Honda estava entre esses fabricantes, mas só depois que ele se juntou a Fujisawa, em 1949, é que os elementos de um empreendimento bem-sucedido começaram a tomar forma. Fujisawa forneceu dinheiro e também suporte financeiro e de *marketing*. Em 1950, eles lançaram sua primeira motocicleta tipo D. Eles estavam, naquele momento crítico, participando de um setor fragmentado junto com outros 247 fabricantes. Além de sua estrutura sólida, esse produto introdutório não era digno de nota e não obteve grande sucesso comercial (Sakiya, 1979, 1982).

O Sr. Honda incorporava uma combinação rara de capacidade inventiva e auto-confiança extrema. A motivação dele não era primariamente comercial. Ao contrário, a empresa atuava como um veículo para que ele expressasse sua capacidade inventiva. Uma empresa bem-sucedida garantiria a base de recursos para ir atrás, nas palavras de Fujisawa, de seu "sonho grandioso". Fujisawa continua: "Sua busca de tecnologia não tinha fim" (Sakiya, 1982).

Fujisawa, em um esforço para salvar a empresa cambaleante, pressionou Honda para abandonar o barulhento motor de dois tempos e insistir em um projeto de quatro tempos. O motor de quatro tempos, mais silencioso, começava a aparecer nas motocicletas concorrentes, ameaçando a Honda de extinção. O Sr. Honda torceu o nariz. Porém, um ano mais tarde ele surpreendeu Fujisawa com um projeto inovador, que tinha o dobro da força dos motores concorrentes de quatro tempos. Com essa inovação, a empresa disparou e, em 1951, a demanda era enorme. Entretanto, não havia organização, e a fábrica era caótica (Sakiya, 1982). A demanda forte, porém, exigiu investimento inicial em um processo de produção em massa simplificado. Como resultado, devido *primariamente* a vantagens de projeto e, em segundo lugar, a métodos de produção, a Honda tornou-se uma das quatro ou cinco líderes do setor em 1954, com 15% de participação de mercado (dados fornecidos pela empresa)...

Para Fujisawa, a inovação no motor significou aumento de vendas e acesso mais fácil a financiamentos. Para o Sr. Honda, o motor mais potente abriu a possibilidade de ir atrás de uma de suas principais ambições na vida – correr com sua moto e vencer...

Fujisawa, durante os anos 50, tentou desviar a atenção de Honda de seu entusiasmo com as corridas para as exigências mais mundanas da administração de um empreendimento. Em 1956, uma vez que as inovações testadas nas corridas começavam a dar resultados em motores muito mais eficientes, Fujisawa pressionou Honda para adaptar essa tecnologia a uma motocicleta comercial (Sakiya, 1979, 1982). Fujisawa tinha um segmento particular em mente. A maioria dos motociclistas, no Japão, era homem, e as máquina eram usadas primariamente como uma forma alternativa de transporte, no lugar de trens e ônibus. Havia, porém, um vasto número de pequenos estabelecimentos comerciais no Japão que ainda entregavam mercadorias em domicílio e faziam pequenos serviços usando bicicletas. Trens e ônibus eram inconvenientes para essas atividades. O orçamento dessas pequenas empresas era controlado pelas esposas japonesas – que resistiam à compra de motocicletas tradicionais porque eram muito caras, perigosas e difíceis de conduzir. Fujisawa desafiou Honda: você poderia usar o que aprendeu com as corridas para fazer uma motocicleta barata, que pareça segura e possa ser dirigida com uma mão só (para facilitar o transporte de pacotes).

Em 1958, foi lançada a Honda Supercub 50cc – com embreagem automática, três velocidades de transmissão, partida automática e aparência segura e fácil de usar de uma bicicleta (sem o estigma das antiquadas motopedais). Devido quase que totalmente ao seu *motor de 50cc de alta potência, mas peso leve* (e não a eficiências de produção), o produto tinha preço acessível. Do dia para a noite, a empresa recebeu uma enxurrada de pedidos. Engolidos pela demanda, eles procuraram financiamento para construir uma nova fábrica com capacidade de 30.000 unidades por mês. "Não era um investimento especulativo", recorda-se um executivo. "Tínhamos tecnologia exclusiva, tínhamos o mercado, e a demanda era enorme." (A fábrica foi completada em meados de 1960.) Antes da abertura, a demanda era atendida, com improvisação e altos custos, por meio de fabricação própria da empresa e de montagem externa com o uso de subcontratados. No final de 1959, a Honda havia disparado para o primeiro lugar entre os fabricantes de motocicletas japoneses. Do total de 285.000 unidades vendidas naquele ano, 168.000 eram Supercubs.

Fujisawa utilizou a Supercub para reestruturar os canais de distribuição da Honda. Durante anos a Honda tinha sofrido com o sistema de distribuição de duas camadas que prevalecia na indústria. Esses problemas foram exacerbados pelo fato de a Honda ser uma retardatária e ter seus produtos considerados como linha secundária pelos distribuidores, cuja lealdade permanecia com os fabricantes mais antigos. Para enfraquecer ainda mais a alavancagem da Honda, as vendas de todos os fabricantes eram à base de consignação.

Habilmente, Fujisawa havia caracterizado a Supercub para os distribuidores Honda como "algo muito mais parecido com uma bicicleta do que com uma motocicleta". Os canais tradicionais, para seu grande pesar, concordaram. Em termos amigáveis, Fujisawa começou vendendo a Supercub diretamente para os varejistas – primariamente por de lojas de bicicleta. Como essas lojas eram pequenas e numerosas (aproximadamente 12.000 no Japão), as vendas por consignação eram impensáveis. Um sistema de pagamento contra-entrega foi criado, dando a Honda muito mais alavancagem sobre os distribuidores do que tinham os outros fabricantes de motocicletas.

O palco agora estava montado para explorar o mercado norte-americano. As conquistas do Sr. Honda nas corridas no final dos anos 50 tinham dado substância à convicção dele sobre suas habilidades...

Dois executivos da Honda – aquele que em breve seria nomeado presidente da American Honda, Kihachiro Kawashima, e seu assistente – chegam aos Estados Unidos no final de 1958. O itinerário deles: San Francisco, Los Angeles, Dallas, Nova York e Columbus. O Sr. Kawashima relata sua impressões:

Minha primeira reação após viajar pelos Estados Unidos foi: como pudemos ser tão estúpidos a ponto de começar uma guerra contra um país tão vasto e tão rico! Minha segunda reação foi de desconforto. Eu falava inglês muito mal. Visitamos revendedores de motocicletas que nos trataram de forma descortês e, além disso, deram a impressão geral de serem entusiastas das motocicletas que tinham aquela área de negócios como uma atividade secundária. Havia apenas 3.000 revendedores de motocicletas nos Estados Unidos na época e, desses, apenas 1.000 permaneciam abertos cinco dias por semana. O restante abria à noite e nos finais de semana. O estoque era pobre, os fabricantes vendiam as motocicletas para os revendedores à base de consignação, os varejistas providenciavam financiamento aos clientes; os serviços pós-venda eram ruins. Era desanimador.

Minha outra impressão era de que todos nos Estados Unidos dirigiam um automóvel – fazendo-me duvidar que motocicletas poderiam fazer sucesso naquele mercado. Porém, com 450.000 registros de motocicletas nos Estados Unidos e 60.000 motocicletas importadas da Europa a cada ano, não parecia insensato brigar por 10% do mercado de importados. Voltei ao Japão com esse relatório.

Na verdade, não tínhamos nenhuma estratégia além da idéia de ver se conseguíamos vender algo nos Estados Unidos. Era uma nova fronteira, um novo desafio e se ajustava à cultura de "sucesso contra todas as probabilidades" que o Sr. Honda cultivava. Reportei minhas impressões para Fujisawa – incluindo a meta instintiva de tentar, ao longo de vários anos, atingir 10% de participação nas importações dos Estados Unidos. Ele não discutiu essa meta quantitativamente. Não discutimos lucros ou prazos para atingir o ponto de equilíbrio. Fujisawa me disse que se alguém tinha chance de ser bem-sucedido, esse alguém era eu, e autorizou US$ 1 milhão para o empreendimento.

O próximo obstáculo foi obter uma alocação de moeda do Ministério das Finanças. Eles foram extraordinariamente céticos. A Toyota havia lançado o Toyopet nos EUA, em 1958, e tinha fracassado miseravelmente. "Como a Honda pode ser bem sucedida?" perguntaram eles. Meses se passaram. Pusemos o projeto em espera. De repente, cinco meses após a solicitação, recebemos o sinal verde – mas ainda era apenas uma fração do nível de comprometimento esperado. "Vocês podem investir US$ 250.000 no mercado norte-americano", disseram eles, "mas apenas US$ 110.000 em dinheiro". O restante de nossos ativos tinha que ser em estoque de peças e motocicletas.

Iniciamos uma atividade frenética enquanto o governo, na esperança de que desistíssemos da idéia, continuou a nos prender à programação de iniciar as atividades em julho de 1959. Nosso foco, como mencionado anteriormente, era competir com os exportadores europeus. Sabíamos que nossos produtos na época eram bons, mas não muito superiores. O Sr. Honda estava especialmente confiante nas máquinas de 250 e 305 cilindradas. O formato do guidão dessas máquinas maiores parecia a sobrancelha de Buda, o que ele considerava um forte apelo de venda. Assim, após algumas discussões e sem qualquer critério obrigatório para seleção, configuramos nosso estoque inicial com 25% de cada um de nossos quatro produtos – a Supercub 50 cilindradas e as máquinas de 125, 250 e 305 cilindradas. Em termos de valor em dólar, evidentemente, o estoque pendia muito mais para as motos maiores.

Os controles monetários rigorosos do governo japonês, juntamente com a recepção pouco amigável que tivemos durante nossa visita em 1958, nos levaram a começar devagar. Escolhemos Los Angeles, onde havia uma grande comunidade japonesa de segunda e terceira gerações, um clima apropriado para uso de motocicleta e uma população crescente. Estávamos precisando tanto de dinheiro que nós três dividíamos um apartamento mobiliado, alugado a US$ 80 por mês. Dois de nós dormiam no chão. Conseguimos um armazém em uma área desvalorizada da cidade e esperamos o navio chegar. Sem ousar gastar nossos fundos em equipamentos, nós três armazenamos as motos fazendo pilhas de três engradados – manualmente, varremos o chão e construímos e mantivemos o depósito de peças.

Estávamos totalmente no escuro durante o primeiro ano. Não sabíamos que as vendas de motocicletas nos Estados Unidos ocorrem durante um período sazonal que vai de abril a agosto – e nossa chegada coincidiu com o encerramento da temporada em 1959. Nossas experiências duramente aprendidas com distribuidores no Japão nos convenceram a tentar ir diretamente aos varejistas. Veiculamos anúncios em revistas especializadas para atingir os distribuidores. Poucos responderam. Na primavera de 1960, tínhamos 40 distribuidores e parte de nosso estoque em suas lojas – em grande parte, motos maiores. Algumas motos de 250 e 305 cilindradas começaram a ser vendidas. Então veio o desastre.

Na primeira semana de abril de 1960, recebemos relatórios informando que nossas máquinas apresentavam vazamento de óleo e falhas na embreagem. Esse foi nosso pior momento. A frágil reputação da Honda estava sendo destruída antes de ser estabelecida. Como soubemos depois, as motos nos Estados Unidos são dirigidas em percursos mais longos e de forma mais rápida do que no Japão. Raspamos nossas preciosas reservas para enviar as motos por via aérea ao laboratório de testes da Honda no Japão. Durante o tenebroso mês de abril, a Pan Am foi a única empresa nos Estados Unidos que nos tratou bem. Nosso laboratório de testes trabalhou 24 horas por dia testando as motos para tentar resolver o problema. Após um mês, uma gaxeta-mestre e uma mola de embreagem redesenhadas resolveram o problema. Mas, enquanto isso, os fatos tinham dado uma virada surpreendente.

Durante nossos primeiros oito meses, seguindo os instintos do Sr. Honda e os nossos próprios, não tentamos vender as Supercubs 50 cilindradas. Embora fossem um sucesso esmagador no Japão (e a produção não desse conta da demanda lá), elas pareciam totalmente impróprias para o mercado norte-americano, onde tudo era maior e mais luxuoso. Como fator decisivo, estávamos voltados para o mercado de importados – e os fabricantes europeus, assim como os norte-americanos, enfatizavam as máquinas maiores.

Usávamos a Honda 50cc nós mesmos para nos movimentarmos em Los Angeles. Elas atraíam muita atenção. Um dia recebemos um telefonema de um comprador da Sears. Embora persistindo em nossa recusa de vender por intermediários, anotamos o interesse da Sears. Mas ainda hesitávamos em vender as motos de 50cc, com medo que elas pudessem prejudicar nossa imagem em um mercado fortemente masculinizado. Mas, quando as motos maiores começaram a quebrar, não tivemos escolha. Começamos a vender as motos de 50cc. E, surpreendentemente, os varejistas que queriam vendê-las não eram revendedores de motocicletas, eram lojas de artigos esportivos.

A empolgação criada pela Honda Supercub começou a ganhar força. Sob restrições do governo japonês, ainda trabalhávamos com vendas à vista. Trabalhando com nosso caixa e nosso estoque inicial, vendemos as máquinas, reinvestimos em estoque e gastamos todo o lucro em estoque adicional e propaganda. Nossa propaganda tentava abarcar o mercado. Embora os varejistas continuassem a nos informar que os clientes da Supercub eram pessoas comuns, hesitávamos em nos voltar para esse segmento com medo de alienar as altas margens de nosso negócio – vendendo por intermédio de revendedores tradicionais de motocicletas para um cliente mais tradicional, que usava "jaqueta de couro preta".

As vendas fenomenais da Honda e os ganhos de mercado ao longo dos anos seguintes já foram reportados. A história registra que a Honda "*redefiniu*" o setor de motocicletas nos EUA. Na visão da equipe inicial da American Honda, isso foi uma inovação que eles adotaram – e relutantemente. Certamente não foi a estratégia na qual embarcaram em 1959. No final de 1963, a Honda ainda estava trabalhando com sua agência de propaganda original em Los Angeles e suas campanhas atingiam todos os clientes de forma a não antagonizar um mercado em detrimento de outro.

Na primavera de 1963, um aluno do curso de propaganda da UCLA submeteu, em cumprimento a uma tarefa rotineira do curso, uma campanha publicitária para a Honda. Seu tema: "Você encontra as melhores pessoas em uma Honda". Encorajado por seu instrutor, o aluno passou o trabalho para um amigo na Grey Advertising, que vinha tentando conseguir a conta da Honda – que, com um orçamento de US$ 55 milhões por ano, estava se tornando um potencial cliente atraente. A Grey comprou a idéia do estudante – sob um rigoroso contrato de confidencialidade – e tentou vendê-la para a Honda.

É interessante notar que a diretoria da Honda, que, em 1963, tinha aumentado para cinco executivos japoneses, estava muito dividida em relação à decisão dessa campanha. O presidente e o tesoureiro defendiam a proposta de outra agência. O diretor de vendas, porém, acreditava firmemente que a campanha das "melhores pessoas" era a correta – e sua escolha acabou predominando afinal. Assim, em 1963, por meio de uma seqüência inadvertida de fatos, a Honda adotou a estratégia que identificava diretamente e visava àquele grande segmento de inexplorado de mercado que, desde então, tornou-se parte inseparável da lenda Honda.

A campanha "melhores pessoas" aumentou ainda mais as vendas da Honda. Em 1964, quase uma em cada duas motocicletas vendidas era Honda. Como resultado do fluxo de consumidores de classe média na área de lazer, os bancos e outras empresas de crédito começaram a financiar as motocicletas – substituindo o crédito oferecido pelos revendedores, que era um mecanismo de compra tradicional disponível. A Honda, aproveitando a oportunidade da elevada demanda por seus produtos, assumiu uma posição corajosa e aparentemente arriscada. No final de 1964, a empresa anunciou que, a partir daquela data, deixaria de entregar produtos em consignação, exigindo pagamento contra-entrega. A Honda se preparou para a revolta. Embora quase todos os revendedores tivessem questionado, apelado ou reclamado, nenhum deles desistiu da franquia. Em uma arremetida rápida, a Honda transferiu o relacionamento de poder do revendedor para o fabricante. Em três anos, isso se tornaria um padrão para o setor.

O "Efeito Honda"

O relato anterior sobre a incursão da Honda no setor de motocicletas nos EUA nos fornece mais do que uma segunda perspectiva da realidade. Ele concentra nossa atenção em diferentes temas e levanta questões diversas. Que fatores permitiram que dois homens tão diferentes um do outro como Honda e Fujisawa funcionassem efetivamente como uma equipe? Que incentivos e entendimentos permitiram aos executivos japoneses da American Honda responder ao mercado à medida que ele emergia – em vez de adotar obstinadamente a estratégia das máquinas de 250 e 305 cilindradas que o Sr. Honda defendia? Que processo de decisão permitiu a um diretor de vendas relativamente júnior subverter a preferência do chefe e escolher a campanha das "melhores pessoas"? Que valores ou comprometimentos levaram a Honda a assumir o enorme risco de alienar seus revendedores em 1964, mudando de consignação para pagamento à vista? Em retrospecto, todos esses fatos críticos parecem ser comuns. Mas a cada dia, na medida em que as organizações vivem sua rotina sem o benefício da retrospectiva, poucas escolhem tão bem e tão consistentemente.

As perspectivas justapostas revelam o que eu chamo de "Efeito Honda". Consultores, acadêmicos e executivos ocidentais expressam uma preferência pelo excesso de simplificação da realidade e pela explicação linear cognitiva dos fatos. Para ter certeza, eles sempre reconheceram que o "fator humano" deve ser levado em conta. Mas, uma leitura ampla dos casos de estratégia nas escolas de administração, relatórios de consultoria, documentos de planejamento estratégico e também cobertura da imprensa popular revela a tendência disseminada de negligenciar o processo pelo qual as organizações experimentam, adaptam-se e aprendem. Tendemos a imputar coerência e racionalidade objetiva aos fatos, quando o oposto pode estar mais próximo da verdade. A maneira como uma organização lida com erros de cálculo, falhas e questões de sorte *fora de seu campo de visão é sempre crucial para o sucesso com o correr do tempo*. É esta esfera que exige melhor entendimento e pesquisa adicional se desejarmos aumentar nossa capacidade de conduzir o destino de uma organização...

Em uma seção anterior falamos sobre as deficiências do modelo de estratégia macroeconômica restritamente definido. Os japoneses evitam essa cilada adotando uma noção mais ampla de "estratégia". Em sua recente admiração pelos produtos japoneses, a maioria dos norte-americanos esquece que os produtos originais da indústria automotiva japonesa erraram muito o alvo. O Toyopet da Toyota era quadrado, assexuado e mecanicamente defeituoso. Ele falhou miseravelmente, assim como ocorreu com a Datsun em suas primeiras entradas no mercado dos EUA. Mais recentemente, a Mazda calculou muito mal as coisas para seu primeiro motor rotativo e quase foi à falência. Ao contrário do mito, os japoneses não adotaram uma estratégia desde o início para conquistar o mercado de carros pequenos de alta qualidade. Eles fabricavam o que estavam acostumados a fazer no Japão e tentavam vender no exterior. Seu sucesso, como qualquer executivo da indústria automotiva japonesa vai concordar imediatamente, não resultou de idéias brilhantes de alguns poucos gênios no topo. Ao contrário, o sucesso foi atingido pelos gerentes seniores, humildes o suficiente para levar suas posições estratégicas iniciais tão a sério. O que evitou o quase fracasso do Japão foi o impacto cumulativo dos "pequenos gênios" em forma de vendedores e revendedores e trabalhadores da produção, todos contribuindo incrementalmente para a qualidade e a posição de mercado que essas empresas têm hoje. As gerências de nível médio e superior viam suas principais atribuições como orientar e orquestrar as informações recebidas de baixo, ao invés de conduzir a organização partindo de cima, ao longo de um curso estratégico predeterminado.

Os japoneses não usam o termo "estratégia" para descrever uma definição de negócios clara ou um plano mestre competitivo. Eles pensam mais em termos de "acomodação estratégica" ou "persistência ajustável", realçando sua crença de que direção corporativa surge de um ajuste incremental aos fatos que ocorrem. Raramente, na visão deles, um líder (ou um grupo de planejamento estratégico) produz uma estratégia corajosa que guia a empresa de forma certeira. Muito mais freqüentemente as informações vêm de baixo. É a capacidade de uma organização de mover as informações e idéias de baixo para cima e de cima para baixo, em um diálogo contínuo, que os japoneses valorizam acima de tudo. Uma vez que se busca esse diálogo, o que futuramente poderá ser chamado de "estratégia" se desenvolve. Em resumo, "estratégia" é definida como "todas as coisas necessárias para o funcionamento bem-sucedido de uma organização como um mecanismo de adaptação"...

Leitura 5.4
A Mitologia da Honda e a Estratégia do Setor[4]
por Andrew Mair

Há alguns anos, um professor de uma escola de administração muito conhecida disse-me o quanto ele gostava da Honda, "uma pequena empresa adorável" que gerou um excelente estudo de caso sobre estratégia para os alunos de MBA. Opiniões similares são amplamente compartilhadas entre os educadores na área de administração. A Honda Motor Company já apareceu tanto na literatura de gestão estratégica nas últimas duas décadas que muitos acadêmicos, estudantes e gerentes hoje sentem uma certa familiaridade com a empresa, assim como devem sentir com outras empresas citadas freqüentemente, como General Motors, 3M ou General Electric.

Contudo, uma leitura atenta da literatura na área de estratégia revela que a história de sucesso da Honda foi conduzida de maneira a dar suporte a posições diferentes, na verdade, opostas, nos debates teóricos centrais da disciplina: o debate sobre os paradigmas do processo de estratégia entre a escola de planejamento analítico e a escola de aprendizado-adaptação; o debate sobre os paradigmas de conteúdo da estratégia entre os que apóiam o posicionamento do setor por análise/mercado e os métodos baseados em recurso; o debate entre os proponentes das principais competências e das principais capacidades. Aqueles que apóiam métodos diferentes vêm discutindo longamente sobre o significado da Honda (para exemplo, ver o longo debate de 1996 da *California Management Review*). Mas, como evidências da mesma empresa podem ser usadas para dar suporte a pontos de vista diametralmente opostos? Isso nos diz algo sobre como os consultores e acadêmicos no setor de estratégia manobram seus clientes?

As Muitas Faces da Honda

Análise Desenvolvida pelo Boston Consulting Group

O Boston Consulting Group (1975) publicou sua análise do setor de motocicletas em 1975, no momento em que os produtores de motocicleta japoneses haviam desalojado as empresas britânicas no mercado norte-americano para motocicletas de tamanho médio e grande. O estudo do BCG foi baseado na economia industrial tradicional, e a Honda forneceu a maioria dos exemplos japoneses. A análise concentrou-se na maneira como os grandes volumes da Honda permitiram preços mais baixos, por meio de tecnologia especializada de produção e uma "curva de experiência" atribuída, a ferramenta analítica do BCG que propunha que os custos declinam com volumes cumulativos. Os britânicos ajudaram a Honda a aumentar seu volume de vendas ao se retirar dos segmentos de mercado não-lucrativos.

Houve apenas uma breve discussão sobre como a Honda conseguiu entrar no mercado norte-americano inicialmente, durante o início dos anos 60. Diz-se que a Honda usou seu gigantesco volume de vendas e produção de pequenas motocicletas no Japão como trampolim para penetrar nos mercados mundiais. Ao mesmo tempo, embora a Honda tivesse mudado a imagem das pequenas motos ao anunciá-las como um produto "divertido", o sucesso dependia de um produto seguro e barato, que fosse realmente divertido.

Notavelmente, em 1990, o BCG tinha a Honda como um exemplo proeminente em três dos seis principais conceitos de estratégia que o grupo tinha desenvolvido: a curva de experiência (como citado acima), ciclos competitivos do vencedor/crescimento conduzido por débito e competição baseada tempo em diversidade de produto (ver Stalk e Hout, 1990). Segundo os consultores do BCG Abbeglen e Stalk (1985), as empresas japonesas bem-sucedidas incorrem em débitos substanciais para estabelecer um "ciclo competitivo vencedor", um círculo maior de instalações de produção, maior volume, menor custo, maior lucratividade e poder financeiro, seguido pelo reinvestimento para alimentar o crescimento. Eles usam o ciclo tanto para derrubar os líderes de mercado como para defender posições competitivas fortes.

A Honda fornece casos de incidentes drásticos para ilustrar os dois papéis. No final dos anos 50, a Honda surpreendeu o líder de mercado doméstico de motocicletas, Tohatsu, ao fazer grandes empréstimos, aumentar volumes e participação de mercado, reduzindo assim seus custos. Abbeglen e Stalk deduziram, a partir disso, que índice de crescimento, e não participação de mercado, era o melhor indicador de desempenho futuro. No início dos anos 80, a Honda rechaçou o desafio da Yamaha, que tinha investido em uma nova fábrica grande, convencida de que a Honda estava agora mais concentrada em seus mercados automobilísticos. A Honda defendeu sua posição, em parte por meio de redução massiva de preços, promoções e estoques maiores para os distribuidores, mas também usou a variedade de produtos como arma competitiva, expandindo rapidamente seu leque de modelos em um índice que a Yamaha não poderia alcançar. Em 1990, Stalk e Hout usavam a história da "guerra Honda x Yamaha" para ilustrar o novo conceito BCG de "competição baseada em tempo", diminuindo a ênfase em outros aspectos da estratégia defensiva da Honda.

---
[4] Revisado pelo autor, com acréscimo de material novo, de "Learning from Honda", *Journal of Management Studies*, 36.1, (1999) pp. 25-44.

Aprendizado Estratégico da Honda na Visão de Pascale

Em resposta direta ao estudo BCG de 1975, Pascale (1984) argumentou que as empresas japonesas de fato viam a estratégia de uma forma bem diferente das empresas norte-americanas e européias e que elas achavam os conceitos ocidentais (especialmente os do BCG), tais como "teoria de portfólio" e "curva de experiência", muito ligados a uma fórmula e, na verdade, muito fácil de identificar (e, conseqüentemente, de contestar) no comportamento dos concorrentes. Pascale concentrou-se na entrada inicial da Honda no mercado norte-americano de motocicletas, no início dos anos 60, para ilustrar a diferença. Ele argumentava que o BCG havia imposto uma interpretação racionalista imprópria à verdadeira estratégia da Honda. Em contraste, Pascale enfatizava o caráter idiossincrático e a liderança dos fundadores da empresa, projeto de produto em vez de processo de produção, e a distribuição inovadora da Honda nos EUA, vendendo para grandes varejistas em vez dos revendedores tradicionais. Pascale citou um dos gerentes intermediários, responsável pela exploração do mercado dos EUA em 1958, concluindo que o sucesso da pequena motocicleta Supercub era uma história de destino e de aprendizado a partir dos erros, de sorte e não de planejamento.

A Honda Idiossincrática de Quinn

O estudo de caso de estratégia feito por Quinn (1991, 1996) sobre a Honda pintou um quadro similar ao de Pascale, desta vez falando sobre todo o desenvolvimento da Honda como uma empresa. Na interpretação de Quinn, o fundador Soichiro Honda promoveu uma anarquia criativa individualista, com base em sua própria imagem, encorajando a tentativa e erro e com atividades inovadoras dos gerentes de nível médio e dos trabalhadores da fábrica, em uma organização quase democrática.

Sorte e Aprendizado da Honda na Visão de Mintzberg

Mintzberg baseou-se no estudo de Pascale sobre a Honda em diversas ocasiões (1987, 1991, 1996a, 1996b) para dar suporte a seu próprio trabalho sobre estratégia e para debater com o proponente da escola de planejamento Igor Ansoff e o autor do relatório BCG, Goold, argumentando que aquele é um dos poucos estudos de formulação real de estratégia. Mintzberg retratou a Honda como uma empresa cuja estratégia de entrada no mercado pode ter parecido brilhante posteriormente, mas que falhou em todos os aspectos, exceto na disposição da Honda para aprender, no estilo popular, a partir de seus erros até encontrar uma estratégia viável: vender motocicletas pequenas, não as tradicionais máquinas norte-americanas grandes, por meio de uma nova rede de distribuição.

As Competências de Hamel e Prahalad

A interpretação do BCG da estratégia da Honda também foi desafiada pela perspectiva baseada em recurso, uma vez que Hamel e Prahalad (1994) levantaram a questão da versão econômica industrial tradicional do BCG sobre como pequenas empresas podem entrar em segmentos dominados por rivais entrincheirados. Na verdade, a Honda desempenhou um papel de apoio significativo na teoria de estratégia geral de Hamel e Prahalad, exemplificando seus conceitos de ambições estratégicas estendidas, alavancagem de recursos para efeito máximo ("fazendo troça" da curva de experiência) e, acima de tudo, competências básicas – neste caso, as tecnologias de motor e transmissão da Honda aplicavam-se a um amplo leque de empresas. Diz-se que a Honda possuía grande capacidade de previsão, exemplificada pelo Honda NSX, um carro esporte de alta tecnologia lançado em 1990 com grande sucesso, que contrastava violentamente com a rival Porsche, que havia se tornado muito complacente em suas ofertas de produto e passava por uma queda drástica de vendas nos EUA.

Aptidões de Stalk, Evans e Shulman

Nosso passeio pelas interpretações da estratégia da Honda volta ao BCG com a versão das principais capacidades da visão baseada em recurso de Stalk, Evans e Shulman (1992) para explicar a ascensão da Honda no desafio a General Motors e Ford. Em contraste com o conceito de Hamel e Prahalad de principal tecnologia e competências de produção implícitas nas diversas linhas de produto, Stalk, Evans e Shulman propuseram as principais capacidades de processos empresariais, argumentando que a Honda é de fato diferenciada por sua especialidade em administração de distribuidores e desenvolvimento de produto – capacidades que a Honda reproduziu à medida que se movia para novas áreas de produto. Diz-se que essas capacidades eram mais importantes do que as competências porque eram mais visíveis para o cliente.

Insights na Indústria de Estratégia

A impressão mais surpreendente desses quadros da estratégia da Honda é que eles são sempre diametralmente opostos em suas explicações e implicações. Além disso, quando autores da área de estratégia debatem o significado da Honda, suas posições tornam-se ainda mais polarizadas. Hamel e Prahalad rejeitaram o ramo de oliveira apresentado por Stalk, Evans e Shulman, que propunham uma teoria unificada de competências-capacidades, insistiam que as principais competências eram mais importantes para a Honda do que suas capacidades. Mintzberg rejeitou a proposta de paz de Goold (1996), autor do relatório BCG, na forma de uma síntese ou reconciliação entre as escolas de projeto e de aprendizado na formulação de estratégia, para insistir que aprendizado desempenha um papel muito mais importante do que análises teóricas, que acabam relegadas a um papel subordinado. Pascale (1996) concordou que a formalização da estratégia só ocorre como uma racionalização *post hoc*. O que fazemos com tudo isso?

A ÚNICA COISA QUE IMPORTA É O SUCESSO!

Os leitores de literatura estratégica não devem estar a par de nenhum erro estratégico significativo ou de crises na Honda, que é apresentada em toda parte como uma história persistente de sucesso da "pequena empresa que deu certo". Contudo, a Honda enfrentou quatro crises em sua história até hoje – 1954, 1966, 1969 e no início dos anos 90 – e suas causas são esclarecedoras (ver Sakiya, 1987; Mair 1998a).

A crise financeira da Honda, em 1954, foi em grande parte resultado da estratégia do "ciclo competitivo vencedor" conduzido por débito, na ausência de produtos competitivos. A chave para o sucesso durante alguns anos foi o produto; a Supercub de 1958 fez a diferença entre quase desastre e vendas espetaculares. O estouro da Supercub nos Estados Unidos foi seguido por uma rápida queda nas vendas em 1966, cuja culpa foi internamente atribuída à complacência no projeto da Supercub, inalterado desde o lançamento. A empresa toda estava quase falindo devido ao problema das taxas de câmbio estrangeiras. A recuperação das vendas de motocicletas nos EUA no final dos anos 60 foi baseada nas motocicletas maiores que a Honda havia inicialmente – e corretamente – esperado vender bem. Logo depois que a Honda entrou na produção automotiva em massa, em 1967, Soichiro Honda baniu qualquer trabalho no então padronizado motor com resfriamento a água, pois ele tinha recrutado todos os engenheiros para pesquisar uma obra-prima de motor, poderoso, forte, resfriado a ar, com o qual ele desejava coroar sua carreira – em linha com o método obsessivo tão admirado por alguns. O resultado foi um carro "esportivo" lançado em 1969, precisamente no momento em que se precisava de um carro para o mercado de massa para capitalizar sobre o sucesso inicial. O carro foi um fracasso total no mercado. Apenas após um grande confronto interno que deixou o Sr. Honda isolado é que se permitiu aos jovens engenheiros da empresa desenvolver motores resfriados a água. Os gerentes seniores acreditavam que o Sr. Honda havia cometido um grande erro ao perder a chance de oferecer, três anos antes, um carro como o Civic 1972, resfriado a água, que foi um sucesso extraordinário.

Finalmente, no início dos anos 90, com a recessão mundial e um acentuado aumento do valor do iene fazendo pressão de custos no Japão, os problemas da estratégia de produtos de longa permanência da Honda vieram a público. O sucesso comercial sempre havia se baseado em produtos bem-projetados e bem-fabricados para o mercado de massa: Supercub (1958), Civic (1972) e Accord (1976) em particular. Dificuldades financeiras puseram em evidência a relação entre esses produtos de massa e o nicho de produtos de alta tecnologia da empresa, já que as vendas dos produtos de massa não eram mais suficientes para suportar os projetos de alta tecnologia – como os carros esportes NSX – que perdiam somas consideráveis de dinheiro. Além disso, o departamento de P&D da Honda tinha definido os mercados crescentes da empresa como carros esportivos e de luxo, recusando-se terminantemente a entrar no mercado norte-americano de veículos utilitários e minivans, que se expandia rapidamente nos anos 80, apesar das repetidas solicitações de tais produtos por parte da rede de revendedores norte-americanos. O resultado foi uma reviravolta na estratégia de produtos da Honda, incluindo o cancelamento dos projetos de carros esportivos e um movimento atrasado em direção aos segmentos crescentes.

NÃO DEIXE OS FATOS SE INTERPOREM NO CAMINHO DE UMA BOA HISTÓRIA!

Ao observar a Honda, os autores da área de estratégia vêem apenas aquilo que desejam ver. Existem muitas explicações unilaterais. Fatos que não se encaixam são simplesmente deixados de lado.

O relatório original do BCG, em 1975, concentrou-se totalmente nos fatores econômicos estruturais em detrimento do processo de formulação da estratégia. Abbeglen e Stalk não fizeram distinção entre dois períodos separados no final dos anos 50: um período de redução de custos relacionado a aumentos de vendas e de volume (encaixa-se na teoria deles) foi precedido e permitido por um período bem-sucedido de redução de custo com volumes de produção constantes (não se encaixa na teoria deles). Eles deixaram a Supercub, um produto vital que fez a diferença entre sucesso e fracasso, fora de suas explicações sobre o "ciclo competitivo vencedor" (não se encaixa na teoria deles). Stalk e Hout reduziram a ênfase de partes da história Honda-Yamaha anteriormente enfatizadas por Abbeglen e Stalk para fazer com que ela se ajustasse melhor à sua nova teoria "baseada em tempo" (novos produtos ajustam-se à nova teoria).

Pascale insistia que a Supercub era barata porque seu motor era pequeno e leve – mas os custos de produção de motores de combustão interna não variam tanto de acordo com o tamanho. Há provas de que a Honda realmente pretendia usar a Super Cub como uma arma competitiva nos Estados Unidos desde o início. Além disso, Pascale não deixa claro qual era a estratégia não-inovadora da Honda Supercub nos EUA. No Japão, a Honda já fabricava máquinas pequenas em grandes quantidades para o mercado, já tinha estabelecido um novo tipo de sistema de distribuição por meio de lojas de varejo que comercializavam bicicletas, ignorando os distribuidores tradicionais de motocicletas, e já tinha aberto deliberadamente um novo nicho de mercado para pequenas motocicletas com base na facilidade de uso, enquanto os concorrentes focavam em máquinas maiores. Visto por este ângulo, o que a Honda aprendeu por volta de 1960 foi simplesmente que os Estados Unidos se pareciam mais com o Japão do que eles previram inicialmente – e eram receptivos à mesma estratégia.

Finalmente, Pascale não situou a entrada da Honda nos EUA no contexto da estratégia internacional global da empresa, um elemento-chave do que já, então, era "testar seus produtos em relação aos melhores" (por isso as atividades iniciais de participação de corrida e de exportação da Honda). A diretoria decidiu concentrar os parcos recursos de câmbio estrangeiro ao testar o mercado norte-americano e impôs essa estratégia ao anular a estratégia proposta (de baixo para cima, a partir da linha de frente) pelos gerentes intermediários de concentrar a internacionalização nos mercados europeus e asiáticos. Esse contexto reduz a importância da "sorte" e "tomada de decisão de baixo para cima", confinando-os a aspectos específicos, e não tão importantes, da estratégia.

Quinn deixou de distinguir a organização de pesquisa básica da Honda (encaixa-se em sua teoria) daquela de desenvolvimento de produto (não encaixa-se). Ele afirmou duvidosamente que os trabalhadores da área de produção da Honda (e não os especialistas da subsidiária estabelecida para esse fim, a Honda Engineering) tinham projetado o equipamento de produção. A aplicação de Quinn da visão da Honda desenvolvida por Pascale – aprendizado estratégico de baixo para cima – a todos os processos da Honda deixou a empresa célebre no mundo de gerenciamento de operações por suas operações originais e altamente controladas e sistemas organizacionais totalmente desprovidos disso.

Mintzberg, como Pascale, rejeitou todo o planejamento sistemático da Honda para a entrada no mercado norte-americano. Ele concluiu que a análise do BCG havia falhado com base em estatísticas mostrando respectivamente sucesso e fracasso das indústrias de motocicletas japonesa e britânica antes e após a publicação do relatório em 1975, cometendo o erro de inferir uma causa a partir de uma correlação com uma variável única.

Hamel e Prahalad ainda usavam o supercarro NSX como exemplo da capacidade de previsão da Honda, anos após o carro ter se tornado um dos excessos da empresa no final dos anos 80, durante a "bolha econômica" japonesa. Na verdade, as vendas desintegraram-se com o colapso da bolha econômica em 1992, e a produção caiu de 35 para 5 por dia. E se as vendas da Porsche no mercado norte-americano caíram de fato por volta de 1990, o pico de vendas do NSX foi apenas metade do nível mais baixo de vendas da Porsche.

Hamel e Prahalad não apresentaram provas de que a Honda devia seu sucesso unicamente, ou mesmo em grande parte, a esforço, alavancagem e competências básicas, oferecendo apenas uma correlação implícita entre a forma focada de diversificação corporativa e de sucesso comercial da Honda. Contudo, houve apenas uma competência básica estrategicamente importante difundida na Honda para abrir novos mercados, a entrada na área de produção de automóveis no início dos anos 60. A Honda pode vender uma lista imensa de outros produtos alimentados por motores de combustão interna, mas as motocicletas e automóveis originais respondem por mais de 90% da rotatividade corporativa. Na verdade, o significado real do conceito de competência básica no pensamento estratégico da Honda, assim como a alegada proximidade da Honda com seus clientes, são colocados em dúvida pelo evidente atraso na alavancagem de suas competência para os crescentes mercados norte-americanos dos anos 80 e 90 (como mencionado anteriormente). Finalmente, é impossível fazer inferências válidas sobre a teoria da competência básica ao comparar a Honda com a Ford e a General Motors, que diferem da Honda em muitas outras dimensões relevantes, em particular, seus sistemas de gerenciamento de operações. O teste difícil mais apropriado seria ver como a Honda se comportou contra o concorrente dominante no mercado doméstico japonês, especialmente a Toyota, uma empresa conhecida por ser conduzida muito por processos – e não por produtos. A Honda ficou restrita a uma posição mínima no mercado doméstico se comparada aos 30% de participação sustentada da Toyota.

Simplifique... e Inove!

Talvez uma das causas das interpretações continuamente opostas da estratégia da Honda, com fatos selecionados para se adaptar a cada uma, seja encontrada na divisão binária entre a raiz das disciplinas de ciências sociais do pensamento de gestão estratégica, com economia e sociologia atingindo diretamente a Honda. Ou a explicação pode se estender mais amplamente para as filosofias dualistas essenciais de "preto ou branco", que permeiam grande parte da cultura ocidental. Esses fatores podem ser relevantes, mas uma explicação mais direta do dualismo obstinado e das apresentações contraditórias da Honda pode ser encontrada mais perto de casa, na relação entre a indústria de estratégia e seus clientes.

1. Compradores e vendedores conspiram ao redor de "porções de estratégia".

    Alguns participantes da indústria de estratégia buscam conceitos explanatórios relativamente simples para vender para seus clientes (clientes têm uma definição ampla, incluindo não apenas líderes organizacionais, como também estudantes e gerentes). Os conceitos precisam ser simples para que possam ser mais facilmente digeridos como porções de estratégia. Aqui há conspiração entre pensadores de estratégia e seus clientes para simplificar e reduzir as explicações a uma única dimensão.

2. Diferenciação de produto encoraja porções de estratégia diametralmente opostas.

O processo competitivo na indústria de estratégia, seja com a competição direta das consultorias de estratégia, seja com a competição menos direta dos acadêmicos e outros "gurus", exige inovação e diferenciação contínua de produto. Em um esforço para diferenciar ao máximo os conceitos de estratégia, de maneira consistente com o ponto 1, os participantes desenvolvem idéias "revolucionárias" para anular o pensamento dominante. Faz muito sentido propor métodos de oposição polar simples, que podem ser revolucionários – curando todos os males – e fáceis de adotar. Portanto, um bom conselho ao guru empresarial iniciante pode ser analisar a última moda em administração, desenvolver uma teoria baseada em seus opostos polares e lançar essa teoria quando a insatisfação crescente com a idéia mais recente sugerir que seu curto ciclo de vida está chegando ao fim.

3. Histórias de sucesso endossam as porções de estratégia.

Estudos de caso com "histórias de sucesso" são um veículo vital para a comunicação – e comercialização – de porções de estratégia. Primeiro, elas incorporam e ajudam a comunicar novas idéias abstratas, funcionando como exemplos. Segundo, elas legitimam e, na verdade, endossam a qualidade de novas idéias se elas puderem explicar o sucesso (sem que muitos fatos inúteis entrem no caminho). Como observa Silbiger (1994: 340-341): "A história é sempre reescrita para se ajustar às teorias dos planejadores estratégicos". Aqui ela é reescrita para se ajustar aos novos conceitos que a indústria de estratégia tem para vender.

Então, para a indústria de estratégia, conhecimento é muito mais do que a busca da verdade – é um negócio, e um negócio altamente lucrativo. A evolução da mitologia da Honda é a prova empírica para alguns dos trabalhos privados da indústria de estratégia em sua busca frenética de novos conceitos que possam garantir o sucesso do cliente.

A HONDA RI POR ÚLTIMO?

Pode haver uma ironia final da história da Honda e da indústria de estratégia. Há evidências consideráveis sugerindo que uma característica importante do pensamento de gestão na Honda é o foco na reconciliação de dicotomias conceituais aparentemente contraditórias e que isso é uma rota específica para inovação. Soluções inovadoras para problemas gerenciais podem ser possíveis precisamente por tentar fazer o que parece impossível para alguns. Em outros lugares, essa capacidade de administrar conceitos e práticas aparentemente contraditórios tem sido chamada de "capacidade estratégica de reconciliação da dicotomia" da Honda (Mair, 1998b). O pensamento estratégico na Honda pode não ser reprimido por uma filosofia dualista – ou por competição da indústria de estratégia para vencer conceitos – que demanda escolha entre aprendizado ou projeto, análise do setor ou estratégia baseada em recurso, capacidades básicas ou competências básicas. Ele pode, entretanto, exigir muito tempo para investigar até que ponto os gerentes na Honda refinaram tal paradigma durante anos – e assim evitar, em vez de endossar, as idéias de alguns dos principais estrategistas ocidentais. Se for assim, os executivos da Honda não vão perder o sono imaginando que a indústria de estratégia vai adivinhar e revelar aos concorrentes a verdadeira receita de sucesso da Honda.

Capítulo 6
Mudança Estratégica

Tecnicamente, estratégia é sobre mudança e não sobre continuidade: afinal, está relacionada à imposição de padrões estruturados de comportamento em uma organização, sejam padrões em forma de intenções antecipadas que se tornam estratégias deliberadas, sejam de ações após o fato que se enquadram nos padrões consistentes de estratégias emergentes. Mas administrar estratégia hoje em dia freqüentemente é administrar mudança – reconhecer quando uma mudança de curso de natureza estratégica é possível, desejável e necessária e, então, agir – possivelmente colocando em ação mecanismos para mudança contínua.

Administrar mudança estratégica geralmente é muito mais difícil do que possa parecer inicialmente. A necessidade de reorientação ocorre muito raramente e, quando ocorre, significa sair de um domínio familiar para um futuro não tão bem definido, em que muitas das velhas regras não se aplicam mais. As pessoas em geral abandonam as raízes de seus sucessos passados e desenvolvem novas habilidades e atitudes. Essa é uma situação claramente exigente – e, por esse motivo, é normalmente o desafio mais difícil enfrentado por um gerente.

As causas de tais mudanças também variam, desde uma queda regular ignorada no desempenho, que acaba exigindo uma mudança de posição, até uma mudança radical súbita em uma tecnologia de base que exija a reconceitualização de tudo que a organização faz, desde a mudança gradual para o próximo estágio do ciclo de vida de uma organização até o aparecimento de um novo presidente que queira deixar sua marca registrada na organização. Os alinhamentos estratégicos resultantes também podem ter diversas formas, desde uma mudança na posição estratégica dentro do mesmo segmento até uma perspectiva totalmente nova em um novo setor. Algumas mudanças exigem transições rápidas; outras são acompanhadas por alterações mais lentas. Cada transição tem seus próprios pré-requisitos e problemas de gestão.

Este capítulo cobre vários desses aspectos da mudança organizacional, apresentando idéias sobre o que causa essas mudanças, que formato elas podem ter e como elas podem e devem ser administradas em diferentes situações.

Começamos com uma visão geral do processo de mudança, extraída do livro *Safári de Estratégia*, de Mintzberg, Ahlstrand e Lampel, que serviu de base para o texto "Reflexões sobre o processo estratégico" sobre as dez escolas, no Capítulo 1. Aqui, na formação de estratégia como um processo de transformação, os autores nos dão uma estrutura para pensar sobre o conteúdo da mudança (chamada de "cubo da mudança"), um mapa das várias técnicas populares usadas para promover mudanças nas organizações e uma consideração dos diferentes programas que vêm sendo usados para promover tais mudanças, desde, especificamente, "de cima para baixo" para significativamente "de baixo para cima".

Nossa segunda leitura sobre mudança considera o "Ritmo irregular da evolução organizacional" em termos de períodos distintos de convergência e revolução. Em relação à literatura nos ciclos de vida organizacional, seus três autores, Michael Tushman, William Newman e Elaine Romanelli, argumentam pelo que também é chamado de "teoria do *quantum*" da mudança organizacional (Miller e Freisen, 1984). A essência do argumento é que as organizações preferem manter o curso na maior parte do tempo, aceitando mudanças incrementais para melhorar suas estratégias, processos e estruturas. Porém, periodicamente elas devem se submeter a mudanças drásticas nesses itens – um tipo de "revolução estratégica" – para realinhar sua orientação geral.

Em seguida, temos uma perspectiva bem diferente, do co-autor James Brian Quinn, da Dartmouth Tuck School, e John Voyer, da University of Maine. Com base no livro de Quinn *Strategies for Change: Logical Incrementalism*, o texto desenvolve uma visão particular do processo de criação da estratégia baseado em entrevistas intensivas com algumas das mais conhecidas corporações norte-americanas e européias. O planejamento não captura a essência da formulação de estratégia, segundo Quinn e Voyer, embora desempenhe um papel importante no desenvolvimento de novos dados e na confirmação de estratégias derivadas de outras formas. A visão tradicional de incrementalismo também não se ajusta aos padrões de comportamento observados. Os processos podem parecer aleatoriamente incrementais na superfície, mas há uma lógica poderosa sob eles. E, ao contrário de outros processos incrementais, esses não são tão reativos como sutilmente proativos. Os executivos usam métodos incrementais para lidar simultaneamente com os aspectos informacionais, motivacionais e políticos da criação de estratégia.

Acima de tudo, Quinn e Voyer retratam a formação de estratégia como um processo de *aprendizado* gerenciado e interativo, no qual o principal estrategista desenvolve gradualmente a estratégia em sua mente e orquestra a aceitação da organização. Ao enfatizar o papel de um estrategista central – ou pequenos grupos administrando "subsistemas" da estratégia – Quinn e Voyer parecem se aproximar da visão de Andrew. Mas as duas são notadamente diferentes em outros aspectos importantes. Com sua ênfase nas dimensões políticas e motivacionais da estratégia, eles podem estar mais próximos de Wrapp, cujos gerentes "não tomam decisões políticas". Na verdade, Quinn e Voyer tentam integrar suas visões com a visão tradicional, observando que, embora as próprias estratégias "surjam" de um processo incremental, elas têm muitas das características dos estrategistas altamente deliberados de Andrews. Esse texto termina com um conselho prático sobre como promover a criação de estratégia como um processo incremental.

Como reconciliamos essa visão de incrementalismo com a visão anterior de mudança súbita, já que ambas parecem plausíveis? Talvez elas não sejam tão contraditórias como podem parecer. Considere três dimensões: (1) os aspectos específicos do processo de mudança estratégica que cada uma considera, (2) as estruturas de tempo de dois pontos de vista e (3) os tipos de organização envolvidos. A visão incrementalista de Quinn e Voyer foca-se nos processos que passam pela mente dos gerentes sêniores enquanto eles pensam sobre novas estratégias. Devido à complexidade envolvida, o pensamento estratégico eficaz exige um processo de aprendizado incremental e interativo para todos os principais participantes.

O método súbito, por outro lado, concentra-se menos no pensamento dos estrategistas do que nas ações da organização – as estratégias que ela de fato adota (mencionadas no Capítulo 5 como estratégias realizadas da organização). É isso que geralmente parece mudar no método súbito. Pode ser, entretanto, que os gerentes concebam e promovam incrementalmente suas estratégias pretendidas mas, uma vez que isso seja atingido, eles mudam suas organizações de maneira rápida e súbita. Porém, novamente, cada um desses métodos pode ocorrer em situações específicas. Por exemplo, as mudanças súbitas podem ocorrer com mais freqüência em situações de crise, quando os ambientes externos comprimem as estruturas de tempo geralmente em razão de mudanças tecnológicas ou regulamentares.

O último texto do capítulo, de Charles Baden-Fuller, da City University of London, e John Stopford, da London Business School, apresenta um modelo específico de como uma empresa pode rejuvenescer. O principal desafio, acreditam os autores, está em reconstruir o espírito empreendedor corporativo, e eles descrevem um processo de renovação em quatro passos, que começa com a galvanização da alta administração para criar um comprometimento com a mudança. Na próxima fase, a empresa deve simplificar tanto seus negócios como sua organização, de forma a criar uma base para o terceiro passo, a construção de novas habilidades, conhecimento e recursos. Então, no passo final a empresa pode reiniciar o motor do crescimento, alavancando as novas fontes de vantagem que criou. Acima de tudo, esse modelo de mudança constrói diretamente sobre o conceito de competências básicas e é bastante consistente com as visões de Quinn e Voyer sobre estratégias para mudança.

Usando os Estudos de Caso

O processo de estratégia é mais do que nunca sobre mudança, e não sobre continuidade. Assim, seria difícil destacar um caso neste livro que não seja sobre mudança. Entretanto, alguns dos casos lidam com mudanças drásticas, mesmo pelos padrões normais de estratégia. O caso da Lufthansa lida com a mudança estratégica enfrentada repetidamente por uma empresa com ambições globais. Tanto os textos de Tushman, Newman e Romanelli como o de Baden-Fuller e Stopford são importantes para a maneira como essa empresa tentou manter sua vitalidade.

Leitura 6.1
Transformando Organizações[1]
por Henry Mintzberg, Bruce Ahlstrand e Joseph Lampel

Há muita literatura e consultoria prática visando a ajudar os gerentes a lidar com grandes mudanças em suas organizações – recuperação de posição, revitalização, redução de tamanho e assim por diante... Aqui, tentamos fornecer algumas estruturas gerais para esse trabalho e também alguns exemplos.

Um alerta antes de iniciarmos. Tudo o que falamos é sobre "mudança administrada". Mas pode-se levantar a questão... de que esse termo é um oximoro, que mudança não pode ser "administrada", pelo menos quando essa palavra é usada no sentido de forçada, levada a acontecer. Os gerentes sempre alegam que as pessoas em suas organizações resistem à mudança. É verdade. Mas talvez isso ocorra porque essas pessoas, durante muito tempo, foram gerenciadas *em excesso*. A cura pode estar na própria causa. Se for assim, talvez a melhor maneira de "administrar" a mudança seja deixando-a acontecer – estabelecendo condições por meio das quais as pessoas sigam seus instintos para experimentar e transformar seu comportamento... "Você lida com a mudança fazendo automelhorias. E então seu dia chegará" (Clemmer, 1995).

---
[1] Reimpresso com cortes de "Strategy Safari: A Guided Tour Through the Wilds of Strategic Management", Henry Mintzberg, Bruce Ahlstrand e Joseph Lampel, New York: The Free Press, 1998.

O CUBO DA MUDANÇA

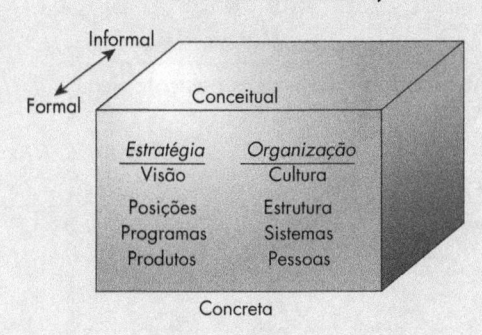

[Diagrama: cubo com eixos Formal↔Informal, Conceitual (topo) e Concreta (base). Face frontal dividida em Estratégia (Visão, Posições, Programas, Produtos) e Organização (Cultura, Estrutura, Sistemas, Pessoas).]

Fala-se muito sobre mudança nas organizações, embora com freqüência isso seja feito parcialmente. Ouvimos sobre recuperação de posição, revitalização, mudança cultural, administração com qualidade total, empreendimento, desenvolvimento de novos produtos, etc. De alguma forma tudo isso tem que ser posto em perspectiva. O cubo da mudança é projetado para fazer isso.

As faces do cubo mostram as duas principais dimensões da mudança. Do lado esquerdo, a mudança pode ser relacionada à *estratégia*, a direção seguida pela organização e, do lado direito, relacionada à *organização*, a condição na qual ela se encontra. Ambas devem ser consideradas ao mudar uma organização.

Olhando para cima e para baixo no cubo, a estratégia e a organização podem variar desde altamente *conceitual*, ou abstrata, até muito *concreta*, ou tangível. Na dimensão da estratégia, a *visão* (ou perspectiva estratégica) é a mais conceitual (repensar, reconceber), assim como a *cultura* na dimensão da organização (reenergizar, revitalizar). E descendo no cubo em direção ao lado mais concreto, podemos mudar, nos dois lados, as *posições* estratégicas (reposicionamento, reconfiguração) e a *estrutura* da organização (reorganizar, reduzir), depois os *programas* e os *sistemas* (reprogramação, retrabalho, reengenharia), finalmente, os *produtos* e as *pessoas* (reprojetar, retreinar, substituir), que também podem ser vistos como *ações* de mudança por um lado e *atores* pelo outro. Colocando de outra forma, as coisas mais amplas, porém mais abstratas que você pode mudar em uma organização são visão e cultura; as mais específicas, produtos verdadeiros e pessoas reais (seja substituindo as pessoas que estão na organização ou mudando o comportamento delas).

Uma organização pode mudar facilmente um único produto ou uma pessoa. Mas mudar, digamos, uma visão ou uma estrutura sem mudar mais nada é tolo, apenas um gesto vazio. Em outras palavras, onde quer que você intervenha nesse cubo, tem que mudar tudo que está embaixo. Por exemplo, não faz sentido mudar estrutura sem mudar sistemas e pessoas, ou mudar visão sem repensar posições estratégicas e sem reprojetar programas e produtos.

Finalmente, tudo isso pode variar de explícito e formal, mostrado na face frontal do cubo, até muito implícito e informal, mostrado na face traseira. Por exemplo, uma posição estratégica pode ser mais deliberada (formal) ou mais emergente (informal), enquanto que pessoas podem ser mudadas formalmente através da educação ou informalmente através de treinamento e aconselhamento.

O ponto-chave desta descrição é que mudanças sérias na organização incluem o cubo inteiro: estratégia e organização, desde a mais conceitual até a mais concreta, informalmente e também formalmente.

MUDANDO O QUÊ?

A primeira questão é: *o que* pode ser mudado em uma organização? Uma forma de pensar sobre isso é como um cubo de mudança, discutido em seguida. Ele indica o que uma mudança ampla de fato significa em uma organização: inclui estratégia e estrutura, englobando desde o conceitual até o concreto e de comportamentos altamente formais até aqueles muito informais.

MAPEANDO OS PROCESSOS DE MUDANÇA

Agora podemos considerar os métodos de mudança. Precisamos aqui de algum tipo de *mapa* para organizar e posicionar, na perspectiva, o confuso leque de métodos, desenvolvido durante anos para mudar as organizações. A Figura 1 apresenta esse mapa, no qual os métodos de mudança são plotados em duas dimensões. Junto ao topo há uma escala de amplitude da mudança, que vai de micro até macro. A micromudança foca-se dentro da organização: pode envolver, por exemplo, reprojeção de trabalho em uma fábrica ou desenvolvimento de um novo produto. A macromudança é voltada para toda a organização, por exemplo, reposicionando sua posição no mercado ou mudando todas as instalações físicas.[2] David Hurst expressou isso de outra forma: "O *timoneiro* administra mudanças o tempo todo. Mas o *navegador* muda o curso poucas vezes e apenas quando as circunstâncias exigem. Mudanças no destino podem ser feitas pelo *capitão* com menos freqüência ainda, pois exigem uma total mudança de valores na organização. E *exploradores* podem encontrar um novo mundo apenas uma vez em toda sua vida" (material não-publicado)...

---

[2] A micromudança tende a focar-se no nível concreto do cubo de mudança, mas não necessariamente. Podemos mudar a visão do projeto de trabalho em uma fábrica. Da mesma forma, a macromudança, embora sempre comece no nível conceitual, não precisa ser assim. A organização pode mudar todas as suas instalações físicas sem qualquer visão global, embora isso não pareça muito lógico (o que não significa que nunca aconteça!).

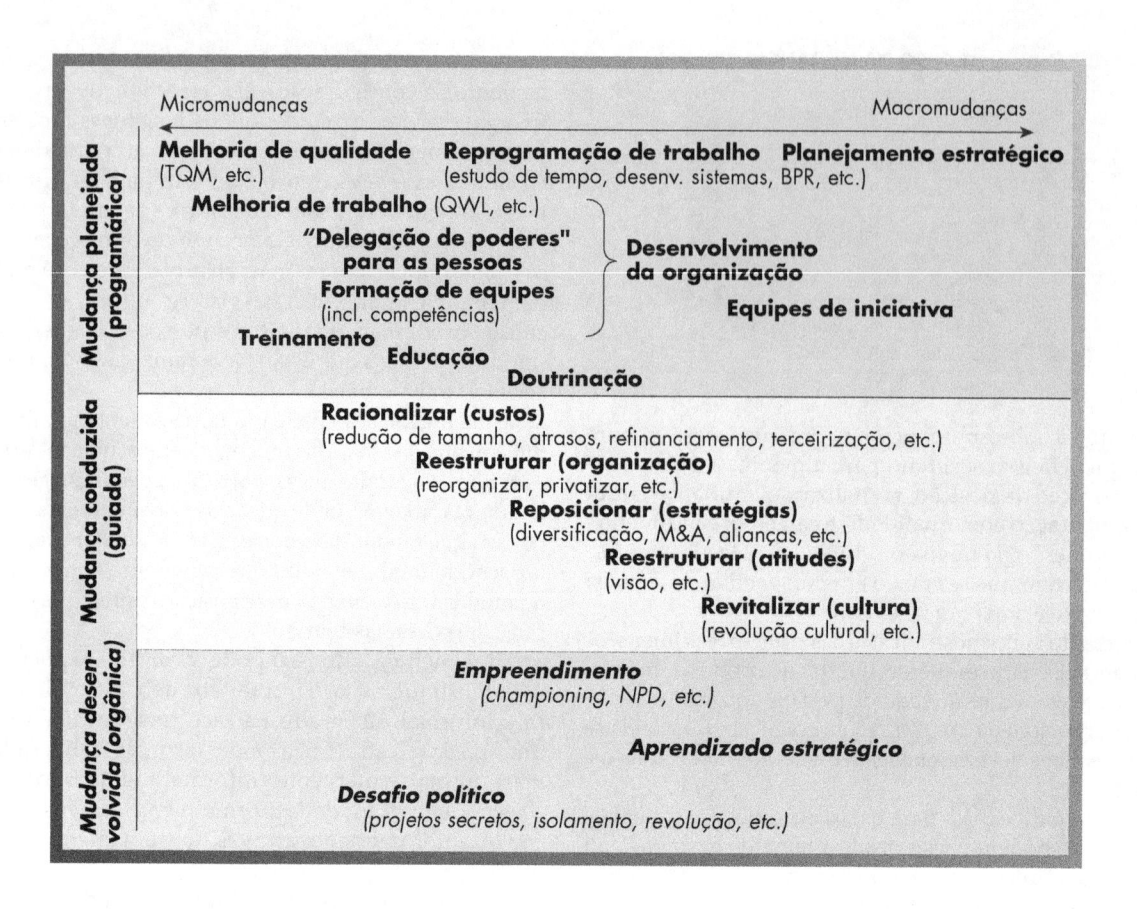

Figura 1   Mapa dos métodos de mudança.

Na escala horizontal da Figura 1, sugerimos que há três métodos básicos para o processo de mudança: mudança planejada, mudança conduzida e mudança desenvolvida. A mudança *planejada* é programática: existe um sistema ou um conjunto de procedimentos a ser seguido. Isso varia desde programas de melhoria de qualidade e treinamento (micro) até programas de desenvolvimento organizacional e planejamento estratégico (mais macro). Considere, por exemplo, esta declaração básica de desenvolvimento organizacional:

Desenvolvimento organizacional é um esforço (1) *planejado*, (2) que *envolve toda a organização*, (3) *administrado* a partir do *topo* para (4) aumentar a *eficácia* e a *saúde* da organização por meio de (5) *intervenções planejadas* nos "processos" da organização, usando o conhecimento da *ciência comportamental* (Beckhard, 1969: 9; itálicos no original).

A mudança *conduzida* é guiada: uma única pessoa ou um pequeno grupo, geralmente em posição de autoridade influente, supervisiona a mudança e assegura que ela ocorra. Aqui encontramos todas as palavras populares (principalmente) iniciadas por "r", desde racionalização até reestruturação e revitalização. Doz e Thanheiser (1996) referiram-se a diversas delas como mudança do contexto estratégico, do contexto organizacional e do contexto emocional (cultura). A seqüência dessas atividades conduzidas mostrada no diagrama, lido diagonalmente do lado mais micro e mais próximo à mudança planejada até o mais macro e mais próximo da mudança desenvolvida, inclui mudança nos custos operacionais, estrutura organizacional, posições estratégicas, atitude gerencial e cultura geral...

Finalmente, a mudança *desenvolvida* é orgânica: ela, de alguma forma, acontece, ou pelo menos é guiada por pessoas que não ocupam posições significativas de autoridade, sempre em locais obscuros da organização. Ao contrário dos dois primeiros métodos, que são conduzidos, ou "administrados" de alguma forma, seja mais formalmente por procedimentos ou menos formalmente pelos gerentes. Olhando mais para o lado micro, vemos o desafio político (que também pode, evidentemente, ser bastante macro, como na rebelião discutida na escola no poder), no meio, vemos o empreendimento e, no lado mais macro, encontramos o aprendizado estratégico (os dois últimos discutidos na escola de aprendizado)...

PROGRAMAS DE MUDANÇA COMPLETA

Um gerente pode simplesmente pegar alguma coisa e tentar mudá-la: melhorar o treinamento da equipe de vendas, por exemplo, ou reorganizar o laboratório de pesquisas. A maioria das mudanças é desse tipo, *gradual*; ocorre o tempo todo, aqui e ali. Na verdade, Tom Peters há muito tempo é fã de tal mudança, que ele chamou de "bocados". Não se atole, sugere ele, apenas pegue alguma coisa e mude-a.

O cubo de mudanças sugere, porém, que isso provavelmente funcione melhor em nível mais concreto (e micro) do que no nível conceitual (e macro). Você pode retreinar um grupo de trabalhadores ou reorganizar um departamento, talvez, mas não pode reposicionar a estratégia ou mudar a cultura sem fazer várias outras mudanças associadas. Na verdade, "mudança de cultura" sozinha são apenas palavras vazias: como observado anteriormente, a cultura não é alterada se o resto não mudar.

Então, surgiu uma grande quantidade de literatura e prática de consultoria sobre programas sólidos de mudança completa, ou seja, a *transformação*. Eles propõem como combinar os vários métodos de mudança em seqüências lógicas para "reposicionar" ou "renovar" uma organização. (O reposicionamento implica uma revolução rápida e drástica; a renovação, a construção mais lenta de uma mudança completa.) Mas essa é uma tarefa confusa: cada autor e cada empresa de consultoria tem sua própria fórmula de sucesso. Não há consenso sobre aquilo que funciona melhor, embora haja certamente modas passageiras – aos montes. Mas elas parecem revelar principalmente o que *não* funciona – ou seja, a moda passageira do ano passado.

Aqui, então, como em qualquer outro lugar, não há fórmula mágica. Assim como os bocados podem não ser o ideal, a renovação também pode ser excessiva. Apesar de toda a publicidade exagerada em torno da mudança, nem todas as organizações precisam mudar tudo o tempo todo. A palavra para isso é "anarquia". O truque é equilibrar mudança com continuidade: fazer mudança quando e onde for necessário, ao mesmo tempo em que se mantém a ordem. Adotar o novo e desfazer-se do velho pode ser a coisa moderna a ser feita, mas, em geral, é muito mais eficaz – e também mais difícil – encontrar maneiras de integrar o melhor do novo com o mais útil do velho. Um grande número de organizações hoje em dia está sujeito à mudança malconcebida. Apenas porque um novo presidente assumiu ou porque há uma nova moda passageira, isso não significa que tudo deve ser transformado em um tumulto.

Entretanto, há momentos em que uma organização precisa ser mudada de maneira séria e completa. Então, o truque para a gerência é descobrir onde ela pode intervir, o que pode mudar e o que deve deixar para os outros, quando, em que ritmo e em que seqüência. Começar pequeno e aumentar ou fazer algo drástico? Começar substituindo pessoas, reconcebendo a visão ou refazendo o organograma? Depois disso, concentrar-se em estratégia, estrutura, cultura ou valor para o acionista? Mudar tudo de uma vez ou aos "bocados"?

Mas essas questões podem estabelecer o contexto errado: talvez a administração pudesse apenas criar as condições para mudança e deixá-la acontecer? Talvez ela devesse dispensar todos juntos. Talvez a melhor mudança comece na base, no canto de alguma fábrica ou em uma visita a alguns clientes, seguindo a partir daí. A mudança deve sempre terminar na "parte mais baixa" depois de ter sido conduzida pelo "topo"? Que tal terminar no topo, depois que as pessoas em contato com os clientes tiverem finalmente convencido a administração dos problemas? Ou talvez a coisa toda tenha que ser conduzida organicamente do lado de fora?

Isso parece sempre terrivelmente confuso, especialmente quando consideramos todas as evidências sobre resistência à mudança nas organizações. Não obstante, algumas realmente mudam. O filósofo francês Alain nos dá esperança com seu comentário: "Todas as mudanças parecem impossíveis. Mas, uma vez realizadas, o estágio no qual você não está mais é que parece impossível". Quando você chega lá, a reação pode ser "como pudemos tolerar isso?". Com isso em mente, deixe-nos mostrar algumas das estruturas para mudança completa.

Em 1995, três consultores da McKinsey, Dickhout, Denham e Blackwell, publicaram um artigo interessante sobre mudança, destacando seis "estratégias" básicas usadas pelas 25 empresas estudadas:

- *Evolucionária/construção da instituição*: uma remoldagem gradual "dos valores, da estrutura de alto nível e das medidas de desempenho da empresa, de forma que os gerentes de linha possam conduzir a mudança".

- *Choque e refoco*: para "chacoalhar uma estrutura de poder bloqueada", os líderes "todos juntos... impediram a alta gerência, definiram novas unidades de negócio e reprojetaram os processos gerenciais."

- *Seguir o líder*: para resultados imediatos, os líderes "iniciaram grandes mudanças a partir do topo", por exemplo, desfazendo-se de negócios fracos, "enquanto removiam apenas os gargalos organizacionais mais críticos."

- *Foco multifrontal*: neste caso, "a mudança é conduzida por forças-tarefa cujas metas são mais amplas" – redução de custo, estímulo de vendas, etc.

- *Reprojeção sistemática*: novamente forças-tarefa conduzem o processo para melhorar o desempenho, mas "reprojeção dos principais processos e outras mudanças organizacionais tendem a ser planejadas em paralelo".

- *Mobilização em nível de unidade*: "os líderes da mudança dão poder às equipes de trabalho para ter acesso às idéias restritas aos gerentes de nível médio e funcionários da linha de frente". (102-104)

Isso descreve principalmente as atividades iniciais ou focais. Mas uma questão importante para as pessoas que trabalham nesta área é como diferentes atividades devem ser organizadas através do tempo para gerar uma grande transformação. Vamos considerar primeiro a mudança de cima para baixo e depois de baixo para cima.

MUDANÇA DE CIMA PARA BAIXO?

Talvez a mais popular seja o método estimulado pelas mudanças na General Electric, sob a liderança de Jack Welch, durante a última década e meia. Tichy e Sherman (1993) descreveram isso como "drama em três atos": *despertar*, *imaginar* e *reconstruir*, como mostrado na Figura 2.

David Ulrich, que também trabalhou com Welch, em um artigo conjunto com Richard Beatty (1991) caracterizou isso de forma um pouco diferente. Eles descrevem um processo de cinco passos (que podem ocorrer simultaneamente ou em seqüência), incluindo tanto o "*hardware*" da organização (estratégia, estrutura, sistemas) como o "*software*" (comportamento dos funcionários e atitude). A descrição deles começa com *reestruturação*, com o que eles querem dizer redução de tamanho e impedimento, seguida por *combate à burocracia*, para "livrar-se de relatórios, aprovações, reuniões e medidas desnecessárias" e coisas do tipo. Depois há o estágio de *delegação de poderes aos funcionários*, que resulta em *melhoria contínua* antes que, como "uma conseqüência dos outros quatro", a cultura seja fundamentalmente alterada (1991: 22, 24 29). Isso é ilustrado na Figura 3.

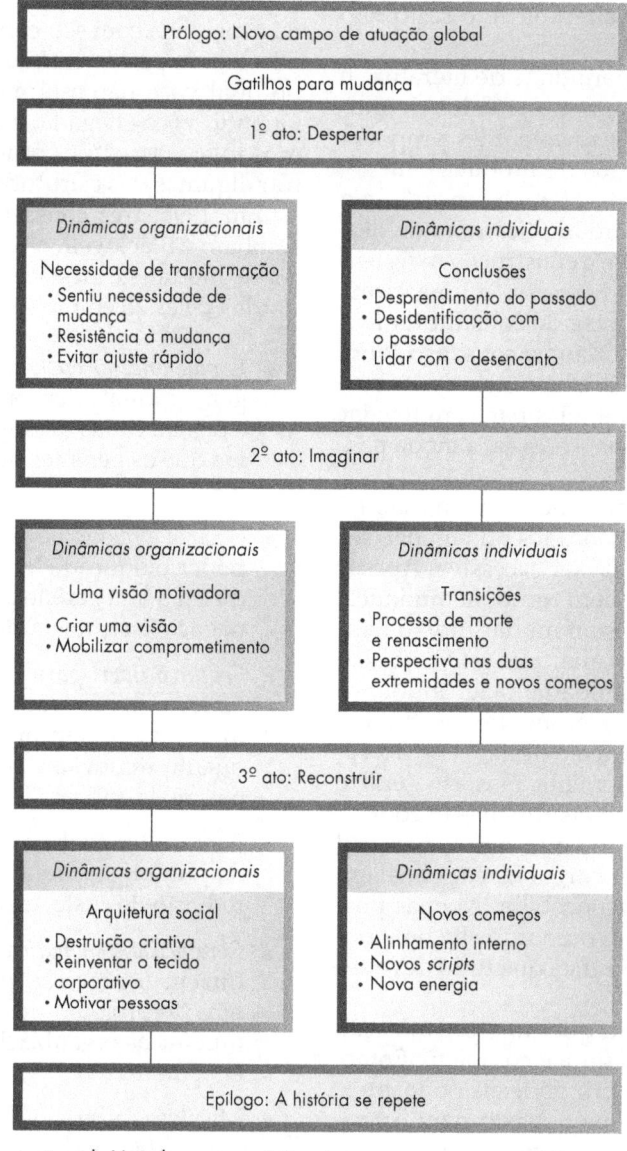

Prólogo: Novo campo de atuação global

Gatilhos para mudança

1º ato: Despertar

Dinâmicas organizacionais
Necessidade de transformação
- Sentiu necessidade de mudança
- Resistência à mudança
- Evitar ajuste rápido

Dinâmicas individuais
Conclusões
- Desprendimento do passado
- Desidentificação com o passado
- Lidar com o desencanto

2º ato: Imaginar

Dinâmicas organizacionais
Uma visão motivadora
- Criar uma visão
- Mobilizar comprometimento

Dinâmicas individuais
Transições
- Processo de morte e renascimento
- Perspectiva nas duas extremidades e novos começos

3º ato: Reconstruir

Dinâmicas organizacionais
Arquitetura social
- Destruição criativa
- Reinventar o tecido corporativo
- Motivar pessoas

Dinâmicas individuais
Novos começos
- Alinhamento interno
- Novos *scripts*
- Nova energia

Epílogo: A história se repete

Figura 2 Liderança transformacional: Um drama em três atos.
Fonte: Tichy e Sherman (1993: 305).

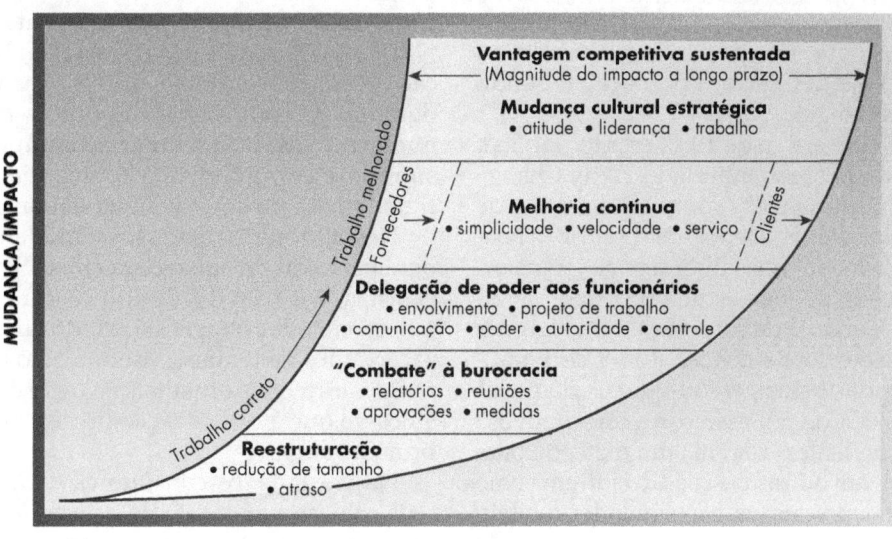

Figura 3 Um processo de reengenharia para organizações maduras.
Fonte: Beatty e Ulrich (1991: 25).

O "modelo crescendo de rejuvenescimento" de Baden-Fuller e Stopford é similar:

1. **Galvanizar:** criar uma equipe especial dedicada à renovação.
2. **Simplificar:** cortar complexidades desnecessárias e confusas.
3. **Construir:** desenvolver novas capacidades.
4. **Alavancar:** manter o ímpeto e estender as vantagens. (1992)

Doz e Thanheiser (1996) observaram, em um estudo feito com 40 empresas, que quase todas incluíam em seus esforços de transformação reestruturação de portfólio, redução de tamanho e terceirização, indicador de desempenho e algum tipo de esforço para melhoria de processo e administração de qualidade. Eles constataram "períodos de atividade intensa, nos quais a alta energia... [era] tipicamente gerada por vários 'pontos críticos' [ou 'cruciais'] como retiros, *workshops* ou outras reuniões de funcionários-gerentes" (7), como as "reuniões de equipe/treinamento" da General Electric. Nas transformações "mais eficazes, de longo prazo", eles descrevem o seguinte modelo:

- "de foco interno a foco externo": primeiro melhorar a eficiência, depois criar novas oportunidades;
- "de ações de cima para baixo a ações delegadas": "o processo de quebra da inércia era geralmente conduzido com mais força a partir do topo", embora "a transformação algumas vezes fosse testada em uma subunidade... antes de ser implementada em toda a empresa"; atividades subseqüentes eram sempre "por iniciativa das subunidades";

- "de emoção e intelecto à organização": "em quase todos os casos... o ciclo de transformação inicial foi conduzido por um novo entendimento estratégico destacado por um processo emocional (parte e parcela de fatos 'cruciais'), e depois refletiu-se em mudanças mais extensas, sutis e multifacetadas no contexto organizacional". (10-11)

Na verdade, o presidente praticou algumas ações estratégicas iniciais rápidas, como vender algumas áreas de negócios ou substituir executivos importantes, mas "conquistar o coração" dos demais foi a chave para o próximo passo. Essas "mudanças no contexto emocional permitiram mudanças adicionais mais sutis no contexto estratégico", e também no contexto organizacional, de forma que o presidente pudesse permitir mais "iniciativas descentralizadas emergentes".

Em resumo, com o tempo, a natureza do processo de transformação vai alternando de ciclo para ciclo entre *explosões* de concentração de energia e *períodos* de difusão de energia, para pulsações menores, menos visíveis. Os processos de transformação bem-sucedidos mudaram de sublevação corporativa para aprendizado e renovação contínuos. (11)

MUDANÇA DE BAIXO PARA CIMA?

O acima exposto tem sido em grande parte a visão da gestão estratégica: de cima para baixo, pelo menos inicialmente, conduzida pelo líder e estratégica. Mas, com base em um trabalho anterior sobre "desenvolvimento organizacional", outros descreveram a transformação como sendo muito mais um processo de baixo para cima, no qual pequenas mudanças ocorridas dentro da organização conduzem o processo de mudança global. Mudança, para essas pessoas, é uma jornada exploratória em vez de uma trajetória predeterminada, é mais um processo de aprendizado do que um processo planejado ou conduzido. Contudo, se der certo, pode acabar sendo significativamente estratégico.

Esse é o espírito de um artigo de 1990, escrito por Beer *et al.* em *Harvard Business Review*, intitulado "Why Change Programs Don't Produce Change" (Por que programas de mudança não geram mudança). Depois de discutir "a falácia da mudança programada", eles discutem as "transformações mais bem sucedidas" que estudaram, que "geralmente começavam na periferia da corporação, em algumas poucas fábricas e divisões, longe dos escritórios corporativos" e eram "conduzidas pelos gerentes gerais daquelas unidades, não pelos CEOs ou por assessores corporativos" (159). Os melhores presidentes criaram "um mercado para mudança", mas deixavam outras pessoas decidirem como iniciar as mudanças e depois usavam as unidades revitalizadas mais bem sucedidas como modelos para o resto da empresa. O Quadro 1 apresenta os "Seis passos para mudança eficaz" para os gerentes de tais unidades.

Em oposição a esse quadro, apresentamos o Quadro 2, de um artigo publicado poucos anos depois no *Harvard Business Review*, com um título extraordinariamente similar: "Leading Change: Why Transformation Efforts Fail" (Conduzindo a mudança: porque os esforços de transformação falham). Este artigo foi escrito por John Kotter, um colega de Beer do mesmo departamento na Harvard Business School. Mas os "Oito passos para transformar sua corporação" de Kotter são claramente de cima para baixo. "Mudança, por definição", escreveu Kotter, "exige a criação de um novo sistema, que por sua vez sempre exige liderança. [O começo de] um processo de renovação normalmente não leva a lugar nenhum até que um número suficiente de verdadeiros líderes seja promovido ou contratado para funções de nível sênior" (1995:60).

Dessa forma, o processo de mudança deve ser de cima para baixo ou de baixo para cima? Se acreditar nos especialistas, você deverá decidir no cara ou coroa. Ou então tentar entender o que está errado em sua própria organização antes de tentar consertar. Não há uma fórmula para transformar as organizações, e isso inclui a noção específica de que a organização precisa de transformação em primeiro lugar.

Na verdade, os consultores da McKinsey, Dikhout e seus colegas, cujo conjunto de estratégias de mudança foi apresentado [anteriormente] nesta discussão, estão entre os poucos nesta área que fizeram a bem-vinda alegação de que o método a ser usado *depende* das metas, das necessidades e das capacidades de sua organização. No estudo deles, "cada transformação era uma resposta única a um conjunto específico de problemas e oportunidades... O líder parecia ter 'quebrado um código' incorporado na organização... [de forma que] a energia era liberada e canalizada para melhoria de desempenho..." (20). Sábias palavras para finalizar a discussão de uma literatura e uma prática que nem sempre são muito sensatas.

Quadro 1   Mudança de baixo para cima

"Seis passos para mudança eficaz" para gerentes de unidades de negócios ou de fábricas
(Beer, Eisenstat e Spector, 1990: 161-164)

1. Mobilizar comprometimento com a mudança por meio de diagnóstico conjunto de problemas empresariais... Ao ajudar as pessoas a desenvolver um diagnóstico conjunto do que está errado na organização e do que pode e deve ser melhorado, um gerente-geral [de uma unidade] mobiliza o comprometimento inicial necessário para começar o processo de mudança...

2. *Desenvolver uma visão compartilhada de como organizar e gerenciar para ter competitividade.* Uma vez que um grupo central de pessoas esteja comprometido com uma determinada análise do problema, o gerente-geral pode conduzir os funcionários em direção a uma visão da organização alinhada com a tarefa, que define novos papéis e responsabilidades...

3. *Promover consenso para a nova visão,* competência para colocá-la em prática e coesão para levá-la adiante...

4. *Espalhar revitalização para todos os departamentos sem forçá-la a partir do topo...* A tentação de forçar novas informações para o resto da organização pode ser grande, particularmente quando são necessárias mudanças rápidas, mas seria o mesmo erro cometido pelos gerentes seniores quando tentam empurrar mudanças programadas para uma empresa. Isso causa um curto circuito no processo de mudança. É melhor deixar cada departamento "reinventar a roda" – ou seja, encontrar seu próprio caminho para a nova organização...

5. *Institucionalizar a revitalização por meio de políticas, sistemas e estruturas formais...* A nova abordagem tem que se tornar entrincheirada...

6. *Monitorar e ajustar estratégias em resposta aos problemas no processo de revitalização.* O objetivo da mudança é criar... uma organização de aprendizado capaz de se adaptar a um ambiente competitivo mutante... Alguns podem dizer que isso é responsabilidade do gerente-geral. Mas monitorar o processo de mudança é uma atividade que precisa ser compartilhada...

| **Quadro 2** | Transformação de cima para baixo |

"Oito passos para transformar sua corporação" para todos os gerentes.
(Kotter, 1995: 61)

1. *Estabelecer um senso de urgência*: examinar mercado e realidades competitivas; identificar e discutir crises, potenciais crises ou grandes oportunidades.
2. *Formar uma coalizão orientadora poderosa*: montar um grupo com poder suficiente para liderar o esforço de mudança; encorajar o grupo a trabalhar junto como uma equipe.
3. *Criar uma visão*: criar uma visão ajuda a dirigir o esforço de mudança; desenvolver estratégias para atingir essa visão.
4. *Comunicar a visão*: usar todos os veículos possíveis para comunicar a nova visão e as estratégias; ensinar novos comportamentos por meio de exemplos da coalizão orientadora.
5. *Dar poder aos outros para agir de acordo com a visão*: livrar-se dos obstáculos à mudança; mudar sistemas ou estruturas que prejudiquem seriamente a visão; encorajar a tomada de risco e idéias, atividades e ações não-tradicionais.
6. *Planejar e criar vitórias de curto prazo*: planejar melhorias de desempenho visíveis; criar essas melhorias; reconhecer e recompensar os funcionários envolvidos nas melhorias.
7. *Consolidar melhorias e produzir ainda mais mudanças*: usar a credibilidade aumentada para eudar sistemas, estruturas e políticas que não se ajustam à visão; contratar, promover e desenvolver funcionários que possam implementar a visão; revigorar o processo com novos projetos, temas e agentes de mudança.
8. *Institucionalizar novos métodos*: articular as conexões entre os novos comportamentos e o sucesso da corporação; desenvolver meios para assegurar desenvolvimento de liderança e sucessão.

LEITURA 6.2

CONVERGÊNCIA E REVOLUÇÃO:
ADMINISTRANDO O RITMO IRREGULAR DA EVOLUÇÃO ORGANIZACIONAL[3]
por Michael L. Tushman, William H. Newman e Elaine Romanelli

Um ajuste razoável entre oportunidade externa, estratégia da empresa e estrutura interna é característico de empresas bem-sucedidas. O teste real de liderança executiva, entretanto, está em manter esse alinhamento no ritmo das condições competitivas mutantes.

Considere as corporações Polaroid ou Caterpillar. As duas empresas literalmente dominaram seus respectivos segmentos durante décadas e acabaram sendo pegas de surpresa por grandes mudanças ambientais. Os mesmos fatores estratégicos e organizacionais que foram tão eficazes por décadas tornaram-se as sementes da complacência e do declínio organizacional.

Estudos recentes de empresas, feitos por longos períodos, mostram que a maioria das empresas bem-sucedidas mantém um equilíbrio viável por vários anos (ou décadas), mas também são capazes de iniciar e levar adiante mudanças bruscas e amplas (mencionadas aqui como reorientações) quando seus ambientes mudam. Tais revoluções podem trazer vigor renovado para o empreendimento. Empresas não tão bem-sucedidas, por outro lado, se prendem a um determinado padrão. Os líderes dessas empresas não vêem necessidade de reorientação ou são incapazes de fazer as mudanças necessárias para quebrar as estruturas. Embora nem todas as reorientações dêem certo, as organizações que não iniciarem as reorientações conforme os ambientes mudam terão um baixo desempenho.

Este texto concentra-se nas razões pelas quais, durante longos períodos, a maioria das empresas fez apenas mudanças incrementais e depois teve que fazer mudanças dolorosas, descontínuas, englobando todo o sistema. Estamos particularmente preocupados com o papel da liderança executiva em administrar esse modelo de convergência pontuado por revolução...

A tarefa de administrar a mudança incremental, ou convergência, difere muito da administração de mudança "quebra-estrutura". A mudança incremental é compatível com a estrutura existente de uma empresa e é reforçada através dos anos. Em contraste, a mudança "quebra-estrutura" é abrupta, dolorosa para os participantes e sempre encontra resistência da velha guarda. Para forjar essas novas consistências de estratégia-estrutura-pessoas-processo e para lançar as bases para o próximo período de mudança incremental são necessárias habilidades distintas.

---
[3] Copyright © 1986, pelos reitores da University of California. Extraído de *California Management Review*, Vol. 29, Nº. 1. Com permissão dos reitores.

Como a saúde futura e até mesmo a sobrevivência de uma empresa ou unidade de negócios está em jogo, precisamos ver mais de perto a natureza e as conseqüências da mudança convergente e das diferenças impostas pela mudança "quebra-estrutura". Precisamos explorar quando e por que essas revoluções dolorosas e arriscadas interrompem padrões anteriormente bem-sucedidos, e saber se essas descontinuidades podem ser evitadas e/ou iniciadas antes da crise. Finalmente, precisamos examinar o que os gerentes podem e devem fazer para guiar suas organizações durante períodos de convergência e revoluções com o correr do tempo...

A discussão que se segue é baseada na história de empresas em segmentos diferentes, em países diferentes, em pequenas e grandes organizações e em organizações que estão em vários estágios do ciclo de vida do produto. Estamos lidando com um fenômeno muito difundido – não apenas com umas poucas seqüências drásticas. Nossa pesquisa sugere fortemente que o padrão de convergência/revolução ocorre dentro dos departamentos, no nível das unidades de negócios... e no nível corporativo da análise... O problema de administrar tanto períodos de convergência como de revolução não é apenas do CEO, mas envolve necessariamente os gerentes gerais e também os gerentes funcionais.

PADRÕES DE EVOLUÇÃO ORGANIZACIONAL: CONVERGÊNCIA E REVOLUÇÃO

BASEANDO-SE NA FORÇA: PERÍODOS DE CONVERGÊNCIA

Empresas bem-sucedidas sabiamente mantêm aquilo que funciona bem...

... a convergência inicia-se com o ajuste efetivo de estratégia, estrutura, pessoas e processos... O sistema formal inclui decisões sobre agrupamento e associação de recursos e também planejamento e sistemas de controle, recompensas e procedimentos de avaliação, e sistemas de administração de recursos humanos. O sistema informal inclui valores básicos, crenças, normas, padrões de comunicação e modelos reais de tomada de decisão e resolução de conflitos. É a trama completa de estrutura, sistemas, pessoas e processos que deve ser ajustada para a estratégia da empresa (Nadler e Tushman, 1986).

Como o ajuste entre estratégia, estrutura, pessoas e processos nunca é perfeito, a convergência é um processo contínuo, caracterizado pela mudança incremental. Com o tempo, em todas as empresas estudadas, dois tipos de mudanças convergentes eram comuns: sintonia fina e adaptações incrementais.

- *Mudança convergente: sintonia fina* – mesmo com bons ajustes entre estratégia-estrutura-processo, empresas bem administradas procuram formas ainda melhores de explorar (e defender) suas missões. Tal esforço geralmente lida com uma ou mais das seguintes situações:
  - *Refinar* políticas, métodos e procedimentos.
  - Criar *unidades especializadas* e *mecanismos de conexão* para permitir aumento de volume e aumento de atenção para qualidade e custo da unidade.
  - *Desenvolver pessoal* especialmente apropriado para a presente estratégia – por meio de melhorias em seleção e treinamento de sistemas de recompensa sob medida para se igualar ao impulso estratégico.
  - Promover *comprometimento* individual e em grupo com a missão da empresa e com a excelência do departamento de cada pessoa.
  - Promover *confiança* nas normas, crenças e mitos aceitos.
  - *Esclarecer* papéis estabelecidos, poder, *status*, dependências e mecanismo de alocação.

A sintonia fina preenche e elabora as consistências entre estratégia, estrutura, pessoas e processos. Essas mudanças incrementais levam a um sistema social ainda mais interconectado (e por isso mais estável). Períodos convergentes ajustam-se às situações felizes, de se juntar aos vencedores, romantizada por Peters e Waterman (1982).

- *Mudança convergente: ajustes incrementais às mudanças ambientais* – Além das mudanças de sintonia fina, alterações mínimas no ambiente vão exigir alguma resposta organizacional. Mesmo as organizações mais conservadoras esperam, e até recebem bem, pequenas mudanças que não provoquem muitas ondas.

Uma expressão popular diz que quase todas as organizações podem tolerar uma "mudança de 10%". Em um determinado momento, apenas algumas poucas mudanças estão sendo feitas; mas essas mudanças ainda são compatíveis com as estruturas, sistemas e processos existentes. Exemplos de tais ajustes são uma expansão no território de vendas, uma mudança na ênfase entre os produtos na linha de produtos ou melhoras na tecnologia de processamento para produção.

O processo usual para fazer mudanças desse tipo é bem conhecido: ampla aceitação da necessidade de mudança, abertura para possíveis alternativas, exame objetivo dos prós e contras de cada alternativa plausível, participação daqueles diretamente afetados pela análise precedente, um teste de mercado ou operação-piloto quando for viável, tempo para aprender novas atividades, modelos de papéis estabelecidos, recompensas conhecidas para sucesso positivo, avaliação e refinamento.

O papel da liderança executiva durante períodos convergentes é reenfatizar missões e valores básicos e delegar decisões incrementais aos gerentes de nível médio. Observe que a incerteza criada pelas pessoas diretamente afetadas por tais mudanças é aceitável dentro de limites toleráveis. Tem-se a oportunidade de antecipar e aprender o que é novo, enquanto que a maioria das características da estrutura permanece inalterada.

O sistema geral se adapta, mas não é transformado.

Mudança convergente: algumas conseqüências

Para aquelas empresas cujas estratégias se ajustam às condições ambientais, a convergência gera eficácia cada vez melhor. A mudança incremental é relativamente fácil de implementar e otimiza ainda mais as consistências entre estratégia, estrutura, pessoas e processos. Na AT&T, por exemplo, o período entre 1913 e 1980 foi de mudança incremental para apoiar ainda mais a cultura, os sistemas e a estrutura "Ma Bell" a serviço do desenvolvimento de uma rede telefônica.

Períodos convergentes são, porém, uma faca de dois gumes. À medida que as organizações crescem e se tornam mais bem-sucedidas, elas desenvolvem forças internas para a estabilidade. Estruturas e sistemas organizacionais tornam-se tão interligados que permitem apenas mudanças compatíveis. Além disso, com o tempo os funcionários desenvolvem hábitos, os comportamentos padronizados começam a se tornar valores (p. ex., "o serviço é bom") e os funcionários desenvolvem um senso de competência para saber como ter o trabalho feito dentro desse sistema. Os modelos que auto-reforçam comportamento, normas e valores contribuem para aumentar o ímpeto e a complacência organizacional e, com o tempo, para um senso de história organizacional. Essa história organizacional – exemplificada por histórias, heróis e padrões comuns – especifica "como trabalhamos aqui" e "o que é considerado importante aqui".

Esse ímpeto organizacional é profundamente funcional desde que a estratégia da organização seja apropriada. A cultura, a estrutura e os sistemas Ma Bell – e o ímpeto interno associado – foram críticos para [o] sucesso organizacional. Porém, se (e quando) a estratégia precisar mudar, esse ímpeto corta outro caminho. A história organizacional é fonte de tradição, precedentes e orgulho que são, por sua vez, âncoras para o passado. Uma história de orgulho sempre restringe a solução vigilante de problemas e pode ser uma fonte de resistência à mudança.

Quando enfrentam ameaça ambiental, as organizações com ímpeto forte

- podem não registrar a ameaça devido à complacência da organização e/ou vigilância externa tolhida (p. ex., os segmentos automotivo ou de aço), ou
- se a ameaça for reconhecida, a resposta é freqüentemente intensificada em conformidade com o *status quo* e/ou maior comprometimento com "aquilo que fazemos melhor".

Por exemplo, a resposta das empresas dominantes à ameaça tecnológica é, freqüentemente, maior comprometimento com a tecnologia obsoleta (p. ex., telégrafo/telefone; tubo a vácuo/transistor; núcleo/semicondutor de memória). Um resultado paradoxal de longos períodos de sucesso pode ser aumento da complacência organizacional, redução da flexibilidade organizacional e privação da capacidade de aprender.

A mudança convergente é uma faca de dois gumes. Essas mesmas consistências sociais e técnicas que são as principais fontes de sucesso podem também ser as sementes do fracasso se o ambiente mudar. Quanto mais longos os períodos convergentes, mais fortes essas forças internas para a estabilidade. Esse ímpeto parece ser particularmente acentuado nas empresas mais bem sucedidas em uma classe de produto... em organizações historicamente regulamentadas... ou em organizações historicamente protegidas da concorrência...

MUDANÇA "QUEBRA-ESTRUTURA"

Forças que levam à mudança "quebra-estrutura"

O que, então, leva à mudança "quebra-estrutura"? Por que desafiar a tradição? Falando simplesmente, a mudança "quebra-estrutura" ocorre em resposta, ou melhor ainda, em antecipação a grandes mudanças ambientais – mudanças que exigem mais do que ajustes incrementais. A necessidade de mudanças descontínuas surge de uma das opções abaixo ou de uma combinação entre elas:

- *Descontinuidades do setor* – Mudanças bruscas em condições legais, políticas ou tecnológicas alteram as bases de competição dentro dos setores. A *privatização* tem transformado drasticamente os setores de serviços financeiros e empresas aéreas. *Tecnologias de produtos substitutos*... ou *tecnologias de processos substitutos*... podem transformar as bases de competição dentro dos segmentos. De forma similar, o surgimento de padrões do segmento, ou *projetos dominantes* (como DC-3, IBM 360 ou PDP-8) sinalizam uma mudança na concorrência, saindo da inovação de produto e indo em direção a aumento na inovação de processos. Finalmente, grandes *mudanças econômicas* (p. ex., crise do petróleo) e *mudanças jurídicas* (p. ex., proteção de patentes em biotecnologia ou barreiras comerciais/reguladoras na área farmacêutica ou de cigarros) também afetam diretamente as bases de competição.

- *Mudanças no ciclo de vida do produto* – Durante o curso do ciclo de vida de um produto, estratégias diferentes são apropriadas. Na fase de surgimento de uma classe de produto, a competição é baseada em inovação de produto e desempenho, enquanto que no estágio de maturidade, a concorrência concentra-se em custo, volume e eficiência. Mudanças nos padrões de demanda alteram os principais fatores de sucesso. Por exemplo, a demanda e a natureza da concorrência para minicomputadores, telefones celulares, aeronaves de *wide-body* e equipamentos para jogo de boliche sofreram transformações conforme esses produtos ganharam aceitação, e sua classe de produto desenvolveu-se. Uma competição internacional poderosa pode compor essas forças.

- *Dinâmicas internas da empresa* – Entrelaçados com essas forças externas estão os pontos de quebra dentro da empresa. Uma alteração de tamanho pode exigir um projeto de gerenciamento basicamente novo. Por exemplo, poucos inventores-empreendedores conseguem tolerar a formalidade associada a grandes volumes... As principais pessoas morrem. Os investidores da família tornam-se mais preocupados com os impostos sobre herança do que com o desenvolvimento da empresa. Uma estratégia revisada do portfólio corporativo pode alterar profundamente o papel e os recursos atribuídos às unidades de negócios ou às áreas funcionais. Tais pressões, especialmente quando associadas a mudanças externas, podem desencadear a mudança "quebra-estrutura".

Escopo da mudança "quebra-estrutura"

A mudança "quebra-estrutura" é conduzida por mudanças na estratégia da empresa. À medida que a estratégia muda, também devem mudar estrutura, pessoas e processos organizacionais. Ao contrário das mudanças convergentes, as reformas "quebra-estrutura" envolvem mudanças descontínuas em toda a organização. Essas explosões de mudança não reforçam os sistemas existentes e são implementadas rapidamente... Mudanças "quebra-estrutura" são mudanças revolucionárias *do* sistema, e não mudanças incrementais *no* sistema.

As seguintes características estão normalmente envolvidas nas mudanças "quebra-estrutura":

- *Missão e principais valores reformados* – Uma mudança de estratégia envolve uma nova definição para a missão da empresa. A entrada em ou a saída de um setor podem estar envolvidas; pelo menos a forma como a empresa espera se destacar é alterada...

- *Poder e* status *alterados* – A mudança "quebra-estrutura" sempre altera a distribuição de poder. Alguns grupos perdem com a mudança, enquanto outros ganham... Essas distribuições de poder drasticamente alteradas refletem mudanças nas bases de competição e na alocação de recursos. Uma nova estratégia deve ser suportada com uma mudança no equilíbrio de poder e *status*.

- *Reorganização* – Uma nova estratégia exige uma modificação em estrutura, sistemas e procedimentos. À medida que as exigências estratégicas mudam, a escolha da forma da organização também deve mudar. Uma nova direção exige acréscimo de atividade em algumas áreas e diminuição em outras. Mudanças de estrutura e sistemas são meios de assegurar que essa realocação de esforços ocorra. Novas estruturas e papéis revisados deliberadamente quebram o comportamento usual nas empresas.

- *Modelos de interação revisados* – A forma como as pessoas na organização trabalham juntas tem que se adaptar durante a mudança "quebra-estrutura". Como a estratégia é diferente, deve-se estabelecer novos procedimentos, fluxos de trabalho, redes de comunicação e modelos de tomada de decisão. Com essas mudanças nos fluxos de trabalho e nos procedimentos também devem surgir normas revisadas, procedimentos informais para tomada de decisão/solução de conflitos e papéis informais.

- *Novos executivos* – A mudança "quebra-estrutura" também envolve novos executivos, geralmente trazidos de fora da organização (ou da unidade de negócios) e colocados em posições gerenciais importantes. Para refocar a organização são necessários comprometimento com a nova missão, energia para superar a inércia predominante e liberação da obrigações anteriores. Uns poucos membros excepcionais da velha guarda podem tentar fazer essa mudança, mas é difícil alterar hábitos e expectativas de suas associações. Novos executivos têm mais probabilidade de gerar a condução necessária e um conjunto de habilidades mais apropriado para a nova estratégia. Embora o número geral de mudança de executivos seja em geral relativamente pequeno, esses novos executivos têm efeitos substanciais simbólicos e substantivos sobre a organização...

Por que tudo de uma vez?

A mudança "quebra-estrutura" é revolucionária no sentido de que reformula totalmente a natureza da organização. Os exemplos mais efetivos de mudança "quebra-estrutura" foram implementados rapidamente... Parece que um método gradual para mudanças "quebra-estrutura" acaba se atolando em políticas, resistência individual à mudança e inércia organizacional... A mudança "quebra-estrutura" exige alterações descontínuas em estratégia, estrutura, pessoas e processos simultaneamente – ou pelo menos em um curto período de tempo. As razões para uma implementação rápida e simultânea incluem:

- *Sinergia* dentro da nova estrutura pode ser um auxílio valioso. Novos executivos com uma nova missão, trabalhando em uma organização redesenhada, com normas e valores revisados, apoiados em poder e *status*, são um grande reforço. As peças da organização revitalizada juntam-se, ao contrário da mudança gradual, na qual uma parte da nova organização está fora de sintonia em relação à velha organização.

- *Bolsões de resistência* têm chance de crescer e se desenvolver quando a estratégia "quebra-estrutura" é implementada lentamente. A nova missão, mudanças na organização e outras mudanças "quebra-estrutura" incomodam as rotinas e precedentes confortáveis. Resistência a tais mudanças fundamentais é natural. Se a mudança "quebra-estrutura" for implementada lentamente, as pessoas terão mais oportunidades de minar as mudanças, e a inércia organizacional trabalha para reprimir ainda mais a mudança fundamental.

- Normalmente, há uma *necessidade reprimida de mudança*. Durante períodos convergentes, os ajustes básicos são prorrogados. Navegar contra a corrente é desencorajado. Uma vez que as restrições sejam relaxadas, uma variedade de melhorias desejáveis exige atenção. A animação e o ímpeto de um novo esforço (e uma nova equipe) tornam os movimentos difíceis mais aceitáveis. A mudança está na moda.

- A mudança "quebra-estrutura" é inerentemente um *empreendimento arriscado e incerto*. Quanto mais longo o período de implementação, maior o período de incerteza e instabilidade. A mudança "quebra-estrutura" mais eficaz inicia rapidamente a nova estratégia, estrutura, processos e sistemas e começa o próximo período de estabilidade e mudança convergente. Quanto mais cedo a incerteza fundamental for removida, maiores as chances de sobrevivência e crescimento organizacional. Embora o ritmo da mudança seja importante, o tempo geral para implementar a mudança "quebra-estrutura" será contingente ao tamanho e idade da organização.

Modelos de evolução organizacional

A abordagem histórica da evolução organizacional concentra-se em períodos convergentes pontuados por reorientação – revoluções descontínuas, envolvendo toda a organização. As empresas mais eficazes aproveitam os períodos convergente relativamente longos. Esses períodos de mudança incremental geram e tiram vantagem da inércia organizacional. A mudança "quebra-estrutura" não é funcional se a organização for bem-sucedida e o ambiente for estável. Se, porém, a organização estiver com um desempenho ruim e/ou o ambiente mudar substancialmente, a mudança "quebra-estrutura" é a única forma de realinhar a organização com seu ambiente competitivo. Nem todas as reorientações serão bem-sucedidas... Porém, inatividade ao enfrentar crises de desempenho e/ou mudanças ambientais é a receita certa para o fracasso.

Como as reorientações são tão destruidoras e cheias de incerteza, quanto mais rápido elas forem implementadas, mais rapidamente a organização pode aproveitar os benefícios do período convergente que se segue. Empresas de alto desempenho iniciaram reorientações quando as condições ambientais mudaram e implementaram essas reorientações rapidamente... Organizações de baixo desempenho não reorientam ou reorientam o tempo todo enquanto buscam um alinhamento efetivo com as condições ambientais...

LIDERANÇA EXECUTIVA E EVOLUÇÃO ORGANIZACIONAL

A liderança executiva desempenha um papel fundamental para reforçar o ímpeto em todo o sistema durante períodos convergentes e para iniciar e implementar mudanças bruscas que caracterizem reorientações estratégicas. A natureza da tarefa de liderança difere muito durante esses períodos contrastantes de evolução organizacional.

Durante períodos convergentes, a equipe executiva concentra-se em *manter* a congruência e o ajuste dentro da organização. Como estratégia, estrutura, processos e sistemas são fundamentalmente sólidos, a miríade de decisões substantivas incrementais pode ser delegada à gerência de nível médio, onde estão a especialização direta e as informações. O principal papel da liderança executiva durante períodos convergentes é reenfatizar estratégia, missão e principais valores e manter um olhar vigilante nas oportunidades e/ou nas ameaças externas.

A mudança "quebra-estrutura", porém, exige envolvimento executivo direto em todos os aspectos da mudança. Considerando a enormidade da mudança e as forças internas inerentes para estabilidade, a liderança executiva deve ser envolvida na especificação de estratégia, estrutura, pessoas e processos organizacionais *e* no desenvolvimento dos planos de implementação...

Os executivos mais eficazes em nossos estudos previram a necessidade de grandes mudanças. Eles reconheceram as ameaças e as oportunidades externas e deram passos corajosos para lidar com elas... Na verdade, agindo antes de serem forçados a fazê-lo, eles tiveram mais tempo para planejar suas transições.

Tais equipes executivas visionárias são exceções. A maioria das mudanças "quebra-estrutura" é adiada até que uma crise financeira force uma ação drástica. O ímpeto, e freqüentemente o sucesso, de períodos convergentes faz crescer a relutância em relação à mudança...

... a maioria das revoluções "quebra-estrutura" são administradas por executivos trazidos de fora da companhia. O programa de pesquisa da Colúmbia descobriu que executivos recrutados externamente são três vezes mais propensos a iniciar mudanças "quebra-estrutura" do que as equipes executivas existentes. A mudança "quebra-estrutura" foi associada à sucessão do CEO em mais de 80% dos casos...

Há muitas razões pelas quais um novo grupo de executivos é normalmente usado nas transformações das empresas. A nova equipe executiva traz diferentes habilidades e uma nova perspectiva. Em geral ela chega com uma crença forte na nova missão. Além disso, essas equipes não estão presas por comprometimentos anteriores associados ao *status quo*; ao contrário, essa nova equipe executiva simboliza a necessidade de mudança. A empolgação de um novo desafio soma-se à energia dedicada a ele.

Devemos observar que muitos executivos que não puderam ou não quiseram implementar mudanças "quebra-estrutura" saíram para ser bem-sucedidos em outras organizações... O estímulo de um novo começo e funções ligadas à competência pessoal se aplicam tanto às pessoas como às organizações.

Embora os padrões típicos para determinar quando e quem sejam claros em uma mudança "quebra-estrutura" – espere por uma crise financeira e então traga alguém de fora, junto com uma equipe executiva revisada, para renovar a empresa – isso é evidentemente menos do que satisfatório para uma determinada organização. Claramente, algumas empresas beneficiam-se ao se transformar antes que uma crise as force a fazê-lo, e alguns poucos executivos excepcionais têm a visão e conduzem para a reorientação uma empresa que eles desenvolveram durante o período de convergência precedente. As tarefas vitais são administrar a mudança incremental durante períodos convergentes; ter visão para iniciar e implementar a mudança "quebra-estrutura" antes da concorrência; e mobilizar uma equipe executiva que possa iniciar e implementar os dois tipos de mudança.

Conclusão

... Os executivos deveriam prever que quando os ambientes mudam bruscamente:

- A mudança "quebra-estrutura" não pode ser evitada. Essas mudanças organizacionais descontínuas serão feitas proativamente ou iniciadas sob condições de crise/reposicionamento.

- Mudanças descontínuas precisam ser feitas simultaneamente em estratégia, estrutura, pessoas e processos. Tentativas de mudança correm o risco de serem suavizadas por pessoas, grupos e inércia organizacional.

- A mudança "quebra-estrutura" exige envolvimento executivo direto em todos os aspectos da mudança, normalmente sustentada por novos executivos de fora da organização.

- Não há padrões na seqüência das mudanças "quebra-estrutura" e nem todas as estratégias serão eficazes. Estratégia e, por outro lado, estrutura, sistemas e processos, devem ser adequados às questões competitivas do segmento.

Finalmente, nossa análise histórica das organizações destaca as seguintes questões para a liderança executiva:

- Necessidade de administrar para ter equilíbrio, consistência ou ajuste durante o período convergente.

- Necessidade de ser vigilante em relação às mudanças ambientais para antecipar a necessidade de mudança "quebra-estrutura".

- Necessidade de administrar efetivamente a mudança incremental e também a mudança "quebra-estrutura".

- Necessidade de formar (ou reformar) uma equipe especial para ajudar a iniciar e implementar a mudança "quebra-estrutura".

- Necessidade de desenvolver valores básicos que possam ser usados como âncora à medida que as organizações se desenvolvem por meio das mudanças "quebra-estrutura".

- Necessidade de desenvolver e usar a história organizacional como forma de infundir orgulho no passado e no futuro organizacional.

- Necessidade de sustentar habilidades técnicas, sociais e conceituais com habilidades visionárias. Habilidades visionárias acrescentam energia, direção e empolgação, tão críticas durante a "mudança quebra-estrutura"...

As organizações efetivas parecem fazer as duas coisas, mas isso levanta um grande problema no processo estratégico: os gerentes intermediários podem ser pegos no meio, entre as duas. Como alguém pode conciliar duas pressões opostas?

LEITURA 6.3
INCREMENTALISMO LÓGICO: ADMINISTRANDO A FORMAÇÃO DE ESTRATÉGIA[4]
por James Brian Quinn e John Voyer

A LÓGICA DO INCREMENTALISMO LÓGICO

Os processos de mudança estratégica nas grandes organizações bem-administradas raramente lembram os sistemas racionais-analíticos descritos na literatura. Ao contrário, os processos de mudança estratégica normalmente são fragmentados, evolucionários e intuitivos. A estratégia real *desenvolve-se* à medida que decisões internas e fatos externos fluem juntos para criar um novo consenso para ação, amplamente compartilhado.

O MÉTODO FORMAL DE PLANEJAMENTO DE SISTEMAS

Grande parte da literatura declara que atores *devem* ser incluídos em uma estratégia sistematicamente planejada. Esse método de planejamento de sistemas baseia-se em fatores quantitativos e dá menos ênfase a fatores qualitativos, organizacionais e de poder. O planejamento de sistemas *pode* fazer uma contribuição, mas isso seria apenas um bloco de construção na corrente contínua de fatos que criam a estratégia organizacional.

O MÉTODO DE PODER COMPORTAMENTAL

Outra parte da literatura aumentou nossa compreensão de *estruturas de metas múltiplas*, *políticas* de decisões estratégicas, processos de *barganha* e *negociação*, *satisfação* na tomada de decisão, papel das *coalizões* e prática de "*improvisação*" na administração do setor público. As deficiências dessa parte da literatura estão no fato de que ela geralmente está bem afastada da criação de estratégia, ignorando as contribuições de métodos analíticos úteis e oferecendo poucas recomendações práticas para o estrategista.

RESUMO DOS RESULTADOS DE UM ESTUDO DOS PROCESSOS REAIS DE MUDANÇA

Reconhecendo os pontos fortes e os pontos fracos de cada um desses métodos, foram documentados os processos de mudança em dez grandes organizações. Diversos resultados importantes surgiram dessas investigações.

- Nenhum dos métodos acima descreve adequadamente os processos de estratégia.

- Estratégias efetivas tendem a se desenvolver de forma incremental e oportunista, como subsistemas da atividade organizacional (p. ex., aquisições, venda de ativos, grandes reorganizações, até mesmo planos formais) e são reunidas em um modelo coerente.

- A lógica por trás desse processo é tão forte que ele pode ser o método mais recomendado para formulação de estratégia em grandes empresas.

- Devido aos limites cognitivos e de processo, esse método pode ser administrado e associado de uma forma melhor descrita como "incrementalismo lógico".

- Tal incrementalismo não é "improvisação". É uma técnica gerencial objetiva, efetiva e ativa para melhorar e integrar os aspectos analíticos e comportamentais da formação de estratégia.

QUESTÕES ESTRATÉGICAS CRÍTICAS

Embora as decisões baseadas em "dados sólidos" dominem a literatura, há vários tipos de mudanças "amenas" que afetam a estratégia:

- O projeto da estrutura de uma organização
- O estilo gerencial característico na empresa
- As relações externas da empresa (especialmente com o governo)
- Aquisições, vendas de ativos ou questões de controle divisional
- A postura e as relações internacionais de uma empresa
- As capacidades inovadoras de uma organização
- Os efeitos do crescimento da organização na motivação de seu pessoal
- As mudanças de valores e de expectativas e seus efeitos nas relações com os trabalhadores e profissionais da organização
- As mudanças tecnológicas que afetam a organização

Os altos executivos levantaram diversas questões sobre esses tipos de mudança. Poucas entre essas questões se prestam à modelagem quantitativa ou à análise financeira. A maioria das empresas usa subsistemas diferentes para lidar com diferentes tipos de mudanças estratégicas, embora os subsistemas sejam similares entre as empresas. Finalmente, nenhum processo analítico formal único poderia lidar com todas as variáveis estratégicas usando um método de planejamento.

---

[4] Publicado originalmente na edição colegiada de *The Strategy Process*, Prentice Hall, 1994. Baseado em James Brian Quinn, "Strategic Change: Logical Incrementalism", *Sloan Management Review*, outono 1978, pp. 1-21, e James Brian Quinn, "Managing Strategies Incrementally", *Omega: The International Journal of Management Science*, 1982, com base em seu livro *Strategies for Change: Logical Incrementalist* (Irwin, 1980).

Fatos precipitadores e lógica incremental

Os executivos reportaram que vários fatos sempre resultavam em decisões interinas que moldavam a estratégia futura da empresa. Isso ficou evidente nas decisões da General Motors, forçadas pela crise do petróleo em 1973-74, na mudança de postura exigida da Exxon devido ao vazamento de óleo do navio Prince William Sound, ou nas oportunidades drásticas permitidas pela Haloid Corporation e Pilkington Brothers com a invenção inesperada da xerografia e do vidro flutuante. Nenhuma organização – não importa o quão brilhante, racional ou imaginativa – poderia possivelmente ter previsto a ocasião, a severidade ou mesmo a natureza de tais fatos precipitadores.

Reconhecendo isso, os altos executivos tentaram responder incrementalmente. Eles mantiveram os comprometimentos anteriores de maneira suscetível, tentativa e sujeitos à revisão posterior. As implicações futuras eram muito difíceis de entender, então as partes queriam testar suposições e ter uma oportunidade de aprender. Além disso, os altos executivos eram sensíveis às estruturas sociais e políticas na organização; eles tentavam lidar com as coisas de forma a fazer do processo de mudança um bom processo.

O subsistema de diversificação

As estratégias para diversificação são excelentes exemplos do valor de proceder incrementalmente. Os processos incrementais visam tanto aos aspectos formais da diversificação (preço e ajuste estratégico, por exemplo) quanto aos aspectos psicológicos e políticos. Entre esses, os mais importantes são gerar um comprometimento psicológico genuíno e de alto nível com a diversificação, preparar conscientemente a empresa para se mover oportunisticamente, construir um "fator de conforto" para tomada de risco e desenvolver um novo estado de espírito baseado no sucesso de novas divisões.

O principal subsistema de reorganização

As mudanças organizacionais em larga escala podem ter efeitos negativos nas políticas organizacionais e na estrutura social. O incrementalismo lógico ajuda a evitar esses efeitos negativos. Se a organização age incrementalmente, ela pode avaliar novos papéis, aptidões e reações individuais das pessoas envolvidas na restruturação. Isso permite que as novas pessoas sejam treinadas e testadas, talvez por períodos mais longos. O incrementalismo lógico permite aos atores organizacionais modificar a idéia por trás da reorganização na medida em que aprendem mais. Ele também dá aos executivos o luxo de assumir comprometimentos finais o mais tarde possível. Os executivos podem se mover oportunisticamente, passo a passo, movendo seletivamente as pessoas à medida que os desenvolvimentos se confirmam (os fatos raramente vêm juntos em um momento conveniente). Eles também podem articular o conceito organizacional amplo em detalhes apenas quando as últimas peças se ajustarem. Finalmente, o incrementalismo lógico trabalha bem em reorganizações de larga escala porque permite testes, flexibilidade e retorno.

PLANEJAMENTO FORMAL NA ESTRATÉGIA CORPORATIVA

As técnicas de planejamento formal têm algumas funções essenciais. Elas disciplinam os gerentes a olhar para frente e a expressar metas e alocações de recursos. O planejamento de longo prazo encoraja horizontes mais amplos e facilita a avaliação de planos de curto prazo. Os planos de longo prazo criam um pano de fundo psicológico e uma estrutura de informações sobre o futuro contra a qual os gerentes podem calibrar decisões de curto prazo ou interinas. Finalmente, "estudos especiais", como os informes oficiais usados na Pillsbury para comunicar a decisão de vender a área de negócios de frangos, têm um grande efeito nas principais junções de decisões específicas.

O planejamento pode fazer do incrementalismo uma prática organizacional padrão por duas razões. Primeiro, a maior parte dos planejamentos é "de baixo para cima", e as pessoas na parte de baixo da organização têm interesse nos produtos e processos existentes. Segundo, os executivos querem que a maioria dos planos seja "viva" ou "perene", com intenção de serem apenas estruturas, fornecer orientação e consistência para decisões incrementais. Fazer de outra forma seria negar que informações adicionais poderiam ter valor. Assim, o planejamento formal propriamente utilizado pode ser parte da lógica incremental.

Planejamento de postura total

Ocasionalmente, os gerentes tentaram fazer avaliações gerais da postura total de suas empresas. Mas essas grandes arremetidas de produto foram em geral mal sucedidas. As verdadeiras estratégias *desenvolveram-se* na medida em que cada empresa se ampliou, consolidou, cometeu erros e reequilibrou várias arremetidas com o correr do tempo. Os executivos acreditavam que isso era tanto lógico como esperado.

INCREMENTALISMO LÓGICO

As decisões estratégicas não podem ser agregadas em um único modelo de decisão, com fatores tratados simultaneamente para alcançar uma solução ideal. Há limites cognitivos, mas também "limites de processo" – exigências de ocasião e seqüenciais, a necessidade de criar consciência, construir níveis de conforto, desenvolver consenso, selecionar e treinar pessoas, e assim por diante.

Surge uma estratégia

Executivos bem-sucedidos conectam e organizam seqüencialmente uma série de processos e decisões estratégicas durante um período. Eles tentam construir uma base de recursos e uma postura que sejam fortes o suficiente para resistir a tudo, até aos fatos mais devastadores. Eles reconfiguram constantemente a estrutura e a estratégia corporativa à medida que novas informações sugerem alinhamentos melhores – mas nunca perfeitos. O processo é dinâmico, sem começo ou fim definidos.

Conclusões

A estratégia lida com o desconhecido, não com o incerto. Envolve várias forças, muitas das quais têm grande energia e poder para combinar que ninguém conseguiria, em termos de probabilidades, prever fatos. Portanto, a lógica exige que se aja de forma flexível e experimental a partir de idéias amplas até comprometimentos mais específicos. Concretizar essa última parte o mais tarde possível reduz o nível de incerteza e permite que a empresa se beneficie das melhores informações disponíveis. Esse é o processo do "incrementalismo lógico". Não é "improvisação". O incrementalismo lógico é consciente, objetivo, ativo, bem administrado. Permite aos executivos combinar análise, políticas organizacionais e necessidades individuais em uma nova direção coesa.

Administrando Incrementalmente

Como podemos administrar ativamente o processo incremental lógico? O estudo discutido aqui mostra que os executivos tendem a usar processos incrementais similares quando administram mudanças estratégicas complexas.

Estar à frente do sistema formal de informações

Os primeiros sinais para mudança estratégica raramente vêm dos sistemas formais da empresa. Usando fontes múltiplas internas e externas, os gerentes "sentem" a necessidade de mudanças antes que os sistemas formais o façam. T. Vincent Learson, da IBM, levou a companhia a desenvolver sua série de computadores 360 com base em seu sentimento que, apesar do sucesso corrente, a IBM estava se encaminhando para uma confusão de mercado. Os sistemas formais de informações da IBM não captaram nenhum sinal de mercado durante três anos a contar do lançamento do processo de desenvolvimento de Learson.

Construir consciência organizacional

Isso é essencial quando falta aos principais jogadores informação ou estímulo psicológico para mudar. Nos estágios iniciais, os processos administrativos são amplos, experimentais, suscetíveis, buscam informações e propositalmente evitam comprometimentos irreversíveis. Eles também tentam evitar provocar potenciais oponentes de uma idéia.

Construir credibilidade/símbolos de mudança

Os símbolos podem ajudar os gerentes a sinalizar para a organização que certos tipos de mudanças estão vindo, mesmo que as soluções específicas ainda não tenham sido encontradas. Ações simbólicas altamente visíveis podem comunicar-se efetivamente com um grande número de pessoas. Informações confidenciais podem amplificar os sinais de mudanças pendentes. As mudanças simbólicas sempre verificam a intenção de uma nova estratégia, ou dão a ela credibilidade em seus estágios iniciais. Sem tais ações, as pessoas podem interpretar até mesmo verbosidade convincente como mera retórica e atrasar seu comprometimento com as novas idéias estratégicas.

Legitimar novos pontos de vista

Os atrasos planejados permitem à organização debater questões de ameaças, descobrir implicações de novas soluções ou ganhar uma base de informações melhorada. Algumas vezes, idéias estratégicas que encontram resistência inicialmente podem ganhar aceitação e comprometimento simplesmente com a passagem do tempo e abrir a discussão de novas informações. Muitos altos executivos, planejadores e agentes de mudança arranjam conscientemente tais "períodos de gestação". Por exemplo, William Spoor da Pillsbury permitiu mais de um ano de discussão e coleta de informações antes que a empresa decidisse se desfazer de seus negócios de frango.

Mudanças táticas e soluções parciais

Esses são passos típicos no desenvolvimento de uma nova postura estratégica, especialmente quando as soluções do problema inicial precisam ser parciais, tentativas ou experimentais. Ajustes táticos, ou uma série de pequenos programas, geralmente enfrentam pouca oposição, enquanto que uma mudança estratégica ampla pode enfrentar muita oposição. Esses métodos permitem a continuação de forças ininterruptas, mantendo o ímpeto de mudança à margem. A experimentação pode ocorrer com risco minimizado, gerando muitas formas diferentes de ser bem-sucedido.

Conforme o desdobramento dos fatos, as soluções para diversos problemas, que inicialmente poderiam parecer não-relacionados, tendem a fluir juntas em uma nova combinação. Sempre que possível, a lógica estratégica (minimização de risco) dita iniciativas iniciais amplas que podem ser guiadas flexivelmente em qualquer uma das diversas direções desejadas possíveis.

Ampliar o suporte político

Esse é um passo essencial e conscientemente ativo nas grandes mudanças estratégicas. Comitês, forças-tarefas ou retiros tendem a ser mecanismos favorecidos. Ao selecionar os líderes, a associação, a ocasião e a agenda de tais grupos, os executivos podem influenciar bastante e prever um resultado desejado, incentivando assim os outros executivos em direção a um consenso. Construir um consenso interativo também melhora a qualidade das decisões e encoraja a ajuda positiva e inovadora quando as coisas dão errado.

Vencer a oposição

Deve-se evitar a alienação desnecessária dos gerentes de uma era anterior na história da organização; seus talentos podem ser necessários. Mas vencer a oposição normalmente é necessário. Os métodos preferidos são persuasão, cooptação, neutralização ou mover-se por zonas de indiferença (ou seja, passar as partes não-controversas de um projeto para a maioria das partes interessadas). Seguramente, executivos bem-sucedidos honram e até estimulam diferenças legítimas. Os oponentes algumas vezes moldam profundamente novas estratégias em direções mais efetivas; algumas vezes, eles até mudam suas visões. Ocasionalmente, porém, executivos decididos podem precisar ser movidos para posições menos influentes, ou serem estimulados a partir.

Flexibilidade conscientemente estruturada

A flexibilidade é essencial para lidar com os vários "desconhecidos" do ambiente. As organizações bem-sucedidas criam flexibilidade ativamente. Isso exige uma busca ativa no horizonte, criação de recursos amortecedores, desenvolvimento e posicionamento de campeões e redução das linhas de decisão. Essas são as chaves para o *real* planejamento de contingência, e não os programas preconcebidos (e arquivados), criados para responder a estímulos que nunca ocorrem exatamente como esperado.

Balões de ensaio e espera sistemática

Os estrategistas podem precisar esperar pacientemente que apareça a opção apropriada ou que ocorra o fato precipitador. Por exemplo, embora quisesse se desfazer da área de frangos da Pillsbury, William Spoor esperou até que seus bancos de investimento encontrassem um comprador que pagasse um bom preço. Os executivos podem também, conscientemente, lançar idéias experimentais, como a "Super Box" de Spoor na Pillsbury, para atrair opções e propostas concretas. Sem se comprometer com uma solução específica, o executivo mobiliza as habilidades criativas da organização.

Criar bolsões de comprometimento

Os executivos sempre precisam desta tática quando estão tentando fazer com que as organizações adotem por completo as novas direções estratégicas. Pequenos projetos, plenos dentro das organizações, são usados para testar opções, criar habilidades ou gerar comprometimentos para as diversas opções possíveis. O executivo fornece metas amplas, clima apropriado e suporte flexível de recursos, sem comprometimento público. Isso evita a atenção ou a identificação de qualquer projeto. Contudo, os executivos podem estimular as boas opções, dificultar a vida das opções ruins ou até eliminar as mais fracas.

Cristalizar o foco

Em algum momento, isso se torna vital. Comprometimentos iniciais são necessariamente vagos, mas uma vez que os executivos desenvolvam informação ou consenso na forma desejada para ir em frente, eles podem usar seu prestígio ou poder para forçar ou cristalizar uma determinada formulação. Isso não deve ser feito muito cedo, pois pode, inadvertidamente, centralizar a organização ou pode esconder opções interessantes. Focar-se muito cedo também pode fornecer um alvo comum para oposição que de outra forma seria fragmentada, ou levar a organização a praticar ações indesejáveis apenas para cumprir um compromisso. Saber quando cristalizar pontos de vista e quando manter as opções abertas é a verdadeira arte da gestão estratégica.

Formalizar o comprometimento

Esse é o passo final no processo lógico de formulação da estratégia incremental. Ele geralmente ocorre depois de haver aceitação geral e na ocasião correta. Normalmente, a decisão é anunciada publicamente, são formados programas e orçamentos e os sistemas de controle e recompensa são alinhados para refletir a ênfase estratégica pretendida.

Manter as dinâmicas e mudar o consenso

Defensores da "nova" estratégia podem se tornar uma fonte tão forte de resistência inflexível às novas idéias quanto eram os defensores da "velha" estratégia. Gerentes estratégicos eficazes apresentam imediatamente as novas idéias e estímulos no topo para manter a adaptabilidade dos ímpetos estratégicos que eles acabaram de solidificar. Essa é uma tarefa psicológica muito difícil, mas essencial.

Um processo não-linear

Embora a criação de uma estratégia geralmente flua conforme a seqüência apresentada acima, os estágios normalmente não são ordenados ou distintos. O processo é mais parecido com a fermentação na bioquímica do que com uma linha de montagem industrial. Segmentos de grandes estratégias tendem a estar em diferentes estágios de desenvolvimento. Eles estão geralmente integrados na mente dos principais executivos, entretanto, cada um deles pode ver as coisas de forma diferente. Finalmente, o processo é tão contínuo que pode ser difícil discernir o ponto determinado no qual as decisões específicas são tomadas.

Um ponto importante a ser lembrado é que a validade da estratégia não está em sua clareza intocada ou em sua estrutura rigorosamente mantida. Seu valor está em sua capacidade de capturar a iniciativa, de lidar com fatos desconhecidos e de reorganizar e concentrar recursos à medida que surgem novas oportunidades e impulsos. Isso permite à organização usar seus recursos de forma mais efetiva em direção aos objetivos selecionados.

INTEGRAR A ESTRATÉGIA

O processo acima descrito pode ser incremental, mas não é gradual. Executivos eficazes reavaliam constantemente toda a organização, suas capacidades e suas necessidades em relação ao ambiente que a cerca.

Concentrar-se em poucos credos centrais

Os gerentes estratégicos eficazes tentam constantemente destilar uns poucos (de seis a dez) "temas centrais" que reúnam as ações da empresa. Isso mantém o foco e a consistência da estratégia, facilita a discussão e o monitoramento das direções pretendidas. Por outro lado, modelos formais, criados para acompanhar o progresso divisional em direção à estratégia que está sendo realizada, tendem a se tornar presos em papelada, procedimentos e burocracia rígida.

Administrar a coalizão

O núcleo de todo desenvolvimento estratégico controlado é a administração da coalizão. A alta gerência age na confluência das pressões de todas as partes interessadas. Essas partes vão formar as coalizões, de forma que os gerentes precisam ser ativos na formação de suas próprias coalizões. A seleção de pessoas e a administração da coalizão são os controles finais que os altos executivos têm para guiar e coordenar as estratégias de suas empresas.

CONCLUSÕES

Muitas tentativas recentes de planejar estratégia usando métodos que enfatizam o planejamento formal falharam devido à má implementação. Isso resulta da armadilha clássica de pensar sobre formulação e implementação de estratégia como processos separados e seqüenciais. Gerentes bem-sucedidos, que operam lógica e, ativamente, de maneira *incremental*, estabelecem essas sementes de entendimento, identidade e comprometimento nos próprios processos que criam suas estratégias. "Formulação" de estratégia e "implementação" de estratégia interagem na corrente contínua de fatos na organização.

LEITURA 6.4
O MODELO CRESCENDO DE REJUVENESCIMENTO[5]
por Charles Baden-Fuller e John M. Stopford

O rejuvenescimento é realmente possível? Como uma empresa paralisada por anos de tumulto e falhas e refreada por recursos limitados cria uma organização vibrante, comprometida com o espírito empreendedor? A não ser que a organização seja frugal e produza alguns resultados a curto prazo, está arriscada a perder suporte de muitas partes interessadas. Mas apenas resultados de curto prazo não são suficientes; deve-se buscar a sobrevivência de longo prazo. Deve-se fazer um esforço para iniciar uma forma de comportamento empreendedor que aumente as chances de uma recuperação duradoura. Como disse um presidente: "Estabelecemos novos controles e disciplinas financeiras que estancaram a hemorragia, reduziram os custos e nos fizeram retornar aos lucros, temporariamente. Essa é a parte fácil. Conseguir ímpeto será muito mais difícil".

O MODELO CRESCENDO

Consideramos a criação do espírito empreendedor corporativo como o ingrediente essencial para o rejuvenescimento duradouro... A tarefa é difícil e geralmente sutil. Para assegurar que todos os atributos do espírito empreendedor sejam difundidos por toda a organização, a empresa deve evitar os "ajustes rápidos" tão adorados por muita gente... Programas sólidos de investimento de capital, tentativas agressivas, mas superficiais, de forçar a administração com qualidade total, ou reengenharia, ou "imersão cultural" são geralmente ineficazes se feitas com atenção insuficiente às questões que levantamos. O ajuste rápido raramente gera recompensa sustentável de longo prazo pois, como a Torre de Babel, ele cai se suas bases forem inseguras. O caminho correto deve levar toda a organização a ser auto-sustentável.

Reconstruir uma organização madura leva tempo; não pode ser feito de sobressalto. Por exemplo, o processo raramente é claro no início devido à falta de informações, justamente onde a organização precisa ser conduzi-

---
[5] Reimpresso com cortes sob permissão de Harvard Business School Press. De "The Crescendo Model of Rejuvenation", em *Rejuvenating the Mature Business*, de Baden-Fuller e Stopford. Boston, MA 1994. Copyright © 1994 pela Harvard Business School Publishing Corporation; todos os direitos reservados.

da. Mesmo quando a direção se torna clara, os detalhes das curvas e voltas da estrada a seguir podem permanecer encobertos. A experimentação é necessária para testar a viabilidade das idéias. Um comprometimento muito antecipado com uma nova direção pode ser desnecessariamente arriscado. Deve-se encontrar uma maneira de construir consistentemente e de associar as forças recém descobertas antes que uma transformação real e duradoura possa ser atingida.

Embora haja muitas rotas que possam ser tomadas por empresas maduras, a experiência pode ser usada para identificar o caminho que acreditamos ser o melhor entre muitos outros. É um processo de renovação em quatro estágios, um crescendo orquestrado. Crescendo é um termo musical que significa "um aumento gradual no volume". Nosso processo de renovação também é gradual, exigindo muitos passos durante vários anos. O crescendo tem que ser administrado e o ímpeto para mudança estabelecido para permitir que as empresas alcancem alvos ainda mais desafiadores.

... Abordamos a questão de como as empresas podem dar o primeiro passo e livrar-se da estagnação que assola muitas firmas maduras. Para colocar esse começo em um contexto e mostrar para onde ir, iniciamos com um breve resumo do modelo geral...

Quadro 1 Quatro estágios para rejuvenescimento

1. Galvanizar: criar uma equipe especial dedicada à renovação.
2. Simplificar: cortar complexidades desnecessárias e confusas.
3. Construir: desenvolver novas capacidades.
4. Alavancar: manter o ímpeto e estender as vantagens.

GALVANIZAR

Embora pareça óbvio começar com a criação de uma equipe especial dedicada à renovação, esse estágio vital é sempre negligenciado. Rejuvenescimento não significa consertar algumas poucas atividades ou funções que estavam erradas; é o processo de mudar cada parte de uma organização e a forma como ela atua, seus territórios e como seus vários grupos interagem. Ninguém, nem mesmo o presidente, pode atingir essa magnitude de mudança sozinho, mas no início é necessário alguma liderança partindo de uma equipe especial. Tal comprometimento traz mensagens positivas importantes para toda a organização, pois sem o comprometimento daqueles que trabalham lá a empresa se torna desmoralizada ou frustrada.

Para galvanizar a equipe especial, a agenda para ação precisa ser planejada cuidadosamente. No início, planos detalhados de ação não são necessários nem prudentes. Ao contrário, deve haver um entendimento amplo das questões e uma crença de que o progresso só será atingido por meio de muitos passos pequenos. Há um grande risco de que, nos estágios iniciais, a alta gerência tente sair das dificuldades com esquemas grandiosos, como investimento em tecnologias de ponta caras, que poucos na organização compreendem, ou gastando muito tempo com programas de mudança cultural e pouco tempo iniciando ações.

SIMPLIFICAR

Simplificar a empresa ajuda a mudar as percepções dos gerentes e trabalhadores sobre o que está errado e sobre as novas ações necessárias. Assim como tirar o mato que cresceu excessivamente em um jardim, cortar algumas atividades é um precursor necessário para construir algo novo. Remover sistemas de controle desatualizados e dados incorretos ajuda a eliminar as causas da resistência à mudança. A simplificação da empresa concentra recursos escassos em uma agenda menor e assim aumenta as chances de obter resultados positivos a curto e médio prazo. A simplificação também assinala para os interessados externos – proprietários, fornecedores, clientes, banqueiros e funcionários – que algo positivo está sendo tentado.

As ações para simplificar a tarefa e garantir foco para o esforço não são mais do que medidas temporárias. Elas devem ser consideradas como um trabalho para garantir a "praia conquistada" em estruturas de segmentos complexos, que possam ser defendidos, ao mesmo tempo em que o trabalho para gerar novas forças deva prosseguir.

CONSTRUIR

No terceiro estágio, que se sobrepõe ao segundo, a organização deve dedicar-se a gerar novas vantagens para desenvolvimento posterior tendo em vista que ela sai das praias conquistadas. É neste estágio que o espírito empreendedor corporativo, e não o individual, deve ser desenvolvido. Começando com as aspirações de fazer melhor e resolver velhos problemas, no curso do tempo novos desafios precisam ser articulados, o que vai ajudar todos a trabalharem com um objetivo comum. Esse objetivo, expresso em termos de visões e direção para o progresso, é normalmente formulado de maneira que todos possam entender. Para fazer progresso ao longo do caminho escolhido é necessário que os gerentes experimentem e descubram o que funciona e o que não funciona.

Experimentos, por necessidade, têm que ser pequenos no início: os recursos são limitados, o conhecimento sobre as possibilidades é incerto e os riscos parecem imensos. À medida que alguns experimentos dão certo, o ímpeto deve crescer até o ponto em que sejam necessários grandes investimentos em novas tecnologias para produzir produto ou serviço. O aprendizado também pode começar lentamente, embora geralmente algumas partes da organização progridam mais rapidamente do que outras. Com o tempo, as organizações devem investir no aprofundamento das habilidades existentes e na aquisição de novas, no desenvolvimento de novos sistemas, bancos de dados e conhecimento. Junto com essas iniciativas, deve-se desenvolver o trabalho em equipe, primeiro em pequena escala para lidar com tarefas essenciais, depois crescendo por toda a organização e estendendo-se ao longo da cadeia de suprimentos. O ímpeto criado ajuda a construir os valores que servem de base ao ingrediente crucial da vontade de vencer.

ALAVANCAR

O estágio final é alavancar as vantagens e manter o ímpeto. Na medida em que a organização cresce em força competitiva, ela pode expandir a esfera de suas operações em novos mercados, novos produtos e novas partes da cadeia de valor. A alavancagem de capacidades pode ser por meio de aquisições, alianças ou mudanças internas, de forma que a empresa possa estender suas vantagens recém-descobertas para uma esfera de atividades muito mais ampla. As pressões para expansão devem ser balanceadas em relação ao risco de que complexidade em excesso reduza o ritmo da inovação e force a organização a paralisar-se.

Rotulamos o processo de rejuvenescimento como *crescendo* para enfatizar que os quatro estágios não são passos distintos; ao contrário, são atividades que se fundem umas nas outras à medida que aumenta a magnitude da mudança. A realidade em todas as organizações é desordenada, confusa e complexa. Na construção de espírito empreendedor corporativo, as atividades em um departamento ou nível da organização podem ser mais rápidas e mais eficazes do que em outros. Além disso, as organizações não rejuvenescem uma única vez: elas podem ter que fazer isso repetidamente. Os desafios de um período podem ser resolvidos, mas os do próximo podem exigir novamente uma mudança organizacional.

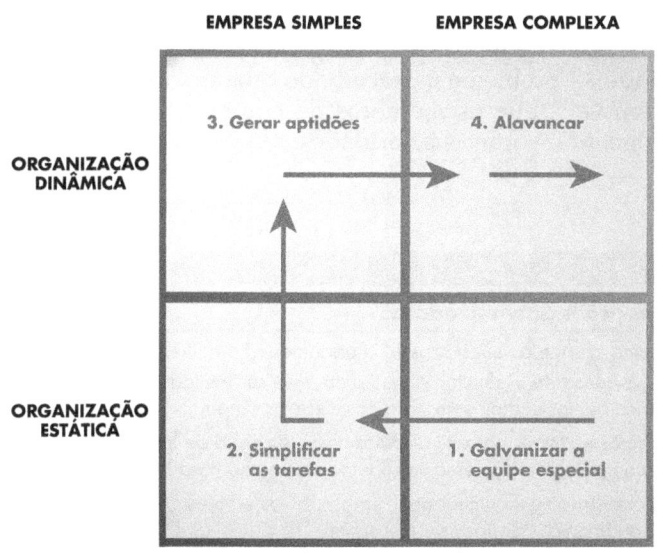

Figura 1 Caminho crítico para renovação corporativa.

Os passos para rejuvenescimento estão sumarizados na Figura 1. As setas são desenhadas como linhas, embora na prática o progresso seja feito em círculos de aprendizados. A dança para o crescendo da música é o samba. *Um passo para trás e dois para frente* descreve como as organizações atuam – e é exatamente o que acontece com simplificação e construção. Vamos usar uma analogia: os restauradores de prédios antigos sabem muito bem que é necessário tirar a argamassa da parede se tiverem que consertar uma estrutura estragada. Raramente é possível consertar a estrutura sem danificar a pintura...

Enfatizamos que no estágio inicial simplificado de renovação, os cortes podem precisar ser radicais. A contração pode ser tangível, por exemplo, na redução do leque de produtos, do território de vendas ou dos estágios da cadeia de valor; também pode ser menos tangível, por exemplo, ao eliminar sistemas e procedimentos. Mesmo atividades lucrativas podem ter que ser eliminadas se distraem a atenção e desviam recursos da construção do novo "núcleo".

Na construção, é mais fácil atingir o progresso por meio de várias pequenas iniciativas, pois os recursos são limitados. Pequenos passos disseminam os riscos e evitam que a organização aposte tudo em uma única iniciativa. A medida que o rejuvenescimento prossegue, os riscos tornam-se mais bem compreendidos e o progresso mais seguro, permitindo que os passos se tornem maiores. Pequenos passos também permitem que a organização encoraje iniciativas de baixo e ajudam a construir uma cultura empreendedora. Apesar de as instruções para a cirurgia virem do topo, é um fluxo de idéias e ações de baixo para cima que acelera a convalescença e o retorno à aptidão para luta.

Enfatizamos que as organizações precisam de um longo tempo para rejuvenescer. Leva anos para construir uma empresa verdadeiramente empreendedora. Como construtores de casas, que gastam quase dois terços do orçamento e do tempo abaixo do solo, cavando as fundações e preparando o terreno, organizações efetivas, que visam a se tornar empreendedoras também precisam de fundações profundas; correr atrás de soluções rápidas é algo que tem poucas chances de resultar em recompensas de longo prazo...

GALVANIZAR A EQUIPE ESPECIAL

Rejuvenescer uma organização madura é impossível sem o comprometimento do topo. Como já destacamos,...muitas organizações maduras mostram sinais de vida quando ações inovadoras são tomadas em partes e possuem muitas pessoas capazes, comprometidas com a mudança. Pessoas empreendedoras geralmente trabalham em grupos isolados. Elas são incapazes de fazer as conexões essenciais para alterar o caminho da organização, pois isso exige uma ligação entre departamentos e territórios, o que não pode ser atingido sem o suporte da alta gerência.

Os movimentos iniciais são em geral feitos por um novo presidente e, em todas as empresas que estudamos, o CEO desempenhou um papel vital e decisivo. Os presidentes eficazes, porém, não agem sozinhos; todos percebem a importância das equipes...

Construir uma equipe especial dedicada à mudança gera continuidade e reduz os riscos que o processo vai sofrer se uma pessoa sair. Em diversas organizações, os presidentes mudam sem perder o ímpeto...

Equipes especiais eficazes englobam todas as principais funções. Rejuvenescimento envolve mudança na forma como os departamentos trabalham e na forma como se relacionam. Uma equipe especial eficaz deve ter um entendimento real dos departamentos, de forma a compreender o que é tecnicamente possível, o que é exigido por clientes, fornecedores, funcionários e outros interessados. Sem conhecimento compartilhado dentro da equipe não pode haver intuição, o que é vital para a empresa.

A necessidade de envolver os principais departamentos também assegura o envolvimento dos detentores de poder vital na organização. Os chefes de departamento ou de território são importantes para fazer isso. Eles podem influenciar as percepções e as ações de seu grupo, talvez devido à sua posição, mas em geral devido à sua experiência e às suas habilidades. A não ser que estejam envolvidos nos estágios iniciais, os detentores de poder podem sabotar ou atrasar o processo por meio de mal-entendidos ou falta de entendimento.

Para rejuvenescimento, todos os membros da equipe especial devem compartilhar um entendimento do problema. Uma equipe especial efetiva evita vacilar, não procura terceiros para resolver seus problemas (embora eles possam ajudar), não busca ajustes rápidos, nem tenta se esquivar de lidar com questões imediatas. Em resumo, muitas pedras e redemoinhos têm que ser evitados. Para evitar esses perigos, a equipe deve acreditar que há uma crise, que precisa praticar uma ação e que a ação deve se estender por toda a organização. Somente quando houver uma aceitação comum real dessas três prioridades é que a equipe especial se sentirá com poderes para começar o processo de rejuvenescimento. Atingir consenso não é fácil, então vamos examinar as questões (Tabela 1).

SENTINDO A NECESSIDADE DE COMEÇAR

O que gera ações que podem levar ao rejuvenescimento? Por que é tão crítico gerar um senso de urgência? Anteriormente discutimos a dificuldade de reconhecer crises de uma forma que possa levar à ação e até problemas mais sérios de usar o reconhecimento de uma oportunidade como forma de focar as energias para mudar o comportamento. Uma coisa é formar uma equipe especial; outra, bem diferente, é fazer com que ela compartilhe coletivamente um senso de que a mudança é imperativa. Usamos a palavra senso como aconselhamento, pois nos estágios iniciais apenas raramente os dados indicam uma direção clara; as informações por si mesmas raramente "provam" ou "não provam" qualquer ação.

Considere o que pode acontecer quando os gerentes sentem os sinais da mudança. Eles podem parecer tão vagos que são efetivamente ignorados. Podem apontar para soluções que estão além das capacidades atuais, podem provocar respostas de interesse geral, mas as ações são pouco mais do que remendadas com os sintomas. Sinais mais precisos também podem ser ignorados, mesmo quando as soluções estão dentro das capacidades, pois a equipe ainda precisa compartilhar uma vontade comum de responder. A questão de urgência também está incorporada na mensagem. Gerentes podem achar que têm muito tempo disponível e permitir que outros problemas os preocupem. Alternativamente, uma mensagem urgente pode parecer tão complexa que as respostas apropriadas são difíceis de calcular.

Descobrimos que todas as equipes especiais de empresas em rejuvenescimento experimentaram muitas dessas dificuldades antes que pudessem se comprometer com uma ação interna coletiva. Em geral, verificamos que as equipes especiais trabalhavam todas as ações "óbvias" até a exaustão antes de perceberem a necessidade de considerar métodos mais radicais de transformar a empresa como um todo. Cálculos racionais de resposta parcial a desafios complexos podem ser usados, talvez inconscientemente, para perpetuar a inércia da maturidade. O problema é exacerbado quando a agenda é tão complexa que os membros da equipe não conseguem concordar sobre as prioridades...

Tabela 1 — Galvanizar a equipe especial

Percepções limitadoras	Percepções galvanizadoras
O problema que enfrentamos é temporário.	Há uma crise, e as questões são importantes e fundamentais.
Devemos nos mover lentamente para evitar perturbar a ordem existente	Há um senso de urgência. A mudança deve ser iniciada mesmo que não saibamos exatamente para onde estamos indo.
É por culpa de outra pessoa que estamos com problemas.	Devemos entender por que estamos nessa situação de forma que nós, da equipe especial, possamos liderar o caminho para frente.
Os problemas estão em áreas específicas da organização; não estão espalhados.	É necessária uma mudança em toda a empresa, envolvendo departamentos, territórios e hierarquias.
Os números nos dizem o que está errado.	Temos que olhar além dos números para descobrir para onde estão indo os mercados e as capacidades necessárias.

É importante entender que os dados nos sinais para mudança precisam ser interpretados por outras pessoas, principalmente quando são fracos. Considere a avaliação de concorrentes, tão comumente feita pela alta gerência. Medidas de competição podem incluir lucratividade, produtividade, confiabilidade ou aceitação do cliente. Geralmente, alguns poucos concorrentes estão fazendo melhor em algumas, se não em todas as medidas, mas muitos podem ser similares a uma determinada organização e alguns podem ser piores. Esse fato deveria ser visto como um gatilho para ação ou como um sinal para complacência? A não ser que a pessoa tenha altas aspirações e um senso de perigo, a complacência prevalece... Sempre há aqueles que acreditam que desempenho ruim, seja nos lucros ou em outras medidas, pode ser desculpado: "Não é culpa nossa". Pior ainda, estudos de avaliação da concorrência podem ser usados para justificar o *status quo*. Uma empresa madura, que posteriormente encerrou suas atividades, foi tão longe a ponto de rejeitar um estudo que indicava a necessidade de uma mudança fundamental de método. Nas palavras de um diretor, era "obviamente uma falácia. Se isso fosse possível, já estaríamos fazendo".

Há muitas outras razões pelas quais os gerentes podem deixar de reagir a uma circunstância mutante. Organizações maduras podem cair na armadilha da ilusão de um foco exagerado em lucros contábeis. Evidentemente, dados contábeis podem registrar apenas o que já aconteceu, não o que vai acontecer; quando confrontados com lucros "satisfatórios", muitas equipes especiais ignoram outros sinais indicadores do declínio da competitividade...

Apenas alguns poucos de nossos rejuvenescedores fizeram a coisa óbvia no início, ou seja, estabelecer medidas que aumentem o senso de urgência para lidar com problemas emergentes antes que eles se tornem sérios. As organizações inteligentes e bem-sucedidas estendem suas medidas de desempenho para incluir indicadores específicos de cumprimento relativo de metas financeiras e não-financeiras. Uma avaliação mais ampla e mais balanceada ajuda as equipes especiais em geral, e os presidentes em particular, a antecipar onde as crises podem surgir. Ela amplifica os sinais fracos que alertam sobre o perigo e reduz os sinais que encorajam a complacência. Se a alta gerência não antecipar isso, a organização pode acabar submergindo, incapaz de se recuperar quando a crise chegar.

GATILHOS PARA AÇÃO

Sentir o perigo iminente nem sempre é suficiente para induzir à ação. Embora um pouco tarde, a probabilidade de fracasso parece ser o gatilho mais comum para induzir um senso de urgência e crise suficiente para instituir ações para atacar as raízes do problema...

As empresas devem esperar por uma crise financeira antes que a diretoria faça mais do que remendar algumas partes? Embora seja difícil, é possível antecipar uma crise iminente e iniciar uma ação corretiva antes que seja tarde demais ou muito caro para tentar. É relativamente mais fácil acontecer isso quando a pessoa tem poder para agir. A consciência deve vir primeiro dos acionistas, que apontam um novo presidente para transmitir a mensagem, ou o presidente pode ser cauteloso. É mais difícil quando a mensagem vem de fora e é ouvida por gerentes que não têm poder. As negociações com fornecedores, clientes, banqueiros e inúmeros outros podem aumentar o problema e provocar ações dentro de grupos isolados. Mas quando isso acontece, as ações para mudar fundamentalmente a empresa geralmente têm que esperar até... que haja um presidente que ouça e aceite as possibilidades.

...É possível antecipar uma crise real. Aqueles que já o fizeram conseguiram executar ações positivas a um custo menor do que aquele em que teriam incorrido se tivessem adiado. Nesses casos, uma observação do passado parece mostrar repetidamente que as ações tomadas eram menos arriscadas do que uma política de inatividade. Mas, antes do fato, os riscos podem ter parecido maiores.

DANDO PODER AOS GERENTES

Reunir uma equipe especial e fazer com que seus membros percebam que há uma crise não é suficiente para começar o rejuvenescimento: a equipe deve acreditar que tem poder e responsabilidade para fazer alguma coisa. É necessário que certos aspectos dos problemas sejam entendidos pela equipe especial: que o problema não é limitado a uma única parte da organização, que um ajuste rápido não funciona. A equipe especial também deve entender que não precisa saber todas as respostas antes de agir. Seu trabalho é traçar a direção e buscar o auxílio de outras pessoas para encontrar soluções duráveis. É tentador sugerir que a realização vem rapidamente, mas a verdade é que o entendimento vem gradualmente.

...Gerentes de organizações maduras estão sempre ávidos para culpar os outros. Algumas vezes, culpam o ambiente, a demanda fraca, os clientes muito exigentes, as taxas de câmbio adversas e até o tempo. Outras, culpam as decisões da diretoria anterior e, outras vezes ainda, a falha da gerência média atual em implantar as decisões tomadas pela diretoria. Embora um elemento de culpa possa ser corretamente associado a esses grupos, em todos os casos a alta gerência demonstrou entendimento insuficiente das questões em voga. O progresso só pode ocorrer quando os membros da equipe entendem a extensão de um problema e percebem que eles, e apenas eles, são afinal responsáveis pelas falhas de [suas] organizações. Mais importante, apenas a alta gerência pode tirar a organização dessa confusão.

Também é comum que os gerentes sêniores percebam que os problemas (e conseqüentemente as soluções) estão em um único departamento ou parte de sua organização. Culpar determinados departamentos, territórios ou grupos é sempre inútil, pois as crises refletem falhas de toda a organização. Por exemplo, quando produtos de alto custo têm baixa qualidade, normalmente culpa-se o departamento de produção. Essa indicação de culpa é ingênua, pois raramente pode-se culpar apenas a produção pela má qualidade. Pode ser que o departamento de produção, não tendo sido informado pelo departamento de serviços quais as falhas que ocorrem com mais freqüência, esteja tentando melhorar os elementos errados. A falha pode ser da distribuição, danificando os produtos em trânsito. O departamento de compras pode não estar prestando atenção suficiente para assegurar que os fornecedores entreguem componentes de qualidade, e *marketing* pode insistir em projetos difíceis e caros de produzir. A qualidade a custo baixo só é atingida quando todos os departamentos trabalham juntos...

A percepção inicial de que os problemas são sérios e as causas vão além de um único departamento, envolvendo toda a organização, é um passo em direção às ações corretivas. Mas antes que se possa iniciar ações efetivas, é necessário fazer escolhas difíceis entre muitas alternativas. Aqui está o papel central do presidente, de manter o controle enquanto as pessoas testam suas intuições com dados sempre imperfeitos. Na falta de provas concretas, os membros de uma equipe especial sempre terão sensos de prioridade contrastantes. E, na falta de algo mais além de uma vontade comum de ser positivo, os debates também podem se tornar improdutivos sem liderança da empresa.

Escolhendo Ações Efetivas

Algumas equipes especiais decidem administrar sua trajetória pela análise exaustiva das alternativas que podem perceber em tempos de crise. Outras acham seu caminho ao tentar soluções e descobrir o que funciona e o que não funciona. Outras ainda examinam a experiência de outras organizações. E em geral esses métodos são combinados. Quaisquer que sejam as escolhas feitas, há muitos caminhos falsos e becos sem saída, que podem seduzir e induzir a gerência a pensar que é eficaz lidar com as questões que tem em mãos.

Os passos que sugerimos para destacar o caminho de ação mais eficaz estão em total contraste com outras ações que observamos. A simplificação envolve cortar recursos conservadores, relevar um novo núcleo e apontar o caminho para frente. A construção subseqüente, descrita em detalhes mais adiante, lança novas bases para a organização empreendedora e exige uma perspectiva de tempo ampliada. Esses passos mensurados contrastam com as alternativas seguintes, que muitos escolheram e que deixam de abordar as principais questões efetivamente: jogar tudo fora e começar de novo – em vez de salvar o que tem valor; buscar alternativas externas para aliviar um problema – como um substituto para ação interna; vacilo entre diretrizes extremas criadas pela alta gerência – incompreensão paralisada da alta gerência; investimentos de larga escala em tecnologia de ponta e sistemas nos estágios iniciais – ajuste rápido ou grandes feitos; e programas de mudança de cultura sem ações paralelas – negando que haja uma crise imediata. Essas questões... são discutidas com mais detalhes abaixo.

Jogar Tudo Fora e Começar de Novo

Considere primeiro o problema de profetas que argumentam que é inútil tentar rejuvenescer – melhor desistir sem lutar e sem chegar a lugar algum. Suas visões pessimistas podem ser justificadas se *todas* as alternativas forem mais caras e mais arriscadas. Apenas se tudo mais falhar é que uma organização pode ser extinta.

Uma empresa norte-americana considerava que tentar o rejuvenescimento de uma operação existente era um desperdício de tempo. Em vez de atacar os problemas profundamente enraizados em sua fábrica no meio-oeste, a empresa transferiu toda sua operação para o sul, deixando seu passado para trás. Ao fazê-lo, abandonou muitos trabalhadores habilidosos e leais, que poderiam ter se adaptado a novos métodos de trabalho em um tempo menor do que levou para treinar mão-de-obra totalmente nova, a um custo menor. A experiência japonesa de comprar fábricas norte-americanas e dobrar ou triplicar a produção em menos de um ano mostra que a possibilidade de rejuvenescimento existe. A experiência deles também confirma que a renovação pode gerar retornos mais rápidos do que outras iniciativas, um ponto sempre ignorado por aqueles com pressa de "fazer as coisas acontecerem".[6]

Algumas vezes, evidentemente, as organizações com problemas não têm a opção de começar tudo de novo em outro lugar. Mesmo assim, elas podem querer sair, mas os proprietários podem não ter condições de arcar com os custos de saída. Elas também enfrentam oposição sindical severa e a resistência de políticos e membros do governo local. Nesses casos, a diretoria é obrigada a tentar encontrar um caminho intermediário, independente de quantos profetas argumentem que o esforço será em vão.

Buscando Suporte Externo

Durante anos, muitas das grandes indústrias químicas européias, particularmente as gigantes italianas, as francesas e as belgas, e mesmo a britânica ICI, acreditavam que os problemas de seu segmento eram causados pelas

---

[6] O método da Alemanha Ocidental para reconstruir a Alemanha Oriental também pareceu ser uma tentativa de começar tudo de novo: velhas fábricas foram demolidas, trabalhadores foram dispensados e os novos proprietários agiam como se tivessem estabelecendo locais totalmente novos. Para uma visão acadêmica de quando é melhor começar do zero, ver M. T. Hannan e J. Freeman, "Structural Inertia and Organizational Change", em K. S. Cameron, R. I. Sutton e D. A. Whetten, eds., *Readings in Organizational Decline* (Cambridge, MA: Ballinger, 1988).

falhas do governo em administrar a demanda na economia e permitir o poder dos países do Oriente Médio em relação ao petróleo. Nessas empresas, a alta gerência fazia *lobby* junto ao governo constantemente para resolver seus problemas e deixava de tomar iniciativas internas. A ICI, uma das maiores culpadas, também foi uma das primeiras a quebrar o círculo vicioso e perceber que ações internas eram necessárias. Uma equipe gerencial galvanizada assumiu o comando e, dez anos mais tarde, em melhor forma do que muitas de suas parceiras européias, a empresa ainda está tentando se reorganizar.

Para que não sejamos acusados de ignorar as políticas e a realidade, reconhecemos completamente que todas as organizações têm um papel a defender e devem expor seu caso ao governo, e todas precisam observar e influenciar os fatos. Porém, fazemos uma distinção entre essa abordagem e aquelas adotadas pelas organizações que falham, as quais não fazem nada por si mesmas enquanto esperam ser resgatadas pelo cavaleiro branco do suporte externo. As primeiras põem o papel da política pública em perspectiva, enquanto que as segundas deixam de cumprir as tarefas gerenciais.

DIRETRIZES DE CIMA PARA BAIXO QUE LIDAM COM SINTOMAS, NÃO COM AS CAUSAS

Muitos executivos de primeira linha parecem acreditar que dar ordens a partir do topo e esperar respostas imediatas é a melhor maneira de começar a fazer as coisas acontecerem... Isso tem poucas chances de instilar espírito empreendedor corporativo. Quando o sentido de crise aparece, se as declarações do topo se tornarem histéricas, elas podem acabar gerando inatividade ou falta de resultados na parte de baixo da organização. O vacilo é normalmente outro sinal de que a alta gerência não está de fato no controle e não entende as causas de um problema nem sabe como responder a ele efetivamente. As diretrizes de cima para baixo raramente podem fazer mais do que preservar a "fórmula" de ontem...

DANDO O GRANDE GOLPE

O reconhecimento de que uma organização está muito aquém de suas capacidades pode levar a diretoria a tentar um ajuste rápido. No começo do processo de renovação há uma tentação de gastar dinheiro na compra de equipamentos de capital de última geração para as fábricas, sistemas de prestação de serviços ou outras formas de tecnologia. Tipicamente, consultores ou outras pessoas de fora têm sugerido que tais investimentos permitem que uma empresa se mantenha equiparada aos líderes de seu segmento. Geralmente os investimentos são grandes, levam vários anos para ser feitos e comprometem a organização com uma rota única e imutável para o futuro. Sempre há falta de entendimento por parte da organização sobre como as novas tecnologias funcionam e, certamente, uma falta de entendimento em relação a todos os itens envolvidos. Nos estágios iniciais do rejuvenescimento, grandes programas são perigosos, especialmente porque a maioria dos recursos da organização está voltada para um único caminho.

Para organizações maduras em crise, a chegada de capital novo em grande quantidade, novos computadores ou novos sistemas sem a correspondente construção de uma base habilidosa é um risco de desastre. Todos os nossos rejuvenescedores descobriram, se já não sabiam, que habilidades não precisam estar em paralelo com investimentos em equipamentos. Sem habilidades apropriadas e consciência em toda a organização, os investimentos são mal-utilizados ou subutilizados. Pouco progresso é feito para a obtenção de resultados financeiros ou construção de uma margem competitiva. Pior, o espírito de entusiasmo empreendedor, com suas características de aprendizado e experimentação, pode ser reprimido.

Devemos deixar claro que grandes programas de investimento podem ser reconhecidamente compensados quando feitos por empresas que ganharam capacidades empreendedoras. Quando as organizações tiverem construído suas habilidades e processos internos, elas poderão alavancar novos investimentos efetivamente.

PROGRAMAS DE MUDANÇA DE CULTURA SEM AÇÃO CORRESPONDENTE

Se o grande golpe é perigoso porque gasta recursos, assume riscos desnecessários e não constrói uma nova organização, o programa de mudança de cultura é o extremo oposto. É certamente verdade que as organizações maduras precisam mudar sua cultura se desejam se tornar empreendedoras, mas muitas erradamente acreditam que a cultura tem que ser mudada antes que ações para melhoria possam ser adotadas ou que a mudança cultural seja suficiente por si mesma. Um programa de mudança de cultura sem ação é muito arriscado porque nega a existência de uma crise e desvia a atenção da organização da necessidade de ação imediata. Além disso, não entende o fato mais óbvio de que organizações só mudam por meio de ações porque as ações refletem e alteram crenças.

Nosso resultado ecoa as observações de Tom Peters e Robert Waterman (1982), que notaram que as organizações efetivas têm uma tendência à ação. Eles alegavam que, a não ser que a ação seja posta em prática, não pode haver progresso. A mensagem deles é altamente apropriada para organizações em fase de rejuvenescimento. Descobrirmos um número surpreendente de empresas investindo pesadamente na mudança de cultura em suas organizações sem assegurar que haja progresso deliberado na especificação das tarefas reais...

O rejuvenescimento de uma empresa exige uma mudança de cultura, mas a mudança deve estar associada à ação. Nossa pesquisa sugere que mudança de cultura efetiva exige que os gerentes lidem com as tarefas. Assim, abolir o refeitório executivo em uma empresa pode ajudar, mas apenas porque reforça outras iniciativas importantes que lidam com produtividade e qualidade. Em muitas organizações, os círculos de qualidade e similares são introduzidos e parece que os que trabalham bem são aqueles que têm metas tangíveis de curto prazo e também de longo prazo. Grandes esquemas para mudança sem ação raramente funcionam...

O Ajuste Rápido: TQM ou Reengenharia de Processo

Todos os nossos rejuvenescedores apóiam-se de uma forma ou de outra no gerenciamento da qualidade total (TQM), e todos fizeram uma reengenharia em seus processos, ocasionalmente por diversas vezes seguidas. Mas o que eles fizeram... tem pouca relação com os fornecedores de veneno de cobra que cobram resultados imediatos.

Alguns poucos proponentes menos cuidadosos do TQM ou da reengenharia de processo (ou equivalente) retratam filosofias complexas como soluções de ajuste rápido. Eles reduzem os investimentos em tempo, energia e esforços necessários para gerar resultados. Em seu desejo de velocidade, eles deixam de enfatizar a necessidade de ensinar às organizações as habilidades para assegurar que os processos possam ter continuidade e geralmente não constroem uma base apropriada para sucesso duradouro. Não é surpresa que estudos recentes de organizações que adotaram a moda do TQM nos anos 80 mostrem que muitas se desapontaram e interromperam suas iniciativas.[7] Seguramente houve sucesso, mas acreditamos que tenha sido em organizações que já estavam bem adiantadas no processo de rejuvenescimento ou, como em nossas empresas maduras, naquelas que são pacientes e persistentes. Prevemos o mesmo para a reengenharia de processo.

As alegações dos consultores de que a reengenharia de processo pode gerar uma melhoria de dez graus não é surpresa... Mas a afirmação de que tal progresso é atingido rapidamente não é verdadeira. Muito antes dessa moda recente, observamos empresas maduras tentando tal engenharia rápida sem preparo e falhando...

O Caminho para Frente

Para seguir em frente, a empresa madura que aspira ao rejuvenescimento deve galvanizar e montar uma diretoria comprometida com a ação. Escolhas cruciais precisam ser feitas em relação ao escopo da empresa e como e onde ela vai concorrer. Além disso, algumas ações precisam ser tomadas para começar a gerar espírito empreendedor, que julgamos necessário para renovação e aspirações mais altas. Algumas empresas descobriram que *stakeholders* externos à organização podem desempenhar um papel. Um desses grupos é a diretoria de uma empresa que faça parte de uma *holding* ou de uma organização que possua outras...

Pode haver uma falha nas percepções culturais nesses mercados sobre o que é e o que não é eficaz. Embora muitos gerentes norte-americanos aceitem o valor das diretrizes que vêm do topo e apontem para os benefícios do foco e da velocidade da mudança resultantes; muitos com quem conversamos na Europa adotam uma perspectiva diferente. Aqueles cujo trabalho era buscar um portfólio completo sempre preferiam trabalhar encorajando gerentes a adotar valores de criatividade, inovação e desafio às convenções sem especificar ações ou processos. Muitos estabelecem metas desafiadoras, mas alguns, que consideravam seus métodos como mais lentos e mais difíceis de controlar, apostavam que os resultados finais seriam muito mais duradouros.

Não conhecemos nenhuma forma de resolver a questão que possa ser considerada como um método superior. As duas têm lados bons e ruins e dependem do clima das atitudes no qual tais iniciativas são lançadas. A diferença de opinião, porém, serve para reforçar o ponto que levantamos no início:... a transformação real de uma empresa não pode começar seriamente sem que sua diretoria reconheça que deve encontrar uma nova direção.

---

[7] Para exemplo, ver os estudos de Arthur D. Little nos Estados Unidos e A. T. Kearney no Reino Unido, conforme citado na revista *The Economist*, April 18, 1992.

Seção II

Forças

Capítulo 7
Conhecimento

A primeira seção deste livro nos mostrou a estratégia em seus vários aspectos. Agora nos voltamos para as *forças* que conduzem o processo de estratégia, incluindo conhecimento humano, organização, tecnologia, colaboração, globalização e valores.

Começamos aqui com conhecimento, para penetrar na mente dos estrategistas. Ninguém nunca viu uma estratégia ou tocou em uma. As estratégias não existem de forma concreta; elas não são nada além de conceitos na cabeça das pessoas. Então o conhecimento – especificamente, a maneira como as pessoas pensam sobre estratégia, como a concebem e a percebem – tem que aparecer de forma importante em qualquer livro sobre o processo de estratégia.

Incluímos dois textos para leitura aqui. O primeiro de David Hurst, executivo empresarial por longo tempo que hoje atua como escritor e consultor gerencial em Toronto, retoma o ponto em que parou o capítulo anterior, sobre mudança. Hurst sugere que os processos de mudança bem-sucedidos podem não se beneficiar com excesso de racionalidade – ao contrário, podem se prejudicar. Hurst discute as mudanças de objetividade: "Quando se trata de mudança real, objetividade em excesso pode ser fatal para o processo". Precisamos nos afastar de nossas estruturas e crenças para avaliá-las. Na análise final, "pode não haver análise final". Assim, os gerentes precisam ser "ingredientes", em vez de cozinheiros, envolvendo-se profundamente.

O segundo texto baseia-se no capítulo da escola cognitiva de Mintzberg, Ahlstrand e Lampel em seu livro *Safári de Estratégia*, para revisar várias visões de "Estratégia como conhecimento": por exemplo, as limitações do conhecimento e os erros que as pessoas cometem quando enfrentam a complexidade estratégica; conhecimento como processamento de informações; conhecimento como "mapeamento" pelo uso de modelos mentais; e a visão popular atual de conhecimento como "construção" – de que não *vemos* nosso mundo de estratégia lá fora, mas sim o *criamos* dentro de nossa cabeça.

USANDO OS ESTUDOS DE CASO

O argumento de David Hurst, que parece "difícil" para os gerentes por ser social e subjetivamente construído, é ilustrado pelo produtor de artigos de luxo LVMH. Os lucros e a participação de mercado são "objetivos" o suficiente, mas a reputação na qual são baseados é o resultado de complexos processos sociais e de aprendizado. O caráter "objetivo" que os produtos normalmente assumem durante o planejamento estratégico tende a se dissolver quando nos aproximamos de pessoas que usam esses produtos. Mintzberg, Ahlstrand e Lampel sugerem em "Estratégia como conhecimento" que a maneira como processamos informações pode ter uma influência importante na estratégia a ser desenvolvida.

LEITURA 7.1
O PERIGO DA OBJETIVIDADE[1]
por David K. Hurst

O entusiasmo pela reengenharia pode se esvair, mas esta não será a última fórmula gerencial que nos é oferecida. É a objetividade que estruturas como a reengenharia dão a seus usuários que mina as dinâmicas sociais que levam à mudança fundamental. Na verdade, a separação intelectual dos projetistas e gerentes da mudança do processo em si deveria ser identificada como uma causa importante de falha em tais esforços.

---
[1] Extraído de um artigo publicado originalmente como "When it comes to real change, too much objectivity may be fatal to the process", de David K. Hurst, *Strategy and Leadership*, March/April 1997, pp. 6-12.

Talvez as estruturas devessem vir com uma etiqueta de advertência: *quando se trata de mudança real, objetividade demais pode ser fatal para o processo.*

A objetividade gerencial é a força para permanecer fora de uma situação, para mapeá-la em uma estrutura lógica e iniciar a ação que ela sugere. Normalmente essas estruturas são simplificadas a partir das experiências de outras organizações proeminentes, e sua plausibilidade depende da relação causa-efeito que elas explicam. Essas explicações normalmente assumem a forma de prováveis histórias sobre como empresas bem-sucedidas se tornaram bem-sucedidas ou como empresas que estavam falindo deram a volta por cima... A suposição implícita em cada história é que a lógica não tem contexto. A implicação é que "você também" pode usar essas técnicas para atingir resultados similares. A suposição dessas prováveis histórias é que os gerentes podem se comportar racionalmente para atingir as metas organizacionais desejadas. Ou seja, eles podem pensar antes de agir, identificar as relações de causa e efeito, começar os processos organizacionais e monitorar o progresso em direção a essas metas.

Essa suposição não é verdadeira. Embora ninguém sugira que os gerentes nunca possam ser instrumentalmente racionais (como essa forma de racionalidade é conhecida), a pergunta não-verbalizada é se eles podem ou não ser racionais desta forma *o tempo todo, especialmente durante períodos de mudança radical.* Há duas razões pelas quais os gerentes não podem e não devem tentar se comportar dessa forma em tais períodos: a primeira é intelectual, a segunda é social.

O problema intelectual é que as realidades empresariais não existem independentemente de seus observadores. Economias, mercados, organizações e estratégias são construídos, não são objetos naturais. Assim, a objetividade nunca é absoluta – é sempre relativa a alguma estrutura de referência desenvolvida no passado. Como mudança real significa que as estruturas em si têm que ser alteradas, uma objetividade rígida congela esse processo, evitando o exame da suposição que dá suporte à estrutura. Algumas suposições explícitas podem ser examinadas, mas a maioria das suposições é tácita – são respostas às perguntas nunca feitas. *Elas só podem ser testadas do lado de fora da estrutura de lógica em uso.* E isso gera ação – experiência. Não podemos apenas repensar nossa maneira, fazendo dela uma maneira melhor de pensar.

Considere como exemplo a relação entre custo e qualidade. Durante anos, ninguém na América do Norte que tivesse estudado Economia sabia que havia uma relação negativa entre os dois – quanto mais qualidade se coloca em um produto, mais caro ele vai custar. A força desse modelo é provavelmente a razão mais importante pela qual os acadêmicos de Administração norte-americanos ficaram tão surpresos com a revolução da qualidade. Foi preciso o sucesso do sistema japonês na produção de automóveis para nos mostrar que a qualidade podia ser sistematicamente melhorada sem aumentar custos. Na verdade, o custo poderia cair se o sistema de produção fosse alterado. As suposições das economias de produção nos impossibilitavam de conceber uma alternativa à produção em massa – até que vimos uma. Assim, a lógica dos sistemas que dão suporte aos princípios de "apoio-fluxo" foi desenvolvida depois que foram confirmados os resultados práticos. Como resultado, todos os livros sobre qualidade foram reescritos.

A segunda razão pela qual o excesso de objetividade é um obstáculo à mudança é demonstrada pelo executivo sênior... [que se vê] fora do processo de mudança, diagnosticando as condições daqueles que estão dentro dele. A implicação [é] que *eles* [têm que mudar. Ele] não. Grande parte do tempo em todas as iniciativas de mudança, a situação demanda que *todos* na organização sejam vistos como um todo e compartilhem um destino comum. Sugestões de que o processo de mudança é algo totalmente objetivo e racional introduzem uma distância fatal entre os gerentes e suas equipes. A distância é letal para os esforços de mudança, pois gera cinismo nos trabalhadores, levanta suspeitas de que eles estão sendo manipulados e aumenta sua resistência – não em relação à mudança em si, mas ao fato de *ser mudado.* Em vez de sentir que têm poder, os trabalhadores sentem-se exaustos e exauridos pelo processo de mudança. Uma resposta típica: "Por que eu deveria mudar o sistema se isso vai custar o meu trabalho?" (O'Neil e Lenn, 1995).

CRENÇAS AUTO-SELANTES

... A reengenharia... desenvolveu [uma] qualidade auto-selante para sua retórica. Os gerentes eram aconselhados a esperar resistência, antecipar de onde ela viria e motivar e envolver as pessoas. O departamento de comunicações tinha que "antecipar o que as pessoas iriam querer saber em cada estágio", e assim por diante. Mas isso significava que os gerentes seniores tinham que saber mais sobre a direção dos processos de mudança do que aqueles que participavam dos projetos. Eles estavam de fora, manipulando os que estavam do lado de dentro. Antecipando isso, os gurus até aconselharam a diretoria a esperar sentimentos de desastre no meio do caminho do processo de mudança e a necessidade de manter o curso. A implicação era que não havia nada errado com o processo ou com a suposição que o norteava; tudo o que a pessoa precisava fazer era aplicá-los corretamente. Sem qualquer curva de retorno, muitas organizações assumiram uma série de compromissos com um curso de ação impróprio. Os cibernéticos chamam essa condição de "fuga do sistema".

... a essência da delegação de poderes [é] as pessoas sentirem genuinamente que o futuro depende do que elas criam, não dos planos de alguém que elas terão que implementar. E elas só terão esse sentimento se os gerentes sêniores se comportarem de forma a expressar esses valores abertos e igualitários.

GERENTES SENIORES NÃO SÃO COZINHEIROS, SÃO OS INGREDIENTES

Em uma análise final, no que diz respeito à mudança fundamental nas organizações, pode não haver uma *análise final*. Porque são as próprias estruturas de análise que precisam ser mudadas. Nas mudanças organizacionais fundamentais, *é necessário comportamento para mudar comportamento: a mudança não pode ser administrada, pode apenas ser conduzida*. Assim, os gerentes da mudança não são apenas cozinheiros que preparam uma refeição seguindo uma receita, eles também são os principais ingredientes. Os gerentes sêniores são modelos de papel de poder e sua principal contribuição para o processo de mudança é conduzir modelando os novos comportamentos que eles esperam das pessoas. Eles podem planejar e orquestrar as coisas apenas até um certo ponto. Depois eles têm que se jogar na mistura com todos e acreditar que seu comportamento será copiado pelos demais...

Nossa tendência ocidental é acreditar que podemos transformar nossa maneira, fazendo dela uma maneira melhor de *agir*. Experiências com mudanças reais sugerem que apenas o oposto é verdadeiro – temos que *agir* para transformar nossa maneira em uma maneira melhor de *pensar*. Como gerentes, o único comportamento que podemos esperar mudar diretamente é o nosso.

LEITURA 7.2
ESTRATÉGIA COMO CONHECIMENTO[2]
por Henry Mintzberg, Bruce Ahlstrand e Joseph Lampel

"Só verei quando acreditar."
— **Anônimo**

Se falamos sério sobre entender a visão estratégica e sobre como as estratégias se formam sob outras circunstâncias, então é melhor examinarmos a cabeça dos estrategistas... para descobrir o que esse processo significa na esfera do conhecimento humano, baseando-nos especialmente no campo da psicologia cognitiva.

... os estrategistas são em grande parte autodidatas: eles desenvolvem suas estruturas de conhecimento e processos de pensamento principalmente pela experiência direta. Essa experiência molda o que eles sabem, o que por sua vez molda o que eles fazem, moldando assim sua experiência subseqüente. Essa dualidade representa um papel central no [conhecimento], fazendo surgir duas facções diferentes.

Uma facção, mais positivista, ameaça o processamento e a estruturação do conhecimento em um esforço para produzir algum tipo de filme *objetivo* do mundo. Os olhos da mente são vistos então como um tipo de câmara; eles mapeiam o mundo, ampliando aqui e ali em resposta à vontade de seu dono, embora as fotos que ela tire sejam consideradas por esta escola como altamente distorcidas.

A outra facção vê tudo isso como *subjetivo*: estratégia é um tipo de *interpretação* do mundo. Aqui os olhos da mente se voltam para dentro, para ver como a mente "focaliza" aquilo que vê lá fora – os fatos, os símbolos, o comportamento dos clientes, etc. Assim, enquanto a outra facção tenta entender o conhecimento como um tipo de *re-criação* do mundo, esta facção abandona o prefixo e acredita que o conhecimento *cria* o mundo...

CONHECIMENTO COMO CONFUSÃO

Os acadêmicos há muito tempo são fascinados pelas peculiaridades de como as pessoas processam informações para tomar decisões, especialmente pelas tendências e distorções que elas exibem. Os pesquisadores administrativos têm sido especialmente estimulados pelo trabalho brilhante de Herbert Simon (1947, 1957; ver também March e Simon, 1958)... [que] popularizou a noção de que o mundo é grande e complexo, enquanto o cérebro humano e sua capacidade de processamento de informações são altamente limitados. A tomada de decisão torna-se assim algo não muito racional, um esforço em vão para ser racional.

Grande parte da literatura de pesquisa sobre desvios de julgamento seguiu... alguns dos resultados dessa pesquisa que [são] reproduzidos na tabela apresentada a seguir. Todos têm conseqüências óbvias para a criação de estratégia. Eles incluem a busca de evidência que dê suporte, em vez de negar as crenças, o favorecimento de informações recentes, mais facilmente lembradas em relação a informações mais antigas, a tendência a ver um efeito causal entre duas variáveis que podem simplesmente ser correlacionadas, o poder do pensamento, etc.

CONHECIMENTO COMO PROCESSAMENTO DE INFORMAÇÕES

Além das tendências no aprendizado individual, estão os efeitos de trabalhar no sistema coletivo para processamento de informações, chamado de organização. Os gerentes são trabalhadores da informação. Eles satisfazem suas próprias necessidades de informações e também a

---
[2] Extraído de "Strategy as Cognition", de H. Mintzberg, B. Ahlstrand e J. Lampel em *Strategy Safari*, New York: The Free Press, 1998.

Tendências na tomada de decisão	
Tipos de tendência	**Descrição da tendência**
Buscar evidências de suporte	A disposição para reunir fatos que levem a certas conclusões e para desconsiderar outros fatos que as ameacem.
Inconsistência	A incapacidade de aplicar os mesmos critérios de decisão em situações similares.
Conservadorismo	A incapacidade de mudar (ou ir mudando lentamente) as próprias idéias à luz de novas informações/evidências.
Novidades	Os fatos mais recentes dominam aqueles que estão em um passado menos recente, que são minimizados ou ignorados.
Disponibilidade	Basear-se em fatos específicos, facilmente recordados de memória, com a exclusão de outras informações pertinentes.
Ancoragem	As previsões são desnecessariamente influenciadas por informações iniciais que recebem um peso maior no processo de previsão.
Correlações ilusórias	Crenças de que modelos são evidentes e/ou duas variáveis são relacionadas às causas quando não são.
Percepção seletiva	As pessoas tendem a ver problemas em termos de seu próprio passado e experiência.
Efeitos de regressão	Os aumentos persistentes [em alguns fenômenos] podem ser devido a razões aleatórias que, se verdadeiras, [possibilitariam] a chance de uma queda [subseqüente]. Alternativamente, quedas persistentes [possibilitariam] as chances de aumentos [subseqüentes].
Atribuição de sucesso e fracasso	O sucesso é atribuído às capacidades de alguém, enquanto que o fracasso é atribuído à má sorte ou ao erro de alguém. Isso inibe o aprendizado e não permite o reconhecimento de erros.
Otimismo, força do pensamento	As preferências das pessoas por resultados futuros afeta suas previsões de tais resultados.
Subestimando a incerteza	O otimismo excessivo, a correlação ilusória e a necessidade de reduzir a ansiedade fazem com que as pessoas subestimem a incerteza futura.

Fonte: Makridakas (1990: 36-37).

de seus colegas e dos gerentes que os supervisionam. Especialmente nas grandes organizações, isso cria vários tipos de problemas bem conhecidos. Os gerentes sêniores têm um tempo limitado para supervisionar um vasto leque de atividades. Assim, grande parte das informações que eles recebem tem que ser agregada, o que pode acumular distorções sobre distorções. Se as informações originais estavam sujeitas aos desvios discutidos acima, então pense no que acontece quando tudo isso é combinado e apresentado ao "chefe". Não é surpresa que muitos gerentes sêniores se tornem cativos do processamento de informações de suas organizações.

CONHECIMENTO COMO MAPEAMENTO

... em um ponto há consenso amplo: um pré-requisito essencial para o conhecimento estratégico é a existência de estruturas mentais para organizar o conhecimento. Essas são as "estruturas" citadas acima, embora um conjunto de outros rótulos venha sendo usado através dos anos, incluindo esquema, conceito, roteiro, plano, modelo mental e mapa.

O mapa é um rótulo popular atual, talvez devido a seu valor metafórico. O termo implica navegar por terrenos confusos com algum tipo de modelo representativo...

Todos os gerentes experientes têm em mente todos os tipos de... *mapas causais*, ou *modelos mentais* como eles algumas vezes os chamam. E seu impacto no comportamento pode ser profundo. Por exemplo, Barr, Stimpert e Huff (1992) compararam duas ferrovias, Rock Island e C&NW, durante um período de 25 anos (1949-1973). No início elas eram similares, mas uma acabou falindo enquanto a outra sobreviveu. Os pesquisadores atribuíram isso aos mapas causais de seus gerentes em relação ao ambiente. Inicialmente, ambas as empresas relacionaram o desempenho ruim ao mau tempo, aos programas governamentais e à regulamentação. Então, os mapas de uma das empresas foram alterados para um focar-se nas relações entre custos, produtividade e estilo gerencial, e isso provocou as mudanças necessárias.

CONHECIMENTO COMO REALIZAÇÃO DE CONCEITO

Os gerentes são, evidentemente, produtores de mapas e usuários de mapas. A maneira como eles criam seus mapas cognitivos é a chave para nosso entendimento da formação de estratégia. Na verdade, no sentido mais fundamental, isso *é* formação de estratégia. Uma estratégia é um *conceito* e, para usar um termo antigo da psicologia cognitiva, criação de estratégia é "realização de conceito".

[a "percepção" e a "intuição" podem ser as chaves aqui]. Em relação ao executivo japonês, Shimizu (1980) referiu-se à percepção como "sensibilidade intuitiva" e "capacidade de obter um entendimento instantâneo de toda a estrutura da nova informação". Ele mencionou o "sexto sentido ou *kan*", o que, em contraste com "os passos seqüenciais do pensamento lógico", exige a "combinação dos fragmentos de memória que até agora eram um mero acúmulo de várias informações conectadas" (23). Percepção, ver pelo lado de dentro – isso parece ocorrer ao tomador de decisão quando ele vê além dos fatos para entender o significado mais profundo de uma questão. "Se o destino do soldado é meses de tédio interrompido por momentos de terror, para citar um velho adágio, então o destino das organizações também poderia ser descrito como anos de rotina reconfigurada por *flashes* de percepção..." (Langley et al., 1995:268)... Dessa forma, precisamos entender como os estrategistas algumas vezes conseguem sintetizar o vasto leque de informações em novas perspectivas. Talvez isso exija menos estudo de palavras e outros "bocados reconhecíveis" e mais reconhecimento de imagens... O texto de Roger Sperry (1974), que ganhou um prêmio Nobel em fisiologia por seu trabalho sobre a divisão do cérebro, sugere a existência de dois conjuntos muito diferentes de processos operando dentro do cérebro humano. Um, acessível à verbalização, é normalmente associado com o hemisfério esquerdo, enquanto que o outro, mais espacial, é aparentemente encontrado com freqüência no hemisfério direito mudo. Dessa forma, será que teríamos concentrado demais nossa pesquisa e técnica de gestão estratégica no lado errado do cérebro humano?..

CONHECIMENTO COMO CONSTRUÇÃO

Há outro lado da escola cognitiva (pelo menos nós interpretamos assim), muito diferente e potencialmente, talvez, mais proveitoso... Esse lado vê estratégia como interpretação, baseado em conhecimento como construção.

Para os proponentes dessa visão, o mundo "lá fora" não apenas conduz o comportamento "para cá", ainda que por meio dos filtros de distorção, desvio e simplificação. Há mais coisas relacionadas ao conhecimento do que algum tipo de esforço para espelhar a realidade – estar lá fora com o melhor mapa do mercado... Essas pessoas perguntam: e essas estratégias que mudam o mundo? De onde elas vêm?

Para a visão *interpretativa* ou *construtivista*, o que há dentro da mente humana não é uma reprodução do mundo externo. Todas essas informações passando por aqueles filtros, supostamente para serem decodificadas por esses mapas cognitivos, na verdade interagem com o conhecimento e são moldadas por ele. A mente, em outras palavras, impõe algumas interpretações ao ambiente – ela constrói o mundo. Em um determinado sentido, a mente tem sua própria mente – ela marcha para suas próprias dinâmicas cognitivas. Ou talvez devêssemos dizer que *elas* marcham, pois há uma dimensão coletiva para isso também: pessoas interagem para criar seus mundos mentais...

Uma conclusão óbvia é que... os gerentes precisam de um repertório rico de estruturas – visões alternadas de seu mundo, de forma a não serem aprisionados por nenhuma delas. Por isso o sucesso de livros como *Images of Organization* de Gareth Morgan (1986), que tem capítulos sobre organizações como máquinas, organismos, cérebros, etc. *Reframing Organizations* (1997) de Bolman e Deal sugere que informações gerenciais dependem da disposição de usar lentes múltiplas ou pontos de vantagem, que eles também apresentam...

O problema, evidentemente, é que a prática de gestão exige foco, algumas vezes... até mesmo obsessão. "Por um lado, por outro lado" dificilmente é a melhor rota para ação decisiva. Por outro lado, abrir as perspectivas também é crítico para a gestão efetiva.

O "AMBIENTE" JÁ FOI CONSTRUÍDO?

A visão construtivista social começa com uma premissa forte: ninguém na organização "vê" o ambiente. Ao contrário, as organizações o constroem a partir de informações ricas e ambíguas, nas quais até mesmo categorias básicas como "interno" e "externo" podem ser muito confusas. Embora essa premissa tenha muitas provas que lhe dão suporte, o que os construtivistas sociais fazem com ela é mais controverso. Eles argumentam que, como os ambientes são construídos dentro das organizações, eles são pouco mais do que produto das crenças gerenciais. Retornando ao texto de Andrews, vemos agora que o grande gráfico, SWOT – aquele que lida com ambiente e ao qual Michael Porter deu tanta importância – subitamente é relegado a um papel mínimo... E em seu lugar aparece outro gráfico mais obscuro – as crenças dos gerentes.

Muitas pessoas não aceitam essa conclusão. Certamente, dizem elas, há um ambiente lá fora. Os mercados, afinal de contas, estão cheios de escombros de empresas que os interpretaram mal, independente do que seus gerentes acreditavam (ou, como diriam alguns, por isso mesmo). Ao que os construtivistas sociais respondem: essa objeção em si representa uma suposição simplista sobre o significado de "ambiente". Ele é "objetivo", "percebido" ou "decretado"? (Smircich e Stubbart, 1985).

Sob essa perspectiva construtivista, a formação de estratégia assume uma coloração totalmente nova. As metáforas se tornam importantes, assim como as ações simbólicas e as comunicações... todas baseadas na experiência de vida dos gerentes... E a visão surge como mais do que um instrumento para orientação: ela se torna a interpretação do mundo feita pelo líder, transformando-o em realidade coletiva...

Capítulo 8
Organização

A organização é uma grande força na sociedade atual: nascemos em uma organização chamada hospital e somos enterrados por uma organização chamada funerária; quase tudo que acontece entre os dois fatos envolve organizações formais de uma maneira ou de outra. Então é melhor que possamos compreendê-las, entendendo o processo de estratégia.

A estrutura organizacional, em nossa visão, segue tanto a estratégia como o pé esquerdo segue o direito no ato de andar. As duas existem independentemente, mas uma influencia a outra. Certamente, existem momentos em que a estrutura é reprojetada para se adaptar a uma nova estratégia. Mas a escolha de qualquer nova estratégia é de certa forma influenciada pelas realidades e potenciais da estrutura existente. Na verdade, o modelo clássico de formulação de estratégia (discutido no Capítulo 3) reconhece isso implicitamente ao mostrar os pontos fortes e os pontos fracos da organização como dados para criação de estratégias. Certamente, esses pontos fortes e pontos fracos estão profundamente enraizados na estrutura existente; na verdade, são uma parcela dessa estrutura. Por conseguinte, introduzimos aqui a organização e as estruturas associadas que a fazem funcionar como fatores essenciais a serem considerados no processo estratégico. Depois, apresentamos os vários contextos nos quais a estratégia e a estrutura interagem.

Começamos com um texto, extraído originalmente do livro *The Structuring of Organizations* de Mintzberg, que analisa profundamente o projeto das organizações. Ele tenta fazer duas coisas: primeiro delinear as dimensões básicas das organizações e depois combiná-las para identificar vários tipos básicos de organização, chamados de "configuração". As dimensões apresentadas incluem mecanismos usados para coordenar o trabalho nas organizações, parâmetros para considerar nas estruturas de projeto e fatores situacionais que influenciam as escolhas desses parâmetros de projeto. Esse texto também apresenta um diagrama de certa forma novo para representar as organizações – não como os tradicionais organogramas ou fluxos de processo cibernéticos, mas como uma combinação visual das principais partes de uma organização. O texto então agrupa todas essas dimensões em um conjunto de configurações, cada uma apresentada brevemente aqui e discutida mais detalhadamente nos próximos capítulos, de acordo com o contexto. Na verdade, a escolha dos capítulos para o contexto foi de fato baseada nesses tipos, de forma que esse texto é uma apresentação para a Seção III.

Em seu artigo "Estratégia e planejamento organizacional", Jay Galbraith, que trabalhou como consultor gerencial independente durante vários anos e hoje leciona na University of Southern California, também vê a estrutura de forma mais ampla, englobando sistemas de suporte de vários tipos. Baseando-se em conceitos como "força condutora" e "centro de gravidade", Galbraith associa as várias estratégias (de integração vertical e diversificação) a formas de estrutura, variando desde funcional até cada vez mais diversificada. Galbraith cobre uma grande parte de literatura importante e usa imagens visuais para fazer suas colocações. O resultado é um dos melhores artigos sobre relação entre estratégia de diversificação e estrutura de divisionalização.

Em "O *design* de novas formas organizacionais", os autores Herber, da Goldman Sachs, e Singh e Useem, da Wharton School, descrevem diversas novas formas interessantes de organização para lidar com ambientes mutantes. Isso inclui organização virtual, rede de organizações (interna e externa), organizações desmembradas, organizações ambidestras, organizações frente e verso e organizações sentido e resposta.

USANDO OS ESTUDOS DE CASO

No caso da Lufthansa, a reestruturação corporativa desempenhou um papel importante no retorno à lucratividade da empresa. "A estruturação das organizações", de Mintzberg, nos dá uma estrutura geral para analisar a relação entre estratégia e organização.

LEITURA 8.1
A ESTRUTURAÇÃO DAS ORGANIZAÇÕES[1]
por Henry Mintzberg

O método de "uma melhor forma" tem dominado nosso pensamento sobre estrutura organizacional desde a virada do século. Há uma maneira certa e uma errada de planejar uma organização. Diversas falhas, porém, deixam claro que as organizações diferem entre si, por exemplo, sistemas de planejamento a longo prazo ou programas de desenvolvimento organizacional são bons para algumas organizações, mas não para outras. Assim, a teoria administrativa recente está se afastando do método "uma melhor forma", voltando-se para o método "tudo depende", formalmente conhecido como "teoria da contingência". A estrutura deve refletir a situação da organização – por exemplo, idade, tamanho, tipo de sistema de produção, o quanto seu ambiente é complexo e dinâmico.

Este texto argumenta que o método "tudo é relativo" não se aprofunda o suficiente, que as estruturas são corretamente planejadas com base em um terceiro método, que poderia ser chamado de "juntando tudo" ou "configuração". A ampliação de controle, os tipos de formalização e descentralização, os sistemas de planejamento e as estruturas de modelo não devem ser pegos e escolhidos independentemente, da forma como escolhemos legumes no mercado. Ao contrário, esses e outros elementos do projeto organizacional devem ser configurados de forma lógica em agrupamentos internamente consistentes.

Quando a enorme quantia de pesquisa que foi feita em estrutura organizacional é olhada à luz dessa conclusão, grande parte da confusão se desfaz e há uma convergência evidente em torno de várias configurações, que são diferentes em seus projetos estruturais, nas situações em que são encontradas e mesmo nos períodos da história em que foram inicialmente desenvolvidas.

Para entender essas configurações, devemos entender primeiro cada um dos elementos que as compõem. Dessa forma, as primeiras quatro seções deste texto discutem as partes básicas das organizações, os mecanismos pelos quais as organizações coordenam suas atividades, os parâmetros que usam para planejar suas estruturas e seus fatores de contingência ou situacionais. A seção final apresenta as configurações estruturais, que são discutidas mais detalhadamente na Seção III deste livro.

---
[1] Extraído originalmente de *The Structuring of Organizations* (Prentice-Hall,1979), com seções acrescentadas de *Power in and Around Organizations* (Prentice-Hall, 1983). Este capítulo foi reescrito para esta edição, baseado em dois outros extratos: "A Typology of Organizational Structure", publicado como capítulo 3 no livro de Danny Miller e Peter Firesen, *Organizations: A Quantum View* (Prentice Hall, 1984) e "Deriving Configurations", capítulo 6 em *Mintzberg on Management: Inside Our Strange World of Organizations* (Free Press, 1989).

SEIS PARTES BÁSICAS DA ORGANIZAÇÃO

Na base de qualquer organização estão seus operadores, aquelas pessoas que desempenham o trabalho básico de fabricar produtos e prestar serviços. Elas formam o *núcleo operacional*. Todas as organizações, exceto as mais simples, também exigem pelo menos um gerente em tempo integral que ocupe o que podemos chamar de *ápice estratégico*, de onde todo o sistema é supervisionado. E, à medida que a organização cresce, mais gerentes são necessários – não apenas gerentes de operações, mas também gerentes de gerentes. É criada uma *linha intermediária*, uma hierarquia de autoridade entre o núcleo operacional e o ápice estratégico.

Quando a organização se torna ainda mais complexa, geralmente ela precisa de outro grupo de pessoas, que podemos chamar de analistas. Eles também desempenham tarefas administrativas – planejar e controlar formalmente o trabalho dos outros – mas de natureza diferente, geralmente rotulada de "auxiliar". Esses analistas formam o que chamamos de *tecnoestrutura*, fora da hierarquia da linha de autoridade. A maioria das organizações também acrescenta unidades auxiliares de um tipo diferente, para fornecer vários serviços internos, desde copa ou sala de correspondência até serviços jurídicos ou relações públicas. Podemos chamar essas unidades e a parte da organização que elas compõem de *equipe de apoio*.

Finalmente, toda organização ativa tem uma sexta parte, que chamamos de *ideologia* (com o sentido de uma "cultura" forte). A ideologia engloba as tradições e as crenças de uma organização que a diferenciam de outras organizações e infundem uma certa vida ao esqueleto da estrutura.

Isso nos dá seis partes básicas de uma organização. Como mostrado na Figura 1, temos um pequeno ápice estratégico conectado por uma linha intermediária destacada a um grande e plano núcleo operacional na base. Essas três partes de uma organização são desenhadas em uma seqüência ininterrupta para indicar que estão normalmente conectadas por meio de uma cadeia única de autoridade formal. A tecnoestrutura e a equipe de apoio são mostradas separadamente nas laterais para indicar que estão separadas dessa linha principal de autoridade, influenciando apenas indiretamente o núcleo operacional. A ideologia é mostrada como um tipo de halo que circunda todo o sistema.

Podemos pensar em todas as pessoas que trabalham dentro da organização, tomando suas decisões e executando suas ações – funcionários em período integral ou, em alguns casos, voluntários comprometidos – como *influenciadores* que formam uma espécie de coalizão interna. Com isso, queremos dizer um sistema dentro do qual

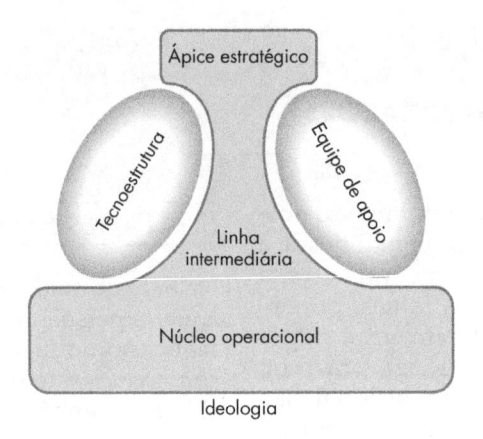

Figura 1 As seis partes básicas da organização.

as pessoas competem entre si para determinar a distribuição de poder.

Além disso, várias pessoas de fora também tentam exercer influência sobre a organização, tentando afetar as decisões e as ações internas. Esses influenciadores externos, que criam um campo de forças ao redor da organização, podem ser proprietários, sindicatos e outras associações de funcionários, fornecedores, clientes, parceiros, concorrentes e todos os tipos de público na forma de governos, grupos de interesse especial, etc. Juntos eles podem vir a formar uma *coalizão externa*.

Algumas vezes, a coalizão externa é relativamente *passiva* (como o comportamento típico dos acionistas de uma grande corporação ou os membros de um grande sindicato). Outras vezes, é *dominada* por um influenciador ativo ou um grupo deles agindo em concerto (como o proprietário externo de uma empresa ou o objetivo comunitário de impor uma certa filosofia em seu sistema escolar). E ainda em outros casos, a coalizão externa pode ser *dividida*, com diferentes grupos tentando impor pressões contraditórias na organização (como em uma prisão dividida entre dois grupos comunitários, um favorecendo a custódia e o outro, a reabilitação).

SEIS MECANISMOS BÁSICOS DE COORDENAÇÃO

Toda atividade humana organizada – desde a fabricação de cerâmica até o envio do homem à lua – tem duas exigências fundamentais e opostas: a *divisão do trabalho* em várias tarefas a serem desempenhadas e a *coordenação* dessas tarefas para executar a atividade. A estrutura de uma organização pode ser definida simplesmente como o total de maneiras em que o trabalho é dividido em tarefas distintas e a coordenação posterior dessas tarefas.

1. *Ajuste mútuo* faz a coordenação do trabalho por meio do processo simples de comunicação informal. A pessoa que faz o trabalho interage com outra para coordenar, de forma parecida com dois canoístas e seus ajustes rápidos às ações um do outro. A Figura 2a mostra o ajuste mútuo com uma seta entre dois operadores. O ajuste mútuo é obviamente usado nas organizações mais simples – é a maneira mais óbvia de coordenar. Mas, paradoxalmente, também é usado em organizações mais complexas, pois é o único meio no qual se pode confiar em circunstâncias de dificuldade extrema, como tentar descobrir como mandar o homem à lua pela primeira vez.

2. *Supervisão direta*, na qual uma pessoa coordena dando ordens aos demais, tende a entrar em jogo quando um certo número de pessoas precisa trabalhar junto. Ou seja, quinze pessoas em uma canoa de competição não podem ser coordenadas por ajuste mútuo; elas precisam de um líder que, por meio de instruções, coordene o trabalho, de forma parecida com um time de futebol, que precisa de um zagueiro para coordenar as jogadas. A Figura 2b mostra o líder como gerente e as instruções como setas em direção aos operadores.

A coordenação também pode ser feita por meio da *padronização* – na verdade, automaticamente, em virtude de padrões que predeterminam o que as pessoas fazem para assegurar que o trabalho seja coordenado. Podemos considerar quatro formas – padronização dos processos de trabalho em si, dos resultados do trabalho, de conhecimento e de habilidades que sevem como subsídio para o trabalho, ou das normas que orientam o trabalho de forma geral.

3. *Padronização dos processos de trabalho* significa a especificação – ou seja, a programação – do conteúdo do trabalho diretamente, os procedimentos a serem seguidos, como no caso das instruções de montagem que vêm junto com vários brinquedos. Como mostrado na Figura 2c, geralmente é função dos analistas programar o trabalho de diferentes pessoas a fim de coordená-lo estreitamente.

4. *Padronização de resultados* significa a especificação não do que deve ser feito, mas sim de seus resultados. Dessa maneira, a interface entre as funções é

predeterminada, como quando um operário recebe ordens para fazer buracos em um determinado lugar no trilho, onde outro operário vai soldar os parafusos, ou um gerente de divisão é informado que deve aumentar 10% de crescimento em vendas para que a corporação possa atingir sua meta geral de vendas. Novamente, tais padrões geralmente emanam dos analistas, como mostrado na Figura 2d.

5. *Padronização de habilidades* e também de conhecimento é outra forma de atingir coordenação, embora mais vaga. Aqui é o trabalhador que é padronizado, não o trabalho ou o resultado do trabalho. Transmite-se a ele algum conhecimento ou um conjunto de habilidades que é subseqüentemente aplicado ao trabalho. Tal padronização ocorre normalmente fora da organização – por exemplo, na escola profissionalizante de uma universidade antes que os trabalhadores consigam seu primeiro trabalho – indicado na Figura 2e. Na verdade, os padrões não vêm do analista; eles são internalizados pelo operador como subsídios para o trabalho que ele faz. A coordenação então é atingida quando os vários operadores aprenderam o que esperar uns dos outros. Quando um anestesista e um cirurgião se encontram na sala de cirurgia para remover um apêndice, eles quase não precisam se comunicar (ou seja, usar ajuste mútuo e muito menos coordenação direta); cada um sabe exatamente o que o outro vai fazer e pode coordenar apropriadamente.

6. *Padronização de normas* significa que os trabalhadores compartilham um conjunto comum de crenças e podem atingir coordenação com base nisso, como mostrado na Figura 2f. Por exemplo, se todos os membros de uma ordem religiosa compartilham uma crença com o objetivo de atrair novos adeptos, todos vão trabalhar juntos para atingir essa meta.

Esses mecanismos de coordenação podem ser considerados os elementos mais básicos da estrutura que mantém a organização unida. Eles parecem seguir uma ordem rudimentar. Na medida em que o trabalho organizacional se torna mais complicado, os meios de coordenação favoritos parecem mudar de ajuste mútuo (o mecanismo mais simples) para supervisão direta, depois para padronização, preferencialmente de processos de trabalho ou normas, ou então de resultados e habilidades, revertendo finalmente para ajuste mútuo. Mas nenhuma organização pode se basear em um único mecanismo; geralmente todos podem ser encontrados em organizações razoavelmente desenvolvidas.

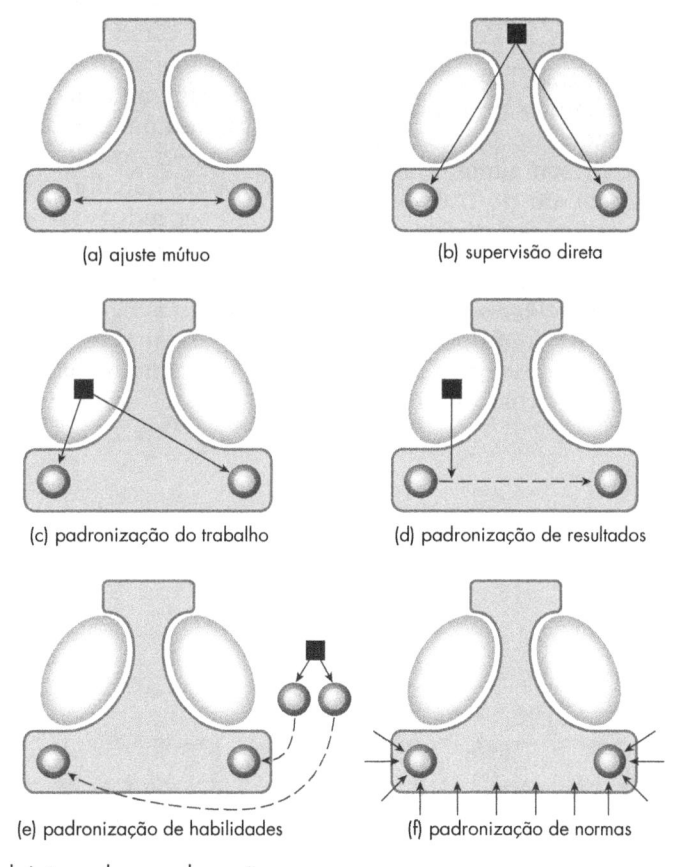

Figura 2 Os mecanismos básicos de coordenação.

Todavia, o ponto importante para nós aqui é que muitas organizações favorecem um mecanismo em detrimento dos outros, pelo menos em determinados estágios de vida. Na verdade, organizações que não favorecem nenhum deles parecem mais propensas a se tornar politizadas, simplesmente devido aos conflitos que surgem naturalmente quando as pessoas têm que lutar por influência em um vácuo relativo de poder.

Os Parâmetros Essenciais de Design

A essência do *design* organizacional é a manipulação de uma série de parâmetros que determinam a divisão do trabalho e a obtenção de coordenação. Alguns deles dizem respeito ao projeto de posições individuais, outros ao projeto da superestrutura (a rede geral de subunidades, refletida no organograma), outros ao projeto de conexões laterais para iniciar a superestrutura, e um grupo final diz respeito ao projeto do sistema de tomada de decisões da organização. Abaixo listamos os principais parâmetros do projeto estrutural, com ligações para os mecanismos de coordenação.

- **Especialização no trabalho** refere-se ao número de tarefas em um determinado trabalho e o controle dos trabalhadores sobre essas tarefas. Um trabalho é *horizontalmente* especializado quando engloba poucas tarefas estreitamente definidas; *verticalmente* especializado quando os trabalhadores não têm controle sobre as tarefas executadas. Trabalhos *amadores* são em geral altamente especializados nas duas dimensões; trabalhos especializados ou *profissionais* são em geral especializados horizontalmente, mas não verticalmente. "Enriquecimento do trabalho" refere-se à ampliação dos trabalhos nas dimensões vertical e horizontal.
- **Formalização de comportamento** refere-se à padronização dos processos de trabalho por imposição de instruções operacionais, descrições de cargo, regras, regulamentações e similares. As estruturas que se baseiam em qualquer tipo de padronização para coordenação podem ser definidas como *burocráticas*, e as que não se baseiam, *orgânicas*.
- **Treinamento** refere-se ao uso de programas formais de instrução para estabelecer e padronizar, nas pessoas, as habilidades e o conhecimento necessários para desempenhar determinadas tarefas na organização. O treinamento é um parâmetro de projeto importante em todos os trabalhos ditos profissionais. O treinamento e a formalização são basicamente substitutos para atingir a padronização (na verdade, a burocratização) do comportamento. Por um lado, os padrões são aprendidos como habilidades, por outro são impostos no trabalho como regras.
- **Doutrinação** refere-se a programas e técnicas por meio dos quais as normas dos membros de uma organização são padronizadas, de forma que eles se tornem receptivos às suas necessidades ideológicas e possam ser considerados aptos a tomar suas decisões e executar suas ações. A doutrinação também é um substituto para a formalização, além do treinamento de habilidades; nesse caso, os padrões são internalizados como crenças profundamente enraizadas.
- **Agrupamento de unidades** refere-se à escolha das bases por meio das quais as posições são agrupadas em unidades, e essas unidades em unidades de ordem mais alta (normalmente mostradas no organograma). O agrupamento encoraja a coordenação ao colocar diferentes tarefas sob uma supervisão comum, exigindo que compartilhem recursos comuns e atinjam medidas comuns de desempenho, usando a proximidade para facilitar o ajuste mútuo entre o grupo. As várias bases para agrupamento – por processo de trabalho, produto, cliente, local, etc. – podem ser reduzidas a duas bases fundamentais – a *função* desempenhada e o *mercado* atendido. A primeira (ilustrada na Figura 3) refere-se aos meios, ou seja, a uma ligação única na cadeia de processos por meio da qual os produtos ou serviços são produzidos; a segunda (na Figura 4) refere-se aos fins, ou seja, toda a cadeia para produtos finais, serviços ou

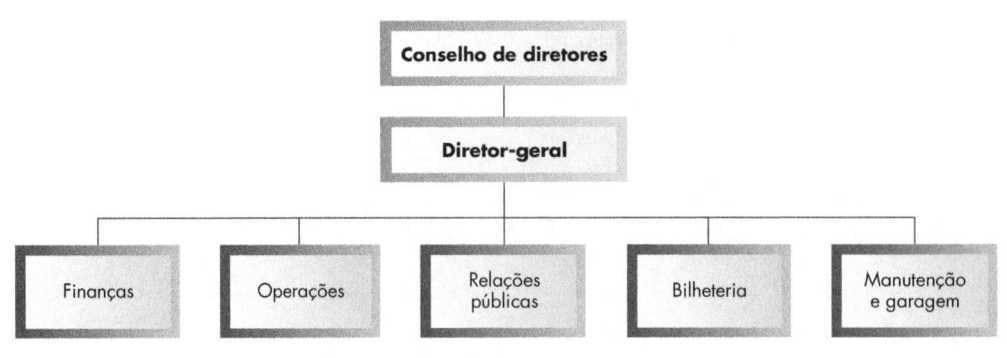

Figura 3 Agrupamento por departamento: um centro cultural.

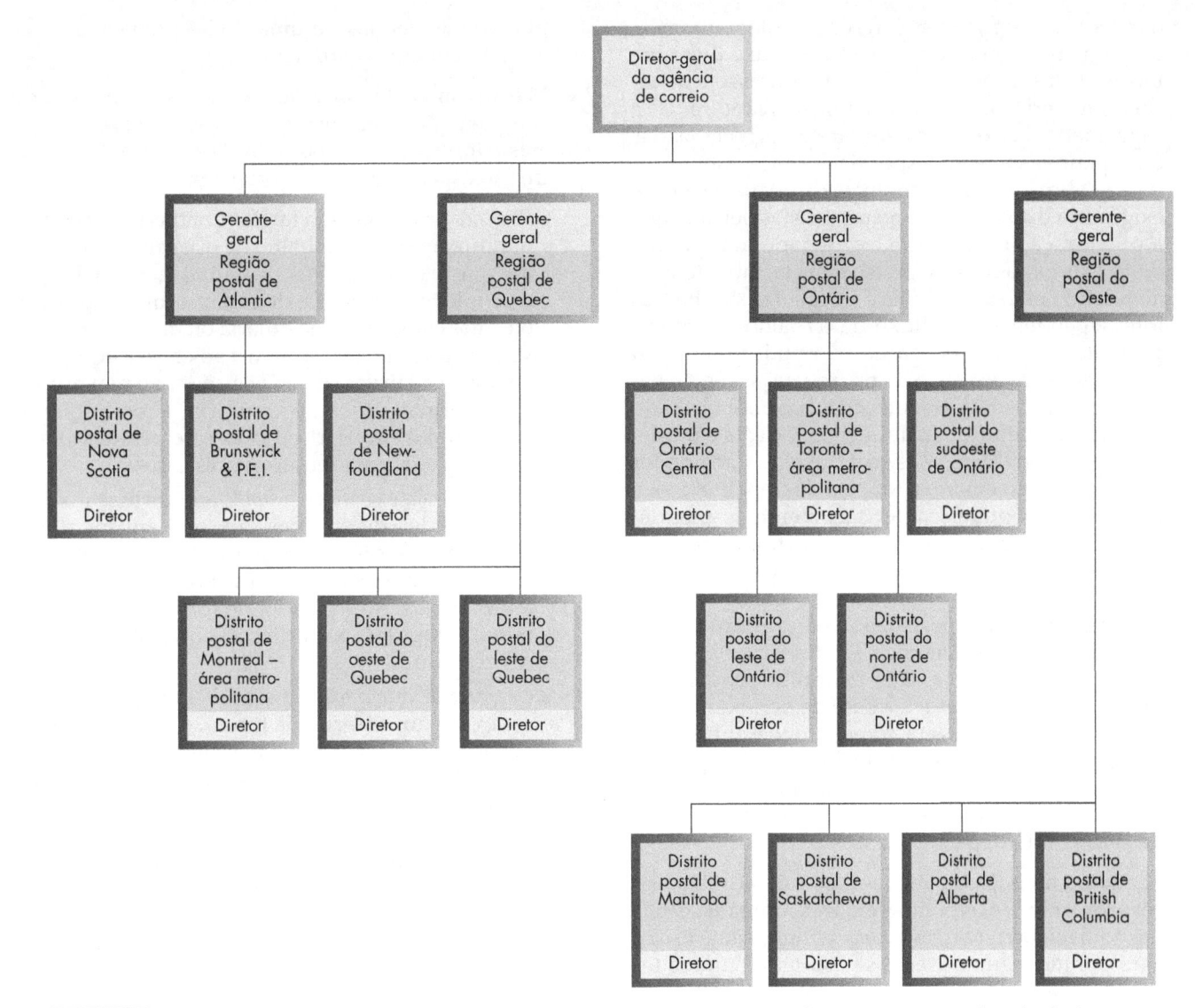

Figura 4   Agrupamento por mercado: o correio canadense (grupos de apoio do escritório central excluídos).

mercados específicos. Em que critério a escolha para agrupamento deve se basear? Primeiro, é preciso considerar as associações do fluxo de trabalho, ou as "interdependências". Obviamente, quanto mais fortemente ligadas as posições ou unidades no fluxo de trabalho, mais desejável que sejam agrupadas para facilitar sua coordenação. Segundo, deve-se considerar as interdependências do processo – por exemplo, entre pessoas fazendo o mesmo tipo de trabalho, mas em diferentes fluxos (como funcionários da manutenção trabalhando em equipamentos diferentes). Algumas vezes, faz sentido agrupá-las para facilitar o compartilhamento de idéias, para encorajar a melhoria de suas habilidades, etc. Em terceiro lugar vem a questão das interdependências de escala. Por exemplo, pode ser necessário agrupar todo o pessoal de manutenção em uma fábrica porque nenhum departamento tem trabalho de manutenção suficiente para uma pessoa. Finalmente, há as interdependências sociais, a necessidade de agrupar pessoas por razões sociais, como em uma mina de carvão, onde o suporte mútuo sob condições de trabalho perigosas pode ser um fator na decisão de como agrupar as pessoas. Evidentemente, o agrupamento por departamento é favorecido pelas interdependências de processo e de escala e, em menor grau, pelas interdependências sociais (no sentido de que as pessoas que fazem o mesmo tipo de trabalho sempre tendem a se dar bem juntas). O agrupamento por departamento também encoraja a especialização, por exemplo, permitindo que especialistas se reúnam sob a supervisão de um deles. O problema com agrupamento funcional, porém, é que ele restringe as perspectivas, encorajando um foco nos meios e não nos fins – colocando em primeiro lugar o modo de fazer o trabalho e não a razão para fazer o trabalho. Assim, usa-se o agrupamento por mercado para favorecer a coordenação do fluxo de trabalho às custas de especialização de processo e de escala. Em geral, agrupamento por mercado reduz a capacidade de executar bem tarefas especializadas ou repetitivas e gera desperdício, sendo menos capaz de aproveitar as economias de escala e sempre exigindo a duplicação de recursos. Mas permite que a organização execute uma variedade mais ampla de tarefas e mude suas tarefas mais facilmente para atender os mercados finais da organização. E se as interdependências do fluxo de trabalho forem importantes e se a organização não puder lidar com elas facilmente por meio da padronização, então haverá uma tendência a favorecer as bases de mercado para agrupamento a fim de encorajar o ajuste mútuo e a supervisão direta. Mas se o fluxo de trabalho for irregular (como em uma "oficina de trabalho"), se a padronização puder conter facilmente as interdependências importantes do fluxo de trabalho, ou se o processo ou as interdependências de escala forem importantes, a organização ficará inclinada a buscar as vantagens da especialização e o agrupamento com base em departamentos. Evidentemente, em todas as organizações exceto as muito pequenas, a questão não é tanto *qual* é a base de agrupamento, e sim em que *ordem*. Assim como o fogo é avivado ao empilhar a lenha primeiro de um jeito e depois de outro, o mesmo ocorre com as organizações, que usam bases de agrupamento diferentes para cuidar das várias interdependências.

- **Tamanho da unidade** refere-se ao número de posições (ou unidades) contidas em uma unidade. O termo equivalente, *transposição de controle*, não é usado aqui porque algumas vezes se mantêm as unidades pequenas apesar da ausência de controle direto de supervisão. Por exemplo, quando especialistas coordenam extensivamente por meio de ajuste mútuo, como uma equipe de engenharia em uma agência espacial, eles vão se juntar em pequenas unidades. Nesse caso, o tamanho da unidade é pequeno e a transposição do controle é pequena, apesar da ausência relativa de supervisão direta. Em contraste, quando o trabalho é altamente padronizado (devido à formalização ou ao treinamento), a unidade pode ser bem grande, pois há pouca necessidade de supervisão direta. Um encarregado pode supervisionar dúzias de montadores, pois eles trabalham de acordo com instruções muito restritas.

- **Sistemas de planejamento e de controle** são usados para padronizar resultados. Podem ser divididos em dois tipos: sistemas de *planejamento de ação*, que especifica os resultados de ações específicas antes que elas sejam tomadas (por exemplo, que os buracos devem ter diâmetro de 3 cm); e sistemas de *controle de desempenho*, que especificam os resultados desejados das escalas de ação após o fato (por exemplo, que as vendas de uma divisão devem crescer em 10% em um determinado ano).

- **Mecanismos de conexão** referem-se a uma série completa de mecanismos usados para encorajar ajuste mútuo dentro das unidades e entre elas. Quatro são especialmente importantes:

  - *Posições de conexão* são tarefas criadas para coordenar diretamente o trabalho de duas unidades, sem ter que passar através de canais gerenciais; por exemplo, o engenheiro de compras que se posiciona entre compras e engenharia ou um assistente de vendas que faz a intermediação entre a equipe de vendas e a fábrica. Essas posições não têm autoridade formal em si; ao contrário, aqueles que as ocupam devem usar seu poder de persuasão, negociação, etc. para reunir os dois lados.

  - *Forças-tarefa e comitês de apoio* são formas institucionalizadas de equipes que reúnem membros de unidades diferentes em bases mais intensivas; no primeiro caso para lidar com questões temporárias; no segundo, de forma mais permanente e regular, para discutir questões de interesse comum.

  - *Gerentes de integração* – pessoal essencialmente de conexão com autoridade formal – garantem coordenação mais rigorosa. Esses "gerentes" recebem autoridade não sobre as unidades que coordenam, mas sobre algo importante para essas unidades, por exemplo, seus orçamentos. Um exemplo é um gerente de marca em uma empresa de bens de consumo, responsável por um determinado produto, que deve negociar produção e comercialização com diferentes departamentos funcionais.

  - *Estrutura matricial* traz a conexão em sua conclusão natural. Não importa quais sejam as bases de agrupamento em um nível na organização, sempre fica alguma interdependência. A Figura 5 sugere várias maneiras de lidar com essas "interdependências residuais": um tipo diferente de agrupamento pode ser usado no próximo nível da hierarquia; unidades de apoio podem ser formadas junto às unidades de linha para aconselhar sobre problemas; ou um dos mecanismos de conexão já discutidos pode ser acrescentado ao agrupamento. Mas, em todos os casos, uma base de agrupamento é favorecida em detrimento das outras. O conceito de estrutura matricial é um equilíbrio entre duas (ou mais) bases de agrupamento, por exemplo, funcional com mercado (ou, nesse caso, um tipo de mercado com outro – digamos, regional com produto). Isso é feito com a criação de uma estrutura de autoridade dupla – dois (ou mais) gerentes, unidades ou pessoas são reunidas e se tornam igualmente responsáveis pelas mesmas decisões. Podemos distinguir uma forma *per-*

a) Estrutura hierárquica

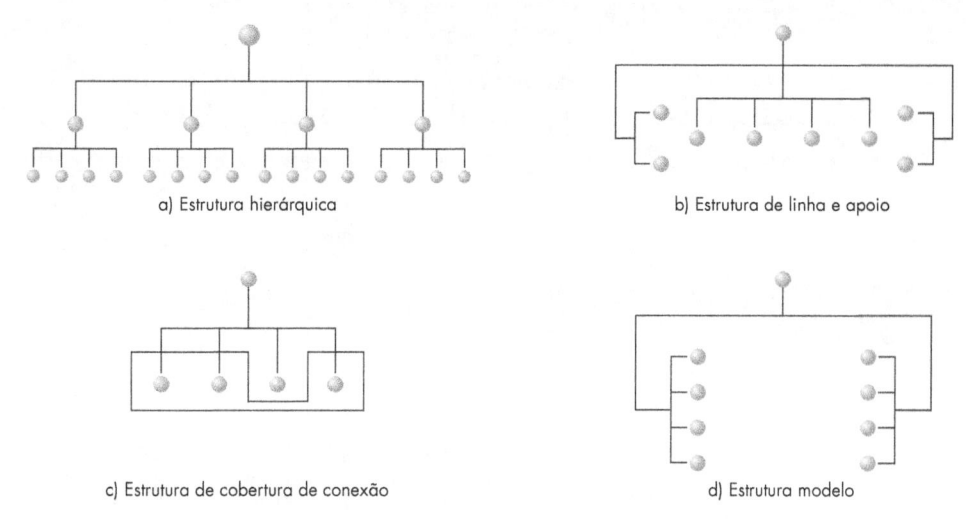

b) Estrutura de linha e apoio

c) Estrutura de cobertura de conexão

d) Estrutura modelo

Figura 5 Estruturas para lidar com interdependências residuais.

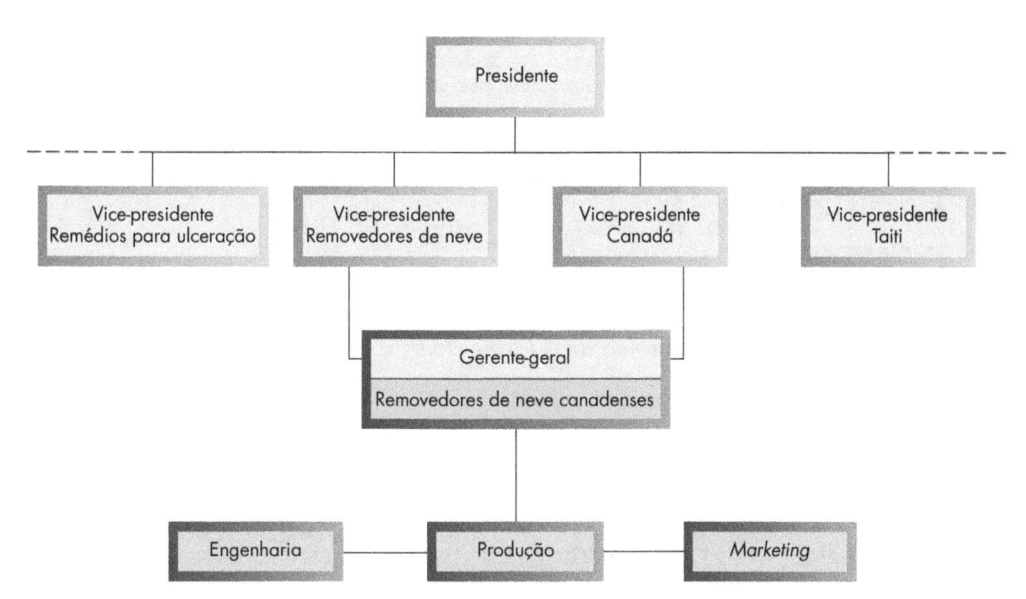

Figura 6 Uma estrutura de modelo permanente em uma empresa internacional.

manente de estrutura matricial, na qual as unidades e as pessoas que a compõem permanecem mais ou menos no lugar, conforme mostrado no exemplo de uma empresa multinacional cuidadosa, na Figura 6, e uma forma *mutante,* apropriada para trabalhos em projeto, na qual as unidades e as pessoas que a compõem se movem com freqüência. Estruturas matriciais mutantes são comuns em segmentos de alta tecnologia, que agrupam especialistas em departamentos funcionais para fins de coordenação (interdependências de processo, etc.), mas os organizam a partir de vários departamentos em equipes de projeto para fazer o trabalho, como mostrado para a NASA na Figura 7.

- **Descentralização** refere-se à difusão do poder de tomada de decisão. Quando todo o poder está concentrado em um único ponto da organização, chamamos isso de estrutura centralizada; se o poder está disperso entre várias pessoas, dizemos que a estrutura é relativamente descentralizada. Podemos distinguir *descentralização vertical* – a delegação de poder formal de cima para baixo na hierarquia, até os gerentes de linha – da *descentralização horizontal* – o quanto o poder formal ou informal está disperso fora da linha da hierarquia para não-gerentes (operadores, analistas e pessoal de apoio). Também podemos distinguir descentralização *seletiva* – a dispersão de poder sobre diferentes decisões para diferentes lugares na organização – de descentralização *pa-*

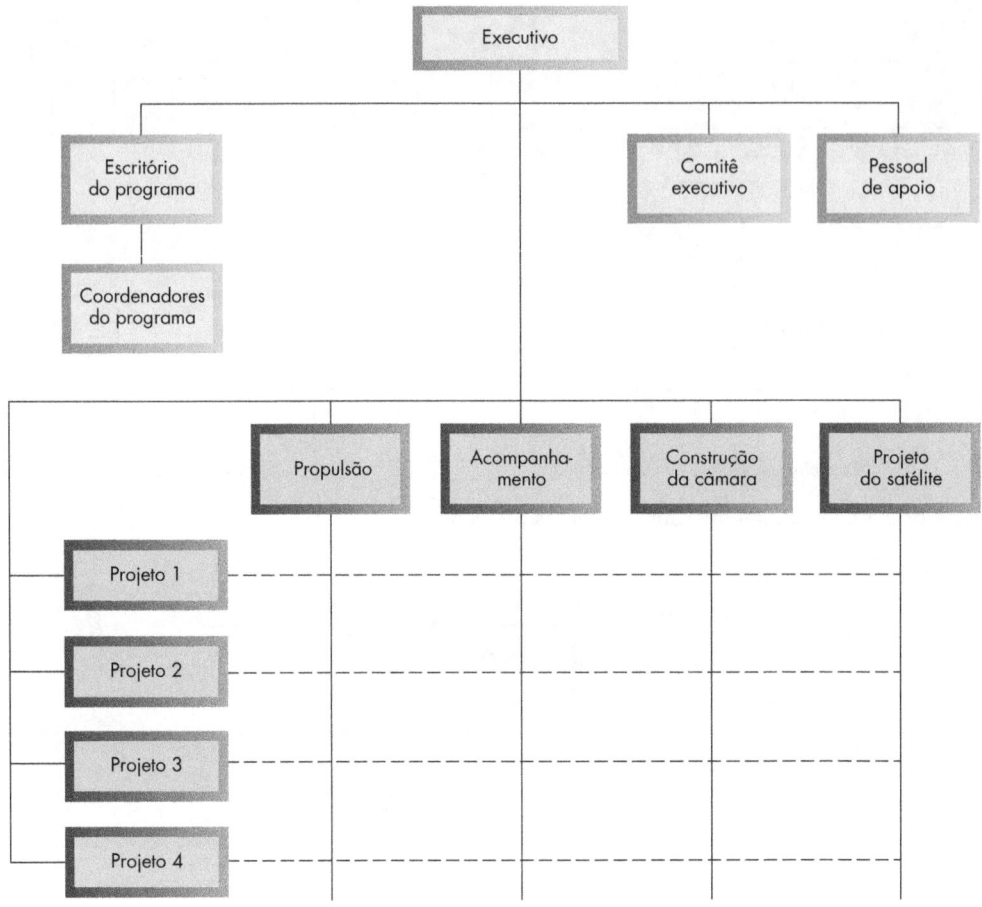

Figura 7 Estrutura matricial mutante no programa de previsão do tempo via satélite da NASA.

ralela – na qual o poder sobre vários tipos de decisão é delegado para o mesmo lugar. Tais formas de descentralização podem ser descritas assim: (1) centralização vertical e horizontal, na qual todo o poder está no ápice estratégico; (2) descentralização horizontal limitada (seletiva), na qual o ápice estratégico compartilha algum poder com a tecnoestrutura que padroniza o trabalho de todas as outras pessoas; (3) descentralização vertical limitada (paralela), na qual delega-se poder a gerentes de unidades baseadas em mercado para controlar a maioria das decisões relativas às suas unidades; (4) descentralização vertical e horizontal, na qual a maior parte do poder está no núcleo operacional, no nível mais baixo da estrutura; (5) descentralização seletiva vertical e horizontal, na qual o poder para tomar diferentes decisões está espalhado por toda a organização, entre gerentes, especialistas de apoio e operadores que trabalham em equipes nos vários níveis hierárquicos; e (6) descentralização pura, na qual o poder é compartilhado de forma mais ou menos equilibrada por todos os membros da organização.

Os Fatores Situacionais

Diversos fatores de "contingência" ou "situacionais" influenciam a escolha desses parâmetros de *design* e vice-versa. Esses fatores incluem idade e tamanho da organização, seu sistema técnico de produção, várias características de seu ambiente, como estabilidade e complexidade, e seu sistema de poder – por exemplo, se ela é ou não estritamente controlada por influenciadores externos. Alguns dos efeitos desses fatores, conforme mostrado em grande parte da literatura pesquisada, estão resumidos a seguir como hipóteses.

Idade e Tamanho

- **Quanto mais velha uma organização, mais formalizado é o seu comportamento**. O que temos aqui é a síndrome "já vimos isso antes". Conforme as organizações envelhecem, elas tendem a repetir seus comportamentos; elas se tornam mais previsíveis e, assim, mais predispostas à formalização.

- **Quanto maior uma organização, mais formalizado é o seu comportamento.** Assim como as organizações mais velhas formalizam aquilo que já viram antes, as organizações maiores formalizam o que vêem com freqüência. ("Ouça senhor, já ouvi essa história pelo menos cinco vezes hoje. Apenas preencha os formulários conforme solicitado.")

- **Quanto maior uma organização, mais elaborada é a sua estrutura, ou seja, suas tarefas e unidades são mais especializadas e seus componentes administrativos são mais desenvolvidos.** À medida que as organizações crescem em tamanho, elas podem especializar ainda mais suas tarefas. (Uma barbearia grande pode pagar um barbeiro apenas para cortar cabelo de criança; uma pequena não pode.) Como resultado, também podem se especializar – ou "diferenciar" – o trabalho de suas unidades mais extensivamente. Isso exige mais esforço de coordenação. Dessa forma, as organizações maiores também tendem a aumentar sua hierarquia para exercer supervisão direta e para fazer um melhor uso de sua tecnoestrutura para obter coordenação por padronização, ou até para encorajar mais coordenação por ajuste mútuo.

- **Quanto maior a organização, maior o tamanho de sua unidade média.** Esse resultado diz respeito aos dois anteriores, o tamanho da organização aumentando à medida que a própria organização cresce porque, conforme (1) o comportamento se torna mais formalizado e (2) o trabalho de cada unidade se torna mais homogêneo, os gerentes conseguem supervisionar mais empregados.

- **A estrutura reflete a idade do setor desde sua fundação.** Esse é um resultado curioso, mas que se mantém há muito tempo. A estrutura de uma organização parece refletir a idade do setor no qual ela opera, não importa qual seja sua própria idade. Setores anteriores à revolução industrial parecem favorecer um tipo de estrutura, os da época das primeiras ferrovias, outro, e assim por diante. Evidentemente, devemos esperar estruturas diferentes em períodos diferentes; o fator surpreendente é que essas estruturas parecem ser levadas para novos períodos, com velhos setores permanecendo relativamente verdadeiros para as estruturas anteriores.

SISTEMA TÉCNICO

O sistema técnico refere-se aos instrumentos usados no núcleo operacional para produzir resultados. (Não deve ser confundido com "tecnologia", que se refere à base de conhecimento de uma organização.)

- **Quanto mais regulado o sistema técnico – ou seja, quanto mais ele controlar o trabalho dos operadores – mais formalizado o trabalho operacional e mais burocrática a estrutura do núcleo operacional.** Os sistemas técnicos que regulam o trabalho dos operadores – por exemplo, linhas de montagem de produção em massa – convertem o trabalho em algo altamente rotineiro e previsível, encorajando sua especialização e formalização, o que, por sua vez, cria condições para a burocracia no núcleo operacional.

- **Quanto mais complexo o sistema técnico, mais elaborada e profissional a equipe de apoio.** Essencialmente, se uma organização usa maquinários complexos, deve contratar pessoal especializado que possa entender esses maquinários – que tenha capacidade para projetá-los, selecioná-los e modificá-los. E deve dar a eles poder considerável para tomar decisões relativas aos equipamentos e encorajá-los a usar os mecanismos de conexão para assegurar o ajuste mútuo entre eles.

- **A automação do núcleo operacional transforma a estrutura administrativa burocrática em uma estrutura orgânica.** Quando o trabalho não-especializado é coordenado pela padronização de processos de trabalho, tendemos a ter uma estrutura burocrática em toda a organização, pois a mentalidade de controle permeia todo o sistema. Mas quando o trabalho do núcleo operacional se torna automatizado, as relações sociais tendem a mudar. Agora são máquinas, não pessoas, que são regulamentadas. Então a obsessão pelo controle tende a desaparecer – máquinas não precisam ser vigiadas – e com isso se vão vários gerentes e analistas que eram necessários para controlar os operadores. No lugar deles vêm os especialistas de suporte para cuidar dos equipamentos, coordenando seu próprio trabalho por meio de ajuste mútuo. Assim, a automação reduz a linha de autoridade em favor de funcionários especializados e reduz a tendência a basear-se em padronização para coordenação.

AMBIENTE

O ambiente refere-se a várias características do contexto externo à organização, relacionadas a mercado, clima político, condições econômicas, etc.

- **Quanto mais dinâmico o ambiente organizacional, mais orgânica é sua estrutura.** É razoável que, em um ambiente estável – onde nada muda – uma organização possa prever suas condições futuras e, então, todo o resto permanecendo igual, possa basear-se facilmente em padronização para coordenação. Mas quando as condições se tornam dinâmicas – quando a necessidade de mudança de produto é freqüente, a rotatividade de mão-de-obra é alta, e as condições políticas são instáveis – a organização não pode padronizar, ao contrário, deve permanecer flexível por meio do uso de supervisão direta ou ajuste mútuo para coordenação e depois deve usar uma estrutura mais orgânica. Assim, por exemplo, os exércitos, que tendem a ser instituições altamente burocráticas em tempos de paz, podem se tornar bastante orgânicos em um conflito armado tipo guerrilha, altamente dinâmico.

- **Quanto mais complexo o ambiente de uma organização, mais descentralizada é sua estrutura.** A principal razão para descentralizar uma estrutura é que todas as informações necessárias para tomar decisões não podem ser compreendidas por uma única cabeça. Assim, quando as operações de uma organização são baseadas em um conjunto complexo de conhecimento, geralmente há necessidade de descentralizar o poder para tomada de decisões. Observe que um ambiente simples pode ser estável ou dinâmico (o fabricante de vestidos enfrenta um ambiente simples, ainda que não possa prever a moda de uma estação para outra), assim como um ambiente complexo (o especialista em cirurgia de coração enfrenta uma tarefa complexa, embora saiba o que o espera).

- **Quanto mais diversificados os mercados de uma organização, maior a probabilidade de dividi-los em unidades baseadas em mercado, ou divisões, desde que haja economias de escala favoráveis.** Quando uma organização pode identificar mercados distintos – regiões geográficas, clientes, mas especialmente produtos e serviços – ela estará predisposta a dividir-se em unidades de alto nível nessa base e a dar a cada uma bastante controle sobre suas próprias operações (ou seja, usar o que chamamos de "descentralização vertical limitada". Em termos simples, diversificação gera divisionalização. Cada unidade pode receber todas as funções associadas com seus próprios mercados. Mas isso assume economias de escala favoráveis: se o núcleo operacional não pode ser dividido, como no caso de uma refinaria de alumínio, e também se algum departamento crítico puder ser centralmente coordenado, como nas compras para uma cadeia de varejo, então a divisionalização total pode não ser possível.

- **Hostilidade extrema em seu ambiente leva qualquer organização a centralizar sua estrutura temporariamente.** Quando ameaçada por hostilidade extrema em seu ambiente, a tendência é que uma organização centralize o poder; em outras palavras, retornar a seu mecanismo de coordenação mais estrito, supervisão direta. Aqui um único líder pode assegurar resposta coordenada rápida e firme à ameaça (pelo menos temporariamente).

PODER

- **Quanto maior o controle externo de uma organização, mais centralizada e formalizada é sua estrutura.** Essa hipótese importante alega que, dependendo de quanto a empresa seja controlada externamente – por exemplo, por uma empresa controladora ou um governo que domine suas coalizões externas – ela tende a centralizar poder no ápice estratégico para formalizar seu comportamento. A razão é que as duas formas mais efetivas de controlar uma organização do lado de fora são tornar o presidente responsável por suas ações e impor padrões claramente definidos para isso. Além disso, controle externo força a organização a ser especialmente cuidadosa com suas ações.

- **Uma coalizão externa dividida tende a gerar uma coalizão interna politizada e vice-versa.** Na verdade, o conflito em uma das coalizões tende a passar para outra, assim como um conjunto de influências tenta conseguir o suporte de outros.

- **A moda favorece a estrutura do dia (e a cultura), mesmo que ela algumas vezes não seja apropriada.** Idealmente, os parâmetros de *design* são escolhidos conforme idade, tamanho, sistema técnico e ambiente. Na verdade, porém, a moda também parece desempenhar um papel, encorajando muitas organizações a adotar parâmetros de projeto que sejam populares na ocasião, mas impróprios para elas. Paris tem seus salões de alta costura; da mesma forma, Nova Iorque tem seus escritórios de "alta estrutura", empresas de consultoria que algumas vezes tendem a vender a última moda estrutural.

AS CONFIGURAÇÕES

Já apresentamos vários atributos das organizações – partes, mecanismos de coordenação, parâmetros de *design*, fatores situacionais. Como esses vários atributos são combinados?

Prosseguimos aqui com base na suposição de que um número limitado de configurações pode ajudar a explicar grande parte do que é observado nas organizações. Apresentamos em nossas discussões seis partes básicas da organização, seis mecanismos básicos de coordenação e também seis tipos básicos de descentralização. Na verdade, parece haver uma correspondência fundamental entre todos esses seis, o que pode ser explicado por um conjunto de pressões exercidas na organização por cada uma das seis partes, como mostrado na Figura 8. Quando as condições favorecem mais de uma pressão, a parte associada da organização torna-se importante, o mecanismo de coordenação apropriado torna-se fundamental e emerge a forma de descentralização que passa poder para si própria. A organização então está pronta para projetar-se com uma determinada configuração. Listamos aqui (ver Tabela 1) e depois apresentamos brevemente as seis configurações resultantes, junto com uma sétima que tende a aparecer quando não há pressão ou uma parte dominante.

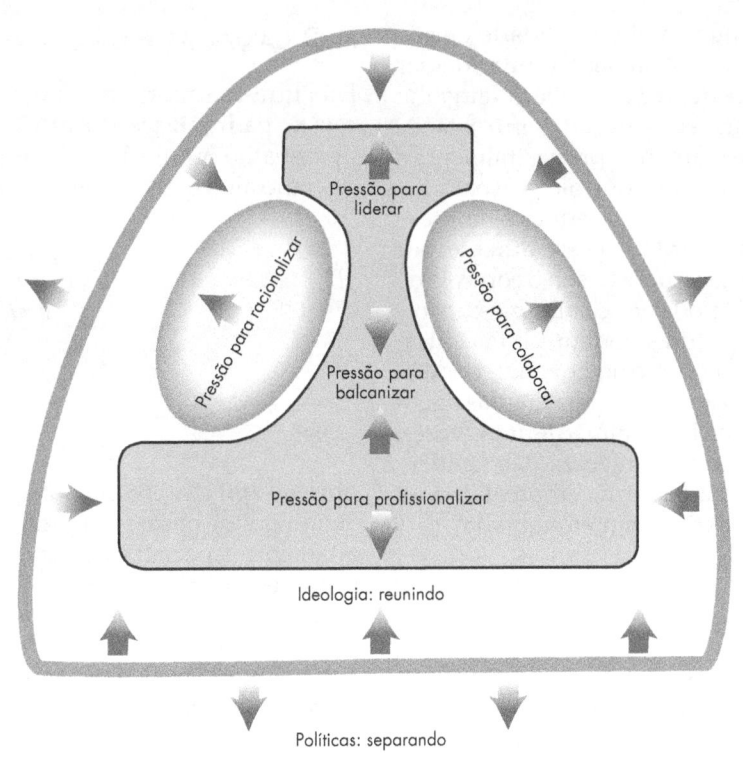

Figura 8 As pressões básicas sobre a organização.

Configuração	Mecanismo de coordenação principal	Parte principal da organização	Tipo de descentralização
Organização empreendedora	Supervisão direta	Ápice estratégico	Centralização vertical e horizontal
Organização máquina	Padronização de processos de trabalho	Tecnoestrutura	Descentralização horizontal limitada
Organização profissional	Padronização de habilidades	Núcleo operacional	Descentralização horizontal
Organização diversificada	Padronização de resultados	Linha intermediária	Descentralização vertical limitada
Organização inovadora	Ajuste mútuo	Equipe de apoio	Descentralização selecionada
Organização missionária	Padronização de normas	Ideologia	Descentralização
Organização política	Nenhum	Nenhuma	Vários

A ORGANIZAÇÃO EMPREENDEDORA

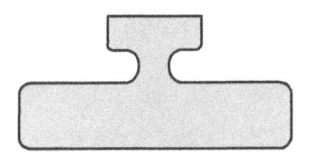

O nome diz tudo. E a figura acima mostra tudo. A estrutura é simples, não muito mais do que uma grande unidade consistindo de um ou alguns poucos gerentes de primeira linha, um dos quais dominado pela pressão para liderar, e um grupo de operadores que faz o trabalho básico. Uma pequena parte do comportamento na organização é formalizada e faz-se um uso mínimo de planejamento, treinamento ou mecanismos de conexão. A ausência de padronização significa que a estrutura é orgânica e tem pouca necessidade de analistas de apoio. Da mesma forma, há poucos gerentes de linha intermediária porque grande parte da coordenação é feita no topo. Mesmo a equipe de apoio é minimizada para manter a estrutura enxuta e a organização flexível.

A organização deve ser flexível porque opera em um ambiente dinâmico, normalmente por opção, pois esse é o único lugar no qual ela pode burlar a burocracia. Mas esse ambiente deve ser simples, assim como o sistema de produção, ou nem mesmo o presidente conseguirá manter por muito tempo a parte do leão do poder. A organização é sempre jovem, em parte porque o tempo conduz à burocracia, em parte porque a vulnerabilidade de sua estrutura simples sempre a leva a falhar. E muitas dessas organizações são sempre pequenas, porque o tamanho também conduz a estrutura em direção à burocracia. Não é raro que o presidente mantenha propositalmente a empresa pequena para manter seu controle pessoal.

O caso clássico é evidentemente a pequena empresa empreendedora, controlada estrita e pessoalmente por seu proprietário. Algumas vezes, porém, sob o controle de um líder forte, a organização pode crescer. Da mesma forma, organizações empreendedoras podem ser encontradas em outros setores também, como no governo, onde líderes fortes controlam pessoalmente determinadas agências, normalmente aquelas que fundaram. Algumas vezes, sob condições de crise, as grandes organizações também revertem temporariamente para a forma empreendedora para permitir que líderes poderosos tentem salvá-las.

A ORGANIZAÇÃO MÁQUINA

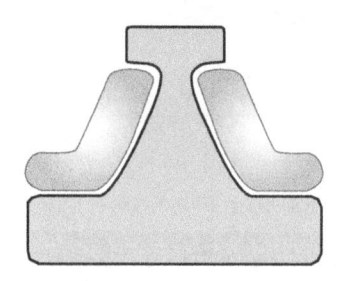

A organização máquina é o início da Revolução Industrial, quando as tarefas tornaram-se altamente especializadas e o trabalho tornou-se altamente padronizado. Como podemos ver na figura acima, em contraste com as organizações empreendedoras, a organização máquina elabora sua administração. Primeiro, isso exige uma grande tecnoestrutura para projetar e manter seus sistemas de padronização, especificamente aqueles que formalizam seus comportamentos e planos de ação. E, em razão da dependência que a organização tem desses sistemas, a tecnoestrutura ganha muito poder informal, resultando em uma quantidade limitada de descentralização horizontal refletindo a pressão para racionalizar. Uma grande hierarquia de gerentes intermediários surge para controlar o trabalho altamente especializado do núcleo operacional. Mas a linha hierárquica intermediária é geralmente estruturada em uma base funcional em todo o trajeto até o topo, onde está o poder real de coordenação. Assim, a estrutura tende a ser muito centralizada no sentido vertical.

Para permitir que os altos gerentes mantenham controle centralizado, tanto o ambiente como o sistema de produção da organização máquina devem ser razoavelmente simples, e esse último deve regular o trabalho dos operadores sem ser automatizado em si. Na verdade, as organizações máquina se ajustam mais naturalmente à produção em massa. De fato, é interessante que esta estrutura seja mais presente nos segmentos que remontam ao período da Revolução Industrial até o início deste século.

A ORGANIZAÇÃO PROFISSIONAL

Há outra configuração burocrática, mas como essa se baseia na padronização de atividades e não na de processos de trabalho ou resultados para sua coordenação, ela surge como algo drasticamente diferente da organização máquina. Aqui a pressão para a profissionalização domina. Tendo que se basear em profissionais treinados – pessoas altamente especializadas, mas com controle considerável sobre seu trabalho, como em hospitais ou universidades – para desempenhar suas tarefas organizacionais, a organização passa grande parte de seu poder não apenas aos profissionais em si, mas também às associações e instituições que os selecionaram e treinaram. Então a estrutura surge como altamente descentralizada horizontalmente; poder sobre muitas decisões, tanto em fluxos operacionais como estratégicos, em toda a linha hierárquica de cima para baixo, até os profissionais do núcleo operacional.

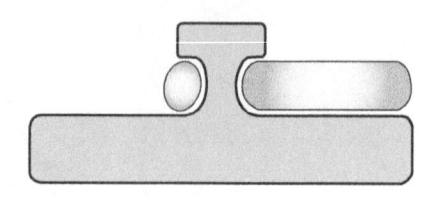

Acima do núcleo operacional encontramos uma estrutura bastante única. Há pouca necessidade de tecnoestrutura, pois a principal padronização ocorre como resultado do treinamento que ocorre fora da organização. Como os profissionais trabalham de forma tão independente, o tamanho das unidades operacionais pode ser muito grande, e são necessários poucos gerentes de primeira linha. A equipe de apoio em geral é muito grande para poder dar suporte aos profissionais que recebem altos salários.

A organização profissional é trazida à baila sempre que uma organização se vê em um ambiente estável, porém complexo. A complexidade exige descentralização para pessoas altamente treinadas, e a estabilidade permite que elas apliquem habilidades padronizadas e dessa forma trabalhem com bastante autonomia. Para assegurar essa autonomia, o sistema de produção não deve ser altamente regulado, nem complexo, nem automatizado.

A ORGANIZAÇÃO DIVERSIFICADA

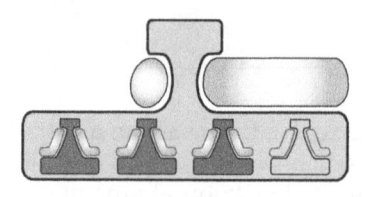

Assim como a organização profissional, a organização diversificada não é muito integrada como um conjunto de entidades bastante independentes, reunidas por uma estrutura administrativa frouxa. Mas enquanto as entidades da organização profissional são pessoas, na organização diversificada elas são unidades da linha intermediária, geralmente chamadas "divisões", exercendo uma pressão dominante para balcanizar*. Essa configuração difere das outras num aspecto importante: ela não é uma estrutura completa, mas uma estrutura parcial imposta aos demais. Cada divisão tem sua própria estrutura.

Uma organização é divisionalizada por uma razão acima de todas as outras, porque suas linhas de produto são diversificadas. E isso tende a acontecer com mais freqüência nas organizações maiores e mais maduras, aquelas que perderam suas oportunidades – ou se tornaram entediadas – em seus mercados tradicionais. Tal diversificação encoraja a organização a substituir unidades funcionais por unidades baseadas em mercado, uma para cada linha de produto diferente (como mostrado na figura da organização diversificada), e garantir autonomia considerável a cada uma para administrar seus próprios negócios. O resultado é uma forma limitada de descentralização de cima para baixo na cadeia de comando.

Como o escritório central pode manter uma aparência de controle em relação às divisões? Usa-se alguma direção de supervisão. Mas grande parte disso interfere com a autonomia divisional necessária. Então o escritório central se baseia em sistemas de controle de desempenho, em outras palavras, na padronização de resultados. Para projetar esses sistemas de controle, o escritório central cria uma pequena tecnoestrutura. Isso é mostrado na figura com a pequena equipe de apoio central que o escritório central monta para prestar certos serviços comuns às divisões, como aconselhamento jurídico e relações públicas. E como o controle do escritório central constitui controle externo, como discutido na primeira hipótese do poder, a estrutura da divisão tende a ser baseada na forma de máquina.

A Organização Inovadora

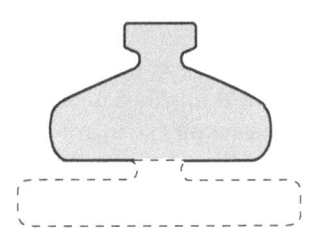

Nenhuma das estruturas discutidas até aqui se ajusta aos segmentos de nossa época, segmentos tais como aeroespacial, petroquímicos, consultoria global e produção de filmes. Essas organizações precisam acima de tudo inovar de formas muito complexas. As estruturas burocráticas são muito inflexíveis, e a empreendedora é muito centralizada. Esses segmentos exigem "estruturas de projeto" que possam fundir especialistas de diferentes áreas em equipes criativas que trabalhem de forma homogênea. Esse é o papel de nossa quinta configuração, a organização inovadora, que também pode ser chamada de "adhocracia*", dominada pela pressão por colaboração dos especialistas.

A adhocracia é uma estrutura orgânica que se baseia no ajuste mútuo entre seus especialistas altamente treinados e altamente especializados para coordenação, o que ela encoraja por meio do uso amplo de mecanismos de conexão – gerentes integrados, comitês de suporte e, acima de tudo, forças-tarefa e estruturas-modelo. Normalmente os especialistas são agrupados em unidades funcionais para fins de administração, mas organizados em pequenas equipes de projeto baseado em mercado para fazer seu trabalho. Para essas equipes, localizadas em toda a estrutura de acordo com as decisões a serem tomadas, delega-se poder sobre diferentes tipos de decisão. Assim, a estrutura torna-se seletivamente descentralizada nas dimensões horizontais e verticais, ou seja, o poder é distribuído irregularmente, por toda a estrutura, conforme a especialidade e a necessidade.

Todas as distinções de estrutura convencional desaparecem na organização inovadora, como podemos ver na figura acima. Com o poder baseado na especialização, a distinção da linha da equipe de apoio evapora. Com o poder distribuído por toda a estrutura, a distinção entre o ápice estratégico e o resto da estrutura deixa de existir.

Essas organizações são encontradas em ambientes complexos e dinâmicos, pois esses são os que exigem inovação sofisticada, o tipo que requer esforços cooperativos de muitos especialistas diferentes. Um tipo de adhocracia é sempre associado a um sistema de produção muito complexo, algumas vezes automatizado, exigindo uma equipe de apoio altamente habilidosa e influente para planejar e manter o sistema técnico no núcleo operacional. (A linha tracejada da figura designa a separação do núcleo operacional da estrutura administrativa). Aqui os projetos ocorrem na administração para trazer novas instalações de operação para a linha (como quando um novo complexo é projetado em uma empresa petroquímica). Outro tipo de adhocracia produz seus projetos diretamente para os clientes (como em uma empresa de consultoria global ou um fabricante de protótipos de engenharia). Aqui, como resultado, os operadores também participam dos projetos, trazendo sua experiência como suporte; em conseqüência, o núcleo operacional mistura-se com a estrutura administrativa (como indicado na figura acima com a linha tracejada). Esse segundo tipo de adhocracia tende a ser jovem em média pois, sem produtos ou serviços padronizados, muitas tendem a falhar en-

---

* N. de R.: Do verbo *balkanize*, em inglês, que significa dividir (uma região ou território) em unidades pequenas, em associação à divisão política dos Bálcãs.

* N. de R.: Organização flexível, decorrente, temporária, caracterizada pela reunião de grupos-tarefa para a resolução de problemas específicos.

quanto outras fogem da vulnerabilidade ao padronizar alguns produtos ou serviços, convertendo-se a si próprias em uma forma de burocracia.[2]

A Organização Missionária

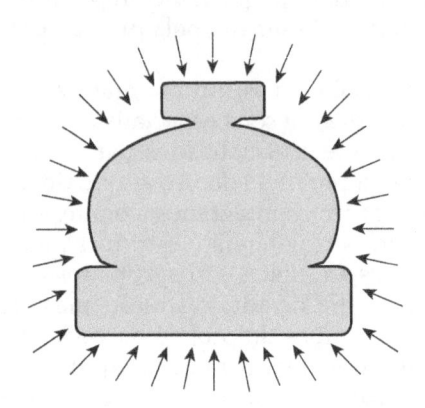

Nossa sexta configuração forma outra combinação bem distinta dos elementos que estamos discutindo. Quando uma organização é dominada por sua ideologia, seus membros são encorajados a se reunir, e por isso tende a haver uma divisão frouxa de tarefas, pouca especialização e também redução de várias formas de diferenciação encontradas nas outras configurações – do ápice estratégico para o resto, da equipe de apoio para a linha ou administração de operações, entre operadores, entre divisões, etc.

O que mantém os missionários juntos – ou seja, garante a coordenação – é a padronização das normas, o compartilhamento de valores e crenças entre todos os seus membros. E a chave para garantir isso é a socialização deles, posta em prática por meio de parâmetros de projeto de doutrinação. Uma vez que um novo membro seja doutrinado na organização – que se identifique fortemente com as crenças comuns – então ele pode ter liberdade considerável para tomar decisões. Por isso o resultado da doutrinação efetiva é a forma mais completa de descentralização. E, como não há necessidade de se basear em outras formas de coordenação, a organização missionária formaliza uma pequena parte de seu comportamento e faz um uso mínimo de sistemas de planejamento e controle. Como resultado, tem pouca tecnoestrutura. Da mesma forma, não se baseia no treinamento profissional externo, pois isso forçaria a organização a passar certos controles para as agências externas.

Assim, a organização missionária acaba sendo uma massa enorme de membros, com pouca especialização no trabalho, diferenciação em relação às partes e divisão em relação ao *status*.

As organizações missionárias tendem a ser muito jovens – levam tempo para estabelecer um conjunto de crenças que se tornam institucionalizadas como uma ideologia. Muitas organizações missionárias não têm chance de envelhecer demais (com notáveis exceções, como algumas ordens religiosas muito antigas). As organizações missionárias não podem crescer muito por si – elas se baseiam em contatos pessoais entre seus membros – embora algumas tenham tendência a separar outros enclaves na forma de unidades relativamente independentes que compartilham a mesma ideologia. Nem o ambiente, nem o sistema técnico da organização missionária podem ser muito complexos, pois isso exigiria o uso de especialistas altamente habilidosos, que acabariam tendo certo poder e *status* sobre os demais e assim atuariam para diferenciar a estrutura. Por isso esperamos encontrar os sistemas técnicos mais simples nessas organizações, ou até mesmo nenhum sistema, como nas ordens religiosas ou nas primitivas fazendas cooperativas.

A Organização Política

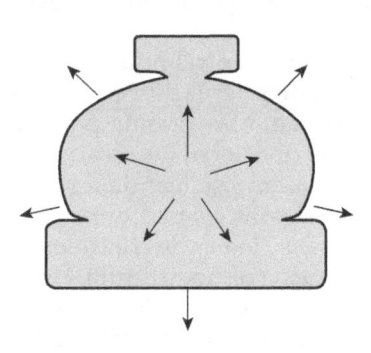

Finalmente chegamos a uma forma de organização caracterizada, pelo menos estruturalmente, pelo que ela não tem. Quando uma organização não tem uma parte dominante, não tem um mecanismo de coordenação dominante e nenhuma forma estável de centralização ou descentralização, ela pode ter dificuldade para temperar os conflitos internos, podendo resultar daí uma forma de organização chamada *política*. O que caracteriza seu comportamento é a separação de suas partes diferentes, como mostrado na figura acima.

As organizações políticas podem assumir diferentes formas. Algumas são temporárias, refletindo transições difíceis na estratégia ou na estrutura que evocam o conflito. Outras são mais permanentes, talvez porque a organização deve enfrentar forças internas competitivas (digamos, entre os departamentos de *marketing* e produção, necessariamente fortes), talvez porque um tipo de podridão política tenha aparecido, mas a organização esteja suficientemente entrincheirada para suportá-lo (sendo, por exemplo, um monopólio ou uma unidade governamental protegida).

Juntas, todas essas configurações parecem englobar e integrar muito do que sabemos sobre organizações. Devemos enfatizar, porém, que, como apresentadas, cada configuração é idealizada – uma simplificação, uma cari-

---

[2] Vamos esclarecer em um texto posterior esses dois tipos de adhocracia. Toffler empregou o termo *adhocracia* em seu popular livro *Future Shock*, mas ele pode ser encontrado na imprensa pelo menos desde 1964.

catura da realidade. Nenhuma organização real é sempre exatamente como essas configurações, embora algumas cheguem bem perto, outras pareçam refletir combinações de várias, algumas vezes em transição de uma para outra.

As primeiras cinco representam o que parece ser as formas mais comuns de organização; assim, elas formam a base para a seção de "contexto" deste livro – chamadas de empreendedora, madura, diversificada, inovadora e profissional. Lá, um texto em cada capítulo será dedicado a cada uma dessas configurações, descrevendo sua estrutura, funcionamento, condições, processo de criação de estratégia e as questões associadas. Outros textos nesses capítulos vão tratar de estratégias específicas em cada um desses contextos, condições de segmento, técnicas de estratégia, etc.

As outras duas configurações – missionária e política – parecem ser menos comuns, representadas mais pelas forças da cultura e conflito que existem em todas as organizações do que por formas distintas. Por isso não serão discutidas mais detalhadamente. Mas como todas essas configurações não devem ser consideradas de maneira inflexível, foi incluído um texto no capítulo final, chamado "Além da configuração: forças e formas nas organizações efetivas", para ampliar essa visão das organizações.

LEITURA 8.2
ESTRATÉGIA E PLANEJAMENTO ORGANIZACIONAL[3]
por Jay R. Galbraith

... Tem havido um grande progresso na base de conhecimento que dá suporte ao planejamento organizacional nos últimos 25 anos. A pesquisa moderna sobre estruturas corporativas provavelmente começou com *Strategy and Structure* de Chandler. A pesquisa subseqüente visava a expandir o número de atributos de uma organização para além daqueles que incluíam apenas estrutura. Já usei o modelo mostrado na Figura 1 para indicar que a organização consiste de estrutura, processos que cortam linhas estruturais como orçamento, planejamento, equipes, etc., sistemas de recompensa como promoções e remuneração e, finalmente, práticas de pessoal como seleção e desenvolvimento (Galbraith, 1977). A tendência... é expandir para mais atributos como os 7-Ss[4] (Waterman, 1980) compreendendo estrutura, estratégia, sistemas, habilidades, estilo, equipe e metas superordenadas e, para "amenizar", atributos como cultura.

Todos esses modelos pretendem transmitir as mesmas idéias. Primeiro, organizações são mais do que apenas estrutura. E, segundo, todos os elementos devem se "ajustar" para estar em "harmonia" uns com os outros. A organização efetiva é aquela que reúne em sua estrutura práticas gerenciais, recompensas e pessoas em um pacote que, por sua vez, ajusta-se à estratégia. Porém, as estratégias mudam, portanto, a organização deve mudar.

A pesquisa dos últimos anos está criando algumas evidências por meio das quais organizações e estratégias são comparadas. Algumas das estratégias estão mostrando que são mais bem-sucedidas do que outras. Uma das explicações é organizacional por natureza. Evidências também mostram que, para qualquer estratégia, o melhor desempenho vem daqueles que atingiram um ajuste entre estratégia e organização.

Esses resultados dão ao planejamento organizacional uma base a partir da qual trabalhar. O planejador organizacional deve tornar-se membro da equipe estratégica para orientar a gerência na escolha das estratégias apropriadas para as quais a organização é desenvolvida ou para escolher a organização apropriada para a nova estratégia.

Nas seções que se seguem, descrevemos as mudanças estratégicas que são feitas pelas organizações. Depois apresentamos evidências de estratégia e organização. Finalmente, discutimos dados sobre desempenho econômico e ajuste.

ESTRATÉGIA E ORGANIZAÇÃO

Recentemente tem sido dada muita atenção à comparação entre estratégia e organização. Grande parte desse trabalho consiste de testes empíricos das idéias de Chandler apresentadas em *Strategy and Structure* (1962). A maior parte desse material é revista em outros lugares (Galbraith e Nathanson, 1978). Porém, alguns trabalhos e idéias recentes têm um potencial considerável para entender como diferentes padrões de mudança estratégica resultam em diferentes estruturas organizacionais, sistemas de gerenciamento e culturas de empresas. Além disso, algumas boas relações com desempenho econômico também são obtidas.

As idéias baseiam-se no conceito de que uma organização possui um centro de gravidade ou força motriz (Tregoe e Zimmerman, 1980). Esse centro de gravidade surge do sucesso inicial da empresa no segmento em que ela se desenvolveu. Vamos explorar primeiro o conceito

---

[3] Publicado originalmente em *Human Resource Management* (primavera-verão 1983). Copyright © 1983 John Wiley & Sons, Inc., reimpresso com cortes sob permissão de John Wiley & Sons, Inc.

[4] Em inglês, os 7Ss representam as palavras *structure, strategy, systems, skills, stile, staff* e *superordinate goals*.

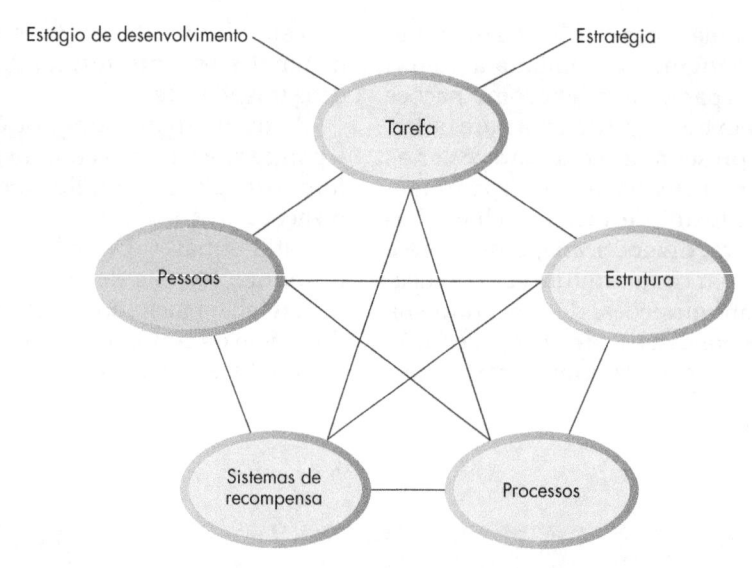

Figura 1 Modelo de estrutura organizacional.

de centro de gravidade, depois os padrões de mudança estratégica que foram seguidos pelas empresas norte-americanas.

O centro de gravidade de uma empresa depende de onde ela começou na cadeia de suprimentos de seu segmento. A fim de explicar o conceito, usaremos os segmentos de produção. A Figura 2 mostra os estágios de suprimento na cadeia de uma indústria. São mostrados seis estágios. Cada setor pode ter mais ou menos estágios. Os setores de serviços geralmente têm menos.

A cadeia começa com o estágio de extração da matéria-prima que fornece petróleo bruto, minério de ferro, madeira ou bauxita para o segundo estágio, o da produção primária. O segundo estágio é um estágio de redução de variedade para fabricar um produto padronizado (petroquímico, aço, pasta de papel ou lingotes de alumínio). O próximo estágio fabrica produtos *commodity* a partir desse material primário. As indústrias produzem polietileno, latas, chapas de aço, caixas de papelão e componentes semicondutores. No próximo estágio estão os fabricantes de produto que agregam valor, geralmente por meio de desenvolvimento de produto, patentes e produtos privados. No estágio seguinte estão os distribuidores. Esses são os fabricantes e vários distribuidores de produtos de consumo de marca. Finalmente, há os varejistas, que têm contato direto com o consumidor final.

A linha que separa a cadeia em dois segmentos divide o segmento em metades primária e secundária. Embora haja diferenças entre cada estágio, as diferenças entre os estágios primário e secundário são marcantes. Os estágios primários agregam valor ao reduzir a variedade de matérias-primas encontradas na superfície da terra a umas poucas *commodities* padronizadas. O objetivo é produzir matérias-primas e produtos intermediários flexíveis e previsíveis, a partir dos quais seja possível fazer uma variedade crescente de produtos secundários. Os estágios secundários agregam valor fabricando diversos produtos para atender às necessidades de diversos clientes. O valor secundário é acrescentado por propaganda, posicionamento de produto, canais de *marketing* e P&D. Assim, as empresas primárias e as secundárias lidam com problemas e tarefas muito diferentes.

A razão para distinguir entre empresas primárias e secundárias é que os fatores de sucesso, as lições aprendidas pelos gerentes e as organizações usadas são fundamentalmente diferentes. Gerentes bem-sucedidos e experientes têm sido moldados e formados de maneiras fundamentalmente diferentes, em diferentes estágios. Os processos administrativos são diferentes, assim como as funções dominantes. Em resumo, a cultura da empresa é moldada por onde ela começou na cadeia de suprimentos. A seguir, listamos algumas diferenças fundamentais que ilustram o contraste:

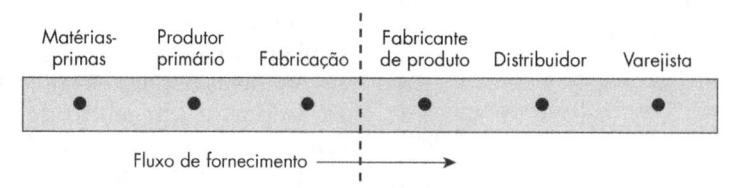

Figura 2 Os estágios de suprimento em uma cadeia de indústria.

Primária	Secundária
Padroniza/homogeniza	Personaliza/segmenta
Produtor de baixo custo	Margens altas/ posições privadas
Inovação de processo	Inovação de produto
Orçamento de capital	P&D/orçamento de propaganda
Ênfase em tecnologia/capital	Ênfase em pessoas
Fornecedor/negociador/ engenharia	Dominada por P&D/ marketing
Conduzida pela linha	Conduzida pela equipe de apoio
Maximiza usuários finais	Visa a usuários finais
-	-
-	-
-	-
Pressão para vendas	Voltada para mercado

O ambiente do gerente primário é orientado para padronização e eficiência. Eles são os produtores de *commodities* padronizadas. Em contraste, gerentes secundários tentam personalizar e adaptar os resultados para as diversas necessidades dos clientes. Eles segmentam mercados e visam a usuários individuais. A empresa primária quer padronizar para maximizar o número de usuários finais e conseguir volume a custos mais baixos. A empresa secundária quer visar a determinados ambientes de usuários finais. Dessa forma, os primários têm uma visão divergente do mundo, baseada em sua *commodity*. Por exemplo, a capa do relatório anual de 1981 da Intel (fabricante de semicondutores, uma *commodity*) tem uma lista de 10.000 usos para microprocessadores. Os secundários têm uma visão convergente do mundo baseada em necessidades dos clientes e selecionam a *commodity* que melhor atenda às necessidades. No setor de eletrônicos, há sempre um conflito entre os tipos de componentes primários e os tipos de sistemas secundários devido a esse contraste em ambientes.

A base para competição é diferente nos dois estágios. As *commodities* concorrem com base em preço, pois os produtos são os mesmos. Dessa forma, é essencial que a empresa primária bem-sucedida seja o produtor de mais baixo custo. Suas organizações são enxutas, com um mínimo de despesas. Baixos custos também são importantes para as empresas secundárias, mas são as características privadas que geram margens altas. A característica pode ser uma imagem de marca, como Maxwell House, uma tecnologia patenteada, um endosso (como o da Associação Dental Norte-Americana para a pasta de dente Crest), política de serviços a clientes, etc. A concorrência gira mais em torno de características de produto e posicionamento de produto do que em preço. Isso significa que *marketing* e gerência de produto estabelecem os preços. Os produtos movem-se por impulso de *marketing*. Em contraste, as empresas primárias empurram o produto por meio de uma equipe de vendas forte. Normalmente, os vendedores negociam preços dentro de limites estabelecidos pela alta gerência.

As organizações também são diferentes. As empresas primárias são funcionais e conduzidas pela linha. Elas procuram ter uma equipe de apoio mínima, e essas pessoas ainda são usadas em outros papéis de suporte. A empresa secundária, com produtos e mercados múltiplos, aprende logo a administrar a diversidade. Centros de lucro emergem, e recursos precisam ser alocados entre produtos e mercados. As equipes de apoio crescem para ajudar a alta gerência em ambientes prioritários entre defensores de produto/mercado. Margens mais altas permitem a existência de despesas gerais indiretas.

Tanto empresas primárias como secundárias usam pesquisa e desenvolvimento. Porém, a empresa primária investe em desenvolvimento de processo para baixar os custos. A empresa secundária investe primariamente em desenvolvimento de produto para atingir posições privilegiadas.

Os principais processos gerenciais também variam. As empresas primárias são conduzidas por orçamentos de capital e têm vários controles de apropriação de capital. As empresas secundárias também têm um orçamento de capital, mas são conduzidas pelo orçamento de P&D (fabricantes de produto) ou orçamento de propaganda (comerciantes). Ainda mais secundário é o capital de giro que se torna importante. Os gerentes aprendem a controlar a empresa administrando a rotatividade de estoque e contas a receber. Assim, a empresa primária é conduzida por capital e seu "conhecimento" tecnológico é crítico. Empresas secundárias são mais voltadas para pessoas. Por isso, as habilidades críticas giram em torno da administração de recursos humanos.

As funções dominantes também variam com estágios. O processador de matéria-prima é dominado por geólogos, engenheiros de petróleo e comerciantes. O departamento de compras e distribuição, que busca o uso final mais econômico é poderoso. Os fabricantes de *commodities* são dominados por engenheiros que vêm da produção. As empresas secundárias são dominadas principalmente por tecnólogos em pesquisa e desenvolvimento de produto. Para as ainda mais secundárias, *marketing* e comercialização surgem como centros de força. A linha de sucessão do CEO geralmente passa por essa função dominante.

Em resumo, empresas primárias e secundárias são entidades muito diferentes. As diferenças, um pouco exageradas aqui por causa da dicotomia, geram diferenças em estrutura da organização, processos gerenciais, funções dominantes, caminhos de sucessão, crenças e valores gerenciais ou, em resumo, na forma de vida gerencial. Assim, as empresas podem estar no mesmo segmento, mas serem muito diferentes porque se desenvolveram inicialmente em um determinado estágio do setor. Esse começo e o sucesso inicial ensinam aos gerentes a lição daquele estágio. A empresa desenvolve uma organização integrada (estrutura, processos, recompensas e pessoas), o que é peculiar para aquele estágio e forma o centro de gravidade.

Mudança Estratégica

A primeira mudança estratégica que uma organização faz é integrar verticalmente dentro de seu segmento. Em um determinado tamanho, a organização pode retornar aos estágios anteriores para garantir fontes de suprimento e assegurar poder de barganha com seus fornecedores. E/ou ela pode mover-se para a frente para garantir mercados e volumes para investimentos de capital e tornar-se um cliente para realimentar dados para novos produtos. Esse movimento estratégico inicial não muda o centro de gravidade porque os estágios anterior e subseqüente são geralmente operados para benefício do estágio do centro de gravidade.

A indústria de papel é usada para ilustrar os conceitos de centro de gravidade e integração vertical. A Figura 3 mostra cinco empresas de papel que operam a partir de diferentes centros de gravidade. A primeira é a Weyerhauser. Seu centro de gravidade é o estágio de terra e madeira do segmento. A Weyerhauser busca o uso que lhe dê retorno mais alto para a madeira. Fabrica pasta e rolos de papel. Faz caixas e embalagens para leite. Mas é uma empresa de madeira. Se o retorno for melhor em chapas de madeira, as usinas de pasta são alimentadas com pó de serra e aparas. A International Paper (o nome da empresa já diz tudo), por outro lado, é uma fabricante primária de papel. Ela também tem madeira, fábricas de caixas e trabalha com novos produtos na área de embalagem asséptica. Porém, se a usina de pasta ficasse sem madeira, o gerente da madeireira seria despedido. O estágio de matéria-prima deve fornecer para o estágio de fabricação, não buscar o retorno mais alto para sua madeira. A Container Corporation (novamente, o nome descreve a empresa) é o exemplo de fabricante. Ela também tem madeireira e usinas de pasta, mas fornece as operações de fabricação de caixas. O fabricante do produto é a Appleton, que produz especialidades de papel. Por exemplo, a Appleton produz um papel com glóbulos de tinta incorporados. Os glóbulos estouram e formam uma letra ou um número quando atingidos por uma impressora de impacto.

A última empresa é a Procter & Gamble. A P&G é uma empresa de produtos de consumo e, como outras, opera usinas de pasta e possui madeireiras. Porém, é conduzida pelo departamento de propaganda ou *marketing*. Se alguém quiser ser CEO da P&G, não precisa possuir usinas de pasta nem madeireiras. O caminho para a presidência é por meio da gerência de marca da Charmin ou Pampers.

Dessa forma, cada uma dessas empresas está no segmento de papel. Cada uma opera em determinados estágios do setor. Porém, cada uma é diferente da outra porque tem seu centro de gravidade em um estágio diferente. O centro de gravidade estabelece uma base a partir da qual a estratégia subseqüente ocorre. Ou seja, à medida que o segmento de uma empresa amadurece, essa empresa sente necessidade de mudar seu centro de gravidade a fim de se mover para um lugar no segmento em que possa obter melhores retornos, ou mover-se para um novo segmento usando o mesmo centro de gravidade e habilidades naquele setor, ou fazer uma combinação de mudança de segmento e centro de gravidade. Essas opções levam a diferentes modelos de desenvolvimento corporativo.

Diversificação por Subprodutos

Um dos primeiros movimentos de diversificação que uma empresa verticalmente integrada faz é vender subprodutos a partir de pontos ao longo da cadeia do segmento. A Figura 4 mostra essa estratégia. Essas empresas parecem ser diversificadas se alguém atribuir receita aos vários segmentos nos quais ela opera. Mas a empresa não mudou nem seu segmento nem seu centro de gravidade. Ela está agindo inteligentemente ao buscar fontes adicionais de receita e lucro. Porém, ela ainda está psicologicamente comprometida com seu centro de gravidade e seu segmento. A Alcoa é um exemplo. Mesmo operando em diversos segmentos, seus resultados variam diretamente com o ciclo do alumínio. A empresa não reduziu sua dependência de um único setor, como alguém faria com uma diversificação real.

Figura 3   Exemplos de cinco empresas de papel operando em diferentes centros de gravidade.

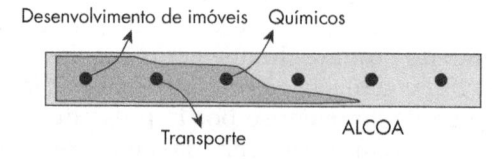

Figura 4   Diversificação de subproduto.

DIVERSIFICAÇÃO RELACIONADA

Outra mudança estratégica é a diversificação em novos setores mantendo o mesmo centro de gravidade. Isso é chamado de "diversificação relacionada". A empresa diversifica em novos negócios, mas todos são relacionados. A relação gira em torno do centro de gravidade da empresa. A Figura 5 mostra os movimentos de diversificação da Procter & Gamble. Depois de começar na indústria de sabão, a P&G integrou verticalmente, voltando a fazer seu próprio processamento químico (ácidos graxos) e esmagamento de semente. Depois, para tentar novas oportunidades de crescimento, diversificou nas áreas de papel, alimentos, bebidas, farmacêuticos, café, etc. Mas todos os movimentos em direção a um novo setor são feitos no centro de gravidade da empresa. As novas áreas de negócios são todas de produtos de consumo, cuja propaganda é conduzida pelos gerentes de marca. A 3M Company também seguiu uma estratégia de diversificação relacionada, mas baseada em tecnologia. A empresa tem 40.000 produtos diferentes, produzidos por cerca de 70 divisões. Porém, 95% dos produtos são baseados em tecnologias de revestimento e aderência. Seu centro de gravidade é de produtor e isso agrega valor por meio de P&D.

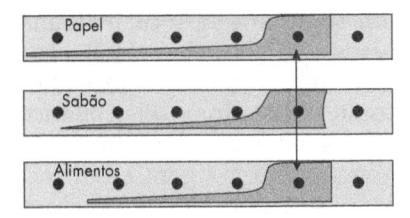

Figura 5 Diversificação relacionada.

DIVERSIFICAÇÃO ASSOCIADA

Um terceiro tipo de diversificação envolve a mudança para novos segmentos e operação em diferentes centros de gravidade nesses segmentos. Porém, há algum tipo de associação entre as várias áreas de negócios. A Figura 6 mostra a Union Camp seguindo esse modelo de desenvolvimento corporativo. A Union Camp é uma fabricante primária de produtos de papel. Como tal, é verticalmente integrada, possuindo floresta própria. A partir daí, ela moveu-se em sentido descendente dentro da indústria de produtos de madeira, administrando serrarias e fábricas. Porém, a empresa comprou recentemente uma empresa na área de varejo de tábuas.

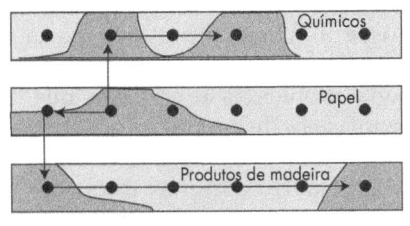

Ela também passou a atuar na área química, vendendo produtos resultantes do processamento de pasta. Essa área de negócios foi bem-sucedida e expandiu-se. Recentemente, a Union Camp estava tentando comprar uma empresa de perfumes e fragrâncias. Essa empresa é um produtor que agrega valor por meio da criação de perfumes e fragrâncias para a maioria das empresas de produtos de consumo.

Dessa forma, a Union Camp é uma empresa primária que está adquirindo empresas secundárias. Porém, essas novas empresas estão em segmentos nos quais ela já diversificou a partir de seu centro de gravidade primário. Mas essas novas aquisições não são operadas por beneficiar o centro de gravidade, mas sim porque são centros de custo únicos.

Figura 6 Diversificação associada.

DIVERSIFICAÇÃO NÃO-RELACIONADA

O tipo final de mudança estratégica é diversificar com empresas não-relacionadas. Como os diversificadores associados, os não-relacionados se movem em direção a novos setores sempre em centros de gravidade diferentes. Eles quase sempre usam aquisição, enquanto que as empresas relacionadas e associadas podem usar aquisição, mas se baseiam muito mais em desenvolvimento interno. Sempre há pouca relação entre os segmentos nos quais as empresas não-relacionadas diversificam. A Textron e a Teledyne são bons exemplos. Elas operam com equipamentos industriais, aeroespaciais, produtos de consumo, seguros, etc. Outras estendem se para varejo, serviços e entretenimento. O objetivo é isolar os ganhos da empresa das incertezas de qualquer segmento ou do ciclo de negócios.

MUDANÇA NO CENTRO DE GRAVIDADE

Outra possibilidade é que uma organização fique no mesmo segmento, mas mude seu centro de gravidade naquele setor. Artigos recentes descrevem as tentativas de empresas químicas de tornarem-se secundárias obtendo margens mais altas e produtos privados. Elas querem sair dos ciclos de excesso/falta de capacidade dos produtos *commodity* com suas margens baixas e exigências de capital. No setor aeroespacial, alguns sistemas de integração estão se movendo de volta para a fabricação de componentes eletrônicos. Por exemplo, haverá menos aviões e mais esforços em aviônica, radares, armas, etc., que fazem parte dos aviões. De qualquer forma, isso significa uma mudança no centro de gravidade da empresa.

Em resumo, diversos padrões de mudança estratégica podem ocorrer em uma empresa. Eles envolvem mudanças em seu segmento de origem, mudanças em seu centro de gravidade, ou uma combinação dos dois. Para algumas mudanças estratégicas há organizações apropriadas e medidas de desempenho econômico.

ESTRATÉGIA, ORGANIZAÇÃO E DESEMPENHO

Há vários anos são feitos estudos de estratégia e estrutura com as empresas listadas na *Fortune 500*. A maioria deles foi conduzida pela Harvard Business School. Esses estudos foram revistos em um trabalho anterior (Galbraith e Nathanson, 1978). A visão corrente é ilustrada na Tabela 1. Se alguém fizer uma amostragem da *Fortune 500* e categorizá-la por estratégia e estrutura, existem as seguintes relações.

É possível achar organizações que ainda permanecem em sua área de negócios original. Uma dessas empresas é a Wrigley Chewing Gum. Essas empresas são administradas por organizações funcionais centralizadas. O próximo tipo estratégico é o vendedor de subprodutos verticalmente integrado. Novamente, essas empresas têm alguma diversificação, mas permanecem comprometidas com seu segmento e seu centro de gravidade. As empresas também são funcionais, mas os estágios seqüenciais são sempre operados como divisões de lucros e perdas. As empresas são geralmente muito centralizadas e administradas por grupos gerenciais colegiados. Os centros de lucro não são totalmente independentes para administrar seus próprios negócios. Quase todas são empresas primárias.

As empresas relacionadas são aquelas que se movem para novos segmentos em seu centro de gravidade. Geralmente são empresas secundárias. Elas adotam as divisões de centro de lucro descentralizados. Porém, as divisões não são completamente descentralizadas. Geralmente há equipes de apoio fortes e *marketing*, produção e P&D centralizados. Pode haver milhares de pessoas na folha de pagamento corporativa.

O contraste mais claro para o diversificador relacionado são as empresas de negócios não-relacionados. Essas empresas entram em várias áreas de negócios em diversos centros de gravidade. A organização que adotam é uma *holding* muito descentralizada. Sua característica mais marcante é a equipe corporativa reduzida. Dependendo do tamanho, os números variam entre 50 e 200 pessoas. Em geral, é pessoal de apoio. *Marketing*, produção e P&D são divisões descentralizadas. Grupos executivos não têm equipes de apoio e são geralmente orientados para a corporação.

As empresas associadas não chegam a nenhum desses extremos. Normalmente as formas associadas são transitórias. As organizações que elas utilizam são geralmente formas mistas, que não são facilmente classificáveis. Algumas divisões são autônomas, enquanto outras são administradas a partir do escritório central da empresa. Outras ainda têm grupos executivos fortes com equipes de apoio. Foram feitos alguns trabalhos para classificar essas estruturas (Allen, 1978).

Não há literalmente nenhum trabalho sobre mudanças no centro de gravidade e suas mudanças na estrutura. Da mesma forma, nada foi feito sobre as comparações de desempenho econômico. Mas para outras categorias e estruturas, estão surgindo alguns dados bons sobre desempenho econômico relativo.

Estudos de desempenho econômico compararam os vários modelos estratégicos e o conceito de ajuste entre estratégia e organização. Os dois conjuntos de resultado têm implicações de projeto organizacional. Os estudos econômicos usam retorno sobre patrimônio como medida de desempenho. Se alguém comparar as categorias estratégicas listadas na Tabela 1, há diferenças distintas de desempenho. Os que têm alto desempenho são consistentemente os diversificadores relacionados (Rumelt, 1974; Galbraith e Nathanson, 1978; Nathanson and Cassano, 1982; Bettis; 1981; Rumelt, 1982). Há várias explicações para essa diferença de desempenho. Uma explicação é que os diversificadores relacionados são empresas secundárias com altos gastos em P&D e propaganda. Essas empresas têm margens e retornos mais altos do que outras. Assim, pode não ser a estratégia e sim a área de negócios na qual a empresa está. Porém, se as organizações não-relacionadas são boas compradoras, por que não entram em negócios de alto retorno?

A outra explicação é que a empresa associada aprende um conjunto de habilidades importantes e planeja uma organização para atuar em um determinado centro de gravidade. Então, quando a empresa diversifica, assume a tarefa de conhecer uma nova área de negócios, porém no mesmo centro de gravidade. Dessa forma, ela consegue um portfólio diversificado de negócios, cada um com um sistema de gerenciamento e organização que é compreendido por todos. A gerência entende a empresa e não se sobrecarrega.

As não-relacionadas, porém, têm que conhecer novos segmentos e também como operar a partir de um centro de gravidade diferente. Essa última mudança é a mais difícil de conseguir. Uma empresa primária diversificou por meio da aquisição de empresas secundárias e consistentemente teve problemas de controle. Instituiu um processo de apropriação de capital para cada investimento de US$ 50.000 ou mais. Porém, ainda tinha problemas. A divisão de varejo abriu algumas lojas com aluguéis de US$ 40.000. Não usou o processo de capital. A empresa foi criticada porque as lojas exigiam US$ 40 milhões de capital de giro para estoque e contas a receber. Assim, os

Tabela 1

Estratégia	Estrutura
Empresa simples	Funcional
Subprodutos verticais	Funcional com L&Ps
Empresas relacionadas	Divisional
Empresas associadas	Estruturas mistas
Empresas não-relacionadas	Empresa *holding*

sistemas de gerenciamento não se ajustaram à nova empresa secundária. Parece que ajuste organizacional faz diferença...

Outra prova vem dos estudos de desempenho econômico. Esse resultado mostra que o pior desempenho nas categorias estratégicas vem do vendedor de subprodutos verticalmente integrados. Lembre que essas empresas são todas primárias, de matéria-prima e fabricantes primárias. Elas formam grande parte da "indústria pesada norte-americana". Em alguns aspectos, ganharam dinheiro no início do século, e o valor que elas agregam está mudando para países menos desenvolvidos no curso natural do desenvolvimento industrial. Porém, o importante aqui é a incapacidade delas de mudar. Não é segredo para ninguém que elas vêm tendo um desempenho ruim, embora continuem reinvestindo dinheiro na mesma área de negócios.

Minha explicação gira em torno do centro de gravidade. Essas empresas, antigamente bem-sucedidas, formam uma organização que se ajusta a seu segmento e estágio. Quando o segmento declina, elas são incapazes de mudar, assim como as empresas secundárias. A razão é que as empresas primárias eram organizações funcionais com poucos gerentes gerais. Sua alocação de recursos era feita dentro de uma única área de negócios, não entre produtos múltiplos. A habilidade da gerência é parcialmente conhecimento tecnológico. Essa tecnologia não se transfere entre segmentos no centro de gravidade dos fabricantes primários. O conhecimento do fabricante de papel não ajuda muito um fabricante de vidro. Ainda assim, ambos podem ser combinados em uma única empresa. Além disso, a intensidade de capital desses segmentos limita a diversificação. Normalmente, deve-se escolher um segmento e investir capital para ser um produtor de baixo custo. Assim, há diversas razões pelas quais essas empresas têm sido notadamente maus diversificadores.

Além disso, parece ser muito difícil mudar centros de gravidade, não importa onde uma organização esteja ao longo da cadeia do segmento. A razão é que a mudança de um centro de gravidade exige o desmantelamento da estrutura de poder atual, a rejeição de partes da velha cultura e o estabelecimento de novos sistemas gerenciais. A diversificação relacionada trabalha exatamente por razões opostas. As empresas podem entrar em novos negócios com mudanças mínimas na estrutura de poder e nas formas aceitas de fazer as coisas. Mudanças no centro de gravidade normalmente ocorrem em empresas iniciantes em um novo centro de gravidade, e não uma mudança no centro de empresas já estabelecidas...

Há algumas exceções a essa regra. Algumas organizações passaram de produtores primários de *commodity* para produtores de produtos secundários e de consumo. A General Mills passou de produtor de farinha de trigo para fornecedor relacionado diversificado de produtos para casa. Durante um longo período ela fez o movimento descendente para produtos alimentícios de consumo a partir de seu produto inicial, mistura para bolo. A partir daí, diversificou em áreas relacionadas depois de vender as operações de moinho, o antigo núcleo da empresa... [Nesses casos], porém, foi trazida uma nova equipe gerencial e foram usadas aquisição e venda de ativos para fazer a transição. Assim, ainda que tenham permanecido vestígios antigos, essas empresas são substancialmente diferentes...

A maior parte de nossa pesquisa examinou um tipo de mudança estratégica – diversificação. A mais difícil de todas, a mudança no centro de gravidade, recebeu muito menos [atenção]. Em grande parte, o conceito é difícil de medir e não é publicamente reportável como o número de segmentos em que uma empresa opera. É necessário usar estudos de caso. Mas há necessidade de mais conhecimento sistemático em relação a esse tipo de mudança estratégica.

LEITURA 8.3
O DESIGN DE NOVAS FORMAS ORGANIZACIONAIS[5]
por Jennifer Herber, Jitendra V. Singh e Michael Useem

Um dos truísmos de administração mais sagrados é que as organizações devem se adaptar às condições ambientais mutantes. Mas organizações bem-sucedidas freqüentemente têm problemas para responder a mudanças descontínuas, que destroem a competência, como o advento da Internet. Jogadores dominantes sempre falham na adaptação porque isso significa desmantelar as mesmas organizações que os conduziram ao sucesso.

Eles dominaram as tecnologias atuais e as necessidades dos clientes, mas por terem estabelecido essa experiência e foco eles também se tornaram malpreparados para enfrentar tecnologias inovadoras e novos clientes. As adaptações passadas tornam-se forças inerciais, levando a um tipo de "armadilha de competência". As arquiteturas organizacionais que as empresas construíram para impelir seu sucesso podem se tornar tão ultrapassadas como os reinos feudais na era da democracia.

Contudo, entramos em uma era de experimentação intensa, com novas formas organizacionais, e as tecnologias inovadoras criaram oportunidades radicalmente di-

---
[5] Extraído de Jennifer Herber, Jitendra V. Singh e Michael Useem, "The Design of New Organizational Forms" em *Wharton on Managing Emerging Technologies*, 2000, pp. 376-392.

ferentes para fazer negócios. Como resultado, a arquitetura das empresas está mudando, as relações hierárquicas estão se achatando, os projetos de trabalho estão ganhando mais poder e os mercados estão se abrindo. Examinamos as novas formas organizacionais que estão surgindo em resposta às mudanças tecnológicas dos últimos anos. Tentamos entender o que diferencia essas formas organizacionais e como elas geram vantagem competitiva...

Gerentes experientes em geral criaram essas novas formas para capturar novas capacidades vistas como fundamentais para o sucesso em ambientes de mudança tecnológica descontínua. A primeira capacidade é um equilíbrio efetivo [de] exploração e utilização. Quando uma empresa se concentra totalmente na utilização de suas vantagens competitivas atuais, ela certamente se torna melhor naquilo que faz bem, mas, ao mesmo tempo, torna-se vulnerável a mudanças abruptas que negam o valor do que ela faz melhor. Por outro lado, se uma empresa concentra-se apenas na exploração de suas capacidades futuras, ela se arrisca a falhar no curto prazo por falta de resultados tangíveis. Então, um equilíbrio entre construir o futuro e explorar o passado parece ser essencial. A segunda capacidade é uma recombinação das competências estabelecidas. As organizações que pegam o que já fazem bem e criam novas misturas podem capitalizar nas competências existentes sem se prender a elas.

As formas organizacionais diferenciadas são definidas por reconfigurações únicas de seis elementos:

1. *Metas organizacionais* são os objetivos amplos da empresa e os resultados relacionados a desempenho, variando desde participação de mercado e satisfação de cliente até retorno total para os acionistas. Elas implicitamente contêm estruturas de tempo para mensurar até onde já foram cumpridas. Uma meta da empresa, por exemplo, pode ser estabelecer participação de mercado dominante em uma área emergente durante os próximos três anos, parecido com o que a Amazon.com conseguiu em suas vendas de livros *on-line*.

2. *Estratégias* dizem respeito a padrões pretendidos e emergentes de métodos de longo prazo para atingir metas tanto no nível da empresa como no da unidade de negócios.

3. *Relações de autoridade* incluem arquitetura organizacional e estruturas hierárquicas.

4. *Tecnologias* referem-se a informações, comunicações e métodos de produção.

5. *Mercados* incluem relações com clientes, fornecedores, parceiros e concorrentes.

6. *Processos* referem-se a ligações dinâmicas entre esses elementos, como recrutamento, orçamento, remuneração e avaliação de desempenho.

... Entre as formas emergentes, vemos seis modelos organizacionais relativamente diferentes e potencialmente duradouros. Eles não são necessariamente mutuamente exclusivos, e algumas empresas constroem simultaneamente dois ou mais ao mesmo tempo. E as fronteiras entre eles também não são precisamente definidas. Ainda assim, eles estão começando a representar respostas relativamente distintas para tecnologias de produção emergentes, comunicações e distribuição. As seis novas formas organizacionais são (1) organização virtual, (2) organização em rede, (3) organização desmembrada, (4) organização ambidestra, (5) organização frente e verso e (6) organização sentido e resposta.

ORGANIZAÇÃO VIRTUAL

A forma virtual é uma organização na qual funcionários, fornecedores e clientes estão geograficamente dispersos, mas unidos pela tecnologia. Uma rede de unidades organizacionais e pessoas distribuídas age em conjunto para atender clientes bastante dispersos. Novas tecnologias de informação levaram ao surgimento dessa forma, à medida que clientes e empresas passaram a utilizar sistemas de comunicação de alta velocidade, em banda larga, para comprar e vender produtos e serviços em qualquer outro lugar além de um ponto de contato direto em uma loja ou escritório. Essas tecnologias também criaram mecanismos para reunir de forma barata organizações e operações muito espalhadas. A organização virtual é praticamente sem fronteiras, com tarefas executadas, fornecedores acessados e produtos entregues em centenas, senão milhares, de locais físicos muito espalhados. O escritório central pode não ser muito mais do que um computador na casa do principal executivo, com conexão à Internet.

A forma virtual minimiza comprometimentos de ativos, resultando em maior flexibilidade, custos mais baixos e, conseqüentemente, crescimento mais rápido. Sua aplicação e valor podem ser vistos na experiência da Dell Computer Corporation. Fundada em 1984, a Dell dominou as tecnologias emergentes e o gerenciamento de informações para integrar parceria com fornecedores, personalização em massa e produção *just-in-time* para uma receptividade rápida e precisa à demanda dos clientes, que cresce rapidamente. Ela introduziu formas de organização virtual em toda a cadeia de valor, desde fornecedores até fabricantes e clientes.

A espinha dorsal da produtividade, eficiência e personalização em massa excepcionais da Dell tem sido sua coordenação de áreas de negócios, clientes e fornecedores, envolvendo toda a empresa. Mantendo conexões em tempo real com seus clientes, por exemplo, a Dell pode fornecer os tipos de dados detalhados que permite a eles reduzir estoque, aumentar velocidade e melhorar a logística. O compartilhamento de informações com fornecedores aumentou o incentivo deles para colaborar. E o uso de formulários eletrônicos em vez de papéis na Dell reduziu o custo de muitos departamentos, desde recebimento de pedidos até inspeção de qualidade. A tecnologia permitiu que a Dell se beneficiasse de uma integração vertical de fato, sem as obrigações e inflexibilidades de possuir a cadeia de suprimentos.

A conexão virtual da Dell Computer com seus clientes, via Internet e canais de voz, também permitiu à Dell evitar os canais de revenda tradicionais, criando assim uma vantagem competitiva sustentável de custo de venda mais baixo e receptividade mais alta do cliente. No final dos anos 90, a Dell tornou-se o segundo maior fabricante de computadores do mundo, com 30.000 funcionários e receitas anuais de US$ 21 bilhões e US$ 30 milhões de vendas diárias via Internet.

As tecnologias eletrônicas foram usadas por outras empresas para expandir os limites das relações virtuais. Em tais relações, os produtos nunca aparecem em *showrooms*, os clientes nunca encontram os vendedores e o dinheiro nunca muda fisicamente de mãos. Amazon.com, CDNow e milhares de empresas similares de comércio eletrônico especializaram-se no uso de catálogos virtuais no lugar de vitrines de lojas, cartões de crédito em vez de dinheiro e confirmações via *e-mail* no lugar de recibos de papel.

As empresas virtuais também aprenderam a explorar o potencial único da via de duas mãos por meio da qual elas tanto vendem como aprendem. Criaram relações mais duradouras e mais personalizadas com clientes e construíram comunidades entre os clientes...

Todavia, essa flexibilidade da forma organizacional virtual criou um novo conjunto próprio de desafios, especialmente na área de relações de autoridade. Os laços das tecnologias de comunicação eram tão fortes que já não importava se os funcionários se sentavam próximos um do outro ou até do lado. Eles poderiam até trabalhar de casa, a quilômetros de distância, ou até mesmo em escritórios localizados em outro continente. Não precisam trabalhar em período integral ou das 9h às 17h. Mas, com a diminuição da proximidade física e da freqüência de contato, o papel tradicional dos supervisores muda – eles deixam de controlar processos de trabalho para controlar resultados, deixam de exercer autoridade sobre as tarefas e passam a delegar responsabilidade para obtenção de resultados. Os supervisores também não ficam mais no centro da comunicação e coordenação, pois o aumento da colaboração horizontal nega a necessidade de subir na organização para obter cooperação da parte de baixo em outras operações. Um subproduto duradouro para os chefes tem sido tornar-se menos central nas informações de retorno e avaliações de desempenho – e os pares tornam-se mais centrais. A organização vertical abre caminho para as relações laterais...

A forma de organização virtual traz muitas vantagens para as empresas que estão em construção e que têm tecnologias de *marketing* emergentes. Essa forma atua como um ímã para atrair funcionários criativos e cheios de energia, que evitam a burocracia e favorecem a soberania. Essa vantagem pode transformar-se em desvantagem, porém, quando o prosseguimento das tecnologias emergentes para o próximo estágio de desenvolvimento depende de uma massa crítica de pessoas criativas trabalhando juntas intensamente. A necessidade de proximidade geográfica explica-se parcialmente porque até mesmo os segmentos mais avançados tecnologicamente – que parecem se prestar melhor às formas virtuais – são sempre geograficamente concentrados, como os fabricantes de computador no Vale do Silício e os serviços de telecomunicações no norte da Virgínia.

ORGANIZAÇÃO EM REDE

A forma de rede é baseada em um conjunto organizado de relações entre unidades de trabalho autônomas ou semi-autônomas para gerar um produto ou serviço completo para um cliente. As formas de rede são encontradas tanto dentro das empresas como entre grupos de empresas.

FORMA DE REDE EXTERNA

As redes externas entre empresas podem ser vistas como terceirização ao extremo. No núcleo estão as organizações que decidiram concentrar-se em uma determinada competência ou em uma parte específica da cadeia de valor. As organizações centrais criam laços simbióticos entre um conjunto de entidades legalmente independentes para agregar habilidades, montagens e serviços necessários. Elas se baseiam em outras entidades, formadas por fornecedores e distribuidores, para completar a cadeia de valor na entrega de um produto ou serviço completo.

Algumas redes externas podem ser descritas como *federadas*, pois nelas um conjunto de empresas livremente associadas trabalha de forma relativamente autônoma, embora engajado em monitoramento e controle mútuo. Outra rede externa pode ser vista mais como *redes organizacionais* passageiras, nas quais constelações de atores se unem ao redor de oportunidades de negócios emergentes e se dissipam rapidamente assim que completam seu curso. Outra subespécie ainda é a *parceria estratégica*, na qual empresas fazem acordos cooperativos com fornecedores, normalmente de um continente para outro, para conseguir custo de produção mais baixo, ou acordos colaborativos com empresas de pesquisa em todo o mundo para obter inovação da mais alta qualidade.

As redes externas são reunidas por meio de uma variedade de métodos, desde empreendimentos conjuntos e parcerias formais até sistemas de franquia e consórcio de pesquisa. Qualquer que seja o tipo específico de rede externa, ele transforma a rixa competitiva em rivalidades entre constelações de empreendimentos colaborativos.

A indústria têxtil em Prato, Itália, durante os anos 80, exemplifica a rede externa. Lá, empresas pequenas passaram a se especializar em um determinado nicho de mercado em resposta à demanda dos clientes por preços mais baixos e maior variedade. Nenhuma empresa sozinha dominava e corretores independentes – *impannatores* – atuavam como uma interface com o cliente, pegando pedidos que excediam muito a capacidade de um único produtor. Eles dividiam e despachavam os pedidos para centenas de produtores sobre os quais não tinham qualquer autoridade formal. As 15.000 empresas independentes da região, com uma média de apenas cinco funcionários cada, produziam coletivamente aquilo que geralmente só seria possível para algumas poucas grandes empresas. Embora esses produtores em miniatura concorressem vigorosamente uns com os outros, eles também estabeleciam uma forte cooperação para tarefas nas quais as economias de escala e a prática conjunta se provaram... lucrativas...

A rede organizacional externa traz autoridade e relações de mercado diferenciadas, baseando-se na comunicação lateral, em vez da vertical, para atingir coordenação...

FORMA DE REDE INTERNA

A estrutura de rede interna baseia-se muito na mesma premissa que sustenta a rede externa – relações alinhadas, mas livres entre um conjunto de operações, podem sempre derrotar uma hierarquia de controle entre as operações – mas aqui a premissa é aplicada dentro da empresa. Unidades de negócios estratégicas, microempreendimentos e equipes de trabalho autônomas são os blocos de construção e seu trabalho é coordenado e disciplinado, mas raramente dirigido pelo topo da pirâmide. O escritório central estabelece a estratégia global, aloca ativos e monitora resultados, mas, além disso, não está muito preocupado com as operações diárias. Os altos executivos estabelecem um espírito cultural e ambiente comum entre as unidades e equipes operacionais, e depois o alto escalão deixa que cada operação praticamente crie seus próprios métodos para produzir e vender.

Um caso exemplar é da empresa baseada em Zurique ABB – Asea Brown Boveri, que levou ao extremo o conceito de rede em suas subsidiárias e unidades de negócios. Essa empresa de engenharia e tecnologia empregava 200.000 pessoas em mais de 100 países no final dos anos 90 e, em 1998, ganhou US$ 2 bilhões, com receitas de US$ 31 bilhões. Ainda assim, seu escritório central tinha pouco mais de 100 gerentes, e literalmente todas as decisões eram centralizadas em 1.300 unidades operacionais e 5.000 centros de lucro em todo o mundo. Descrita como "obsessivamente descentralizada", a pirâmide da ABB é quase plana, com uma única camada de gerência entre os principais executivos e os gerentes de campo. Os gerentes de campo, como resultado, têm autonomia para fazer o que quiserem desde que suas decisões estejam em linha com as metas da empresa...

Tanto a forma de rede externa como a interna se beneficiam da flexibilidade de adaptação que resulta de sua construção modular. Seja dentro de uma empresa ou entre um grupo de empresas, unidades podem ser abertas, movidas ou fechadas, e cada uma delas está muito mais perto de seus respectivos clientes do que qualquer outra pessoa na operação...

Essa forma organizacional pode ser particularmente útil em segmentos com mudança tecnológica rápida e novas formas que emergem rapidamente para produzir e vender. Quando a incerteza é alta, o risco é grande e o tempo é curto, a modularidade da forma de rede garante uma resposta rápida. O foco da rede no cliente garante uma resposta variada. E a autonomia local do formato de rede garante uma resposta criativa.

ORGANIZAÇÃO DESMEMBRADA

A forma organizacional desmembrada é construída quando as empresas estabelecem novas entidades a partir de novos conceitos de negócios e depois as deixa seguir seu próprio caminho, pelo menos parcialmente. A organização controladora, que algumas vezes lembra uma *holding*, atua como um capitalista de risco, uma incubadora protetora e um mentor orgulhoso, mas as unidades bem-sucedidas são mais cedo ou mais tarde expulsas do ninho. A empresa controladora pode abrir mão de toda a propriedade e controle, ou pode decidir reter uma parcela de 20, 50 ou 70%. Qualquer que seja a faixa de retenção, a parte desmembrada é deixada praticamente por sua conta, podendo nadar ou afundar.

Durante o processo de desmembramento, as relações de autoridade entre a empresa e as unidades de negócios desenvolvem-se desde controle paterno até independência adulta. As metas do desmembramento vão divergir dos objetivos da empresa controladora, pois a descendência delas é legalmente separada. Ainda assim, um conselho paterno gentil em geral continua ocorrendo, e alguns descendentes continuam a fazer bom uso dos departamentos de contabilidade, jurídico e financeiro da empresa controladora.

... A Thermo Electron atuou durante longo tempo como uma "incubadora de inovação" para produtos termodinâmicos, médicos e outros tecnologicamente relacionados para nichos de mercado bem-definidos... Fundada em 1956, em 1982 a empresa começou a "desmembrar" tecnologias e serviços promissores, oferecendo ao público ações minoritárias de subsidiárias recém-criadas. Para assegurar que os gerentes das empresas desmembradas continuassem a gerar grandes retornos mesmo quando eles não mais fossem obrigados a fazê-lo, a Thermo Electron criou pacotes de incentivos altamente alavancados. Tendo a chance de se comportar como um empreendedor e sendo recompensado por fazê-lo, e com um produto comprovado nas mãos após passar por um período de incubação, os gerentes das empresas desmembradas sempre tiveram um desempenho superior ao de mercado. O mesmo ocorreu com a Thermo Electron, que cresceu e em 1999 era um empreendimento de US$ 4 bilhões, com 26.000 empregados em todo o mundo...

Empresas desmembradas podem... constituir um veículo excelente não apenas para desenvolver, mas também para comercializar tecnologias emergentes caras e arriscadas. Como elas passam a ser legalmente separadas da corporação controladora, podem tentar diversas estratégias de crescimento, objetivos financeiros e metas de desempenho, permitir maior receptividade para condições de mercado que mudam rapidamente e possibilidades emergentes. Podem usar opções de ações para atrair e manter talentos que, de outra forma, deixariam a empresa por falta de incentivos reais. E, uma vez que as empresas desmembradas estejam andando com suas próprias pernas no mercado, as forças conjuntas de investidores exigentes e concorrentes agressivos impõem uma disciplina financeira com uma intensidade raramente sentida dentro de uma grande empresa controladora.

ORGANIZAÇÃO AMBIDESTRA

Se a forma desmembrada é projetada para tirar o novo empreendimento do ambiente algumas vezes não-hospitaleiro de uma grande organização, a forma organizacional ambidestra cria um ambiente no qual tanto as empresas estabelecidas como as emergentes florescem lado a lado. Algumas partes da organização estão trabalhando em melhorias na tecnologia, outras estão procurando inovações. A forma ambidestra supera o "dilema do inovador", a questão de ouvir tão bem os clientes atuais que a empresa nunca antecipa tecnologias radicalmente novas, que os clientes ainda não entenderam, mas vão acabar exigindo. Esse esquema organizacional é criado para assegurar destreza simultânea tanto em melhoria contínua como em inovação descontínua.

Com 125.000 empregados e vendas de US$ 47 bilhões em 1998, a Hewlett-Packard estava preocupada com que o sucesso dos produtos existentes iria amortecer novos produtos porque os campeões desses últimos não teriam força política para obter financiamento e atenção. A empresa então criou um grupo de consultoria interna para ajudar suas unidades autônomas de negócios a fazer duas coisas de uma só vez. Como caracterizado por Stu Winby, seu diretor de Serviços de Mudança Estratégica, o objetivo é melhorar as vendas das tecnologias atuais de uma unidade de negócios, com foco em aumentar volumes e reduzir custos. Mas um objetivo concorrente é organizar parte da mesma unidade de negócios em torno de futuras tecnologias, com ênfase em espírito empreendedor e velocidade para o mercado. Os novos produtos algumas vezes concorrem lado a lado com produtos existentes ou até ameaçam canibalizá-los totalmente, e os gerentes das linhas de produtos bem-estabelecidas são previsivelmente cautelosos. Ainda assim, a experiência da Hewlett-Packard confirma que é possível encontrar caminhos para manter as duas agendas trabalhando de forma bem-sucedida sob o mesmo teto.

A forma ambidestra pode ser especialmente útil para promover tecnologias emergentes sem abandonar as antigas. Quem faz as duas coisas ao mesmo tempo corre o risco de semear conflito, mas, quando bem orquestrada, essa forma ajuda a reconciliar agendas que de outro modo seriam opostas. Uma característica crítica é limitar sua separação: os responsáveis pelos produtos tradicionais são trazidos para um diálogo ativo com aqueles que estão à frente das novas idéias. Associações laterais, em vez de operações segregadas, tornam-se importantes aqui para estímulo mútuo. E, quando bem incentivados a compartilhar conhecimento em vez de acumulá-lo, a comunicar-se em vez de isolar-se, os dois lados contribuem mais para os objetivos finais da empresa e dedicam menos energia em frustrar a outra parte.

ORGANIZAÇÃO FRENTE E VERSO

A forma organizacional frente e verso é organizada em torno dos clientes na linha de frente, com todos os departamentos da empresa posicionados atrás para atender a linha de frente. O objetivo é garantir ao cliente soluções rápidas, receptivas e personalizadas.

Um tipo de forma frente e verso é a organização invertida, na qual todos os executivos da linha, sistemas e equipes de apoio trabalham de fato para a pessoa da linha de frente, permitindo que ele ou ela concentre as capacidades da empresa na satisfação do cliente. Com os sistemas e processos da empresa tão focados, o pessoal da linha de frente comanda os recursos para responder pronta e precisamente às necessidades dos clientes. O organograma é virado de ponta-cabeça, com os clientes no topo, pessoas de contato com os clientes em seguida e o resto abaixo.

A forma frente e verso pode ser vista em muitas organizações de assistência médica. Elas ainda dividem as práticas médicas em especialidades como radiologia, anestesiologia e cardiologia, mas muitas agora também planejam um provedor primário que coordene as funções finais para entregar um pacote de saúde completo ao paciente.

Uma segunda variante da forma frente e verso é um híbrido de equipes de processo vertical e horizontal. Aqui, as empresas são divididas em unidades com linhas hierárquicas verticais, mas também estabelecem meios formais para transcender as barreiras verticais quando elas aparecem no caminho. Algumas vezes, as empresas frente e verso são focadas em produtos; em outros casos, em canais geográficos ou de distribuição. Seja qual for a configuração, elas de certa forma lembram uma "corporação sem centro", na qual os recursos são dirigidos para a parte que tem mais contato com os clientes.

O modelo híbrido com trabalho horizontal que corta as linhas hierárquicas verticais, pode ser encontrado em muitas empresas de consultoria gerencial. Sócios e associados da McKinsey & Company, Andersen Consulting e outras empresas do gênero são organizados em práticas especializadas, como estratégia, informações e mudança, mas também criam equipes temporárias para clientes, formadas por pessoas de áreas diversas. Os líderes das equipes têm o comando dos recursos das práticas especializadas durante o contrato para assegurar que seus clientes recebam a combinação correta de especialidade técnica para resolver o problema que enfrentam...

As organizações frente e verso diferem das formas tradicionais principalmente em suas relações de autoridade reconfiguradas. As empresas de assistência médica, por exemplo, realinham incentivos para promover a cooperação em vez de relações adversas entre médicos, trabalhadores da área de saúde e planos médicos...

ORGANIZAÇÃO SENTIDO E RESPOSTA

A forma organizacional sentido e resposta é focada ainda mais intensamente na identificação de necessidades emergentes do cliente. Enquanto a forma frente e verso desenvolve uma relação diferenciada com os clientes, a forma sentido e resposta orienta toda a organização para atender às demandas sempre mutantes dos clientes. A premissa do trabalho é que a mudança imprevisível é inevitável no mercado, e o desafio é deixar a organização pronta para capitalizar em qualquer descontinuidade que ela enfrente.

A capacidade de adaptação está entre as primeiras capacidades das empresas sentido e resposta. Elas tendem a planejar de baixo para cima, com poucos planos predeterminados de longo prazo, reagindo quase que diariamente aos movimentos do mercado. Ocupam um nível intermediário entre a estratégia de "controle seu próprio destino" e a estratégia de "deixe o destino acontecer". Uma variação dessa forma é aquela chamada de "Entidade de negócios "megaestratégicos", encontrada entre empresas gigantes e diversificadas, que mudam continuamente para ficar com os mesmos clientes por anos.

A Westpac Banking Corporation, empresa australiana com 31.000 funcionários e US$ 56 bilhões de receitas em 1998, ilustra a forma sentido e resposta. Durante uma década a empresa trabalhou como uma coletânea de capacidades e ativos gerenciados para adaptar-se às solicitações dos clientes. Ela não é especialmente eficiente em processamento, mas sua modularidade assegura que obtenha informações detalhadas dos clientes e responda com precisão a cada necessidade. Seu principal objetivo é responder continuamente aos clientes e antecipar suas necessidades futuras. As relações de autoridade são necessariamente mais fluidas para assegurar respostas flexíveis às solicitações dos clientes...

CONCLUSÕES

... Para os gerentes que se perguntam qual das seis formas organizacionais oferece mais retorno para suas empresas, a escolha é contingente. Como resumido na Tabela 1, a seleção depende, por um lado, da configuração única das metas e das relações de autoridade e, por outro lado, da natureza de suas tecnologias mutantes e seus mercados. Quando as tecnologias e os mercados de uma empresa são relativamente novos, mas suas metas e relações de autoridade não o são, a forma ambidestra pode ser a mais apropriada. Quando as metas e relações de autoridade são novas, mas as tecnologias e os mercados não o são, a forma desmembrada pode ser a mais indicada. Quando uma empresa enfrenta mudanças nas duas áreas, a forma sentido e resposta pode muito bem ser a mais apropriada.

As organizações devem olhar cuidadosamente para seus ambientes competitivos e suas capacidades internas ao selecionar a forma organizacional correta. As seis formas descritas aqui representam modelos diferenciados, mas pode-se formar modelos híbridos, e algumas empresas adotaram simultaneamente duas ou mais formas. As seis formas podem ser vistas como um ponto de partida para pensar sobre uma forma que seja criada unicamente para encarar os desafios enfrentados por uma empresa. Como esses desafios são muito variados, tendemos a ver um conjunto de formas organizacionais que não se baseia em um único modelo, mas que seja feito sob medida, com tudo que for necessário para desenvolver, usar e vender tecnologias emergentes nos próximos anos.

Tabela 1 — Formas organizacionais e ambientes mutantes

METAS E RELAÇÕES DE AUTORIDADES	Velha	Nova
Nova	Desmembrada	Sentido e resposta
	Rede	Virtual
Velha	Frente e verso	Ambidestra

TECNOLOGIAS E MERCADOS

Capítulo 9
Tecnologia

A tecnologia é um fator importante em quase todos os processos de estratégia concebíveis hoje em dia. Assim, em certo sentido, a escolha dos textos para incluir foi ampla. Escolhemos dois para dar o sabor de algumas idéias modernas (e, devemos observar, vários textos nos próximos capítulos voltam ao tema da tecnologia).

Lampel e Mintzberg criticam uma questão popular na tecnologia atual, ou seja, a personalização. Depois de apresentar uma estrutura para pensar sobre o que significa de fato personalização, eles concluem que grande parte do que é chamado de personalização, especialmente, a chamada "personalização em massa", na verdade situa-se em um ponto intermediário entre personalização pura e padronização pura. Eles chamam isso de personalização padronizada.

O segundo texto, de George Day e Paul Schoemaker, da Wharton School of Business, mostra as armadilhas a serem evitadas nas tecnologias emergentes. Eles examinam o que pode ser chamado de "conservadorismo racional" da maioria das empresas frente às novas tecnologias. É racional ater-se àquilo que você conhece bem e esperar que a nova tecnologia seja testada no mercado. É racional comprometer-se com uma tecnologia se ela for promissora, mas apenas até um certo ponto. E é racional jogar a toalha se a tecnologia não sobreviver à sua promessa inicial. Essas são precisamente as razões pelas quais muitas empresas estabelecidas e aparentemente bem-administradas perdem negócios com novas tecnologias. A solução, sugerem os autores, é as empresas ficarem cientes da natureza paradoxal das novas tecnologias e prestarem atenção às informações da periferia da empresa, desafiarem suposições profundamente enraizadas, experimentarem e aprenderem e permanecerem flexíveis diante das novas opções tecnológicas.

LEITURA 9.1
PERSONALIZANDO A PERSONALIZAÇÃO[1]
por Joseph Lampel e Henry Mintzberg

A história das empresas norte-americanas, nos últimos 100 anos, tem sido uma história de produção e distribuição em massa de produtos padronizados. Acadêmicos e profissionais que examinaram o panorama econômico e geral baseiam-se em grandes corporações que fizeram suas fortunas ao transformar mercados fragmentados e heterogêneos em segmentos unificados. No núcleo dessa transformação estavam estratégias baseadas em padronização: padronização de gosto que permitiu projetos padronizados, padronização de projetos que permitiu produção em massa mecanizada e a resultante padronização de produtos que permitiu a distribuição em massa.

Recentemente, um número crescente de economistas e acadêmicos de administração declarou que essa era terminou. Diversos livros e artigos alegam que estamos testemunhando o surgimento de uma nova era de personalização, uma era na qual novas tecnologias, competição crescente e clientes mais assertivos estão levando as empresas à personalização de seus produtos e serviços. Não é surpresa que as empresas que desenvolveram estratégias de personalização atraíram atenção considerável como modelo daquilo que deve tornar-se um lugar comum em um futuro próximo.

Começamos descrevendo essas duas lógicas. Depois, argumentamos que essa polarização conceitual, que tem raízes firmes na teoria e na prática gerenciais, levou os pensadores a ignorar as estratégias que combinam essas

---
[1] Extraído de "Customizing Customization", Joseph Lampel e Henry Mintzberg, *Sloan Management Review*, Fall 1996, vol. 38(1), 21-30.

lógicas. Falando simplesmente, a visão em si representa uma padronização imprópria da teoria gerencial – ou, mais exatamente, a continuação da mentalidade de padronização que durante muito tempo permeou tal teoria. Desde a época de Frederick Taylor, a noção de que gerentes devem adotar obcecadamente a "melhor forma" levou os escritores da área de administração a adotar uma solução ou outra (ou, mais freqüentemente, uma solução e *depois* a outra) como a melhor prática. Na verdade, o entusiasmo atual pela personalização pode ser comparado a um entusiasmo ainda maior pela padronização há muitos anos.

O que está sendo ignorado em tudo isso é que personalização e padronização não definem modelos alternativos de ação estratégica; ao contrário, traça uma linha de estratégias do mundo real. Ao promover a personalização como resposta para o que incomoda muitas organizações, pode ser que estejamos substituindo um extremo pelo outro. Os gerentes precisam posicionar suas estratégias ao longo da linha, e o papel dos escritores de administração é fornecer as ferramentas conceituais para facilitar essa tarefa.

Não é um acidente histórico que a personalização seja hoje promovida com o mesmo entusiasmo que se promoveu a padronização há quase um século. O movimento de personalização de hoje é uma reação a forças econômicas e tecnológicas significativas, muito parecido com o movimento de padronização em sua época. Mas esses desenvolvimentos devem ser vistos a partir de uma perspectiva clara. Dessa forma, vamos começar revendo como surgiu inicialmente a distinção entre padronização e personalização.

A Lógica da Agregação

A teoria econômica tem uma visão geral dos mercados. Ela tira deles sua complexidade e variabilidade, agregando empresas e pessoas em dois grupos: compradores e vendedores. Em contraste, a teoria administrativa, especialmente em estratégia, começa com as relações de empresas específicas com seus ambientes. Dessa forma, os vendedores são desagregados. Os clientes, porém, continuam a ser vistos coletivamente como um grupo (ou um conjunto de grupos segmentados) que compartilham características comuns. Isso levou gerentes e pesquisadores a enfatizar a vantagem das economias de escala em todas as partes da cadeia de valor, desde desenvolvimento até produção e distribuição, o que, por sua vez, promoveu um foco nos segmentos em que as características compartilhadas dos clientes são facilmente estabelecidas. Assim, em seu livro de 1980, Porter descreve 196 segmentos para ilustrar suas idéias. Segundo nossa contagem, 176 deles foram dominados pela lógica da agregação, enquanto que apenas 20% pode ser considerado como tendo se voltado para a desagregação.

As máximas que se seguem capturam o imperativo básico da lógica de agregação: (1) reduz o impacto da variabilidade dos clientes nas operações internas, (2) faz isso identificando produto geral e categorias de clientes e depois (3) simplifica e dinamiza as interações com o cliente. Com o tempo, isso resultou em um conjunto bem-definido de estratégias que promoveu as vantagens das economias de escala e padronização com sucesso particular.

Em 1929, um estudo com 84 classes de produtos mostrou uma redução de variedade em alguns momentos, chegando a 98% do nível de 1921. Por exemplo, o número do tamanho de cobertores caiu de 78 para 12; as camas de hospital, que vinham em 33 tamanhos diferentes, foram todas padronizadas em um único tamanho em 1929... Como explicou um gerente: "Após anos de experiência com construtores e arquitetos, e também com proprietários de casas, descobrimos que as banheiras de 1,5m têm em média o tamanho adequado para a altura média das pessoas".

As lições práticas aprendidas durante esse período foram subseqüentemente incorporadas no ambiente da "profissão" recém-criada de gerente. Quando o estudo de empresas tornou-se uma ocupação acadêmica na virada do século, as empresas de produção e distribuição em massa destacaram-se como o método mais racional para ganhar vantagem competitiva. Os pensadores gerenciais aconselhavam contra a proliferação de produtos, e até mesmo um escritor influente como Lyndal Urwick alertava que a tentação de responder às demandas dos clientes poderia ser devastadora: "Permitir que as idiossincrasias de um vasto leque de clientes afastem a administração dos princípios com os quais ela pode produzir de forma mais econômica é uma atitude suicida – o tipo de boa intenção com a qual a estrada para o inferno ou para a falência é pavimentada."

Em meados dos anos 50, começou um movimento gradual de afastamento das formas extremas de agregação, sob o rótulo de "segmentação de mercado". Encorajadas pela automação na produção e também pela mudança do transporte ferroviário para transporte rodoviário e pelas mudanças na mídia de massa, as empresas começaram a visar a grupos específicos de consumidores. Entretanto, a lógica permaneceu a mesma, pois esse não era exatamente um movimento em direção à personalização séria, mas sim em direção à agregação de submercado ou classe de mercado. Na verdade, o mercado de massa em muitos segmentos alcançou uma escala tão grande que a segmentação representava poucos perigos reais para a eficiência na produção, a não ser estritamente na distribuição.

A Lógica da Individualização

Embora a lógica da agregação tenha se tornado dominante em muitos segmentos, ainda havia áreas de atividade econômica nas quais ela não era praticada. Exemplos óbvios eram certas profissões tradicionais, como alfaiataria, fabricação de jóias finas, cozinheiro de restaurante fino e confecção de lentes de óculos. Mais significante, talvez, seja o setor de bens de capital, no qual os produtos continuam a ser projetados segundo as especificações dos clientes e fabricados em oficinas especiais. Em setores como o de polpa e maquinários para papel, turbinas de vapor, aeronaves comerciais, simuladores de vôo e construção, o cliente pode estar profundamente envolvido em cada aspecto da transação e espera que as principais decisões relativas ao produto sejam negociadas conjuntamente.

Mais recentemente, é claro, tem havido um movimento maior em direção à personalização em uma ampla variedade de segmentos, incluindo o de serviços. Em alguns casos, a mudança tem sido bastante visível. O serviço telefônico padrão do passado deu lugar a um menu variado de características a partir do qual o cliente pode selecionar sua própria combinação favorita.

Em segmentos nos quais permeia a lógica da individualização, dominam formas diferentes de *marketing*, produção e desenvolvimento de produto. Em *marketing*, as empresas tentam desenvolver uma relação direta com cada cliente. Na produção, os produtos podem ser "feitos sob encomenda" ou "sob medida". E como os produtos podem ser projetados para determinados clientes, pesquisa e projeto podem perder grande parte de seu isolamento em relação ao mercado. Na verdade, a orientação é em direção ao gerenciamento de cada transação. Mas, como ainda vamos ver, há segmentos nos quais produtos, processos e transação variam muito em seu grau de personalização.

Entre Agregação e Individualização: Um Continuum de Estratégias

Embora a agregação e a individualização puras sejam percebidas como lógicas opostas, essa influência não levou ao surgimento de dois grupos distintos de estratégias. Ao contrário, achamos uma linha contínua de estratégias, dependendo de que departamentos se inclinam para a padronização e quais se inclinam para a personalização. Nas empresas de produção, para pegar um exemplo comum, os gerentes de produção sempre vêem agregação como a melhor forma de aumentar a eficiência, enquanto que gerentes de vendas sempre consideram a individualização como o melhor método para aumentar vendas. Talvez não seja coincidência o fato de o termo *cliente* aparecer constantemente no vocabulário dos gerentes de vendas, enquanto que os gerentes de produção preferem falar de resultados e programações.

Mas a melhor solução não é necessariamente um compromisso. Apenas nos processos operacionais, algumas empresas inclinam-se para um caminho ou outro devido às necessidades dos clientes que elas decidiram atender, enquanto outras favorecem as posições intermediárias. Nesse último caso, isso reflete a capacidade de uma organização de personalizar parcialmente em sua cadeia de valor, ao mesmo tempo em que mantém a padronização para o resto. Como o custo da personalização tende a aumentar na proporção do número de mudanças no produto, faz sentido personalizar primeiro as funções secundárias. As empresas podem oferecer aos clientes serviços de entrega especial ou financiamento individualizado, embora se recusem a permitir mudanças na produção. Ou, além disso, elas podem estar preparadas para fazer a montagem sob encomenda, conforme as solicitações dos clientes, ao mesmo tempo em que se recusam a modificar o projeto básico do produto e a fabricação padronizada de seus componentes.

Assim, a personalização da cadeia de valor começa com as atividades secundárias, mais próximas do mercado, e depois pode passar para as primárias. A padronização, por outro lado, começa na parte primária, com projeto fundamental, e depois, progressivamente, envolve fabricação, montagem e distribuição. Esses dois métodos fazem surgir uma linha contínua de estratégias, baseadas na padronização e na personalização, que apresentamos aqui.

Desenvolvemos essa linha contínua para uma empresa de produção com quatro estágios em sua cadeia de valor: projeto, fabricação, montagem e distribuição. Isso se refere, respectivamente, ao quanto a empresa concebe o produto inicialmente em relação às necessidades de um único cliente, constrói e então monta o produto de acordo com essas necessidades, e o distribui individualmente a esse único cliente (em vez de vendê-lo genericamente, como as "vendas no balcão"). Retroceder para a personalização em determinado momento ao longo dessa cadeia faz surgir cinco diferentes estratégias (ver Figura 1):

- **Padronização pura**. A estratégia da Ford Motor Company durante a era do modelo T foi um exemplo quintessencial de padronização pura – qualquer cor desde que fosse preto. Essa estratégia é baseada em um "projeto dominante" voltado para o grupo de compradores mais amplo possível, produzido na maior escala possível e depois distribuído comumente a todos. Sob tal estratégia de padronização pura não há distinção entre clientes diferentes. O comprador tem que se adaptar ou mudar para outro produto. Ele não tem influência direta sobre as decisões de projeto, produção ou mesmo de distribuição. Toda a organização é adaptada para levar o produto de um estágio para outro, começando com projeto e terminando com mercado.

- **Padronização segmentada**. A proliferação das marcas de cereal e a variedade de automóveis que seguiram o modelo T são exemplos de padronização segmentada. As empresas respondem às necessidades de diferentes grupos de compradores, mas cada grupo permanece agregado. Assim, os produtos oferecidos são padronizados dentro de um estreito leque de características. Um projeto básico é modificado e multiplicado para cobrir várias dimensões de produto, mas não segundo solicitação de clientes individuais. Assim, a escolha individual é antecipada, mas não fornecida diretamente. Dessa forma, uma estratégia de padronização segmentada aumenta as escolhas disponíveis para os clientes sem aumentar sua influência direta sobre as decisões de projeto ou

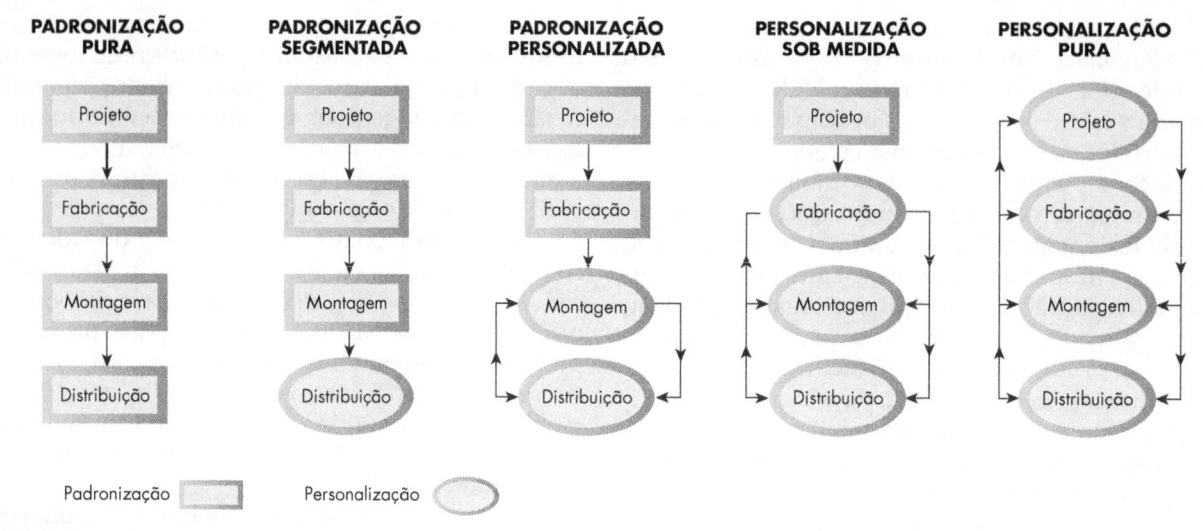

Figura 1 — Continuum de estratégias.

(PADRONIZAÇÃO PURA | PADRONIZAÇÃO SEGMENTADA | PADRONIZAÇÃO PERSONALIZADA | PERSONALIZAÇÃO SOB MEDIDA | PERSONALIZAÇÃO PURA — estágios: Projeto, Fabricação, Montagem, Distribuição. Padronização / Personalização.)

produção. Quando muito pode haver uma maior tendência a personalizar o processo de distribuição, por exemplo, na programação de entrega de grandes equipamentos. Quando levada ao extremo, a estratégia de padronização segmentada resulta em distribuição hiperfina – como no mercado de lâmpadas especiais, que oferece uma variedade quase ilimitada, mas não a pedido do cliente.

- **Padronização personalizada.** As empresas automobilísticas que oferecem ao comprador a opção de selecionar seu próprio conjunto de componentes usam a padronização personalizada, assim como as cadeias de hambúrguer que permitem aos clientes especificar suas preferências por mostarda, *ketchup*, maionese, tomates, etc. Em outras palavras, os produtos são feitos de acordo com o pedido a partir de componentes padronizados. Assim, a montagem é personalizada, mas a fabricação não, por isso chamamos de padronização personalizada, embora também possamos chamar de "modularização" ou "configuração". O projeto básico não é personalizado e os componentes são todos produzidos em massa para o mercado agregado. Cada cliente tem sua própria configuração, porém restrita ao leque de componentes disponíveis. Isso algumas vezes é construído em torno de um núcleo central padronizado, como um hambúrguer ou um chassi de automóvel.

- **Personalização sob medida.** Um terno sob medida, um tapete feito sob encomenda ou um bolo de aniversário com seu nome gravado são exemplos de personalização sob medida. A empresa apresenta o protótipo de um produto a um potencial comprador e então adapta ou personaliza o produto conforme os desejos ou as necessidades de cada um. Aqui a personalização retrocede para o estágio da fabricação, mas não para o estágio de projeto. Assim, o alfaiate tradicional vai mostrar ao cliente tecidos padronizados e cortes que ele pode adaptar ao cliente – por exemplo, lapelas mais largas do que o normal ou ajustes para acomodar um físico incomum. O cliente depois retorna para um ajuste e mais personalização. Uma grande parte das empresas tradicionais é conduzida dessa forma; por exemplo, na construção civil, o construtor modifica um projeto padrão conforme os desejos de um determinado cliente.

- **Personalização pura.** A individualização alcança sua conclusão lógica quando os desejos dos clientes penetram profundamente no processo de projeto em si, quando o produto é de fato feito sob encomenda. Artesãos que fazem isso são bem conhecidos, como joalheiros ou arquitetos residenciais, que criam o projeto de acordo com as especificações do cliente. De maior impacto talvez seja a personalização pura de grandes produtos e serviços, incluindo produção em larga escala de equipamentos, instrumentação industrial e grande parte do trabalho de construção. Os chamados "megaprojetos", como o projeto Apolo da NASA ou os jogos olímpicos, representam grandes exemplos de personalização pura. Aqui, todos os estágios – projeto, fabricação, montagem e distribuição – são em grande parte personalizados. A polarização tradicional entre compradores e vendedores é transformada em uma parceria genuína, na qual os dois lados estão profundamente envolvidos na tomada de decisão um do outro.

EM DIREÇÃO À PERSONALIZAÇÃO DE PERSPECTIVAS

Uma enxurrada de publicações recentes atesta a crença muito difundida de que estamos no meio de uma mudança tecnológica em produção, comunicações, distribuição e varejo – um renascimento virtual da personalização.

O ímpeto inicial é geralmente considerado como originário de novas tecnologias de informação, engenharia e produção que alteraram as barreiras tradicionais entre lote e produção em massa, que abriram caminho para o reestabelecimento da individualização nas áreas de negócios até então dominadas pela lógica da agregação e serviram para separar relações anteriormente estreitas entre produção e projeto. Em nossa opinião, porém, essas novas tecnologias não tiveram os efeitos acordados, especificamente a mudança drástica para personalização. Ao contrário, todos os tipos de situações continuam a existir. Na verdade, se houver uma tendência dominante – a qual, repetimos, deve coexistir com todos os tipos de contratendências – é dos dois extremos de nossa linha contínua de estratégia para o centro, ou seja, em direção à estratégia de padronização personalizada, como mostram vários de nossos exemplos.

A mudança de padronização pura ou segmentada para padronização personalizada certamente foi mais óbvia. Os efeitos de projetos e produção auxiliados por computador produziram exemplos marcantes de produtos previamente padronizados que agora podem ser personalizados.

Contudo, a mudança a partir da outra extremidade do *continuum* – de personalização pura ou sob medida para essa mesma posição intermediária de padronização personalizada – embora menos divulgada, pode ser igualmente importante e, na verdade, conduzida pelas mesmas tecnologias. O edifício alto, cujo projeto já foi considerado único, hoje pode parecer uma combinação de componentes padronizados.

Uma conseqüência importante dessa tendência é que, como consumidores, perdemos flexibilidade em uma área enquanto a ganhamos em outra. E, ironicamente, perdemos individualidade quando nos estabelecemos no meio, na padronização personalizada. O direito de pedir maionese em um hambúrguer ou um motor mais potente em um automóvel pode dar para alguns mais opções de escolha, mas dificilmente pode ser descrito como algo que representa uma grande liberdade, no mercado ou no campo político. De certa forma, perdemos capacidade de escolha na medida em que nos tornamos consumidores genéricos em uma operação de montagem.

Nossa nova teoria pode ser sobre personalização, mas nosso pensamento continua padronizado. Nossa tentação de padronizar conceitos está firmemente enraizada no desejo de simplificar o mundo e tornar nossas estruturas o mais genéricas possível. Contudo, um dos segredos da administração bem-sucedida atual, e como também na virada do século, é personalizar conceitos padronizados para se ajustar a aplicações específicas. Depois de um século durante o qual a literatura de administração foi dominada pela busca de uma solução padronizada, não estaria na hora de personalizar nossos conceitos também?

LEITURA 9.2
EVITANDO AS ARMADILHAS DAS TECNOLOGIAS EMERGENTES[2]
por George S. Day e Paul J. H. Schoemaker

As tecnologias emergentes[3] – como terapia dos genes, interatividade e comércio eletrônico, sensores inteligentes, imagens digitais, micro máquinas ou supercondutividade – têm o poder de refazer segmentos inteiros e estratégias estabelecidas já obsoletas. Isso é regozijante para os atacantes que podem escrever – e explorar – as novas regras da competição, especialmente se não estiverem sobrecarregados por uma empresa já existente.

Para as empresas, porém, as novas tecnologias são sempre traumáticas. A maioria dessas empresas acha que deve participar dos mercados que surgem. Sua primeira razão é defensiva, conduzida pela crença de que os recém-chegados estão organizando o uso de novas funcionalidades para atacar seus principais mercados. As transações bancárias via Internet já estão acontecendo, embora ninguém saiba até que ponto elas serão adotadas. Contudo, muitos banqueiros estremecem ao pensar que o setor bancário será profundamente remodelado (ver Bowers e Singer, 1996). A segunda razão é o inverso da primeira: se a tecnologia emergente realizar seu potencial, será atraente demais para ser ignorada. Porém, as probabilidades de que empresas grandes e estabelecidas se destaquem nesses mercados emergentes são geralmente fracas... Neste artigo, abordamos as questões de *por que* essas empresas têm tanta dificuldade com as novas tecnologias, e *como* elas podem antecipar e superar seus obstáculos...

ARMADILHAS PARA EMPRESAS JÁ ESTABELECIDAS

O surgimento de tecnologias desafiadoras como computação interativa ou comércio eletrônico raramente é uma surpresa. A maioria dos executivos de empresas comparece a conferências do setor, lê a imprensa especializada,

---

[2] Reimpresso, com cortes, de "Avoiding the Pitfalls of Emerging Technologies", George S. Day e Paul J. H. Schoemaker, *California Management Review*, Vol. 42(2), Winter 2000, 8-33.

[3] Definimos tecnologias emergentes como inovações baseadas na ciência que têm potencial para criar um novo segmento ou transformar um já existente. Elas incluem inovações descontínuas derivadas de inovações radicais (p. ex., microrrobôs) e também tecnologias mais evolucionárias, formadas pela convergência de ramos de pesquisa previamente separados (p. ex., aparelho de fax ou Internet).

compra estudos de consultoria, fala com os clientes e, de maneira geral, monitora os desenvolvimentos em seus campos. O problema é que cada uma dessas fontes tende a oferecer opiniões conflitantes, que se refletem em visões divergentes dentro da empresa. A ambigüidade inerente de uma tecnologia emergente, e os novos mercados que ela cria, associados ao domínio das estruturas do pensamento tradicional, torna as empresas já estabelecidas vulneráveis a quatro armadilhas seqüenciais relacionadas: participação atrasada; apego à tecnologia conhecida; relutância em comprometer-se totalmente e falta de persistência.

Primeira Armadilha: Participação Atrasada

Quando enfrentamos muita incerteza, é tentador e talvez racional apenas "observar e esperar". Uma breve observação pode ser atribuída a um grupo de desenvolvimento ou a uma equipe de consultoria contratada para estudar as implicações. Saber se há qualquer energia organizacional por trás dessas investigações depende criticamente de haver ou não um defensor crível para a tecnologia emergente dentro da empresa, que ofereça um paradigma alternativo para codificar os fracos sinais externos.

Os gerentes usam modelos mentais para simplificar e impor ordem em situações ambíguas e voláteis a fim de reduzir a incerteza a níveis administráveis. Essas são adaptações sensíveis que os gerentes aprenderam com suas experiências passadas. (Podemos encontrar provas em Day e Nedungadi, 1994). Os gerentes vêem o que estão preparados para ver e filtram ou distorcem aquilo que não se ajusta a seus mapas mentais.

Os modelos mentais das empresas estabelecidas são úteis para inovações incrementais em ambientes familiares, mas tornam-se míopes ou deixam de ser funcionais quando aplicados a situações não-familiares como as tecnologias emergentes. O uso de lentes familiares pode levar a uma estruturação imprópria da oportunidade. Quando a IBM considerou a adição da copiadora Haloid-Xerox 914 em 1958, a principal preocupação era se a equipe de vendas da época, que comercializava máquinas de escrever elétricas, poderia trabalhar com o produto. O foco estava na distribuição dos custos de vendas desta divisão por duas linhas de produto, em vez de considerá-la como uma área de negócios totalmente nova para a IBM. Como as copiadoras não pareciam atraentes dentro dessa estrutura restrita, a oportunidade foi rejeitada.[4]

As tecnologias emergentes são sempre consideradas viáveis apenas para aplicações restritas, não exigidas pelos clientes existentes, que sempre favoreciam as características existentes. É fácil dispensar tais tecnologias não comprovadas com base no fato de que seus pequenos mercados não vão resolver as necessidades de crescimento das grandes empresas. Evidentemente, todos os grandes mercados já estiveram em estado embrionário com suas origens em aplicações limitadas. A princípio, a IBM não viu uma grande oportunidade nos computadores pessoais. Eles foram considerados como sistemas de entrada a partir dos quais os compradores poderiam posteriormente passar para computadores de grande porte.

Os gerentes tendem a comparar as primeiras versões das tecnologias emergentes, imperfeitas e caras, com as versões refinadas da tecnologia existente. Evidentemente, as fotos das câmaras eletrônicas no início não tinham a resolução do filme de emulsão química... os primeiros relógios eletrônicos eram grandes e feios... Isso facilita o ato de dispensar ou subestimar as possibilidades de longo prazo.

Segunda Ameaça: Apego ao Familiar

A escolha do caminho tecnológico é inerentemente difícil em razão das dúvidas sobre a possibilidade de superar ou não as dificuldades técnicas e que padrão ou arquitetura vai prevalecer como projeto dominante. O problema é mais agudo com as tecnologias emergentes derivadas de inovações radicais...

As escolhas tecnológicas mais exigentes são aquelas nas quais há versões concorrentes e múltiplas competindo para ser o projeto dominante, como ocorreu historicamente com as lâmpadas e, mais recentemente, com aparelhos de videocassete, modem e telefone sem fio digital. Um projeto domina quando comanda a fidelidade do mercado, de forma que concorrentes e fornecedores são forçados a adotá-lo se quiserem participar do mercado. Isso representa um marco no surgimento de uma tecnologia porque reforça a padronização que permite que se perceba as economias de produto ou de rede serem realizadas e remove um grande inibidor à ampla adoção da tecnologia.

Sempre há competição feroz entre as empresas para estabelecer o padrão do segmento em torno de seus métodos na esperança de ganhar uma vantagem duradoura... Os interesses podem ser muito amplos pois, se outro projeto ou padrão prevalecer, os perdedores caem na armadilha. Veja a luta para estabelecer padrões para TV de alta dimensão, que engloba a tecnologia de imagem a ser usada para receptores de televisão, além dos padrões para distribuição, transmissão e emissão de imagens (ver Hariharan e Prahalad, 1994).

A probabilidade de escolher uma tecnologia familiar, mas errada, surge quando:

- O sucesso passado reforça certas formas de resolver problemas. As escolhas prévias de soluções apropriadas de tecnologia podem levar a empresa a pesquisar em áreas que estão proximamente relacionadas a suas habilidades e tecnologias atuais. Assim, suas capacidades limitam aquilo que a empresa pode perceber e desenvolver efetivamente.

- A empresa não tem capacidade interna para avaliar totalmente a tecnologia emergente. Assim, ela pode

---

[4] Ver Vincent Barabba (1995), *Meeting of the Minds: Creating the Market-Based Enterprise*. O estudo de potencial das copiadoras feito pela IBM também ignorou a gigantesca demanda de cópias feitas a partir de outras cópias, e não apenas a partir de originais.

ser subestimada ou temida. Administrar uma rede de agências bancárias é muito diferente de comércio eletrônico, por exemplo. Conseqüentemente, os bancos podem a princípio evitar oferecer serviços eletrônicos.

- Um ambiente de propriedade entra em campo. O instinto de uma grande empresa com posição de posse em seu principal mercado é encontrar uma posição de posse comparável com a nova tecnologia, que prenda o cliente. Porém, tal movimento deixa o cliente desconfiado, especialmente em um ambiente de sistema aberto como o atual.

A primeira e a segunda armadilhas têm raízes em duas tendências familiares de tomada de decisão. Primeiro, a maioria das pessoas tem aversão à ambigüidade e ao risco (Hogarth e Kunreuther, 1989; também Schoemaker, 1991), de forma que um prospecto relativamente conhecido terá preferência sobre um prospecto desconhecido com o mesmo valor esperado (Kahneman e Tversky, 1979). Segundo, uma preferência muito marcante pela posição atual põe o ônus da prova naqueles que querem a mudança. Essa tendência à posição atual deve-se em parte à nossa maior sensibilidade às perdas do que aos ganhos comparáveis (Kahneman *et al.*, 1990).

TERCEIRA ARMADILHA: RELUTÂNCIA AO COMPROMETIMENTO TOTAL

Quando empresas de um segmento estabelecido tentam adotar uma tecnologia ameaçadora, como fabricantes de máquinas de escrever mecânica fabricando máquinas de escrever elétricas, ou empresas de locomotivas a vapor fabricando locomotivas a diesel, elas sempre entram relutantemente, com comprometimento simbólico ou parcial. Um estudo feito com 27 empresas estabelecidas descobriu que apenas quatro entraram agressivamente, enquanto que três não participaram de forma alguma de tecnologias ameaçadoras (Smith e Cooper, 1994). As vinte restantes fizeram um comprometimento inicial modesto, que deu aos entrantes de fora do segmento estabelecido tempo suficiente para assegurar uma posição de mercado forte. Por que as empresas líderes são sempre incapazes ou não desejam fazer comprometimentos agressivos com uma tecnologia emergente uma vez que decidem participar? Cinco explicações plausíveis ou causas foram propostas.

A primeira é que os gerentes estão corretamente preocupados com a possibilidade de canibalizar os produtos lucrativos já existentes ou com resistência dos parceiros de canal, e assim eles refreiam seu suporte total...

Segundo, há um paradoxo na tomada de risco gerencial segundo o qual os gerentes tendem a fazer previsões *ousadas* por um lado e, por outro, a fazer escolhas *tímidas* (Kahneman e Lovallo, 1993). As previsões ousadas podem surgir do excesso de confiança em geral ou, mais especificamente, da capacidade limitada de ver argumentos contrários à previsão. As escolhas tímidas refletem uma inclinação em direção à aversão ao risco e uma tendência a fazer escolhas isoladas (e não de um portfólio em perspectiva) (Kahneman e Tversky, 1979). Assim, mesmo se existirem crenças fortes em relação ao potencial de uma nova tecnologia, as ações correspondentes podem ser inadequadas – como provado hoje pelas respostas fracas da maioria dos jornais às ameaças e oportunidades da Internet.

Terceiro, quando o potencial de lucro não está claro e parece menos atraente do que os negócios atuais, é difícil justificar investimentos sob critérios estritos de retorno sobre investimento. Os processos de decisão habituais e os critérios de escolha tendem a ser contra investimentos arriscados, de longo prazo... Para tecnologias emergentes, os retornos são sempre parcelados, com investimentos adicionais sendo contingentes ao fato de alcançar grandes marcos ou resolver as principais incertezas...

Além disso, os retornos projetados de uma tecnologia emergente são sempre piores do que aqueles das tecnologias estabelecidas ou das novas que lidam com as necessidades de desempenho previsíveis dos clientes atuais...

Uma quarta explicação é que a atenção dos gerentes está concentrada primariamente em seus clientes atuais. Assim, eles dispensam ou deixam passar as novas tecnologias que parecem mais aplicáveis a segmentos de mercado menores, que eles não atendem ou não entendem (Christensen e Rosenbloom, 1995). Isso os torna vulneráveis a ataques inesperados por parte daqueles que usam tecnologia emergente como plataforma de entrada. Por exemplo, os grandes centros de cópia que eram o núcleo do mercado tradicional da Xerox e da Kodak não entenderam o valor das pequenas e lentas copiadoras de mesa. Esse descuido abriu o caminho para a Canon...

Finalmente, organizações bem-sucedidas não são naturalmente ambidestras. Elas encontram diversos problemas debilitantes no equilíbrio das demandas familiares de concorrer em mercados atualmente atendidos com exigências não-familiares de uma tecnologia emergente e potencialmente ameaçadora. Dentro da principal área de negócios em geral há um alinhamento próximo entre estratégia, capacidades, estrutura e cultura, o que, por sua vez, é suportado por processos e rotinas bem-estabelecidas para manter esses elementos em equilíbrio. Isso dá à organização uma grande estabilidade, o que deve ser conquistado antes que as novas rotinas e capacidades precisem concorrer com a tecnologia emergente que pode ser desenvolvida (Tushman e O'Reilly, 1997). Na verdade, quanto mais bem sucedida a empresa, mais proximamente alinhados estarão os elementos de estratégia, capacidades, estrutura e cultura e mais difícil e longas se tornam as mudanças descontínuas.

Essas cinco explicações não são independentes; ao contrário, elas se combinam e reforçam umas às outras para prejudicar a tomada de decisão, erodir o entusiasmo necessário dos defensores e levar as empresas a hesitar ou evitar maiores comprometimentos. Essas aflições não inibem os novos entrantes que sempre sentem a oportunidade antes, compreendem melhor ou acreditam nos benefícios da nova tecnologia, e não têm nenhuma história ou cultura enganosa contra a qual lutar.

Quarta Ameaça: Falta de Persistência

Suponha, porém, que uma empresa estabelecida conseguiu evitar as três primeiras armadilhas e fez investimentos significativos em uma tecnologia recém-surgida. Terá ela firmeza para continuar em curso? Grandes empresas tipicamente têm pouca paciência para continuar resultados adversos. Não obstante, previsões omitidas ou esperanças frustradas são normalmente experimentadas durante a gestação de novas tecnologias que acabam dando certo. A demanda de mercado pode não se materializar tão cedo quanto esperado, muitos concorrentes podem estar no mercado ou a tecnologia pode virar-se para uma nova e inesperada direção. Além disso, o entusiasmo inicial pode ser substituído por ceticismo sobre quando – e se – a nova tecnologia vai se tornar uma realidade lucrativa. Essa cilada de pouco comprometimento é um marcador de outra armadilha bem conhecida – a falácia dos custos de perda. A ironia é que as mesmas empresas que estão excessivamente comprometidas com suas principais áreas de negócios (a armadilha dos custos de perda) são sempre muito rápidas em ligar a tomada dos investimentos em tecnologias emergentes.

Aqueles que de fato entendem as possibilidades da tecnologia emergente e sentem entusiasmo por qualquer novo projeto estão sempre arraigados na organização e podem ter pouca influência no pensamento estratégico de alto nível. Assim, se a principal área de negócios de uma empresa começa a se debater, e os gerentes sêniores estão buscando maneiras de cortar custos ou reduzir ativos, o novo empreendimento é um alvo fácil... as empresas estabelecidas que de fato prevalecem seguem um caminho mais agressivo que equilibra flexibilidade de postura com comprometimento sustentado e continuidade. Esse caminho permite quatro abordagens: ampliar da visão periférica, criar uma cultura de aprendizado, permanecer flexível nas formas estratégicas e garantir autonomia organizacional...

Entendendo os Sinais da Periferia

As tecnologias emergentes sinalizam sua chegada muito antes de florescer em sucessos comerciais totalmente desenvolvidos. Porém, o índice de sinal para barulho é inicialmente baixo, de forma que é preciso trabalhar muito para entender os indicadores iniciais. Isso significa deixar para trás resultados desapontadores, funcionalidade limitada e aplicações iniciais modestas para antecipar as possibilidades. Muitos sinais estão disponíveis para os que procuram; outros só podem ser vistos por mentes preparadas. Como observou o filósofo Kant, só podemos ver o que estamos preparados para ver. Os campeões são aqueles que ouvem os sinais fracos e podem antecipar e imaginar possibilidades futuras mais rápido do que a concorrência...

Os sinais fracos a serem capturados normalmente vêm da periferia, onde novos concorrentes invadem, clientes não-familiares participam das aplicações iniciais e tecnologias não-familiares ou paradigmas empresariais são usadas. Porém, a periferia é muito barulhenta, com muitas possíveis tecnologias emergentes que podem ser relevantes...

Construindo uma Capacidade de Aprendizado

As diversas fontes de informação provenientes da periferia criam muito barulho. Haverá confusão e imobilidade, em vez de penetração e funcionamento, a não ser que essas informações sejam absorvidas, amplamente comunicadas e intensivamente discutidas, de forma que todas as implicações sejam entendidas. Isso exige uma capacidade de aprendizado caracterizada por:

- abertura para uma diversidade de pontos de vista dentro das unidades da organização e entre elas;
- disposição para desafiar suposições arraigadas de modelos mentais entrincheirados, ao mesmo tempo em que facilita o esquecimento de métodos ultrapassados;
- experimentação contínua em um clima organizacional que encoraje e recompense falhas "bem-intencionadas".

Encorajando a abertura em relação a pontos de vista diversos

As incertezas que cercam as tecnologias emergentes exigem um amplo debate. A ênfase inicial deve ser no encorajamento de opiniões *divergentes* sobre soluções tecnológicas, oportunidades de mercado e estratégias para participação. Conforme o aprendizado se desenvolve, pode surgir uma visão ou visões múltiplas como base para uma *convergência* em direção a poucas soluções comercializáveis que possam ser testadas. O tom desse debate estendido deve ser estabelecido pela gerência sênior por sua disposição de trazer pessoas de fora, com históricos não-tradicionais, para mergulhá-las na corrente de dados e fazer perguntas desafiadoras. Elas devem estar fora de seus escritórios, conversar com pessoas internas bem-informadas, com especialistas externos e clientes. Devem estudar movimentos competitivos e situações análogas, lançar idéias e buscar colaboração. Isso pode ser feito em fóruns diversos, incluindo reuniões de equipe, conferências externas e boletins informativos eletrônicos. O envolvimento de cima para baixo só será produtivo se houver participação ativa de baixo para cima. Funcionários de diferentes níveis trazem pontos de vista e experiência diferentes, e estão normalmente mais perto do mercado e das realidades tecnológicas... As organizações precisam de um mecanismo para unir e focar o diálogo corrente ao mesmo tempo em que reduz as várias incertezas a níveis administráveis. A análise de cenário consegue esse resultado por meio de um processo de visão coletiva de um conjunto limitado de futuros plausíveis que são internamente consistentes e detalhados. Cada cenário pode ser usado para gerar opções estratégicas, avaliar potenciais investimentos e analisar sua robustez (Schoemaker, 1991).

Desafiar a visão prevalecente

Os pontos de vista diversos não causarão impacto na visão prevalecente se a organização não se permitir absorver essas informações. O pensamento aberto em relação ao futuro é imediatamente subvertido pela rigidez e pelas restrições dos modelos mentais existentes, fórmulas de sucesso do segmento, sabedoria convencional e analogias falsas do passado. A operação limitadora e simplificadora de incorporar profundamente os modelos mentais levanta sérias questões para saber se qualquer cenário poderia lidar com mudança profundamente dividida e descontínua. A preocupação é que o processo de construção de cenário se ancore no presente – como moldado pelo ambiente prevalecente – e então projete-se para frente, para aquilo que *pode* acontecer. Em contraste, as empresas que exploram as descontinuidades de forma bem-sucedida podem precisar separar seu pensamento das crenças e realidades atuais, a fim de enxergar o que *poderia acontecer* e então retornar para aquilo que deve ser feito para assegurar que esse futuro pretendido seja concretizado...

Experimentar continuamente

A adaptação bem-sucedida aos caprichos das tecnologias emergentes exige disposição para experimentar e abertura para aprender com falhas e atrasos inevitáveis Há diversas facetas no convite à experimentação contínua. Algumas vezes, significa disposição para criar um portfólio diverso de soluções tecnológicas ao endossar atividades paralelas de desenvolvimento...

Experimentar e improvisar continuamente com uma nova tecnologia produz informações sobre as possibilidades e limites da tecnologia, as respostas dos diversos segmentos de mercado e as opções competitivas que os clientes levam em conta. Uma vez que as incertezas importantes sejam resolvidas, tais organizações de aprendizado estão prontas para agir...

A experimentação exige tolerância em relação às falhas. O aprendizado na base de tentativa e erro, que se baseia na experimentação, é rapidamente subvertido se houver uma síndrome de medo de falhar. As organizações que recompensam aqueles que só fazem o que é seguro e culpam os tomadores de risco por falhas "bem-intencionadas" vão rapidamente desencorajar o aprendizado. O caminho do aprendizado é marcado por descobertas ao acaso, e o conhecimento adquirido, a partir de diagnósticos cuidadosos de possíveis razões para falha...

É preciso liderança centralizada para criar um clima mais aberto que recompense a improvisação e permita que se aprenda com os erros...

MANTENDO A FLEXIBILIDADE: EQUILIBRANDO COMPROMETIMENTO E OPÇÕES

Os investimentos em tecnologias emergentes representam um dilema. Por um lado, há provas convincentes de que os vencedores a longo prazo são sempre os primeiros a se mover, que se comprometeram rápida e inequivocamente com um caminho tecnológico. Andy Grove (1996), da Intel, alega que é necessária toda a energia de uma empresa para adotar uma meta estratégica clara e simples – especialmente devido aos concorrentes agressivos e focados – e que se livrar disso explorando diversas direções alternativas é caro e dilui o comprometimento...

Por outro lado, há argumentos persuasivos de que investimentos em tecnologias emergentes devem ser vistos como a criação de um portfólio de opções no qual o comprometimento de recursos adicionais está sujeito à conquista de marcos definidos e a resolução das principais incertezas. Essas opções são investimentos que dão ao investidor o direito, mas não a obrigação, de fazer investimentos adicionais. Fundos adicionais só são providenciados se o projeto continuar a parecer promissor...

À primeira vista, o comprometimento parece ser oposto à flexibilidade e você pode não conseguir ter as duas coisas (Ghemawat, 1991). Porém, o comprometimento só é diretamente contrário à flexibilidade se for *irreversível*. Por exemplo, se você se compromete a fazer um cruzeiro e paga o valor total antecipadamente, pode parecer que sua flexibilidade foi diminuída. Porém, se você também adquirir um seguro de cancelamento (para casos de doença ou morte na família), você preserva uma flexibilidade considerável para mudar o curso quando necessário. Essa é a arte do gerenciamento de opções: envolve criatividade, limitação e capacidade de imaginar diversos cenários. O único lado negativo da criação de flexibilidade é que ela pode reduzir o valor de sinalização estratégica de assumir compromisso, o que exige irreversibilidade total para ser crível...

Administrando opções reais

A questão básica é quando assumir um compromisso agressivo que não tenha risco de falha. A prática sugere que é desejável, nos estágios iniciais de exploração de uma tecnologia emergente, manter algumas opções em aberto comprometendo investimentos apenas em estágios, seguir caminhos tecnológicos múltiplos e atrasar alguns projetos. Uma vez que a incerteza seja reduzida a níveis toleráveis e haja um consenso dentro da organização sobre um caminho tecnológico apropriado que possa utilizar as capacidades de desenvolvimento interno da empresa – como no caso da Intel, que escolheu o computador pessoal, em vez da televisão, como método preferido de ferramenta de informação – então pode-se iniciar o desenvolvimento interno em escala total.

Porém, o que fazer se houver muitos caminhos tecnológicos plausíveis, se os riscos de adotar um com a exclusão dos demais for inaceitável e a empresa não tiver as capacidades internas necessárias?... Afinal, o método ideal (variando desde apostar tudo até esperar para ver) depende da escolha feita pela empresa e por seus concorrentes. Somente uma análise cuidadosa pode mostrar o melhor caminho para qualquer empresa guiada por sua visão de longo prazo.

SEPARAÇÃO ORGANIZACIONAL

A cultura, o ambiente, as tendências de evitar risco e os controles de uma organização existente são normalmente repressores para uma iniciativa embrionária baseada em uma tecnologia emergente. Essa é a razão pela qual grandes empresas são aconselhadas a estabelecer organizações separadas, dedicadas a pôr em práticas novos esforços (como a divisão Saturn da GM, a unidade de PCs da IBM ou o investimento Genentech da Roche). O objetivo de fazer um "casulo" da nova área é criar uma fronteira que permita ao novo grupo fazer as coisas de maneira diferente ao mesmo tempo em que permite o compartilhamento de recursos e idéias com a empresa controladora. Isso também permite separar objetivos, tolerância para ciclos longos de desenvolvimento e drenagem contínua de fundos, além de critérios de mensuração diferenciados, de forma que o desempenho dos gerentes no resto da organização não seja colocado em risco. Acima de tudo, cria flexibilidade... (ver Homa Bahrami, "The Emerging Flexible Organization: Perspectives from Silicon Valley", *California Management Review*, 3414 (verão 1992), pp. 33-52).

Qual é o nível ideal de independência?

Isso depende da magnitude da descontinuidade tecnológica e se ela ameaça erodir ou tornar obsoletas as competências da principal área de negócios, até que ponto as atividades e os clientes das duas áreas são diferentes e da diferença na lucratividade. Quanto maiores as diferenças, o mais importante é que a nova área de negócios não seja avaliada usando as lentes da antiga. Para tecnologias totalmente novas e divididas, pode ser necessário separação *física* e *estrutural*, envolvendo o estabelecimento de uma divisão separada que se reporte à gerência sênior. Mesmo quando tal grau de separação não é garantido, ainda é desejável ter *fundos* e *contabilidade* separados, de forma que as perdas dos novos projetos não sejam assumidas por uma unidade já estabelecida.

O novo empreendimento também precisa de *políticas* distintas, que estejam de acordo com as realidades da construção de uma nova empresa. O novo empreendimento deve ser capaz de atrair os melhores profissionais e ter latitude para criar protótipos rápidos e testar mercados maldefinidos ao mesmo tempo em que mantém controles restritivos e custos gerais em um nível mínimo. Eles devem ser isentos de grande parte de planejamento de rotina e orçamento exigido de seus pares mais maduros. Acima de tudo, deve-se permitir à nova unidade, e na verdade encorajá-la, a canibalizar os negócios já estabelecidos...

E a "sinergia"?

Quando as duas estruturas devem cooperar entre si? Uma visão é que a competição interna e alguma redundância sempre devem ser encorajadas, com diferentes unidades de negócios protegendo diferentes modelos (baseado em Chandy e Tellis, 1999). Uma visão mais variada é que empreendimentos separados devem ser capazes de alavancar as forças da empresa controladora, ao mesmo tempo em que evitam absorção ou subserviência. É irônico e instrutivo que a IBM, na tentativa de desenvolver um computador pessoal totalmente novo, tenha estabelecido, em 1980, uma unidade separada e geograficamente afastada, que não conseguiu utilizar nenhuma das formidáveis capacidades tecnológicas da IBM. O computador IBM foi um produto montado, sem qualquer sistema inovador ou semicondutores, e rapidamente atraiu clones...

CONCLUSÕES

Como empresas estabelecidas podem concorrer, sobreviver e ter sucesso em segmentos que estão sendo criados ou transformados por tecnologias emergentes? O sucesso exige suporte contínuo da gerência sênior, separação do novo empreendimento das atividades contínuas e disposição para assumir riscos e aprender com as experiências. Os investimentos devem ser tratados como opções que posicionam a empresa para fazer investimentos informados em algum momento mais tarde – se e quando as incertezas forem reduzidas. Deve haver uma diversidade de pontos de vista que possa desafiar visões prevalecentes, precedentes enganosos e visões potencialmente míopes do novo empreendimento. Os melhores inovadores parecem ser capazes de pensar amplamente e de manter um vasto leque de possibilidades antes de optar por uma única solução.

Essas prescrições parecem direcionalmente corretas, mas precisam ser adaptadas ao caráter diferenciado de cada tecnologia emergente e à organização envolvida em particular. O desafio do projeto é criar uma organização de alto comprometimento que possa lidar com as tensões de grandes incertezas em relação aos resultados, ao mesmo tempo em que consegue alinhar todos os níveis e funções para dar suporte à escolha estratégica que foi feita. O ponto principal é que a administração de tecnologias emergentes constitui um jogo diferente para as empresas estabelecidas, com suas próprias armadilhas e soluções.

Capítulo 10
Colaboração

Tudo era tão fácil. Você desenvolvia uma estratégia, negociava acordos com fornecedores (melhor ainda, comprava-os para tornar-se "verticalmente integrado") e seguia em frente. O mundo atual, de parcerias, alianças e terceirizações, torna o processo estratégico muito mais complicado. Em vez de uma boa dose de competição, a colaboração tornou-se rainha.

Nosso primeiro texto, chamado "Colaborando para competir", revê as alianças. Esse artigo é adaptado de um livro recente com esse título, de dois consultores da McKinsey and Company, Joel Bleeke e David Ernst, que tentaram capturar as experiências da empresa com tais atividades. O velho estilo de concorrência está acabado, alegam eles, substituído por um estilo mais colaborativo. E, para sair-se bem nesse novo estilo, as empresas devem arbitrar suas habilidades e ganhar acesso a mercado e capital, e devem ver isso como uma seqüência flexível de ações.

O segundo texto, de Stephen Preece, da Wilfred Laurier University, no Canadá, explica por que as empresas criam alianças – para aprender, para alavancar, para fazer associação, para apoiar e para restringir. Muito completo! Muito relevante!

O terceiro texto, de Andrew Inkpen de Thunderbird, The American Graduate School of International Management, analisa os acordos colaborativos para descrever como o conhecimento, tácito e explícito, é criado: por compartilhamento de tecnologia, interações com empresas controladoras ou *joint-ventures*, pelo movimento de pessoal entre as unidades de cooperação e pela associação entre estratégias controladoras e estratégias de aliança. Tudo isso exige objetivos de aprendizado flexíveis, uma liderança comprometida, um clima de confiança junto com uma tolerância à redundância, e um pouco de bom caos criativo à moda antiga.

USANDO OS ESTUDOS DE CASO

Para entender *joint-ventures* e alianças, precisamos compreender as forças que compõem sua formação e examinar sua administração. Na prática, as duas coisas estão muito relacionadas. O caso da Lufthansa examina a formação e administração da Star Alliance. Ao se juntarem, as empresas aéreas mudaram a estrutura de seu segmento, aumentando, assim, a pressão sobre outras empresas áreas para juntar forças. Esse caso pode ser usado junto com "Colaborando para competir", de Bleeke e Ernst, que trata dos motivos e das pressões que levam as empresas a buscar *joint-ventures* e alianças.

LEITURA 10.1

COLABORANDO PARA COMPETIR[1]
por Joel Bleeke e David Ernst

Para a maioria das empresas globais, os dias de concorrência rápida e predatória terminaram. A forma tradicional de jogar uma empresa contra o resto de um segmento, jogar fornecedor contra fornecedor, distribuidor contra distribuidor, etc., passando por todos os aspectos de uma empresa, não é mais garantia de preço mais baixo, melhores produtos ou serviços ou lucros mais altos para os vencedores desses jogos darwinianos. Em setores tão diversos como farmacêutico, motores de avião, bancos e computadores, os executivos aprenderam que travar longas batalhar deixa suas empresas completamente exaustas financeiramente, esgotadas intelectualmente e vulneráveis à próxima onda de competição e inovação.

Em vez de agir como predadoras, muitas empresas multinacionais estão aprendendo que devem colaborar

---
[1] Extraído de "Collaborating to Compete", *Directors and Boards* (Winter 1994); usado com permissão da McKinsey & Company.

para competir. As multinacionais podem criar o mais alto valor para seus clientes e outros interessados ao compartilhar e permutar seletivamente com seus competidores e fornecedores controle, custos, capital, acesso aos mercados, informações e tecnologia. A concorrência não desaparece. Os mercados de computadores e aeronaves comerciais ainda são brutalmente competitivos.

Em vez de concorrer cegamente, as empresas devem competir cada vez mais apenas nas áreas precisas em que têm vantagens duradouras ou onde sua participação é necessária para preservar o poder do segmento ou capturar valor. No setor de produtos embalados, esse poder vem do controle da distribuição; na área farmacêutica, vem da propriedade de drogas muito potentes e acesso aos médicos. Os gerentes estão começando a ver que muitos elementos necessários a uma empresa global são tão caros (como P&D em semicondutores), tão genéricos (como montagem) ou tão impenetráveis (como alguns mercados asiáticos) que não faz sentido ter uma posição competitiva tradicional. A melhor maneira é encontrar parceiros que já tenham o dinheiro, a escala, as habilidades ou os acessos que você procura.

Quando uma empresa ultrapassa suas fronteiras, sua capacidade e disposição de colaborar é o melhor previsor de sucesso. Quanto mais igual a parceria, mais brilhante o seu futuro. Isso significa que os dois parceiros devem ser fortes financeiramente e no produto ou função que trouxeram para o empreendimento. Das 49 alianças que examinamos detalhadamente, dois terços daquelas feitas entre parceiros igualmente fortes deram certo, enquanto que cerca de 60% daquelas envolvendo parceiros desiguais fracassaram. O mesmo ocorreu com a propriedade. As parcerias 50-50 tiveram o índice de sucesso mais alto entre as estruturas que examinamos.

TRÊS TEMAS

A necessidade de entender melhor alianças e aquisições internacionais é cada vez mais clara. As associações externas estão explodindo, conduzidas pela globalização, Europa 1992, abertura da Europa ocidental e dos mercados asiáticos, e uma necessidade crescente de exportações para cobrir os grandes custos fixos de atuar nas áreas de alta tecnologia. As estratégias de faça você mesmo sempre levam muito tempo, custam muito caro ou não proporcionam acesso aos mercados. Apesar disso, um grande número de alianças estratégicas e aquisições externas está fracassando. Quando examinamos as alianças e aquisições internacionais das 150 maiores empresas nos Estados Unidos, Europa e Japão, descobrimos que apenas metade delas deu certo. A expectativa média de vida para a maioria das alianças é de aproximadamente sete anos. Lições comuns da vasta experiência de muitas empresas em estratégias internacionais estão começando a surgir.

Em geral, surgem três temas em nossos estudos de alianças:

- Primeiro, como já mencionamos, as empresas estão aprendendo que devem colaborar para competir. Isso exige medidas de "sucesso" diferentes daquelas usadas para a concorrência tradicional.

- Segundo, alianças entre empresas que são concorrentes potenciais representam uma arbitragem de habilidades, acesso ao mercado e capital entre as empresas. Manter um equilíbrio justo nessa arbitragem é essencial para o sucesso.

- Terceiro, é importante para os gerentes desenvolver uma visão de estratégia internacional e ver aquisições e alianças internacionais como uma seqüência flexível de ações – não acordos unilaterais conduzidos por competição temporária ou benefício financeiro. O restante deste artigo discute cada um desses três temas com mais detalhes...

Medidas antigas, como barreiras financeiras e metas estratégicas, só têm significado no novo contexto de colaboração. Com os mercados se tornando cada vez mais competitivos, os gerentes estão começando a medir sucesso com base nos recursos mais escassos, incluindo habilidades e acesso, não apenas no capital. No mercado global, só é possível maximizar o valor das habilidades e acesso se os gerentes estiverem dispostos a compartilhar propriedade e aprender com empresas muito *diferentes* das suas. Cada vez mais, o sucesso é proporcional à disposição da empresa em aceitar diferenças.

A colaboração bem-sucedida também exige flexibilidade. A maioria das alianças duradouras é redefinida em termos de escopo geográfico ou de produto. O índice de sucesso para alianças que acabaram mudando seu escopo é mais de duas vezes o número de alianças nas quais o escopo não se desenvolveu. As alianças com estruturas legais ou financeiras que não permitem mudanças estão destinadas ao fracasso. (Ver Quadro 1, que traz as Dicas para Colaboração, de Kenichi Ohmae.)

ALIANÇAS COMO ARBITRAGEM

Se todos os mercados fossem igualmente acessíveis, todas as gerências igualmente habilidosas, todas as informações imediatamente disponíveis e todos os balanços igualmente sólidos, haveria pouca necessidade de colaboração entre os concorrentes. Mas não é assim, então as empresas se beneficiam cada vez mais ao permutar esses "*chips*" entre suas fronteiras.

A arbitragem global refletida nas alianças e aquisições internacionais ocorre em um ritmo mais lento do que nos mercados de capital, mas o mecanismo é similar. Cada participante usa suas idéias, diferenças irracionais e ineficiências no mercado, e também as vantagens de cada empresa, para benefício mútuo. Esse conceito se aplica principalmente às alianças, mas as aquisições internacionais também podem ser vistas como um exemplo extremo de arbitragem: todo o dinheiro ou ações do com-

Quadro 1 — Dicas para colaboração, de Kenichi Ohmae

1. Trate a colaboração como um comprometimento pessoal. São as pessoas que fazem as parcerias darem certo.
2. Preveja que isso consumirá tempo da gerência. Se você não pode dispor do tempo, não inicie o processo.
3. Respeito mútuo e confiança são essenciais. Se você não confia nas pessoas com quem está negociando, esqueça.
4. Lembre-se de que os dois parceiros devem obter algum resultado (dinheiro, no final). O benefício mútuo é vital. Isso provavelmente significa que você terá que desistir de alguma coisa. Reconheça isso desde o início.
5. Assegure-se de providenciar um contrato rigoroso. Não deixe para resolver assuntos desagradáveis ou contenciosos "mais tarde". Uma vez assinado, porém, o contrato deve ser posto de lado. Se você tiver que recorrer a ele, algo está errado no relacionamento.
6. Reconheça que, durante o curso da colaboração, as circunstâncias e os mercados mudam. Reconheça os problemas de seu parceiro e seja flexível.
7. Assegure-se de que você e seu parceiro têm expectativas mútuas sobre a colaboração e sua escala de tempo. Um parceiro satisfeito e outro insatisfeito é uma fórmula para o fracasso.
8. Conheça seus opositores em todos os níveis socialmente. Amigos levam mais tempo para brigar.
9. Entenda que culturas – geográficas e corporativas – são diferentes. Não espere que um parceiro aja ou responda do mesmo modo que você. Descubra a verdadeira razão para uma determinada resposta.
10. Reconheça os interesses e a independência de seu parceiro.
11. Mesmo que o acordo seja tático aos seus olhos, assegure-se de que você tem aprovação corporativa. Sua atividade tática pode ser uma peça fundamental em um quebra-cabeças estratégico. Tendo comprometimento corporativo com a parceria, você pode agir com a autoridade positiva necessária nesse tipo de relação.
12. Celebre as conquistas em conjunto. É um entusiasmo compartilhado e você terá merecido isso!

PS:
Duas outras coisas para se ter em mente:

1. Se você estiver negociando um produto com um fabricante de equipamento original, procure uma recompensa. Lembre-se de que outro produto pode oferecer mais retorno.
2. Os acordos de desenvolvimento conjunto devem incluir acordos de *marketing* conjunto. Você precisa do maior mercado possível para recuperar custos de desenvolvimento e conseguir benefícios de volume/margem.
   – Kenichi Ohmae

Kenichi Ohmae é presidente dos escritórios da McKinsey no Japão.

---

prador por todas as habilidades, produtos e acessos da outra empresa...

Parceiros de alianças bem-sucedidas seguem diversos padrões para lidar com as tensões inerentes às arbitragens com potenciais concorrentes. Para começar, eles encaram a fase de negociação como uma situação ganha-ganha. Como disse um executivo, "Não se sente para fazer um acordo – construa elos entre as empresas".

Parceiros bem-sucedidos também constroem mecanismos de resolução de conflitos como diretorias poderosas (para *joint-ventures*) e comunicações freqüentes entre a alta gerência da empresa controladora e a aliança. Os CEOs das empresas controladoras precisam ser absolutamente claros sobre onde se espera cooperação e onde as "velhas regras" de concorrência se aplicam.

Ao encarar alianças como arbitragem, os gerentes devem reconhecer que o valor dos *"chips"* pode mudar com o tempo. O importante é maximizar seu poder de barganha – ou seja, o valor da contribuição de sua empresa para a aliança – e também ficar pronto para renegociar a aliança se necessário. Algumas das melhores alianças elaboraram cronogramas para avaliar as contribuições dos parceiros e regras claras para calcular as contribuições futuras.

UMA SEQÜÊNCIA DE AÇÕES

Além dos temas de colaboração e arbitragem envolvidos nos acordos individuais, alianças e aquisições internacionais precisam ser vistas como uma *seqüência* de ações no contexto de estratégia internacional geral – não como transações unilaterais. As empresas que adotam um método puramente financeiro e conduzido pela negociação para alianças e aquisições internacionais normalmente acabam tendo problemas.

Analisando as fusões e aquisições (F&A) internacionais, as empresas mais bem sucedidas fazem uma série de aquisições que, com o tempo, constroem presença na principal área de negócios no país-alvo. Uma empresa de bens de consumo, por exemplo, fez uma aquisição "âncora" de uma marca líder para estabelecer uma presença sólida em um importante mercado europeu, depois usou sua capacidade expandida de distribuição para assegurar a aceitação de diversas marcas que foram adquiridas subseqüentemente.

Em nosso estudo dos programas de aquisição internacional das maiores empresas da tríade (Ásia, Europa e América do Norte), compradores bem-sucedidos tinham quase duas vezes a média de compras como empresas fracassadas. Por meio de aquisições iniciais, a empresa adquirente refinava suas habilidades em F&A, tornando-se mais confortável e mais proficiente, usando F&A para expansão internacional. E, completando uma seqüência de transações, particularmente na mesma área geográfica, é possível ganhar economias por meio de operações integradas e eliminação de departamentos sobrepostos.

Disposição para Repensar

É importante pensar sobre alianças internacionais, e também aquisições, como parte de uma seqüência de ações. A maioria das alianças se desenvolve com o tempo, de forma que o acordo e o contrato iniciais, em geral, perdem o significado após alguns anos. Como os problemas são a regra, não a exceção, e como dois terços de todas as alianças internacionais enfrentam problemas de gerenciamento durante os primeiros anos, as alianças exigem disposição dos parceiros para repensar sua situação em bases constantes – e renegociar quando necessário.

Alianças em geral devem ser consideradas como um mecanismo estratégico intermediário, que precisa de outras transações ao seu redor. Aproximadamente metade de todas as alianças internacionais termina em um período de sete anos, de forma que é crítico que os gerentes tenham um ponto de vista inicial sobre "o que vem em seguida?".

A maioria das alianças terminadas foram adquiridas por um dos parceiros, e o término não significa fracasso. Mas o alto índice de término sugere que as duas partes devem pensar muito desde o início sobre os prováveis papéis como comprador ou vendedor – as probabilidades de que os parceiros da aliança venham a ser uma coisa ou outra são altas.

As empresas que podem trazer as maiores sinergias de longo prazo para uma aliança são normalmente aquelas que têm mais chance de ser concorrentes diretos no longo prazo. Então, se a seqüência desejada de ações gerenciais não incluir a venda da empresa, pode ser necessário encontrar um parceiro diferente, mais complementar, desde o início. Como nos lembram nossos colegas no Japão, não há nada pior em alianças ou aquisições internacionais do que ter "parceiros na mesma cama com sonhos diferentes".

Post Script: Um Olhar para o Futuro

As corporações globais do futuro vão certamente ser como amebas. O animal aquático unicelular está entre as mais antigas formas de vida na terra. Ele obtém toda sua alimentação em seu ambiente através de suas paredes externas permeáveis. Essas paredes definem a criatura como um ser distinto de seu ambiente, mas permite que grande parte do que está dentro flua para fora e grande parte do que está fora entre. A ameba está sempre mudando seu formato, doando para o ambiente e recebendo algo dele, e ainda assim retém sua integridade e sua identidade como uma criatura única.

Para serem verdadeiramente globais e não apenas "grandes", as organizações do futuro devem manter essa permeabilidade como um de seus valores mais importantes. Quando os gerentes entram em um novo mercado, devem primeiro fazer as seguintes perguntas: "As empresas aqui são diferentes? O que eu preciso aprender?". Eles têm que procurar parceiros que possam compartilhar custos e trocar habilidades e acesso aos mercados. Em um mercado global fluido, não é mais possível ou desejável que as organizações sejam totalmente auto-suficientes. Colaboração é o valor do futuro. Alianças são a estrutura do futuro.

Isso tem um impacto enorme na estratégia corporativa e torna o mundo muito complexo, pois não há uma regra única, válida para todos os mercados. Como demonstraram nossos estudos, as alianças são baseadas em arbitragem das diferenças únicas entre mercados e parceiros. E assim, é impossível padronizar um método para este tópico. Os gerentes no centro corporativo devem ser capazes de tolerar e, na verdade, encorajar, a variação: 10 mercados diferentes, 10 parceiros diferentes, 10 organogramas diferentes, 10 sistemas hierárquicos e assim por diante. Políticas e procedimentos devem ser fluidos. A palavra *esquizofrenia* tem conotações negativas, mas captura essa idéia de que as organizações verdadeiramente globais devem aceitar dois aspectos aparentemente contraditórios – uma identidade forte junto com uma abertura para diferentes formas de fazer negócios, para os valores de culturas e localidades diferentes.

Essa dualidade vai ser muito difícil para várias empresas "globais" atuais. Empresas com cultura baseada em vendas, nas quais os altos executivos vêm todos da área de vendas, terão particularmente mais dificuldade para adaptar-se a esse novo mundo colaborativo. Tais empresas vêem o mundo como "nós e eles". Rejeitam idéias do mundo exterior, mesmo se o conceito for útil. Acham difícil viver sem padronização. Acham difícil colaborar com os parceiros. Na verdade, estão tentando converter todo mundo à sua própria maneira de fazer as coisas.

Isso as torna inflexíveis e as coloca em posição de confronto. Elas não sabem como se comunicar e como trabalhar com o mundo externo em seus próprios termos. Não podem ser como a ameba, com suas paredes permeáveis e forma mutante, sua abertura para receber de todos os ambientes. Essas empresas podem sobreviver porque são grandes e poderosas, mas deixaram de ser líderes.

LEITURA 10.2
POR QUE CRIAR ALIANÇAS[2]
por Stephen B. Preece

Em resposta às forças competitivas globais, os líderes empresariais estão se voltando cada vez mais para acordos cooperativos para avançar internacionalmente em suas margens competitivas.

O surgimento das AEIs (Alianças Estratégicas Internacionais) gerou euforia em relação ao potencial de tais acordos para atender às demandas intensificadoras da competição global e também desapontamento com os desafios inerentes à sua implementação. É importante para o sucesso de tais acordos que os executivos sejam claros sobre seu objetivo estratégico geral. Sempre falamos de alianças em termos de funções específicas desempenhadas (ou seja, extensão de mercado, compartilhamento de tecnologia). Porém, a decisão de engajar uma empresa em uma grande aliança sempre representa uma alternativa estratégica substantiva, que tem implicações variadas sobre a competitividade global da empresa, tanto positivas quanto negativas. A forma como uma AEI é incorporada na estratégia global da empresa, os objetivos de longo prazo assumidos pela diretoria, é crítica para a eficácia dessa ferramenta competitiva. Este artigo sugere que há objetivos múltiplos que os executivos de empresas podem perseguir em relação à integração das AEIs na gestão estratégica da organização, com conseqüências variadas.

As três formas de conceituar AEIs são: estruturas, funções e objetivos (ver Tabela 1). Talvez a maneira mais comum de pensar sobre AEIs se concentre nas estruturas de aliança organizacional. A estrutura organizacional mais dominante é a *joint-venture*, na qual duas empresas contribuem igualmente para criar uma entidade nova e separada; alguns descreveram essa nova organização como "criança", com as empresas que as formam assumindo o papel de "pais" (Harrigan e Newman, 1990). Uma variação da *joint-venture* é o investimento minoritário, no qual uma empresa assume uma posição minoritária em outra empresa. Acordos cooperativos sem participação acionária também são possíveis quando as empresas concordam em compartilhar esforços, ativos e lucros, sem engajar-se em laços acionários. O nível da intensidade cooperativa não é necessariamente óbvio quando comparamos acordos acionários com não-acionários, apesar do efeito tangível óbvio que a participação societária traz....

---

[2] Extraído de "Why Create Alliances", em "Incorporating International Strategic Alliances into Overal Firm Strategy", de S. Preece, *The International Executive*, Vol. 37 (3), May/June 1995, pp. 261-277. Copyright © 1995 por John Wiley & Sons, Inc. Utilizado com permissão de John Wiley & Sons, Inc.

Tabela 1	Estruturas, funções e objetivos das AEIs
Estruturas	A forma organizacional escolhida para colaboração. Pode incluir *joint-venture*, participação minoritária, licenciamento, contrato sem participação societária, etc.
Funções	As atividades específicas a serem desempenhadas pela aliança. Podem incluir acesso aos mercados, desenvolvimento de tecnologia, compartilhamento de produção, acessos financeiros, compartilhamento de riscos, etc.
Objetivos	A contribuição geral que a aliança pretende fazer para a direção estratégica e as capacidades da empresa, ou seja, sua importância a longo prazo.

Outros esforços para analisar a estrutura das alianças concentraram-se em questões como o impacto dos vários níveis de participação societária no desempenho... alianças entre empresas pequenas e grandes... segmentos específicos... e questões de nacionalidade. A mensagem predominante dessa literatura é que certos acordos estruturais devem ser evitados ou buscados quando da formação e implementação de AEIs.

Uma segunda conceitualização de AEIs refere-se às várias funções das alianças. As principais áreas visadas pela formação de alianças são sempre divididas em quatro categorias primárias: tecnologia, finanças, mercados e produção... Alianças conduzidas pela tecnologia incluem atividades como desenvolvimento, comercialização, compartilhamento ou licenciamento de tecnologia. Alianças conduzidas por finanças concentram-se em obter acesso a mercados financeiros ao menor custo e compartilhamento de risco quando o período de gestação do produto for longo. Alianças conduzidas pelo mercado enfatizam a penetração de novos mercados estrangeiros, compartilhamento de canais de distribuição ou extensão de um nome de marca. Alianças conduzidas por produção incluem compartilhamento de instalações de produção, racionalização de fabricação ou integração de relações com fornecedores. Grande parte da literatura concentra-se em funções relevantes para tecnologia, finanças, mercados e produção e, embora o termo "alianças estratégicas internacionais" assuma uma atividade estratégica, a verdadeira ligação com a estratégia global da empresa nem sempre é clara.

Embora a estrutura e a conceitualização funcional abordem elementos importantes da atividade colaborativa, é a terceira categoria, objetivos estratégicos das AEIs, que potencialmente terá maior impacto na direção estratégica geral e nas capacidades organizacionais futuras da empresa. A variedade de opções disponíveis para os executivos lidarem com os objetivos das alianças estratégicas e suas conseqüências não foi bem-desenvolvida na literatura. Este artigo apresenta uma tipologia definindo seis objetivos cooperativos (ver Tabela 2), na esperança de que ajudem os executivos a avaliar em sua própria visão de alianças estratégicas e contribuam para entender como tais relações podem trabalhar para obter vantagem cooperativa e competitiva... É importante enfatizar que tanto as questões estruturais como as funcionais são importantes e estão intrinsecamente ligadas aos vários objetivos estratégicos que serão discutidos. Também é evidente que enquanto um objetivo da aliança tende a ser dominante, os outros podem desempenhar papéis secundários.

APRENDIZADO

O primeiro objetivo estratégico é o *aprendizado*. Nesse caso, as empresas fazem aliança com a intenção de adquirir o conhecimento necessário, possuído pelo parceiro. O aprendizado torna-se atraente quando uma empresa é incapaz de desempenhar certas atividades da cadeia de valor que têm o potencial de torná-la mais poderosa ou mais lucrativa. Duas suposições importantes associadas a esse objetivo são: há vantagem em manter a função/tecnologia dentro da hierarquia da empresa; e a função/tecnologia está incorporada na empresa, tornando difícil uma transação (mercado) sem interesse.

É improvável que a aliança de aprendizado venha realmente a ser descrita pelos participantes nesses termos. O argumento declarado será definido como um acordo para combinar esforços de P&D, fabricação conjunta de um produto e/ou pontos de distribuição compartilhados (todos acordos funcionais). Porém, um lado ou ambos os lados podem usar a aliança agressivamente para adquirir conhecimento valioso, tornando-se gradualmente independente do parceiro "professor" uma vez que o processo de aprendizado esteja completo.

Os elementos positivos de adotar alianças como veículos de aprendizado são velocidade, eficiência e custo. Em vez de desenvolver uma nova capacidade (processo, mercado ou tecnologia) à base de tentativa e erro por meio de desenvolvimento interno, a aliança garante acesso imediato às habilidades desejadas. Uma alternativa à aliança de aprendizado seria adquirir uma empresa que tenha o conhecimento necessário. Porém, essa estratégia pode acabar em uma situação de confronto e depois resultar em perda das habilidades desejadas devido à divisão do local de trabalho, desconfiança e perdas. O licenciamento também pode atuar como uma alternativa para desenvolver o conhecimento necessário; porém, algumas das tecnologias mais valiosas (gerenciamento, processo e produto) estão geralmente tão incorporadas na estrutura organizacional que são difíceis de separar e transferir efetivamente para uma nova organização. Em resumo, a relação da aliança estratégica com aprendizado como objetivo primário tem muitas vantagens sobre as demais alternativas – aquisição, desenvolvimento interno ou licenciamento.

Os elementos negativos das alianças de aprendizado afetam primariamente os que não aprendem. Se um parceiro da aliança não é movido pelo aprendizado, ele poderá considerar os esforços de aprendizado do parceiro como predatórios ou de má fé, resultando em conflito ou mesmo em dissolução. Além disso, a aliança de aprendizado pressupõe capacidade organizacional para aprender e disposição do parceiro para permitir que o aprendizado ocorra... O potencial que o aprendizado tem nas alianças de impactar drasticamente, nas dinâmicas com-

Tabela 2   Seis objetivos da AEI

Objetivo	Descrição	Aspectos positivos	Aspectos negativos
Aprendizado	Adquire o conhecimento necessário (mercados, tecnologia, gestão)	Aquisição barata e eficiente	Oportunismo do parceiro, desafios organizacionais
Apoio	Substitui as atividades da cadeia de valor, completa a infra-estrutura da empresa	Vantagens de especialização	Dependência do parceiro
Alavancagem	Integra totalmente as operações da empresa com as do parceiro	Portfólio de recursos totalmente novo	Paralisação das decisões, ambiente em desenvolvimento
Associação	Associa relações mais próximas com fornecedores e clientes	Coordenação mais estrita das atividades verticais	Maior inflexibilidade nas relações verticais
Expansão	Busca áreas de esforço radicalmente novas	Expansão do universo de oportunidades de mercado	Incompatibilidade cultural
Restrição	Reduz a pressão competitiva de não-parceiros	Hiato competitivo temporário	Posição estratégica estática, vantagem efêmera

petitivas entre as empresas concorrentes, faz dele um objetivo de aliança que deve ser seriamente considerado e apropriadamente capturado.

APOIO

O segundo objetivo na relação AEI é o *apoio*. Nesse caso, faz-se a aliança com a intenção de que o parceiro substitua um elemento das atividades da cadeia de valor da empresa que era até então desempenhado internamente. Uma suposição importante é que, ao transferir certos segmentos operacionais, as empresas conseguirão focar-se naquilo que fazem melhor, dando ênfase a sua principal competência. Assume-se que a empresa que passa a desempenhar a atividade da cadeia de valor tem sua própria competência básica naquela área em particular. Os objetivos de apoio, desde que a empresa esteja deixando de desempenhar atividades não-atraentes da cadeia de valor, podem ser considerados como opostos aos objetivos de aprendizado, que buscam assumir determinadas atividades e competências.

Uma oportunidade natural de apoio em AEI ocorre por meio de relações cooperativas com empresas localizadas em países que oferecem vantagem comparativa em atividades específicas que agregam valor.

A vantagem de tal estratégia é que ela pode resultar em ganhos substanciais de curto prazo na estrutura de custo de produção. Ambas as partes se beneficiam com a especialização nos departamentos que são mais receptivos a seus ambientes ou organizações. O risco em uma estratégia de apoio é na determinação das atividades que não são críticas para a principal competência da empresa. Se a empresa transferir erroneamente as atividades cruciais, pode prejudicar seriamente sua estratégia de longo prazo.

Um problema central para esse objetivo de aliança é a impotência funcional resultante de uma perda de habilidades. Quando um conjunto de operações é removido do "vocabulário" da empresa, a organização pode esquecer como usá-lo e acabar perdendo-o para sempre. Isso pode levar a uma relação de dependência, na qual a empresa original não desempenha mais produção ou outras funções internamente sem incorrer em custos substanciais.

Outro problema com a estratégia de apoio está associado à separação geográfica e organizacional das funções da cadeia de valor. Desempenhar as funções de projeto e pesquisa em um país enquanto a produção ocorre do outro lado do mundo pode gerar ineficiências e tempo de resposta mais lento. Além disso, retorno importante, desenvolvimento interativo e processos de produção estão notadamente ausentes.

Finalmente, o risco de criar um concorrente é grande. São muitos os segmentos que confiaram em relações cooperativas para substituir processos internos apenas para depois serem surpreendidos pelos parceiros.

ALAVANCAGEM

O terceiro objetivo estratégico a ser considerado em uma relação AEI é a *alavancagem*. Nesse caso, a aliança representa uma integração importante dos departamentos da empresa entre parceiros, a fim de beneficiar-se das vantagens de tamanho e/ou escopo. A estrutura competitiva de diversos segmentos globais sempre exige uma massa crítica em áreas como alcance de mercado, orçamento de P&D e ofertas de produto para concorrer com outros jogadores dominantes globais. Embora os custos para chegar ao tamanho ou escopo necessário possam ser proibitivos para uma única empresa, duas ou mais empresas pequenas podem fazer uma AEI para atingir resultados similares. O resultado é a alavancagem dos pontos fortes de cada empresa com os do parceiro, gerando vantagens de tamanho e/ou de escopo.

No início de 1991, a Sterling Drug (EUA) e a Sanoñ S.A. (França) juntaram suas operações farmacêuticas naquilo que poderia ser considerado uma aliança de alavancagem. O acordo, que não envolvia participação acionária, permitiu à Sanoñ comercializar seus produtos por meio do amplo sistema de distribuição da Sterling, tanto na América do Norte como na América Latina, enquanto a Sterling ganhava acesso ao amplo sistema de distribuição da Sanoñ em toda a Europa (Ansberry, 1991). Além dos acordos de compartilhamento de mercado, a aliança incluía um componente de P&D importante.

...Duas empresas farmacêuticas de tamanho médio com mercados, capacidades de produto e orçamentos de pesquisa complementares combinaram esforços para tornar-se um nome poderoso em um segmento global. A extensão dessa relação era tal que as duas empresas tinham que coordenar atividades em todos os níveis da prática empresarial. A vantagem óbvia desse tipo de objetivo de aliança é a oportunidade de expandir significativamente ativos, recursos, capacidades e oportunidades em um período de tempo muito curto...

Dois elementos negativos se destacam na estratégia de alavancagem. A inércia organizacional e a estagnação burocrática podem ocorrer quando uma organização chega ao ponto de ter camadas de gerenciamento e departamentos múltiplos... a combinação de duas grandes burocracias aumenta a complexidade e o potencial de adiar decisões. Questões de procedimento, assim como confiança, reciprocidade e questões de monitoramento afetam o comprometimento e a durabilidade da relação...

O outro aspecto negativo dessa estratégia é o problema do mundo mutante. A alta gerência de duas grandes empresas pode concordar em relação ao segmento e a fatores competitivos que favorecem a aliança hoje. Porém, surge a questão, esse consenso de "visão de mundo" vai existir daqui a 1, 2 ou 5 anos? Uma ampla pesquisa sugere que a evolução do segmento e a mudança no panorama competitivo são grandes contribuintes para a instabilidade da aliança...

ASSOCIAÇÃO

O quarto objetivo da AEI considerado nesta análise é a *associação*. Esse método de relação em particular é mais freqüentemente associado a relações verticais (e não horizontais) e é sempre singular em seu escopo funcional. O fornecedor estratégico e as relações com os clientes estão se tornando mais predominantes como exemplos específicos desse tipo de relação...

O modelo tradicional nos Estados Unidos tem sido manter fornecedores múltiplos para um determinado componente e então promover um ambiente que os faça concorrer uns contra os outros. Acordos de cotação anual ou bianual geram pressões competitivas constantes por meio da busca de baixo preço e da disposição para mudar de fornecedor com partes componentes literalmente intercambiáveis. Uma tendência mutante, porém, é que os fabricantes busquem laços mais estreitos com seus fornecedores, baseados na crença de que cooperação e coordenação mais próximas vão gerar uma relação mais efetiva, pois o compartilhamento de informações, especificações e experiências acaba resultando em tempos de espera mais curtos, qualidade mais alta e melhor controle no processo de fabricação.

A vantagem do objetivo estratégico de associação é que ele traz oportunidades para melhor coordenação e relação mais estreita entre parceiros do que seria possível em uma relação distante com um fornecedor.

O principal elemento negativo desta estratégia é a inflexibilidade. Quando uma relação tradicional com um fornecedor é reavaliada anualmente ou bianualmente, não é difícil romper a relação se isso for necessário; com uma relação de aliança, isso se torna mais difícil. Como a relação se aprofunda e se intensifica com o tempo, ativos e pessoal específicos são exclusivamente dedicados à relação. Se a empresa enfrenta uma queda nos negócios ou uma redução nos pedidos dos clientes, é muito mais difícil romper com um fornecedor com o qual a empresa desenvolveu uma relação do que seria em outras circunstâncias, e o dano para as duas partes pode ser sério.

EXPANSÃO

O quinto objetivo da aliança é a *expansão*. Neste caso, a empresa beneficia-se da experiência de outra empresa cuja principal competência é substancialmente diferente, permitindo assim que a primeira se expanda em áreas muito diferentes, mas potencialmente viáveis, nas quais ela não se aventuraria de outra forma. Esse objetivo é chamado expansão porque as áreas de experiência procuradas no parceiro permitem à empresa explorar oportunidades de produto ou mercado, transpondo barreiras de entrada bastante altas, que de outra forma seriam difíceis de explorar internamente devido à falta de capacidades específicas da empresa.

Um exemplo de expansão é a aliança estratégica entre a Sony e a ESPN para desenvolver e comercializar conjuntamente uma nova linha de *video games* de esportes. Nesse caso, a Sony tinha uma experiência já estabelecida com aparelhos eletrônicos de consumo de diversas áreas. A ESPN, através de sua rede de transmissão a cabo na área de esportes, tinha uma reputação sólida estabelecida com os fãs de esportes, entendendo-os bem.

...a expansão pode representar as expansões culturais ou geográficas necessárias para acessar mercados estrangeiros. Em muitos casos, as empresas podem ter produtos apropriados para um determinado país ou mercado, mas ter pouca experiência nas práticas culturais dos residentes. Isso é particularmente verdadeiro em países menos desenvolvidos e pode explicar porque setores culturalmente sensíveis, como varejo, envolvem alianças.

A expansão difere do aprendizado no sentido de que a empresa que se expande não necessariamente deseja internalizar a experiência de seu parceiro. A infra-estrutura tecnológica é tão diferente que isso seria uma tarefa onerosa demais. No exemplo da Sony, é improvável que ela tenha interesse ou capacidade de desenvolver o conhecimento e o entendimento de esportes da ESPN; da mesma forma, é improvável que a ESPN se aventure na área de eletrônicos de consumo. A expansão difere da alavancagem no sentido de que o segmento de expansão da empresa normalmente não representa a confiança e a integração do núcleo tecnológico que a relação de alavancagem englobaria.

Os pontos negativos associados às alianças de expansão são primariamente os de incompatibilidade cultural. Qualquer acordo AEI apresenta desafios para a integração bem-sucedida de estilos gerenciais, além de fazer uma ponte cultural entre as nações. Porém, os esforços para cooperação entre empresas com segmentos e capacidades tecnológicas *radicalmente* diferentes podem se provar particularmente difíceis de administrar devido a diferenças culturais organizacionais. As tradições organizacionais em áreas como processos de tomada de decisão, preferências de risco e estilos gerenciais podem representar barreiras invisíveis enormes para a implementação bem-sucedida dos objetivos de aliança desejados.

RESTRIÇÃO

O sexto objetivo estratégico a ser considerado é a *restrição*. Neste cenário, dois ou mais parceiros se reúnem para impedir a concorrência e beneficiar-se do poder combinado de mercado ou da relação estrutural das empresas envolvidas. A intenção não é particularmente avançar em novas tecnologias, inovações ou mercados, mas sim proteger as vantagens existentes de uma potencial competição.

Exemplos de tais alianças podem incluir os grandes fabricantes que consolidam redes de fornecimento para dificultar o acesso das empresas concorrentes.

O elemento negativo primário das alianças de restrição é sua natureza efêmera. As questões antitruste relacionadas às alianças estratégicas sempre são complexas e não testadas em muitos países. Se potenciais concorrentes caem devido a obstruções de mercado injustas e clientes reclamam sobre a falta de competição, o governo pode impedir rapidamente uma aliança e ameaçar uma vantagem competitiva forte. Adicionalmente, alianças usadas para neutralizar a competição podem fazer com que as empresas envolvidas tenham um falso senso de vantagem competitiva, acabando por torná-las vulneráveis a competidores mais inovadores e ágeis.

CONCLUSÃO

Para concluir, há três passos importantes no desenvolvimento de acordos de AEI apropriados. O primeiro é conceber e definir adequadamente um objetivo primário para o acordo de aliança. Este artigo afirmou que pode haver diversos objetivos de aliança e que eles podem ter implicações significativamente diferentes para as empresas. O próximo passo é assegurar que tais objetivos sejam apropriados em relação às estratégias e aos objetivos mais amplos da empresa. Se houver um bom ajuste de aliança/estratégia, então o passo final é assegurar que os objetivos do parceiro de aliança sejam compatíveis. Tais atividades de planejamento estratégico tendem a reduzir as bases conflituais das AEIs e aumentar a possibilidade de que elas venham a contribuir para as vantagens competitivas da empresa conforme planejado.

LEITURA 10.3

CRIANDO CONHECIMENTO POR MEIO DA COLABORAÇÃO[3]
por Andrew C. Inkpen

Cada vez mais a criação de novos conhecimentos organizacionais está se tornando uma prioridade de gestão. Novos conhecimentos são a base para renovação organizacional e vantagem competitiva sustentável (Quinn, 1992). Ao examinar a criação de conhecimento por meio das alianças estratégicas, este artigo nos traz informações sobre como as empresas administram conhecimento.

Nos últimos cinco anos, o número de alianças domésticas e internacionais cresceu mais de 25% ao ano (Bleeke e Ernst, 1995). Peter Drucker (1995) sugeriu que a grande mudança na forma como as empresas estão sendo conduzidas está na aceleração do crescimento de relações baseadas não em propriedade, mas em parceria. Muitas empresas hoje percebem que a auto-suficiência está se tornando cada vez mais difícil em um ambiente empresarial que exige foco estratégico, flexibilidade e inovação. As alianças garantem às empresas uma oportunidade única para alavancar suas forças com a ajuda dos parceiros.

Muitas empresas fazem aliança com objetivos específicos de aprendizado. Embora o aprendizado por meio de alianças possa ocorrer e de fato ocorra de forma bem-sucedida, trata-se de um processo difícil, frustrante e sempre mal-interpretado. O obstáculo primário para o sucesso é deixar de executar os processos organizacionais específicos, necessários para acessar, assimilar e disseminar o conhecimento da aliança. Empresas bem sucedidas exploram oportunidades de aprendizado ao adquirir conhecimento por meio de "enxerto", um processo de internalização de conhecimento não-disponível anteriormente dentro da organização...[4]

Este estudo examinou duas questões principais: os organizadores de alianças reconhecem e tentam explorar as oportunidades de aprendizado da aliança? Que condições organizacionais facilitam o aprendizado eficaz ou ineficaz? A amostragem de alianças organizacionais para a pesquisa consistia em 40 *joint-ventures* (JVs) norte-americanas/japonesas localizadas na América do Norte e envolvia entrevistas com seus gerentes. Todas as *joint-ventures* eram fornecedores da indústria automotiva e, com duas exceções, eram todas organizações iniciantes. Em termos de propriedade, 17 empreendimentos eram 50-50, em 15 empreendimentos, os sócios japoneses tinham maioria, e em 8 empreendimentos, os sócios norte-americanos tinham maioria. Cinco casos deste estudo inicial foram selecionados para estudos adicionais.

---

[3] Extraído de "Creating Knowledge Through Collaboration", Andrew C. Inkpen, *California Management Review*, Vol. 39(1), Fall 1996, pp. 123-140. Copyright © 1996 pelos reitores da University of California. Reimpresso com permissão dos reitores.

[4] Huber (1991) explorou as várias formas pelas das quais as organizações são expostas a novos conhecimentos: aprendizado congênito, aprendizado experimental, aprendizado substitutivo, pesquisa e enxerto. Para este estudo interessa especificamente o conhecimento por enxerto, que vem de fora das fronteiras organizacionais; por exemplo, por meio de fusões e aquisições.

Explorando o Conhecimento Colaborativo

Há quatro processos críticos de administração de conhecimento usados pelas empresas para acessar e transformar conhecimento do contexto de uma aliança para o contexto de um parceiro: compartilhamento de tecnologia; interações das JVs com as controladoras; movimentos de pessoal e associações entre controladora e estratégias da aliança. Esses processos criam conexões para os gerentes, através das quais eles podem comunicar suas experiências de aliança aos outros e formar um alicerce para integração de conhecimento na base de conhecimento coletivo da empresa controladora.

Conhecimento Tácito e Explícito

A criação de conhecimento organizacional envolve uma interação contínua entre o conhecimento tácito e o explícito (Nonaka e Takeuchi, 1995). O conhecimento tácito é difícil de formalizar, o que dificulta a comunicação ou o compartilhamento com os outros. O conhecimento tácito envolve fatores intangíveis incorporados em crenças, experiências e valores pessoais. O conhecimento explícito é sistemático e facilmente comunicável na forma de dados físicos ou procedimentos codificados. Sempre haverá uma forte dimensão tácita associada à maneira de usar e implementar o conhecimento explícito. A Tabela 1 mostra os quatro processos de administração de conhecimento e os tipos primários de conhecimento associados a cada processo.

Compartilhamento de Tecnologia

Nos casos estudados, as empresas controladoras desenvolveram vários mecanismos para ganhar acesso ao processo de produção e à tecnologia de produtos da JV. O método mais comum também era o mais direto – reuniões entre executivos da JV e da controladora. Em um dos casos, eram feitas reuniões mensais e a localização era alternada, uma vez na fábrica da JV e uma vez na da controladora norte-americana. Compareciam às reuniões gerentes de fábrica, chefes de controle de qualidade, gerentes de P&D, VP de produção do escritório da controladora norte-americana e diversos gerentes sêniores da JV. Além disso, havia reuniões trimestrais de P&D envolvendo a JV e a controladora norte-americana.

O acesso às capacidades de tecnologia do parceiro também ocorria por meio de associação direta entre parceiros japoneses e norte-americanos. Nos dois casos, havia visitas regulares do pessoal da controladora norte-americana às instalações da controladora japonesa.

Em outro caso, os sócios assinaram um acordo de tecnologia muito amplo. Os dois sócios concordaram em ser completamente abertos no compartilhamento de tecnologia de produto e de produção.

Nem todas as controladoras norte-americanas estavam interessadas em ter acesso à tecnologia do sócio japonês. Em um determinado caso, o sócio japonês ofereceu-se para compartilhar sua tecnologia de produção com seu sócio norte-americano. O sócio japonês tinha desenvolvido algumas tecnologias de processo confidenciais e estava disposto a compartilhá-las sem custo. O tecnologia era usada na JV e era muito visível para os gerentes do sócio norte-americano. A oferta foi comunicada por escrito por meio de um memorando de um gerente da JV para o presidente da sócia norte-americana. A empresa norte-americana jamais respondeu ao oferecimento. Por que a oferta foi recusada? A opinião de um gerente da JV era que "as pessoas da controladora norte-americana não queriam aprender porque viam a JV como presunçosa".

Interações Entre JV e Controladora

A relação JV-controladora desempenha um papel importante na administração de conhecimento. Além das ini-

Tabela 1 Processos de administração de conhecimento e tipos de conhecimento

Processos de administração de conhecimento	Tipos de conhecimento	Exemplos de conhecimentos potencialmente úteis para empresas norte-americanas controladoras de JV
Compartilhamento de tecnologia	Explícito	■ Processos de controle de qualidade ■ Projetos de produto ■ Sistemas de programação
Interações JV-controladora	Explícito Tácito	■ Práticas específicas de recursos humanos ■ Expectativas dos clientes japoneses
Movimento de pessoal	Tácito	■ Objetivos de melhoria contínua ■ Comprometimento com satisfação do cliente
Associações entre empresa controladora e estratégias da aliança	Explícito Tácito	■ Informações de mercado ■ Visões para o futuro ■ Relações de *keiretsu* do parceiro

ciativas de compartilhamento de tecnologia discutidas acima, outras interações JV-controladora podem criar o contexto social necessário para levar a JV para uma arena mais ampla. As interações JV-controladora podem garantir a base para o que tem sido chamado de "comunidades de prática" (Brown e Duguid, 1991). Uma comunidade de prática é um grupo de pessoas que não é necessariamente reconhecível dentro das fronteiras organizacionais estritas. Os membros compartilham conhecimento comunitário e podem estar dispostos a desafiar a sabedoria convencional da organização. As comunidades surgem não quando os membros absorvem conhecimento abstrato, mas quando se tornam "participantes" e adquirem o ponto de vista subjetivo de uma determinada comunidade e aprendem a falar sua linguagem.

As visitas às instalações da JV eram uma forma efetiva para os gerentes das controladoras conhecerem suas JVs. Os gerentes da JV em geral estavam convencidos de que as diferenças incorporadas na JV eram visíveis e que os gerentes da controladora entenderiam as diferenças se passassem mais tempo na JV.

As relações cliente-fornecedor entre a JV e a controladora norte-americana também criaram uma base para interação mais ampla entre JV e controladora. Em um dos casos, a controladora norte-americana aumentou substancialmente sua qualidade devido às pressões da cliente JV, que por sua vez estava sob pressão por parte de seus fornecedores japoneses. Até que a JV fosse formada, a controladora norte-americana não tinha tido grandes interações com clientes japoneses. Ao fornecer para a JV, e indiretamente tornando-se um fornecedor transplante, a controladora norte-americana era forçada a avaliar algumas de suas operações de produção.

MOVIMENTO DE PESSOAL

A rotação de pessoal entre a aliança e a controladora pode ser uma forma eficaz de "mobilizar" conhecimento pessoal. A rotação ajuda os membros de uma organização a entender a empresa a partir de perspectivas múltiplas, o que, por sua fez, torna o conhecimento mais fluido e mais fácil de pôr em prática. Nesse estudo, a rotação de interesses era um movimento de pessoal nos dois sentidos entre a JV e a controladora. Se houvesse movimento apenas em um sentido, como da controladora para a JV, não seria considerado rotação.

A atitude da controladora japonesa algumas vezes refreava a rotação. Em um caso, a controladora japonesa preferia que o pessoal da JV não fosse para a controladora norte-americana. O sócio japonês via a JV como uma unidade distinta e separada da controladora norte-americana. Apesar dessa preocupação, o sócio norte-americano transferiu pessoal da JV para a controladora. Em outro caso, as pessoas estavam dispostas a ir da controladora para a JV, mas menos dispostas a retornar à controladora norte-americana. Isso levou a controladora norte-americana a pedir para sua JV que não "caçasse" mais pessoal da controladora.

ASSOCIAÇÕES ENTRE CONTROLADORA E ESTRATÉGIAS DA ALIANÇA

O grau de associação entre a controladora e as estratégias da aliança desempenha um papel importante na administração de conhecimento da aliança. Uma JV vista como periférica em relação à estratégia da organização controladora provavelmente vai gerar poucas oportunidades para transferência de conhecimento da aliança para a controladora. Uma JV vista como importante pode receber mais atenção da organização controladora, levando a uma interação substancial entre controladora e JV e a um maior comprometimento de recursos para o gerenciamento da colaboração.

Por meio de associações estratégicas entre a JV e a controladora, os parceiros podem obter informações importantes sobre seus respectivos negócios. Por exemplo, uma controladora norte-americana ganhou um contrato para fornecer uma peça, mas não tinha condições de chegar ao custo desejado. A controladora decidiu usar sua JV para produzir as peças devido à tecnologia de processo superior da JV. Esse tipo de associação indica que a controladora norte-americana havia internalizado as diferenças entre a controladora e a JV. Isso também abre as portas para mais compartilhamento de conhecimento e cooperação no futuro.

FATORES FACILITADORES

Por que algumas empresas tentam ativamente alavancar o conhecimento da aliança enquanto outras fazem apenas um esforço mínimo? Por que algumas são mais eficazes para alavancar o conhecimento da aliança? Há seis fatores que facilitam a gestão de conhecimento efetivo: objetivos de aprendizado flexíveis; comprometimento da liderança; clima de confiança; tolerância à redundância; caos criativo e falta de miopia de desempenho.

OBJETIVOS DE APRENDIZADO FLEXÍVEIS

Os objetivos colaborativos dos parceiros de JV são um elemento fundamental na criação de conhecimento da aliança. Porém, não é suficiente entrar em uma JV com um objetivo de aprendizado. Os objetivos de aprendizado iniciais podem ter pouco impacto na eficácia dos esforços de criação de conhecimento. Isso não significa sugerir que os objetivos de aprendizado não são importantes. Se eles forem associados à formação de uma JV, a empresa controladora pode buscar o conhecimento mais ativamente. Porém, se o objetivo inicial de aprendizado não for corretamente focado e se a gerência não estiver disposta a ajustar o objetivo ou for incapaz disso, os esforços de administração de conhecimento podem ser ineficazes. Por exemplo, em um caso, o sócio norte-americano tinha um objetivo de aprendizado muito explícito, relacionado à tecnologia. Porém, os esforços de administração de conhecimento da empresa foram fracos e inconsistentes, pois ela não tinha um entendimento claro das habilidades de seu sócio...

Em outra JV, a situação foi quase reversa. A controladora norte-americana estava interessada em formar uma JV principalmente para conseguir acesso ao mercado de transplante japonês. Quando as negociações para formar a JV foram iniciadas, a diretoria da controladora norte-americana deixou claro que só estaria interessada em se envolver se administrasse a JV. Segundo o presidente da JV, "temos uma reputação de qualidade que precisamos trazer para a JV". Mas, depois de trabalhar em conjunto por vários anos, a diretoria da controladora norte-americana percebeu que o conhecimento da aliança poderia ser importante para sua empresa e fez um esforço maior para ter acesso às operações e ao conhecimento da JV...

Comprometimento da Liderança

O papel da alta gerência na administração de conhecimento deve ser o de arquiteto e catalisador. Embora seja importante ter defensores múltiplos, tem que haver pelo menos um forte defensor da criação de conhecimento em posição de liderança. O papel do líder é especialmente importante para iniciar associações entre a controladora e as estratégias da aliança. Em uma JV, o ímpeto primário para essa relação estreita veio do presidente da controladora norte-americana. O presidente tinha uma relação pessoal de longa data com o presidente do parceiro japonês e estava comprometido a construir a relação com a JV e alavancar a experiência da JV para fortalecer os negócios da controladora norte-americana. Por meio de seus esforços, os esforços de administração de conhecimento explícito projetados para transferir tecnologias específicas foram iniciados, assim como um intercâmbio mais exploratório de pessoal e de idéias...

Clima de Confiança

Um clima de confiança, tanto entre os parceiros da JV como entre a JV e a organização controladora, é crítico para a troca livre de informações. A confiança entre os sócios parecia ser tanto uma função de envolvimento da alta gerência na relação como uma história de cooperação antes da formação da JV...

Tolerância à Redundância

Redundância significa sobreposição consciente de informações, atividades e responsabilidades gerenciais da empresa. A redundância encoraja o diálogo freqüente e, como argumenta Peter Senge (1990), o diálogo é um elemento fundamental no aprendizado coletivo. Em um diálogo, questões complexas são exploradas com o objetivo de atingir coletivamente um significado comum. O diálogo envolve conversações e conexões entre pessoas de diferentes níveis organizacionais. Inevitavelmente, conforme as questões são debatidas e as suposições são questionadas, o diálogo vai resultar em alguma redundância de informação. Sem tolerância à redundância, o compartilhamento de idéias e o diálogo efetivo serão difíceis...

Caos Criativo

O caos é criado naturalmente quando a organização enfrenta uma crise, como um rápido declínio no desempenho. Ele também pode ocorrer quando diferenças ou discrepâncias interrompem as rotinas normais. O caos aumenta a tensão dentro da empresa e se concentra na formação e solução de novos problemas. O trabalho dos gerentes em uma empresa criadora de conhecimento é orientar o caos para a criação de conhecimento, fornecendo aos gerentes uma estrutura conceitual que possa ser usada para interpretar a experiência (Nonaka, 1991).

Miopia de Desempenho

Os gerentes que tentam criar conhecimento têm que lidar com experiências confusas. Uma dessas "experiências" para as controladoras de JV foi a avaliação de desempenho da JV. Diversos gerentes nas empresas controladoras norte-americanas apontaram o fraco desempenho financeiro das JVs como prova de que o aprendizado não estava ocorrendo ou não poderia ocorrer. De maneira mais geral, uma preocupação míope com questões de curto prazo era uma característica comum dos parceiros norte-americanos. Embora seja muito simplista descrever a administração japonesa como orientada para o longo prazo e a norte-americana, para o curto prazo, as empresas japonesas neste estudo pareciam focar-se na satisfação do cliente e na qualidade do produto em vez de desempenho baseado em lucro. Consistente com outros estudos (por exemplo, Abbeglen e Stalk, 1995), as empresas japonesas pareciam menos constrangidas por questões de compartilhamento de preço e por diretorias impacientes do que suas parceiras norte-americanas. Enquanto os norte-americanos concentravam-se no resultado final, os japoneses concentravam-se em melhorar produtividade, qualidade e entrega.

Quando uma empresa está muito focada em questões de desempenho financeiro, o aprendizado sempre será uma preocupação secundária e menos tangível. Nas JVs com desempenho fraco, era difícil para os gerentes norte-americanos conceber que o aprendizado poderia ocorrer mesmo com desempenho ruim...

Conclusão

A criação de conhecimento é um processo dinâmico, envolvendo interações em vários níveis organizacionais e englobando uma comunidade de pessoas que aumenta, amplifica e dissemina seu conhecimento. Esse processo pode ser acidental e idiossincrático e deve ser visto como um processo contínuo, e não como um processo com fases de entrada e saída identificáveis. Ele pode ocorrer sem intenção e pode ocorrer mesmo quando o sucesso não pode ser avaliado em termos de resultados objetivos. Devido à sua natureza acidental e idiossincrática, as empresas podem ver o comprometimento de recursos com a criação de conhecimento como extravagante e perdulária. A visão aqui é que a capacidade de criar conhecimento e levá-lo de uma parte a outra na organização é a base para a vantagem competitiva. Embora nem todos os esforços de criação de conhecimento sejam bem-sucedidos, alguns vão gerar resultados surpreendentemente importantes. Além disso, nem todos os esforços de criação de conhecimento gerarão resultados imediatos no desempenho. Porém, a longo prazo, a criação de conhecimento bem-sucedida pode fortalecer e reforçar a estratégia competitiva de uma empresa.

Capítulo 11
Globalização

A atenção à dimensão internacional neste livro não pode ser considerada casual ou cosmética. Aqui nos voltamos para o lado conceitual sob o rótulo de globalização, que é certamente uma das principais forças na área empresarial atualmente.

Operar em uma arena internacional em vez de doméstica representa muitas novas oportunidades para as empresas. Ter operações no mundo todo não apenas dá a uma empresa acesso a novos mercados e recursos especializados, mas também abre novas fontes de informação para estimular futuros desenvolvimentos de produto. E amplia as opções de movimentos e contra-movimentos estratégicos que a empresa pode fazer para competir com seus rivais domésticos ou, mais estreitamente, internacionais. Porém, com todas essas oportunidades vem o desafio de administrar estratégia, organização e operações congenitamente mais complexas, diversas e incertas. Incluímos três textos que vão ajudar nessas considerações.

O primeiro, de Christopher Bartlett, da Harvard Business School, e do co-autor Sumantra Ghoshal, da London Business School, trata dos aspectos organizacionais de administrar no contexto internacional. Para operar efetivamente em base mundial, sugerem Bartlett e Ghoshal, as empresas devem aprender como administrar diferentes áreas de negócios, países e departamentos; criar interdependência entre as unidades em vez de dependência ou independência; e focar-se em coordenação e cooptação em vez de controle. A chave para tal capacidade organizacional está em visão e valores compartilhados.

O segundo texto, de George Yip, da London Business School, concentra-se nos aspectos estratégicos de administrar em um contexto internacional. As visões de Yip sobre estratégia global refletem a mesma orientação das economias da organização industrial que influenciaram o trabalho de Porter: ao decidir de que mercados participar, que produtos e serviços oferecer e a localização de atividades e tarefas específicas, os gerentes devem analisar os "condutores de globalização" em seus segmentos e encontrar o ajuste estratégico correto.

Finalmente, Subramanian Rangan, da INSEAD, oferece "sete mitos" sobre estratégia global, outro conjunto de advertências de que *globalismo* não é tão simples como a palavra implica. Esse tipo de conselho sensato é fundamental em um mundo talvez um pouco casual demais em relação a termos como *globalização*.

USANDO OS ESTUDOS DE CASO

Há uma distinção a ser feita entre tornar-se global e operar como uma empresa global. O caso da Lufthansa, por exemplo, fala dos problemas de administrar organizações que se espalham pelo globo. O texto de Ghoshal, "Gerenciando além das fronteiras", considera como as empresas globais podem lidar com esse desafio. Em contraste, o caso sobre a AmBev considera as armadilhas de tornar-se global. É um bom exemplo do conselho de Rangan em "Sete mitos relacionados à estratégia global", de que se tornar global pode estar na moda, mas fazer isso de forma correta é mais importante.

Evidentemente, devemos lembrar que não é necessário ser global ou tornar-se global para enfrentar o desafio da globalização. O caso da AmBev lida com as conseqüências da globalização para uma empresa enraizada em seu ambiente global. Yip examina o dilema de tornar-se global. É útil para analisar empresas que começaram localmente e depois se tornaram globais, mas também é útil para analisar empresas que têm que lidar com as conseqüências da globalização sem tornar-se globais.

Leitura 11.1
GERENCIANDO ALÉM DAS FRONTEIRAS: NOVAS RESPOSTAS ORGANIZACIONAIS[1]
por Christopher A. Bartlett e Sumantra Ghoshal

... As mudanças recentes no ambiente operacional internacional forçaram as empresas a otimizar *eficiência, receptividade* e *aprendizado* simultaneamente em suas operações mundiais. Para aquelas que se concentravam anteriormente em desenvolver e administrar uma dessas capacidades, esse novo desafio implica não apenas uma total reorientação estratégica, mas também uma grande mudança na capacidade organizacional.

Implementar tal objetivo estratégico complexo, de três pontas, seria difícil sob qualquer circunstância mas, em uma empresa mundial, a tarefa é ainda mais complicada. O próprio ato de "tornar-se internacional" multiplica a complexidade organizacional da empresa. Normalmente, fazer isso exige o acréscimo de uma terceira dimensão à estrutura gerencial, orientada para a empresa e para departamentos. É bastante difícil equilibrar divisões de produtos que geram eficiência e se concentram em estratégias de mercado de produto doméstico com funcionários corporativos, cuja especialização funcional lhes permite desempenhar um papel importante de contrapeso e controle. A idéia de acrescentar uma gerência capaz, geograficamente orientada – e manter um equilíbrio de três vias das perspectivas e capacidades organizacionais entre produto, departamento e área – é intimidadora para a maioria dos gerentes. A dificuldade é ainda maior porque a resolução de tensões entre gerentes de produto, de departamento e de área deve ser conseguida em uma organização cujas unidades operacionais são sempre divididas pela distância e pelo tempo e cujos principais membros são separados por cultura e linguagem.

DE CAPACIDADES UNIDIMENSIONAIS PARA CAPACIDADES MULTIDIMENSIONAIS

Ao enfrentar a tarefa de construir capacidades estratégicas múltiplas em organizações altamente complexas, os gerentes em quase todas as empresas que estudamos[2] alegaram simplificadamente que enfrentavam uma série de escolhas dicotômicas. Eles discutiram os méritos relativos de adotar uma estratégia de receptividade nacional ao invés de uma baseada em integração global; consideraram se os principais ativos e recursos deveriam ser centralizados ou descentralizados; e debateram a necessidade de um controle central forte *versus* maior autonomia para as subsidiárias. A forma como uma empresa resolvia esses três dilemas normalmente refletia as influências exercidas e as escolhas feitas durante seu desenvolvimento histórico. Na área de telecomunicações, a necessidade da ITT de desenvolver uma organização receptiva às demandas da política nacional e às diferenças de especificação local foi tão importante para sua sobrevivência na era pré e pós II Guerra Mundial, como foi a necessidade da NEC de construir suas capacidades e recursos de produção altamente centralizada e de *marketing*, a fim de expandir-se no exterior no mesmo segmento nos anos 60 e 70.

Quando surgiram novos desafios competitivos, porém, tais tendências unidimensionais tornaram-se estrategicamente limitadoras. Como a ITT demonstrou com seu sucesso histórico excepcional, e a NEC mostrou por meio de sua expansão internacional mais protelada, uma *gestão geográfica* forte é essencial para o desenvolvimento de receptividade dispersa. A gestão geográfica permite que companhias em todo o mundo sintam, analisem e respondam às necessidades dos diferentes mercados nacionais.

Concorrentes efetivos também precisam construir uma *administração de empresas* forte, com responsabilidades globais de produto, caso queiram atingir eficiência e integração global. Esses gerentes agem como defensores da racionalização na produção, padronização de produto e compras globais com baixo custo. (Quando o setor de telecomunicações tornou-se globalizado, as capacidades organizacionais da NEC nesta área deram a ela uma grande vantagem competitiva). Sem estar presos a lealdades territoriais ou funcionais, grupos de produtos centrais permanecem sensíveis a questões competitivas gerais e tornam-se agentes facilitadores de mudanças que, embora dolorosas, são necessárias para viabilidade competitiva.

Finalmente, uma *administração funcional* mundialmente forte permite que uma organização construa e transfira suas principais competências – uma capacidade vital para o aprendizado mundial. Ligações entre gerentes funcionais permitem à empresa acumular conhecimento e habilidades especializadas e aplicá-los onde for necessário em suas operações mundiais. Gerenciamento funcional atua como um repositor de aprendizado organizacional e como o primeiro a se mover para sua consolidação e circulação dentro da empresa. Foi por querer departamentos de pesquisa e técnico fortemente associados entre suas subsidiárias que a ITT falhou em sua tentativa de coordenar o desenvolvimento e a difusão de seu programa digital System 12.

---

[1] Publicado originalmente em *Sloan Management Review* 43 (Fall 1987). Reimpresso com cortes sob permissão de *Review*.

[2] Os resultados apresentados neste artigo são baseados em um projeto de pesquisa de três anos sobre organização e administração de corporações multinacionais. Mantivemos amplas discussões com 250 gerentes em nove das maiores empresas multinacionais do mundo, nos Estados Unidos, Europa e Japão. Os resultados completos são apresentados em *Managing across Borders: The transnational solution* (Boston: Harvard Business School Press, 1988).

Assim, para responder *simultaneamente* às necessidades de eficiência, receptividade e aprendizado, a empresa deve desenvolver uma organização multidimensional na qual a eficácia de cada grupo gerencial seja mantida *e* na qual se evite que um grupo domine os outros. Como vimos em empresa após empresa, o desafio mais difícil para gerentes que tentavam responder às amplas demandas estratégicas emergentes era desenvolver os novos elementos da organização multidimensional sem erodir a eficácia de sua capacidade unidimensional atual.

SUPERANDO AS SUPOSIÇÕES SIMPLIFICADAS

Para as nove empresas no núcleo de nosso estudo, o desafio de destruir tendências e construir uma organização verdadeiramente multidimensional provou-se difícil. Por trás da mentalidade dominante ou/ou que levou ao desenvolvimento das capacidades unidimensionais, identificamos três suposições simplificadas que bloquearam o desenvolvimento organizacional necessário. A necessidade de reduzir a complexidade organizacional e estratégica tornou essas suposições quase universais em empresas globais, independente de segmento, país de origem ou cultura gerencial.

- Há uma suposição muito difundida, normalmente implícita, de que papéis de diferentes unidades organizacionais são uniformes e simétricos; diferentes áreas de negócios devem ser administradas da mesma forma, assim como diferentes departamentos e operações nacionais.

- A maioria das empresas, algumas conscientemente e a maior parte inconscientemente, cria relações internas entre as unidades, baseadas em padrões claros de dependência ou independência, partindo do pressuposto de que tais relações *devem* ser claras, e não ambíguas.

- Finalmente, há a suposição de que uma das principais tarefas da administração corporativa é institucionalizar mecanismos claramente entendidos para tomada de decisão e implementar formas simples de exercer controle.

As empresas mais bem-sucedidas no desenvolvimento de organizações verdadeiramente multidimensionais foram aquelas que desafiaram essas suposições e as substituíram por atitudes e normas bem diferentes. Em vez de tratar diferentes áreas de negócios, departamentos e subsidiárias de forma similar, elas sistematicamente *diferenciavam* tarefas e responsabilidades. Em vez de buscar clareza organizacional, baseando as relações em dependência ou independência, construíram e administraram *interdependência* entre as diferentes unidades das empresas. E, em vez de pensar em controlar sua principal tarefa, os gerentes corporativos buscaram mecanismos complexos para coordenar e cooptar as unidades organizacionais diferenciadas e interdependentes em uma visão compartilhada das tarefas estratégicas da empresa. Essas são as características organizacionais centrais do que descrevemos no artigo anterior como corporações transnacionais – aquelas mais eficazes em administração internacional no ambiente atual, de concorrência intensa e mudanças rápidas, normalmente descontínuas.

DE SIMETRIA PARA DIFERENCIAÇÃO

...Assim que viram a necessidade de mudar estruturas simétricas e processos homogêneos impostos em diferentes áreas de negócios e departamentos, a maioria das empresas que observamos acabou reconhecendo a importância de diferenciar a administração de operações geográficas diversas. Apesar de várias subsidiárias nacionais operarem com ambientes externos e restrições internas muito diferentes, todas elas tradicionalmente reportavam através dos mesmos canais, operavam sob sistemas similares de planejamento e controle e trabalhavam sob um conjunto de normas administrativas comuns e generalizadas.

Cada vez mais, porém, os gerentes reconheciam que tal tratamento simétrico poderia restringir as capacidades estratégicas. Na Unilever, por exemplo, tornou-se claro que os mercados altamente competitivos e as economias estreitamente relacionadas da Europa significavam que as empresas operando naquela região exigiam mais coordenação e controle do que aquelas, digamos, na América Latina. Pouco a pouco, a diretoria aumentou o papel dos grupos de coordenação de produto na Europa até que eles tivessem uma linha direta de responsabilidade para todas as empresas operando em sua área de negócios. Nos outros locais, porém, a diretoria nacional manteve seu papel histórico de gerência de linha e os coordenadores de produto agiam apenas como conselheiros. Assim, a Unilever moveu-se em seqüência, passando de uma organização simétrica para uma muito mais diferenciada: diferenciada por produto, depois por departamento e, finalmente, por área geográfica...

Mas a Unilever não é a única. Em todas as empresas que estudamos, a gerência sênior trabalhava para diferenciar suas estruturas e processos organizacionais de formas cada vez mais sofisticadas... Por exemplo,... a Procter & Gamble está diferenciando os papéis de suas subsidiárias ao dar a algumas delas responsabilidades como "países condutores" em desenvolvimento de estratégia de produto, depois passando esse papel de liderança de produto para produto... Assim, em vez de decidir os papéis específicos da administração de produto, funcional e geográfica com base em dicotomias simplistas como empresas globais *versus* domésticas ou organizações centralizadas *versus* descentralizadas, muitas empresas estão criando diferentes níveis de influência para diferentes grupos uma vez que eles desempenham diferentes atividades. Fazer isso permite que perspectivas gerenciais relativamente subdesenvolvidas sejam construídas de forma gradual e complementar, e não no ambiente subitamente adverso geralmente associado com as escolhas ou/ou. A heterogeneidade interna tornou a mudança de organização unidimensional para multidimensional mais fácil ao dividir o problema em pequenas partes diferenciadas e permitindo um processo passo a passo de mudança organizacional.

DE DEPENDÊNCIA OU INDEPENDÊNCIA PARA INTERDEPENDÊNCIA

...As novas demandas estratégicas tornam impróprios os modelos organizacionais de dependência ou independência simples entre unidades. A realidade do ambiente mundial competitivo atual exige colaboração no compartilhamento de informações e na solução de problemas, suporte cooperativo e compartilhamento de recursos, e ação e implementação coletivas. As unidades independentes se arriscam a ser eliminadas uma a uma pelos concorrentes, cujo método global coordenado permite duas vantagens estratégicas importantes – a capacidade de integrar pesquisa, produção e outras operações de escala eficiente e a oportunidade de subsidiar as perdas de batalhas em um mercado com fundos gerados por operações lucrativas em mercados domésticos ou ambientes protegidos...

Por outro lado, operações internacionais que dependem totalmente de uma unidade central devem lidar com problemas que vão além da perda de receptividade do mercado local... Elas também estão arriscadas a ser incapazes de responder efetivamente a competidores nacionais fortes ou de entender o mercado local ou informações técnicas potencialmente importantes. Esse foi o problema que a subsidiária da Procter & Gamble no Japão enfrentou, em um ambiente em que os competidores locais começaram a desafiar a posição anteriormente segura da P&G com mudanças de produto sucessivas e inovadoras e novas estratégias de mercado, particularmente na área de fraldas descartáveis. Depois de sofrer grandes perdas em participação de mercado, a diretoria reconheceu que uma operação local focada primariamente na implementação da estratégia de *marketing* clássica da empresa não era mais suficiente; a subsidiária japonesa precisava de liberdade e incentivo para ser mais inovadora. Não apenas para assegurar a viabilidade da subsidiária japonesa, mas também para proteger sua posição estratégica global, a P&G percebeu que tinha que expandir o papel da unidade local e mudar sua relação com a empresa controladora para melhorar o aprendizado de mão dupla e o suporte mútuo.

Mas não é fácil mudar relações de dependência ou independência que foram construídas ao longo de um período. Muitas empresas tentaram lidar com a necessidade crescente de colaboração entre unidades acrescentando camada após camada de mecanismos administrativos para promover mais cooperação. A alta gerência exaltava as virtudes do trabalho em equipe e tinha até criado departamentos especiais para fiscalizar a resposta gerencial a essa necessidade. Na maioria dos casos, esses esforços para obter cooperação por meio de autoridade ou de mecanismos administrativos foram desapontadores. As unidades independentes descobriram que o novo espírito cooperativo implicava pouco mais do que o direito de concordar com aqueles de quem dependiam.

Ainda assim, algumas empresas desenvolveram gradualmente a capacidade de atingir tal cooperação e construir o que Rosabeth Kanter (1983) chama de uma "organização integradora". Entre as empresas que estudamos, a mais bem sucedida conseguiu isso não ao criar novas unidades, mas mudando as bases das relações entre grupos de gerenciamento de produto, funcionais e geográficos. De relações baseadas em dependência ou independência, passaram para relações baseadas em níveis formidáveis de interdependência explícita e genuína. Em essência, transformaram integração e colaboração em coisas auto impostas ao exigir que todos os grupos colaborassem a fim de atingir seus próprios interesses...

A Procter & Gamble... na Europa, por exemplo, criou diversas equipes Eurobrand para desenvolver estratégias de produto-mercado para diferentes linhas de produto[3]. Cada equipe é liderada pelo gerente geral de uma subsidiária que tem uma competência particularmente bem-desenvolvida naquela área. Isso também inclui o produto apropriado e gerentes de propaganda de outras subsidiárias e gerentes funcionais relevantes dos escritórios europeus da empresa...

Ao observar muitos desses exemplos de empresas construindo e ampliando a interdependência entre unidades, pudemos identificar três fluxos importantes, que parecem estar no centro das relações organizacionais emergentes. O mais fundamental foi a interdependência de produto que a maioria das empresas estava construindo à medida que se especializava e integrava suas operações de produção mundial para atingir mais eficiência, ao mesmo tempo em que mantinha flexibilidade de compra e sensibilidade para atender os interesses do país anfitrião. O *fluxo de peças, componentes e produtos acabados* resultante aumentou a interdependência das operações mundiais de uma maneira óbvia e fundamental.

Também observamos empresas desenvolvendo uma interdependência de recurso que sempre contrastava claramente com políticas anteriores, que tinham encorajado a auto-suficiência local ou exigido a centralização de todos os recursos excedentes...

Finalmente, a difusão mundial da tecnologia, o desenvolvimento de mercados internacionais e a globalização de estratégias competitivas significam que informações estratégicas vitais agora existem em muitos locais

---

[3] Para uma descrição completa do desenvolvimento da Eurobrand na P&G, ver C.A. Bartlett, "Procter & Gamble Europe: Vizir launch" (Boston: Harvard Business School, Case Services # 9, 384-139).

diferentes no mundo todo. Além disso, a dispersão crescente de ativos e a delegação de responsabilidades para as operações estrangeiras resultaram no desenvolvimento de conhecimento e experiência local que têm implicações para a organização como um todo. Com essas mudanças, a necessidade de administrar o *fluxo de informações, idéias e conhecimento* tornou-se fundamental para o processo de aprendizado e reforçou a interdependência crescente das operações mundiais, como ilustra o caso das equipes Eurobrand da P&G.

É importante enfatizar que as relações que destacamos são diferentes das interdependências comumente observadas nas organizações com várias unidades. Tradicionalmente, os gerentes tentavam destacar o que era chamado de "interdependência agrupada" para tornar os gerentes das subunidades receptivos aos interesses globais, e não locais. (Antes da abordagem Euroteam, por exemplo, o vice-presidente da P&G européia sempre tentava convencer os gerentes de subsidiárias que tinham pensamentos independentes a transferir os fundos gerados em excesso para outras subsidiárias mais necessitadas, em nome do interesse corporativo geral, alegando que: "Algum dia, quando você precisar, elas podem financiar o lançamento de um produto importante para você.")

Como mostra o exemplo, a interdependência agrupada é sempre muito ampla e amorfa para afetar o comportamento diário da gerência. As interdependências que descrevemos anteriormente são mais claramente recíprocas, e a capacidade de cada unidade de atingir suas metas está condicionada à sua disposição em ajudar outras unidades a atingir suas próprias metas. Tais interdependências promovem mais efetivamente a capacidade da organização de compartilhar perspectivas e associar os recursos de diferentes componentes, expandindo assim suas capacidades organizacionais.[4]

DE CONTROLE PARA COORDENAÇÃO E COOPTAÇÃO

As suposições simplificadas de simetria e dependência (ou independência) organizacional permitiram que os processos gerenciais em muitas empresas fossem dominados por controles simples – controles operacionais estritos em subsidiárias dependentes no centro e um sistema mais frouxo de controles administrativos ou financeiros em unidades descentralizadas. Quando as empresas começam a desafiar as suposições implícitas nas relações organizacionais, porém, descobrem que também têm que adaptar seus processos gerenciais. A interdependência crescente das unidades organizacionais estendeu os sistemas simples dominados por controle e destacou a necessidade de complementar os processos existentes com outros mais sofisticados. Além disso, a diferenciação de tarefas e papéis organizacionais estreitou a diversidade das perspectivas e capacidades gerenciais e forçou a administração a diferenciar os processos administrativos.

À medida que uma organização se tornava, ao mesmo tempo, mais diversa e mais interdependente, havia uma explosão no número de questões que precisavam ser associadas, reconciliadas ou integradas. Os fluxos rapidamente crescentes de produtos, recursos e informações entre unidades organizacionais aumentou a necessidade de *coordenação* como uma função gerencial central. Mas os custos de coordenação são altos, tanto em termos financeiros como humanos, e as capacidades de coordenação são sempre limitadas. A maioria das empresas, porém, tendia a concentrar-se em meios primários de coordenação e controle – a sua maneira de fazer as coisas...

Em diversas empresas, vimos uma... ampliação de processos administrativos à medida que os gerentes aprendiam a operar com formas de coordenação previamente subutilizadas. A grande confiança da Unilever na socialização de gerentes para garantir a "cola" da coordenação foi complementada pelo papel crescente dos departamentos de coordenação do produto central. Em contraste, a NEC reduziu o papel de coordenação central da gerência ao desenvolver sistemas formais e processos sociais, de maneira a criar uma capacidade coordenativa mais robusta e flexível.

Tendo desenvolvido diversas novas formas de coordenação, a principal tarefa da gerência é racionalizar cuidadosamente seu uso e aplicação... é importante distinguir onde as capacidades internas podem ser formalizadas e administradas por meio de sistemas, onde as associações sociais podem ser promovidas para encorajar acordos informais e cooperação, e onde a tarefa de coordenação é tão vital ou importante que deve usar os escassos recursos de arbitragem da gerência central...

Descrevemos brevemente como as empresas começam a... diferenciar papéis e responsabilidades dentro da organização. Dependendo de suas capacidades internas e da importância estratégica de seus ambientes externos, as unidades organizacionais podem ser solicitadas a assumir papéis que vão desde um líder estratégico, com responsabilidade primária em toda a corporação para uma determinada área de negócios ou um departamento, até um simples responsável pela implementação apenas para executar estratégias e decisões desenvolvidas em outros locais.

Evidentemente, esses papéis devem ser administrados de formas bem diferentes. A unidade com responsabilidade de liderança estratégica deve ter liberdade para desenvolver responsabilidade de forma empreendedora, embora também deva ter grande suporte do escritório central. Para essa unidade, os controles operacionais devem ser leves e praticamente rotineiros, mas a coordenação de informações e recursos que flui da e para a unidade vai provavelmente exigir envolvimento intensivo da gerência sênior. Em contraste, unidades com responsabilidade de implementação devem ser administradas por meio de

---

[4] A distinção entre interdependências seqüenciais, recíprocas e agrupadas foi feita em J.D. Thompson, *Organizations in Action* (New York: McGraw-Hill, 1967).

controles operacionais estritos, com sistemas padronizados usados para lidar com grande parte da coordenação – primariamente dos fluxos de produtos. Como as tarefas são mais rotineiras, o uso de recursos de coordenação escassos poderia ser minimizado.

Porém, papéis organizacionais e processos administrativos diferenciados podem ter um efeito fragmentador e algumas vezes desmotivador. Em nenhum outro lugar isso é mais claramente ilustrado do que em muitas empresas que inquestionavelmente atribuíram às unidades o papel de "vacas leiteiras ou incógnitas"definido pela matriz BCG nos anos 70 (ver Haspeslagh, 1982). A experiência deles mostrou que há outra tarefa gerencial corporativa igualmente importante, que complementa e facilita a eficácia da coordenação. Chamamos essa tarefa de *cooptação*: o processo de unir a organização em torno de um entendimento dos objetivos, prioridades e valores da corporação e identificação e comprometimento com os mesmos.

Um exemplo claro da importância da cooptação foi dado pelo contraste entre os gerentes da ITT e da NEC. Na ITT, os objetivos corporativos eram comunicados mais em termos financeiros do que estratégicos, e as entidades nacionais da empresa eram identificadas quase que exclusivamente com seu ambiente local. Quando a gerência corporativa tentou impor uma estratégia mais unificada e mais global, suas subsidiárias locais não entenderam nem aceitaram a necessidade de fazer isso. Durante anos lutaram para não entregar sua autonomia, e a diretoria não foi capaz de substituir a rivalidade entre unidades por um processo mais cooperativo e colaborativo.

Em contraste, a NEC desenvolveu uma estratégia global explicitamente definida e claramente comunicada, cultuada no lema "C&C" da empresa – uma dedicação corporativa a construir negócios e basear a estratégia competitiva em uma ligação forte entre computadores e comunicações. Por mais de uma década, a filosofia C&C foi constantemente interpretada, refinada, elaborada e depois institucionalizada em unidades organizacionais dedicadas a várias missões C&C (p. ex.: Laboratório de Pesquisas de Sistemas C&C, Comitê de Planejamento Corporativo C&C e finalmente Divisão de Sistemas C&C). A alta gerência reconheceu que uma de suas principais tarefas era inculcar na organização como um todo um entendimento da estratégia e da filosofia C&C e despertar a consciência dos gerentes em relação às implicações globais de concorrer nessas áreas de negócios convergentes. Em meados dos anos 80, a empresa estava confiante de que todos os seus funcionários, em todas as unidades operacionais, tinham um entendimento claro da estratégia global da NEC e também de seu papel. Na verdade, foi essa homogeneidade que permitiu que a empresa começasse a descentralização bem-sucedida de seus processos administrativos.

Assim, o processo administrativo que diferenciou as organizações transnacionais das formas unidimensionais mais simples foi aquele em que o controle era menos dominante devido à importância crescente da integração e da colaboração entre unidades. Esses novos processos exigiam que a gerência corporativa complementasse seu papel de controle com tarefas mais sutis de coordenação e cooptação, fazendo surgir um processo administrativo muito mais complexo e sofisticado.

SUSTENTANDO UM EQUILÍBRIO DINÂMICO: PAPEL DO "MODELO DA MENTE"

Desenvolver perspectivas e capacidades multidimensionais não significa que a administração de produto, funcional e geográfica deve ter o mesmo nível de influência em todas as decisões importantes. Muito pelo contrário. Significa que a organização deve possuir uma estrutura de influência diferenciada – na qual grupos diferentes tenham papéis diferentes para atividades diferentes. Esses papéis não podem ser fixos; devem mudar continuamente para responder às novas demandas ambientais e características evolutivas do segmento. Não apenas é necessário evitar que uma única perspectiva domine as outras, mas é igualmente necessário não se fixar em um modelo de operação que impeça reavaliação de responsabilidades, realinhamento de relações e reequilíbrio de distribuição de poder. Essa habilidade de administrar essa capacidade multidimensional da organização de uma maneira flexível é o marco de uma empresa transnacional.

Nos processos de mudança que descrevemos, os gerentes claramente empregavam algumas ferramentas organizacionais poderosas para criar e controlar o processo gerencial flexível desejado. Eles usavam a ferramenta clássica de estrutura formal para fortalecer, enfraquecer ou mudar papéis e responsabilidades e empregavam sistemas gerenciais efetivamente para redirecionar recursos corporativos e canalizar informações de uma forma que mudasse o equilíbrio de poder. Ao controlar o fluxo e o refluxo de responsabilidades, e ao reequilibrar relações de poder, conseguiram evitar o atrofiamento de qualquer perspectiva multidimensional. Simultaneamente, evitaram o estabelecimento de bases de poder entrincheiradas.

Mas as empresas mais bem-sucedidas tinham um elemento adicional no núcleo de seus processos administrativos. Estávamos sempre conscientes de que grande parte da atenção da gerência sênior concentrava-se nos membros *individuais* da organização. Os esforços contínuos da NEC para inculcar em todos os membros corporativos uma visão comum de metas e prioridades; a atribuição cuidadosa de gerentes para equipes e forças-tarefa, feita pela P&G, para ampliar suas perspectivas; o uso freqüente pela Philips de conferências e reuniões como fóruns para reconciliar diferenças e o uso intenso por parte da Unilever de treinamento como um processo de socialização poderoso, junto com seu plano de carreira bem-administrado, que garantia experiências diversas em várias áreas de negócios, departamentos e localizações geográficas – são todos exemplos de empresas tentando desenvolver perspectivas multidimensionais e métodos flexíveis para cada gerente.

O que é crítico, então, não é apenas a estrutura, mas também a mentalidade daqueles que constituem a estrutura. O encadeamento comum que reúne as diversas tarefas que descrevemos é uma atitude gerencial que entende a necessidade de capacidades estratégicas múltiplas, que é capaz de ver problemas tanto da perspectiva local como da global e que aceita a importância de uma abordagem flexível. Esse modelo sugere que os gerentes devem resistir à tentação de ver sua tarefa em termos tradicionais de construir uma estrutura modelo global, formal – uma forma organizacional que, na prática, comprovou-se extraordinariamente difícil de administrar no ambiente internacional. Eles devem ser melhor orientados pela perspectiva de um alto executivo, que descreveu o desafio como "criar um modelo na mente dos gerentes".

Nosso estudo nos levou a concluir que a habilidade de uma empresa de desenvolver capacidade organizacional e mentalidade administrativa transnacional será o principal fator que vai separar os vencedores dos simples sobreviventes no ambiente internacional emergente.

LEITURA 11.2
ESTRATÉGIA GLOBAL... NUM MUNDO DE NAÇÕES[5]
por George S. Yip

Globalizar ou não e como globalizar tornaram-se duas das mais cruciais questões estratégicas para gerentes em todo o mundo. Muitas forças estão levando empresas do mundo inteiro a globalizar-se expandindo sua participação em mercados estrangeiros. Quase todos os mercados de produto nas principais economias mundiais – computadores, alimentação rápida, porcas e parafusos – têm competidores estrangeiros. As barreiras comerciais também estão caindo; o recente acordo comercial entre Estados Unidos e Canadá e a iminente harmonização na comunidade européia são dois exemplos drásticos. O Japão está abrindo gradualmente seus mercados há muito tempo protegido por barricadas. A maturidade em mercados domésticos também está levando as empresas a buscar expansão internacional. Isso é particularmente verdadeiro para as empresas norte-americanas que, alimentadas pelo gigantesco mercado doméstico, no geral, ficaram atrás de seus concorrentes europeus e japoneses em internacionalização.

As empresas também estão tentando globalizar ao integrar sua estratégia mundial. Tal integração global contrasta com o método multinacional, por meio do qual as empresas estabelecem subsidiárias em outros países que planejam, produzem e comercializam produtos ou serviços adaptados às necessidades locais. Esse modelo multinacional (também descrito como "estratégia multidoméstica") está agora sendo questionado (Hout et al., 1982). Diversas mudanças parecem aumentar a possibilidade de que, em alguns setores, uma estratégia global seja mais bem sucedida do que uma multidoméstica. Uma dessas mudanças, como alegado convincente e controversamente por Levitt (1983), é a similaridade crescente daquilo que cidadãos de diferentes países querem comprar. Outras mudanças incluem a redução ou extinção de barreiras tarifárias, investimentos em tecnologia, que estão se tornando muito caros para amortizar em um único mercado e competidores que estão globalizando as regras do jogo.

As empresas querem saber como globalizar – em outras palavras, expandir participação de mercado – e como desenvolver uma estratégia mundial integrada. Como mostrado na Figura 1, três passos são essenciais para desenvolver uma estratégia totalmente universal:

- Desenvolver a estratégia básica – a base de vantagem competitiva sustentável. Ela normalmente é desenvolvida primeiro para o país de origem.

- Internacionalizar a estratégia básica por meio de expansão internacional de atividades e adaptação completa.

- Globalizar a estratégia internacional ao integrar essa estratégia entre os países.

As empresas multinacionais conhecem muito bem os dois primeiros passos. O terceiro passo elas não conhecem tão bem, pois a globalização vai de encontro ao critério aceito de personalizar para os mercados nacionais (Douglas e Wind, 1987).

Este artigo diz como uma estratégia global pode trabalhar e conduzir os gerentes em direção a oportunidades de explorar a globalização. Também apresenta as desvantagens e os custos da globalização. A Figura 2 apresenta uma estrutura para pensar sobre as questões da globalização.

Os condutores da globalização do segmento (incluindo mercado implícito, custo e outras condições do segmento) são determinados externamente, enquanto que as alavancas de estratégia global são escolhas disponíveis para empresas em todo o mundo. Os condutores criam potencial

---
[5] Minha estrutura, desenvolvida neste artigo, é baseada em parte no trabalho pioneiro de M.E. Porter (1986) sobre estratégia global. Bartlett e Ghoshal (1987) definem uma "indústria transnacional" que é de alguma forma similar à "indústria global" de Porter. Publicado originalmente em *Sloan Management Review* (Fall 1989). Copyright © *Sloan Management Review* Association 1989; todos os direitos reservados; reimpresso, com cortes, com permissão do editor.

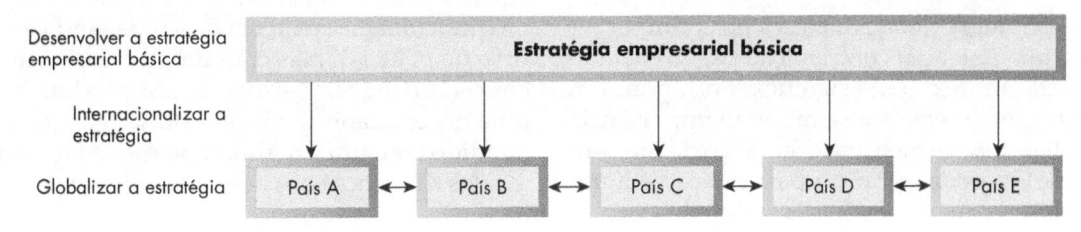

Figura 1 — Estratégia global total.

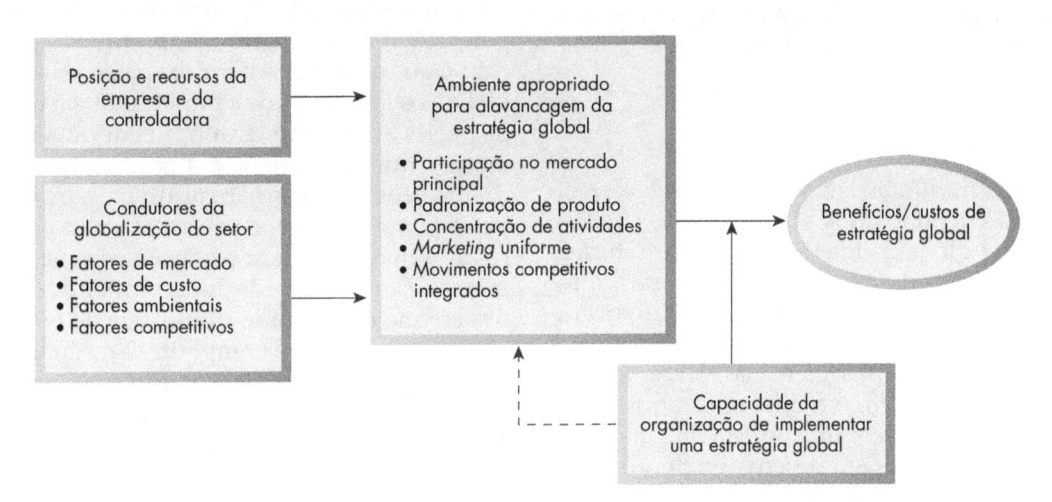

Figura 2 — Estrutura das forças da estratégia global.

para que uma empresa multinacional atinja os benefícios de estratégia global. Para atingir esses benefícios, uma empresa multinacional precisa estabelecer apropriadamente suas *alavancas de estratégia global* (p. ex., uso de padronização de produto) para os condutores do segmento e para a posição e os recursos da empresa e sua controladora. A capacidade da organização de implementar a estratégia afeta a maneira como os benefícios serão atingidos.

O Que é Estratégia Global?

Estabelecer estratégia para uma empresa mundial exige fazer escolhas ao longo de várias dimensões estratégicas.

A Tabela 1 lista cinco dessas dimensões ou "níveis de estratégia global" e suas respectivas posições sob uma estratégia multidoméstica pura e uma estratégia global pura. Posições intermediárias são, evidentemente, viáveis. Para cada dimensão, uma estratégia multidoméstica busca maximizar o desempenho mundial ao maximizar vantagens, receitas ou lucros locais; uma estratégia global busca maximizar o desempenho mundial por meio de compartilhamento e integração.

Participação de Mercado

Em uma estratégia multidoméstica, os países são selecionados com base em seu potencial único de receitas e lu-

Tabela 1 — Dimensões da globalização/ajustes da estratégia global

Dimensão	Definições para estratégia multidoméstica pura	Definições para estratégia global pura
Participação de mercado	Nenhum padrão particular	Participação significativa nos principais mercados
Oferta de produto	Totalmente personalizado em cada país	Totalmente padronizado em todo o mundo
Localização de atividades que agregam valor	Todas as atividades em cada país	Concentrado – uma atividade em cada país (diferente)
Abordagem de *marketing*	Local	Uniforme em todo o mundo
Movimentos competitivos	Independente em cada país	Integrado entre os países

cros. Em uma estratégia global, os países precisam ser selecionados por sua potencial contribuição para os benefícios da globalização. Isso pode significar entrar em um mercado que não é atraente em si, mas tem importância estratégica global, como o mercado doméstico de um concorrente global. Ou pode significar participação em um número limitado de mercados importantes, em vez de comprometer-se com uma cobertura mais ampla... O grupo Electrolux, gigante sueco na área de eletrodomésticos, adota a estratégia de conseguir participação significativa nos principais mercados do mundo. A empresa quer ser o primeiro fabricante global de eletrodomésticos...

OFERTA DE PRODUTO

Em uma estratégia multidoméstica, os produtos oferecidos em cada país são adaptados às necessidades locais. Em uma estratégia global, o ideal é um produto básico padronizado, que exija adaptações locais mínimas. A redução de custos é geralmente o benefício mais importante da padronização de produto... Necessidades mundiais diferentes podem ser atendidas com a adaptação de um produto padronizado básico. No início dos anos 70, as vendas do Boeing 737 começaram a se estabilizar. A Boeing voltou-se para os países em desenvolvimento como um novo mercado atraente, mas logo descobriu que seu produto não se adaptava aos novos ambientes. Devido às pistas de pouso curtas, sua maciez maior e a experiência técnica inferior dos pilotos, os aviões tendiam a chacoalhar muito. Quando os aviões chacoalhavam no pouso, os freios falhavam. Para resolver o problema, a Boeing modificou o projeto, acrescentando empuxo aos motores, redesenhando as asas e o trem de pouso e instalando pneus com menos pressão. Essas adaptações a um produto básico padronizado permitiram que o 737 se tornasse o avião mais vendido na história.

LOCALIZAÇÃO DE ATIVIDADES QUE AGREGAM VALOR

Em uma estratégia multidoméstica, toda ou a maior parte da cadeia de valor é reproduzida em todos os países. Em outro tipo de estratégia internacional – exportação – a maioria da cadeia de valor é mantida em um país. Em uma estratégia global, os custos são reduzidos com a quebra da cadeia de valor, de modo que cada atividade possa ser conduzida em um país diferente.

ABORDAGEM DE MARKETING

Em uma estratégia multidoméstica, o *marketing* é totalmente adaptado para cada país, sendo desenvolvido localmente. Em uma estratégia global, uma abordagem de *marketing* uniforme é aplicada em todo o mundo, embora nem todos os elementos do *mix* de *marketing* precisem ser uniformes. A Unilever conseguiu grande sucesso com um amaciante de tecidos que usava globalmente o mesmo posicionamento, tema de propaganda e símbolo (um urso de pelúcia), mas com um nome de marca diferente em cada país. Similarmente, um produto que atenda a uma necessidade comum pode ser geograficamente expandido com um programa de *marketing* uniforme, apesar das diferenças nos ambientes de *marketing*.

MOVIMENTOS COMPETITIVOS

Em uma estratégia multidoméstica, os gerentes em cada país fazem movimentos competitivos sem se preocupar com o que acontece em outros países. Em uma estratégia global, os movimentos competitivos são integrados entre os países ao mesmo tempo ou em uma seqüência sistemática: um concorrente é atacado em um país a fim de drenar seus recursos para outro país, ou um ataque competitivo em um país é contra-atacado em um país diferente. Talvez o melhor exemplo seja o contra-ataque no mercado doméstico de um competidor como defesa a um ataque ao mercado doméstico de outro país. A integração de estratégia competitiva raramente é praticada, exceto talvez por algumas empresas japonesas.

A Bridgestone Corporation, fabricante japonesa de pneus, tentou integrar seus movimentos competitivos em resposta à consolidação global de seus principais concorrentes... Essas ações competitivas forçaram a Bridgestone a estabelecer presença nos principais mercados norte-americanos a fim de manter sua posição no mercado mundial de pneus. Para esse fim, a Bridgestone fez uma *joint-venture* por meio da qual adquiria e passava a administrar o negócio mundial de pneus da Firestone. Essa *joint-venture* também permitiu à Bridgestone ganhar acesso às fábricas européias da Firestone.

BENEFÍCIOS DE UMA ESTRATÉGIA GLOBAL

As empresas que usam níveis de estratégia global podem obter um ou mais destes benefícios:

- Reduções de custo
- Melhoria de qualidade em produtos e programas
- Maior preferência do cliente
- Aumento na alavancagem competitiva

REDUÇÕES DE CUSTO

Uma estratégia global integrada pode reduzir custos mundiais de diversas formas. Uma empresa pode aumentar os benefícios das economias de escala ao *agrupar produção ou outras atividades* para dois ou mais países. Compreendendo o potencial benefício dessas economias de escala, a Sony Corporation concentrou sua produção de CDs em Terre Haute, Indiana, e em Salzburg, Áustria.

Uma segunda forma de reduzir custos é *explorar fatores de custo mais baixo* ao transferir produção ou outras atividades para países de custo baixo. Esse método tem, evidentemente, motivado a recente onda de produção estrangeira, particularmente entre as empresas norte-americanas. Por exemplo, o lado mexicano da fronteira EUA-México está hoje abarrotado de "maquiladoras" – fábricas estabelecidas e administradas por empresas norte-americanas usando mão-de-obra mexicana.

A estratégia global também pode reduzir custos ao *explorar a flexibilidade*. Uma empresa com instalações de produção em diversos países pode mover a produção de um local para outro a curto prazo e aproveitar os custos mais baixos em um determinado momento. A Dow Química adotou esse método para minimizar o custo de fabricação de produtos químicos. A Dow usa um modelo de programação linear, que leva em conta as diferenças internacionais em taxas de câmbio, valor dos impostos e custos de transporte e mão-de-obra. O modelo resulta no melhor *mix* de volume de produção por localização para cada período planejado.

Uma estratégia global integrada também pode reduzir custos ao *aumentar o poder de barganha*. Uma empresa cuja estratégia permita transferir a produção entre diferentes países aumenta muito seu poder de barganha com fornecedores, trabalhadores e governos locais...

QUALIDADE MELHORADA EM PRODUTOS E PROGRAMAS

Sob uma estratégia global, as empresas concentram-se em um número menor de produtos e programas do que sob uma estratégia multidoméstica. Essa concentração pode melhorar a qualidade tanto de produtos como de programas. O foco global é uma razão para o sucesso dos japoneses na indústria automobilística. A Toyota comercializa um número bem menor de modelos em todo o mundo do que a General Motors, permitindo inclusive que sua unidade de vendas seja a metade da unidade da General Motors...

MAIOR PREFERÊNCIA DO CLIENTE

A disponibilidade global, o atendimento e o reconhecimento podem aumentar a preferência do cliente por meio do reforço. Empresas de refrigerante e alimentação rápida são, evidentemente, expoentes máximos dessa estratégia. Muitos fornecedores de serviços financeiros, tais como cartões de crédito, devem ter uma presença global porque seus serviços estão relacionados a viagens...

AUMENTO DA ALAVANCAGEM COMPETITIVA

Uma estratégia global gera mais pontos a partir dos quais se pode atacar e contra-atacar os concorrentes. Em um esforço para evitar que os japoneses se tornassem um inconveniente competitivo no setor de seringas descartáveis, a Becton Dickinson, uma das maiores empresas de produtos médicos nos Estados Unidos, decidiu entrar em três mercados nas proximidades do Japão. A Becton entrou nos mercados de Hong Kong, Singapura e Filipinas para evitar uma expansão japonesa adicional (Var, 1986).

DESVANTAGENS DA ESTRATÉGIA GLOBAL

A globalização pode significar incorrer em custos administrativos significativos por meio de aumento na coordenação, exigências de relatórios e mesmo contratação de pessoal. Também pode reduzir a eficácia da empresa em determinados países se o excesso de centralização prejudicar a motivação e o moral local. Além disso, cada alavanca da estratégia global tem desvantagens particulares.

Um método de estratégia global para *participação de mercado* pode gerar um comprometimento precoce ou maior do que o esperado com um mercado do que aquele garantido por seus próprios méritos. Muitas empresas norte-americanas, como a Motorola, estão lutando para penetrar nos mercados japoneses, mais para melhorar sua posição competitiva global do que para ganhar dinheiro no Japão.

A *padronização de produto* pode resultar em um produto que não satisfaz totalmente *nenhum* cliente. Quando as empresas internacionalizam pela primeira vez, elas sempre oferecem seu produto doméstico padrão sem adaptá-lo para outros países e sofrem as consequências...

Um produto globalmente padronizado é criado para o mercado global, mas raramente pode satisfazer todas as necessidades em todos os países. Por exemplo, a Canon, uma empresa japonesa, sacrificou a capacidade de copiar certos tamanhos de papel japoneses quando projetou sua primeira fotocopiadora para o mercado global.

A *concentração de atividades* distancia os clientes e pode resultar em menor receptividade e flexibilidade. Também aumenta o risco de aceitação ao incorrer em custos e receitas em diferentes países. As taxas de câmbio recentemente voláteis exigiram que as empresas concentrassem sua produção para precaver-se contra uma exposição de moeda corrente.

O *marketing uniforme* pode reduzir a adaptação ao comportamento do cliente local. Por exemplo, o escritório central da British Airways exigiu que todos os países usassem o comercial de televisão "Pousando em Manhattan", criado pela agência de propaganda Saatchi e Saatchi. Embora o comercial tenha ganho muitos prêmios, foi criticado por usar uma imagem visual (cidade de Nova York) que não era amplamente reconhecida em muitos países.

Os *movimentos competitivos integrados* podem significar o sacrifício de receitas, lucros ou posições competitivas em determinados países, particularmente quando se solicita à subsidiária de um país que ataque um competidor global, a fim de enviar um sinal ou desviar os recursos do concorrente em outro país.

Encontrando o Equilíbrio

As estratégias mundiais mais bem sucedidas encontram um equilíbrio entre o excesso e a falta de globalização. A estratégia ideal iguala o nível de globalização da estratégia com o potencial de globalização do setor...

Condutores de Globalização do Setor

Para conseguir os benefícios da globalização, os gerentes de uma empresa mundial precisam reconhecer quando os condutores* de globalização da indústria (condições do setor) geram oportunidade para usar os condutores de estratégia global. Esses condutores podem ser agrupados em quatro categorias: mercado, custo, governamental e competitivo. Cada condutor de globalização do setor afeta o potencial uso dos condutores de estratégia global...

Condutores de Mercado

Os condutores de globalização de mercado dependem do comportamento do cliente e da estrutura dos canais de distribuição. Esses condutores afetam o uso de todas os cinco alavancas de estratégia global.

Necessidades homogêneas do cliente

Quando clientes em diferentes países querem essencialmente o mesmo tipo de produto ou serviço (ou podem ser persuadidos a querer), surgem oportunidades para comercializar um produto padronizado. Entender que aspectos do produto podem ser padronizados e quais devem ser personalizados é o ponto-chave. Além disso, necessidades homogêneas tornam mais fácil a participação em um grande número de mercados, pois é preciso desenvolver e suportar um número menor de oferta de produtos.

Clientes globais

Os clientes globais compram em bases centralizadas ou coordenadas para uso descentralizado. A existência de clientes globais permite e exige um programa de *marketing* uniforme. Há dois tipos de clientes globais: nacionais e multinacionais. Um cliente global nacional pesquisa fornecedores em todo o mundo, mas usa o produto ou serviço adquirido em um país. As agências de defesa nacional são um bom exemplo. Um cliente global multinacional também pesquisa fornecedores em todo o mundo, mas usa o produto ou serviço adquirido em muitos países. A compra de produtos médicos pela Organização Mundial da Saúde é um exemplo. Clientes globais multinacionais são particularmente desafiadores para atender e em geral exigem um programa global de gerenciamento de conta...

---

* N. de R. T.: *Drivers*, em inglês.

Canais globais

Análogos aos clientes globais, os canais de distribuição podem comprar em bases globais ou pelo menos regionais. Os canais globais ou intermediários também são importantes para explorar as diferenças de preço, comprando por um preço mais baixo em um país e vendendo por um preço mais alto em outro. A presença deles aumenta a necessidade de que as empresas racionalizem seu preço mundial. Os canais globais são raros, mas os canais regionais estão aumentando em número, particularmente no setor de distribuição e varejo de produtos alimentícios na Europa.

Marketing *transferível*

A decisão de compra pode ocorrer de forma que elementos de *marketing*, como nomes de marca e propaganda, exijam pouca adaptação local. Essa transferibilidade permite que as empresas usem estratégias de *marketing* uniformes e facilita o aumento de participação nos mercados. Uma empresa mundial também pode adaptar suas marcas e campanhas publicitárias para torná-las mais transferíveis, ou, ainda melhor, criar marcas e campanhas globais. Os riscos compensatórios incluem a insipidez de nomes de marcas ou propaganda uniformemente aceitáveis e a vulnerabilidade de basear-se em uma única franquia de marca.

Condutores de Custo

Os condutores de custo dependem da economia do negócio; eles afetam particularmente a concentração de atividades.

Economias de escala e escopo

Um único mercado em um país pode não ser grande o suficiente para que as empresas locais atinjam todas as economias de escala ou escopo. A escala em determinado local pode ser aumentada pela participação em mercados múltiplos combinadas com padronização de produto ou concentração de atividades de valor selecionadas. Os riscos correspondentes incluem rigidez e vulnerabilidade à interrupção...

Aprendizado e experiência

Mesmo que as economias de escopo e escala se esgotem, a participação de mercado expandida e a concentração de atividades podem acelerar o acúmulo de aprendizado e experiência. Quanto maior o aprendizado e as curvas de experiência, maior será o potencial benefício. Os gerentes devem ter cuidado, porém, com o perigo usual de adotar estratégias da curva de experiência – preços muito agressivos que destruíram não apenas a concorrência, mas também o mercado. Os preços ficam tão baixos que o lucro é insuficiente para sustentar qualquer concorrente.

Eficiências de compras

As compras centralizadas de novos materiais podem reduzir significativamente os custos...

Logística favorável

Um índice favorável entre valor de vendas e custo de transporte aumenta a capacidade da empresa de concentrar a produção. Outros fatores logísticos incluem a não-pericibilidade, a ausência de prazos urgentes e pouca necessidade de estar localizado próximo às instalações do cliente...

Diferenças em custos e habilidades de cada país

Fatores de custo geralmente variam de um país para outro; isso é particularmente verdadeiro em determinados setores. A disponibilidade de determinadas habilidades também varia. A concentração de atividades em países de baixo custo ou alta habilidade pode aumentar a produtividade e reduzir custos, mas os gerentes precisam antecipar o perigo de treinar futuros competidores internacionais...

Custos de desenvolvimento de produto

Os custos de desenvolvimento de produto podem ser reduzidos ao desenvolver alguns poucos produtos globais ou regionais, em vez de muitos produtos nacionais. A indústria automotiva é caracterizada por longos períodos de desenvolvimento de produto e altos custos de desenvolvimento de produto. Uma das razões para os altos custos é a duplicação de esforços nos vários países. O programa "Centros de Excelência" da Ford Motor Company visa a reduzir esses esforços duplicados e a explorar as diferentes experiências dos especialistas da Ford em todo o mundo. Como parte do esforço concentrado, a Ford da Europa está projetando uma plataforma comum para todos os compactos, enquanto que a Ford norte-americana está desenvolvendo plataformas para a substituição dos carros de porte médio Taurus e Sable. Estima-se que essa concentração de projeto vai economizar "centenas de milhares de dólares por modelo ao eliminar os esforços duplicados e economizar com maquinários nas fabricas" (*Business Week*, 1987).

CONDUTORES GOVERNAMENTAIS

Os condutores de globalização governamentais dependem das regras estabelecidas pelos governos nacionais e afetam o uso de todas as alavancas de estratégia global.

Políticas comerciais favoráveis

Os governos dos países anfitriões afetam o potencial de globalização por meio de tarifas e cotas de importação, barreiras não-tarifárias, subsídios à exportação, exigências de capacidade local, restrições monetárias e de fluxo de capital e exigências relacionadas à transferência de tecnologia. As políticas do governo anfitrião podem dificultar o uso da alavancagem global de participação nos principais mercados, padronização de produto, concentração de atividade e *marketing* uniforme; também podem afetar os movimentos de alavancagem integrada-competitiva...

Padrões técnicos compatíveis

As diferenças em padrões técnicos, especialmente padrões impostos pelo governo, limitam o nível de padronização dos produtos. Em geral, padrões são estabelecidos tendo o protecionismo em mente. A Motorola descobriu que muitos de seus produtos eletrônicos foram excluídos do mercado japonês porque operavam em uma freqüência mais alta do que aquela permitida no Japão.

Regulamentações de marketing comuns

O ambiente de *marketing* de determinados países afeta o uso de métodos uniformes de *marketing* global. Certos tipos de mídia podem ser proibidos ou restritos.

Por exemplo, os Estados Unidos são muito mais liberais do que a Europa em relação aos tipos de mensagens de propaganda que podem ser veiculadas na televisão. As autoridades britânicas vetam qualquer representação de comportamento socialmente indesejável. Por exemplo, as autoridades da televisão britânica não permitem cenas de crianças importunando seus pais para comprar um produto...

CONDUTORES COMPETITIVOS

Os condutores de globalização de mercado, de custo e governamentais são basicamente fixos para um setor em determinado momento. Os concorrentes podem desempenhar apenas um papel limitado para afetar esses fatores (embora um esforço sustentado possa gerar mudança, especialmente no caso de preferências do cliente). Em contraste, os condutores competitivos estão totalmente no domínio da escolha do competidor. Os competidores podem levantar o potencial de globalização de seu setor e estimular a necessidade de uma resposta da alavancagem de estratégia global.

Interdependência dos países

Um concorrente pode criar interdependência competitiva entre países ao adotar uma estratégia global. O mecanismo básico é por meio do compartilhamento de atividades. Quando atividades como produção são compartilhadas entre os países, a participação de mercado de um concorrente em um país afeta sua escala e posição de custo global em atividades compartilhadas. Mudanças nessa escala e custo vão afetar sua posição competitiva em todos os países que dependem das atividades compartilhadas. Menos diretamente, os clientes podem ver a posição de mercado em um país líder como um indicador da qualidade geral. As empresas promovem constantemente um produto como, por exemplo, "a marca líder nos Estados Unidos". Outros competidores então precisam responder por meio de maior participação de mercado, *marketing* uniforme ou estratégia integrada competitiva para evitar uma espiral decrescente de posições seqüencialmente enfraquecidas em determinados países.

Na indústria automotiva, em que as economias de escala são significativas e o compartilhamento de atividades pode reduzir custos, os mercados têm interdependência competitiva significativa. À medida que empresas como a Ford e a Volkswagen concentram a produção e se tornam mais competitivas nos custos em relação aos fabricantes japoneses, esses são pressionados a entrar em mais mercados para que o aumento no volume de produção reduza os custos. Consciente disso ou não, a Toyota iniciou um esforço concentrado para penetrar no mercado alemão: entre 1984 e 1987, a Toyota dobrou o número de carros produzidos para o mercado alemão.

Competidores globalizados

Mais especificamente, pode ser necessário igualar ou antecipar os movimentos dos concorrentes. Esses movimentos incluem expansão para os principais mercados ou dentro deles, sendo o primeiro a lançar um produto padronizado ou sendo o primeiro a usar um programa de *marketing* uniforme.

A necessidade de antecipar os movimentos de um competidor global pode estimular um aumento na participação de mercado. Em 1986, a Unilever, empresa européia de produtos de consumo, tentou aumentar sua participação no mercado norte-americano lançando uma concorrência hostil para aquisição da Richardson-Vicks Inc. A arqui-rival da Unilever, Procter & Gamble, viu a ameaça a seu domínio doméstico e superou a oferta da Unilever para adquirir a Richardson-Vicks. Com o sistema europeu da Richardson-Vicks, a P&G conseguiu fortalecer bastante seu posicionamento na Europa. Assim, a tentativa da Unilever de expandir sua participação no mercado doméstico de uma empresa rival acabou permitindo que a rival expandisse sua participação no mercado doméstico da Unilever.

Em resumo, os condutores de globalização do segmento trazem oportunidades para usar a alavancagem da estratégia global de várias formas. Alguns setores, como aviação civil, podem se adaptar melhor à maioria das dimensões da globalização (Yoshino, 1986). Outros, como o de cimento, parecem ser inerentemente locais. Porém, mais e mais setores estão desenvolvendo seu potencial de globalização. Mesmo a indústria alimentícia na Europa, conhecida por sua diversidade de gosto, é hoje um alvo de globalização para as grandes multinacionais do setor alimentício.

MUDANÇAS EVOLUTIVAS

Finalmente, a evolução do setor desempenha um papel. À medida que cada um dos condutores da globalização do setor vai mudando, também muda a estratégia global apropriada. Por exemplo, no principal setor de equipamentos europeus, as forças da globalização parecem ter revertido. No final dos anos 60 e início dos anos 70, uma estratégia de padronização regional funcionou bem para alguns dos principais competidores (Levitt, 1983). Mas, nos anos 80, a situação parecia ter mudado e a maioria das estratégias bem-sucedidas parecia ser nacional (Baden-Fuller et al., 1987).

Em alguns casos, as ações de competidores individuais podem afetar a direção e o ritmo da mudança; os competidores posicionados para tirar vantagem das forças da globalização vão querer apressá-las.

MAIS DE UMA ESTRATÉGIA É VIÁVEL

Embora sejam poderosos, os condutores da globalização do setor não ditam uma fórmula para o sucesso. Mais de um tipo de estratégia internacional pode ser viável em um determinado setor.

Os condutores variam entre os setores

Nenhum setor é bom em todos os diversos condutores de globalização. Um determinado concorrente pode estar em uma posição forte para explorar um condutor que tem pouca importância para a globalização... O setor hoteleiro nos dá exemplos de concorrentes bem-sucedidos, globais e locais.

Os Efeitos globais são incrementais

Os condutores da globalização não são determinantes por uma segunda razão: o uso apropriado da alavancagem de estratégia acrescenta vantagem competitiva às fontes existentes. Essas outras fontes podem permitir que determinados competidores prosperem com estratégias internacionais que não se ajustam aos condutores de globalização do setor. Por exemplo, tecnologia superior é uma grande fonte de vantagem competitiva na maioria dos segmentos, mas pode ser bastante independente dos condutores de globalização. Um concorrente com tecnologia suficientemente superior pode usar isso para compensar as vantagens da globalização.

A posição e os recursos da empresa e da controladora são essenciais

A terceira razão pela qual os condutores não são determinantes está relacionada a recursos. Uma empresa mundial pode enfrentar condutores do segmento que favoreçam fortemente a estratégia global. Mas estratégias globais normalmente são caras para implementar de início, embora devam gerar grandes economias de custo e ganhos de receita. Podem ser necessários altos investimentos iniciais para expandir dentro dos principais mercados ou para esses, a fim de desenvolver produtos padronizados, realocar atividades de valor, criar marcas globais, criar novas unidades organizacionais ou processos de coordenação e implementar outros aspectos de uma estratégia global. A posição estratégica da empresa também é relevante. Ainda que uma estratégia global possa melhorar a posição estratégica da empresa a longo prazo, sua posição atual pode ser tão fraca que os recursos deverão ser aplicados em melhorias de curto prazo, país por país. Apesar dos condutores de globalização muito fortes da indústria automobilística, a Chrysler Corporation teve que desglobalizar, desfazendo-se da maioria de suas empresas automotivas internacionais para evitar a falência. Finalmente, investir em fontes não-globais de vantagem competitiva, como tecnologia superior, pode gerar retornos maiores do que os das fontes globais, como produção centralizada.

Organizações têm limitações

Finalmente, fatores como estrutura da organização, processos administrativos, pessoas e cultura afetam a maneira como uma estratégia global pode ser implementada. Diferenças organizacionais entre empresas no mesmo segmento podem, ou devem, evitar a adoção da mesma estratégia global para essas empresas...

LEITURA 11.3
SETE MITOS RELACIONADOS À ESTRATÉGIA GLOBAL[6]
por Subramanian Rangan

As empresas de todos os formatos e tamanhos estão ponderando as estratégias globais. Embora haja muitas idéias e opiniões úteis em relação a esse tópico, infelizmente, também há diversos mitos. Neste artigo, vou destacar os sete mitos mais comuns e discuti-los brevemente.

1. QUALQUER EMPRESA COM DINHEIRO PODE SER GLOBAL

A falha neste caso é que se tornar global e se tornar global de forma bem sucedida não são a mesma coisa. A loja de departamentos Galéries Lafayette, de Paris, tornou-se global com muito alarde, estabelecendo uma loja em Nova Iorque há alguns anos. Porém, o sucesso provou ser ilusório, e a loja encerrou suas operações depois de perdas sucessivas, voltando para casa como uma empresa mais experiente. A expansão na Europa da Whirlpool, empresa norte-americana de eletrodomésticos, também não foi fácil.

As razões estão enraizadas em uma idéia conhecida como "a responsabilidade de ser estrangeiro". Uma empresa que tenta vender em um mercado estrangeiro tende a enfrentar uma desvantagem inerente em relação aos concorrentes locais. As necessidades e os gostos dos clientes nos mercados estrangeiros tendem a ser diferentes; pode haver vários obstáculos, desde identificação de bons fornecedores locais até lidar com autoridades céticas no país anfitrião; e o próprio modelo de empresa pode ser diferente. Crucialmente, em todos esses quesitos os rivais locais tendem a estar em vantagem. Se uma empresa quiser se dar bem no exterior, deve possuir alguns ativos intangíveis valiosos que lhe permitam alcançar e superar os rivais locais em seu próprio mercado doméstico. Isso poderia ser uma tecnologia avançada (como foi o caso da Canon, fabricante de copiadoras e câmaras); uma proposição de valor superior calculável (como aquela desenvolvida pela IKEA, o grupo de móveis sueco); uma marca bem conhecida (p. ex., Coca-Cola); baixos custos unitários resultantes de escala ou conhecimento de processo (p. ex., Dell, em computadores, ou South African Breweries, em cerveja); ou alguma combinação desses itens (p. ex., Toyota, L'Oreal e Citibank).

Quando a empresa Galéries Lafayette foi para Nova York, enfrentou concorrentes estabelecidos tão diversos como Macy's e Bloomingdale's, e também a Saks na Quinta Avenida, não tinha nenhum ativo tangível que pudesse destacá-la. A Whirlpool enfrenta desafios similares na Europa.

Implicações: se a urgência de expandir internacionalmente atingir sua empresa, primeiro estude os rivais locais no estrangeiro e busque provas concretas de que você pode derrotá-los. Uma verificação de registros sólidos e crescentes de exportações para o mercado-alvo pode ser um bom sinal de que você pode oferecer valor que os concorrentes locais não oferecem ou não podem oferecer. Essa é a razão pela qual as empresas tendem a exportar antes de se estabelecer no exterior. Além disso, assegure-se de que você domina seu mercado doméstico. Como o mercado externo apresenta desvantagens inerentes, você pode não estar pronto para uma expansão global se não for um líder doméstico (se não for, em outras palavras, uma Samsung, uma Telefónica ou uma Cemex). O ponto geral é que uma estratégia global não substitui uma boa estratégia empresarial. Além disso, lembre-se de que baixo crescimento doméstico não é uma condição necessária nem suficiente para expansão global. Então, se sua empresa não possui ativos intangíveis valiosos, não importa quanto dinheiro ela

---

[6] Reimpresso a partir de S. Rangan, "Seven myths regarding global strategy", em *Financial Times Mastering Strategy: The Complete MBA Companion in Strategy*. Harlow: Pearson Education Limited: Financial Times Prentice Hall, 2000.

tenha, é improvável que a expansão no exterior seja lucrativa (devendo, portanto, ser postergada).

2. A Internacionalização em Serviços é Diferente

As empresas no setor de serviços são, de várias formas importantes, diferentes de empresas nos setores de manufatura ou primário. Os serviços tendem a ser menos transportáveis (e, assim, menos comercializáveis), menos armazenáveis, mais regulamentados. Mas, quando se refere à internacionalização, eles não são diferentes. Desde hotéis até assistência médica, de varejo ao setor imobiliário, de serviços financeiros ao setor alimentício, as empresas do setor de serviços estão sujeitas ao teste de viabilidade acima citado. Ou seja, se uma empresa de serviços não possui um ativo intangível valioso, a internacionalização não será lucrativa.

Antes de embarcar em uma expansão internacional, as empresas de serviço, assim como os fabricantes, devem responder afirmativamente a duas outras perguntas. Primeiro, há demanda suficiente e estável no exterior (suportada por poder de compra) para o serviço oferecido? Cozinha francesa, touradas espanholas e futebol americano não passariam nesse teste. Segundo, a experiência de serviço é copiável no exterior? A Disney pode (com alguma dificuldade) conseguir recriar seus parques temáticos no Japão e na França, e o Club Med pode oferecer a atmosfera de seus hotéis não apenas no sul da Europa, mas também no norte da África – mas Virgin Airways, Toys "R" Us e as lapidadoras de diamantes indianas podem ter menos condições de reproduzir suas proposições de valor no exterior. As razões incluem obstáculos regulatórios, acesso caro aos principais subsídios e dificuldade de transferir competências para o exterior.

Implicações: internacionalização em serviços não é diferente daquela na área de manufatura. Uma empresa de serviços pode internacionalizar com sucesso desde que passe no teste do ativo intangível, no teste da demanda efetiva e no teste de reprodução. Empresas tão diversas como a Blockbuster Video, locadora de vídeos norte-americana, a Sodehxo Alliance, empresa francesa de provisão de alimentos, e o Goldman Sachs, banco de investimentos norte-americano, passaram nesses testes e se expandiram no exterior de forma lucrativa. Mas não passe em um ou mais dos três testes e é improvável que a expansão internacional seja lucrativa.

3. Distância e Fronteiras Nacionais Não Importam Mais

Incentivados por desenvolvimentos como a Internet, alguns observadores proclamaram a extinção das distâncias. Outros, talvez persuadidos pela onipresença (do México a Malásia, da Islândia a Nova Zelândia) da rede de televisão norte-americana CNN e das lanchonetes McDonald's, acreditam que as culturas nacionais convergiram e podem seguramente ser desconsideradas quando se refere a empresas globais. Nessa última visão, a única cultura que importa agora é a cultura corporativa; fronteiras nacionais são coisa do passado.

Algumas vezes, pode haver um fundo de verdade nessas afirmações, mas elas deveriam, pelo menos por agora, ser tratadas com ceticismo. Na verdade, além de exageradas elas são simplesmente incorretas como generalizações. Considere a distância. Em livros e CDs, *software* e diagnósticos remotos, as novas tecnologias continuam a diminuir a distância física; mas, na maioria das esferas da atividade econômica, os custos de transporte e telecomunicações, por menor que tenham se tornado, ainda são positivos e ainda aumentam com a distância.

Além disso, como sabem todos os executivos, informações confiáveis são o sangue das decisões econômicas. E, mesmo em nossos dias e em nossa era, informações confiáveis são adquiridas de forma mais imediata e segura localmente do que de longe. Essa é uma razão parcial pela qual as empresas tendem a se agrupar perto uma das outras em seu segmento – talvez parte da explicação para a "tendência doméstica" que os economistas documentaram em comércio e investimento. Essa também é a razão pela qual, mesmo depois de controlar os custos de transporte, a distância tem uma influência significativa (e negativa) na economia.

A cultura e as fronteiras nacionais também são importantes. A cultura nacional molda as instituições nacionais e influencia os valores e o caráter da economia. Embora os padrões estejam mudando, a organização econômica no Japão ainda parece favorecer mais as empresas do que a mão-de-obra ou os consumidores; em alguns lugares da Europa, a mão-de-obra vem em primeiro lugar, seguida por produtores e consumidores; nos EUA, os consumidores tendem a estar à frente de produtores e mão-de-obra.

Valores culturais auxiliam na interpretação e são subsídios para as decisões empresariais. As relações de uma empresa com seus clientes, governos nacional e local, concorrentes, acionistas, instituições financeiras e comunidade local tendem a ser influenciadas pela cultura nacional. Desde idioma até política de mão-de-obra, de pontualidade a direito de propriedade, de taxação a preço de transferência, de regras contábeis a relações com fornecedores, as empresas ainda operam de forma diferente entre os vários países e regiões. Como resultado, as empresas que cruzam suas fronteiras nacionais tendem a enfrentar descontinuidades agudas e aquelas que desconsideram ou não antecipam essas descontinuidades tendem a ver estratégias que eram bem-sucedidas em casa terem uma recepção ruim no exterior (pergunte para a Lincoln Electric Holdings, a fabricante de equipamentos e sistemas de solda, ou a Otis, fabricante de elevadores).

As fronteiras nacionais representam as forças combinadas da história, das instituições e do condicionamento nacionais e dão um significado potente aos termos participante e não-participante. Mesmo a aparentemente inócua fronteira EUA-Canadá parece operar dessa forma. Empiricamente, o idioma e as fronteiras nacionais aparecem como determinantes importantes e grandes do comércio e dos investimentos internacionais. Mesmo em nossa economia global cada vez mais digital e anglicana, idioma nacional e afinidade cultural ainda são determinantes cruciais nas decisões de comércio e investimento. As empresas norte-americanas ainda se voltam primeiro para o Canadá, as portuguesas se voltam para o Brasil, as espanholas para a América Latina e as japonesas para outras partes da Ásia.

Implicações: em vista do acima exposto, continua fazendo sentido expandir-se regionalmente antes de entrar em mercados mais distantes; dirigir-se a mercados mais familiares antes dos não-familiares. As empresas que respeitam fronteiras e culturas nacionais têm mais possibilidade de conquistar respeito de funcionários, fornecedores, clientes e autoridades nacionais. Isso dificilmente significa abandonar a "globalidade"; significa apenas dar mais ênfase ao fato de ser local e global. Na verdade, as empresas que adotam essa ambigüidade têm mais tendência a ser recompensadas com crescimento lucrativo.

4. A Ação Está nos Países em Desenvolvimento

Em muitos discursos públicos sobre globalização, há uma visão de que os grandes mercados estão nos grandes países em desenvolvimento (como México, Brasil, China e Índia). Na verdade, a globalização ainda é um jogo muito concentrado dos países ricos. Das 100 maiores multinacionais, apenas duas vêm de países em desenvolvimento. Em termos de comércio internacional e investimento estrangeiro direto interno e externo, dez nações – Canadá, Estados Unidos, Reino Unido, Alemanha, França, Holanda, Suécia, Suíça, Japão e Austrália – respondem por 50, 70 e 90% dos respectivos totais mundiais. O poder de compra dessas nações ainda é único, apesar da recente convergência econômica.

Implicações: nenhuma empresa que queira ser considerada como de classe mundial pode ignorar os mercados dos países desenvolvidos. Na verdade, com o Japão reestruturando sua economia e se recuperando de uma queda prolongada, não seria surpresa ver a mania de fusões internacionais EUA-Europa ser seguida por uma integração similar entre Europa-Japão e EUA-Japão. O acordo de 1999 entre Renault e Nissan pode ser apenas um precursor do que virá.

5. Fabrique Onde os Custos de Mão-de-Obra Forem mais Baixos

Durante os debates sobre o NAFTA (Acordo de Livre Comércio da América do Norte), a hipótese – de que as multinacionais vão transferir suas operações para países nos quais os custos de mão-de-obra sejam mais baixos – foi elevada às alturas. Na realidade, evidentemente, o único som que os baixos salários poderiam gerar seria o de bocejos barulhentos. Como sabe qualquer executivo, o que importa em primeiro lugar são os custos da unidade entregue e não apenas os custos de mão-de-obra. Os materiais geralmente representam uma grande parte dos custos totais e, ao cobrar tarifas de importação e similares, os países em desenvolvimento (que se gabam de baixos salários) sempre encarecem a produção local. Segundo, nos locais onde o salário é baixo, a produtividade tende a ser baixa também. Conseqüentemente, os custos de mão-de-obra por hora podem parecer ridiculamente baixos, mas os custos unitários tendem a ser altos. Finalmente, isso é ideal para produção em grandes mercados ou próximo deles. Tal estratégia não apenas minimiza tarifas, custo de transporte e problemas de logística; também cria uma barreira estrutural contra mudanças desfavoráveis nas taxas de câmbio reais. Se, por exemplo, a Mercedes tivesse aberto sua fábrica no México, e não nos EUA, ela teria trocado sua exposição de câmbio entre marco alemão e dólar pela exposição peso-dólar.

Implicações: como uma generalização (mas não como regra), fabrique onde você vende. Para grandes empresas que vendem na tríade (Europa, Japão e Estados Unidos), isso significa operar nessa tríade. Os jovens gerentes europeus devem dedicar-se a aprender japonês; como os consumidores europeus se interessam pelos produtos japoneses, as empresas japonesas vão continuar a aumentar sua presença na Europa de forma significativa. Por razões similares, jovens gerentes japoneses devem reforçar seu inglês; os investimentos estrangeiros no Japão também tendem a aumentar significativamente. Inveje os britânicos e norte-americanos. No que se refere a línguas estrangeiras, ter o inglês como idioma internacional oferece a eles uma vantagem.

6. A Globalização Veio para Ficar

Um sentimento que está sempre presente na publicidade que cerca a nova economia é que a globalização, assim como um gênio, sai da garrafa e não pode ser colocada de volta. Aqui, novamente, há alguma verdade na afirmação mas, com certeza, também há bastante ceticismo. Para ver por quê, considere os principais desenvolvimentos que permitiram a globalização.

O primeiro e mais familiar foram as mudanças tecnológicas. Parece improvável que sejam revertidas. O segundo é o fenômeno chamado de convergência econômica. À medida que a renda *per capita* converge entre as nações, os modelos de demanda tendem a convergir (pessoas em mais e mais países querem comida rápida, carros e JVCs), e as capacidades também convergem (pessoas em mais e mais países podem hoje criar *softwares*, fabricar novos medicamentos e produtos extravagantes).

Esse processo de convergência pode sofrer interrupções (a recente crise na Ásia é testemunha), mas parece improvável que durem muito tempo, muito menos que o processo seja revertido.

Porém, o condutor mais importante da globalização é a disseminação do liberalismo econômico. A ampla e recente mudança na ideologia – de socialismo de Estado para capitalismo de mercado – desencadeou grande parte da privatização interna e da liberalização externa, desde a França até a antiga União Soviética. A adoção da abertura que ocorreu no final dos anos 80 e início dos anos 90 avançou meio século de crescimento econômico e paz global. Retire qualquer uma das duas últimas condições, e a liberalização pode tornar-se uma potencial casualidade. A globalização passou a existir devido às mudanças nas crenças e atos dos governos nacionais. Se entrarem em cena guerras sérias ou alto índice de desemprego sustentado, os governos podem começar a agir de maneira a reverter as tendências de globalização. Mesmo no final de 1999, com apenas 5% de desemprego e uma economia que aparentemente não podia ser detida, os Estados Unidos às vezes pareciam ambíguos em relação à globalização. Qual seria a atitude se o índice de desemprego fosse igual ao da Europa, na casa dos dois dígitos?

Implicações: o crescimento econômico é a chave se a globalização continuar apressadamente. Em uma economia em que os "vencedores levam tudo", construiremos um empreendimento instável e uma sociedade frágil se todos não puderem (mais cedo ou mais tarde) ser campeões. As empresas precisam explorar questões como desemprego, retreinamento de funcionários e igualdade de oportunidades e de renda. Se a empresa não se tornar mais sensível a essa possibilidade, deverá encontrar muito mais resistência aos ajustes estruturais que a globalização tende a trazer e ver os governos reafirmarem a si próprios.

7. Governos Não Importam Mais

Sob uma manchete dizendo que, em 1998, as vendas das 100 maiores empresas multinacionais do mundo representavam uma vez e meia o produto interno bruto (PIB) da França, uma tira de quadrinhos no *Le Monde* mostrava executivos (em cima de arranha-céus) apertando seu estômago e rindo de uma observação do primeiro ministro Lionel Jospin: "*L'état ne peut pas tout*" (grosso modo, "o estado não pode fazer tudo"). A mensagem implícita dos quadrinhos era: as multinacionais são mestres do mundo atual, e os governos não têm poder. Deixando Lionel Jospin para trás, abrimos caminho para Bill Gates.

Aqueles que não consideram isso como uma alegação exagerada podem ter algumas surpresas desagradáveis. Desde que as pessoas associem valor a uma identidade nacional coletiva e desde que valorizem a representação local na tomada de decisão, os governos continuarão a ser muito importantes. A realidade é que as pessoas não se movem muito bem entre as fronteiras nacionais; tendemos a nos tornar parte das comunidades local e nacional onde nascemos. Nesse tipo de sociedade, conceitos como interesses locais e nacionais têm significado real, e os governos local e nacional desenvolveram-se como instituições importantes, que prometem avançar aqueles interesses com qualquer constância. Afinal de contas, as empresas vêm e vão (ver a Digital Equipment em Massachusetts); suas identidades podem mudar por meio de aquisições (como no caso da DaimlerChrysler ou Renault-Nissan). Desde que os interesses corporativos se alinhem com os da comunidade local, isso pode ser bem-vindo, mas não deve mais ser considerado (assim como a comunidade que vive em Clermont-Ferrand, berço do fabricante francês de pneus Michelin).

Em um mundo em que as pessoas não esperam mais que as empresas dêem prioridade aos interesses locais, os governos local e nacional serão vistos como um contrapeso necessário. Os governos sabem disso e desempenharão essa função de boa vontade. Evidentemente, para fazer isso de forma crível, de tempos em tempos os governos vão impor seu peso. Eles podem fragmentar grandes empresas, evitar investimentos estrangeiros nos chamados segmentos de cultura e atar as mãos das empresas de outras formas. Tudo isso é fácil de fazer quando as empresas são estrangeiras e os votantes locais. Como alertou Raymond Vernon em seu livro *In the Hurricane's Eye* ("No olho do furacão"), multinacionais e governos – ambos entidades legítimas – vão confrontar-se novamente; quando isso acontecer, veremos que o poder não escapuliu das nações soberanas.

Igualmente importante, uma economia global atuante precisa de regras globais. Há muitos países (talvez com muitos interesses), e eles podem todos ser convidados para criar essas regras. Entretanto, regras globais ainda são prerrogativa dos governos e, enquanto as regras continuarem valendo (e, no futuro, elas tendem a se tornar mais importantes, não menos), os governos continuam a ser importantes.

Implicações: as empresas devem resistir à tentação de anular os governos como anacronismos ineficazes. Ao contrário, devem reconhecê-los como instituições legítimas e importantes na economia mundial. Na verdade, se as empresas querem se beneficiar com a globalização e desejam encorajar sua divulgação, devem trabalhar com os governos para estabelecer como podem se desenvolver local e globalmente de uma maneira aceitavelmente equilibrada. Empregos e lucros devem ser intercambiados no curto, mas não no longo prazo. Os gerentes devem reconhecer isso. No século XX, a responsabilidade primária pelo emprego era dos governos, enquanto que lucros eram responsabilidade das empresas. Se tivermos que nos basear nos tremendos ganhos econômicos obtidos naquele século, essa divisão de trabalho deve funcionar bem. Sem comprometimento e coordenação imaginativa entre empresas privadas e governo, nem o conceito de *marketing* nem o de democracia tendem a cumprir integralmente sua promessa. Evitar esse resultado deve ser a meta de todas as entidades econômicas.

Capítulo 12
Valores

Diretamente do passado, quando Kenneth Andrews escreveu sobre estratégia, em meados dos anos 60, os valores foram incluídos como parte integrante do processo. De certa forma, isso foi esquecido com toda a atenção dedicada às análises estratégicas. Não deveria ter sido, e incluímos, neste capítulo, três textos bem interessantes para destacar os valores.

Primeiro, temos um trabalho de Claes Gustafsson, da Abo Akademi University na Finlândia. "Por que estratégia?", pergunta ele, e o que significa "estratégia ética"? Ele então prossegue considerando a responsabilidade moral dos gerentes – palavras necessárias, talvez, em um mundo obcecado com valor para os acionistas. Isso lança Gustafsson em uma discussão geral sobre ética no mundo de hoje – e de amanhã. Um trabalho não-usual e muito bem-vindo!

Nosso segundo texto sobre valores é na verdade anterior ao texto de Andrew sobre estratégia e, na realidade, pode ser visto como um predecessor para ele. De um livro publicado em 1957 pelo sociólogo Philip Selznick, do *campus* de Berkeley da University of California, intitulado *Leadership in Administration* ("Liderança na administração"), esse extrato apresenta idéias maravilhosas sobre organizações como "instituições" sustentadas e de gerentes como pessoas que "infundem" valor nessas organizações. Isso é liderança! O texto, de quase 50 anos, é perfeitamente contemporâneo; na verdade, contém mensagens que talvez tenhamos que saber hoje mais do que nunca.

Em "Um novo manifesto para administração", Sumantra Ghoshal e Chris Bartlett unem-se ao colega de Ghoshal na London Business School, Peter Moran, para apresentar esse "manifesto" não-usual. Precisamos repensar nossas bases administrativas, argumentam eles, para nos afastarmos de controles firmes e teorias estreitas em direção a nova filosofia que reconheça as empresas como criadoras de valores, que recuperam sua legitimidade ao engajar seu pessoal.

USANDO OS ESTUDOS DE CASO

Valores podem ser uma força condutora e uma influência estabilizadora na estratégia. No caso Reorganização na Axion Consulting, Matt Walsh, membro do comitê executivo, precisa decidir se o avanço em sua carreira deve ter precedência sobre sua lealdade aos valores e à missão de sua organização. Como argumenta Selznick em "Liderança na administração", os valores são a "espinha dorsal" da formação de estratégia durante épocas de mudanças consideráveis. Ghoshal, Bartlett e Moran expandem esse argumento em "Um novo manifesto para administração". O caso da Natura, que fala sobre uma empresa brasileira de produtos de consumo que coloca a ética e a honestidade no centro da estratégia, é um bom exemplo da tese básica. E se o argumento de Gustafsson em "Novos valores, moralidade e ética estratégica" for verdadeiro, empresas como a Natura são precursoras de uma tendência futura.

LEITURA 12.1
NOVOS VALORES, MORALIDADE E ÉTICA ESTRATÉGICA[1]
por Claes Gustafsson

1. POR QUE ESTRATÉGIA?

A idéia de uma estratégia ética é, você poderia dizer, uma contradição de lógica moral. Você deve se comportar eticamente, poderíamos dizer, sem convicções pessoais e sem sentimento moral, mas não sem cálculo estratégico livre de interesses próprios. A ética não deve ser um instrumento para estender objetivos possivelmente não-éticos. Ou, colocando de outra forma, ética é uma questão de valores e objetivos, não de métodos...

...podemos decidir estudar a moralidade dos atores no "jogo empresarial" – "os gerentes são éticos, e quais são seus valores?" – ou de tais organizações, considerando, evidentemente, que acreditemos que "organizações" podem ter uma moralidade independente de seus membros. Por outro lado, podemos direcionar nosso interesse para a posição ética específica de, por exemplo, empresas comerciais. Quais são as normas ou estruturas de normas importantes para ações econômicas, onde estão as armadilhas e falácias, o que a empresa – ou seus gerentes – deveria fazer para evitar essas armadilhas? O que é bom e certo em relação ao mundo empresarial, e que tipos de dificuldades podemos esperar enfrentar?

Gostaria de colocar nessa perspectiva a questão de uma "estratégia ética". Por muitas razões, a corporação moderna está condenada a tropeçar em todos os tipos de conflitos morais, mesmo nos paradoxalmente insolúveis. Há várias razões para isso. Por um lado, poderíamos dizer que a corporação moderna vive na transversal de muitos grupos legítimos de partes interessadas, com interesses de fato e legítimos. Por outro lado, as atividades corporativas são em larga escala, altamente eficientes e sempre têm efeitos de longo prazo. Uma pessoa sozinha normalmente só pode cometer pequenos pecados; uma grande empresa pode cometer pecados grandiosos. Essa última capacidade era anteriormente uma prerrogativa do estado – para o bem ou para o mal. Atualmente, não sabemos com certeza quem tem maior potencial para fazer o bem ou o mal, se as grandes empresas ou o estado.

Se você está fazendo algo errado e alguém lhe mostra isso, então, sendo uma boa pessoa, você muda seu modo de agir. Essa é a lógica simples de ser moralmente uma "boa" pessoa. Sempre é possível cometer erros, mas você tenta evitá-los e corrigir-se sempre que percebe que está agindo errado. Evidentemente, é melhor saber com antecedência o que fazer – uma pessoa realmente boa sabe. Mas você deve, de qualquer maneira, fazer o melhor possível.

Para as corporações modernas, entretanto, a questão de fazer o certo não é tão fácil. Fazer a coisa errada pode sair caro, e fazê-la em larga escala multiplica o dano. Fazer algo em larga escala geralmente implica continuar fazendo no futuro. As ações organizadas em larga escala são geralmente planejadas com anos de antecedência e têm mudança lenta. Em outras palavras, nem sempre é tão fácil mudar quando você é informado de que está agindo errado. Ou você pode fazer isso a um custo alto. O problema é agravado ainda mais pelo fato óbvio de que as concepções relativas a bom e mau mudam com o tempo. Assim, é possível, pelo menos na teoria, que certo ato ou posição seja considerado "bom" ou pelo menos aceitável quando é planejado e colocado em prática, mas que passe a ser "mau" ou inaceitável no momento de sua implementação.

Tudo isso legitima essa conversa sobre estratégia ética. Da mesma forma que um homem bom tenta agir da maneira certa e adquirir conhecimento sobre bom e mau, a fim de agir de acordo, uma boa corporação deve fazer o mesmo. O homem bom só precisa saber o que é bom e o que é mau **agora**. A boa corporação, entretanto, precisa saber o que é bom e o que é mau não apenas agora, mas também em um futuro próximo relevante para suas ações.

2. HÁ UMA RESPONSABILIDADE MORAL?

Você pode, evidentemente, argumentar que a corporação – ou seus gerentes – não tem qualquer responsabilidade moral além daquela atribuída pela lei. Você pode acrescentar, como Milton Friedman (1962), que os gerentes da empresa não têm responsabilidade moral exceto para cuidar dos interesses dos proprietários. Nessa perspectiva, a questão de uma estratégia ética nem mesmo surgiria.

Essa visão, porém, é simplista e enganosa. Em relação à responsabilidade moral da empresa como tal, podemos observar que ela não está e nunca agiu em um vácuo. Qualquer atividade empresarial significa fazer parte de um grande jogo social, no qual a aceitação da rede social adjacente é *conditio sine qua non*. A atividade econômica ordenada – deixando de lado roubo e algumas outras atividades marginalmente extremas, economicamente dirigidas – é sempre uma questão de legitimação e institucionalização. Se a rede social adjacente – sociedade – não aceita seu comportamento, ela vai reagir rápida e severamente. Nunca houve uma sociedade na qual as atividades empresariais estivessem isentas de regulamentações sociais e demandas morais. A responsabilidade moral não é apenas algo que você decide por si mesmo; ela é determinada pelas demandas morais do ambiente. As-

---
[1] Trabalho de Claes Gustafsson, "New Values, Morality, and Strategic Ethics"; reimpresso com cortes sob permissão do autor.

sim, ação imoral ou negligência das responsabilidades morais pode ter um preço alto. Isso significa que, mesmo para uma pessoa subjetivamente amoral, a moralidade existe como uma questão de custo/benefício.

Porém, há também outro aspecto da ética corporativa. Nenhuma empresa existe apenas como uma unidade técnica e econômica – ela vive e trabalha na forma de decisões e escolhas humanas. Em um nível trivial de definição conceitual, podemos ver que todos têm algum tipo de concepção moral – mesmo a máfia ou o ladrão de rua. Qualquer grupo social se baseia em algum conjunto de expectativas normativas generalizadas em relação às ações dos outros. Além disso, o raciocínio humano parece estar baseado, pelo menos parcialmente, em concepções normativas morais.

Por outro lado, a empresa como tal é extremamente moralista. Os livros de administração estão provavelmente entre os mais moralistas, enfatizando constantemente a importância de lealdade, credibilidade, diligência e gerenciamento efetivo de qualquer atividade na qual você esteja envolvido. Nesse caso, é interessante notar que, embora a mitologia das empresas enfatize sempre a cobiça especulativa e a possibilidade de você enriquecer, a lógica corporativa, tanto na teoria como na prática, teimosamente nos fala sobre como gerentes profissionais cuidam dos interesses de outra pessoa. A corporação moderna não depende da cobiça pessoal irrestrita de um grupo de agentes livres, ao contrário, depende muito de interesses pessoais altamente restritos, de cooperação leal, expectativas mútuas confiáveis e gerenciamento habilidoso. Mesmo aquelas poucas que, talvez por razões românticas, alegam estar nos negócios "apenas pelo dinheiro" e, ao mesmo tempo, exigem lealdade extrema de seus subordinados.

A verdade, evidentemente, é que mesmo que o roubo de rua fosse possível para uma pessoa totalmente imoral, a cooperação altamente organizada é impossível sem fortes laços morais. Esse fato também foi confirmado empiricamente. A característica mais constante que você vai encontrar ao entrevistar gerentes é que todos têm fortes concepções morais em relação às atividades empresariais.

Há, em outras palavras, dois argumentos preocupantes em relação à estratégia ética: primeiramente, o fato de que a maioria dos gerentes, pelo menos dentro de certos limites, não gostaria de ser pega com a "boca na botija". Há algumas coisas, para todos nós, das quais não gostaríamos de fazer parte e há algumas coisas das quais não gostaríamos de ser acusados por nossos filhos. Em segundo lugar, cair em armadilhas morais pode custar muito caro – mesmo os pequenos pecados podem resultar em perdas excessivas.

3. Estruturas do Raciocínio Ético

Ao discutir ética empresarial, pode ser uma boa idéia primeiro destacar certas características que se manifestam especificamente nas empresas. A corporação privada é uma criança de "mão invisível". Sua suposição existencial básica é de ação livre e não regulamentada. Espera-se que a corporação defenda seus interesses internos da maneira que achar melhor, desde que não aja contra a lei. O gerente, representando a vontade da empresa, deve escolher as melhores formas de ação disponíveis considerando os recursos e interesses específicos da corporação. Dessa forma, por uma questão de princípios, o horizonte de ação está aberto para a empresa privada – só o céu é o limite.

As empresas são construções sociais altamente instrumentais. Elas são estruturas sociais e locais de reunião para onde as pessoas convergem sob a suposição tácita comum de racionalidade planejada e ação efetiva. A idéia básica da empresa é a ação premeditada, não a socialização espontânea; ela é voltada para metas, e suas ações, para cumprimento dessas metas...

Se você estudar a argumentação moral – mais ou menos moral – dos gerentes de empresas, com certeza vai descobrir, e rapidamente, que "racionalidade", "eficiência" e "disposição para o trabalho" (diligência) formam as estruturas dominantes das normas moralizadoras na ação econômica. O mesmo ocorre, em alto grau, nos livros sobre gestão e administração de empresas. Por trás da discussão normativamente instrumental, encontramos um tom moralista, enfatizando a importância inevitável de racionalidade, eficiência e trabalho duro...[2]

Há outros valores morais nas empresas, evidentemente. A lealdade e a confiança – falar a verdade e não mentiras, manter sua palavra e suas promessas – formam uma grande e importante estrutura ética de argumento...

Dessa forma, instrumentalidade e cooperação formam a base para a espinha dorsal moral da lógica gerencial. Acrescente a isso todas as outras considerações morais "normais" da cultura da sociedade adjacente – humanidade, integridade, igualdade, justiça, altruísmo, preocupações ambientais, etc. Mesmo que elas não derivem necessariamente da lógica de ação instrumental organizada em larga escala, todos que trabalham na corporação as aceitam.

4. Prevendo Mudanças nos Padrões de Valor

Os valores morais mudam com o tempo. Alguns mudam lentamente, através dos séculos, em um ritmo não detectável na vida diária. Alguns mudam mais rapidamente, precisando apenas de algumas décadas. Algumas vezes, mudam abruptamente, em geral em conexão com algum

---

[2] A ética no trabalho, que se tornou um termo familiar nas discussões moralizadoras diárias, é tratada com destaque no famoso tratado de Weber (1978) sobre a relação entre a ética protestante e o espírito do capitalismo ocidental.

fato socialmente catastrófico, como desastres naturais – talvez não com terremotos, mas sim com doenças epidêmicas – guerra, genocídio e outras coisas do gênero. Estudando o histórico de idéias você deixa de acreditar que qualquer valor moral vá durar para sempre... O assombroso giro de 180 graus na cultura "ocidental", passando do altruísmo social do final dos anos 60 para o egoísmo neo-liberal do final dos anos 80, é um exemplo de mudança [rápida]...

5. O que Podemos Esperar em um Futuro Próximo?

O que, então, podemos esperar em um futuro próximo? Onde estão os campos minados éticos? Isso nós não sabemos; como observado acima, não podemos ter certeza. Podemos, porém, tentar desenvolver algumas expectativas razoáveis. Essas expectativas se referem, por razões óbvias, ao futuro relevante para a ação, de dez a quinze anos.

Mesmo que os valores morais pareçam mudar de forma imprevisível, geralmente há um padrão a ser seguido. A moralidade é um aspecto da cultura, no sentido de que diferentes culturas têm diferentes sistemas morais – ou, considerando a questão por outro lado, as diferenças culturais consistem em grande parte de diferenças morais. Se quisermos saber como mudam os valores morais, temos que olhar as dinâmicas da mudança cultural.

A cultura é um fenômeno muito complexo e evasivo, um tipo de espaço generalizado de valores, idéias, hábitos, expectativas, tradições, artefatos e técnicas. A cultura forma regularidades e padrões comportamentais que não são geneticamente determinados...

Prever mudanças nos valores morais é sempre uma questão de suposição. Vou fazer duas suposições referentes a mudanças sociais e culturais que podem gerar problemas éticos no futuro e que, na minha opinião, são questões de preocupação estratégica. Elas se referem aos efeitos de nosso rápido desenvolvimento tecnológico e, possivelmente mais destrutivos, aos efeitos culturais das mudanças ambientais.

O desenvolvimento tecnológico não é novidade. Especialmente no campo de computação e robotização, as inovações tecnológicas surgem em um ritmo crescente. Os efeitos culturais, porém, ainda não são conhecidos. Durante a próxima década ou as duas próximas, podemos esperar não apenas novas tecnologias, mas também as primeiras gerações de uma força de trabalho que nasceu e cresceu em um mundo computadorizado. Temos, assim, uma mudança de mão dupla: por um lado, a inovação tecnológica que esperamos que tenha efeitos colaterais culturais imensos e, por outro lado, uma população que, sintonizando-se com essa tecnologia, é mais capaz do que nunca de usar e desenvolver ainda mais essa tecnologia. Diversas áreas de preocupação podem surgir a partir disso. Há um forte risco de que técnicas e práticas levem à violação da integridade pessoal de quase todos que entrem em contato com a corporação moderna. Isso se refere não apenas a funcionários, mas também a clientes, ao público em geral, aos concorrentes, etc. Por outro lado, o ritmo rápido de ação pode gerar preocupações éticas apenas porque não há tempo para reflexão e devido às novas possibilidades para uma rápida exploração antiética. Os problemas éticos virulentos associados à bolsa de valores podem derivar parcialmente desses tipos de processos. Práticas empresariais legítimas, que como um todo determinam grande parte do que é moralmente correto nos negócios, dependem da experiência acumulada em um mundo relativamente estável. Quanto mais rápido o ritmo da mudança nesse mundo, mais fraco o acordo moral.

Em um período relativamente curto de cerca de trinta anos, ou seja, desde que Rachel Carson publicou seu livro *The Silent Spring* ("A primavera silenciosa") no começo dos anos 60, a questão de rejeição perturbadora e de nadar em águas sujas transformou-se em um problema para o século XX. Ao mesmo tempo, formou uma nova classe de conhecimento – "poluição ambiental" e, relacionada a ela, uma nova categoria de preocupação moral.

Um olhar mais próximo àquilo que pode ser chamado de "ética ambiental" mostra que há uma base comum que forma algo como uma "moralidade dirigida para o futuro". Profundamente incorporada no raciocínio humano, há uma tendência à empatia transcedental, ou seja, uma tendência a sentir empatia e responsabilidade pelas próximas gerações, pela humanidade como tal...

6. Estratégia Ética para o Futuro?

Devo encerrar perguntando o que pode ser feito em uma perspectiva estratégica para resolver possíveis conflitos éticos drásticos. Como sempre, ao discutir estratégia, as respostas parecem de alguma forma evasivas. Por outro lado, parece que algum tipo de preparação é melhor do que apenas esperar acontecer.

Sempre há uma razão para algum tipo de preocupação ética estratégica, desde que haja razão para assumir que os valores morais mudam. As formas de mudança, porém, não são claras. O que precisamos, então, é algum tipo de sensibilidade ética na corporação. Isso pode ser organizado, até certo ponto. Algumas empresas fazem isso estabelecendo **comitês éticos**. O importante a ser lembrado, no caso dos comitês éticos, é que eles não devem apenas lidar com as "batatas quentes" e explorar conflitos éticos. Ao contrário, devem tentar estabelecer algum tipo de rotina para investigar o clima ético geral da empresa.

Os problemas éticos são encontrados parcialmente dentro da organização, quando o **clima ético** começa a se desviar acentuadamente da cultura local. Uma cultura organizacional interna bastante dominada pela cobiça, por exemplo, deverá produzir um comportamento que vai resultar em conflitos éticos em um espectro amplo, desde crimes internos até desfalque, ambos em nível individual ou em nível de ação organizacional. Isso pode ser importante, especialmente nas áreas bancária e financeira e entre corretores de ações. Em uma cultura de cobiça, seus membros realmente "acreditam" que o egoísmo econômico é bom e virtuoso – não exclusivamente, mas em alto grau. Suas atividades então são baseadas nessa lógica. Isso não significa que todos começam instantaneamente a descumprir as leis ou a agir de maneira antiética, mas sim que as probabilidades de transgressões éticas aumentam.

Não é suficiente, é claro, saber desses problemas. É preciso fazer alguma coisa. Uma questão central relativa à ética empresarial refere-se às possibilidades de influenciar o clima ético na corporação. Vou limitar-me aqui a alguns comentários superficiais.

Os **códigos de conduta**, usados em muitos lugares, podem ter alguns efeitos positivos – não em forma, porém, de algum tipo de lei organizacional local, associada a sistemas de controle e sanções. A estrutura lógica das normas rapidamente neutraliza esse método, pois regras estritas geram todo tipo de comportamento disfuncional na forma de trapaça, hipocrisia e evasão. Por outro lado, códigos de conduta, especialmente se a diretoria apoiá-los e enfatizá-los visivelmente, sempre têm um bom efeito educativo. De certa forma, eles compõem a **declaração de visão corporativa**. Uma mostra clara e consistente de visão corporativa pessoal e convicção moral pode ter fortes efeitos culturais unificadores na organização. Por outro lado, nunca deve assumir uma forma exagerada de "prece".

Ao tentar fortalecer consistentemente a base moral em uma empresa, você pode dar a ela poder intelectual para lidar com conflitos éticos e fugir das armadilhas mais críticas.

O outro lado de uma estratégia ética refere-se a prever e preparar-se para o futuro. Isso não é fácil, como sabemos. Os dois campos de mudança de valores descritos acima, porém, parecem ter uma probabilidade alta, mesmo se os modelos não forem claros, para garantir um exame minucioso. Detectar com antecedência um padrão de mudança, talvez com algum tipo de técnica de cenário, formando grupos de discussão na tradição das análises de operações anteriores, pode ser um caminho. A questão não é tanto sobre conhecimento meteorológico, climatológico e técnico, mas sim sobre conhecimento transmitido por historiadores, sociólogos, antropólogos culturais, filósofos, etc.

LEITURA 12.2
LIDERANÇA NA ADMINISTRAÇÃO[3]
por Philip Selznick

A natureza e a qualidade da liderança, no sentido de habilidade política, é um tema evasivo, mas persistente na história de idéias. A maioria dos escritores concentra sua atenção em estadistas *políticos*, líderes de comunidades posicionados nos altos escalões, onde questões importantes são coordenadas e resolvidas. Em nossa época, não há menos necessidade de continuar a grande discussão, de saber como reconciliar idealismo com oportunidade, liberdade com organização.

Mas é necessária uma ênfase adicional. Nossa sociedade é pluralista, composta de muitos grupos grandes, influentes e relativamente autônomos. O próprio governo dos EUA consiste em agências poderosas e independentes, que fazem muita coisa por iniciativa própria e são em grande parte autogeridas. Essas agências e as instituições compostas por indústria, política, educação e outros campos, normalmente exigem muitos recursos; seus líderes são inevitavelmente responsáveis pelo bem-estar material e psicológico de diversos elementos; e se tornam cada vez mais *públicas* em sua natureza, presas a tais interesses e lidando com problemas que afetam o bem-estar de toda a comunidade. Em nossa sociedade, a necessidade de habilidade política é amplamente difundida e cercada por problemas especiais. O entendimento de liderança, tanto nas organizações públicas como privadas, deve ocupar uma posição de destaque na pauta de qualquer pesquisa social...

O argumento desse ensaio é declarado de forma bastante simples: *o executivo torna-se um estadista conforme faz a transição de gerenciamento administrativo para liderança institucional*. Essa mudança acarreta uma reavaliação de suas próprias tarefas e das necessidades da empresa. É marcada por uma preocupação com a evolução da organização como um todo, incluindo suas metas e capacidades mutantes. Em uma palavra, significa ver a organização como uma instituição. Para entender a natureza da liderança institucional, devemos ter uma noção do significado e da importância do termo "instituição".

ORGANIZAÇÕES E INSTITUIÇÕES

A coisa mais surpreendente e óbvia sobre uma organização administrativa é seu sistema formal de regras e objetivos. Aqui, tarefas, poderes e procedimentos são estabelecidos de acordo com algum modelo oficialmente apro-

---
[3] Extraído de *Leadership in Administration*, de Philip Selznick, New York: Harper and Row, 1957.

vado. Esse modelo nos diz como o trabalho da organização deve ser feito, independentemente de esse trabalho ser produzir aço, ganhar votos, ensinar crianças ou salvar almas. A organização assim planejada é um instrumento técnico para mobilizar as energias humanas e dirigi-las para os objetivos estabelecidos. Alocamos tarefas, delegamos autoridade, canais de comunicação e encontramos alguma forma de coordenar tudo que foi dividido e repartido. Tudo isso é concebido como um exercício de engenharia; é governado por ideais relacionados de racionalidade e disciplina.

O termo "organização" sugere uma certa transparência, um sistema enxuto e sensato de atividades conscientemente coordenadas (Barnard, 1938: 73). Refere-se a uma *ferramenta descartável*, um instrumento racional planejado para fazer um trabalho. Uma "instituição", por outro lado, é mais como um produto natural das necessidades e pressões sociais – um organismo receptivo e maleável. A diferença é uma questão de análise, não de descrição direta. Isso não significa que qualquer empresa deva ser uma coisa ou outra. Embora algum caso extremo possa vir a ser considerado uma organização "ideal" ou uma instituição "ideal", a maioria das associações existentes resiste a uma classificação tão fácil. Elas são misturas complexas de comportamento planejado e receptivo...

No que talvez seja seu significado mais importante, "institucionalizar" significa *infundir valor* além das exigências técnicas da tarefa desempenhada. A recompensa de um maquinário social que vai além de seu papel técnico é em grande parte uma reflexão sobre a forma única como ele atende necessidades pessoais ou do grupo. Sempre que as pessoas se incorporam a uma organização ou a um modo de fazer as coisas como pessoas e não como técnicos, o resultado é a recompensa do mecanismo para seu próprio bem. Do ponto de vista de uma pessoa comprometida, a organização é alterada de uma ferramenta descartável para uma valiosa fonte de satisfação pessoal. Algumas manifestações desse processo são bastante óbvias; outras não são reconhecidas tão facilmente. Todos sabem que mudanças administrativas são difíceis quando as pessoas estão habituadas a procedimentos antigos e se identificam com eles. Por exemplo, a mudança de pessoal é inibida quando as relações se tornam pessoais e há resistência a qualquer mudança que ameace os laços compensadores. Gasta-se muita energia nas organizações em um esforço contínuo para preservar o sistema racional, técnico e impessoal contra essas pressões contrárias...

O teste de infusão com valor é *descartabilidade*. Se uma organização é simplesmente um instrumento, será imediatamente alterada ou posta de lado quando uma ferramenta mais eficiente estiver disponível. A maioria das organizações, então, é descartável. Quando ocorre a infusão de valor, porém, há uma resistência à mudança. As pessoas têm um senso de perda pessoal; a "identidade" do grupo ou da comunidade parece de alguma forma violada; elas se dobram às considerações econômicas ou tecnológicas relutantemente, com pesar. Um caso em destaque é o esforço perene para evitar a substituição dos bondes de San Francisco por formas de transporte mais econômicas. A Marinha tem esse halo institucional e resiste a medidas administrativas que possam submergir sua identidade...

Para resumir: organizações são instrumentos técnicos, criados como meios para definir metas. Elas são julgadas com base em premissas de engenharia; são descartáveis. As instituições, sejam concebidas como grupos ou como práticas, podem ser parcialmente planejadas, mas também têm uma dimensão "natural". São produto da interação e adaptação; elas se tornam o receptáculo do idealismo do grupo; não são descartadas tão facilmente...

O PADRÃO DE LIDERANÇA

Quando uma liderança institucional falha, talvez seja mais por padrão do que por erro ou pecado positivo. Falta liderança quando é necessário; e a instituição fica à deriva, exposta a pressões inconstantes, facilmente influenciadas por tendências oportunistas de curto prazo. Esse padrão é parcialmente uma falta de coragem e parcialmente uma falta de critério. É preciso coragem para manter um curso; é necessário critério para reconhecer e lidar com as fontes básicas de vulnerabilidade institucional.

Um tipo de padrão é a falha em estabelecer metas. Quando uma organização se torna "preocupada", com as muitas forças que trabalham para mantê-la viva, as pessoas que a administram podem facilmente fugir da tarefa de definir seus objetivos. Essa evasão tem origem parcial no árduo trabalho intelectual envolvido, um trabalho que sempre parece aumentar o fardo das já onerosas operações diárias. Em parte, também, há o desejo de evitar conflitos com pessoas de dentro e de fora da organização, que seriam ameaçadas por uma definição clara de objetivos, com suas reclamações e responsabilidades concomitantes. Mesmo as empresas consideram mais fácil recuar para frases convencionais, como "nossa meta é obter lucro", frases que oferecem pouca orientação na formulação da política.

Uma crítica à liderança, podemos argumentar, deve incluir essa ênfase na responsabilidade do líder para definir a missão da empresa. Essa visão não é nova. É importante porque grande parte da análise administrativa assume a meta da organização como recebe, sendo que em muitos casos cruciais o problema está exatamente aí. Também devemos sugerir que a análise de metas depende de uma compreensão da estrutura social da organização. Em outras palavras, os objetivos que temos ou podemos ter dependem do que somos ou podemos ser. Tanto na habilidade política como na busca pela sabedoria pessoal, a máxima de Sócrates – conhece-te a ti mesmo - nos dá a orientação final.

Outro tipo de padrão ocorre quando metas, ainda que claramente formuladas, têm apenas uma aceitação superficial e não têm influência genuína sobre a estrutura total da empresa. Valores totalmente aceitos podem infundir-se em muitos níveis da organização, afetando as perspectivas e atitudes do pessoal, a importância relativa das atividades de apoio, a distribuição de autoridade, as relações com grupos externos e muitas outras questões. Assim, se uma grande corporação expressa o desejo de mudar seu papel na comunidade, de ênfase restrita em obtenção de lucro para responsabilidade social mais ampla (ainda que a meta final continue sendo uma combinação de sobrevivência e capacidade de gerar lucro), ela deve explorar as implicações de tal mudança para tomar suas decisões em uma ampla variedade de atividades organizacionais. Devemos enfatizar que a tarefa de construir valores especiais e uma competência diferenciada na organização é função primária da liderança...

Finalmente, o papel do líder institucional deve ser claramente diferenciado do papel do líder "interpessoal". A tarefa desse último é pavimentar o caminho da interação humana, facilitar a comunicação, evocar a devoção pessoal e diminuir a ansiedade. Sua especialidade tem pouco a ver com conteúdo; ele está mais preocupado com pessoas do que com políticas. Sua principal contribuição é para a eficiência do empreendimento. Esse líder institucional, por outro lado, é primariamente um *especialista em promoção e proteção de valores*. A interpretação que se segue considera essa idéia como um ponto de partida, explorando seu significado e suas implicações...

É no âmbito da política – incluindo as áreas nas quais a formação e a organização de políticas se encontram – que encontramos a qualidade diferenciada da liderança institucional. Afinal, essa é a qualidade da habilidade política que lida com questões atuais, não apenas por si mesmas, mas também por suas implicações a longo prazo para o papel e o significado do grupo. A liderança do grupo é muito mais do que a capacidade de mobilizar suporte de pessoal; é mais do que manter o equilíbrio por meio da solução rotineira dos problemas diários; é função do líder estadista – seja de uma nação ou de uma associação privada – definir os fins da existência do grupo, designar uma empresa diferencialmente adaptada a esses fins e garantir que esse projeto se torne realidade. Essas tarefas não são rotineiras, elas exigem auto-avaliação contínua por parte dos líderes e podem exigir apenas algumas poucas decisões críticas durante um longo período de tempo. "A mera velocidade, a freqüência e o vigor na tomada de decisões podem ter pouca relevância em um alto nível executivo, em que a contribuição básica de um homem para o empreendimento pode não passar de duas ou três decisões importantes por ano" (Learned, Ulrinch e Booz, 1951: 57). Essa contribuição básica nem sempre é auxiliada pelos traços geralmente associados à liderança psicológica, como autoconfiança agressiva, certeza intuitiva, capacidade de inspirar...

CARÁTER COMO COMPETÊNCIA DIFERENCIADA

Ao estudar o caráter, estamos interessados na *competência diferenciada* ou na *inadequação* adquirida por uma organização. Ao fazer isso, olhamos além dos aspectos formais para examinar os comprometimentos que foram aceitos durante o curso de adaptação às pressões internas e externas... Os comprometimentos com formas de agir e responder são construídos na organização. Quando integrados, esses comprometimentos definem o "caráter" da organização...

AS FUNÇÕES DA LIDERANÇA INSTITUCIONAL

Alegamos que política e administração são independentes no sentido especial de que certas áreas de atividade organizacional são peculiarmente sensíveis a questões políticas. Como essas áreas existem, são necessários homens criativos – mais em algumas circunstâncias do que em outras – que saibam como transformar um grupo neutro de homens em uma comunidade comprometida. Esses homens são chamados de líderes; sua profissão é a política...

A liderança estabelece metas, mas, ao fazê-lo, leva em conta as condições que já determinaram o que a organização pode fazer e até certo ponto o que ela deve fazer. A liderança cria e molda uma organização que incorpora – em pensamentos, sentimentos e hábitos – as premissas de valor da política. A liderança reconcilia rivalidades internas e pressões ambientais, prestando muita atenção à forma como o comportamento maleável traz mudanças ao caráter organizacional. Quando falta liderança em uma organização, essas tarefas são cumpridas de forma inadequada, não importa o quanto o fluxo de papéis seja especializado e quanto sejam homogêneos os canais de comunicação e comando. E esse cumprimento exige uma investigação contínua para ver como a mudança na estrutura social afeta a evolução da política.

A relação entre liderança e caráter organizacional pode ser explorada em mais detalhes se examinarmos algumas das principais tarefas que os líderes devem desempenhar:

1. *A definição de missão e papel institucional*. O estabelecimento de metas é uma tarefa criativa. Implica uma auto-avaliação para descobrir os verdadeiros comprometimentos da organização, conforme estabelecido pelas demandas efetivas internas e externas. A falha em estabelecer metas à luz desses comprometimentos é uma grande fonte de irresponsabilidade na liderança.

2. *A incorporação institucional do objetivo*. A tarefa de liderança não é apenas fazer políticas, mas fazê-las dentro da estrutura social da organização. Isso também é uma tarefa criativa. Significa moldar o "caráter" da organização, sensibilizando-o a formas de

pensamento e resposta, de forma a conseguir mais credibilidade na execução e elaboração de políticas, segundo seu espírito e também suas letras.

3. *A defesa da integridade institucional.* A liderança de qualquer comunidade falha quando se concentra apenas em sobrevivência: sobrevivência institucional, adequadamente compreendida, é uma questão de manter valores e identidade diferenciada. Essa é uma das mais importantes e menos compreendidas funções de liderança. Essa área (como a de definição da missão institucional) é um local onde o líder intuitivamente instruído e o analista administrativo sempre se separam, pois o último não tem ferramenta para lidar com ela. A falácia de combinar agências com base em associação "lógica" de funções é um resultado característico da falha em considerar a integridade institucional.

4. *A solução de conflitos internos.* Os grupos de interesse internos formam-se naturalmente nas organizações de larga escala, pois a empresa como um todo é de certa forma uma comunidade composta de diversas suborganizações. A luta entre interesses conflitantes sempre exige muita atenção da liderança. Isso ocorre porque a direção da empresa como um todo pode ser seriamente influenciada pelas mudanças no equilíbrio interno de poder. Ao exercer controle, a liderança tem uma tarefa dupla. Deve obter consenso das unidades constituintes, a fim de maximizar a cooperação voluntária e, dessa forma, permitir aos blocos de interesses emergentes um amplo grau de representação. Ao mesmo tempo, a fim de manter o controle, deve garantir que seja mantido um equilíbrio de poder apropriado ao cumprimento dos principais comprometimentos.

LEITURA 12.3
UM NOVO MANIFESTO PARA ADMINISTRAÇÃO[4]
por Sumantra Ghoshal, Christopher A. Bartlett e Peter Moran

Por que as corporações evocam respostas tão poderosas de amor e ódio? Por outro lado, em meio à queda de influência e legitimidade de outras instituições – como estados, partidos políticos, igrejas, monarquias ou mesmo família – a corporação surgiu talvez como a mais poderosa instituição social e econômica da sociedade moderna. Versátil e criativa, a corporação é um amplificador prodigioso de esforço humano entre fronteiras nacionais e culturais. As corporações, e não as forças econômicas abstratas ou os governos, criam e distribuem a maior parte da riqueza da economia, inovam, comercializam e elevam padrões de vida. Historicamente, elas vêm atuando como forças difusoras para a civilização, promovendo honestidade, confiança e respeito pelos contratos. Como a esfera de mercado cresceu para anexar áreas como saúde e esportes, as empresas parecem ainda maiores na vida das pessoas. Elas procuram as corporações em busca de comunidade e identidade, e também de bem-estar econômico.

Contudo, no último ano do século, corporações e gerentes sofrem de uma profunda ambivalência social. Os heróis adorados por poucos, a grande maioria tem uma profunda desconfiança deles. Na mitologia popular, o gerente corporativo é Gordon Gecko, o financista que prega o evangelho da cobiça na *Wall Street* de Hollywood. As corporações são "assassinas de emprego".

Há tanta incerteza sobre o que as empresas representam que Bill Clinton, nos Estados Unidos, e Tony Blair, no Reino Unido, determinaram revisões dos papéis das empresas. As grandes empresas levantam muitas suspeitas na França, na Coréia e na Alemanha. Mesmo nos Estados Unidos, os salários dos executivos causaram furor público, enquanto que a igualmente astronômica remuneração de artistas, empresários e corretores de ações mal fazem levantar uma sobrancelha. Quando os pesquisadores solicitavam às pessoas que classificassem os profissionais por posicionamento ético, elas consistentemente classificavam os gerentes nos mais baixos índices – abaixo até de políticos e jornalistas.

As pessoas estão *certas* em sua intuição de que algo está errado. Mas isso não é porque as grandes corporações ou sua diretoria são inerentemente nocivas ou más. É devido às suposições profundamente irreais e pessimistas sobre a natureza das pessoas e das corporações nas quais se baseiam a doutrina gerencial atual e, na prática, levam os gerentes a minar seu próprio valor... É tempo de expor as velhas e inválidas suposições e substituí-las por outras diferentes, mais realistas, que levem os gerentes a agir em um papel positivo que possa liberar o vasto potencial ainda preso no modelo antigo. O novo papel da gerência rompe as suposições econômicas restritas do passado para reconhecer que:

- As sociedades modernas não são economias de mercado; são economias organizacionais nas quais as empresas são os principais atores na criação de valor e no avanço do progresso econômico.

---
[4] Reimpresso, com cortes, de "A New Manifesto for Management", S. Ghoshal, C. A. Bartlett e P. Moran, Sloan Management Review, Spring 1999, 9-20.

- O crescimento das empresas e, conseqüentemente, das economias depende primariamente da qualidade de sua administração.
- A base das atividades de uma empresa é seu novo "contrato moral" com funcionários e sociedade, substituindo a exploração paternalista e a apropriação de valor por empregabilidade e criação de valor em uma relação de destino compartilhado.

ENTRE A CRUZ E A ESPADA

Para entender por que é necessário repensar, comece olhando o que aconteceu ao mundo corporativo nos anos 80. Conduzido por acionistas vociferantes e competição global, os gerentes concentravam-se em realçar a competitividade melhorando suas eficiências operacionais. Os gerentes listaram um leque de técnicas como qualidade total, melhoria contínua e reengenharia de processo para esse fim. As empresas cortaram custos, eliminaram desperdício, focaram-se, terceirizaram, reduziram seu tamanho, deixaram-se levar e, no geral, reduziram-se a "pele e osso". O resultado foi uma vitória – de certa forma. O retorno para os acionistas (e o salário dos principais executivos), em muitos casos, foi elevado. Extraiu-se valor, mas a que preço?

Os contratos passados explícitos ou implícitos com funcionários e fornecedores foram rescindidos. A lealdade e o comprometimento dos funcionários foram estilhaçados. O mesmo ocorreu com a confiança gerencial em sua capacidade de criar em vez de cortar; veja a moda de empresas de alto crescimento, como a Reuters, devolvendo dinheiro aos acionistas por meio de recompra de ações e dividendos especiais em vez de investir na busca de oportunidades emergentes. Michael Porter (1996) expressou alarme ao perceber que a obsessão com as eficiências operacionais estava "levando mais e mais empresas em direção ao caminho da competição mutuamente destrutiva". Stephen Roach (1998), economista chefe do Morgan Stanley, reverteu seu entusiasmo prévio pela redução de tamanho e alertou que se reduzir custos de mão-de-obra e afundar empresas era tudo que havia para recuperar a produtividade, "a nação poderia muito bem estar a caminho da extinção industrial"...

O MACACO DE GENEEN

A garra superior da tenaz é a doutrina pela qual os gerentes administram suas empresas.

Duas gerações de altos executivos aprenderam a estruturar suas tarefas pela ótica dos três Ss*: formular *estratégia*, planejar a *estrutura* para ajustar e colocar as duas em linha com *sistemas* de suporte. Em sua época, a trilogia estratégia-estrutura-sistemas foi uma descoberta revolucionária. Inventada nos anos 20 por Alfred Sloan e outros como uma tecnologia de suporte à sua estratégia pioneira de diversificação, atendeu bem às empresas por décadas. Ela deu suporte à integração vertical e horizontal, à onda de diversificação conglomerada nos anos 60 e ao começo da globalização nos anos 70 e 80. Mas começou a ruir. Apesar de suas estruturas e sistemas sofisticados, as grandes empresas que vinham fazendo ofertas para herdar a terra – um intelectual francês alertou no início dos anos 80 que a IBM tinha tudo que precisava para tornar-se uma potência mundial – foram subitamente transformadas em gigantes hesitantes. O declínio de excelência é bem conhecido. Então, o que houve de errado?

O que aconteceu foi que o "mundo real" mudou. A força – e a fraqueza fundamental – do modelo clássico estratégia-estrutura-sistemas foi a primazia dada ao controle. Assim como Frederick Taylor tornou repetitiva a montagem complexa ao dividi-la até chegar a suas tarefas componentes mais simples, a nova doutrina, o equivalente gerencial do Taylorismo, visava tornar a gestão das corporações complexas sistemático e previsível. Uma vez que a estratégia tivesse sido estabelecida no topo, estruturas e sistemas baniriam a idiossincrasia humana inoportuna, permitindo que empresas grandes e diversificadas fossem administradas de forma parecida com máquinas. Assim como os trabalhadores de Henry Ford na linha de montagem, todos os funcionários eram peças substituíveis. Harold Geneen, o contador que administrava o conglomerado quintessencial dos anos 70, ITT, costumava vangloriar-se de que estava construindo um sistema que "um macaco poderá administrar quando eu sair".

Famosas últimas palavras. No mundo em que as empresas atuais operam – um mundo de tecnologias e mercados convergentes, competição constante e inovações que podem tornar obsoletas estruturas de segmentos estabelecidos da noite para o dia – os sistemas de controle que operam como máquinas não são úteis. Em uma situação em que os recursos corporativos mais importantes não são os fundos financeiros nas mãos da alta gerência, mas sim o conhecimento e a experiência das pessoas nas linhas de frente, eles são claramente inúteis. Dizer que reprimem iniciativa, criatividade e diversidade é correto – mas esse era o ponto. Eles foram criados para uma organização que acabou se tornando um beco evolucionário sem saída.

A TIRANIA DA TEORIA

A segunda garra da tenaz na qual as empresas estão presas é a teoria. Em vez de gerar soluções, as prescrições acadêmicas em sua maioria aumentaram ainda mais a pressão sobre gerentes e empresas. Eles são parte do problema. Considere dois elementos da teoria que dominaram o discurso gerencial, tanto acadêmico como prático, na década passada.

O primeiro é a teoria de estratégia de Michael Porter, baseada na economia da organização industrial. Cruamente, segundo a teoria de Porter, a essência da estraté-

---
* N. de T.: Em inglês, os três Ss referem-se às palavras *Strategy, Structure* e *Systems* (estratégia, estrutura e sistemas).

gia é a competição pelo valor apropriado. As empresas lutam para conseguir e manter em seu poder o máximo possível do valor incorporado nos produtos e serviços com os quais trabalham, ao mesmo tempo em que permitem que o mínimo possível de valor caia nas mãos de terceiros. Funcionários, clientes, fornecedores e concorrentes diretos ou potenciais estão todos tentando fazer a mesma coisa. Em resumo, estratégia é posicionamento para apoderar-se de tudo que você puder, ao mesmo tempo em que evita que outras pessoas comam sua comida.

A dificuldade é que, segundo essa visão, os interesses da empresa são incompatíveis com os da sociedade. Para a sociedade, quanto mais livre a concorrência entre as empresas, melhor. Mas, para as empresas, o objetivo da estratégia é precisamente restringir o jogo da competição para conseguir o máximo possível para si próprias. Para fazer seu trabalho, os gerentes devem evitar a competição livre ao custo do bem-estar social. A destruição do bem-estar social não é apenas um subproduto coincidente da estratégia; é o objetivo fundamental das empresas que visam ao lucro e, portanto, de seus gerentes.

O segundo elemento influente da teoria aborda uma questão muito básica. Por que as empresas existem? A resposta fornecida pela maioria dos economistas é tão direta que parece forçada; as empresas existem simplesmente porque os mercados falham. Aceite isso e você estará a apenas um passo da crença perigosamente enganadora que afirma que mercados representam algum tipo de caminho ideal para organizar todas as atividades econômicas. Segundo a "economia de custos-transação", o ramo dominante de teorizar sobre essa questão, a empresa é um substituto inferior para mercados. Oliver Williamson (1985), que contribuiu muito para um ramo desta teoria, refere-se às empresas como meios organizadores de "último recurso, a ser usado quando todo o resto falhar". Os mercados falham, presume Williamson, porque as pessoas são fracas. É apenas porque nós, como humanos, somos limitados em nossa capacidade de agir racionalmente e porque alguns estão propensos a agir "oportunamente" que precisamos de organizações para nos proteger de nós mesmos. Em algumas de nossas relações com outras pessoas, particularmente naquelas que exigem coordenação complexa de tarefas, nossa oportunidade de nos comportarmos estrategicamente é muito grande para que os mercados se refreiem. Nesses casos, as empresas são necessárias porque os gerentes, com sua autoridade hierárquica e seu poder de monitorar e controlar, podem manter o oportunismo dos funcionários sob controle.

Infelizmente, a conseqüência prática dessas duas teorias é transformar os gerentes não em arquitetos, mas em destruidores de suas próprias corporações. O que eles têm em comum, além de sua visão restrita, instrumental e amplamente pessimista do empreendimento humano, é a ênfase em eficiências estáticas ao invés de dinâmicas. A eficiência estática significa explorar opções econômicas disponíveis da maneira mais eficiente possível – tornar a economia mais eficiente ao transferir os recursos existentes para seu uso de valor mais alto. A eficiência dinâmica vem das inovações que criam novas opções e novos recursos – movendo a economia para um nível diferente. A teoria de Porter é estática no sentido de que concentra empresas com pensamento estratégico à lógica do mercado de eficiência estática. Junte as peças e poderemos ver que essa incrível aliança de teoria e prática poderia ter conseqüências destrutivas. Em sua luta constante pela apropriação de valor, a empresa vai contra seus próprios funcionários, além de seus rivais empresariais e o resto da sociedade. O desafio econômico da sociedade é manter o discernimento humano sob controle. Isso se consegue nos mercados por meio de um foco no individualismo e com o poder de incentivos fortes e, dentro da empresa, por meio de controle hierárquico. Em outras palavras, como escreveu Williamson, e Geneen colocou em prática, as empresas devem agir como se fossem "uma continuação das relações de mercado, de outras maneiras". Visto dessa forma, entre a lógica íntegra da eficiência e a dura realidade das fragilidades e patologias humanas, não há dúvida de que a doutrina dominante concentra a atenção dos gerentes quase que exclusivamente em preocupações de apropriação e controle. O papel econômico patológico resultante para empresas e pessoas também não deve ser surpresa. Ele se segue naturalmente a partir da premissa de que as "regras de mercado" segundo as quais toda e qualquer falha que considera a disciplina corretiva do mercado tende a ser fútil para empresas e pessoas e ineficiente para a sociedade.

Quando você está em um buraco, a primeira coisa a fazer é parar de cavar. Os esboços de um modelo gerencial diferente estão começando a tomar forma, com base numa melhor compreensão da motivação individual e corporativa. Se redução de tamanho, redução de custo e "tornar-se enxuto e médio" foram os mantras da última década, o desejo de crescimento e renovação serão as principais preocupações da próxima.

UMA NOVA FILOSOFIA GERENCIAL

Comece invertendo a justificativa tradicional para a existência das empresas: os mercados começam onde as empresas terminam. Como disse Herbert Simon (1957), laureado com o prêmio Nobel, "as sociedades modernas não são primariamente mercados, mas sim *economias organizacionais*". Ou seja, a maior parte de seu valor é criado não por pessoas negociando individualmente no mercado, como no ideal dos economistas, mas por organizações que envolvem pessoas agindo coletivamente, com seus motivos autorizados e suas ações coordenadas pelos objetivos de suas empresas. Longe de destruir o bem-estar social, o surgimento da corporação no século passado coincidiu com uma melhoria sustentada e sem precedentes nos padrões de vida, alimentada pela capacidade das empresas de aumentar a produtividade e criar novos produtos e serviços. Na verdade, a prova mais clara para a alegação de Simon está em uma forte correlação positiva entre a prosperidade relativa de uma economia e seu quociente de empresas grandes e saudáveis. As empresas crescentes e eficientes ajudam a criar economias crescentes e eficientes. Não apenas a premissa de um conflito fundamental entre bem-estar corporativo e bem-estar social é errada; a realidade é exatamente o contrário.

Em termos de eficiência estática, grande parte do que acontece dentro de uma empresa *é* ineficiente. Esse é o ponto. Ela existe precisamente para garantir um porto seguro e uma suspensão (temporária) das leis do mercado através das quais as pessoas podem combinar em fazer alguma coisa na qual o mercado não seja tão bom: inovação. De um ponto de vista estático, os 15% de tempo que a 3M encoraja seus funcionários a dedicarem a seus próprios projetos seriam perdidos. E, na verdade, grande parte é. Mas a empresa faz esse sacrifício de bom grado, acreditando que desses esforços surgirão produtos que vão alterar as fronteiras do mercado atual. A Sony e a Intel duplicaram as equipes de desenvolvimento pela mesma razão. As empresas criam novos valores para a sociedade ao desenvolver novos produtos e serviços e encontrar formas melhores de fornecer aqueles já existentes. Os mercados incansavelmente forçam as mesmas empresas a "passar" a maioria de seus valores recém-criados para terceiros, aumentando, e não diminuindo, o bem-estar social. Nessa coexistência simbiótica, conduzem juntos o processo de "destruição criativa" que o economista austríaco Joseph Schumpeter identificou 60 anos atrás como o motor do progresso econômico.

Reverter a lógica liberta as empresas do aperto da tenaz, com efeito liberador para seus gerentes e funcionários. A diferença entre velho e novo não é apenas econômica, mas também filosófica. Em uma economia organizacional na qual a essência da empresa é a criação de valor, a corporação e a sociedade não estão mais em conflito. Elas são interdependentes, e o ponto de partida é um novo contrato moral entre elas. Nessa estrutura, a gerência também ganha de volta sua legitimidade: não apenas o pesadelo do "destrua para salvar" é banido, como também o sucesso da empresa e da economia como um todo pode depender apenas da maneira como os gerentes fazem seu trabalho. Longe de ser perversa e exploradora, a gerência como profissão pode ser vista como ela é – o mecanismo primário do progresso social e econômico. Inventores e empreendedores desenvolvem novos produtos e, algumas vezes, novas empresas. A vasta maioria de novos produtos e novas empresas, porém, é criada por organizações já estabelecidas. Os gerentes constroem as organizações, a personificação do capital social da economia – um fator que está começando a ser reconhecido como talvez o principal condutor do crescimento econômico.

EMPRESAS COMO CRIADORAS DE VALOR

O contraste entre essas duas visões de uma empresa se torna mais acentuado se compararmos os métodos gerenciais da Norton e da 3M, ou da Westinghouse e da ABB. Como já descrevemos antes, os gerentes da Norton e da Westinghouse viviam em um mundo cão, de soma zero*, da teoria gerencial tradicional. Quando encontravam uma empresa que tinha criado um novo produto ou uma nova empresa atraente, elas a compravam. Quando achavam que o mercado para um determinado produto estava competitivo demais para que pudessem ditar condições a compradores e fornecedores, vendiam aquela área de negócios. O foco gerencial primário estava em apropriação de valor – não apenas em relação a seus clientes e fornecedores, mas também a seus próprios funcionários.

Na 3M e na ABB, por outro lado, funcionava uma filosofia gerencial muito diferente. Enquanto a Norton tentava desenvolver modelos de alocação de recursos estratégicos cada vez mais sofisticados, toda a estratégia da 3M era baseada na lógica de criação de valor da inovação contínua. A mesma área de equipamentos de energia abandonada pela Westinghouse como não atraente (ou seja, sem oportunidade suficiente para apropriação de valor) foi rejuvenescida pela ABB, em parte por seus próprios investimentos em produtividade e em novas tecnologias para aumentar a funcionalidade dos produtos ou sua adequação para novos mercados.

Os gerentes da Norton e da Westinghouse pensavam em suas empresas em termos de mercado: eles compravam e vendiam empresas, criavam mercados internos sempre que podiam e lidavam com seu pessoal segundo as regras de mercado. Com o poder de fortes incentivos de mercado, conseguiram o que queriam. As pessoas passaram a se comportar como se estivessem em um mercado – agindo sozinhas como agentes independentes, com preocupação voltada apenas para seus próprios interesses.

Ao pensar em suas empresas em termos de mercado, a Norton e a Westinghouse tornaram-se vítimas da mesma lógica segundo a qual ambas tentavam viver – uma lógica de mercado que deixa pouca escolha, senão conseguir o máximo de eficiência em tudo que fosse tentado. A estratégia delas concentrava-se totalmente em melhoria de produtividade e redução de custo. Suas estruturas para controlar o comportamento recompensavam a autonomia, enquanto seus sistemas para monitorar desempenho foram finalmente sintonizados para eliminar até mesmo o menor foco de desperdício. Contudo, não conseguiram criar qualquer novo valor... as pessoas eram incapazes de cooperar entre si ou de juntar seus recursos e capacidades para criar novas combinações – particularmente, de conhecimento e especialização – exigidas pela maioria das inovações.

As visões como o objetivo da ABB de "fazer do crescimento econômico e de padrões de vida melhores uma realidade para todas as nações em todo o mundo", valores como a crença adotada pela Kao Corporation de que "somos, em primeiro lugar, uma instituição educacional" e normas como a aceitação da 3M de que "produtos pertencem às divisões, mas tecnologias pertencem à empre-

---

* N. de T.: Um sistema no qual a soma dos ganhos é igual à soma das perdas.

sa", tudo enfatiza a natureza contrária ao mercado de uma empresa, encorajando as pessoas a trabalhar em coletivamente em direção a objetivos e valores compartilhados em vez de mais restritivamente dentro de seus próprios interesses limitados. Elas podem compartilhar recursos, incluindo conhecimento, sem precisar ter certeza de como precisamente cada um vai se beneficiar pessoalmente – desde que acreditem que a empresa como um todo vai se beneficiar, para o ganho coletivo...

A principal tarefa do gerente é redefinida de controle institucionalizado para confiança implícita, de manter o *status quo* para conduzir a mudança. Em vez de serem criadores de estratégia, os gerentes assumem o papel de estabelecer um sentido de *objetivo* dentro da empresa. Definido em termos de como a empresa vai criar valor para a sociedade, o objetivo permite que a estratégia surja dentro da organização, a partir da energia e do alinhamento criado pelo sentido de objetivo. Em vez de lidar com as caixas e linhas que representam a estrutura formal da empresa, os gerentes concentram-se nos processos organizacionais básicos que vão liberar os empreendedores mantidos como reféns das unidades de linha de frente daquela estrutura; integrar os recursos e as capacidades entre essas unidades para criar novas combinações de recursos e conhecimento e criar a flexibilidade que vai conduzir toda a organização em uma luta contínua pela criação de novos valores. E, sendo os construtores do sistema, os gerentes transformam-se em desenvolvedores de pessoas, ajudando cada um na empresa a se tornar o melhor. Os três Ss de estratégia, estrutura e sistemas que eram o núcleo do papel gerencial dão lugar aos três Ps: propósito, processo e pessoas.

CRIANDO VALOR PARA AS PESSOAS

Esse tipo de gerenciamento também exige uma relação com os funcionários qualitativamente diferente daquela que existia no passado. O contraste talvez seja a afirmação mais clara da nova filosofia gerencial em ação. Em um modo de apropriação de valor e redução de custo, parte das vantagens da empresa vem de seu poder monopolizador sobre as aptidões das pessoas. Em troca, ela assume, ou deveria assumir, responsabilidade pela carreira dos funcionários. Contraintuitivamente, a oferta de segurança no emprego permitiu às empresas extrair o valor máximo de seus funcionários no passado.

Ao contrário das máquinas, as pessoas não podem ser possuídas. Contudo, como as máquinas, as pessoas tornam-se mais valiosas para as empresas quando se especializam em seus negócios e atividades. Quanto mais específicos forem o conhecimento e as habilidades de um funcionário para um conjunto único de clientes, tecnologias, equipamentos, etc., mais produtivo ele se torna e mais eficiente se torna a empresa em tudo que faz. Sem segurança no emprego, os funcionários hesitam em investir tempo e energia para adquirir os conhecimentos e habilidades especializados que podem ser úteis para a empresa, mas podem ter valor limitado fora dela. Sem a certeza de uma associação de longo prazo, as empresas também carecem de incentivo para comprometer recursos que ajudem os funcionários a desenvolver tal especialização para a empresa. A segurança no emprego garante uma base viável para ambas as partes fazerem tais investimentos...[7]

Mas, mesmo que quisessem, as empresas não podem mais oferecer significativamente o mesmo tipo de segurança no emprego que era o seu lado na barganha. Uma das razões é a hipercompetição que elas próprias criaram. De qualquer forma, a segurança dificilmente poderia sobreviver em um mundo instável, no qual a vantagem competitiva de um período se torna desvantagem em outro...

Ao mesmo tempo, um regime de contratação e demissão em livre mercado não é alternativa, como muitas empresas acabaram reconhecendo. Paradoxalmente, as mesmas forças de competição feroz e a mudança turbulenta que tornaram impossível a segurança no emprego também aumentaram a necessidade de confiança e trabalho em equipe. Isso não pode ser promovido em um ambiente sem afeição, de oportunismo recíproco e contratação esporádica. Ao contrário, empresas como a Intel e a 3M intuíram que criação de valor demanda algo muito mais inspirador do que interesses individuais, uma comunidade de objetivo na qual as pessoas possam compartilhar recursos, incluindo conhecimento, sem saber precisamente como serão beneficiadas, mas confiantes no ganho coletivo. Em outras palavras, a inovação depende de a empresa agir como uma instituição social e econômica, na qual as pessoas se comportem adequadamente.

Essa exigência está incorporada em um novo contrato moral com os funcionários para ancorar um contrato similar com a sociedade. No novo contrato, os funcionários assumem a responsabilidade pela competitividade, tanto deles próprios como da parte da empresa à qual pertencem. Em troca, a empresa oferece não a dependência da segurança no emprego, mas a independência da empregabilidade – uma garantia de que eles tenham educação e desenvolvimento contínuos. Welch, da GE, diz: "O novo contrato psicológico... é que os empregos na GE são os melhores do mundo para pessoas que desejam competir. Temos o melhor em recursos de treinamento e desenvolvimento e um ambiente comprometido com a geração de oportunidade para o crescimento pessoal e profissional."...

Poucas empresas levam seu comprometimento com a empregabilidade das pessoas mais a sério do que a Motorola. Em um contexto de descentralização radical de recursos e decisões para o nível divisional, a educação dos funcionários é uma atividade que a Motorola administra em nível corporativo, por meio da ampla e bem-estruturada Motorola University, que tem filiais em todo o mundo. Cada funcionário, incluindo o presidente, tem que de-

---

[7] Esse é um argumento básico da teoria de mercados internos de mão-de-obra. Ver P. B. Doeringer e M. J. Piore, *Internal Labor Markets and Manpower Analysis* (Lexington, MA: D.C. Heath, 1971).

dicar um mínimo de 40 horas para fazer cursos a cada ano. Os cursos abrangem uma ampla variedade de tópicos – desde cobertura de primeira linha das novas tecnologias até tópicos e questões gerais amplos, de forma a permitir que os funcionários da Motorola em todo o mundo atualizem conhecimento e habilidades nas áreas escolhidas. É esse comprometimento com a agregação de valor para as pessoas que permitiu à Motorola lançar e implementar sua iniciativa de qualidade total "Seis Sigmas", muito imitada. Ao mesmo tempo, a reputação da Motorola University está se tornando cada vez mais uma fonte de vantagem competitiva no recrutamento e manutenção dos melhores formandos das melhores escolas em todos os países nos quais a empresa opera.

Mais recentemente, a Motorola aumentou seu comprometimento com a empregabilidade ao lançar o programa "Direito à Dignidade Individual" (ou DDI). O programa exige que todos os supervisores discutam, em bases trimestrais, seis questões com todos aqueles a quem eles supervisionam. Uma resposta negativa de qualquer funcionário a uma das questões é tratada como uma falha de qualidade, a ser reparada de acordo com os princípios da administração com qualidade total. Contudo, mesmo a Motorola, uma empresa que investiu mais em seu pessoal do que a maioria e que há muito tempo é adepta da empregabilidade, ficou surpresa ao saber que algumas de suas unidades reportaram um índice de falhas superior a 70% quando o programa DDI foi implementado. A partir de 1995, a empresa começou a lidar com os pontos negativos sistematicamente, identificando e eliminando as causas pela raiz. Esse é o lado difícil do novo contrato moral pela ótica gerencial – o comprometimento em ajudar as pessoas a serem o melhor possível – que contrabalança as novas demandas para as pessoas, criadas pelo contrato "empregabilidade para competitividade".

O QUE O NOVO CONTRATO NÃO É

É importante enfatizar que esse novo contrato moral não é um novo *slogan* enganoso que libera os gerentes de um senso de responsabilidade para proteger o emprego de seus funcionários. Na Intel, Andy Grove pôde fazer o tipo de exigências que fez porque suas próprias ações passadas tinham estabelecido, sem deixar qualquer dúvida, o quanto ele estava disposto a proteger os interesses de seus funcionários. Durante o banho de sangue dos produtos de memória no início dos anos 80, quando todas as outras empresas de semicondutores nos Estados Unidos imediatamente demitiram muitas pessoas, Grove adotou a regra de 90%; todo mundo, desde o presidente, aceitou uma redução de 10% no salário para evitar demissões. Depois, para atravessar esse período ruim sem perder pessoas que vinha educando há anos, Grove vendeu 20% da empresa para a IBM por US$ 350 milhões em dinheiro. Quando as pressões de custo continuaram a crescer, ele implementou a regra de 125%, solicitando a todos que trabalhassem dez horas extras por semana sem qualquer

acréscimo no salário, novamente para evitar demissões. Somente depois que todos esses esforços se mostraram insuficientes foi que ele finalmente encerrou algumas operações, com as conseqüentes demissões. Esse tipo de comprometimento comprovado com as pessoas torna um contrato baseado em empregabilidade digno de crédito, e suas árduas exigências em relação às pessoas, aceitáveis...

...o contrato baseado em empregabilidade não é um tipo de programa que pode ser instalado pelo departamento de RH de uma empresa. Ao contrário, deve ser inculcado como uma filosofia muito diferente – exigindo que a gerência em todos os níveis trabalhe muito, em bases contínuas, para criar um ambiente de trabalho empolgante e revigorante, um lugar de muito orgulho e satisfação, que vincule as pessoas à organização de forma mais firme do que qualquer vínculo de dependência que a segurança no emprego poderia criar. A combinação de contrato moral baseado em empregabilidade e uma gerência comprometida com a delegação de poder gera, como conseqüência, uma relação durável e mutuamente satisfatória entre o indivíduo e a organização, abandonada pelo contrato de trabalho tradicional. Mas, ao construir a nova relação empresa-empregado em uma plataforma de agregação de valor mútua e escolha contínua, e não em uma de aceitação autodegradante de dependência de mão única, o novo contrato não é apenas funcional. Também é moral...

UM MANIFESTO PARA RECLAMAR A LEGITIMIDADE GERENCIAL

As instituições declinam quando perdem sua fonte de legitimidade. Isso aconteceu com a monarquia, com a religião organizada e com o estado. Também vai acontecer com as empresas a não ser que os gerentes concordem com as mesmas prioridades da tarefa coletiva de reconstruir a credibilidade e a legitimidade de suas instituições como fazem com a tarefa individual de melhorar o desempenho econômico de suas empresas.

As idéias são importantes. Em uma disciplina prática como a administração, a influência normativa de idéias pode ser poderosa, pois elas podem se manifestar como unicamente benéficas ou unicamente perigosas. A má teoria e um vácuo filosófico levaram os gerentes a subverter sua própria prática, prendendo-os em um círculo vicioso. Mas há uma escolha. A administração pode continuar seu caminho bastante gasto para a ilegitimidade ou começar a planejar um novo curso ao conceber um objetivo mais alto. Quando a solução de um problema recorrente é sempre "tente com mais afinco", normalmente há algo errado com os termos, não com a execução. Libere-se das garras da tenaz. Jogue fora o velho paradigma enquanto você ainda pode, antes que a lacuna crescente entre o poder econômico das empresas e sua legitimidade social prove estar certa. Assuma a responsabilidade antes que a gerência receba a culpa por impedir o potencial de crescimento das pessoas, das empresas e da sociedade.

Seção III

Contextos

Capítulo 13
Administrando Empresas Iniciantes

O texto deste livro divide-se de fato em duas partes básicas, embora haja três seções. A primeira parte, englobando os Capítulos de 1 a 12 e as Seções I e II, apresenta uma variedade de conceitos importantes de organizações – estratégia, estrategista, processo, organização, valores, etc. A segunda, que começa aqui com a Seção III e o Capítulo 13, considera como esses conceitos são combinados para formar os principais contextos das organizações. Na verdade, um contexto é um tipo de situação na qual podemos encontrar determinadas estratégias, estruturas e processos.

Tradicionalmente, os livros de política e estratégia são divididos em duas partes bem diferentes – a primeira sobre formulação da estratégia e a segunda sobre sua implementação (incluindo discussões sobre estrutura, sistemas, cultura, etc.). Como alguns textos do Capítulo 5 já deixaram claro, acreditamos que essa é sempre uma dicotomia falsa: em muitas situações (ou seja, contextos), formulação e implementação podem estar tão interligadas que não faz sentido separá-las. Escrever um livro baseado em uma dicotomia questionável também não faz sentido para nós, de forma que preferimos apresentar primeiro todos os conceitos relacionados ao processo de estratégia e depois considerar as várias formas nas quais eles podem interagir em situações específicas.

Não há uma "maneira melhor" para administrar o processo de estratégia. Porém, a noção de que há várias "boas maneiras" possíveis – vários contextos apropriados à gestão estratégica – foi desenvolvida inicialmente no texto de Mintzberg, no Capítulo 8. Na verdade, as configurações de organização dele atuam como base para determinar o conjunto de contextos que incluímos aqui, conforme segue.

Começamos o Capítulo 13 com o que parece ser o contexto mais simples, que certamente é muito divulgado na América do Norte desde que Horatio Alger entrou no ramo empresarial – o das empresas *iniciantes*. Aqui, um único líder se encarrega pessoalmente de uma situação altamente dinâmica, como em uma nova empresa ou em uma empresa pequena operando em um mercado crescente, ou mesmo, algumas vezes, em uma grande organização passando por transformações.

Depois consideramos, no Capítulo 14, um contexto contrastante que sempre domina as grandes empresas e também grandes governos. Rotulamos isso de contexto *maduro*, embora ele também possa ser chamado de contexto estável ou contexto de produção em massa ou serviço em massa. Aqui, estruturas muito formais combinam-se com os processos estratégicos, que são bastante analíticos.

Nossos terceiro e quarto contextos são aqueles das organizações altamente dependentes de especialistas e peritos. Esses contextos são chamados de *peritos* quando o ambiente é estável e de *inovação* quando o ambiente é dinâmico. Aqui a responsabilidade pela criação de estratégia tende a se espalhar por toda a organização, algumas vezes se alojando na parte mais baixa da hierarquia. O processo estratégico tende a se tornar bastante emergente em sua natureza.

Quinto, consideramos o contexto da organização *diversificada*, que se tornou cada vez mais importante na medida em que ondas de fusões varreram diversas economias ocidentais. Como as estratégias de produto-mercado são diversificadas, as estruturas tendem a ser divisionalizadas e o foco da estratégia muda para dois níveis: o nível corporativo ou de portfólio e o nível divisional ou empresarial.

No capítulo de cada contexto, nossa intenção é incluir material que descreva todos os conceitos básicos à medida que eles tomam forma naquele contexto. Desejamos descrever a forma de organização e liderança estratégica encontrada lá, a natureza do processo de criação da estratégia, incluindo suas formas favoritas de análise estratégica e seus tipos mais apropriados de estratégias (genérica e outras), e as questões sociais que a cercam. Infelizmente, textos apropriados em todos esses aspectos não estão disponíveis – em parte, ainda não sabemos tudo que deveríamos sobre cada contexto.

Antes de começar, devemos alertá-lo sobre o perigo de concentrar essa discussão em contextos como esses: pode fazer o mundo das organizações parecer mais oportuno e ordenado do que de fato é. Muitas organizações certamente parecem se ajustar a um contexto ou outro, como deixarão claro diversos exemplos. Mas nenhuma se ajustará perfeitamente – o mundo tem muitas nuances para isso. E também há organizações que não se ajustam a nenhum contexto. Acreditamos, e incluímos argumentos no capítulo de conclusão desta seção, que, na verdade, o conjunto completo de contextos forma uma estrutura por meio da qual podemos entender melhor todos os tipos de organizações. Mas até chegarmos a isso, você deve ter em mente que grande parte desse material representa uma caricatura da realidade da mesma forma que a espelha.

Evidentemente, essas caricaturas são uma parte necessária do aprendizado formal e da ação. Gerentes, por exemplo, nunca conseguiriam que nada fosse feito se não usassem estruturas simplificadas para compreender suas experiências, a fim de agir com base nelas. Como argumentaram Miller e Mintzberg, em um trabalho chamado "O caso para configuração", os gerentes são atraídos para um determinado contexto bem-definido porque isso lhes permite atingir certa consistência e coerência no planejamento de sua organização, facilitando assim seu desempenho efetivo. Cada contexto, como você verá, tem sua própria lógica – sua própria maneira integrada de lidar com sua parte do mundo – que torna as coisas mais administráveis.

Este capítulo da Seção III discute a administração de empresas iniciantes. Pelo menos em sua forma tradicional, isso engloba situações nas quais uma única pessoa, geralmente com uma visão clara e distinta de objetivo, dirige uma organização estruturada para ser o mais receptiva possível a seus desejos pessoais. Dessa forma, a criação de estratégia gira em torno de um único cérebro, não reprimida por forças de ímpeto burocrático.

Esse espírito empreendedor geralmente é encontrado em organizações jovens, especialmente aquelas em segmentos novos ou emergentes, nos quais a visão pode ser essencial devido aos longos períodos entre a concepção de uma idéia e seu sucesso comercial. Mas, em situações de crise, um tipo similar de liderança forte e visionária pode oferecer a melhor esperança para transformações bem-sucedidas. E também pode prosperar em segmentos altamente fragmentados, nos quais organizações pequenas e flexíveis podem se mover rapidamente para dentro e para fora de nichos de mercado especializado, superando assim as grandes burocracias.

O termo *empreendedorismo* também está associado à mudança e inovação dentro de organizações maiores, mais burocráticas – algumas vezes sob o rótulo de *intra-empreendimento*. Nessas situações, normalmente não é o chefe, mas sim alguém em algum canto da organização – o defensor de alguma tecnologia ou questão estratégica – que assume o papel empreendedor. Acreditamos, porém, por razões que se tornarão evidentes, que o intra-empreendimento se ajusta melhor em nosso capítulo sobre o contexto de inovação.

Para descrever a estrutura que parece estar mais logicamente associada a empresas iniciantes e empreendedorismo em geral, começamos com material sobre a forma empreendedora de organização do livro de Mintzberg, *The Structuring of Organizations* ("A estruturação das organizações"). Em combinação com isso há uma discussão sobre criação de estratégia no contexto empreendedor, especialmente em relação à visão estratégica, baseada em uma pesquisa feita na McGill University. Por um lado, estratégias de liderança visionária foram estudadas por meio de biografias e autobiografias; por outro lado, as estratégias das empresas empreendedoras foram acompanhadas durante décadas de sua história.

Depois, para investigar a situação externa que parece estar mais comumente (embora não exclusivamente) associada a esse contexto, apresentamos extratos de um capítulo sobre segmentos emergentes do livro *Competitive Strategy*, de Michael Porter.

O texto final deste capítulo, de Amar Bhide, da Harvard Business School, fala sobre a maneira como os empreendedores criam suas estratégias, com base em uma pesquisa feita por ele e seus associados. Os empreendedores selecionam cuidadosamente, mas também são cuidadosos para não ser muito analíticos (lembre-se dos artistas *versus* os tecnocratas de Pitcher no Capítulo 2), e mantêm sua capacidade de manobrar e de "agir". A ação deve ser integrada com análise.

Usando os Estudos de Caso

O caso Robin Hood lida com uma empresa iniciante, embora não no sentido usual do termo. O conselho de Bhide para as empresas iniciantes empreendedoras teria sido surpreendentemente útil para Robin, assim como para muitos empreendedores convencionais.

Leitura 13.1
A Organização Empreendedora[1]
por Henry Mintzberg

Considere uma concessionária de automóveis com um proprietário brilhante, um novo departamento governamental, uma corporação, ou mesmo uma nação administrada por um líder autocrático ou um sistema escolar em um estado de crise. Em muitos aspectos, essas organizações são amplamente diferentes. Mas evidências sugerem que elas compartilham algumas características básicas. Elas têm a configuração que podemos chamar de *organização empreendedora*.

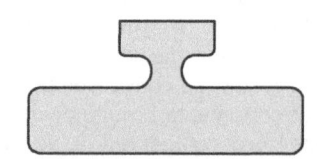

---
[1] Adaptado de *The Structuring of Organizations* (Prentice Hall, 1979, Cap. 17 em "The Simple Structure"), *Power In and Around Organizations* (Prentice Hall, 1983, cap. 20 em "The Autocracy"), e do material sobre formação de estratégia de "Visionary Leadership and Strategic Management", *Strategic Management Journal* (1989), em co-autoria com Frances Westley; ver também "Tracking Strategy in an Entrepreneurial Firm", *Academy of Management Journal* (1982), e "Researching the Formation of Strategies: the History of a Canadian Lady, 1939-1976", em R. B. Lamb, ed. *Competitive Strategic Management* (Prentice Hall, 1984), os dois últimos em co-autoria com James A. Waters. Um capítulo similar a esse aparece em Mintzberg, *Management: Inside Our Strange World of Organizations* (Free Press, 1989).

A ESTRUTURA BÁSICA

A estrutura da organização empreendedora é sempre muito simples, caracterizada acima de tudo pelo que ela não é: elaborada. Como mostrado na figura de abertura, geralmente ela tem poucos ou nenhum funcionário, uma divisão de tarefas indefinida e uma pequena hierarquia gerencial. Poucas das suas atividades são formalizadas e ela faz uso mínimo de procedimentos de planejamento ou rotinas de treinamento. De certa forma, não é estruturada; em meu livro de "estruturação", chamei isso de *estrutura simples*.

O poder tende a concentrar-se no presidente, que exerce uma representação pessoal alta. Os controles formais são desencorajados como uma ameaça à flexibilidade do presidente. Ele conduz a organização simplesmente com a força da personalidade ou por intervenções mais diretas. Sob o olhar vigilante do líder, as políticas não podem surgir facilmente. Se pessoas de fora, como determinados clientes ou fornecedores, tentam exercer influência, tais líderes podem ou não levar as organizações a um nicho menos exposto no mercado.

Assim, não é incomum em pequenas organizações empreendedoras que todos se reportem ao presidente. Mesmo naquelas que não são tão pequenas, a comunicação flui informalmente, grande parte dela entre o presidente e os demais. Como comentou um grupo de alunos de MBA na McGill em seu estudo sobre um pequeno fabricante de bombas: "Não é incomum ver o presidente da empresa engajado em conversas casuais com um mecânico de máquinas. [Dessa forma ele é] informado sobre uma parada da máquina antes mesmo do supervisor da oficina."

A tomada de decisão também é flexível, com um sistema de poder altamente centralizado, que permite uma resposta rápida. A criação de estratégia é, evidentemente, responsabilidade do presidente, e o processo tende a ser altamente intuitivo, sempre orientado para a busca agressiva de oportunidades. Não é surpresa, portanto, que a estratégia resultante tenda a refletir a visão implícita de mundo do presidente, sempre uma extrapolação de sua própria personalidade.

Lidar com tumultos e inovação de maneira empreendedora talvez seja o aspecto mais importante do trabalho dos presidentes. Em contraste, os aspectos mais formais do trabalho gerencial – as tarefas de testa-de-ferro, por exemplo – recebem menos atenção, assim como a necessidade de disseminar informações e alocar recursos internamente, já que conhecimento e poder permanecem no topo.

CONDIÇÕES DA ORGANIZAÇÃO EMPREENDEDORA

Uma configuração empreendedora centrista é promovida por um contexto externo que é ao mesmo tempo simples e dinâmico. Os ambientes mais simples (digamos, varejo de alimentos em comparação com projeto de sistemas de computador) permitem que uma pessoa no topo detenha grande influência, embora seja um ambiente dinâmico que exige estrutura flexível, o que, por sua vez permite à organização superar as burocracias. Os líderes empreendedores são naturalmente atraídos por tais condições.

O caso clássico disso é, evidentemente, a empresa empreendedora na qual o líder é o proprietário. Os empreendedores sempre fundam suas empresas para escapar de procedimentos e controle burocráticos de onde eles trabalhavam anteriormente. No comando de suas próprias empresas, continuam a detestar as formas de burocracia e os analistas que a acompanham, de forma que mantêm suas organizações enxutas e flexíveis. A Figura 1 mostra o organograma da Steinberg's, uma cadeia de supermercados que vamos discutir em breve, durante seus anos mais classicamente empreendedores. Observe a identificação das pessoas

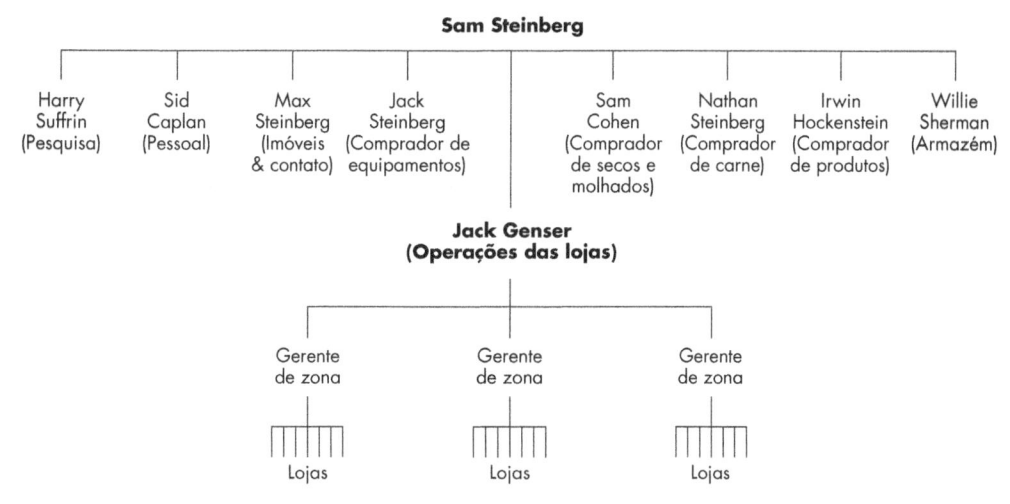

Figura 1 A organização da Steinberg's, uma empresa empreendedora (por volta de 1948).

em cima das posições, a simplicidade da estrutura (as vendas da empresa nessa época eram da ordem de US$ 27 milhões) e o foco no presidente (sem falar das conexões familiares óbvias).

As empresas empreendedoras são sempre jovens e agressivas, buscando continuamente mercados arriscados que podem espantar as maiores burocracias. Mas elas também são cuidadosas para evitar mercados complexos, preferindo permanecer em nichos que seus líderes possam compreender. Seu tamanho pequeno e suas estratégias focadas lhes permitem manter suas estruturas simples, de forma que os líderes possam manter controle firme e flexibilidade de manobra. Além disso, empreendedores são sempre visionários, algumas vezes, também carismáticos ou autocráticos (algumas vezes, as duas coisas, em seqüência!). Evidentemente, nem todos os "empreendedores" são tão agressivos ou visionários; muitos se estabelecem para adotar estratégias comuns em pequenos nichos geográficos. Rotuladas como *produtores locais*, essas empresas podem incluir o restaurante da esquina, a padaria do bairro, a cadeia de supermercados regional.

Mas uma organização não precisa ser propriedade de um empreendedor, não precisa sequer operar no setor lucrativo para adotar a configuração que chamamos de empreendedora. Na verdade, a maioria das novas organizações parece adotar essa configuração, seja qual for seu setor, porque geralmente precisa contar com liderança personalizada para se manter em movimento – para estabelecer sua direção básica, ou *visão estratégica*, para contratar seus primeiros funcionários e estabelecer seus procedimentos iniciais. Evidentemente, líderes fortes também são atraídos para novas organizações, nas quais podem colocar sua própria estampa nas coisas. Assim, podemos concluir que a maioria das organizações nas áreas empresarial, governamental e sem fins lucrativos passa pela configuração empreendedora em seus anos de formação, durante o período de *início*.

Além disso, embora novas organizações que crescem rapidamente ou exigem formas especializadas de experiência possam fazer uma transição relativamente rápida para outra configuração, muitas outras parecem permanecer mais ou menos na forma empreendedora desde que seus líderes fundadores permaneçam na empresa. Isso reflete o fato de que a estrutura em geral foi construída em torno das necessidades pessoais e sob orientação do líder, e as pessoas contratadas são leais a ele.

Esse último comentário sugere que as necessidades de poder pessoal de um líder podem também, por si mesmas, fazer surgir essa configuração em uma organização já existente. Quando um presidente acumula poder e evita ou destrói a formalização de atividade, como uma violação a seu direito de administrar por decreto, então uma forma autocrática de organização empreendedora tende a aparecer. Isso pode ser visto no culto à personalidade do líder, tanto no setor empresarial (os últimos dias de Henry Ford) como no governo (a liderança de Stalin na União Soviética). O carisma pode ter um efeito similar, embora tenha conseqüências diferentes, quando o líder ganha poder pessoal não porque o acumule, mas sim porque os seguidores lhe dão esse poder.

A configuração empreendedora também tende a surgir em qualquer outro tipo de organização que enfrente uma crise severa. Prensada contra a parede, com sua sobrevivência em jogo, uma organização geralmente vai voltar-se para um líder forte em busca de salvação. Assim, a estrutura torna-se efetivamente (se não formalmente) simples, e o poder normal dos grupos existentes – seja de analistas, gerentes de linha, operadores profissionais, etc., com suas formas talvez mais padronizadas de controle – é suspenso para permitir que o presidente imponha uma nova visão integrada por meio de seu controle personalizado. O líder pode cortar custos e despesas em uma tentativa de pôr em prática o que é conhecido na literatura de gestão estratégica como *transformação operacional*, ou ainda reconceber a orientação de produtos e serviços básicos para atingir uma *transformação estratégica*. Evidentemente, uma vez que essa transformação seja feita, a organização pode reverter para suas operações tradicionais e, em troca, dispensar seu líder empreendedor, agora visto como um impedimento para seu funcionamento tranqüilo.

FORMAÇÃO DE ESTRATÉGIA NA ORGANIZAÇÃO EMPREENDEDORA

Como a estratégia se desenvolve na organização empreendedora? E que papel desempenha aquele misterioso conceito conhecido como "visão estratégica"? Sabemos algo sobre o modo empreendedor de fazer estratégia, mas pouco sobre a visão estratégica em si, pois ela está dentro da cabeça das pessoas. Mas alguns estudos que fizemos na McGill trouxeram alguma luz a essas duas questões. Vamos considerar primeiro a visão estratégica.

LIDERANÇA VISIONÁRIA

Em um trabalho feito em co-autoria comigo, minha colega da McGill, Frances Westley, contrastou duas visões de liderança visionária. Uma ela comparou a uma agulha hipodérmica, na qual o ingrediente ativo (visão) é colocado em uma seringa (palavras) que é injetada nos funcionários para estimular todos os tipos de energia. Certamente há alguma verdade nisso, mas Frances prefere outra imagem, a do drama. Com base em um livro sobre teatro de Peter Brook (1968), o legendário diretor da Royal Shakespeare Company, ela concebeu visão estratégica como drama, ou seja, algo que se torna mágico naquele momento em que ficção e vida real se juntam. No drama, esse momento é resultado de "ensaios" sem fim, do "desempenho" em si e da "audiência" do público. Mas Brook prefere as palavras mais dinâmicas equivalentes em francês, todas com significado em inglês – "repetição", "representação" e "assistência". Frances também aplicou essas palavras à visão estratégica.

A "repetição" sugere que o sucesso vem de um conhecimento profundo do assunto em questão. Assim como Sir Laurence Olivier repetia seus textos vezes sem conta até que tivesse treinado os músculos de sua língua para dizê-los sem esforço (Brook, p. 154), o mesmo fez Lee Iacocca "crescer" na indústria automobilística, indo para a Chrysler depois da Ford porque os carros estavam "em seu sangue" (Iacocca, 1984: 141). A inspiração visionária não se origina na sorte, embora encontros casuais possam desempenhar um papel, mas sim na experiência sem fim em um determinado contexto.

"A representação" significa não apenas representar, mas também fazer o passado viver novamente, dando a ele imediação, vitalidade. Para o estrategista, isso é visão articulada, em palavras e ações. O que diferencia os líderes visionários é sua profunda aptidão com a linguagem, geralmente de forma simbólica, como metáforas. Eles não apenas "vêem" as coisas de uma nova perspectiva como também fazem com que os outros as vejam.

Edwin Land, que construiu uma grande empresa a partir da câmara Polaroid que inventou, escreveu sobre a obrigação do "inventor de criar um novo padrão para o antigo na estrutura da sociedade" (1975: 50). Ele próprio descreveu a fotografia como algo que ajudava "a focar alguns aspectos da [sua] vida"; quando você olha no visor, "não é apenas a câmara que você está focando, está focando a si próprio... quando você toca o botão, o que está dentro de você aparece. É a forma mais básica de criatividade. Uma parte de você agora é permanente." (*Time*, 1972:84). Palavras sublimes para 50 turistas dentro de um ônibus que querem registrar alguma cena, mas uma imagem poderosa para alguém tentando construir uma organização para promover uma nova câmara. Steve Jobs, visionário (por um período) em sua promoção, se não invenção, do computador pessoal, colocou um grande piano e um BMW no vestíbulo principal da Apple alegando que "acredito que as pessoas têm grandes idéias ao ver grandes produtos" (em Wise, 1984: 146).

A "assistência" significa que o público do drama, seja no teatro ou na organização, dá tanto poder ao ator como o ator dá ao público. Os líderes tornam-se visionários porque apelam poderosamente para clientes específicos em períodos específicos de tempo. Essa é a razão pela qual líderes, uma vez percebidos como visionários, podem cair em desgraça tão drasticamente – um Steve Jobs, um Winston Churchill. Ou, para pegar um exemplo ainda mais drástico, aqui está a forma como Albert Speer, chegando cético, reagiu à primeira palestra que ouviu de seu futuro líder: "Hitler não parecia mais estar falando para convencer; ao contrário, ele parecia sentir que estava passando por aquilo que o público, agora transformado em massa única, esperava dele" (1970: 16).

Evidentemente, administração não é teatro; o líder que se torna um ator de palco, desempenhando um papel que não vive, está destinado a cair em desgraça. É integridade – um sentimento genuíno por trás do que o líder diz e faz – que torna a liderança verdadeiramente visionária, e é o que torna impossível a transição de tal liderança para qualquer fórmula.

Essa liderança visionária é estilo e estratégia juntos. É drama, mas não o desempenho de um papel. O visionário estratégico é nascido e criado, o produto de um momento histórico. Brook encerra seu livro com a seguinte citação:

> Na vida diária, "se" é uma ficção; no teatro, "se" é um experimento.
> Na vida diária, "se" é uma evasão; no teatro, "se" é a verdade.
> Quando somos persuadidos a acreditar nessa verdade, então teatro e vida se tornam um só.
> Esse é um objetivo alto. Parece trabalhoso.
> Representar exige muito trabalho. Mas quando experimentamos o trabalho como uma peça, então não é mais trabalho. Uma peça é brincadeira. (p. 157).

Na organização empreendedora, na melhor das hipóteses, "teatro", ou seja, visão estratégica, e "vida", ou seja, organização, tornam-se uma coisa só. Dessa forma a liderança cria drama; transforma trabalho em lazer.

Agora vamos considerar o método empreendedor de formação de estratégia em termos de dois estudos específicos que fizemos, um com uma cadeia de supermercados e outro com um fabricante de roupas íntimas femininas.

O MÉTODO EMPREENDEDOR PARA FORMAÇÃO DE ESTRATÉGIA EM UMA CADEIA DE SUPERMERCADO

A Steinberg's é uma cadeia de varejo canadense que começou com uma pequena loja de alimentos em Montreal, em 1917, e cresceu até atingir vendas no âmbito de um bilhão de dólares durante o reinado de quase 60 anos de seu líder. A maior parte desse crescimento veio das operações de supermercado. De várias formas, Steinberg's se ajusta muito bem ao modelo empreendedor. Sam Steinberg, que começou a trabalhar com a mãe na primeira loja aos 11 anos e tomou pessoalmente a decisão rápida de expandi-la dois anos depois, manteve um controle formal completo da empresa (incluindo todas as ações com direito a voto) até o dia de sua morte, em 1978. Ele também exerceu um controle gerencial rígido sobre todas as principais decisões, pelo menos até que a empresa começou a diversificar, após 1960, primariamente para outras formas de varejo.

Era popular descrever a "jogada corajosa" do empreendedor (Cole, 1959). Na Steinberg's vimos apenas duas grandes reorientações de estratégia em 60 anos, a mudança para o auto-serviço nos anos 30 e a entrada em *shopping centers* nos anos 50. Mas a jogada não foi tão corajosa quando foi testada. A história da mudança para auto-serviço é um indicativo. Em 1933, uma das oito lojas da empresa "fechou mal", nas palavras do presidente, incorrendo em perdas "inaceitáveis" (US$ 125 por semana). Sam Steinberg fechou a loja em uma sexta-feira à noite, converteu-a em auto-serviço, mudou o nome de "Steinberg's Service Stores" para "Wholesale Groceteria", reduziu os preços de 15% a 20%, imprimiu folhetos, colocou-os nas caixas de correio das casas da vizinhança e reabriu na segunda-feira de manhã. Isso é mudança estratégica! Assim que essas mudanças provaram ser bem-sucedidas, ele converteu as outras lojas. Então, nas palavras dele, "crescemos muito".

Essa história nos fala algo sobre a jogada corajosa do empreendedor – "coragem controlada" é uma expressão melhor. As idéias eram corajosas, e a execução, cuidadosa. Sam Steinberg poderia simplesmente ter fechado a loja que não dava lucro. Em vez disso, usou-a para criar uma nova visão, mas testou essa visão, embora ambiciosamente, antes de adotá-la. Observe a interação de problemas e oportunidades. Steinberg pegou o que a maioria dos empresários consideraria um *problema* (como reduzir perdas em uma loja) e, ao tratar isso como uma *crise* (o que está errado em nossa operação *geral* que resulta nessas perdas), transformou em uma *oportunidade* (podemos crescer mais efetivamente com um novo conceito de varejo). Era assim que ele conseguia energia por trás das ações e se mantinha à frente de seus concorrentes. Ele encontrou uma "excelente solução" para seu problema e assim recriou sua empresa, uma característica de algumas das mais efetivas formas de espírito empreendedor.

Mas, absolutamente central para essa forma de espírito empreendedor é um conhecimento íntimo e detalhado da empresa ou de situações análogas, a "repetição" discutida anteriormente. O líder como "planejador" estratégico convencional – o chamado arquiteto da estratégia – senta-se em um pedestal e recebe dados agregados que usa para "formular" estratégias que são "implementadas" por outras pessoas. Mas a história da Steinberg's não corresponde a essa imagem. Ela sugere que visão estratégica clara, imaginativa e integrada depende do envolvimento com detalhes, de um conhecimento íntimo de coisas específicas. E, ao controlar pessoalmente a "implementação", o líder pode reformular durante o curso, para adaptar a visão resultante por meio de seu próprio processo de aprendizado. Essa é a razão pela qual Steinberg testou suas novas idéias em uma loja primeiro. E essa é a razão pela qual, ao discutir a vantagem competitiva da empresa, ele nos disse: "Ninguém conhece o varejo de alimentos como nós. Tudo está relacionado ao seu conhecimento". Ele acrescentou: "Eu conhecia os produtos, conhecia os custos. Eu sabia vender, conhecia os clientes. Sabia tudo... e passei adiante todo o meu conhecimento; continuo ensinando meu pessoal. Essa é a vantagem que temos. Eles não podem nos tocar."

Tal conhecimento pode ser incrivelmente eficaz quando concentrado na pessoa responsável pela organização (não tendo que convencer outras pessoas, nenhum subordinado, nenhum superior em algum escritório distante, nenhum analista de mercado buscando pronunciamentos superficiais) e que mantém um comprometimento forte e de longo prazo com a organização. Desde que a empresa seja simples e focada o suficiente para ser compreendida por um único cérebro, o método empreendedor é poderoso, na verdade, sem precedentes. Nada mais pode garantir uma visão tão clara e completa, ao mesmo tempo em que permite flexibilidade para elaborar e mudar a visão quando necessário. A concepção de uma nova estratégia é um exercício em síntese, normalmente melhor executado em um único cérebro informado. Essa é a razão pela qual o método empreendedor está no centro dos mais gloriosos sucessos corporativos.

Mas em sua força está a fraqueza do espírito empreendedor. Tenha em mente que estratégia para o líder empreendedor não é um plano ou um documento formal e detalhado. É uma visão pessoal, um conceito de negócios, preso em um único cérebro. Pode ser necessário "representá-la" em palavras ou metáforas, mas ela deve permanecer geral se o líder quiser manter a riqueza e a flexibilidade de seu conceito. Mas o sucesso desenvolve uma grande organização, financiamento público e necessidade de planejamento formal. A visão deve ser articulada para conduzir os outros e conquistar seu apoio, e isso ameaça a natureza pessoal da visão. No limite, como veremos mais tarde no caso da Steinberg's, o líder pode ser capturado por seu próprio sucesso.

Além disso, na Steinberg's, quando o sucesso nos negócios tradicionais encorajou a diversificação para outros negócios (novas regiões, novas formas de varejo, novos segmentos), a organização moveu-se para além do domínio da compreensão pessoal de seu líder, e o modo empreendedor de formação de estratégia perdeu sua viabilidade. A criação de estratégia tornou-se mais descentralizada, mais analítica, de alguma forma mais cuidadosa, mas ao mesmo tempo menos visionária, menos integrada, menos flexível e, ironicamente, menos deliberada.

Concebendo uma Nova Visão em uma Confecção

A genialidade de um empreendedor como Sam Steinberg foi sua capacidade de adotar uma visão (auto-serviço e tudo que ele acarretava) fielmente durante décadas e, depois, com base em um sinal fraco do ambiente (a construção do primeiro pequeno *shopping center* em Montreal), perceber a necessidade de mudar essa visão. A literatura de planejamento dá grande importância à previsão de tais descontinuidades, mas que eu saiba não existem técnicas formais para fazer isso de forma efetiva (apesar das alegações sobre "análise de cenário"). A capacidade de perceber uma mudança súbita em um padrão estabelecido e então conceber uma nova visão para lidar com essa mudança parece permanecer em grande parte no domínio da intuição informada, geralmente, o escopo de um líder sensato, experiente e enérgico. Novamente, a literatura não fala muito sobre o assunto. Mas outro de nossos estudos, também relacionado a espírito empreendedor, revelou alguns aspectos desse processo

A Canadelle produz roupas íntimas femininas, principalmente sutiãs. É uma organização muito bem-sucedida, embora não na mesma escala da Steinberg's. As coisas estavam indo bem para a empresa no final dos anos 60 sob a liderança pessoal de Larry Nadler, filho de seu fundador, quando subitamente tudo mudou. Um tipo de revolução sexual foi acompanhado de manifestações sociais mais amplas, e a queima de sutiãs foi um símbolo da resistência. Para um fabricante de sutiãs a ameaça era óbvia. Para muitas outras mulheres, a minissaia passara a dominar o cenário da moda, tornando obsoleta a cinta-liga e dando destaque às calcinhas. Como disseram os executivos da Canadelle, "as nádegas abandonaram a cinta-liga". Todo o ambiente – antes tão receptivo às estratégias da empresa – parecia ter se transformado.

Na época, uma empresa francesa entrou no mercado de Quebec com uma peça moldada leve e *sexy*, chamada "Huit", usando o *slogan* "é como se você não estivesse usando sutiã". O seu mercado-alvo eram as jovens de 15 a 20 anos. Embora o produto fosse caro quando chegou em Quebec e não se ajustasse bem na opinião de Nadler, vendia bem. Nadler voou para a França em uma tentativa de licenciar o produto para fabricá-lo no Canadá. A empresa francesa recusou, mas, nas palavras de Nadler, o que ele aprendeu "naquela uma hora nos escritórios deles valeu a viagem". Ele percebeu que o que as mulheres queriam era uma aparência mais natural, não sem sutiã, mas com um sutiã mais discreto. Outra viagem logo depois, visitando uma empresa norte-americana, convenceu-o da importância da segmentação de mercado por idade e estilo de vida. Isso o levou a perceber que a empresa tinha dois mercados, um para as clientes mais maduras, para quem o sutiã era um cosmético para parecer e sentir-se mais atraente, e outro para as clientes mais jovens, que queriam parecer e sentir-se mais natural.

Esses dois fatos resultaram em uma grande mudança na visão estratégica. O CEO a descreveu como súbita, a confluência de diferentes idéias para criar um novo modelo mental. Nas palavras dele, "de repente a idéia se formou". A Canadelle reconfirmou seu comprometimento com o setor de sutiãs, tentando conseguir uma maior participação de mercado no momento em que seus concorrentes estavam recuando. Lançou uma nova linha de sutiãs mais naturais para as clientes mais jovens, para a qual a empresa teve que descobrir uma nova tecnologia de moldagem e também um novo método de promoção.

Podemos nos basear no modelo de três estágios de Kurt Lewin (1951) de descongelar, mudar e recongelar para explicar tal mudança de padrão na visão. O processo de *descongelar* é essencialmente o de superar os mecanismos de defesa natural, o "modelo mental" estabelecido de como um segmento deve operar, de perceber que as coisas mudaram fundamentalmente. As velhas suposições não valem mais. Gerentes eficazes, especialmente gerentes estratégicos eficazes, devem examinar seus ambientes continuamente procurando por tais mudanças. Mas fazer isso continuamente, ou pior, tentar usar uma técnica para fazê-lo, pode ter exatamente o efeito oposto. Assim, deve-se dedicar mais atenção ao monitoramento estratégico quando nada importante está acontecendo do que quando está, pois uma mudança pode até não ser notada. O truque, evidentemente, é escolher as descontinuidades que interessam e, como observado anteriormente, as que parecem estar mais relacionadas à intuição informada do que qualquer outra coisa.

O segundo passo no descongelamento é a disposição de entrar no vácuo, por assim dizer, para que um líder recolha suas noções convencionais de como uma empresa deve funcionar. O líder deve, acima de tudo, evitar fechamentos prematuros – apegando-se a novas crenças antes que elas sinalizem o que realmente significam. Isso exige um tipo especial de gestão, capaz de conviver com uma boa dose de incerteza e desconforto. "Há um período de confusão", Nadler nos disse, "você adia tudo... começa a procurar padrões... torna-se um caçador de informações, procurando [explicações] em todos os lugares."

A *mudança* estratégica dessa magnitude parece exigir uma mudança de atitude antes que uma nova estratégia possa ser concebida. E o pensamento é fundamentalmente conceitual e indutivo, provavelmente estimulado (como nesse caso) por apenas uma ou duas idéias principais. O bombardeio contínuo de fatos, opiniões, problemas, etc. pode preparar a mente para a mudança, mas é a *idéia* súbita que tende a conduzir a síntese – reunir todos os elementos disparatados em um único lampejo do tipo "heureca".

Uma vez que a mente do estrategista esteja pronta, assumindo que ele tenha entendido corretamente a nova situação e não a tenha encerrado prematuramente, então o processo de recongelamento tem início. Aqui o objetivo não é entender a situação, pelo menos não em um sentido global, mas na verdade bloqueá-la. É hora de descobrir as conseqüências da nova visão estratégica.

Alega-se que a obsessão é um ingrediente que faz parte das organizações efetivas (Peters, 1980). Concordamos apenas para o período de recongelamento, quando a organização deve concentrar-se na busca de uma nova orientação – a nova atitude – com vigor total. Uma gerência que era aberta e divergente em seu pensamento deve agora tornar-se mais próxima e convergente. Mas isso significa que o período desconfortável de incerteza passou, e as pessoas podem agora dedicar-se à tarefa empolgante de fazer algo novo. Agora a organização sabe para onde vai; o objetivo do exercício é chegar lá usando as habilidades ao seu comando, muitas das quais formais e analíticas. Evidentemente, nem todos aceitam essa nova visão. Para aqueles presos às velhas estratégias, *esse* é o período de desconforto, e eles podem oferecer uma resistência considerável, forçando o líder a fazer maior uso de seu poder formal e habilidades políticas. Assim, o recongelamento da atitude do líder sempre envolve descongelamento, mudança e recongelamento da organização em si! Mas quando a estrutura é simples, como na organização empreendedora, o problema é relativamente pequeno.

LIDERANÇA TEM PRECEDÊNCIA NA CONFIGURAÇÃO EMPREENDEDORA

Para concluir, o espírito empreendedor está muito ligado à criação de visão estratégica, normalmente com a obtenção de um novo conceito. As estratégias podem ser caracterizadas como amplamente deliberadas, já que residem nas intenções de um único líder. Mas sendo também amplamente pessoais, os detalhes dessas estratégias podem surgir à medida que elas se desenvolvem. Na verdade, a visão pode mudar também. O líder pode adaptar durante o curso, pode aprender, o que significa que novas visões também podem surgir, algumas vezes, como vimos, muito rapidamente.

Na organização empreendedora, como mostrado na Figura 2, o foco de atenção está no líder. A organização é maleável e receptiva às iniciativas das pessoas, enquanto o ambiente permanece benigno para a maior parte, como resultado de o líder ter escolhido (ou "decretado") o nicho correto para sua organização. O ambiente pode, evidentemente, sobressair-se ocasionalmente para desafiar a organização, e então o líder deve se adaptar, talvez buscando um nicho novo e mais apropriado no qual operar.

ALGUMAS QUESTÕES ASSOCIADAS COM A ORGANIZAÇÃO EMPREENDEDORA

Concluímos brevemente com algumas questões amplas associadas à organização empreendedora. Nessa configuração, as decisões relativas a estratégias e operações tendem a ser centralizadas no escritório do presidente. Essa centralização tem a importante vantagem de estabelecer a resposta estratégica em um conhecimento profundo das operações. Também permite flexibilidade e maleabilidade: apenas uma pessoa precisa agir. Mas esse mesmo executivo pode acabar tão emaranhado nos problemas operacionais que perde a estratégia de vista; alternativamente, ele pode tornar-se tão entusiasmado com as oportunidades estratégicas que as operações mais rotineiras podem ser abandonadas por falta de atenção e acabar derrubando toda a organização. As duas ocorrências são freqüentes em organizações empreendedoras.

Essa também é a mais arriscada das organizações, dependendo das atividades de uma pessoa. Um ataque cardíaco pode literalmente destruir os principais meios de coordenação da organização. Mesmo um líder posicionado pode ser arriscado. Quando uma mudança se torna necessária, tudo depende da resposta do chefe à mudança. Se ele resistir, o que não é incomum quando foi ele que desenvolveu a estratégia existente desde o início, então a organização pode não ter meios de se adaptar. Depois a grande força da organização empreendedora – a visão de seu líder mais sua capacidade de responder rapidamente – se torna sua principal obrigação.

Outra grande vantagem da organização empreendedora é seu senso de missão. Muitas pessoas gostam de trabalhar em uma organização pequena e intimista, na qual o líder – sempre carismático – sabe para onde está indo. Como resultado, a organização tende a crescer rapidamente, com grande entusiasmo. Os funcionários podem desenvolver uma sólida identificação com essa organização.

Mas outras pessoas acham essa configuração altamente restritiva. Como uma pessoa detém todo o poder, elas não se sentem como participantes de uma jornada empolgante, mas como gado conduzido ao mercado para benefício de outra pessoa. Na verdade, a ampliação das normas democráticas para a esfera das organizações deixou a organização empreendedora fora de moda em algumas partes da sociedade contemporânea. Ela foi descrita como paternalista e, algumas vezes, autocrática, e acusada de concentrar muito poder no topo. Certamente, sem poderes neutralizadores na organização o presidente pode facilmente abusar de sua autoridade.

Talvez a organização empreendedora seja um anacronismo em sociedades que se autodenominam democráticas. Contudo, tais organizações sempre existiram e sempre vão existir. Essa era provavelmente a única estrutura conhecida para aqueles que descobriram primeiro os benefícios de coordenar suas atividades de alguma maneira formal. E ela provavelmente alcançou seu auge na era dos grandes monopólios norte-americanos no final do século XIX, quando empreendedores poderosos controlavam pessoalmente impérios gigantescos. Desde então, pelo menos na sociedade ocidental, a organização empreendedora tem estado em declínio. Entretanto, permanece como uma configuração predominante e importante, e continuará a sê-lo desde que a sociedade enfrente as condições exigidas: a recompensa da iniciativa empreendedora e o conseqüente encorajamento de novas organizações, a necessidade de organizações pequenas e informais em algumas esferas e de liderança personalizada forte apesar do tamanho maior em outras, e a necessidade de provocar uma transformação periodicamente em organizações problemáticas de todos os tipos.

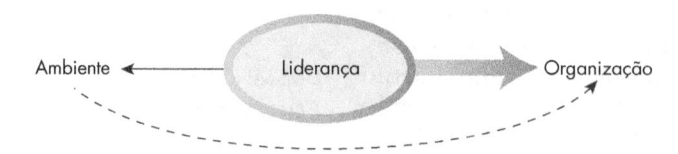

Figura 2 Liderança tem precedência na organização empreendedora.

LEITURA 13.2
ESTRATÉGIA COMPETITIVA EM INDÚSTRIAS EMERGENTES[2]
por Michael E. Porter

As indústrias emergentes são setores recém-formados ou reformados, criados por inovações tecnológicas, mudanças nas relações de custo relativo, surgimento de novas necessidades do consumidor ou outras mudanças econômicas e sociológicas que elevam um novo produto ou serviço ao nível de uma oportunidade de negócios potencialmente viável.

A característica essencial de uma indústria emergente, do ponto de vista da formulação de estratégia, é que não há regras no jogo. O problema competitivo em um setor emergente é que todas as regras devem ser estabelecidas de forma que a empresa possa lidar e prosperar com elas.

O AMBIENTE ESTRUTURAL

Embora setores emergentes possam ser muito diferentes em suas estruturas, há alguns fatores estruturais comuns que parecem caracterizar muitas indústrias nesse estágio de desenvolvimento. A maioria deles diz respeito à ausência de bases estabelecidas para competição ou outras regras do jogo ou ao pequeno tamanho inicial e à novidade do setor.

CARACTERÍSTICAS ESTRUTURAIS COMUNS

Incerteza tecnológica

Geralmente, há muita incerteza em relação à tecnologia em uma indústria emergente: que configuração de produto acabará sendo a melhor? Que tecnologia de produção se mostrará mais eficiente?...

Incerteza estratégica

...Nenhuma estratégia "certa" foi claramente identificada, e empresas diferentes estão tentando diferentes métodos para posicionar e comercializar seus produtos e serviços e, também, apostando em diferentes configurações de produto ou tecnologias de produção... Outro problema bastante relacionado a esse é que as empresas sempre têm poucas informações sobre concorrentes, características de clientes e condições de setor na fase emergente. Ninguém sabe quem são todos os concorrentes, e os dados de vendas e participação de mercado do setor simplesmente não estão disponíveis, por exemplo.

Altos custos iniciais mas redução de custo acentuada

O volume de produção pequeno e a novidade geralmente se juntam para produzir altos custos em indústrias emergentes em relação àqueles que o setor pode atingir potencialmente... As idéias surgem rapidamente em termos de melhores procedimentos, *layout* de fábrica, etc., e os funcionários atingem maiores ganhos na produtividade à medida que aumenta a familiaridade com o trabalho. O aumento em vendas significa grandes adições à escala e ao volume total acumulado de resultado produzido pelas empresas...

Empresas embrionárias e segregação parcial

A fase emergente da indústria é geralmente acompanhada pela presença de maior proporção de empresas recém-formadas (em contraste com as unidades recém-formadas das empresas já estabelecidas) que o setor terá...

Compradores iniciantes

Os compradores de produtos ou serviços de setores emergentes são inerentemente compradores iniciantes. Assim, a tarefa de *marketing* é de induzir à substituição, ou fazer o comprador adquirir o novo produto ou serviço em vez de um outro qualquer...

Horizonte de curto prazo

Em muitos setores emergentes, a pressão para desenvolver clientes ou produzir produtos que atendam a demanda é tão grande que os gargalos e problemas são resolvidos rapidamente em vez de ser o resultado de uma análise de condições futuras. Ao mesmo tempo, as convenções do setor são sempre resultado de puro acaso...

Subsídio

Em muitas indústrias emergentes, especialmente naquelas com nova tecnologia radical ou que lidam com áreas de preocupação social, pode haver subsídio para novos entrantes. Os subsídios podem vir de diversas fontes governamentais e não-governamentais... Subsídios sempre acrescentam um alto grau de instabilidade em um setor, o que o torna dependente de decisões políticas que podem ser rapidamente revertidas ou modificadas...

BARREIRAS DE MOBILIDADE INICIAIS

Em uma indústria emergente, a configuração das barreiras de mobilidade é sempre previsivelmente diferente daquela que caracteriza a indústria mais adiante em seu desenvolvimento. As barreiras iniciais comuns são:

---

[2] Extraído de *Competitive Strategy: Techniques for Analyzing Industries and Competitors*, por Michael E. Porter. Copyright © 1980 por The Free Press, uma divisão da Macmillan, Inc. Reimpresso com permissão da editora.

- tecnologia privada
- acesso aos canais de distribuição
- acesso a matérias-primas e outras contribuições (mão-de-obra habilidosa) de custo e qualidade apropriados
- vantagens de custo devido à experiência, que adquire mais importância devido às incertezas tecnológicas e competitivas
- risco, que cria oportunidade efetiva de custo de capital e, dessa forma, barreiras de capital efetivas.

...A natureza das barreiras iniciais é a principal razão pela qual observamos as empresas recém-criadas em setores emergentes. As barreiras iniciais típicas surgem menos da necessidade de comandar recursos maciços do que da capacidade de assumir riscos, ser tecnologicamente criativo e tomar decisões esperando acumular informações de dados de entrada e canais de distribuição... Pode haver algumas vantagens em entrar posteriormente, contudo...

Escolhas Estratégicas

A formulação da estratégia em setores emergentes deve lidar com a incerteza e o risco desse período de desenvolvimento de uma indústria. As regras do jogo competitivo são em grande parte indefinidas, a estrutura do segmento não-estabelecida e provavelmente mutante, e os concorrentes são difíceis de diagnosticar. Contudo, todos esses fatores têm outro lado – a fase emergente de desenvolvimento de um setor é provavelmente o período no qual os graus de liberdade estratégica são maiores e quando a alavancagem de boas escolhas estratégicas é a mais alta na determinação do desempenho.

Moldando a estrutura do segmento

A questão estratégica dominante nos setores emergentes é a capacidade da empresa de moldar a estrutura da indústria. Por meio de suas escolhas, a empresa pode tentar estabelecer as regras do jogo em áreas como política de produto, abordagem de *marketing* e estratégia de preço...

Externalidades no desenvolvimento do setor

Em um setor emergente, uma questão estratégica importante é o equilíbrio que a empresa atinge entre a defesa do setor e a busca de seus próprios interesses restritos. Devido a potenciais problemas com imagem, credibilidade e confusão dos compradores... na fase emergente a empresa é em parte dependente de outras no setor para seu próprio sucesso. O principal problema para o setor é induzir a substituição e atrair compradores iniciantes, e geralmente é interesse da empresa durante essa fase ajudar a promover a padronização, policiar qualidade abaixo do padrão e produtos indignos de confiança e apresentar uma frente consistente para fornecedores, clientes, governo e comunidade financeira...

É provavelmente uma generalização válida que o equilíbrio entre a perspectiva da indústria e a perspectiva da empresa mude em direção à empresa conforme o segmento começa a atingir uma penetração significativa. Algumas empresas que assumiram papéis muito elevados como porta-voz do setor, principalmente em benefício próprio e do setor, deixam de reconhecer que devem mudar sua orientação. Como resultado, podem ser deixadas para trás à medida que o setor amadurece...

Mudando o papel de fornecedores e canais

Estrategicamente, a empresa em um setor emergente deve estar preparada para uma possível mudança na orientação de seus fornecedores e canais de distribuição à medida que o setor cresce e se revela. Os fornecedores podem se tornar cada vez mais dispostos (ou podem ser forçados) a responder às necessidades especiais do setor em termos de variedade, serviço e entrega. Similarmente, os canais de distribuição podem se tornar mais receptivos para investir em instalações, propaganda, etc. em parceria com as empresas. Uma exploração preventiva dessas mudanças na orientação pode dar alavancagem estratégica à empresa.

Mudando as barreiras de mobilidade

Como destacado anteriormente... as barreiras iniciais de mobilidade podem erodir rapidamente em uma indústria emergente, normalmente para serem substituídas por outras muito diferentes à medida que o setor cresce em tamanho e a tecnologia amadurece. Esse fator tem diversas implicações. A mais óbvia é que a empresa deve estar preparada para encontrar novas formas de defender sua posição e não deve se basear somente em coisas como tecnologia privada e em uma variedade única de produto com a qual fez sucesso no passado. Responder às barreiras de mobilidade mutantes pode envolver comprometimentos de capital que excedem muito aqueles que foram necessário nas fases iniciais.

Outra implicação é que a *natureza dos entrantes* no setor pode mudar para empresas mais estabelecidas, atraídas pelo setor maior e cada vez mais comprovado (menos arriscado), sempre competindo com base nas mais recentes formas de barreiras de mobilidade, como escala e *marketing* forte...

Momento de Entrada

Uma escolha estratégica crucial para concorrer em indústrias emergentes é o momento apropriado de entrada. Entrar antes (ou ser pioneiro) envolve alto risco, mas pode envolver também barreiras de entrada baixas e oferecer mais retorno. Ser o primeiro a entrar é apropriado quando as seguintes circunstâncias gerais existirem:

- Imagem e reputação da empresa são importantes para o comprador e a empresa pode desenvolver uma reputação melhor por ser pioneira.

- A entrada pioneira pode iniciar o processo de aprendizado em uma empresa na qual a curva de aprendizado é importante, a experiência é difícil de imitar e isso não será anulado pelas sucessivas gerações tecnológicas.

- A lealdade do cliente será grande, de forma que a empresa que vender primeiro para esses clientes vai acumular benefícios.

- As vantagens de custo absolutas podem ser obtidas através do comprometimento inicial com fornecedores de matérias-primas, canais de distribuição, etc...

Movimentos táticos

Os problemas que limitam o desenvolvimento de um setor emergente sugerem alguns movimentos táticos que podem melhorar a posição estratégica da empresa:

- Comprometimento inicial com fornecedores de matérias-primas vão resultar em prioridades favoráveis em períodos de escassez.

- O financiamento pode ser programado para aproveitar o caso de amor de Wall Street com o setor se ele acontecer, mesmo se o financiamento estiver além das necessidades reais. Esse passo reduz o custo de capital da empresa...

A escolha do setor emergente no qual entrar depende do resultado de um exercício preventivo como o acima descrito. Um setor emergente é atraente se sua estrutura final (não sua estrutura *inicial*) for consistente com retornos acima da média e se a empresa puder criar uma posição defensável no setor a longo prazo. Essa última condição depende dos recursos relativos às barreiras de mobilidade que vão surgir.

Muito freqüentemente as empresas entram em indústrias emergentes porque estas estão crescendo rapidamente, porque os beneficiários são muito lucrativos ou porque o tamanho final do setor promete ser maior. Essas razões podem pesar na escolha, mas a decisão final de entrar vai depender de uma análise estrutural...

LEITURA 13.3
COMO OS EMPREENDEDORES CRIAM ESTRATÉGIAS QUE FUNCIONAM[3]
por Amar Bhide

Embora possa ser popular no mundo corporativo, um método analítico amplo de planejamento não se adapta a muitas empresas iniciantes. Os empreendedores geralmente não têm tempo nem dinheiro para entrevistar uma amostra representativa de potenciais clientes, muito menos analisar substitutos, reconstruir estruturas de custo dos concorrentes ou projetar cenários tecnológicos alternativos. Na verdade, análise em excesso pode ser prejudicial; ao terminar de investigar totalmente uma oportunidade, ela pode já não existir mais. Um mapa da cidade e um guia de restaurantes em um CD podem ser campeões em janeiro, mas inúteis se prorrogados até dezembro.

As entrevistas com os fundadores de 100 empresas na lista de 1989 da Inc. "500", que relaciona as empresas privadas de crescimento mais rápido nos Estados Unidos, e uma pesquisa recente com mais de 100 outros empreendimentos prósperos feita por alunos de MBA sugerem que muitos empreendedores bem-sucedidos gastam pouco tempo pesquisando e analisando... E aqueles que o fazem geralmente têm que descartar suas estratégias e começar de novo. Além disso, um estudo da Federação Nacional de Empresas Independentes feito com 2.994 empresas iniciantes mostrou que fundadores que gastavam muito tempo em estudo, reflexão e planejamento não tinham chance maior de sobrevivência do que pessoas que aproveitavam oportunidades sem planejar. Na verdade, muitas corporações que veneram análises amplas desenvolvem uma incapacidade refinada de aproveitar oportunidades. As análises podem retardar a entrada até que seja tarde demais, ou matar idéias ao identificar numerosos problemas.

Contudo, todos os empreendimentos precisam de alguma análise e planejamento. Embora pareça o contrário, empreendedores bem-sucedidos não assumem riscos cegamente. Ao contrário, eles usam um método rápido e barato, que representa um meio-termo entre a paralisia do planejamento e a falta de planejamento total. Eles não esperam a perfeição – mesmo os empreendedores mais astutos têm sua parcela de inícios incorretos. Comparada à prática corporativa típica, porém, o método empreendedor é mais econômico e oportuno.

---
[3] Publicado originalmente como "How Entrepreneurs Craft Strategies that Work", em *Harvard Business* Review, March-April 1994, pp. 150-161. Copyright © 1994 pelo presidente e colegas da Harvard College; todos os direitos reservados. Reimpresso, com cortes, com permissão de *Harvard Business Review*.

Quais são os elementos críticos de métodos empreendedores vencedores? Nossas evidências sugerem três diretrizes gerais para aspirantes a fundadores:

1. Filtre rapidamente as oportunidades para descartar empreendimentos não-promissores.
2. Analise as idéias com parcimônia. Concentre-se em poucas idéias importantes.
3. Integre ação e análise. Não espere por todas as respostas e esteja pronto para mudar o curso.

DESCARTANDO OS PERDEDORES

As pessoas que buscam oportunidades empreendedoras geralmente têm muitas idéias. Descarte rapidamente aquelas que têm baixo potencial e concentre-se nas poucas idéias que merecem refinamento e estudo.

Descartar os empreendimentos não-promissores exige julgamento e reflexão, não novos dados. O empreendedor já deve estar familiarizado com os fatos necessários para determinar se uma idéia tem mérito evidente. Nossas provas sugerem que novos empreendimentos são normalmente iniciados para resolver problemas com os quais os fundadores se depararam como clientes ou funcionários... Empresas como a Federal Express, que surgiu a partir de um trabalho que seu fundador fez na universidade, são raras.

A sobrevivência lucrativa exige uma vantagem derivada de alguma combinação de idéia criativa e capacidade superior de execução... A criatividade do empreendedor pode envolver um produto inovador ou um processo que muda a ordem existente. Ou o empreendedor pode ter uma informação única sobre o curso ou conseqüência de uma mudança externa: a corrida do ouro na Califórnia, por exemplo, tornou pobres os milhares que foram pegos no frenesi, mas Levi Strauss iniciou uma empresa – e uma lenda – ao reconhecer a oportunidade de fornecer calças de lona e depois de brim para os garimpeiros.

Mas os empreendedores não podem se basear apenas na invenção de novos produtos ou na antecipação de uma tendência. Eles também devem executar bem, especialmente se seus conceitos puderem ser copiados com facilidade. Por exemplo, se uma inovação não puder ser patenteada ou mantida em segredo, os empreendedores devem adquirir e administrar os recursos necessários para construir um nome de marca ou outra barreira que detenha imitadores. A execução superior também pode compensar um conceito de imitação em indústrias emergentes ou de crescimento rápido, nos quais fazer as coisas rapidamente e da maneira certa é mais importante do que uma estratégia brilhante.

Os empreendimentos que claramente não possuem um conceito criativo ou qualquer capacidade especial de executar – o esquema do ex-consultor de explorar a receita de bolo da avó, por exemplo – podem ser descartados sem muitas considerações. Em outros casos, os empreendedores devem refletir sobre a adequação de suas idéias e sua capacidade de executá-las.

As empresas iniciantes bem-sucedidas não precisam de uma vantagem em cada frente. A criatividade de empreendedores bem-sucedidos varia consideravelmente. Uns implementam uma idéia radical, outros modificam e alguns não demonstram qualquer originalidade. A capacidade de execução também varia entre empreendedores. Vender um produto em um nicho industrial não exige o carisma exigido para vender quinquilharias em infomerciais*. Nossos estudos sugerem que não há um perfil empreendedor ideal: fundadores bem-sucedidos podem ser gregários ou taciturnos, analíticos ou intuitivos, bons ou ruins com detalhes, avessos a risco ou caçadores de emoção. Podem delegar ou ser controladores, ser pilares da comunidade ou forasteiros. Ao avaliar a viabilidade de um potencial empreendimento, porém, cada aspirante a empreendedor deve considerar três fatores de interação:

1. Objetivos do empreendimento

A meta do empreendedor é construir uma empresa grande e duradoura, criar um nicho ou simplesmente fazer lucro rápido? As metas ambiciosas exigem muita criatividade. Construir uma grande empresa rapidamente, seja pegando uma parcela significativa de um mercado já existente, seja criando um novo e grande mercado, geralmente, exige uma idéia revolucionária...

As exigências de execução também são difíceis. As grandes idéias em geral exigem muito dinheiro e organizações fortes. Os empreendedores bem-sucedidos, entretanto, precisam ter uma capacidade evangélica de atrair, manter e equilibrar os interesses de investidores, clientes, funcionários e fornecedores para uma visão aparentemente exótica, além de aptidões organizacionais e de liderança para construir rapidamente uma empresa grande e complexa. Além disso, o empreendedor pode precisar de um considerável conhecimento técnico em negociação, planejamento estratégico, administração de despesas gerais e outras aptidões empresariais. O empreendedor revolucionário, em outras palavras, precisará ter qualidades quase sobre-humanas: os simples mortais nem precisam se candidatar.

Considere o fundador da Federal Express, Fred Smith. A criatividade dele está em reconhecer que os clientes pagariam um prêmio significativo por uma entrega rápida confiável e em descobrir uma forma de prestar esse serviço para eles. Smith descartou a possibilidade de usar os vôos comerciais existentes, cuja programação era feita para atender o tráfego de passageiros. Em vez disso, ele teve a audaciosa idéia de adquirir uma frota dedicada de jatos e despachar todos os pacotes por meio de uma central localizada em Memphis.

Como ocorre com todas as grandes idéias, o conceito era difícil de pôr em prática. Smith, com 28 anos na épo-

---

* N. de R. T: Novo tipo de publicidade comprometido em fornecer mais informações sobre o produto do que a publicidade tradicional.

ca, tinha que levantar um financiamento de US$ 91 milhões. Os jatos, a central, as operações em 25 estados e várias centenas de funcionários treinados tinham que estar prontos antes que a empresa pudesse iniciar seus negócios. E Smith precisou de grande firmeza e habilidade para evitar que o novo empreendimento afundasse: a Federal Express perdeu mais de US$ 40 milhões nos primeiros três anos. Alguns investidores tentaram tirar Smith do comando e os credores tentaram apoderar-se de ativos. Contudo, Smith de alguma forma preservou o moral e apaziguou investidores e credores enquanto a empresa expandia suas operações e lançava propaganda nacional e campanhas de mala-direta para construir participação de mercado.

Em contraste, os empreendimentos que tentam capturar um nicho de mercado, e não transformar ou criar um segmento, não precisam de idéias extraordinárias. É necessária alguma engenhosidade para criar um produto que desvie o cliente do fluxo de ofertas e supere a penalidade de custo de atender um mercado pequeno. Mas características muito inovadoras podem ser um obstáculo; um nicho de mercado raramente vai justificar o investimento exigido para educar os clientes e distribuidores em relação aos benefícios de um produto radicalmente novo. De maneira similar, o empreendimento para um nicho não suportaria inovar em produção ou distribuição; ao contrário da Federal Express, a Cape Cod Potato Company, por exemplo, deve trabalhar dentro dos limites de seus distribuidores e transportadores.

E como nichos de mercado não podem suportar muitos investimentos ou despesas gerais, os empreendedores não precisam de uma capacidade revolucionária de levantar capital e construir grandes organizações. Ao contrário, o empreendedor deve ser capaz de obter outros recursos em termos favoráveis e trabalhar com menos, construir consciência de marca por meio de guerrilha de *marketing* e propaganda boca a boca, em vez de propaganda nacional, por exemplo.

Jay Boberg e Miles Copeland, que lançaram a International Record Syndicate (IRS) em 1979, usaram uma estratégia de nicho, conforme apuraram minhas alunas Elisabeth Bentel e Victoria Hackett, para criar um dos selos de música mais bem-sucedidos na América do Norte. Não tendo fundos ou uma grande inovação para concorrer contra os grandes selos, Boberg e Miles promoveram música "alternativa" – grupos britânicos ainda não descobertos como Buzzcok e Scafish – que vinha sendo ignorada pelos grandes selos porque seu potencial de vendas era muito pequeno. E a IRS usou métodos de *marketing* alternativos de baixo custo para promover sua música alternativa. Na época, os principais selos ainda não tinham percebido que vídeos musicais na televisão poderiam ser usados efetivamente para promover seus produtos. Boberg, porém, aproveitou a oportunidade para produzir um show de *rock*, "The Cutting Edge", para a MTV. O *show* acabou fazendo sucesso com os fãs e tornou-se uma ferramenta promocional efetiva para a IRS. Antes do *show* "The Cutting Edge", Boberg tinha que implorar para que as estações de rádio tocassem suas canções. Depois, o público da MTV exigia que os *disc-jockeys* tocassem as músicas ouvidas no show.

2. Alavancagem gerada por mudança externa

Explorar oportunidades em um segmento novo ou mutante é geralmente mais fácil do que provocar ondas em um segmento maduro. Muita criatividade, experiência e contatos são necessários para tirar negócios dos concorrentes em um segmento maduro, no qual as forças de mercado há muito tempo afastaram tecnologias, estratégias e organizações fracas.

Mas os novos mercados são diferentes. Lá as empresas iniciantes sempre enfrentam rivais do mesmo nível, clientes que toleram vendedores inexperientes e produtos imperfeitos e oportunidades de obter lucros com a escassez. Pequenas contribuições e inovações marginais, um pouco de habilidade ou experiência (em terra de cego, quem tem um olho é rei) e a disposição de agir rapidamente podem levar longe. Na verdade, com tanta incerteza externa, clientes e investidores podem hesitar em dar suporte a um produto e tecnologia radical até que o ambiente se acomode. As escolhas estratégicas em um novo segmento são sempre muito limitadas; os empreendedores têm que aderir aos padrões emergentes para características de produtos, componentes ou canais de distribuição.

A alavancagem gerada pela mudança externa é ilustrada pelo sucesso de diversas empresas iniciantes em *hardware*, *software*, treinamento, varejo e integração de sistemas, que surgiram a partir da revolução do computador pessoal nos anos 80. Instalar ou consertar um computador é provavelmente mais fácil do que consertar um carro; mas como pessoas com iniciativa ou capacidade para adquirir essa aptidão eram raras, empreendedores como Peter Zacharkiw, da Bohdan, construíram concessionárias bem-sucedidas prestando aquilo que os clientes viam como um serviço excepcional... Como me disse um revendedor do meio-oeste: "Temos um *slogan* de brincadeira aqui: não somos tão incompetentes quanto nossos concorrentes!"

Bill Gates transformou a Microsoft em uma empresa multibilionária sem nenhum produto inovador ao entrar antes no segmento e capitalizar as oportunidades que apareceram em seu caminho. Gates, então com 19 anos, e seu parceiro Paul Allen, 21, lançaram a Microsoft em 1975 para vender *softwares* que eles criavam. Em 1979, a Microsoft já tinha 25 funcionários e vendas de US$ 2,5 milhões. Então, em novembro de 1980, a IBM escolheu a Microsoft para fornecer um sistema operacional para seus computadores pessoais. A Microsoft então comprou um sistema operacional da Seattle Computer Products, que foi transformado no onipresente MS-DOS. O nome IBM e o sucesso gigantesco da planilha 1-2-3, que só era executada em computadores com DOS, logo ajudaram a fazer da Microsoft o fornecedor dominante de sistemas operacionais.

3. Base de competição: ativos privados versus atividade

Em alguns setores, como indústria farmacêutica, hotéis de luxo e produtos de consumo, a lucratividade de uma empresa depende muito dos ativos que ela tem ou controla – patentes, localização ou marcas, por exemplo. As boas práticas gerenciais, como ouvir os clientes, manter a qualidade e prestar atenção aos custos, que podem aumentar os lucros de uma empresa já existente, não podem impelir uma empresa iniciante para atravessar tais barreiras estruturais. Aqui tecnologia, produto ou estratégia novos e criativos são um diferencial.

As empresas em setores de serviços fragmentados, como gerenciamento de investimentos, bancos de investimento, recrutamento e seleção ou consultoria não podem estabelecer vantagens privadas tão facilmente, mas podem entretanto conseguir altos lucros ao prestar serviços excepcionais, feito sob medida para as demandas do cliente. As empresas iniciantes nessas áreas se baseiam principalmente em suas atividades (Bhide, 1986). Os empreendedores bem-sucedidos dependem de habilidades de venda pessoal, contatos, sua reputação em relação à experiência e sua capacidade de convencer clientes do valor dos serviços prestados. Eles também têm capacidade de criar instituições – habilidades como recrutar e motivar profissionais estrelares e articular e reforçar os valores da empresa. Onde houver poucas economias de escala naturais, um empreendedor não pode criar uma atividade relacionada a especialização humana ou conjunto especializado sem muita experiência em desenvolvimento organizacional...

ESTIMANDO A ATRATIVIDADE

Os empreendedores também devem filtrar potenciais empreendimentos por sua atratividade – seus riscos e recompensas – comparados a outras oportunidades. Diversos fatores devem ser considerados. As exigências de capital, por exemplo, são importantes para o empreendedor que não tem acesso fácil aos mercados financeiros. Uma necessidade inesperada de dinheiro porque, digamos, um cliente grande não pôde efetuar um pagamento no vencimento, pode fechar um empreendimento ou forçar uma liquidação do patrimônio do fundador. Dessa forma, os empreendedores devem favorecer empreendimentos que não exijam muito capital e que tenham margens de lucro para sustentar crescimento rápido com fundos gerados internamente. De maneira similar, os empreendedores devem procurar uma alta margem de acertos, empreendimentos com operações simples e custos fixos baixos, que tendem a enfrentar menos consumo de dinheiro devido a fatores como atrasos técnicos, excesso de custos e crescimento lento de vendas.

Outro critério reflete a incapacidade do empreendedor típico de assumir projetos múltiplos: um empreendimento atraente deve oferecer uma recompensa substancial suficiente para compensar o comprometimento exclusivo do empreendedor. Os custos de fechamento devem ser baixos: o retorno deve ser rápido ou a falha deve ser logo reconhecida para que o empreendimento possa ser encerrado sem perda de tempo significativa, vendendo todo o patrimônio ou parte dele. Um empreendedor preso em um negócio sem liquidez não pode aproveitar outras oportunidades facilmente e está arriscado à fadiga e à frustração...

Os empreendimentos também devem se ajustar àquilo que o empreendedor valoriza e quer fazer. Para sobreviver aos desapontamentos inevitáveis e aos desastres encontrados na difícil estrada para o sucesso, é necessário ter paixão pelo negócio escolhido...

Surpreendentemente, pequenos esforços sempre trazem uma promessa financeira maior do que os grandes. Em geral, os fundadores podem ficar com uma grande parcela dos lucros porque não diluem seus interesses patrimoniais em rodadas múltiplas de financiamento. Mas os empreendedores devem estar dispostos a prosperar em um remanso; dominar um segmento de mercado negligenciado algumas vezes é mais lucrativo do que intelectualmente estimulante ou glamuroso. Os empreendimentos de nicho também podem entrar na "terra dos mortos-vivos" se o mercado for muito pequeno para que a empresa prospere e o empreendedor tiver investido muito esforço para querer sair...

PLANEJAMENTO PARCIMONIOSO E ANÁLISE

Para economizar tempo e dinheiro, os empreendedores bem-sucedidos minimizam os recursos que dedicam à pesquisa de suas idéias. Ao contrário do mundo corporativo, onde domínio realçado e um trabalho auxiliar completado podem construir uma carreira, o empreendedor só faz planejamento e análise na quantidade que considera útil e faz julgamentos subjetivos quando necessário...

Ao estabelecer suas prioridades analíticas, os empreendedores devem reconhecer que algumas incertezas críticas não podem ser resolvidas por meio de mais pesquisa. Por exemplo, grupos focais e estudos sempre têm pouco valor na previsão da demanda de produtos que sejam totalmente novos. No início, os consumidores descartaram a necessidade de copiadoras, por exemplo, dizendo aos pesquisadores que estavam satisfeitos com o uso de papel carbono. Com questões como essa, os empreendedores devem resistir à tentação de fazer investigações sem fim e confiar em seu julgamento...

As receitas são notoriamente difíceis de prever. No máximo, os empreendedores podem garantir a si próprios que o novo produto ou serviço tem um valor consideravelmente maior do que a oferta atual; a rapidez com que o produto será aceito é uma incógnita. Pode-se obter alavancagem, porém, ao analisar como os clientes vão comprar e usar o produto ou serviço. Entender a compra pode ajudar a identificar os tomadores de decisão corretos para a nova oferta. Com a Federal Express, por exemplo, foi importante ir além dos gerentes da sala de correspondência, que normalmente contratam serviços de entrega.

Entender como os produtos são usados também ajuda ao revelar obstáculos que devem ser superados antes que os consumidores possam se beneficiar com a nova oferta.

Empreendedores visionários devem se proteger para evitar que os concorrentes fiquem ricos com seu trabalho. Muitos conceitos são difíceis de provar, mas, uma vez provados, são fáceis de imitar. A não ser que o pioneiro esteja protegido por barreiras de entrada sustentáveis, os benefícios de uma revolução muito combatida podem se tornar um bem público em vez de um benefício para o inovador...

Os empreendedores que esperam assegurar um nicho enfrentam problemas diferentes: eles sempre falham porque os custos de atender um segmento especializado excedem os benefícios para os clientes. Os empreendedores devem então analisar cuidadosamente os custos incrementais de atender um nicho e levar em conta sua falta de escala e a dificuldade de comercializar em um segmento pequeno e difuso. E especialmente se a desvantagem de custo for significativa, os empreendedores devem determinar se suas ofertas fornecem um benefício de desempenho significativo. Enquanto empresas estabelecidas podem disputar participação por meio de extensão de linhas ou personalização marginal de seus produtos e serviços, a empresa iniciante deve realmente se dedicar a seus clientes-alvo. Um cereal marginalmente mais saboroso não vai tirar os sucrilhos Kellogg's das prateleiras do supermercado.

Os retornos inadequados também representam um risco para empreendimentos que visam a mercados pequenos. Por exemplo, um empreendimento de nicho que não pode ter uma equipe de vendas direta talvez não gere comissões suficientes para atrair um distribuidor independente ou um representante. Os empreendedores também vão acabar perdendo o interesse se as recompensas não forem compatíveis com seus esforços. Dessa forma, o empreendedor deve garantir que todos que contribuem podem esperar um retorno alto, rápido ou sustentável, mesmo que os lucros totais do empreendimento sejam pequenos.

Os empreendedores que buscam fatores de alavancagem como tecnologias mutantes, preferências do cliente ou regulamentações devem evitar análises extensas. As pesquisas conduzidas sob tais condições de turbulência não são confiáveis, e a importância de uma resposta rápida não permite gastar tempo para assegurar-se de que todos os detalhes sejam cobertos...

Analisar se as recompensas para os vencedores são ou não compatíveis com os riscos, porém, pode ser um exercício mais viável e digno de mérito. Em algumas corridas tecnológicas, o sucesso previsivelmente tem vida curta. No setor de disco rígido, por exemplo, empresas que tiveram sucesso com uma geração de produtos estão sempre à frente quando chega a próxima geração. No projeto de estações de trabalho, porém, a Sun teve ganhos de longo prazo desde seu sucesso inicial porque estabeleceu um padrão arquitetônico durável. Se o sucesso não tende a ser sustentado, os empreendedores devem ter um plano para conseguir um bom retorno enquanto ele durar...

INTEGRANDO AÇÃO E ANÁLISE

O procedimento operacional padrão nas grandes corporações geralmente faz uma distinção clara entre análise e execução. Ao contemplar um novo empreendimento, os dirigentes de empresas já estabelecidas enfrentam questões sobre seu ajuste com as atividades atuais. O empreendimento proposto alavanca as forças corporativas? Os recursos e a atenção exigidos vão diminuir a capacidade da empresa de conseguir lealdade do cliente e melhorar a qualidade nos principais mercados? Essas preocupações ditam um método deliberado de "curador": antes de lançar um empreendimento, os gerentes devem investigar amplamente uma oportunidade, buscar o conselho de pessoas em níveis superiores, submeter um plano formal, responder às críticas dos chefes e funcionários corporativos e conseguir alocação de pessoal e de capital.

Os empreendedores que começam com uma ficha limpa, porém, não precisam saber todas as respostas antes de agir. Na verdade, eles geralmente não podem separar facilmente ação e análise. A atratividade de um novo restaurante, por exemplo, depende muito dos termos do contrato de aluguel; aluguéis baixos podem transformar o empreendimento de uma proposição medíocre para uma máquina de dinheiro. Mas a capacidade de um empreendedor de negociar um bom aluguel não pode ser facilmente determinada a partir de uma análise geral prévia; ele deve entrar em negociações sérias com um locador específico para uma propriedade específica.

Agir antes que uma oportunidade seja totalmente analisada tem muitos benefícios. Fazer algo concreto gera confiança em si próprio e nos outros. Os funcionários e investidores mais importantes vão sempre seguir a pessoa que iniciou a ação, por exemplo, saindo do emprego, incorporando ou assinando um contrato de aluguel. Ao assumir risco pessoal, o empreendedor convence outras pessoas de que o empreendimento *vai* dar certo, e elas podem acreditar que se não aderirem, poderão ser deixadas para trás.

A ação antecipada também pode gerar estratégias mais robustas e mais bem informadas. Estudos extensos e pesquisas com grupos focais sobre um conceito podem gerar provas enganadoras: pode haver diferença entre a pesquisa e a realidade porque os potenciais clientes entrevistados não são representativos do mercado, seu entusiasmo pelo conceito diminui quando eles vêem o produto real, ou não têm autoridade para assinar pedidos de compra. As estratégias mais robustas podem ser desenvolvidas se você construir primeiro um protótipo e pedir aos clientes para usá-lo antes de fazer uma ampla pesquisa de mercado.

A capacidade dos empreendedores individuais de executar com rapidez vai variar naturalmente. Tentativa e erro é menos viável em empreendimentos de larga escala e capital alto, como a Orbital Sciences, que teve que levantar mais de US$ 50 milhões para construir foguetes para a NASA, do que em uma empresa de consultoria iniciante. Entretanto, algumas características são comuns para um método que integra ação e análise:

Lidar com as tarefas analíticas por estágios

Em vez de resolver todas as questões de uma só vez, o empreendedor deve pesquisar apenas o suficiente para justificar a próxima ação ou investimento. Por exemplo, uma pessoa que desenvolveu uma nova tecnologia médica pode obter primeiro estimativas da demanda de mercado para determinar se vale a pena procurar um advogado de patentes. Se as estimativas e o advogado forem encorajadores, a pessoa pode fazer mais análises para investigar a sensatez de gastar mais dinheiro para obter uma patente. Diversas repetições de análise e ação vão se seguir antes que o empreendedor prepare e circule um plano empresarial formal para os capitalistas do empreendimento.

Tapar os buracos rapidamente

Assim que surge qualquer problema ou risco, o empreendedor começa a buscar soluções. Por exemplo, suponha que um empreendedor imagine que será difícil levantar capital. Em vez de matar a idéia, ele deve pensar criativamente para solucionar o problema. Talvez o investimento possa ser reduzido ao modificar a tecnologia para usar mais equipamentos padronizados, que podem ser alugados em vez de comprados. Ou, sob termos corretos, o cliente pode subscrever o risco ao colocar um grande pedido inicial. Ou as expectativas e metas de crescimento podem ser escalonadas, com um nicho de mercado sendo atacado primeiro. Exceto com idéias obviamente inviáveis, que podem ser excluídas pela lógica elementar, o objetivo da análise não é encontrar falhas nos novos empreendimentos ou razões para abandoná-los. A análise é um exercício mais para mostrar o que fazer em seguida do que o que não fazer.

Investigação evangélica

Os empreendedores sempre tornam indistinta a linha entre pesquisa e venda. Como se recorda um fundador, "Minha pesquisa de mercado consistia em levar um protótipo a feira e ver se eu conseguia algum pedido". Os "sites beta" da indústria de software são outro exemplo de pesquisa e venda simultânea; os clientes na verdade pagam para ajudar os vendedores a testar versões iniciais de seus softwares e geralmente colocam grandes pedidos se ficarem satisfeitos com o produto.

Desde o início, os empreendedores não buscam apenas opiniões e informações, eles também querem comprometimento das pessoas. Os empreendedores tratam todos com quem falam como um potencial cliente, investidor, funcionário ou fornecedor, ou pelo menos como uma possível fonte de novos negócios no futuro. Mesmo que essas pessoas não coloquem um pedido de fato, eles dedicam tempo para gerar interesse e camaradagem suficiente para incentivá-las a retornar posteriormente. Esse método de ouvir e vender simultaneamente pode não produzir pesquisa de mercado verdadeiramente objetiva e resultados estatisticamente importantes. Mas o empreendedor com poucos recursos não tem muita escolha nessa questão. Além disso, nos estágios iniciais, o conhecimento profundo e o suporte de algumas poucas pessoas é mais valioso do que dados amplos e impessoais.

Arrogância inteligente

A disposição de um empreendedor de agir de acordo com os planos delineados e dados não conclusivos é sempre sustentada por uma autoconfiança quase arrogante. Um empreendedor bem-sucedido na área de alta tecnologia compara seu tipo a "apostadores em um cassino, que sabem que são bons no jogo de dados e assim tendem a ganhar. Eles acreditam: sou mais inteligente, mais criativo e trabalho mais do que a maioria das pessoas. Com minhas aptidões únicas e raras, estou fazendo um favor aos investidores ao aceitar seu dinheiro." Além disso, a arrogância do empreendedor deve passar pelo teste da adversidade. Os empreendedores devem ter muita confiança em seu talento e em suas idéias para se preservar quando os clientes se afastarem em bandos, o produto não funcionar ou a empresa ficar sem dinheiro.

Mas empreendedores que acreditam que são mais capazes ou mais ativos do que os outros devem também ter inteligência para reconhecer seus erros e para mudar suas estratégias à medida que os fatos se desenrolam. Os empreendimentos bem-sucedidos nem sempre seguem a direção estabelecida inicialmente. Uma grande proporção desenvolve mercados, produtos e fonte de vantagem competitiva totalmente novos. Portanto, embora perseverança e tenacidade sejam características empreendedoras valiosas, devem ser complementadas com flexibilidade e disposição para aprender. Se potenciais clientes que deveriam colocar pedidos não o fazem, o empreendedor deve considerar uma mudança no conceito. De forma similar, o empreendedor também deve estar preparado para explorar oportunidades que não apareciam no plano inicial...

O planejamento aparentemente delineado e a evolução casual de muitos empreendimentos bem-sucedidos... não significa que os empreendedores devem seguir um método de fogo imediato. Apesar das aparências, empreendedores astutos devem analisar e fazer estratégia extensivamente. Eles percebem que empresas não podem ser lançadas como naves espaciais, com todos os detalhes da missão sendo planejados com antecedência. As análises iniciais só geram hipóteses plausíveis, que devem ser testadas e modificadas. Os empreendedores devem apostar nas idéias e explorá-las, deixando suas estratégias surgirem por meio de um processo contínuo de suposição, análise e ação.

Capítulo 14
Administrando Maturidade

Neste capítulo, concentramo-nos naquilo que historicamente tem sido um dos contextos mais comuns para as organizações. Não importa se nos referimos a ele por sua forma de operações (normalmente, produção em massa ou prestação de serviços em massa), pela forma de estrutura adotada (burocracia estilo máquina), pelo tipo de ambiente preferido (ambiente estável em um setor maduro) ou pela estratégia genérica específica sempre encontrada aí (baixo custo), o contexto tende a gerar certas configurações relativamente bem-definidas.

Embora esse contexto tenha sido criticado ultimamente, não pense que ele deixou de existir. Em meio a conversas sobre mudança, turbulência e hipercompetição, esse contexto permanece comum, na verdade, possivelmente ainda é o mais encontrado pelos gerentes. A burocracia está viva, ainda que nem sempre bem, podemos lhe garantir isso!

Os textos a que vamos nos referir para falar sobre o contexto maduro cobrem esses diferentes aspectos e examinam alguns dos problemas e oportunidades decorrentes de atuar nesse âmbito. O primeiro texto, sobre a organização máquina, do trabalho de Mintzberg, descreve a organização por esse contexto e também o ambiente no qual ela tende a ser encontrada, além de investigar algumas das questões sociais que cercam essa forma particular de organização. Esse texto também investiga a natureza do processo de criação da estratégia nesse contexto. Aqui podemos ver o que acontece quando grandes organizações acostumadas à estabilidade de repente têm que mudar drasticamente suas estratégias. O planejamento formal cuidadoso, no qual elas tendem a se basear em tempos estáveis, parece impróprio para lidar com as mudanças que podem exigir revoluções virtuais em seu funcionamento. Assim, uma seção desse texto considera qual pode ser o papel dos planejadores quando seus procedimentos formais não conseguem atender às necessidades da criação de estratégia.

Uma técnica particular designada para uso com essa estratégia e o contexto maduro em geral é o assunto do segundo texto. Chamado "Dinâmicas de custo: efeitos de escala e de experiência" e escrito por Derek Abell e John Hammond para um livro de *marketing*, o texto analisa a "curva de experiência". Desenvolvida pelo Boston Consulting Group há alguns anos, essa técnica tornou-se muito popular nos anos 70. Embora suas limitações sejam hoje amplamente reconhecidas, ela ainda tem algumas aplicações para empresas que operam no contexto maduro.

Quando as organizações maduras, estilo máquina, têm que fazer mudanças, os próximos dois textos explicam como isso pode ser feito. James Q. Wilson, da Andreson School, University of California, em Los Angeles, escreveu um livro muito respeitado, chamado *Bureaucracy*. Aqui publicamos extratos do capítulo sobre inovação. O livro é sobre o governo, mas, como ficará evidente, o texto se aplica também a empresas ou organizações maduras em quaisquer outras esferas de atividade. Wilson destaca que a principal razão pela qual as pessoas na burocracia resistem à mudança é porque devem fazer isso: essas organizações são planejadas para estabilidade. Mas os empreendedores realizam mudanças agindo na periferia, pelo menos inicialmente. Wilson também destaca em seu sofisticado trabalho que mudanças podem ser ruins ou boas e discute com mais profundidade que papel os executivos podem desempenhar em processos de mudança efetivos.

Andrew Boynton, do IMD na Suíça, Bart Victor, da Own Graduate School of Management na Vanderbilt University, e Joseph B. Pine, fundador da Strategic Horizons LLP, com sede em Ohio, de certa forma continuam de onde Wilson parou ao investigar mais especificamente como organizações estáveis e maduras se adaptam ao enfrentar mudanças em produtos ou processos. Embora algumas possam mudar radicalmente seu enfoque para estruturas de inovação mais perpétuas (tema do Capítulo 16), este artigo descreve uma que se adapta menos radicalmente e assim permanece realmente nesse contexto. Elas passam ou para personalização em massa ou para melhoria contínua de processo, embora as melhores, argumentam os autores, façam uma combinação das duas coisas.

Usando os Estudos de Caso

Casos podem tratar das conseqüências da longevidade, tanto em termos de idade absoluta quanto em termos de maturidade do produto e do segmento. A Lufthansa examina como lidar com a necessidade de recuperar sua vitalidade. Ela luta contra o que o Sr. Kawamoto chama de "a grande doença da empresa". Essa organização é de certa forma um exemplo da "Organização máquina" de Mintzberg.

LEITURA 14.1
A Organização Máquina[1]
por Henry Mintzberg

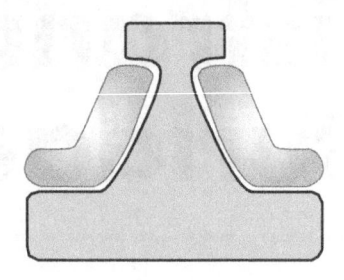

O correio nacional, uma prisão de custódia, uma empresa aérea, uma gigante da indústria automobilística ou mesmo uma pequena agência de segurança – todas essas organizações parecem ter diversas características em comum. Acima de tudo, seu trabalho operacional é rotineiro, e grande parte dele é bem simples e repetitivo; como resultado, os processos de trabalho são altamente padronizados. Essas características dão origem às organizações máquinas de nossa sociedade, estruturas sintonizadas para funcionar como máquinas integradas, reguladas e altamente burocráticas.

A Estrutura Básica

Uma configuração clara dos atributos apareceu constantemente na pesquisa: tarefas operacionais rotineiras altamente especializadas; comunicação muito formalizada em toda a organização; grandes unidades operacionais; confiança em bases funcionais para agrupamento de tarefas; poder relativamente centralizado para tomada de decisão e uma estrutura administrativa elaborada, com uma distinção clara entre linha e apoio.

O Núcleo Operacional e a Administração

O ponto de partida óbvio é o núcleo operacional, com seu fluxo de trabalho altamente racionalizado. Isso significa que as tarefas operacionais se tornam mais simples e repetitivas, geralmente exigindo um mínimo de habilidade e treinamento, esse último exigindo apenas algumas horas, raramente mais do que poucas semanas, e normalmente sendo interno. Isso acaba resultando em tarefas limitadamente definidas e em ênfase na padronização dos processos de trabalho para coordenação, com atividades altamente formalizadas. Os trabalhadores têm pouco poder de decisão, pois são seus supervisores que possuem a maior parte do controle.

Para atingir essa alta regulamentação do trabalho operacional, a organização precisa de uma estrutura administrativa elaborada – hierarquia de linha intermediária e tecnoestrutura totalmente desenvolvidas – mas as duas claramente diferenciadas.

Os gerentes da linha intermediária têm três tarefas primárias. Uma é lidar com os distúrbios que surgem no núcleo operacional. O trabalho é tão padronizado que quando as coisas dão errado surgem conflitos, pois os problemas não podem ser resolvidos informalmente. Então cabe aos gerentes resolvê-los por meio de supervisão direta. Na verdade, muitos problemas vão dando sucessivos passos na hierarquia até alcançar um nível de supervisão comum, no qual possam ser resolvidos pela autoridade (como uma disputa em uma empresa entre os departamentos de produção e *marketing* que pode precisar ser resolvida pelo presidente). A segunda tarefa dos gerentes de linha intermediária é trabalhar com analistas de suporte para incorporar seus padrões nas unidades operacionais. E a terceira tarefa é dar suporte aos fluxos verticais na organização – a elaboração de planos de ação que serão transmitidos de cima para baixo na hierarquia e a comunicação de informações de retorno.

A tecnoestrutura também deve ser altamente elaborada. Na verdade, essa estrutura foi inicialmente identificada com o surgimento do pessoal tecnocrata em setores do início do século XIX, como têxtil e bancário. Como a organização máquina depende primariamente da padronização de seu trabalho operacional para coordenação, a tecnoestrutura – que acolhe os analistas de suporte que fazem a padronização – emerge como uma parte importante da estrutura. Pode-se delegar autoridade formal sobre as unidades operacionais aos gerentes intermediários mas, sem os padronizadores – o quadro de analistas do trabalho, programadores, engenheiros de controle de qualidade, planejadores, preparadores de orçamento, contadores, pesquisadores de operações e muitos outros – essas estruturas podem simplesmente não funcionar. Assim, apesar da falta de autoridade formal, esses analistas de suporte, que padronizam o trabalho das outras pessoas, têm um considerável poder informal. As regras e as regulamentações permeiam todo o sistema: a ênfase em padronização vai muito além do núcleo operacional da organização máquina e com ela segue a influência dos analistas.

---
[1] Adaptado de *The Structure of Organizations* (Prentice Hall, 1979), cap. 18 em "The Machine Bureaucracy"; também *Power In and Around Organizations* (Prentice Hall, 1983), Caps. 18 e 19 em "The Instrument" e "The Closed System"; material sobre formação de estratégia de "Patterns in Strategy Formation", *Management Science* (1978); "Does Planning Impede Strategic Thinking? Tracking the Strategies of Air Canada, from 1937-1976" (em co-autoria com Pierre Brunet e Jim Waters), em R. B. Lamb e P. Shrivastava, eds. *Advance in Strategic Management*, Volume IV (JAI press, 1986); e "The Mind of the Strategist(s)" (em co autoria com Jim Waters), em S. Srivastva, ed., *The Executive Mind* (Jossey-Bass, 1983); a seção sobre o papel de planejamento, planos e planejadores é baseada em um livro em andamento sobre planejamento estratégico. Um capítulo similar a esse aparece em *Mintzberg on Management: Inside Our Strange World of Organizations* (Free Press, 1989).

Uma reflexão adicional sobre essa formalização de comportamento é a divisão clara de tarefas em toda a organização máquina. A especialização do trabalho no núcleo operacional e a distinção formal pronunciada entre linha e apoio já foram mencionadas. Além disso, a estrutura administrativa é claramente diferenciada do núcleo operacional; ao contrário da organização empreendedora, aqui os gerentes raramente trabalham junto com os operadores. E eles próprios tendem a se organizar ao longo de linhas funcionais, significando que cada um administra uma unidade que desempenha uma função única na cadeia que produz o resultado final. A Figura 1 mostra isso, para exemplo, no organograma de uma grande siderúrgica, tradicionalmente com estrutura estilo máquina.

Tudo isso sugere que a organização máquina é uma estrutura com uma obsessão – especificamente, controle. Uma mentalidade de controle permeia a empresa de cima a baixo. Na parte de baixo, considere como um capataz geral da divisão de montagem da Ford descreveu seu trabalho:

> Olho para meu relógio o tempo todo. Confiro diferentes itens. De hora em hora dou uma volta pela linha. Por volta de 6h30min vou ao departamento de relações trabalhistas para verificar quem está ausente. Às 7h, chego ao fim da linha. Vou verificar pintura, riscos e danos. Por volta das 10h, começo a conversar com todos os capatazes. Asseguro-me de que todos estão acordados. Não podemos ter nenhuma falha, nada.

E, no topo, considere as palavras de um presidente:

> Quando eu era presidente dessa grande corporação, ficávamos em uma pequena cidade em Ohio, onde estava localizada a fábrica principal. A corporação especificava com quem você podia se socializar e em que nível. (A esposa dele intervém: "Quem eram as esposas com quem você podia jogar bridge.") Em uma cidade pequena eles não precisavam ficar vigiando. Todo mundo sabia. Há certos conjuntos de regras. (Terkel, 1972: 186-406).

A obsessão pelo controle reflete dois fatos centrais sobre essas organizações. Primeiro, são feitas tentativas de eliminar todas as incertezas possíveis, de forma que a máquina burocrática possa rodar tranqüilamente, sem interrupções, com o núcleo operacional perfeitamente isolado de influências externas. Segundo, essas são estruturas associadas a conflito; os sistemas de controle precisam tê-las. O problema da organização máquina não é desenvolver uma atmosfera aberta na qual as pessoas possam conversar sobre os conflitos, mas sim reforçar uma atmosfera fechada, firmemente controlada, na qual o trabalho seja feito apesar dos conflitos.

A obsessão pelo controle também ajuda a explicar a proliferação freqüente de funcionários de suporte nessas organizações. Muitos serviços de suporte poderiam ser adquiridos de fornecedores externos. Mas isso iria expor a organização máquina às incertezas do mercado aberto.

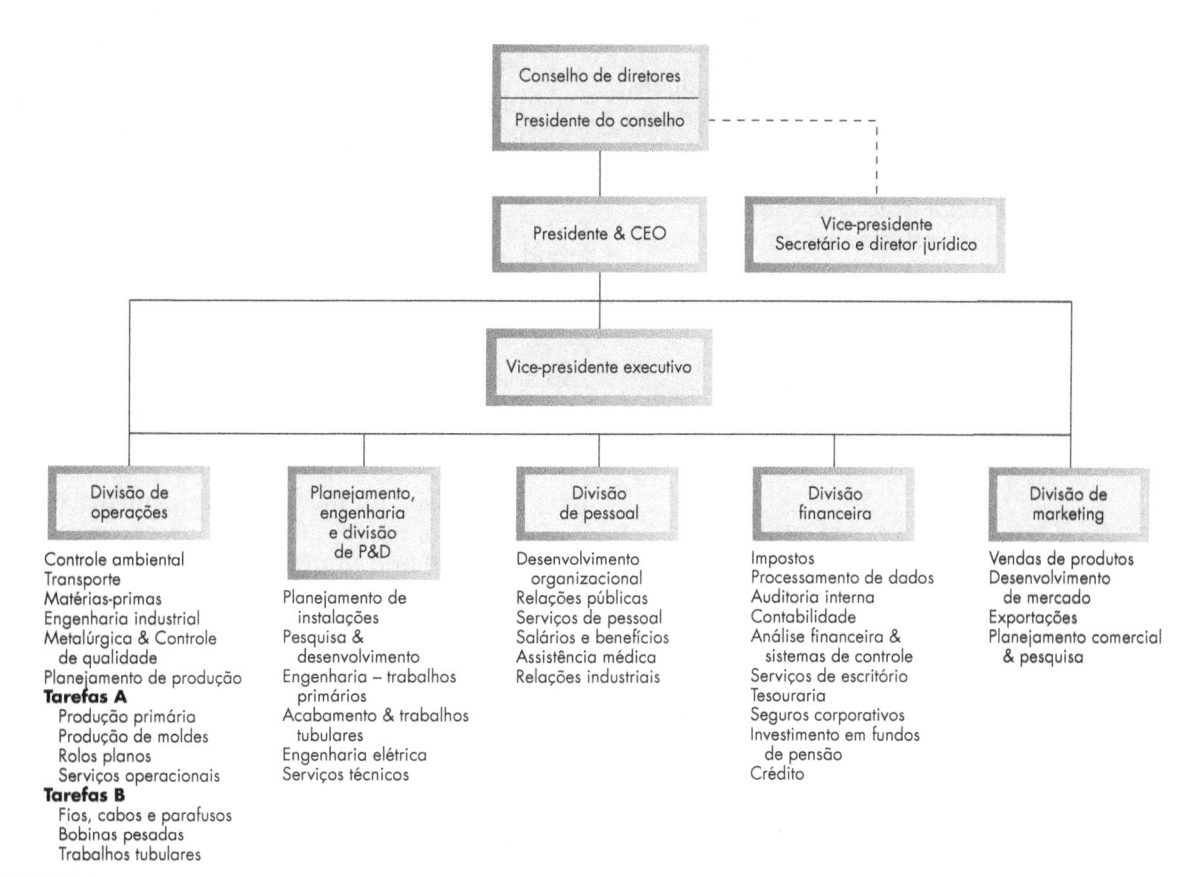

Figura 1 Organograma de uma grande siderúrgica.

Então ela "faz" em vez de "comprar", ou seja, concentra o máximo possível de serviços de suporte dentro de sua própria estrutura para controlar tudo, desde a cafeteria na fábrica até o departamento jurídico no escritório central.

O Ápice Estratégico

Os gerentes no ápice estratégico dessas organizações estão preocupados em grande parte com a sintonia fina de suas máquinas burocráticas. Há uma busca perpétua por formas mais eficientes de produzir os resultados determinados.

Mas nem tudo é estritamente melhoria de desempenho. Apenas manter a estrutura unida em face dos conflitos também consome muita energia da alta gerência. Como observado, o conflito não é resolvido na organização máquina; ao contrário, ele é reprimido para que o trabalho possa ser feito. E, como fazemos com uma garrafa, uma rolha é colocada no topo: afinal, é a alta gerência que deve ter controle dos conflitos por meio de seu papel de resolver os problemas. Além disso, os gerentes no ápice estratégico devem intervir freqüentemente nas atividades da linha intermediária para assegurar que haja coordenação. Os altos gerentes são os únicos generalistas na estrutura, os únicos gerentes com uma perspectiva ampla o suficiente para enxergar todos os departamentos.

Tudo isso nos leva à conclusão de que, na organização máquina, um poder considerável está nas mãos dos gerentes do ápice estratégico. Elas são, em outras palavras, estruturas bastante centralizadas: o poder formal claramente está no topo; hierarquia e cadeia de autoridades são conceitos supremos. Mas o mesmo ocorre com grande parte do poder informal, pois ele reside no conhecimento, e é apenas no topo da hierarquia que o conhecimento formalmente segmentado da organização se reúne.

Assim, nossa figura introdutória mostra a organização máquina com uma estrutura administrativa e de suporte completamente elaborada – as duas partes do componente de apoio estão focadas no núcleo operacional – junto com grandes unidades no núcleo operacional, mas com outras mais restritas na linha intermediária, refletindo a hierarquia de autoridade exagerada.

Condições da Organização Máquina

O trabalho de natureza da máquina burocrática é encontrado, acima de tudo, em ambientes simples e estáveis. O trabalho associado a ambientes complexos não pode ser racionalizado em tarefas simples, e isso, associado a ambientes dinâmicos, não pode ser previsto, tornado repetitivo ou padronizado.

Além disso, a configuração máquina é normalmente encontrada em organizações maduras, grandes o suficiente para ter o volume de trabalho operacional necessário para repetição e padronização e velhas o suficiente para conseguir estabelecer os padrões que desejam usar.

Essas são organizações que já viram tudo isso antes e estabeleceram procedimentos padronizados para lidar com cada situação. Da mesma forma, as organizações máquina tendem a ser identificadas com sistemas técnicos que regulam o trabalho operacional, de forma que ele possa ser facilmente programado. Tais sistemas técnicos não podem ser muito sofisticados ou automatizados (por razões que serão discutidas mais tarde).

As empresas de produção em massa são provavelmente as organizações máquina mais conhecidas. Seu trabalho operacional flui por meio de uma cadeia integrada, aberta em uma extremidade para aceitar matérias-primas e depois disso atuando como um sistema selado que processa as matérias-primas por meio de seqüências de operações padronizadas. Assim, o ambiente pode ser estável porque a organização agiu agressivamente para estabilizá-lo. As empresas gigantes em setores como transporte, tabaco e metais são bem conhecidas por suas tentativas de influenciar as forças de fornecimento e demanda pelo uso de propaganda, desenvolvimento de contatos de fornecimento de longo prazo e, algumas vezes, com o estabelecimento de cartéis. Elas também tendem a adotar estratégias de "integração vertical", ou seja, estender suas cadeias de produção nas duas extremidades, tornando-se tanto seus próprios fornecedores como seus próprios clientes. Dessa forma, elas podem trazer algumas das forças de fornecimento e demanda para dentro de seus próprios processos de planejamento.

Evidentemente, a organização máquina não se restringe a organizações grandes, ou de produção, ou mesmo empresas privadas. Pequenos fabricantes – por exemplo, produtores de móveis baratos ou de produtos de papel – podem, algumas vezes, preferir essa estrutura porque seu trabalho operacional é simples e repetitivo. Muitas empresas de serviço utilizam essa estrutura pela mesma razão, tal como bancos ou seguradoras em suas atividades de varejo. Outra condição sempre encontrada nas organizações máquina é o controle externo. Muitos departamentos governamentais, como correios e agências de coleta de impostos, são máquinas burocráticas não apenas porque seu trabalho operacional é rotineiro, mas também porque devem ser responsáveis por suas ações perante o público. Tudo o que fazem – atender clientes, contratar funcionários, etc. – deve ser visto como justo e assim proliferam as regulamentações.

Como o controle é o forte da burocracia estilo máquina, é razoável que empresas na área de controle – agências reguladoras, prisões de custódia, forças policiais – baseiem-se nessa configuração, algumas vezes, apesar das condições contraditórias. Pode-se dizer o mesmo das necessidades especiais de segurança. As empresas aéreas ou corporações de bombeiros devem minimizar os riscos que assumem. Por isso formalizam extensivamente seus procedimentos para assegurar que sejam levados ao pé da letra. O corpo de bombeiros não pode chegar em uma casa pegando fogo e então se voltar para o comandante para receber ordens, ou discutir informalmente quem vai conectar a mangueira e quem vai subir a escada.

Organizações Máquina como Instrumentos e Sistemas Fechados

O controle levanta outra questão sobre as organizações máquina. Sendo tão amplamente regulamentadas, elas podem facilmente ser controladas externamente, como *instrumentos* de influenciadores externos. Em contraste, porém, essa obsessão pelo controle não apenas aumenta a hierarquia, mas também vai além, para controlar seus próprios ambientes de forma que eles se tornem *sistemas fechados*, imunes a influências externas. Da perspectiva do poder, o instrumento e o sistema fechado constituem dois dos principais tipos de organização máquina.

Em nossos termos, a forma de instrumento da organização máquina é dominada por um influenciador externo ou por um grupo deles agindo em conjunto. Na corporação "rigorosamente controlada", o influenciador dominante é o proprietário externo; em algumas prisões, é a comunidade preocupada com a custódia, e não com a reabilitação dos prisioneiros.

Os influenciadores externos fornecem o instrumento para uma organização indicando o presidente, encarregando-o de adotar metas claras (idealmente quantificáveis, como retorno sobre investimento ou medidas de fuga de preso) e responsabilizando-o pelo desempenho. Dessa forma, pessoas de fora podem controlar uma organização sem de fato ter que administrá-la. E tal controle, em razão do poder colocado nas mãos do presidente e da natureza numérica das metas, age para centralizar e burocratizar a estrutura interna, em outras palavras, para conduzi-la para o formato de máquina.

Em contraste com isso, Charles Perrow, o sociólogo organizacional brilhante e franco, não vê a organização máquina como instrumento de ninguém:

> A sociedade adapta-se às organizações, às grandes e poderosas organizações controladas por alguns poucos líderes, geralmente sobrepostos. Achar que essas organizações se adaptam a um ambiente "turbulento", dinâmico e mutante é entregar-se à fantasia. O ambiente das organizações mais poderosas é bem controlado por elas, muito estável e formado por outras organizações com interesses similares ou por aquelas que elas controlam. (1972:199).

Perrow está, evidentemente, descrevendo o sistema fechado da organização máquina, aquele que usa seus procedimentos burocráticos para impedir o controle externo e controlar outras organizações. Ela controla não apenas seu próprio pessoal, mas também seu ambiente: talvez seus fornecedores, clientes, concorrentes e até mesmo governo e proprietários.

Evidentemente, pode-se conseguir autonomia não apenas controlando os outros (por exemplo, adquirir clientes e fornecedores na chamada integração vertical), mas também simplesmente evitando o controle de terceiros. Assim, por exemplo, as organizações com sistemas fechados algumas vezes formam cartéis com concorrentes ostensivos ou, de forma menos chamativa, diversificam mercados para evitar a dependência de determinados clientes, financiam internamente para evitar a dependência de determinados grupos financeiros ou até recompram suas ações para enfraquecer a influência de seus proprietários. Para tornar-se um sistema fechado é fundamental assegurar uma ampla dispersão e consequente pacificação de todos os grupos de potencial influência externa.

Que metas a organização de sistema fechado tenta atingir? Lembre-se de que, para sustentar a burocracia centralizada, as metas devem ser operacionais, de preferência quantificáveis. Que metas operacionais permitem a uma organização servir a si própria, como um sistema fechado à influência externa? A resposta mais óbvia é crescimento. A sobrevivência pode ser uma meta indispensável e a eficiência uma meta necessária mas, além delas, o que realmente importa aqui é aumentar o sistema. O crescimento atende ao sistema garantindo maiores recompensas para os participantes – impérios maiores para os gerentes administrarem ou jatos mais luxuosos para voarem, programas mais importantes para os analistas projetarem e até mais poder para os sindicatos por meio de um número maior de membros. (Os sindicatos podem ser influenciadores externos, mas a diretoria pode mantê-los passivos ao permitir que tenham mais vantagens com o sistema fechado). Assim, a organização máquina de sistema fechado clássico, a grande corporação industrial amplamente controlada, há muito tempo é descrita como orientada muito mais para o crescimento do que para a maximização de lucro em si (Galbraith, 1967).

Evidentemente, a forma de sistema fechado da organização máquina também pode existir fora do setor privado, por exemplo, em uma agência de arrecadação de fundos que, relativamente livre do controle externo, torna-se cada vez mais caridosa consigo mesma (como indicado pela suntuosidade do escritório de seus gerentes), a cooperativa agrícola ou de varejo que ignora aqueles que a possuem coletivamente ou até o governo, que se torna mais interessado em servir a si mesmo do que aos cidadãos para os quais ele supostamente existe.

O estado comunista, pelo menos até muito recentemente, parecia se enquadrar em todas as características da burocracia do sistema fechado. Não tinha nenhum influenciador externo dominante (pelo menos no caso da União Soviética, ou outros países do leste europeu, que eram seus "instrumentos"). E a população pela qual ele é ostensivamente responsável tinha que responder a seu próprio excesso de regras e regulamentações. Seus procedimentos eleitorais, que tradicionalmente só tinham um candidato, eram similares aos dos diretores das corporações ocidentais "amplamente controladas". A própria estrutura governamental é bastante burocrática, com uma hierarquia simples de autoridade e uma tecnoestrutura muito elaborada, variando desde planejadores estaduais até agentes da KGB. (Como observou James Worthy [1959:77], a administração científica de Frederick Taylor, "floresceu totalmente não na América do Norte, mas sim na Rússia soviética".) Todos os recursos importantes eram de propriedade do estado – o sistema coletivo – não das pessoas. E, como em outros sistemas fechados, os administradores tendem a ficar com a parte do leão dos benefícios.

Algumas Questões Associadas à Organização Máquina

Nenhuma estrutura gerou mais debate acalorado do que a organização máquina. Como observou Michel Crozier, um de seus mais eminentes estudiosos:

> Por um lado, a maioria dos autores considera a organização burocrática como a incorporação da racionalidade no mundo moderno e, como tal, intrinsecamente superior a todas as outras formas possíveis de organização. Por outro lado, muitos autores – em geral os mesmos – consideram-na um tipo de leviatã, preparando a escravidão da raça humana (1964:176).

Max Weber, o primeiro a escrever sobre esse tipo de organização, enfatizou sua racionalidade; na verdade, a palavra *máquina* vem diretamente de seus textos (ver Gerth e Mills 1958). Uma máquina é certamente precisa; também é confiável e fácil de controlar; e é eficiente – pelo menos quando restrita ao trabalho para o qual foi projetada. Essas são as razões pelas quais muitas organizações são estruturas com burocracia estilo máquina. Quando um conjunto integrado de tarefas simples e repetitivas deve ser executado precisa e consistentemente por seres humanos, essa é a estrutura mais eficiente – na verdade, a única concebível.

Mas nessas mesmas vantagens das eficiências de uma máquina estão todas as desvantagens dessa configuração. As máquinas consistem em partes mecânicas; estruturas organizacionais também incluem seres humanos – e aqui acaba a analogia.

Problemas Humanos no Núcleo Operacional

James Worthy, quando era um executivo da Sears, escreveu uma crítica penetrante e mordaz sobre a organização máquina em seu livro *Big Business and Free Men* ("Grandes empresas e homens livres"). Worthy associou a raiz dos problemas humanos nessas estruturas ao movimento de "administração científica" liderado por Frederick Taylor que varreu a América do Norte no início do século. Worthy reconheceu a contribuição de Taylor para a eficiência, estritamente definida. A iniciativa do trabalhador, porém, não entrou nessa equação de eficiência. As desculpas de Taylor para remover "todo o trabalho cerebral possível" das fábricas também removeu todas as possíveis iniciativas das pessoas que trabalhavam lá: a "máquina não tem vontade própria. Suas peças não têm impulso para ação independente. A reflexão, a direção – e até o objetivo – devem ser fornecidos por alguém de fora ou de cima". Isso teve como "conseqüência a destruição do significado do trabalho em si", o que foi "fantasticamente destrutivo para o segmento e para a sociedade", resultando em absenteísmo excessivo, alta rotatividade de trabalhadores, habilidade relaxada, greves caras e até sabotagem direta (1959: 67, 79, 70). Evidentemente, há pessoas que gostam de trabalhar em situações altamente estruturadas. Mas um número cada vez maior de pessoas não gosta, ou pelo menos não gosta de organizações *tão* altamente estruturadas.

Taylor gostava de dizer: "No passado, o homem vinha em primeiro lugar; no futuro, o sistema virá em primeiro lugar" (em Worthy 1959: 73). Palavras proféticas, na verdade. O homem moderno parece existir para seus sistemas; muitas das organizações que ele criou para servi-lo acabaram escravizando-o. O resultado é que um grande número do que Victor Thompson (1961) chamou de "buropatologias" – comportamentos disfuncionais dessas estruturas – se reforçam para formar um círculo vicioso na organização máquina. A concentração dos meios às custas dos fins, o mau atendimento aos clientes, as várias manifestações de alienação dos trabalhadores – tudo leva ao aumento de controles do comportamento. A mensagem implícita na organização máquina parece ser "Em caso de dúvida, controle". Todos os problemas precisam ser resolvidos apertando os parafusos burocráticos. Mas, como essa é a principal causa das buropatologias, aumentar os controles serve apenas para aumentar os problemas, levando à imposição de controles adicionais, e assim por diante.

Problemas de Coordenação no Centro Administrativo

Como o núcleo operacional da organização máquina não é planejado para lidar com conflitos, muitos dos problemas humanos que surgem lá acabam transbordando para a estrutura administrativa.

Uma das ironias da configuração máquina é que, para atingir o nível de controle exigido, ela deve espelhar a especialização restrita de seu núcleo operacional em sua estrutura administrativa (por exemplo, diferenciar gerentes de *marketing* de gerentes de produção, assim como vendedores são diferenciados dos trabalhadores da fábrica). Isso, por outro lado, significa problemas de comunicação e coordenação. O fato é que a estrutura administrativa da organização máquina também não é apropriada para a solução de problemas por meio de ajuste mútuo. Todas as barreiras de comunicação nessas estruturas – horizontal, vertical, posição, linha/apoio – impedem a comunicação informal entre gerentes e pessoal de apoio. "Cada unidade tem ciúmes de suas próprias prerrogativas e encontra formas de se proteger contra a pressão ou o abuso dos outros" (Worthy 1950: 176). Assim, o funcionalismo restrito não apenas impede a coordenação, ele também encoraja a construção de impérios privados, que tendem a produzir organizações muito centradas no topo, que podem se preocupar mais com os jogos políticos a serem ganhos do que com os clientes a serem atendidos.

Problemas de Adaptação no Ápice Estratégico

Mas se o ajuste mútuo não funciona no centro administrativo – gerando mais calor político do que luz cooperativa – como a organização máquina resolve seus problemas de coordenação? Instintivamente, ela tenta a padronização, por exemplo, reduzindo as descrições de cargo ou proliferando regras. Mas a padronização não é apropriada para lidar com problemas não-rotineiros do centro administrativo. Na verdade, ela apenas agrava esses problemas, minando a influência dos gerentes de linha e aumentando o conflito. Então, para reconciliar esses problemas de coordenação, a organização máquina tem apenas um mecanismo de coordenação, supervisão direta de cima. Especificamente, problemas de coordenação não-rotineiros entre as unidades são "jogados" para cima na linha hierárquica até que atinjam um nível comum de supervisão, sempre no topo da estrutura. O resultado pode ser uma centralização excessiva de poder que, por sua vez, produz vários outros problemas. Na verdade, assim como os problemas humanos no núcleo operacional se tornam problemas de coordenação no centro administrativo, o mesmo ocorre com os problemas de coordenação no centro administrativo, que se tornam problemas de adaptação no ápice estratégico. Vamos olhar mais de perto essa questão ao concluir com uma discussão sobre mudança estratégica na configuração máquina.

Formação de Estratégia na Organização Máquina

A estratégia na organização máquina deve emanar do topo da hierarquia, onde a perspectiva é mais ampla e o poder mais focado. Todas as informações relevantes serão enviadas ao topo da hierarquia, de forma agregada estilo Sistema de Gestão da Informação, em que serão formuladas em estratégia integrada (com o auxílio da tecnoestrutura). Depois segue-se a implementação, quando as estratégias pretendidas são enviadas para baixo na hierarquia para serem transformadas em programas e planos de ação sucessivamente mais elaborados. Observe a divisão clara de tarefas assumida entre os formuladores no topo e a implementação lá em baixo, baseada na suposição de estratégia perfeitamente deliberada produzida por um processo de planejamento.

Essa é a teoria. A prática é outra questão. Com base em nossa pesquisa sobre estratégia na McGill University, devemos considerar primeiro o que é realmente planejamento em uma organização máquina; segundo, como ele pode de fato atrapalhar o pensamento estratégico; e terceiro, se ele realmente mudou sua estratégia. A partir daí devemos considerar os problemas de mudança estratégica nas organizações máquina e suas possíveis soluções.

Planejamento como Programação em uma Cadeia de Supermercados

Qual é realmente o papel do planejamento formal? Ele produz estratégias originais? Vamos retornar ao caso da Steinberg's, nos últimos anos de seu fundador, quando o tamanho grande conduziu essa cadeia de varejo para a forma de máquina e, como é comum nessa forma, em direção a um modo de planejamento gerencial que sacrificava o espírito empreendedor.

Um fato em particular encorajou o início de planejamento na Steinberg's: a entrada da empresa nos mercados de capital em 1953. Meses antes de lançar seu primeiro título (ações, sempre sem direito a voto, vieram depois), Sam Steinberg alegou a um repórter de jornal que "nenhum centavo de dinheiro que não seja da família é investido na empresa". E, perguntado sobre planos futuros, respondeu: "Quem sabe? Vamos tentar ir a todos os lugares onde parecem precisar de nós". Poucos meses depois ele anunciou uma emissão de débito de US$ 5 milhões e um programa de expansão de cinco anos no valor de US$ 15 milhões, incluindo uma nova loja a cada dois meses, em um total de trinta, e a duplicação das vendas; as novas lojas deveriam ter em média o dobro de tamanho das já existentes.

O que aconteceu naqueles meses seguintes foi que Sam Steinberg percebeu, depois da abertura do primeiro *shopping center* em Montreal, que precisava entrar na área de *shopping centers* para proteger sua cadeia de supermercados e que não poderia fazer isso com os métodos tradicionais da empresa de financiamento interno e de curto prazo. E, evidentemente, nenhuma empresa poderia ir para o mercado de capitais sem um plano. Você não pode dizer apenas: "Sou Sam Steinberg e sou uma boa pessoa", embora essa fosse de fato a questão. Em uma sociedade "racional", você tem que ter um plano (ou pelo menos parecer fazer um).

Mas o que exatamente foi esse planejamento? Uma coisa é certa: ele não formulou uma estratégia. Sam Steinberg já tinha uma. O que o planejamento fez foi justificar, elaborar e articular a estratégia que já existia na cabeça de Sam Steinberg. O planejamento operacionalizou sua visão estratégica, programando-a. Deu uma ordem àquela visão, impondo-lhe uma forma para atender às necessidades da organização e seu ambiente. Assim, o planejamento seguiu o processo de criação de estratégia, que tinha sido essencialmente empreendedor.

Mas seus efeitos naquele processo não foram eventuais. Ao planejar e articular a visão, o planejamento restringiu-a e tornou-a menos flexível. Sam Steinberg manteve o controle formal da empresa até o dia de sua morte. Mas seu controle sobre a estratégia não permaneceu tão absoluto. O empreendedor, ao manter sua visão pessoal, consegue adaptá-la à vontade a um ambiente mutante. Mas, sendo forçado a programá-la, o líder perde essa flexibilidade. O perigo, afinal, é que o modo de planejamento force o espírito empreendedor; com procedimento substituindo a visão. À medida que sua estrutura se tornava mais parecida com uma máquina, a Steinberg's exigia planejamento na forma de programação estratégica. Mas esse planejamento também acelerou a transição da empresa para a organização máquina.

Existe, então, algo como "planejamento formal"? Acredito que não. Para ser mais explícito, não acho que as principais novas estratégias sejam formuladas por qualquer procedimento formal. As organizações que se baseiam em procedimentos de planejamento formal para formular estratégias parecem extrapolar as estratégias existentes, talvez com mudanças marginais nelas, ou mesmo copiar as estratégias de outras organizações. Isso fica mais claro em outro de nossos estudos da McGill.

Planejamento como um Impedimento para o Pensamento Estratégico em uma Empresa Aérea

A partir de meados dos anos 50, a Air Canada engajou-se intensamente em planejamento formal. Após o estabelecimento da empresa aérea, particularmente após desenvolver sua estrutura de rotas básica, diversos fatores a conduziram fortemente para o modo de planejamento. Acima de tudo estava a necessidade de coordenação, tanto da programação de vôos, envolvendo aeronaves, tripulações e manutenção, como da compra de aeronaves caras, com a estrutura do sistema de rota. (Imagine alguém gritando no hangar: "Ei, Fred, esse cara diz que tem dois 747 para nós; você sabe quem pediu?" Segurança era outro fator. A necessidade intensa de segurança no ar desenvolveu a mentalidade de tomar muito cuidado com o que a organização faz no solo também. Essa é a obsessão das empresas aéreas com controle. Outros fatores incluem os tempos de espera inerentes às principais decisões, como pedido de novas aeronaves ou lançamento de novas rotas, o custo absoluto de equipamentos de capital e o tamanho da organização. Você não administra um sistema intrincado como uma empresa aérea, necessariamente muito parecido com uma máquina, sem uma grande dose de planejamento formal.

Mas o que descobrimos ser uma conseqüência do planejamento na Air Canada foi a ausência de uma grande reorientação da estratégia durante nosso período de estudo (até meados dos anos 70). As aeronaves certamente mudaram – tornaram-se maiores e mais rápidas –, mas o sistema de rota básico não mudou, nem os mercados. A Air Canada dedicou apenas atenção marginal a operações de carga, vôos fretados e ponte aérea, por exemplo. O planejamento formal, em nossa visão, impediu o pensamento estratégico.

O problema é que o planejamento também tem origem na perspectiva de máquina, assim como uma linha de montagem ou uma máquina convencional produz um produto. Tudo depende da decomposição da análise: você divide o processo em uma série de passos ou peças componentes, especifica cada uma e depois, seguindo as especificações em seqüência, você tem o produto desejado. Há uma falácia nisso, porém. Linhas de montagem e máquinas convencionais produzem produtos padronizados, enquanto que o planejamento deve produzir uma nova estratégia. É como se a máquina devesse projetar a máquina; espera-se que a máquina planejadora crie o projeto original – a estratégia. Colocando de outra forma, o planejamento é orientado para análise para fazer decomposição, enquanto a criação de estratégia é orientada para síntese para fazer integração. Essa é a razão pela qual o termo "planejamento estratégico" comprovou ser um oximoro.

Papéis de Planejamento, Planos e Planejadores

Se planejamento não cria estratégia, então qual seu objetivo? Sugerimos acima um papel, que está relacionado à programação de estratégias já criadas de outras formas. Isso é mostrado na Figura 2, partindo de uma caixa rotulada de formação de estratégia – com a intenção de representar o que é planejar uma misteriosa "caixa-preta". Mas se planejamento é restrito à programação de estratégia, planos e planejadores entretanto têm outros papéis a desempenhar, mostrados na Figura 2 e discutidos junto com o planejamento em si.

Papel de planejamento

Por que as organizações adotam planejamento formal? A resposta parece ser: não para criar estratégias, mas para programar as estratégias que elas já têm, ou seja, elaborar

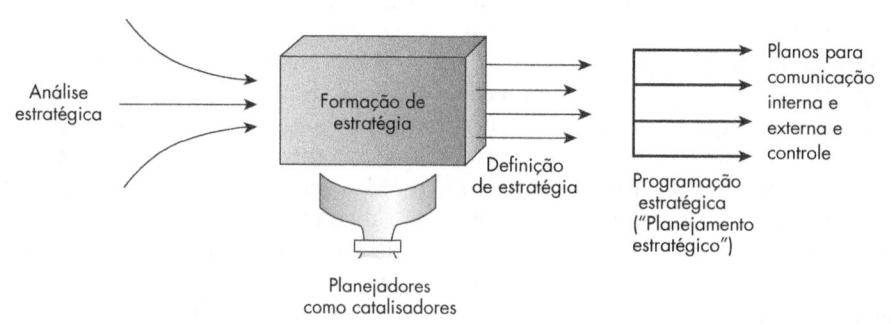

Figura 2 Os papéis específicos dos planejadores.

e operacionalizar as conseqüências dessas estratégias formalmente. Devemos realmente dizer que organizações *efetivas* se engajam em planejamento, pelo menos quando elas exigem a implementação formalizada de suas estratégias. Assim, estratégia não é *conseqüência* do planejamento, mas sim seu ponto de partida. O planejamento ajuda a transformar a estratégia pretendida em estratégia realizada, dando o primeiro passo que acaba levando à implementação.

Pode-se considerar que essa *programação estratégica*, como ela pode ser apropriadamente rotulada, envolve uma série de passos, especificamente a *codificação* de determinada estratégia, incluindo seu esclarecimento e articulação, a *elaboração* dessa estratégia em subestratégias, programas de ação específicos e planos de vários tipo e a *transformação* dessas subestratégias, programas e planos em orçamentos e objetivos de rotina. Nesses passos, vemos planejamento como um processo analítico que entra em vigor depois que a síntese de formação estratégica é completada.

Assim, planejamento formal pertence apropriadamente à *implementação* da estratégia, não à sua formulação. Mas devemos enfatizar que programação estratégica faz sentido quando as estratégias viáveis pretendidas estão disponíveis; em outras palavras, quando se espera que o mundo pare enquanto essas estratégias se desdobram, de maneira que a formulação possa logicamente preceder a implementação, e quando a organização que está fazendo a implementação de fato exige estratégias claramente codificadas e elaboradas. Em outras circunstâncias, programação estratégica pode prejudicar as organizações ao usurpar a flexibilidade que os gerentes e outras pessoas podem precisar para responder às mudanças no ambiente ou em seus próprios processos de aprendizado interno.

Papéis de planos

Se planejamento é programação, então os planos claramente desempenham dois papéis. Eles são um meio de comunicação e um mecanismo de controle. Os dois papéis se baseiam no caráter analítico dos planos, especificamente no fato de que eles representam estratégias em formas decompostas, articuladas e, se não quantificadas, então pelo menos quantificáveis.

Por que programar estratégia? Mais obviamente para coordenação, para assegurar que todos na organização sigam na mesma direção, uma direção que pode precisar ser especificada o mais precisamente possível. Na Air Canada, para usar nosso exemplo anterior, isso significa associar a aquisição de uma nova aeronave com as rotas específicas a serem voadas, e programar tripulações e aviões para estarem prontos quando os vôos forem sair, etc. Os planos, por emergirem da programação estratégica como programas, escalas, orçamentos, etc., podem ser o principal meio para comunicar não apenas a intenção estratégica, mas também o papel que cada pessoa deve representar para realizá-la.

Os planos, como meio de comunicação, informam as pessoas sobre a estratégia pretendida e suas conseqüências. Mas como mecanismos de controle eles podem ir além, especificando que papel os departamentos e as pessoas devem representar para ajudar a realizar a estratégia e então comparar isso com o desempenho, a fim de alimentar o controle de informação de volta no processo de criação de estratégia.

Os planos podem ajudar a efetivar controle de várias formas. A mais óbvia é o controle da estratégia em si. Na verdade, o que há muito tempo é citado sob o rótulo de "planejamento estratégico" provavelmente está mais relacionado com "controle estratégico" do que muitas pessoas percebem. O controle estratégico significa manter as organizações em sua trajetória estratégica: assegurar a realização das estratégias pretendidas, sua implementação como esperado, com recursos apropriadamente alocados. Mas controle estratégico é mais do que isso. Outro aspecto inclui a avaliação da realização de estratégias em primeiro lugar, especificamente, se os padrões realizados correspondem às intenções previamente especificadas. Em outras palavras, o controle estratégico deve avaliar comportamento e também desempenho. Depois pode surgir uma forma mais rotineira e tradicional de controle para considerar se as estratégias que foram de fato realizadas se comprovaram eficazes.

Papéis de planejadores

Os planejadores, evidentemente, desempenham papéis em planejamento (especificamente, programação estratégica) e no uso dos planos resultantes para fins de comunicação e controle. Mas muitas das coisas mais importantes que os planejadores fazem têm pouco a ver com planejamento ou mesmo com planos em si. Três papéis parecem fundamentais aqui.

Primeiro, os planejadores podem desempenhar um papel para identificar estratégias. Isso pode parecer curioso, mas, se as estratégias realmente emergem nas organizações, os planejadores podem ajudar a identificar os padrões que vão se tornar estratégias, de forma que se possa considerar a formalização deles, tornando-os deliberados. Evidentemente, descobrir as estratégias dos concorrentes – para avaliação e possível adoção modificada – também é importante aqui.

Segundo, planejadores representam o papel de analistas, fazendo estudos específicos para alimentar a caixa-preta de criação da estratégia. Na verdade, alguém poderia argumentar que isso é precisamente o que Michael Porter propõe com sua ênfase em análise do segmento e análise competitiva. A natureza específica de tais estudos, porém, deve ser enfatizada, pois eles serão usados em um processo de criação de estratégia que é irregular por si próprio, não seguindo qualquer programação nem seqüência-padrão de passos. Na verdade, a regularidade no processo de planejamento pode interferir com o pensamento estratégico, que deve ser flexível, receptivo e criativo.

O terceiro papel do planejador é de catalisador. Isso se refere não ao papel tradicional há muito tempo promovido pela literatura, que vende o planejamento formal como um tipo de religião, mas sim a encorajar *pensamento* estratégico em toda a organização. Aqui o planejador encoraja criação *informal* de estratégia, tentando levar os outros a pensarem sobre o futuro de forma criativa. Ele não precisa tanto entrar na caixa-preta de criação de estratégia, mas sim certificar-se de que a caixa seja ocupada por gerentes de linha ativos.

Um planejador para cada lado do cérebro

Discutimos os vários papéis de planejamento, planos e planejadores, sumarizados em torno da caixa-preta da formação de estratégia na Figura 2. Esses papéis sugerem duas orientações diferentes para os planejadores.

Por um lado (por assim dizer), o planejador deve ser um tipo de pensador convergente altamente analítico, dedicado a trazer ordem para a organização. Acima de tudo, esse planejador programa as estratégias pretendidas e verifica se elas são comunicadas claramente e usadas para fins de controle. Ele também faz estudos para assegurar que os gerentes envolvidos na formação de estratégia levem em conta os dados necessários que eles podem estar inclinados a deixar escapar e que as estratégias que eles formulam sejam cuidadosa e sistematicamente avaliadas antes de ser implementadas.

Por outro lado, há outro tipo de planejador, menos convencional; um pensador criativo e divergente, em vez de intuitivo, que tenta abrir o processo de criação da estratégia. Como um "analista ameno", ele tende a conduzir estudos "negligentes" para encontrar estratégias em locais estranhos e para encorajar os outros a pensar estrategicamente. Esse planejador tem tendência ao processo intuitivo identificado com o hemisfério direito do cérebro. Podemos chamá-lo de *planejador canhoto*. Algumas organizações precisam enfatizar um tipo de planejador, e outras, outro tipo. Mas as organizações mais complexas provavelmente precisam de uma combinação dos dois.

MUDANÇA ESTRATÉGICA EM UMA EMPRESA AUTOMOBILÍSTICA

Considerando que o planejamento em si não é estratégico, como a burocracia máquina orientada para o planejamento muda sua estratégia quando tem que fazê-lo? A Volkswagenwerk foi uma organização que teve que fazer isso. Interpretamos sua história de 1934 a 1974 como um longo ciclo de uma perspectiva estratégica única. O "carro popular" original, o famoso "Fusca", foi concebido por Ferdinand Porsche: a fábrica para produzi-lo foi construída um pouco antes da guerra, mas não iniciou a produção de automóveis civis até que a guerra terminasse. Em 1948, um homem chamado Heinrich Nordhoff recebeu o controle da fábrica devastada e começou a reconstruí-la, e também a organização e a estratégia, com base na concepção original de Porsche. O sucesso da empresa foi imenso.

No final dos anos 50, porém, os problemas começaram a aparecer. A demanda na Alemanha estava reduzindo para o Fusca. A resposta típica da máquina burocrática foi não repensar a estratégia básica – a reação foi "está tudo bem" – em vez disso, inserir nela mais uma peça. Um novo modelo de automóvel foi acrescentado, maior que o Fusca mas com um método similar de motor, novamente refrigerado a ar na parte de trás. A Volkswagenwerk ganhou posição, mas não mudou a perspectiva.

Mas isso não resolveu o problema básico e, em meados dos anos 60, a empresa estava em crise. Nordhoff, que resistia à mudança estratégica, morreu no cargo e foi substituído por um advogado que veio de fora. A empresa então fez uma busca frenética de novos modelos, projetando, desenvolvendo ou adquirindo um grande número deles, com motor na frente, no meio e atrás, refrigerado a ar e a água; direção na frente e atrás. Parafraseando o humorista Stephen Leacock, a Volkswagenwerk montou em seu cavalo estratégico e cavalgou para todos os lados. Apenas quando outro líder assumiu, um homem envolvido com a empresa e com o setor automotivo, foi que a empresa consolidou-se em uma nova perspectiva estratégica, com base nos elegantes projetos de direção dianteira e motores resfriados a água de uma das empresas adquiridas, mudando assim a sua sorte.

O que essa história sugere, em primeiro lugar, é a grande força do ímpeto burocrático na organização máquina. Mesmo deixando o planejamento de lado, o esforço imenso de produzir e comercializar uma nova linha de automóveis prende a empresa a uma certa postura. Mas aqui o ímpeto também era psicológico. Nordhoff, que tinha sido a força condutora por trás do grande sucesso da organização, tornou-se um grande ônus quando o ambiente exigiu mudança. Com o correr dos anos, ele também havia sido capturado pelo ímpeto burocrático. Além disso, a incomparável e firme integração da estratégia da Volkswagenwerk – chamamos isso de *configuração* – impediu a mudança estratégica. Mude um elemento em uma configuração firmemente integrada e ela se *des*integra. Assim, o sucesso acaba gerando falhas.

GARGALO NO TOPO

Por que essa grande dificuldade em mudar a estratégia na organização máquina? Aqui nos dedicamos a essa questão e mostramos como as mudanças geralmente precisam ser feitas em uma configuração diferente, se for o caso.

Como discutido anteriormente, problemas imprevistos na organização máquina tendem a ser jogados para cima na hierarquia. Quando são poucos, o que significa condições relativamente estáveis, as coisas funcionam tranquilamente. Mas, em épocas de mudanças rápidas, quando se exige novas estratégias, o número desses problemas aumenta, resultando em um gargalo no topo, onde os gerentes seniores ficam sobrecarregados. E isso tende a impedir à mudança estratégica ou fazer com que seja considerada de forma errada.

Grande parte do problema é informação. Os gerentes seniores enfrentam uma organização decomposta em partes, como uma máquina. As informações de *marketing* vêm por um canal, as de produção, por outro, e assim por diante. De alguma forma são os próprios gerentes que devem integrar todas as informações. Mas a mesma premissa da máquina burocrática de separar a administração do trabalho de sua execução significa que sempre falta à alta gerência intimidade e conhecimento detalhado das questões, necessários para efetivar tal integração. Em resumo, o poder necessário está no topo da estrutura, mas o conhecimento necessário geralmente está na parte de baixo.

Evidentemente, também há uma solução estilo máquina para esse problema – e não é surpresa que seja em forma de um sistema. Ele é chamado de sistema de gestão de informação, ou SGI, e o que faz é combinar todas as informações necessárias e agrupá-las cuidadosamente para que a alta gerência seja informada sobre o que está acontecendo – a solução perfeita para o executivo sobrecarregado. Pelo menos na teoria.

Infelizmente, vários problemas reais surgem no SGI. Por alguma razão, na alta hierarquia administrativa da organização máquina, a informação deve passar por muitos níveis antes de atingir o topo. Em cada nível ocorrem perdas. Boas notícias são destacadas, enquanto que más notícias são bloqueadas no caminho. E informações "amenas", tão necessárias para informações estratégicas, não conseguem passar facilmente, ao mesmo tempo em que grande parte da informação do tipo SGI só chega lentamente. Em um ambiente estável, o gerente talvez possa esperar; em um que muda rapidamente, não pode. O presidente quer ser informado imediatamente de que o principal cliente da empresa estava jogando golfe ontem com o principal concorrente, e não descobrir isso seis meses depois, ao ler um relatório de vendas. Fofocas, boatos, especulações – os tipos de informação mais amenos – alertam o gerente sobre problemas iminentes; o SGI quase sempre registra para a posteridade problemas que já foram vividos. O gerente que depende do SGI em um sistema mutante geralmente acaba ficando desatualizado.

A solução óbvia para a alta gerência é passar por cima do SGI e estabelecer seus próprios sistemas informais, redes de contatos que tragam as informações ricas, tangíveis e instantâneas que eles necessitam. Mas isso viola as pressuposições de formalidade da organização máquina e o respeito pela cadeia de autoridade. Além disso, também exige tempo dos gerentes, e a falta desse tempo é a principal causa do gargalo. Assim, os executivos das organizações máquina enfrentam um dilema fundamental como resultado de sua própria configuração: em tempos de mudança, quando eles mais precisam de tempo para se manter informados, o sistema os sobrecarrega com outras pressões. Eles assim se restringem a agir superficialmente, com informações inadequadas e abstratas.

A DICOTOMIA FORMULAÇÃO/IMPLEMENTAÇÃO

O problema essencial está em um dos princípios mais importantes da organização máquina, de que formulação da estratégia deve ser nitidamente separada de implementação da estratégia. Uma é considerada no topo da organização, a outra é executada bem mais abaixo. Para que isso funcione são necessárias duas condições: primeiro, que o formulador tenha informações suficientes e, segundo, que o mundo fique parado, ou pelo menos mude de maneiras previsíveis, durante a implementação, de forma que não haja necessidade de reformulação.

Agora considere por que a organização precisa de uma nova estratégia. É porque seu mundo mudou de maneira imprevisível e, na verdade, pode continuar mudando. Acabamos de ver como a estrutura da máquina burocrática tende a violar a primeira condição – ela deixa os gerentes seniores mal-informados durante esses períodos de mudança. E quando a mudança continua de maneira imprevisível (ou pelo menos o mundo se revela de uma forma ainda não prevista pela gerência mal-informada), a segunda condição também é violada – não faz sentido implementar uma estratégia que não reflete as mudanças do mundo ao seu redor.

Isso tudo implica a necessidade de desmontar a dicotomia formulação/implementação precisamente quando a estratégia da burocracia estilo máquina precisa ser alterada. Isso pode ser feito de duas maneiras.

No primeiro caso, o formulador implementa. Em outras palavras, o poder é concentrado no topo, não apenas para criar a estratégia, mas também para implementá-la, passo a passo, de forma personalizada. O estrategista é colocado em contato pessoal com a situação (mais comumente, aponta-se um estrategista que tenha ou possa desenvolver esse contato) de forma que ele possa, por um lado, ser propriamente informado e, por outro lado, controlar a implementação em curso a fim de reformular quando necessário. Isso, evidentemente, descreve a configuração empreendedora, pelo menos no ápice estratégico.

No segundo caso, o implementador formula. Em outras palavras, o poder é concentrado na parte de baixo da organização, onde estão as informações necessárias. Como as pessoas que estão naturalmente em contato com situações específicas executam ações individuais – aproximar-se de novos clientes, desenvolver novos produtos, etc. – os padrões se formam ou, em outras palavras, a estratégia emerge. E isso descreve a configuração inovadora, na qual as iniciativas estratégicas sempre se originam na raiz da organização e depois são defendidas por gerentes de nível intermediário, que as integram umas com as outras ou com as estratégias já existentes para obter a aceitação da gerência sênior.

Concluímos, portanto, que a configuração máquina não está preparada para mudar sua estratégia fundamental, que a organização deve mudar sua configuração temporariamente para depois mudar a estratégia. Ou ela reverte para a forma empreendedora, permitindo que um único líder desenvolva a visão (ou trabalhe com uma desenvolvida anteriormente), ou ela sobrepõe uma forma inovadora em sua estrutura convencional (por exemplo, criar uma rede informada de equipes laterais e forças-tarefa) para que as estratégias necessárias possam emergir. O primeiro caso pode obviamente funcionar mais rápido do que o segundo; essa é a razão pela qual ele tende a ser usado para *transformações* drásticas, enquanto que o segundo tende a seguir o processo mais lento da *revitalização*. (Evidentemente, transformações rápidas podem ser necessárias porque não há revitalização lenta). De qualquer maneira, ambas são caracterizadas pela capacidade de *aprender* – essa é a essência das configurações empreendedora e inovadora, em um caso com aprendizado centralizado para o contexto mais simples e, no outro, descentralizado para o contexto mais complexo. A configuração máquina não é caracterizada assim.

Isso, porém, não deve ser surpresa. Afinal de contas, as máquinas são instrumentos especializados, projetados para produtividade, não para adaptação. Nas palavras de Hunt (1970), as burocracias estilo máquina são sistemas de desempenho, não de solução de problemas. A eficiência é o seu forte, não a inovação. Uma organização não pode colocar antolhos em seu pessoal e então esperar visão periférica. Os gerentes aqui são recompensados por cortar custos e melhorar os padrões, não por assumir riscos e ignorar procedimentos. A mudança atrapalha os sistemas operacionais: mude uma relação em um sistema cuidadosamente montado e toda a cadeia precisará ser reconcebida. Por que, então, deveríamos ficar surpresos quando nossas máquinas burocráticas não se adaptam?

Evidentemente, é justo perguntar por que gastamos tanto tempo tentando fazê-las se adaptarem. Afinal de contas, quando uma máquina comum se torna improdutiva, nós simplesmente a reduzimos a sucata, felizes por ela ter nos servido por tanto tempo e tão bem. Convertê-la para outro uso geralmente acaba saindo mais caro do que simplesmente começar de novo. Suspeito que o mesmo pode ser dito das máquinas burocráticas. Mas aqui, evidentemente, o contexto é social e político. As partes mecânicas não protestam, nem o fazem matérias-primas descartadas. Trabalhadores, fornecedores e clientes, porém, protestam contra o sucateamento das organizações, por razões óbvias. Mas o custo terrivelmente alto disso em uma sociedade de organizações máquina gigantes será assunto do capítulo final deste livro.

REVOLUÇÕES ESTRATÉGICAS NAS ORGANIZAÇÕES MÁQUINA

As organizações máquina mudam de vez em quando, algumas vezes, efetivamente, mas, na maioria delas, parece que com muito custo e sofrimento. As que têm sorte conseguem sobrepor uma estrutura inovadora para revitalização periódica, enquanto que muitas outras sobreviventes de alguma forma conseguem se transformar de maneira empreendedora.

Acima de tudo, organizações máquina parecem seguir o que meus colegas Danny Miller e Peter Friesen (1984) chamam de "teoria do *quantum*" da mudança organizacional. Elas adotam suas estratégias durante longos períodos de estabilidade (ocorrendo naturalmente ou criados por elas mesmas como sistemas fechados), usando planejamento e outros procedimentos para fazer isso de forma eficiente. Periodicamente essa estabilidade é interrompida por pequenas explosões de mudança, que Miller e Friesen caracterizam como "revoluções estratégicas" (embora outra colega, Mihaela Firsirotu [1985], talvez rotule melhor como "transformação estratégica como revolução cultural").

A ORGANIZAÇÃO TEM PRECEDÊNCIA NA ORGANIZAÇÃO MÁQUINA

Para concluir, como mostra a Figura 3, a organização – com seus sistemas e procedimentos, seu planejamento e seu ímpeto burocrático – tem precedência sobre liderança e ambiente na configuração máquina. O ambiente se ajusta à organização, seja porque a organização tenha se entalhado em um contexto que iguala seus procedimentos, ou ainda porque ela forçou o ambiente a fazê-lo. E liderança geralmente também se ajusta, suportando a organização, na verdade, sempre fazendo parte de seu ímpeto burocrático.

Isso em geral funciona efetivamente, embora dificilmente de forma não-problemática, pelo menos em períodos de estabilidade. Mas em épocas de mudanças, a eficiência se torna ineficaz, e a organização vai vacilar a não ser que encontre uma forma diferente de se organizar para adaptação.

Tudo isso é outra forma de dizer que a organização máquina é uma configuração, uma espécie, como as outras, apropriada para seu próprio contexto, mas imprópria para outros. Porém, ao contrário das outras, é a configuração dominante em nossas sociedades especializa-

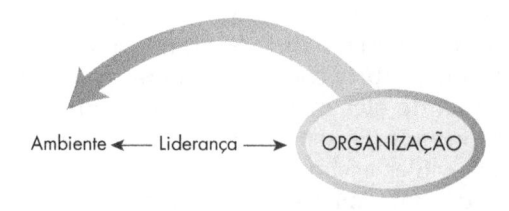

Figura 3 A organização tem precedência.

das. Desde que continuemos a exigir produtos e serviços baratos e por isso necessariamente padronizados, e desde que as pessoas continuem a ser mais eficientes do que máquinas para fornecê-los e continuem querendo fazer isso, então a organização máquina continuará conosco – e continuarão também todos os seus problemas.

LEITURA 14.2
DINÂMICAS DE CUSTO: EFEITOS DE ESCALA E DE EXPERIÊNCIA[2]
por Derek F. Abell e John S. Hammond

A participação de mercado é um dos determinantes primários da lucratividade da empresa; outras coisas permanecendo iguais, empresas com maior participação de mercado são mais lucrativas do que concorrentes com menor participação. Por exemplo, um estudo do PIMS Program (Buzzell, Gale e Sultan, 1975)... descobriu que, em média, uma diferença de dez pontos percentuais na participação de mercado é acompanhada por uma diferença de cerca de cinco pontos no retorno sobre investimento antes dos impostos ("lucros operacionais antes dos impostos" dividido por "débitos a longo prazo mais patrimônio"). Uma prova adicional é que empresas com maior participação de mercado em seus mercados de produto primário – como General Motors, IBM, Gillette, Eastman Kodak e Xerox – tendem a ser altamente lucrativas.

Uma razão importante para aumentar a lucratividade com participação de mercado é que empresas com grande participação normalmente têm *custos mais baixos*. Os custos mais baixos devem-se em parte às economias de escala; por exemplo, fábricas muito grandes custam menos por unidade de produção para serem construídas e em geral são mais eficientes do que fábricas pequenas. Os custos mais baixos também se devem em parte ao chamado *efeito experiência*, por meio do qual o custo de muitos (se não da maioria) produtos cai de 10% a 30% cada vez que a experiência da empresa na produção e venda desses produtos dobra. Nesse contexto, *experiência* tem um significado preciso: é o número cumulativo de unidades produzidas até aquela data. Como em qualquer época as empresas com grande participação de mercado geralmente (mas nem sempre) têm mais experiência do que seus concorrentes com menos participação, espera-se que elas tenham custo mais baixo...

Este [texto] considera como os custos declinam devido à escala e experiência, problemas práticos ao analisar o efeito experiência, implicações estratégicas de escala e experiência e limitações de estratégias baseadas em redução de custo.

EFEITO DE ESCALA

Como mencionado anteriormente, efeito de escala refere-se ao fato de que grandes empresas têm o potencial de operar com custos unitários mais baixos do que empresas menores. A eficiência aumentada devido ao tamanho é sempre chamada de "economia de escala"; poderia também ser chamada de "economia de tamanho".

A maioria das pessoas pensa em economia de escala como um fenômeno de produção porque grandes instalações de produção podem ser construídas a um custo mais baixo por unidade de capacidade e podem ser operadas mais eficientemente do que as menores...

Como custam menos para ser construídas, fábricas de larga escala têm custos *operacionais* mais baixos por unidade de produção... Embora seja substancial na produção, o efeito de escala também é importante em outros elementos de custo, como *marketing*, vendas, distribuição, administração, P&D e serviços. Por exemplo, uma cadeia com 30 supermercados, em uma área metropolitana, precisa de menos de um terço da propaganda que precisa uma cadeia de 10 lojas... As economias de escala também são atingidas com itens adquiridos, como matérias-primas e frete...

Embora as economias de escala existam potencialmente em todos os elementos de custo de uma empresa, tanto no curto como no longo prazo, só o fato de ser grande não garante os benefícios da escala. O exemplo acima deixa evidente que tamanho gera uma *oportunidade* para economias de escala; para atingi-las são necessárias estratégias e ações conscientemente planejadas para aproveitar a oportunidade, especialmente com custos operacionais...

EFEITO DE EXPERIÊNCIA

O efeito de experiência, por meio do qual os custos caem com a produção cumulativa, é mensurável e previsível; ele tem sido observado em um vasto leque de produtos, incluindo automóveis, semicondutores, petroquímicos, telefonia de longa distância, fibras sintéticas, transporte aéreo, custo de administrar seguros de vida, calcário moído, para mencionar apenas alguns. Observe que essa lista inclui produtos de alta tecnologia e de baixa tecno-

---

[2] Publicado originalmente em *Strategic Market Planning: Problems and Analytical Approaches* (Prentice Hall, 1979), cap. 3. Copyright © Prentice Hall, 1979; reimpresso, com cortes, com permissão da editora.

logia, serviços para a área de produção, produtos de consumo e industriais, produtos novos e maduros e processos para montagem de produtos orientados, indicando seu vasto leque de aplicação...

...foi apenas recentemente que esse fenômeno foi cuidadosamente mensurado e quantificado; no início, acreditava-se que só se deveria aplicar a porção de mão-de-obra nos custos de *fabricação*... Nos anos 60, evidências mostraram que o fenômeno era mais amplo. O pessoal do Boston Consulting Group e outros mostraram que, cada vez que o volume cumulativo de um produto dobrava, o valor total dos custos agregados – incluindo administração, vendas, *marketing*, distribuição, etc., além do custo de produção – caíam em um percentual constante e previsível. Além disso, os custos dos itens adquiridos geralmente caíam quando os fornecedores reduziam seus preços devido à redução de custos, também devido ao efeito de experiência. A relação entre custos e experiência era chamada de *curva de experiência* (Boston Consulting Group, 1972).

Uma curva de experiência é plotada com as unidades cumulativas produzidas no eixo horizontal e o custo por unidade no eixo vertical. Uma curva de experiência "85%" é mostrada na Figura 1. Os "85%" significam que, cada vez que a experiência dobra, os custos por unidade caem para 85% do nível original. Isso é conhecido como *índice de aprendizado*. Exposto de uma forma diferente, os custos por unidade caem 15% cada vez que a produção cumulativa dobra. Por exemplo, o custo da 20ª unidade produzida é cerca de 85% do custo da 10ª unidade...

A curva de experiência aparece como uma linha reta quando plotada em um papel de logaritmo duplo (escala logarítmica tanto para o eixo horizontal como para o vertical). A Figura 2 mostra a curva de experiência "85%" da Figura 1 em escala de logaritmo duplo... A Figura 3 traz ilustrações para [alguns] produtos [específicos].

FONTES DO EFEITO DE EXPERIÊNCIA

O efeito de experiência tem diversas fontes; para capitalizar essas fontes é preciso saber por que elas ocorrem. As fontes do efeito de experiência são resumidas como segue:

1. Eficiência da mão-de-obra. À medida que os trabalhadores repetem uma determinada tarefa de produção, tornam-se mais hábeis e descobrem melhorias e

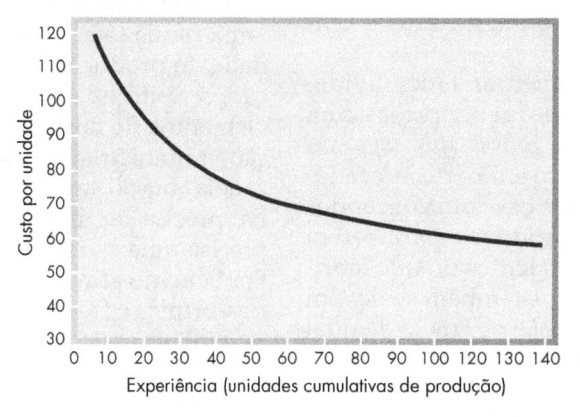

Figura 1 Uma curva de experiência típica (85%).

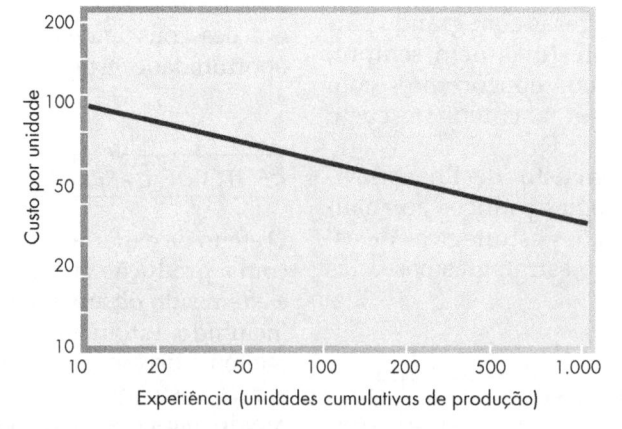

Figura 2 Uma curva de experiência 85%, mostrada em escalas Log-log.

GERADORES DE TURBINAS A VAPOR (1946-1963)

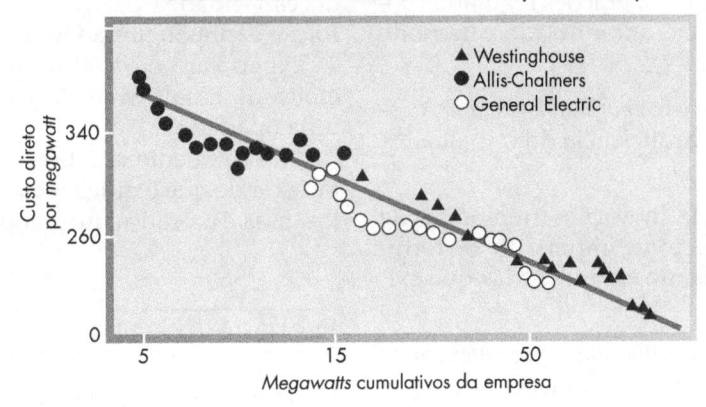

▲ Westinghouse
● Allis-Chalmers
○ General Electric

Custo direto por *megawatt*

Megawatts cumulativos da empresa

CIRCUITOS INTEGRADOS (1964-1974)

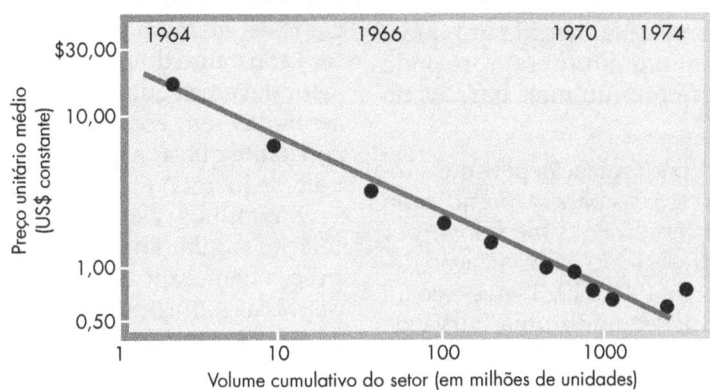

Preço unitário médio (US$ constante)

Volume cumulativo do setor (em milhões de unidades)

FRANGO GRELHADO (1934-1975)

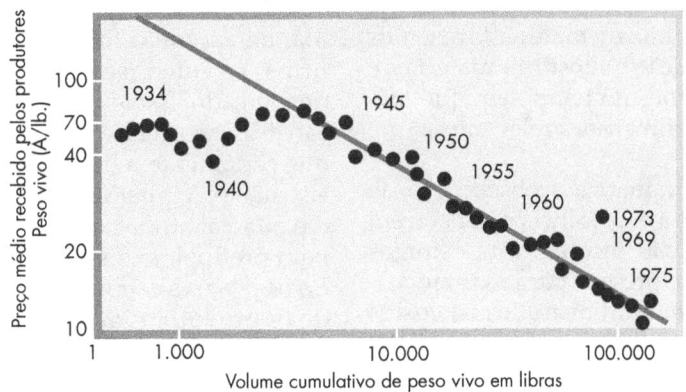

Preço médio recebido pelos produtores Peso vivo (A/lb.)

Volume cumulativo de peso vivo em libras

Figura 3 Alguns exemplos de curvas de experiência.
Nota: Tecnicamente uma curva de experiência mostra a relação entre custo e experiência. Porém, as figuras de custo raramente estão disponíveis publicamente; por isso, a maioria das curvas de experiência acima mostra preço do setor (em dólares constantes) *vs.* experiência.
Fonte: The Boston Consulting Group.

atalhos que aumentam sua eficiência coletiva. Quanto maior o número de operações reguladas pelos trabalhadores, maior o aprendizado que pode derivar da experiência...

2. *Especialização no trabalho e melhoria de métodos.* A especialização aumenta a proficiência do trabalhador em uma determinada tarefa...

3. *Novos processos de produção.* Inovações e melhorias de processo podem ser uma fonte importante de redução de custos, especialmente em indústrias que exigem muito capital...

4. *Obtenção de melhor desempenho dos equipamentos de produção.* Quando projetado inicialmente, um equipamento de produção pode ter um desempenho conservador. A experiência pode revelar formas inovadoras de aumentar os resultados...

5. *Mudanças no mix de recursos.* Na medida em que a experiência se acumula, um produtor sempre pode incorporar recursos diferentes ou mais baratos na operação...

6. *Padronização de produto.* A padronização permite a reprodução das tarefas necessárias para o aprendizado do trabalhador. A produção do Ford modelo T, por exemplo, seguia uma estratégia de padronização deliberada; como resultado, de 1909 a 1923 seu preço foi constantemente reduzido, seguindo uma curva de experiência 85% (Abernathy e Wayne, 1974)...

7. *Redesenho de produto.* Com a experiência adquirida com um produto, tanto o fabricante como os clientes compreendem melhor suas exigências de desempenho. Essa compreensão permite que o produto seja reprojetado para economizar material, permitir maior eficiência na produção e substituir materiais e recursos mais caros, ao mesmo tempo em que melhora o desempenho em dimensões relevantes...

A lista de fontes acima dramatiza a observação de que reduções de custo devido à experiência não ocorrem por inclinação natural; elas são resultado de esforços substanciais coordenados e de pressão para reduzir custos. Na verdade, se não forem administrados os custos sobem. Assim, a experiência não causa redução; ao contrário, representa uma oportunidade que os gerentes atentos podem explorar...

A lista de razões para o efeito de experiência levanta questões perplexas sobre a diferença entre efeito de experiência e efeito de escala. Por exemplo, não é verdade que a especialização no trabalho e a padronização de projeto, mencionadas na lista de experiência, se tornam possíveis devido ao *tamanho* de uma operação? Dessa forma, elas não seriam realmente efeito de escala? A resposta é que elas provavelmente são as duas coisas.

A confusão surge porque o crescimento da experiência geralmente coincide com o crescimento no tamanho de uma operação. Consideramos que o efeito experiência surge principalmente devido à engenhosidade, habilidade, capacidade e destreza derivadas da experiência, conforme expresso nos adágios "a prática faz a perfeição" e "a experiência é o melhor professor". Por outro lado, o efeito de escala vem da capitalização no tamanho de uma operação...

Normalmente, a sobreposição entre os dois efeitos é tão grande que é difícil (e não muito importante) separá-los. Essa é a prática que adotaremos daqui em diante...

PREÇOS E EXPERIÊNCIA

Em mercados competitivos estáveis, espera-se que, à medida que os custos caiam com a experiência, os preços também diminuam. (As curvas de preço-experiência na Figura 3 são exemplos de preços caindo com a experiência.) Se a margem de lucro permanece como um percentual constante do preço, os custos e os preços médios do setor devem seguir curvas de experiência igualmente desenhadas (em escalas de logaritmos duplos). A lacuna constante que as separa vai igualar o percentual de margem de lucro. A Figura 4 ilustra essa situação idealizada.

Em muitos casos, porém, preços e custos exibem uma relação similar àquela mostrada na Figura 5, na qual os preços começam um pouco mais baixos que os custos, depois as reduções de custo excedem as reduções de preço até que os preços caiam subitamente. No final, as curvas de preço e custo ficam paralelas, como ocorre na Figura 4. Especificamente, na fase de desenvolvimento, os preços dos novos produtos ficam abaixo da média de custos do segmento por serem baseados em custos antecipados. Na fase de preço guarda-chuva, quando a demanda excede o fornecimento, os preços permanecem firmes sob um preço guarda-chuva suportado pelo líder de mercado. Isso é instável. Em algum ponto, a eliminação de concorrência vai começar; um produtor vai quase que certamente reduzir preços para ganhar mercado. Se isso não precipitar uma queda no preço, a margem de lucro alta vai atrair novos entrantes em número suficiente para produzir excesso de capacidade temporário, levando os preços a cair mais rápido do que os custos e forçando os produtores marginais a sairem do mercado. A fase de estabilidade começa quando as margens de lucro retornam aos níveis normais e os preços começam a seguir os custos do setor para baixo na curva de experiência...

IMPLICAÇÕES ESTRATÉGICAS

Em indústrias nas quais uma parte importante do custo total pode ser reduzida com escala ou experiência, também se pode atingir vantagens de custo importantes ao adotar uma estratégia criada para acumular experiência mais rápido do que os concorrentes. (Esse tipo de estratégia vai acabar exigindo que a empresa adquira uma participação de mercado maior em relação aos concorrentes.)

O produtor dominante pode influenciar muito a lucratividade do segmento. O índice de queda de custos dos concorrentes deve pelo menos manter o ritmo com o do líder se eles desejarem manter a lucratividade. Se seus custos caírem mais lentamente, seja porque adotam reduções de custo menos agressivas ou porque crescem mais lentamente do que o líder, então seus lucros vão acabar desaparecendo, fazendo com que saiam do mercado.

...a vantagem de ser o líder é óbvia. A liderança em geral é melhor aproveitada no início, quando a experiência dobra rapidamente (p. ex., a experiência aumenta dez vezes quando você passa da 20ª para a 2.000^a unidade, mas apenas dobra quando passa da 2.000^a para a 4.000^a unidade). Então a empresa pode construir uma vantagem de custo inatacável e ao mesmo tempo ganhar liderança de preço. O melhor curso de ação para um produto depende de vários fatores, um dos mais importantes sendo o índice de crescimento do mercado. Em mercados de crescimento rápido, pode-se ganhar experiência ao

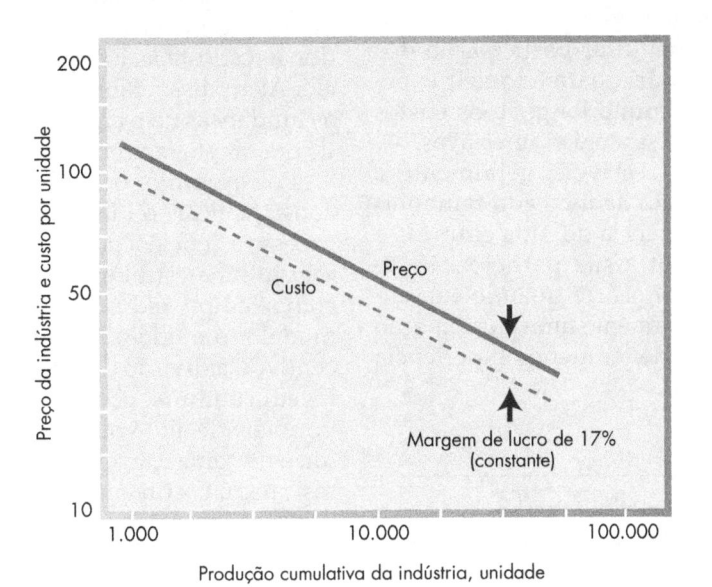

Figura 4 Uma relação idealizada de preço-custo quando a margem de lucro é constante.

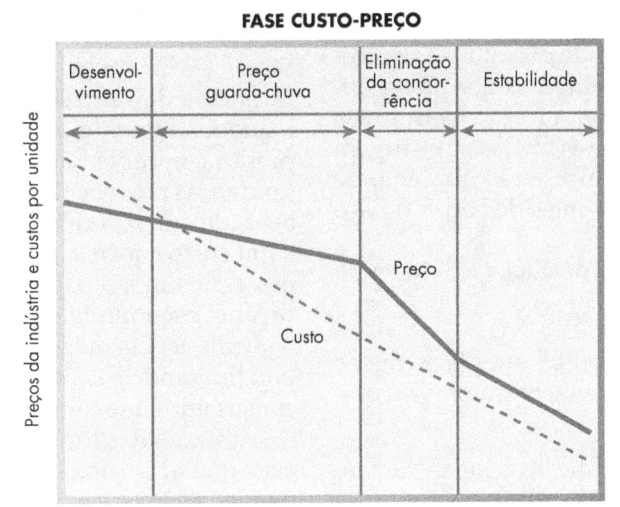

Figura 5 Uma relação típica preço-custo.
Fonte: Adaptado de *Perspectives on Experience* (Boston: The Boston Consulting Group, 1972), p. 21.

conseguir uma parcela desproporcional de mercado das novas vendas, evitando assim tirar vendas dos concorrentes (o que seria vigorosamente combatido). Dessa forma, com altos índices de crescimento, pode-se adotar ações agressivas. Mas táticas de aumento de participação de mercado são normalmente caras no curto prazo devido às margens reduzidas dos preços mais baixos, maiores despesas com propaganda e *marketing*, custo de desenvolvimento de novos produtos e coisas do gênero. Isso significa que, se não tiver recursos (de produtos, financeiros e outros) para liderança, e em particular se enfrentar oposição de um concorrente muito agressivo, uma empresa pode achar mais viável abandonar totalmente o mercado ou focar-se em um segmento que pode dominar. Por outro lado, em mercados sem crescimento ou de crescimento lento é difícil tirar participação dos concorrentes, e o tempo necessário para adquirir experiência superior é geralmente muito longo, e os custos são muito altos para favorecer estratégias agressivas.

Em mercados competitivos estáveis, geralmente a empresa com maior participação de mercado tem mais experiência, e em geral a experiência de cada empresa é aproximadamente proporcional à sua participação de mercado. Uma exceção notável ocorre quando um entrante posterior consegue rapidamente uma participação de mercado dominante. Ele pode ter menos experiência do que alguns entrantes iniciais...

Eficiência versus Eficácia: Limitações às Estratégias Baseadas em Experiência ou Escala

A seleção de uma estratégia competitiva baseada em redução de custo devido à experiência ou escala sempre envolve uma escolha fundamental. É a seleção de *eficiência* de preço-custo sobre a *eficácia* de *marketing* não relacionada a custo-preço. Porém, quando o mercado está mais preocupado com as características de produto e serviço e com tecnologia atualizada, uma empresa que adota eficiência pode acabar oferecendo um produto com preço baixo, mas que poucos clientes desejam. Assim, surgem duas questões básicas: (1) quando usar a estratégia de eficiência e (2) se usar, até onde ir antes de correr o risco de perder a eficácia...

Adotar ou não uma estratégia de eficiência depende das respostas a perguntas como:

1. O setor oferece vantagens de custo significativas de experiência ou escala (como semicondutores ou químicos)?

2. Há setores de mercado significativos que vão recompensar os concorrentes com preços baixos?

3. A empresa está bem equipada (financeiramente, administrativamente, tecnologicamente, etc.) ou já se preparou para estratégias que se baseiam muito em custo mais baixo?

Se a resposta é "sim" para todas as perguntas, então as estratégias de "eficiência" devem provavelmente ser adotadas.

Ao decidir adotar uma estratégia de "eficiência" a empresa deve evitar ir longe demais até perder sua eficácia, principalmente pela incapacidade de responder às mudanças. Por exemplo, estratégias baseadas em experiência freqüentemente exigem uma força de trabalho altamente especializada, instalações e organização, dificultando a resposta às mudanças na demanda do consumidor, a resposta às inovações dos concorrentes ou seu início. Além disso, fábricas de larga escala são vulneráveis às mudanças na tecnologia de processo e aos altos custos de operar abaixo da capacidade.

Por exemplo, o Ford modelo T acabou sofrendo as conseqüências da inflexibilidade por ter enfatizado em excesso a "eficiência" (Abernathy e Wayne, 1974). A Ford seguiu uma estratégia clássica baseada em experiência; com o tempo, reduziu sua linha de produtos a um único modelo (o modelo T), construiu fábricas modernas, incentivou a divisão de tarefas, introduziu a linha de montagem contínua, obteve economias na compra de peças por meio de alto volume, fez integração reversa, aumentou a mecanização e reduziu preços à medida que os custos caíam. Os preços mais baixos aumentaram a participação de mercado da Ford em um mercado crescente, elevando-a para 55,4% em 1921.

Enquanto isso, a demanda do consumidor começou a mudar para carros mais pesados, com chassi mais fechado e mais confortáveis. A General Motors, principal rival da Ford, tinha a flexibilidade de responder rapidamente com novos projetos. A Ford respondeu acrescentando características em seu projeto-padrão existente. Embora essas características tenham suavizado a invasão da GM, o projeto básico do modelo T, sobre o qual a estratégia de "eficiência" da Ford era baseado, atendeu inadequadamente os novos padrões de mercado. Para piorar, os problemas na produção devido a constantes mudanças no projeto reduziram os ganhos de eficiência baseada em experiência. Finalmente a Ford foi forçada, a um custo enorme, a fechar durante um ano inteiro, começando em maio de 1927, enquanto se reequipava para lançar seu modelo A. Nesse caso, a *eficiência* baseada em experiência ou escala foi levada longe demais e acabou limitando a *eficácia* para atender as necessidades do consumidor, inovar e responder.

Assim, o desafio é decidir quando enfatizar eficiência e quando enfatizar eficácia, e ainda criar estratégias de eficiência que mantenham a eficácia e vice-versa...

Leitura 14.3
Inovação na Burocracia[3]
por James Q. Wilson

...Em um determinado nível, a história do exército dos Estados Unidos desde a II Guerra Mundial dá pouco suporte à visão comum de que as burocracias nunca mudam. No nível da doutrina, e até certo ponto da organização, ocorreram poucas mudanças desde 1945, *mas ocorreram*...

Porém, em um nível mais profundo, muito pouca coisa mudou. Como esclarece Kevin Sheehan... o exército limitou suas inovações para pensar sobre melhores maneiras de se opor a uma invasão soviética na Europa ocidental. Todas as alterações em doutrina e estrutura foram baseadas na suposição de que a guerra para a qual o exército deveria se preparar era uma guerra convencional nas planícies da Alemanha. Mas, durante esse período não houve tal guerra. Em vez disso, o exército se viu lutando na Coréia, no Vietnã, na República Dominicana e em Granada e ameaçado com a possibilidade de ter que lutar no Oriente Médio e na América Central. Nenhuma dessas guerras, *reais* ou *prováveis*, produziu o mesmo grau de reavaliação e experimentação que foi induzido pela *possibilidade* de uma guerra na Europa. Como resultado, as mudanças no exército eram essencialmente limitadas a tentar encontrar formas de tirar vantagem de novos desenvolvimentos tecnológicos do tipo de armamento que eles ou seus adversários poderiam usar na Bavária.

Inovação e Tarefas

Não devemos nos surpreender porque as organizações resistem à inovação. Elas devem resistir. A razão pela qual uma organização é criada é em grande parte para substituir as expectativas incertas e as atividades casuais de esforços voluntários com a estabilidade e a rotina das relações organizadas. O procedimento operacional padrão (POP) não é inimigo da organização; é a essência da organização...

Para fins dessa discussão, o que eu quero dizer com inovação não é qualquer novo programa ou tecnologia, mas apenas aqueles que envolvem o desempenho de novas tarefas ou uma alteração significativa na forma como as tarefas existentes são desempenhadas. As organizações vão aceitar imediatamente (ou pelo menos não vão resistir muito) às invenções que facilitam o desempenho das tarefas existentes de forma consistente com os métodos gerenciais existentes. Os exércitos não resistiram à substituição de carroças puxadas por cavalos por caminhões. É surpreendente, porém, quantas invenções técnicas, cujo valor parece evidente para alguém de fora, encontram resistência em graus variados porque seu uso muda as tarefas operacionais e os controles gerenciais. Quando os rifles de carga pela culatra e os revólveres se tornaram disponíveis, aumentaram drasticamente o poder de fogo dos exércitos. Mas esse poder de fogo maior obrigou os comandantes a dispersar sua infantaria pelo campo de batalha ou esconder os soldados em trincheiras e casamatas. A primeira resposta exigia descentralização do sistema de comando; a segunda permitia que o comando permanecesse centralizado...

Essa tendência a manter a definição de tarefas já existentes sempre leva as burocracias a adotar novas tecnologias sem entender seu significado. Os tanques apareceram na I Guerra Mundial. Os exércitos não ignoraram essa máquina, comprando-a em grandes quantidades – mas como uma forma mais eficiente de desempenhar uma tarefa tradicional, a de patrulhamento da cavalaria. A verdadeira inovação ocorreu quando alguns exércitos (mas não a maioria) viram que o tanque não era um cavalo mecânico, mas o meio para uma forma totalmente nova de conduzir batalhas... De forma similar, muitas marinhas compraram aviões antes da II Guerra Mundial, mas a maioria os via simplesmente como uma forma melhorada de reconhecimento. Assim, os primeiros aviões navais foram lançados por catapultas de navios de combate, a fim de ampliar a visão do capitão desses navios. A inovação organizacional ocorreu quando a aviação foi reconhecida como uma nova forma de conflito armado naval, e a aeronave foi reunida a porta-aviões desenvolvidos em forças-tarefa de movimento rápido.

As mudanças consistentes com as definições de tarefa existentes serão aceitas; as que exigem uma redefinição dessas tarefas encontrarão resistência...

A tendência a resistir às inovações que alteram tarefas não é limitada aos militares ou mesmo às agências governamentais. Veja o computador. Seu uso se espalhou rapidamente em algumas empresas e encontrou resistência em outras. Sem um entendimento claro das principais tarefas dessas organizações, é impossível explicar porque algumas compram logo e outras demoram mais. Quando a tarefa básica era escrever, arquivar ou calcular, o computador era visto como mais rápido e mais eficiente e então era adotado. Era mais uma melhoria do que uma inovação (no sentido em que a palavra é usada aqui). Por exemplo, as lojas de departamento foram rápidas em adquirir computadores para tornar seus programas contábeis mais eficientes, mas lentas em usar os computadores mais amplamente para controle de estoque. A razão, como mostrou Harvey Sapolsky, é que controle de estoque envolve a tarefa básica de uma loja de departamentos, a do comprador: a pessoa encarregada da linha de mercadorias (roupas esportivas, roupas baratas, acessórios masculi-

---
[3] Reimpresso, com cortes, de *Bureaucracy: What Government Agencies Do and Why They Do It*, James Q. Wilson, 1989, Basic Books.

nos) que, em troca de uma parcela dos lucros assume a responsabilidade de comprar, exibir e vender essa linha. O uso de um computador para gerenciar o estoque ameaçava alterar o papel do comprador ao tomar decisões (em relação ao que e quanto comprar) sem a intervenção dele que, tradicionalmente, era um profissional quase autônomo, colocando-as nas mãos dos principais gerentes e funcionários de apoio. Por fim, os defensores do computador venceram, e o poder dos compradores foi reduzido...

As agências governamentais mudam o tempo todo, mas as mudanças mais comuns são as de itens adicionais: um novo programa é acrescentado às tarefas existentes sem mudar as tarefas básicas ou alterar a cultura organizacional. O Departamento de Estado aceitou a missão de melhorar a segurança nas embaixadas norte-americanas, acrescentando uma unidade projetada para fazer isso;...o item adicional não alterou significativamente a forma como os oficiais de serviço estrangeiro se comportavam (e, portanto, não colaborou muito para aumentar a segurança da embaixada)...

As verdadeiras inovações são aquelas que alteram as tarefas básicas; a maioria das mudanças acrescenta ou altera tarefas periféricas. Essas mudanças periféricas geralmente são uma resposta à demanda no ambiente da agência. Muitos observadores notaram que a maioria das mudanças educacionais (que parecem sempre ser chamadas de "reformas", sem se preocupar com o fato de que elas façam ou não as coisas melhores) foi forçada nas escolas pelo sistema político. Muitas mudanças importantes na área militar também foram reações às demandas políticas: alguns dos principais generais da força aérea inicialmente relutaram contra o desenvolvimento do míssil intercontinental; por muito tempo, a marinha não tinha certeza se queria um programa de lançamento de mísseis submarinos; o exército dobrou-se às exigências presidenciais para ter uma unidade contra insurreição. Forças externas – cientistas acadêmicos, engenheiros industriais, teóricos civis, membros do Congresso e auxiliares da presidência – ajudaram a induzir os militares a adotar programas que inicialmente pareciam irrelevantes (ou estranhos) para suas tarefas básicas.

Algumas vezes, os empreendedores dentro de uma agência efetuam mudanças periféricas. Em muitos casos, seu sucesso depende de sua capacidade de convencer os outros que as mudanças *são* periféricas e não ameaçam nenhum interesse básico. Apesar dos mitos sobre o General Billy Mitchell ter envergonhado a marinha ao reconhecer o potencial militar dos aviões, a marinha desenvolveu um interesse profundo pela aviação desde o início. A questão era que papel o avião iria desempenhar. A cultura organizacional da marinha – do navio de batalha tradicional – estava muito inclinada a ver o avião como um patrulheiro. O comandante da Agência da Aeronáutica, vice-almirante William Moffett, esforçou-se para não contradizer essa visão. Como um antigo comandante de navio de batalha ele tinha credenciais que os oficiais navais de linha respeitavam. Ele endossou a idéia do avião como um patrulheiro para o navio de batalha, sugerindo apenas que essa função de patrulhamento poderia ser mais eficiente se os aviões estivessem em porta-aviões que acompanhassem o navio de batalha. Mas silenciosamente, se não secretamente, Moffett promovia a idéia de que a aviação naval era uma força operacional surpreendente, independentemente dos navios de batalha. Ele fez isso em memorandos confidenciais, conseguindo aprovação de contratos para porta-aviões de alta velocidade e intervindo no processo de promoção para assegurar que vários aviadores subissem de posto. (Em 1926, já havia quatro almirantes, dois capitães e 63 comandantes que eram aviadores). Ele foi tão bem sucedido que, um ano antes de Pearl Harbor, dez porta-aviões rápidos estavam sendo construídos.

Se não fosse por Pearl Harbor, porém, a força-tarefa dos porta-aviões talvez nunca se tornasse o núcleo da marinha de superfície. Mas, após 7 de dezembro de 1941, não houve alternativa; cinco navios de combate norte-americanos foram afundados ou postos fora de ação. Para lutar em uma guerra no Pacífico, agora eram os porta-aviões ou nada...

EXECUTIVOS E INOVAÇÃO

Sejam as mudanças centrais ou periféricas, impostas externamente ou geradas internamente, para entender por que elas ocorrem é preciso entender o comportamento da agência executiva. As pessoas responsáveis por manter a organização são executivos que identificam as pressões externas às quais a agência deve reagir. Como pessoas que devem equilibrar os interesses competitivos dentro da agência, são eles que devem decidir proteger ou ignorar os gerentes que querem promover mudanças. Quase todos os estudos importantes sobre inovação burocrática apontam para a grande importância dos executivos ao explicar a mudança. Por exemplo, Jerald Hage e Robert Dewar estudaram as mudanças que ocorreram em dezesseis agências da previdência social em uma cidade do meio-oeste e descobriram que as crenças dos principais executivos eram melhor previsores das mudanças do que qualquer característica estrutural das organizações. Se John Russel não fosse comandante dos fuzileiros navais, ou se William Moffett não tivesse sido comandante da Agência da Aeronáutica, a frota da marinha e a aviação naval baseada em porta-aviões não teriam surgido quando e como surgiram.

É por essa razão, acredito, que pouco progresso foi feito no desenvolvimento de teorias de inovação. As inovações diferem tanto em caráter que tentar encontrar uma teoria para explicá-las é como tentar encontrar uma teoria médica para explicar todas as doenças. E as inovações são tão dependentes dos interesses e crenças dos executivos que fazem o aparecimento casual de uma personalidade orientada para mudança enormemente importante para explicar a mudança. Não é fácil construir uma teoria útil de ciência social a partir de "aparecimentos casuais".

Nesse aspecto, o estudo de inovação nas agências governamentais não é muito diferente de um estudo em empresas comerciais. Em um mercado puramente competitivo nunca haveria espírito empreendedor porque qualquer um que fabricasse um produto melhor atrairia imediatamente concorrentes que baixariam os preços (e assim os lucros do empreendedor), possivelmente até um ponto em que os ganhos do empreendedor com seu novo empreendimento seriam zero. Contudo, novas empresas e novos produtos são criados. As pessoas que os criam estão dispostas a correr mais do que riscos comuns. Prever quem são elas não é fácil; até agora isso se mostrou impossível.

Os executivos são importantes, mas também podem ser perversos. A inovação não é inevitavelmente boa; no mínimo há tantas mudanças ruins quanto boas. E as agências governamentais são especialmente vulneráveis às mudanças ruins porque, sem um mercado que imponha um teste de adequação a qualquer mudança organizacional, uma burocracia pública alterada pode continuar fazendo a coisa errada durante anos. A Ford Motor Company nunca deveria ter feito o Edsel, mas se o governo fosse dono da Ford ela ainda estaria fabricando Edsels...

A incerteza, como escreveu Jonathan Bendor, representa para as organizações o que o pecado original representa para as pessoas – elas nascem com ele. As organizações governamentais estão mergulhadas na incerteza porque é muito difícil saber o que vai fazer sucesso ou mesmo o que é sucesso. Os executivos e os gerentes de alto nível têm uma urgência compreensível em reduzir essa incerteza. Eles também têm uma crença menos compreensível de que mais informação significa menos incerteza. Isso pode ser verdade se o que eles obtiverem por meio de equipamentos sofisticados de comunicação e computação for informação verdadeira – ou seja, um conjunto de conhecimento completo, acurado e apropriado sobre questões importantes. Porém, o que eles geralmente conseguem é uma torrente de fatos incompletos, opiniões, suposições e declarações de interesse próprio sobre fatos distantes.

A razão não é simplesmente limitação nos processos de coleta e transmissão de informações. A própria criação de tais processos também altera os incentivos operacionais para os subordinados, que incluem o seguinte:

1. Se for possível enviar uma mensagem para uma autoridade mais alta sobre uma decisão, então a autoridade mais alta receberá uma mensagem pedindo que tome a decisão.

2. Se a autoridade mais alta puder ouvir muito, então será dito à autoridade mais alta o que ela quer ouvir.

3. Como o processamento de informações exige a criação de agências especializadas, então essas unidades vão exigir mais e mais informações como forma de justificar sua existência.

Um bom exemplo de todos esses incentivos no trabalho pode ser encontrado nas conseqüências, para alguns exércitos, da invenção das ferrovias e do telégrafo. Agora o movimento das tropas podia ser centralmente planejado (só os comandos centrais podiam coordenar toda a programação complexa das ferrovias). Os comandantes do exército podiam passar mais tempo se comunicando com os comandos centrais (porque o telégrafo e as linhas telefônicas atravessando a retaguarda tendiam a permanecer intactos) do que com as tropas na frente de batalha (onde as linhas de comunicação eram sempre interrompidas). Como resultado, os comandantes acharam mais fácil render-se à tentação de adotar a perspectiva do comando central na batalha (que em geral era desesperançadamente distorcida) do que assumir uma visão de lutar na linha de frente da batalha. A confiança nas ferrovias e no telégrafo aumentou o poder das unidades de engenharia nos comandos centrais; logo a direção da guerra em si passou a ser vista apenas como uma questão de engenharia. Creveld cita um oficial australiano que escreveu em 1861 que, como resultado de melhores comunicações um comandante agora "tinha dois inimigos para combater, um na frente e outro atrás"...

Não é que algumas inovações sejam simplesmente difíceis de lidar, ocorre também que qualquer mudança de cima para baixo é arriscada. Quando os executivos do governo são a fonte de uma mudança, eles tendem a superestimar os benefícios e subestimar os custos. Isso ocorre não apenas porque os executivos não têm o conhecimento detalhado e especializado possuído pelos operadores e gerentes de nível mais baixo, mas também devido aos incentivos que operam nos executivos. Eles geralmente vêm de agências externas para atuar por um breve período. Suas recompensas não vêm da agência, mas sim do que as pessoas de fora (seus pares, a mídia, o Congresso) pensam deles. Um "executor" que "faz a diferença" e não "se torna nativo" geralmente ganha mais elogios do que alguém que é cuidadoso e se move devagar...

Algumas vezes é desejável ser corajoso em relação às mudanças de cima para baixo, já que os operadores não apenas têm conhecimento detalhado, eles têm tendências culturais e orientadas para a missão. Se tivessem sido ouvidos, os almirantes dos navios de combate teriam bloqueado a criação dos porta-aviões da marinha até que fosse tarde demais...

Além disso, há alguns tipos de inovação que quase nenhum subordinado suportaria. Se um executivo percebe que uma agência pode ser abolida, ele provavelmente não encontrará muito apoio entre suas tropas e colunas, ainda que nesse caso a *forma* como ela seria abolida ou drasticamente reduzida em tamanho deva ser orientada pelo conhecimento que só os operadores possuem...

Quando os executivos devem concordar com os subordinados e quando devem ignorá-los? Se este fosse um livro sobre como administrar uma agência, a resposta seria: "Depende. Use o bom senso". Um comentário não muito útil. Além disso, os acordos organizacionais que encorajam os membros a propor uma inovação são sempre diferentes daqueles que facilitam a implementação, uma vez proposta. Uma agência que deseja que seus gerentes e operadores sugiram novas formas de executar suas tarefas deverá ser aberta, colegiada e sustentada; uma agência que deseja implementar uma inovação com a oposição de alguns de seus membros sempre precisa concentrar poder suficiente nas mãos do chefe para permitir que ele ignore (ou mesmo dispense) os oponentes...

Conforme a autoridade é distribuída, o executivo que deseja fazer mudanças precisa criar incentivos para que os subordinados pensem a respeito, proponham e ajudem a refinar tais mudanças, e isso significa convencê-los de que, se eles se unirem aos esforços inovadores de um executivo (geralmente) de curto prazo, a carreira deles não será prejudicada se a inovação falhar ou se o executivo partir após a implementação. O almirante Moffett fez isso na marinha...

Implementar uma mudança proposta geralmente exige a criação de uma subunidade especializada que assuma a nova tarefa (como a Agência da Aeronáutica na marinha) ou, se a tarefa não puder ser delegada a uma sub-unidade, retreinar ou substituir funcionários que se oponham à mudança. Caspar Weinberger fez isso na Comissão Federal de Comércio onde, para instilar um novo senso de vigor e comprometimento com a proteção do consumidor, ele substituiu 18 dos 31 principais membros da equipe e cerca de 200 dos quase 600 advogados da agência. Weinberg e seus sucessores na presidência da CFC trouxeram novas pessoas especialmente recrutadas porque apoiavam uma nova forma de definir as tarefas básicas da agência (especificamente, atacar a propaganda enganosa e as estruturas monopolistas em vez de processar casos de fixação de preço em pequena escala)...

Nada disso implica que os membros da agência sempre se opõem às inovações e por isso devem ser ignorados, dispensados ou reeducados. A reação dos operadores a uma mudança proposta será governada pelos incentivos aos quais eles respondem; nas agências governamentais que são limitadas em sua capacidade de utilizar dinheiro como recompensa, um conjunto importante de incentivos é aquele derivado da maneira como as tarefas são definidas. Tarefas familiares, fáceis, profissionalmente recompensadas, ou bem-adaptadas às circunstâncias nas quais os operadores se encontram terão preferência porque executá-las custa menos do que executar tarefas novas, difíceis ou que não oferecem recompensa profissional ou que colocam o operador em conflito com seu ambiente...

Quanto maior for o tempo de existência de uma agência, maior a probabilidade de que suas tarefas básicas sejam definidas de forma a minimizar os custos para os operadores que as desempenham e, conseqüentemente, de forma a maximizar os custos de mudá-las. As histórias mais drásticas e reveladoras de inovações burocráticas são encontradas em organizações... que adquiriram hábitos estabelecidos e rotinas confortáveis. A inovação, nesses casos, exige um exercício de julgamento, habilidade pessoal e orientação, qualidades raras entre os executivos do governo. E por isso a inovação é rara.

Leitura 14.4

DESAFIOS PARA AS ORGANIZAÇÕES E TECNOLOGIAS DE INFORMAÇÃO[4]
por A. C. Boynton, B. Victor e B. J. Pine II

Como ser bem-sucedido no ambiente competitivo atual, que muda rapidamente, é uma questão que pesa muito na mente de um gerente. Tudo parece estar mudando – mercados, demandas do cliente, tecnologias, fronteiras globais, produtos e processos. No meio dessa mudança aparentemente esmagadora, os gerentes estão sendo obrigados a tomar decisões competitivas críticas que vão afetar não apenas a posição atual de suas empresas (a entidade jurídica ou competitiva), como também seu sucesso futuro.

Para sua grande consternação, porém, muitos gerentes estão descobrindo, algumas vezes da forma mais difícil, que esse é um jogo diferente, e as regras antigas não se aplicam mais. Para competir no ambiente atual, que muda rapidamente, são exigidas novas respostas estratégicas que a maioria dos gerentes nunca pensou serem possíveis. Além disso, os gerentes devem entender que no núcleo dessas novas respostas estratégicas está a gestão inovadora por meio de tecnologias de informação avançadas...

Durante três anos de pesquisa de campo profunda com diversas organizações líderes... testemunhamos uma ampla variedade de empresas de muitos segmentos diferentes respondendo ao ambiente competitivo atual ao se voltar para respostas estratégicas baseadas em sistemas e soluções de TI inovadores.[5] Por outro lado, algumas firmas estão optando por uma estratégia de baixo custo de personalização e invenção de produtos ou serviços. Cha-

---

[4] Reimpresso, com cortes, de um artigo publicado originalmente como "New Competitive Strategies: Challenges to Organizations and Information Technology", A. C. Boynton, B. Victor e B. J. Pine II, *IBM Systems Journal*, vol. 32(1), 1993, 40-65.

[5] Esse trabalho é baseado em um projeto de pesquisa em andamento, patrocinado pelo IBM Advanced Institute e pela Darden Graduate School of Business Administration da University of Virginia. Os autores encontraram se com mais de 120 gerentes de 18 empresas baseadas em seis países nos cinco continentes. As empresas são de vários segmentos, incluindo assistência médica, produtos de consumo, produtos industriais, telecomunicações, serviços financeiros e produção industrial.

mamos essa estratégia de *personalização em massa*... Essa estratégia tenta construir um conjunto estável de capacidades de processo de TI, que sejam estáveis no longo prazo mas que são flexíveis, genéricas e modulares.

Por outro lado, há empresas que parecem estar adotando uma estratégia de capacidades de processo continuamente inovadora. Ao mesmo tempo, essas empresas concorrem em preço com produtos padronizados em mercados grandes e maduros. Chamamos essa estratégia de *melhoria contínua*... O objetivo aqui é adotar inovação constante dentro de sua plataforma de processo de TI e, ao mesmo tempo, criar as operações mais eficientes e da mais alta qualidade em todo o mundo...

MATRIZ DE MUDANÇA DE PRODUTO-PROCESSO: UMA LENTE DE ENTENDIMENTO

...a mudança no ambiente competitivo atual pode ser melhor compreendida pelo que chamamos de *matriz de mudança de produto-processo*.

Como o nome implica, há duas categorias amplas de mudança nesse modelo. A *mudança de produto* envolve as demandas por novos produtos ou serviços. As mudanças que as empresas enfrentam em seus mercados devido a mudanças dos concorrentes, a alteração nas preferências dos clientes ou a entrada em novos mercados geográficos ou nacionais são categorizadas como mudanças de produto. A *mudança de processo* envolve os procedimentos e as tecnologias usados para produzir ou entregar produtos e serviços. O termo *processo*, como utilizado aqui, refere-se no geral a todas as capacidades organizacionais resultantes de pessoas, sistemas, tecnologias e procedimentos usados para desenvolver, produzir, comercializar e entregar produtos ou serviços.

Essas mudanças podem ser estáveis ou dinâmicas. A *mudança estável* é lenta, evolucionária e geralmente previsível. A *mudança dinâmica* é rápida, revolucionária e geralmente imprevisível.[6] Considerados em conjunto, esses tipos de mudança resultam em quatro combinações possíveis de condições de mudança com as quais uma organização pode se defrontar, como ilustrado na Figura 1:

- Mudança estável de produto e de processo
- Mudança dinâmica de produto e de processo
- Mudança estável de produto e dinâmica de processo
- Mudança dinâmica de produto e de processo

AS VELHAS ESTRATÉGIAS COMPETITIVAS: PRODUÇÃO EM MASSA E INVENÇÃO

Agora vamos analisar mais profundamente cada um dos quatro quadrantes da matriz de mudança de produto-processo. Começamos com os dois quadrantes de *produção em massa* e *invenção*, que representam o que chamamos de estratégia competitiva antiga.

PRODUÇÃO EM MASSA: MUDANÇA ESTÁVEL DE PRODUTO E DE PROCESSO

Durante este século, a maioria das grandes empresas competiu sob condições de *mudança estável de produto e de processo*. Sob essas condições, as especificações e demandas de produto são relativamente estáveis e previsíveis. Isso permite a uma empresa padronizar produtos, centralizar a tomada de decisões, criar uma rotina para trabalho e recompensa, desenvolver e reforçar regras e procedimentos padronizados e alocar trabalho para tarefas dedicadas e especializadas. Esses são os elementos da produção em massa de bens e serviços (Blau e Schoenherr, 1971; Thompson, 1967).

O projeto de produção em massa sempre envolve uma organização grande, hierárquica e verticalmente integrada. Os sistemas de informação, nesse caso, tendem a se parecer com o resto da empresa. As pessoas usavam a metáfora de chaminés e silos verticais para esses sistemas de informação. Eles são eficientes para o longo prazo, mas não muito flexíveis (Galbraith, 1973). A estratégia e o comando são isolados do trabalho em si nas unidades de controle gerencial (Taylor, 1911). Atinge-se eficiência máxima ao dedicar capital e ativos humanos da empresa à produção de produtos ou serviços padronizados (Piore e Sabel, 1984). A vantagem competitiva e a lucratividade são encontradas na redução dos custos unitários.

As mudanças no processo ou no produto agem contra a fórmula de produção em massa. As mudanças no produto tornam o maquinário obsoleto, forçam conversões

---
[6] A idéia, conhecida como dualismo industrial, pode ser encontrada em M. J. Piore (1980).

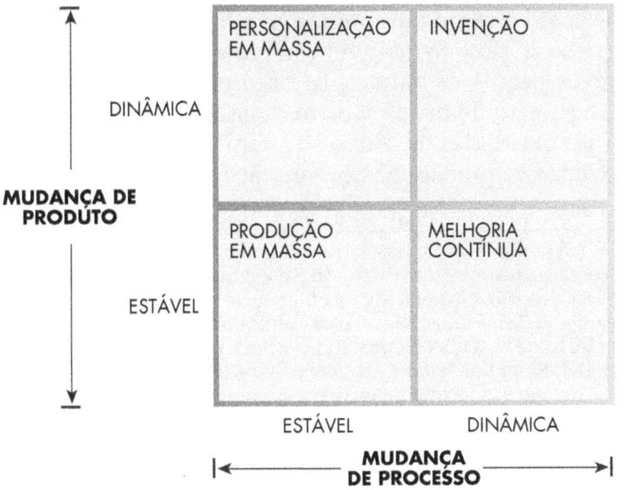

Figura 1 Matriz de mudança de produto-processo.

caras e reduzem o controle gerencial. As mudanças no processo complicam as tarefas individuais, aumentam desperdício e erros e elevam os custos unitários. Assim, uma organização de produção em massa vai responder e iniciar o mínimo possível de mudanças. Esse projeto de estabilidade exige limitação da variedade de produto, conforme ilustrado pela promessa da Ford de entregar o carro pintado na cor que o cliente quisesse, desde que fosse preto. A produção em massa também requer limitação na inovação de processo. Por exemplo, os gerentes da E.I. Du Pont de Nemours & Co. (Du Pont) costumavam classificar as linhas de produção como já padronizadas ou a ser padronizadas.

O papel da tecnologia de informação na produção em massa é relativamente bem compreendido. No projeto de produção em massa, *alinhamento de TI* significa construir e administrar sistemas de informação que desempenhem tarefas de rotina eficientemente. Ao substituir os processos anteriormente manuais, a TI reduziu custos, aumentou a confiabilidade e reduziu perdas.

Por quase um século, a organização de produção em massa demonstrou claramente sua eficácia sob condições de mudança limitada. Porém, a produção em massa nunca conseguiu eliminar completamente a necessidade de mudança. Mercados mutantes, concorrência cada vez mais intensa e tecnologias avançadas sempre forçaram a mudança (Chandler, 1962). Um projeto organizacional diferenciado atende a essa necessidade.

INVENÇÃO: MUDANÇA DINÂMICA DE PRODUTO E PROCESSO

Outro projeto organizacional em nosso modelo é chamado de invenção, mas também é conhecido como projeto orgânico ou de oficina. Esse projeto surgiu para aproveitar as condições que envolvem tanto a mudança dinâmica de processo quanto a de produto. Considere as características básicas do projeto de invenção. Em contraste com a larga escala e a estabilidade da organização de produção em massa, o projeto de invenção cria pequenos volumes de novos produtos, enquanto inova constantemente os processos exigidos para desenvolvê-los e produzi-los (Miller, 1986). Para aproveitar as possibilidades de mudança, espera-se que os trabalhadores das organizações inventoras exijam um amplo grau de latitude na exploração de novas idéias, tarefas altamente especializadas e pouca responsabilidade pelos custos de produção. Essas organizações geralmente são unidades separadas de pesquisa e desenvolvimento dentro das organizações de produção em massa. Na verdade, o protótipo da organização de invenção é uma organização de pesquisa.

Ao contrário do projeto de produção em massa, que busca estabilidade, o projeto de invenção é inerentemente organizado para mudança. A razão é que as especificações de produto e os processos de trabalho são imprevisíveis e mudam constantemente. Para concorrer em condições de invenção, as empresas descentralizam a tomada de decisão, definem as tarefas amplamente, desenvolvem poucas regras ou procedimentos e avaliam o desempenho subjetivamente. Sistemas e tecnologia de informação são geralmente distribuídos por toda a organização, talvez em uma estrutura livremente associada, mas flexível e maleável a exigências diferentes e mutantes. O papel de TI em uma organização orientada para invenção é fornecer capacidade de processamento de informações especializada e independente para dar suporte ao processo criativo.[7]

Para manter seus projetos orgânicos, as empresas inovadoras são geralmente menores em tamanho para assegurar o foco em variedade de produto e inovação de processo. Em tal ambiente, investimentos em capacidades de processo específicas são de alto risco, pois a mudança dinâmica torna estruturas, sistemas e conhecimento rapidamente obsoletos...

SINERGIA ENTRE PRODUÇÃO EM MASSA E INVENÇÃO

A matriz de mudança de produto-processo mostra que os projetos e condições de produção em massa e invenção estão em extremidades opostas da linha em relação à mudança de produto e processo. Em particular, a produção em massa concentra-se em construir uma organização capaz de concorrer sob condições de mudança estável de produto e de processo, enquanto que o mundo da invenção é caracterizado por processos inovadores e uma demanda mais ampla por variedade de produto. Mesmo com essas diferenças, existe uma sinergia crítica entre os projetos de produção em massa e de invenção. Essa sinergia tem suas raízes na Revolução Industrial do século XIX...[8]

Embora a empresa de produção em massa seja planejada para responder e iniciar o mínimo possível de mudanças, ocasionalmente ela precisa reorganizar completamente novos processos para produtos completamente novos. Porém, não apenas o projeto organizacional de produção em massa é incapaz de criar produtos e processos novos e especializados, como também considera indesejável usar o projeto organizacional de produção em massa até mesmo para tentar criar mudança. Assim, recorre-se ao projeto de invenção para fornecer novos produtos e processos para o produtor em massa. Na verdade, o projeto de produção em massa cria uma demanda para capacidades de processo altamente especializadas e inovadoras, que apenas organizações de pesquisa e de-

---

[7] É fácil perceber que o problema de alinhamento de tecnologia de informação no ambiente de produção em massa e de invenção é simplesmente uma questão de escolher entre (1) capacidade de processamento de informações de rotina centralizada e eficiente ou (2) uma coleção de sistemas distribuídos, especializados e flexíveis, ambos podendo ser imediatamente gerenciados com as ferramentas de planejamento e avaliação de recursos atualmente disponíveis.

[8] A idéia, conhecida como dualismo industrial, pode ser encontrada em M. J. Piore, "Dualism as a Response to Flux and Uncertainty", e "The Technological Foundations of Dualism and Discontinuity", *Dualism and Discontinuity in Industrial Societies*, S. Berger e M. J. Piore, editores, Cambridge University Press, New York (1980).

senvolvimento, fabricantes de máquinas especializadas e outros projetos de invenção podem atender.

Essa sinergia de trabalho entre os dois tipos de projeto é baseada nas capacidades únicas de cada um. Tal sinergia também exige uma alocação efetiva de mercado de produto e ciclo de vida do produto. Projetos de invenção ganham prêmios por sua inovação durante o surgimento e os estágios iniciais de crescimento do ciclo de vida do produto. Porém, uma vez que o projeto de produto dominante surja e que seja desenvolvido um mercado de tamanho suficiente, o produtor em massa assume o controle. A entrada do produtor em massa sinaliza o começo do fim da vantagem competitiva do projeto de invenção. Se estiver concorrendo com base em inovação e variedade, mas não em custo, a empresa de invenção vai acabar sendo eliminada do mercado por preço (Abernathy e Utterback, 1978)...

As Novas Estratégias Competitivas: Personalização em Massa e Melhoria Contínua

Embora a produção em massa e a invenção tenham sido as formas predominantes de concorrência durante o século XX, podemos ver que isso está começando a mudar. Muitas empresas não estão enfrentando nem mudança dinâmica simultânea (na qual os altos custos de inovação de processo são suportados porque é possível cobrar preços mais altos devido à inovação contínua do produto), nem mudança estável simultânea (na qual o foco está em construir processos estáveis e eficientes em resposta a demandas de produto previsíveis). Em vez disso, essas empresas estão enfrentando um conjunto totalmente novo e diferente de... condições, marcado por diferentes características e qualidades da mudança: mudança estável de produto e dinâmica de processo, ou mudança dinâmica de produto e estável de processo...

O que está surgindo não é simplesmente um novo projeto organizacional, mas dois novos projetos, cada um deles se adaptando a diferentes índices de mudança de processo e produto. Cada projeto traz vantagem competitiva por meio dessa adaptação. Nossa pesquisa descobriu que tecnologia de informação é sempre a força condutora que resulta em vantagem competitiva para esses novos projetos organizacionais. Assim como existia sinergia entre os projetos de produção em massa e invenção, uma nova sinergia está se desenvolvendo entre esses novos projetos. Essa sinergia pode começar a definir as bases de competição para o próximo século.

Personalização em Massa: Mudança Dinâmica de Produto, Mudança Estável de Processo

O primeiro desses dois projetos compete sob condições de *mudança dinâmica de produto* e *mudança estável de processo*. Por um lado, as organizações em uma variedade de setores concordam que as demandas de produto dos clientes estão cada vez mais únicas e imprevisíveis. Os clientes querem um produto ou serviço que seja correto para eles e querem isso agora. À medida que surgem novos concorrentes e a preferência do cliente muda, torna-se mais difícil do que nunca prever a demanda do cliente e articular especificações de produto. Essas são claramente condições de mudança dinâmica de produto.

Por outro lado, essas organizações também reportam que os processos básicos que estão instituindo para atender essas demandas são mais estáveis, não menos. As mudanças rápidas e imprevisíveis em tecnologia de processo que a organização enfrenta inicialmente logo se desenvolvem em padrões reconhecíveis. Esses padrões permitem que a organização construa ao longo do tempo plataformas estáveis, mas flexíveis, de capacidades de processo ou conhecimento. Como resultado, as organizações conseguem melhorar suas capacidades de processo e conhecimento incrementalmente, em bases contínuas. Isso aumenta a base de conhecimento da organização, ao mesmo tempo em que continua a aumentar as eficiências do processo. Essas são claramente condições de uma mudança estável de processo.

Se esse cenário de mudança dinâmica de produto e estável de processo, como observado na matriz de mudança de produto-processo, é uma das realidades do ambiente competitivo atual (e nossa pesquisa nos diz que muitas organizações líderes acreditam que seja), muitas empresas hoje em dia precisam ser organizadas e administradas não para produção em massa ou invenção, mas para *personalização em massa*. A personalização em massa é a capacidade de atender a um vasto leque de clientes e às demandas mutantes de produto por meio de variedade de produto ou serviço e inovação. Simultaneamente, a personalização em massa gera experiência de processo e conhecimento a longo prazo. O resultado é o aumento de eficiência...

Características do projeto de personalização em massa

Agora analisamos mais profundamente o projeto organizacional exigido para garantir às empresas as capacidades para personalização em massa. A principal característica diferenciadora do projeto de personalização em massa é sua capacidade de produzir variedade de produto de forma rápida e barata. Em contradição direta com a suposição de que custo e variedade são contraditórios, as empresas de personalização em massa se organizam para ter flexibilidade eficiente. Vários dos elementos fundamentais desse intercâmbio também podem ser identificados, incluindo estrutura de processo, estrutura de tomada de decisão e organização da mão-de-obra...

Uma das chaves para a personalização em massa é o que pode ser rotulado de estrutura de rede. A estrutura de rede na organização de personalização em massa é um sistema de fluxo de materiais ou de informações entre unidades genéricas, reaproveitáveis, flexíveis e modulares. É importante entender que essas unidades podem ser pessoas, equipes, componentes de *software* ou mecanismos de produção, dependendo dos recursos críticos empregados pela empresa. Seja qual for a combinação de unidades, elas devem estar livremente associadas. Ou seja, elas não são prefixadas ou prealinhadas para algum produto final conhecido. A estrutura de rede, quando implementada, permite uma combinação única de passos de processamento para qualquer pedido do cliente. Ao planejar a flexibilidade das unidades de processamento e coordenar o fluxo de materiais ou serviços necessários entre as unidades, a empresa de personalização em massa pode produzir literalmente uma variedade infinita de produtos a custos competitivos em relação ao produtor em massa...

Compare essa estrutura de rede com as exigências de projeto para produção em massa. Os produtores em massa assumem que mudança nas especificações do produto resulta em custos mais altos. Eles assumem que mudanças exigem restabelecimento de processos de produção, reaprendizado das tarefas de produção e coordenação das flutuações nas exigências de fornecimento e processamento. A TI é usada para produtos e serviços simples, que são projetados para durar um longo prazo. As pessoas são treinadas e especializadas em necessidades de produtos ou serviços conhecidas e de longo prazo. A empresa de personalização em massa atual desafia essa velha lógica ao organizar e planejar tanto os processos como as conexões entre os processos para obter flexibilidade com baixo custo (Teece, 1980). Em vez de construir um processo de produção para um único produto em grandes volumes, a empresa de personalização em massa constrói uma rede dinâmica, com um número potencialmente infinito de processos de produção de unidades individuais intercambiáveis e compatíveis. Assim, o desafio de alinhamento no ambiente dinâmico de rede do projeto de personalização em massa é fazer as combinações imprevisíveis de unidades de processamento funcionarem uniforme e eficientemente...

É importante entender que de alguma forma o projeto organizacional de personalização em massa lembra o de produção em massa. Há um alto grau de centralização nos dois projetos. No caso da personalização em massa, a coordenação e o controle são centralizados no eixo de uma rede de unidades de processamento livremente conectadas.[9] A unidade central de tomada de decisão aloca o trabalho necessário para produzir o produto ou serviço pedido pelo cliente...

Ao contrário do produtor em massa, a empresa de personalização em massa organiza a mão-de-obra para trabalhar efetivamente em uma rede dinâmica de relações e para responder às exigências de trabalho conforme definido pelas necessidades do cliente. Enquanto a mão-de-obra no projeto de produção em massa era organizada para desempenhar tarefas especializadas de acordo com um conjunto unitário de regras e comandos, a empresa de personalização em massa organiza a mão-de-obra para responder rotineiramente a um conjunto mutante de regras e comandos. Isso exige que o tempo de organização seja reduzido bastante para mudar de um conjunto de materiais a serem transformados em um conjunto correspondente de resultados para outro conjunto de materiais. Reduzir o tempo de organização nas empresas de personalização em massa envolve três coisas: eliminar tarefas que não precisam ser executadas, dinamizar todas as tarefas restantes de forma que o tempo do ciclo se iguale ao tempo de valor agregado e desempenhar o maior número possível dessas tarefas em paralelo com as operações de processo precedentes. Essa redução se aplica à fábrica, ao escritório de apoio e ao escritório da linha de frente...

Em resumo, a personalização em massa combina a variedade de produtos do projeto de invenção com a eficiência de produção do produtor em massa. Para atingir isso, a empresa de personalização em massa emprega um novo projeto organizacional baseado em rede e não em linha de montagem. Embora essa organização seja projetada para competir sob condições nas quais a mudança de produto é altamente variável, ela faz isso mantendo um nível evolucionário de mudança estável nos processos.

MELHORIA CONTÍNUA: MUDANÇA ESTÁVEL DE PRODUTO E DINÂMICA DE PROCESSO

Embora as condições da personalização em massa de mudança dinâmica de produto caracterizem diversos mercados, elas não representam todos eles. Em alguns mercados, a natureza da demanda do produto ainda é relativamente madura, estável, grande e homogênea. Esses mercados, porém, não são necessariamente refúgios para o produtor em massa que atinge eficiências por meio de estabilidade e evitando a mudança.

Consideramos agora os tipos de projeto que estão concorrendo efetivamente nesses ambientes e a maneira como eles concorrem. Como descreve a matriz de mudança de produto-processo, nesses ambientes as empresas vencedoras estão concorrendo em termos de *processo dinâmico*. Ou seja, elas estão conseguindo avanços constantes em qualidade, velocidade e custo de processos, que lhes garantem vantagens competitivas reais. A revolução na qualidade e a competição cada vez mais severa de custo e tempo em segmentos como automóveis, serviços financeiros, máquinas operatrizes e varejo estão

---

[9] As atividades da cadeia de valor para personalização em massa ou para qualquer outro projeto não precisam ser possuídas pela empresa em uma maneira verticalmente integrada. Para muitas empresas, as atividades da cadeia de valor são adquiridas de outras empresas, expandindo assim as fronteiras da organização. Isso deu origem ao conceito de *cadeia de valor desagregada* ou *projeto organizacional em rede*. Tornar-se uma empresa que se baseia muito em empresas externas para atividades da cadeia de valor é uma escolha estratégica crítica. Devido à importância de manter capacidades de processo firmemente conectadas, flexíveis e altamente receptivas para personalização em massa, a decisão de basear-se em processos da cadeia de valor de propriedade de terceiros deve ser tomada com extrema cautela. Esse tópico merece uma discussão mais ampla do que permite esse trabalho. Para uma excelente discussão sobre redes compostas de empresas múltiplas, ver C. Snow, R. Miles e H. Colleman (1992).

sendo conduzidas por um novo tipo de concorrente, aquele que chamamos de projeto de *melhoria contínua*.

O projeto de melhoria contínua é o segundo dos novos projetos que observamos. Esse tipo de organização concorre sob condições de *mudança estável de produto* e *mudança dinâmica de processo*. Chamamos esses projetos de melhoria contínua porque a organização administra inovação rápida e o uso de novas capacidades de processo. Elas também lutam constantemente para melhorar sua resposta à exigência de produtos grandes e estáveis. Em geral, as organizações que enfrentam um ambiente de melhoria contínua exigem sistemas e estruturas que facilitem o aprendizado organizacional a longo prazo em relação a produtos, mas que ao mesmo tempo faça mudanças rápidas e radicais nos processos empregados para atender às demandas estáveis de produto...

Características do projeto de melhoria contínua

...a característica diferencial do projeto de melhoria contínua é sua capacidade constante de melhorar o desempenho operacional de seus processos e produtos de forma rápida e barata...pode-se obter vantagem de baixo custo ao investir na mudança das capacidades de processo que antecipem necessidades futuras do mercado em serviços e qualidade. Em contradição direta com a velha suposição de que custo e mudança de processo ou produto são contraditórios e que se deve escolher entre as dois, os projetos de melhoria contínua organizam para gerar inovação em processo eficiente. Esses projetos também permitem que as empresas atinjam eficiência, qualidade e melhoria nos produtos atuais, simultaneamente (Womack et al., 1990; Quinn e Paquette, 1990).

A chave para o projeto de melhoria contínua é uma estrutura baseada em equipe. A estrutura de equipe é uma colaboração integrada e contínua entre especialistas em processo. A característica que diferencia a estrutura de equipe da estrutura de rede é a natureza colaborativa do trabalho. As equipes são fóruns intensivos por meio dos quais a mudança de processo é adotada e implementada. A transferência de controle entre as unidades operacionais de uma rede está no contraste perfeito com o co-desenvolvimento do trabalho das equipes. A estrutura de equipe permite que a organização faça transformações complexas, que agregam valor a seus processos empresariais. Ao integrar o trabalho especializado das unidades funcionais e administrar a refocagem rápida e efetiva dessas unidades funcionais, o projeto de melhoria contínua adota a inovação de processo, ao mesmo tempo em que permanece competitivo como produtor em massa.

A importância das estruturas baseadas em equipe tanto para inovação de produto como de processo só foi reconhecida recentemente na literatura administrativa. A prescrição clássica da produção em massa era isolar inovação de processo e produto da produção. O objetivo é proteger a produção das interrupções dos desenvolvedores e liberá-los das preocupações imediatas da produção. As pesquisas mais recentes e a prática modificaram esse quadro ao demonstrar que a interdependência entre unidades funcionais, ou seja, produção, desenvolvimento de produto, sistemas de informação e *marketing* é intensamente recíproca... Enquanto o produtor em massa atinge eficiência ao isolar a inovação das preocupações da força de trabalho, o projeto de melhoria contínua atinge eficiência ao fazer da inovação uma preocupação de todos. Por exemplo, ao ser perguntado quantos engenheiros de processo ele tinha, o gerente da fábrica da NUMMI (New United Motor Manufacturing, Inc.), uma *joint-venture* entre Toyota e General Motors em Fremont, Califórnia, apontou para sua área de produção com 2100 trabalhadores e disse "2100". Na verdade, os usuários do protótipo do projeto de melhoria contínua são fabricantes japoneses como a Toyota. Esse projeto produziu produtos relativamente padronizados por meio da melhoria constante dos processos desses fabricantes para atingir qualidade mais alta, custos mais baixos, ciclos de tempo mais rápidos, estoque mais baixo e maior inovação.

Para fazer inovação eficiente, o projeto de melhoria contínua administra uma seqüência do que chamamos de *microtransformações*. A inovação é adotada por equipes multifuncionais, que colaboram para melhorar os processos operacionais ou planejam melhoria nos produtos. Os membros dessas equipes se voltam para os trabalhos específicos de sua função e executam as regras que acabaram de desenvolver, fazendo uma microtransformação. Nesse sentido, as equipes de projeto de melhoria contínua pretendem ser tão inovadoras em processo quanto o projeto de invenção, e tão eficientes em processo como o projeto de produção em massa.

A microtransformação criada por meio da estrutura baseada em equipe mudou o papel da supervisão nessas organizações. No projeto de produção em massa, as tarefas dos executores são projetadas para eficiência máxima. Todo trabalho é alocado com base em capacidades funcionais especializadas e dedicado à execução de tarefas padronizadas, definidas por produto. O projeto das tarefas e a seleção e avaliação dos processos de trabalho são reservados para o papel gerencial. Espera-se que esses pensadores planejem com antecedência todos os papéis de execução e avaliem e corrijam todas as tarefas executadas. A diferença do projeto de melhoria contínua está no fato de que as regras são geradas pela mesma equipe que vai colocá-las em prática. Assim, os projetos de melhoria contínua estão aproveitando os avanços na arquitetura da tecnologia de informação que trazem modularidade, flexibilidade e reutilização a sistemas projetados para dar suporte às microtransformações. Para muitos, tais sistemas são a chave que permitem às organizações melhorar coordenação, integração e controle de suas principais capacidades e conhecimentos em diversas áreas funcionais. Em muitos casos, novos sistemas de TI não apenas aumentam a velocidade para o mercado como também aumentam a eficiência e a eficácia de atividades de processo importantes.

Uma Nova Sinergia Entre Personalização em Massa e Melhoria Contínua: Estabilidade Dinâmica

Assim como há uma relação simbiótica entre o projeto de produção em massa e o de invenção, existe uma relação vital entre personalização em massa e melhoria contínua. Como mencionamos brevemente antes, essa nova sinergia pode definir as bases de competição no próximo século.

Chamamos essa sinergia de *estabilidade dinâmica*, que define o projeto organizacional que combina o melhor da personalização em massa e da melhoria contínua. Essas organizações podem responder aos mercados mutantes e imprevisíveis de produtos e serviços (dinâmicos) a partir de uma base eficiente de capacidades de processos, de longo prazo (estável), flexível e maleável. Tais capacidades de processo estáveis são a chave para as empresas de personalização em massa, permitindo a elas responder à mudança dinâmica de produto. Porém, essas capacidades de processo não podem ser desenvolvidas de uma vez só. Ao contrário, elas devem ser desenvolvidas em um estágio de melhoria contínua. Elas são aplicadas para vantagem competitiva como uma empresa de personalização em massa. Elas são melhoradas continuamente, usando as características do projeto de melhoria contínua para assegurar que a organização mantenha capacidades de processo de primeira linha...

A sinergia que existe entre personalização em massa e melhoria contínua gira principalmente em torno da necessidade de adotar a invenção e inovação de processos vitais do projeto de melhoria contínua. Isso pode ocorrer de três formas básicas.

De uma forma, o projeto de personalização pode emprestar inovação de processo de um projeto de melhoria contínua totalmente separado. Isso é especialmente verdadeiro quando essa inovação de processo resulta em capacidades de baixo custo e altamente flexíveis. De outra forma, os projetos de personalização em massa e melhoria contínua coexistem dentro da mesma organização, compartilhando inovações de processo dentro da organização. Terceiro, as empresas que estão tentando passar da produção em massa para a personalização em massa devem seguir o caminho por meio de um estágio de reengenharia de processo e desenvolvimento (melhoria contínua) antes que possam aplicar esses processos à personalização em massa de produtos e serviços. Chamamos esse caminho de *caminho correto*.

Também há exemplos de organizações que podem e devem atingir um equilíbrio e se mover entre os projetos de melhoria contínua e personalização em massa. Isso é crítico pois, para sucesso a longo prazo, parte de uma empresa de personalização em massa deve atender à inovação de processo para aumentar sua capacidade de adotar uma estratégia de variedade de produto eficiente. Empresas de personalização em massa, ao mesmo tempo em que atingem posição estratégica de variedade de produto com baixo custo, devem ser concorrentes formidáveis em muitos segmentos relacionados. Assim, elas devem aprimorar continuamente suas capacidades de processo que são a chave para o sucesso...

O que observamos é uma nova sinergia vital entre o projeto de melhoria contínua e o projeto de personalização em massa... Não é mais uma questão de escolha entre um e outro. As empresas devem escolher uma visão que inclua tanto descentralização como centralização, atuação global e local, rapidez e eficiência, inovação e baixo custo...

Escolhendo o Caminho Certo para a Personalização em Massa

... o caminho para a estabilidade dinâmica exige que a organização passe por um processo importante de esforços de desenvolvimento ou redesenvolvimento voltados especificamente para a criação de capacidades de processo ou de conhecimento. Qualquer tentativa de mover-se das velhas estratégias competitivas para a estabilidade dinâmica sem um processo de transformação significativo não funciona. Usando a matriz de mudança de produto-processo para ilustrar esse ponto, empresas com capacidades de processo planejadas para administrar a mudança que caracteriza a produção em massa não podem pegar essas capacidades e aplicá-las a uma mudança que caracteriza a nova estratégia competitiva. Esse é o caminho errado para a transformação...

Entender que a transformação para a personalização em massa deve seguir um caminho certo cuidadosamente avaliado é um passo fundamental para o sucesso de empresas que estão tentando se posicionar nas novas estratégias competitivas. [As empresas que já fizeram isso] estão investindo em arquiteturas de informação cuidadosamente planejadas, que são plataformas estáveis e eficientes. Esses sistemas fornecem simultaneamente capacidades de processamento de informações flexíveis e genéricas. As empresas não tentam avançar para as capacidades existentes sem pensar nas questões de projeto organizacional e nos conseqüentes desafios de informação exigidos pela estabilidade dinâmica. Em todo caso, uma cuidadosa engenharia ou reengenharia das capacidades de processo colocou as empresas e seus gestores em posição de atender aos desafios competitivos duplos de diferenciação de produto e baixo custo, possibilitados pela personalização em massa.

Capítulo 15
Administrando Especialistas

Embora a maioria das grandes organizações utilize diversos especialistas para ter seus trabalhos executados, tem havido um interesse crescente nos últimos anos em organizações cujo trabalho, por ser altamente complexo, é organizado primariamente em torno de especialistas. Essas organizações vão de hospitais, universidades e centros de pesquisa a empresas de consultoria, agências espaciais e empresas de biomedicina.

Esse contexto é bastante incomum, pelo menos quando comparado aos contextos mais tradicionais discutidos nos capítulos anteriores. Tanto seus processos como suas estruturas tendem a assumir formas muito diferentes daquelas apresentadas anteriormente. Organizações de especialistas, na verdade, parecem se dividir em dois contextos de alguma forma diferentes. Em um, os especialistas trabalham em situações de mudança rápida, que exigem muita inovação colaborativa (como em biotecnologia); no outro, os especialistas trabalham mais ou menos sozinhos em situações mais estáveis, envolvendo grupos de habilidade ou conhecimento de mudança mais lenta (como na área jurídica, ensino universitário e contabilidade). Este capítulo trabalha com esse último conceito em relação à gestão de especialistas (já que o foco é neles, não em seus processos). O próximo capítulo discute o contexto de inovação e gestão de especialistas quando eles precisam trabalhar juntos.

Abrimos este capítulo com uma descrição do tipo de organização que parece mais apropriada para o contexto da aplicação mais estável da especialização. Baseado no trabalho de Mintzberg, principalmente em sua descrição original de "burocracia profissional", o texto olha a estrutura da organização profissional, incluindo sua importante característica de trabalho "categorizado". O capítulo também trata da administração de profissionais e a natureza incomum da estratégia em tais organizações (com base em um trabalho de Mintzberg em coautoria com Cynthia Hardy, Ann Langley e Janet Rose) e de algumas questões associadas a essas organizações.

Em "Administrando o intelecto", o segundo texto, Quinn, Anderson e Finkelstein, todos da Tuck School, Dartmouth College em New Hampshire, abordam a questão de administrar especialistas. Depois de descrever as características do intelecto – por exemplo, sua busca da perfeição em vez de criatividade (que coloca este texto exatamente neste capítulo, não no próximo) – eles sugerem várias novas formas interessantes por meio das quais as empresas podem administrar o intelecto: a organização "infinitamente uniforme", a organização invertida, a estrela cadente e a "teia de aranha".

O terceiro texto deste capítulo, escrito pelo consultor David Maister e publicado originalmente em *Sloan Management Review*, concentra-se em uma questão particular do contexto profissional que vem se tornando uma opção de carreira cada vez mais importante para os estudantes de administração: a empresa de serviços profissionais. Maister descreve como empresas em áreas de negócios como consultoria, bancos de investimento, contabilidade, arquitetura e advocacia administram as interações entre geração de receita, remuneração e contratação de funcionários para assegurar crescimento equilibrado de longo prazo.

Finalmente, em "Liderança dissimulada: notas sobre gestão de profissionais", Mintzberg volta-se para a velha metáfora do gerente como regente de uma orquestra para ver como o regente da orquestra realmente administra. O que surge não é a imagem do líder em um pedestal, com controle absoluto, mas talvez uma imagem relacionada ao que realmente significa comandar uma organização de especialistas profissionais.

Acima de tudo, esses textos sugerem que os conceitos tradicionais de administração e organização simplesmente não funcionam conforme nos afastamos da produção em massa convencional – que por longo tempo foi um modelo para conceitos de uma "melhor maneira" em administração. Independentemente de ser um trabalho altamente especializado em geral ou um serviço sujeito às novas tecnologias e habilidades em particular, nossa mente tem que estar aberta para algumas necessidades muito diferentes. Em um artigo amplamente discutido ("The Coming of the New Organization" "A chegada da nova organização", *Harvard Business Review*, janeiro-fevereiro 1988), Peter Drucker argumentou que o trabalho em geral está exigindo mais habilidade e por isso as estruturas das organizações em geral estão indo em direção ao que podemos chamar de formato profissional. Embora *não* cheguemos tão longe – mantemos nossa visão contingente de diferentes necessidades para diferentes contextos – realmente acreditamos que essa forma de organização está se tornando mais importante.

LEITURA 15.1
A ORGANIZAÇÃO PROFISSIONAL[1]
por Henry Mintzberg

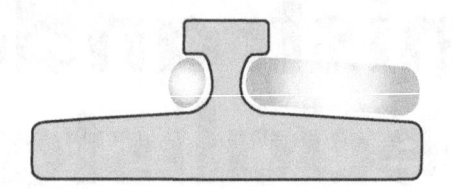

A ESTRUTURA BÁSICA

Uma organização pode ser burocrática sem ser centralizada. Isso acontece quando seu trabalho é complexo, exigindo que seja feito e controlado por profissionais, enquanto que ao mesmo tempo permanece estável, de forma que as capacidades desses profissionais possam ser aperfeiçoadas por meio de programas operacionais padronizados. A estrutura assume a forma de burocracia profissional e é comum em universidades, hospitais gerais, empresas de contabilidade pública, agências de serviço social e empresas que executam trabalhos de engenharia relativamente rotineiros ou trabalhos artesanais. Tudo se baseia nas capacidades e no conhecimento de seus profissionais operacionais para funcionar; tudo gera produtos e serviços padronizados.

O TRABALHO DOS OPERADORES PROFISSIONAIS

Aqui novamente temos uma configuração fortemente unida dos atributos da estrutura. Mais importante, a organização profissional baseia-se na padronização de habilidades para coordenação, e isso é atingido principalmente por meio de treinamento formal. Ela contrata especialistas devidamente treinados – profissionais – para o núcleo operacional, dando a eles um controle considerável sobre seu próprio trabalho.

O controle sobre seu trabalho significa que esses profissionais trabalham de forma relativamente independente de seus colegas, mas próximos dos clientes a quem atendem – médicos que tratam de seus próprios pacientes e contadores que mantêm contato pessoal com empresas cujos livros eles escrituram. A maior parte da coordenação necessária entre os profissionais operacionais é conduzida automaticamente por suas habilidades e conhecimento – na verdade, pelo que eles aprenderam a esperar uns dos outros. Durante uma operação longa e complexa, como uma cirurgia de coração, "muito pouco precisa ser dito [entre o anestesista e o cirurgião] antes da abertura do peito e durante o procedimento no coração em si... [a maior parte da operação é] feita em silêncio absoluto" (Gosselin, 1978). Esse ponto talvez seja melhor revertido com uma tira de quadrinhos que mostra seis cirurgiões ao lado de um paciente em uma mesa de cirurgia e um deles pergunta: "Quem abre?"

Um trabalho lido por Spencer antes de uma reunião da Sociedade Cardiovascular Internacional mostra o quanto esse trabalho complexo de profissionais pode ser padronizado. Spencer observa que uma característica importante do treinamento cirúrgico é a "prática repetitiva" para evocar "um reflexo automático". Tão automático, na verdade, que esse médico mantém uma série de "livros de receitas" cirúrgicos, nos quais ele lista, mesmo para operações "complexas", os passos essenciais como cadeias de 30 a 40 símbolos em uma única página, a "serem revistos mentalmente em um espaço de 60 a 120 segundos em algum momento durante o dia anterior à cirurgia" (1976: 1179, 1182).

Mas não importa o quanto conhecimento e habilidades sejam padronizados, sua complexidade exige que continue havendo prudência em sua aplicação. Não existem dois profissionais – dois cirurgiões, ou engenheiros, ou trabalhadores sociais – que os apliquem da mesma maneira. Muitos julgamentos são necessários.

O treinamento, reforçado por doutrinação, é uma questão complicada na organização profissional. O treinamento inicial normalmente ocorre durante um período de alguns anos em uma universidade ou instituição especial, durante o qual as habilidades e o conhecimento da profissão são formalmente transmitidos aos alunos. Depois, normalmente segue-se um longo período de treinamento prático, como a residência na medicina ou o estágio em contabilidade, durante o qual o conhecimento formal é aplicado e as capacidades são aperfeiçoadas. Esse treinamento prático também completa o processo de doutrinação que começou durante a educação formal. À medida que novos conhecimento são gerados e novas habilidades desenvolvidas, evidentemente (pelo menos é o que se espera) o profissional aumenta sua especialização.

Todo esse treinamento é voltado para um objetivo, a internalização dos procedimentos estabelecidos, que é o que torna a estrutura tecnicamente burocrática (estrutura definida anteriormente como baseada em padronização para coordenação). Mas a burocracia profissional difere muito da burocracia estilo máquina. Enquanto essa última gera seus próprios padrões – por meio de sua tecnoestrutura, reforçada por seus gerentes de linha – muitos dos padrões da burocracia profissional têm origem

---

[1] Adaptado de *The Structuring of Organizations* (Prentice Hall, 1979), Cap. 19, "The Professional Bureaucracy"; também *Power In and Around Organizations* (Prentice Hall, 1983), Cap. 22, "The Meritocracy"; o material sobre formação de estratégia é de "Strategy Formation in the University Setting", em co-autoria com Cynthia Hardy, Ann Langley e Janet Rose, em J.L. Bess (ed.), *College and University Organization* (New York University Press, 1984). Um capítulo similar a este apareceu em *Mintzberg on Management: Inside Our Strange World of Organizations* (Free Press, 1989).

fora de sua própria estrutura, nas associações autogeridas às quais seus profissionais pertencem juntamente com os colegas de outras instituições. Essas associações estabelecem padrões universais, os quais elas asseguram que sejam ensinados nas universidades e usados por todas as organizações que praticam a profissão. Assim, enquanto a burocracia estilo máquina se baseia em uma autoridade de natureza hierárquica – o poder do cargo – a burocracia profissional enfatiza a autoridade de natureza profissional – o poder da especialização.

Na verdade, é difícil para as organizações profissionais basearem-se em outras formas de padronização. Os próprios processos de trabalho são muito complexos para serem padronizados diretamente pelos analistas. É só imaginar um analista seguindo um cardiologista em seu plantão ou marcando o tempo das atividades de um professor na sala de aula. De forma similar, os resultados do trabalho profissional não podem ser facilmente mensurados e não se prestam à padronização. Imagine um planejador tentando definir uma cura em psiquiatria, a quantidade de aprendizado que ocorre em uma sala de aula ou a qualidade de uma auditoria contábil. Da mesma forma, não se pode contar com supervisão direta e ajuste mútuo para coordenação, pois ambos impedem a autonomia profissional.

O Processo de Categorização

Para entender como a organização profissional funciona no nível operacional, é útil pensar nela como um conjunto de programas padronizados – na verdade, o repertório de habilidades que os profissionais deixam pronto para usar – aplicados em situações conhecidas, chamadas contingências, também padronizadas. Como observou Weick, "as escolas atuam para construir e manter categorias" (1976: 8). O processo algumas vezes é conhecido como *categorização*. Nesse aspecto, os profissionais têm duas tarefas básicas: (1) categorizar, ou "diagnosticar", as necessidades dos clientes em termos de uma das contingências, que indica que programa-padrão aplicar e (2) aplicar, ou executar, esse programa. Por exemplo, o consultor gerencial carrega uma sacola de acrônimos padronizados: GPO, SGI, PLP, DO*. O cliente que precisa de informações recebe o SGI; o que tem conflitos gerenciais, DO. Tal categorização, evidentemente, simplifica muito as questões; ela também permite que cada profissional trabalhe de forma relativamente autônoma.

É no processo de categorização que podemos ver melhor as diferenças fundamentais entre a organização máquina, a organização profissional e a organização inovadora (a ser discutida em seguida). A organização

---

* N. de T.: GPO (Gestão por Objetivo), SGI (Sistema de Gestão de Informações), PLP (Planejamento a Longo Prazo) e DO (Desenvolvimento Organizacional), correspondem, respectivamente, às siglas originais em inglês: MBO (*Management By Objective*), MIS (*Management Information System*), LRP (*Long Range Planning*) e OD (*Organizational Development*).

máquina é uma estrutura com objetivo único. Recebendo um estímulo, ela executa sua seqüência padrão de programas, assim como reagimos com um chute quando o médico bate em nosso joelho. Não há um diagnóstico envolvido. Na organização profissional, o diagnóstico é uma tarefa fundamental, mas altamente restrita. A organização tenta igualar uma contingência predeterminada para um programa padronizado. Os diagnósticos com finalidade totalmente aberta – que buscam uma solução criativa para um problema único – exigem a forma inovadora de organização. Nesse caso não podemos nos basear em contingências ou programas padronizados.

A Estrutura Administrativa

Tudo o que discutimos até agora sugere que o núcleo operacional é a parte principal da organização profissional. A única outra parte totalmente elaborada é a equipe de apoio, mas ela está muito concentrada em executar as atividades do núcleo operacional. Considerando o alto custo dos profissionais, faz sentido garantir para eles o maior apoio possível. Assim, as universidades têm centro de cópias, clubes para os professores, fundos de ex-alunos, editoras, arquivos, bibliotecas, computadores e muitas, muitas outras unidades de suporte.

A tecnoestrutura e a gerência de linha intermediária não são altamente elaboradas na organização profissional. Elas pouco podem fazer para coordenar o trabalho profissional. Além disso, com tão pouca necessidade de supervisão direta dos profissionais ou de ajuste mútuo entre si, as unidades operacionais podem ser muito grandes. Por exemplo, o corpo docente de administração da McGill funciona efetivamente com 50 professores sob um único gerente, seu reitor, e o resto da hierarquia acadêmica da universidade também é enxuto.

Assim, o diagrama no começo deste capítulo mostra a organização profissional, expressa em de nosso logo, como uma estrutura uniforme com uma linha intermediária reduzida, uma tecnoestrutura pequena, mas uma equipe de apoio totalmente elaborada. Todas essas características são refletidas no organograma de um hospital universitário, mostrado na Figura 1.

Porém, a coordenação com a estrutura administrativa é outra questão. Como essas configurações são muito descentralizadas, os profissionais não apenas controlam seu próprio trabalho como também obtêm controle coletivo sobre as decisões administrativas que os afetam – decisões, por exemplo, de contratar colegas, de promovê-los e de distribuir recursos. Eles fazem isso, em parte, ao executar por si mesmos algum tipo de trabalho administrativo (a maioria dos professores universitários, por exemplo, participa de vários comitês administrativos) e, em parte, ao assegurar que postos administrativos importantes sejam ocupados por profissionais ou pelo menos por pessoas simpáticas, indicadas com as bênçãos dos profissionais. Dessa forma, o que resulta é uma estrutura administrativa bastante democrática. Mas, como o trabalho administrativo exige ajuste mútuo para coordenação entre as várias pessoas envolvidas, as forças-tarefa e especialmente os comitês permanentes abundam nesse nível, como de fato é sugerido na Figura 1.

Devido ao poder de seus operadores profissionais, essas organizações algumas vezes são descritas como pirâmides invertidas, com os operadores profissionais no topo e os administradores na base para servi-los – assegurando que as salas cirúrgicas sejam mantidas limpas e que tenha giz nas salas de aula. Tal descrição desconsidera o poder dos administradores do trabalho profissional, porém, embora possa ser uma descrição acurada daqueles que administram as unidades de suporte. Para a equipe de apoio – geralmente mais numerosa do que a equipe profissional, mas menos habilidosa – não há democracia na organização profissional, apenas a oligarquia dos profissionais. As unidades de suporte, como a governança em um hospital ou o departamento de cópias em uma universidade, tendem a ser firmemente gerenciadas pelo alto escalão, na verdade como o estilo máquina se insere na configuração profissional. Assim, o que surge freqüentemente na organização profissional são hierarquias administrativas paralelas e separadas, uma para os profissionais – democrática e de baixo para cima –, outra para a equipe de apoio – estilo máquina e de cima para baixo.

Os Papéis dos Administradores do Trabalho Profissional

Com tudo isso, onde ficam os administradores da hierarquia profissional, os diretores executivos e chefes de hospitais, os presidentes e reitores das universidades? Eles não têm poder? Comparados com seus pares nas organizações empreendedora ou máquina, eles certamente têm bem menos poder. Mas isso está longe de ser a história completa. O administrador do trabalho profissional pode não conseguir controlar os profissionais diretamente, mas ele desempenha uma série de papéis que podem gerar um poder indireto considerável.

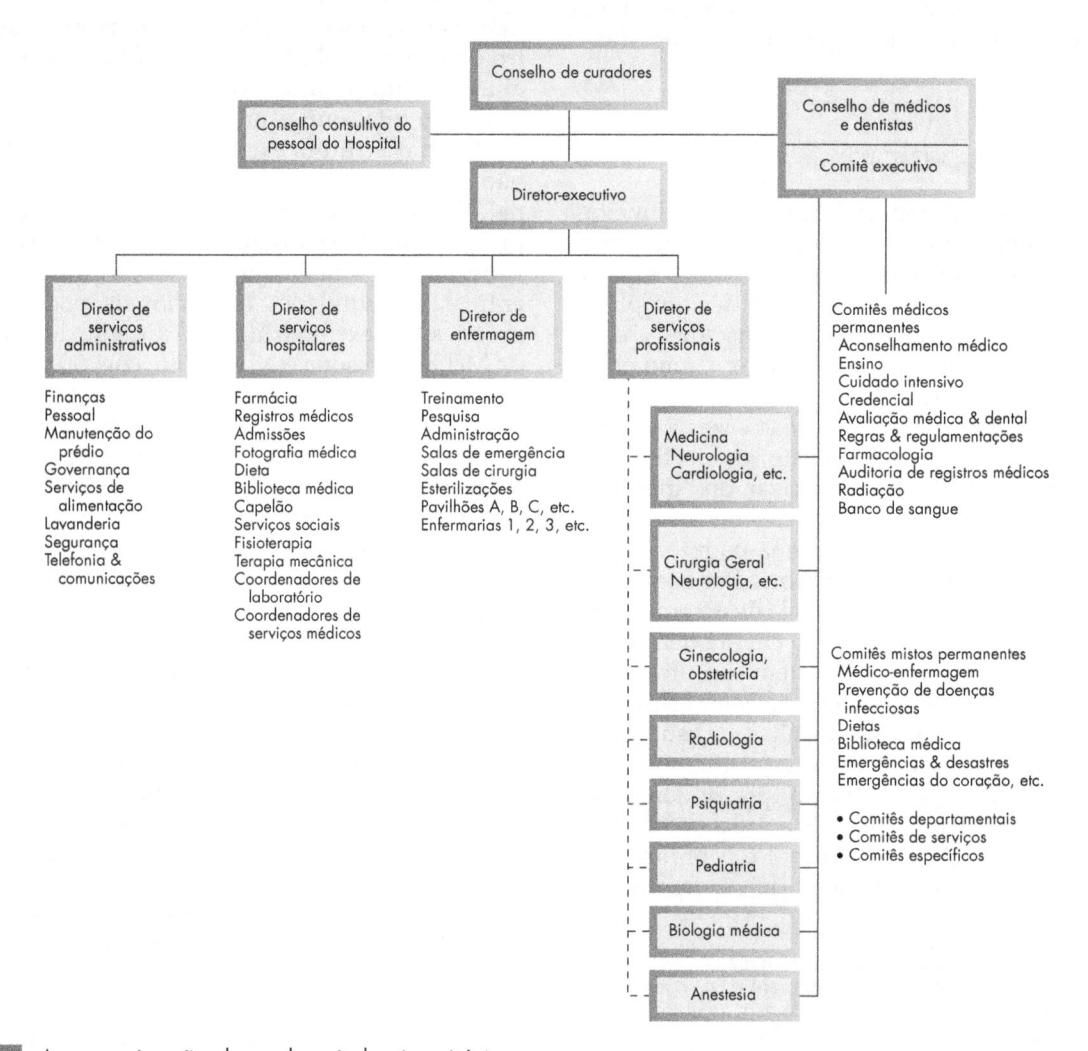

Figura 1 As organização de um hospital universitário.

Primeiro, esse administrador passa muito tempo lidando com problemas na estrutura. O processo de categorização é, no mínimo, imperfeito, gerando todos os tipos de disputa jurisdicional entre os profissionais. Quem deve fazer mastectomias em um hospital, os cirurgiões, habituados a operar, ou os ginecologistas, habituados a cuidar das mulheres? Raramente, porém, um administrador pode impor uma solução para os profissionais envolvidos em uma disputa. Em vez disso, em geral vários administradores sentam-se e negociam uma solução em nome de seus constituintes.

Segundo, os administradores do trabalho profissional – especialmente os que estão em níveis mais altos – desempenham papéis importantes nas fronteiras da organização, entre os profissionais internos e os influenciadores externos: governos, associações de clientes, benfeitores, etc. Por um lado, espera-se que os administradores protejam a autonomia de seus profissionais, "amortecendo" as pressões externas. Por outro lado, espera-se que eles convençam essas partes externas a apoiar a organização, moral e financeiramente. E isso sempre faz com que essas partes externas, por sua vez, esperem que os administradores controlem os profissionais de forma burocrática estilo máquina. Assim, os papéis externos do gerente – manter contatos, agir como figura de proa e porta-voz na qualidade de relações públicas, negociar com agências externas – são considerados primários na administração do trabalho profissional.

Alguns vêem os papéis que esses administradores devem desempenhar como sinais de fraqueza. Eles consideram essas pessoas como garotos de recado dos profissionais, ou até como peões capturados nas várias batalhas da guerra – entre um profissional e outro, entre equipe de apoio e profissional, entre pessoas de fora e o profissional. Na verdade, porém, esses papéis são as próprias fontes de poder do administrador. O poder, afinal de contas, é conquistado no local da incerteza, e é exatamente lá onde estão os administradores de profissionais. O administrador que consegue levantar fundos extras para sua organização ganha um voto na decisão de como eles serão distribuídos; aquele que consegue reconciliar conflitos em favor de sua unidade ou que pode efetivamente proteger os profissionais da influência externa se torna um membro valioso, e portanto poderoso, da organização.

Podemos concluir que o poder nessas estruturas flui para aqueles profissionais que se preocupam em dedicar esforços para fazer o trabalho administrativo em vez do profissional, desde que o façam bem. Mas isso, devemos enfatizar, não é poder autônomo; o administrador mantém seu poder somente enquanto os profissionais consideram que ele atende seus interesses efetivamente.

CONDIÇÕES DA ORGANIZAÇÃO PROFISSIONAL

A forma profissional de organização aparece onde quer que o trabalho operacional de uma organização seja dominado por trabalhadores habilidosos, que usem procedimentos difíceis de aprender, ainda que bem-definidos. Isso significa uma situação que é tanto complexa como estável – complexa o suficiente para exigir procedimentos que só possam ser aprendidos por meio de treinamento intensivo, porém estável o suficiente para que seu uso possa se tornar padronizado.

Observe que um sistema técnico elaborado pode trabalhar contra essa configuração. Se forem altamente regulamentadas ou automatizadas, as aptidões dos profissionais podem ser passíveis de racionalização, em outras palavras, ser divididas em passos simples, altamente programados, que destruiriam a base da autonomia profissional e, dessa forma, conduziriam a estrutura para a forma de máquina. E, se forem altamente complicados, os sistemas técnicos reduzem a autonomia dos profissionais ao forçá-los a trabalhar em equipes multidisciplinares, conduzindo a organização para uma forma inovadora. Dessa forma, o cirurgião usa um bisturi e o contador, um lápis. Ambos devem estar afiados, mas na verdade são instrumentos simples e comuns. Contudo, ambos permitem a seus usuários desempenhar independentemente o que podem ser funções excessivamente complexas.

O principal exemplo de configuração profissional é a organização de serviços pessoais, pelo menos as que têm trabalho complexo e estável e que não se baseiam em um sistema técnico extravagante. Escolas e universidades, empresas de consultorias, escritórios de advocacia e contábeis, agências do serviço social, todas se baseiam nessa forma de organização, mais ou menos, desde que não se concentrem em inovar na solução de novos problemas, mas sim em aplicar programas padronizados para problemas bem-definidos. O mesmo parece ocorrer nos hospitais, pelo menos até o ponto em que seus sistemas técnicos sejam simples. (Nas áreas que exigem equipamentos mais sofisticados – aparentemente um número crescente, especialmente nas instituições de ensino – o hospital é conduzido para uma estrutura híbrida, com características de forma inovadora. Mas essa tendência é mitigada pela preocupação excessiva do hospital com segurança. Só se pode confiar no que foi testado e aprovado, o que produz uma aversão natural à configuração inovadora, mais solta.)

Até agora nossos exemplos vieram do setor de serviços. Mas a forma profissional também pode ser encontrada na área de produção, desde que mantidas as condições acima. Esse é o caso da empresa de artesanato, por exemplo, com uma fábrica que usa trabalhadores habilidosos para produzir produtos de cerâmica. O próprio termo *artesão* implica um tipo de profissional que aprende habilidades tradicionais por meio de um longo treinamento e depois pode colocá-las em prática sem supervisão direta. As empresas de artesanato parecem geralmente ter poucos administradores que, de qualquer maneira, tendem a trabalhar junto com o pessoal operacional. O mesmo parece ocorrer com trabalhos de engenharia orientados para projetos não muito criativos, mas sim para a modificação de projetos dominantes existentes.

Formação de Estratégia na Organização Profissional

Assumimos geralmente que as estratégias são formuladas antes de serem implementadas, que planejamento é o processo central da formulação e que estruturas devem ser projetadas para implementar essas estratégias. Pelo menos é isso que lemos na literatura convencional de gestão estratégica. Na organização profissional, esses imperativos são quase que totalmente o contrário do que ocorre de fato, levando-nos a concluir que, ou tais organizações são confusas em relação a como fazer estratégia, ou os formuladores de estratégia não entendem como funcionam as organizações profissionais. Eu concordo com a segunda explicação.

Usando a definição de estratégia como padrão de ação, a formação de estratégia na organização profissional assume um novo significado. Em vez de simplesmente levantar as mãos em sinal de resistência ao planejamento estratégico formal ou, no outro extremo, considerar as organizações profissionais como "anarquias organizadas", com os processos de criação de estratégia como meras "latas de lixo" (March e Olsen, 1976), podemos nos concentrar em como as decisões e ações se ordenam em padrões com o correr do tempo.

Considerando estratégia como padrão de ação, a questão óbvia passa a ser: que ações? A principal área de criação de estratégia na maioria das organizações se refere à elaboração da missão básica (os produtos ou serviços oferecidos ao público); nas organizações profissionais, podemos argumentar, isso é bastante controlado pelos profissionais. Outras áreas importantes de estratégia incluem as informações para o sistema (notadamente a escolha da equipe de apoio, a determinação de clientes e o levantamento de fundos externos), os meios para cumprir a missão (a construção de prédios e instalações, a compra de equipamentos de pesquisa, etc.), a estrutura e as formas de governo (o projeto do sistema curador, as hierarquias, etc.), e os vários meios para dar suporte a essa missão.

Se as organizações profissionais tivessem que formular estratégias de maneira convencional, os administradores centrais desenvolveriam planos detalhados e integrados sobre essas questões. Isso algumas vezes ocorre, mas em um número muito limitado de casos. Muitas questões estratégicas estão sob o controle direto de profissionais individuais, enquanto outras não podem ser decididas nem pelos profissionais nem pela administração central, exigindo a participação de diversas pessoas em um processo coletivo complexo. Como ilustrado na Figura 2, examinamos sucessivamente as decisões controladas por profissionais, pela administração central e pela coletividade.

Decisões Tomadas por Critério Profissional

As organizações profissionais se diferenciam porque a determinação da missão básica – os serviços específicos a serem oferecidos e para quem – é em boa parte deixada a critério dos profissionais. Na universidade, por exemplo, cada professor tem uma boa dose de controle sobre o que é ensinado e como, e também sobre o que é pesquisado e como. Assim, a estratégia geral de produto-mercado da McGill University deve ser vista como a composição das posturas individuais de ensino e pesquisa de seus 1.200 professores.

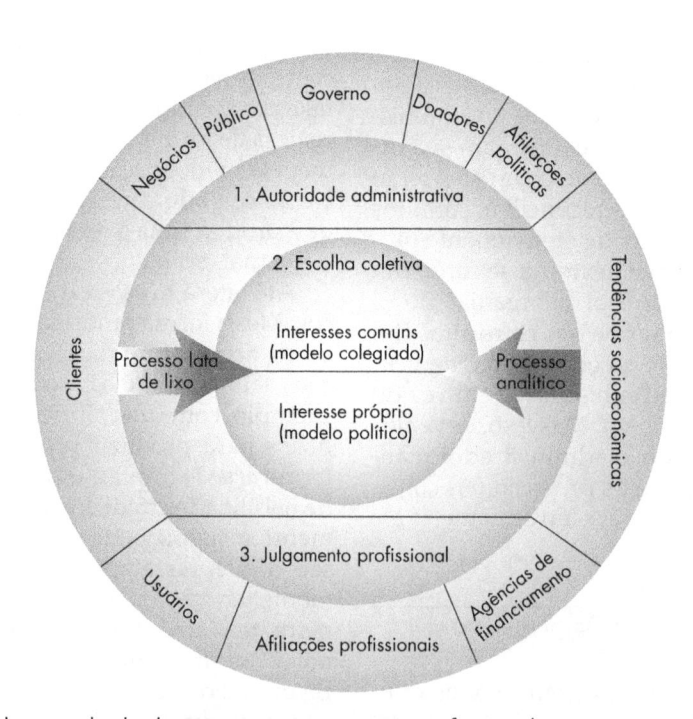

Figura 2   Os três níveis de tomada de decisão na organização profissional.

Isso, porém, não constitui exatamente uma autonomia total, pois há uma limitação sutil, mas não insignificante nesse poder. Só se permite aos profissionais decidir por si mesmos porque anos de treinamento asseguram que eles vão decidir de maneira geralmente aceita em suas profissões. Assim, os professores escolhem o conteúdo do curso e adotam os métodos de ensino que sejam bem-considerados pelos colegas, algumas vezes até formalmente sancionados por suas disciplinas. Eles pesquisam assuntos que serão custeados pelas agências de financiamento (que geralmente sofrem controles profissionais) e vão publicar artigos aceitáveis para as publicações citadas por seus pares. Levada ao extremo, então, a liberdade individual torna-se controle profissional. Pode ser uma liberdade explícita dos administradores, mesmo de seus pares em outras disciplinas, mas não é uma liberdade implícita de seus colegas de disciplina. Assim, usamos o rótulo de "critério profissional" para indicar que, embora o julgamento possa ser uma questão de escolha, é julgamento informado, fortemente influenciado por treinamento e afiliação profissional...

DECISÕES TOMADAS POR AUTORIDADE ADMINISTRATIVA

A experiência e a autonomia profissional, reforçadas pelo processo de categorização, limita muito a capacidade dos administradores centrais de gerenciar seus profissionais na forma da burocracia convencional – por meio de supervisão direta e de designação de padrões internos (regras, descrições de cargo, políticas). Até a designação de padrões de resultado ou desempenho é desencorajada pelo problema intratável da operacionalização das metas do trabalho profissional.

Certos tipos de decisões, menos relacionadas ao trabalho profissional em si, acabam caindo no domínio do que pode ser chamado de autoridade administrativa, em outras palavras, tornam-se prerrogativa exclusiva dos administradores. Entre elas estão decisões financeiras, por exemplo, para comprar e vender propriedades e embarcar em campanhas de levantamento de fundos. Como muitos serviços de suporte são organizados em uma hierarquia convencional de cima para baixo, eles tendem a cair sob o controle da administração central. Os serviços de suporte mais críticos para as questões profissionais, porém, como bibliotecas ou computadores em uma universidade, tendem a cair sob o domínio da tomada de decisão coletiva, em que os administradores centrais se juntam aos profissionais para fazer as escolhas.

Os administradores centrais também podem desempenhar um papel proeminente para determinar os procedimentos por meio dos quais o processo coletivo funciona, que comitês existem, quem é nomeado para eles, etc. São os administradores, afinal de contas, que têm tempo para dedicar à administração. Esse papel pode dar aos administradores habilidosos uma influência considerável, embora indireta, sobre as decisões tomadas pelos outros. Além disso, em tempos de crise, os administradores podem adquirir poderes mais amplos, uma vez que os profissionais se tornam mais inclinados a acatar a liderança para resolver as questões.

DECISÕES TOMADAS POR ESCOLHA COLETIVA

Muitas decisões, porém, não são tomadas nem pelos administradores nem pelos profissionais. Em vez disso, são tomadas em processos interativos, que combinam profissionais com administradores de diversos níveis e unidades. Entre as decisões mais importantes desse tipo parecem estar aquelas relacionadas à definição, à criação, projeto e descontinuidade de categorizações, ou seja, aos programas e aos departamentos de vários tipos. Outras decisões importantes incluem a contratação e a promoção de profissionais e, em alguns casos, orçar, estabelecer e projetar os procedimentos interativos em si (se eles não estiverem sob autoridade administrativa).

Podemos considerar que a tomada de decisões envolve três fases: a *identificação* da necessidade de decisão, o *desenvolvimento* de soluções e a *seleção* de uma delas. A identificação parece depender muito da iniciativa pessoal. Considerando as complexidades do trabalho profissional e a rigidez da categorização, é difícil imaginar uma mudança nessa configuração sem um "patrocinador" ou "defensor" iniciante. O desenvolvimento pode envolver a mesma pessoa, mas, em geral, também exige esforços de forças-tarefa coletivas. E a seleção tende a ser um processo totalmente interativo, envolvendo diversas camadas de comitês de subvenção compostos de profissionais e administradores e, algumas vezes, até de pessoas de fora (como representantes governamentais). É nessa última fase que vemos o impacto total e a complexidade do ajuste mútuo na administração de organizações profissionais.

MODELOS DE ESCOLHA COLETIVA

Como esses processos interativos agem de fato? Alguns autores tradicionalmente associavam as organizações profissionais a um modelo *colegiado*, no qual as decisões são tomadas por uma "comunidade de pessoas e grupos, todos com diferentes papéis e especialidades, mas compartilhando metas e objetivos comuns da organização" (Taylor, 1983: 18). O *interesse comum* é a força condutora e a decisão é tomada por consenso. Outros autores preferem propor um modelo político, no qual as diferenças dos grupos de interesse sejam inconciliáveis. Os participantes buscam, assim, atender seus *próprios interesses* e os fatores políticos tornam-se instrumentais na determinação de resultados.

Evidentemente, os processos de decisão não são dominados o tempo todo por interesse comum nem por interesse próprio; algumas combinações são naturalmente esperadas. Os profissionais podem concordar com as metas, embora discordem sobre como elas devem ser atingidas; alternativamente, algumas vezes é possível obter consenso mesmo com metas diferentes – os democratas podem, afinal de contas, votar algumas vezes com os republicanos no Congresso dos Estados Unidos. Na verdade, precisamos considerar a motivação, e não apenas o comportamento, a fim de separar o estilo colegiado da política. O sucesso político algumas vezes, exige uma postura colegiada – a pessoa pode precisar disfarçar o interesse próprio no manto do bem comum. Da mesma forma, fins colegiados algumas vezes exigem meios políticos. Assim, devemos considerar como colegiado qualquer comportamento que seja *motivado* por uma preocupação genuína com o bem da instituição e considerar como político qualquer comportamento conduzido fundamentalmente pelo interesse próprio (de pessoa ou de sua unidade).

Um terceiro modelo que tem sido usado para explicar a tomada de decisão nas universidades é a *lata de lixo*. Aqui a tomada de decisão é caracterizada por "conjuntos de escolhas buscando problemas, questões e sentimentos buscando situações de decisões nas quais possam ser arejados, soluções buscando questões para as quais possam ser uma resposta, e tomadores de decisão buscando trabalho" (Cohen e Olsen, 1972:1). O comportamento é, em outras palavras, sem objetivo e geralmente aleatório, pois as metas não são claras, e os meios para atingi-las são problemáticos. Além disso, a participação é fluida devido ao custo de tempo e energia. Assim, no lugar do interesse comum do modelo colegiado e do interesse próprio do modelo político, o modelo lata de lixo sugere um tipo de *desinteresse*.

A questão importante não é se os processos da lata de lixo existem – todos nós já os experimentamos –, mas se são importantes. Eles se aplicam a questões importantes ou apenas a questões incidentais? Evidentemente, decisões que não são importantes para todos podem acabar na lata de lixo, por assim dizer. Sempre há alguém com tempo livre disposto a desafiar uma proposta apenas pelo gosto de fazê-lo. Mas eu tenho dificuldade em aceitar que pessoas para quem as decisões são importantes não invistam esforços necessários para influenciá-las. Assim como o interesse comum e o interesse próprio, concluo que o desinteresse não domina o processo de decisão, nem está ausente dele.

Finalmente, a *análise* pode ser considerada o quarto modelo de tomada de decisão. Aqui os cálculos são usados, senão para selecionar a melhor alternativa, pelo menos para avaliar a aceitação de diferentes opções. Tal método parece ser consistente com a configuração máquina, na qual uma tecnoestrutura fica pronta para calcular os custos e os benefícios de cada proposta. Mas, na verdade, a análise também figura de forma destacada na configuração profissional, mas aqui levada a cabo, na maioria das vezes, pelos próprios operadores tradicionais. A análise racional estrutura argumentos para comunicação e debate, permitindo a defensores e seus oponentes aprovarem suas respectivas posições. Na verdade, na medida em que cada lado busca assumir posições no lugar do outro, as questões reais têm mais probabilidade de emergir.

Assim, como indicado na Figura 2, as decisões coletivas importantes na organização profissional parecem ser mais influenciadas pelos processos colegiados e políticos, com as pressões da lata de lixo encorajando um tipo de casualidade por um lado (especialmente para decisões menos importantes) e intervenções analíticas por outro, encorajando uma certa racionalidade (atuando como uma mão invisível para manter a lata de lixo tapada, por assim dizer).

ESTRATÉGIAS NA ORGANIZAÇÃO PROFISSIONAL

Assim, encontramos aqui um processo muito diferente de criação de estratégia, e estratégias resultantes muito diferentes, em comparação com as organizações tradicionais (especialmente estilo máquina). Embora possa parecer difícil criar estratégias nessas organizações devido à fragmentação de atividades, às políticas e ao fenômeno da lata de lixo, na verdade a organização profissional é inundada com estratégias (significando a padronização de suas ações). A padronização de habilidades encoraja a criação de modelos, assim como a categorização e as afiliações profissionais. O estilo colegiado promove consistência de comportamento; mesmo a política trabalha para resistir à mudança dos padrões existentes. Assim como para o modelo de lata de lixo, talvez ele represente apenas a variação inexplicável no sistema, ou seja, tudo que não é compreendido é visto pelo observador externo como anarquia organizada.

Aqui, muitas pessoas diferentes se envolvem no processo de criação de estratégia, incluindo administradores e vários profissionais, individual e coletivamente, de forma que as estratégias resultantes podem ser muito fragmentadas (no limite, cada profissional adota sua própria estratégia de produto/serviço). Também há, evidentemente, forças que encorajam alguma coesão geral na estratégia: as forças comuns da autoridade administrativa, extensas negociações que ocorrem no processo coletivo (por exemplo, na regulamentação de novos cargos em uma universidade), mesmo as forças do hábito e da tradição, em uma ideologia extrema, que podem permear uma organização profissional (como a contratação de certos tipos de pessoa ou o favorecimento de certos estilos de ensino ou de cirurgia).

Acima de tudo, as estratégias da organização profissional tendem a exigir um grau extraordinário de estabilidade. Grandes reorientações na estratégia – "revoluções estratégicas" – são desencorajadas pela fragmentação da atividade e a influência de profissionais e seus associados externos. Mas, em um nível mais restrito, a mudança é ubíqua. Dentro de pequenas categorizações, os serviços são alterados continuamente, procedimentos são redesenhados e a clientela é alterada, enquanto no processo coletivo categorizações são constantemente acrescentadas e reorganizadas. Assim, a organização profissional, paradoxalmente, fica extremamente estável no nível mais amplo e em um estado de mudança perpétua no nível mais restrito.

Algumas Questões Associadas à Organização Profissional

A organização profissional é a única entre as diferentes configurações que atende a duas das necessidades mais importantes de homens e mulheres contemporâneos. Ela é democrática, disseminando seu poder diretamente para os trabalhadores (pelo menos para aqueles sortudos o suficiente para serem profissionais). E dá a eles uma grande autonomia, liberando-os até mesmo da necessidade de uma coordenação próxima com seus colegas. Assim, o profissional tem o melhor dos dois mundos. Ele faz parte de uma organização, mas ao mesmo tempo está livre para atender os clientes à sua própria maneira, restrito apenas pelos padrões estabelecidos pela profissão.

O resultado é que os profissionais tendem a aparecer como pessoas altamente motivadas, dedicadas a seu trabalho e aos clientes que atendem. Ao contrário da organização máquina, que coloca barreiras entre o operador e o cliente, essa configuração remove todas as barreiras, permitindo que uma relação pessoal se desenvolva. Além disso, a autonomia permite aos profissionais aperfeiçoarem suas capacidades livres de interferências, à medida que repetem vezes sem conta os mesmos programas complexos.

Mas, nas mesmas características, democracia e autonomia, estão os principais problemas da organização profissional. Por isso, não há uma maneira evidente de controlar o trabalho fora daquela exercida pela própria profissão, não há como corrigir as deficiências que os profissionais decidem ignorar. O que eles tendem a ignorar são os problemas de coordenação, de discernimento e de inovação que surgem nessas configurações.

Problemas de Coordenação

A organização profissional pode coordenar efetivamente em seu núcleo operacional baseando-se apenas na padronização de atividades. Mas esse é no mínimo um mecanismo de coordenação vago; ele não lida com muitas das necessidades que surgem nessas organizações. Uma das necessidades é coordenar o trabalho dos profissionais com o das equipes de apoio. Os profissionais querem dar as ordens. Mas isso pode prender a equipe de apoio entre o poder vertical da linha de autoridade e o poder horizontal da especialização profissional. Outra necessidade é atingir a coordenação dominante entre os próprios profissionais. As organizações profissionais, no limite, podem ser vistas como grupos de pessoas que se reúnem apenas para dividir recursos comuns e serviços de apoio. Embora o processo de categorização facilite isso, algumas coisas inevitavelmente acabam se perdendo. Mas, como a organização profissional não tem um mecanismo de coordenação óbvio para lidar com essas situações, elas inevitavelmente provocam muito conflito. Muito sangue político é derramado na reavaliação contínua de contingências e programas que são imperfeitamente concebidos ou artificialmente distinguidos.

Problemas de Discernimento

A categorização gera outro problema sério. Ela concentra a maior parte do discernimento nas mãos de profissionais individuais, cujas habilidades complexas, não importa o quanto sejam padronizadas, exigem o exercício de um julgamento considerável. Tal discernimento funciona bem quando os profissionais são competentes e conscientes, mas causa danos quando não são. Inevitavelmente, alguns profissionais são simplesmente preguiçosos ou incompetentes, e outros confundem as necessidades de seus clientes com as capacidades de sua empresa. Assim, eles se concentram no favorecimento de um programa em detrimento de todos os outros (como o psiquiatra que pensa que todos os pacientes, na verdade todas as pessoas, precisam de psicanálise). Os clientes que inadvertidamente cruzam seu caminho são maltratados (nos dois sentidos da palavra).

Vários fatores confundem os esforços para lidar com essa inversão de meios e fins. Um é que os profissionais notadamente relutam em agir contra si próprios, por exemplo, para censurar comportamento irresponsável por meio de suas associações profissionais. Outro (que talvez ajude a explicar o primeiro) é a dificuldade intrínseca de mensurar os resultados do trabalho profissional. Se os psiquiatras não conseguem sequer definir as palavras *cura* ou *saudável*, como podem provar que a psicanálise é melhor para a esquizofrenia do que a terapia química?

O discernimento permite aos profissionais ignorar não apenas as necessidades de seus clientes, mas também as das organizações. Muitos profissionais dedicam sua lealdade à profissão, não ao local onde a praticam. Mas as organizações profissionais também precisam de lealdade – para dar suporte às suas estratégias gerais, para formar seus comitês administrativos, para vê-las através de conflitos com associações profissionais. A cooperação é crucial para o funcionamento da estrutura administrativa, embora muitos profissionais resistam a ela furiosamente.

Problemas de Inovação

Na organização profissional, as principais inovações também dependem da cooperação. Os programas existentes podem ser aperfeiçoados por um profissional, mas novos programas geralmente surgem nas especialidades estabelecidas – em essência, exigem um realinhamento da categorização – e assim requerem ação coletiva. Como resultado, a relutância dos profissionais em cooperar uns com os outros e a complexidade dos processos coletivos podem gerar resistência à inovação.

Estas são, afinal de contas, *burocracias* profissionais, em resumo, estruturas de desempenho criadas para aperfeiçoar determinados programas em ambientes estáveis, não estruturas solucionadoras de problemas para criar novos programas para necessidades não-antecipadas.

Os problemas de inovação na organização profissional têm suas raízes no pensamento convergente, no raciocínio dedutivo do profissional que vê a situação específica em termos do conceito geral. Isso significa que novos problemas são forçados na velha categorização, conforme ilustrado de forma excelente pelos comentários de Spencer: "Todos os casos de pacientes que desenvolvem complicações significativas ou morrem em nossos três hospitais... são reportados ao escritório central com uma descrição narrativa da seqüência de fatos, com relatórios que variam de um terço de página até uma página inteira". E de seis a oito desses casos são discutidos na conferência semanal "mortalidade-morbidez", com duração de uma hora, incluindo apresentação do caso pelo cirurgião e "perguntas e comentários" do público (1978:118). Uma página "inteira" e dez minutos de discussão para um caso com "complicações significativas"! Talvez isso seja suficiente para listar os sintomas e encaixá-los na categorização. Mas é difícil até mesmo começar a pensar sobre soluções criativas. Como Lucy disse uma vez para Charlie Brown, a grande arte não pode ser feita em meia hora; leva pelo menos 45 minutos!

O fato é que grande arte e solução inovadora de problemas exigem raciocínio *indutivo* – ou seja, inferência da nova solução geral a partir de uma determinada experiência. E esse tipo de pensamento é *divergente*; ele se afasta das velhas rotinas ou padrões em vez de tentar aperfeiçoar as existentes. E isso está em tudo que a organização profissional deve fazer.

Respostas Públicas a Esses Problemas

Que respostas os problemas de coordenação, discernimento e inovação evocam? Mais comumente, os que estão fora da profissão vêem os problemas como resultantes da falta de controle externo sobre o profissional e a profissão. Então eles fazem o óbvio: tentam controlar o trabalho por outros meios, mais tradicionais. Um deles é a supervisão direta, que normalmente significa impor um nível intermediário de supervisão para observar os profissionais. Mas já discutimos porque isso não funciona para tarefas complexas. Outro meio é tentar padronizar o trabalho ou seus resultados. Mas também já discutimos porque trabalho complexo não pode ser formalizado por regras, regulamentações ou medidas de desempenho. Tudo o que esses tipos de controle fazem, ao transferir a responsabilidade pelo serviço do profissional para a estrutura administrativa, é destruir a eficácia do trabalho. Não é o governo que educa os estudantes, nem mesmo o sistema escolar ou a escola em si; não é o hospital que faz o parto do bebê. Essas coisas são feitas pelos profissionais. Se esse profissional for incompetente, nenhum plano ou regra moldada na tecnoestrutura, nenhum pedido de nenhum administrador ou oficial governamental, pode torná-lo competente. Mas tais planos, regras e ordens podem impedir o profissional competente de prestar seus serviços efetivamente.

Então, não há soluções para uma sociedade preocupada com o desempenho de suas organizações profissionais? O controle financeiro dessas empresas e legislação contra comportamento profissional irresponsável obviamente funcionam. Mas, além disso, as soluções devem surgir do reconhecimento do trabalho profissional pelo que ele é. A mudança na organização profissional não *emana* de novos administradores que assumem seus postos anunciando reformas amplas, ou da intenção de oficiais do governo de manter os profissionais sob controle tecnocrático. Em vez disso, a mudança *se infiltra* através do lento processo de mudança dos profissionais – mudando os que estão entrando na profissão, o que eles aprendem nas escolas profissionalizantes (normas e também habilidades e conhecimento) e, daí em diante, a maneira como eles aprimoram suas habilidades. Onde há resistência contra as mudanças desejadas, pode ser melhor para a sociedade clamar pelo senso de responsabilidade pública de seus profissionais ou, se isso não der certo, pressionar as associações profissionais e não as burocracias profissionais.

Leitura 15.2
Administrando o Intelecto[2]
por James Brian Quinn, Philip Anderson e Sydney Finkelstein

Com raras exceções, o poder econômico e produtivo de uma corporação moderna ou de uma nação está mais em suas capacidades intelectuais e de sistemas do que em seus ativos fixos – matérias-primas, terras, fábricas e equipamentos. Os processos intelectuais e informacionais criam a maior parte do valor agregado pelas empresas nos grandes segmentos de serviços – como *software*, assistência médica, comunicações, educação, entretenimento, contabilidade, advocacia, editoria, consultoria, propaganda, varejo, atacado e transporte – que geram 79% de todos os empregos e 76% de todo o PIB nos EUA. Também no setor produtivo, as atividades intelectuais – como P&D, projeto de processos, projeto de produtos, logística, pesquisa de *marketing*, gerenciamento de sistemas ou inovações tecnológicas – geram a maior parte do valor agregado...

---

[2] Reimpresso, com cortes, de "Managing Expertise", J.B. Quinn, P. Anderson e S. Finkelstein, *Academy of Management Executive*, vol. 10 (3), 1996, 7-27.

A capacidade de administrar o intelecto e convertê-lo em resultados úteis tornou-se uma habilidade executiva crítica de nossa era. Mesmo assim, poucos gerentes têm respostas sistemáticas até mesmo para estas questões básicas:

- O que é intelecto? Onde ele reside? Como podemos capturá-lo? Alavancá-lo?
- Que habilidades especiais são necessárias para administrar intelecto profissional *versus* intelecto criativo? Como uma empresa pode medir o valor de seu intelecto? Como os gerentes podem alavancar ao máximo os recursos intelectuais de suas empresas?

O QUE É INTELECTO?

O dicionário Webster define intelecto como "conhecimento e compreensão: a capacidade de adquirir conhecimento, de uso racional ou altamente desenvolvido da inteligência". O intelecto de uma organização – em ordem crescente de importância – inclui: (1) *conhecimento cognitivo* (ou saber o quê); (2) *habilidades avançadas* (ou saber como); (3) *entendimento do sistema e intuição treinada* (saber por quê); e (4) *criatividade automotivada* (preocupar-se com o porquê). O intelecto reside claramente dentro dos cérebros humanos das empresas. Os primeiros três níveis também podem existir nos sistemas, nos bancos de dados ou nas tecnologias operacionais de uma organização. Se bem cuidado, o intelecto em todas as suas formas é altamente alavancável e protegível. O *conhecimento cognitivo* é essencial, mas geralmente insuficiente para o sucesso. Muitos podem saber as regras para atuar – em um campo de futebol, ao piano ou na escrituração de um livro-razão contábil –, mas não têm as habilidades necessárias para ganhar dinheiro em uma competição.

De maneira similar, alguns possuem habilidades avançadas mas não entendem o sistema: podem desempenhar bem algumas tarefas selecionadas, mas geralmente não entendem totalmente como suas ações afetam outros elementos da organização ou como melhorar a eficácia da entidade como um todo. Similarmente, algumas pessoas podem possuir tanto o conhecimento para desempenhar uma tarefa como as *habilidades avançadas* para competir, mas não têm vontade, motivação ou maleabilidade para o sucesso. Os grupos altamente *motivados* e *criativos* geralmente têm desempenho melhor do que aqueles com maior habilidade física ou fiscal.

O valor do intelecto de uma empresa aumenta bastante quando alguém sobe na escala intelectual, passando do conhecimento cognitivo para a criatividade motivada. Contudo, em uma anomalia estranha e cara, a maioria das empresas reverte essa prioridade em seus gastos com treinamento e desenvolvimento de sistemas, focando literalmente toda sua atenção no desenvolvimento de habilidades básicas (e não avançadas) e pouca ou nenhuma atenção a sistemas e habilidades motivacionais ou criativas...

CARACTERÍSTICAS DO INTELECTO

As empresas mais bem administradas evitam isso ao explorar certas características críticas do intelecto, tanto no nível estratégico como no operacional.

EXPONENCIALIDADE

Apropriadamente estimulados, conhecimento e intelecto crescem exponencialmente. Todas as curvas de aprendizado e experiência têm essa característica. À medida que o conhecimento é capturado ou internalizado, a base de conhecimento em si torna-se maior... O efeito se acelera quando níveis mais altos de conhecimento permitem que a organização ataque problemas mais complexos e se inter-relacione com outras fontes de conhecimento às quais ela não tinha acesso anteriormente...

As conseqüências estratégicas de explorar a exponencialidade são profundas. Uma vez que a empresa obtenha vantagem competitiva baseada em conhecimento, torna-se ainda mais fácil manter sua liderança e mais difícil para os concorrentes alcançá-la. A ameaça mais séria é que, por meio da complacência, os líderes intelectuais podem perder sua vantagem de conhecimento... Essa é a razão pela qual é vital ter o mais alto nível de intelecto e criatividade automotivada. As empresas que alimentam a "preocupação com o porquê" conseguem acompanhar as mudanças rápidas atuais...

COMPARTILHAMENTO

Outra característica importante é que conhecimento é um dos poucos ativos que cresce muito – também em geral exponencialmente – quando compartilhado... A competência intelectual básica de muitas empresas financeiras... está na especialização humana e nos sistemas que coletam e analisam os dados relacionados a suas especialidades de investimento. O acesso interno a esses sistemas centralizados é estritamente limitado a uns poucos especialistas que trabalham no escritório central. Lá eles compartilham e alavancam suas próprias habilidades analíticas especializadas por meio de interações com outros especialistas financeiros, modeladores de "cientistas-foguete" e o acesso exclusivo da empresa a uma variedade de dados de transações...

CAPACIDADE DE EXPANSÃO

Ao contrário dos ativos físicos, o intelecto: (a) aumenta seu valor com o uso; (b) tende a ter muita capacidade subutilizada; (c) pode ser auto-organizado; e (d) pode se expandir muito sob pressão. Como uma empresa pode explorar essas características?... Os processos que elas utilizam lembram muito os de técnicos bem-sucedidos.

As atividades críticas são: (1) recrutar as pessoas certas; (2) estimulá-las a internalizar o conhecimento, as habilidades e as atitudes necessárias para o sucesso; (3) criar estruturas sistemáticas tecnológicas e organizacionais para capturar, focar e alavancar o intelecto o máximo possível; e (4) exigir e recompensar o alto desempenho de todos os envolvidos...

Há diferenças importantes entre administração profissional *versus* intelecto criativo. Embora muita atenção tenha sido dedicada à administração da criatividade, pouco foi escrito sobre gerenciamento de profissionais. Contudo, os profissionais são a fonte mais importante de intelecto para a maioria das organizações. Para cada organização realmente criativa, há provavelmente de 20 a 100 grupos profissionais criando valor alto dentro de empresas integradas ou diretamente para os clientes. O que caracteriza tais profissionais?

Perfeição, Não Criatividade

Embora nenhuma delimitação precisa se aplique em todos os casos, a maioria (de 90% a 98%) das atividades profissionais típicas é voltada para a perfeição, não para a criatividade (Schön, 1983). O verdadeiro profissional domina um campo completo de conhecimento – uma disciplina – e atualiza esse conhecimento constantemente. Na maioria dos casos, o cliente quer o conhecimento entregue confiavelmente com as habilidades mais avançadas disponíveis. Embora haja um espaço ocasional para a criatividade, a preponderância do trabalho em unidades atuariais, odontologia, hospitais, unidades contábeis, empresas de ópera, universidades, escritórios de advocacia, operações aeroespaciais, manutenção de equipamentos, etc. exige o uso repetido de habilidades altamente desenvolvidas em problemas relativamente similares, embora complexos. As pessoas raramente esperam que cirurgiões, contadores, pilotos de aeronaves, pessoal de manutenção ou operadores de usinas nucleares sejam muito criativos, exceto em emergências... Assim, encontrar e desenvolver um talento extraordinário é o primeiro pré-requisito gerencial crítico. A McKinsey sempre se concentrou apenas em 1% dos melhores graduados das principais escolas de administração, fazendo uma escolha cuidadosa entre eles...

Treinamento intenso, aconselhamento e pressão dos pares

Esses fatores literalmente forçam os profissionais para o topo de seu templo de conhecimento. Os melhores estudantes vão para as escolas mais exigentes. As melhores escolas de graduação – seja em direito, administração, engenharia, ciências ou medicina – selecionam ainda mais e conduzem esses alunos a desafios ainda maiores, com carga horária de 100 horas por semana. Então, após a graduação, os melhores entre os sobreviventes retornam para "campos de batalha" ainda mais intensos, em residências médicas, programas jurídicos associados ou outras situações de treinamento ultrajantemente exigentes como pilotos, consultores ou especialistas técnicos. O resultado é conduzir os melhores profissionais para cima em uma curva de aprendizado que seja mais íngreme do que a de qualquer outra pessoa... A chave é forçar o crescimento profissional deles com complexidade constantemente elevada (preferencialmente induzida para o cliente), aconselhamento totalmente planejado, altas recompensas pelo desempenho e forte estímulo para entender, sistematizar e avançar em suas disciplinas profissionais...

Desafios constantemente crescentes

Os intelectos crescem mais quando são desafiados. Assim, a competição interna pesada e a avaliação de desempenho constante são comuns... As melhores organizações pressionam seus profissionais constantemente para além do conforto de seu conhecimento catalogado, modelos de simulação e laboratórios controlados. Elas incansavelmente conduzem os associados para lidar com os domínios intelectuais mais complexos de clientes, sistemas operacionais reais, ambientes externos altamente diferenciados e diferenças culturais. Elas insistem e dão suporte ativo ao aconselhamento por parte daqueles que estão mais próximos do topo em seus campos. E recompensam seus associados por suas competências. As organizações medíocres não o fazem.

Administrando uma elite

Cada profissão tende a se considerar uma elite. Os membros olham para sua profissão e para seus pares para determinar códigos de comportamento e padrões de desempenho aceitáveis. Eles sempre desdenham valores e avaliações daqueles que estão "fora de sua disciplina". Essa é a fonte de muitos problemas das organizações profissionais. Os profissionais tendem a cercar-se de pessoas com histórico e valores similares. A não ser que sejam conscientemente fracionados, esses casulos baseados em disciplina tornam-se rapidamente burocracias internas, resistentes à mudança e isoladas dos clientes. Como o conhecimento dos profissionais é sua base de poder, muitos relutam em compartilhá-lo com outras pessoas a não ser que haja uma forte indução...

Por terem um conhecimento único e por terem sido treinados como uma elite, os profissionais tendem a considerar seu julgamento em todos os campos como sacrossanto. Os profissionais hesitam em subordinar-se a outras pessoas para dar suporte a metas organizacionais que não sejam completamente congruentes com o ponto de vista deles. Essa é a razão pela qual a maioria das empresas profissionais opera como sociedade e não como hierarquia; também por isso é tão difícil para elas adotar uma estratégia diferenciada...

POUCAS ECONOMIAS DE ESCALA?

Contudo, muitas empresas parecem ignorar ou violar todas essas características críticas ao desenvolver, alavancar e mensurar habilidades profissionais. Uma razão: a sabedoria convencional há muito estabeleceu que há poucas economias de escala – que permitem alavancagem – nas atividades profissionais. Um piloto só pode conduzir uma aeronave por vez; um grande cozinheiro-chefe só pode fazer um prato de cada vez; um pesquisador renomado só pode conduzir um experimento único de cada vez; um médico só pode diagnosticar a doença de um paciente por vez; e assim por diante. Em tais situações, acrescentar profissionais no mínimo multiplica os custos ao mesmo índice dos resultados. Na verdade, mais freqüentemente o crescimento trouxe *deseconomias* de escala porque as burocracias para coordenar, monitorar ou dar suporte aos profissionais expandiram-se mais rapidamente do que a base profissional...

Mas novas tecnologias e métodos gerenciais hoje permitem às empresas desenvolver, capturar e alavancar recursos intelectuais para níveis muito mais altos. As chaves são: (1) planejar organizações e sistemas de tecnologia com base em *fluxos intelectuais* em vez de em conceitos de comando e controle; (2) desenvolver medidas de desempenho e sistemas de incentivo que recompensem os gerentes por desenvolver ativos intelectuais e valor para o cliente – e não apenas por gerar lucros atuais e usar os ativos fixos de forma mais eficiente...

O ponto crucial para alavancar o intelecto é concentrar os recursos em coisas – importantes para os clientes – nas quais a empresa pode criar valor alto para seus clientes. Conceitualmente, isso significa desagregar tanto as atividades de apoio corporativas como a cadeia de valor em grupos intelectuais administráveis... Tais atividades podem ser desempenhadas internamente ou terceirizadas, dependendo dos custos e competências relativos. Para obter eficiência máxima, uma empresa deve concentrar seus próprios recursos e tempo executivo nas poucas atividades que ela desempenha no nível "melhor do mundo"...

ORGANIZANDO COM BASE NO INTELECTO

A exploração dessas novas estratégias baseadas em intelecto sempre exige novos conceitos organizacionais... esperamos um uso muito maior de quatro [dessas] formas organizacionais básicas que alavancam o intelecto profissional de forma única. Essas são as formas infinitamente uniformes, invertidas, estrelas cadentes e "teias de aranha"...

Todas as formas tendem a levar a responsabilidade adiante, até o ponto em que a empresa contata o cliente. Todas tendem a achatar a organização e remover camadas de hierarquia. Todas buscam ações mais rápidas e mais receptivas para lidar com a personalização das demandas de mercado abundantes e complexas. Todas exigem um afastamento do pensamento tradicional sobre: linhas de comando, estruturas uma pessoa-um chefe; o centro como força condutora, e gerenciamento de ativos físicos como a chave para o sucesso. Mas cada uma difere substancialmente em objetivo e administração...

ORGANIZAÇÕES "INFINITAMENTE UNIFORMES"

[As] organizações infinitamente uniformes [são] chamadas assim porque não há um limite inerente à sua expansão... Os centros isolados em tais organizações podem atualmente coordenar de qualquer lugar de 20 a 18.000 pontos centrais. Entre os exemplos comuns estão as operações de alimentação rápida altamente dispersas, corretagem de ações, expedição, pedidos por correio e empresas aéreas.

Diversas outras características também são importantes. Os pontos centrais raramente se comunicam entre si, operando de forma bastante independente. O núcleo raramente precisa dar ordens diretas à organização de linha. Ao contrário, ele é primariamente uma fonte de informações, um coordenador de comunicação e um ponto de referência para solicitações não usuais. Os níveis organizacionais mais baixos normalmente se conectam ao núcleo para obter informações para melhorar seu desempenho e não para obter instruções ou orientação específica. A maioria das regras operacionais é programada no sistema e alterada automaticamente por um *software*... Por exemplo, os 480 escritórios de corretagem doméstica da Merril Lynch estão diretamente conectados à central de informações da matriz para satisfazer o grosso de suas necessidades de informação e análises...

As organizações infinitamente uniformes apresentam certos problemas gerenciais inerentes. O pessoal de nível mais baixo imagina como avançar na carreira se não há nenhuma "ascensão". Os que estão no núcleo exigem habilidades totalmente diferentes daqueles que estão nos pontos centrais. Os sistemas tradicionais de avaliação de desempenho desaparecem e novos sistemas, baseados em capacidade profissional, desempenho pessoal e satisfação do cliente tornam-se imperativos... a essência do... gerenciamento é capturar, analisar e disseminar, no nível mais detalhado possível, informações relevantes para o cliente a partir do núcleo para os pontos centrais de contato.

A ORGANIZAÇÃO INVERTIDA

Na forma invertida, a principal localização *tanto* do conhecimento *como* da conversão de conhecimento em soluções está no ponto de contato com os clientes, não no núcleo. Os hospitais e clínicas médicas, unidades de cuidado terapêutico ou empresas de consultoria-engenharia são exemplos típicos. Esses "pontos centrais" tendem a ser altamente profissionais e auto-suficientes. Dessa forma, não há necessidade de associação direta entre os pontos centrais. Quando se difunde conhecimento crítico sobre as operações, isso normalmente é feito de maneira informal de um ponto central para outro – ou formalmente do ponto central para o núcleo –, o oposto da organização infinitamente uniforme...

Nas organizações invertidas, a linha hierárquica anterior torna-se uma estrutura de "suporte", intervindo apenas em emergências extremas – como seria o caso do CEO em um hospital ou do piloto-chefe em uma empresa aérea (ver Figura 1). A função dos gerentes de "linha" passa a ser destruir gargalos, desenvolver cultura, comunicar valores, desenvolver estudos especiais, consultar sob solicitação, acelerar movimentação de recursos e prestar serviços de economias de escala... Geralmente... o que era gerenciamento de "linha" (dar ordens) agora desempenha essencialmente atividades "de apoio" (analíticas ou de suporte).

Um exemplo bem conhecido é a NovaCare, o maior prestador de serviços de reabilitação nos Estados Unidos e uma das empresas de assistência médica com crescimento mais rápido na última década. Com seu recurso central – terapeutas físicos, ocupacionais e da fala bem-treinados em atendimento rápido – a NovaCare fornece a infra-estrutura para mais de 4.000 terapeutas, providenciando e incorporando contratos com casas e cadeias de enfermagem, cuidando das atividades contábeis e de crédito, fornecendo treinamentos atualizados e estabilizando e aumentando os ganhos dos terapeutas. Porém, a chave para o desempenho é o conhecimento dos terapeutas e sua capacidade de prestar esses serviços individualmente para os pacientes...

A organização invertida possui alguns desafios únicos. A aparente perda de autoridade formal pode ser muito traumática para os antigos "gerentes de linha". Recebendo poder formal reconhecido, as pessoas de contato podem tender a agir cada vez mais como especialistas com visões estritamente "profissionais", resistindo a qualquer conjunto de regras organizacionais ou normas da empresa. Considerando suas predileções, as pessoas de contato geralmente não se mantêm a par de detalhes sobre os complexos sistemas internos da empresa. E dar poder a essas pessoas sem informações e controles adequados (incluídos nos sistemas de tecnologia da empresa) pode ser extremamente perigoso. Um exemplo clássico é o rápido declínio da People Express, que tinha pessoal com muito poder e altamente motivado, mas não tinha os sistemas ou infra-estrutura tecnológica que permitisse a essas pessoas uma autocoordenação à medida que a organização crescia...

A Estrela Cadente

Outra forma altamente alavancável, a estrela cadente, atua bem quando há intelecto altamente especializado e valioso *tanto* no ponto central *como* no núcleo. As estrelas cadentes são comuns em organizações criativas, que constantemente removem unidades mais permanentes, mas separadas, como meteoros de suas competências básicas (ver Figura 2). Essas segregações permanecem como propriedade parcial ou total da empresa controladora, geralmente podem levantar recursos externos independentemente e são controladas primariamente pelos mecanismos de mercado. Alguns exemplos comuns... incluem: estúdios de cinema, grupos de fundo mútuo ou capitalistas de empreendimentos...

Ao contrário das empresas controladoras, as estrelas cadentes contêm algum núcleo central de competência intelectual. Elas não são simplesmente bancos ou administradoras de carteiras. Os pontos centrais – essencialmente separam as unidades de negócios permanentes, não pessoas ou agrupamentos temporários – têm relações contínuas com determinados mercados e são a localização de mercados importantes e especializados ou de conhecimento de produção. Os pontos centrais podem criar empresas adicionais a partir de seu núcleo...

As organizações estrelas cadentes trabalham bem quando o núcleo incorpora um conjunto caro ou complexo de competências e acolhe alguns poucos tomadores de risco bem-informados, que percebem que não podem microadministrar as diversas entidades nos pontos centrais... Geralmente elas existem em ambientes nos quais o espírito empreendedor – e não simplesmente uma resposta flexível – é crítico... Além de manter a competência básica, o centro corporativo geralmente administra a cultura, estabelece prioridades amplas, seleciona as principais pessoas e levanta recursos de forma mais eficiente do que os pontos centrais. Ao contrário dos conglomerados, as estrelas cadentes mantêm algumas competências intelectuais críticas coesas e constantemente renovadas em seu núcleo.

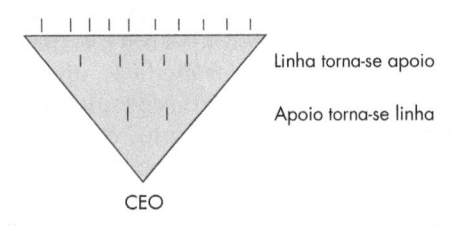

Figura 1 A organização invertida.

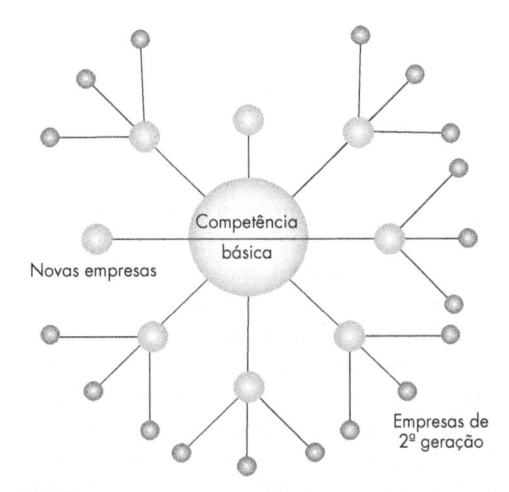

Figura 2 A organização estrela cadente.

O problema clássico dessa forma organizacional é que a gerência sempre perde a fé em seus "meteoros" independentes. Após algum tempo elas tentam consolidar funções em nome da eficiência ou das economias de escala – como alguns estúdios de cinema, a HP, a TI e a 3M fizeram para seu pesar – e só se recuperaram ao reverter tais políticas.

A "Teia de Aranha"

A forma de teia de aranha é uma verdadeira rede. (O termo "teia de aranha" evita confusão com outras formas de "rede", particularmente aquelas parecidas com empresas controladoras ou organizações matrizes). Na teia de aranha geralmente *não* há uma hierarquia intermediária ou centro de transmissão de ordens entre os pontos centrais. Na verdade, pode ser difícil definir onde está o núcleo. A localização do intelecto é altamente dispersa, residindo em grande parte nos pontos centrais de contato (como na organização invertida). Porém, as soluções são desenvolvidas em torno de um projeto ou de problemas que exigem que os pontos centrais interajam intimamente ou procurem outros que possam ter conhecimento ou habilidades especiais que um determinado problema exige.

O exemplo mais puro de teia de aranha é a Internet, que não é administrada por ninguém. Outros exemplos comuns incluem a maioria dos mercados abertos, bolsa de valores, consórcios de bibliotecas, equipes de diagnóstico, pesquisa ou grupos de ação política.

Os pontos centrais individuais podem operar de forma bastante independente, quando não for essencial recorrer ao conhecimento de outras fontes para resolver um problema de forma eficiente. Em um determinado projeto pode ou não haver um centro de autoridade único. Geralmente as decisões só vão ocorrer por meio de processos informais se as partes concordarem... Essa forma de organização libera a imaginação de muitos pesquisadores diferentes em localizações diversas, multiplica o número de possíveis encontros oportunos e encoraja a formação de soluções totalmente novas a partir de diversas disciplinas.

Embora sejam geralmente eficazes para descobrir e analisar os problemas, as teias de aranha apresentam desafios importantes quando usadas para tomada de decisão. A perda de tempo é comum, pois os pontos centrais trabalham para refinar as soluções de seus especialistas, em vez de resolver o problema completo em conjunto. Atribuir crédito para as contribuições individuais é difícil, e a competição cruzada entre os pontos centrais pode inibir o compartilhamento do qual essas redes dependem (ver Figura 3).

Cada forma organizacional tem um desempenho melhor para um conjunto específico de tarefas intelectuais. Assim, a maioria das grandes organizações vai exigir uma mistura desses blocos de construção básicos, combinados com estruturas hierárquicas mais tradicionais (ver Tabela 1).

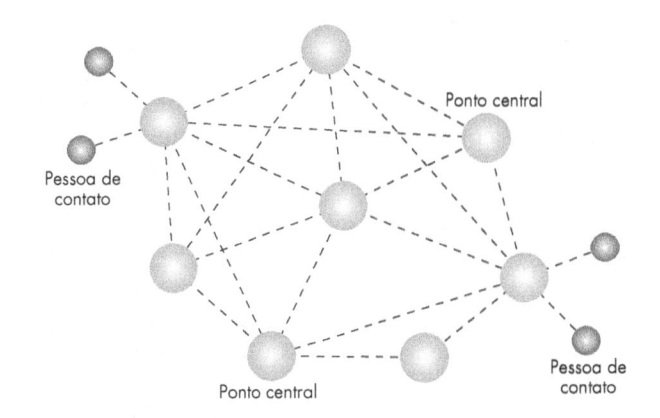

Figura 3 A organização teia de aranha.

Tabela 1 Como as diferentes formas organizacionais desenvolvem o intelecto

Tipo de intelecto	Infinitamente uniforme	Invertida	Estrela cadente	Teia de aranha
Cognitivo (saber o quê)	Conhecimento profundo e informação no núcleo	Intelecto primário nos pontos centrais, e serviços de apoio do núcleo	Profundidade no núcleo (técnico) e (mercados) nos pontos centrais	Dispersa, reunida para projetos
Capacidade avançada (saber como)	Programada em sistemas	Habilidades profissionalizadas transferidas informalmente de um ponto central para outro	Transferida do núcleo para o ponto central, depois de um ponto central para outro por meio do núcleo	Latente até que um projeto reúna um conjunto de habilidades
Conhecimento de sistemas (saber por que)	Peritos em sistemas no núcleo Conhecimento do cliente nos pontos centrais	Sistemas e especialização do cliente nos pontos centrais	Divisão: entre competência técnica central no núcleo, conhecimento sistemático de mercado nos pontos centrais	Descoberta em interação ou criada via pesquisa permitida pela rede
Criatividade motivada (preocupar-se com o porquê)	Libera os funcionários da rotina para trabalhos que exigem mais habilidade	Grande autonomia profissional	Incentivos empreendedores	Interesse pessoal, alavancado por meio de estímulo de interdependência ativo

LEITURA 15.3
EQUILIBRANDO A EMPRESA DE SERVIÇOS PROFISSIONAIS[3]
David H. Maister

O tópico de administração das empresas de serviços profissionais (ESP) (incluindo advocacia, consultoria, bancos de investimento, contabilidade, arquitetura, engenharia e outras) tem sido relativamente negligenciado pelos pesquisadores empresariais... Contudo, nos últimos anos, ESPs grandes (se não gigantes) surgiram na maioria dos segmentos de serviços profissionais...

A empresa de serviços profissionais é a representação final da frase familiar "Nosso ativo é nosso pessoal". Freqüentemente uma ESP tende a vender para seus clientes os serviços de determinadas pessoas (ou um grupo dessas pessoas), e não os serviços da empresa. Serviços profissionais geralmente envolvem um alto grau de interação com o cliente, junto com um alto grau de personalização. Essas duas características exigem que a empresa atraia (e mantenha) pessoas altamente capacitadas. A ESP, portanto, compete simultaneamente em dois mercados: o mercado de "saída" para seus serviços e o mercado de "entrada" para seus recursos produtivos – a mão-de-obra profissional. É a necessidade de equilibrar as demandas sempre conflitantes e as restrições impostas por esses dois mercados que constituem o desafio especial para os gerentes das empresas de serviços profissionais.

Este artigo explora a interação dessas forças dentro das empresas de serviços profissionais e examina algumas das principais variáveis que a administração dessas empresas pode tentar manipular a fim de equilibrar essas forças. A estrutura empregada por esse exame é mostrada na Figura 1, que ilustra a proposição de que o equilíbrio das demandas dos dois mercados é atingido pelas estruturas econômica e organizacional da empresa. Esses quatro elementos – os dois mercados e as duas estruturas – estão fortemente inter-relacionados. Ao examinar cada um deles, devemos tentar identificar as principais variáveis que formam as ligações mostradas na Figura 1. Primeiro, o artigo vai examinar a estrutura organizacional típica da empresa; segundo, vai explorar a estrutura econômica e sua relação com outros elementos. Depois vai considerar o mercado para a mão-de-obra profissional e, finalmente, discutir o mercado para as empresas de serviços. Como podemos ver, a administração bem-sucedida das ESPs é uma questão de equilíbrio entre os quatro elementos da Figura 1.

A ESTRUTURA ORGANIZACIONAL DA ESP

A estrutura padrão da empresa de serviços profissionais é uma organização contendo três níveis profissionais que atuam como um plano de carreira normal ou esperado. Em uma organização de consultoria, esses três níveis podem ser rotulados como consultor júnior, gerente e vice-presidente. Em um escritório de contabilidade, eles podem ser chamados de contador, gerente e sócio. Os escritórios de advocacia tendem a ter apenas dois níveis, associados e sócios, embora haja uma tendência crescente nos grandes escritórios de advocacia de reconhecer formalmente o que há muito tempo vem sendo considerada uma distinção informal entre sócios de nível júnior e sênior. Seja qual for a estrutura precisa, quase todas as ESPs têm a forma de pirâmide mostrada na Figura 2.

Não há nada mágico sobre a ocorrência comum dos três níveis (pode-se encontrar um número maior ou menor), mas é instrutivo considerar outras organizações que têm esse padrão. Um exemplo é a universidade que tem professores assistentes, professores adjuntos e professores titulares. Essas classificações podem sinalizar a posição e também a função (que nos lembra de outra estrutura de posição em três níveis: as pessoas comuns, os nobres e a realeza). Outra analogia é encontrada na organização das lojas de artesanato medievais que tinham aprendizes, artífices e mestres artesãos. Na verdade, os primeiros anos de associação de uma pessoa com uma ESP são geralmente vistos como um aprendizado: o artesão sênior paga o trabalho duro e a assistência do júnior ensinando-lhe a sua arte.

ESTRUTURA DA EQUIPE DE PROJETO

O que determina a forma ou a arquitetura da organização – o *mix* relativo de juniores, gerentes e seniores de que a organização precisa? Fundamentalmente, isso depende da natureza dos serviços profissionais que a empresa executa e de como esses serviços são prestados. Devido à sua natureza personalizada, a maioria das atividades profissionais é organizada em base de projeto: as empresas de serviços profissionais são as oficinas do setor de serviços. A natureza de projeto do trabalho significa que há basicamente três atividades principais na prestação de serviços profissionais: relações com clientes, gestão de projetos e execução de tarefas profissionais detalhadas.

Na maioria das ESPs, a responsabilidade primária por essas três tarefas é alocada aos três níveis da organização: os seniores (sócios ou vice-presidentes) são responsáveis pelas relações com clientes; os gerentes, pela supervisão e coordenação diária dos projetos; e os juniores, pelas muitas tarefas técnicas necessárias para completar o estudo. No vernáculo, esses três níveis são "os descobridores, os idealizadores e os executores" dos ne-

---
[3] Reimpresso, com cortes, de *Sloan Management Review* (Outono, 1982), pp. 15-29, com permissão da editora. Copyright 1982 pela Sloan Management Review Association, todos os direitos reservados.

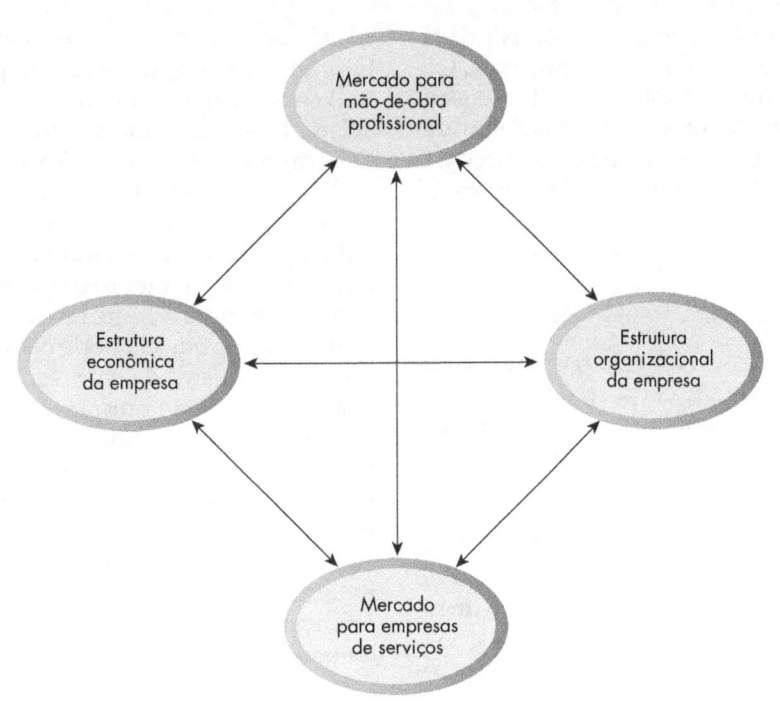

Figura 1 A estrutura para analisar a ESP.

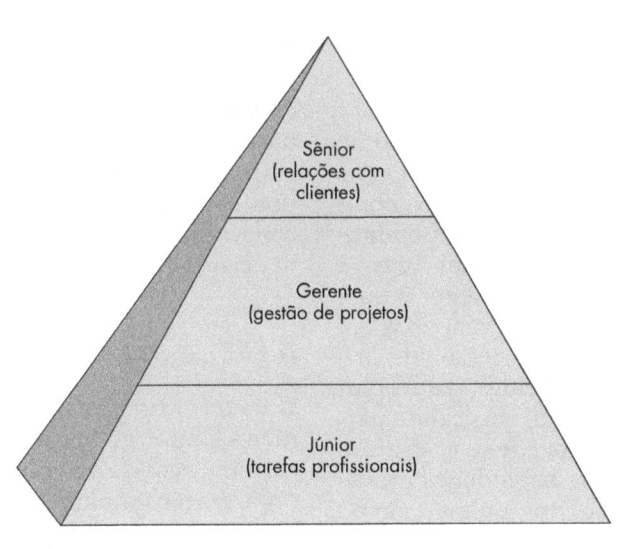

Figura 2 A pirâmide profissional.

gócios.[4] Naturalmente, tal alocação de tarefas não precisa (na verdade, não deve) ser tão rígida como isso sugere. Em uma ESP bem-administrada, os juniores recebem cada vez mais tarefas "gerenciais" para executar (a fim de testar sua competência e seu mérito para serem promovidos para o nível gerencial), e os gerentes gradualmente recebem tarefas que lhes permite desenvolver habilidades nas relações com clientes, preparando-os para uma promoção para o nível sênior. Entretanto, ainda faz sentido falar sobre "tarefas seniores", "tarefas gerenciais" e "tarefas juniores".

PLANEJAMENTO DE CAPACIDADE

Assim, a forma exigida para a ESP é influenciada primariamente pelo *mix* de relações com clientes, gestão de projetos e tarefas profissionais envolvidas nos projetos

---

[4] Esta característica está, evidentemente, simplificada. "Níveis" ou funções adicionais podem ser identificados tanto no topo quanto na base da pirâmide. Ao topo podemos acrescentar as pessoas responsáveis por administrar a *empresa* (ao invés de administrar projetos). Na base da pirâmide estão a equipe de apoio "não profissional" e os estagiários.

da empresa. Se a ESP é uma oficina, então seus profissionais são suas "máquinas" (recursos produtivos). Como em qualquer oficina, deve-se estabelecer um equilíbrio entre os tipos de trabalho executados e a quantidade de diferentes tipos de "máquinas" (pessoas) necessária. A ESP é uma "fábrica", e a empresa deve planejar sua capacidade...

As Economias da ESP

A maioria das empresas de serviços profissionais é em forma de sociedade; algumas são corporações. Independentemente, da forma precisa, porém, podemos observar certas regularidades na estrutura econômica. Por exemplo, como a maioria das ESPs tem poucos ativos fixos, elas só precisam de capital para financiar contas a receber e outros itens de capital de giro. Conseqüentemente, a vasta maioria das receitas é desembolsada em forma de salários, bônus e lucros líquidos. Uma divisão típica de receita poderia ser 33% para salário dos profissionais, 33% para as equipes de apoio e despesas gerais e 33% para remuneração dos seniores (ou dos acionistas). Porém, em algumas ESPs, o salário e o lucro dos sócios pode chegar a 50% ou mais, geralmente correspondendo a uma redução no salário das equipes de apoio e nas despesas gerais.

Gerando Receitas

Se as receitas são geralmente gastas dessa forma, como elas são geradas?... A variável relevante, evidentemente, são os honorários profissionais – o valor por hora cobrado dos clientes pelos serviços de pessoas em diferentes níveis da hierarquia. O índice entre o valor mais baixo e o mais alto em algumas empresas pode exceder 3 ou 4 por 1. As "recompensas da sociedade" vêm apenas em parte dos altos honorários que os profissionais de primeira linha podem cobrar de seus clientes. As recompensas para os sócios também derivam, em grande parte, da capacidade da empresa, por meio de sua estrutura da equipe de projeto, de *alavancar* as habilidades profissionais dos seniores com os esforços dos juniores. Como observou o sócio sênior de uma destacada empresa de consultoria: "Como um jovem cursando MBA, recém-saído da faculdade, pode dar conselho a grandes executivos corporativos?". A resposta está na sinergia da equipe de projeto das ESPs. Agindo independentemente, os juniores não poderiam "faturar" os resultados de seus esforços aos valores que podem ser cobrados pela ESP. A empresa consegue honorários mais altos para os esforços dos juniores porque eles têm a experiência e a orientação dos seniores...

O múltiplo de faturamento

Também é instrutivo comparar a taxa de faturamento líquida aos níveis de remuneração dentro da empresa. Esse cálculo (convencional) é conhecido como múltiplo de faturamento e é feito (para a empresa ou para o profissional) com o valor dos honorários por hora dividido pelo salário total por hora... O múltiplo médio para a maioria das empresas está entre 2,5 e 4.

O múltiplo de faturamento apropriado que a empresa pode atingir será, evidentemente, influenciado pelo valor agregado que a empresa gera e pelas condições relativas de fornecimento e demanda pelos seus serviços. O mercado para as empresas de serviço vai determinar os honorários que ela pode cobrar para um determinado projeto. Os custos da empresa vão ser determinados por sua capacidade de prestar o serviço com um *mix* "lucrativo" do tempo de profissionais de nível júnior, gerencial e sênior. Se a empresa... conseguir encontrar uma forma de prestar o serviço com uma proporção mais alta de juniores em relação aos seniores, ela conseguirá atingir custos mais baixos e, conseqüentemente, um múltiplo mais alto. Portanto, a estrutura da equipe de projeto da empresa é um componente importante da lucratividade da empresa.

O múltiplo de faturamento está intimamente relacionado às economias do ponto de equilíbrio da empresa. Se considerarmos o total dos salários dos profissionais como uma quantia US$Y e os salários da equipe de apoio mais despesas gerais aproximadas em, digamos, uma quantia equivalente a US$Y, então o ponto de equilíbrio será atingido quando a empresa faturar US$ 2Y. Isso pode ser atingido ao cobrar dos clientes um múltiplo de 2 para serviços profissionais, mas apenas se todo o tempo disponível for faturado. Se a empresa deseja atingir o ponto de equilíbrio com utilização de 50% (um número comum em muitas ESPs), então o múltiplo de faturamento exigido será 4...

A ESP e o Mercado para Mão-de-Obra Profissional

Uma das principais características da ESP é que os três níveis (júnior, gerencial e sênior) constituem um plano de carreira bem-desenvolvido. As pessoas que entram na organização geralmente começam na base, com grandes expectativas de progredir dentro da organização em um ritmo acordado (explícita ou implicitamente) com antecedência. Embora esse ritmo possa não ser rígido ("promovido ou demitido em x anos"), tanto o profissional como a organização geralmente compartilham fortes expectativas sobre o que constitui um período de tempo razoável. Os profissionais que não são promovidos nesse período vão procurar melhores oportunidades em outros locais, seja por escolha própria seja ambições de carreira, seja por sugestão firme daqueles que não consideram esses profissionais promovíveis. Os níveis intermediários na hierarquia não são considerados pelos profissionais ou pela organização como posições de carreira. É essa característica, talvez mais do que qualquer outra, que distingue a ESP de outros tipos de organização.

Política de promoção

Embora haja muitas considerações que atraiam jovens profissionais para uma determinada empresa, as oportunidades de carreira geralmente desempenham um papel importante. Duas dimensões desse índice de progresso são importantes: o período de tempo normal passado em cada nível antes de ser considerado para uma promoção e as "chances de chegar lá" (a proporção promovida). Essas variáveis da política de promoção desempenham uma função de filtragem importante. Nem todos os jovens profissionais são capazes de desenvolver as habilidades gerenciais e de relação com cliente exigidas em níveis mais altos. Embora bons procedimentos de seleção possam reduzir o grau de filtragem exigido durante o processo de promoção, raramente podem eliminar a necessidade de fazer com que o processo de promoção desempenhe essa função importante. O "risco de não chegar lá" também ajuda as empresas ao fazer pressão no pessoal júnior para trabalhar muito e ser bem-sucedido. Essa pressão pode ser uma ferramenta de motivação importante à luz do discernimento que muitos profissionais das ESPs têm sobre sua própria programação de trabalho...

Acomodando o crescimento rápido

... Que ajustes podem ser feitos para permitir um crescimento mais rápido? Basicamente, há quatro estratégias. Primeiro, a empresa pode dedicar mais atenção e recursos a seu processo de contratação, de forma que uma proporção maior de juniores possa ser rotineiramente promovida a gerente. (Na verdade, isso transfere o filtro de qualidade de pessoal do sistema de promoção para o sistema de contratação, no qual ele geralmente é mais difícil e especulativo.) Segundo, a empresa pode tentar apressar o processo de "aprendizado" por meio de programas mais formais de treinamento e desenvolvimento profissional, em vez do "aprendizado por exemplo" e das relações de aconselhamento comumente encontradas nas empresas menores e naquelas que crescem a um ritmo mais lento. Na verdade, é o índice de crescimento, e não o tamanho da empresa, que necessita de programas formais de desenvolvimento...[5]

O terceiro mecanismo que a empresa pode adotar para acelerar sua meta de crescimento é usar "contratações laterais": trazer profissionais experientes em outros níveis que não júnior. Na maioria das ESPs, evita-se essa estratégia devido a seu efeito adverso sobre o moral do pessoal júnior, que tende a considerar que tais ações reduzem suas próprias chances de promoção. Mesmo que isso seja acelerado por um índice de crescimento rápido, os juniores ainda tendem a considerar que não foram tratados com justiça.

Modificar a estrutura da equipe de projeto é a estratégia final para acomodar o crescimento rápido sem tirar do equilíbrio as relações entre a estrutura organizacional, os incentivos de promoção e a estrutura econômica. Na verdade, a empresa vai alterar o *mix* de profissionais de nível júnior, gerencial e sênior da equipe dedicada a um projeto. Essa estratégia será discutida em uma seção posterior.

Rotatividade

...Na maioria dos segmentos das ESPs, pode-se identificar uma ou mais empresas que têm um alto índice de rotatividade (ou, alternativamente, decidem crescer a um índice mais baixo do que o ideal). Apesar disso, os profissionais rotineiramente entram nessas organizações sabendo que as chances de "chegar lá" são muito pequenas. Tais estratégias "de agitação" têm algumas desvantagens e benefícios evidentes para a ESP. Um dos benefícios é que os sócios (ou acionistas) da empresa podem rotineiramente ganhar o valor excedente dos juniores sem ter que repagá-los na forma de promoção. O alto índice de rotatividade também permite um grau significativo de filtragem, de forma que apenas os "melhores" fiquem na organização. Não é surpresa que as empresas que adotam essa estratégia tendam a estar entre as mais prestigiadas de seus segmentos.

Esse último comentário nos dá um indício de por que as empresas conseguem manter essa estratégia ao longo do tempo. Para muitos novatos, a experiência, o treinamento e a associação com uma empresa de prestígio compensam as poucas oportunidades de promoção. Os jovens profissionais vêem um curto período de tempo em tais empresas como uma forma de "pós-graduação" e geralmente saem para assumir posições importantes que, de outra forma, não conseguiriam (tão rapidamente). Na verdade, a maioria das ESPs prestigiadas que adotam essa estratégia não apenas encoraja esse comportamento, como também fornece uma assistência ativa de "recolocação". Além dos efeitos benéficos que tais atividades geram para o recrutamento da próxima geração de juniores, tais "ex-funcionários" são geralmente a fonte de futuros negócios para as ESPs, quando recomendam que suas corporações contratem seu ex-empregador (que eles conhecem e compreendem) em vez dos concorrentes. A capacidade de colocar ex-funcionários em posições de prestígio é um dos pré-requisitos de uma estratégia de agitação bem-sucedida...

O MERCADO PARA AS EMPRESAS DE SERVIÇO

O elemento final em nosso modelo é o mercado para as empresas de serviço. Já exploramos algumas das formas pelas quais esse mercado é associado à estrutura econômica da empresa (por meio dos índices de faturamento que a empresa utiliza) e à estrutura organizacional (por

---

[5] Acelerar o desenvolvimento das pessoas para que a empresa possa crescer mais rapidamente não é, evidentemente, o único papel dos programas formais de treinamento. Eles também podem ser um mecanismo para permitir que as empresas contratem pessoas menos qualificadas (inicialmente), conseqüentemente pagando salários mais baixos, reduzindo assim seus custos com os juniores.

meio da estrutura da equipe de projeto e do índice de crescimento desejado).

Devemos acrescentar a nosso modelo uma das associações mais básicas nas dinâmicas da ESP: a associação direta entre o mercado para a mão-de-obra profissional e o mercado para os serviços da empresa. A principal variável que associa esses dois mercados é a qualidade da mão-de-obra profissional que a empresa exige e pode atrair. Anteriormente, ao considerarmos os fatores que atraem profissionais para uma determinada ESP, omitimos uma variável importante que sempre entra nos processos de decisão: os tipos de projeto executados pela empresa. Os melhores profissionais tendem a ser atraídos para empresas que executam projetos empolgantes e desafiadores, ou que geram oportunidades para realização e desenvolvimento profissional. Por outro lado, empresas engajadas em tais projetos *precisam* atrair os melhores profissionais. Portanto, é necessário considerar os diferentes tipos de atividades de serviços profissionais.

Tipos de projetos

Embora haja muitas dimensões que podem distinguir um tipo de serviço profissional de outro, uma em particular é crucial: o grau de personalização exigido na prestação do serviço. Para explorar essa questão, vamos caracterizar os projetos de serviço profissional em três tipos: "cérebros", "cabelos grisalhos" e "procedimento".

No primeiro tipo (cérebro), o problema do cliente tende a ser extremamente complexo, talvez à frente do conhecimento profissional ou técnico. A ESP que visa a esse mercado tentará vender seus serviços com base na alta capacidade profissional de seu pessoal. Em resumo, o apelo da empresa para seu mercado é "contrate-nos porque somos capazes". Os principais elementos desse tipo de serviço profissional são criatividade, inovação e pioneirismo em novos métodos, conceitos ou técnicas – na verdade, novas soluções para novos problemas. [Ver próximo capítulo sobre contexto inovador].

Os projetos "cabelos grisalhos" podem exigir um "resultado" bastante personalizado, mas geralmente envolvem um grau menor de inovação e criatividade do que um projeto "cérebro". A natureza geral do problema é familiar, e as atividades necessárias para completar o projeto podem ser similares àquelas desempenhadas em outros projetos. Os clientes com problemas do tipo "cabelos grisalhos" procuram ESPs com experiência em seu tipo específico de problema. A ESP vende seu conhecimento, sua experiência e seu julgamento. Na verdade, ela está dizendo: "Contrate-nos, pois já passamos por isso antes. Temos prática em resolver esse tipo de problema".

O terceiro tipo de projeto (procedimento) geralmente envolve um tipo de problema bem reconhecido e familiar, pelo menos dentro da comunidade profissional. Embora alguma personalização ainda seja exigida, os passos para atingi-la são de alguma forma programados. Embora os clientes possam ter capacidade e recursos para executar o trabalho, eles podem procurar uma ESP porque ela pode desempenhar o serviço de forma mais eficiente; porque ela está de fora; ou porque as capacidades dos funcionários de apoio podem ser melhor empregadas em outro local. Em resumo, a ESP está vendendo seus procedimentos, sua eficiência e sua disponibilidade: "Contrate-nos porque sabemos como fazer isso e podemos fazer de maneira eficiente".

Estrutura da equipe de projeto

Uma das diferenças mais importantes entre os três tipos de projeto é a estrutura da equipe de projeto necessária para prestar o serviço. Projetos do tipo "cérebro" geralmente são caracterizados por uma operação de oficina extrema, envolvendo profissionais altamente habilidosos e muito bem pagos. Poucos procedimentos são rotineiros: cada projeto é único. Sendo assim, as oportunidades para alavancar os profissionais de nível mais alto com os juniores são relativamente limitadas. Ainda assim, tais projetos podem envolver coleta e análise de dados significativas (geralmente feita por juniores), mesmo que essas atividades não possam ser claramente identificadas com antecedência e exijam o envolvimento de profissionais pelo menos de nível médio (gestão de projeto) em bases contínuas. Conseqüentemente, o índice de tempo júnior em relação a tempo de nível médio e sênior nos projetos cérebro tende a ser baixo. A estrutura das equipes de projeto de uma empresa com alta proporção de projetos "cérebro" tende a ter ênfase relativamente baixa em juniores, com impacto correspondente na forma da organização.

Como os problemas a serem tratados nos projetos "cabelos grisalhos" são de alguma forma familiares, algumas das tarefas a serem desempenhadas (particularmente as iniciais) são conhecidas com antecedência e podem ser especificadas e delegadas. Pode-se usar mais juniores para executar essas tarefas, que são depois reunidas e conjuntamente avaliadas em algum estágio intermediário do processo. Ao contrário da natureza "oficina pura" dos projetos "cérebro", o processo para criar e entregar um projeto "cabelos grisalhos" se parece mais com uma linha de montagem desconectada.

Projetos de "procedimento" geralmente envolvem a mais alta proporção de tempo de juniores em relação ao tempo dos seniores, e isso implica uma forma organizacional diferente para empresas especializadas em tais projetos. Os problemas a serem tratados nesses projetos e os passos necessários para completar análise, diagnóstico e conclusões são em geral suficientemente bem estabelecidos, podendo ser facilmente delegados aos juniores (com supervisão). Enquanto nos projetos "cabelos grisalhos" os funcionários de nível sênior ou médio têm que avaliar os resultados de um estágio do projeto antes de decidir como proceder, nos projetos de "procedimento" o leque de possíveis resultados para alguns passos pode ser tão conhecido que as respostas apropriadas podem ser "programadas". O procedimento operacional assume ainda mais as características de uma linha de montagem.

Embora as três categorias descritas sejam apenas pontos ao longo de uma linha com tipos de projetos, é uma tarefa simples em qualquer ESP identificar os tipos de problemas que se ajustam a essas categorias. A escolha em relação ao *mix* de tipos de projetos é uma das variáveis mais importantes para equilibrar a empresa. Como mostramos, essa escolha determina a estrutura da equipe de projeto, influenciando significativamente as estruturas econômicas e organizacionais da empresa.

CONCLUSÕES: EQUILIBRANDO A EMPRESA DE SERVIÇOS PROFISSIONAIS

A Figura 3 resume nossa revisão dos quatro principais elementos envolvidos no equilíbrio da ESP e das principais variáveis que ligam esses elementos. O que podemos concluir dessa revisão? Nossa discussão mostrou que, na verdade, os quatro elementos são fortemente associados. A empresa não pode mudar um elemento sem fazer as mudanças correspondentes em um ou mais dos outros três...

Ao fazer essas análises de equilíbrio, a empresa deve distinguir entre as "alavancas" (variáveis que ela controla) e as "rochas" (variáveis substancialmente restringidas pelas forças do mercado)...

Talvez a variável gerencial mais importante seja o *mix* dos projetos assumidos e as implicações que isso tem para a estrutura da equipe de projeto. Essa variável é uma força significativa na influência das economias da empresa, sua estrutura organizacional e ambos os mercados. A estrutura da equipe de projeto como definida neste artigo (ou seja, a proporção *média* ou típica de tempo exigido dos profissionais em diferentes níveis) não é uma variável rotineiramente monitorada pela gerência de uma ESP. Porém, como mostramos, seu papel no equilíbrio da empresa é crucial.

É possível, e não é incomum, que a estrutura das equipes de projeto das empresas mude com o tempo. Se for possível prestar os serviços da empresa com uma proporção maior de juniores, isso reduz os custos do projeto. A concorrência de mercado vai, com o tempo, exigir que a empresa busque custos mais baixos para os projetos, criando oportunidades para que mais juniores sejam usados em projetos que exigiam alta proporção de tempo sênior no passado. Projetos que no passado tinham características de "cérebro" ou de "cabelos grisalhos" poderão ser executados como projetos "de procedimento" no futuro.[6]

Ao considerar novos projetos, normalmente é mais lucrativo que a empresa assuma projetos similares aos executados recentemente para outros clientes. O conhecimento, a experiência e as abordagens básicas desenvolvidos para o problema (geralmente por meio de investimento pessoal e financeiro significativo) podem ser capitalizados ao aplicá-los a um problema similar ou relacionado. Freqüentemente, o segundo projeto pode ser faturado para o cliente com valores similares (ou um pouco mais baixos), desde que o cliente perceba (e receba) algo igualmente personalizado: a solução para o seu problema. Porém, as economias de custo da ESP ao fazer essa

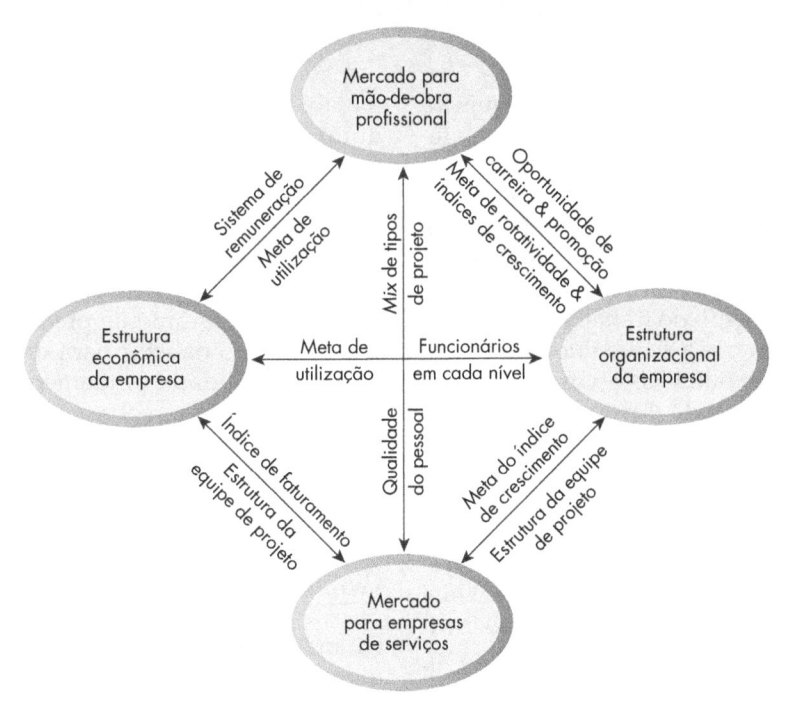

Figura 3 O equilíbrio da ESP.

---

[6] Este argumento sugere que há um "ciclo de vida" para "produtos" profissionais, da mesma forma que existem tais ciclos para produtos tangíveis.

personalização não são todas compartilhadas com o cliente (quando são). A empresa então ganha a maior parte de seu dinheiro "conduzindo o mercado": vendendo um serviço com elementos reproduzíveis e padronizáveis como um serviço totalmente personalizado, a um preço totalmente personalizado.

Infelizmente, mesmo antes que o mercado perceba e se recuse a pagar o preço totalmente personalizado, a empresa pode encontrar um problema de comportamento interno. Embora seja de interesse da *empresa* assumir projetos similares ou repetitivos, geralmente isso não coincide com o desejo dos *profissionais* envolvidos. Além das razões de *status*, recompensa financeira ou satisfação derivadas de atender às necessidades do cliente, a maioria dos profissionais entra nas ESPs para enfrentar desafios e variedade profissionais e para evitar a repetição rotineira. Embora as pessoas possam ficar satisfeitas ao assumir um projeto similar pela segunda ou terceira vez, elas não ficarão na quarta, sexta ou oitava vez. Contudo, é de interesse da empresa (principalmente se o mercado ainda não tiver interrompido o processo) aproveitar a experiência e a especialização que adquiriu. Uma solução, evidentemente, é converter a experiência e especialização passadas em experiência da empresa ao assumir um projeto similar, porém usando um número maior de juniores. Além de exigir um menor comprometimento de tempo dos seniores mais experientes, esse mecanismo serve para treinar os juniores.

Por todas essas razões, podemos suspeitar que a proporção de juniores para seniores exigida por uma empresa *em uma determinada área de atuação* tende a aumentar com o tempo. Se isso ocorrer sem os correspondentes ajustes no leque das áreas de atuação, a estrutura da equipe de projetos da empresa será alterada, causando impactos significativos na economia e na organização da empresa. Assim, os perigos de falhar no monitoramento da estrutura da equipe de projeto são claramente revelados. Exemplos desse tipo de falha abundam em vários segmentos das ESPs. Uma empresa de consultoria que descobriu como utilizar cada vez mais os profissionais de nível júnior passou a contratar cada vez mais funcionários desse nível. Após um período de tempo razoável para uma decisão de promoção, a empresa percebeu que, com seu índice de crescimento atual, não poderia promover sua proporção "normal" de candidatos à promoção: não precisava de tantos sócios e gerentes em relação ao número de juniores que possuía. O moral e a produtividade do nível júnior sofreram... A administração bem-sucedida de uma ESP é uma questão de equilíbrio.

LEITURA 15.4
LIDERANÇA DISSIMULADA: NOTAS SOBRE GESTÃO DE PROFISSIONAIS[7]
por Henry Mintzberg

Bramwell Tovey, diretor artístico e regente da Orquestra Sinfônica de Winnipeg, pode não se parecer com um gerente típico. Na verdade, em comparação com, digamos, os quadrinhos usuais da *New Yorker*, que retratam executivos perfeitamente manicurados e cercados por gráficos de desempenho, sentados em uma sala de canto, reger uma orquestra pode parecer uma forma muito singular de gestão. Como o conhecimento do trabalho cresceu em importância – e como mais e mais trabalhos são feitos por profissionais treinados e confiáveis – a maneira como Bramwell rege sua orquestra pode ilustrar boa parte do que é a administração hoje.

Tenho estudado o trabalho dos gerentes durante toda a minha carreira e, mais recentemente, tenho passado alguns dias com uma ampla variedade deles. Como a metáfora do regente de orquestra é sempre utilizada para representar o que fazem os líderes empresariais, achei que passar algum tempo com um regente poderia ser instrutivo. No dia passado com Bramwell, eu pretendia explorar, ou talvez explodir, o mito do gerente como o grande condutor para o pódio – o líder no controle absoluto.

Quando refletimos sobre o assunto, uma orquestra sinfônica é como muitas outras organizações profissionais – por exemplo, empresas de consultoria e hospitais – estruturadas em torno do trabalho de pessoas altamente treinadas, que sabem o que têm que fazer e fazem. Tais profissionais raramente precisam de procedimentos internos ou de analistas para dizer como fazer seu trabalho. Essa realidade fundamental desafia muitas pressuposições que temos sobre gestão e liderança. Na verdade, em tais ambientes, *liderança dissimulada* pode ser mais importante do que liderança evidente.

QUEM CONTROLA?

Quando o maestro sobe ao pódio e levanta sua batuta, os músicos respondem em uníssono. Outro movimento e todos param. É a imagem do controle absoluto – gerenciamento capturado perfeitamente em uma caricatura. E, mesmo assim, tudo é um grande mito.

---
[7] Reimpresso, com cortes, de "Covert Leadership: Notes on Managing Professionals", *Harvard Business Review,* November-December 1998, 140-147.

O que Bramwell Tovey realmente controla? Que escolhas ele de fato tem? Bramwell diz que seu trabalho consiste em selecionar o programa, determinar como as peças serão tocadas, escolher os artistas convidados, contratar músicos para a orquestra e administrar algumas relações externas. (Regentes aparentemente variam em sua propensão para engajar-se em trabalhos externos. Bramwell gosta). O lado administrativo e financeiro da orquestra é cuidado por um diretor-executivo – na época, Max Tapper, que co-administrava a orquestra com Bramwell.

Grande parte da literatura administrativa clássica é sobre a necessidade de *controlar*, o que significa projetar sistemas, criar estrutura e fazer escolhas. Há sistemas de sobra nas orquestras sinfônicas, todos com o objetivo de controlar o trabalho. Mas são sistemas inerentes à profissão, não à administração. Bramwell herdou todos eles. O mesmo pode ser dito em relação às estruturas; na verdade, mais ainda. Basta olhar como todos se sentam em fileiras pré-organizadas, seguindo uma ordem muito estrita e externamente imposta; como eles afinam seus instrumentos antes de tocar e batem os pés após um bom ensaio solo. Esses rituais implicam um alto grau de estrutura, e todos eles vêm junto com o trabalho.

A profissão em si, não o gerente, fornece grande parte da estrutura e da coordenação. Embora o trabalho de alguns especialistas seja usado em pequenas equipes e forças-tarefa com uma grande dose de comunicação informal, o trabalho profissional aqui consiste em aplicar rotinas operacionais padronizadas: o compositor começa o trabalho com uma folha de papel em branco, mas os músicos começam com a partitura do compositor. O objetivo é tocá-la bem – interpretá-la, mas raramente inventando alguma coisa nova. Na verdade, o trabalho, os trabalhadores, suas ferramentas – quase tudo em uma sinfônica é altamente padronizado...

Em organizações nas quais são aplicadas rotinas operacionais padrão, os especialistas trabalham em grande parte por si mesmos, livres da necessidade de coordenar com seus colegas. Isso ocorre quase que automaticamente... Eles conseguem coordenar seus esforços devido à padronização de suas habilidades e por aquilo que eles são treinados para esperar uns dos outros... na orquestra, ainda que os músicos toquem juntos, cada um deles toca sozinho. Todos seguem uma partitura e sabem exatamente quando contribuir. O instrumento não apenas identifica cada músico, como também o diferencia dos demais.

Muitos trabalhadores profissionais exigem pouca supervisão direta dos gerentes... Os cirurgiões [por exemplo] dificilmente esperam que um médico chefe ou um diretor de hospital apareçam durante uma cirurgia, muito menos que estabeleçam seu ritmo. Essa observação pode não parecer apropriada para uma orquestra sinfônica, onde o regente certamente estabelece o ritmo. Mas é muito mais relevante do que pode parecer a princípio.

Junto com *controle* e *coordenação*, a *direção* é uma das palavras mais antigas usadas para descrever o trabalho gerencial. Entre outras coisas, dirigir significa criar diretivas, delegar tarefas e autorizar decisões. Contudo, apesar de seu cargo como diretor da orquestra, a "direção" real de Bramwell é altamente restrita. No dia em que fiquei com ele, raramente o vi dando ordens. Na verdade, ele explicou que até comentários feitos durante o ensaio devem ser dirigidos às seções e não às pessoas... a regência mudou consideravelmente, destaca Bramwell, desde os tempos de grandes autocratas como Toscanini.

Grande parte do controle gerencial convencional é exercida por meio de informações formais. Tais informações desempenham um papel bastante limitado para o regente da orquestra. Quando Bramwell lê ou processa informações no trabalho, elas são mais relacionadas a partituras do que a orçamentos. Para ele, informações musicais são um meio muito mais relevante e direto de julgar o desempenho. Apenas ouvindo com um ouvido treinado, o regente sabe imediatamente como a orquestra está se saindo. Nada precisa ser mensurado. Como poderia? Somos levados a imaginar quanto da música de administrações mais convencionais é afogado pelos números. Evidentemente, aqui também há necessidade de contar – por exemplo, o número de lugares ocupados na platéia. Mas, transferindo essa função para o diretor-executivo, Bramwell fica livre para concentrar sua atenção na verdadeira música do gerenciamento.

O que, então, os regentes controlam? Embora escolham o programa e decidam como a partitura será executada, eles são restringidos pela música que foi escrita, pelo grau em que ela pode ser interpretada, pelos sons aos quais o público será receptivo e pela capacidade e disposição da orquestra para executar a música. Neste dia em particular, Hindemith e Stravinsky estavam comandando as cordas – tanto do regente como dos violinistas.

Leonard Sayles, que escreveu muito sobre gerência intermediária, uma vez reverteu o mito do gerente como regente magistral. Em seu livro *Managerial Behavior: Administration in Complex Organizations* ["Comportamento gerencial: administração em organizações complexas"] (McGraw-Hill, 1964), Sayles escreveu: "[O gerente] é como um regente de orquestra sinfônica, tentando manter um desempenho melodioso... enquanto os membros da orquestra enfrentam várias dificuldades pessoais, mãos no palco estão movendo a posição da música, mudança excessiva entre frio e calor cria problemas para o público e para os instrumentos, e o patrocinador do concerto insiste em mudanças irracionais no programa." Quando li isso para Bramwell, ele riu. Tudo isso já aconteceu com ele...

Juntas, as várias restrições sob as quais um regente trabalha descrevem uma condição muito comum entre os gerentes – não ter controle absoluto sobre os outros nem ficar completamente sem poder, mas sim atuar em algum ponto intermediário.

A LIDERANÇA É DISSIMULADA

Quando alguém perguntava ao indiano Zubin Mehta sobre as dificuldades de reger a Filarmônica de Israel, onde se diz que cada músico se considera um solista, ele respondia imediatamente: "Eu sou o único índio; eles são todos caciques!" A liderança é claramente uma questão delicada nas organizações profissionais. Ela esteve na cabeça de Bramwell durante grande parte de nossas discussões. Ele destacou as qualificações de muitos músicos – alguns treinados em Juilliard e Curtis, muitos com doutorado em música – e expressou seu desconforto por ter que ser um líder entre pessoas que são ostensivamente seus pares. "Penso em mim mesmo como um técnico de futebol que joga", disse ele, acrescentando que "há momentos em que preciso exercer minha autoridade de maneira forte... embora eu sempre fique embaraçado quando tenho que fazê-lo."

Observando Bramwell em um dia de ensaios, vi muito mais *execução* do que aquilo que convencionalmente acreditamos ser *liderança*. Mais como um supervisor de primeira linha do que como um executivo observador, Bramwell assumia responsabilidade direta e pessoal pelo que era feito. Os próprios ensaios são uma questão de resultados – uma questão de ritmo, padrão, tempo e uma questão de suavizar, harmonizar, aperfeiçoar. A preparação para um concerto poderia ser descrita como um projeto, e o regente como um gerente de projeto atuante. Isso, se você preferir, significa *operar* uma orquestra, e não *liderá-la*, muito menos *dirigi-la*.

Durante o curso de meu dia com Bramwell, que envolveu muitas horas de ensaio, só vi um ato de liderança evidente. À medida que a tarde passava, Bramwell se mostrava insatisfeito. "Vamos lá, pessoal – vocês estão todos dormindo. Vocês têm que fazer isso. Não está bom o suficiente." Mais tarde, ele me disse que, se tivesse que fazer isso o tempo todo, seria muito intrusivo. Felizmente ele não precisa. O medo de uma censura do regente é muito poderoso, explicou ele, porque "os instrumentos são a extensão da alma deles!"

Ao reger uma orquestra, parece que a *liderança dissimulada* – para usar uma frase do próprio Bramwell – pode ser muito mais importante do que a liderança explícita. A liderança estava infundida em tudo que Bramwell fazia, ainda que de maneira invisível. Sua "execução", em outras palavras, era influenciada por todas as preocupações interpessoais no fundo de sua mente: sensibilidades dos músicos, contratos com sindicatos, etc. Talvez precisemos de um melhor entendimento de todo trabalho gerencial desse tipo, com liderança dissimulada: não ações de liderança em si – motivação, treinamento e tudo mais – mas ações não-obstrutivas que englobem todas as outras coisas que um gerente faz.

Bramwell, na verdade, expressou desconforto com a liderança explícita. Afinal de contas, os músicos estão lá porque são excelentes profissionais – todos conhecem a partitura, por assim dizer. Qualquer um que não consiga tocar bem pode ser substituído. Ensaios não significam aprimorar habilidades, mas sim coordenar as habilidades existentes.

Entretanto, uma orquestra sinfônica não é um quarteto de jazz, assim como um barco a remo não é uma canoa. Com um grande número de pessoas, alguém tem que assumir a liderança, estabelecer o ritmo, marcar a cadência. Os russos tentaram manter uma orquestra sem regente nos dias violentos que se seguiram à revolução, mas tudo que conseguiram foi renomear o regente. Considerando que todos os músicos têm que tocar em perfeita harmonia, o papel do regente surge naturalmente: "Eu controlo completamente a precisão da orquestra – e precisão é tudo", disse Bramwell, talvez porque precisão seja uma das poucas coisas que ele pode controlar completamente.

Assim, uma boa orquestra sinfônica exige profissionais bem-treinados e liderança pessoal clara. E isso tem o potencial de produzir segmentação ao longo da linha na qual os dois centros de poder se encontram. Se os músicos não aceitam a autoridade do regente, ou se o regente não aceita a especialização dos músicos, todo o sistema se desintegra.

As preocupações mais profundas de Bramwell parecem focar-se precisamente nessa potencial linha de falha. Como ele pode se manter fiel à sua profissão, que é a música, ao mesmo tempo em que desempenha bem seu trabalho, que é de gerenciamento? Ele parece se sentir desconfortável nessa tensão. Na verdade, ele parece mais confortável quando se resume à profissão. Bramwell adora tocar piano; ele também compõe música. As duas atividades, devemos observar, são notadamente livres da necessidade de gerenciar ou ser gerenciado.

A CULTURA ESTÁ NO SISTEMA

A liderança geralmente é exercida em três níveis diferentes. No nível *individual*, os líderes orientam, treinam e motivam; no nível *grupal*, eles montam equipes e resolvem conflitos; no nível *organizacional*, os líderes constroem cultura. Na maioria das organizações, esses três níveis são discretos e facilmente identificáveis.

O mesmo não ocorre na orquestra sinfônica. Aqui temos um fenômeno bem curioso: uma grande equipe, com aproximadamente 70 pessoas, e um único líder. (Há seções, mas elas não têm níveis de supervisão). Os membros dessa equipe sentam-se juntos, em um único espaço, para serem ouvidos ao mesmo tempo. Com que freqüência os clientes vêem o produto completo sendo desenvolvido por todo o núcleo operacional de uma organização?

Como já observado, a liderança no nível individual é altamente restrita. A delegação de poderes é uma noção tola aqui. Os músicos dificilmente precisam ter poderes delegados pelos regentes. Receber inspiração talvez – infundir-se com sentimento e energia – , mas poder não. Os líderes energizam as pessoas ao tratá-las não como "recursos humanos" descartáveis..., mas como membros respeitados de um sistema social coeso. Quando temos confiança nas pessoas, não é necessário delegar-lhes poderes.

Além disso, em uma orquestra todas essas pessoas se reúnem para ensaiar e depois se dispersam. Como e onde está a cultura a ser construída? A resposta nos leva de volta a um ponto anterior: a formação de cultura também é dissimulada, incutida em tudo que o regente faz. Além disso, grande parte dessa cultura já está no sistema. É uma cultura de orquestra sinfônica – não apenas da Orquestra Sinfônica de Winnipeg. Um novo músico pode ser admitido dias antes de um concerto e ainda assim se harmonizar, social e musicalmente. Isso não significa negar os efeitos do carisma do regente ou o efeito que Bramwell Tovey pode ter na cultura da Orquestra Sinfônica de Winnipeg. Significa apenas argumentar que qualquer regente começa com vários séculos de tradição cultural estabelecida.

Essa realidade deve facilitar muito o trabalho de liderança no nível cultural. A cultura não precisa ser criada, mas sim realçada. As pessoas se reúnem sabendo o que esperar e como têm que fazer o trabalho. O líder precisa usar essa cultura para definir a exclusividade do grupo e seu espírito em comparação com outras orquestras. Na verdade, talvez a cultura, e não a química pessoal, seja a chave para o "carisma" ostensivo de todos aqueles regentes famosos – e talvez de muitos gerentes também.

Esse ponto é reforçado pelo fato de que, em cerca de metade do tempo, as orquestras sinfônicas não são sequer conduzidas por seus próprios regentes. Um estranho vem para fazer o trabalho – o chamado maestro convidado. Imagine um "gerente convidado" em outros lugares. Contudo, aqui funciona – algumas vezes, excepcionalmente bem – precisamente porque tudo é muito programado, tanto pelo compositor como pela profissão. Isso deixa o regente livre para injetar seu estilo e energia no sistema.

GERENCIAMENTO VERSÁTIL

Como observado acima, Bramwell Tovey é um executor, vive no centro da ação. Ele não lê relatórios em algum escritório de canto. (Na verdade, ele levou quase 18 meses para me dar um retorno sobre meu relatório.) Ele não leva sua equipe para algum retiro distante para fazer escaladas com cordas, de forma que eles passem a confiar um no outro. Ele simplesmente assegura que um grupo de pessoas talentosas se reúna para tocar uma música maravilhosa. Nesse sentido, ele é como um supervisor de primeira linha, como um capataz em uma fábrica ou a enfermeira-chefe em um hospital.

No entanto, ao final do dia em que passamos juntos, Bramwell também se transformou para manter relações pessoais com as principais partes interessadas na organização, a elite da sociedade municipal da sinfônica. Em outras palavras, o capataz atuando no chão da fábrica durante o dia transforma-se no político, fazendo contatos no Círculo do Maestro – um grupo dos mais generosos patrocinadores da orquestra – à noite. Toda a hierarquia se comprime no trabalho de uma única pessoa.

Conectar-se a todas as pessoas externas importantes para a organização – o que é chamado *associação* – é um aspecto importante de todo trabalho gerencial. Sempre há pessoas a serem convencidas para que acordos possam ser feitos. No caso de Bramwell, isso envolve fazer contatos, representando a orquestra na comunidade, para ajudá-la a ganhar legitimidade e suporte. O outro lado do papel de associação é atuar como condutor das pressões sociais sobre a organização. Como vimos, os profissionais exigem pouca direção e supervisão. O que eles realmente precisam é de proteção e suporte. Assim, seus gerentes têm que prestar muita atenção ao administrar a condição limite da organização. Nas empresas de consultoria, por exemplo, é a alta gerência que faz as vendas.

CODA

Então, que tipo de organização é essa na qual um índio tem que lidar com tantos caciques e alguém como Bramwell Tovey pode ser tão reticente sobre o fato de ter que exercer liderança? Mais especificamente, podemos realmente chamar Bramwell de gerente? Ele gostaria de sê-lo? Os músicos o deixam ser?

A resposta tem que ser sim.

Por mais desconfortável que seja gerenciar um grupo de pessoas tão talentosas, acredito que Bramwell adora isso. Afinal de contas, ele ainda toca com freqüência e, quando o faz, não há ninguém movendo uma batuta para ele. Bramwell consegue conduzir as peças de que mais gosta, pelo menos na maior parte do tempo, e experimenta uma extraordinária alegria ao ver o trabalho da organização surgir ao movimento de suas mãos – mesmo que o compositor esteja de fato comandando as cordas. Quantos gerentes conseguem esse tipo de satisfação em seu trabalho?

E os músicos não apenas o deixam fazer isso, eles na verdade o encorajam, não importa o quanto alguns deles possam considerar isso desagradável. Afinal de contas, eles precisam dele tanto quanto ele precisa dos músicos. Bramwell comentou: "Não me vejo como um gerente; me considero mais como um domador de leões". É uma boa fala, geralmente arranca boas risadas, e ecoa a descrição popular de gerenciar profissionais como um "bando de gatos". Mas dificilmente captura a imagem de 70 pessoas domesticadas, sentadas em absoluta ordem, prontas para tocar juntas ao movimento da batuta.

Então, mesmo que ele não veja seu trabalho como o de um gerente, o que eu duvido, eu certamente vejo. Deixe de lado o mito do regente no controle absoluto e você pode aprender com esse exemplo muito do que significa gerenciamento hoje em dia. Não obediência e harmonia, mas nuances e restrições. Assim, talvez seja hora dos gerentes convencionais descerem do pódio, livrarem-se de suas batutas orçamentárias e verem o regente que de fato são. Só então será possível entender o mito do gerente no pódio e também a realidade do regente aqui embaixo. Talvez essa seja a forma para que gerente e organização possam fazer uma bela música juntos.

Capítulo 16
Administrando Inovação

Embora seja sempre vista como um fato de alta tecnologia envolvendo inventores-empreendedores, a inovação pode, evidentemente, ocorrer em situações organizacionais de alta ou baixa tecnologia, de produtos ou de serviços, grandes ou pequenas. Podemos pensar em inovação como a *primeira redução à prática* de uma idéia em uma cultura. Quanto mais radical a idéia, mais traumático e profundo tende a ser seu impacto. Mas não há verdades absolutas. Qualquer coisa que seja nova e mais difícil de entender se torna a "alta tecnologia" de sua época. Como Jim Utterback do MIT gosta de dizer, a produção de gelo era alta tecnologia na virada do século XX e, depois, foi a produção de automóveis. No mesmo ritmo, daqui a 50 anos os eletrônicos serão considerados comuns.

Nosso foco, porém, não é na inovação em si, mas no *contexto* da inovação, ou seja, a situação na qual a inovação constante ou freqüente, de natureza complexa, seja uma parte intrínseca da organização e do segmento no qual ela decidiu operar. Tais organizações dependem não do espírito empreendedor de uma pessoa, mas de equipes de especialistas reunidos.

O contexto da inovação é aquele no qual a organização sempre deve lidar com tecnologias ou sistemas complexos sob condições de mudança dinâmica. Geralmente, as principais inovações exigem que diversos especialistas trabalhem juntos em direção a uma meta comum, normalmente liderados por um único defensor ou um pequeno grupo de pessoas comprometidas. Muito se aprendeu sobre tais organizações com pesquisas feitas nos últimos anos. Embora esse aprendizado possa parecer menos estruturado do que o dos capítulos anteriores, surgiram vários temas dominantes.

Abrimos este capítulo com uma descrição das cinco estruturas de Mintzberg, aqui chamada de organização inovadora. Essa é a estrutura que, de certa forma, atinge sua eficácia sendo ineficiente. Este texto investiga as formas não-usuais por meio das quais as estratégias se desenvolvem em um contexto de trabalho altamente complexo e altamente dinâmico. Aqui vemos o verdadeiro florescimento da noção de estratégia emergente, culminando com uma descrição de um modelo popular do processo. Também vemos aqui uma liderança estratégica menos preocupada com formulação e implementação de estratégias e mais preocupada em gerenciar um processo no qual as estratégias parecem quase se *formar* por si mesmas.

Quando é bem-sucedido, o intra-empreendimento – implicando o estímulo e a difusão da capacidade inovadora por toda uma organização, com muitos defensores das inovações – tende a seguir a maioria dos preceitos de Quinn. Dessa forma, ele parece pertencer mais a esse contexto do que ao empreendedor, que se concentra em organizações altamente centralizadas em torno das iniciativas de seus líderes, sejam elas inovadoras ou não.

Dessa descrição da natureza da organização adhocrática, passamos para artigos sobre como as organizações podem gerenciar no contexto de inovação. Mark Maletz do Bobson College e Nitin Nohria da Harvard Business School escrevem "Administrando no espaço em branco" – aquele território desocupado em todas as organizações, onde tudo é vago. As chaves são estabelecer legitimidade, mobilizar recursos, gerar ímpeto – e ter gerentes compreensivos!

O próximo texto, de Raymond E. Miles (University of California, Berkeley), Charles C. Snow (Smeal College of Business Administration, Pennsylvania State University), John A. Mathews (University of New South Wales), Grant Miles (University of North Texas) e Henry Coleman Jr. (St. Mary's College of California), concentra-se em uma forma particular de organização, bem apropriada para uma situação de inovação exigente. Eles chamam isso de "forma celular", e ela combina espírito empreendedor, auto-organização e um senso de propriedade dos membros.

O texto final deste capítulo, de Joseph Lampel, considera as dificuldades de ter que inovar em um ambiente particularmente interessante e contemporâneo: o das empresas de engenharia-construção-compras, cujos projetos gigantescos podem incluir o desenvolvimento de usinas elétricas, plataformas de petróleo e estradas pedagiadas. Lampel discute as competências dessas empresas – empreendedoras, técnicas, avaliadoras e relacionais – e então compara as estratégias de focar-se nas competências básicas com as de buscar oportunidades amplas. Lampel argumenta que o principal desafio enfrentado por empresas cujos principais negócios dependam de projetos é equilibrar eficiência e flexibilidade sob condições de diversidade. Surpreendentemente, esse equilíbrio ocorre nos níveis operacional e estratégico. No nível operacional, as empresas baseadas em projeto constroem competências básicas que contêm o conhecimento tácito e codificado necessário para executar os projetos de forma efetiva. No nível estratégico, as empresas baseadas em projeto enfrentam a dúvida entre buscar oportunidades e desenvolver suas competências.

Usando os Estudos de Caso

Gerenciar inovações é crucial para a vitalidade de empresas já estabelecidas e também para as novas. O Caso da Canon trata de esforços competentes para administrar a inovação de forma bem-sucedida. Isso sempre envolve experimentação com formas organizacionais que facilitam a inovação. O texto de Miles, Snow, Mathews, Miles e Coleman, "Antecipando a forma celular", fornece uma estrutura para explicar as forças que conduzem tais experimentos.

No texto "As competências essenciais das empresas baseadas em projeto", Lampel destaca uma tipologia de competências importantes que são necessárias para gerenciar empresas em segmentos baseados em projetos, como o de cinema, de consultoria, farmacêutico, aeronáutico e de construção.

Leitura 16.1
A Organização Inovadora[1]
por Henry Mintzberg

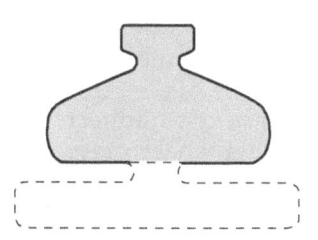

Nenhuma das formas organizacionais discutidas até agora está apta a fazer inovação sofisticada, o tipo exigido por uma organização de pesquisa de alta tecnologia, uma empresa de filmes avançados ou uma fábrica que produz protótipos complexos. A organização empreendedora pode certamente inovar, mas apenas de formas relativamente simples. As organizações máquina e profissional são voltadas para desempenho, não para solução de problemas, e são projetadas para programas padronizados perfeitos, não para inventar novos programas. E, embora a organização diversificada resolva alguns problemas de inflexibilidade estratégica encontrados na organização máquina, como observado anteriormente, ela também não é uma verdadeira inovadora. O foco em controle com a padronização dos resultados não encoraja inovação.

A inovação sofisticada exige uma configuração muito diferente, que consiga fundir especialistas de diferentes disciplinas em equipes de projeto específicas que funcionem tranqüilamente. Tomando emprestada uma palavra cunhada por Bennis e Slator em 1964, e depois popularizada em *O choque do futuro* (1970), de Alvin Toffler, essas são as *adhocracias* de nossa sociedade.

A Estrutura Básica

Aqui temos novamente uma configuração distinta dos atributos do projeto: estrutura altamente orgânica, com pouca formalização de comportamento; trabalhos especializados baseados em treinamento de especialistas; uma tendência a agrupar os especialistas em unidades funcionais para manter a ordem, porém organizando-os em pequenas equipes de projeto para fazer seu trabalho; confiança em equipes, em forças-tarefa e em integração de gerentes de vários tipos, a fim de encorajar ajuste mútuo, o principal mecanismo de coordenação dentro dessas equipes e entre elas; e descentralização considerável para essas equipes e dentro delas, que estão em vários locais na organização e envolvem várias misturas de gerentes de linha, pessoal de apoio e especialistas operacionais.

Inovar significa romper com os padrões estabelecidos. Assim, a organização inovadora não pode se basear em nenhuma forma de padronização para coordenação. Em outras palavras, ela deve evitar todas as armadilhas da estrutura burocrática, notadamente a divisão nítida de tarefas, diferenciação ampla entre as unidades, comportamentos altamente formalizados e ênfase em sistemas de planejamento e controle. Acima de tudo, ela deve se manter flexível. Uma busca por organogramas que pudessem ilustrar essa descrição trouxe à tona a seguinte resposta de uma corporação que supostamente tem uma estrutura de adhocracia: "Preferiríamos não fornecer um organograma da empresa, pois ele muda tão rapidamente que não poderia ser útil." De todas as configurações, essa demonstra menos reverência pelos princípios clássicos da administração, especialmente unidade de comando. Os processos de informação e decisão fluem de forma flexível e informal, onde quer que sejam necessários, para promover inovação. E isso significa ter precedência na cadeia de autoridade se necessário.

A configuração empreendedora também mantém uma estrutura orgânica flexível e por isso também é capaz de inovar. Mas essa inovação é restrita a situações simples, aquelas facilmente compreendidas por um

---

[1] Adaptado de *The Structuring of Organizations* (Prentice Hall, 1979), Cap. 21 sobre adhocracia; em formação de estratégia de "Strategy Formation in an Adhocracy", em co-autoria com Alexandra McHugh, *Administrative Science Quarterly* (1985: 160-197), e "Strategy of Design: A Study of Architects in Co-Partnership", em co-autoria com Suzanne Otis, Jamal Shamsie e James A. Waters, em J. Grant (ed.), *Strategic Management Frontiers* (JAI Press, 1988). Um capítulo similar a este apareceu em *Mintzberg on Management: Inside Our Strange World of Organizations* (Free Press, 1989).

único líder. A inovação sofisticada exige outro tipo de estrutura flexível, uma que possa reunir diferentes formas de especializações. Assim, a adhocracia deve contratar e dar poder para especialistas, pessoas cujo conhecimento e habilidades tenham sido altamente desenvolvidos em programas de treinamento. Mas, ao contrário das organizações profissionais, a adhocracia não pode se basear em habilidades padronizadas de seus especialistas para obter coordenação, pois isso desencorajaria a inovação. Em vez disso, ela deve tratar o conhecimento e as habilidades existentes como bases sobre as quais pode combinar e construir inovação. Assim, a adhocracia deve romper as fronteiras da especialização e diferenciação convencionais, o que é feito atribuindo problemas não para especialistas individuais, em categorizações pré-estabelecidas, mas sim para equipes multidisciplinares que juntam seus esforços. Cada equipe cuida de um projeto específico.

Apesar de se organizar ao redor de projetos baseados no mercado, a organização ainda deve apoiar e encorajar determinados tipos de conhecimento especializado. E então a adhocracia tende a usar a estrutura matriz: seus especialistas são agrupados em unidades funcionais para fins de controle especializado – contratação, treinamento, comunicação profissional, etc. – mas depois são organizados em equipes de projeto para fazer o trabalho básico da inovação.

Para fins de coordenação dentro dessas equipes de projeto e entre elas, como observado anteriormente, a padronização está excluída como mecanismo de coordenação importante. Os esforços devem ser inovadores, e não rotineiros. Por isso, a supervisão direta também está excluída devido à complexidade do trabalho: a coordenação deve ser exercida por aqueles que têm conhecimento, ou seja, os próprios especialistas, e não pelos que têm apenas autoridade. Isso deixa apenas um de nossos mecanismos de coordenação, ajuste mútuo, que consideramos primeiro na adhocracia E, para encorajar isso, as organizações usam todo um conjunto de mecanismos de conexão, reunindo pessoal e integrando gerentes de todos os tipos, além das várias equipes e forças-tarefa.

O resultado é que há muitos gerentes na adhocracia: gerentes funcionais, gerentes de integração, gerentes de projeto. Esses últimos são particularmente numerosos, pois as equipes de projeto devem ser pequenas para encorajar o ajuste mútuo entre seus membros, e cada uma, evidentemente, precisa de um gerente designado. A conseqüência é que essa "expansão de controle" encontrada na adhocracia tende a ser pequena. Mas a implicação disso é enganadora, pois o termo é apropriado para a configuração máquina, não para a inovadora: os gerentes da adhocracia raramente "administram" no sentido usual de dar ordens; ao contrário, passam boa parte do tempo agindo em sua capacidade de integração para coordenar o trabalho lateralmente entre as várias equipes e unidades.

Com essa confiança em especialistas altamente treinados, a adhocracia surge como altamente descentralizada, no sentido "seletivo". Isso significa que o poder sobre suas decisões e ações é distribuído por vários lugares e vários níveis, segundo as necessidades de uma determinada questão. Na verdade, o poder flui para onde residir a especialização relevante – entre gerentes ou especialistas (ou equipes formadas por eles) na estrutura de linha, nas unidades de apoio e no núcleo operacional.

Para prosseguir com nossa discussão e elaborar sobre como a organização inovadora toma decisões e forma estratégias, precisamos distinguir as duas formas básicas que ela assume.

A ADHOCRACIA OPERACIONAL

A *adhocracia operacional* inova e resolve problemas diretamente em nome de seus clientes. Suas equipes multidisciplinares de especialistas sempre trabalham sob contrato, como nas empresas de consultoria, agências de propaganda criativas ou fabricantes de protótipos de engenharia.

Na verdade, para cada adhocracia operacional há uma burocracia profissional correspondente, que faz um trabalho similar, mas com uma orientação mais restrita. Ao enfrentar o problema de um cliente, a adhocracia operacional adota esforços criativos para encontrar uma solução inovadora; a burocracia profissional categoriza o problema em uma contingência conhecida, à qual possa aplicar um programa padrão. Uma adota o pensamento divergente voltado para a inovação; a outra, o pensamento convergente voltado para a perfeição. Assim, uma companhia de teatro pode procurar novas peças avançadas para representar, enquanto outra pode aperfeiçoar sua representação de Shakespeare ano após ano.

A principal característica da adhocracia operacional é que seu trabalho administrativo e operacional tende a juntar-se em um único esforço. Ou seja, em um trabalho de projeto específico, é difícil separar planejamento e projeto do trabalho de sua execução. Ambos exigem as mesmas habilidades especializadas, em uma base de projeto a projeto. Assim, pode ser difícil diferenciar os níveis intermediários da organização de seu núcleo operacional, já que os gerentes de linha e os especialistas de apoio se posicionam junto com os especialistas operacionais nas equipes de projeto.

A Figura 1 mostra o organograma da National Film Board do Canadá, uma adhocracia operacional clássica (mesmo que não resulte em um gráfico – que muda freqüentemente, devemos acrescentar). A Board é uma agência do governo federal canadense e produz principalmente filmes de curta-metragem, a maioria deles documentários. Na época desse organograma, as características da adhocracia estavam particularmente em evidência: há um grande número de unidades de suporte e também de posições de integração (por exemplo, coordenadores de pesquisa, técnicos e de produção), com o núcleo operacional contendo agrupamentos funcionais e de mercado simultâneos e indefinidos. Os agrupamentos de

Capítulo 16 – Administrando Inovação

```
                                    Comissário
                                        |
        Planejamento & controle ────────┼──────── Relações públicas
                                        |
                                  Representante
                                  do comissário
                                        |
                ┌───────────────────────┴───────────────────────┐
          Diretor da                                      Diretor da
      programação em inglês                          programação em francês
                │
   ┌──────┬─────┼─────┬─────┬──────┐
Administração Distribuição Produção Produção Serviços Escritório
                         em inglês em francês técnicos de Ottawa
```

- **Administração**
  - Orçamento
  - Pessoal
  - Instalações
  - Compras, suprimentos & biblioteca
  - Contabilidade
  - Sistemas de informações

- **Distribuição**
  - Comercial
  - Serviços de biblioteca
  - Promoção
  - Pesquisa de mídia
  - Pedidos & estoque
  - Gerentes regionais (Colúmbia britânico, oeste, Ontário, região da capital, Atlântico, Quebec, Nova Iorque, Paris, Tóquio, Londres, Austrália)

- **Serviços técnicos**
  - Pesquisa técnica
  - Manutenção
  - Laboratório de filmes
  - Animação e efeitos visuais
  - Cobertura
  - Som
  - Equipamentos

- **Escritório de Ottawa**
  - Centro fotográfico do governo canadense
  - Divisão de fotografias de cena
  - Programas patrocinados

(similar à produção em inglês)

Administração financeira — Coordenador de produção

Coordenador de pesquisa — Coordenador técnico

| Estúdio A Animação | Estúdio B Ficção | Estúdio C Documentário | Estúdio D Documentário | Estúdio E "Desafio para mudança" | Estúdio G Multimídia | Estúdio H Ambiente |

Programação regional* Columbia britânico — Programação regional* Rural — Programação regional* Marítimo

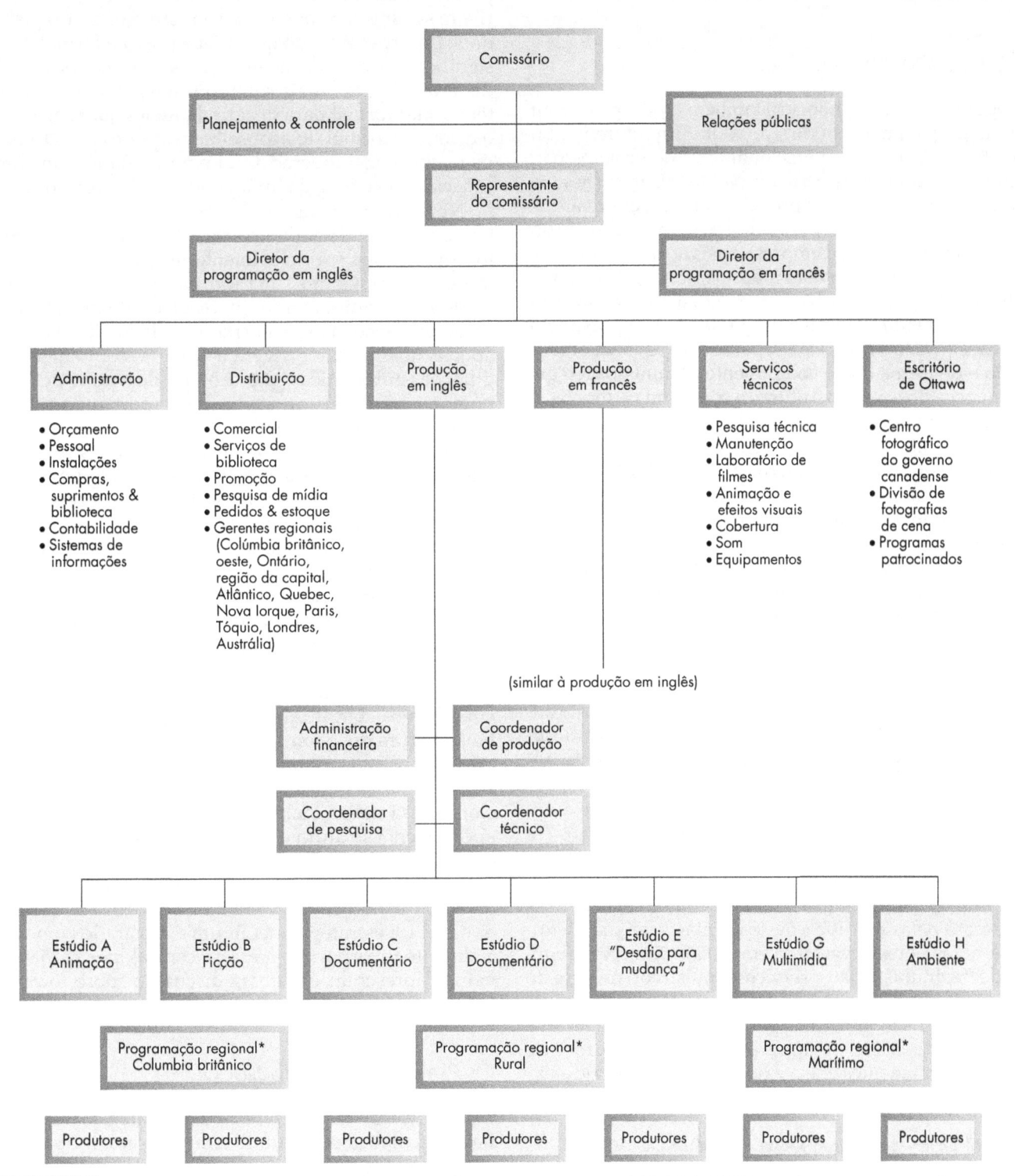

Produtores | Produtores | Produtores | Produtores | Produtores | Produtores | Produtores

Figura 1 — National Film Board do Canadá: uma adhocracia operacional (CIRCA 1975; usado com permissão).
*No organograma original, não há linhas ligando a programação regional aos estúdios ou aos produtores.

mercado eram por região e também por tipo de filme produzido, e, como podemos ver, alguns não eram sequer conectados à linha hierárquica!

A ADHOCRACIA ADMINISTRATIVA

O segundo tipo de adhocracia também atua com as equipes de projeto, mas em direção a um fim diferente. Enquanto a adhocracia operacional assume projetos para atender a seus clientes, a *adhocracia administrativa* assume projetos para atender a si própria, para trazer novas instalações ou atividades para a linha, como na estrutura administrativa de uma empresa bastante automatizada. E, em contraste direto com a adhocracia operacional, a adhocracia administrativa faz uma distinção clara entre seu componente administrativo e seu núcleo operacional. Esse núcleo é *truncado* – separado do resto da organização – de forma que o componente administrativo que permanece possa ser estruturado como uma adhocracia.

Essa separação pode ocorrer de várias formas. Primeiro, quando as operações têm que ser em estilo máquina, podendo assim impedir a inovação na administração (por causa da necessidade associada de controle), pode-se estabelecer uma organização independente. Segundo, o núcleo operacional pode ser totalmente posto de lado – na verdade, cedido a outra organização. Isso deixa a organização livre para se concentrar no trabalho de desenvolvimento, como fez a NASA durante o projeto Apolo. Uma terceira forma de separação surge quando o núcleo operacional se torna automatizado. Isso permite que ele se conduza sozinho, bastante independente da necessidade de controles diretos do componente administrativo, deixando esse último livre para estruturar-se como uma adhocracia para trazer novas instalações para a linha ou modificar as antigas.

Empresas de petróleo, devido ao alto grau de automação de seu processo de produção, são pelo menos em parte atraídas para a adhocracia administrativa. A Figura 2 mostra o organograma de uma empresa de petróleo, reproduzido exatamente como apresentado pela empresa (exceto pelas modificações para mascarar sua identidade, feitas por solicitação da empresa). Observe o domínio de "Administração e serviços", mostrado na base do organograma; as funções operacionais, particularmente "Produção", são perdidas pela comparação. Observe também a descrição do ápice estratégico em termos de comitês permanentes em vez de executivos individuais.

O COMPONENTE ADMINISTRATIVO DAS ADHOCRACIAS

Uma conclusão importante a ser tirada dessa discussão é que, nos dois tipos de adhocracia, a relação entre o núcleo operacional e o componente administrativo é diferente de qualquer outra configuração. Na adhocracia administrativa, o núcleo operacional é truncado e torna-se uma parte relativamente sem importância da organização; na adhocracia operacional, os dois se fundem em uma única entidade. Seja como for, a necessidade de supervisão direta é reduzida, de forma que os gerentes derivam sua influência mais de sua especialização e habilidades interpessoais do que de sua posição formal. E isso significa que a distinção entre linha e apoio torna-se indistinta. Não faz mais sentido diferenciar aqueles que têm poder formal para decidir daqueles que têm apenas o direito informal de aconselhar. O poder para tomada de decisão na adhocracia flui para qualquer um com a especialização exigida, independente da posição.

Na verdade, a equipe de apoio desempenha um papel fundamental na adhocracia, pois é lá que estão muitos especialistas (principalmente em uma adhocracia administrativa). Como sugerido, porém, essa equipe de apoio não é nitidamente diferenciada de outras partes da organização, não pende para um lado, devendo falar apenas quando lhe dirigem a palavra, como nas configurações burocráticas. O outro tipo de equipe de apoio, porém, a tecnoestrutura, é menos importante aqui, pois a adhocracia não se baseia em padrões que ela desenvolve para coordenação. Os analistas de tecnoestrutura podem, evidentemente, serem usados para algum planejamento de ação e outras formas de análise – pesquisa de mercado e previsão econômica por exemplo – mas esses analistas tanto podem assumir seu lugar junto com outros especialistas nas equipes de projeto como recuar e projetar sistemas para controlá-los.

Para resumir, o componente administrativo da adhocracia emerge como uma massa orgânica de gerentes de linha e especialistas de apoio, combinados com os operadores na adhocracia operacional, trabalhando juntos em relações sempre mutantes de projetos específicos. Nossa figura de logomarca, mostrada no início deste capítulo, mostra a adhocracia com suas partes mescladas em uma massa amorfa no centro. Na adhocracia operacional, essa massa inclui linha intermediária, equipe de apoio, tecnoestrutura e núcleo operacional. Entre esses, a adhocracia administrativa exclui apenas o núcleo operacional, que é truncado, como mostra a seção pontilhada sob a massa central. O leitor também vai observar que o ápice estratégico da figura é mostrado como parcialmente incorporado à massa central, por razões que vamos apresentar em nossa discussão sobre formação de estratégia.

OS PAPÉIS DO ÁPICE ESTRATÉGICO

Os principais executivos do ápice estratégico nessa configuração não gastam muito tempo formulando estratégias explícitas (como vamos ver). Mas eles devem usar uma boa parte de seu tempo nas batalhas que resultam das escolhas estratégicas e lidando com muitos outros problemas que surgem em todas essas estruturas fluidas. A configuração inovadora combina acordos de trabalho fluido com poder baseado em experiência, não em autoridade. As duas coisas juntas geram agressivi-

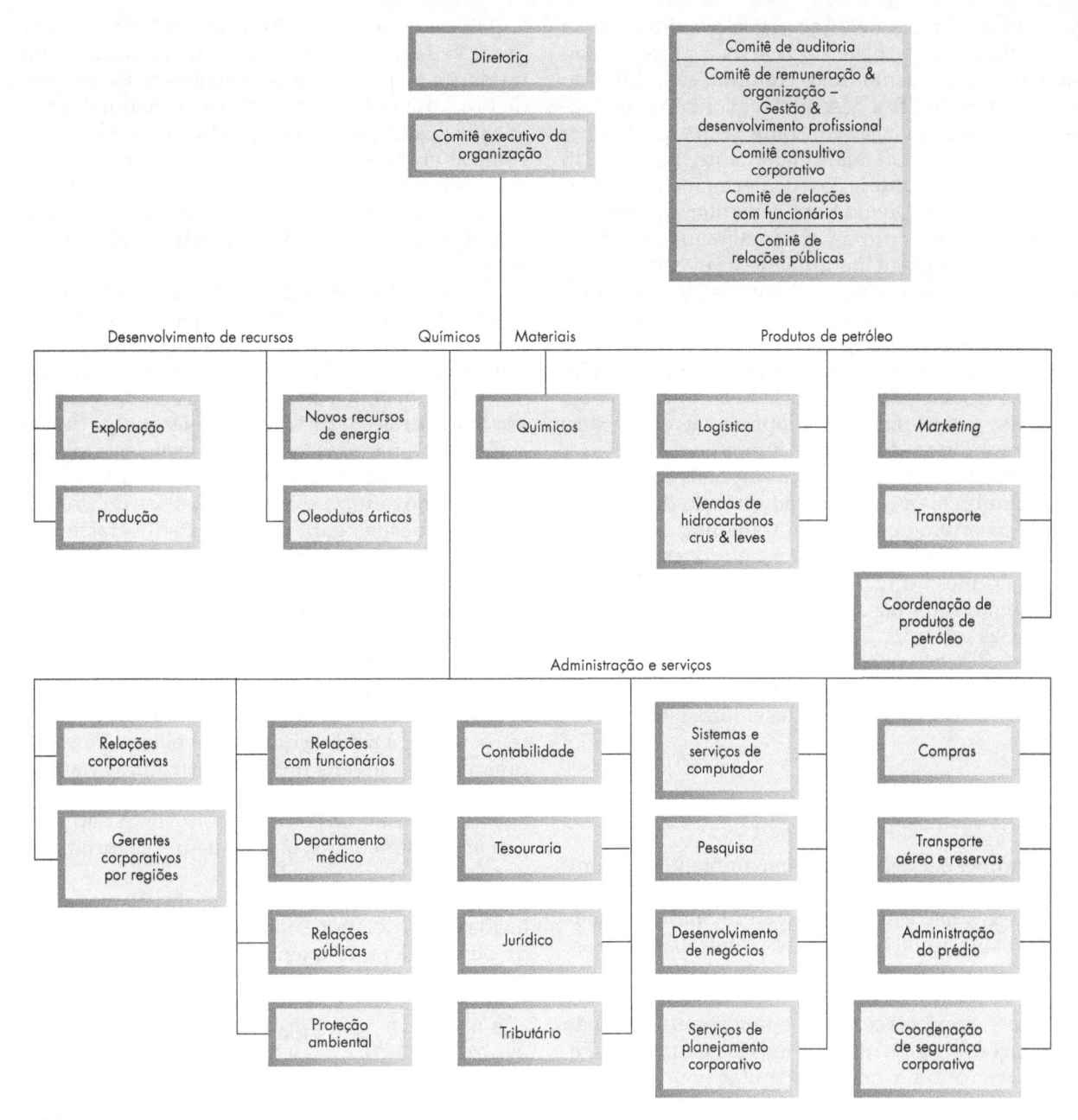

Figura 2 Organograma de uma empresa de petróleo: uma adhocracia administrativa.

dade e conflito. Mas o trabalho dos gerentes aqui, em todos os níveis, não é engarrafar essa agressão e conflito, mas sim canalizá-los para fins produtivos. Assim, os gerentes da adhocracia devem ser mestres em relações humanas, capazes de usar persuasão, negociação, coalizão, reputação e camaradagem para reunir seus especialistas em equipes que funcionem tranqüilamente.

Os principais gerentes também devem dedicar boa parte de seu tempo para monitorar os projetos. O trabalho de projetos inovadores é notadamente difícil de controlar. Não se pode confiar em nenhum SGI para gerar resultados completos e não-ambíguos. Assim, deve haver um monitoramento pessoal cuidadoso dos projetos para assegurar que sejam executados de acordo com as especificações, dentro do prazo e do orçamento combinados (ou, mais provavelmente, não muito fora do prazo nem muito acima dos custos estimados).

Talvez o papel mais importante da alta gerência nessa configuração (especialmente na forma de adhocracia operacional) é garantir integração com o ambiente externo. A outra configuração tende a focar sua atenção em mercados claramente definidos, assegurando assim um fluxo mais ou menos contínuo de trabalho. Isso não ocorre na adhocracia operacional, que vive de projeto em projeto e desaparece quando não consegue encontrar nenhum. Como cada projeto é diferente, a organização nunca pode ter certeza de onde virá o próximo. Dessa forma, a alta gerência deve dedicar boa parte de seu tempo para assegurar um fluxo contínuo e equilibrado de projetos. Isso significa desenvolver contatos com potenciais clientes e negociar contratos com eles. Em nenhum outro lugar isso é mais claramente ilustrado do que na área de consultoria, particularmente quando o enfoque é inovador. Quando um consultor se torna sócio em uma dessas empresas, ele geralmente abandona a calculadora e torna-se literalmente um vendedor em tempo integral. É característica diferencial de muitas adhocracias operacionais que a função de vendas ocorra literalmente no ápice estratégico.

O trabalho de projeto representa problemas relacionados na adhocracia administrativa. Reeser perguntou a um grupo de gerentes em três empresas aeroespaciais: "Quais são alguns dos problemas humanos do gerenciamento de projetos?". Entre as respostas mais comuns estavam: "Membros da organização que são deslocados devido ao encerramento de [seu] trabalho... podem ter que esperar um longo tempo antes que consigam outra atribuição no mesmo nível de responsabilidade" e "a natureza temporária da organização sempre necessita de atribuições de "criar trabalho" para esses membros deslocados" (1969:463). Assim, os gerentes seniores devem se preocupar em manter um fluxo contínuo de projetos, ainda que nesse caso, gerados internamente.

CONDIÇÕES DA ORGANIZAÇÃO INOVADORA

Esta configuração é encontrada em ambientes dinâmicos e complexos. Um ambiente dinâmico, sendo imprevisível, exige uma estrutura orgânica; um ambiente complexo exige uma estrutura descentralizada. Essa configuração é o único tipo que garante as duas estruturas. Assim, tendemos a encontrar organizações inovadoras onde quer que essas condições prevaleçam, variando desde situações de guerrilha até agências espaciais. Parece não haver outra forma de disputar uma guerra na selva ou colocar o primeiro homem na lua.

Como observamos para todas as configurações, as organizações que preferem determinadas estruturas também tentam "escolher" ambientes apropriados para elas. Isso é especialmente claro no caso da adhocracia operacional. As agências de propaganda e empresas de consultoria que preferem estruturar-se como burocracias profissionais buscam ambientes estáveis; aquelas que preferem a forma inovadora encontram ambiente dinâmico, no qual as necessidades dos clientes sejam difíceis e imprevisíveis.[2]

Diversas organizações são atraídas para essa configuração devido às condições dinâmicas que resultam da mudança de produto muito freqüente. O caso extremo é do produtor unitário, a empresa de manufatura que personaliza cada um de seus produtos conforme o pedido, como as empresas de engenharia que produzem protótipos ou o fabricante de máquinas extremamente caras. Como cada pedido do cliente constitui um novo projeto, a organização é encorajada a estruturar-se como uma adhocracia operacional.

Alguns fabricantes de produtos de consumo operam em mercados tão competitivos que devem mudar constantemente suas ofertas de produto, ainda que cada produto possa ser produzido em massa. Uma gravadora de *rock* seria um bom exemplo, assim como algumas empresas cosméticas e farmacêuticas. Nesse caso, novamente, condições dinâmicas, quando associadas a alguma complexidade, conduzem a organização em direção à configuração inovadora, com as operações de produção em massa truncadas para permitir a adhocracia no desenvolvimento de produto.

A juventude é outra condição sempre associada a esse tipo de organização. Isso porque é difícil sustentar qualquer estrutura em um estado de adhocracia por um período longo – evitando que os comportamentos se formalizem e dessa forma desencorajem a inovação. Todos os tipos de forças levam a configuração inovadora a se burocratizar à medida que ela envelhece. Por outro lado, organizações jovens preferem estruturas naturalmente orgânicas, pois precisam encontrar seu próprio caminho e tendem a estar ansiosas para inovar. A não ser que sejam empreendedoras, elas tendem a se tornar intra-empreendedoras.

A adhocracia operacional é particularmente propensa à vida curta, pois enfrenta um mercado arriscado que pode destruí-la rapidamente. A perda de um grande contrato pode literalmente fechá-la da noite para o dia. Mas algumas adhocracias operacionais têm vida curta porque falham, outras têm vida curta porque são bem-sucedidas. O sucesso contínuo encoraja a metamorfose, conduzindo a organização para um ambiente mais estável e uma estrutura mais burocrática. À medida que envelhece, a organização bem-sucedida desenvolve uma reputação pelo que faz melhor. Isso a encoraja a repetir certas atividades, o que pode convir aos funcionários que, eles próprios envelhecendo, podem receber bem essa maior estabilidade no trabalho. Então a adhocracia operacional, com o tempo, é conduzida para a burocracia profissional para aperfeiçoar a atividade que desempenha melhor, talvez até mesmo em direção à burocracia estilo máquina para explorar uma invenção única. A organização sobrevive, mas a configuração morre.

---

[2] Gosto de contar a história de um paciente com um apêndice prestes a supurar que se apresentou a um hospital organizado como uma adhocracia: "Quem quer fazer apendicectomia? Estamos no fígado agora", pois eles estavam explorando novos procedimentos. Mas o paciente que retornava de uma viagem à selva com uma doença tropical rara, foi mais bem tratado pelo hospital organizado como uma burocracia profissional. Uma vez, após contar isso, uma estudante veio até mim e explicou como os médicos do hospital ficaram desorientados com seu estômago inchado e, não sabendo o que fazer, extraíram seu apêndice. Felizmente, o problema dela resolveu-se sozinho algum tempo depois. Outra vez, um cirurgião me disse que seu hospital não fazia mais apendicectomias!

As adhocracias administrativas geralmente vivem mais. Elas também sofrem pressão para se burocratizar à medida que envelhecem, o que podem levá-las a parar de inovar, ou inovar de maneiras estereotipadas e assim adotar a estrutura burocrática. Mas isso não vai funcionar se a organização atuar em um segmento que exija inovação sofisticada de todos os seus participantes. Como muitos dos segmentos nos quais se encontram as adhocracias administrativas exigem isso, as organizações que sobrevivem tendem a manter essa configuração por longos períodos.

Em reconhecimento à tendência de que as organizações se burocratizam à medida que envelhecem, surgiu uma variante da configuração inovadora – "o equivalente organizacional do lenço de papel descartável" (Toffler, 1970: 133) – que poderia ser chamada de "adhocracia temporária". Ela reúne especialistas de várias organizações para executar um projeto e depois dispersa. As adhocracias temporárias estão se tornando cada vez mais comuns na sociedade moderna: o grupo teatral que representa uma única peça, o comitê de campanha eleitoral que promove um único candidato, o grupo de guerrilha que derruba um único governo, o comitê olímpico que planeja um único jogo. Relacionado a isso está o que pode ser chamado de "adhocracia de projeto mamute", uma adhocracia temporária gigante, que reúne centenas de especialistas por vários anos para executar uma única grande tarefa, da qual um exemplo famoso seria o Projeto Manhattan da II Guerra Mundial.

Os sistemas técnicos sofisticados e automatizados também tendem a conduzir as organizações em direção à adhocracia administrativa. Quando um sistema técnico da organização é sofisticado, ele exige uma equipe de apoio elaborada, altamente treinada, trabalhando em grupos, para projetar ou adquirir, modificar e manter o equipamento. Em outras palavras, maquinário complexo exige especialistas que tenham conhecimento, poder e acordos de trabalho flexíveis para lidar com eles, o que em geral exige da organização que se estruture como uma adhocracia.

A automação de um sistema técnico pode evocar forças ainda mais fortes na mesma direção. Essa é a razão pela qual uma organização máquina que tem sucesso na automação de seu núcleo operacional tende a passar por uma metamorfose drástica. O problema de motivar trabalhadores entediados desaparece, e com ele vai a mentalidade de controle que permeia a estrutura; a separação entre linha e apoio torna-se indistinta (as máquinas são indiferentes em relação a quem aperta seus botões), o que leva a outra importante redução de conflito; a tecnoestrutura perde sua influência, já que o controle é gerado pelos próprios projetistas do maquinário em vez de ser imposto aos trabalhadores pelos padrões dos analistas. Acima de tudo, então, a estrutura administrativa se torna mais descentralizada e orgânica, emergindo como uma adhocracia. Evidentemente, para organizações automatizadas com sistemas técnicos simples (como na produção de creme para mãos), a configuração empreendedora pode bastar, sem necessidade da configuração inovadora.

A moda é decididamente outra condição da configuração inovadora. Todas as suas características estão muito em voga hoje: ênfase na especialização, estrutura orgânica, equipes de projeto, forças-tarefa, descentralização de poder, estrutura de modelo, sistemas técnicos sofisticados, automação e organizações jovens. Assim, se as formas empreendedora e máquina foram as primeiras configurações, e as formas profissional e diversificada foram as configurações de ontem, então a forma inovadora é claramente a configuração atual. Essa é a configuração para uma população que cresce cada vez mais educada e mais especializada, ainda que sob encorajamento constante para adotar o método de "sistemas" – ver o mundo como um todo integrado em vez de vê-lo como um conjunto de partes vagamente associadas. É a configuração para ambientes que estão se tornando mais complexos e mais insistentes em inovação e para sistemas técnicos que estão se tornando mais sofisticados e mais automatizados. É a única configuração entre nossos tipos apropriada para aqueles que acreditam que as organizações devem se tornar ao mesmo tempo mais democráticas e menos burocráticas.

Contudo, apesar de nossa predileção por ela, a adhocracia não é uma estrutura para todas as organizações. Como todas as outras, ela também tem o seu lugar. E esse lugar, como nossos exemplos deixam claro, parece ser nos novos segmentos de nossa época – aeroespacial, eletrônico, consultoria, pesquisa, propaganda, produção de filmes e petroquímicos – todos os quais literalmente tiveram maior desenvolvimento após a II Guerra Mundial. A adhocracia inovadora parece ser a configuração para segmentos da última metade do século XX.

Formação de Estratégia na Organização Inovadora

A estrutura da organização inovadora pode parecer inconvencional, mas sua criação de estratégia é ainda mais, contrariando literalmente tudo aquilo que nos levaram a acreditar sobre esse processo.

Como a organização inovadora deve responder continuamente a um ambiente complexo e imprevisível, ela não pode se basear em estratégia deliberada. Em outras palavras, ela não pode predeterminar modelos precisos em suas atividades e depois impor esses modelos ao trabalho por meio de algum tipo de processo de planejamento formal. Ao contrário, muitas de suas ações devem ser decididas individualmente, conforme as necessidades do momento. Isso ocorre incrementalmente; para usar as palavras de Charles Lindblom, ela prefere "beliscar continuamente" a "dar uma boa mordida" (1968: 25).

Aqui, então, o processo é melhor imaginado como *formação* de estratégia, pois a estratégia não é formulada conscientemente em um lugar, mas sim formada implitamente por ações específicas executadas em muitos lugares. Essa é a razão pela qual não é possível se basear muito em planejamento de ações nessas organizações: qualquer processo que separe o pensamento da ação – planejamento de execução, formalização de implementação – irá impedir a flexibilidade da organização para responder criativamente a seu ambiente dinâmico.

FORMAÇÃO DE ESTRATÉGIA NA ADHOCRACIA OPERACIONAL

Na adhocracia operacional, uma organização de projeto nunca tem certeza absoluta do que vai fazer em seguida, a estratégia nunca se estabiliza totalmente, mas é receptiva a novos projetos, que envolvem as atividades de todo um grupo de pessoas. Pegue o exemplo da National Film Board. Entre suas estratégias mais importantes estão aquelas relacionadas ao conteúdo de quase uma centena de filmes, em sua maioria de curta metragem, tipo documentário, que ela produz a cada ano. Se fosse organizada como uma burocracia estilo máquina, a decisão sobre que filmes fazer viria de cima para baixo. Em vez disso, quando a estudamos, há alguns anos, as propostas para novos filmes eram submetidas a um comitê fixo, que incluía produtores selecionados, pessoal de *marketing* e os chefes de produção e programação – em outras palavras, operadores, gerentes de linha e especialistas de apoio. O presidente tinha que aprovar as escolhas do comitê, e normalmente o fazia, mas a ampla maioria das propostas era iniciada pelos produtores e produtores executivos de nível mais baixo. As estratégias formavam-se como temas desenvolvidos entre essas propostas individuais. Assim, a estratégia de adhocracia operacional se desenvolvia continuamente à medida que todos os tipos de decisões eram tomados, cada uma deixando suas impressões na estratégia ao criar um precedente ou reforçar um já existente.

FORMAÇÃO DE ESTRATÉGIA NA ADHOCRACIA ADMINISTRATIVA

Coisas similares podem ser ditas sobre a adhocracia administrativa, embora o processo de criação de estratégia seja ligeiramente mais nítido aqui. Isso ocorre porque a organização tende a concentrar sua atenção em menos projetos que envolvem mais pessoas. O projeto Apolo da NASA, por exemplo, envolveu grande parte de seu pessoal por quase dez anos.

As adhocracias administrativas também precisam dar mais atenção ao planejamento de ação, mas de um tipo mais solto – talvez para especificar os fins a serem alcançados ao mesmo tempo em que deixa flexibilidade para trabalhar fora da rota estabelecida. Novamente, entretanto, é somente por tomada de decisões específicas – ou seja, aquelas que determinam que projetos serão aceitos e como esses projetos se desenvolvem – que as estratégias podem evoluir.

ESTRATÉGIAS SEJA COMO FOR

Com suas atividades tão desarticuladas, podemos imaginar se as adhocracias (de qualquer tipo) podem realmente formar estratégias (ou seja, padrões). Na verdade, elas podem, pelo menos em certas épocas.

Na Film Board, apesar da pouca direção da diretoria, o conteúdo dos filmes convergia periodicamente para certos temas claros e então divergia, em ciclos notoriamente regulares. No início dos anos 40, houve um foco em filmes relacionados aos esforços de guerra. Após a guerra, tendo perdido sua razão de ser e também seu líder fundador, a empresa passou a atirar em todas as direções. Ela convergiu, de novo, em meados dos anos 50, com seriados para televisão, mas, no final dos anos 50, estava novamente divergindo muito. E, em meados dos anos 60 e novamente no início dos anos 70 (com um breve período de divergência no meio), a empresa mais uma vez mostrou um certo grau de convergência, dessa vez em temas de cunho social e experimentação.

O hábito de entrar e sair do foco é bastante diferente do que ocorre em outras configurações. Especialmente na organização máquina, e de certa forma na empreendedora, a convergência comprova-se muito mais forte e mais duradoura (lembre-se da concentração da Volkswagenwerk no Fusca por vinte anos), enquanto a divergência tende a ser muito breve. A organização máquina, em particular, não pode tolerar a ambigüidade da mudança e então tenta pular de uma orientação estratégica para outra. A organização inovadora, em contraste, parece não apenas ser capaz de atuar algumas vezes sem foco estratégico, mas de florescer positivamente. Talvez essa seja a forma de se manter inovadora – eliminando periodicamente alguma bagagem estratégica existente.

AS ESTRATÉGIAS VARIADAS DA ADHOCRACIA

De onde vêm as estratégias da adhocracia? Embora algumas possam ser impostas deliberadamente pela administração central (como os cortes de pessoal na Film Board), a maioria parece emergir de diversas outras formas.

Em alguns casos, uma única decisão específica estabelece um precedente que evoca um padrão. Foi assim que a National Film Board passou a fazer seriados para televisão. Enquanto se travava um debate sobre a questão, com a diretoria hesitante, um produtor escapuliu e produziu um desses seriados e, quando muitos de seus colegas rapidamente fizeram o mesmo, a organização viu-se de repente profundamente, ainda que não intencionalmente, comprometida com uma nova estratégia importante. Essa foi, na verdade, uma estratégia de consenso espontâneo, mas implícito, por parte de seus funcionários operacionais. Em outro caso, nem a decisão inicial que estabeleceu o precedente foi deliberada. Um filme inadvertidamente ficou mais longo do que o esperado, e ia ser distribuído como destaque da programação, o primeiro da organização. Assim, na medida em que outros produtores aproveitaram o precedente, surgiu uma nova estratégia de filmes.

Algumas vezes uma estratégia pode ser adotada em uma área isolada de uma organização (talvez de maneira clandestina, nos chamados "projetos secretos"), e mais tarde se espalhar pela organização quando ela, tendo necessidade de mudança e de buscar novas estratégias, apodera-se dessa estratégia. Um vendedor pode ter desenvolvido um novo mercado, ou um engenheiro pode ter desenvolvido um novo produto, e isso é ignorado até que a organização precise de algum novo pensamento estratégico. Então ela o encontra, não na visão de seus líderes ou nos procedimentos de seus planejadores, nem em qualquer outro lugar no segmento, mas sim escondido nas entranhas de suas próprias operações, desenvolvido pelo aprendizado de seus funcionários.

Então, qual seria o papel da liderança em uma configuração inovadora na criação de estratégia? Se não pode impor estratégias deliberadas, o que ela faz? A resposta é que ela administra padrões, buscando controle parcial sobre as estratégias, mas também tentando influenciar o que acontece a essas estratégias quando elas emergem lá em baixo.

Essas são as organizações nas quais tentar administrar uma estratégia é mais ou menos como tentar dirigir um carro sem colocar as mãos na direção. Você pode acelerar e frear, mas não pode determinar a direção. Mas ainda permanecem formas importantes de controle. Primeiro os líderes podem administrar o *processo* de criação de estratégia, se não seu conteúdo. Em outras palavras, eles podem estabelecer as estruturas para encorajar certos tipos de atividades e contratar pessoas que possam desempenhar essas atividades. Segundo, eles podem fornecer diretrizes gerais para a estratégia – o que chamamos de estratégia *guarda-chuva* – tentando definir certas fronteiras para fora das quais os padrões desenvolvidos abaixo não podem passar. Depois eles podem observar os padrões que surgem e usar o guarda-chuva para decidir quais encorajar e quais desencorajar, lembrando-se, porém, de que o guarda-chuva também pode ser alterado.

UM MODELO POPULAR DE FORMAÇÃO DE ESTRATÉGIA

Podemos resumir essa discussão em termos de um modelo "popular" de formação de estratégia, abrangendo seis pontos:

- *As estratégias crescem inicialmente como ervas daninhas em um jardim, elas não são cultivadas como tomates em uma estufa.* Em outras palavras, o processo de formação de estratégia pode ser excessivamente administrado; algumas vezes, é mais importante deixar os padrões surgirem do que forçar prematuramente uma consistência artificial sobre uma organização. A estufa, se necessário for, pode vir mais tarde.

- *Essas estratégias podem ter raízes em todo tipo de lugar, literalmente em qualquer lugar onde as pessoas tenham capacidade de aprender e tenham recursos para apoiar essa capacidade.* Algumas vezes, uma pessoa ou uma unidade em contato com uma determinada oportunidade cria seu próprio padrão. Isso pode acontecer inadvertidamente, quando uma ação inicial estabelece um precedente. Mesmo os gerentes seniores podem gerar uma estratégia ao experimentar algumas idéias até que convirjam em algo que funcione (embora o observador possa pensar que o resultado final foi deliberadamente designado). Outras vezes, diversas ações convergem para um tema estratégico por meio do ajuste mútuo de várias pessoas, seja gradual ou espontaneamente. E então o ambiente externo pode impor um padrão a uma organização insuspeitada. O ponto é que as organizações nem sempre podem planejar de onde suas estratégias vão surgir, muito menos planejar as estratégias em si.

- *Tais estratégias se tornam organizacionais quando passam a ser coletivas, ou seja, quando os padrões proliferam para permear o comportamento da organização como um todo.* As ervas daninhas podem se proliferar e tomar todo o jardim; então as plantas convencionais podem parecer deslocadas. Da mesma forma, estratégias emergentes algumas vezes podem deslocar as estratégias deliberadas já existentes. Mas, evidentemente, o que é a erva daninha senão uma planta não esperada? Com uma mudança de perspectiva, a estratégia emergente, como a erva daninha, pode tornar-se valiosa (os europeus gostam de salada feita com as folhas da erva daninha norte-americana mais conhecida, o dente-de-leão!).

- *Os processos de proliferação podem ser conscientes, mas não precisam ser; da mesma forma, eles podem ser administrados, mas não precisam ser.* Os processos pelos quais os padrões iniciais encontram seu caminho por meio da organização não precisam ser conscientemente desejados pelos líderes formais ou até pelos informais. Os padrões podem simplesmente se espalhar por ação coletiva, da mesma forma que as plantas se proliferam por si mesmas. Evidentemente, uma vez que as estratégias sejam reconhecidas como valiosas, os processos pelos quais elas se proliferam podem ser administrados, assim como as plantas podem ser seletivamente propagadas.

- *As novas estratégias, que podem emergir continuamente, tendem a permear a organização durante períodos de mudança, que pontuam períodos de continuidade mais integrada.* Colocado de uma forma mais simples, as organizações, como os jardins, podem aceitar a máxima bíblica de um tempo para plantar e um tempo para colher (embora algumas vezes elas possam colher algo diferente do que plantaram). Períodos de convergência, durante os quais a organização explora suas estratégias predominantes e estabelecidas, tendem a ser interrompidos periodicamente por períodos de divergência, durante os quais a organização experimenta novos temas estratégicos e subseqüentemente os aceita. A indistinção da separação entre esses dois tipos de período pode ter o mesmo efeito em uma organização que a indistinção da separação entre plantação e colheita tem em um jardim – a destruição da capacidade produtiva do sistema.

- *Administrar esse processo não significa preconceber estratégias, mas sim reconhecer seu surgimento e intervir quando apropriado.* Uma erva daninha prejudicial, assim que percebida, deve ser arrancada. Porém, uma que parece capaz de gerar frutos, deve ser observada; na verdade, algumas vezes pode até valer a pena construir uma estufa ao redor dela. Administrar nesse contexto é criar um clima dentro do qual uma ampla variedade de estratégias possa crescer (estabelecer estruturas flexíveis, desenvolver processos apropriados, encorajar ideologias de suporte e definir estratégias "guarda-chuvas" de orientação) e depois observar o que de fato resulta. As iniciativas estratégicas que "resultam" podem na verdade originar-se em qualquer lugar, embora quase sempre na base da organização, onde reside o conhecimento detalhado de produtos e mercados. (Na verdade, para serem bem-sucedidas em algumas organizações, essas iniciativas devem ser reconhecidas pelos gerentes de nível intermediário e "defendidas" ao combiná-las com outra ou com estratégias existentes antes de promovê-las para a gerência sênior). Na verdade, a gerência encoraja as iniciativas que parecem ter potencial, desencorajando as outras. Mas não se deve ser tão rápido para eliminar o inesperado: algumas vezes, é melhor fingir não perceber um padrão emergente, dando-lhe mais tempo para se desenvolver. Da mesma forma, há momentos em que faz sentido mudar ou aumentar um guarda-chuva para englobar um novo padrão – em outras palavras, deixar a organização adaptar-se à iniciativa, em vez de fazer o contrário. Além disso, a gerência deve saber quando resistir à mudança pelo bem da eficiência interna e quando promovê-la pelo bem da adaptação externa. Em outras palavras, ela deve perceber quando explorar uma safra de estratégias e quando encorajar novas forças para desalojá-las. É o excesso de uma dessas duas coisas – falha no foco (administrando cegamente) ou falha na mudança (ímpeto burocrático) – que mais prejudica as organizações.

Chamo isso de modelo "popular" porque as estratégias se desenvolvem a partir da base da organização, enraizadas no solo firme de suas operações, e não nas abstrações etéreas de sua administração. (Mesmo as iniciativas estratégias da gerência sênior, neste modelo estão enraizadas em seu envolvimento tangível com as operações).

Evidentemente, o modelo é exagerado. Mas não mais do que o modelo deliberado mais amplamente aceito, que podemos chamar de modelo "estufa" de formulação de estratégia. A teoria gerencial deve englobar os dois, talvez mais amplamente rotulados como modelo *de aprendizado* e modelo *de planejamento*, além de um terceiro, o modelo *visionário*.

Discuti o modelo de aprendizado sob a configuração inovadora, o modelo de planejamento sob a configuração máquina e o modelo visionário sob a configuração empreendedora. Mas, na verdade, todas as organizações precisam reunir esses três métodos de várias formas, em diferentes períodos de seu desenvolvimento. Por exemplo, nossa discussão sobre mudança estratégica na organização máquina concluiu, na verdade, que elas precisam reverter para o modelo de aprendizado para revitalização, e para o modelo visionário para transformação. Evidentemente, o líder visionário deve aprender, assim como a organização de aprendizado deve desenvolver um tipo de visão estratégica, e as duas coisas às vezes precisam de planejamento para programar as estratégias que desenvolvem. E, acima de tudo, nenhuma organização pode funcionar com estratégias que são sempre e puramente emergentes; que significariam uma abdicação completa de vontade e liderança, sem falar em raciocínio consciente. Mas também não pode funcionar com estratégias que sejam sempre e puramente deliberadas; isso significaria uma indisposição para aprender, uma cegueira a qualquer coisa inesperada.

O Ambiente tem Precedência na Organização Inovadora

Para concluir nossa discussão sobre formação de estratégia, como mostrado na Figura 3, na configuração inovadora é o ambiente que tem precedência. Ele conduz a organização, que responde contínua e ecleticamente, mas ainda assim atinge convergência durante certos períodos.[3] A liderança formal busca de alguma forma influenciar os dois lados desta relação, negociando apoio com o ambiente e tentando impor algumas diretrizes gerais (guarda-chuvas) para a organização.

Se o estrategista da organização empreendedora é em grande parte um seguidor de conceitos, e o da organização máquina é em grande parte um planejador, então o estrategista da organização inovadora é em grande parte um *reconhecedor de padrões*, tentando detectar padrões emergentes dentro e fora do guarda-chuva estratégico. Então, as estratégias consideradas inviáveis

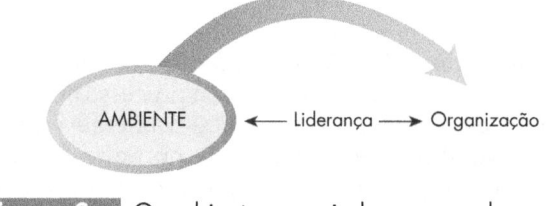

Figura 3 — O ambiente assumindo o comando na adhocracia.

---

[3] Devemos considerar essa convergência como a expressão de uma "mente organizacional" – o foco em um tema estratégico como resultado de ajustes mútuos entre seus muitos atores.

podem ser desencorajadas, enquanto que as que parecem apropriadas podem ser encorajadas, mesmo se isso significar mover o guarda-chuva. Aqui, então, podemos encontrar a situação curiosa de ver a liderança mudar suas intenções para se ajustar ao comportamento percebido de sua organização. Mas isso é curioso apenas na perspectiva da teoria de administração tradicional.

ALGUMAS QUESTÕES ASSOCIADAS COM A ORGANIZAÇÃO INOVADORA

Três questões associadas com a configuração inovadora merecem nossa atenção: suas ambigüidades e as reações das pessoas que devem conviver com elas, suas ineficiências e sua propensão a fazer transições impróprias para outras configurações.

REAÇÕES HUMANAS À AMBIGÜIDADE

Muitas pessoas, especialmente as criativas, não gostam da rigidez estrutural e da concentração de poder. Isso lhes deixa com apenas uma configuração, a inovadora, que é orgânica e descentralizada. Assim, elas encontram um ótimo lugar para trabalhar. Em resumo, a adhocracia é a única estrutura para pessoas que acreditam em mais democracia com menos burocracia.

Mas nem todo mundo compartilha esses valores (nem mesmo todos aqueles que os professam). Muitas pessoas precisam de ordem e, por isso, preferem a organização do tipo máquina ou profissional. Elas vêem a adhocracia como um bom lugar para visitar, mas não um lugar para construir uma carreira. Mesmo membros dedicados das adhocracias periodicamente ficam frustrados com a fluidez, a confusão e a ambigüidade dessa estrutura. "Nessas situações, todos os gerentes por algum tempo e muitos gerentes o tempo todo anseiam por mais definição e estrutura" (Burns e Stalker, 1966: 122-123). Os gerentes das organizações inovadoras reportam ansiedade relacionada à defasagem de projetos; confusão em relação a quem é seu chefe, a quem devem impressionar para serem promovidos; falta de clareza na definição de funções, nas relações de autoridade e nas linhas de comunicação; e concorrência intensa por recursos, reconhecimento e recompensas (Reeser, 1969). Esse último ponto sugere outro problema sério de ambigüidade, a politização dessas configurações. Combinando suas ambigüidades com suas interdependências, a forma inovadora pode surgir como uma organização bastante politizada e cruel – que apóia o ajuste, desde que ele permaneça ajustado, mas é destrutiva para a fraqueza.

PROBLEMAS DE EFICIÊNCIA

Nenhuma configuração é mais apropriada para resolver problemas complexos e mal-estruturados do que esta. Nenhuma se iguala a ela em relação à inovação sofisticada. Ou, infelizmente, pelos custos dessa inovação. Essa simplesmente não é uma forma eficiente de funcionar. Embora seja idealmente apropriada para um projeto único, a configuração inovadora não é competente para fazer coisas *comuns*. Ela é projetada para coisas *incomuns*. As burocracias são todas de produtores em massa; eles ganham eficiência por meio da padronização. A adhocracia é do produtor personalizado, incapaz de padronizar e, portanto, de ser eficiente. Ela ganha sua eficácia (inovação) ao preço da eficiência.

Uma fonte de ineficiência está na carga de trabalho não-balanceada, mencionada anteriormente. É quase impossível manter o pessoal de uma estrutura de projeto – especialistas com altos salários, devemos observar – ocupado em bases regulares. Em janeiro, eles podem estar trabalhando excessivamente, sem esperanças de completar o projeto a tempo; em maio, podem estar jogando baralho por falta de trabalho.

Mas a verdadeira raiz da eficiência é o alto custo da comunicação. As pessoas falam muito nessas organizações; essa é a maneira pela qual elas combinam seu conhecimento para desenvolver novas idéias. Mas isso leva tempo, muito tempo. Se houver necessidade de tomar uma decisão na organização máquina, alguém lá em cima dá uma ordem e pronto, é isso. Não na organização inovadora, onde todos devem participar da ação – gerentes de todos os tipos (funcionais, de projeto, de contato), bem como todos os especialistas que acreditam que seu ponto de vista deve estar representado. Convoca-se uma reunião, provavelmente para programar outra reunião, para decidir quem deve participar da decisão. O problema então é definido e redefinido, idéias para solução são geradas e debatidas, alianças são construídas e desmontadas em torno de diferentes soluções, até que, no final, todos começam a difícil barganha sobre qual delas adotar. Finalmente surge uma decisão – isso em si já é uma realização – embora ela normalmente esteja atrasada e seja modificada posteriormente.

OS PERIGOS DA TRANSIÇÃO IMPRÓPRIA

Evidentemente, uma solução para os problemas de ambigüidade e ineficiência é mudar a configuração. Funcionários que não toleram mais a ambigüidade e clientes insatisfeitos com as ineficiências podem tentar conduzir a organização para uma forma mais estável e burocrática.

Isso é relativamente fácil em uma adhocracia operacional, como observado anteriormente. A organização simplesmente seleciona o conjunto de programas padronizados que faz melhor, revertendo para a configuração profissional, ou inova uma última vez para encontrar um nicho de mercado lucrativo no qual possa produzir em massa, e depois se torna uma configuração máquina. Mas essas transições, embora facilmente efetuadas, não são sempre apropriadas. A organização passou a resolver os problemas de forma imaginária, não a aplicar padrões indiscriminadamente. Em muitas esferas, a sociedade tem mais produtores em massa do que necessita; o que falta são verdadeiros solucionadores de problemas – a empresa de consultoria que possa lidar com um problema único em vez de aplicar uma solução pronta, a agência de propaganda que possa produzir uma campanha inovadora em vez de uma imitação comum, o laboratório de pesquisa que possa fazer uma inovação realmente séria em vez de apenas modificar um projeto existente. As redes de televisão parecem ser exemplos clássicos de burocracias que geram produtos altamente padronizados quando se exige criatividade da adhocracia (exceto, talvez, pelo setor de notícias e especiais, nos quais a orientação específica encoraja mais criatividade).

A adhocracia administrativa pode ter dificuldades mais sérias quando sucumbe às pressões para burocratizar. Ela existe para inovar-se por si mesma, em seu próprio segmento. Ao contrário da adhocracia operacional, ela geralmente não pode mudar a orientação e permanecer no mesmo segmento. E assim sua conversão para a configuração máquina (a transição natural para a adhocracia administrativa cansada da mudança perpétua), ao destruir a capacidade da organização de inovar, pode acabar destruindo a organização em si.

LEITURA 16.2
ADMINISTRANDO NO ESPAÇO EM BRANCO[4]
por Mark C. Maletz e Nitin Nohria

O provérbio do dia é que seu negócio está fadado a falhar se você não subverter o *status quo*. Você tem que pensar mais amplamente, começar uma revolução, quebrar todas as regras – escolher sua própria retórica superaquecida. A suposição é que um novo valor em uma empresa só pode ser criado se as pessoas tirarem seus ternos, vestirem calça cáqui e camisas havaianas e pensarem e agirem como os empreendedores mais apaixonados. O problema é que elas raramente são informadas quando faz sentido fazer essas coisas – ou como fazê-las.

Recentemente conduzimos um projeto de pesquisa único que tentou preencher essas lacunas. O projeto concentrou-se no que chamamos de espaço em branco: o território grande, mas em sua maioria desocupado, existente em todas as empresas, onde as regras são vagas, a autoridade é indistinta, orçamentos não existem e a estratégia não é clara – e onde, por conseqüência, ocorre a atividade empreendedora que ajuda a reinventar e renovar uma organizaçã. O projeto trabalhou em dois níveis: etnógrafos treinados seguiram de perto gerentes empreendedores que estavam de fato operando no espaço em branco, enquanto que um comitê executivo de especialistas seniores da organização se reuniu com os principais gerentes para discutir seus esforços de supervisão das atividades do espaço em branco...

O espaço em branco existe em todas as empresas, e pessoas empreendedoras em todos os lugares estão testando as águas com esforços não-oficiais para alcançar a parte mais funda. Os gerentes que operam nesses mares não-cartografados são sempre aqueles mais bem-sucedidos na condução de inovação, incubação de novos negócios e descobrimento de novos mercados. A tarefa para gerentes seniores é evitar deixar que os esforços no espaço em branco "apenas aconteçam". Ao contrário, eles devem apoiar e monitorar ativamente essas atividades, mesmo que as mantenham separadas do trabalho formal da organização. Se as empresas deixam esses territórios valiosos aos caprichos e talentos indiscriminados dos gerentes, elas tendem a perder muitas das oportunidades que vêm de explorar a fronteira mais próxima.

MOVENDO-SE PARA O ESPAÇO EM BRANCO

O espaço negro engloba todas as oportunidades de negócios a que uma empresa visava formalmente e organizou-se para capturar. O espaço em branco, então, contém todas as oportunidades que ficaram de fora do escopo de planejamento, orçamento e gerenciamento formais.

Seja você um gerente intermediário empreendedor ou um executivo sênior tentando ficar de olho nas atividades do espaço em branco, o primeiro desafio é saber qual o momento apropriado para sair do espaço negro. A verdade simples é que a maioria dos projetos deve ser concebida, desenvolvida e administrada dentro das estruturas formais da organização: é para isso que elas existem. Os gerentes, então, devem considerar uma mudança para o espaço em branco apenas se uma ou mais destas três condições existirem.

Uma grande incerteza em relação a uma oportunidade de negócio reconhecida é a primeira condição. Não nos referimos à incerteza comum enfrentada por todos os gerentes; gerentes bem-sucedidos constroem sua carreira lidando com problemas difíceis, criando planos, gerando consenso e movendo-se através dos canais regulares da empresa. Estamos falando sobre o tipo de incerteza que cerca, por exemplo, o comércio eletrônico, no qual não fica claro quem teve a melhor idéia, como ela deve

---

[4] Reimpresso, com cortes, de "Managing in the Whitespace", M. C. Maletz e N. Nohria, *Harvard Business Review,* February 2001, 103-111.

ser implementada, quem deve ser o responsável, que unidades devem acolher a oportunidade – e se o tempo dedicado a descobrir todas essas respostas vai fazer com que a oportunidade seja perdida.

A segunda condição tem a ver com política organizacional. Algumas vezes, batalhas de domínio impossibilitam continuar no espaço negro... outras vezes, o problema tem origem na necessidade de conseguir recursos de diversos grupos que geralmente não colaboram. Nessas situações, certamente não vale a pena reorganizar com base em uma nova oportunidade até que ela se prove viável. Um gerente empreendedor trabalhando no espaço em branco sempre pode ajudar a conseguir recursos de grupos concorrentes sem o envolvimento formal deles – e geralmente, mesmo sem a aprovação explícita deles.

A terceira condição, associada às duas primeiras, é que as operações da empresa no espaço negro sejam desempenhadas extremamente bem e tendam a ser profundamente rompidas pela oportunidade em questão. Nessas circunstâncias, é muito arriscado interferir na empresa existente ao redirecionar recursos formalmente. Ao contrário, faz sentido fazer algumas apostas na nova oportunidade do espaço em branco e ver o que surge...

Saber quando deixar o espaço negro é um primeiro passo importante, mas o verdadeiro salto para o espaço em branco pode ser perigoso. É um terreno não-familiar para a maioria dos gerentes, exigindo uma forma diferente de pensar sobre como o trabalho pode ser completado, avaliado e reconhecido. O próximo passo é entender os desafios particulares de operar no espaço em branco e como superá-los.

ADMINISTRANDO NO ESPAÇO EM BRANCO

Embora navegar no espaço em branco exija uma nova bússola, as recompensas de viagens bem-sucedidas podem ser grandes. Considere este exemplo: uma executiva de um grande banco global desenvolveu um negócio virtual que gerenciava ativos de mais de US$ 1 bilhão sem sequer aparecer na tela (ou nos controles financeiros) da alta gerência. Ela criou e montou produtos e serviços que foram produzidos por ela e pela divisão de gerenciamento de ativos do banco e vendidos para ela pela divisão de varejo do banco. O organograma do banco indicava que a executiva era uma peça pequena na organização, sem responsabilidades de L&P ou funcionários sob sua supervisão. Ainda assim, ela era responsável por L&P da área de crédito e mais de 70 pessoas no banco a viam como sua líder informal...

Por meio de exemplos como esse e muitos outros, identificamos quatro desafios enfrentados pelos gerentes que operam no espaço em branco: estabelecer legitimidade, mobilizar recursos, gerar ímpeto e mensurar resultados. O primeiro desafio é peculiar ao espaço em branco, os outros três também existem no espaço negro, ainda que de forma muito diferente.

ESTABELECENDO LEGITIMIDADE

Os projetos de espaço negro começam com o lançamento formal, um processo que lhes confere legitimidade automática. As atividades do espaço em branco não têm esse benefício; seus gerentes devem trabalhar para estabelecer ativamente sua legitimidade desde o início se quiserem seguir em frente. Observamos gerentes usando uma variedade de técnicas para mostrar aos outros na organização que eles mereciam suporte.

Alguns negociavam com suas habilidades técnicas superiores, que os fazia parecer unicamente qualificados para liderar um projeto informal...

Dependendo de como surgem os esforços do espaço em branco, os gerentes têm dificuldades para comunicar sua existência para o resto da organização e para o mundo externo. A invisibilidade pode proteger os gerentes do espaço em branco enquanto eles tentam descobrir a melhor maneira de operar, mas ela também dificulta mais a mobilização dos recursos necessários.

MOBILIZANDO RECURSOS

Possuir algum grau de legitimidade – ainda que seja informal – permite aos gerentes do espaço em branco passar para a próxima tarefa: reunir os recursos necessários para levar os projetos adiante. Os gerentes no espaço negro têm um senso claro de seus orçamentos e outros recursos à sua disposição; os gerentes do espaço em branco de nosso estudo tinham que pedir, pegar emprestado e furtar para conseguir o que precisavam.

Assim como os arrecadadores de fundo dos Teletons ou da Rádio Pública Nacional, os gerentes de espaço em branco efetivos reconhecem que é possível levantar uma boa quantia de dinheiro pedindo um pouco de cada vez para muita gente. Uma vez que as pessoas contribuam com um pouco e sintam-se como parte da causa, elas tendem a contribuir novamente...

Os gerentes podem conseguir recursos de várias formas, mas são necessárias muitas características, independente do método utilizado: persistência, criatividade e disposição para trabalhar com o que você pode conseguir, e não com aquilo que você acha que pode.

GERANDO ÍMPETO

Mesmo depois que um projeto de espaço em branco consegue atrair alguns recursos, seus gerentes devem encontrar formas de gerar ímpeto, evitando que a iniciativa fracasse ou se atole nas políticas corporativas. Eles buscam continuamente formas de transformar rapidamente suas idéias em protótipos, fazer experimentos, criar pilotos, etc. Esses produtos visíveis tornam mais difíceis a eliminação dos esforços do espaço em branco por outras pessoas, embora eles também elevem o risco de que os gerentes do espaço negro possam ver tais esforços como uma ameaça competitiva...

Apresentar produtos visíveis é uma forma de gerar ímpeto; outra é compartilhar qualquer ganho gerado por um projeto. Os gerentes do espaço negro sempre suspeitam dos esforços do espaço em branco; eles acreditam que os gerentes do espaço em branco estão indo ao encalço de suas metas pessoais, e não dos objetivos organizacionais. Para conquistar as pessoas no espaço negro – e para assegurar que seus recursos não sejam cortados – gerentes de espaço em branco efetivos compartilham o crédito de seus sucessos com os outros...

Uma vez que o projeto do espaço em branco seja lançado, a chave é mostrar alguns retornos claros a partir dos investimentos iniciais de tempo, dinheiro e pessoas. Os gerentes de espaço em branco eficazes reconhecem que sua melhor aposta é converter seus pares do espaço negro com a distribuição dos ganhos.

MENSURANDO RESULTADOS

Evidentemente, ganho – receita – é um marcador de progresso dos esforços do espaço em branco. Em geral, porém, os resultados do espaço em branco são difíceis de mensurar. Um protótipo de produto, ainda que potencialmente valioso, pode não render muito dinheiro em sua forma inicial. Um aumento rápido no número de visitas a um Web *site* pode ser valioso, mas não de uma forma que se traduza diretamente para os resultados. Mesmo a receita gerada no espaço em branco é difícil: quando a organização não reconhece oficialmente os custos ou os benefícios envolvidos em um produto ou projeto, calcular os números pode ser complicado...

Ao mensurar resultados do espaço em branco, a criatividade é importante. Receitas, visitas ao Web *site* e existência de protótipos – tudo isso é importante, mas não gera respostas claras sobre o sucesso de uma iniciativa que as pessoas esperam encontrar em um projeto de espaço negro. Essa é apenas uma das áreas nas quais os gerentes seniores, com sua visão geral da empresa, podem ajudar o processo a funcionar.

GERENTES SENIORES E O ESPAÇO EM BRANCO

Esforços individuais no espaço em branco podem ser bem-sucedidos sem a ajuda dos executivos seniores, mas suas chances são muito maiores quando pessoas de nível alto de fato se envolvem – desde que entendam que as alavancas tradicionais no espaço negro (planejamento, organização e controle) têm utilidade limitada no espaço em branco. Para colher todos os benefícios das atividades do espaço em branco para suas empresas, os gerentes seniores devem aprender a cultivar esses esforços informais como segue.

PLANEJAR A ESTRATÉGIA

No espaço em branco, os imperativos estratégicos geralmente surgem com o tempo. Assim, em vez de serem prematuramente precisos, o truque é estruturar o trabalho do espaço em branco da forma mais ampla possível...

DAR SUPORTE

As iniciativas de espaço em branco não devem ter falta de recursos, mas também não devem ter excesso. Quando os gerentes do espaço em branco são forçados a vender suas idéias para a organização a fim de obter recursos, somente as idéias mais persuasivas, apoiadas pelos gerentes mais confiáveis, vão decolar. Ter um financiamento rigoroso também facilita a interrupção das atividades do espaço em branco que estejam falhando claramente.

Os gerentes seniores podem dar algo mais valioso do que dinheiro para os gerentes do espaço em branco: suporte organizacional e moral...

ESTABELECER ENTUSIASMO

Os executivos seniores não apenas devem apoiar aqueles que trabalham no espaço em branco, mas também comunicar as conquistas do espaço em branco para outras pessoas dentro e fora da organização. Mas eles precisam ter cuidado com a quantidade de luz que vão colocar nos esforços do espaço em branco, particularmente nos estágios iniciais. Algumas vezes, retardar a divulgação das informações, permitindo que a atividade do espaço em branco ganhe mais credibilidade, pode ser o curso de ação mais sábio. Em outras ocasiões, pode ser mais útil anunciar rapidamente os resultados para que a atividade ganhe ímpeto...

MONITORAR O PROGRESSO

Os gerentes seniores devem acompanhar as atividades do espaço em branco e, o mais importante, decidir o que constitui sucesso em seus projetos. Apenas eles têm a perspectiva ampla necessária para fazer esse tipo de análise.

Observamos gerentes seniores que ficavam a par das atividades do espaço em branco usando monitores em toda a organização. Em um grande banco global, um gerente sênior criou uma rede informal de líderes de opinião respeitados, que geralmente recebiam primeiro as informações sobre as atividades do espaço em branco. Ao manter contato regular com essas pessoas, o gerente sênior tinha uma boa idéia do progresso dos esforços do espaço em branco com o correr do tempo.

Julgar o sucesso ou o fracasso de um projeto pode ser difícil. Em alguns casos, um projeto que não gera muita receita pelos padrões da empresa pode ser considerado um fracasso. Em outros casos, quando o investimento é baixo, simplesmente pegar o dinheiro que está na mesa pode ser suficiente. Ou pode haver outras considerações: um esforço de espaço em branco que gera apenas US$ 5 milhões em um banco pode ser considerado insignificante pelo gerente do espaço em branco; contudo, se esse dinheiro vier de vendas cruzadas e resultar em índices mais altos de retenção de clientes, pode ser considerado extremamente valioso pelos gerentes seniores.

Uma vez que os gerentes seniores tenham considerado o esforço do espaço em branco como valioso, eles têm que enfrentar o desafio final: decidir manter o esforço no espaço em branco ou migrá-lo para o espaço negro.

MUDANDO PARA O ESPAÇO NEGRO

Se um esforço do espaço em branco dá certo, ele acabará migrando para o espaço negro. Idealmente, deveria haver um ponto no qual o gerente do espaço em branco o deixasse ir voluntariamente. Os gerentes seniores geralmente têm de intervir, porém, e tomar uma decisão consciente sobre transferir as atividades para o espaço negro, deixá-las no espaço em branco ou eliminá-las definitivamente.

Se uma atividade atingiu um ponto crítico – ou seja, se ela tem valor significativo para a empresa, alto grau de suporte organizacional e visibilidade – ela provavelmente deve ser transferida. Nesse ponto, é provável que o esforço exija investimentos maiores e afete clientes importantes, ultrapassando a zona de conforto do espaço em branco. Também é verdade que, à medida que um esforço se destaca, um problema que parecia pequeno no início (um conflito de canal, por exemplo), se torne impossível de administrar, exigindo o controle encontrado no espaço negro.

Alguns esforços, porém, só têm valor no espaço em branco e devem permanecer lá indefinidamente. Por exemplo, em um banco de investimento, uma iniciativa que seja importante para os clientes – digamos, o lançamento de serviços de financiamento de imóveis em um banco que não tem uma área de crédito significativa – seria imediatamente eliminada no espaço negro a não ser que gerasse receita, ainda que pudesse contribuir para gerar receitas mais altas por meio do aumento de retenção de clientes. Também faz sentido manter um projeto em andamento no espaço em branco se a mudança para o espaço negro exigir reconciliação forçada de organizações em conflito. Nesse caso, é melhor deixar o espaço em branco manter informalmente as conexões entre as duas.

Alguns esforços do espaço em branco acrescentam pouco valor, e a maioria dos que falham vão morrer de morte natural porque não conseguirão atrair os recursos necessários para continuar sobrevivendo. Mas outros vão sobreviver simplesmente porque parecem não causar nenhum dano óbvio ou porque geram alguns resultados positivos enquanto drenam silenciosamente recursos que poderiam ser melhor aproveitados em outro lugar. Os gerentes seniores têm que ser agressivos em relação à eliminação de tais esforços. Algumas vezes isso não é fácil; as atividades do espaço em branco têm uma forma de reaparecer sob diferentes aspectos. A forma mais efetiva de evitar que um esforço fracassado reapareça pode ser simplesmente transferir a pessoa envolvida para um projeto mais interessante no espaço em branco.

Não importa se a decisão for migrar um projeto para o espaço negro, mantê-lo vivo no espaço em branco ou eliminá-lo, o importante é evitar deixar o espaço em branco à deriva, sem controle e sem observação.

Em uma era em que velocidade e flexibilidade são o lema, as oportunidades no espaço em branco tendem a surgir em grande profusão na maioria dos setores e das empresas. Alguns gerentes empreendedores, por sua própria força de vontade e talento, vão produzir sucessos gigantescos. Outros vão ao encalço de metas pessoais, desperdiçando recursos, construindo impérios privados e sugando valor de outras partes da empresa. Se – e como – os gerentes seniores supervisionam o espaço em branco, é um fator significativo para o sucesso da empresa. Aqueles que deixam tudo ao sabor da sorte, esperando que seus empreendedores colham os trunfos, arriscam-se a acabar sem nada. Os que nutrem o espaço cuidadosamente podem não ganhar sempre, mas sempre terão uma intuição melhor sobre as apostas que podem ganhar.

LEITURA 16.3
ANTECIPANDO A FORMA CELULAR[5]
por Raymond E. Miles, Charles C. Snow, John A. Mathews, Grant Miles e Henry J. Coleman Jr.

Desde a Revolução Industrial, a economia dos Estados Unidos moveu-se da era da máquina para a era da informação, e hoje está no limiar da era do conhecimento. A localização de exemplares organizacionais mudou de setores de capital intensivo, como aço e automóveis, para setores de informação intensiva, como serviços financeiros e logística, e agora se volta para segmentos conduzidos pela inovação, como *softwares* de computador e biotecnologia, nos quais a vantagem competitiva está principalmente no uso dos recursos humanos.

---

[5] Reimpresso, com cortes, de um artigo publicado originalmente como "Organizing in the Knowledge Age: Anticipating the Cellular Form", *Academy of Management Executive*, Vol. 11 (4), 1997, 7-19.

Essa evolução tem sido simultaneamente reforçada e facilitada pela invenção de uma sucessão de novas formas organizacionais – novos métodos de acumular e aplicar conhecimento aos principais recursos do dia. A contribuição de cada uma dessas novas formas tem sido permitir que as empresas usem seu conhecimento crescente para se adaptar às oportunidades e demandas do mercado, primeiro para produtos e serviços padronizados, depois para níveis crescentes de personalização de produtos e serviços, e atualmente em direção à expectativa de inovação contínua...

O SÉCULO XXI: ERA DA INOVAÇÃO

No mundo empresarial de amanhã, alguns mercados ainda serão abastecidos com produtos e serviços padronizados, enquanto outros vão exigir maiores quantidades de personalização. Porém, a tração contínua das forças de mercado e o impulso do conhecimento cada vez mais crescente, impulsionado pela rede de parcerias, já está conduzindo alguns setores e empresas em direção ao que resulta em um processo contínuo de inovação. Além da personalização dos projetos existentes, a invenção de produtos e serviços está se tornando a peça central da atividade que agrega valor em um número crescente de empresas. As chamadas áreas de conhecimento – como serviços de projeto e engenharia, eletrônica avançada e biotecnologia, projeto de *softwares*, assistência médica e consultoria – não apenas alimentam o processo de inovação como o alimentam em um ciclo contínuo, que cria mercados e ambientes mais e mais complexos (Kauffman, 1995). Na verdade, para empresas em tais áreas, tanto pela escolha como por conseqüência de suas escolhas, as idéias e os resultados organizacionais tornam-se altamente imprevisíveis.

Por exemplo, segundo o CEO de uma empresa de biotecnologia, as potenciais idéias para a empresa estão espalhadas por centenas e até milhares de cientistas em todo o mundo. Ao redor de cada pesquisador destacado existe um grupo de colegas, e cada grupo é uma rica mistura de talentos reunida por um conjunto de mecanismos de conexão, incluindo interesses compartilhados, sistemas de correio eletrônico e conferências técnicas. Mecanismos de conexão não são coordenados por plano, mas sim auto-organizados, refletindo as necessidades de conhecimento e oportunidades de compartilhamento de dados reconhecida pelos membros dos vários grupos. O desafio geral da empresa de biotecnologia é manter o máximo possível de contato constante com esse campo de conhecimento que se desenvolve continuamente. Um padrão similarmente complexo é visível na interface de resultado da empresa, uma vez que uma miríade de alianças e parcerias é formada para levar produtos (e subprodutos) parcialmente desenvolvidos para os estágios de projeto final, teste e comercialização. Claramente, uma empresa de biotecnologia rigidamente estruturada não conseguirá reunir a flexibilidade interna necessária para atender a complexidade de seu ambiente.

UMA NOVA FORMA ORGANIZACIONAL PARA UMA NOVA ERA ECONÔMICA

Elementos similares de complexidade são visíveis em um número crescente de setores. Na área de *softwares*, por exemplo, há poucos limites para o projeto de produtos potencialmente lucrativos e um vasto leque de projetistas independentes entram e saem de empresas de todos os tamanhos. As escolhas que as empresas têm, tanto no lado das idéias como de resultados, são muitas e mudam constantemente. Tendo essas oportunidades, e projetando as tendências evolucionárias discutidas acima, seria de se esperar que a organização do século XXI se baseasse muito em agrupamentos de componentes auto-organizados, investindo colaborativamente no conhecimento do empreendimento em inovações de produtos e serviços para mercados que eles ajudaram a criar e desenvolver.

Tais empresas podem ser melhor descritas como celular[6]. A metáfora celular sugere uma organização viva e maleável. As células nos organismos vivos possuem funções fundamentais de vida e podem agir sozinhas para atender uma determinada necessidade. Porém, agindo em conjunto, as células podem desempenhar funções mais complexas. As características ou o aprendizado resultantes, se compartilhados entre as células podem criar um organismo de ordem mais alta. De forma similar, uma organização celular é composta de células (equipes auto-administradas, unidades de negócios autônomas, etc.) que podem operar sozinhas, mas que podem interagir com as outras células para produzir um mecanismo empresarial mais potente e mais competente. É essa combinação de independência e interdependência que permite à organização celular gerar e compartilhar o conhecimento que produz a inovação contínua.

CONSTRUINDO BLOCOS DE FORMA CELULAR

No futuro, empresas celulares completas vão atingir um nível de conhecimento muito além daquele das formas organizacionais anteriores ao combinar espírito empreendedor, auto-organização e propriedade dos membros, de maneira que se reforçam mutuamente. Cada célula (equipe, unidade de negócios estratégicos, empresa) vai ter uma responsabilidade empreendedora para com a grande organização. Os clientes de uma determinada célula podem ser clientes externos ou outras células na organização. De qualquer forma, o objetivo é espalhar um

---

[6] Não inventamos o rótulo celular. O conceito de estruturas celulares vem sendo discutido pelo menos desde os anos 60. Para uma revisão, ver J. A. Matthews (1996).

ambiente empreendedor por toda a organização, de forma que cada célula se preocupe com melhoria e crescimento. Na verdade, dar a cada célula responsabilidade empreendedora é essencial para a total utilização do conhecimento da empresa, que cresce constantemente. Evidentemente, cada célula também deve ter as habilidades empreendedoras exigidas para gerar negócios para si mesma e para a organização como um todo.

Cada célula deve ser capaz de se reorganizar continuamente a fim de fazer a contribuição esperada para a organização geral. São muito importantes aqui as habilidades técnicas necessárias para desempenhar suas funções, as habilidades colaborativas necessárias para fazer as conexões apropriadas com outras unidades organizacionais e com parceiros externos da empresa e as habilidades de gerenciamento exigidas para administrar suas próprias atividades. A aplicação desse princípio celular pode exigir que a empresa se livre da maior parte da burocracia que existe atualmente, substituindo-a por protocolos definidos em conjunto, que orientam a colaboração interna e externa.

Cada célula deve ser recompensada por agir de forma empreendedora e operar como uma empresa. Se as unidades celulares são equipes ou unidades de negócios estratégicos, e não empresas completas, a propriedade psicológica pode ser atingida ao organizar as células como centros de lucro, permitindo que participem dos planos de compra de ações da empresa, etc. Porém, a solução celular final é provavelmente a propriedade dos membros de ativos e recursos dessas células que eles criaram e investiram voluntariamente na empresa na expectativa de um retorno conjunto...

AGREGANDO VALOR COM O USO DA FORMA CELULAR

Um exame mais detalhado das empresas estruturadas na forma celular... indica que elas também compartilham algumas das características das formas organizacionais anteriores. Na verdade, cada nova forma... incorpora as principais características de agregação de valor das formas anteriores e acrescenta a elas novas habilidades. Assim, a forma celular inclui o espírito empreendedor disperso da forma divisional, a receptividade do cliente da forma matriz e o conhecimento auto-organizado e compartilhamento de ativos da forma de rede.

A forma organizacional celular, porém, tem o potencial de agregar valor que vai além do compartilhamento de ativo e de conhecimento. Em sua forma totalmente desenvolvida, a organização celular agrega valor por sua capacidade única de criar e utilizar conhecimento. Por exemplo, o compartilhamento de conhecimento ocorre em redes como um subproduto do compartilhamento de ativos, e não como um foco específico de tal atividade. De forma similar, as empresas matrizes e divisionalizadas reconhecem o valor que pode ser agregado quando o conhecimento é compartilhado entre projetos e divisões, mas elas devem criar mecanismos de objetivo especial (p. ex.: forças-tarefa), a fim de gerar e compartilhar novos conhecimentos. Em contraste... a forma celular se presta não apenas a compartilhar o conhecimento explícito que as células acumularam e articularam, mas também o conhecimento tácito que surge quando as células combinam projetar soluções novas e únicas para os clientes (Nonaka e Takeuchi, 1995). Tal aprendizado concentra-se não apenas no resultado do processo de inovação como também no processo de inovação em si: o conhecimento só pode ser atingido e compartilhado por meio da execução.

Além da criação e do compartilhamento de conhecimento, a forma celular tem o potencial de agregar valor por meio de sua capacidade relacionada de manter os ativos de conhecimento da empresa mais completamente investidos do que outras formas organizacionais. Como cada célula tem responsabilidade empreendedora e tem poder para usar qualquer um dos ativos da empresa para cada nova oportunidade de negócios, pode-se esperar altos níveis de utilização de conhecimento entre as células. As organizações em rede aspiram a uma alta utilização de conhecimentos e ativos, mas empresas primárias dependem, afinal, de parceiros secundários para encontrar novos usos para produtos ou serviços. Na empresa celular, o processo de inovação de produto/serviço é contínuo e totalmente compartilhado... A competência dos membros da organização não é mais uma simples questão de opção, é um dever econômico.[7]

Considerando os níveis de investimento exigidos, a tomada de risco e a propriedade dos membros, muitas empresas não vão – ou não precisam – passar completamente para a forma celular. As empresas que fabricam produtos ou serviços padronizados, atendendo a previsões ou pedidos, podem ser ainda mais produtivas se organizadas em hierarquias sem muitas camadas. Grupos desse tipo de empresa podem ser reunidos em redes para maior velocidade e personalização. A pressão em direção aos métodos celulares... está aparecendo primeiro nas empresas focadas em inovação rápida de produto ou serviço – ofertas únicas e/ou de primeira linha. Porém, embora as empresas celulares sejam mais facilmente associadas a segmentos mais novos, que se desenvolvem rapidamente, essa forma pode ser usada por empresas com iniciativa de projeto em literalmente qualquer tipo de segmento. Dentro de uma rede de companhias num setor maduro, são as empresas com estrutura celular que tendem a assumir a liderança no desenvolvimento de novos produtos e serviços.

---

[7] Para exemplo de uma empresa que tentou séria e criativamente calcular o valor de seu capital intelectual e outros ativos intangíveis, ver L. Edvinsson e M. S. Malone, *Intellectual Capital: Realizing Your Company's True Value by Finding Its Hidden Brainpower*, New York, NY: Harper Business, 1997.

Leitura 16.4
As Competências Essenciais das Empresas Baseadas em Projeto[8]
por Joseph Lampel

"As empresas baseadas em projeto" concentram-se em planejamento, desenvolvimento e execução de projetos. Exemplos de tais empresas podem ser encontrados em áreas tão diversas como produção de filmes, engenharia de *software* ou lançamento de satélites. O desafio delas é reconciliar flexibilidade com eficiência: encontrar um equilíbrio viável entre a demanda dos clientes por produtos personalizados e altamente específicos e o imperativo de permanecer comercialmente viável (Turner e Keegan, 1999).

O desafio é particularmente agudo para empresas baseadas em projeto cuja principal área de negócios é planejamento, construção e fornecimento de grandes projetos como usinas elétricas, plataformas de petróleo, sistemas de transporte em massa e estradas pedagiadas. Coletivamente, empresas baseadas em projeto que se especializam nessa área são conhecidas como empresas ECC, ou empresas de "engenharia-compra-construção". Lidar com a diversidade estende a base de recursos das empresas ECC ao limite, principalmente porque se exige que elas configurem e reconfigurem seus recursos numa base de projeto a projeto. Para atingir a flexibilidade necessária para lidar com as variações de projeto é necessário ter uma estrutura matriz, mas isso é no máximo uma solução parcial para o problema essencial da diversidade (Bartlett e Ghoshal, 1990). Neste trabalho, argumentamos que as empresas ECC desenvolvem um método mais robusto, baseado no desenvolvimento de competências essenciais, que suporta a reconfiguração de recursos em resposta à mudança das demandas de projeto e de mercado.

A Base de Competência das Empresas de Engenharia-construção

A flexibilidade neste contexto significa capacidade de configurar e reconfigurar um conjunto de recursos segundo as demandas de um determinado projeto. Essa capacidade é, por sua vez, uma expressão do que Prahalad e Hamel (1990) chamam de "competências essenciais" da empresa. Para eles, as principais características eram as seguintes:

a. As competências essenciais englobam o aprendizado coletivo da organização: é o conhecimento testado e aprovado que as empresas adquirem no processo de aprendizado de seus negócios.

b. As competências essenciais englobam habilidades de coordenação: habilidades para coordenar operações diversas, habilidades para harmonizar tecnologias diferentes e habilidades para coordenar relações com uma base de cliente heterogênea.

c. As competências essenciais englobam um entendimento compartilhado das necessidades do cliente, mesmo antes que elas se tornem explícitas para ele.

d. As competências essenciais englobam um entendimento profundo do produto e das possibilidades de mercado que são inerentes à base de conhecimento tecnológico da empresa.

e. As competências essenciais englobam intangíveis como cultura e ideologia que servem para manter unidas as várias áreas de negócios da empresa.

A estratégia para corporações diversificadas, argumentam Prahalad e Hamel, não é baseada em sinergias estáticas ou em encontrar o portfólio ideal de negócios, mas sim em renovar constantemente a posição de mercado da empresa. As competências essenciais são a chave para essa renovação. A relação delas com o mercado, porém, não é direta. As competências essenciais nutrem os produtos e tecnologias básicas. Esses produtos e tecnologias básicas, por sua vez, geram produtos que são vendidos no mercado. Nas empresas de serviços baseadas em projeto, porém, nas quais os produtos finais são definidos de acordo com as exigências únicas de cada cliente, não há produtos básicos ou competências essenciais para associar o produto final com as competências essenciais. Ao contrário, o que temos são processos básicos que descrevem o ciclo de vida da maioria, se não de todos, dos grandes projetos, desde a fase exploratória envolvendo a formulação do conceito básico do projeto – geralmente envolvendo contatos com potenciais clientes e patrocinadores – o que leva a estudos técnicos detalhados e estimativas de custo, e depois usa a análise para preparar as propostas. As propostas podem ser aprovadas diretamente ou podem formar a base para negociações adicionais com clientes e patrocinadores. As empresas ECC que ganham os contratos se tornam parte da fase de execução durante a qual o projeto começa a se transformar em realidade. O projeto termina quando o sistema é comissionado e colocado em operação.

A aplicação da estrutura de Prahalad e Hamel (1990) ao setor ECC sugere que esses processos básicos formam um *link* intermediário entre projetos específicos e competências essenciais. Eles estruturam atividades e rotinas de projeto, mas não respondem pela qualidade do resultado porque não contêm todo o leque de conhecimento, explícito e tácito, necessário para atacar os principais

---
[8] Adaptado de "The Core Competencies of Project-Based Firms", *International Journal of Project Management*, 2001.

problemas de planejamento e execução do projeto. Esse conhecimento está contido nas competências essenciais das empresas ECC.

Nossa pesquisa sobre empresas ECC nos Estados Unidos, Canadá, Reino Unido, França, Malásia e Japão sugere que elas baseiam suas operações essencialmente em quatro tipos de competência essencial: competências empreendedoras, competências técnicas, competências avaliadoras e competências relacionais.

COMPETÊNCIAS EMPREENDEDORAS

As competências empreendedoras são por natureza baseadas na experiência. Conseguir contratos depende de detectar oportunidades à medida que elas surgem ou, melhor ainda, estimular o surgimento de oportunidades ao levar idéias de projetos ao conhecimento de potenciais clientes. Para fazer bem isso, as empresas ECC devem ser capazes de "vender" a idéia para potenciais clientes. Vender idéias é intrinsecamente difícil. Os clientes são naturalmente avessos a riscos quando se refere a grandes projetos – grandes projetos exigem grandes investimentos, com retornos que só vão ocorrer em muitos anos no futuro. Eles são ainda mais avessos a risco quando os projetos não se originam dentro de suas próprias organizações, ou de organizações e instituições com as quais eles têm uma relação de longo prazo.

Competências empreendedoras são produto da experiência, mas elas também dependem da intuição, o que as torna quase impossíveis de articular e compartilhar. Assim, é difícil para a organização avaliar a qualidade da tomada de decisão empreendedora por pessoas que supostamente têm essas competências. É geralmente difícil em retrospecto isolar as razões que levam determinados projetos ao sucesso ou ao fracasso. Afinal, depende muito do histórico da organização. Algumas empresas ECC começam sua vida de forma altamente empreendedora e gradualmente perdem essas competências, tornando-se altamente burocráticas. Outras empresas ECC que entrevistamos eram altamente burocráticas no começo, mas fizeram esforços extremos para adquirir competências empreendedoras (p. ex., empresas que assumem projetos no exterior).

COMPETÊNCIAS TÉCNICAS

Há um paradoxo curioso no jogo dos grandes projetos: proprietários e patrocinadores têm o poder de definir o projeto como um todo, mas somente as empresas ECC têm o conhecimento necessário para inserir os detalhes. Preencher essa lacuna custa caro e consome muito tempo de proprietários e patrocinadores. Eles precisam colocar um limite no número de propostas que vão avaliar e também devem evitar avaliações dispendiosas de propostas apresentadas por ECCs que não têm o conhecimento e a experiência necessários para assumir o projeto. Para atingir esse objetivo, proprietários e patrocinadores instituem um processo de qualificação, permitindo que apenas um número selecionado de empresas participe da concorrência. A principal questão para a qual esse processo busca a resposta é: esta empresa pode desenvolver uma proposta tecnicamente proficiente e, se puder, ela será capaz de executar o contrato de forma bem-sucedida?

O processo de qualificação destaca as competências técnicas da empresa ECC. Engenharia, compras, construção e operações são englobados e apoiados por um vasto leque de atividades técnicas, tanto no sentido restrito como no sentido amplo do termo. As competências técnicas relacionam-se primeiramente ao uso efetivo de ativos tecnológicos e conhecimento de engenharia.

As competências técnicas visam a áreas que são programáveis. As atividades programáveis são aquelas que podem ser divididas, analisadas e descritas em detalhes. Elas podem ser adquiridas por meio de métodos de educação tradicionais e estão amplamente disponíveis em livros, monografias e manuais. Assim, a base de conhecimento de competências programáveis é relativamente acessível. Nesse aspecto, ela é relativamente superficial, representando o mínimo necessário para qualificação na concorrência, mas não o suficiente para traduzir-se em contratos. Para fazer isso, as competências técnicas devem ser capazes de identificar o conhecimento crucial e movê-lo para o local onde ele seja necessário de maneira precisa; elas devem ser capazes de absorver rapidamente o conhecimento do ambiente mais amplo; devem ser capazes de aprender com suas próprias experiências; e devem ser capazes de inovar soluções para problemas velhos e novos.

Nenhuma dessas atividades é programável no sentido estrito do termo. Elas simplesmente resistem ao fato de serem divididas, analisadas, descritas e codificadas. Elas são muito tácitas precisamente porque exigem muita experiência e sensibilidade para o contexto.

COMPETÊNCIAS AVALIADORAS

Não é suficiente que as empresas ECC transformem oportunidades em contratos, elas devem fazer isso para obter lucro. Um estágio crucial neste processo surge quando a empresa ECC precisa ir além da exploração, chegando ao comprometimento: o que ela está disposta a fazer, e a que preço? No jogo dos grandes projetos, essa declaração aberta é crucial porque as empresas ECC estão presas às suas estimativas iniciais do que estão dispostas a fazer e a que preço. Raramente há muita latitude para revisão depois que o contrato é assinado.

Considerando a complexidade e a incerteza dos projetos, essas estimativas são suposições, mas são suposições das quais dependem o bem-estar da empresa. Uma estimativa com custo muito baixo ou uma muito ambiciosa pode resultar em perdas ou mesmo levar a empresa à falência. Uma estimativa com custo muito alto ou excessivamente cautelosa pode levar à perda do contrato para um concorrente. A empresa ECC deve navegar entre esses dois resultados indesejáveis, e deve fazê-lo de forma a ganhar o máximo de dinheiro possível. Afinal, esse é um julgamento de riscos.

Todas as empresas ECC que pesquisamos tinham um sistema para executar essa tarefa. O sistema era invariavelmente uma mistura de análise formal e processos organizacionais informais. Com o advento dos sistemas de informação de alto poder, houve esforços determinados por parte de muitas organizações para mudar o processo, deixando-o o mais formal possível. Porém, mesmo essas organizações reconheceram que há limites indicando até que ponto é possível ir. Grandes projetos são sistemas personalizados; eles são intrinsecamente complexos e quase sempre contêm características únicas daquele projeto em particular. Estimar o custo de grandes projetos é, afinal de contas, uma arte, não uma ciência; a tarefa simplesmente não é programável. Uma avaliação do custo de um projeto à luz de um determinado projeto e solicitação do cliente pode basear-se na especialização tácita da experiência de engenheiros e gerentes. Mas, para recorrer a essa especialização é necessário um elaborado sistema de revisão no qual potenciais problemas são identificados e coletivamente discutidos.

O sistema de revisão é baseado em dois elementos: julgamento e memória. Ambos têm elementos explícitos e tácitos, e o equilíbrio entre os dois varia, dependendo da organização. Quase todas as organizações usam listas de verificação e outros métodos formais para dividir e examinar os elementos do projeto que podem ter impacto em custo, desempenho ou programação. Esses métodos, porém, são complementados e modificados pelo julgamento gerencial. O processo é social: gerentes e engenheiros discutem e debatem seus julgamentos. Em geral, também é assistido por especialistas de unidades organizacionais que lidam com engenharia financeira e preparo de propostas.

O outro aspecto do sistema de revisão é a memória. A avaliação sempre se baseia no que a organização aprendeu em outros projetos. Esse aprendizado está embutido na recordação humana: aqueles que estavam envolvidos nos projetos anteriores podem dar informações sobre problemas que foram encontrados em projetos similares no passado. A memória, porém, também é baseada em documentação. Muitas organizações sistematicamente coletam e analisam dados sobre todos os projetos nos quais estiveram envolvidas. Esses dados são sempre transformados em "livros de trabalho", que são consultados quando um novo projeto é avaliado. Muitas organizações também estão começando a usar os sistemas de informações para criar bancos de dados que possam ser consultados de forma mais eficiente e cuidadosa.

COMPETÊNCIAS RELACIONAIS

Grandes projetos são interdependentes e desenvolvem sistemas relacionais (Fonfara, 1989). Eles reúnem um vasto leque de atores e instituições em diferentes áreas, com diferentes graus de envolvimento e diferentes quantidades de poder para facilitar ou atrapalhar o desenvolvimento do projeto. A interação entre esses atores e instituições é imprevisível e propensa a interrupções. Um gerente em uma das empresas que entrevistamos refletiu sobre a fragilidade do processo da seguinte forma: "Um projeto é um organismo vivo que está sujeito a muitos choques inesperados e a descontinuidades. A tentativa de todos os envolvidos é manter o organismo movendo-se para frente. O inesperado é quase inevitável e sempre há muita necessidade de ajuste."

Fazer com que todos os envolvidos se ajustem a circunstâncias imprevistas é essencial em todos os projetos. Sempre há contingências imprevistas que exigem improvisação e solução criativa de problemas. Em projetos que estão em grande parte confinados a uma única organização, o ajuste é bastante facilitado pela existência de uma coordenação centralizada. Mas grandes projetos são normalmente um esforço colaborativo de um grupo de organizações, sendo que nenhuma delas detém controle total. O ajuste, em uma situação dessa, pode desencadear conflitos que podem ameaçar as bases do processo colaborativo. A ameaça está presente em todo o processo, mas é particularmente aguda durante a parte de pré-finalização, quando muitas questões ainda têm que ser resolvidas e o comprometimento final ainda vai ser assumido.

Para antecipar essa ameaça ou para lidar com ela de forma efetiva quando surgir, é necessário uma variedade de habilidades relacionais. As habilidades são uma expressão de competências relacionais que combinam experiências individuais e organizacionais. Sua relevância primária é administrar a interação da empresa, mas, por terem um impacto no processo de interação, as competências relacionais também têm um impacto substancial em seu conteúdo.

Em nenhum outro lugar isso é mais importante do que na interação entre as empresas ECC e seus clientes primários. A relação é cheia de paradoxos. As empresas ECC e seus clientes começam com interesses opostos. Cada uma quer fechar um acordo que maximize suas próprias vantagens, mas cada uma também sabe que a busca incessante de vantagens pode minar seu objetivo, que é fechar o negócio.

Essa transformação de uma interação adversa em uma relação cooperativa, depois fazendo essa relação atravessar as vicissitudes do projeto, é o desafio básico enfrentado pelas empresas ECC. As competências relacionais são cruciais para esse processo, mas até recentemente essas competências eram confinadas em grande parte aos departamentos de *marketing* e vendas da maioria das empresas ECC. Era tarefa deles informar e persuadir clientes e agir como ponto de contato entre o cliente e o resto da organização quando surgiam dificuldades. A desvantagem desse método é que ele não lidava com a atitude adversa no resto da organização, em particular nas áreas de engenharia e execução. Isso pode resultar em polarização organizacional até o ponto em que, como disse um gerente: "O vendedor é o Sr. Bonzinho e o gerente de projeto é o Sr. Detestável".

Submergir conflitos durante o desenvolvimento do projeto e as discussões contratuais, apenas para vê-los emergir subseqüentemente, pode ser caro e destrutivo. De outra forma, há muita recriminação. Como muitos projetos não terminam bem, não é surpresa que a história de grandes projetos esteja cheia de disputas amargas entre empresas ECC e seus clientes. Fazer o papel do Sr. Bonzinho no começo funciona quando uma das partes, ou as duas, preferem olhar para o outro lado com a esperança ou a intenção de trabalhar com o lado negativo do contrato quando isso é apropriado para eles. Como disse um gerente: "Os clientes gostam de perceber uma relação 'aconchegante'. Na realidade, é uma violência deliberada. Renegociamos o tempo todo."

Atualmente está surgindo um novo modelo que se baseia muito nas competências relacionais: a parceria. A essência da parceria é a exploração conjunta de escopo e planejamento antes do contrato. Ao invés de negociar o projeto de uma perspectiva soma-zero*, as empresas envolvidas exploram opções que maximizam o desempenho e reduzem os custos simultaneamente. Trabalho em equipe é a intenção operativa. Deixe os profissionais reunirem-se, sem a interferência de considerações puramente comerciais e jurídicas, e deixe-os apresentar soluções que não surgiriam de um processo adverso.

As Estratégias das Empresas ECC a Partir da Perspectiva de Competência Essencial

A noção de estratégia gira em torno da criação de uma relação estreita entre ações e resultados preferidos. Na maioria dos segmentos que conquistam e mantêm uma alta participação de mercado, esse é o resultado favorito. Não conseguir isso é um sinal de que a empresa está executando as ações erradas, ou as ações que ela executa não têm impacto no resultado. Esse modelo não pode ser aplicado às empresas ECC. Os grandes projetos são heterogêneos demais para permitir uma definição de mercado significativa e estável; e, sem definição de mercado, o conceito de participação de mercado não tem significado.

Nossa pesquisa sugere que, no que se refere a essa questão, as empresas ECC se dividem em duas direções opostas. Por um lado há pressão para permanecer próximo daquilo que a ECC sabe fazer e faz melhor: alavancar, e não estender suas competências essenciais. (Prahalad e Hamel 1993). Por outro lado, há pressão para focar-se no portfólio, gerar volume, construir economias de escala e reduzir o risco geral. Nosso estudo sugere que as empresas ECC respondem a essas forças ao desenvolverem três estratégias genéricas. A primeira, que chamamos de "estratégia de foco", é visar a oportunidades que estejam próximas de suas competências já existentes. A segunda, que chamamos de "estratégia flexível", está no extremo oposto da linha. Envolve a busca de oportunidades lucrativas em praticamente todos os lugares que elas possam ser encontradas, estendendo as competências existentes o máximo possível. Finalmente, uma terceira estratégia, que chamamos de "estratégia de combinação", tenta encontrar um equilíbrio entre as competências já existentes e as oportunidades lucrativas.

Estratégia de Foco

Uma estratégia de foco vê oportunidades através da lente das competências. O ciclo estratégico das empresas ECC que adotam uma estratégia de foco começa com competências e daí leva a oportunidades. As competências devem gerar oportunidades lucrativas, e não o contrário. Primeiro, porque uma empresa com competências fortes tem mais chance quando se trata de propostas. E, segundo, porque ter competências fortes não apenas melhora a qualidade e o desempenho, como também reduz erros que custam caro.

Mas o que são competências fortes? As empresas ECC que seguem uma estratégia de foco vêem competências fortes como competências que geram maior alavancagem. Isso inevitavelmente leva a uma ênfase na profundidade da competência às custas de sua amplitude. A experiência e o conhecimento são cultivados o máximo possível ao longo de um campo restrito em vez de tentar uma cobertura ampla de muitos tipos diferentes de projeto.

Estratégias Flexíveis

As empresas ECC que adotam uma estratégia flexível estão do outro lado da linha de competências-oportunidades. Elas são determinantemente conduzidas por oportunidade. Isso significa buscar oportunidades de alta qualidade onde quer que elas possam ser encontradas, tentar capturá-las e depois voltar sua atenção para a transformação dessas oportunidades em receitas.

A vantagem desta estratégia reside no fato de que ela lida diretamente com a principal incerteza do jogo dos grandes projetos: a dificuldade de prever o fluxo ou a composição dos projetos. Uma estratégia flexível tenta evitar os perigos de especializar-se em uma determinada região ou tipo de projeto, mantendo um conjunto flexível de competências. O objetivo não é tanto criar um portfólio diversificado de projetos, mas sim ter capacidade de acompanhar as mudanças no fluxo de projetos. A chave para a estratégia flexível é sua capacidade de estender as competências para cobrir um grande número de contextos e exigências. Por definição, é mais fácil fazer isso quando as competências são amplas em vez de profundas.

---

* N. de T.: Sistema soma-zero é aquele no qual a soma dos ganhos é igual à soma das perdas.

ESTRATÉGIA DE COMBINAÇÃO

A estratégia de foco e a estratégia flexível representam dois pólos de uma linha contínua. Para as empresas que não querem ser dominadas por suas competências nem conduzidas por oportunidades, a terceira escolha é encontrar um meio-termo. Esse meio-termo é baseado em competências, mas, no todo, ainda é orientado para oportunidades. A principal diferença aqui, porém, é que há uma tentativa sistemática de focar-se em áreas de oportunidades relacionadas e depois trabalhar em sentido reverso até as competências necessárias para atuar nessas áreas.

Se as empresas que adotam uma estratégia de foco são especialistas no que se refere a seu método de competências e oportunidades, as empresas que adotam uma estratégia de combinação são especialistas no que se refere a buscar oportunidades e generalistas no que se refere às competências. Uma atenção cuidadosa ao projeto organizacional ajuda a equilibrar a tensão inevitável que existe entre esses dois imperativos opostos. Não há uma maneira específica de atingir esse objetivo; cada organização desenvolve seu próprio método.

CONCLUSÃO

Neste trabalho argumentamos que o ciclo de vida de grandes projetos pode ser descrito pelos processos básicos que estruturam suas atividades e rotinas. A transição de um processo para o próximo é sempre pontuada por eventos importantes durante os quais o impacto das competências básicas se torna muito evidente. Talvez o principal fato enfrentado pelas empresas ECC seja o momento em que descobrem se ganharam ou perderam o contrato. As empresas ECC usam suas competências para atingir esse objetivo, mas elas estão cientes de que não podem criar suas estratégias para maximizar suas chances de ganhar certos projetos ou termos vantajosos.

A chave para fazer isso de forma bem-sucedida é desenvolver uma relação positivamente reforçadora entre competências básicas, escolha de projeto e portfólio de projetos. Para atingir esse círculo virtuoso é crucial adquirir, desenvolver e administrar o *mix* correto das principais competências: técnica, que contém o conhecimento básico e a capacidade para planejar e executar um determinado projeto; empreendedora, que contém conhecimento de *marketing* e de oportunidade de projeto; relacional, que contém habilidades e conhecimento para desenvolver e negociar projetos; e avaliadora, que contém rotinas designadas para avaliar custos e medir riscos.

As empresas ECC devem cultivar as quatro competências, pois cada uma delas lida com problemas intrínsecos aos seus negócios. Eles também são a princípio insolúveis: mudança econômica, agitação política e inovações tecnológicas mudam constantemente a natureza dos problemas enfrentados pelas empresas ECC, reduzindo assim a eficácia de práticas e soluções comprovadas. Dessa forma, para manter sua posição estratégica, as empresas ECC devem não apenas possuir as competências para lidar com os problemas atuais, como também devem ter capacidade de reformular essas competências à luz de novas circunstâncias.

Como as ECCs fazem isso? Até certo ponto, as competências surgem indiretamente, como resultado de um aprendizado inevitável, que ocorre quando a empresa ECC assume novos projetos. Tal evolução, porém, é casual. Ela é contingente em processos organizacionais geralmente malcompreendidos e difíceis de controlar. Fatores como raciocínio da alta gerência, dinâmicas de equipe e rivalidades políticas podem atrapalhar ou facilitar o desenvolvimento de competências. No final, porém, exercícios de estratégia são uma influência importante no desenvolvimento de competência, e a estratégia de uma ECC, como observado anteriormente, é moldada pela tensão existente entre o imperativo das competências e a tentação das oportunidades de mercado.

Capítulo 17
Administrando Diversidade

Uma boa dose de evidência acumulou-se na relação entre diversificação e divisionalização. Quando as organizações diversificam suas linhas de produtos ou de serviços, elas tendem a criar divisões distintas para lidar com cada área de negócios. Essa relação talvez tenha sido cuidadosamente documentada pela primeira vez no clássico estudo histórico de Alfred D. Chandler, *Strategy and Structure: Chapters in the History of the Great American Enterprise* (Estratégia e estrutura: capítulos na história da grande empresa norte-americana). Chandler pesquisou as origens da diversificação e da divisionalização na Du Pont e na General Motors nos anos 20, seguidas posteriormente por outras grandes empresas. Vários outros estudos aperfeiçoaram as conclusões de Chandler, como discutido nos textos deste capítulo.

O primeiro texto, baseado no trabalho de Mintzberg sobre estruturação, investiga a estrutura da divisionalização – como ela funciona, o que pode gerá-la, que variações intermediárias existem e que problemas ela representa para organizações que a utilizam e para a sociedade como um todo. O texto é concluído com uma nota bastante pessimista sobre diversificação conglomerada e sobre as formas puras de divisionalização.

Em todo o mundo, corporações diversificadas assumem formas muito diferentes. Essa é a razão pela qual incluímos o próximo texto, de Philippe Lasserre do INSEAD. Lasserre descreve três formas que tais organizações assumem no ocidente, que ele classifica como grupos industriais, controladoras industriais e conglomerados industriais. Depois ele descreve três formas comuns na Ásia, chamadas de conglomerados industriais, *keiretsus* e controladoras nacionais. Quando ele compara essas formas, surge um resultado interessante. Enquanto as organizações do Ocidente tendem a controlar de forma impessoal (ou analiticamente), porém, de certo modo mais livremente, as asiáticas favorecem formas mais suaves e mais personalizadas de controle, mas sempre atingem conexões mais firmes. (Voltando aos três estilos de administração de Pitcher, aparentemente os tecnocratas são mais comuns no Ocidente, enquanto os artistas e os artesãos são mais fáceis de encontrar no Oriente.) Lasserre alerta, porém, que você não pode simplesmente adotar um método porque ele parece bom; fique atento às limitações de sua própria cultura!

Os aspectos da organização diversificada, particularmente em sua forma mais conglomerada, recebem algumas críticas pesadas neste capítulo e no próximo texto também. Mas logo nos voltamos para a questão mais construtiva de como usar a estratégia para combinar um grupo de diferentes empresas em uma entidade corporativa eficaz. Esse é o artigo de Michael Porter intitulado "De vantagem competitiva à estratégia corporativa". Porter discute de forma profunda vários tipos de estratégias corporativas gerais, incluindo administração de portfólio, reestruturação, transferência de habilidades e compartilhamento de atividades (as duas últimas citadas em seu livro de 1985, *Vantagem competitiva,* como "estratégias horizontais"). A primeira lida com inter-relações "intangíveis", enquanto que a segunda lida com inter-relações "tangíveis" entre unidades de negócios e são concebidas em termos da cadeia de valor.

USANDO OS ESTUDOS DE CASO

O processo de estratégia em empresas diversificadas pode ser fortemente influenciado pelo tamanho e alcance geográfico da empresa em questão. O artigo que examina as diferentes opções estruturais disponíveis para as corporações diversificadas é relevante para análise do caso da LVMH, que também fala sobre diversidade geográfica e de produto. O texto de Philippe Lasserre, "Administrando grandes grupos no Oriente e no Ocidente", sugere que métodos diferentes para a diversidade têm mais tendência a surgir no Oriente do que na Europa ou na América do Norte. O livro contém casos que falam de corporações asiáticas diversificadas, por exemplo, a Canon, e corporações ocidentais diversificadas, como a LVMH. Várias delas estão se expandindo para a Ásia. Seria interessante ver se elas mudam sua estrutura em resposta ao novo ambiente.

O texto de Porter abre a questão de administrar a diversidade para uma consideração mais ampla. A diversidade é sempre um subproduto do crescimento, mas é um crescimento com potenciais armadilhas. A análise de Porter das vantagens e desvantagens da diversificação corporativa pode ser usada para avaliar se Howard Fisk, presidente da Axion Consulting, está certo ao fazer uma fusão com uma empresa de consultoria administrativa.

LEITURA 17.1
A ORGANIZAÇÃO DIVERSIFICADA[1]
por Henry Mintzberg

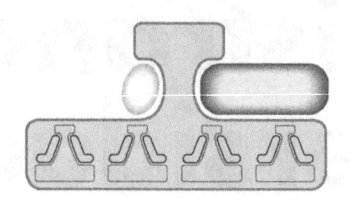

A ESTUTURA DIVISIONALIZADA BÁSICA

A organização diversificada não é tanto uma entidade integrada como um conjunto de unidades semi-autônomas unidas por uma estrutura administrativa central. As unidades são geralmente chamadas de *divisões*, e a administração central, de *escritório central*. Essa é uma configuração amplamente utilizada no setor privado da economia industrializada; a ampla maioria das grandes corporações norte-americanas listadas na *Fortune 500* usa essa estrutura ou uma variante dela. Mas, como veremos, ela também é encontrada em outros setores.

Na forma de estrutura comumente chamada de "divisionalizada", as unidades, chamadas "divisões", são criadas para atender mercados distintos e recebem controle sobre as funções operacionais necessárias para fazê-lo, como mostrado na Figura 1. Dessa forma, cada uma é relativamente livre de controle direto do escritório central ou mesmo da necessidade de coordenar atividades com outras divisões. Cada uma, em outras palavras, parece ser uma empresa auto-suficiente. Evidentemente, não é. *Existe* um escritório central e ele tem uma série de papéis que diferenciam essa configuração geral de um grupo de empresas independentes fornecendo o mesmo conjunto de produtos ou serviços.

PAPÉIS DO ESCRITÓRIO CENTRAL

Acima de tudo, o escritório central exerce controle de desempenho. Ele estabelece padrões a serem atingidos, geralmente em termos quantitativos (como retorno sobre investimento ou crescimento de vendas), e então monitora os resultados. Assim, a coordenação entre o escritório central e as divisões reduz-se em grande parte à padronização de resultados. Evidentemente, há alguma supervisão direta – os gerentes do escritório central precisam ter contato pessoal com as divisões e devem conhecê-las. Mas isso é bastante restrito pela suposição fundamental nesta configuração que, se os gerentes de divisão devem ser responsáveis pelo desempenho de suas divisões, eles devem ter autonomia considerável para administrá-las como acharem melhor. Assim, há uma ampla delegação de autoridade do escritório central para o nível do gerente de divisão.

Algumas tarefas importantes, porém, permanecem no escritório central. Uma delas é desenvolver a estratégia *corporativa* geral, com o sentido de estabelecer o portfólio de negócios nos quais a organização vai operar. O escritório central estabelece, adquire, vende ou fecha divisões para alterar seu portfólio. Nos anos 70, era popular a "matriz de crescimento e participação" do Boston Consulting Group, segundo a qual gerentes corporativos deveriam alocar fundos para as divisões com base em sua classificação dentro das categorias "cães", "vacas leiteiras", incógnitas e "estrelas". Mas o entusiasmo por essa técnica diminuiu, talvez consciente da advertência do Papa de que pouco aprendizado pode ser uma coisa perigosa.

Segundo, o escritório central administra o movimento de fundos entre as divisões, pegando o excesso de lucros de algumas para dar suporte ao maior potencial de crescimento de outras. Terceiro, o escritório central, evidentemente, por meio de sua própria tecnoestrutura, planeja e opera o sistema de controle de desempenho. Quarto, ele indica os gerentes de divisão e tem o poder de substituí-los. Para um escritório central que não administra diretamente nenhuma divisão, o poder mais tangível quando o desempenho de uma divisão não está bom – excluindo sustentar a queda de um segmento ou vender a divisão – é substituir seu líder. Finalmente, o escritório central fornece alguns serviços de apoio que são comuns para todas as divisões – um escritório de relações públicas corporativas ou um departamento jurídico, por exemplo.

ESTRUTURA DAS DIVISÕES

É comum rotular as organizações divisionalizadas como "descentralizadas". Isso é um reflexo de como *algumas* delas, notadamente a Du Pont, ficaram no início deste século. Quando as organizações que eram estruturadas funcionalmente (por exemplo, em departamentos de *marketing*, produção, engenharia, etc.) diversificavam, descobriam que a coordenação de suas diferentes linhas de produto entre os departamentos tornava-se cada vez mais complicada. Os gerentes centrais tinham que gastar muito tempo intervindo para resolver disputas. Mas, uma vez que essas corporações mudavam para uma forma de estrutura divisionalizada, na qual todas os departamentos de uma determinada empresa podem ser contidos em uma única unidade dedicada àquela empresa, a administração tornava-se muito mais simples. Na verdade, suas estruturas tornavam-se *mais* descentralizadas, e o poder sobre empresas distintas era delegado aos gerentes de divisão.

---

[1] Adaptado de *The Structuring of Organizations* (Prentice Hall, 1979), Cap. 20, "The Divisionalized Form". Um capítulo similar a este apareceu em *Mintzberg on Management: Inside Our Strange World of Organizations* (Free Press, 1989).

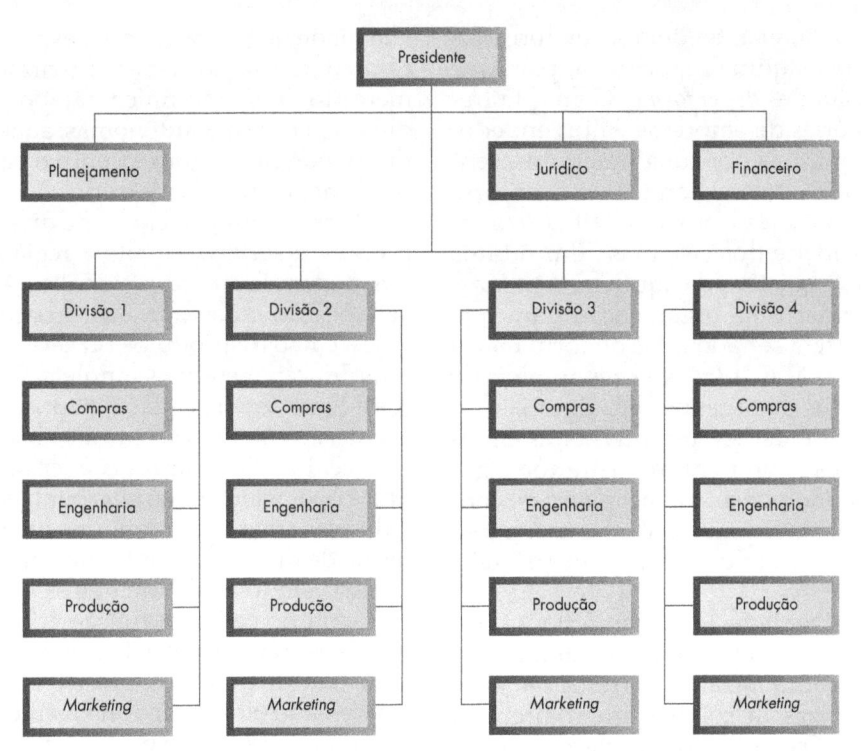

Figura 1 Organograma típico de uma empresa de produção divisionalizada.

Porém, mais descentralizada não significa *descentralizada*. Essa palavra refere-se à dispersão do poder de tomada de decisões em uma organização, e, em muitas corporações diversificadas, grande parte do poder tendia a permanecer com os poucos gerentes que administravam as empresas. Na verdade, o caso mais famoso de divisionalização foi um relativo à *centralização*: Alfred P. Sloan apresentou a estrutura divisionalizada para a General Motors, nos anos 20, para *reduzir* o poder de suas unidades de negócios autônomas, impondo sistemas de controles financeiros ao que era uma aglomeração não administrada de diferentes empresas automotivas.

Na verdade, eu diria que a *centralização* de poder dentro das divisões é mais compatível com a forma divisionalizada de estrutura. Em outras palavras, o efeito de ter um escritório central acima das divisões é conduzi-las em direção à configuração máquina, especificamente uma estrutura de burocracia centralizada. Essa é a estrutura mais compatível com o controle do escritório central, na minha opinião. Se for verdade, pode ser um ponto importante, pois significa que a proliferação da configuração diversificada em muitas esferas – empresas, governo e o resto – tem o efeito de conduzir muitas suborganizações para a burocracia estilo máquina, mesmo onde essa configuração possa ser imprópria (sistemas escolares, por exemplo, ou departamentos governamentais que trabalham com projetos inovadores).

A explicação para isso está na padronização de resultados, a chave para o funcionamento da estrutura divisionalizada. Tenha em mente o dilema do escritório central: respeitar a autonomia divisional ao mesmo tempo em que exerce controle sobre o desempenho. Tenta-se resolver isso monitorando os resultados divisionais após o fato, com base em padrões de desempenho claramente definidos. Mas duas suposições importantes são a base para tais padrões.

Primeiro, cada divisão deve ser tratada como um sistema integrado individual, com um conjunto de metas consistente e único. Em outras palavras, ainda que as divisões possam ser livremente associadas umas às outras, a suposição é que cada uma esteja fortemente unida internamente.[2]

Segundo, essas metas devem ser operacionais, em outras palavras, prestar-se à mensuração quantitativa. Mas, nas configurações menos formais – empreendedora e inovadora – que são menos estáveis, tais padrões de desempenho são difíceis de estabelecer, enquanto que na configuração profissional, a complexidade do trabalho dificulta o estabelecimento de tais padrões. Além disso, enquanto a configuração empreendedora pode ser integrada em torno de um conjunto único de metas, as configurações inovadora e profissional não podem. Assim, entre os três tipos principais, apenas a configuração máquina se ajusta confortavelmente à estrutura divisionalizada convencional em virtude de sua integração e suas metas operacionais.

Na verdade, quando organizações com outra configuração são trazidas para debaixo do guarda-chuva da

---

[2] A não ser, evidentemente, que haja uma segunda camada de divisionalização, o que simplesmente levaria essa conclusão para um nível abaixo na hierarquia.

estrutura divisionalizada, elas tendem a ser forçadas em direção à forma de máquina burocrática, para que se adaptem às necessidades *dessa forma*. Com que freqüência ouvimos histórias de empresas empreendedoras, recentemente adquiridas por conglomerados, sendo invadidas por hordas de tecnocratas do escritório central criticando os controles frouxos, a falta de organogramas, a informalidade dos sistemas? Em muitos casos, evidentemente, o objetivo da aquisição era fazer exatamente isso, prender uma organização para que suas estratégias pudessem ser adotadas de forma mais completa e sistemática. Mas, outras vezes, o efeito é destruir as forças básicas da organização, algumas vezes incluindo sua flexibilidade e receptividade. Similarmente, quantas vezes ouvimos administradores governamentais reclamando por serem incapazes de controlar hospitais ou universidades públicas por meio dos sistemas de planejamento convencionais (ou seja, máquina burocrática)?

Essa conclusão é, na verdade, uma manifestação primária que o controle externo concentrado em uma organização tem o efeito de formalizar e centralizar sua estrutura, em outras palavras, de conduzi-la em direção à configuração máquina. O controle do escritório central sobre as divisões é, evidentemente, concentrado; na verdade, quando a organização diversificada é um *sistema fechado*, como argumentarei mais tarde que muitas tendem a ser, então é uma forma mais concentrada de controle. E o efeito desse controle é devolver às divisões *seus instrumentos*.

Há, na verdade, uma ironia interessante nisso, ou seja, quanto menos a sociedade controla a organização diversificada geral, mais a organização controla suas unidades individuais. O resultado é mais autonomia para as organizações maiores associada a menos autonomia para suas muitas atividades.

Para concluir essa discussão de estrutura básica, a configuração diversificada é representada na figura de abertura, simbolicamente em termos de nossa logomarca, como segue. O escritório central tem três partes: um pequeno ápice estratégico de alta gerência, uma pequena tecnoestrutura à esquerda, preocupada com projeto e operação do sistema de controle de desempenho, e uma equipe de apoio ligeiramente maior à direita para prestar serviços de apoio comuns a todas as divisões. Cada divisão é mostrada sob o escritório central como uma configuração máquina.

CONDIÇÕES DA ORGANIZAÇÃO DIVERSIFICADA

Embora a configuração diversificada possa surgir da federação de diferentes organizações, que se reúnem sob um guarda-chuva comum do escritório central, mais freqüentemente parece ser a resposta estrutural à organização máquina que diversificou seu leque de ofertas de produtos e serviços. Nos dois casos, é acima de tudo a diversidade de mercados que leva uma organização a usar essa configuração. Uma organização que enfrenta um mercado integrado único não pode simplesmente dividir-se em divisões autônomas; aquela com mercados distintos, porém, tem um incentivo para criar uma unidade para lidar com cada mercado.

Há três tipos principais de diversidade de mercado – produto e serviço, cliente e região. Na teoria, todas as três podem levar à divisionalização. Mas, quando a diversificação é baseada em variações de clientes ou regiões, e não de produtos ou serviços, a divisionalização sempre acaba sendo incompleta. Com produtos ou serviços idênticos em cada região ou para cada grupo de clientes, o escritório central é encorajado a manter controle central de certas funções críticas, para assegurar padrões operacionais comuns para todas as divisões. E isso reduz seriamente a autonomia divisional, levando a uma forma de divisionalização incompleta.

Um estudo descobriu que as seguradoras concentram no escritório central a função crítica de investimento, os varejistas concentram a de compras, controlando também variedade de produtos, preço e volume (Channon, 1975). É necessário olhar individualmente para cada loja de uma cadeia de varejo típica para reconhecer a ausência de autonomia divisional: geralmente elas parecem todas iguais. A mesma conclusão tende a valer para outras empresas organizadas por região, como padarias, cervejarias, produtoras de cimento e engarrafadoras de refrigerante: suas "divisões", diferenciadas apenas por localizações geográficas, não têm a autonomia normalmente associada àquelas que produzem produtos ou serviços distintos.

E as condições de tamanho? Embora o tamanho grande em si não gere divisionalização, certamente não é coincidência que a maioria das grandes corporações norte-americanas usem alguma variante dessa configuração. O fato é que, à medida que as organizações crescem, elas se tornam inclinadas à diversificação e depois à divisionalização. Uma das razões é a proteção: grandes organizações tendem a ser avessas ao risco – elas têm muito a perder – e a diversificação espalha o risco. Outra é que, à medida que as empresas crescem, elas passam a dominar seu mercado tradicional e muito freqüentemente encontram oportunidades de crescimento em outros locais, por meio da diversificação. Além disso, a diversificação alimenta-se a si própria. Ela cria um quadro de gerentes gerais agressivos, cada um administrando sua própria divisão, que incentiva mais diversificação e mais crescimento. Assim, a maioria das corporações gigantescas – com exceção das "mais pesadas", aquelas cujos sistemas operacionais têm custos fixos enormemente altos, como produtores de petróleo ou alumínio – não apenas conseguiram alcançar sua posição ao diversificar como também sofreram grande pressão para continuar a fazê-lo.

A idade é outro fator associado a essa configuração, assim como o tamanho. Nas organizações maiores, a diretoria fica sem espaço para expandir em seus mercados tradicionais; nas mais velhas, os gerentes algumas vezes ficam aborrecidos com os mercados tradicionais e encontram diversão por meio da diversificação. Além disso, o tempo traz novos concorrentes a velhos mercados, forçando a diretoria a buscar oportunidades de crescimento em toda parte.

À medida que os governos crescem, eles também tendem a adotar um tipo de estrutura divisionalizada. Os administradores centrais, incapazes de controlar diretamente todas as agências e departamentos, concedem a seus gerentes uma autonomia considerável e depois tentam controlar seus resultados por meio de planejamento e controles de desempenho. Na verdade, o termo da moda, "responsabilidade", ouvido com tanta freqüência nos governos atuais, reflete exatamente essa tendência – chegar mais perto de uma estrutura divisionalizada.

Na verdade, podemos ver todo o governo como uma configuração diversificada gigante (obviamente uma simplificação exagerada, pois existem todos os tipos de *links* entre os departamentos), com suas três principais agências de coordenação correspondendo às três principais formas de controle usadas pelo escritório central das grandes corporações. A agência orçamentária, tecnocrática por natureza, preocupa-se com controle de desempenho dos departamentos; a comissão de serviços públicos, também parcialmente tecnocrática, preocupa-se com recrutamento e treinamento de gerentes governamentais; e o escritório executivo, de alta administração por natureza, revê as principais propostas e iniciativas dos departamentos.

No capítulo anterior, o estado comunista foi descrito como um sistema fechado com burocracia estilo máquina. Mas ele também pode ser caracterizado como uma configuração diversificada de sistema fechado, com as várias empresas e agências estaduais como seus instrumentos, burocracias estilo máquina altamente regulamentadas por sistemas de planejamento e controle do governo central.

ESTÁGIOS DA TRANSIÇÃO PARA A ORGANIZAÇÃO DIVERSIFICADA

Tem havido muita pesquisa sobre a transição da corporação da forma funcional para a forma diversificada. A Figura 2 e a discussão que se segue se baseiam nessas pesquisas para descrever quatro estágios da transição.

No topo da Figura 2 está a estrutura *funcional* pura, usada por corporações cujas atividades operacionais formam uma cadeia integrada e inteira, desde compras e produção até *marketing* e vendas. Apenas o resultado final é vendido para os clientes.[3] Não se pode, portanto, garantir autonomia a essas unidades; assim, a organização tende a assumir a forma de uma configuração máquina geral.

Quando uma empresa integrada busca mercados mais amplos, ela pode lançar uma variedade de novos produtos finais e mudar para a forma diversificada pura. Uma alternativa menos arriscada, porém, é começar comercializando seus produtos intermediários no mercado aberto. Isso introduz pequenas pausas na cadeia de processamento, o que, por sua vez, exige uma medida de divisionalização em sua estrutura, dando origem a uma forma de *subproduto*. Mas como a cadeia de processamento permanece mais ou menos intacta, a coordenação central deve permanecer em grande parte. As organizações que se encaixam nessa categoria tendem a ser verticalmente integradas, baseando suas operações em uma única matéria-prima, como madeira, petróleo ou alumínio, que elas processam, transformando em uma variedade de produtos finais consumíveis. O exemplo da Alcoa é mostrado na Figura 3.

Algumas corporações diversificam ainda mais seus mercados de subproduto, desmontando sua cadeia de processamento até que aquilo que as divisões vendem no mercado aberto se torne mais importante do que aquilo que elas fornecem umas para as outras. A organização então passa para uma forma de *produto relacionado*. Por exemplo, uma empresa que fabrica máquinas de lavar pode estabelecer uma divisão para fabricar motores. Quando essa divisão vender mais motores para clientes externos do que para sua própria divisão irmã, uma forma de divisionalização mais séria é necessária. O que geralmente mantém as divisões dessas empresas unidas é alguma característica comum entre seus produtos, talvez uma aptidão ou tecnologia básica, talvez um tema de mercado central, como numa corporação como a 3M, que gosta de descrever a si própria como uma empresa de revestimento e adesão. Uma boa dose de controle sobre estratégias específicas de produto-mercado pode agora reverter para as divisões, como pesquisa e desenvolvimento.

À medida que a empresa de produto relacionado se expande para novos mercados ou adquire outras empresas menos relacionadas a seu tema estratégico central, a organização move-se para a forma *conglomerada* e adota uma configuração diversificada pura, descrita no começo deste texto.

Cada divisão atua em seus próprios mercados, fabricando produtos não-relacionados aos das outras divisões – porcelana em uma, chuveiros a vapor em uma segunda, e assim por diante.[4] O resultado é que o sistema de planejamento e controle do escritório central torna-se simplesmente um veículo para regulamentar o desempenho, e o número de funcionários do escritório central pode ser reduzido a quase zero – alguns poucos gerentes gerais e de grupo, apoiados por alguns poucos analistas financeiros, com um mínimo de serviços de suporte.

---

[3] Devemos observar que essa é na verdade a definição de uma estrutura funcional: cada atividade contribui com apenas um passo na cadeia para a criação do produto final. Assim, por exemplo, engenharia é uma unidade funcionalmente organizada da empresa que produz e comercializa seus próprios projetos, mas seria uma unidade organizada de mercado em uma consultoria que vende serviços de projetos, entre outros, diretamente para os clientes.

[4] Usei este exemplo aqui de forma aleatória, antes de encontrar uma empresa na Finlândia com divisões que de fato produzem, entre outras coisas, os maiores navios quebra-gelo do mundo e cerâmica fina!

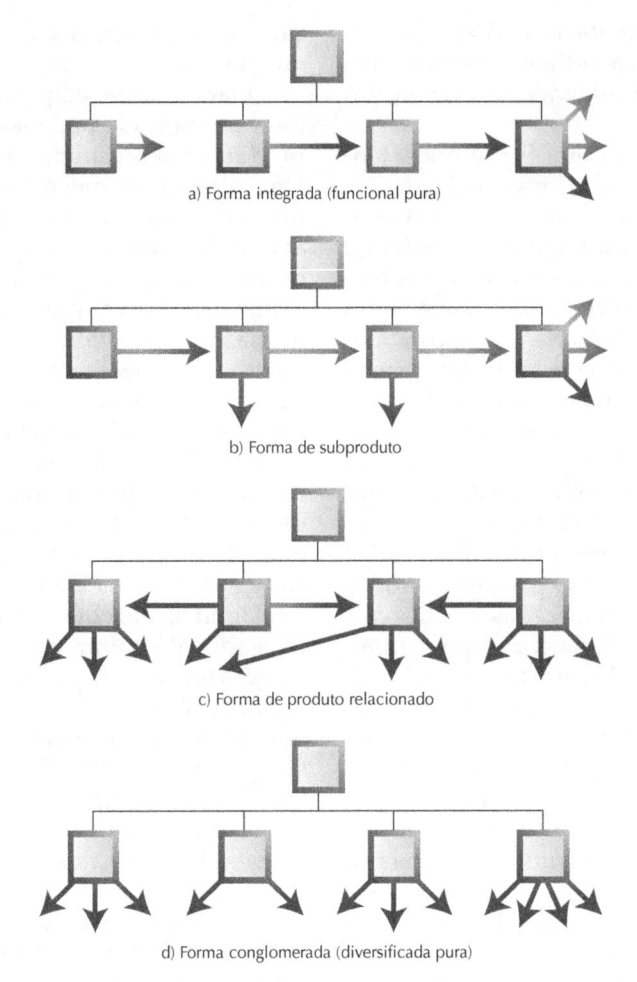

Figura 2 Os estágios na transição para a forma diversificada pura.

a) Forma integrada (funcional pura)
b) Forma de subproduto
c) Forma de produto relacionado
d) Forma conglomerada (diversificada pura)

ALGUMAS QUESTÕES ASSOCIADAS À ORGANIZAÇÃO DIVERSIFICADA

AS VANTAGENS ECONÔMICAS DA DIVERSIFICAÇÃO?

Alega-se que a configuração diversificada oferece quatro vantagens básicas sobre a estrutura funcional com operações integradas, especificamente uma configuração máquina geral. Primeiro, ela encoraja a alocação eficiente de capital. O escritório central pode decidir onde colocar seu dinheiro e assim pode concentrar-se em seus mercados mais fortes, usando o saldo positivo de algumas divisões para ajudar outras a crescer. Segundo, ao abrir oportunidades para administrar empresas individuais, a configuração diversificada ajuda a treinar gerentes gerais. Terceiro, essa configuração espalha seus riscos entre diferentes mercados, enquanto que a burocracia máquina focada tem todos os seus "ovos" estratégicos em um único "cesto-mercado", por assim dizer. Quarto, e talvez mais importante, a configuração diversificada é estrategicamente receptiva. As divisões podem sintonizar suas máquinas burocráticas enquanto o escritório central pode concentrar-se no portfólio estratégico. Ele pode adquirir novas empresas e se desfazer das velhas e improdutivas.

Mas a organização máquina individual é uma base correta de comparação? Não é a alternativa real, pelo menos da perspectiva da sociedade, dar um passo adicional no mesmo caminho, até o ponto de eliminar totalmente o escritório central, permitindo que as divisões funcionem como organizações independentes? A Beatrice Foods, descrita em um artigo da revista *Fortune* em 1976, tinha 397 divisões diferentes (Martin, 1976). A questão é se isso é mais eficiente do que 397 corporações separadas.[5] Nesse aspecto, deixe-nos reconsiderar as quatro vantagens discutidas anteriormente.

Na corporação diversificada, o escritório central aloca os recursos de capital entre as divisões. No caso das 397

---

[5] O exemplo da Beatrice foi escrito inicialmente nos anos 70, quando a empresa foi alvo de uma boa dose de atenção e elogio na imprensa comercial. Na época de nossa primeira revisão, em 1988, a empresa estava sendo desmontada. Pareceu apropriado deixar o exemplo como apresentado inicialmente, entre outras razões, para questionar a tendência da imprensa comercial de favorecer a moda em vez da investigação.

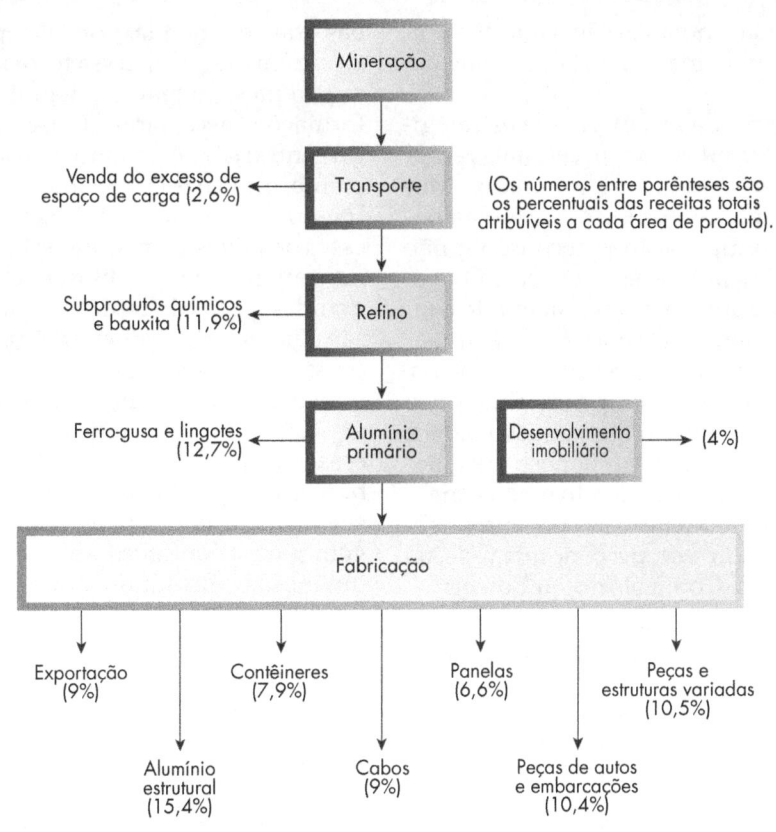

Figura 3 As vendas de subproduto e produto final da ALCOA.
(De: Rumelt, 1974: 21)
Nota: Os percentuais para 1969 foram preparados por Richard Rumelt a partir dos dados constantes nos relatórios anuais da empresa.

corporações independentes, os mercados de capital é que fazem esse trabalho. Quem faz melhor? Estudos sugerem que a resposta não é simples.

Algumas pessoas, como o economista Oliver Williamson (1975, 1985), argumentam que a organização diversificada pode fazer um trabalho melhor na alocação do dinheiro porque os mercados de capital são ineficientes. Os gerentes no escritório central, que conhecem suas divisões, podem mover o dinheiro de forma mais rápida e mais efetiva. Mas outros acham que esse esquema mais dispendioso e, de certa forma, menos flexível. Moyer (1970), por exemplo, argumentou inicialmente que os conglomerados pagam um prêmio acima do preço de mercado das ações para adquirir empresas, enquanto que o investidor independente só precisa pagar pequenas taxas de corretagem para diversificar seu portfólio, e pode fazer isso com mais facilidade e mais flexibilidade. Além do mais, isso garante ao investidor informações completas sobre a empresa possuída, enquanto que a corporação diversificada só fornece informações limitadas para seus acionistas em relação a detalhes de seu portfólio.

No desenvolvimento gerencial, a questão é saber se os gerentes de divisão recebem mais treinamento e experiência do que receberiam como presidentes de empresas. A organização diversificada consegue organizar cursos de treinamento e alternar seus gerentes para variar a experiência deles; a empresa independente é limitada nesse aspecto. Mas se, como alegam os proponentes da diversificação, a autonomia é a chave para o desenvolvimento gerencial, então, presumivelmente, quanto mais autonomia, melhor. Os gerentes de divisão têm o escritório central para se apoiar – e para prestar seu apoio. Os presidentes de empresas, em contraste, ficam às suas próprias custas para cometer erros e aprender com eles.

Na terceira questão, risco, o argumento da perspectiva diversificada é que a organização independente é vulnerável durante períodos de crise interna ou queda econômica; um conglomerado oferece suporte para as empresas individuais atravessarem tais períodos. O contra-argumento, porém, é que a diversificação pode ocultar falências, que divisões em dificuldades algumas vezes recebem apoio por mais tempo do que o necessário, enquanto que o mercado leva a empresa independente à falência e está acabado. Além disso, assim como a diversificação espalha o risco, ela também espalha as conseqüências desse risco. Uma única divisão não pode ir à falência; a organização como um todo é responsável por seus débitos. Então, um problema muito grande em uma divisão pode derrubar toda a organização. Uma associação frouxa pode acabar sendo mais arriscada do que nenhuma associação.

Finalmente, há a questão da receptividade estratégica. Divisões frouxamente unidas podem ser mais receptivas do que departamentos fortemente associados. Mas o quanto elas são realmente receptivas? A resposta parece ser negativa: essa configuração parece inibir, não encorajar, a tomada de iniciativas estratégicas. O problema parece estar, novamente, em seu sistema de controle. Ele foi criado para manter a "cenoura" exatamente na distância certa à frente dos gerentes divisionais, encorajando-os a lutar por um desempenho financeiro cada vez melhor. Ao mesmo tempo, porém, isso parece reprimir sua inclinação à inovação. É o famoso "resultado final" que cria o problema, encorajando o pensamento a curto prazo e a miopia; a atenção se concentra apenas na cenoura à frente, em vez de concentrar-se na plantação de legumes atrás. Como observou Bower:

> O risco de uma grande inovação para o gerente de divisão pode ser considerável se ele for medido em um desempenho de ganho de curto prazo, ano a ano. O resultado é uma tendência a evitar grandes riscos, e o fenômeno concomitante de que novos desenvolvimentos ocorrem, com poucas exceções, fora das grandes empresas do setor. Essas exceções tendem a ser empresas de produto único, cuja diretoria está comprometida com a verdadeira liderança de produto... Em vez disso, as empresas diversificadas nos dão uma dieta regular de pequenas mudanças incrementais (1970: 194).

A inovação exige espírito empreendedor, ou intra-empreendimento, e isso, como já dissemos, não floresce na configuração diversificada. O empreendedor assume seus próprios riscos para ganhar suas próprias recompensas; o intra-empreendedor (como vamos ver) funciona melhor na estrutura solta da adhocracia inovadora. Na verdade, muitas corporações diversificadas dependem dessas configurações para sua receptividade estratégica, já que diversificam não ao inovar-se, mas sim ao adquirir os resultados inovadores de empresas independentes. Evidentemente, esse pode ser o seu papel – explorar em vez de criar essas inovações – mas não devemos, como resultado, justificar a diversificação com base em sua capacidade inovadora.

A Contribuição do Escritório Central

Para avaliar a eficácia de um conglomerado, é necessário avaliar qual a verdadeira contribuição do escritório central para as divisões. Considerando que aquilo que o escritório central faz em uma organização diversificada é feito pelas várias diretorias de um conjunto de empresas independentes, a pergunta então passa a ser, o que um escritório central oferece às divisões que a diretoria independente da organização autônoma não oferece?

Uma coisa que nenhuma das duas estruturas pode oferecer é a administração de empresas individuais. Ambas estão envolvidas com ela apenas em termos parciais. A administração é, dessa forma, logicamente deixada para gerentes em tempo integral, que têm o tempo e as informações necessárias. Entre as funções que um escritório central *de fato* desempenha, como observado anteriormente, estão o estabelecimento de objetivos para as divisões, o monitoramento de seu desempenho em relação a esses objetivos e a manutenção de contato pessoal limitado com gerentes de divisão, por exemplo, para aprovar grandes gastos de capital. É interessante observar que essas também são responsabilidades dos diretores das empresas individuais, pelo menos na teoria.

Na prática, porém, muitas diretorias – especialmente aquelas das corporações com muitos acionistas – fazem essas coisas de maneira bastante ineficaz, dando carta branca aos gerentes administrativos para fazer o que quiserem. Aqui, então, parece que temos uma grande vantagem para a configuração diversificada. Ela existe como um mecanismo administrativo para superar outro ponto fraco proeminente do sistema de livre mercado, a diretoria ineficiente.

Há uma ilusão nesse argumento, porém, pois a diversificação, ao aumentar o tamanho de uma organização e expandir o número de seus mercados, torna a corporação mais difícil de entender e, conseqüentemente, de controlar por sua diretoria que trabalha apenas parte do tempo. Além disso, como observou Moyer, um efeito comum da aquisição conglomerada é aumentar o número de acionistas, fazendo com que a corporação tenha ainda mais proprietários e, dessa forma, seja menos receptiva a controle direto. Assim, a configuração diversificada de certa forma resolve um problema que ela mesma cria – oferece o controle que sua própria existência dificultou. Se a corporação tivesse permanecido em uma área de negócios, ela teria menos acionistas e seria mais fácil de entender, e assim seus diretores teriam sido capazes de desempenhar suas funções de forma mais efetiva. Assim, a diversificação ajudou a criar o problema que a divisionalização deve resolver. Na verdade, é irônico que uma corporação tão diversificada, que faz um trabalho tão vigoroso para monitorar o desempenho de suas próprias divisões, seja tão mal monitorada por sua própria diretoria!

Tudo isso sugere que as grandes organizações diversificadas tendem a ser sistemas clássicos fechados, poderosos o suficiente para livrarem-se de grande parte da influência externa ao mesmo tempo em que conseguem exercer bastante controle, não apenas sobre suas próprias divisões, como instrumentos, mas também sobre seus ambientes externos. Por exemplo, um estudo com todos os 5.995 diretores das empresas listadas na *Fortune* 500 descobriu que apenas 1,6% deles representava interesses acionários significativos (Smith, 1978), enquanto outro estudo com 855 corporações descobriu que 84% delas sequer exigia formalmente que seus diretores possuíssem ações (Bacon, 1973: 40)!

O que acontece quando surgem problemas em uma divisão? O que um escritório central pode fazer que várias diretorias não podem? O presidente de um grande conglomerado disse em uma reunião da Sociedade Nova-iorquina de Analistas de Segurança, em referência aos vice-presidentes dos escritórios centrais que supervisionam as divisões, que "não é tão difícil coordenar cinco empresas bem-administradas" (em Wrigley, 1970: V78). É verdade. Mas e se forem cinco mal-administradas? O que o pequeno grupo de administradores no escritório central de uma corporação poderia realmente fazer para corrigir problemas nas 30 divisões operacionais dessa empresa ou nas 397 da Beatrice? A tendência natural de aumentar o controle normalmente não ajuda, pois o problema já se manifestou, e tampouco ajuda manter uma vigilância maciça. Como observado anteriormente, os gerentes do escritório central não podem administrar as divisões. Essencialmente, isso os deixa com duas escolhas. Eles podem substituir o gerente da divisão ou podem vender a divisão. Evidentemente, uma diretoria pode substituir os gerentes. Na verdade, essa parece ser a única prerrogativa real; os gerentes fazem todo o resto.

Fazendo um balanço, então, o caso econômico de um escritório central *versus* uma diretoria separada parece ser confuso. Dessa forma, não deveria ser surpresa a descoberta de um estudo importante de que as corporações com "diversidade controlada" têm mais lucros do que aquelas com diversidade conglomerada (Rumelt, 1974). Acima de tudo, a configuração diversificada pura (o conglomerado) pode oferecer algumas vantagens em relação a um sistema fraco de diretorias separadas e mercados de capital ineficientes, mas a maioria dessas vantagens provavelmente desapareceria se certos problemas nos mercados de capital e nas diretorias fossem corrigidos. E não há razão para argumentar, tanto do ponto de vista social como do econômico, que a sociedade faria melhor se tentasse corrigir as ineficiências fundamentais em seu sistema econômico em vez de encorajar acordos administrativos privados para evitá-los, como veremos agora.

O Desempenho Social do Sistema de Controle de Desempenho

Essa configuração exige que o escritório central controle as divisões primariamente por critérios de desempenho quantitativos, e isso geralmente significa critérios financeiros – lucro, crescimento de vendas, retorno sobre investimento, etc. O problema é que essas medidas de desempenho sempre se tornam obsessões literais na organização diversificada, eliminando metas que não podem ser mensuradas – qualidade de produto, orgulho no trabalho, clientes bem-atendidos. Na verdade, as metas econômicas excluem as sociais. Como observou uma vez o chefe de um famoso conglomerado: "Nós, na Textron, adoramos o deus do resultado líquido" (em Wrigley, 1970: V86).

Isso não representaria um problema se as conseqüências sociais e econômicas das decisões pudessem ser facilmente separadas. Os governos cuidariam das primeiras; as corporações, das últimas. Mas o fato é que as duas estão entrelaçadas; cada decisão estratégica de cada grande corporação envolve as duas, largamente inseparáveis. Como resultado, seus sistemas de controle, ao focar-se em medidas econômicas, levam a organização diversificada a agir de uma maneira que é, na melhor das hipóteses, socialmente não-receptiva e, na pior das hipóteses, socialmente irresponsável. Forçado a concentrar-se nas conseqüências econômicas das decisões, o gerente de divisão é levado a ignorar suas conseqüências sociais. (Na verdade, esse gerente também é levado a ignorar as conseqüências econômicas intangíveis, como qualidade de produto ou esforços de pesquisa, outra manifestação do problema de raciocínio de resultado final a curto prazo, mencionado anteriormente). Assim, Bower descobriu que "os melhores resultados da corrida na área das relações são os das empresas de produto único, cuja alta gerência está profundamente envolvida nos negócios" (1970: 193).

Robert Ackerman, em um estudo feito na Harvard Business School, investigou esse ponto. Ele descobriu que benefícios sociais como "uma imagem pública mais otimista... orgulho entre os gerentes... uma postura atraente para recrutamento em *campus*" não podiam ser facilmente mensurados e, por isso, não podiam ser facilmente incluídos no sistema de controle de desempenho. O resultado foi que

> ...o sistema de relatórios financeiros pode na verdade inibir a receptividade social. Ao concentrar-se em desempenho econômico, mesmo com garantias apropriadas para proteger contra o sacrifício de benefícios de longo prazo, tal sistema canaliza energia e recursos para atingir resultados mensurados em termos financeiros. É o único jogo da cidade, por assim dizer, ou pelo menos o único com um placar oficial (1975: 55, 56).

Os gerentes de escritório central que estão preocupados com as responsabilidades legais ou com os efeitos de relações públicas das decisões, ou mesmo aqueles pessoalmente interessados em questões sociais mais amplas, podem ficar tentados a intervir diretamente no processo de tomada de decisão das divisões para assegurar atenção apropriada às questões sociais. Mas eles são desencorajados de fazer isso pela divisão estrita de tarefas dessa configuração: autonomia divisional exige que o escritório central não interfira em decisões empresariais específicas.

Desde que os parafusos do sistema de controle de desempenho não sejam apertados demais, os gerentes de divisão podem manter discernimento suficiente para considerar as conseqüências sociais de suas ações, se eles decidirem fazê-lo. Mas quando os parafusos são apertados demais, como geralmente ocorre na corporação diversificada com orientação para o resultado, então os gerentes de divisão que desejam manter seu emprego podem não ter outra escolha senão agir de maneira socialmente não-receptiva, se não realmente irresponsável. Como Bower observou no escândalo de fixação de preço da General Electric nos anos 60, "um sistema de recompensa e punição muito severamente administrado, que exigia aumentos anuais em ganhos, retorno e participação de mercado, aplicado indiscriminadamente a todas as divisões, gerou uma situação que – no mínimo – conduziu à fraude nos mercados oligopolistas e maduros de equipamentos elétricos" (1970: 193).

A ORGANIZAÇÃO DIVERSIFICADA NA ESFERA PÚBLICA

Ironicamente, para um governo que pretende lidar com esses problemas sociais, as soluções são indicadas nos mesmos argumentos usados para dar suporte à configuração diversificada. Ou pelo menos é o que parece.

Por exemplo, se os esquemas administrativos são eficiente e os mercados de capital não são, então por que o governo hesita em interferir nos mercados de capital? E por que ele não deveria usar esses mesmos esquemas administrativos para lidar com os problemas? Se a Beatrice Foods realmente pode controlar suas 397 divisões, então por que impedir Washington de acreditar que pode controlar 397 Beatrices? Afinal de contas, os mercados de capital não são tão importantes. Em seu livro sobre "contraposição de poder", John Kenneth Galbraith (1952) argumentou que grandeza em um setor, como o das empresas, promove grandeza em outros, como sindicatos e governos. Isso já aconteceu. Quanto tempo levará antes que o governo dê o próximo passo lógico e exerça controle direto?

Embora tais passos possam ser irresistíveis para alguns governos, o fato é que eles não vão resolver os problemas da concentração de poder e da irresponsabilidade social; ao contrário, vão agravá-los, mas não apenas das formas geralmente assumidas nas economias ocidentais. Todos os problemas existentes vão ser simplesmente deslocados para outro nível e lá vão aumentar. Ao fazer uso da configuração diversificada, o governo aumenta o tamanho dos problemas. Além disso, o governo, como a corporação, seria levado a favorecer metas econômicas mensuráveis em detrimento das metas sociais, e isso iria se somar aos problemas de irresponsabilidade social – um fenômeno que já vimos muito no setor público.

Na verdade, esses problemas seriam piores no governo, pois sua esfera é social e por isso suas metas são bastante impróprias para sistemas de controle de desempenho. Em outras palavras, muitas das metas mais importantes para o setor público – e isso também se aplica a organizações sem fins lucrativos em esferas como saúde e educação – simplesmente não se prestam à mensuração, não importa por quanto tempo e com que energia os funcionários públicos continuem tentando. E, sem mensuração, a configuração diversificada convencional não funciona.

Há, evidentemente, outros problemas com a aplicação dessa forma de organização na esfera pública. Por exemplo, o governo não pode se desfazer de subunidades tão facilmente como as corporações. E as regulamentações do serviço público em relação a nomeações e coisas do gênero, além de um conjunto de outras regras, impedem o grau de autonomia do gerente de divisão disponível no setor privado. (Na verdade, são essas regras e regulamentações centrais que fazem os governos se parecerem com a configuração máquina integrada e também com a configuração diversificada frouxamente unida, e isso mina seus esforços de "responsabilidade").

Assim, concluímos que, apesar das aparências e até das tendências, a configuração diversificada geralmente não é apropriada para os setores público e sem fins lucrativos da sociedade. Os governos e outras instituições públicas que querem divisionalizar para evitar a burocracia máquina centralizada sempre podem considerar a imposição de padrão de desempenho um exercício artificial. Talvez seja melhor tentarem exercer controle sobre suas unidades de uma forma diferente. Por exemplo, eles podem selecionar gerentes de unidade que reflitam os valores desejados, ou doutriná-los nesses valores, e então deixá-los administrar livremente, o controle de fato sendo normativo e não quantitativo. Mas administrar ideologia, ou mesmo criá-la, não é uma questão simples, especialmente em uma organização altamente diversificada.

CONCLUSÃO: UMA ESTRUTURA À BEIRA DO PENHASCO

Nossa discussão nos leva a uma conclusão "se correr o bicho pega, se ficar o bicho come". A configuração diversificada pura (conglomerado) surge como uma organização pousada simbolicamente à beira de um penhasco, ao final de um longo caminho. Se seguir adiante, ela está a um passo da desintegração – dividindo-se em organizações separadas nas rochas lá embaixo. Atrás está o caminho de volta para a integração mais estável, na forma da configuração máquina do início do caminho. E acima, pairando no espaço, está a águia, representando o controle social mais amplo do estado, atraída pela posição da organização à beira do penhasco, esperando a chance de pular para um penhasco mais alto, talvez mais perigoso. A beira do penhasco é um lugar desconfortável para ficar, mesmo que temporariamente, e vai levar inevitavelmente à desintegração nas rochas abaixo, a uma viagem para o penhasco mais alto ou a um retorno para um local mais seguro, em algum ponto do caminho que está atrás.

LEITURA 17.2
ADMINISTRANDO GRANDES GRUPOS NO ORIENTE E NO OCIDENTE[6]
por Philippe Lasserre

...não há um único método melhor para administrar grupos de empresas, e a globalização de mercados e da concorrência revelou o surgimento de formas organizacionais de empresas, principalmente na região da Ásia e do Pacífico, que diferem significativamente daquelas adotadas na Europa e na América do Norte. O objetivo deste artigo é destacar algumas das diferenças importantes entre corporações na Ásia e na Europa, analisar a base dessas diferenças e finalmente fazer algumas recomendações.

Na primeira e na segunda parte, são identificados alguns tipos proeminentes de corporações na Europa e na Ásia. Na terceira parte, comparamos suas formas organizacionais e seus estilos de controle corporativo. Finalmente, serão propostas algumas recomendações.

ARQUÉTIPOS CORPORATIVOS EUROPEUS

Os grupos europeus podem ser amplamente classificados em três tipos principais: grupos industriais, controladores industriais e conglomerados financeiros.

O primeiro tipo de corporação é caracterizado por um portfólio de atividades empresariais que compartilha um conjunto comum de competências e no qual se atinge um alto grau de sinergia ao administrar as principais interdependências no nível corporativo. Andrew Campbell e Michael Goold, do Ashridge Strategic Management Center no Reino Unido, em seu estudo sobre as corporações britânicas, nomearam esse tipo como grupos de "planejamento estratégico" (Campbell e Goold, 1987) devido à grande contribuição do escritório central corporativo para esses grupos na formulação da estratégia das unidades de negócios. Aqui, esses grupos são identificados como *grupos industriais*. Exemplos de grupos industriais na Europa são British Petroleum ou Glaxo no Reino Unido, Daimler Benz ou Henkel na Alemanha, Philips na Holanda, ou l'Air Liquide e Michelin na França.

As *controladoras industriais* são corporações nas quais as unidades de negócios são agrupadas em subgrupos ou setores. Nesse tipo de agrupamento corporativo, as sinergias são fortes dentro dos subgrupos e fracas entre eles. Nas controladoras industriais, a tarefa de criação de valor por meio de sinergias é delegada ao subgrupo de nível gerencial, enquanto o papel corporativo é impor disciplina gerencial por meio da implementação de sistemas de planejamento e controle, administrar aquisições e alavancar e alocar recursos humanos e financeiros. Campbell e Goold chamam esses grupos de grupos de "controle estratégico" devido a seu uso intensivo de sistemas de planejamento e controle para regular as relações entre unidades de negócios e escritórios centrais corporativos. Exemplos de controladoras industriais são: ICI ou Courtaulds no Reino Unido, BSN ou Alsthom-Alcatel na França, Siemens ou Basf na Alemanha.

Os *conglomerados financeiros* são caracterizados por uma constelação de unidades de negócios que não necessariamente compartilham qualquer fonte comum de sinergias e cujo valor corporativo é essencialmente criado por imposição de disciplina administrativa, alavancagem financeira e administração de aquisições e reestruturação. Uma grande confiança em sistemas de controle financeiro como principal mecanismo de governo corporativo levou Campbell e Goold a chamar esses grupos de grupos de "controle financeiro". Hanson Trust ou BTR no Reino Unido são exemplos de conglomerados financeiros. Uma versão mais recente e extrema de conglomerados financeiros apareceu nos EUA sob a forma que o Professor Michael Jensen da Harvard Business School identificou como "Parcerias CAs"*, nas quais o valor é extraído por meio de reestruturação corporativa e disciplina financeira imposta às unidades de negócios sob a forma de débitos pesados, como no caso da Kolberg, Kravis e Roberts (Jensen, 1989).

Na Europa podemos encontrar exemplos dos três tipos de grupos em uma variedade de acordos de propriedade corporativa, tanto na área privada como na pública. Na França podemos encontrar no setor público grupos como Renault, SNECMA e Aerospatiale ou, no setor privado, Peugeot, Dassault ou Michelin. Similarmente, a Rhone Poulenc, um grupo de propriedade do governo, é administrada como uma controladora industrial como a BSN, que é um grupo de propriedade privada...

ARQUÉTIPOS CORPORATIVOS ASIÁTICOS

Na região da Ásia e do Pacífico, onde nas últimas três décadas as corporações locais emergiram como concorrentes fortes, possivelmente podemos identificar três tipos principais: os conglomerados empreendedores, os keiretsus japoneses e as controladoras nacionais.

O *conglomerado empreendedor* é a forma dominante de organização corporativa no sudeste da Ásia, Coréia, Tai-

---

[6] Publicado originalmente como "The Management of Large Groups: Asia and Europe Compared", em *European Management Journal*, Vol. 10, nr. 2, June 1992, 157-12. Reimpresso, com cortes, com permissão do Journal, Elsevier Science Ltd., Pergamon Imprint, Oxford, Inglaterra.

* N. de T.: Compras alavancadas. Em inglês, LBO - *leveraged buy out*.

wan e Hong Kong. Os conglomerados empreendedores são amplamente diversificados em um grande número de atividades não-relacionadas, variando entre serviços bancários, comércio, imóveis, produção e serviços. Esses grupos estão geralmente sob a liderança de uma figura paterna que exerce controle sobre as decisões estratégicas das unidades de negócios e é a força condutora por trás de qualquer movimento estratégico. Nos conglomerados empreendedores asiáticos faz-se muito pouco esforço para administrar as sinergias. A principal fonte de valor nesses grupos emana da capacidade do empreendedor de alavancar recursos financeiros e humanos, de estabelecer conexões políticas, de fechar acordos com governos e parceiros empresariais e de impor lealdade e disciplina a suas unidades de negócios. Podemos distinguir três tipos principais de conglomerados empreendedores na Ásia: os grandes grupos coreanos ou *Chaebols*, como Samsung, Daewoo ou Hyundai; os grupos estrangeiros chineses como Liem Sioe Liong ou Astra International na Indonésia, Formosa Plastics em Taiwan, Charoen Pokphand na Tailândia ou Li Ka Shing em Hong Kong; e as "fábricas" coloniais como a Swire ou Jardine Matheson em Hong Kong.

Os *keiretsus* são a única característica da organização corporativa japonesa. Eles constituem supergrupos, ou ajuntamento de grupos nos quais as empresas são verticalmente integradas como no caso de Honda, NEC, Toyota ou Matsushita, ou horizontalmente conectadas como no caso de Mitsubishi, Mitsui ou Sumitomo. Embora algumas empresas nos grupos exerçam maior "poder" do que outras, os *keiretsus* não são hierarquicamente organizados. Eles são como um clube de organizações que compartilham interesses comuns. As associações entre as empresas são feitas por meio de propriedades cruzadas, as reuniões regulares do "conselho presidencial", nas quais os presidentes das principais empresas trocam opiniões. A transferência de pessoal e, em alguns casos, as relações de longo prazo entre fornecedor e cliente, também são mecanismos usados entre os *keiretsus* verticais. Nos *keiretsus*, o valor é agregado por meio de sua capacidade de coordenar informalmente um certo número de atividades (P&D, contratos de exportação), de transferir experiência por meio da rotação de pessoal e construir cadeias fortes com fornecedores e distribuidores.

Os grupos *controladores nacionais* asiáticos foram formados mais recentemente como uma expressão da independência industrial, a fim de capitalizar nos mercados domésticos e na capacidade pública. Alguns desses grupos são de propriedade do governo, como Petronas na Malásia, Singapore Airlines, Singapore Technology, e Gresik na Indonésia, ou de propriedade privada, como Siam Cement na Tailândia ou San Miguel nas Filipinas. Seus portfólios de negócios tendem a ser menos diversificados do que os de conglomerados empreendedores, e sua capacidade de criação de valor se origina em sua "nacionalidade"...

GESTÃO DE GRUPO: UMA COMPARAÇÃO

Para fazer uma comparação da forma como os grupos se organizam para controlar e coordenar suas atividades, é necessário definir as principais dimensões que capturam as diferenças mais significativas. Na literatura gerencial, vários parâmetros foram propostos para estudar as diferenças organizacionais, e o objetivo deste artigo não é revisar a pesquisa já feita, mas propor o que parecem ser medidas de diferenças mais destacadas. Duas dimensões são consideradas como as mais importantes:

a. Primeiro, a forma como as corporações organizam os respectivos papéis do escritório central, do "núcleo", das unidades de negócios, sejam elas divisões, sejam subsidiárias. Essa dimensão é chamada de *configuração organizacional*.

b. Segundo, a forma como o escritório central assegura que o desempenho e o comportamento das unidades de negócio estão em linha com as expectativas corporativas. Isso é chamado de *controle corporativo*.

CONFIGURAÇÃO ORGANIZACIONAL

As corporações em todo o mundo parecem agrupar-se em quatro tipos de configurações organizacionais corporativas.

No primeiro tipo de organização, o núcleo desempenha um papel importante na administração de sinergias. A integração estratégica e operacional e a coordenação das unidades de negócios são consideradas as principais fontes de vantagem competitiva. As interdependências são alcançadas por meio de diversos mecanismos, incluindo funções centralizadas, planos estratégicos de cima para baixo, identidade corporativa forte e socialização de pessoal. Considerando que esse papel seja atribuído ao núcleo dessa forma de organização, ela pode ser qualificada como *federação*. Essa forma prevalece no primeiro tipo de grupos europeus identificado acima, os grupos industriais, e em certas formas de controladoras nacionais da região da Ásia-Pacífico.

No segundo tipo, o núcleo atua como alocador de recursos, guardião da identidade corporativa e fonte de renovação estratégica. As unidades de negócios têm um alto grau de autonomia estratégica, desde que suas estratégias sejam "negociadas" e se ajustem à "estrutura estratégica corporativa" inspirada pelo núcleo. O planejamento de baixo para cima, as estratégias negociadas, a autonomia operacional e os mecanismos centrais de alocação de recursos financeiros e humanos são as principais características desse tipo de configuração organizacional. Ela difere da organização federada pelo compartilhamento de poder mais equilibrado entre o núcleo e as unidades operacionais; por essa razão é chamada aqui de *confederação*. Essa forma é sempre característica das controladoras industriais européias e também das controladoras nacionais asiáticas.

Em uma terceira categoria, podemos encontrar grupos organizados com um grande número de unidades de negócios não-coordenadas, cada uma delas ligadas direta ou indiretamente ao núcleo. O papel do núcleo nesses grupos pode ser "participativo", como no caso dos conglomerados empreendedores asiáticos, ou "contemplativo", como no caso dos conglomerados financeiros europeus. O que caracteriza esses grupos é que as relações entre as unidades de negócios e o escritório central corporativo são compostas de uma série de acordos "contratuais" unitários. Essa forma lembra uma *constelação* e, como dito anteriormente, é predominantemente adotada pelos conglomerados asiáticos e europeus.

Finalmente, em um quarto tipo de configuração organizacional, podemos encontrar grupos nos quais não há um núcleo, ao contrário, há vários núcleos. Alguns mecanismos de coordenação são frouxos, como no caso de reuniões informais, enquanto outros são controlados mais firmemente, como no caso de contratos de fornecimento de longo prazo. Os *keiretsus* japoneses representam esse tipo organizacional. Por ser estruturado como uma rede, esse tipo de organização é chamado aqui de *conexão*.

Controle Corporativo

Controle corporativo descreve como os grupos asseguram que o desempenho e o comportamento de suas unidades de negócio estão em linha com as expectativas corporativas. Podemos distinguir cinco métodos principais de exercer controle: controle apenas por desempenho financeiro, controle por sistemas, controle por estratégia, controle subjetivo direto de pessoas e controle por ideologia.

Nos grupos que se baseiam primariamente em *controles financeiros*, o escritório central atribuiu metas financeiras baseadas em padrões financeiros (retorno sobre ativos, valor para os acionistas). O desempenho é monitorado e avaliado pelo cumprimento dessas metas financeiras. As recompensas e punições dos gerentes são baseadas no cumprimento das metas e, para o grupo, o valor estratégico da empresa é avaliado com base em sua capacidade de produzir os "números". Esse método de controle prevalece nos conglomerados financeiros europeus.

O exercício de *controle por sistema* é baseado na implementação de mecanismos de planejamento e controle, como sessões interativas de planejamento estratégico, decisões de investimentos usando técnicas de orçamento de capital, revisões de controle, etc. Os sistemas usam informações financeiras e não-financeiras (estratégicas, *marketing*). Esse modo de controle predomina nas controladoras industriais européias e nos grupos industriais europeus.

No modo de *controle por estratégia*, a ênfase não é em medidas financeiras de desempenho nem em "sistemas", mas no entendimento da trajetória estratégica das unidades de negócios e em seu grau de ajuste com a corporação como um todo. Isso é feito por meio de forças-tarefa, conferências corporativas, reuniões informais, designação temporária dos principais executivos das unidades de negócios, etc. Os grupos industriais europeus e, até certo ponto, os *keiretsus* japoneses são praticantes dessa forma de controle, cujo objetivo não é mensurar ou reforçar, mas assegurar que haja um ajuste estratégico corporativo coerente.

O *controle personalizado* é exercido por meio de uma interface direta entre o presidente do grupo e os principais gerentes das unidades de negócios. São usadas formas holísticas subjetivas de avaliação. Embora seja possível encontrar algumas formas de mensuração e o uso de sistemas nesses grupos, a principal preocupação dos gerentes das unidades é comportar-se de acordo com as normas e crenças do presidente. Conglomerados empreendedores asiáticos são praticantes quase exclusivos desta forma de controle.

Finalmente, com *controle ideológico*, o foco é assegurar que os gerentes internalizaram os valores do grupo e estão se comportando de acordo. Sistemas, medidas financeiras, relações especiais com o presidente, caso venham a ser utilizados, não desempenham um papel importante. O que importa é o desenvolvimento de fortes crenças, normas e valores por toda a organização. Recrutamento, socialização, treinamento, rotação de funcionários, são todos tipos de processo que geram e mantêm uma ideologia. Esse tipo de controle prevalece nas controladoras nacionais asiáticas, nas quais fortes identidades nacionais e corporativas constituem o fator essencial para o desempenho do grupo. Os *keiretsus* verticais são bem conhecidos por usar muito essa forma de controle.

Comparando Grupos Europeus e Asiáticos

Essas duas dimensões combinadas dão a oportunidade de contrastar os grupos asiáticos com seus pares europeus, no gráfico mostrado na Figura 1. Como mostra a figura, as grandes corporações asiáticas e européias vivem em um mundo organizacional diferente. Embora compartilhem algumas similaridades na forma como controlam suas operações, elas diferem na forma como criam suas configurações organizacionais e vice-versa. É interessante observar na Figura 1 que as corporações asiáticas apresentam, em todos os casos, uma característica interpessoal em seu sistema administrativo.

Os *keiretsus* são construídos com base na capacidade dos membros do grupo de conectar-se uns com os outros, de uma forma ou de outra, por meio de contatos pessoais. No conglomerado empreendedor, o empreendedor está em contato direto com as unidades de negócios e todas as relações são personalizadas. No caso de controladoras nacionais, a personificação do relacionamento é estabelecida por meios ideológicos, senso de posse e posição nacionalista.

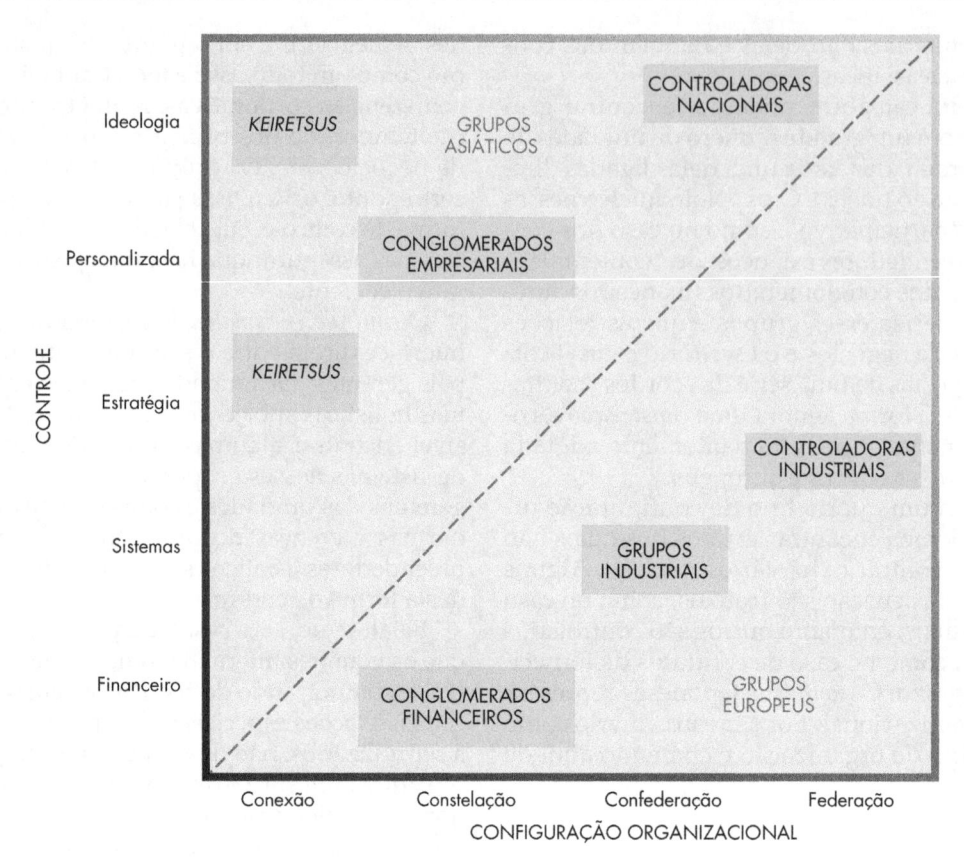

Figura 1 Grupos asiáticos e europeus.

Os grupos europeus, em contraste, tendem a preferir características sistemáticas ou administrativas em sua administração corporativa. Os conglomerados financeiros são conduzidos por "números", as controladoras industriais favorecem mecanismos complexos de planejamento e controle, enquanto os grupos industriais adotam meios estruturais e regulatórios de coordenação. Quando confrontada com um problema de mudança, a reação típica de uma corporação ocidental será encontrar uma nova "estrutura" ou um novo "sistema"...

Os planejadores corporativos ocidentais adotam um enfoque de "engenharia" para construção e regulamentação da vida organizacional. Embora nos últimos 50 anos as ciências comportamentais tenham dado uma imensa contribuição para a arte da gestão, isso tem sido, na maior parte do tempo, traduzido para a prática com uma perspectiva instrumental. As teorias de motivação deram origem à "gestão por objetivos", a psicologia experimental usando técnicas de condicionamento foi utilizada para planejar sistemas de recompensas e bônus, a teoria da informação é aplicada no estabelecimento de sistemas de computador, etc. O raciocínio implícito nesse esforço é provavelmente a crença de que o comportamento humano pode ser influenciado por mecanismos organizacionais de *manipulação*. A principal preocupação de gerentes ocidentais que enfrentam uma situação de mudança estratégica é instalar uma nova "organização" ou um novo "sistema de gestão", que supostamente deve alinhar o comportamento com as novas realidades.

Esse enfoque de engenharia instrumental é desafiado pelos arquitetos corporativos asiáticos, que concebem empresas como entidades vivas, nas quais várias pessoas e grupos obtêm benefício mútuo por meio da cooperação. As organizações não são consideradas independentes das pessoas que as compõem e, na maioria das vezes, as empresas são comparadas a "famílias". Em 1984, Kim Woo Choon, fundador da Daewoo, estava participando de uma sessão na Harvard Business School com um grupo de executivos seniores norte-americanos. Um participante perguntou como ele podia coordenar cerca de 40 subsidiárias sem controlá-las. O presidente Kim respondeu que a coordenação era obtida por meio de *"associações espirituais"*! (Aguilar, 1984). Isso não significa que as empresas asiáticas não usem sistemas em sua administração, mas que a personificação das inter-relações tem prioridade sobre os sistemas formais. Uma das principais suposições implícitas dos gerentes asiáticos é que mecanismos organizacionais não são estabelecidos para "manipular" as pessoas, mas sim para criar uma estrutura para as interações sociais. Na verdade, na maior parte do tempo as pessoas não são recompensadas por seu desempenho medido em termos de resultados, mas sim em termos de conformidade de comportamento. As organizações não são vistas como máquinas (uma visão de engenharia), mas como um conjunto de relações "codificadas" (uma visão biológica).

DECODIFICANDO AS EMPRESAS ASIÁTICAS

...Quando a pressão competitiva das empresas asiáticas se torna muito intensa, os gerentes ocidentais tentam igualá-las. Um bom exemplo é fornecido por um artigo publicado em 1990 no *Harvard Business Review* por Charles Ferguson (1990), no qual o autor propõe a criação de *keiretsus* ocidentais entre países norte-americanos e europeus no segmento de computador! Essa proposição reflete uma visão de engenharia do mundo organizacional: a máquina "funciona" no Japão, por que não importar a máquina? É como se pedíssemos à sociedade norte-americana para renunciar ao individualismo. Que ambição! Em vez de tentar "importar a máquina", os gerentes ocidentais deveriam se inspirar para conseguir entender a forma como as relações funcionam ou não funcionam nesses grupos, que papéis sociais eles desempenham; em outras palavras, "decodificar", e não "imitar" as organizações asiáticas. Essa capacidade de decodificação exige três atitudes: (a) livrar-se de julgamentos *a priori*, (b) fazer o esforço necessário para estudar o histórico social e cultural das sociedades asiáticas e (c) resistir à tentação das traduções fáceis.

A. LIVRAR-SE DE JULGAMENTOS A PRIORI

Muito freqüentemente, quando confrontados com casos asiáticos, especialmente os bem-sucedidos, os gerentes ocidentais dão explicações prontas: a Japan Inc. explorava mão-de-obra, "compulsão pelo trabalho", nacionalismo, geração sacrificada, etc. Essas visões não têm sentido porque são baseadas em uma casualidade de engenharia simplista, levando ao derrotismo ou ao protecionismo obstinado. Entender a funcionalidade da estrutura social é o primeiro passo necessário para a análise da organização, e decifrar as associações causais é o segundo. Uma aplicação apressada de esquemas causais prontos, baseados em fatos superficiais, não ajuda a entender os parceiros e concorrentes asiáticos.

B. INVESTIR NO ESTUDO DE CULTURAS E SOCIEDADES

Um dos perigos do raciocínio "instrumental" é que ele ignora o que não é considerado de relevância imediata. Conhecimento cultural e social freqüentemente são considerados perda de tempo ou, no máximo, assuntos de "resumos executivos". A organização e o comportamento da empresa são parte de uma herança histórica e cultural que, no caso das sociedades asiáticas, é muito rica, complexa e heterogênea. O gerente que não fizer os esforços necessários para esclarecer-se com tal conhecimento está condenado a viver de surpresa em surpresa, se não de desilusão em desilusão.

C. RESISTIR À TENTAÇÃO DAS "TRADUÇÕES FÁCEIS"

Alguns gerentes caem na armadilha de adotar, ingenuamente, a chamada maneira "asiática" de fazer as coisas. No início dos anos 80, um banco europeu estabeleceu um escritório regional em Singapura, seu primeiro comprometimento na região. O gerente-geral recém-nomeado, uma pessoa muito entusiasmada, decidiu que iria trabalhar à "maneira chinesa": apertos de mão, redes de contatos, confiança pessoal, etc. Dois anos depois, ele estava preso em uma armadilha, com um portfólio de débitos que atingia diversos milhões de US$! Histórias de horror como essa apenas alimentam a resistência das diretorias corporativas de comprometer recursos para desenvolver estratégias na região da Ásia e do Pacífico...

LEITURA 17.3
DE VANTAGEM COMPETITIVA A ESTRATÉGIA CORPORATIVA[7]
por Michael E. Porter

A estratégia corporativa, o plano geral para uma empresa diversificada, é tanto a preferida quanto a enteada da prática gerencial contemporânea – a preferida porque os CEOs estão obcecados com diversificação desde o início dos anos 60; a enteada porque quase não existe consenso sobre o que é estratégia corporativa, muito menos sobre como uma empresa deve formulá-la.

Uma empresa diversificada tem dois níveis de estratégia: estratégia unitária empresarial (ou competitiva) e estratégia corporativa (ou da empresa). A estratégia competitiva diz respeito a como criar vantagem competitiva em cada uma das áreas em que a empresa concorre. A estratégia corporativa diz respeito a duas questões diferentes: em que áreas a empresa deve atuar e como o escritório corporativo deve administrar o leque de unidades empresariais.

---
[7] Publicado originalmente em *Harvard Business Review* (May-June 1987) e ganhador do prêmio McKinsey como melhor artigo do *Review* em 1987. Copyright © 1987 pelo presidente e colegas do Harvard College; todos os direitos reservados. Reimpresso, com cortes, com permissão de *Harvard Business Review*.

A estratégia corporativa é o que faz a corporação como um todo agregar mais do que a soma de suas partes unitárias.

O registro das estratégias corporativas tem sido desolador. Estudei os registros de diversificação de 33 grandes empresas prestigiadas nos EUA durante o período de 1950-1986 e descobri que a maioria delas desfez-se de mais empresas do que manteve. As estratégias corporativas da maioria das empresas dissiparam o valor para os acionistas em vez de criá-lo.

A necessidade de repensar a estratégia corporativa dificilmente poderia ser mais urgente. Ao assumir o comando de empresas e dividi-las, os ataques corporativos fazem florescer estratégias corporativas fracassadas. Alimentados pelo financiamento de títulos de alto risco e aceitação crescente, os ataques podem expor qualquer empresa à aquisição, não importa o quanto ela seja grande ou valiosa...

Um Quadro Sóbrio

...Meu estudo de 33 empresas, muitas das quais têm uma reputação de boa administração, é um olhar único sobre os registros de grandes corporações... Cada empresa entrou em uma média de 80 novos setores e 27 novos campos. Das novas entradas, 70% foram aquisições, 22% foram novas empresas e 8% foram *joint-ventures*. A IBM, a Exxon, a Du Pont e a 3M, por exemplo, concentraram-se em novas empresas, enquanto a ALCO a Standard, a Beatrice e a Sara Lee diversificaram quase que somente por meio de aquisições...

Meus dados pintam um quadro sóbrio do índice de sucesso desses movimentos... Descobri que, em média, as corporações se desfizeram de mais da metade de suas aquisições em novos setores e mais de 60% de suas aquisições em campos totalmente novos. Quatorze empresas deixaram mais de 70% de todas as aquisições que fizeram em novos campos. Os registros de aquisições não-relacionados é ainda pior – o índice médio de venda é de surpreendentes 74%. Mesmo uma empresa altamente respeitada como a General Electric se desfez de um alto percentual de suas aquisições, particularmente aquelas em novos campos... Algumas [empresas] são testemunhas do sucesso de estratégias corporativas bem-pensadas. Outras, porém, têm um índice mais baixo simplesmente porque não aceitaram suas unidades com problemas e se desfizeram delas...

Gostaria de fazer um comentário em relação ao uso do valor para os acionistas na avaliação de desempenho. Associar o valor para os acionistas quantitativamente ao desempenho da diversificação só funciona se você comparar o valor para os acionistas com a diversificação e sem a diversificação. Como tal comparação é literalmente impossível de ser feita, minha própria medida de sucesso da diversificação – o número de unidades retidas pela empresa – parece ser um indicador tão bom quanto outro qualquer da contribuição da diversificação para o desempenho corporativo.

Meus dados dão uma indicação clara de fracasso das estratégias corporativas.[8] Das 33 empresas, 6 foram adquiridas enquanto meu estudo era completado... Apenas advogados, banqueiros de investimento e vendedores originais deram-se bem na maioria dessas aquisições, não os acionistas.

Premissas da Estratégia Corporativa

Qualquer estratégia corporativa bem-sucedida baseia-se em diversas premissas. Elas são fatos da vida em relação à diversificação. Não podem ser alteradas e, quando ignoradas, explicam em parte porque tantas estratégias corporativas fracassam.

A concorrência ocorre no nível das unidades de negócios

As empresas diversificadas não concorrem; apenas suas unidades de negócios o fazem. A não ser que a estratégia corporativa dê atenção primária ao desenvolvimento do sucesso de cada unidade, a estratégia vai falhar, não importa quão refinada tenha sido sua construção. Estratégia corporativa bem-sucedida deve surgir a partir da estratégia competitiva e deve reforçá-la.

A diversificação inevitavelmente acrescenta custos e restrições às unidades de negócios

Os custos óbvios, como as despesas gerais corporativas alocadas a uma unidade, podem não ser tão importantes ou sutis como custos e restrições ocultos. Uma unidade de negócios deve explicar suas decisões à alta gerência, dedicar algum tempo para se ajustar ao planejamento e outros sistemas corporativos, viver de acordo com as diretrizes e políticas de pessoal da empresa controladora e renunciar à oportunidade de motivar os funcionários com propriedade direta de ações. Esses custos e restrições podem ser reduzidos, mas não eliminados.

Os acionistas podem diversificar-se imediatamente

Os acionistas podem diversificar seus próprios portfólios de ações ao selecionar aquelas que se adaptam melhor às suas preferências e aos seus perfis de risco (Salter e Weinhold, 1979). Os acionistas sempre podem diversificar de

---

[8] Algumas evidências recentes também apóiam a conclusão de que as empresas adquiridas sempre sofrem um desgaste no desempenho após a aquisição. Ver Frederick M. Scherer, "Mergers, Sell-Offs and Managerial Behavior", em *The Economics of Strategic Planning*, ed. Lacy Glenn Thomas (Lexington, MA: Lexington Books, 1986), p. 143, e David A. Ravenscraft e Frederick M. Scherer, "Mergers and Managerial Performance", trabalho apresentado na Conferência sobre Aquisições e Disputas pelo Poder Corporativo, Columbia Law School, 1985.

forma mais barata do que uma corporação porque podem comprar ações a preço de mercado e evitar prêmios de aquisição pesados.

Essas premissas significam que a estratégia corporativa não pode ser bem-sucedida a não ser que realmente agregue valor – às unidades de negócios ao gerar benefícios tangíveis que compensem os custos inerentes da perda de independência e aos acionistas ao diversificar de uma forma que eles não possam copiar.

PASSANDO PELOS TESTES ESSENCIAIS

Para entender como formular a estratégia corporativa, é necessário especificar as condições sob as quais a diversificação vai realmente criar valor para os acionistas. Essas condições podem ser resumidas em três testes essenciais:

1. *O teste de atratividade.* Os setores escolhidos para diversificação devem ser estruturalmente atraentes ou capazes de se tornar atraentes.
2. *O teste do custo de entrada.* O custo de entrada não deve capitalizar todos os lucros futuros.
3. *O teste da vantagem.* A nova unidade deve ganhar vantagem competitiva a partir de sua ligação com a corporação ou vice-versa.

Evidentemente, a maioria das empresas vai se certificar de que suas estratégias propostas passem em alguns desses testes. Mas meu estudo demonstra claramente que, quando as empresas ignoraram um ou dois deles, os resultados estratégicos foram desastrosos.

QUAL É A ATRATIVIDADE DO SETOR?

A longo prazo, o índice de retorno resultante do fato de concorrer em um setor é uma função de sua estrutura implícita [ver o texto de Porter no Capítulo 4]. Será difícil entrar em um setor atraente com uma alta média de retorno sobre investimento porque as barreiras de entrada são altas, fornecedores e compradores têm um poder de barganha apenas modesto, são poucos os produtos ou serviços substitutos, e a rivalidade entre os concorrentes é estável. Um setor não-atraente, como o de aço, terá falhas estruturais, incluindo um excesso de materiais substitutos, compradores poderosos e sensíveis a preço e rivalidade excessiva causada por altos custos fixos e um grande grupo de concorrentes, muitos dos quais apoiados pelo estado.

A diversificação não pode criar valor para os acionistas a não ser que os novos setores tenham estruturas favoráveis, suportando retornos que excedam o custo do capital. Se o setor não tiver tais retornos, a empresa deve ser capaz de reestruturá-lo ou ganhar vantagem competitiva sustentável que gere retornos bem acima da média do setor. Um setor não precisa ser atraente antes da diversificação. Na verdade, a empresa pode se beneficiar do fato de entrar antes que o setor mostre todo seu potencial. A diversificação pode então transformar a estrutura do setor.

Em minha pesquisa, sempre me deparei com empresas que suspenderam o teste de atratividade porque tinham uma vaga crença de que o setor "se ajustava" perfeitamente a seus próprios negócios. Na esperança de que o "conforto" corporativo que sentiam as levaria a um resultado feliz, as empresas ignoraram estruturas do setor fundamentalmente ruins. Porém, a não ser que o ajuste perfeito permita uma vantagem competitiva substancial, tal conforto vai se transformar em sofrimento quando a diversificação resultar em poucos retornos. A Royal Dutch Shell e outras grandes empresas de petróleo tiveram essa experiência infeliz com várias empresas químicas, nas quais a estrutura ruim do setor superou os benefícios da integração vertical e as habilidades da tecnologia de processo.

Outra razão comum para ignorar o teste de atratividade é o baixo custo de entrada. Algumas vezes, o comprador tem uma informação interna, ou o proprietário está ansioso para vender. Contudo, mesmo se o preço for realmente baixo, um ganho único não vai compensar um negócio perpetuamente ruim. Quase sempre a empresa descobre que precisa reinvestir na unidade recém-adquirida, ainda que só para substituir ativos fixos e financiar capital de giro.

As empresas diversificadoras também tendem a usar crescimento rápido ou outros indicadores simples como um agente para a atratividade do setor-alvo. Muitas que correram para setores de crescimento rápido (computadores pessoais, videogames e robótica, por exemplo) acabaram se queimando porque confundiram crescimento inicial com potencial de lucro a longo prazo. Os setores não são lucrativos porque são atraentes ou de alta tecnologia; eles só são lucrativos se suas estruturas são atraentes.

QUAL É O CUSTO DE ENTRADA?

A diversificação não pode gerar valor para os acionistas se o custo de entrada em uma nova área de negócios consumir os retornos esperados. Porém, grandes forças de mercado estão trabalhando para fazer exatamente isso. Uma empresa pode entrar em novos setores por meio de aquisição ou da criação de uma nova empresa. As aquisições a expõem a um mercado de fusões cada vez mais eficiente. Um adquirente bate o mercado se pagar um preço que não reflita totalmente os prospectos da nova unidade. Embora seja comum ter muitos interessados, as informações se espalham rapidamente, e os banqueiros de investimento ou outros intermediários trabalham agressivamente para tornar o mercado o mais eficiente possível. Nos últimos anos, novos instrumentos financeiros, como títulos de alto risco, trouxeram novos compradores para o mercado e deixaram até as grandes empresas vulneráveis às aquisições. Os prêmios de aquisição são altos e refletem o potencial futuro da empresa adquirida – algumas vezes muito bem. A Philip Morris pagou mais de quatro vezes o valor de mercado pela Seven-Up Company, por exemplo. Em uma aritmética simples, isso significava que os lucros precisavam mais do que quadruplicar para sustentar o retorno sobre investimento da aquisição. Como se comprovou que a Philip Morris pouco podia fazer para agregar algo à capacidade de *marketing* nas sofisticadas guerras de *marketing* do mercado de refrigerante, o resultado foi o desempenho financeiro insatisfatório da Seven-Up e, por fim, a decisão de vender.

Uma empresa iniciante deve superar as barreiras de entrada. Porém, essa é uma situação realmente paradoxal, já que setores atraentes são atraentes porque suas barreiras de entrada são altas. Arcar com o custo total das barreiras de entrada pode dissipar qualquer potencial lucro. Se não fosse assim, outros entrantes no setor já teriam corroído sua lucratividade.

Na excitação de encontrar uma nova área promissora, as empresas algumas vezes se esquecem de aplicar o teste do custo de entrada. Quanto mais atraente um novo setor, mais caro custa para entrar.

O Negócio será Vantajoso?

Uma corporação deve trazer alguma vantagem competitiva importante para a nova unidade, ou a nova unidade deve oferecer potencial de vantagem significativa para a corporação. Algumas vezes, os benefícios da nova unidade aparecem apenas uma vez, próximo do momento de entrada, quando a empresa controladora instiga uma grande revisão de sua estratégia ou instala uma equipe gerencial de primeira linha. Outras diversificações geram vantagem competitiva contínua se a nova unidade puder comercializar seu produto por meio de um sistema de distribuição bem-desenvolvido de sua unidade irmã, por exemplo. Esse foi um dos pilares importantes da fusão da Baxter Travenol com a American Hospital Supply.

Quando o benefício para a nova unidade ocorre apenas uma vez, a empresa controladora não tem razão para manter a nova unidade em seu portfólio de longo prazo. Uma vez que os resultados da melhoria única sejam claros, a empresa diversificada não agrega mais valor para compensar os custos inevitáveis impostos à unidade. É melhor vender a unidade e liberar os recursos corporativos.

O teste de vantagem não implica que a corporação diversificadora se arrisca a criar valor para os acionistas em si mesma. Fazer pelos acionistas algo que eles podem fazer por si mesmos não é uma base para a estratégia corporativa. (Apenas no caso de uma empresa privada, na qual o risco da empresa e dos acionistas é o mesmo, a diversificação ocorre para reduzir o risco para seu próprio bem.) A diversificação de risco deveria ser apenas um subproduto da estratégia corporativa, não um motivador principal.

Os executivos ignoram o teste de vantagem quase que totalmente ou lidam com ele por meio de uma lógica falsa, em vez de uma análise estratégica cuidadosa. Uma razão é que eles confundem tamanho da empresa com valor para os acionistas. No ímpeto de administrar uma empresa maior, perdem de vista sua verdadeira tarefa. Eles podem justificar a suspensão do teste de vantagem apontando para a forma como administram a diversidade. Reduzindo os funcionários de apoio ao mínimo e dando às unidades de negócio autonomia quase completa, acreditam que podem evitar as armadilhas. Tal raciocínio deixa escapar o principal ponto da diversificação, que é criar valor para os acionistas, e não evitar destruí-lo.

Conceitos de Estratégia Corporativa

Os três testes para diversificação bem-sucedida estabelecem os padrões que qualquer estratégia corporativa deve atender; mas atender esses padrões é tão difícil que a maioria das diversificações fracassa. Muitas empresas não têm um conceito claro de estratégia corporativa para guiar sua diversificação ou adotam um conceito que não leva os testes em consideração. Outras falham porque implementam mal a estratégia.

Meu estudo ajudou-me a identificar quatro conceitos de estratégia corporativa que foram colocados em prática – gestão de portfólio, reestruturação, transferência de habilidades e compartilhamento de atividades. Embora os conceitos não sejam sempre mutuamente exclusivos, cada um se baseia em um mecanismo diferente por meio do qual a corporação cria valor para os acionistas, e cada um exige que a empresa diversificada administre e se organize de uma maneira diferente. Os dois primeiros não exigem conexão entre as unidades de negócios; os dois últimos dependem disso... Embora os quatro conceitos de estratégia tenham sido bem-sucedidos em circunstâncias corretas, hoje alguns fazem mais sentido do que outros. Ignorar qualquer um desses conceitos talvez seja o caminho mais rápido para o fracasso.

Gestão de Portfólio

O conceito de estratégia corporativa mais usado é gestão de portfólio, que é baseada primariamente na diversificação por meio da aquisição. A corporação adquire empresas sólidas e atraentes, com gerentes competentes que concordam em ficar. Embora as unidades adquiridas não precisem estar nos mesmos setores das unidades existentes, os melhores gerentes de portfólio geralmente limitam seu leque de negócios de alguma forma, em parte para limitar a experiência específica necessária por parte da alta gerência.

As unidades adquiridas são autônomas e as equipes que as administram são remuneradas de acordo com os resultados da unidade. A corporação fornece capital e trabalha com cada unidade para infundir suas técnicas de gestão profissional. Ao mesmo tempo, a alta gerência faz uma revisão objetiva e desapaixonada dos resultados das unidades de negócios. Os gerentes de portfólio categorizam as unidades por seu potencial e regularmente transferem recursos das unidades que geram caixa para aquelas com alto potencial e necessidade de caixa...

Na maioria dos países, os dias em que a gestão de portfólio era um conceito válido de estratégia corporativa já terminaram. Devido aos mercados de capital cada vez mais bem-desenvolvidos, empresas atraentes com boa administração aparecem na tela do computador de todo mundo e atraem muito dinheiro em termos de prêmio de aquisição. Simplesmente contribuir com capital não significa muita coisa. Uma estratégia sólida pode ser facilmente financiada; empresas de tamanho pequeno a médio não precisam de uma controladora munificente.

Outros benefícios também se desgastaram. Grandes empresas não vasculham mais o mercado em busca de habilidades de gestão profissional; na verdade, mais e mais observadores acreditam que os gerentes não podem necessariamente administrar nada sem conhecimento e experiência específicos do setor...

Mas é a complexidade absoluta das tarefas gerenciais que acabou derrotando até mesmo os melhores gerentes de portfólio. À medida que a empresa cresce, os gerentes de portfólio precisam encontrar mais e mais negócios para manter o crescimento. Supervisionando dezenas ou mesmo centenas de unidades disparatadas, sob pressão da cadeia para acrescentar mais, a gerência começa a cometer erros. Ao mesmo tempo, os custos inevitáveis de fazer parte de uma empresa diversificada cobram seu preço, e o desempenho da unidade cai, enquanto o retorno sobre investimento de toda a empresa começa a cair. No final, uma nova equipe gerencial é instalada e inicia uma venda em grande escala, conduzindo a empresa de volta a seus negócios básicos...

Nos países em desenvolvimento, onde há poucas grandes empresas, os mercados de capital não são desenvolvidos e a gestão profissional é escassa, a gestão de portfólio ainda funciona. Mas esse não é mais um modelo válido para estratégia corporativa em economias avançadas... Gestão de portfólio não é maneira de conduzir estratégia corporativa.

REESTRUTURAÇÃO

Ao contrário do papel passivo do gerente de portfólio, quando ele atua como banqueiro e revisor, uma empresa que baseia sua estratégia na reestruturação se torna uma reestruturadora ativa das unidades de negócios. As novas áreas de negócios não são necessariamente relacionadas às unidades existentes. Tudo que é necessário é potencial não-realizado.

A estratégia de reestruturação procura organizações ou setores não-desenvolvidos, instáveis ou ameaçados, no limiar de mudanças significativas. A controladora intervém, freqüentemente trocando a equipe gerencial da unidade, mudando a estratégia ou infundindo nova tecnologia na empresa. Depois ela pode fazer outras aquisições para construir uma massa crítica e vender as partes desnecessárias ou não-conectadas, reduzindo assim os custos efetivos da aquisição. O resultado é uma empresa fortalecida ou um segmento transformado. Como uma coda*, a controladora se desfaz da unidade mais forte uma vez que os resultados sejam claros, pois a controladora não está mais agregando valor e a alta gerência decide que a atenção deve ser voltada para outro lugar...

Quando bem-implementado, o conceito de reestruturação é sólido, pois passa pelos três testes da diversificação bem-sucedida. O reestruturador aplica o teste do custo de entrada em todos os tipos de empresa que adquire. Ele limita seus prêmios de aquisição ao comprar empresas com problemas e imagem prejudicada ou comprando em setores com potencial ainda não descoberto. A intervenção por parte da corporação traz a aprovação no teste de vantagem. Considerando que os setores visados sejam estruturalmente atraentes, o modelo de reestruturação pode criar um valor enorme para os acionistas... Ironicamente, muitas reestruturadoras de hoje estão obtendo lucro com as estratégias de gestão de portfólio de ontem.

Para funcionar, a estratégia de reestruturação exige uma equipe gerencial corporativa com visão para identificar empresas desvalorizadas ou posições em setores propícios à transformação. A mesma visão é necessária para transformar de fato as unidades, mesmo que se trate de uma área de negócios nova e não-familiar...

Talvez a maior armadilha... seja as empresas descobrirem que é muito difícil se desfazer das unidades de negócios depois que elas estão reestruturadas e tendo um bom desempenho...

TRANSFERINDO HABILIDADES

O objetivo dos dois primeiros conceitos de estratégia corporativa é criar valor por meio da relação da empresa com cada unidade autônoma. O papel da corporação é atuar como selecionador, banqueiro e interventor.

Os dois últimos conceitos exploram as inter-relações entre as unidades. Ao articulá-las, porém, ficamos face a face com um conceito de sinergia sempre maldefinido. Se você acredita nos textos dos incontáveis relatórios anuais corporativos, tudo está relacionado a tudo! Mas a sinergia imaginada é muito mais comum do que a sinergia real. A compra da Hughes Aircraft pela GM apenas porque os carros passavam a ter componentes eletrônicos e a Hughes era uma empresa de eletrônicos demonstra a insensatez da sinergia do papel. Tal relatividade corporativa é uma racionalização posterior de uma diversificação feita por outras razões.

---

* N. de T.: Coda é a seção conclusiva de uma composição (sonata, sinfonia, etc.) em que há repetições.

Mesmo a sinergia claramente definida sempre falha ao se materializar. Em vez de cooperarem, as unidades de negócios sempre competem. Uma empresa que pode definir as sinergias que adota ainda enfrenta impedimentos organizacionais significativos para atingi-las.

Mas a necessidade de capturar os benefícios das relações entre as áreas de negócios nunca foi mais importante. Desenvolvimentos tecnológicos e competitivos já conectam muitas empresas e estão criando novas possibilidades de vantagem competitiva. Em setores como serviços financeiros, computação, equipamentos para escritório, entretenimento e assistência médica, as inter-relações entre áreas de negócios previamente distintas talvez sejam a preocupação central da estratégia.

Para entender o papel da relatividade na estratégia corporativa, devemos dar um novo significado a essa idéia sempre maldefinida. Identifiquei uma boa maneira de começar – a cadeia de valor. [Ver Textos 4.1 e 4.2.] Cada unidade de negócios é um grupo de atividades distintas, que vão desde vendas até contabilidade, permitindo que a unidade concorra no mercado. Eu as chamo de atividades de valor. É nesse nível, e não no da empresa como um todo, que a unidade atinge vantagem competitiva.

Agrupei essas atividades em nove categorias. Atividades *primárias* criam o produto ou serviço, entregam para o mercado e fornecem suporte pós-venda. As categorias de atividades primárias são logística interna, operações, logística externa, *marketing*, vendas e serviços. Atividades de suporte fornecem o *input* e a infra-estrutura que permitem que as atividades primárias ocorram. As categorias são infra-estrutura da empresa, administração de recursos humanos, desenvolvimento de tecnologia e compras.

A cadeia de valor define os dois tipos de inter-relações que podem criar sinergia. O primeiro é a capacidade da empresa de transferir habilidades ou experiências entre cadeias de valor similares. A segunda é a capacidade de compartilhar atividades. Duas unidades de negócios, por exemplo, podem compartilhar a mesma equipe de vendas ou rede de logística.

A cadeia de valor ajuda a expor os dois últimos (e mais importantes) conceitos de estratégia corporativa. A transferência de habilidades entre unidades de negócios em uma empresa diversificada é a base para um conceito. Embora cada unidade de negócios tenha uma cadeia de valor separada, o conhecimento sobre como desempenhar atividades é transferido entre as unidades. Por exemplo, uma unidade de negócios de produtos de toucador, especializada na comercialização de produtos de conveniência, transmite idéias sobre novos conceitos de posicionamento, técnicas promocionais e possibilidades de embalagem a uma unidade recém-adquirida que vende xarope para tosse. Os setores nos quais a empresa entrou recentemente podem se beneficiar da experiência das unidades existentes e vice-versa.

Essas oportunidades surgem quando as unidades de negócios têm compradores ou canais similares, atividades de valor similares, como relações governamentais ou compras, similaridades na configuração ampla da cadeia de valor (por exemplo, gerenciar uma organização de serviços com vários escritórios), ou o mesmo conceito estratégico (por exemplo, baixo custo). Mesmo se as unidades operarem separadamente, tais similaridades permitem o compartilhamento de conhecimento...

A transferência de habilidades só gera vantagem competitiva se as similaridades entre as unidades de negócios atenderem três condições:

1. As atividades envolvidas são similares o suficiente para que o compartilhamento de experiência seja significativo. Similaridades amplas (intensidade de *marketing*, por exemplo, ou uma tecnologia de processo básica comum como dobramento de metal) não são uma base suficiente para diversificação. A capacidade de transferir habilidades resultante tende a ter pouco impacto na vantagem competitiva.

2. A transferência de habilidades envolve atividades importantes para a vantagem competitiva. A transferência de habilidades em atividades periféricas como relações governamentais ou imóveis em unidades de bens de consumo pode ser benéfica, mas não é uma base para a diversificação.

3. As habilidades transferidas representam uma fonte significativa de vantagem competitiva para a unidade recebedora. A experiência ou as habilidades a serem transferidas são avançadas e confidenciais o suficiente para irem além das habilidades dos concorrentes...

A transferência de aptidões passa pelos testes de diversificação se a empresa realmente mobilizar especialização confidencial entre as unidades. Isso assegura que a empresa pode compensar o prêmio de aquisição ou reduzir os custos para superar as barreiras de entrada.

Os setores que a empresa escolhe para diversificação devem passar pelo teste de atratividade. Mesmo um ajuste preciso, que reflita oportunidades de transferir habilidades, pode não superar a má estrutura do segmento. Oportunidades de transferir habilidades, porém, podem ajudar a empresa a transformar as estruturas de setores nos quais entrou recentemente e desviá-las para direções favoráveis.

A transferência de habilidades pode ocorrer uma única vez ou ser contínua. Se a empresa esgota as oportunidades de infundir novas experiências em uma unidade após o período inicial pós-aquisição, a unidade deve ser vendida...

Usando aquisições e desenvolvimento interno, as empresas podem elaborar uma estratégia de transferência de habilidades. A presença de uma base forte de habilidades algumas vezes cria a possibilidade de entrada interna, em vez de aquisição de uma empresa em atividade. Porém, diversificadores bem-sucedidos que empregam o conceito de transferência de habilidades sempre podem adquirir uma empresa no segmento-alvo como uma posição segura e depois ir avançando com sua experiência interna. Ao fazê-lo, elas podem reduzir alguns riscos da entrada interna e acelerar o processo. Duas empresas que diversificaram usando o conceito de transferência de habilidades são a 3M e a PepsiCo.

COMPARTILHANDO ATIVIDADES

O quarto conceito de estratégia corporativa é baseado no compartilhamento de atividades na cadeia de valor entre as unidades de negócios. A Procter & Gamble, por exemplo, emprega um sistema de distribuição física e uma equipe de venda comuns para as divisões de papel toalha e fraldas descartáveis. A McKesson, uma empresa líder na área de distribuição, trabalha com linhas tão diversas como produtos farmacêuticos e bebidas alcoólicas através de superarmazéns.

A capacidade de compartilhar atividades é uma base potente para a estratégia corporativa porque o compartilhamento sempre aumenta a vantagem competitiva ao reduzir os custos ou aumentar a diferenciação...

Compartilhar atividades inevitavelmente envolve custos que os benefícios devem sobrepujar. Um desses custos vem da maior coordenação exigida para administrar uma atividade compartilhada. Mais importante é a necessidade de comprometer o projeto ou desempenho de uma atividade, de forma que ela possa ser compartilhada. Um vendedor que trabalha com produtos de duas unidades de negócios, por exemplo, deve operar de um forma que no geral seja diferente da forma que qualquer uma das unidades escolheria se fosse independente. E se o compromisso aumenta muito a erosão da eficácia da unidade, então o compartilhamento pode reduzir, e não aumentar a vantagem competitiva...

Apesar... das armadilhas, as oportunidades para obter vantagem com o compartilhamento de atividades se proliferaram devido aos desenvolvimentos oportunos em tecnologia, à privatização e à concorrência. A infusão da eletrônica e de sistemas de informação em muitos setores criou novas oportunidades para unir as empresas...

Para seguir o modelo de atividades compartilhadas é necessário um contexto organizacional no qual a colaboração entre as unidades de negócios seja encorajada e reforçada. Unidades de negócios extremamente autônomas são inimigas de tal colaboração. A empresa deve disponibilizar uma variedade do que eu chamo de mecanismos horizontais – um forte senso de identidade corporativa, uma declaração clara de missão, que enfatize a importância de integrar as estratégias das unidades de negócios, um sistema de incentivo que recompense mais do que apenas os resultados da unidade de negócios, forças-tarefa entre as unidades de negócios e outros métodos de integração.

Uma estratégia corporativa baseada em atividades compartilhadas claramente passa pelo teste da vantagem porque as unidades de negócios obtêm vantagens tangíveis contínuas de outras unidades dentro da corporação. Ela também passa pelo teste de custo de entrada ao reduzir as despesas decorrentes de vencer as barreiras da entrada interna. Outras ofertas de aquisição que não compartilham oportunidades vão ter preços de reserva mais baixos. Porém, mesmo oportunidades muito difundidas de compartilhamento de atividades não permitem à empresa suspender o teste de atratividade. Muitos diversificadores cometeram o erro crítico de equiparar o ajuste preciso de um segmento-alvo com diversificação atraente. Os segmentos visados devem passar pelo teste de exigência estrita de ter uma estrutura atraente e um ajuste preciso de oportunidades para que a diversificação seja bem-sucedida.

ESCOLHENDO UMA ESTRATÉGIA CORPORATIVA

...Tanto a lógica estratégica como a experiência das empresas que estudei durante a última década sugerem que uma empresa criará mais e mais valor para os acionistas por meio da diversificação à medida que sua estratégia passe de administração de portfólio para o compartilhamento de atividades...

Cada conceito de estratégia corporativa não é mutuamente excludente daqueles que vieram antes, uma vantagem potente do terceiro e quarto conceitos. Uma empresa pode usar uma estratégia de reestruturação ao mesmo tempo em que transfere habilidades ou compartilha atividades. Uma estratégia baseada em atividades compartilhadas torna-se mais poderosa se as unidades de negócios também puderem trocar habilidades...

Meu estudo apóia a lógica de basear uma estratégia corporativa na transferência de aptidões ou em atividades compartilhadas. Os dados dos programas de diversificação das empresas pesquisadas ilustram algumas características importantes de diversificadores bem-sucedidos. Eles fizerem um percentual desproporcionalmente baixo de aquisições não-relacionadas, *não-relacionadas* sendo definidas como não tendo uma oportunidade clara de transferir aptidões ou compartilhar atividades importantes... Mesmo diversificadoras bem-sucedidas como a 3M, a IBM e a TRW têm registros terríveis de quando se envolveram em aquisições não-relacionadas. Adquirentes bem-sucedidos diversificam em vários campos, cada um deles relacionados a muitos outros. A Procter & Gamble e a IBM, por exemplo, operam em 18 e 19 campos inter-relacionados respectivamente e assim aproveitam diversas oportunidades para transferir aptidões e compartilhar atividades.

As empresas com os melhores registros de aquisições tendem a fazer uma utilização acima da média de novas empresas e *joint-ventures*. A maioria das empresas se afasta de outros modos de entrada que não seja a aquisição. Meus resultados lançam dúvidas sobre a sabedoria convencional no que se refere a novas empresas... empresas bem-sucedidas geralmente têm registros muito bons com novas unidades, como ilustram a 3M, a P&G, a Johnson & Johnson, a IBM e a United Technologies. Quando uma empresa tem força interna para iniciar uma unidade, pode ser mais seguro e menos dispendioso lançar uma empresa do que se basear somente em aquisição e depois ter que lidar com os problemas de integração. As histórias de diversificação japonesa apóiam a lógica de usar novas empresas como uma alternativa de entrada.

Meus dados também ilustram que nenhum dos conceitos de estratégia corporativa funciona quando a estrutura do setor é fraca ou a implementação é ruim, não importa o quanto os setores sejam relacionados. A Xerox adquiriu empresas em setores relacionados, mas a empresa tinha estruturas fracas e suas aptidões eram insuficientes para fornecer vantagem competitiva suficiente para compensar os problemas de implementação.

UM PROGRAMA DE AÇÃO

...Uma empresa pode escolher uma estratégia corporativa ao:

1. Identificar as inter-relações entre as unidades de negócios já existentes...

2. Selecionar as áreas de negócios que serão a base da estratégia corporativa...

3. Criar mecanismos organizacionais horizontais para facilitar as inter-relações entre as áreas de negócios básicas e lançar as bases para diversificação relacionada futura...

4. Buscar oportunidades de diversificação que permitam atividades compartilhadas...

5. Buscar diversificação por meio da transferência de aptidões se as oportunidades para compartilhamento de atividades forem limitadas ou já estiverem esgotadas...

6. Adotar uma estratégia de reestruturação se isso se ajustar às aptidões da gerência ou se não existir nenhuma boa oportunidade para criar inter-relações corporativas...

7. Pagar dividendos de forma que os acionistas possam ser os gerentes do portfólio...

CRIANDO UM TEMA CORPORATIVO

Definir um tema corporativo é uma boa forma de assegurar que a corporação vai criar valor para os acionistas. Ter o tema correto ajuda a unir os esforços das unidades de negócios e reforça a maneira como elas se inter-relacionam, além de guiar a escolha de novas áreas de negócios para entrar. A NEC Corporation, com seu tema "C&C", é um bom exemplo. A NEC integra suas áreas de computador, semicondutores, telecomunicações e eletrônicos de consumo ao juntar computadores e comunicação.

É muito fácil criar um tema corporativo superficial. A CBS quer ser uma "empresa de entretenimento", por exemplo, e construir um grupo de áreas de negócios relacionadas aos momentos de lazer. Ela entrou em segmentos como brinquedos, embarcações, instrumentos musicais, times esportivos e varejo de música. Embora esse tema corporativo pareça bom, uma observação mais atenta revelou sua fragilidade. Nenhuma dessas áreas de negócios oferecia uma oportunidade significativa para compartilhar atividades ou transferir aptidões entre elas ou com as áreas tradicionais de difusão e gravação da CBS. Elas foram todas vendidas, sempre com perdas significativas, exceto por umas poucas unidades relacionadas a publicações da CBS. Sobrecarregada com o pior registro de aquisições em meu estudo, a CBS corroeu o valor para os acionistas criado por meio de seu forte desempenho na área de difusão e gravação.

Passar da estratégia competitiva para a estratégia corporativa é o equivalente empresarial a atravessar o Triângulo das Bermudas. O fracasso da estratégia corporativa reflete o fato de que a maioria das empresas diversificadas falharam ao pensar em termos de como elas realmente agregam valor. Uma estratégia corporativa que realmente destaque a vantagem competitiva de cada unidade de negócios é a melhor defesa contra os ataques corporativos. Com um foco mais pronunciado nos testes de diversificação e a escolha explícita de um conceito claro de estratégia corporativa, os registros de diversificação das empresas podem, a partir de agora, ser muito diferentes.

Capítulo 18
Administrando Outras Situações

Encerramos os textos deste livro com o espírito que tentamos criar em toda sua extensão, porém, talvez, com mais ênfase: abrir perspectivas para idéias novas, não-convencionais. Assim, chamamos esse capítulo de "Administrando outras situações". É um contexto em si mesmo.

O primeiro texto nos leva além das cinco formas de organização apresentadas por Mintzberg no começo dos últimos cinco capítulos. Isso era como um quebra-cabeças – escolher a forma estrutural correta e ajustar-se a ela. Mas talvez planejar organizações seja mais parecido com jogar Lego: usar as formas como forças a serem combinadas de todas as maneiras criativas. Aqui Mintzberg faz um encerramento de nossa discussão das diferentes configurações desta seção. Chamado "Além da configuração", este é, de certa forma, o capítulo final deste livro na parte de estrutura, exceto pelo fato de que foi escrito mais recentemente e editado para este livro. O texto tenta fazer exatamente o que diz seu título: destacar que, embora as diferentes formas (configurações) dos últimos capítulos possam nos ajudar a entender e administrar em um mundo complexo, também há necessidade de ir além das considerações, levando em conta as ligações sutis entre essas várias formas. Mintzberg propõe que isso seja feito ao tratar todas as formas como uma estrutura de forças que atua em cada organização e cujas contradições precisam ser reconciliadas. Ao fazê-lo, podemos começar a ver os pontos fracos de cada forma e também o momento em que uma organização deve projetar-se como uma combinação de duas ou mais formas. Esse texto também discute como as forças da ideologia (representando a cooperação – reunindo) e da política (representando competição – separando) trabalham juntas para promover mudança e também para impedi-la, e como as contradições entre as duas devem ser reconciliadas se uma organização quiser permanecer efetiva a longo prazo.

Depois vem um texto dinâmico de James March, da Stanford University, sobre a diferença entre organizações que *aproveitam* as situações já existentes e aquelas que *exploram* na esperança de criar novas situações. March também aborda "os perigos e as glórias da imaginação".

O próximo texto é de Gary Hamel e tenta derrubar tudo que é sagrado sobre estratégia, incluindo a forma como ela é criada. Na verdade, as visões convencionais de como isso ocorre, na opinião de Hamel, caem no campo da inovação estratégica, que é o que ele acredita que realmente conta: como você se separa do pacote em vez de analisar seu caminho no meio dele. Hamel sugere como isso pode acontecer, continuando a aborrecer todas as "vacas sagradas do campo".

Ricardo Semler, presidente de uma empresa brasileira chamada Semco, publicou um livro popular intitulado *Maverick* e uma série de artigos surpreendentes na *Harvard Business Review*, o último dos quais, "Como nos tornamos digitais sem uma estratégia", é reproduzido aqui. Na primeira frase, ele escreve que é dono de uma empresa de US$ 160.000.000 e "não tem a menor idéia da área de negócios em que se encontra". Esse é apenas o tiro de abertura de Semler! Se Hamel parecia provocador, tente Semler! Não são todas as empresas, mas poderia ser uma parte de todas as empresas que querem seguir adiante.

Finalmente, Mintzberg, pegando uma veia similar, fala sobre a natureza da administração em si. Chega de gerenciar "no grito", diz ele – chega do exagero de "globalização" e "valor para os acionistas" e "delegação de poder" e "mudança". Chega de liderança heróica. É tempo de "administrar silenciosamente", inspirando e não delegando poderes, cuidando e não remediando, infundindo e não se intrometendo, iniciando e não impondo.

USANDO OS ESTUDOS DE CASO

Novas idéias em estratégia geralmente vêm de gerentes que vão contra a sabedoria convencional. Diversos casos lidam com gerentes que desenvolveram novas formas de fazer estratégia. O caso da Natura descreve uma empresa brasileira na qual três presidentes compartilham igualmente o poder de tomada de decisão. Em "Como nos tornamos digitais sem uma estratégia", Semler sugere que a experimentação estratégica não precisa ser conduzida por esse tipo de visão abrangente. Em seu texto, Hamel argumenta que inovação em estratégia deve concentrar-se no "como" do processo estratégico, e não no "o que" de seu conteúdo. Nesse aspecto, é importante destacar que o caso da Natura lida com segmentos e produtos que não são particularmente glamourosos. Essa empresa não fez sua fortuna ao encontrar nichos lucrativos ou produtos quentes.

O texto "Organização descartável", de March, explora os obstáculos à experimentação da estratégia. Por outro lado, o texto "Além da configuração", de Mintzberg, sugere que escapar das contradições intrínsecas da organização é o principal ímpeto da criatividade estratégica. O caso previamente mencionado dá suporte ao otimismo de Mintzberg.

A inovação da estratégia, porém, pode ter começos modestos. O caso "Um restaurante com uma diferença" fala sobre um casal que explora uma nova idéia de negócios: um restaurante-escola. Como Mintzberg destaca em "Administrando silenciosamente", o pensamento original na administração sempre ocorre longe dos holofotes. Na verdade, um pensamento original em estratégia pode não ser nem um pouco revolucionário. Só precisa ser uma idéia que faça a diferença.

LEITURA 18.1
ALÉM DA CONFIGURAÇÃO[1]
por Henry Mintzberg

Os "aglomeradores" são pessoas que categorizam, que sintetizam. Os "separadores" são pessoas que analisam, que vêem todas as nuanças. Do ponto de vista da organização, ambos estão certos e ambos estão errados. Sem categorias, seria impossível praticar gerenciamento. Só com categorias, ele não seria praticado efetivamente.

O autor era, na maioria das vezes, um aglomerador, até que um colega perguntou a ele se gostaria de brincar de "quebra-cabeças" ou "Lego" com seus conceitos. Em outras palavras, todos esses conceitos se juntavam em formas estabelecidas e imagens conhecidas (quebra-cabeças) ou deveriam ser usados criativamente para criar novas imagens? O restante deste texto é apresentado no espírito de brincar de "Lego organizacional". Ele tenta mostrar como podemos usar separação e aglomeração para entender o que torna as organizações efetivas e também o que causa muitos de seus problemas fundamentais.

FORMAS E FORÇAS

As configurações descritas nos capítulos desta seção do livro são *formas* e foram dispostas nos pontos essenciais do pentágono da Figura 1. Muitas organizações parecem se ajustar naturalmente a uma das cinco formas originais, mas algumas não se ajustam, para contrariedade dos aglomeradores. Para responder a isso, cinco *forças* foram acrescentadas, cada uma associada a uma das formas originais:

- *Direção* para a forma empreendedora, para dar alguma indicação de para onde a organização deve ir. Isso é geralmente chamado de "visão estratégica". Sem direção, as várias atividades de uma organização não podem trabalhar juntas facilmente para atingir um objetivo comum.

- *Eficiência* para a forma máquina. Isso assegura um índice viável de benefícios obtidos em relação aos custos incorridos. A falta de preocupação com eficiência levaria quase todas as organizações, até as mais protegidas, a enfraquecer.

- *Proficiência* para a forma profissional. As organizações precisam disso para executar suas tarefas com altos níveis de conhecimento e habilidade. Sem isso, o trabalho difícil das organizações simplesmente não seria feito.

- *Responsabilidade* para a forma diversificada. Se as unidades individuais de uma organização não são responsáveis por seus esforços em determinados mercados, torna-se quase impossível administrar uma organização diversificada.

- *Aprendizado* para a forma inovadora ou adhocrática. As organizações precisam ser capazes de aprender, de descobrir coisas novas para seus clientes e para si próprias – adaptar-se e inovar.

Existem duas outras forças que não são necessariamente associadas a nenhuma forma em particular:

- *Cooperação*, representada pela ideologia. Essa é a força para reunir.

- *Competição*, representada pela política. Essa é a força para separar.

Para os aglomeradores, temos agora um *portfólio de formas*, e para os separadores temos agora um *sistema de forças*. As duas visões são fundamentais para a prática de gestão. Uma representa as forças mais fundamentais que agem em uma organização. Todas as organizações sérias experimentam essas sete forças em um momento ou em outro, se não o tempo todo. A outra representa as formas fundamentais que as organizações podem assumir, o que por vezes algumas delas fazem. Juntas, essas forças e formas parecem constituir uma estrutura de diagnóstico poderosa, por meio da qual podemos entender o que acontece nas organizações e prescrever mudanças efetivas.

---

[1] Adaptado de um capítulo com este título em *Mintzberg on Management: Inside Our Strange World of Organizations* (Free Press, 1989); um artigo similar a este capítulo foi publicado em *Sloan Management Review*.

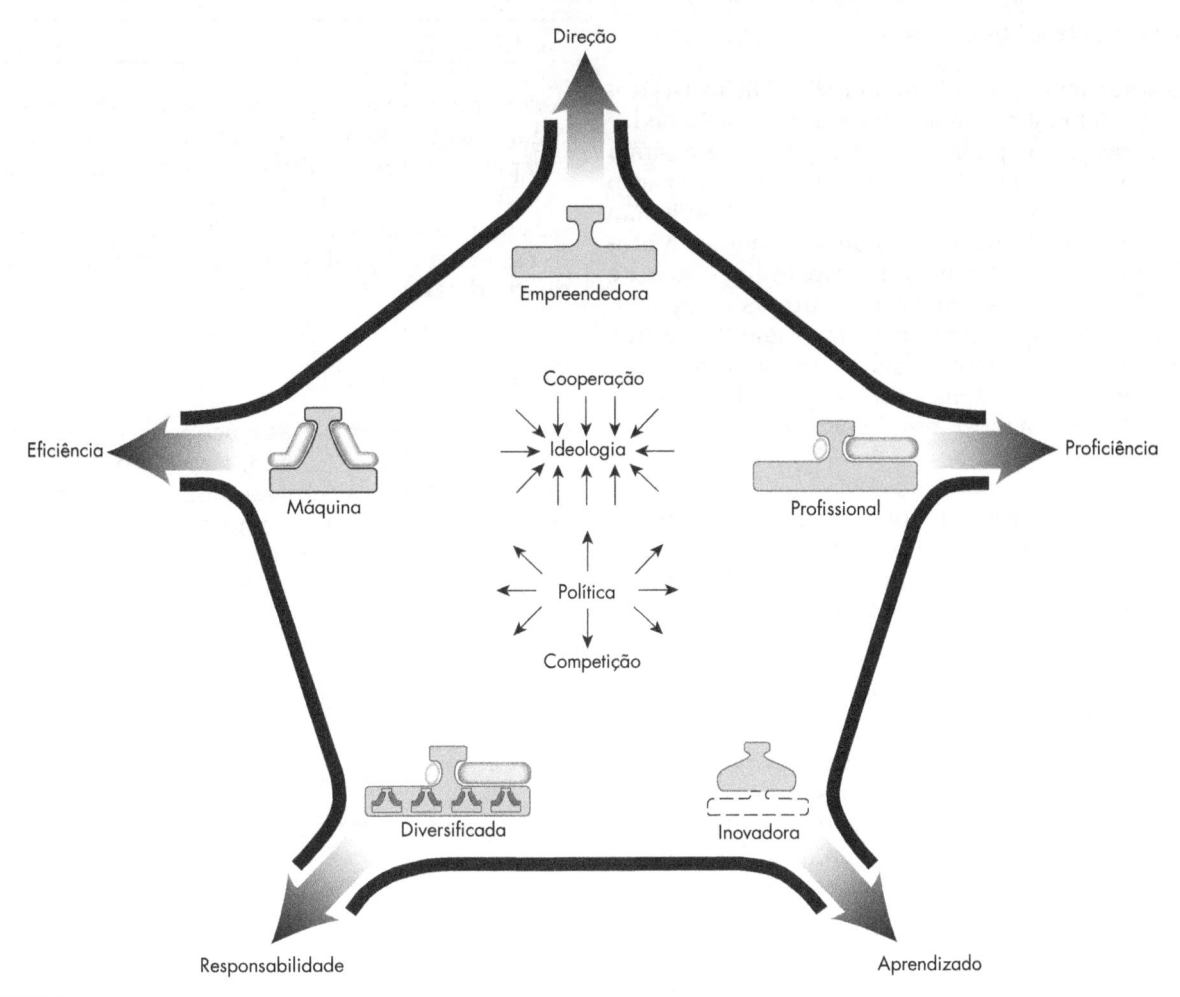

Figura 1 Um pentágono integrador de forças e formas.

Quando uma força domina uma organização, ela é levada para a *configuração* associada, mas deve lidar com a *contaminação*. Quando nenhuma força domina, a organização é uma *combinação* balanceada de forças, incluindo períodos de *conversão* de uma forma para outra. Mas então há um problema de *divisão*. A contaminação e a divisão exigem a administração de *contradição*, e aí entram a ideologia e a política. Vamos discutir cada uma dessas noções em breve.

Forças dominantes conduzem uma organização para uma das formas puras discutidas anteriormente – empreendedora, máquina, profissional, diversificada, inovadora. Elas não são "reais", mas sim modelos abstratos criados para capturar alguma realidade. Algumas organizações *de fato* chegam bem perto da forma pura. Se a forma se ajusta, a organização deve adotá-la. A configuração tem benefícios: a organização atinge um senso de ordem ou integração. A configuração também ajuda pessoas de fora a entender a organização. A consistência da configuração evita que os trabalhadores fiquem confusos. Para classificação, compreensão, diagnóstico e projeto, a configuração parece ser eficaz. Mas desde que todo o resto permaneça igual. Introduza as dinâmicas da mudança evolucionária e, mais cedo ou mais tarde, a configuração se torna ineficaz.

CONTAMINAÇÃO PELA CONFIGURAÇÃO

A harmonia, consistência e ajuste, que são os pontos mais fortes da configuração, também são seus pontos mais fracos. A força dominante pode se tornar tão forte a ponto de excluir todo o resto. Por exemplo, o controle nas organizações máquina pode contaminar os inovadores na pesquisa. As organizações máquina reconhecem isso quando separam suas instalações de pesquisa e desenvolvimento do escritório central, para evitar os efeitos de contaminação dos especialistas em eficiência central. O caso oposto também é bem conhecido – o "relaxamento" nas adhocracias pode contaminar os esforços dos contadores preocupados com eficiência. Essa contaminação pode ser um preço baixo a pagar para ser coerentemente organizado, até que as coisas saiam de controle.

CONFIGURAÇÃO FORA DE CONTROLE

Quando surge a necessidade de mudança, as forças dominantes podem agir para manter a organização no lugar. As outras forças podem ter se atrofiado, e assim a organização sai de controle. Por exemplo, a organização máquina que precisa de uma nova estratégia pode não ter ficado com nenhum empreendedor e nenhum inovador para dar a ela uma nova direção. Miller e Kets de Vries (1987) desenvolveram cinco "neuroses" organizacionais, que correspondem aproximadamente ao que pode acontecer nos casos extremos de contaminação das cinco formas. Cada uma é um exemplo de um sistema que pode um dia ter sido saudável, mas que perdeu o controle.

- *Dramática*: o empreendedor, livre de outras forças, pode levar a organização para uma viagem ao ego. Isso pode ocorrer até nas grandes organizações diversificadas, dominadas por CEOs fortes.
- *Compulsiva*: isso acontece quando há finalização de controle nas organizações máquina. Essa é a clássica burocracia autoritária.
- *Paranóica*: paranóia é sempre uma tendência coletiva em algumas organizações profissionais, como universidades e hospitais. Professores e médicos sempre suspeitam que seus pares ou, pior, "a administração", estão planejando minar seus esforços.
- *Depressiva*: isso pode ser devido a uma obsessão com o resultado em organizações diversificadas. Ser "a galinha dos ovos de ouro" cujos "ovos" são sempre requisitados é muito ruim para o moral.
- *Esquizofrênica*: a necessidade de inovar e de obter benefícios comerciais da inovação, significa que as adhocracias podem estar em oscilação constante entre pensamento divergente e convergente.

Em outras palavras, comportamentos que já foram funcionais se tornam desfuncionais quando adotados em excesso.

REFREAMENTO DA CONFIGURAÇÃO

As organizações verdadeiramente eficazes não existem na forma pura. O que mantém uma organização efetiva não é apenas o domínio de uma única força, mas também os efeitos refreadores das outras forças. Isso é *refreamento*. Administrar a configuração efetivamente é explorar uma forma, mas também reconciliar forças diferentes. As organizações máquina devem aproveitar sua eficiência, mas também devem permitir a inovação. Formas inovadoras podem explorar seu poder de criação, mas devem encontrar uma maneira de permanecer eficiente.

COMBINAÇÃO

A configuração é boa se você pode tê-la. Mas algumas organizações o tempo todo, e outras parte do tempo, são incapazes de ter combinação. Elas devem então equilibrar forças contrárias. Organizações como essas podem ser chamadas de *combinações*; em vez de serem um ponto essencial no pentágono, elas estão em algum lugar dentro dele.

TIPOS DE COMBINAÇÕES

Quando apenas duas das cinco forças se encontram em um equilíbrio aproximado, isso é um *híbrido*. Uma orquestra sinfônica é um exemplo, sendo um equilíbrio aproximado das formas empreendedora e profissional. Algumas organizações fazem *combinações múltiplas*. A Apple Computer, no Canadá, uma vez foi descrita como uma combinação de adhocracia (um legado de seu fundador, Steve Jobs), máquina (pela eficiência na produção e na distribuição), empreendedora (na pessoa de um gerente de vendas dinâmico) e profissional (em *marketing* e treinamento).

DIVISÃO NAS COMBINAÇÕES

Se a configuração encoraja a contaminação, algumas vezes a combinação encoraja a *divisão*. Em vez de uma força dominante, duas ou mais se confrontam até o ponto de paralisar a organização. Um exemplo comum de organizações empresariais é a tendência inovadora de P&D contra a tendência da produção tipo máquina.

Apesar dos problemas criados por ter que equilibrar forças, provavelmente a combinação de um tipo ou outro é necessária na maioria das organizações. As organizações eficazes geralmente equilibram muitas forças. A configuração significa apenas uma inclinação em direção a uma força; a combinação é mais balanceada.

CONVERSÃO

As discussões anteriores sobre configuração e combinação implicam estabilidade. Mas poucas organizações permanecem em uma única forma ou combinação; elas passam por *conversão* de uma configuração ou combinação para outra. Geralmente isso é resultado de mudanças externas. Por exemplo, uma organização inovadora decide se estabelecer como máquina para explorar uma inovação. Ou um mercado subitamente instável faz uma máquina tornar-se mais inovadora. As conversões são sempre temporárias, como no caso de uma organização máquina que se torna uma organização empreendedora durante uma crise.

CICLOS DE CONVERSÃO

As forças que podem destruir a organização também podem conduzi-la para outra configuração, talvez mais viável. Por exemplo, a forma empreendedora é inerentemente vulnerável por se basear em um único líder. Ela pode funcionar bem para as organizações jovens mas, com envelhecimento e crescimento, uma necessidade dominante de direção pode ser substituída pela necessidade de eficiência. A conversão para a forma máquina torna-se necessária – o poder de um líder deve ser substituído pelo dos administradores.

A implicação é que as organizações passam por esses estágios à medida que se desenvolvem, em uma seqüência dos chamados ciclos de vida. O ciclo de vida mais comum é aquele mencionado acima. Começa com a forma empreendedora e vai descendo pelo lado esquerdo do pentágono. O crescimento leva à forma máquina, e crescimento ainda maior leva à forma diversificada. Outro ciclo de vida, representado ao longo do lado direito do pentágono, ocorre para empresas dependentes de especialização. Elas passam da forma empreendedora para a forma profissional (se puderem padronizar seus serviços) ou para a forma inovadora (se seus serviços forem mais criativos). Outra conversão comum é quando uma forma inovadora decide explorar e aperfeiçoar as habilidades que desenvolveu e estabelecer-se em uma forma profissional, uma conversão comum na área de consultoria.

A ideologia e a política desempenham um papel na conversão. A ideologia é a forma mais importante nas organizações jovens. Isso porque, nesse caso, as culturas podem se desenvolver mais facilmente, especialmente com liderança carismática no estágio empreendedor. Em comparação, é extremamente difícil construir uma cultura forte e duradoura em uma organização madura. A política, por outro lado, que geralmente é a energia da organização jovem, dissipa-se e suas atividades tornam-se mais difusas. À medida que a organização se torna mais formalizada, sua cultura vai diminuindo e a política se torna uma força mais importante.

DIVISÃO NA CONVERSÃO

Algumas conversões são fáceis porque estão muito maduras. Mas a maioria é difícil e cheia de conflitos, exigindo períodos de transição prolongados e agonizantes. Quando a organização em transição se situa entre a velha e a nova forma, ela se torna um tipo de combinação. As forças que criam a conversão também criam a possibilidade de divisão. Como a organização lida com essas contradições?

CONTRADIÇÃO

As organizações que precisam reconciliar forças contraditórias, especialmente ao lidar com mudança, sempre procuram a força cooperativa da ideologia ou a força competitiva da política. Na verdade, essas duas forças representam uma contradição que deve ser administrada se a organização não quiser perder o controle.

Embora seja verdade que cada uma delas pode dominar uma organização e conduzi-la para uma forma missionária ou política, mais comumente elas agem de forma diferente, como *catalisadoras*. A ideologia tende a levar o comportamento para dentro, em direção a um núcleo comum; a política afasta o comportamento do ponto central. Uma força é centrípeta, a outra é centrífuga. Ambas podem agir para promover a mudança ou também para evitá-la. Seja como for, elas algumas vezes tornam as organizações mais eficazes, noutras vezes, menos.

COOPERAÇÃO POR MEIO DE IDEOLOGIA

A ideologia (ou cultura forte) representa a força da cooperação em uma organização, para fins colegiados e de consenso. Ela encoraja seus membros a olhar para dentro, a assumir o comando dos imperativos da própria visão da organização. Uma implicação mais importante é que a infusão de ideologia torna qualquer configuração mais efetiva. As pessoas se empolgam na busca de eficiência ou proficiência ou o que quer que leve a organização para a frente. Quando isso acontece a uma organização máquina – como no McDonald's, muito receptivo a seus clientes e muito sensível a seus funcionários – temos uma "burocracia animada". As máquinas burocráticas não deveriam ser animadas, mas a ideologia muda a natureza de sua busca pela eficiência.

Outra implicação é que a ideologia ajuda uma organização a administrar a contradição e, conseqüentemente, a lidar com a mudança. A máquina inovadora e a organização inovadora fortemente controlada são contradições inerentes. Essas organizações lidam com suas contradições por meio de culturas fortes. Tais organizações podem reconciliar mais facilmente suas forças opostas porque o que importa para o seu pessoal é a organização em si, mais do que qualquer uma de suas partes individuais, como produção eficiente ou P&D inovador. A Toyota consegue eficiência e alta qualidade ao mesmo tempo.

LIMITES PARA A COOPERAÇÃO

Ideologias parecem maravilhosas, mas são difíceis de construir e sustentar. E ideologias estabelecidas podem se interpor no caminho da eficácia organizacional. Elas podem desencorajar a mudança ao forçar todo mundo a trabalhar com o mesmo conjunto de crenças. Isso tem implicações para a estratégia. A mudança *dentro* da perspectiva estratégica, para uma nova posição, é facilitada por uma ideologia forte. Mas mudança *de* perspectiva – mudança fundamental – é desencorajada por ela.

CONCORRÊNCIA POR MEIO DA POLÍTICA

A política em uma organização representa a força para a concorrência, para o conflito e para o confronto. Ela também pode infundir qualquer uma das configurações ou combinações, nesse caso agravando a contaminação e a divisão. Em uma configuração, o representante da força dominante "reina" sobre os demais. Isso pode levar à contaminação. Em uma combinação, os representantes de várias forças apreciam a oportunidade de lutar uns com os outros, agravando a divisão.

Um problema enfrentado pelos gerentes estratégicos é que as políticas podem ser uma força mais "natural" do que a ideologia. Deixadas por sua conta, as organizações parecem separar-se muito facilmente. Mantê-las unidas exige um esforço considerável e constante.

BENEFÍCIOS DA CONCORRÊNCIA

Se a união da cultura desencoraja as pessoas a lidarem com a mudança fundamental, então a separação da política pode se tornar o único caminho para assegurar que isso aconteça. Para mudar é necessário desafiar o *status quo*. A política pode facilitar isso; se não houver nenhuma força empreendedora ou inovadora estimulando a mudança estratégica, ela pode ser a *única* força para a mudança.

A política e a ideologia podem promover a eficácia organizacional e também miná-la. A ideologia pode ser a força para revitalizar e energizar a empresa, tornando seu pessoal mais receptivo. Mas ela também pode impedir a mudança fundamental. Da mesma forma, a política sempre impede as mudanças necessárias e desperdiça recursos valiosos. Mas ela também pode promover mudanças importantes que não estariam disponíveis de outra forma. Ela pode permitir que aqueles que percebem a necessidade de mudança desafiem os que não percebem.

COMBINANDO COOPERAÇÃO E COMPETIÇÃO

A última contradição restante é exatamente entre ideologia e política. A ideologia e a política precisam ser reconciliadas. Reunir ideologicamente infunde vida; separar politicamente desafia o *status quo*. Apenas ao encorajar as duas coisas uma organização pode sustentar sua viabilidade. A ideologia ajuda as forças secundárias a conter uma força dominante; a política as encoraja a desafiá-la.

O equilíbrio entre ideologia e política dever ser dinâmico. Na maioria das vezes a ideologia deve unir as coisas, contida pela competição interna saudável. Porém, quando a mudança fundamental se torna necessária, a política deve ajudar a separar a organização temporariamente.

COMPETÊNCIA

O que torna uma organização eficaz? A visão "Peteriana" (assim chamada após a fama de Tom Peters com *Em busca da excelência*) é de que as organizações devem ser "participativas, conduzidas por valor". A visão "Porteriana" (em homenagem a Michael Porter) diz que as organizações devem usar a análise competitiva. Para Porter, a eficácia reside na estratégia, enquanto que para Peters são as operações que contam. Um diz faça as coisas certas, o outro diz faça as coisas corretamente. Mas precisamos entender o que leva uma organização a uma estratégia viável inicialmente, o que a torna excelente nessa estratégia e como algumas organizações conseguem sustentar viabilidade e excelência em face da mudança.

Aqui estão cinco visões para nos guiar em nossa busca de eficácia organizacional:

Convergência

Primeiro é a hipótese de *convergência*. Seu lema é que há "uma melhor maneira" de planejar uma organização. Isso é geralmente associado à forma máquina. Uma boa estrutura é aquela com hierarquia de autoridade rígida, com níveis de controle não superiores a seis, que utiliza muito planejamento estratégico, SGI e o que mais estiver na moda em termos de racionalizadores. Na livro *Em busca da excelência*, por outro lado, Peters e Waterman argumentaram que ideologia era a chave para o sucesso da organização. Não podemos rejeitar essa hipótese – algumas vezes *há* coisas apropriadas para fazer na maioria das organizações – senão em todas. Mas devemos fechar questão com o ponto geral. A sociedade já pagou um preço enorme pelo raciocínio de "uma melhor forma" durante o curso deste século, representado por todas as organizações que foram levadas a usar o que estava na moda em vez daquilo que era funcional. Precisamos olhar além do óbvio, além da hipótese de convergência.

Congruência

Além da convergência está a *congruência* ou o enfoque do "tudo depende". Introduzido na teoria organizacional nos anos 60, esse enfoque sugere que administrar uma organização é como escolher os pratos para jantar em um *buffet* – um pouquinho disso, um pouquinho daquilo, tudo selecionado de acordo com necessidades específicas. Assim, a eficácia organizacional torna-se uma questão de atender um determinado conjunto de atributos internos, tratado como um tipo de portfólio, com vários fatores situacionais. A hipótese de congruência certamente foi uma melhoria mas, como um prato de jantar abastecido com uma antiga variedade de alimentos, ela não foi boa o suficiente.

Configuração

O lema da hipótese de *configuração* é "juntar tudo". Planeje sua organização como você faria com um quebra-cabeças, juntando as peças organizacionais para criar uma figura coerente e harmoniosa. Não há razão para acreditar que as organizações são bem-sucedidas em grande parte porque são consistentes naquilo que fazem; elas são certamente mais fáceis de administrar dessa forma. Mas, como vimos, a configuração também tem limites.

Contradição

Enquanto os aglomeradores podem gostar da hipótese de configuração, os divisores preferem a hipótese de *contradição*. Sua função é administrar a tensão dinâmica entre as forças contraditórias. Elas apontam para a ocorrência comum de combinações e conversões, em que as organizações são forçadas a administrar forças contraditórias. Essa é uma hipótese importante – junto com a de configuração (que está em sua própria tensão dinâmica) – é um indício importante para a eficácia organizacional. Mas ainda não é suficiente.

Criação

A organização verdadeiramente notável transcende todas as anteriores ao mesmo tempo em que se baseia nelas para atingir algo mais. Ela respeita a hipótese de *criação*. A criatividade é seu forte, "entender sua natureza interna" é seu lema, Lego é sua imagem. As organizações mais interessantes vivem nas extremidades, longe da lógica das organizações convencionais onde, como Raphael (1976: 5-6) destacou na biologia (por exemplo, entre o mar e a terra, ou às margens da floresta), podemos encontrar as formas de vida mais ricas, mais variadas e mais interessantes. Isso pode ser chamado de visão "Prahaladiana" (em homenagem a C. K. Prahalad e suas idéias de "objetivo estratégico" discutidas no Capítulo 3). Não apenas faça as coisas certas corretamente, mas continue fazendo! Tais organizações continuam inventando novos métodos para resolver problemas desagradáveis, garantindo a todos nós novas formas de lidar com nosso mundo de organizações.

LEITURA 18.2
ADAPTAÇÃO ORGANIZACIONAL[2]
por James G. March

...Quase todas as teorias organizacionais presumem uma tendência para que a mudança ambiental seja refletida na mudança organizacional. Os ambientes e a história moldam as formas e práticas organizacionais, embora o façam de forma muito ineficiente... e sempre aos trancos e barrancos... Como resultado, mudanças específicas no mundo são vistas como uma tendência a gerar mudanças específicas nas organizações à medida que elas tentam sobreviver e são selecionadas por seus ambientes competitivos. Por exemplo, aumentos na conectividade global e no uso de modernas tecnologias de informação sempre são vistos como prováveis condutores ao aumento do uso de redes não-hierárquicas nas atividades de coordenação, e aumento na importância do conhecimento e no índice de mudança em seu conteúdo sempre é visto como provável condutor a uma ênfase menor no aprendizado por execução e maior no acesso a fontes externas de conhecimento.

Em um nível mais geral, porém, histórias de mudança ambiental rápida convidam a uma previsão de que os ambientes futuros vão favorecer as organizações que conseguem ser flexíveis e adaptar-se rapidamente à mudança. As organizações que não conseguem se adaptar parecem destinadas a expirar à medida que o mundo ao seu redor muda. Isso gerou um entusiasmo considerável para a criação de organizações capazes de aprender, de adaptar-se às mudanças que enfrentam...

A capacidade de adaptação envolve tanto o aproveitamento do que já é conhecido como a exploração do que pode vir a ser conhecido (March, 1991; 1994b). O *aproveitamento* refere-se às melhorias de curto prazo, refinamento, rotinização e elaboração de idéias, paradigmas, tecnologias, estratégias e conhecimento já existentes. Ele se baseia em atenção focada, precisão, repetição, análise, sanidade, disciplina e controle. O aproveitamento é obsequiado por conhecimento, formas e práticas que facilitem o bem-estar da organização no curto prazo. Ele se beneficia com atenção precisa, raciocínio sistemático, aversão a risco, foco claro, trabalho duro, treinamento e refinamento de detalhes. Isso inclui localizar e desenvolver competências e reunir essas competências para produzir produtos conjuntos. Isso inclui gerenciar as habilidades de uma organização, facilitar a comunicação e a coordenação, eliminar o afrouxamento. Isso inclui definir e medir desempenho e associar fortemente atividades com medidas de desempenho.

O aproveitamento também atua como uma busca de legitimidade. As pessoas na organização e as pessoas com quem elas interagem são conduzidas pela compreensão do comportamento apropriado. Elas tentam agir apropriadamente e esperam que os outros também o façam. Exibir formas organizacionais apropriadas e agir

---
[2] Reimpresso, com cortes, de um artigo originalmente intitulado "The Future Disposable Organizations and the Rigidities of Management", *Organization*, November 1995.

de maneira apropriada gera suporte e, conseqüentemente, visa à sobrevivência... Quando as organizações buscam eficiência técnica e legitimidade, elas concentram energia em preocupações de curto prazo. Elas refinam habilidades, reduzem custos e adotam procedimentos padrão. Elas mobilizam esforços para atingir objetivos de curto prazo claramente definidos. Alguns termos modernos são reengenharia, redução de tamanho e gerenciamento com qualidade total.

A *exploração* refere-se à experimentação de novas idéias, paradigmas, tecnologias, estratégias e conhecimento na esperança de encontrar alternativas que melhorem as já existentes. Ela se baseia em acaso, tomada de risco, novidade, associação livre, loucura, disciplina frouxa e controle relaxado. A característica marcante da exploração é o fato de ser arriscada. O sucesso não é assegurado; na verdade, nem sempre é atingido. Mesmo quando a exploração é bem-sucedida, suas recompensas são sempre lentas e não necessariamente percebidas pelas partes da organização que pagaram os custos. A tomada de riscos exploratória parece ser mais provável quando uma organização de alguma forma não está conseguindo atingir suas aspirações do que quando está. Ela é estimulada pelo fracasso. Algumas vezes também é estimulada, em grande parte não intencionalmente, pela inatividade operacional e pela ilusão de que os atores organizacionais têm habilidades para superar os riscos...

A capacidade de adaptação exige tanto aproveitamento quanto exploração. Um sistema que se especializa em aproveitamento vai descobrir que se torna cada vez melhor em uma tecnologia cada vez mais obsoleta. Um sistema que se especializa em exploração nunca vai perceber as vantagens de suas descobertas...

As dinâmicas do aprendizado tendem a destruir o equilíbrio... Em geral, os retornos de aproveitamento do conhecimento existente são sistematicamente mais próximos em tempo e espaço do que os retornos da exploração de possíveis novos conhecimentos. Isso produz as bem conhecidas "armadilhas" dos sistemas maleáveis. A primeira é a armadilha do "fracasso". Na armadilha do fracasso, uma organização falha, tenta uma nova direção, falha novamente, tenta outra direção, e assim por diante. O processo gera um ciclo infinito de falha e exploração. O ciclo é sustentado pelo fato de que a maioria das novas direções são idéias ruins, e grande parte das boas novas idéias geralmente requer prática e tempo para realizar suas capacidades. No curto prazo, mesmo as boas idéias falham e são rejeitadas. A armadilha do fracasso resulta em impaciência, com um novo curso de ação e um excesso de exploração.

A segunda é a armadilha do "sucesso". Quando uma organização é bem-sucedida, ela repete as ações que parecem ter produzido o sucesso. Como resultado de ações repetidas, ela se torna mais proficiente na tecnologia envolvida. Como resultado de maior proficiência, ela tende a ser bem-sucedida de novo, e assim por diante. O processo gera um ciclo infinito de sucesso, aumento de competência e eficiência local. Novas boas idéias ou tecnologias não são testadas ou, quando são, não têm um resultado tão bom quanto o da tecnologia existente (devido à disparidade de competência entre as duas). A armadilha do sucesso resulta em falha na experimentação adequada...

Dentro dessa pequena história de mudança organizacional podemos ver um dilema fundamental das organizações. Aproveitamento e exploração estão unidos em uma simbiose duradoura. Um precisa do outro para contribuir efetivamente para a sobrevivência e a prosperidade da organização. Ao mesmo tempo, porém, um interfere com o outro. O aproveitamento mina a exploração. Ele desencoraja a experimentação e a variação, que são essenciais para a sobrevivência de longo prazo. Ele resulta no apego a uma habilidade (atualmente eficaz) até o ponto em que há pouca exploração de outras, ou de não conseguir apegar-se a uma habilidade (atualmente ineficaz) por tempo suficiente para determinar seu verdadeiro valor. De modo similar, a exploração mina o aproveitamento. Os esforços para promover a experimentação encorajam a impaciência com novas idéias, tecnologias e estratégias. Elas tendem a ser abandonadas antes que tenha sido dedicado a elas tempo suficiente para desenvolver a competência que as tornaria úteis. A impaciência da exploração resulta em sonhos não-realizados e descobertas não-elaboradas. Como resultado das maneiras como o aproveitamento e a exploração tendem a extinguir-se mutuamente, as organizações persistentemente falham ao manter um equilíbrio eficaz entre os dois...

Os Perigos e as Glórias da Imaginação

Os entusiastas de profecias para o futuro enfrentam uma realidade implacável. Profecias sobre o futuro das organizações são previsivelmente ruins. Bem-informados, analistas cuidadosos não têm um registro muito melhor do que aqueles que consultam folhas de chá. E isso não é porque a consulta em folhas de chá tenha um bom registro, mas porque a análise tem um registro ruim. Até Marx, que era consideravelmente mais inteligente do que a maioria de nós, não conseguiu acertar tudo. A futurologia organizacional é uma profissão na qual as reputações são moldadas com a empolgação da novidade, do medo e da esperança. E são destruídas pelo desdobramento da experiência.

As imaginações de possíveis organizações são justificadas não por seu potencial para prever o futuro (que é quase certamente pequeno), mas por seu potencial de nutrir um comprometimento não-crítico e uma loucura perseverante, necessários para rigidez organizacional e individual sustentada em um ambiente seletivo. Muitos observadores perceberam o papel da imaginação no estímulo de descobertas, mas, deste ponto de vista, seu papel primário é menos criar novas idéias do que protegê-las de uma não-confirmação. É improvável que a imaginação seja mais correta do que a convenção, mas ela é mais lúcida, mais autônoma e mais constrangedora.

A clareza de visão protege as imaginações desviadas da falta de confirmação de experiência e conhecimento. O apego a uma fantasia converte as ambigüidades da história em confirmações de crença e um desejo de persistir em um curso de ação. Esse caráter auto-sustentador da imaginação protege o comprometimento de inoportunidades da realidade. Os adivinhos do futuro criam mundos protegidos de ignorância, ideologia e fé. Dentro desse abrigo que eles fornecem, a loucura é protegida por tempo suficiente para elaborar seus desafios à ortodoxia.

> Comecei a imaginar se as coisas de fato existiam, se a realidade não era uma substância disforme e gelatinosa, capturada apenas pela metade por meus sentidos... Fui consolada pela idéia de que poderia pegar a gelatina e moldá-la para criar qualquer coisa que eu quisesse,...meu próprio mundo habitado por pessoas vivas, um mundo no qual eu impunha regras e poderia mudar todas elas. Nas areias imóveis onde minhas histórias germinaram, cada nascimento, morte e acontecimento dependia de mim. Eu poderia plantar o que quisesse naquelas areias; só precisava falar a palavra certa para criar vida. Às vezes eu achava que o universo fabricado pelo poder da imaginação tinha contornos mais fortes e mais duradouros do que o reino indistinto das criaturas humanas ao meu redor. (Eva Luna, em Allende, 1989, pp. 187-188).

A palavra moderna é "visão" e sua insinuação de sonhos é apropriada. As imaginações do futuro são mais fortes e mais duradouras do que o reino indistinto das criaturas humanas ao nosso redor, e esse poder protege a exploração de seus inimigos...

Como nos recorda Eva Luna, paixões intelectuais por inteligência racional e imaginação reprimida nunca extinguiram totalmente a estética humana baseada na fantasia. Um comprometimento com mundos arbitrariamente imaginados tem em si elementos de beleza simples... Dessa perspectiva, o argumento ocasional entre aqueles que imaginam as organizações como mutantes e duradouras e aqueles que as imaginam como rígidas e descartáveis talvez não seja apenas um argumento sobre a verdade, mas também sobre a beleza e a justiça de possíveis fantasias da existência humana e por isso, talvez, deva ser levado a sério.

LEITURA 18.3
INOVAÇÃO DA ESTRATÉGIA E A BUSCA DE VALOR[3]
por Gary Hamel

...Acredito que apenas as empresas capazes de reinventarem a si mesmas e seus setores de forma profunda ainda vão existir daqui a uma década. A questão hoje não é se você pode fazer uma reengenharia nos seus processos; a questão é se você pode reinventar todo o modelo do setor – como a Amazon.com vem tentando fazer na venda de livros...

Em setor após setor, são os revolucionários – geralmente recém-chegados – que estão criando uma nova riqueza. Evidentemente, há exemplos de empresas, como a Coca-Cola e a Procter & Gamble, que conseguem reinventar continuamente a si mesmas e seus setores mas, quase sempre, as empresas do setor deixam de desafiar suas próprias ortodoxias e sucumbem às rivais não-convencionais.

O ponto parece incontestável: *em um mundo descontinuado, a inovação da estratégia é a chave para a criação de riqueza.* A inovação de estratégia é a capacidade de reconceber o modelo de setor existente de forma a criar um novo valor para clientes, eliminar concorrentes e produzir uma nova riqueza para todos os interessados. A inovação de estratégia é a única forma para os recém-chegados terem sucesso face às enormes desvantagens de recursos, e a única forma que as empresas têm para renovar seu contrato com o sucesso. E, se redefinirmos a métrica do sucesso corporativo como *parcela da criação de nova riqueza* dentro de um domínio amplo de oportunidade – por exemplo, energia, transporte, comunicações, computação, etc. –, o imperativo da inovação torna-se inescapável.

Hoje, muitas empresas estão preocupadas com o EVA (valor econômico agregado), mas EVA – ganhar mais do que seu custo de capital – é apenas o ponto de partida. O objetivo não é ganhar mais do que o custo de capital; o objetivo é capturar uma parcela desproporcional de criação de riqueza do setor. Há muitas empresas na área de semicondutores que ganham mais do que seus custos de capital, mas foi a Intel que criou e capturou grande parte do novo valor no setor de microprocessadores durante a última década. É claro que a Intel ganha seu custo de capital, mas ela ganha muito mais do que isso...

O crescimento é o placar, mas definitivamente não é o jogo. A concentração no crescimento, e não no jogo da inovação da estratégia, tende a destruir a riqueza em vez de criá-la. A razão é simples. Há tantas maneiras estúpidas para crescer como há para diminuir: aquisições que destroem valor (Sony e Matsushita em Hollywood), batalhas de participação de mercado que reduzem a lucratividade do setor (a favorita perene das empresas aéreas) e projetos milionários impraticáveis (pense em Apple e

---
[3] Reimpresso, com cortes, de "Strategy Innovation and the Quest for Value", Gary Hamel, *Sloan Management Review,* Winter 1998, 7-14.

Newton) são apenas uns poucos exemplos que poderiam ilustrar o perigo de estratégias de crescimento destrutivas. Desnecessário dizer que as empresas que adotam crescimento que destrói valor nunca vão figurar em nenhuma lista de bom desempenho.

Quando cavamos mais fundo, descobrimos que... empresas extraordinariamente bem-sucedidas... cresceram ao mudar radicalmente a base de competição em seus setores. Ou elas inventaram setores totalmente novos ou reinventaram drasticamente aqueles já existentes. Isso ocorreu com a Home Depot, a Amgen, a Nike, a Intel, a Compaq, a Gap e muitas outras empresas que figuram na lista das superestrelas. Todas desenvolveram estratégias não lineares.

A ESTRATÉGIA É IRRELEVANTE?

Então, se a inovação da estratégia é a chave para criar novas riquezas, por que "estratégia" não é mais uma "grande idéia" na maioria das empresas? Por que ela parece exigir tão pouco tempo e atenção da alta gerência? E por que os planejadores são uma espécie cada vez mais ameaçada?

O ambiente competitivo enfrentado pelas empresas atualmente é muito, muito diferente daquele que deu origem ao conceito de estratégia há cerca de trinta anos. Mas, embora o ambiente da estratégia rapidamente mutante tenha desvalorizado parcialmente alguns conceitos tradicionais de estratégia, como análise da estrutura do setor, ele também deu ímpeto para muitas novas idéias. Na verdade, o contexto mutante para estratégia provocou uma imensa quantidade de novas idéias sobre o *conteúdo* da estratégia. Os novos temas no mundo da estratégia incluem: previsão, conhecimento, competências, coalizões, redes, concorrência extra-mercado, ecossistema, transformação, renovação. Todos esses assuntos são intensamente contemporâneos.

Então os estrategistas certamente não podem ser acusados de não conhecerem as novas realidades competitivas. Mas, por mais informados que eles sejam, eles não são impactantes. Por quê? Porque os gerentes simplesmente não sabem o que fazer com todos esses maravilhosos conceitos, estruturas e outros termos da moda que brotam das páginas do *Harvard Business Review,* que congestionam os corredores dedicados à administração nas livrarias e que cintilam nas páginas brilhantemente editadas das revistas empresariais.

Os estrategistas podem ter muito a dizer sobre o contexto e o conteúdo da estratégia, mas, nos últimos anos, eles tiveram muito pouco a dizer sobre a *condução* da estratégia – ou seja, a tarefa de fazer a estratégia. Parece que ninguém sabe muito sobre como criar estratégia. Os gerentes hoje sabem como inserir disciplinas de qualidade, como aplicar reengenharia de processo e como reduzir os ciclos de tempo, mas não sabem como promover o desenvolvimento de estratégias de criação de riqueza.

Então, embora tenha havido muita inovação no conteúdo da estratégia – a gerência tem uma lista sempre crescente de questões "estratégicas" para tratar – não houve inovação correspondente em torno da condução da estratégia. Vamos encarar isso, o processo anual de planejamento estratégico na maioria das empresas mudou muito pouco durante a última ou as duas últimas décadas.

É irônico; a capacidade de pensamento estratégico profundo nunca foi tão necessária como nos turbulentos tempos atuais, mas, mesmo assim, nas duas últimas décadas, a "parcela de voz" da estratégia nunca foi mais baixa nos corredores do poder corporativo...

QUAIS SÃO OS SEGREDOS DA CRIAÇÃO DE ESTRATÉGIA?

A indústria da estratégia – todos aqueles consultores, professores de escolas de administração, autores e planejadores – tem um pequeno segredo sujo. Todos conhecem uma estratégia quando vêem uma – seja da Microsoft, da Nucor ou da Virgin Atlantic. Todos nós reconhecemos uma grande estratégia depois que ela é posta em prática. No método de estudo de caso, os professores oferecem as estratégias para serem admiradas, ou ridicularizadas, pelos pretensamente sábios alunos de MBA. Suas explicações posteriores do sucesso e fracasso competitivo resultantes são formidavelmente belas. Somos ótimos em espetar borboletas. Mas nossas bibliotecas de casos e revistas empresariais, com suas histórias de sucesso e fracasso corporativo, são museus cheios de espécies mortas. Colocado de maneira simples, todos nós conhecemos estratégia como uma "coisa" – depois que alguém a embalou e etiquetou. Também entendemos planejamento como um "processo". Mas o processo de planejamento não produz estratégia, produz planos – um ponto que Henry Mintzberg levantou mais de uma ocasião.

Qualquer pessoa que alegue ser um estrategista deveria ficar muito embaraçada pelo fato de o segmento de estratégia não ter uma teoria de criação de estratégia! Não se sabe de onde vêm as novas estratégias corajosas de criação de valor...

As questões que devemos considerar são: como podemos criar uma explosão cambriana de estratégias inovadoras dentro da empresa? O que é necessário para inventar a nova estratégia da "curva do S"? Para responder essas perguntas, devemos ter uma teoria de inovação estratégica. Desenvolver tal teoria é um grande projeto. Tudo que posso fazer aqui é oferecer algumas poucas proposições iniciais.

Concordo com Mintzberg que a estratégia "emerge". Mas não acredito que a natureza emergente da criação de estratégia nos impeça de ajudar e apoiar o processo de inovação estratégica. Não estamos desamparados. A razão pela qual não acredito que estejamos desamparados é porque a estratégia não emerge simplesmente – ao contrário, ela é *emergente*, no mesmo sentido encorpado que a vida em si é emergente. Uma das coisas que aprendemos com as teorias da complexidade é que ao criar o conjunto correto de precondições, podemos provocar a emergência. Stuart Kauffman, um pioneiro na teoria da complexidade, sugeriu que a vida começou com um sistema "autocatalítico" – um conjunto auto-reforçador de reações químicas. Concorde você ou não, a analogia pode ser útil. O que, devemos perguntar, vai catalisar o surgimento de estratégias novas e viáveis em uma organização bem-sucedida, embora complacente? Meu palpite é que a resposta, embora talvez sutil, seja mais fácil de descobrir do que o mistério da vida.

Uma vez que você comece a pensar em estratégia como um fenômeno emergente, percebe que sempre atacou o lado errado do problema. Estrategistas e executivos seniores sempre trabalharam "na estratégia", e não nas precondições que levariam à inovação da estratégia. Em resumo, eles estavam tentando planejar organismos complexos e multicelulares em vez de tentar entender e criar as condições a partir das quais esses organismos surgiriam...

Duas grandes forças da natureza parecem ser contrapostas. Por um lado, há uma tendência geral em direção à entropia. Quando convertemos combustível fóssil em calor, para movimentar nossos carros ou aquecer nossas casas, estamos transformando energia altamente ordenada – moléculas de carbono complexas – em energia "desordenada" – calor, e também uma variedade de poluentes. Essas coisas nunca podem ser "retrocedidas em conjunto". A segunda lei da termodinâmica sugere que estamos avançando inevitavelmente em direção ao caos. A lei não apenas caracteriza os sistemas físicos, ela sempre parece caracterizar os sistemas humanos. Muitas organizações parecem ser afetadas por um tipo de "entropia institucional" na qual energia, entusiasmo e eficácia se dissipam lentamente com o tempo.

Ainda assim, vemos ordem por toda parte: a Bolsa de Valores de Nova York, a rede de fornecedores da Toyota, uma grande universidade e, o maior milagre de todos, nós mesmos. Um ser humano é uma coisa quase infinitamente mais ordenada e um sistema muito, muito mais complexo do que um organismo unicelular. A ordem parece ser a segunda grande força na natureza. E, enquanto a entropia parece inevitável nos sistemas físicos, não há nada que sugira que ela seja inevitável nos sistemas biológicos ou humanos...

Embora um sistema de vida complexo e a ordem que ele possui não seja provavelmente produto da variação aleatória, ele também não pode ser designado de cima para baixo. A Bolsa de Valores de Nova York não poderia ser projetada de cima para baixo. Nem poderia sê-lo a vida na Internet, um ser humano ou uma estratégia complexa, mas internamente consistente. O que ocorre em todos esses casos é o que Kauffman chama de "ordem sem criação cuidadosa". "Ordem *sem* criação cuidadosa" – gostaria de sugerir que essa fosse a meta do processo de estratégia.

A ordem surge a partir de regras simples e profundas. Craig Reynolds mostrou que com três regras simples podemos simular o comportamento de um bando de pássaros em um vôo. Isso não significa que *não há* criação, *não há* projeto, apenas que isso funciona em nível de precondições e com parâmetros amplos – não no nível de um projeto detalhado. Assim, embora houvesse uma arquitetura simples por trás da Internet, ninguém poderia prever todas as ricas permutas da vida baseada na rede que emergiriam na nova biosfera *on-line*...

Como todas as formas de complexidade, a estratégia está equilibrada entre a ordem perfeita e o caos total, entre a eficiência absoluta e a experimentação cega, entre autocracia e uma completa *adhocracia*...

Deixe-me fazer uma pergunta para aqueles que já tiveram que fazer um estudo de caso na escola: você nunca chegou até a metade de uma apresentação brilhante da estratégia de uma empresa e pensou com seus botões: "Eles realmente tinham tudo isso em mente antes? Não teria sido apenas sorte? Não seria a percepção tardia 20/20? E todas as falhas?" Certamente você já fez isso. Essas questões impertinentes estão no centro de nossa busca por uma teoria de criação de estratégia. Uma grande estratégia é sorte ou é previsão? Evidentemente, a resposta é que estratégia é as duas coisas. A circunstância, a cognição, os dados e o desejo convergem, e nasce uma estratégia. O fato de a estratégia ter um elemento significativo de sorte não deve nos levar ao desespero. As alternativas não são a escola de projeto "gênio" nem a escola de processo "confusa". A questão é, como podemos aumentar as probabilidades de surgimento de novas estratégias criadoras de riqueza? Como podemos fazer a sorte acontecer? Como podemos instigar seu surgimento?

COMO A ESTRATÉGIA EMERGE?

A idéia mais fundamental da teoria da complexidade é que "comportamento complexo não precisa ter raízes complexas", como colocou Christopher Langton tão sucintamente. Então, quais são as raízes simples da criação de estratégia? Minha experiência e a dos meus colegas na Strategos, ajudando as empresas a melhorarem sua capacidade de criar estratégias, sugere que há cinco precondições para o surgimento de estratégia...

1. **Novas vozes.** Trazer "material genético" novo para o processo de estratégia sempre serve para iluminar as estratégias não-convencionais. A alta gerência deve desistir de monopolizar a criação de estratégia, e constituintes que anteriormente tinham pouca representação devem ter uma parcela de voz maior no processo de criação da estratégia. Especificamente, acredito que pessoas jovens, recém-chegadas, e aquelas na periferia geográfica da organização merecem uma parcela de voz maior. É nesses consti-

tuintes que se esconde a diversidade. Assim, a criação de estratégia deve ser um processo pluralista, um empreendimento profundamente participativo.

2. **Novas conversações.** Criar um diálogo sobre estratégia que atravesse todas as fronteiras usuais da organização e do segmento aumenta substancialmente as probabilidades de que surjam idéias para a nova estratégia. Muito freqüentemente, nas grandes organizações as conversações se tornam intrínsecas com o tempo, com as mesmas pessoas falando com as mesmas pessoas sobre as mesmas questões, ano após ano. Depois de um tempo, as pessoas têm pouco a aprender umas com as outras. As oportunidades para novas idéias são criadas quando alguém sobrepõe o conhecimento previamente isolado de novas formas.

3. **Novas paixões.** Outro pré-requisito é liberar o senso profundo de descoberta que reside em quase todo ser humano e concentrar esse senso de descoberta na busca de novas estratégias criadoras de riqueza. Acredito que a suposição muito difundida de que as pessoas são contra a mudança está categoricamente errada. As pessoas são contra a mudança quando ela não oferece a possibilidade de novas oportunidades. Fala-se muito hoje em retorno sobre investimento, mas eu gosto de pensar em termos de retorno sobre investimento emocional. As pessoas não vão investir emocionalmente em uma empresa e em seu sucesso se não acreditarem que terão um retorno sobre esse investimento. Toda a minha experiência sugere que as pessoas aceitam animadamente a mudança quando têm uma parcela de voz na invenção do futuro de sua empresa. Elas vão investir quando houver uma chance de criar um futuro único e empolgante do qual elas possam participar.

4. **Novas perspectivas.** Novas lentes conceituais, que permitam às pessoas reconceber seu setor, as capacidades de sua empresa, as necessidades do cliente, etc. ajudam substancialmente o processo de inovação estratégica. Para aumentar a probabilidade de inovação da estratégia, os gerentes devem tornar-se mercadores da nova perspectiva. Eles devem procurar constantemente por novas lentes que ajudem as empresas a reconceberem a si mesmas, seus clientes, seus concorrentes e, conseqüentemente, suas oportunidades.

5. **Novos experimentos.** Lançar uma série de pequenos experimentos sem risco no mercado ajuda a maximizar o índice de aprendizado da empresa, indicando quais das novas estratégias vão funcionar e quais não vão. As idéias que vêm de um diálogo estratégico com base ampla nunca serão perfeitas. Embora muita análise tradicional possa ser feita para refinar essas idéias, transformando-as em estratégias viáveis, há muita coisa que só pode ser aprendida no mercado.

Então, onde isso nos leva? Devemos passar menos tempo trabalhando na estratégia como uma "coisa" e mais tempo trabalhando para entender as precondições que dão origem a essa "coisa". Executivos, consultores e professores das escolas de administração devem reequilibrar a atenção dedicada a contexto, conteúdo e condução em favor da condução.

Concentrando-nos na condução da estratégia não estaremos apenas tentando *descobrir* alguma coisa – as propriedades escondidas do surgimento da estratégia – estaremos também tentando *inventar* alguma coisa. Como aqueles antigos neandertais tentando descobrir os princípios do cozimento... precisamos inventar um forno – *um forno estratégico...*

LEITURA 18.4
COMO NOS TORNAMOS DIGITAIS SEM UMA ESTRATÉGIA[4]
por Ricardo Semler

Sou o dono de uma empresa sul-americana chamada Semco, no valor de US$ 160 milhões, e não tenho idéia em que área de negócios ela está. Eu sei o que a Semco faz – fazemos coisas, prestamos serviços, hospedamos comunidades na Internet – mas não sei o que é a Semco. Nem quero saber. Nesses 20 anos com a empresa, resisti firmemente a qualquer tentativa de definir nossos negócios. A razão é simples: no momento em que você diz a área de negócios em que atua, coloca seus funcionários em uma camisa de força mental. Você estabelece fronteiras em torno do pensamento deles e, pior de tudo, dá a eles uma desculpa pronta para ignorar novas oportunidades: "Não atuamos nesta área". Então, em vez de ditar a identidade da Semco a partir do topo, deixei que nossos funcionários a moldassem segundo seus esforços individuais, interesses e iniciativas.

Essa filosofia administrativa bastante incomum chamou muita atenção durante anos. Quase 2.000 executivos de todo o mundo viajaram até São Paulo para estudar nossas operações. Poucos, porém, tentaram seguir nosso exemplo. A forma como trabalhamos – deixando

---
[4] Reimpresso, com cortes, de "How We Went Digital Without a Strategy", R. Semler, *Harvard Business Review*, September-October 2000, 51.

nossos funcionários escolherem o que fazem, onde e quando fazem, e até mesmo quanto ganham – parecia um pouco radical demais para grandes empresas.

Mas recentemente aconteceu algo engraçado: a explosão do poder do computador e o surgimento da Internet remoldaram a paisagem empresarial, e o curso principal mudou. Hoje, as empresas buscam desesperadamente formas de aumentar sua criatividade e flexibilidade, estimular seu fluxo de idéias e liberar seu talento – fazer, em outras palavras, o que a Semco vem fazendo há 20 anos.

Não estou dizendo que a Semco representa um modelo de como as empresas vão operar no futuro. Vamos encarar os fatos: somos uma empresa peculiar. Mas sugiro que alguns dos princípios que sustentam nossa forma de trabalhar vão se tornar cada vez mais comuns e até necessários na nova economia. Em particular, acredito que temos uma organização capaz de transformar-se contínua e organicamente – sem formular declarações de missão e estratégias complicadas, sem anunciar várias diretrizes de cima para baixo ou sem trazer um exército de consultores de mudança administrativa. Quando outras empresas tentarem trazer adaptabilidade para suas organizações, elas podem aprender uma ou duas coisas com a Semco.

TRANSFORMAÇÃO SEM FIM

Durante os últimos dez anos, a Semco cresceu estavelmente, quadruplicando suas receitas e expandindo de 450 para 1.300 funcionários. Mais importante, ampliamos nosso leque drasticamente. No início dos anos 90, a Semco era um fabricante, pura e simplesmente. Fazíamos coisas como bombas, misturadores industriais e lavadoras de louça. Mas, durante o curso da década, diversificamos de forma bem-sucedida, entrando em serviços de margem mais alta. No ano passado, quase 75% de nossos negócios foram na área de serviços. Agora estamos ampliando novamente – dessa vez para o comércio eletrônico. Esperamos que mais de um quarto de nossas receitas no próximo ano venha de iniciativas da Internet, partindo do zero há apenas um ano. Nunca planejamos nos tornar digitais, mas, ainda assim, estamos nos tornando digitais.

Você pode pensar como isso é possível. Como uma organização tão grande pode ter mudado sem que isso tenha sido informado – ou mesmo solicitado? Na verdade, é fácil – mas apenas se você estiver disposto a desistir do controle. As pessoas, eu descobri, vão agir em seus melhores interesses e, por extensão, nos melhores interesses da organização, se tiverem liberdade total. Apenas quando você as refreia, quando você diz a elas o que fazer e como pensar é que elas se tornam inflexíveis, burocráticas e estagnadas. Forçar a mudança é a maneira mais segura para frustrar a mudança.

Chega de preleção. Deixe-me dar um exemplo concreto de como ocorreu nossa transformação. Dez anos atrás, uma das coisas que fazíamos era produzir torres de res-

friamento para grandes edifícios comerciais. Ao conversar com os donos das propriedades que compravam esses produtos, alguns de nossos vendedores começaram a ouvir um refrão comum. Os clientes reclamavam sobre o alto custo de manutenção das torres. Então os vendedores voltaram para a Semco e propuseram abrir uma pequena empresa para administrar a manutenção das torres de resfriamento. Eles disseram: "Vamos cobrar dos clientes 20% de qualquer economia que gerarmos para eles e daremos à Semco 80% dessas receitas, ficando com os 20% restantes como comissão". Nós dissemos: "Muito bem, vamos tentar".

Bem, a pequena empresa obteve sucesso. Reduzimos custos e eliminamos algumas disputas para os clientes, e eles ficaram felizes. Na verdade, eles ficaram tão felizes que nos perguntaram se não queríamos fazer também a manutenção em seus compressores de ar condicionado. Embora não fabricássemos os compressores, nosso pessoal não hesitou. Eles disseram sim. E quando os clientes viram que éramos muito bons na manutenção de compressores, eles disseram: "Vocês sabem, há muitas outras funções maçantes das quais gostaríamos de nos livrar, como limpeza, segurança e manutenção geral. Vocês podem fazer isso?"

Naquele ponto, nosso pessoal percebeu que sua pequena empresa poderia se tornar uma grande empresa. Eles começaram a procurar um sócio que pudesse ajudar a sustentar e ampliar nossa capacidade. Acabaram ligando para a divisão Cushman & Wakefield do grupo Rockefeller, uma das maiores empresas na área imobiliária e de administração de bens nos Estados Unidos, propondo o lançamento de uma *joint-venture* 50-50 no Brasil. A Cushman não se empolgou muito com a idéia a princípio. As pessoas lá diziam: "A administração de bens em si não é um negócio muito lucrativo. Por que não conversamos sobre algo que envolva a parte imobiliária? É aí que está o dinheiro."

Passamos algum tempo pensando em entrar para a área imobiliária. Não tínhamos experiência específica no setor, mas estávamos dispostos a tentar. Porém, quando começamos a investigar, descobrimos que ninguém na empresa estava interessado na parte imobiliária. Ninguém se empolgou. Então voltamos e dissemos para os caras da Cushman: "O setor imobiliário parece um grande negócio, mas não é algo que nos interesse no momento. Por que não começamos apenas o negócio de administração de bens para ver o que acontece?". Eles concordaram, embora não com muito entusiasmo.

Fizemos um investimento inicial de US$ 2.000 cada, suficiente apenas para pagar os advogados e preparar o contrato de licenciamento. Depois liberamos nosso pessoal. Imediatamente conseguimos nosso primeiro contrato, com um banco, e depois mais e mais negócios entravam pela porta. Hoje, cerca de cinco anos mais tarde, a *joint-venture* é um negócio de US$ 30 milhões.

Também é a área de administração de bens mais lucrativa dentro da Cushman & Wakefield. A razão pela qual fomos tão bem-sucedidos é que nosso pessoal entrou no negócio inexperiente, sem estratégias pré-concebidas, e estavam dispostos a experimentar impetuosamente. Em vez de cobrar do cliente da forma tradicional – um valor fixo baseado na metragem do prédio – eles tentaram um modelo de parceria. Assumíamos todas as funções não-básicas do dono do prédio, desempenhávamos essas funções como uma empresa e dividíamos as economias resultantes...

A maioria dos fabricantes provavelmente consideraria essa mudança de fabricação de torres de resfriamento para administração de bens muito radical. Antes de fazer essa transição, eles fariam muita pesquisa sobre seus negócios e suas habilidades básicas. Fariam muitas contas, teriam muitas reuniões e fariam muito planejamento. Não nos demos ao trabalho de fazer nada disso. Apenas deixamos nosso pessoal seguir seus instintos e aplicar seu bom senso, e isso deu certo.

Entrando na Internet

Nossa recente investida para o espaço digital aconteceu praticamente da mesma forma, com nosso pessoal novamente tomando a dianteira. Na verdade, alguns dos oito empreendimentos de Internet que lançamos tiveram origem diretamente em nossas iniciativas de serviço anteriores. À medida que nossos negócios de administração se expandiam, por exemplo, nós os estendemos, por meio de uma *joint-venture* com a Johnson Controls, para administrar pontos de varejo. Como nossos funcionários passaram a trabalhar muito próximos dos gerentes das lojas, eles começaram a perceber os custos gigantescos nos quais os varejistas incorriam com a perda de estoque. Um funcionário solicitou uma licença remunerada para estudar oportunidades nessa área. Demos luz verde e, dentro de um ano, ele tinha nos ajudado a estabelecer uma *joint-venture* com RGIS, a maior empresa de acompanhamento de estoque no mundo. Menos de dois anos mais tarde, o empreendimento tinha se tornado a maior empresa de administração de estoque na América do Sul. Agora a empresa está se expandindo para o controle de estoque via Web, ajudando as empresas *on-line* a coordenar o preenchimento de seus pedidos eletrônicos.

Nosso trabalho em administração de bens também nos deixou face a face com a desorganização e ineficiência na área de construção. Aqui também nosso pessoal viu uma grande oportunidade, que seria baseada nas capacidades únicas da Internet. Diversos membros de nossas *joint-ventures* com a Cushman & Wakefield e com a Johnson Controls se associaram, com o suporte da Semco, para estabelecer um intercâmbio *on-line* que facilitasse o gerenciamento de projetos de construção comercial. Todos os participantes de um projeto de construção – arquitetos, bancos, construtoras, contratados e gerentes de projeto – agora podiam usar nosso intercâmbio para mandar mensagens, conversar em tempo real, emitir propostas e enviar cotações e compartilhar documentos e plantas...

Essa empresa, que estamos operando como uma *joint-venture* 50-50 com a empresa de *software* norte-americana Bidcom, tornou-se um trampolim para novas iniciativas. Uma das mais empolgantes foi a criação de um portal sul-americano na Web para todo o segmento de edifícios... Ganhamos dinheiro cobrando uma taxa de transação para todos os negócios fechados por meio do portal...

Administração Sem Controle

A transformação contínua da Semco é produto de uma filosofia empresarial muito simples: dê liberdade às pessoas para fazer o que quiserem e, no longo prazo, seus sucessos vão exceder muito as suas falhas. A operacionalização dessa filosofia envolveu muita tentativa e erro, com alguns passos para a frente e alguns para trás. A empresa continua fazendo esse trabalho – e espero que continue assim para sempre.

Porém, quando reflito sobre nossa experiência, vejo que aprendi algumas lições importantes sobre a criação de uma organização maleável e criativa. Vou compartilhar com vocês seis dessas lições. Não serei tão presunçoso a ponto de dizer que elas se aplicam à sua empresa, mas pelo menos elas vão instigar seu raciocínio.

Esqueça o Topo da Linha

O maior mito no mundo corporativo é que todas as empresas precisam continuar crescendo para serem bem-sucedidas. Isso é tolice. A medida final de sucesso de uma empresa, eu creio, não é o quanto ela cresce, mas por quanto tempo sobrevive. Sim, algumas empresas foram criadas para ser gigantescas, mas outras para ser médias e outras ainda para ser pequenas. Na Semco, nunca estabelecemos metas de receita para nossas empresas. Deixamos cada uma encontrar seu tamanho natural – o tamanho no qual ela possa manter a lucratividade e manter os clientes felizes. Não há problema se os números se mantiverem os mesmos ou até forem reduzidos, desde que a linha de resultados continue saudável. Em vez de forçar nosso pessoal a expandir uma empresa existente para além de seus limites naturais, nós o encorajamos a começar novos negócios, a ramificar-se em vez de se estabelecer.

Nunca Deixe de Ser uma Empresa Iniciante

A cada seis meses, fechamos a Semco e começamos tudo novamente. Por meio de um rigoroso processo de orçamento e planejamento, forçamos cada uma de nossas empresas a justificar a continuação de sua existência. Se essa empresa não existisse hoje, perguntamos, nós a lançaríamos? Se nós a fechássemos, alienaríamos clientes importantes? Se as respostas forem não, transferimos nosso dinheiro, nossos recursos e nossos talentos para outro lugar. Também damos uma nova olhada em toda a organização, pedindo que todos os funcionários – líderes inclusive – se demitam (em teoria) e peçam para ser readmitidos. Todos os gerentes são avaliados anonimamente por todos os trabalhadores que se reportam a eles e os resultados são anunciados publicamente. Sempre achei estranho que as empresas forcem novas empresas e novos contratados a passar por avaliações rigorosas, mas não façam o mesmo com empresas ou funcionários já existentes.

Não Seja uma Babá

A maioria das empresas sofre do que eu chamo de síndrome do colégio interno. Elas tratam seus funcionários como crianças. Elas dizem onde eles devem estar e a que horas, o que eles devem fazer, como devem se vestir, com quem eles devem falar, etc. Mas se você trata as pessoas como tutelados imaturos, é exatamente assim que elas vão se comportar. Elas nunca pensarão por si mesmas ou tentarão novas coisas ou aproveitarão as oportunidades. Elas só vão fazer o que mandarem e provavelmente não vão fazer com muita garra.

Na Semco, não temos um horário de trabalho estabelecido, nenhum escritório ou escrivaninha designado, nenhum código de vestimenta. Não temos manual do funcionário, nenhuma regra ou regulamentação de recursos humanos. Não temos sequer um departamento de RH. As pessoas vão para o trabalho quando querem e vão para casa quando querem. Elas decidem quando tirar férias e quantos dias de férias precisam. Elas escolhem até como serão remuneradas... Em outras palavras, tratamos nossos funcionários como adultos. E esperamos que eles se comportem como adultos. Se eles cometem erros, assumem a culpa. E como precisam ser recontratados a cada seis meses, sabem que seu emprego está sempre em risco. No final, tudo que nos importa é desempenho. Um funcionário que passa dois dias por semana na praia, mas ainda assim produz valor real para os clientes e para seus colegas, é melhor do que um que trabalha dez horas por dia, mas cria pouco valor.

Deixe o Talento Encontrar Seu Lugar

As empresas tendem a contratar pessoas para trabalhos específicos e depois as deixam presas em um plano de carreira. Elas também tendem a escolher a área em que as pessoas vão trabalhar. As pessoas mais talentosas, por exemplo, podem ser designadas automaticamente para a unidade de negócios com maior potencial de crescimento. As empresas não levam em conta o que as pessoas realmente querem. A falta de conexão entre as necessidades corporativas e os desejos individuais resulta nos altos índices de desperdício de talento que aflige a maioria das empresas hoje.

Nós adotamos um método muito diferente. Deixamos as pessoas escolherem onde vão trabalhar e o que vão fazer (e até decidir, como equipe, quem serão seus líderes). Os novos contratados em todos os níveis participam de um programa chamado 'Perdidos no espaço'. Eles passam de seis meses a um ano circulando pela empresa, verificando nossos negócios, conhecendo pessoas e testando funções. Quando o novo contratado encontra um lugar que se ajuste à sua personalidade e às suas metas, ele fica lá. Como nosso índice de rotatividade nos últimos seis anos foi de menos de 1% – embora sejamos um alvo pesado das empresas de recolocação profissional – devemos estar fazendo a coisa certa.

Tome Decisões Rápida e Abertamente

A melhor maneira de uma organização matar a iniciativa individual é forçar as pessoas a passarem por revisões complicadas e burocráticas e por processos de aprovação. Nós lutamos para facilitar ao máximo a proposição de novas idéias por parte dos funcionários da Semco e nos asseguramos que eles recebam uma resposta rápida e clara sobre nossas decisões. Todas as propostas passam por um conselho executivo que inclui representantes de nossas principais unidades de negócio. As reuniões do conselho são totalmente abertas. Todos os funcionários são bem-vindos – na verdade, sempre reservamos dois lugares no conselho para os dois primeiros funcionários que chegarem na reunião. As propostas têm que atender dois critérios simples que governam todos os negócios que lançamos. Primeiro, a empresa tem que ser um fornecedor acima da média de seu produto ou serviço. Segundo, o produto ou serviço tem que ser complexo, exigindo habilidades de engenharia e apresentando barreiras de entrada altas. As propostas que atendem a esses padrões são lançadas dentro da Semco. Mesmo que o negócio proposto não atenda aos dois critérios, sempre damos apoio como um investidor minoritário se a idéia parecer boa.

Associe-se Promiscuamente

Para explorar e lançar novos negócios rápida e eficientemente, você precisa de ajuda; é pura arrogância assumir que pode fazer tudo sozinho. Tenho orgulho de dizer que, na Semco, nos associamos promiscuamente. Na verdade, não consigo lembrar de um único novo negócio que tenhamos iniciado sem fazer algum tipo de aliança, seja para ganhar acesso a um *software*, contar com uma experiência profunda, trazer novas aptidões, seja apenas para compartilhar riscos. As parcerias foram a base para nossos experimentos e nossa expansão durante anos. Nossos parceiros são considerados uma parte de nossa empresa, assim como nossos funcionários.

FICANDO LIVRE

Viajo muito em meu trabalho e recentemente passei algum tempo no Vale do Silício. Visitei algumas empresas de Internet, falei com visionários da tecnologia e participei de painéis de discussão sobre o futuro dos negócios. As novas empresas e seus fundadores me empolgaram. Vi neles o mesmo espírito que nutrimos na Semco – respeito pelas pessoas e suas idéias, desconfiança em relação à burocracia e à hierarquia, amor pela abertura e experimentação.

Mas estou começando a ver sinais problemáticos, indicando que as formas tradicionais de fazer negócios estão reavaliando sua hegemonia. Os investidores, temo eu, estão começando a forçar jovens empresas iniciantes nos moldes do passado – moldes que alguns achavam que estavam quebrados para sempre. Os CEOs de empresas da linha antiga estão sendo trazidos para estabelecer "disciplina" e "foco". Os empreendedores estão sendo acomodados em escritórios de canto, com secretárias e recepcionistas. Os departamentos de RH estão sendo formados para criar políticas e planejar carreiras. As estratégias estão sendo escritas. Os tipos verdadeiramente criativos estão sendo engaiolados em unidades de serviço e mantidos cada vez mais longe dos tomadores de decisão.

Isso é triste e, suponho, previsível. Mas não é necessário. Se meus 20 anos na Semco me ensinaram algo, foi que empresas bem-sucedidas não precisam se ajustar a um pequeno molde apertado. Você pode construir uma grande empresa sem planos fixos. Você pode ter uma organização eficiente sem regras e controles. Você pode ser livre e criativo sem sacrificar o lucro. Você pode liderar sem exercer poder. Você só precisa acreditar nas pessoas.

LEITURA 18.5
ADMINISTRANDO SILENCIOSAMENTE[5]
por Henry Mintzberg

Uma destacada revista empresarial contrata um jornalista para escrever sobre o presidente de uma grande corporação. O homem esteve no comando por muitos anos e é considerado altamente eficaz. O jornalista submete um excelente artigo, capturando o verdadeiro espírito do estilo gerencial do homem. A revista rejeita o artigo – não era empolgante o suficiente, não ia despertar interesse. Contudo, a empresa acaba de quebrar os recordes de lucro em seu segmento.

Não muito longe, outra grande corporação está passando por uma transformação drástica. A mudança está em toda parte, o lugar está formigando de consultores, as pessoas estão sendo demitidas em grande quantidade. O presidente aparece em todas as publicações empresariais. De repente, ele é demitido: a diretoria considerou a transformação um fracasso.

Volte cinco, dez, vinte ou mais anos e leia a imprensa empresarial – sobre John Scully, da Apple, James Robinson, da American Express, Robert McNamara, do Departamento de Defesa. Os heróis da administração norte-americana... por um período. Depois considere essa proposição: talvez a administração realmente boa seja tediosa. Talvez a imprensa seja o problema, junto com os chamados gurus, já que são eles que personalizam o sucesso e endeusam os líderes (antes de os profanarem). Afinal de contas, as corporações são grandes e complicadas; é preciso muito esforço para descobrir o que de fato está acontecendo. É muito mais fácil assumir que o grande líder fez tudo sozinho. Isso também rende uma história melhor.

Se você quiser testar essa proposição, tente a Suíça. É um país bem-administrado. Nenhuma reviravolta. Pergunte ao próximo suíço que você encontrar o nome do chefe de estado. Não fique surpreso se ele não souber: as sete pessoas que administram o país sentam-se ao redor de uma mesa, sucedendo-se na posição em bases anuais.

ADMINISTRANDO AOS GRITOS

"Esqueça tudo que você sabe sobre como uma empresa deve funcionar – está quase tudo errado!" vocifera a capa do livro intitulado *Reengineering the Corporation* (Fazendo reengenharia na corporação). Exatamente assim. "Fazer reengenharia em uma empresa significa pôr de lado grande parte da sabedoria acumulada em quase 200 anos de gerenciamento industrial", dizem os autores. Pouco importa que Henry Ford e Frederick Taylor, para citar apenas dois, tenham "feito reengenharia" nas empresas há quase um século. A nova marca da reengenharia "é para a próxima revolução das empresas o que a especialização no trabalho foi para a última" (significando a Revolução Industrial). Será que estamos tão entorpecidos com o excesso de publicidade da administração que aceitamos tal exagero como normal?

Não faltam palavras ruidosas no campo da administração. Umas poucas favoritas merecem um comentário especial.

---

[5] Reimpresso, com cortes, de "Managing Quietly", H. Mintzberg, *Leader to Leader*, Spring 1999, 24-30.

- *Globalização.* O escritório central da Federação da Cruz Vermelha em Genebra, Suíça, tem gerentes de mais de 50 países. O secretário-geral é canadense, os três subsecretários-gerais são britânico, sueco e sudanês. (Havia um gerente suíço, mas ele se aposentou recentemente.) Entre empresas que conheço, talvez a que mais se aproxime de uma empresa global seja a Royal Dutch Shell, na qual a maioria dos gerentes seniores vêm de dois países – duas vezes mais do que qualquer outra empresa de que eu me lembre. Mas ainda fica muito longe da Federação da Cruz Vermelha. Cobertura global não significa um ambiente global.

  E a "globalização" é nova? Certamente a palavra é. Ela costumava ser chamada por outros nomes. Na virada do século, a Singer Sewing Machine Company cobriu o globo (e isso incluía algumas das partes mais remotas da África) como poucas empresas ditas globais o fazem hoje.

- *Valor para os acionistas:* o "valor para os acionistas" também é novo, ou é apenas uma velha maneira de vender barato o futuro? Essa é apenas uma forma fácil para que os presidentes sem idéias consigam extrair dinheiro de corporações ricas? Esse modelo mercenário de administração (a cobiça é boa, só os números importam, pessoas são "recursos" humanos que devem receber menos para que os executivos possam receber mais, e assim por diante) é tão anti-social que vai nos destruir se não o destruirmos primeiro.

- *Delegação de poder:* as organizações que de fato delegam poder não falam sobre isso. Aquelas que fazem muito barulho geralmente não delegam: elas têm passado muito tempo tirando poder de todo mundo. Então, subitamente, a delegação de poderes aparece como um presente dos deuses.

  Na verdade, a real delegação de poder é o estado mais natural das coisas: as pessoas sabem o que precisam fazer e simplesmente fazem, como as abelhas operárias em uma colméia. Talvez as organizações verdadeiramente saudáveis dêem poder a seus líderes que, por sua vez, ouvem o que está acontecendo e tudo parece bem.

- *Gestão da mudança:* este é o ruído gerencial final. As empresas estão sendo viradas para a esquerda e para a direita. Tudo parte da *precisão gerencial*, que, por sua falta de atenção, supera a precisão política.

Em 2 de março de 1998, a *Fortune* lançava "As corporações mais admiradas da América". Mas o artigo que acompanhava a lista quase não falava nada sobre essas corporações. Era tudo sobre seus líderes. Afinal de contas, se as empresas tinham sido bem-sucedidas, só podia ser mérito dos chefes.

Temendo que isso não fosse suficiente, outro artigo promoveu os CEOs mais admirados da América. Um deles era Raymond Gilmartin, da Merck: "Quando os diretores da Merck elegeram Gilmartin, 56, como CEO há quatro anos, lhe deram uma missão crucial: criar uma nova geração de drogas arrasadoras para substituir produtos importantes cujas patentes venceriam em breve. Gilmartin concordou."

Você pode pensar que ele se manteve ocupado administrando a empresa. Contudo, aparentemente lá estava ele, no laboratório, desenvolvendo aquelas drogas. E em apenas quatro anos. Partindo do zero.

"Há, acredite se quiser, alguma literatura acadêmica que sugere que liderança não é importante", fomos informados por um colunista atônito da *Fortune*. Bem, esse acadêmico não está menos atônito: há, acredite se quiser, algumas revistas empresariais tão mesmerizadas com a liderança que nada mais importa. "Em quatro anos, Gerstner agregou mais de US$ 40 milhões ao valor das ações da IBM", proclamou essa revista em 14 de abril de 1997. Cada centavo desse dinheiro! Nada sobre as centenas de milhares de outros funcionários da IBM. Nenhum papel para a complexa rede de habilidades e relações que as pessoas formam. Nenhuma contribuição da sorte. Nenhuma ajuda de uma economia crescente. Só Gerstner.

Anos atrás, Peter Drucker escreveu que o administrador trabalha dentro de limitações; o gerente remove essas limitações. Mais tarde, Abraham Zaleznik alegou que os gerentes simplesmente gerenciam; os verdadeiros líderes lideram. Agora parece que estamos indo além dos líderes que simplesmente lideram; hoje os heróis salvam. Logo os heróis vão apenas salvar; então os deuses vão resgatar. Continuamos aumentando o preço à medida que nos afundamos cada vez mais no pântano de nosso paroquialismo.

O PROBLEMA É O PRESENTE

Vamos voltar àquele livro sobre reengenharia, na mesma página citada anteriormente: "O que importa na reengenharia é como queremos organizar o trabalho *hoje*, considerando as demandas do mercado *atual* e as tecnologias *atuais*. A maneira como as pessoas e as empresas faziam as coisas ontem não importa para aplicar a reengenharia na empresa" (itálicos acrescentados).

Hoje, hoje, sempre *hoje.* Essa é a voz da mente obsessivamente analítica, clamando aos ventos atuais.

Mas se você quer que a imaginação veja o futuro, então é melhor ter sabedoria para entender o passado. Uma obsessão pelo presente – com o que "é quente" e "está na moda" – pode ser fascinante, mas tudo que ela faz é cegar as pessoas para a realidade. Mostre-me um presidente que ignore o ontem, que favoreça o externo novo em detrimento do interno experiente, o ajuste rápido em detrimento do progresso constante, e eu lhe mostrarei um presidente que está destruindo uma organização.

"Transformar-se" significa acabar se voltando para o mesmo lado. Talvez esse seja o problema: todas essas transformações. O cavaleiro branco da administração não seria o buraco negro das organizações? Que bem terá feito o grande líder se tudo ruir quando ele sai? Talvez as boas empresas não precisem ser transformadas de forma alguma porque elas não estão sempre sendo empurradas para a crise por líderes que têm que deixar suas marcas hoje. Talvez essas empresas sejam simplesmente administradas silenciosamente.

ADMINISTRANDO SILENCIOSAMENTE

Qual foi o maior avanço na área da saúde? Não foram as descobertas fundamentais da penicilina ou da insulina, argumenta-se, mas simplesmente a limpeza no sistema de abastecimento de água. Talvez, então, seja tempo de fazer uma limpeza em nossas organizações e também em nossas idéias. Com esse espírito ofereço algumas considerações sobre as palavras silenciosas da administração.

- *Inspirar:* gerentes silenciosos não dão poder a seus funcionários – a "delegação de poder" é tida como certa. Eles *inspiram* seu pessoal. Criam condições que promovem abertura e liberam energia. A abelha rainha, por exemplo, não toma decisões; ela emite uma substância química que mantém todo o sistema social unido. Nas colméias humanas, isso é chamado de *cultura*.

  Os gerentes silenciosos fortalecem os laços culturais entre as pessoas, não as tratando como "recursos humanos" descartáveis (provavelmente o termo mais ofensivo já cunhado na administração, pelo menos até o surgimento de "capital humano"), mas como membros respeitados de um sistema social coeso. Quando se tem confiança nas pessoas, não é necessário delegar poder a elas.

  A abelha rainha não recebe o crédito pelo trabalho efetivo das abelhas operárias. Ela apenas faz seu trabalho efetivamente para que elas possam fazer o delas. Não há nenhum bônus para a abelha rainha além daquilo que ela precisa.

  A próxima vez que você ouvir um presidente falando sobre trabalho em equipe, sobre como "nós" fizemos isso ao nos reunirmos, pergunte para "nós" quem está ganhando que tipo de bônus. Quando você ouvir esse presidente se gabando de ter visão de longo prazo, pergunte como esses bônus são calculados. Se cooperação e previsão são tão importantes, por que esses poucos estão ganhando dinheiro com generosas opções de compra de ações? Receberemos o dinheiro de volta quando os preços caírem? Não seria tempo de reconhecer essa remuneração executiva pelo que ela é: uma forma de corrupção, não apenas de nossas instituições, mas de nossas sociedades como sistemas democráticos?

- *Cuidar*: gerentes silenciosos cuidam de suas organizações; eles não tentam cortar os problemas como fazem os cirurgiões. Passam mais tempo evitando problemas do que corrigindo-os, pois sabem o suficiente para saber quando e como intervir. De certa forma, é parecido com a medicina homeopática: a prescrição de pequenas doses para estimular o sistema a se corrigir. Melhor ainda, é como o melhor da enfermagem: cuidado gentil que, em si mesmo, transforma-se na cura.

- *Infundir*: "Se você quer saber os problemas que já enfrentamos nesses anos", disse-me certa vez uma pessoa de uma empresa aérea, "basta olhar para as unidades de nosso escritório central. Cada vez que temos um problema, criamos uma nova unidade para lidar com ele". Isso é administração por intrusão. Introduza alguém ou alguma coisa para resolver. Ignore todo mundo e ignore todo o resto: isso é passado. O que o presidente recém chegado pode saber do passado, de qualquer forma? Além disso, os analistas de ações e os repórteres das revistas não têm tempo para permitir que o novo presidente descubra.

  A gestão silenciosa está relacionada à *infusão*, mudança que ocorre lenta, contínua e profundamente. Em vez de ter as mudanças atiradas contra eles em episódios dramáticos e superficiais, todos assumem a responsabilidade, assegurando que ocorra uma mudança séria.

  Isso não significa mudar tudo o tempo todo – que é apenas outra forma de dizer anarquia. Isso significa estar sempre mudando alguma coisa enquanto se mantêm as outras estáveis. Chame isso de melhoria contínua *natural*, se desejar. O truque, evidentemente, é saber o que mudar e quando. E, para conseguir isso, não há substituto para uma liderança com entendimento íntimo da organização, trabalhando com uma mão-de-obra que seja respeitada e acreditada. Dessa forma, quando as pessoas partirem, inclusive o líder, o progresso continua.

- *Iniciar*: Moisés provê nossa imagem de processo estratégico: descer da montanha carregando a palavra do alto para os fiéis que aguardavam. A redenção dos céus. Evidentemente, havia muitas pessoas para ler as tabuletas, de forma que os líderes tiveram que gritar essas "formulações" para todos esses "implementadores". Tudo muito caprichado.

  Exceto que a vida nos vales lá em baixo é rica e complicada. E é sobre isso que deve ser a estratégia – não sobre as abstrações caprichadas dos escritórios executivos, mas os padrões confusos da vida diária. Então, enquanto a alta gerência se mantiver lá em cima, desconectada, ela pode gritar para baixo todas as estratégias que quiser: elas nunca vão funcionar.

Administração silenciosa significa... arregaçar as mangas e descobrir o que está acontecendo. E ela não cai de pára-quedas sobre a organização; ela surge a partir da base. Mas ela nunca deixa essa base. Ela atua "no solo", onde reside o conhecimento para criação de estratégia. Tal administração se infiltra na vida diária da corporação, de forma que todos os tipos de pessoas com os pés firmemente plantados no chão possam adotar iniciativas empolgantes. Então os gerentes que estão em contato com elas podem defender essas iniciativas e assim estimular o processo por meio do qual a estratégia se desenvolve.

Colocando de outra forma, o gerente é tanto a organização quanto a pintura de um cachimbo é um cachimbo... Uma organização saudável não precisa passar de um herói para outro; ela é um sistema social coletivo que sobrevive naturalmente às mudanças na liderança. Se você quer julgar o líder, olhe para a organização de dez anos atrás.

ALÉM DO SILÊNCIO

A administração silenciosa está relacionada a raciocínio enraizado na experiência. Palavras como sabedoria, confiança, dedicação e julgamento se aplicam. A liderança funciona porque é legítima, significando que é uma parte integrante da organização e por isso tem o respeito de todos por lá. O amanhã é compreendido porque o ontem é respeitado. Isso faz do hoje um prazer.

Na verdade, a melhor gestão de todas pode muito bem ser silenciosa. Dessa forma, as pessoas podem dizer: "Nós mesmos fizemos". Porque fizeram.

Casos

1. Robin Hood   403
2. Canon: Competindo em habilidades   405
3. Lufthansa 2000: Mantendo o Ímpeto da Mudança   417
4. LVMH: Levando a Arte Ocidental de Viver para o Mundo   438
5. AmBev: A Criação de um Gigante Brasileiro   448
6. Sportsmake: Uma Crise de Sucessão   453
7. Reorganização na Axion Consulting (A)   455
8. Reorganização na Axion Consulting (B)   457
9. Natura: A Mágica por trás da Empresa mais Admirada do Brasil   458
10. Um Restaurante com uma Diferença   475

Caso 1
Robin Hood[1]

Foi na primavera do segundo ano de sua insurreição contra o alto comando de Nottingham que Robin Hood foi dar uma caminhada na Floresta de Sherwood. À medida que caminhava, ele ponderava o progresso da campanha, a disposição de suas forças, os recentes movimentos do xerife e as opções que ele tinha.

A revolta contra o xerife começara como uma cruzada pessoal, surgindo a partir do conflito de Robin com o xerife e sua administração. Porém, sozinho Robin Hood poderia fazer pouca coisa. Por isso, ele procurou aliados, homens com alguma queixa e um profundo senso de injustiça. Mais tarde ele deu as boas vindas a todos que vieram, fazendo algumas poucas perguntas e exigindo apenas disposição para servir. A força, acreditava ele, estava nos números.

Ele passou o primeiro ano transformando o grupo em um bando disciplinado, unido na inimizade contra o xerife e disposto a viver fora da lei. A organização do bando era simples. Robin reinava supremo, tomando todas as decisões importantes. Ele delegava tarefas específicas para seus tenentes. Will Scarlett era encarregado das áreas de inteligência e patrulhamento. Sua principal tarefa era vigiar o xerife e seus homens, sempre alerta a seus próximos movimentos. Ele também colhia informações sobre os planos de viagem dos mercadores ricos e dos coletores de impostos. O pequeno John mantinha a disciplina entre os homens e certificava-se de que os equipamentos dos arqueiros estivessem no mais alto nível exigido pela profissão. Scarlock cuidava das finanças, convertendo o produto dos saques em dinheiro, pagando as parcelas da coleta e encontrando lugares apropriados para o que sobrava. Finalmente, o filho de Much the Miller tinha a difícil tarefa de provisionar o bando cada vez maior de Merrymen.

O tamanho crescente do bando era uma fonte de satisfação para Robin, mas também uma fonte de preocupação. A fama de seus homens estava se espalhando e novos recrutas apareciam de todos os cantos da Inglaterra. À medida que o bando aumentava, seu pequeno bivaque tornava-se um grande acampamento. Entre os ataques, os homens andavam para lá e para cá, conversando e jogando. A vigilância estava em declínio e estava ficando difícil manter a disciplina. "Por quê?" Robin refletia, "Não conheço metade dos homens que administro atualmente".

O bando crescente também estava começando a exceder a capacidade de alimentação da floresta. A caça estava se tornando escassa e eles tinham que conseguir suprimentos nas vilas distantes. O custo da comida estava começando a drenar as reservas financeiras do bando no exato momento em que as receitas estavam em queda. Viajantes, especialmente aqueles que tinham mais a perder, estavam evitando a floresta. Isso era caro e inconveniente para eles, mas era preferível a ter todos os seus bens confiscados.

Robin acreditava que chegara o momento em que o bando de Merrymen deveria mudar sua política de confisco direto de bens para uma política de taxa de trânsito fixa. Seus tenentes resistiram fortemente a essa idéia. Eles tinham orgulho do famoso lema dos Merrymen: "Roube o rico e dê para o pobre". "Os fazendeiros e as pessoas da cidade" argumentavam eles, "são nossos aliados mais importantes". "Como podemos taxá-los e esperar que eles ainda continuem ajudando nossa luta contra o xerife?"

Robin imaginava por quanto tempo os Merrymen poderiam se manter fiéis às formas e aos métodos dos primeiros dias. O xerife estava ficando mais forte e melhor organizado. Ele agora tinha dinheiro e homens e estava começando a importunar o bando, buscando seu ponto fraco. A maré de eventos estava começando a se voltar contra os Merrymen. Robin achava que a campanha deveria ser decisivamente concluída antes que o xerife tivesse a chance de dar um golpe mortal. "Mas como", pensava ele, "isso poderia ser feito?"

Robin sempre alimentara a possibilidade de matar o xerife, mas as chances de fazer isso pareciam cada vez mais remotas. Além disso, matar o xerife poderia aplacar sua sede pessoal de vingança, mas não melhoraria a situação. Robin tinha esperanças de que o estado perpétuo de agitação e a falha do xerife em coletar impostos levariam à sua exoneração do cargo. Ao contrário, porém, o xerife usou suas conexões políticas para obter reforços. Ele tinha amigos poderosos na corte e era bem considerado pelo regente, Príncipe John.

O Príncipe John era corrupto e volátil. Ele era consumido por sua impopularidade entre as pessoas, que queriam o

---
[1] Preparado por Joseph Lampel, New York University. Copyright Joseph Lampel © 1985, revisado 1991.

prisioneiro rei Ricardo de volta. Ele também vivia com medo dos barões, que inicialmente lhe haviam dado a regência mas agora começavam a questionar sua pretensão ao trono. Muitos desses barões decidiram pagar o resgate que libertaria Ricardo Coração de Leão de sua prisão na Áustria. Robin foi convidado a participar da conspiração em troca de anistia futura. Era uma proposta perigosa. Bandidagem provincial era uma coisa, intriga na corte, outra. Os espiões do príncipe John estavam por toda parte. Se o plano falhasse, a perseguição seria implacável, e a revanche, imediata.

O som da corneta anunciando o jantar assustou Robin, perdido em seus pensamentos. Havia no ar um cheiro de carne de veado assada. Nada estava resolvido ou decidido. Robin dirigiu-se para o acampamento prometendo a si mesmo que dedicaria atenção máxima a esses problemas após o ataque de amanhã.

Caso 2

Canon: Competindo em Habilidades[1]

Em 1961, após o imenso sucesso da copiadora modelo 914 da empresa, Joseph C. Wilson, presidente da Xerox Corporation, teria dito: "Eu continuo me perguntando quando vou acordar. As coisas não são tão boas na vida". Na verdade, a década seguinte acabou sendo melhor do que tudo que Wilson havia sonhado. Entre 1960 e 1970, a Xerox aumentou suas vendas em 40% ao ano, passando de US$ 40 milhões para US$ 1,7 bilhão e elevando seus lucros após dedução dos impostos de US$ 2,6 milhões para US$ 187,7 milhões. Em 1970, com participação de mercado mundial de 93% e uma marca que era sinônimo de copiadora, a Xerox parecia ser tão invencível em seu segmento como nenhuma outra empresa poderia ser.

Quando a Canon, "a empresa japonesa de câmaras", entrou nessa área no final dos anos 60, a maioria dos observadores ficou cética. Com menos de um décimo do tamanho da Xerox, a Canon não tinha vendas diretas ou uma organização de serviços para alcançar o mercado corporativo de copiadoras, nem tinha tecnologia de processo para ultrapassar as 500 patentes que protegiam o processo de Copiadora em Papel Comum (CPC) da Xerox. Reagindo ao dilúvio de entradas recentes na área, inclusive da Canon, Arthur D. Little previu em 1969 que nenhuma empresa conseguiria desafiar o monopólio da Xerox em CPCs nos anos 70 porque suas patentes representavam uma barreira insuperável.

Contudo, nas duas décadas seguintes, a Canon reescreveu as regras sobre como as copiadoras deveriam ser produzidas e vendidas enquanto gerava receitas superiores a US$ 5 bilhões na área, emergindo como o segundo maior jogador global em termos de vendas e ultrapassando a Xerox em termos de unidades vendidas. Segundo o manual da Canon, a fórmula da empresa para o sucesso, como mostrado inicialmente na área de copiadoras, é "administração sinérgica de todas as capacidades tecnológicas da empresa, combinando todo o conhecimento da Canon em ótica fina, mecânica de precisão, eletrônica e química fina". A Canon continua a crescer e a diversificar usando essa estratégia. Sua visão, como descrita em 1991 por Ryuzaburo Kaku, presidente da empresa, é "tornar-se a principal empresa global, do tamanho da IBM combinada com a Matsushita."

Histórico do Segmento

A máquina fotocopiadora sempre foi comparada com a máquina de escrever como um dos poucos gatilhos que mudaram fundamentalmente as formas de trabalho nos escritórios. Mas, embora a AB Dick de Chicago tenha lançado um mimeógrafo mecânico para copiar em 1887, foi só na segunda metade do século XX que o mercado de copiadoras explodiu com a comercialização, por parte da Xerox, do processo de "eletrofotografia" inventado por Chester Carlson.

Xerox

A invenção de Carlson usava um processo eletrostático para transferir imagens de uma folha de papel para outra. Licenciada pela Xerox em 1948, essa invenção resultou em duas tecnologias diferentes de fotocópia. A tecnologia de Copiadora em Papel Revestido (CPR) transferia o reflexo de uma imagem do original diretamente para um papel especial, revestido de óxido de zinco, enquanto que a tecnologia de Copiadora em Papel Comum (CPC) transferia a imagem indiretamente para papel comum através de um tambor rotativo revestido de partículas carregadas. Embora fosse possível usar *toner* seco ou líquido para desenvolver a imagem, o *toner* seco era geralmente preferido nas duas tecnologias. Um grande número de empresas entrou no mercado de CPC nos anos 50 e 60 com base na tecnologia licenciada pela Xerox ou pela RCA (para quem a Xerox havia inicialmente licenciado essa tecnologia). Porém, a CPC permaneceu como um monopólio da Xerox, já que a empresa recusou-se a licenciar qualquer tecnologia remotamente conectada ao processo CPC e protegeu essa tecnologia com mais de 500 patentes.

---

[1] O caso foi escrito por Mary Ackenhusen, Research Associate, sob a supervisão de Sumantra Ghoshal, Professor Associado do INSEAD. Seu objetivo é ser usado como base para discussão em classe, e não para ilustrar o tratamento eficaz ou ineficaz de uma situação administrativa. Reimpresso com permissão do INSEAD. Copyright © 1992 INSEAD, Fontainebleau, França.

Devido à necessidade de papel revestido especial, o custo por cópia era mais alto no processo CPR. Além disso, esse processo só podia produzir uma cópia de cada vez, e as cópias tendiam a desbotar quando expostas ao calor ou à luz. O processo CPC, por outro lado, produzia cópias a um custo operacional mais baixo e que também não podiam ser diferenciadas do original. As máquinas CPC eram muito mais caras, porém, e tinham um tamanho muito maior. Dessa forma, precisavam ficar em uma localização central no escritório do usuário. As máquinas CPR, menores e mais baratas, podiam ser colocadas nas escrivaninhas. Com o tempo, as vantagens de custo e qualidade da CPC, juntamente com sua capacidade de fazer cópias múltiplas em alta velocidade, fizeram dela a tecnologia dominante, e, com ela, o modelo de copiadora centralizada da Xerox passou a ser a norma do segmento.

Esse conceito de copiadora centralizada exigia um conjunto de capacidades que a Xerox desenvolveu e que, por sua vez, atuou como grande ponto forte e principal barreira de entrada na área. Considerando as vantagens de volume e velocidade, todas as grandes empresas consideraram a copiadora centralizada muito atraente e tornaram-se as principais clientes das máquinas fotocopiadoras. Para dar suporte a essa base corporativa de clientes, os projetos de produto da Xerox e suas melhorias enfatizavam as economias de fazer cópias em volumes mais altos. Para comercializar o produto efetivamente para esses clientes, a Xerox também construiu uma organização de vendas diretas e serviços com mais de 12.000 representantes de vendas e 15.000 pessoas na área de serviços. Quarenta por cento do tempo dos representantes de vendas eram gastos para evitar até mesmo a mínima insatisfação. Os representantes, usando terno e carregando suas ferramentas em pastas, faziam manutenção preventiva e se orgulhavam de reduzir o tempo médio entre a parada e o conserto para umas poucas horas.

Além disso, com o alto custo de cada máquina e o índice rápido de lançamento de modelos, a Xerox desenvolveu uma estratégia de alugar as máquinas para os clientes em vez de vendê-las. Havia várias opções disponíveis, mas geralmente os clientes pagavam uma taxa mensal de acordo com o número de cópias tiradas. A taxa cobria não apenas os custos da máquina, mas também os do papel e do *toner* que a Xerox fornecia e as visitas de serviço. Essa estratégia de aluguel, junto com a imagem de serviço cuidadosamente cultivada, atuava como principal meio de proteção contra a concorrência, pois prendia os clientes a Xerox e aumentava significativamente os custos de mudança.

Ao contrário de outras corporações norte-americanas, a Xerox teve uma orientação internacional desde o início. Mesmo antes de ter uma copiadora comercial bem-sucedida, a Xerox construiu uma presença internacional por meio de *joint-ventures*, permitindo à empresa minimizar seu investimento de capital no exterior. Em 1956, ela associou-se a Rank Organisation Ltd., no Reino Unido, para criar a Rank Xerox. Em 1962, a Rank Xerox fez uma parceria de 50% com a Fuji Photo para criar a Fuji Xerox, que vendia copiadoras no Japão. Por meio dessas *joint-ventures*, a Xerox gerou vendas e capacidades de serviços nesses principais mercados similares às que possuía nos Estados Unidos. Havia cerca de 5.000 pessoas na área de vendas na Europa, 3.000 no Japão, e mais de 7.000 e 3.000 representantes de vendas respectivamente.

A Xerox também construiu capacidades de projeto limitada nas duas *joint-ventures* para personalização do mercado local, que se desenvolveu no estabelecimento de pesquisas significativas de seus próprios direitos nos últimos anos.

Simultaneamente, a Xerox manteve altos níveis de investimento, tanto em tecnologia como em fabricação, para dar suporte a seu mercado crescente. Ela continuou a gastar mais de US$ 100 milhões por ano em P&D, excedendo as receitas totais das empresas de copiadoras que qualquer um de seus concorrentes estava obtendo no início dos anos 70, e também investiu pesadamente em fábricas grandes, não apenas nos EUA, mas também no Reino Unido e no Japão.

Concorrência nos Anos 70

As patentes de CPC da Xerox começaram a expirar nos anos 70, anunciando uma tempestade de novos entrantes. Em 1970, a IBM ofereceu a primeira copiadora CPC não vendida pela Xerox, o que fez com que a Xerox processasse a IBM por violação de patente e de segredos comerciais. A Canon comercializou uma copiadora CPC no mesmo ano por meio do desenvolvimento de uma tecnologia CPC independente, que ela licenciava seletivamente a terceiros. Em 1973, a concorrência tinha se expandido, incluindo participantes do setor de equipamentos para escritório (IBM, SCM, Litton, Pitney Bowes), do segmento de eletrônicos (Toshiba, Sharp), do setor reprográfico (Ricoh, Mita, Copyer, 3M, AB Dick, Addressograph/Multigraph), do setor de equipamentos fotográficos (Canon, Kodak, Minolta, Konishiroku) e os fornecedores de papel para copiadora (Nashua, Dennison, Saxon).

Nos anos 80, muitos desses novos entrantes, incluindo a IBM, tinham perdido muito dinheiro e saíram do negócio. Porém, uns poucos recém-chegados conseguiram atingir um alto nível de sucesso, e a área de copiadoras tornou-se um negócio importante para eles. Especificamente, as copiadoras geravam 40% das receitas da Canon em 1990.

Canon

A Canon foi fundada em 1933 com a ambição de produzir uma câmara sofisticada de 35mm para concorrer com o modelo de primeira linha da Leica alemã. Em apenas dois anos, ela havia se tornado a principal produtora de câmaras de primeira linha no Japão. Durante a guerra, a Canon usou sua experiência ótica para produzir uma máquina de raio X que foi adotada pelos militares japoneses. Depois da guerra, a Canon conseguiu comercializar essa câmara avançada de forma bem-sucedida e, em meados dos anos 50, era a maior produtora de câmaras no Japão. Partindo de sua tecnologia ótica, a Canon expandiu sua linha de produtos para incluir uma câmara de médio alcance, uma câmara de vídeo 8mm, lentes para televisão e equipamento micrográfico. Ela também começou a desenvolver mercados para seus produtos fora do Japão, principalmente nos EUA e Canadá.

A diversificação também sempre foi importante para a Canon aumentar ainda mais seu crescimento e, em 1962, foi estabelecido um departamento de P&D de novos produtos para explorar os campos de máquinas copiadoras, câmaras de autofoco, câmaras estroboscópicas integradas, videocassetes domésticos e calculadoras eletrônicas. Uma unidade operacional especial separada também foi estabelecida para lançar novos produtos não-relacionados a câmaras, resultantes dos esforços de diversificação.

O primeiro produto visado foi a calculadora eletrônica. Esse produto era desafiador porque exigiu que os engenheiros da Canon desenvolvessem uma nova especialização em microeletrônica para incorporar milhares de transistores e diodos em um modelo de máquina compacta de mesa. Tekeshi Mitarai, presidente da Canon na época, foi contra o desenvolvimento do produto porque era visto como difícil e arriscado. Entretanto, um grupo dedicado de engenheiros acreditou no desafio e desenvolveu a calculadora em segredo. Um ano depois, a alta gerência deu seu apoio ao projeto. Em 1964, o resultado do esforço de desenvolvimento foi lançado como Canola 130, a primeira calculadora mundial com teclado de 10 dígitos. Com essa linha de produto, a Canon dominou o mercado japonês de calculadoras eletrônicas nos anos 60.

Porém, nem todos os esforços de diversificação foram um sucesso. Em 1956, a Canon começou a desenvolver o sincroleitor, um dispositivo para escrever e ler com uma folha de papel revestida com material magnético. Quando foi lançado em 1959, o produto recebeu muitos elogios por sua tecnologia. Mas, como o projeto não foi patenteado, outra empresa lançou um produto similar pela metade do preço. Não havia mercado para o produto da Canon, que custava muito caro e era incrivelmente pesado. No final, a empresa foi forçada a desmontar seu estoque de produto acabado e vender as peças reaproveitáveis no mercado de peças "de segunda mão".

Entrando na Área de Copiadoras

A Canon começou a pesquisar a tecnologia de copiadoras em 1959 e, em 1962, formou um grupo de pesquisa dedicado a desenvolver a tecnologia de copiadora em papel comum (CPC). O único processo de CPC conhecido era protegido pelas centenas de patentes da Xerox, mas a Canon achava que essa tecnologia prometia qualidade, velocidade e economia suficientes, além de facilidade de manutenção, para capturar de forma bem-sucedida uma grande porção do mercado. Então, a diretoria corporativa desafiou os pesquisadores a desenvolverem um novo processo CPC que não violasse as patentes da Xerox.

Enquanto isso, a empresa entrou na área de copiadoras com o licenciamento da tecnologia CPR "inferior" da RCA em 1965. A Canon decidiu não colocar o nome da empresa nesse produto e comercializou-o sob a marca Confax 1000, apenas no Japão. Três anos mais tarde, a Canon licenciou uma tecnologia de *toner* líquido de uma empresa australiana e combinou-a com a tecnologia RCA para lançar a série CanAll. Para vender a copiadora no Japão, a Canon formou uma empresa separada, International Image Industry. A copiadora foi vendida como uma OEM (fabricante de equipamento original) para a Scott Paper nos EUA, que a vendia sob sua própria marca.

A pesquisa da Canon visando desenvolver uma alternativa técnica CPR à xerografia foi coroada com o anúncio do "Novo Processo" (NP) em 1968. Esse esforço de pesquisa bem-sucedido não apenas produziu um processo alternativo, como também ensinou a Canon a importância da lei de patentes: como não violar patentes e como proteger novas tecnologias. O processo NP logo foi protegido por quase 500 patentes.

A primeira máquina com a tecnologia NP, a NP1100, foi lançada no Japão em 1970. Foi a primeira copiadora vendida pela Canon a ter a marca Canon. Ela tirava 10 cópias por minuto e utilizava *toner* seco. Como era padrão no mercado japonês, a linha de copiadoras foi vendida diretamente para os clientes desde o início. Depois de dois anos de experiência no mercado doméstico, a Canon entrou no mercado externo com essa máquina, exceto na América do Norte.

A segunda geração do sistema NP foi lançada no Japão em 1972 como NPL7. Foi uma melhoria marcante porque eliminou uma tecnologia unificada complexa, simplificou desenvolvimento e limpeza e facilitou o abastecimento de *toner* por meio de um novo sistema desenvolvido para usar *toner* líquido. Comparado com o equivalente da Xerox, era mais econômico, mais compacto, mais confiável e ainda tinha a mesma qualidade de cópia, ou até melhor.

Com o sistema NP, a Canon começou um trabalho paralelo que viria a se tornar muito lucrativo: licenciamento. A primeira geração do sistema NP foi licenciada para FA (fabricante autorizado), e a Canon também garantiu máquinas em bases OEM. A segunda geração também foi licenciada como FA para Saxon, Ricoh e Copyer. A Canon acumulou aproximadamente US$ 32 milhões em taxa de licenciamento entre 1975 e 1982.

A Canon continuou seus lançamentos de produto com um fluxo de inovações tecnológicas avançadas durante os anos 70. Em 1973, ela acrescentou cor ao sistema NP; em 1975, acrescentou tecnologia de impressão a *laser*. Sua primeira entrada no mercado de copiadoras de alto volume ocorreu em 1978 com um modelo equivalente ao modelo 9200 da Xerox. O NP200 foi lançado em 1979 e ganhou uma medalha de ouro na feira de Leipzig por ser a copiadora mais econômica e mais produtiva disponível. Em 1982, as copiadoras haviam ultrapassado as câmaras como maior geradora de receita para a empresa (ver Tabelas 1 e 2 para informações financeiras e vendas por linha de produto).

A Copiadora Pessoal

No final dos anos 70, a alta gerência começou a procurar um novo mercado para a copiadora CPC. A empresa tinha experimentado recentemente um sucesso gigantesco com o lançamento da câmara AE-1 em 1976 e queria um sucesso similar nas copiadoras. A AE-1 era uma câmara muito compacta com lente de reflexo simples, a primeira câmara a usar um microprocessador para controlar eletronicamente as funções de exposição, rebobinagem de filme e estroboscópio. O produto foi desenvolvido por uma equipe de projetos multifuncional focada, o que resultou em uma redução substancial no número de componentes e também na montagem automatizada e no uso de peças unitárias. Devido a essas melhorias, o AE-1 tinha uma vantagem de custo de 20% sobre os modelos competitivos da mesma classe.

Depois de estudar a distribuição por tamanho de escritórios no Japão (ver Tabela 3), a Canon decidiu concentrar-se

Tabela 1 Canon, Inc.: resumo financeiro de dez anos (em ¥ milhões)

	1990	1989	1988	1987	1986	1985	1984	1983	1982	1981
Vendas líquidas:										
Domésticas	508.747	413.854	348.462	290.382	274.174	272.966	240.656	198.577	168.178	144.898
Exportação	1.219.201	937.063	757.548	686.329	615.043	682.814	589.732	458.748	12.322	326.364
Vendas totais	1.727.948	1.350.917	1.106.010	976.711	889.217	955.780	830.383	657.325	580.500	471.262
Percentual do ano anterior	127,9	122,1	113,2	109,8	93,0	115,1	126,3	113,2	123,2	112,5
Renda líquida	61.408	38.293	37.100	13.244	10.728	37.056	35.029	28.420	22.358	16.216
Percentual de vendas	3,6	2,8	3,4	1,4	1,2	3,9	4,2	4,3	3,9	3,4
Despesas com propaganda	72.234	54.394	41.509	38.280	37.362	50.080	1.318	41.902	37.532	23.555
Pesquisa e desenvolvimento	86.008	75.566	65.522	57.085	55.330	49.461	38.256	28.526	23.554	14.491
Depreciação	78.351	64.861	57.627	57.153	55.391	47.440	39.995	30.744	27.865	22.732
Gastos de capital	137.298	107.290	83.069	63.497	81.273	917.863	7.594	53.411	46.208	54.532
Débitos de longo prazo	262.886	277.556	206.083	222.784	166.722	134.366	99.490	60.636	53.210	39.301
Patrimônio líquido	617.566	550.841	416.465	371.198	336.456	333.148	304.310	264.629	235.026	168.735
Total de ativos	1.827.945	1.636.380	1.299.843	1.133.881	1.009.504	1.001.044	916.651	731.642	606.101	505.169
Dados por ação										
Receita líquida										
Ação ordinária e equivalente	78,29	50,16	51,27	19,65	16,67	53,38	53,63	46,31	41,17	34,04
Assumindo diluição total	78,12	49,31	51,26	19,64	16,67	53,25	53,37	45,02	38,89	33,35
Dividendos declarados	12,50	11,93	11,36	9,09	11,36	11,36	9,88	9,43	8,23	7,84
Preço da ação										
Alto	1.940	2.040	1.536	1.282	1.109	1.364	1.336	1.294	934	1.248
Baixo	1.220	1.236	823	620	791	800	830	755	417	513
Número médio de ações ordinárias e equivalentes em milhares	788.765	780.546	747.059	747.053	746.108	727.257	675.153	645.473	564.349	515.593
Número de funcionários	54.381	44.401	40.740	37.521	35.498	34.129	30.302	27.266	25.607	24.300
Taxa de câmbio média (US$ 1 =)	143	129	127	143	167	235	239	238	248	222

Tabela 2 — Vendas por produto (em ¥ milhões)

Ano	Câmaras	Copiadoras	Outras máquinas	Produtos óticos & outros	Total
1981	201.635	175.389	52.798	40.222	470.044
1982	224.619	242.161	67.815	45.905	580.500
1983	219.443	291.805	97.412	48.665	657.325
1984	226.645	349.986	180.661	73.096	830.388
1985	197.284	410.840	271.190	76.466	955.780
1986	159.106	368.558	290.630	70.923	889.217
1987	177.729	393.581	342.895	62.506	976.711
1988	159.151	436.924	434.634	75.301	1.106.010
1989	177.597	533.115	547.170	93.035	1.350.917
1990	250.494	686.077	676.095	115.282	1.727.948

em um segmento latente que a Xerox tinha ignorado. Esse era o segmento composto por escritórios pequenos (segmento E), que poderia se beneficiar da funcionalidade oferecida pelas fotocopiadoras, mas não exigia as máquinas de alta velocidade disponíveis no mercado. A diretoria da Canon acreditava que uma máquina de menor volume, que "valorizasse o dinheiro", poderia gerar uma grande demanda nesse segmento. Dessa análise surgiu o conceito de máquina "escrivaninha pessoal lateral", que não apenas poderia criar um novo mercado nos escritórios pequenos como também pontencialmente induzir a descentralização do departamento de cópias nos grandes escritórios. Com o tempo, a máquina poderia até criar demanda para uma copiadora pessoal de uso doméstico. Seria uma copiadora que ninguém julgara possível até agora. A Canon achava que, para ser bem-sucedido nesse mercado, o produto tinha que custar a metade do preço de uma copiadora convencional (meta de preço US$ 1.000), não ter custo de manutenção e fornecer 10 vezes mais confiabilidade.

A alta gerência levou seu "sonho" para os engenheiros que, depois de considerações cuidadosas, aceitaram o desafio. A máquina seria baseada na experiência anterior deles em microeletrônica, mas iria muito além em termos de material, componentes funcionais, tecnologias de projeto e engenharia de produção. O *slogan* da equipe era "Vamos fazer a AE-1 das copiadoras", expressando a necessidade de transferência de conhecimento entre as divisões de câmaras e copiadoras, além do desejo de conseguir um sucesso similar. O esforço foi conduzido pelo diretor do Centro de Desenvolvimento de Produção Reprográfica. Sua equipe multifuncional de 200 pessoas era a segunda maior já montada na Canon (a maior tinha sido a da câmara AE-1).

Durante o esforço de desenvolvimento, surgiu uma grande questão sobre o tamanho de papel que a nova copiadora aceitaria. A Canon Sales (a organização de vendas no Japão) queria que a máquina usasse um papel maior que o tamanho carta, que respondia por 60% do mercado japonês. Esse tamanho não era necessário nas vendas fora do Japão e acrescentaria de 20% a 30% no custo da máquina, além de dificultar a manutenção. Após muito debate em todo o mundo, tomou-se a decisão de abrir mão da capacidade de usar papel de tamanho maior a fim de melhor servir o mercado mundial.

Três anos mais tarde o conceito era uma realidade. A nova CP (copiadora pessoal) empregava uma nova tecnologia baseada em cartucho, que permitia ao usuário substituir o tambor fotoreceptivo, carregando o mecanismo de *toner* com um cartucho a cada 2000 cópias, eliminando assim a necessidade de fazer manutenção regular na copiadora. Isso permitiu aos engenheiros da Canon atingir as metas de custo e confiabilidade. O produto revolucionário era a menor e mais leve copiadora jamais vendida e criou um grande mercado que não existia antes. Grandes escritórios ajustaram suas estratégias de cópias para incluir o serviço descentralizado, e muitos escritórios pequenos e até residências agora podiam ter uma copiadora pessoal. Novamente, o conhecimento de patente da Canon foi utilizado para proteger essa

Tabela 3 — Distribuição por tamanho de escritório, Japão 1979

Segmento de mercado de copiadora	Número de trabalhadores no escritório	Número de escritórios	População ativa
A	300+	200.000	9.300.000
B	100–299	30.000	4.800.000
C	30–99	170.000	8.300.000
D	5–29	1.820.000	15.400.000
E	1–4	4.110.000	8.700.000

Fonte: Yamanouchi, Teruo, Breakthrough: The Development of the Canon Personal Copier, *Long Range Planning*, Vol. 22, October 1989, p. 4.

pesquisa e a tecnologia de cartucho não foi licenciada para outros fabricantes. A Canon manteve sua liderança no mercado de copiadoras pessoais nos anos 90.

Construindo Capacidades

A Canon é admirada por suas inovações técnicas, especialização em *marketing* e produção com qualidade e baixo custo. Isso é resultado de uma estratégia de longo prazo para se tornar uma empresa de primeira linha. A Canon adquiria freqüentemente especialização externa, de forma que pudesse focar melhor seus investimentos internos em habilidades de importância estratégica. Esse método de terceirização intensiva e foco no desenvolvimento interno sempre exigiu direção consistente da alta gerência e paciência para permitir que a empresa se tornasse bem-fundamentada em uma área de capacidades antes de voltar a organização para seu próximo objetivo.

Tecnologia

Os produtos mais inovadores da Canon, que permitiram que a empresa crescesse rapidamente nos anos 70 e 80, são em grande parte resultado de um uso cuidadosamente orquestrado de tecnologia e da capacidade de administrar mudança tecnológica rápida. Atestando seu resultado produtivo de pesquisa original está o fato de que a Canon esteve entre as líderes no número de patentes emitidas mundialmente durante os anos 80.

Esses sucessos foram atingidos em uma organização que adotou firmemente uma estratégia de P&D descentralizada. A maioria do pessoal de P&D da Canon é empregada pelas divisões de produto, onde se originam de 80% a 90% das invenções patenteáveis. Cada divisão de produto tem seu próprio centro de desenvolvimento, que é encarregado de projeto de produto e melhorias de sistemas de produção de curto e médio prazo. A maioria dos desenvolvimentos de produto é feita por equipes multifuncionais. O trabalho dos grupos de desenvolvimento é coordenado por um grupo de P&D do escritório central.

O centro Corporativo de Planejamento Técnico e Operações é responsável pelo planejamento estratégico de P&D a longo prazo. A Canon também tem um centro de pesquisa principal, que dá suporte à pesquisa de primeira linha em ótica, eletrônica, novos materiais e tecnologia de informação. Há três outros centros de pesquisa corporativos que fazem pesquisa de primeira linha para o desenvolvimento de produto.

A Canon reconhece que não tem os recursos nem o tempo necessários para desenvolver todas as tecnologias e, por isso, comercializou ou comprou tecnologias específicas de diversos parceiros externos. Além disso, usou *joint-ventures* e transferência de tecnologia como ferramentas estratégicas para mitigar as tensões do comércio exterior na Europa e nos Estados Unidos. Por exemplo, a Canon tinha dois objetivos em mente quando adquiriu uma participação na CPF Deutsch, uma empresa que comercializa equipamentos de escritório na Alemanha. Primariamente, ela acreditava que esse movimento ajudaria a desenvolver o mercado alemão para suas copiadoras, mas não passou despercebido para a diretoria que a CPF era dona da Tetras, um fabricante de copiadora que, na época, fazia acusações de *dumping* contra os fabricantes de copiadores japoneses. A Canon também usou a Burroughs como um OEM para equipamento de automação de escritório, a fim de adquirir um *software* e conhecimento da Burroughs e participar de acordos de desenvolvimento conjunto com a Eastman Kodak e a Texas Instruments. A Tabela 4 traz uma lista das principais *joint-ventures* da empresa.

A Canon também reconhece que seu sucesso contínuo no mercado depende de sua capacidade de explorar rapidamente novas pesquisas em produtos comerciáveis. A empresa trabalhou muito para reduzir o ciclo de lançamento de novos produtos por meio de um programa multifuncional chamado TS 1/2, cujo objetivo é reduzir o tempo de desenvolvimento em 50%, em bases contínuas. O principal impulso do programa é a classificação dos projetos de desenvolvimento pelo tempo total exigido e os recursos humanos críticos necessários para que esses dois parâmetros possam ser otimizados para cada produto, dependendo de sua importância para a estratégia corporativa da Canon. Isso permite que se forme equipes de produto em torno de diversas classificações de prioridades de desenvolvimento de produto, dentre os quais os *"best-sellers"* receberão mais ênfase. Esses são os produtos voltados para novos mercados ou segmentos com potencial grande demanda. Outra classificação inclui produtos necessários para se manter em linha com as ofertas concorrentes, refinamentos de produto com objetivo de aumentar a satisfação do cliente e maratona de longo prazo com produtos que exigirão um tempo considerável para desenvolvimento. Em todas as classificações de desenvolvimento, a Canon enfatiza três fatores para reduzir o tempo para o mercado: promoção de capacidade de engenharia, sistemas de suporte técnico eficientes e revisões cuidadosas de desenvolvimento de produto em todos os estágios.

A Canon também está trabalhando para desviar seu foco tradicional de produto para um foco mais voltado ao mercado. Para esse fim, o pessoal de P&D da Canon participa de reuniões internacionais de estratégia de produto, faz pesquisa com o consumidor, executa atividades de *marketing* e atende reuniões no campo sobre vendas domésticas e de exportação.

Marketing

O *marketing* efetivo da Canon é resultado de estratégias de lançamento calculadas passo a passo. Normalmente, o produto primeiro é lançado e aperfeiçoado no mercado doméstico antes de ser vendido internacionalmente. A Canon aprendeu como capturar aprendizado do mercado japonês rapidamente, de forma que o período de tempo entre o lançamento no Japão e no exterior é de apenas alguns meses. Além disso, a empresa não lançaria simultaneamente um novo produto através de um novo canal de distribuição – sua estratégia é minimizar risco ao lançar o produto através de um canal conhecido primeiro. Novos canais só serão criados, se necessário, depois que o produto tiver seu sucesso comprovado.

O lançamento da copiadora NP exemplifica essa estratégia. A Canon inicialmente vendeu essas copiadoras no Japão com vendas diretas através de sua organização Business Machines Sales, que foi estabelecida em 1968 para vender a linha de calculadoras. Essa organização de vendas jun-

Tabela 4 — Principais *joint-ventures* internacionais da Canon

Categoria	Sócio	Descrição
Equipamentos para escritório	Eastman Kodak (EUA)	Distribui equipamentos médicos Kodak no Japão; exporta copiadoras para a Kodak
	CPF Alemanha	Participação societária na CPF, que comercializa as copiadoras Canon
	Olivetti (Itália) Lotte (Coréia)	Joint-venture para fabricação de copiadoras
Computadores	Hewlett-Packard (EUA)	Recebe mini-computadores OEM da HP, fornece impressoras a *laser* para a HP
	Apple Computer (EUA)	Distribui os computadores da Apple no Japão; fornece impressoras a *laser* para a Apple
	Next, Inc. (EUA)	Participação societária; a Canon tem direitos de comercialização para a Ásia
Semicondutores	National Semicondutor (EUA)	Desenvolvimento conjunto de MPU & *software* para a divisão de equipamentos para escritório da Canon
	Intel (EUA)	Desenvolvimento conjunto de LSI para as copiadoras Canon, fabricado pela Intel
Telecomunicações	Siemens (Alemanha)	Desenvolvimento de interface ISDN para os aparelhos de fax da Canon; a Siemens fornece PBX digital para a Canon
	DHL (EUA)	Participação societária; a Canon fornece terminais para a DHL
Câmaras	Kinsei Seimitsu (Coréia)	A Canon licencia tecnologia de câmara 35mm
Outras	ECD (EUA)	Participação societária porque a Canon valoriza sua pesquisa em materiais amorfos

tou-se a organização de venda de câmaras em 1971, formando a Canon Sales. Em 1972, após três anos de experiência na produção da linha NP, a empresa entrou em um novo canal de distribuição, o dos distribuidores, para complementar as vendas diretas.

A linha de copiadoras NP não foi comercializada nos EUA até 1974, depois que a produção e a distribuição estavam funcionando sem problemas no Japão. O sistema de distribuição nos EUA era similar ao utilizado no Japão, com sete subsidiárias de vendas para venda direta e uma rede de distribuidores independentes.

No final dos anos 70, a Canon tinha formado uma forte rede de distribuição nos EUA, que dava suporte tanto às vendas como à manutenção das copiadoras. O canal de distribuição era responsável pelo rápido crescimento nas vendas de copiadoras e, no início dos anos 80, as copiadoras Canon eram vendidas quase que exclusivamente através desse canal. A Canon apoiava entusiasticamente os distribuidores com programas atraentes de incentivos de vendas, treinamento gerencial e programas sociais. Os distribuidores só eram certificados para vender copiadoras depois de completar um curso de treinamento em manutenção. A empresa pensava que uma relação próxima com os distribuidores era um ativo vital, que lhe permitia entender e reagir às necessidades e aos problemas do cliente de forma precisa. Ao mesmo tempo, a Canon também mantinha um mecanismo de vendas diretas através de subsidiárias integrais no Japão, nos EUA e na Europa, a fim de atender grandes clientes e contas governamentais.

O lançamento da copiadora pessoal barata em 1983 foi similarmente planejado para minimizar riscos. Inicialmente, os distribuidores Canon da linha NP no Japão não estavam interessados no produto devido a sua pouca necessidade de manutenção e incapacidade de usar papel de tamanho maior. Assim, as CPs eram distribuídas através de lojas de produtos para escritório da empresa, que já vendiam sua linha de calculadoras pessoais. Depois de ver o sucesso das CPs, os distribuidores NP começaram a trabalhar com a copiadora.

Nos EUA, a CP inicialmente era vendida através de distribuidores já existentes e canais de venda direta devido à disponibilidade limitada do produto. Mais tarde, passou a ser vendida através de distribuidores dos concorrentes e lojas de materiais para escritório e, no final, os canais de distribuição foram ampliados para incluir comercialização em massa. A Canon já tinha experiência considerável na comercialização em massa com sua área de câmaras.

A propaganda sempre foi uma parte integrante da estratégia de *marketing* da Canon. O presidente Kaku acredita que a Canon deve ter uma marca corporativa excelente para ter sucesso em seu esforço de diversificação. "Os clientes devem preferir os produtos porque eles têm a marca Canon", diz ele. Como descrito pelo diretor financeiro da empresa, "Se uma marca é desconhecida e não faz propaganda, você tem que vender barato. Não é nossa política conseguir participação com preço baixo. Estabelecemos nossa marca com propaganda e um preço razoavelmente alto".

Dessa forma, quando a NP-200 foi lançada em 1980, 10% do preço de venda foi gasto em propaganda; para o lançamento da copiadora pessoal, os gastos com propaganda foram estimados em 20% do preço de venda. A Canon também patrocinou vários eventos esportivos, incluindo a Copa Mundial de Futebol, a equipe de corridas Williams e os patinadores no gelo Torvill e Dean. A empresa espera que sua atual expansão para o mercado de automação doméstica seja bastante aumentada pela imagem de marca que construiu na linha de equipamentos para escritório (ver Tabela 1 para gastos de propaganda da Canon até 1990).

Fabricação

O objetivo da Canon é produzir a melhor qualidade com o custo mais baixo e a melhor entrega. Para reduzir os custos, uma filosofia-chave do sistema de produção é organizar a fabricação de cada produto de forma a minimizar a quantidade de tempo, energia e recursos exigidos. Dessa forma, a Canon dá muita ênfase ao controle estrito de estoque por meio de um processo de planejamento de produção estável, planejamento cuidadoso de material, relações estreitas com fornecedores e adesão ao sistema kanban de movimentação de estoque. Adicionalmente, um programa formal de eliminação de desperdício economizou US$ 177 bilhões para a Canon entre 1976 e 1985. Acima de tudo, a Canon atingiu um aumento de 30% na produtividade por ano, de 1976 a 1982, e mais de 10% a partir daí, por meio de automação e melhorias de processo inovadoras.

A mão-de-obra é muito importante para a Canon. Uma filosofia de "pare e conserte" dá a qualquer trabalhador o poder de parar a linha de produção se ele não conseguir desempenhar uma tarefa de forma apropriada ou observar um problema de qualidade. Os trabalhadores são responsáveis pela manutenção de suas próprias máquinas, governados por regras que enfatizam a prevenção. Metas para qualidade e produção e outros dados críticos são apresentados aos trabalhadores com retorno imediato. A maioria dos trabalhadores também participa de "pequenos grupos de atividade" voluntários para resolução de problemas. O resultado desses sistemas é uma mão-de-obra que se considera individualmente responsável pelo sucesso dos produtos que fabrica.

A Canon patrocina um programa de sugestão muito respeitado pelos trabalhadores, a fim de envolver mais diretamente aqueles mais familiarizados com os processos de trabalho na melhoria dos negócios. O programa foi iniciado originalmente em 1952 com sucesso apenas limitado, mas, no início dos anos 80, a participação decolou, com mais de 70 sugestões por funcionário por ano. Todas as sugestões são revistas por uma hierarquia de comitês, com prêmios financeiros distribuídos mensal e anualmente, dependendo da importância da sugestão. A qualidade e a eficácia do processo são demonstradas por um índice de implementação de 90% das sugestões oferecidas e economias corporativas de US$ 202 milhões em 1985 (contra um gasto total de US$ 2 milhões para pôr o programa em prática, sendo mais de 90% desse dinheiro gasto nos prêmios).

A Canon decidiu fazer integração para trás somente nas peças com tecnologia exclusiva. Para outros componentes, a empresa prefere desenvolver relações de longo prazo com seus fornecedores e manter duas fontes para a maioria das peças. Em 1990, mais de 80% das copiadoras Canon eram montadas com peças compradas de terceiros, e apenas o tambor e o *toner* eram fabricados internamente. A empresa também mantém sua própria habilidade interna para produção-piloto de todas as peças, de forma que possa entender melhor a tecnologia e os custos dos fornecedores.

Outra chave para a alta qualidade e o baixo custo da Canon é a atenção dedicada à produção de peças comuns a mais de um modelo. Em alguns modelos adjacentes de copiadoras, o índice de peças comuns chega até a 60%.

A produção de copiadoras estava localizada inicialmente em Toride, Japão, mas se expandiu para a Alemanha, Califórnia e Virgínia nos Estados Unidos, França, Itália e Coréia. Para mitigar o atrito entre comércio e investimento, a Canon está trabalhando para aumentar o conteúdo local de peças à medida que expande globalmente. Na Europa, esse índice excede o padrão da CEE em 5%. A empresa também está acrescentando capacidades de P&D a algumas de suas operações no exterior. O Sr. Kaku enfatiza a importância de parceiros com quem seja fácil negociar:

O atrito não pode ser apagado com a simples transferência de nossas instalações de produção para o exterior. Os ganhos após a dedução dos impostos devem ser reinvestidos no país; devemos transferir nossa tecnologia para o país. Essa é a única forma por meio da qual nossa expansão no exterior será bem-vinda.

Especialização em Alavancagem

A Canon atribuiu uma importância crítica ao crescimento contínuo por meio da diversificação em novos campos de produtos. O Sr. Kaku observou:

Sempre que a Canon lança um novo produto, os lucros aumentam. Sempre que uma inovação fica defasada, por outro lado, o mesmo ocorre com os ganhos... A fim de sobreviver na era vindoura de competição extrema, a Canon deve possuir pelo menos uma dúzia de tecnologias confidenciais de primeira linha que lhe permita desenvolver produtos únicos.

Embora apoiasse avidamente a diversificação, o Sr. Kaku era cauteloso:

A fim de assegurar a sobrevivência duradoura da Canon, temos que continuar diversificando para nos adaptar às mudanças ambientais. Porém, devemos ser prudentes na escolha de formas de diversificação. Em outras palavras, devemos minimizar os riscos. Entrar em uma nova área que exija uma tecnologia não-relacionada à experiência atual da Canon ou um canal de mercado diferente do que a Canon usa atualmente significa um risco de 50%. Se a Canon tentar entrar em uma nova área que exija tanto uma nova tecnologia como um novo canal de comercialização não-familiar para a empresa, o risco implícito em tal empreendimento seria de 100%. Há dois pré-requisitos que precisam ser atendidos antes de se lançar em tais empreendimentos. Primeiro, nossa operação deve ser livre de débito; segundo, teremos que garantir pessoal capaz de assumir tais empreendimentos competentemente. Creio que teremos que esperar até o século XXI para estarmos prontos.

Combinando Capacidades

Por meio de sua estratégia de P&D, a Canon trabalhou para construir experiência especializada em diversas áreas, associando-as depois para oferecer produtos inovadores de primeira linha. Durante os anos 50 e 60, a Canon concentrou-se em produtos relacionados à sua principal área de negócios e experiência, câmaras. Isso resultou no lançamento da filmadora de 8mm e em um leque de câmaras Canon de mercado intermediário. Havia um risco mínimo porque a tecnologia ótica era a mesma e o ponto de comercialização, lojas de câmaras, permanecia o mesmo.

A entrada no mercado de calculadoras levou a Canon a desenvolver experiência no campo de microeletrônica, que ela posteriormente combinou com sua capacidade ótica para lançar um de seus produtos mais bem sucedidos, a copiadora pessoal. A partir das copiadoras, a Canon utilizou o sistema de cartucho substituível para lançar uma bem-sucedida impressora a *laser* de mesa.

No início dos anos 70, a Canon entrou na área de comercialização de equipamento de produção de microchip semicondutor. Em 1980, a empresa entrou no desenvolvimento e na produção de CIs (copiadora de imagens) exclusivas a fim de fortalecer sua experiência em tecnologia de eletrônicos. Esse esforço de desenvolvimento foi expandido no final dos anos 80 para focar-se em CIs optoeletrônicas. Segundo o Sr. Kaku:

Não estamos seriamente comprometidos com P&D em CIs porque nossa visão para o futuro prevê a chegada da era optoeletrônica. Quando chegar o momento da CI optoeletrônica substituir a atual ultra-LSI, pretendemos passar a fabricar computadores em larga escala. Atualmente não podemos competir com a IBM e a NEC usando ultra-LSI. Quando chegar a era de CI optoeletrônica, a tecnologia de projeto de computadores será radicalmente transformada; essa será nossa chance de entrar no campo de computadores de larga escala.

Destruição Criativa

Em 1975, a Canon produziu sua primeira impressora a *laser*. Durante os 15 anos seguintes, as impressoras a *laser* se desenvolveram como uma linha de produtos altamente bem-sucedida sob a marca Canon. A empresa também fornece o motor como "OEM" para a Hewlett Packard e outros fabricantes de impressora a *laser*, e isso, somado a suas próprias vendas, abrange um total de 84% da demanda mundial.

A maior ameaça ao segmento de impressora a *laser* é a substituição pela recém-desenvolvida impressora jato de tinta. Com uma nova tecnologia que espirra pequenos jatos de tinta sob calor, pode-se produzir uma impressora silenciosa de alta qualidade pela metade do preço da impressora a *laser*. A tecnologia foi inventada acidentalmente nos laboratórios de pesquisa da Canon. Ela se baseia em uma cabeça de impressão que tem mais de 400 extremidades finas por polegada, cada uma com seu próprio aquecedor para esquentar a tinta até que ela espirre em minúsculas gotas. Essa invenção utiliza as competências da Canon em química fina para produzir a tinta e sua experiência em semicondutores, materiais e eletrônicos para produção das cabeças de impressão. A Canon está avançando a todo vapor para desenvolver a tecnologia jato de tinta, mesmo que ela possa destruir uma área de negócios que a empresa domina. O novo produto está ainda mais associado às capacidades básicas da empresa e os dirigentes acreditam que o desenvolvimento bem-sucedido dessa área de negócios vai ajudar a ampliar ainda mais sua experiência em semicondutores.

Desafio dos Anos 90

A Canon via a área de automação de escritório como sua principal oportunidade de crescimento para os anos 90. Ela já tinha uma marca bem-estabelecida em automação doméstica e de escritório por meio de suas ofertas de copiadoras, aparelhos de fax, máquinas de escrever eletrônicas, impressoras a *laser*, equipamentos de processamento de texto e computadores pessoais. O próximo desafio para a empresa era juntar esses produtos separados em um sistema multifuncional que desempenhasse todas as tarefas de uma copiadora, aparelho de fax, impressora e *scanner*, tendo interface com um computador, de forma que todas as funções pudessem ser desempenhadas a partir de um único teclado. Em 1988, com essa meta, a Canon lançou um computador pessoal que incorporava uma CP, um fax, um telefone e um processador de texto. A Canon também lançou uma copiadora colorida a *laser* que se conectava a um computador para atuar como impressora colorida. Uma série de ofertas integradas estava programada para lançamento em 1992, e a empresa esperava que esses produtos atuassem como seu motor de crescimento na primeira metade dos anos 90.

Administrando o Processo

Dar suporte a essa história impressionante de construir continuamente novas capacidades corporativas e de explorá-las para criar uma fonte de novos produtos é um processo administrativo bastante exclusivo. A Canon institucionalizou o espírito empreendedor corporativo por meio de sua estrutura de unidades de negócios fortemente autônomas e focadas no mercado. Um conjunto de comitês poderosos faz a ponte entre as unidades de negócios empreendedoras e as capacidades básicas da empresa em tecnologia, produção e comercialização. Finalmente, um nível extraordinariamente alto de ambição corporativa conduz esse motor inovador, que é abastecido com a criatividade das pessoas e pela luta contínua da alta gerência para atingir níveis de desempenho ainda mais altos.

Conduzindo o Espírito Empreendedor: As Unidades de Negócios

O Sr. Kaku promoveu o conceito de unidades de negócios empreendedoras desde seus primeiros dias na Canon, mas sua voz só foi ouvida depois que a empresa sofreu perdas significativas em 1975. Seu plano foi implementado pouco antes de ele se tornar presidente da empresa.

O Sr. Kaku acreditava que a estratégia de diversificação da Canon só poderia dar certo se as unidades de negócio tivessem poder para agir por conta própria, livres dos controles centrais. Dessa forma, duas unidades operacionais independentes foram formadas em 1978, uma para câmaras e outra para equipamentos de escritório, a serem administradas como unidades de negócios. Os instrumentos óticos, a terceira unidade de negócios, sempre foi separada. Desde aquela época, mais três unidades de negócios adicionais se tornaram independentes. As três unidades de negócios originais receberam metas de lucratividade claras, além de objetivos altamente ambiciosos de crescimento, e tinham a liberdade de desenvolver suas próprias maneiras de atingir essas metas. Um resultado imediato dessa descentralização foi o reconhecimento de que a prática anterior da Canon de misturar a produção de diferentes produtos na mesma instalação não funcionaria mais. A produção foi reorganizada de forma que nenhuma fabrica produzisse mais de um tipo de produto.

O Sr. Kaku descreve o chefe de cada unidade como um substituto do CEO com poderes para tomar decisões rápidas. Isso permite a ele, como presidente da Canon, dedicar-se exclusivamente à sua principal tarefa de criar e implementar a estratégia corporativa de longo prazo. Ao explicar os benefícios do sistema, ele disse:

> Anteriormente, o presidente era o único encarregado de todas as decisões: seus subordinados precisavam formar uma fila, esperando a vez de apresentar seus problemas para ele. Esse tipo de sistema impedia o desenvolvimento do potencial de jovens gerentes para a tomada de decisão.
>
> Além disso, veja o caso da calculadora de mesa. Enquanto eu só posso dedicar cerca de duas horas por dia para os problemas relacionados à calculadora, o CEO da Casio Calculator pode dedicar 24 horas à calculadora... Em um mercado ferozmente competitivo, perdemos porque nosso CEO, na época, demorou a lidar com o problema.

Em contraste com a filosofia ocidental de UENs (Unidades Estratégicas de Negócios) independentes, englobando todas as funções, inclusive engenharia, vendas, *marketing* e produção, a Canon decidiu separar suas divisões de produto de seu braço de vendas e *marketing*. Essa separação permitiu um foco claro nos desafios que a Canon enfrenta para vender produtos em uma escala global. Por meio de um plano de cinco anos, iniciado em 1977, Seiichi Takigawa, presidente da Canon Sales (a organização de vendas no Japão), enfatizou a necessidade de "fazer de vendas uma ciência". Depois de provar a lucratividade desse método, a Canon Sales assumiu a responsabilidade mundial por *marketing*, vendas e serviços. Em 1981, a Canon Sales foi listada na bolsa de valores de Tóquio, reafirmando sua independência.

A Canon também deu liberdade às suas subsidiárias no exterior, embora possuísse a maioria das ações. A filosofia é criar liberdade de ação máxima para que cada subsidiária possa agir por sua própria iniciativa. Kaku descreve a filosofia por meio de uma analogia:

> O sistema da Canon de administração das subsidiárias é similar à política do governo Tokugawa, que estabeleceu hegemonia segura sobre os comandantes militares, que tinham autonomia garantida em seu território. Eu sou o "shogun" (líder do regime Tokugawa) e os presidentes das subsidiárias são os "daimyo"(comandantes militares). A diferença entre a Canon e Tokugawa é que o último era uma sociedade de soma zero; sua política era repressiva. Por outro lado, o objetivo da Canon é aumentar a prosperidade de todas as subsidiárias por meio de colaboração mútua eficiente.

A Canon também promoveu o crescimento de iniciativas empreendedoras dentro da empresa ao segregá-las como subsidiárias integrais. O primeiro empreendimento a ser segregado foi a Canon Components, que fabricava componentes e dispositivos eletrônicos, em 1984.

Gerando Integração: Comitês Funcionais

À medida que a Canon continua a crescer e a diversificar, torna-se cada vez mais difícil e mais importante unir suas divisões de produto, a fim de perceber os benefícios que só são possíveis em uma grande corporação multiproduto. A base da integração da Canon é um método de gerenciamento tridimensional no qual a primeira dimensão é a unidade de negócios independente, a segunda é a rede de comitês funcionais e a terceira, as empresas regionais focadas em mercados geográficos (ver Figura 1).

Kaku acha que há quatro exigências básicas para o sucesso de uma empresa diversificada:

1. um nível de competência em pesquisa e desenvolvimento;
2. tecnologia de fabricação de baixo custo e de qualidade;
3. força de *marketing* superior; e
4. identidade corporativa, cultura e marca excepcionais.

Dessa forma, ele estabeleceu comitês funcionais separados para atender as três primeiras exigências de desenvolvimento, produção e *marketing*, enquanto a quarta tarefa foi mantida sob responsabilidade direta da diretoria corporativa. Os três comitês funcionais, por sua vez, ficaram responsáveis pela administração em toda a empresa dos três principais sistemas de administração:

- O Sistema de Desenvolvimento Canon (SDC), cujos objetivos são promover a pesquisa e a criação de novos produtos e tecnologias ao estudar e melhorar continuamente o processo de desenvolvimento.
- O Sistema de Produção Canon (SPC), cuja meta é atingir qualidade excelente com a minimização do desperdício em todas as áreas de produção.
- O Sistema de Marketing Canon (SMC), posteriormente renomeado como Sistema de Marketing Internacional Canon (SMIC), que tem a função de expandir e fortalecer as redes de vendas independentes, doméstica e internacional, construindo uma equipe de serviços e de vendas de alta qualidade.

Foram criados locais separados no escritório central para cada um desses comitês críticos e, com o tempo, seu papel se expandiu para englobar a melhoria geral dos processos usados para dar suporte a suas funções. Os presidentes dos comitês são membros do comitê administrativo da Canon, o que lhes permite assegurar consistência e comunicar as melhorias de processo por meio da corporação multinacional multiproduto.

Usando a tecnologia de informações para integrar suas operações mundiais, a Canon começou o desenvolvimento do sistema de Informações Globais para Administração de Crescimento Harmônico (GINGA, na sigla em inglês) em 1987. O sistema consiste em uma rede de comunicações digital de alta velocidade para interconectar todas as partes da Canon em um banco de dados global e permitir um fluxo de informações preciso entre os gerentes de qualquer unidade da empresa em todo o mundo. O GINGA foi planejado para incluir sistemas separados, mas integrados para produção integrada por computador, *marketing* global e distribuição,

Caso 2 – Canon: Competindo em Habilidades

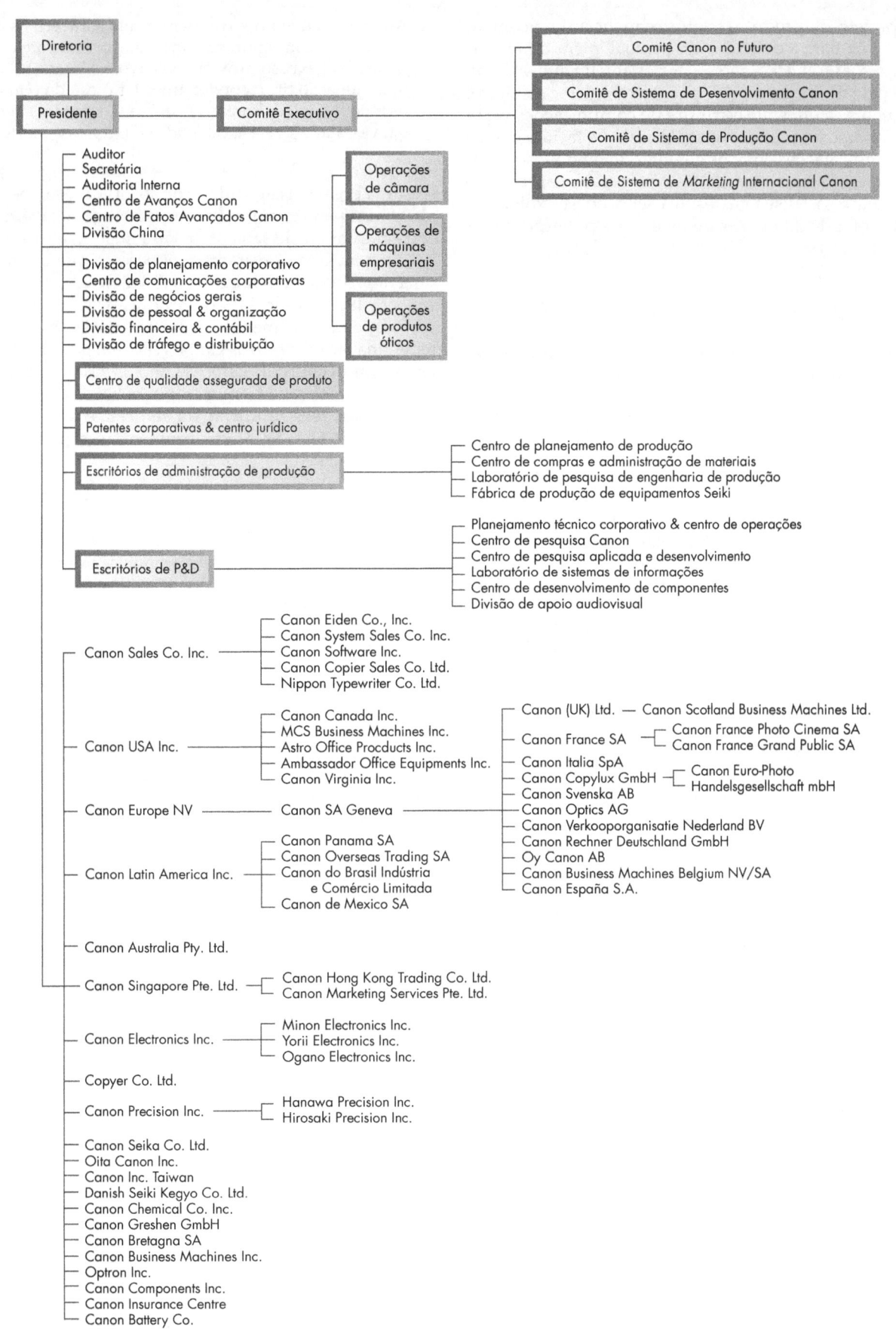

Diretoria

Presidente — **Comitê Executivo**
- Comitê Canon no Futuro
- Comitê de Sistema de Desenvolvimento Canon
- Comitê de Sistema de Produção Canon
- Comitê de Sistema de *Marketing* Internacional Canon

Presidente:
- Auditor
- Secretária
- Auditoria Interna
- Centro de Avanços Canon
- Centro de Fatos Avançados Canon
- Divisão China

- Divisão de planejamento corporativo
- Centro de comunicações corporativas
- Divisão de negócios gerais
- Divisão de pessoal & organização
- Divisão financeira & contábil
- Divisão de tráfego e distribuição

- Operações de câmara
- Operações de máquinas empresariais
- Operações de produtos óticos

- Centro de qualidade assegurada de produto
- Patentes corporativas & centro jurídico

Escritórios de administração de produção
- Centro de planejamento de produção
- Centro de compras e administração de materiais
- Laboratório de pesquisa de engenharia de produção
- Fábrica de produção de equipamentos Seiki

Escritórios de P&D
- Planejamento técnico corporativo & centro de operações
- Centro de pesquisa Canon
- Centro de pesquisa aplicada e desenvolvimento
- Laboratório de sistemas de informações
- Centro de desenvolvimento de componentes
- Divisão de apoio audiovisual

Canon Sales Co. Inc.
- Canon Eiden Co., Inc.
- Canon System Sales Co. Inc.
- Canon Software Inc.
- Canon Copier Sales Co. Ltd.
- Nippon Typewriter Co. Ltd.

Canon USA Inc.
- Canon Canada Inc.
- MCS Business Machines Inc.
- Astro Office Procducts Inc.
- Ambassador Office Equipments Inc.
- Canon Virginia Inc.

Canon Europe NV — Canon SA Geneva
- Canon (UK) Ltd. — Canon Scotland Business Machines Ltd.
- Canon France SA
  - Canon France Photo Cinema SA
  - Canon France Grand Public SA
- Canon Italia SpA
- Canon Copylux GmbH — Canon Euro-Photo Handelsgesellschaft mbH
- Canon Svenska AB
- Canon Optics AG
- Canon Verkooporganisatie Nederland BV
- Canon Rechner Deutschland GmbH
- Oy Canon AB
- Canon Business Machines Belgium NV/SA
- Canon España S.A.

Canon Latin America Inc.
- Canon Panama SA
- Canon Overseas Trading SA
- Canon do Brasil Indústria e Comércio Limitada
- Canon de Mexico SA

- Canon Australia Pty. Ltd.

Canon Singapore Pte. Ltd.
- Canon Hong Kong Trading Co. Ltd.
- Canon Marketing Services Pte. Ltd.

Canon Electronics Inc.
- Minon Electronics Inc.
- Yorii Electronics Inc.
- Ogano Electronics Inc.

- Copyer Co. Ltd.

Canon Precision Inc.
- Hanawa Precision Inc.
- Hirosaki Precision Inc.

- Canon Seika Co. Ltd.
- Oita Canon Inc.
- Canon Inc. Taiwan
- Danish Seiki Kegyo Co. Ltd.
- Canon Chemical Co. Inc.
- Canon Greshen GmbH
- Canon Bretagna SA
- Canon Business Machines Inc.
- Optron Inc.
- Canon Components Inc.
- Canon Insurance Centre
- Canon Battery Co.

Figura 1 A organização da Canon.

P&D e projeto de produto, relatório financeiro e acompanhamento de banco de dados de pessoal, além de alguns avanços em automação de escritórios inteligentes. Como descrito pelo Sr. Kaku, o principal objetivo desse sistema é complementar a eficiente estrutura de comunicações verticais da Canon com uma estrutura lateral que facilite a troca direta de informações entre os gerentes de unidades, países e departamentos em todas as questões operacionais relacionadas à empresa. O sistema estava sendo desenvolvido a um custo total de 20 bilhões de ienes com previsão de ser completado em 1992.

Administrando a Renovação: Desafios e Mudança

O Sr. Kaku foi muito franco sobre algumas das fraquezas gerenciais da Canon anteriores a 1975:

> Em resumo, nossa habilidade de gestão – o *software* de nosso empreendimento – era fraca. A gestão deve ser guiada por um *software* solidamente desenvolvido e baseado em gestão; se o *software* for fraco, a empresa não terá ideais e objetivos claramente definidos. No começo, tínhamos um objetivo claramente definido, alcançar a Leica da Alemanha Ocidental. Desde então, nossa política gerencial vem mudando como as cores de um camaleão.
>
> No passado, nossa diretoria ordenava aos funcionários que alcançassem o pico do monte Fuji; então, antes que a vanguarda dos alpinistas começasse a escalada, eles recebiam a ordem de escalar o monte Tsukuba, bem ao norte. Depois a ordem seria subitamente alterada para escalar o monte Yatsugatake no oeste. Depois de experimentar esses tipos de mudança na política, os funcionários mais espertos optavam por facilitar as coisas carregando mapas das margens do rio Tamagawa. Como resultado, a vitalidade de nossos funcionários era enfraquecida – uma situação que deveria ser evitada de todas as formas.

A primeira ação do Sr. Kaku como presidente da Canon foi colocar a empresa no caminho da liderança global por meio do estabelecimento do primeiro "plano principal da empresa", um plano de seis anos criado para posicionar a Canon como líder no Japão. O plano destacava uma política para diversificação e exigia lucros recorrentes excedendo a 10% das vendas.

> O objetivo de qualquer corporação japonesa é assegurar sua sobrevivência perpétua. Ao contrário das iniciativas empresariais e corporações norte-americanas, nosso principal objetivo não é maximizar lucros a curto prazo. Nosso objetivo vital é obter lucros continuamente em bases estáveis para assegurar a sobrevivência. Para implementar essa meta, precisamos diversificar.

Quando o plano original de seis anos expirou, em 1981, a Canon tinha se tornado uma empresa muito respeitada no Japão. O plano então foi renovado até 1986 e depois novamente, até os anos 90. O desafio era tornar-se uma empresa líder global, com lucros recorrentes excedendo a 15% das vendas. Os gastos com P&D foram aumentados gradualmente de 6% das vendas, em 1980, para 9%, em 1985, como pré-requisito para a excelência global. Como descrito pelo Sr. Kaku:

> Ao implementar nosso primeiro plano para sermos uma empresa líder, conseguimos atingir alegoricamente o topo do monte Fuji. Nosso próximo objetivo é o Everest. Com uma determinação firme, poderíamos ter escalado o monte Fuji usando sandálias. Porém, sandálias são bastante impróprias para escalar o Everest, podendo causar nossa morte.

Segundo o Sr. Kaku, tais ambições também exigem que uma empresa possua a capacidade de absorver reversões temporárias sem pânico; ambição sem estabilidade fazem o navio corporativo sair de seu curso. Para ilustrar, ele descreveu a situação na Canon durante a época em que o iene sofreu uma depreciação em relação ao dólar, de 236, em 1985, para 168, em 1986. Como 74% da produção japonesa da Canon era destinada aos mercados de exportação, essa mudança repentina fez com que os ganhos caíssem para 4,6 bilhões de ienes, um décimo do valor do ano anterior. Alguns membros da diretoria da Canon exigiram ações drásticas, como uma grande reestruturação da empresa e redução no orçamento de P&D. O Sr. Kaku argumentou o oposto, de forma bem-sucedida:

> O que eu fiz foi acalmá-los. Se uma pessoa se perde ao escalar uma montanha alta, ela deve evitar o uso excessivo de energia, caso contrário a situação vai se agravar... Nossa estratégia corrente para ser a empresa número um permanece a melhor, mesmo durante a crise; não há necessidade de pânico. Mesmo se tivermos que abrir mão de dividendos por duas ou três vezes, nós certamente vamos superar essa crise.

Ao mesmo tempo em que celebra os sucessos passados da empresa, o Sr. Kaku relembra constantemente seus colegas de que nenhuma forma ou processo organizacional dura para sempre. A necessidade de mudar com um mundo mutante é inevitável. Por exemplo, embora seja o idealizador da separação das divisões de produto e *marketing* da empresa, ele estava pensando em unir as duas, novamente, nos anos 90:

> No futuro, nossos maiores esforços em *marketing* devem se concentrar em definir e diferenciar claramente os mercados dos produtos respectivos e criar sistemas de *marketing* apropriados para eles. Para tornar isso viável, talvez precisemos recombinar nossas subsidiárias de vendas com a empresa controladora e reestruturar suas funções para atender completamente as necessidades de mercado.

Embora constantemente ciente da necessidade de mudança, Kaku também reconhece as dificuldades que os gerentes enfrentam para mudar os mesmos métodos e estratégias que conduziram aos sucessos passados:

> Para que uma empresa possa sobreviver para sempre, ela deve ter coragem para negar em algum momento o que vinha fazendo no passado; o conceito biológico de "troca de pele" – tirar a pele antiga para o surgimento de uma nova forma. Porém, é difícil para os seres humanos negar e destruir o que vinham construindo. Mas se eles não conseguirem fazer isso, certamente a empresa não conseguirá sobreviver para sempre. Falando sobre mim mesmo, é difícil negar o que já fiz. Então, quando chegar o momento em que precise negar o passado, eu inevitavelmente vou ter que me demitir.

Caso 3
Lufthansa 2000: Mantendo o Ímpeto da Mudança[1]

Em 1991, a Lufthansa quase foi à falência. Oito anos mais tarde, na reunião geral realizada em 16 de junho de 1999, Jürgen Weber (CEO) anunciou resultados recordes nos mais de 70 anos de história da Lufthansa. Em oito anos, a empresa tinha saído da beira da falência para tornar-se uma das principais empresas aéreas do mundo, membro fundador da STAR ALLIANCE – a rede mais ampla do segmento de empresas aéreas – aspirando a tornar-se o grupo de aviação líder no mundo.

A Lufthansa passou por algumas mudanças radicais que reverteram um recorde de perdas de DM 730 milhões em 1992 para um recorde de lucro antes dos impostos de DM 2,5 bilhões em 1998 (um aumento de 42% comparado com 1997, quando o lucro antes dos impostos foi de DM 1,75 bilhão). As receitas aumentaram 4,8%, de DM 21,6 bilhões em 1997 para DM 22,7 bilhões em 1998. A proporção de Assentos Ocupados (FAO) alcançou 73%, um desempenho recorde na história da Lufthansa (um aumento de 1,5 ponto percentual comparado com 1997 e 9 pontos percentuais comparado com 1991).

Após o primeiro passo dessa transformação ficou evidente que ela tinha apenas começado e que uma mudança muito mais fundamental tinha que ocorrer para assegurar o futuro da empresa. O comitê Executivo da Lufthansa (Vorstand) e o comitê Supervisor (Aufsichstrat) decidiram seguir um conceito de renovação sustentada (redesenvolvimento) em três níveis: operacional, estrutural e estratégico. Em 1999, nenhum desses processos estava totalmente completo. Na verdade, a sustentação desse processo de mudança era vista como o principal desafio gerencial.

Em 1991, a Lufthansa quase foi à falência. Ela era a empresa aérea nacional da República Federal da Alemanha, de propriedade do governo, monolítica e não-lucrativa.

Oito anos mais tarde, em 1999, era uma empresa privada lucrativa, o principal elemento da mais forte aliança mundial no segmento de empresas aéreas, com a aspiração de tornar-se o grupo de aviação líder no mundo. Durante os anos de 1992-1999, a Lufthansa passou de uma perda recorde de DM 730 milhões para um lucro recorde de DM 2,5 bilhões (Anexo 1). O número de passageiros aumentou de 33,7 milhões em 1992 para 40,5 milhões em 1998, enquanto o número de funcionários caiu de cerca de 64.000 em 1992 para cerca de 55.000 em 1998.

História Recente

Era Pré-Weber

Fundada em 1926, liquidada em 1945 e recriada em 1953, a Lufthansa historicamente representava as forças características da indústria alemã: um foco forte em confiabilidade, ordem e excelência técnica. De propriedade majoritária do governo alemão, sua estratégia, organização e cultura representavam um amálgama de forte orientação técnica, dominado por engenheiros, junto com os valores burocráticos da administração pública. Seu papel como um órgão do estado era refletido em seus valores e crenças: formal, conduzida por regras e inflexível, o distintivo amarelo da Lufthansa simbolizava independência, permanência e dignidade soberana.

Na segunda metade dos anos 80, sob a liderança de Heinz Ruhnau, a Lufthansa adotou uma política de "crescimento por meio de força própria". Baseado na crença de que apenas as maiores empresas aéreas iriam sobreviver em uma era de competição global, Ruhnau comprometeu a empresa a uma rápida expansão da frota, a fim de capturar participação de mercado. Quando Jürgen Weber foi apontado como CEO em 1991, a Lufthansa tinha aumentado sua frota de 120 para 275 aeronaves.

A Guerra do Golfo e o Colapso do Mercado de Aviação

No final dos anos 80, a privatização deu origem a uma intensa competição de preço. Esse processo, associado com a redução do tráfego aéreo durante a Guerra do Golfo e a recessão subseqüente, resultou em um sério excesso de capacidade para o setor de empresas aéreas em bases globais, e

---

[1] Este caso foi escrito em cooperação entre LBS e Lufthansa School of Business pelo Dr. Heike Bruchpor, acadêmico visitante na LBS da University of St. Gallen (Suíça), sob a supervisão do Prof. Sumantra Ghoshal. Seu objetivo é ser usado como base para discussão em classe, e não para ilustrar o tratamento eficaz ou ineficaz de uma solução administrativa.

em uma queda de mercado severa na Europa. Em 1991, o Fator de Assentos Ocupados (FAO – proporção de assentos disponíveis ocupados) baixou para cerca de 57% na Europa, comparado com uma média mundial de cerca de 65%.

O problema foi agravado devido a uma inflexibilidade marcante em relação às capacidades e aos serviços oferecidos. A privatização do setor aéreo começou em 1978, nos EUA. Na Europa, em contraste, embora tivesse havido algum relaxamento nas regulamentações, durante os anos 80 a maioria das empresas aéreas continuava sendo de propriedade dos respectivos governos federais, que continuavam mantendo controle estrito sobre as rotas e as pistas de pouso nos aeroportos.

Reunificação e Planos de Crescimento

A Lufthansa percebeu a crise depois das outras empresas. Devido à reunificação da Alemanha, a Lufthansa teve um *boom* em um momento em que o restante do setor enfrentava essa severa queda de mercado.

Em 1991, enquanto o tráfego aéreo geral teve uma queda de 9% na Europa, a Lufthansa teve um aumento de 11% no número de passageiros devido à reunificação da Alemanha. Mas, apesar desse crescimento, a Lufthansa reportou uma perda após os impostos de DM 444 milhões, em 1991. Esse resultado foi em grande parte atribuído a fatores únicos e não-influenciáveis, como a Guerra do Golfo. Mas os resultados no segundo semestre de 1991 e no começo de 1992 também ficaram abaixo das expectativas. Embora a consciência de uma séria crise tenha começado a se espalhar no início de 1992, a Lufthansa estava tão concentrada em crescimento e sucesso que a taxa de emprego continuou a subir durante os primeiros seis meses. Sendo uma empresa do governo, a imortalidade era dada como certa.

"Mesmo quando a crise se tornou óbvia, as pessoas ainda pensavam: 'Somos a empresa aérea alemã, de propriedade do governo e uma organização de prestígio. Eles nunca vão nos deixar morrer.'"

— *Jochen Hoffman, vice-presidente sênior e vice-presidente executivo de pessoal e relações trabalhistas, Deutsche Lufthansa AG*

A Transformação

Falência

Os observadores não tinham certeza da sobrevivência da Lufthansa. Em 1992, com apenas 14 dias de caixa operacional em mãos, Jürgen Weber procurou todos os principais bancos alemães pedindo dinheiro para pagar o salário dos funcionários. Nenhum banco privado acreditou na sobrevivência da Lufthansa: somente uma instituição governamental – o Kreditanstalt für Wiederaufbau – concordou em dar à Lufthansa o dinheiro de que ela precisava para pagar seu pessoal.

Seminários de Redesenvolvimento

O ponto inicial do conceito de redesenvolvimento foi um programa administrativo de quatro semanas sobre administração de mudança, que ao mesmo tempo também foi o berço de um grupo chamado o "Samurai da Mudança". Os membros desse grupo discutiram os resultados do programa com Jürgen Weber e o convenceram da urgência de um processo de redesenvolvimento.

Em um final de semana de junho de 1992, como resultado, Weber convidou cerca de 20 gerentes seniores para o centro de treinamento em Seeheim[2], para uma reunião originalmente chamada de "Mudança Mental". O objetivo era construir uma rede de gerentes com mentalidade modificada que conduzissem o processo de redesenvolvimento dentro da empresa. Pouco antes do seminário, Jürgen Weber teve uma visão mais profunda da gravidade da crise e mudou o título de "mudança mental" para "reunião para gerenciamento da crise". A transformação começou.

O processo dessa reunião foi tão importante quanto o resultado. Para alguns gerentes, essa reunião para gerenciamento de crise em Seeheim foi uma das primeiras experiências com cooperação interdepartamental e solução de problemas não-burocráticos. As opiniões relativas à necessidade de ações drásticas e à direção da mudança não diferem muito. Os fatos eram muito óbvios.

"Ninguém tinha idéia da gravidade e da brutalidade da crise. Depois de uma longa fase de negação ou de 'não querer acreditar', houve uma próxima fase de 'busca dos culpados', que foi seguida por uma consciência de que havia uma pressão forte para agir. Depois disso, foi tudo muito rápido. As metas com as quais nos comprometemos em Seeheim eram muito ambiciosas, e ninguém acreditava que pudéssemos atingi-las, mas, depois desse processo, comprometemos-nos com elas. A questão crítica era como vencer outros gerentes e funcionários em relação a essas metas e atividades 'ampliadas'."

— *Wolfgang Mayrhuber, CEO da Lufthansa Technik AG e antigo membro da Equipe de Operações*

Uma forma de desenvolver um grupo maior de gerentes foi repetir o seminário de Seeheim três vezes com diferentes grupos de 50 pessoas. Isso foi feito para deixá-los vivos por meio do mesmo processo, deixá-los sentir a ameaça e a urgência, e não apenas informá-los sobre os fatos e a estratégia apropriada que eles tinham que implementar. Após as reuniões, a maioria dos gerentes seniores dentro da empresa estava convencida da necessidade de mudança drástica e comprometida com um conjunto de metas extremamente ambiciosas.

"Nessa transformação, tentamos conscientemente conseguir o comprometimento das pessoas através de seminários, reuniões locais, etc. Em tudo que faço, tento demonstrar que precisamos alcançar uma mobilização emocional antes que seja possível um processo de mobilização racional. Resumidamente alguém poderia dizer: sucesso difícil por meio de processos suaves."

---

[2] Seeheim, mais tarde, tornou-se o lar da Lufthansa School of Business.

— **Dr. Heiko Lange, Diretor-Executivo de Pessoal, Deutsche Lufthansa AG**

"A decisão mais importante foi reduzir a frota, o que significou colocar algumas aeronaves no deserto. Esse foi um passo completamente não-convencional, e foi necessário para a segunda decisão importante: a redução do número de funcionários, que também exigiu uma mudança completa na mentalidade porque era simplesmente o oposto do que tínhamos planejado."

— **Dr. Peter Hach, Vice-Presidente Sênior, Controle Corporativo**

O resultado da reunião de Seeheim foi um conjunto de 131 projetos ou ações importantes relacionadas a cortes drásticos no número de funcionários (8.000 posições), redução de custos não-relacionados a pessoal, incluindo redução da frota (economia de DM 400 milhões) e aumento de receitas (DM 700 milhões) para reduzir as perdas de DM 1,3 bilhão. Para implementar essas ações, a Lufthansa adotou a idéia das reuniões locais, e Jürgen Weber decidiu participar do máximo possível de reuniões ao visitar as diferentes unidades da Lufthansa. No verão de 1999, ele tinha participado pessoalmente de mais de 200 reuniões locais.

Outros gerentes seniores também fizeram reuniões locais em seus departamentos e, em 1999, essa prática ainda era muito usada em toda a organização Lufthansa.

Reuniões locais

As reuniões locais da Lufthansa seguem uma certa estrutura: quando ocorrem em países estrangeiros, Jürgen Weber primeiro se reúne com os principais contatos (p. ex.: ministros dos transportes) e depois com os principais clientes. Depois disso, ele fala com a diretoria da Lufthansa local sobre a situação, os problemas, os planos, etc. daquela unidade. Finalmente, o principal item da agenda é um diálogo longo e intensivo com os funcionários. Jürgen Weber explica para eles os planos mais recentes e eles fazem perguntas e apresentam suas perspectivas dos problemas e as potenciais melhorias.

"Foi decisivo para a transformação o fato de falarmos abertamente para nossos funcionários qual era a situação. Isso nos permitiu desenvolver metas comuns entre funcionários, diretoria, conselhos de trabalho e sindicatos. Podíamos até discutir questões como redução de pessoal e aumento de produtividade aberta e pessoalmente."

— **Jürgen Weber, Presidente e CEO, Deutsche Lufthansa AG**

"Jürgen Weber conquista as pessoas por sua comunicação aberta e autêntica. Ele mostra a elas números não-enfeitados e explica como ele se sente a respeito disso. Durante a fase de transformação, ele disse que todas as manhãs, ao olhar no espelho, ele tinha um sentimento esmagador de responsabilidade ao lembrar que a Lufthansa iria novamente 'produzir' DM 4 milhões de perdas naquele dia. O número de funcionários era de 60.000 e de cada um dependiam cerca de duas ou três pessoas, de forma que ele era responsável por 200.000 pessoas. Isso dava a ele um impulso enorme para mudar a situação... As pessoas eram conduzidas emocionalmente por sua liderança e queriam seguir o caminho que Jürgen Weber lhes apontava simplesmente porque entendiam o que ele dizia. Era engenhoso porque era muito simples. Porém, funcionava!"

— **Ursel Reiniger, Gerente-Executivo, Escritório do Presidente**

"Com um envolvimento quase sobre-humano, Jürgen Weber entrava em contato com as pessoas para deixar claro que estavam em uma crise séria. A articulação explícita da crise foi um dos 'fatos' centrais na transformação. Outro aspecto importante foi o diálogo direto com os funcionários. Havia um ditado na época: 'Schlede[3] coleta dinheiro, Weber coleta pessoas'."

— **Dr. Hans Schmitz, Diretor-Executivo da Lufthansa Technik Logistik GmbH**

Uma segunda medida implementada foi a instalação de um "controle de redesenvolvimento" especial sob a direção do *controller* corporativo Dr. Peter Hach. Esse programa visava a monitorar o progresso e os resultados ligados à redução de custos associados a pessoal e não-associados a pessoal e o aumento de receitas.

Por último, mas não menos importante, o Comitê Executivo apontou um grupo de 12 gerentes seniores representando os principais departamentos da empresa – chamado de Equipe San (Sanierungsteam = equipe de redesenvolvimento). Essa Equipe San tinha a tarefa de implementar os 131 projetos do "Programa 93". Mas ela acabou se revelando muito grande e não era suficientemente eficaz. Dessa forma, Jürgen Weber decidiu formar um grupo menor e mais eficaz. A chamada Equipe OPS (Equipe de Operações) tornou-se um motor importante no processo de implementação. Formada inicialmente por Angelika Jakob, diretora de serviços de bordo, Wolfgang Mayrhuber, diretor-técnico da Lufthansa Maintenance, Matthias Mölleney, gerente sênior de pessoal e um consultor externo. Posteriormente a Equipe OPS passou a contar com Dieter Heinen, diretor de vendas na Alemanha, e Dr. Christoph Frank, um consultor interno com experiência em vários projetos de mudança. A equipe OPS esforçou-se muito e conseguiu transformar as iniciativas do Programa 93 em ações, definindo atividades concretas e monitorando constantemente, aconselhando e dando suporte aos gerentes que tinham a responsabilidade final sobre a implementação.

Os princípios dos procedimentos OPS eram:

"Deixamos claro que não aceitaríamos desculpas. Éramos implacáveis, persistentes e incondicionais em relação à implementação das medidas. Comparados aos consultores e ao Comitê Executivo, tínhamos uma vantagem importante. Conhecíamos a empresa e por isso não apenas tínhamos as redes de pessoal, mas também sabíamos o que era realista. As pessoas acreditavam em nós. Mas o fator mais importante era que estávamos no mesmo barco que elas. Era óbvio que não queríamos prejudicá-las, mas que estávamos falando sério porque tínhamos o mesmo interesse pessoal em sobreviver. Não tínhamos um poder hierárquico formal – apenas poder para convencer as pessoas da necessidade vital de mudança fundamental."

---

[3] O Dr. Klaus Schlede era o Diretor Financeiro na época.

— *Wolfgang Mayrhuber, CEO da Lufthansa Technik AG e antigo membro da Equipe de Operações*

Jürgen Weber mostrou seu comprometimento incondicional com a equipe OPS e deu apoio pessoal a todas as suas necessidades. O envolvimento dele no processo de mudança foi acompanhado de várias ações visíveis como o bônus do comitê executivo de 10% de seu salário anual em 1992.

No total, cerca de 70% dos 131 projetos do programa 93 foram implementados com sucesso durante a transformação. Os 30% restantes foram postos em ação mais tarde, e a implementação ainda estava ocorrendo em 1999. Jürgen Weber intencionalmente não insistiu na implementação imediata dos 30% restantes para não arriscar o consenso com os sindicatos. A falta de greves e o alto nível de consenso entre a diretoria e outras partes interessadas, especialmente os sindicatos, foi uma característica marcante do gerenciamento da crise na Lufthansa. E a mesma filosofia continuou a influenciar todas as decisões e ações subseqüentes nos anos 90.

Consenso como um fenômeno da alma da Lufthansa

"A implementação em geral não ocorre facilmente na Lufthansa. Antes de implementar qualquer coisa, você precisa ter consenso. Muito freqüentemente, nosso Comitê Executivo recusava-se a decidir uma questão porque ela não tinha sido suficientemente reconciliada. 'Cartas abertas' era a política sincera de Jürgen Weber. Seguindo essa política, não apenas evitamos os aumentos nos pagamentos em 1993, mas também a privatização da Lufthansa, a reestruturação de nosso esquema de pensão, a modernização da estrutura de nossa empresa e – por último, mas não menos importante – uma redução drástica na mão-de-obra, resultando em um aumento de produtividade muito necessário. Essas mudanças foram drásticas. Elas nunca teriam ocorrido sem o consentimento de todos os constituintes."[4]

A implementação da redução dos funcionários de apoio foi responsabilidade dos gerentes de linha. Para a implementação do Programa 93, era importante que os gerentes de linha assumissem responsabilidade pelo processo a fim de realizar os cortes inevitáveis, por um lado, e motivar os funcionários restantes, por outro.

"O fator mais importante durante essa fase difícil foi a credibilidade. Isso é comunicação durante a crise. O pessoal de vôo não apenas é parte da equipe de produção, mas também tem contato direto com o cliente. Assim, eles tinham que ficar bem informados e tinham que ser leais – mesmo em tempos difíceis. Isso consumiu muita energia mas valeu a pena."

— *Jürgen Raps, Vice-Presidente Sênior de Operações de Vôo e Piloto-Chefe*

Certamente a redução de pessoal causou problemas, e algumas pessoas muito talentosas, de "alto potencial", deixaram a empresa devido à ameaça percebida às suas possibilidades e aspirações de carreira. Mas houve muitos que concluíram exatamente o contrário; foram atraídos pelo desafio de expandir o escopo existente de pensamento e ação para redesenvolver a Lufthansa apesar de todas as dificuldades e dos sacrifícios de pessoal necessários.

"Durante a crise, foi uma experiência muito importante descobrir que trabalhar sob pressão também era empolgante. Ninguém reclamava. Pelo contrário, as pessoas aceitavam o desafio e realmente faziam o melhor que podiam."

— *Dr. Peter Jansen, Gerente-Geral de Administração de Custos, Programa 15*

Em 1993, foram percebidos os primeiros efeitos dos esforços. O número de passageiros cresceu, as receitas cresceram e os custos caíram. Em novembro de 1993, 18 meses após a reunião para administração da crise, o primeiro sucesso foi reportado na imprensa e na televisão. "O guindaste está subindo novamente."

Mas a Lufthansa sabia muito bem que a recuperação superficial não podia garantir sucesso sustentado e que precisava fazer uma mudança mais fundamental. Para assegurar seu futuro, a empresa tinha que lidar com algumas questões mais amplas, incluindo reduções de custos estratégicas, privatização e estrutura organizacional. Weber disse:

"Aprendemos nossa lição: não investir em crescimento contando com economias de escala 'automáticas'. Ao contrário, reduza seus custos primeiro, depois vá para o mercado pronto e capaz de travar uma guerra de preços. Temos que atingir liderança de custo e ainda não chegamos lá. Por isso precisamos de uma segunda fase nessa transformação: não podemos reduzir ainda mais salários ou pessoal, ou os bons funcionários vão nos deixar. Então, temos que reestruturar a Lufthansa, criar consciência de custo, criar transparência e levar responsabilidade e espírito empreendedor ao nível mais baixo possível."

No início da transformação, a Lufthansa tinha entrado em negociações com o governo alemão para privatizar a empresa. Um obstáculo importante para a privatização foi a substituição do fundo de pensão "VBL" (VBL – Versorgungsanstalt des Bundes und der Länder), que associava a Lufthansa ao estado alemão. Foi extremamente difícil desatar essa "corrente dourada".

"Houve muita discussão sobre o VBL, e ficou bastante óbvio que era quase impossível se livrar dessas obrigações. Se alguém tivesse perguntado, 80% teriam dito: 'Você nunca vai conseguir isso'. Mas nós conseguimos."

— *Jochen Hoffmann, Vice-Presidente Sênior & Vice-Presidente Executivo de Pessoal e Relações Trabalhistas, Deutsche Lufthansa AG*

Em maio de 1994, o problema do fundo de pensão foi resolvido. O governo alemão diluiu sua participação para 36% e concordou com um pagamento de DM 1 bilhão para o VBL, para cobrir as despesas com os já aposentados, e também em oferecer uma concessão e uma garantia para a constituição de um fundo de pensão separado para a Lufthansa. Em 1997, a Lufthansa tornou-se totalmente privatizada.

---

[4] Dr. Hach, Vice-Presidente Sênior de controle corporativo, discurso feito no Fórum Top 100 em Estocolmo, "An Attempt of a Phenomenological Approach to Lufthansa's Soul", 22.2.1996.

Economias de Custo Estratégicas – Programa 15

Como uma empresa privada, a Lufthansa sofreu pressões crescentes para ser competitiva e ter custos estratégicos eficazes. Essa pressão se tornou ainda mais aguda devido à queda contínua de receita (renda média por passagem vendida), conduzida por uma forte concorrência de preços dentro do setor de empresas aéreas e uma ameaça de substituição por outras alternativas de transporte (principalmente, trens de alta velocidade). Como uma resposta estratégica a esses desenvolvimentos, a Lufthansa continuou seu processo de transformação e começou o "Programa 15".

> *Programa 15*
>
> O programa 15 era um programa estratégico de administração de custos muito amplo, criado para tornar a Lufthansa mais competitiva por meio de gerenciamento de custos e mudança cultural. As metas do programa incluíam:
>
> - Melhorar a posição competitiva por meio da redução de custo
> - Internacionalizar a estrutura de custo.
> - Tornar os funcionários de todos os níveis altamente conscientes dos custos e eficazes em custos em seu trabalho diário.
>
> O número 15 significa 15 *pfennig** por SKO (sigla, em inglês, para "*seat kilometers offered*", assentos oferecidos por quilômetro; a meta de custo para transportar um assento de aeronave por um quilômetro). A Lufthansa pretendia reduzir seus custos de 17,7 *pfennig* em 1996 para 15 *pfennig* em 2001. Isso implicava em uma redução de custo geral de 20% em um período de cinco anos (4% de redução anual em todo o grupo Lufthansa). Todos os departamentos e empresas da Lufthansa foram afetados.

Assim como a Equipe OPS, que monitorou e manteve o progresso no Programa 93, foi montada uma equipe para o Programa 15, e essa equipe trabalhava com certos princípios que eram aplicados de forma diferenciada usando as experiências da transformação:

> *As regras do jogo para a equipe do Programa 15*
>
> - Enfrentamos questões contenciosas.
> - Fazemos o que dizemos.
> - Preferimos fatos, não preconceitos.
> - Permitimo-nos ser monitorados sempre que necessário.
> - Informamos contínua e correntemente – junto com os departamentos responsáveis.
> - Informamos gerentes, funcionários e seus representantes antes do público externo.
> - Utilizamos redes informais para assegurar comunicação interdepartamental e sobreposição de hierarquia.
> - Tentamos evitar ditos populares e superestimativas.

O Programa 15 foi baseado em responsabilidade integrada. Os gerentes de linha eram responsáveis por redução de custos, o que significava que o cumprimento do Programa 15 estava integrado com seus objetivos de gerenciamento "normais" e era parte de suas expectativas de desempenho. O Programa 15 conscientemente estabelecia metas expansíveis, que eram desafiadoras, mas possíveis de atingir. Em relação às metas, nenhum compromisso era assumido, mas a equipe do Programa 15 consultava a gerência de linha sobre os meios para economia de custo e tentava resolver problemas por meio de discussões abertas e honestas com aqueles que eram responsáveis pela implementação. Um monitoramento estrito e o compartilhamento público de resultados (dados de desempenho reais para cada gerente eram publicados regularmente) asseguravam responsabilidade e retorno contínuo.

"O Programa 15 tinha que levar em conta algumas questões que poderiam ser chamadas de "tipicamente Lufthansa". Uma das características do estilo Lufthansa é uma combinação específica de orientação e persistência consensual. Ninguém tenta forçar certas soluções, e as pessoas estão dispostas a se comprometer, mas apenas em termos de cumprimento da meta, não em relação à meta em si."

— *Dr. Peter Jansen, Gerente-Geral de Administração de Custo, Programa 15*

Para preservar a disciplina e a atenção nas metas de custo estratégicas, o Programa 15 iniciou diversas medidas simbólicas e substantivas. Essas medidas incluíam, por exemplo, a localização de seu escritório próximo à sala de Jürgen Weber, discussões de medidas de redução de custo nas Reuniões Locais, relatórios semanais no "Lufthanseat" (o jornal dos funcionários) e ampla publicidade para algumas poucas e bem-selecionadas "histórias de sucesso" impressionantes.

Reestruturação Corporativa

No começo dos anos 90, a Lufthansa estava funcionalmente organizada em seis departamentos (financeiro, pessoal, manutenção, vendas, *marketing* e operações de vôo), cada um liderado por um membro do Comitê Executivo (Anexo 2).

A solução estrutural acabou se revelando ineficiente, mostrando sintomas como muito envolvimento da alta administração nos problemas operacionais, processos de decisão lentos, falta de responsabilidade, pouca transparência e, finalmente, proximidade insuficiente com o mercado. Esses problemas foram aumentados pelos acontecimentos no ambiente externo – as empresas aéreas enfrentavam cada vez mais concorrência baseada em tempo, concorrência de preço e necessidade de transparência de produtos e serviços.

---

* N. de T.: *Pfennig* é uma moeda que vale um centavo de marco alemão.

A Lufthansa percebeu que não poderia responder efetivamente aos desafios competitivos que surgiam com sua estrutura funcional existente. Dessa forma, as metas do processo de restruturação eram aumentar a proximidade do mercado e a transparência de custos e receitas e reduzir a fragmentação dos processos de decisão. A idéia principal por trás da reestruturação era que a Lufthansa seria mais bem sucedida como um grupo federativo de pequenas unidades independentes do que como um bloco funcional monolítico.

A Lufthansa considerou várias alternativas organizacionais, todos em termos de como dividir as operações integradas em unidades menores auto-suficientes e as estruturas legais e administrativas específicas para a administração dessas unidades. Os principais critérios para escolher entre essas alternativas incluíam avaliações detalhadas do escopo estratégico de cada área de negócios, suas necessidades de liberdade empreendedora, responsabilidade e obrigação, o papel da empresa terceirizada e a natureza das relações internas resultantes entre cliente-fornecedor. Finalmente, três áreas de negócios foram formalmente separadas como subsidiárias legalmente autônomas e estrategicamente independentes: LH Cargo AG (frete aéreo), LH Technik AG (serviço de manutenção técnica) e LH Systems GmbH (serviços de TI). Elas se juntaram às subsidiárias já existentes CityLine (vôos domésticos), Condor (vôos fretados) e LSG Sky Chefs (fornecimento de alimentação). Ao mesmo tempo as tarefas e responsabilidades do Comitê Executivo foram redefinidas fortalecendo o foco estratégico e dando um peso maior ao negócio básico da empresa, o "Passenger Service" (chamado de "Passage").

Em 1997, a persistência com a idéia de descentralização levou a Lufthansa a uma independência operacional ainda maior da Lufthansa Passenger Service – o núcleo original da antiga empresa aérea "Lufthansa". Com 26.000 funcionários, incluindo 12.500 pessoas nas aeronaves, a Lufthansa Passenger Service foi reestruturada como um Centro de Lucro, para ser conduzida e liderada por um Comitê Administrativo de seis membros. Embora considerações tributárias impedissem a Passenger Service de se tornar uma entidade legal separada, essa reestruturação isolou claramente a área da influência diária da alta administração corporativa.

Em 1999, o Comitê Administrativo da Lufthansa dirigia as atividades de todo o grupo por meio de três funções centrais: o escritório do presidente e as áreas financeira e de recursos humanos (Anexo 3).

Construindo uma Rede Estratégica – Star Alliance

Além do foco em custos internos e redesenvolvimento estrutural, a Lufthansa trabalhava constantemente suas relações externas. Tendo passado por um excesso extremo de capacidade por seguir a filosofia de "crescer com a própria força", a empresa dedidiu optar por uma alternativa estratégica: "crescer por meio de parcerias".

A Lufthansa era um dos principais membros fundadores da mais ampla e provavelmente a mais competitiva rede de empresas aéreas em todo o mundo. Desde abril de 1999, quando a Air New Zealand e a Ansett Australian se juntaram à STAR ALLIANCE, a rede incluía oito membros operando em 720 destinos em 110 países (Anexo 4). Em outubro de 1999, a ANA (All Nippon Airways) juntou-se à STAR ALLIANCE. Esse foi um passo importante para a estratégia de expansão asiática da aliança (Anexo 5).

Mudando o Modelo de Concorrência nas Empresas Aéreas

A STAR ALLIANCE começou a funcionar em maio de 1997. Em 1999, tinham surgido outras três alianças globais: Oneworld, Wings e Qualiflyer (Anexo 6). Com o lançamento da Oneworld em fevereiro de 1999, a concorrência no setor de empresas aéreas assimiu uma nova dimensão. Essa nova aliança tinha cinco membros fundadores, um logo comum e compartilhava a visão da STAR ALLIANCE de associar uniformemente as redes de rotas das empresas aéreas. A Lufthansa acreditava que a cultura anglo-saxã que unia as empresas aéreas participantes da Oneworld poderia facilitar o entendimento mútuo e a tomada de decisão compartilhada, fazendo da aliança uma força potencialmente coesa e dinâmica.

Estrategicamente, esses acontecimentos foram de vital importância. No final do século XX, a estrutura econômica do setor aéreo estava mudando de concorrência entre empresas aéreas para concorrência entre redes. Por conseqüência, as redes dessas empresas estavam lutando para intensificar a integração e as estratégias comuns da aliança. Em 1999, o maior desafio da STAR ALLIANCE era defender sua posição de liderança e expandir sua liderança de mercado por meio de gerenciamento integrado da rede em uma nova fase de competição intensa entre as redes rivais.

Vantagens Tradicionais das Alianças entre Empresas Aéreas

Tradicionalmente, o núcleo das alianças entre empresas aéreas era o compartilhamento de código, ou seja, a utilização dos mesmos números de vôo. A Lufthansa e a United Airlines, por exemplo, atendiam nada menos do que 130 destinos de vôo com códigos compartilhados. A Lufthansa reportou que, em 1998, teve um aumento de DM 450 milhões na receita devido à aliança.

As sinergias importantes também eram percebidas por meio das atividades de vendas conjuntas (propaganda conjunta, programas de milhagem, contratos conjuntos com agências de viagens, etc.), pesquisa coletiva de mercado, instalações compartilhadas, como salas de embarque, e intercâmbio de pessoal. O Conceito de Senhoria lançado na STAR ALLIANCE, em 1997, ilustra a natureza e a extensão desses potenciais benefícios. Visando a desenvolver uma base de serviços comum (emissão de passagens e *check-in*), foram identificados mundialmente 27 eixos principais para começar esse processo de integração para compartilhar instalações e serviços de aeroporto sob um mesmo teto. Em cada estação, uma empresa aérea era apontada como "senhoria" e era responsável pelos serviços de aeroporto como *check-in* e emissão de passagens para todos os outros membros da STAR ALLIANCE. Como as outras empresas aéreas não mantinham nenhuma atividade nesses eixos, o programa implicava assumir todos os funcionários de outros parceiros pela empresa aérea no papel de "senhoria". Por exemplo, em novembro de 1997, todos os ex-funcionários da Lufthansa em Copenhagen foram transferidos para a SAS, enquanto que a Lufthansa assumiu todos os funcionários da SAS em Frankfurt.

Desafios Emergentes – Administração e Estratégia da Star Alliance

Além dessas sinergias operacionais tradicionalmente importantes, em 1999, a STAR ALLIANCE estava começando a se aproximar de desafios muito mais exigentes de coordenar e integrar atividades estratégicas como o estabelecimento de uma marca global, desenvolvimento de uma plataforma de tecnologia compartilhada, treinamento conjunto e desenvolvimento de pessoal. Embora as sinergias operacionais pudessem ser administradas por meio de equipes e forças-tarefa específicas, a coordenação específica dessas questões exigia uma estrutura gerecial integrada para toda a aliança, além de um processo sistemático para coordenar as atividades estratégicas internas de todos os parceiros.

Em dezembro de 1998, as empresas aéreas da STAR ALLIANCE formaram uma equipe gerencial focada para conduzir a aliança em bases diárias. Até então, as atividades da aliança eram coordenadas por um conjunto de comitês e equipes de projeto. Os presidentes das empresas aéreas decidiram juntar responsabilidades para questões estratégicas. Jürgen Weber defendia pessoalmente a idéia de uma estrutura gerencial permanente para dar mais força e dinamismo à aliança. O recém-indicado Comitê Administrativo da Aliança consistia em seis executivos responsáveis por lidar com todas as questões estratégicas da rede e implementar um plano de negócios de cinco anos, aprovado pelos presidentes das empresas aéreas em uma reunião realizada em outubro de 1998, no Rio de Janeiro.

Havia quatro questões principais de grande importância estratégica:

- A rede global
- *Marketing* e vendas
- Desenvolvimento de serviço e produto
- Tecnologia de informações.

O Comitê Administrativo era presidido por Friedel Rödig, da Lufthansa, e Bruce Harris da United Airlines atuava como vice. Os outros membros do Comitê Administrativo eram responsáveis por áreas de atividade específicas. Ross McCormack, da Air Canada, era encarregado do desenvolvimento da rede global; Per Stendenbakken, da SAS, era responsável pelo desenvolvimento uniforme de serviços e produtos; Dieter Grotepass, da Lufthansa, cuidava de estratégia pós-venda, comunicações de *marketing* e coordenação de programas de milhagem, enquanto que todas as questões relacionadas com tecnologia de informações e automação eram de responsabilidade de Bruce Parker, da United.

Com a nova estrutura em funcionamento, a aliança progrediu além do estágio de comitê baseado em colaboração, mas não foi considerada suficiente para uma verdadeira integração estratégica. A questão central era se o sucesso da aliança exigia uma fusão da cultura corporativa diferente dos parceiros.

"As principais questões para a STAR ALLIANCE eram treinamento e desenvolvimento comum dos funcionários para dar apoio ao aprendizado interorganizacional das empresas parceiras, para construir uma aliança forte e uma cultura de rede, mas, acima de tudo, criar um espírito compartilhado de aliança que fosse obcecado pelo cliente."

— ***Thomas Sattelberger, Vice-Presidente Corporativo Sênior de Pessoal e Desenvolvimento de Recursos Humanos***

Outra questão vital era como essa integração mais próxima dentro da aliança afetaria as outras empresas da Lufthansa. Uma estratégia de rede e uma integração cultural comuns estavam inevitavelmente conectadas a questões críticas relacionadas à marca e à identidade dentro do grupo Lufthansa. A especialização dentro da STAR ALLIANCE e particularmente a extensão planejada de compras conjuntas poderia causar sérios problemas econômicos para algumas subsidiárias da Lufthansa.

Por exemplo, a busca de sinergia dentro da STAR ALLIANCE incluía o desenvolvimento conjunto de soluções de TI. Em abril de 1999, o Comitê Administrativo da STAR ALLIANCE assinou um Memorando de Intenções relacionado à formação de uma organização central STAR ALLIANCE IT. A principal tarefa dessa organização seria desenvolver um sistema de informações comum para todos os parceiros STAR ALLIANCE. Como primeiro passo, uma pequena equipe de cerca de 20 pessoas trabalharia nessa solução. Eles estariam todos alocados em um só local, evitando assim problemas de trabalhar em diferentes zonas geográficas e de tempo. Para a LH IT Services, esse desenvolvimento representava uma ameaça vital a seu principal mercado.

"Dentro da administração da STAR ALLIANCE, a United Airlines assumiu a responsabilidade pelo EDP. Sendo um bloco monolítico, a United Airlines incorporava seu próprio departamento de TI, que deveria assumir o controle de toda a solução de TI da STAR ALLIANCE. O mercado é negligenciado nesse caso, e a Lufthansa IT Services é ameaçada como um fornecedor externo, 'ficando do lado de fora da porta' com os 'verdadeiros externos' como a IBM e a Debis[5]. A política de melhorar a sinergia dentro da STAR ALLIANCE pode nos custar nosso principal cliente, a Lufthansa. Então sairemos totalmente dessa área, pois as outras alianças também não nos deixarão entrar."

— ***Peter Franke, Presidente da Lufthansa IT Services e Lufthansa Systems GmbH***

---

[5] A Debis é uma subsidiária de TI autônoma do Daimler Chrysler Group.

Lufthansa no Ano 2000

Simultaneamente ao processo de integração da STAR ALLIANCE, a Lufthansa queria se desenvolver, passando de uma empresa aérea para um grupo de aviação: a meta explícita era tornar-se o principal fornecedor de serviços de transporte aéreo no mundo. A Lufthansa estava tentando atingir essa meta por meio de:

- Crescimento por meio de parcerias, não de domínio (STAR ALLIANCE);
- Administração estrita de custos (Programa 15);
- Fortalecimento da base de receitas da empresa, ou seja, expandir as atividades de vendas diretas.

A Lufthansa identificou sete grandes áreas de negócios no grupo e coordendou centralmente seus processos de desenvolvimento de estratégia.

Processo de Planejamento da Estratégia

Os objetivos estratégicos das subsidiárias e suas prioridades de implementação foram estabelecidos em um processo de planejamento sistemático e contínuo, no qual todas as empresas estavam envolvidas. Ele se baseava em dois pilares: a moldagem das estratégias das áreas de negócios e o processo de planejamento orientado por região (Anexo 7).

Estratégias das áreas de negócios

Em um processo anual de estratégia, o Comitê Executivo do Grupo Lufthansa e o Comitê Administrativo de cada empresa do grupo desenvolveram um plano estratégico para os cinco anos seguintes. No centro desse processo estava um diálogo estruturado e intensivo em vez de uma análise financeira detalhada. Os resultados dessa reunião estratégica foram as diretrizes metódicas e estratégias para cada *área de negócios* (começando com "Passenger Service") para os cinco anos seguintes. Isso se aplicava particularmente à expansão global, à abordagem para solicitação dos clientes, ao mercado e à mudança competitiva e às relações com outras empresas no grupo.

Seminários regionais

Quando as estratégias de cada empresa da Lufthansa foram definidas, seguiram-se os *seminários regionais*. Eles se concentravam nas principais regiões como Ásia, Europa, etc., a fim de levar em conta as sinergias entre as diferentes áreas de negócios e de desenvolver soluções para cooperação interna. Como todas as empresas do grupo forneciam serviços de transporte aéreo ou serviços para empresas aéreas, havia muito potencial para coordenar as atividades de todas as empresas operando em determinados mercados. Durante esses seminários, identificavam-se os mercados básicos, estabeleciam-se metas específicas por região e avaliavam-se possíveis meios. Esperava-se que a importância das estratégias regionais aumentasse com o tempo, por meio do crescimento da presença global do grupo Lufthansa.

As Sete Unidades de Negócios LH – Posições Estratégicas e Crescimento

A Lufthansa Passage (Passenger service) estava comprometida com a estratégia de "crescimento por meio de parcerias" e, em 1999, já operava em uma forte rede global com seus parceiros da STAR ALLIANCE. Qualquer outra empresa dentro do grupo Lufthansa que estivesse pensando em se associar a um concorrente da Lufthansa Passage tinha que obter aprovação prévia do Comitê Executivo. Porém, alianças não eram consideradas a estratégia de crescimento apropriada para todas as subsidiárias LH.

Cada uma das sete principais empresas deveria ter como meta a obtenção de crescimento lucrativo e sustentável e uma posição de liderança em seu segmento de mercado (Anexo 8). Em termos de posições competitivas, a maioria das áreas de negócios já estava em papéis de liderança (Anexo 9). Entretanto, suas estratégias para crescimento e globalização variavam significativamente.

Serviço ao passageiro – empresa aérea Lufthansa, Lufthansa CityLine e Team Lufthansa

Em 1999, a Lufthansa Passenger Service era de longe a área de negócios mais forte dentro do grupo Lufthansa. Consistindo em *Lufthansa German Airlines* (DM 16,5 bilhões em receitas, em 1998) e *Lufthansa CityLine* (DM 1,5 bilhão, em 1998), a "Passenger Service" contribuiu com cerca de 60% das receitas do grupo Lufthansa (DM 18 bilhões em 1998).

Enquanto a Lufthansa German Airlines era uma unidade operacionalmente independente dentro do grupo, a Lufthansa CityLine era uma empresa integralmente autônoma. A CityLine complementava as redes de rotas alemãs e européias com vôos de passageiros programados em aeronaves com mais de 80 assentos. Associada a seus acordos separados de salário, sua estrutura de custos permitia à Lufthansa CityLine atender rotas que não eram lucrativas para a unidade real da empresa aérea (na Europa). Em 1998, o número de passageiros atendidos pela área de negócios como um todo aumentou em 14,5%, de 3,8 milhões em 1997 para 4,4 milhões.

Além disso, desde 1996, novos acordos cooperativos com empresas regionais selecionadas (Contact Air, Augsburg Airways, Cimber Air e Air Littoral) fizeram com que todas elas voassem sob a marca *"Team Lufthansa"* em base de franquia. Essas empresas traziam passageiros para os principais eixos de Frankfurt e Munique, de forma que eles pudessem usar vôos de conexão dentro da rede de rotas da STAR ALLIANCE.

O foco estratégico geral da áera de negócios "Passenger Service" era crescimento a longo prazo associado a empresas parceiras estratégicas (Anexo 10).

Lufthansa Cargo AG

Desde 1995, a Lufthansa Cargo AG (a empresa de frete) tem sido uma subsidiária 100% autônoma da Lufthansa, com receitas de DM 3,9 bilhões em 1998 (1% menos que as receitas de 1997). Em 1999, o objetivo estratégico da LH Cargo AG era tornar-se o principal fornecedor de logística no mercado global (Anexo 10). Ela estava tentando realizar esse objetivo seguindo uma estratégia de crescimento mista. Isso incluía alianças internacionais com alguns membros da STAR ALLIANCE, integração vertical por meio de formação de redes com despachantes para oferecer aos clientes uma cadeia logística completa porta-a-porta e, finalmente, aquisições. Essas estratégias eram associadas à mudança fundamental dentro da área de cargas, passando de um fornecedor de transporte tradicionalmente não-integrado (como um serviço padrão de baixo envolvimento) para um fornecedor de soluções individualizadas completas. Além de frete puro, a Lufthansa Cargo pretendia oferecer soluções para exigências complexas de logística global. Isso era uma resposta a uma demanda crescente por serviço completo (logística porta-a-porta) e crescimento rápido do mercado de gestão da cadeia de suprimentos.

Por isso, exigências futuras na área de carga incluíam um forte foco no cliente, orientação às filiais e competência para construir parcerias e alianças em toda a cadeia de transporte. Esses acontecimentos estavam associados a necessidades completamente novas em relação a competências e auto-entendimento: a Cargo nunca foi (com exceção da unidade menor de fretamento de carga) uma unidade organizacional autônoma, mas uma "criança dependente" da área de passageiros ("Passage"). Ela nunca foi usada para dirigir contrato de clientes e nunca foi um fornecedor de serviços complexos de logística.

"Há necessidade de mudança mental. Não fizemos isso o suficiente. Ainda há essa mentalidade tradicional da Lufthansa 'conduzida pelo passageiro' enquanto se exige uma organização inovadora, criativa e ativamente envolvida. Em 1996, tivemos uma campanha com iniciativas diferentes, incluindo uma tenda de atividades e diversos seminários que mostraram algum efeito, mas apenas por um curto período. Precisamos de uma mudança sustentada do papel e da auto-imagem das pessoas. A Cargo não consegue atingir isso com seus próprios recursos. Precisamos que esse capital humano venha de fora, por meio de aquisições ou recrutamento."

— *Michael Kraus, Vice-Presidente de Contas Globais e Logística, Lufthansa Cargo AG*

C&N - Turismo

Em 1999, as atividades de turismo da Lufthansa eram coordenadas por uma empresa chamada C&N Condor Neckermann Touristik AG. Ela era um dos três principais fornecedores de serviços turísticos na Europa. A C&N era resultado da estratégia de integração vertical da Condor, que levou à sua fusão com a NUR (NUR Touristic GmbH, Oberursel) em 1999. O objetivo estratégico da C&N era estabelecer um grupo de viagens de alto desempenho com posição de liderança no mercado de turismo europeu (Anexo 10).

Serviços técnicos

A LH Technik AG era uma subsidiária 100% da Lufthansa que gerava receitas de cerca de DM 3,2 bilhões em 1998. Com participação de mercado de 8% em 1999, a LH Technik era a líder do mercado global em manutenção completa de aeronaves e abastecimento de capacidade VIP. Desde sua fundação, em 1995, a Lufthansa Technik AG tem conseguido fortalecer sua posição no mercado global. Para a Lufthansa Technik AG, os clientes externos que não fazem parte da Lufthansa tradicionalmente desempenhavam um papel importante, e essa importância continuou a crescer até o final dos anos 90. Em 1998, 47% de suas receitas eram derivadas do mercado externo.

Em 1999, o foco estratégico da Lufthansa Technik era no crescimento por meio de cooperação com os parceiros da STAR ALLIANCE, entrada em novos mercados (por meio de inovações de produtos ou serviços e novas instalações) e aquisições (Anexo 10). Para a Lufthansa Technik era difícil construir alianças porque ela não podia desenvolver uma rede independente da STAR ALLIANCE. Por outro lado, era quase impossível construir uma aliança com os parceiros da STAR ALLIANCE porque a Unidade ainda tinha uma estrutura monolítica e não considerava "manutenção técnica" como uma área de negócios. Durante três anos (1996-1999) diversas equipes de parceiros STAR ALLIANCE trabalharam com potenciais opções de cooperação, e os executivos do departamento técnico reuniam-se em bases regulares (uma vez a cada três meses). O único resultado foi a fundação da AirLiance Materials. Em 1998, a Lufthansa Technik, junto com a United Airlines e a Air Canada, fundou essa empresa, que se tornou um centro de comércio e serviço de peças em Chicago. Ela visava a estabelecer um contrapeso à presença crescente no mercado de corporações fabricantes de aeronaves, que estavam tentando manter os clientes mais próximos ao fornecer serviços de manutenção e recondicionamento. Elas não apenas estavam se tornando concorrentes sérios para a Lufthansa Technik, como também estavam ganhando uma posição monopolista cada vez maior.

Serviço de alimentação

A Lufthansa LSG Sky Chefs era a empresa que fornecia alimentação para o grupo. Ela gerou receitas de DM 2,5 bilhões em 1998. Sua visão era fazer a transição de uma empresa de fornecimento de alimentação para um grupo de fornecimento de alimentação. Outras metas estratégicas incluíam aumentar sua participação de mercado, desenvolver uma empresa de fornecimento de alimentação para áreas diferentes de empresas aéreas, como serviços para plataformas de petróleo e áreas de serviço e tornar-se pública (Anexo 10).

Serviços em terra (GlobeGround)

Com receitas de DM 0,9 bilhão em 1998 e uma participação de mercado de 10% derivada de suas atividades em 80 localizações em 23 países, a GlobeGround era a número um do mundo no mercado de acesso livre para serviços em terra. Em 1999, essa área concentrava-se primariamente em expansão global e fortalecimento de sua liderança de mercado (Anexo 10). A GlobeGround foi iniciada ao concentrar-se em marca global e expandir sua presença global por meio de parcerias regionais e aquisições, primariamente nos EUA. Em março de 1999, a GlobeGround adquiriu a Hudson General Corp. Com 5.000 funcionários, a Hudson era o principal fornecedor de serviços de aeroporto na América do Norte, com participação de 44% no mercado de serviços em terra em todo o mundo.

Tecnologia de informações

A Lufthansa Systems GmbH oferecia produtos e serviços baseados em TI para empresas aéreas e empresas nos setores de transporte, viagens e turismo. Em 1998, gerou receitas de DM 0,7 bilhão. Apenas 20% de suas receitas vinham de negócios com clientes externos, não-pertencentes à Lufthansa. Em 1999, todas as empresas de TI relacionadas à Lufthansa formaram a área de negócios "Lufthansa IT Services", tendo a Lufthansa Systems como núcleo. A posição de mercado mundial da Lufthansa IT Services era considerada expansível. O foco estratégico da Lufthansa IT Services era o desenvolvimento de atividades integradas de TI nas unidades de negócios e expansão internacional por meio de parcerias (Anexo 10).

Internacionalização e Marca das Subsidiárias Lufthansa

Em 1999, não apenas as estratégias de crescimento das empresas Lufthansa variavam. As diferenças também podiam ser vistas no grau de internacionalização e suas relações com a marca "Lufthansa": os padrões do Passenger Service – a empresa aérea e o núcleo tradicional da Lufthansa – e os novos núcleos descentralizados emergentes do grupo de aviação variava imensamente. Ser um membro da STAR ALLIANCE significava que, para a Lufthansa Passage (Passenger Service), o desenvolvimento poderia ser visto como um processo de "renacionalização", especialmente quando levava em consideração o conceito de senhorio. Em contraste, a GlobeGround e a LSG Sky Chefs tinham negócios associados às necessidades e infra-estruturas locais das respectivas regiões. Isso não apenas implicava a necessidade de uma orientação internacional e integração local em cada mercado, mas também criava uma potencial tensão em relação ao uso da marca Lufthansa. Dessa forma, o nome "GlobeGround" foi escolhido deliberadamente como um nome "Lufthansa neutro".

As características empresariais da Lufthansa Technik AG e da Lufthansa IT Services eram muito diferentes. Esses serviços tecnicamente dominados eram menos locais e exigiam uma estratégia global bastante associada à marca Lufthansa, que deveria indicar competência, alta qualidade e experiência no setor de empresas aéreas.

> "A Lufthansa representa valores alemães como precisão, confiabilidade técnica, alta qualidade ou experiência, que são indicadores positivos importantes de nossos negócios. A 'característica alemã' da Lufthansa é de uso direto para nossa imagem, embora possa ser outra forma de prestar serviços a clientes, o que exigiria mais características 'não-alemãs', como cordialidade ou modéstia. O nome 'Lufthansa' abre portas. Seremos sempre a 'base Lufthansa'."
>
> — *Dr. Peter Franke, Presidente da Lufthansa IT Services e da Lufthansa Systems GmbH*

O que a Lufthansa Aprendeu com a Mudança?

Envolvimento das Pessoas

Durante a transformação, a Lufthansa desenvolveu um certo estilo de envolver as pessoas nos processos e redes estratégicos, que eram mantidos e apoiados pela Lufthansa School of Business (fundada em 1998). Além disso, as Reuniões Locais tinham se tornado um elemento fixo da cultura de diálogo da Lufthansa.

> "Aprendemos a contar com as pessoas e que as mesmas pessoas podem se comportar de maneira muito diferente em situações diferentes."
>
> — *Wolfgang Mayrhuber, CEO da Lufthansa Technik AG e antigo membro da Equipe OPS*

> "Uma crise pode dividir as pessoas em perdedores e vencedores. Ela desafia as pessoas e leva algumas à excelência pessoal porque elas são levadas aos seus limites e, nesse processo, aprendem a se superar."
>
> — *Ralf Teckentrup, Vice-Presidente Executivo de Rede e Controle, Lufthansa German Airlines*

> "Desde a crise, os funcionários estão muito mais preocupados com o que acontece na empresa; eles estão mais informados e se sentem mais responsáveis pelos processos empresariais em geral."
>
> — *Jürgen Raps, Vice-Presidente Sênior de Operações de Vôo e Piloto-Chefe*

Sinais Fracos, Resolvendo Problemas Fundamentais e Processo Estratégico

Pela experiência de ser "surpreendido" por uma crise à qual a empresa quase não sobreviveu, a Lufthansa desenvolveu um senso para sinais fracos e uma forma específica de resolver problemas "mais profundos".

> "Hoje lidamos com os problemas de uma forma diferente. Estamos praticando gerenciamento ativo. Isso significa que vamos mais fundo, abordamos os problemas e tentamos resolvê-los em vez de ficarmos satisfeitos com soluções superficiais de fachada."
>
> — *Dr. Peter Franke, Presidente da Lufthansa IT Service e Lufthansa Systems GmbH*

> "Aprendemos nesse processo que não há nada que não possa ser mudado."
>
> — *Dr. Peter Hach, Vice-Presidente Sênior de Controle Corporativo*

Além disso, a Lufthansa conquistou a competência de pensamento e planejamento estratégico sistemático.

"Antes do processo de mudança, as pessoas estavam apenas fazendo seu trabalho. Desde a crise tem havido uma consciência estratégica e um planejamento sistemático de ações futuras em alto nível."

— Dr. Peter Hach, Vice-Presidente Sênior de Controle Corporativo

"Nova Alma" da Lufthansa

"Por meio desse processo, melhoramos a orientação para o cliente, orientação para serviços, consciência de custo e pensamento em termos de negócios. Antes da reestruturação, quase não era permitido usar a palavra 'lucro'. Agora há pensamento e ação pronunciados, voltados para o mercado."

— Jürgen Weber, Presidente e CEO, Deutsche Lufthansa AG

"A Lufthansa trilhou um longo caminho. Tentamos não tratar mais nossos clientes como pedintes, com a arrogância proverbial pela qual já fomos famosos. (...) Não consideramos mais a venda de passagens como um ato do estado, mas sim como uma habilidade que executaremos melhor que nossos concorrentes. (...) E, por último, mas não menos importante, aprendemos a estabelecer para nós mesmos metas ambiciosas e atingi-las. Mas velhos hábitos são difíceis de eliminar."[6]

Desafios Presentes e Futuros (em 2000)

Excelência Operacional

Em 1999, um dos mais sérios desafios da Lufhansa era atingir melhorias radicais em áreas como pontualidade, segurança de bagagem, períodos de espera, confiabilidade técnica e disponibilidade telefônica. A fim de melhorar a situação para os clientes da Lufthansa, Jürgen Weber anunciou uma ofensiva de qualidade, na reunião anual geral, em junho de 1999. A "Excelência Operacional", um projeto com metas ambiciosas e recursos significativos, visava a estabelecer as bases para melhorias drásticas em pontualidade e qualidade. Esperava-se que o programa de três anos funcionasse com métodos e persistência similares ao de seu predecessor Programa 15.

Gerenciamento da Aliança

Com a chegada da concorrência rede-contra-rede em vez das históricas batalhas empresa aérea contra empresa aérea, o principal desafio era administrar a STAR ALLIANCE como um todo. Isso levantou questões do tipo como estabelecer a rede no mercado, como formar uma marca "STAR ALLIANCE", como criar uma identidade de rede e como lidar com as fronteiras da rede. Um problema associado a isso era a estrutura interna da STAR ALLIANCE, que tinha que lidar com os desafios de administrar a mudança mental, acostumando-se aos mecanismos de "competição", e moldando as diferentes relações dentro da ALLIANCE.

"A STAR ALLIANCE é uma inovação organizacional. Uma rede global de tal flexibilidade e fluidez, associada com um bom equilíbrio entre integração e diferenciação, mas também entre participação nos lucros e confiança, não existia anteriormente na dimensão de larga escala. Um cenário opcional à estrutura interna da STAR ALLIANCE é um aproveitamento adicional das várias intensidades de relações entre as diferentes empresas parceiras. Por exemplo, é possível que a Lufthansa, SAS e a Singapore Airlines usem sua relação muito intensa para desenvolver um integrador de carga global. O surgimento de sub-redes especializadas e serviços correspondentes dentro da STAR ALLIANCE e uma potencial diferenciação entre os principais membros e associados implicaria tensão produtiva e também muitas oportunidades de negócios."

— Thomas Sattelberger, Vice-Presidente Executivo Corporativo Sênior de Pessoal e Desenvolvimento de Recursos Humanos

Preservando a Identidade

Uma questão vital conectada à estratégia da aliança por um lado, e ao desenvolvimento do grupo de aviação por outro, era a preservação da identidade "Lufthansa". A questão era como a Lufthansda poderia se tornar uma parte integrante de uma forte rede global de empresas aéreas e ao mesmo tempo formar um grupo integrado no qual o Passenger Service não fosse apenas uma parte entre várias outras.

"É importante preservar a marca Lufthansa sob o teto da STAR ALLIANCE."

— Jürgen Weber, Presidente e CEO, Deutsche Lufthansa AG

"Temos que definir o que o rótulo 'Lufthansa' significa – para nós e para os outros."

— Dr. Michael Heuser, Diretor da Lufthansa School of Business

"Sempre há um mal-entendido no sentido de que o grupo Lufthansa é igual à Lufthansa que é igual à Passage (Passenger Service). Todos aprenderam isso durante anos e essa é a velha identidade compartilhada."

— Dr. Hans Schmitz, Presidente da Lufthansa Technik Logistik GmbH

Desenvolver uma "nova" identidade exigiu a definição de relações internas. Um elemento básico da estratégia do grupo de aviação foi um sistema de relações cliente-fornecedor claras entre as empresas dentro do grupo. Esses acordos deveriam ser baseados nas condições de mercado com a estipulação de que as empresas do grupo tenham direito a uma "última chamada".

"Um dos problemas de aumentar a importância em todo o grupo Lufthansa é a falta de relações gerenciais. Ainda não desenvolvemos as relações cliente-fornecedor necessárias para uma coordenação interna baseada no mercado. Clientes inter-

---

[6] Dr. Hach, Vice-Presidente Sênior de Controle Corporativo, discurso feito no Fórum Top 100 em Estocolmo, "An Attempt of a Phenomenological Approach to Lufthansa's Soul", 22.2.1996.

nos não se comportam como os clientes normais. Eles exigem condições com as quais não se importariam se estivessem no mercado externo."

— *Dr. Peter Franke, Presidente da Lufthansa IT Services e Lufthansa Systems GmbH*

Preservando a Consciência da Crise e a Abertura para Mudança

A consciência aguçada da Lufthansa para sinais fracos, custos, etc. e a abertura para mudança fizeram com que a crise fosse claramente muito importante para o desempenho recorde em 1998 e 1999. Um desafio foi saber como preservar essas atitudes nos períodos bons:

"A Lufthansa tem que continuar em seu caminho de sucesso e não se tornar arrogante ou praticar redução de custos indiscriminadamente. A parte mais difícil é manter as pessoas motivadas agora que a pressão já diminuiu."

— *Jürgen Weber, Presidente e CEO, Deutsche Lufthansa AG*

"Além de seu desejo interno de atingir algo excepcional, a Lufthansa parece precisar de uma crise possível ou real ou de um inimigo para atingir o impulso para mudança. As pessoas precisam de um 'empurrão' para acreditar em sua capacidade de fazer. Parece que, dos três condutores da mudança – visão compartilhada, inimigo compartilhado e necessidade compartilhada – os dois últimos são os dominantes."

— *Thomas Sattelberger, Vice-Presidente Executivo Corporativo Sênior de Pessoal e Desenvolvimento de Recursos Humanos*

"Há necessidade de manter viva a consciência de como lidar com a crise – mesmo em tempos tranquilos. Outro desafio é preservar a abertura para mudança que tivemos durante a crise. Durante a transformação, havia uma abertura imensa para mudança. São inacreditáveis as dimensões da mudança que administramos durante a transformação. E hoje? Leva muito tempo para implementar mini-inovações, coisas que não teríamos sequer discutido naquela época. Não ousamos fazer novamente coisas que nos ajudaram a aprender porque temos medo de cometer erros."

— *Jochen Hoffman, Vice-Presidente Sênior e Vice-Presidente Executivo de Pessoal e Relações de Trabalho, Deutsche Lufthansa AG*

Moldando o Futuro – Lufthansa School of Business

Para manter vivo o "senso de urgência" e transformação, para formar uma plataforma cultural e de conhecimento para o grupo Lufthansa e para conduzir aprendizado e experiência ao longo dos principais processos estratégicos, a Lufthansa criou a Lufthansa School of Business em um nível corporativo, em abril de 1998.

A filosofia e as atividades da escola estenderam-se muito além dos métodos tradicionais de treinamento e desenvolvimento. Sua tarefa é fortalecer as ligações entre estratégia e desenvolvimento organizacional e individual, a fim de dar suporte às principais prioridades da empresa para transformação e desempenho futuro.

Thomas Sattelberger, vice-presidente executivo de produtos e serviços desde julho de 1999, considerado como o arquiteto conceitual da Lufthansa School of Business, explica a vantagem particular da Lufthansa como segue:

"Em organizações flexíveis como a Lufthansa e ainda mais em uma aliança fluida e organização de rede como a STAR ALLIANCE, é necessário um núcleo mental cultural. Quando quase não há sistema formal de procedimentos e regulamentações, há necessidade de integração mental. Como a pedra no rio moldando a água, essa é uma das tarefas centrais da Lufthansa School of Business."

A Lufthansa School of Business Segue Explicitamente Cinco Metas:

- Apoiar eficaz e eficientemente as principais questões estratégicas do grupo Lufthansa
- Construir e testar capital intelectual para a empresa
- Associar especialização e experiência acadêmica das empresas parceiras para a prática empresarial da Lufthansa e suas necessidades
- Promover e desenvolver uma liderança corporativa e cultura de desempenho
- Criar opções para desenvolvimento pessoal e desafios

Dentro de um leque exigente de programas, a Lufthansa School of Business entrou em "parcerias de aprendizado" quase mundiais. Quase todos os programas – desde programas de mestrado até programas para alta gerência – foram criados, executados e avaliados com empresas globais para aprender com eles e com o melhor ("Benchlearning"). Mas, ao construir relações próximas com algumas instituições acadêmicas bem-selecionadas, a Lufthansa School of Business deliberadamente evitou concentrar suas relações acadêmicas, preferindo construir uma rede de escolas e universidades de administração (entre elas, London Business School, INSEAD, McGill em Montreal, Indian Institute of Management em Bangalore e Hitotshubashi University em Tóquio).

Entre as iniciativas lançadas pela Lufthansa School of Business estão a moldagem das chamadas "redes de transformação e mudança" de muitas centenas de jovens potenciais ou gerentes experientes. Esses programas geralmente duravam 12 meses no total. O que era característico e notável em relação a eles era sua composição e ambiente específicos: os processos de aprendizado individual foram diretamente associados a desenvolvimentos e mudanças estratégicas nas práticas empresariais.

"A Lufthansa Business School cria valor pela mudança que inicia, tanto para as pessoas como para a organização 'Lufthansa'. Nossas ações em redes de aprendizado não contribuem somente para a mudança mental exigida, elas também mostram resultados de inovação visíveis".

— *Dr. Michael Heuser, Diretor da Lufthansa School of Business*

Redes "Explorer 21" e "Programa de escalada"

O "Explorer 21" desafia jovens profissionais bem-sucedidos a tornarem-se líderes da mudança desde o início de suas carreiras. Cada sessão consiste em 210 Explorers. O *"Programa de escalada"* é uma ação de rede de aprendizado de 160 gerentes em todo o mundo.

As metas gerais desses programas incluem:

- Iniciar e promover mudança mental;
- Criar plataformas de transformação em escala e alcance críticos;
- Fazer contribuição significativa para colocar a liderança em ação;
- Produzir resultados visíveis e transferências;
- Oferecer auto-avaliação e indicadores;
- Formar conhecimento e redes de mudança entre as áreas de negócios da Lufthansa e dentro delas.

Os dois programas começam com uma auto-avaliação baseada em ferramentas de liderança como o Lufthansa Leadership Compass (Anexo 11) e o Lufthansa Leadership Feedback (*feedback* 360° da Lufthansa). Durante os programas, os participantes visitam empresas excelentes em todo o mundo para analisar suas áreas de excelência e para desenvolver recomendações de negócios para a Lufthansa. Em vários momentos, todos os membros da rede se reúnem em congressos para discutir resultados e recomendações com a diretoria da Lufthansa e para fazer acordos concretos de metas.

Patrocinadores nos níveis gerenciais e suporte dos pares são considerados componentes vitais dos processos de aprendizado. Os participantes são encorajados a negociar mudanças em suas atribuições de trabalho, de forma que possam continuar, implementando as mudanças que propuseram.

> *"Transformar em realidade as recomendações e os acordos passou a ser parte da responsabilidade de linha novamente. Os participantes devem se tornar agentes da mudança para as iniciativas, incluindo a implementação de suas recomendações em suas divisões. A vantagem específica desses projetos é que não há uma pessoa única encarregada do processo de mudança, mas uma grande rede de ação de pessoas que apóiam e que têm a mesma experiência, desejo, envolvimento e comprometimento com a inovação.*
>
> — **Dr. Michael Heuser, Diretor da Lufthansa School of Business**

Jürgen Weber expressou o valor da Lufthansa School of Business para todo o grupo Lufthansa com as seguintes palavras:

> *"Nossa empresa exige um ambiente global e capacidades de rede que atravessem fronteiras. Essas capacidades não podem ser desenvolvidas com soluções de ajuste rápido. Nossa Lufthansa School of Business apóia nossos objetivos empresariais e estratégicos. Ela cria valor ao construir capital intelectual que é difícil de imitar por outras pessoas."*
>
> — *Jürgen Weber, Presidente e CEO, Deutsche Lufthansa AG*

Anexo 1 — Estatística de 10 anos 1989-1998

Índices operacionais[1]		1998	1997	1996	1995	1994	1993	1992	1991	1990	1989
Índice de lucro-receita (receita de lucro de atividades comuns[2])	percentual	11,0	8,1	3,3	3,8	3,9	0,4	-4,3	3,5	0,2	4,3
Retorno total sobre investimentos (lucro de atividades comuns[2] mais juros sobre dívidas/ativo total)	percentual	13,0	10,9	4,9	5,7	6,3	3,4	-1,1	-0,7	2,2	5,9
Retorno sobre patrimônio (lucro líquido/prejuízo do período[3]/ capital e reservas[4])	[6]percentual	22,1	20,5	10,4	21,12[7]	7,4	-3,1	-13,0	-11,7	0,4	2,5
Retorno sobre patrimônio (lucro de atividades comuns[2]/ capital e reservas[4])		38,4	33,2	12,8	15,3	17,9	2,6	-24,3	-15,4	0,9	12,8
Índice de patrimônio (capital e reservas[4]/total de ativos)	[6]percentual	26,9	23,1	28,6	26,8	22,5	16,7	17,9	22,8	29,0	35,8
Endividamento líquido – índice de ativos total		6,0	10,2	7,7	10,8	19,8	33,6	36,2	33,5	27,5	17,4
Índice de financiamento interno (fluxo de caixa[5]/gastos de capital)	[6]percentual	91,2	165,2	122,8	181,8	121,3	110,9	59,8	58,1	43,1	80,2
Endividamente líquido – índice de fluxo de caixa[5]	[6]percentual	39,6	59,3	58,7	79,6	141,9	303,1	383,2	302,1	253,5	116,2
Eficiência de receita (fluxo de caixa[5]/receita)	percentual	16,1	18,1	11,7	2,5	13,4	10,9	9,3	11,0	0,9	14,1
Capital de giro líquido (ativos atuais menos dívida a curto prazo)	DM bilhões	-0,3	0,3	3,3	2,4	2,5	2,6	1,5	1,7	1,6	1,6
Índices pessoais											
Média anualizada do total de funcionários		54.867	55.520	57.999	57.586	58.044	60.514	63.645	61.791	57.567	51.942
Receita/funcionário	DM	412.886	389.226	359.708	345.577	324.507	293.002	270.862	260.565	250.960	251.344
Custos/receitas de funcionários de apoio	percentual	24,8	25,6	27,6	27,1	27,9	30,6	33,8	32,4	33,0	33,1

Caso 3 – Lufthansa 2000: Mantendo o Ímpeto da Mudança

Dados de resultado do grupo Lufthansa[2]		1998	1997	1996	1995	1994	1993	1992	1991	1990	1989
Total disponível tonelada-quilômetros	milhões	20.133,6	19.324,6	20.697,5	19.983,2	18.209,8	17.123,4	16.369,8	14.292,2	13.679,6	12.462,3
Total receita tonelada-quilômetros	milhões	14.170,4	13.620,9	14.532,8	14.063,1	12.890,0	11.768,4	10.724,8	9.376,2	9.118,5	8.580,8
Fator de carga geral	percentual	70,4	70,5	70,2	70,4	70,8	68,7	65,5	65,6	66,7	68,9
Assento-quilômetros disponível	milhões	102.354,4	98.750,0	116.183,1	112.147,2	103.876,9	98.295,3	94.138,1	81.661,8	75.504,6	65.058,5
Receita passageiros-quilômetros	milhões	74.668,4	70.581,4	81.716,3	79.085,3	72.750,9	67.017,5	61.273,8	52.344,2	50.685,1	44.669,4
Fator passageiro carga	percentual	73,0	71,5	70,3	70,5	70,0	68,2	65,1	64,1	67,1	68,7
Passageiros transportados	percentual	40,5	37,2	41,4	40,7	37,7	35,6	33,7	29,5	26,6	23,4
Passageiros pagos – toneladas-quilômetros	milhões	7.474,1	7.071,1	8.084,8	7.828,4	7.202,4	6.636,6	5.882,3	5.026,6	4.874,8	4.296,3
Frete/correio	t	1.702.733	1.703.657	1.684.729	1.576.210	1.435.636	1.263.698	1.197.870	1.125.168	1.056.526	1.004.600
Frete/correio tonelada-quilômetros	milhões	6.696,3	6.548,0	6.448,0	6.234,7	5.687,6	5.131,8	4.842,5	4.349,6	4.243,7	4.284,3
Número de vôos		618.615	596.456	595.120	580.108	536.687	501.139	492.606	431.102	358.522	310.882
Quilômetros de vôos	milhões	636,4	614,6	720,5	659,0	620,9	561,1	598,7	516,0	470,0	412,7
Utilização de aeronaves		1.010.897	963.675	1.000.723	1.070.238	992.425[8]	973.504	964.776	835.000	817.604	660.431
Aeronaves em serviço		302	286	314	314	308	301	302	275	220	197

[1] A partir do ano fiscal de 1997, as declarações financeiras são preparadas segundo os Padrões Contábeis Internacionais. Assim, os números dos anos anteriores não são comparáveis.
[2] Até 1995, antes das mudanças líquidas nos itens especiais com uma parcela do patrimônio
[3] Até 1996, antes da retirada de/transferência para ganhos retidos e antes do interesse da minoria
[4] Até 1995, incluindo a parcela do patrimônio de itens especiais até 1996, incluindo interesse da minoria
[5] Calculado como renda líquida das atividades como declaração de fluxo de caixa até fluxo de caixa financeiro, 1996
[6] A partir do ano fiscal de 1995, os itens especiais com uma parcela do patrimônio estabelecida nas declarações financeiras das empresas individuais para fins de impostos não estão inclusos nas declarações financeiras consolidadas segundo HGB. Os itens especiais trazidos do ano fiscal de 1994 foram liberados em 1995 como receita extraordinária totalizando DM 879 milhões. Essa receita adicional foi alocada aos ganhos retidos. Como resultado dessa reclassificação, ganhos antes dos impostos, o lucro líquido para o ano, ganhos retidos e patrimônio (incluindo a parcela de patrimônio de itens especiais) foram todos mostrados com os totais mais altos correspondentes.
[7] Lucro líquido menos resultado extraordinário
[8] Método de cálculo alterado

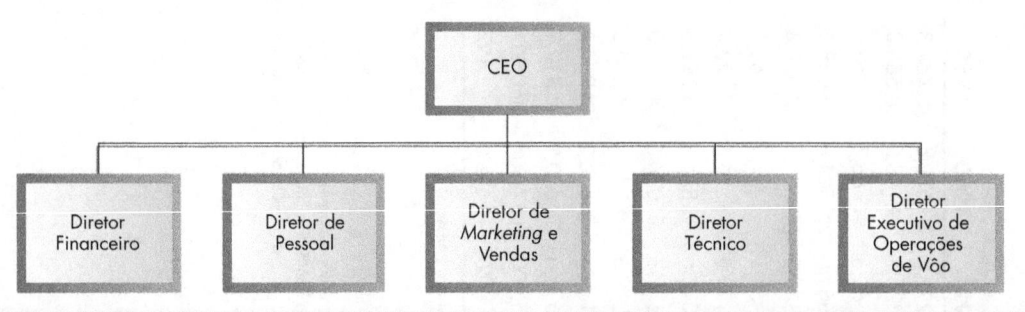

Anexo 2 A estrutura organizacional da Lufthansa em 1991.

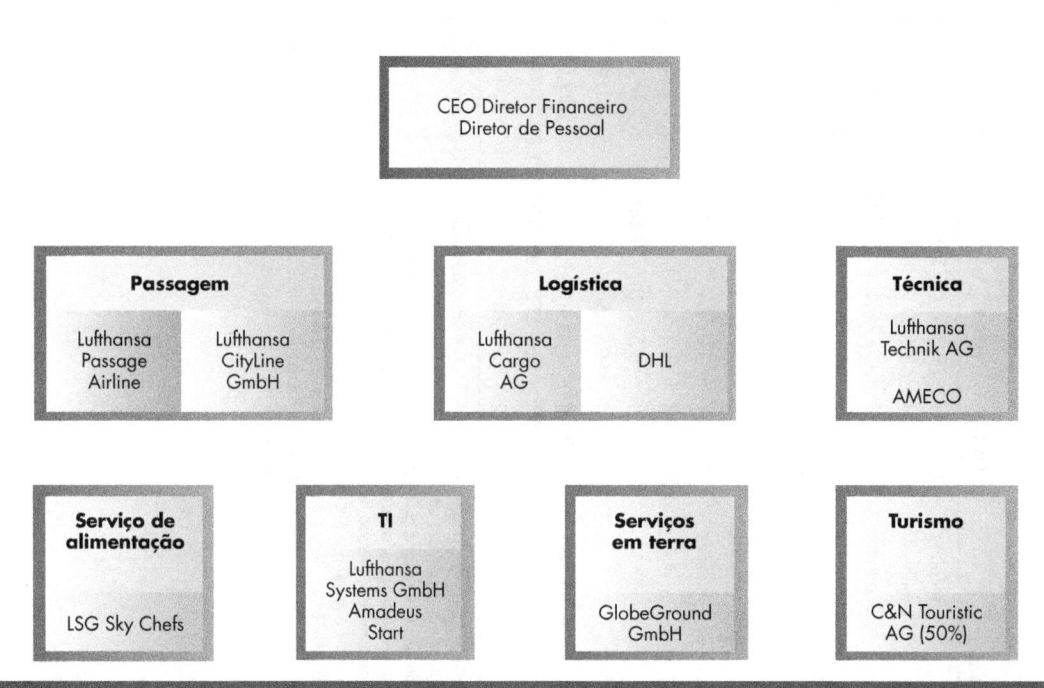

```
                              CEO
       ┌─────────┬─────────┬───┴─────┬─────────┐
    Diretor   Diretor de  Diretor de  Diretor   Diretor
  Financeiro   Pessoal   Marketing e  Técnico  Executivo de
                          Vendas              Operações
                                               de Vôo
```

Estrutura superior:
- CEO, Diretor Financeiro, Diretor de Pessoal

Passagem
- Lufthansa Passage Airline
- Lufthansa CityLine GmbH

Logística
- Lufthansa Cargo AG
- DHL

Técnica
- Lufthansa Technik AG
- AMECO

Serviço de alimentação
- LSG Sky Chefs

TI
- Lufthansa Systems GmbH
- Amadeus
- Start

Serviços em terra
- GlobeGround GmbH

Turismo
- C&N Touristic AG (50%)

Anexo 3 O Grupo Lufthansa em 1999

Anexo 4 — Perfis quantitativos dos membros da Star Alliance em 1998 (maio/1999)

Companhia aérea	Receitas (DM em bilhões)	Funcionários	Aeronaves	Destinos	Passageiros em milhões
United Airlines	29,2	92.000	576	257	84
Lufthansa	22,8	58.000	326	271	44,5
All Nippon Airways	14,3	15.000	143	64	40
SAS	8,6	22.000	178	100	21
Varig	5,7	18.000	87	122	10
Thai Airways	5,2	25.000	74	73	15
Air Canada	4,3	24.000	243	124	17,5
Ansett Australia	3,5	17.000	72	95	13,5
Air New Zealand	2,8	10.000	73	69	3

Anexo 5 — História da Star Alliance

1959	A SAS e a Thai Airways fundam a Thai Airways International
Outubro 1992	A Air Canada e a United Airlines assinam carta de intenção para cooperação
Outubro 1993	A Lufthansa e a United Airlines constroem uma aliança estratégica incluindo vôos com código compartilhado
Junho 1994	A Lufthansa e a United Airlines operam os primeiros vôos com código compartilhado
Maio 1995	A Lufthansa e a SAS entram em um acordo sobre uma aliança estratégica ampla, incluindo vôos com código compartilhado. Ao mesmo tempo, a United Airlines e a Air Canada ampliam sua oferta
Junho 1995	A Lufthansa e a Thai assinam acordo de compartilhamento de código
Setembro 1995	A United Airlines e a SAS assinam carta de intenção para cooperação, com início em abril de 1996
Outubro 1995	A Lufthansa e a Thai oferecem os primeiros vôos com código compartilhado
Fevereiro 1996	A Lufthansa e a SAS começam vôos conjuntos entre Alemanha e Escandinávia
Março 1996	A Lufthansa e a Air Canada tornam-se parceiros estratégicos
Maio 1996	O Departamento de Transporte dos EUA liberou a Lufthansa e a United Airlines da lei de concorrência norte-americana (imunidade antitruste)
Junho 1996	A Lufthansa e a Air Canada começam vôos conjuntos entre Alemanha e Canadá
Outrubro 1996	A SAS e a Air Canada anunciam a assinatura de uma aliança estratégica
Novembro 1996	A Lufthansa, a SAS e United Airlines recebem a imunidade antitruste trilateral do Departamento de Transporte dos EUA
Maio 1997	A Fundação da STAR ALLIANCE em Frankfurt com os membros Air Canada, Lufthansa, SAS, United Airlines e Thai Airways
Outubro 1997	A Varig torna-se o sexto membro da STAR ALLIANCE
Abril 1999	A Air New Zealand e a Ansett Australia associam-se à STAR ALLIANCE
Setembro 1999	A All Nippon Airways torna-se membro da STAR ALLIANCE

Anexo 6 — As quatro grandes

Dados e números das principais alianças de empresas aéreas em 1998 ou 1997, Wirtschaftswoche, nº. 14, 1.4, 1999, pp. 122ff.

Aliança	Membros	Tipo de cooperação	Administração	Receitas (em US$ bilhões)	Destinos/ países	Aeronaves	Empregados (em milhares)	Passageiros (em milhões)
Star Alliance	Lufthansa, Air Canada, Air New Zealand, Ansett Australia, SAS, Thai Airways, United Airlines, Varig, All Nippon Airways*, Singapore Airlines*	Principalmente venda conjunta, joint-ventures LH/SAS	Comitê de Desenvolvimento Administrativo (CDA) e comitês operacionais. Determinação da estratégia da aliança por seis membros do CDA eleitos pelos presidentes das empresas aéreas para áreas específicas ou de importância estratégica.	49,9***	720 destinos em 118 países****	1.629*****	266*****	212*****
Oneworld	British Airways, American Airlines, Canadian Airlines, Cathay Pacific, Iberia, Qantas, Finnair, Japan Airlines*, Deutsche BA**	Planejada: compartilhamento de receita AA/BA nas rotas do Atlântico Norte	Um diretor administrativo reportando-se direto aos presidentes da AA/BA, mais equipes gerenciais totalmente integradas e com recursos	44,5***	680 destinos em 143 países	1.783***	255	206***
Qualiflyer	Swissair, Austrian Airlines, Air Littoral, AOM, Crossair, Lauda Air, Sabena, Tap Air Portugal, Turkish Airlines, Tyrolean, Delta Air Lines**			27,1***	338 destinos em 100 países	1.029***	118***	153***
Wings	KLM, Alitalia, Northwest Airlines, Kenya Airways, Braathens, S.A.F.E., Eurowings, Transavia, Martinair			35,0	680 destinos em 100 países	1.200	101	182

*Associação planejada/dados não levados em conta. **Sociedade associada. ***1997 ****Incluindo novos membros, Air New Zealand e Ansett Australia.

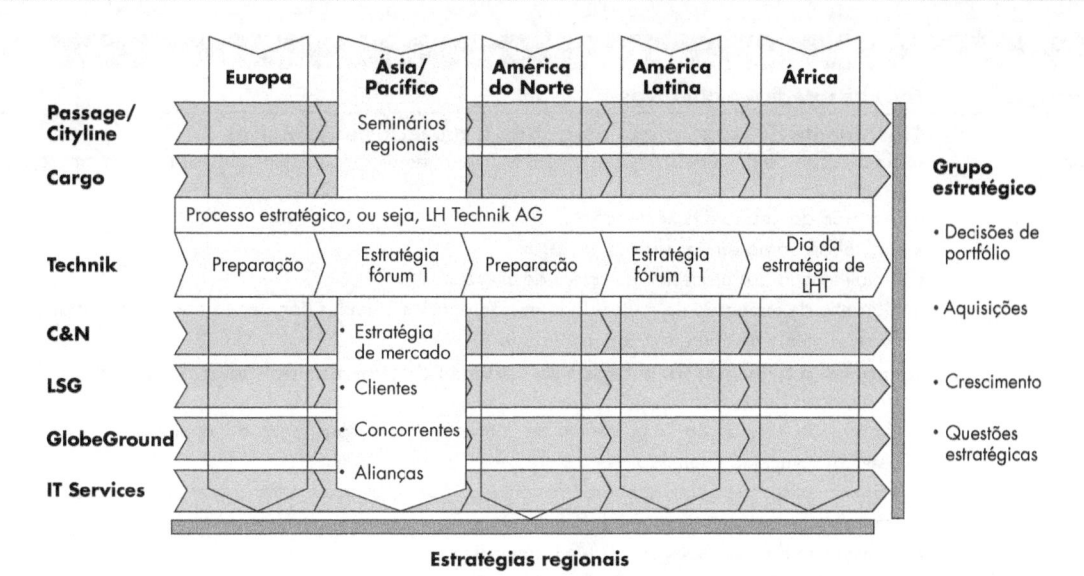

Caso 3 – Lufthansa 2000: Mantendo o Ímpeto da Mudança

	Europa	Ásia/Pacífico	América do Norte	América Latina	África	Grupo estratégico
Passage/Cityline		Seminários regionais				• Decisões de portfólio
Cargo						
Technik	Preparação	Estratégia fórum 1	Preparação	Estratégia fórum 11	Dia da estratégia de LHT	• Aquisições
C&N		• Estratégia de mercado				
LSG		• Clientes				• Crescimento
GlobeGround		• Concorrentes				• Questões estratégicas
IT Services		• Alianças				

Em Technik: Processo estratégico, ou seja, LH Technik AG

Estratégias regionais

Anexo 7 — O processo estratégico em 1999

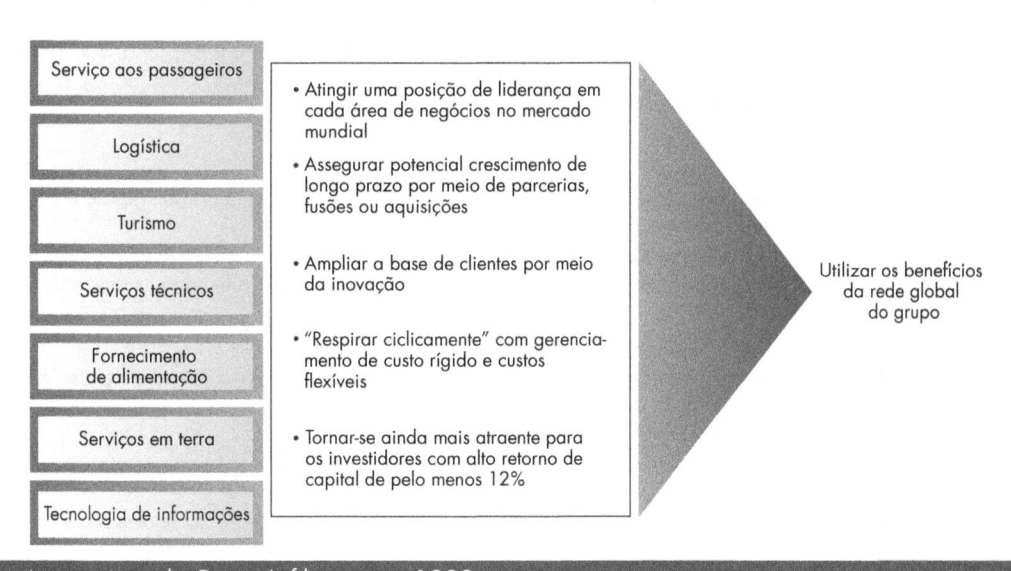

Áreas:
- Serviço aos passageiros
- Logística
- Turismo
- Serviços técnicos
- Fornecimento de alimentação
- Serviços em terra
- Tecnologia de informações

Objetivos:
- Atingir uma posição de liderança em cada área de negócios no mercado mundial
- Assegurar potencial crescimento de longo prazo por meio de parcerias, fusões ou aquisições
- Ampliar a base de clientes por meio da inovação
- "Respirar ciclicamente" com gerenciamento de custo rígido e custos flexíveis
- Tornar-se ainda mais atraente para os investidores com alto retorno de capital de pelo menos 12%

→ Utilizar os benefícios da rede global do grupo

Anexo 8 — A estratégia do Grupo Lufthansa em 1999

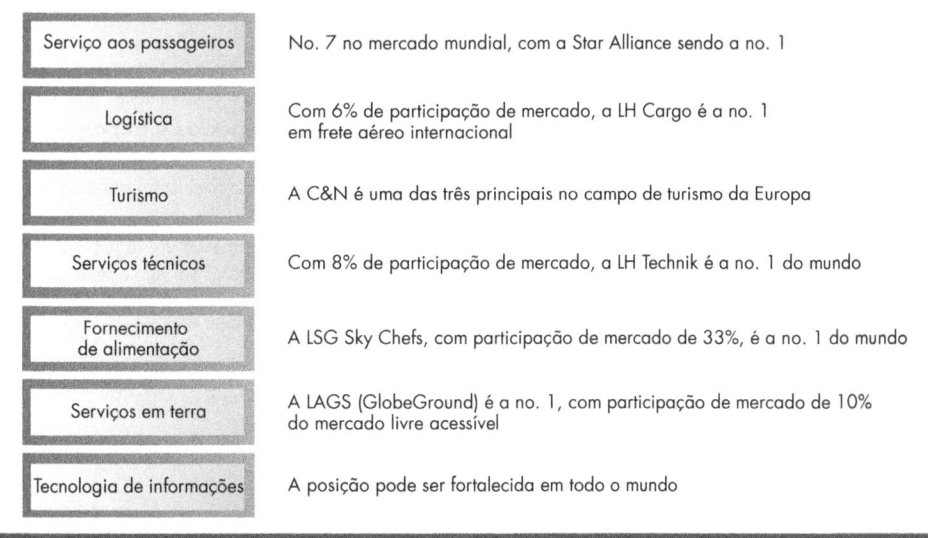

Serviço aos passageiros	No. 7 no mercado mundial, com a Star Alliance sendo a no. 1
Logística	Com 6% de participação de mercado, a LH Cargo é a no. 1 em frete aéreo internacional
Turismo	A C&N é uma das três principais no campo de turismo da Europa
Serviços técnicos	Com 8% de participação de mercado, a LH Technik é a no. 1 do mundo
Fornecimento de alimentação	A LSG Sky Chefs, com participação de mercado de 33%, é a no. 1 do mundo
Serviços em terra	A LAGS (GlobeGround) é a no. 1, com participação de mercado de 10% do mercado livre acessível
Tecnologia de informações	A posição pode ser fortalecida em todo o mundo

Anexo 9 — A posição competitiva das empresas Lufthansa em 1999

Anexo 10 — Foco estratégico e objetivos das áreas de negócios da Lufthansa

Área de serviços	Foco estratégico e objetivos
Serviço aos passageiros	**Crescimento de longo prazo associado a parcerias estratégicas** - Finalização da STAR ALLIANCE e desenvolvimento de uma competência européia com empresas parceiras regionais - Extensão da gestão de clientes-alvo - Reduplicação de vendas diretas até 2003 - Simplificação dos processos de solo e de clientes - Garantia de expansão de capacidade nos aeroportos alemães por meio de parcerias estratégicas - Fortalecimento da liderança com qualidade
Lufthansa Cargo AG	**Tornar-se o principal fornecedor de serviços de logística no mercado global** - Finalização da aliança global da Cargo - Construção e expansão do programa de parcerias com despachantes aduaneiros - Serviços com tempo definido - Fornecimento de soluções integradas orientadas para o cliente em transporte e logística - Desenvolvimento de novos canais de vendas (p. ex.: Internet/*shoppings* virtuais) - Construção de uma rede global com parceiros
C&N Turismo	**Posição de liderança no mercado de turismo europeu** - Tornar-se uma empresa de turismo poderosa e verticalmente integrada - Concentrar-se nos mercados europeus mais importantes e tornar-se a no. 1 ou 2 nesses mercados - Liderança de mercado em todos os segmentos importantes – crescimento desproporcional no segmento *premium* - Desenvolver uma capacidade integrada e gestão por resultados - Entrar em novos canais de vendas (p. ex.: Internet)
Serviços técnicos	**Crescimento** - Extensão de cooperações com os parceiros da STAR ALLIANCE como um contrapeso a uma maior presença de mercado de fabricantes técnicos de aeronaves (como a GE) - Entrar em novos mercados por meio de presença global e extensão do leque de produtos - Desenvolvimento de novas plataformas de produção (instalações), primariamente na Ásia e na América do Norte - Assegurar crescimento global por meio de aquisições e investimentos
Fornecimento de alimentação	**Tornar-se um grande grupo de fornecimento de alimentação e fortalecer a liderança no mercado global** - Aumento da participação de mercado até 2003 - Desenvolvimento de áreas não-relacionadas à aviação, como serviços para plataformas de petróleo e áreas de serviços - 10% de participação de mercado com fornecimento de alimentação para setores não-ligados às empresas aéreas - Ir a público
Serviços em terra	**Fortalecer a liderança de mercado combinado com estratégia de expansão global** - Presença de mercado internacional por meio de marcas globais como GlobeGround e Administração global das Principais Contas - Expansão global através de parcerias regionais com parceiros locais fortes - Implementação de uma parceria estratégica com a empresa que administra o aeroporto de Frankfurt
Tecnologia de informações	**Integração de atividades de TI em uma unidade de negócios e expansão internacional por meio de parcerias** - A LH tornar-se um fornecedor global e integrado de TI com um ponto focal em viagens e transporte - Expansão global por meio de cooperação e aquisições - Agrupamento e organização das atividades de TI em cinco unidades de negócios (sistema de reservas, infra-estrutura, serviços para empresas aéreas, serviços a clientes e serviços para canais) - Desenvolvimento da marca "LH IT Services"

Bússola da liderança Lufthansa
"Paixão pelos negócios"

Liderança empreendedora
- Visão e estratégia
- Competitividade e foco no cliente
- Batalha por lucro
- Responsabilidade
- Decisão e tomada de risco
- Gerenciamento de inovação e mudança

Solução inovadora de problemas
- Gerenciamento de complexidade
- Raciocínio interdisciplinar e conceitual
- Método sitemático e conduzido por metas
- Intuição e criatividade

Vencendo os outros
- Construir relações
- Conversas diretas
- Influência e criação de redes entre fronteiras
- Persuasão e impacto
- Assertividade e ação
- Administração de conflitos

Liderando pessoas
- Preocupação com as pessoas
- Liderança por meio de metas
- Desenvolvimento de pessoas e talentos
- Liderança de equipes e estruturas virtuais

Atitude e condução
- Luta pelo sucesso
- Autoconfiança e coragem
- Valores éticos e integridade
- Resistência à pressão
- Auto-reflexão

Competências empresariais internacionais
- Reconhecimento profissional
- Habilidades conceituais
- Competência intercultural

Anexo 11 As competências específicas da Lufthansa

Caso 4

LVMH: Levando a Arte Ocidental de Viver para o Mundo[1]

Sob o título "Um tipo diferente de pacote de férias", a revista *The Economist* publicou a seguinte história em 14 de julho de 2001.

Nove chinesas de Hong Kong recentemente passaram quinze dias viajando pela Europa. Elas começaram em Frankfurt e terminaram em Roma, passando por uma cidade a cada dia. Todas as manhãs, uma van pegava-as no hotel e levava-as à primeira loja Louis Vuitton da agenda do dia. A van parava na esquina, e as chinesas entravam na loja aos pares. Cada uma comprava o máximo de bolsas Louis Vuitton que podia carregar e voltava para a van para ser transportada para a próxima loja.

Era um trabalho cansativo, mas as mulheres fizeram a viagem porque era uma forma de ver a Europa com tudo pago. Para os organizadores da viagem, tudo era negócio, pois as bolsas que as mulheres compravam podiam ser vendidas com um lucro de 40% no Japão, em Hong Kong, Xangai e outras cidades da Ásia, onde a demanda por elas parecia ser insaciável.

Essa história é uma ilustração do "poder" que uma bolsa Louis Vuitton exerce em um certo tipo de clientela. Mas o que está por trás da atração particular que uma simples bolsa exerce sobre as mulheres em todo o mundo?

A resposta: LVMH – Louis Vuitton Moët Hennessey para os não-iniciados – a líder, com 15% de participação no mercado global de luxo, no valor de US$ 68 bilhões, com uma rotatividade de 8,5 bilhões de euros e 46.000 funcionários em todo o mundo. Para os rivais, como François Pinaut, criador do aspirante grupo luxuoso PPR e o concorrente mais duro da LVMH, a LVMH é como um pesadelo. Para centenas de novos graduados das principais escolas de Administração na França a cada ano, a LVMH representa outro sonho: o empregador que gostariam de ter para colocá-los no caminho do sucesso rápido. A menção da frase "Eu trabalho na LVMH" evocava, na França e em muitos outros países, um reconhecimento imediato, na maioria das vezes associado ao respeito por ter conseguido fazer parte de uma organização de "elite". As marcas que as pessoas associavam à LVMH – Louis Vuitton, Christian Dior, Givenchy, Celine, Guerlain, Tag Heuer, Moët et Chandon ou Pommery – estavam intrinsecamente ligadas ao mundo do luxo e da riqueza, e muitos desejavam possuir as coisas, mas poucos podiam pagar por elas.

Para entender melhor o sucesso da empresa, é preciso começar com a história do homem por trás dela, Bernard Arnault.

Os Primeiros Dias

O jovem austero de Roubaix, um sombrio vilarejo de mineração no norte da França, sempre teve espírito empreendedor. Depois de freqüentar o instituto militar e de engenharia da elite na França, a Ecole Polytechnique, Arnault, ao contrário da maioria de seus colegas que foram trabalhar em grandes empresas francesas ou órgãos governamentais, retornou para Roubaix para assumir o comando dos negócios de construção da família. Quando François Mitterrand foi eleito presidente em 1981, Arnault foi para os EUA para se estabelecer por lá e expandir os negócios da família para além das mãos gananciosas dos socialistas da França.

Quando percebeu que, contra todas as expectativas, Mitterrand não entraria em uma farra de nacionalização, Arnault retornou para a França em 1983 e, aos 33 anos, já como um construtor e incorporador imobiliário bem-sucedido, pediu ao advogado da família, Pierre Godé, para pesquisar algumas novas oportunidades de negócios para ele. Depois de explorar diferentes opções, Godé propôs um projeto improvável: o conglomerado têxtil falido Boussac Saint-Frères. Além da área têxtil, as atividades do grupo incluíam fraldas descartáveis, uma cadeia de móveis, a prestigiada, mas fora de moda, loja de departamentos parisiense Le Bon Marché, um parque infantil em Paris e – a principal atração para Arnault – a casa de moda de Christian Dior. Ao explicar sua decisão de adquirir a Boussac, Arnault lembrou-se de uma experiência pela qual tinha passado há poucos anos: "Perguntei a um motorista de táxi em Nova Iorque o que ele conhecia da França. Ele não sabia o nome do presidente, mas

---
[1] Esse caso foi escrito por Katherine Balazs, aluna de Ph.D. na HEC, sob a supervisão e orientação de Sumantra Ghoshal, Professor da London Business School.
© London Business School.

sentia-se seguro do controle dela e disse isso. Um erro. Gucci juntou-se com o até então amigo de Arnault, o bilionário francês François Pinault, e, por meio de uma manobra legal de emissão de novas ações, Pinault rapidamente comprou 40% da Gucci, diluindo a participação de Arnault a 20% no processo.

Para acrescentar insulto ao prejuízo, Pinault anunciou no mesmo dia a aquisição da Yves Saint Laurent, um dos maiores bastiões da moda francesa que Arnault também desejava. Isso iniciou uma guerra entre os gigantes do luxo como a França nunca tinha visto antes. A LVMH foi aos tribunais contra a Gucci, perdeu em primeira instância, entrou com outra ação em uma corte holandesa. As hostilidades continuaram quando Arnault – em um esforço para superar Pinault, que possuía a Christie's – e para superá-lo bem – adquiriu, em uma sucessão rápida, a casa de leilões Phillips em Londres e a maior e mais prestigiada casa de leilões na França, Etude Tajan.

A vingança sobre Gucci veio rapidamente: Arnault associou-se a Patrizio Bertelli, da Prada, e ofereceu um preço mais alto que Gucci pelo controle da Fendi. A principal razão para esse investimento de US$ 950 milhões era uma pequena bolsa: a apropriadamente denominada baguete, já que vendia como bolos quentes ou, para permanecer em um contexto francês, como baguetes quentes. Um ano depois que a LVMH adquiriu sua participação, o número de lojas Fendi no mundo passou de quatro para oitenta.

A farra de outras compras de Arnault trouxe para casa a Bliss, a Hard Candy, a Benefit e a Make Up Forever, investimentos menores no que ele considerava grandes potenciais, consistente com a estratégia professada por Arnault de "investir em empresas com potencial de crescimento, e não em empresas mais maduras, com crescimento mais difícil." Concetta Lanciaux descreveu o papel essencial de Arnault no segmento de artigos de luxo da seguinte forma:

> Basicamente, Bernard Arnault e a LVMH estabeleceram o segmento de artigos de luxo modernos. Hoje, quando falamos de luxo temos tendência a pensar em algo moderno, bonito, mas acessível. O luxo era algo que não era geralmente aceitável quando chegamos, e certamente não era acessível. Havia algumas poucas famílias elitistas tomando conta. BA tornou o luxo mais acessível para os clientes do dia-a-dia. A LVMH formalizou as leis do luxo e modernizou-o. As características dos produtos luxuosos são: distribuição seletiva, produção e *marketing* direto, acrescentando valor em vez de volume, e comunicação. No passado as empresas de produtos de luxo faziam isso, mas de uma forma muito intuitiva, com base em experiência anterior. Quando a LVMH passou de administração familiar para administração profissional, eles formalizaram isso.

Estrutura do Grupo LVMH: A Chave para Crescimento e Sucesso

Acredito que as organizações centralizadas perdem rapidamente seu poder, eficácia e competitividade. Isso é especialmente verdadeiro no mercado de produtos luxuosos. Então, mantemos as empresas em seu tamanho humano e as agrupa-

mos em Grupos de Negócios ou Áreas separadas. O objetivo é permitir que as marcas em cada área de negócios coordenem suas estratégias e desenvolvam sinergias em campos de interesse comum como compra, pesquisa, logística e redes de distribuição internacional. Essa estrutura foi considerada revolucionária no segmento de produtos de luxo.

– *Bernard Arnault*

A estrutura organizacional da LVMH desenvolveu-se por meio de um tipo de processo intuitivo e interativo na cabeça de Arnault e de sua equipe de alta gerência. No começo, o grupo consistia em um conhecimento limitado de marcas individuais como Dior, Celine, Louis Vuitton e outras. Com o tempo, essas marcas foram agrupadas em cinco grupos diferentes – áreas, na terminologia LVMH: vinhos e bebidas; moda e produtos de couro; perfumes e cosmético; relógios e jóias e distribuição seletiva. O próximo nível, o Grupo Executivo, consistia em Arnault e uns poucos executivos.

O Princípio Fundamental: Autonomia de Marca das Empresas

Respeito pela autonomia da marca e uma identidade diferenciada para a marca de cada empresa era um princípio fundamental da filosofia administrativa da LVMH. Segundo Bernard Arnault, a exclusividade da LVMH estava no fato de ser o único grupo que federava um grande número de marcas de prestígio. Embora a LVMH fosse um grande grupo, conseguiu preservar a identidade e a autonomia de cada marca da empresa ou – na linguagem LVMH – da casa. Cada casa era livre para adotar as estratégias de *marketing* e varejo mais apropriadas às suas necessidades, para capitalizar em seu posicionamento diferenciado. Todas as casas do grupo compartilhavam certos valores básicos, como criatividade, excelência em produto e serviço, respeito absoluto pela imagem de marca e espírito empreendedor. Essa filosofia organizacional era claramente articulada pela empresa.

> A autonomia de cada empresa está indissolutamente ligada ao espírito empreendedor, que constitui um dos principais valores da administração da LVMH. Nossas empresas vão continuar sua adaptação e desenvolvimento mantendo esse espírito empreendedor entre os gerentes e encorajando os estilistas a criarem. Essa autonomia empreendedora permite a gerentes e estilistas atenderem às expectativas dos clientes e melhorarem sua excelência criativa ano após ano. As empresas deveriam continuar sendo pequenas. As pequenas empresas empreendedoras conseguem reagir rapidamente às demandas mutantes de seus clientes, às evoluções rápidas de seus negócios e ambiente específicos. O tamanho humano facilita a criatividade e a inovação e permite um contato direto com os estilistas e com o talento. É a única forma de manter a identidade da marca e a cultura diferenciada de cada empresa.

Essa estrutura empreendedora, segundo Arnault, resultou em uma cultura organizacional particular que permeava a LVMH e suas diferentes empresas:

conhecia Dior." Arnault comprou a Boussac em 1984, com um investimento de US$ 15 milhões em dinheiro da família e empréstimos substanciais do banco Lazard Frères.

Quando ele começou imediatamente uma reestruturação radical, mas necessária, da empresa falida, ordenando demissões e fechamento de fábricas, surgiram reações violentas da imprensa francesa. Ele criou mais furor ao contratar um italiano, Gianfranco Ferré, como principal estilista da Dior, transformando uma das instituições culturais "sagradas" da França em um empreendimento comercial lucrativo.

Ele também não usou um método suave ao adquirir a LVMH. Em 1988, Henry Racamier, membro sênior da família Vuitton, pediu a Arnault para ajudá-lo a se defender de alguns ataques hostis a seu grupo LVMH de produtos de couro, champanhe, conhaque e perfume. Na época, o grupo era comercializado publicamente, mas controlado por diferentes facções de famílias em guerra. Inicialmente, Arnault assumiu uma participação minoritária no grupo, mas, quando Racamier decidiu mudar os termos do acordo deles, Arnault assumiu o papel daqueles que ele supostamente deveria pressionar. Ele iniciou o que se tornou uma das aquisições mais controversas e hostis na França. Os conflitos foram tão longe que o próprio François Mitterrand decidiu se envolver publicamente e incentivou o COB, o regulador do mercado de ações francês, a começar uma investigação. Quando Arnault finalmente venceu a batalha, ele fortaleceu ainda mais sua reputação como financista cruel, ganhando apelidos como "lobo em pele de cordeiro" e "exterminador".

Montando a LVMH

Uma das principais características do grupo LVMH era o fato de ter adotado, desde o início, uma estratégia de crescimento externo ativa, orientada para empresas de produtos de luxo com alto potencial de desenvolvimento. O que distinguia o grupo de outras empresas de produtos luxuosos era o fato de cobrir uma grande linha de negócios como champanhe, jóias e moda. Arnault descrevia sua estratégia de crescimento para o grupo da seguinte forma:

> Temos duas formas de crescimento na LVMH: uma é aumentar as vendas de nosso portfólio de marcas já existentes, como estamos fazendo com a Vuitton e a Dior. E a segunda forma é comprar empresas criativas. Penso que é importante em um grupo como o nosso construir as propriedades existentes com produtos, porém também acrescentar coisas que possam parecer menores, mas que ofereçam um alto potencial de crescimento. As marcas com criatividade, produtos interessantes e imagem correta que sejam extremamente bem-sucedidas e tenham crescimento rápido são limitadas em número. Sabemos como desenvolvê-las – é o que sabemos fazer melhor. Foi o que fizemos com a Vuitton.

Ao contrário de outros conglomerados que operavam na área de produtos luxuosos, a LVMH era a única empresa cuja estratégia de aquisições concentrava-se em seu campo de experiência, marcas luxuosas. Como disse uma pessoa, essas marcas eram consideradas "parte da genética da empresa". A forma como essas empresas eram vistas na LVMH poderia ser melhor expressa pelo termo francês *"maisons"* (casas), que descrevia um conceito que ia além da simples noção de "marca". A marca em si era considerada uma emanação da cultura da *"maison"*, que era um pequeno universo em si mesma. Incluía tradição, *savoir faire* (arte) e *savoir vivre* (a arte de viver bem). Nesse sentido, a marca era a expressão da casa, de um criador controlando e transformando matéria prima excepcional, ao mesmo tempo em que era inspirado pelo passado, pela história e pelos consumidores a produzir um produto que, nas prateleiras, fosse sedutor e fosse escolhido pelo cliente, e não empurrado para ele.

A estratégia de crescimento agressiva de Arnault sempre foi criticada. As pessoas diziam que a LVMH não podia crescer para sempre, que estava condenada a se tornar muito pesada um dia. Arnault dispensava esse tipo de pessimismo, referindo-se à estrutura do grupo que, segundo ele, permitiria crescimento contínuo por um longo período à frente. Concetta Lanciaux, diretora de recursos humanos do grupo e confidente de Arnault há muito tempo, confirmava a lógica empresarial com a qual a LVMH adquiria novas empresas: algumas eram imediatamente lucrativas, outras recebiam investimento com uma visão de médio ou longo prazo. Ou, como dizia Arnault, as marcas que eram as "estrelas" do grupo, com fluxo de caixa mais forte, permitiam à LVMH financiar aquelas que estavam em estágio de desenvolvimento.

> Embora o grupo permanecesse focado em produtos de luxo, ele desenvolveu não apenas diversidade, mas também um portfólio balanceado em termos de riscos. Algumas divisões, como moda e cosméticos, cresceram rapidamente, mas também eram mais arriscadas, enquanto o comércio de champanhe e de conhaque era mais estável. As que são fortes hoje ajudam aquelas que serão fortes amanhã.

Embora seus métodos fossem considerados controversos, ninguém negava que a forma de Arnault administrar suas empresas era muito bem sucedida. Em 11 anos, o valor da LVMH havia se multiplicado 15 vezes e seu lucro tinha crescido 500%. Além da Dior, que era mantida separada da LVMH, Arnault – quando esse caso estava sendo escrito – controlava, entre outras coisas, roupas e artigos em couro Louis Vuitton, Givenchy, Christian Lacroix, Kenzo, Celine e Loewe; fragrâncias Dior, Givenchy e Guerlain; as marcas de champanhe Moët & Chandon, Krug e Dom Pérignon; relógios e jóias finas Tag Heuer, Fred, Ebel e Chaumet; duas lojas de departamento em Paris, Le Bon Marché e La Samaritaine; a cadeia de *duty-free* DFS e a cadeia de perfumes Sephora. Novas adições eram feitas em um ritmo alucinante. Pierre Letzelter, um dos cinco presidentes da rede, expressava sua admiração por Arnault da seguinte forma:

> O tamanho de uma empresa depende do tamanho de seu chefe. Se o chefe é pequeno, a empresa é pequena. E não estou falando de tamanho físico. A LVMH tem um grande chefe.

A primeira grande falha na carreira de Arnault foi o amplamente divulgado ataque no mercado de ações que a LVMH lançou aos produtos de couro Florentine e à casa de moda Gucci. Depois de adquirir 34,4% da empresa, Arnault

Quando compramos uma empresa, as pessoas não devem achar que estão se juntando a um grande grupo; elas precisam sentir que permanecem independentes, que trabalham para o Sr. Dior, o Sr. Vuitton. Essas empresas ainda empregam muitos membros das famílias fundadoras e são guardiãs da tradição. A filosofia do grupo é proteger a autonomia e a independência de cada unidade de negócios como se ainda fosse uma empresa de propriedade familiar. As pessoas que trabalham aqui sabem disso e se comportam de acordo.

Beneficiando-se da Grandeza: Papel dos Presidentes de Áreas

Embora possuindo grande autonomia, todas as empresas se beneficiavam da força do grupo. As sinergias criadas dentro das diferentes áreas eram uma dessas forças; outra era a capacidade da LVMH de atrair e manter os melhores talentos do mundo, oferecendo a eles possibilidades múltiplas de desenvolvimento de carreira. Myron Ullman, até recentemente diretor-administrativo do grupo, destacava a importância da autonomia empreendedora por um lado e, por outro lado, o uso das sinergias existentes.

> O grupo só agora está se tornando razoavelmente bem-estruturado. O escritório central é muito pequeno, Bernard Arnault, eu e mais algumas poucas pessoas. Não há muita interação diária entre nós e as empresas das marcas. Esperamos que as empresas sejam razoavelmente empreendedoras e autônomas. As sinergias são no nível da seção. As seções compartilham o departamento de controle, o departamento de auditoria, o departamento de sistema de informações e o departamento jurídico fornecidos pelo escritório central. Por exemplo, na seção de cosméticos temos um laboratório de pesquisa para todas as marcas do setor. Temos 150 cientistas e, considerando o fato de que eles trabalham em diferentes linhas e produtos, temos cientistas melhores e não desenvolvemos produtos sobrepostos. Na seção, os mais fortes ajudam os mais fracos a melhorarem. As sinergias derivadas da estrutura da seção também podem ser vistas nas lojas de departamentos, onde podemos conseguir os melhores lugares por um preço favorável porque somos muitas marcas. Quando você chega lá com Louis Vuitton, Celine, Loewe, Dior Perfumes, ocupando praticamente todo o piso térreo da loja, pode negociar espaço de uma forma que marcas individuais nunca poderiam.

> Dentro das seções, os sistemas de informações e suporte são compartilhados. As empresas beneficiam-se com os recursos e sinergias do grupo: recursos financeiros, administração (centros de serviços compartilhados), negociação de propaganda, compra, P&D, produção, redes de varejo, etc. Nada foi duplicado, o suporte do RH era comum; cada uma das empresas tinha seu próprio pessoal de RH, mas procurava a seção para ter consistência. Era a seção que representava a estrutura da empresa para elas, enquanto que a LVMH como grupo desempenhava mais o papel de um banco. As empresas não procuravam o escritório central para suporte específico, a não ser para compra de mídia, que era feita em nível de grupo, planejamento de impostos e recrutamento para as posições gerenciais de nível sênior.

Enquanto os presidentes de cada marca estavam preocupados com estratégia e *marketing* de uma marca, os presidentes das áreas estavam preocupados com todo o mapa estratégico no qual a posição das diferentes marcas dentro da área tinha que ser balanceada. Por exemplo, o presidente da Moët et Chandon buscava uma posição competitiva para a Moët em relação aos principais concorrentes. O presidente da área de Vinhos e Bebidas, à qual pertencia a Moët et Chandon, tinha que considerar todo o mercado. Isso não significa prestar atenção apenas aos concorrentes externos, mas também à possibilidade de que certos produtos dentro da área, como Veuve Cliquot e Pommery, pudessem concorrer um com o outro. Esse equilíbrio entre proteger a autonomia da marca e ao mesmo tempo derivar sinergias dentro das áreas era uma operação delicada.

> Tínhamos que ter um equilíbrio excelente na empresa, não podíamos estabelecer "bancos de dados de conhecimento". Pense nisso da seguinte forma: perfumes Christian Dior e perfumes Givenchy, os dois são parte do grupo, mas também são concorrentes. O mesmo ocorre com Pommery e Moët et Chandon. Há uma linha muito fina entre fazer uso de sinergias e compartilhar segredos comerciais.

Pierre Letzelter descreveu como os presidentes das áreas tentavam resolver esse problema delicado:

> Um dos principais problemas que enfrentei foi que, quando desenvolvemos "a Grande Dama" (Cliquot), ela tirou mercado da Dom Pérignon. Tive que criar outro posicionamento completamente diferente para diferentes marcas e conseguir consumidores novos, completamente diferentes, de forma que as marcas não brigassem entre si. A melhor maneira de fazer isso é encontrar um inimigo comum. Eu costumava dizer ao pessoal da Grande Dama e da Pommery: seu inimigo não é Dom Pérignon, é a Cristal de Roederer!

Além de determinar o posicionamento de mercado de cada marca, o presidente da área desempenhava um papel de coordenação, concentrando-se nas economias que poderiam ser atingidas ao centralizar as compras de todas as empresas da área com base no poder de compra do grupo como um todo. Eles trabalhavam com uma pequena equipe de *controllers*, gerentes de recursos humanos e "gerentes comerciais", desenvolvendo conjuntamente a estratégia de vendas.

Liderança de Alto Nível: Arnault e sua Equipe

Com 51 anos de idade, Bernard Arnault era indiscutivelmente o empresário mais conhecido da França, com uma fortuna pessoal acumulada durante anos que o colocava no topo do *ranking* de riqueza da França. Era difícil passar um dia sem que seu nome aparecesse na imprensa francesa. Em um dia ele brigava pela Gucci, no outro, comprava a Tag Heuer e no dia seguinte, concluía um acordo para incluir a Beers em seu império. Esses atos estabeleceram a imagem pública de Arnault como a de um empresário frio, com indiferença glacial pelo custo humano de sua ambição em empresas familiares com um século de existência. Nos círculos empresariais da França, especialmente no campo dos produtos de luxo, onde um espírito mais *artesanal* costumava prevalecer, a forma anglo-saxã de negociação de Arnault era considerada o cúmulo dos maus modos.

Seus amigos confirmavam seu espírito competitivo, ao mesmo tempo em que negavam categoricamente a frieza associada à sua imagem pública. O financista belga Albert Frère, com quem ele comprou a vinícola Chateau Cheval Blanc e a casa de moda inglesa Joseph, descreveu-o como ferozmente competitivo nas quadras de tênis. Outros o acusavam de ser um escavador, obsessivamente interessado em cada detalhe de seus negócios. A resposta dele para isso era: "varejo é detalhe". Ele enfatizava que, em vez de passar o tempo em seu escritório analisando papéis, ele preferia visitar suas lojas em todo o mundo. Quando estava em Paris, ele passava o sábado visitando lojas Louis Vuitton, observando a pressa louca com a qual os clientes se atiravam aos produtos e fazendo pequenas sugestões para melhoria.

Para Myron Ullman, Bernard Arnault era o núcleo da cultura do grupo. Seus valores pessoais deixaram uma marca indelével nas atividades da LVMH:

> Acho que o sucesso do grupo está associado à personalidade do fundador. Essa empresa tem muito da personalidade do Sr. Arnault e o entendimento das pessoas sobre quais são suas expectativas. Ele tem expectativas altas, quer o melhor que existe, não quer nada de segunda classe. Ele tem um ótimo gosto, mas ao mesmo tempo não é apenas um cara que gosta de coisas bonitas. A empresa é uma meritocracia. Isso é o que faz com que os valores básicos da empresa sejam diferentes dos outros. Essa filosofia não é mencionada, mas está sempre presente.

O estilo de liderança de Arnault foi expresso por Ullman da seguinte forma:

> Ele tem um senso muito afiado para fusões e aquisições, sabe como negociar, quando dizer sim, quando ser duro. Ele é muito, muito esperto, muito inteligente, é extraordinariamente obstinado. Ele está preparado para assumir riscos – OK, é o dinheiro dele mas, se ele diz sim, quer dizer sim. Ele também tem um senso de esitlo muito interessante; pode olhar um anúncio e em 15 segundos dizer o que ele tem de bom e como melhorá-lo. Ele tem bom gosto. Acho que ele é muito charmoso – quando quer ser. É um bom vendedor – quando quer ser. Ele é considerado muito distante, basicamente muito tímido, uma pessoa privada. Não é o tipo de vendedor gregário.

Concetta Lanciaux, responsável pela gestão de recursos humanos, descreveu Arnault como um líder intuitivo:

> Bernard Arnault não concorda em administrar a empresa segundo qualquer "prática gerencial". Tudo que ele fez foi construído com base na intuição e depois ele cercou-se de pessoas que o ajudaram, mas não foi nenhuma forma consciente e premeditada de "criação de estratégia".

Em 1999, quando Arnault achou que as coisas estavam ficando grandes demais para que ele pudesse cuidar de tudo pessoalmente, convenceu Mike Ullman, um norte-americano com carreira eclética (de executivo de *marketing* na IBM a professor universitário e membro da Casa Branca), que era responsável pelo *duty-free* da companhia DFS, a tornar-se diretor administrativo da LVMH, encarregado de administrar o grupo.

As lembranças de Ullman sobre a forma como Arnault o contratou, primeiro para o topo da DFS, que ele reestruturou drasticamente na época da crise asiática, e depois para administrar o grupo, eram bastante incomuns:

> Quando o encontrei, ele (Arnault) não sabia quem eu era e eu não sabia quem era ele. Sua filosofia era, não há administração, não há hierarquia, não há estrutura, não há ninguém responsável para me questionar. Eu faço minhas coisas e as faço direito.

Pierre Letzelter, presidente da área de distribuição seletiva, descreveu os diferentes papéis de liderança dentro do grupo:

> O papel do Sr. Arnault na empresa é cuidar da imagem das marcas. Quando tomo decisões operacionais, nunca pergunto ao Sr. Arnault o que fazer. Mas, quando toco a imagem da marca, sempre o consulto antes. Se você apresentar para ele o projeto de uma campanha publicitária, ele lhe dirá imediatamente se vai dar certo ou não, e por que, e como mudar o projeto. Ele tem um grande senso de estilo, de discernimento. Ele é como um cão de caça, pode farejar o animal antes que o caçador possa senti-lo. Ele tem muita cultura, mais do que qualquer outra pessoa que eu conheça, e é muito bem informado. Ele tem um verdadeiro valor agregado em termos de produto e imagem. O Sr. Ullman é muito diferente do Sr. Arnault. Ele é um relógio, um engenheiro. O Sr. Arnault é um artista, um mundo em si mesmo, e ao mesmo tempo, muito racional e muito bom no irracional. Ele me desenvolveu muito, me ensinou a não procurar sua aprovação. Ele pode te dizer: "eu não gosto disso mas talvez você esteja certo".

Além de Bernard Arnault e Myron Ullman, a equipe de liderança corporativa da LVMH incluía Concetta Lanciaux, vice-presidente executiva e diretora de recursos humanos do grupo. Como disse o presidente de uma das áreas:

> O sucesso do Sr. Arnault é baseado em seu talento para delegação, sua força é sua capacidade de escolher as pessoas certas e depois dar a elas liberdade para fazer as coisas. E Concetta Lanciaux tem um grande talento para recrutar pessoas. Ela é muito boa para antecipar mudanças na empresa. Não em termos de *marketing*, ou organização, mas ela sente as novas tendências do futuro e recruta e promove as pessoas que podem fazer com que a LVMH acompanhe a tendência. Ela é muito corajosa, muito mais do que Bernard Arnault. Quando alguém não tem bom desempenho, ela é quem demite a pessoa, Arnault jamais o faria. Ela é a eminência parda por trás de Arnault.

Disseminando a "Arte Ocidental de Viver"

A missão central da LVMH – sua filosofia de fundação – era, nas palavras de Arnault, transmitir a seus clientes o que ele chamava de "arte ocidental de viver". O conceito de "arte de viver" - a arte de viver bem – embora fosse bem conhecido pelos franceses, era difícil de colocar em palavras. É um senso de estilo, uma conexão vívida com o passado e suas tradições, transferido para o presente. É o culto à beleza e à criatividade em todos os níveis, combinando conhecimento e arte ancestral com método moderno e paixão pela qualidade.

Segundo Arnault, a "arte ocidental de viver" estava enraizada na história; estava cheia de memórias; ela perpetuava a tradição da arte mais antiga e refinada. Por exemplo, Moët et Chandon foi criada em 1743, Guerlain, em 1828. O objetivo da LVMH era disseminar essa "arte de viver bem" por meio de uma combinação de tradição, história, elegância e refinamento das velhas e veneráveis marcas do grupo com energia, criatividade, inovação, dinamismo e modernidade que eles tentavam passar para essas marcas. Atingir esse casamento de opostos sempre foi a paixão de Arnault:

> O que me interessa acima de tudo é a combinação entre idéias; entre criatividade e sucesso comercial. O que estou tentando fazer com as marcas é projetar modernidade na tradição. A história das marcas é muito poderosa, mas, para ser um sucesso comercial, elas precisam de modernidade. Acho que minha força é combinar novas idéias com a tradição da marca, fazendo dela um sucesso comercial. Usei a idéia da "arte ocidental de viver" como algo que pudesse ser projetado em tudo que fazemos. Ela está presente em toda a empresa e constitui uma forma de comunicação com nossos clientes e nossos funcionários. Ela explica a missão geral que temos, que é mais do que apenas vender produtos e obter lucro.
>
> Acho que, para as pessoas que não são européias, é interessante aprender e estar em contato com essa cultura, esse estilo de vida, que é diferente do deles. Além de vender produtos, trazemos uma parte da história européia para o mundo delas. Quando viajo para o Oriente Médio e me perguntam sobre a história da Dom Pérignon, isso é mais do que vender champanhe. Quando falo sobre Yquem no mundo, é mais do que vinho, está embutido na atmosfera do Bordeaux do século XVII, na história da invenção do vinho doce. A arte de viver significa viver cercado do melhor que você puder encontrar. E o melhor, nesse caso, são produtos supremos, com história, tradição, raízes.

Arnault escolheu essa expressão como missão central para a LVMH para expressar que o grupo pretendia permanecer fiel a dois valores: alta qualidade e criatividade. Segundo ele, era uma questão de reviver constantemente uma tradição e de inovar sem romper com a memória das marcas.

Uma demonstração de seu interesse em manter viva a "arte de viver" foi a generosidade com que Arnault contribuiu para a cultura e as artes. Sob seus auspícios, a LVMH adotou uma estratégia ambiciosa de patrocínio corporativo, apoiando um vasto leque de iniciativas de interesse público. Um esforço era voltado para a revitalização e a promoção da herança artística francesa: a LVMH contribuiu para a restauração de sete salas na asa norte do Castelo de Versailles. O grupo patrocinou um conjunto de mostras e retrospectivas, incluindo duas mostras importantes em Paris, sobre Chardin e Fauvismo.

A LVMH também envolveu-se na promoção do instinto cultural das gerações mais jovens, particularmente nas artes e na música. Nessa veia, o "LVMH Young Artist Award" deu auxílio financeiro para estudantes de arte em todo o mundo. O projeto "1.000 lugares para jovens" concedeu 14.000 lugares em concertos para jovens músicos que treinavam nos conservatórios de Paris. A LVMH também deu suporte a jovens virtuoses emprestando a eles Stradivarius de sua coleção e organizando concertos para promover jovens talentos. O próprio Arnault possuía uma forte tendência artística, fato que provavelmente teve grande influência em suas escolhas profissionais. Quando jovem ele estudou piano seriamente, mas abandonou ao perceber que nunca se tornaria um dos melhores do mundo. Ele tinha a reputação de ter bom olho para a arte visual, selecionando em uma mostra as peças mais importantes da sala. Ele também era dono do prestigiado jornal *Connaissance des Arts,* que era tido em alta conta tanto por amadores como por profissionais.

Como uma vitrine para sua "arte de viver", Arnault revelou em 1999, em um jantar em Nova Iorque em benefício da Sociedade Municipal de Arte, o que constituía o monumento mais tangível de suas ambições: a "torre" LVMH, um prédio de escritórios de 23 andares na esquina da East 57th Street com a Madison Avenue. A fachada cubista incomum do prédio, trabalho do arquiteto francês Christian de Portzamparc, o mais jovem vencedor do prêmio Pritzker de arquitetura, foi citada como sendo uma das mais excepcionais declarações de arquitetura em Nova Iorque.

Uma Filosofia de Criatividade

Segundo Gianluca Bronzzetti, presidente da Louis Vuitton, o sucesso na área de produtos luxuosos tem pouco em comum com os mecanismos de *marketing* que se aplicam em outras áreas de negócios. Isso exigia entendimento e capacidade de lidar com algo adicional e intangível, que não podia ser encontrado em outras empresas; o gerenciamento de algo que não pode ser codificado na produção ou em processos financeiros – o sonho que foi construído na cabeça do cliente, que vinha comprar o produto em grande parte devido a esse valor agregado intangível. A chave para o sucesso era entender que o produto era um receptáculo dos desejos e dos sonhos das pessoas. Ao adquirir uma mala Louis Vuitton, os clientes não queriam apenas adquirir funcionalidade; eles compravam uma imagem, um estilo de vida. Para conseguir atender as expectativas não-mencionadas dos clientes, os funcionários de empresas de produtos de luxo precisavam ter uma certa sensibilidade para entender essa parte intangível. A maioria das marcas luxuosas que a LVMH possuía foi criada há muitos anos por empreendedores que tinham essa intuição e esse sentimento por seus produtos. A LVMH tentou manter esse espírito criativo e esse talento para gerar propósito para seus clientes. Nas palavras de Bronzzetti:

> Você precisa entender seus clientes e, uma vez que você os entenda, precisa dar a eles algo que os livros não dizem como fazer. Não é um sabão em pó que simplesmente deixa as roupas mais brancas. De que cor você faz uma mala? Em que formato? Não há regras, é tudo uma decisão de julgamento com base naquilo que pensamos saber sobre o cliente e suas expectativas. O valor é criado não apenas por tecnologia e inovação, mas também, em grande parte, pela beleza do produto e pelas emoções que ele desperta. A Louis Vuitton tem em seus cromossomos o espírito de viagens, de pessoas ricas viajando de forma suntuosa e inovadora.

Acrescente a isso o entendimento das expectativas que o cliente tem em relação ao produto e adicione alguma fantasia, o inesperado.

O sucesso impressionante da Louis Vuitton, desde sua aquisição pela LVMH em 1995, é um exemplo dessa combinação. Antes da aquisição, os clientes compravam produtos Louis Vuitton porque eram muito bem feitos e estavam associados à alta qualidade, mas não necessariamente à moda e à elegância. Marc Jacobs criou novas linhas de produto muito mais modernas, identificando a marca com o desejado mundo da moda.

Colocar a Louis Vuitton, a marca "estrela" do grupo, administrada de forma conservadora, mas lucrativa, nas mãos de um estilista tão incomum como Marc Jacobs foi um passo arriscado, que poucas pessoas teriam dado. A prestigiada empresa de malas, fundada pelo fabricante de malas Louis Vuitton, já ocupava o posto de marca luxuosa mais lucrativa do mundo. Jacobs era uma "criança terrível", que tinha perdido seu emprego com o estilista norte-americano Perry Ellis por transformar sua alta moda em algo fora dos padrões. Arnault apostou e ganhou. A Louis Vuitton lançou a primeira coleção de Jacobs com um *show* revolucionário em Paris, que deu a ele o posto de estilista do novo milênio.

Jacobs não fazia as coisas incrementalmente. Ele pegou o velho logo LV de 146 anos e colocou-o em todos os lugares, dando início à tendência de "logomania". Ele reeditou as conservadoras e simples bolsas de lona com monograma em versões de couro reluzentes, em cores futuristas como lilás e cor-de-aço, atraindo todo um novo segmento de clientes jovens e modernos. Enquanto isso, as malas tradicionais com monograma, que vendiam muito bem, recebiam formas e moldagens inimagináveis, atraindo uma horda de clientes asiáticos que as desfilavam em casa como símbolos de *status*. A coleção que Marc Jacobs criou para a Louis Vuitton foi aumentada por uma linha de roupas prontas. As sandálias femininas tradicionais adquiriram o padrão de outra criação mais recente, o tabuleiro de damas. De mantas para carro até coleiras de cachorro e lenços para cabelo, o logo LV estava em todos os lugares. As edições limitadas tornavam os objetos ainda mais procurados. Os detalhes criativos, como correias de mala para trajes elegantes e couro áspero costurado em cima de sandálias de tiras finas, davam um toque novo e original a itens tradicionais. Como resultado do trabalho de Jacobs, a Louis Vuitton conseguiu manter a conotação de fornecedor de produtos de alta qualidade, mas também adquirir a fama de ser extremamente moderna. Isso dobrou a lucratividade em tempo recorde.

Na verdade, grande parte do sucesso da LVMH veio do talento de Bernard Arnault para reconhecer talento criativo e então moldar uma cultura na qual esse talento pudesse florescer. Ele deu a uma nova geração de estilistas a chance da vida deles na LVMH: John Galliano, da Dior; Alexander McQueen, da Givenchy (que depois desertou Arnault para ir – entre todos os lugares possíveis – para a Gucci); Marc Jacobs, da Vuitton; Michael Kors, da Celine; e Narciso Rodriguez, da Loewe. Os estilistas do grupo também eram mimados pelos investimentos que a LVMH fazia nas etiquetas com seus próprios nomes. Isso estava relacionado a dinheiro, mas também a apoio e aconselhamento gerencial. O estilista Michael Kors não era apenas o diretor artístico da Celine, mas também conseguiu da LVMH o investimento de capital necessário para abrir sua primeira loja Kors na Madison Avenue. A questão de por que a LVMH era um empregador tão popular entre os estilistas foi respondida por Bernard Arnault da seguinte forma:

> Os estilistas sabem que aqui têm liberdade para criar, não são controlados pelos outros. Mas suas idéias têm que ser um sucesso comercial. Os estilistas são artistas, mas artistas que precisam gerar vendas. A alta costura é a vitrine, não um gerador de dinheiro. A coleção de alta costura de Galliano para a Christian Dior, por exemplo, não é vendável. Mas ela gera várias idéias para produtos relacionados, atrai as pessoas. No ano passado atraímos uma quantidade enorme de pessoas com acessórios, bolsas e lenços que eram uma declinação das idéias da alta costura, foi um sucesso fantástico. É muito mais interessante ir a um *show* e ver idéias. Os vestidos você pode ver na loja. Para a mídia também é muito mais interessante, mais próximo de uma verdadeira apresentação de arte.

Os resultados desse comprometimento com a criatividade estavam lá para todo mundo ver. Em 1999, as vendas de produtos de couro recém-lançados aumentaram em 30%. A nova linha de monogramas em verniz respondia por mais de 10% das vendas da Louis Vuitton um ano após seu lançamento. No mesmo ano, as vendas da nova champanhe *cuvées* cresceram 69%. E, em três anos, a Hennessy tinha lançado uma dúzia de novos produtos.

Solicitado a descrever a cultura corporativa da LVMH, Bernard Arnault deu uma concepção clara do grupo.

> A filosofia geral do grupo pode ser descrita pelos seguintes fatores: qualidade de produto, criatividade, imagem, espírito empreendedor e disposição das pessoas de sempre questionarem suas conquistas, lutando para ser o melhor. Os "ativos culturais" do grupo são a herança da criatividade, *savoir-faire* e inovação, arte de viver e estética, gosto francês e europeu, qualidade e busca por excelência, além de transmissão de conhecimento e espírito empreendedor.

A cultura corporativa original da LVMH foi formulada logo no início da existência do grupo. Quando Arnault comprou a Dior, a meta que ele estabeleceu para seus funcionários era nada menos do que se tornar a número um do mundo naquilo que faziam. Ao estabelecer um objetivo que parecia quase ambicioso demais para ser atingido, ele queria mobilizar a energia dos funcionários para que fizessem o melhor possível. Isso nem sempre era fácil. A ambição e a imaginação nessa escala não surgiam automaticamente para todos que trabalhavam na empresa. Alguns dos principais funcionários tiveram que se adaptar consideravelmente à visão geral que Bernard Arnault tinha das coisas, como testemunhado pelo presidente de uma das áreas:

> O Sr. Arnault ensinou-me a procurar qualidade acima de tudo, independentemente do custo. As melhores coisas dificilmente são boas o suficiente. Quando adquiriu a casa de leilões Phillips, cujas atividades se concentram em uma área não muito lucrativa, ele decidiu alugar o melhor prédio de Nova Iorque. Quando vi o valor do aluguel me senti mal. Mas o Sr. Arnault me convenceu de que era a coisa certa a fazer devido ao prestígio da Phillips. E ele me fez contratar

um arquiteto que custou cem vezes mais do que o planejado usar. Mas, devo admitir, no final, ele estava certo. A qualidade sempre compensa.

Segundo Philippe Pascal, presidente da área de vinhos e bebidas, a característica comum das marcas LVMH era a arte de pessoas dedicadas, que tinham paixão por fazer algo de qualidade excepcional. A maioria das pessoas que trabalhava na LVMH professava seu amor aos produtos com os quais trabalhava e queria ter certeza de que as outras pessoas também amavam seus produtos. Uma das coisas que se ouvia com freqüência na empresa era "Quero ser o melhor. Quero que escrevam sobre meu vinho/minha mala/meu vestido como sendo o melhor." As pessoas no grupo tendiam a ter um sentimento de propriedade muito forte sobre "suas" marcas.

Competindo com Base em Talento

A arte de fazer e vender um vestido de US$ 3.000 difere consideravelmente da de vender um sabonete de US$ 3. Administrar o maior e mais bem sucedido grupo de produtos de luxo exigia das pessoas um calibre especial. Não era suficiente ser um bom vendedor. A natureza intangível dos produtos exigia que a pessoa em contato com eles tivesse uma dimensão adicional que talvez pudesse ser expressa pela palavra cultura.

Os responsáveis por recrutamento na LVMH eram muito específicos sobre o tipo de pessoa que procuravam. Para ser contratado pelo grupo, a pessoa tinha que demonstrar muita autonomia e espírito empreendedor. Como descrito por Bernard Arnault, "na LVMH, todos os gerentes precisam de uma boa dose de espírito empreendedor, e as pessoas que têm uma visão mais burocrática não vão fazer sucesso aqui."

A visão empresarial era uma condição necessária, mas não suficiente para uma carreira na LVMH. Além disso, era indispensável que as pessoas que desejavam trabalhar lá fossem sensíveis aos negócios na área de produtos luxuosos. Essa sensibilidade podia se manifestar através do gosto por teatro, cinema, artes, beleza. As pessoas que viajavam muito e visitavam diferentes museus e exposições de arte em outros países encaixavam-se nessa categoria. Aquelas que tinham dificuldade para identificar as diferenças entre renascimento, barroco e romantismo, não. Os recrutadores na LVMH prestavam atenção à forma como a pessoa se vestia, à gravata ou aos acessórios que ela usava e à maneira como a pessoa se portava. As pessoas que queriam ser contratadas tinham que possuir uma certa elegância, uma percepção de beleza. Como expressou Bernard Arnault:

> Quando contratamos executivos, eles têm que ter habilidade para lidar com estilistas e têm que gostar do produto, de forma que possam conversar sobre ele com os estilistas. Obviamente não é possível vir para cá se você não gostar dos produtos. É como ter um ouvido musical, ou você tem ou você não tem. Todas as pessoas que trabalham na LVMH precisam ter essa inclinação em certo grau. Todos têm que mostrar entendimento e gosto pelos produtos com os quais trabalham. Então tentamos contratar esse tipo de pessoa. Assim, elas são mergulhadas imediatamente nesse tipo de atmosfera.

Esse tipo de pessoa, porém, que combina uma certa sensibilidade para elegância e beleza com um conhecimento da área de produtos luxuosos, não é fácil de encontrar. Em 1990, a LVMH tinha crescido tanto que Concetta Lanciaux e sua equipe de recrutamento começaram a ter sérios problemas para encontrar pessoas apropriadas para as novas empresas. Após alguma reflexão, a LVMH decidiu dar uma cadeira em *marketing* para uma das principais escolas de administração da França, ESSEC, para criar um local onde futuros recrutas pudessem ser preparados para regras de *marketing* específicas da área de produtos luxuosos. O próximo passo foi patrocinar um programa de MBA completo em administração de produtos luxuosos na mesma escola. Desde essa época, a ESSEC forma todo ano cerca de 20 alunos muito bem versados em administração de produtos de luxo, que são contratados pela LVMH. O próximo passo na educação para administração de produtos luxuosos foi dado pela LVMH ao reproduzir o conceito de MBA em Xangai, com o raciocínio de que a Ásia era um dos mercados mais importantes e de crescimento mais rápido para a LVMH.

Outros programas de recrutamento se seguiram. Lançado em 1999 para dar suporte à expansão do grupo e ao desenvolvimento de novas subsidiárias em todo o mundo, o programa Futura visava à contratação de gerentes de alto potencial, com quatro a oito anos de experiência profissional internacional e um sólido histórico educacional, como um MBA. Os jovens gerentes formados por esse programa enfrentaram imediatamente desafios organizacionais, como administrar um centro de lucro ou um departamento em nível corporativo em uma subsidiária internacional. Outro programa, o "Jeunes Diplômés International" (Jovens graduados internacionais), em um período de cinco anos, forneceu para a LVMH um grupo de 550 jovens gerentes de diferentes países, com diplomas em administração e engenharia. O recrutamento desses jovens gerentes com conhecimento internacional foi feito em cooperação com as principais instituições acadêmicas na Europa, América do Norte e Ásia. Em 1999, a rede de parcerias multiculturais foi fortalecida com a adição de parcerias com os melhores programas de MBA na América Latina. A meta da LVMH era encontrar 50 novos graduados por ano das melhores escolas de administração.

À medida que crescia a reputação da LVMH, o grande obstáculo para encontrar as pessoas certas passou a ser a qualidade dos candidatos, não a falta de interessados. Na França, o grupo tinha alcançado uma posição na qual figurava como o número dois na lista das empresas mais populares para se trabalhar após concluir um curso de administração. Ao ser perguntado por que a LVMH parecia exercer uma atração tão forte sobre os graduados das melhores escolas, Bernard Arnault explicou:

> Se você quer atrair os melhores talentos é vantajoso ser um grupo diversificado, que inclui as marcas luxuosas mais conhecidas na face da terra! As pessoas na LVMH têm perspectivas de carreira sem paralelo, elas podem escolher entre

empresas iniciantes, empresas muito grandes e empresas de tamanho médio; elas podem aprender a profissão em uma empresa excepcional como a Louis Vuitton e depois tornar-se CEO de uma empresa iniciante, com perspectivas de desenvolvimento gigantescas, que podem administrar como um empreendedor. Quando uma pessoa começa na LVMH em uma posição gerencial, ela pode se tornar rapidamente um empreendedor e ganhar muito dinheiro no processo.

Segundo Concetta Lanciaux, um dos principais argumentos que convencia as pessoas a trabalhar para a LVMH era que elas poderiam rapidamente assumir posições de responsabilidade e liderança que demorariam muito mais tempo para atingir em outras empresas. O perfil das pessoas que tinham responsabilidade na empresa mostrava que elas eram sempre muito jovens. Nas palavras dela:

> Os recém-formados que vêm para a empresa em nível gerencial recebem imediatamente trabalho real, nós não os enviamos para longos programas de treinamento. Dessa forma, eles aprendem imediatamente fazendo. A responsabilidade deles não é enorme no início, mas eles são posicionados em tarefas realmente gerenciais. Sabíamos que não teríamos chance de atrair grandes talentos se fizéssemos como a L'Oréal ou a GE, pois nossos programas de treinamento nunca seriam tão bons quanto os delas. Assim, precisamos nos diferenciar e encontrar uma nova forma de conseguir as melhores pessoas. O fato de começar em um trabalho real tornou-se uma das principais atrações para as pessoas que vêm para a LVMH. Isso também nos ajuda a descobrir rapidamente se a pessoa não é apropriada para a maneira como as coisas funcionam na LVMH: pessoas que consideram a responsabilidade inicial muito massacrante saem logo e, dessa forma, temos uma seleção natural de pessoas que gostam de assumir responsabilidade imediata.

Depois da contratação, a LVMH tentava cuidar de seu pessoal da melhor maneira possível. Uma jovem recém-formada que teve problemas pessoais logo depois que foi contratada pelo grupo descreve sua experiência:

> As pessoas precisam ser reconhecidas como indivíduos, não apenas como dentes de uma engrenagem, e a LVMH é boa nisso. Tive alguns problemas familiares e a empresa me deu alguns dias de folga para resolvê-los. Um de meus colegas foi ao hospital e a empresa enviou flores. Quando uma empresa faz coisas como essa, você sente que gostaria de retribuir o que você recebeu em forma de lealdade e trabalho duro.

Para oferecer treinamento e desenvolvimento de alto calibre para seus funcionários, o grupo instituiu um amplo programa de treinamento. Além dos seminários oferecidos em cada empresa do grupo, o Centro de Treinamento LVMH em Paris e nos centros regionais de Nova Iorque, Hong Kong e Tóquio davam treinamento interno focado nas principais áreas: desenvolvimento de gerenciamento de pessoal e integração dentro da LVMH. Em 1999, 1.550 gerentes de alto nível participaram dos programas de treinamento do grupo.

O Programa de Liderança Global lançado em 1999 visava a aumentar o desenvolvimento profissional dos executivos com futuro mais promissor por meio de discussões sobre tomada de risco e inovação, moderadas pelos lideres dos grupos de negócios e pelos CEOs das empresas do grupo. Para completar o treinamento oferecido, a Casa LVMH abriu suas portas em Londres no final de 1999. Esse centro de desenvolvimento e inovação recebeu executivos e jovens gerentes de alto potencial de todos os países onde o grupo atuava. A Casa LVMH possibilitou a multiplicação de intercâmbio das "melhores práticas" em questões globais, como liderança e inovação. A meta da Casa LVMH era promover o aprendizado por ação por meio de grupos de projeto formados por consultores e profissionais reconhecidos, além de gerentes seniores do grupo.

Uma das atrações mais conhecidas do grupo para os recém-formados era o fato de poder oferecer a seu pessoal a possibilidade de mobilidade interna dentro da empresa. A presença global da LVMH e o ritmo constante de aquisições com mais e mais empresas juntando-se ao grupo criavam oportunidades de carreira na LVMH que não eram oferecidas por nenhuma outra empresa do mesmo nível no mundo. Quatrocentos e vinte funcionários em nível gerencial foram transferidos para novas posições dentro do grupo em 1999, um número que triplicou em três anos. Para facilitar a ampliação de experiência e perspectivas, foram desenvolvidas missões especiais, permitindo aos funcionários trabalhar por um período definido em uma empresa que não fosse a sua própria. Em 1999, mais de 100 gerentes completaram tais missões. As pessoas poderiam ter uma carreira internacional ao mover-se entre um grande número de países onde o grupo estava presente. Além disso, movimentos entre as divisões também eram encorajados, permitindo às pessoas ter um ambiente de trabalho e tarefas variados e mutantes.

Uma das coisas que caracterizava a LVMH era o fato de as pessoas que trabalhavam para a empresa tenderem a expressar repetidamente o quanto elas se orgulhavam de ser parte da "família Christian Dior" da "família Louis Vuitton". Elas sentiam que havia muito prestígio envolvido nas empresas LVMH. Esse elitismo era claramente uma das atrações do grupo. Os funcionários também apreciavam o fato de que podiam contribuir para o desenvolvimento da empresa sem ter que lidar com muitos procedimentos e obstáculos burocráticos. Para citar Thibaut Ponroy, presidente da divisão de perfumes Guerlain da LVMH:

> O Sr. Arnault deixa as pessoas livres. Quando eu trabalhava para a família Guerlain, havia muitas restrições de caixa, e eles me chamavam todas as segundas-feiras de manhã para saber o que estava acontecendo na loja. Havia apenas cinco membros da família na empresa, e cerca de 60% deles estava só esperando por dinheiro. Com a LVMH, não há crise de dinheiro e temos liberdade para ser criativos.

Os presidentes das áreas desempenhavam um papel importante no desenvolvimento de seu pessoal. Pierre Letzelter descreveu sua visão sobre o assunto:

> Durante anos, era difícil encontrar capital. Agora o capital está em toda parte, mas é difícil encontrar bons funcionários. Bons funcionários nunca estão interessados apenas no dinheiro. Eles estão interessados em fazer parte de al-

guma coisa, de poder dizer que fizeram parte de algo que valeu a pena. As pessoas precisam sonhar, mas o sonho tem que ser realizável. É preciso dar a elas gradualmente mais e mais desafios, acostumá-las ao desafio. Temos que criar pequenas histórias de sucesso que encorajem as pessoas a fazer histórias ainda melhores. Mostre a elas o seu progresso.

As pessoas muito boas estão sempre sob tensão. Meu papel é reduzir essa tensão. A principal coisa a fazer na minha posição é recrutar, manter, promover, desenvolver, recompensar. Meu papel é manter os especialistas trabalhando juntos, fazer com que eles persigam um objetivo comum.

A remuneração do pessoal em nível gerencial na LVMH era baseada em salário fixo, bônus e opção de ações (do grupo). Os bônus podiam alcançar até 50% do salário-base. As opções de ações eram baseadas em mérito, chegando a 1.000% ou 2.000% do salário-base da pessoa, ou até mais. Eram dadas exclusivamente às pessoas que a LVMH considerava que tinham "alto potencial", aquelas que o grupo queria manter. A quantidade de opções de ações oferecida era confidencial.

Foco no Futuro

A área de produtos luxuosos foi, por muitos anos, uma indústria de arte servindo a um grupo de elite pequeno, composto por clientes ricos, mas passou por uma mudança nos padrões de consumo em direção à industrialização mais forte, "democratização" e internacionalização.

A LVMH posicionou-se claramente na vanguarda desse segmento jovem ao transformar-se radicalmente nos anos entre 1997 e 2001. Anteriormente um conglomerado de marcas essencialmente francesas e independentes, administradas exclusivamente por executivos franceses, a LVMH tornou-se um grupo ativo integrado em todos os segmentos de produtos de luxo, com um portfólio de marcas internacionais e equipes internacionais de gerentes e criadores. Ela tornou-se um indicador e um líder em inovação para a indústria de produtos luxuosos. A estratégia da Louis Vuitton de atingir controle perfeito sobre a distribuição tornou-se um modelo para todas as empresas no setor. Além disso, a estratégia de construir um grupo multimarcas foi copiada por vários participantes do setor. A LVMH também ocupava o primeiro lugar no comércio eletrônico de produtos luxuosos e sua rede de distribuição permitiu que ela monitorasse constantemente as mudanças nos padrões e na preferência do cliente.

As mudanças contínuas tornaram a indústria do luxo mais competitiva e profissional. A concorrência entre marcas tornou-se cada vez mais feroz em termos de criação, propaganda e distribuição. De certa forma, a LVMH era uma vítima de seu próprio sucesso. Depois de vários anos com recorde em termos de lucro e crescimento, as expectativas chegaram a um ponto em que os 27% de aumento no lucro operacional para o ano 2000 foram alcançados com desapontamento e queda no preço das ações.

A empresa percebeu que seu maior desafio para o futuro era manter as pessoas que haviam moldado o desenvolvimento e o sucesso da empresa. Perguntado sobre o que tirava seu sono em relação ao grupo LVMH, Bernard Arnault falou sobre as dificuldades de encontrar o tipo certo de pessoa para seu empório que crescia cada dia mais:

> Nosso maior desafio hoje é conseguir atrair esse tipo muito especial de executivos de alto nível e também os tipos certos de talentos criativos para o futuro. O mercado vai continuar a crescer, mas só seremos comercialmente bem-sucedidos se pudermos encontrar o tipo certo de talento e continuar com o mesmo espírito que tivemos até agora. Nosso sucesso é realmente baseado no fato de ter as pessoas de calibre mais alto e com um talento especial, o que é difícil de encontrar. Nossa estrutura nos permite expandir ainda mais, mas precisamos das pessoas certas para isso. Estou muito envolvido na contratação de talentos criativos e vou continuar fazendo isso. E eu tenho que ser cada vez mais o porta-voz para o mundo externo. Essa é uma necessidade no clima atual para explicar o que o grupo está fazendo e para atrair as melhores pessoas.

A redução da atividade econômica, associada à alta exposição da LVMH ao iene e ao dólar norte-americano, previsões incorretas de perdas, várias iniciativas de Internet, além de questões sobre os investimento do grupo na área de leilões, tornaram o grupo vulnerável apesar da forte demanda por seus produtos de couro e perfumes. Embora o grupo tivesse suas forças definidas, que ajudavam a superar o problema que enfrentava, era certo que o futuro traria desafios maiores do aqueles que a LVMH teve que enfrentar quando estava crescendo para tornar-se o jogador mais poderoso da batalha no campo dos produtos de luxo.

Caso 5

AmBev: A Criação de um Gigante Brasileiro[1]

Depois de um ano de muitas incertezas, em 30 de março de 2000 os presidentes das duas maiores rivais corporativas do Brasil tinham motivo para comemorar. Eles estavam para dar à luz. O par era formado por Marcel Hermann Telles, presidente da Cervejaria Brahma, e Victorio De Marchi, diretor-executivo da Antarctica Paulista, e, com a notícia de que o CADE (a autoridade antitruste brasileira) tinha dado sua bênção a seus planos de fusão, estavam prestes a criar um gigante corporativo no setor brasileiro de bebidas. Assunto de muito debate público, a maior fusão na história corporativa brasileira ia resultar na criação da American Beverage Company (resumidamente, *AmBev*). Com vendas combinadas de US$ 8,4 bilhões, a AmBev iria impedir o crescimento de seus concorrentes domésticos, reivindicando 70% do mercado brasileiro de cerveja e quase 40% de todo o mercado nacional de bebidas. A mão-de-obra combinada compreendia 17.000 funcionários, e 50 fábricas produziam 8,9 bilhões de litros de cerveja por ano. A linha de produtos não era menos impressionante, consistindo de 37 marcas de cerveja, 40 marcas de refrigerantes, 7 marcas de água mineral, 7 variedades de sucos naturais, 8 bebidas isotônicas esportivas e 10 diferentes tipos de chás.

A fusão entre a Brahma e a Antarctica deveria ser o capítulo final no que tinha sido uma rivalidade histórica. Por mais de cem anos a concorrência entre as duas pela liderança do mercado brasileiro de cerveja tinha sido feroz. Porém, as relações pessoais entre as duas empresas não eram necessariamente de inimizade. Telles e De Marchi sempre se encontravam informalmente para discutir várias questões econômicas e políticas. Diz-se que foi durante um desses "bate-papos" que surgiu a idéia da fusão, em maio de 1999. Enquanto discutiam os desafios generalizados que a globalização representava para as empresas brasileiras, e em particular para as suas próprias, Telles, que era conhecido por seu estilo informal e direto, perguntou a De Marchi:

"Victorio, se operássemos em outro país, você acha que a Brahma e a Antarctica dariam certo juntas?"

Essa proposta maldisfarçada foi recebida com uma resposta surpreendente:

"Sim, eu acho." De Marchi fez uma pausa de efeito, "Mas por que não aqui, em nosso próprio país?"

E assim começou. Em total segredo, Telles e De Marchi elegeram dois executivos para uma equipe encarregada de elaborar um projeto para o que, entre quatro paredes, passou a ser chamado de "Projeto dos Sonhos", a criação de uma multinacional brasileira com a fusão da Brahma e da Antarctica. As duas empresas escolheram um gerente jovem e agressivo e outro executivo mais velho, mais razoável e mais conservador para representá-las na equipe. O objetivo era equilibrar ousadia e experiência e, após 40 dias, a equipe conjunta chegou a um acordo, e o plano de fusão tornou-se público.

Como já era esperado, a fusão proposta gerou um intenso debate público e político, insuflado pela mídia e pelos editoriais de imprensa. Muitos questionavam a sensatez de criar uma empresa com tanta participação de mercado. As empresas, porém, contrataram empresas especializadas em comunicação com a mídia para promover o plano e tentar desviar o debate da questão do domínio do mercado doméstico para a questão de sobrevivência no mercado global. O momento era apropriado, pois a mídia estava a par de uma idéia, promovida pelo então presidente brasileiro, o socialista Fernando Henrique Cardoso, de ter "mais multinacionais brasileiras". Isso era uma resposta à onda de titãs corporativos norte-americanos e europeus, incluindo Bell South Corp. e Carrefour, que tinha assolado o país nos últimos anos, totalizando US$ 56 bilhões em investimento estrangeiro direto somente entre 1998 e 2000, devorando a vantagem das empresas locais e relegando outras a segundo plano.

O governo, porém, ainda consciente da forte oposição à fusão, moveu-se com cuidado. O CADE, órgão brasileiro de regulamentação antitruste, analisou cuidadosamente a fusão proposta por um período de quase 10 meses. Durante esse período, a Brahma e a Antarctica tiveram que deixar de lado seus planos de fusão. Qualquer ação antecipando a aprovação da fusão, como racionalização de fábrica, era proibida. Telles e De Marchi tinham que continuar administrando suas empresas separadamente, enquanto juntos defendiam seu caso perante o CADE. Condicional à eventual

---

[1] Caso preparado por Thomaz Wood Jr., Flávio Vasconcelos e Miguel P. Caldas, FGV, EAESP, Brasil. Revisado e editado por Daniel Ronen, Portman Business Consultancy, sob a supervisão de Joseph Lampel, City University Business Schoool. Copyright © 2002 Thomaz Wood Jr., Flávio Vasconcelos e Miguel P. Caldas, FGV, EAESP.

aprovação do CADE estava o descarte de uma das principais marcas das empresas, embora isso tivesse sido subseqüentemente desconsiderado e substituído por uma marca inferior após um apelo legal.

Quando a aprovação finalmente aconteceu, Telles e De Marchi puderam celebrar, mas apenas brevemente. Ao brindar sua vitória, eles também estavam cientes das muitas decisões difíceis sobre o futuro da AmBev que os esperava.

O Histórico

O Contexto Global

O final dos anos 90 foi marcado por um aumento pronunciado nas atividades de fusões e aquisições. A união de grandes empresas como Exxon e Mobil, Citicorp e Travelers, Boeing e McDonnell Douglas, e Daimler-Benz e Chrysler estabeleceu as regras para um novo jogo corporativo. Durante os anos 90, especialmente na segunda metade, fusões e aquisições tornaram-se a estratégia favorita para empresas inclinadas ao crescimento rápido.

A indústria global de cerveja não escapou dessa tendência. Historicamente, a maioria das cervejarias tendia a focar-se quase que exclusivamente em seus mercados domésticos. Durante os anos 90, porém, as grandes cervejarias domésticas estavam expandindo cada vez mais suas operações internacionais e, nesse processo, estavam se tornando corporações multinacionais. A cervejaria holandesa Heineken (a segunda maior cervejaria do mundo) comprou a espanhola Cruzcampo, enquanto empresas como o grupo belga Interbrew e a South African Breweries estavam analisando cuidadosamente alianças estratégicas, fusões e aquisições como meio de reduzir custos operacionais e promover crescimento rápido. Ver Tabela 1.

O Contexto Brasileiro

A criação da AmBev ocorreu durante uma conjuntura única na vida política e econômica do Brasil. Depois de quatro décadas de restrições nas importações, a economia brasileira passou por um processo de liberalização rápida no começo dos anos 90. Muitas barreiras de importação foram derrubadas e iniciou-se o maior processo de privatização do mundo. Como resultado, as empresas brasileiras subitamente tiveram que enfrentar concorrentes internacionais que tinham tecnologia superior, maiores economias de escala, acesso a capital barato e métodos gerenciais mais avançados. Não foi surpresa o fato de muitas empresas brasileiras não conseguirem lidar com isso e terem que fechar as portas ou serem vendidas para corporações multinacionais.

Algumas empresas brasileiras, porém, reagiram investindo pesadamente para melhorar seus recursos tecnológicos e gerenciais. Entre elas estavam o Pão de Açúcar, líder do varejo brasileiro (US$ 4,2 bilhões em receitas em 1998), o Banco Bradesco (US$ 15,5 bilhões em receitas e US$ 57,7 bilhões em ativos em 1998) e o conglomerado industrial Votorantim (US$ 3,6 bilhões em receitas em 1998). Porém, elas ainda permaneciam significativamente menores que suas principais concorrentes multinacionais.

O aumento nas economias de escala por meio de fusões e aquisições era percebido como a solução óbvia, mas muitas empresas brasileiras que entraram nesse caminho tiveram resultados mistos. A fusão entre Brahma e Antarctica, porém, foi além do que já havia sido tentado anteriormente. Foi um marco e foi anunciada como um exemplo para outras empresas domésticas, endossada pelo governo. O presidente brasileiro Fernando Henrique Cardoso declarou, após uma reunião com Telles: "É internacionalizar-se ou ser internacionalizado." A mensagem era clara: "vá e conquiste".

Uma Rivalidade Histórica

Por várias décadas, os brasileiros que queriam tomar uma cerveja tinham que responder à pergunta: "Brahma ou Antarctica?" Mais recentemente, as opções tinham aumentado, mas as duas marcas permaneciam como grandes favoritas. A Brahma e a Antarctica estavam envolvidas em uma guerra de propaganda desde o início do século. Essa briga se tor-

Tabela 1 Maiores cervejarias do mundo em 1998

Empresa	País	Receitas (US$ bilhões)
Anheuser-Busch	Estados Unidos	11.2
Heineken	Holanda	7.3
AmBev (Antarctica + Brahma)	Brasil	6.6
South African Breweries	África do Sul	6.4
Carlsberg	Dinamarca	4.6
Kirin	Japão	4.5
Interbrew	Bélgica	4.2
Miller	Estados Unidos	4.1
Foster's Brewing Group	Austrália	3.0
Modelo	México	2.0

Fonte: Exame (14 de julho, 1999)

nou mais acentuada nos anos 50 e mais grave nos últimos anos. Era comum o uso de celebridades para cantar as virtudes de cada um dos lados.

Quando a Brahma lançou sua Malzbier em 1914, a bebida foi apresentada como "especialmente recomendada para mães que amamentavam". A Antarctica começou a vender seu guaraná em 1921, algo que a Brahma só copiou seis anos mais tarde.

Durante os anos 90, ferveu a disputa entre a agência de propaganda W/Brasil, de Washington Olivetto, que tinha a conta da Brahma, e a Justus, que atendia a Antarctica. A guerra nunca foi tão disputada como na final da copa mundial de futebol em 1994, nos Estados Unidos, quando os estádios foram invadidos por fãs das duas cervejas. A Brahma era apresentada como a "número 1", enquanto que a Antarctica era a "preferência nacional". A rivalidade também se espalhou pelo famoso carnaval brasileiro, com cada empresa patrocinando eventos concorrentes – a Brahma no Rio de Janeiro e a Antarctica em Salvador.

Os Principais Participantes

Brahma – O Parceiro Dominante

Fundada em 1888 no Rio de Janeiro pelo suíço Joseph Villiger, a Cervejaria Brahma cresceu muito no mercado brasileiro por quase um século. Uma das principais mudanças na história da empresa ocorreu em 1989, quando a tradicional cervejaria foi adquirida por um grupo de investidores liderados por Jorge Paulo Lehmann. Embora Lehmann não tenha assumido o controle direto das operações da Brahma, foi uma peça fundamental na transformação da organização. Sob a orientação dele, a empresa adotou um novo conjunto de valores baseados em meritocracia competitiva e em um foco quase obsessivo em desempenho.

Nos anos seguintes à aquisição, a Brahma tornou-se uma empresa agressiva e empreendedora, marcada internamente por uma cultura informal. Os níveis de produtividade subiram de 1.200 para 8.700 hectolitros por funcionário, batendo todos os recordes do setor.

A expansão externa da empresa começou em 1994, quando a Brahma adquiriu uma cervejaria na Venezuela e construiu uma fábrica na Argentina. Mas, apesar do sucesso desses primeiros passos, os executivos da Brahma sabiam que, para competir em escala global, precisariam de movimentos ainda mais arrojados.

Um exemplo do estilo agressivo da Brahma foi a proposta feita para adquirir a cervejaria norte-americana Anheuser-Busch, a maior cervejaria do mundo (US$ 11,2 bilhões em receitas em 1998). A oferta estava abaixo do preço que a Anheuser estava disposta a aceitar, mas sinalizava a chegada da Brahma no estágio internacional como uma força a ser enfrentada.

Em 1999, a estratégia de expansão internacional foi interrompida. Com a grande desvalorização da moeda brasileira e as altas taxas de juros no mercado de capital doméstico, a aquisição de empresas estrangeiras não era mais viável. Por fim, a Brahma voltou-se para seus concorrentes domésticos para encontrar um parceiro que a fortalecesse o suficiente para enfrentar os desafios da concorrência internacional.

Antarctica – O Parceiro Ideal

Fundada três anos antes da Brahma, em 1885, por um grupo de amigos em São Paulo, a Companhia Antarctica Paulista permaneceu como uma empresa altamente conservadora, uma antítese cultural do que a Brahma passou a representar nos anos 90.

Na verdade, desde o início dos anos 90 a empresa vinha perdendo participação de mercado. Sua resposta à abertura da economia brasileira foi buscar uma aliança com a Anheuser-Busch. O plano previa um aumento na participação acionária do sócio norte-americano na empresa brasileira, chegando a 30% do capital votante em 2002. Porém, a grave turbulência econômica que abalou o Brasil no começo de 1999, e particularmente a drástica desvalorização da moeda, forçaram o parceiro norte-americano a encerrar a relação. Foi a falha nessa aliança com a Anheuser-Busch que abriu caminho para a aliança com a Brahma. Uma das principais motivações para a aliança com a Anheuser-Busch tinha sido a aquisição de conhecimento dessa empresa global. Durante os anos em que as duas empresas trabalharam juntas, a Antarctica adotou várias práticas gerenciais de sua sócia, embora sem um impacto apreciável no desempenho.

As economias básicas do setor apontavam para uma fusão que deveria aumentar as economias de escala e fortalecer o fluxo de caixa para financiar a expansão da empresa, e a fusão com a Brahma prometia trazer esses benefícios. Ela também anunciava a possibilidade de criar uma empresa que não apenas iria proteger sua base doméstica contra a incursão estrangeira, mas também possibilitaria uma expansão regional.

Kaiser – A Jovem Iniciante

Lançada em 1982 como um empreendimento colaborativo entre diversas franquias da Coca-Cola, a cerveja Kaiser cresceu até tornar-se a maior concorrente da AmBev no mercado brasileiro. Os fundadores criaram a Cervejarias Kaiser para capitalizar em uma oportunidade percebida para alavancar sua rede de distribuição de refrigerantes já existente para vender, desenvolver e comercializar uma nova marca de cerveja.

Em 1990, a Kaiser juntou-se com a Heineken, trazendo para o Brasil a tecnologia que tinha dado à empresa holandesa o segundo lugar na lista global de cervejarias. Isso permitiu à Kaiser oferecer uma cerveja com o mesmo sabor *especial* encontrado em suas equivalentes proeminentes e populares na Europa.

O produto da Kaiser tornou-se rapidamente um dos mais famosos fenômenos de mercado na história da indústria de bebidas de baixo teor alcoólico no Brasil. O crescimento foi tão bem-sucedido que a Coca-Cola decidiu participar diretamente da cervejaria brasileira como acionista. Quando Telles e De Marchi anunciaram o projeto de criar a

AmBev, não foi surpresa o fato de a Kaiser reagir imediatamente, iniciando uma campanha publicitária ampla e agressiva contra a fusão. Evidentemente, a Coca-Cola era apontada como uma das oponentes mais ferozes da fusão AmBev.

AmBev – O Futuro

Para Telles e De Marchi, a fusão entre as duas empresas era vista como essencial, e eles declararam publicamente que "sem a fusão, não teremos escala suficiente para enfrentar o mercado internacional". Apesar disso e após o resultado bem-sucedido da decisão do CADE, Telles e De Marchi viam três grandes desafios no sucesso futuro da AmBev.

Integrando as duas companhias

A Brahma tinha duas vezes o tamanho da Antarctica e, conseqüentemente, seus acionistas receberam o controle de 46% das ações da nova empresa, enquanto que a fundação sem fins lucrativos que controlava a Antarctica recebeu uma participação de 23%. Os arquitetos da fusão pretendiam claramente criar na nova empresa o estilo de administração e a cultura mais dinâmica da Brahma, mas isso não seria uma tarefa simples. Após a fusão, as operações industriais deveriam ser integradas, gerando sinergias e economias de escala que pudessem gerar economias de US$ 250 milhões por ano. Porém, as atividades de vendas, *marketing* e distribuição seriam mantidas separadas, gerando um grau de concorrência interna entre as diversas marcas *rivais* de propriedade da nova empresa. De Marchi proclamou que "eram áreas de negócios independentes que iriam lutar uma contra a outra por participação de mercado". Esse modelo de concorrência interna conduzida foi considerado um mecanismo altamente bem-sucedido para evitar complacência e encorajar melhoria contínua, mas batia de frente com o estilo tradicional da Antarctica. Essa mudança cultural exigia investimentos significativos de tempo e energia gerencial. Evidentemente, não seria fácil.

Consolidação da AmBev no mercado brasileiro

A AmBev precisava desenvolver totalmente e explorar o gigantesco potencial do mercado brasileiro e, ao fazê-lo, consolidar sua posição como líder do mercado nacional. Para que isso acontecesse, a AmBev precisava superar duas grandes dificuldades. Primeiro, tinha que elevar os níveis de consumo. Embora o mercado brasileiro consistisse em 170 milhões de consumidores e 1 milhão de pontos de vendas, o consumo de cerveja *per capita* mantinha-se relativamente baixo, em cerca de 50 litros, e esse consumo estava muito concentrado em algumas poucas regiões. Era necessário entender o raciocínio para esse comportamento do mercado e identificar e implementar estratégias apropriadas. Segundo, a AmBev precisava resolver uma estrutura de custo desfavorável em sua cadeia de valor local. Comparados a outros países latino-americanos, os produtores de cerveja brasileiros recebiam uma parcela relativamente baixa do preço do "ponto de venda" para o consumidor, em parte devido aos altos impostos, mas também por causa das margens dos varejistas (ver Tabela 2). Essa era evidentemente uma grande barreira para o aumento de lucros.

Arremetida da AmBev na América Latina

Publicamente, o objetivo estratégico declarado da AmBev era internacionalizar: criar uma multinacional brasileira tão importante na América Latina como a Brahma e a Antarctica eram no Brasil. O mercado de bebidas latino-americano é muito atraente. O consumo de cerveja na América Central e na América do Sul está crescendo cerca de 4% ao ano, e espera-se que exceda o dos EUA em 2002 (ver Tabela 3). Fora do Brasil, os principais fabricantes eram a Modelo e a Femsa no México, e a Bavaria na Colômbia. Porém, as empresas internacionais estavam se tornando mais ativas; a Anheuser-Busch tinha 37% da Modelo e a controladora da South Africa Interbrew tinha 22% da Femsa. Também se dizia que as cervejarias européias estavam interessadas em entrar no mercado latino-americano.

Um artigo no *Financial Times* do Reino Unido resumia a questão da seguinte forma: "Com apenas 3,4% dos 76,4 milhões de hectolitros da AmBev sendo vendidos no Brasil, a longo prazo a empresa combinada terá que se expandir internacionalmente para criar valor adicional e diversificar seus riscos, dizem os analistas". Para um esforço de internacionalização coordenado, a AmBev precisaria lidar com questões de escala, cobertura geográfica, lucratividade e potencial de crescimento, em um segmento que estava no meio da globalização rápida.

Decisões, Sedentas Decisões

As decisões que Telles e De Marchi teriam que tomar iam ser difíceis. A primeira e talvez mais imediata era decidir o foco estratégico da AmBev no período seguinte à fusão. A nova empresa deveria prorrogar as estratégias de expansão internacional e concentrar-se em reduzir custos, criar sinergias e reconciliar suas diferentes culturas organizacionais? Ou a AmBev deveria usar o mercado brasileiro como um trampolim, adotando uma estratégia de expansão ao adquirir outras empresas regionais para estabelecer-se como uma grande multinacional latino-americana?

Em meados de agosto de 2000, Marcel Hermann Telles, co-presidente e diretor da AmBev (listada na Bolsa de Valores de Nova Iorque como ABV), ligou para a Bolsa de Valores de Wall Street em Nova Iorque comemorando a fusão bem-sucedida. O futuro, porém, era um livro aberto.

Tabela 2 Estrutura de custo da indústria de cerveja no Brasil e no México (%)

	Brasil	México
Produtores + distribuidores	36	52
Impostos	30	26
Varejistas	34	22

Fonte: Cervejaria Brahma.

Tabela 3 Consumo de cerveja no mundo em 1999

Ordem	País	Consumo de cerveja (*10.000 KL)
1	Estados Unidos	2.300,4
2	China	2.073,7
3	Alemanha	1.046,3
4	**Brasil**	788,0
5	Japão	715,1
6	Reino Unido	589,2
7	México	494,2
8	Rússia	381,5
9	Espanha	271,2
10	África do Sul	260,6
11	França	228,3
12	Polônia	226,0
13	Canadá	207,6
14	República Tcheca	180,3
15	Austrália	176,2
16	Venezuela	170,0
17	Colômbia	160,0
18	Itália	155,6
19	Coréia	148,0
20	Holanda	133,8
21	Argentina	130,5
22	Filipinas	124,0
23	Romênia	112,8
24	Tailândia	105,0
25	Bélgica	100,0

Fonte: Kirin Brewery Company, Limited.

Caso 6

Sportsmake: Uma Crise de Sucessão[1]

Por quase um ano após a morte de Jim Claymore na queda de seu avião particular na região de Las Vegas, a Sportsmake, empresa de equipamentos esportivos que ele fundara e administrava, permaneceu desgovernada. Claymore era uma lenda no setor. Um atleta campeão de pentatlo, ele acreditava que equipamentos esportivos de qualidade com preço acessível deveriam ser disponibilizados para o que ele chamava de "não-atletas sérios": a pessoa que praticava atividades atléticas de forma intensiva, mas não competitiva.

A partir dessa visão surgiram vários produtos, alguns particulares e outros licenciados, que conquistaram reputação de desempenho e durabilidade. A empresa terceirizava toda sua produção, mas mantinha um controle rigoroso sobre seus projetos e qualidade. Como Claymore gostava muito de dizer a seus funcionários: "Sinto-me confortável em deixar os outros assumirem as margens da produção. Nossa vantagem está no vínculo que criamos entre o não-atleta sério e o varejista. Assim, fiquem atentos a potenciais equipamentos para não-atletas sérios e gastem suas energias para convencer o varejista que o equipamento que estamos desenvolvendo vai vender muito bem."

A empresa cresceu rapidamente, passando de vendas de US$ 200.000 em 1974 para US$ 20 milhões em 1984, chegando aos atuais US$ 120 milhões. Em 1996, a empresa tornou-se pública. Claymore usou a injeção de capital para adquirir a primeira operação de varejo da Sportsmake: Hike and Bike – uma cadeia de lojas especializada na área recém-surgida de acampamento de lazer e bicicletas. O sucesso dessa aquisição gerou outras aquisições, nem todas bem-sucedidas. Talvez a maior aposta tenha sido a aquisição, em 1997, da gigante Winter Sportsworld por US$ 400 milhões. A aquisição usou uma parte considerável dos recursos da Sportsmake e provou ser uma operação mais difícil de integrar às características e aos métodos de negociação da Sportsmake do que inicialmente antecipado.

Claymore era conhecido por ser um chefe exigente, mas generoso. Alternadamente tirano e charmoso, ele freqüentemente aparecia na sala das pessoas para uma conversa informal. Seus subordinados temiam essas conversas, mas também admitiam que se sentiam estranhamente orgulhosos e energizados com as visitas. Joe Murphy, gerente de *marketing* da divisão de esportes externos, descrevia essas conversas como: "...uma mistura de interrogatório policial de terceiro grau e um encontro com um grande evangelista." "Você teme o que vai descobrir, mas também se sente entusiasmado com a aprovação dele. É uma experiência e tanto..."

Imediatamente após o funeral, a diretoria pensou em Roy Claymore, filho do fundador, como um possível sucessor. Ele assumiu como CEO interino e se esforçou ao máximo para assegurar continuidade. Porém, rapidamente ficou claro que seu coração não estava ali. Ele comunicou à diretoria que pretendia sair no final do ano para retomar sua antiga carreira como pesquisador médico na University of South Carolina. Com Roy fora do páreo, a diretoria começou a considerar outros candidatos para dirigir a empresa. Vários nomes foram analisados, mas, após uma breve discussão, apenas dois permaneceram: Tony Petroski, vice-presidente de *marketing*, e Marcia Davenport, vice-presidente de finanças.

O contraste entre os dois candidatos não poderia ser maior. Petroski desenvolvera toda sua carreira na Sportsmake, começando como balconista, aos 17 anos, e terminando como vice-presidente de *marketing* corporativo 32 anos mais tarde, aos 49 anos. Davenport, por outro lado, só viera para a Sportsmake recentemente. Ela começara em 1993 como assistente de Stanley Cramer, vice-presidente de finanças da Sportsmake, e, com a aposentadoria dele quatro anos mais tarde, foi promovida para o cargo mais alto na área financeira da empresa.

As características de Petroski, senão toda sua personalidade, foram moldadas por seus anos na empresa. A primeira vez que ele ouviu falar de Jim Claymore foi quando, aproveitando sua férias anuais nos Alpes suíços, conseguiu obter um contrato para os novos esquis de alto desempenho da Sportsmake com uma das mais exclusivas estações de esqui da Suíça. Subseqüentemente, ele foi promovido para chefe da divisão de esportes de inverno e, após cinco anos, dobrou as vendas da divisão de US$ 20 para US$ 40 milhões.

A maior conquista de Petroski como chefe da divisão de esportes de inverno foi planejar a entrada da empresa

---

[1] Caso escrito por Joseph Lampel, City University Business School, Londres, Copyright © Joseph Lampel, 2002.

no mercado de esquis para neve. Petroski foi um dos primeiros nos Estados Unidos a detectar o potencial do esqui na neve como esporte de massa. Depois de uma viagem a uma estação de esqui em Vermont, ele retornou a Denver muito entusiasmado com o novo esporte. Ele instruiu sua equipe de desenvolvimento a deixar de lado seu trabalho em esquis de composição especial e concentrar seus esforços em projetar uma prancha de esqui. Sua equipe estava acostumada às "idéias malucas de Toni", mas dessa vez pensaram que ele realmente tinha passado dos limites. Como recordava Jack Rorty, chefe de projeto de equipamentos, muitos anos depois: "alguns de nós acreditavam que era possível descer uma montanha em um esqui sem quebrar o pescoço, mas mesmo essas pessoas achavam que a demanda por tal equipamento seria limitada. Estávamos lidando com uma moda passageira, a versão do *hula hoop* para os esportes de inverno. Fabricar esquis de alto desempenho era nosso verdadeiro trabalho, e qualquer distração poderia nos custar caro."

Petroski riu por último em cima dos céticos. A "Quickboard" da Sportsmake tornou-se uma das divisões mais lucrativas. Ela estabeleceu novos padrões para o segmento e era o equipamento preferido em muitas competições de esqui na neve.

O episódio cimentou a reputação de Petroski como um homem com um talento misterioso para identificar novos produtos. Quando Jack Lindsay, que administrava o departamento de *marketing* corporativo desde 1967, morreu repentinamente em 1987, ele foi a escolha natural para o cargo. Jim Claymore deu a notícia pessoalmente. Apertando a mão de Petroski ele disse: "Bem, Toni, acabou a diversão. Agora tudo o que você precisa é aprender a engolir o café ruim do escritório central junto conosco".

Se Petroski era um representante típico da empresa, Davenport incorporava o espírito do administrador profissional. Nascida na Califórnia, filha de um rico incorporador imobiliário e de uma médica pediatra, Davenport formou-se em economia em Berkley antes de entrar para um dos principais bancos de varejo na região de San Francisco. Depois de cinco anos, período em que chegou ao cargo de gerente de empréstimos para pequenas empresas, ela foi para o leste fazer um MBA na Wharton Business School.

Posteriormente, ela sempre se lembrava com certa nostalgia de sua época na Wharton School. Ela se destacou como uma das alunas mais brilhantes e mais ativas e, mesmo com a pesada carga, ainda achava tempo para atividades extracurriculares. Toda tarde ela tirava duas horas para correr e nadar, e aos finais de semana sempre saía para longas caminhadas com seu namorado (depois seu marido), John Mercner.

Mercner cursava direito na University of Pennsylvania quando o casal se conheceu. Eles decidiram procurar emprego na região de Nova Iorque. Ele aceitou uma posição no mais prestigiado escritório de advocacia de Nova Iorque, e ela aceitou uma posição no departamento financeiro de uma das maiores lojas de departamento da cidade. A carreira deles, porém, não prosperou da mesma forma. Ele sentia a pressão sufocando-o e ficava cada vez mais claro que não se tornaria sócio. Ela, por outro lado, subiu rapidamente, tornando-se assistente do vice-presidente de finanças. Depois de cinco anos aproveitando a vida em Nova Iorque, os dois concordaram que era tempo de mudar. Embora Mercner tivesse algumas ofertas, a melhor veio da Smith, Prizker e Cohen, um escritório de advocacia em Denver, especializado em energia e transporte. Davenport tinha várias ofertas – nenhuma comparada à sua posição em Nova Iorque. Depois de considerar as ofertas, ela decidiu-se pela posição de assistente do vice-presidente financeiro da Sportsmake.

Davenport sabia que aceitar a oferta da Sportsmake era uma aposta. Tradicionalmente a Sportsmake promovia as pessoas de dentro da empresa. Todos sabiam que Claymore verificava pessoalmente cada candidato e que dava um peso desproporcional a coisas como espírito competitivo e comprometimento com esportes. Havia até rumores de que alguns gerentes não foram promovidos porque Claymore os considerava esquiadores medíocres ou maus jogadores de tênis. Em sua entrevista com Claymore, Davenport percebeu a pouca ênfase em suas atividades atléticas. Eles falaram brevemente sobre o hábito de correr de Davenport, mas, no geral, a conversa girou em torno da experiência de Davenport em Nova Iorque. Como muitas outras pessoas antes dela, Davenport achou a entrevista exaustiva, mas divertida. No final, o poder de persuasão de Claymore superou as hesitações dela, e ela aceitou a oferta.

Davenport não se arrependeu de sua decisão. Quase que imediatamente após sua contratação ela foi colocada como responsável pelo que foi discutivelmente a decisão financeira mais importante na história da Sportsmake: a decisão de tornar-se pública. Trabalhando junto com Claymore, ela planejou e executou a oferta pública das ações da Sportsmake. As ações começaram a ser comercializadas a 7 1/4 e em sete meses tinham subido para 9 1/2. Depois desse sucesso, Davenport envolveu-se profundamente na estratégia de aquisições da empresa. Ela passava muito tempo investigando alvos de aquisição. Seus relatórios e apresentações eram muito elogiados por Claymore, que passou a confiar nas observações e nos conselhos dela. Quando Stanley Cramer se aposentou em 1997, ninguém se surpreendeu quando ela foi promovida como sua sucessora. De sua nova posição ela não apenas supervisionava questões financeiras de rotina, como também se tornou profundamente envolvida na estratégia corporativa, em particular na integração da Winter Sportsworld e na muito discutida e consideravelmente atrasada reorganização da Sportsmake.

Se fosse possível pedir a uma empresa para prender sua respiração coletiva, poderíamos dizer que a Sportsmake estava fazendo exatamente isso na manhã da sexta-feira, 26 de novembro, quando a diretoria se reuniu para discutir e tomar sua decisão. Para alguns, a escolha era óbvia. Petroski era a personificação da Sportsmake e sucessor natural em espírito e talento do lendário Claymore. Para outros, porém, Petroski era a personificação do que a Sportsmake era e não do que deveria ser. O futuro, acreditavam essas pessoas, estava na Sportsmake sob o comando de Davenport – uma empresa diversificada de equipamentos esportivos, em processo de transformar-se em uma corporação moderna e profissionalmente administrada.

Caso 7

Reorganização na Axion Consulting (A)[1]

Matt Walsh desligou seu computador e estava se preparando para ir para casa quando Marvin Curtis chegou à porta de sua sala e disse: "Oi Matt, posso falar com você um minuto? É sobre a reunião de diretoria da próxima semana."

Apesar de estar com pressa para pegar o trem noturno, Walsh não quis recusar a solicitação de Curtis. Eles tinham se desentendido recentemente em relação à decisão de contratar funcionários adicionais, e dispensá-lo agora, qualquer que fosse a desculpa, poderia agravar uma relação que já era difícil.

Dessa forma, Walsh colocou sua pasta no chão, sentou-se novamente em sua cadeira e indicou a cadeira à sua frente para que Curtis se sentasse.

"Desculpe-me por aparecer tão tarde", disse Curtis, "mas achei que era importante saber sua opinião sobre os planos de Howard Fisk em relação à reorganização da Axion."

Walsh ficou surpreso com a pergunta de Curtis. Ele também tinha suas dúvidas sobre a reorganização, mas não tinha certeza se podia compartilhá-las honestamente com Curtis. "Qual é o problema?", ele perguntou cautelosamente, pensando que era melhor descobrir a posição de Curtis antes de revelar seus próprios pensamentos sobre o assunto.

Curtis não precisou ser encorajado. Era evidente que ele tinha refletido sobre as questões por um período e agora colocava tudo para fora. "Não desejo ser condescendente", disse ele, "mas como recém-chegado você talvez não esteja totalmente familiarizado com a história da Axion. Tenho certeza de que você sabe que começamos nossa existência com um pequeno grupo de economistas especializados em análise política para o setor público. Isso foi no final dos anos 80, quando a privatização do serviço público estava em voga. Os subcontratados eram baratos, mas em geral não tinham qualidade. O que os governos queriam, e o que fazíamos, era uma avaliação desses serviços. Estávamos em uma posição excelente para aconselhar qual empresa deveria ganhar a concorrência, quais contratos deveriam ser renovados e quais deveriam ser recusados."

"Mais tarde, porém, os governos passaram a fazer isso por si mesmos, e faziam muito bem. Quando o mercado para nossos produtos básicos amadureceu, diversificamos para outras áreas de consultoria gerencial, mais lucrativas, mas muito mais competitivas. Começamos a contratar pessoas com MBA, muitas com experiência anterior em consultoria: um desvio acentuado de nosso recrutamento tradicional no setor de economia. O fluxo de pessoas com diferentes formações acabou mudando as coisas. Sempre tínhamos nossos desentendimentos – que grupo de pessoas não tinha? Mas também tínhamos muito em comum para resolver essas diferenças e continuar nosso trabalho. Mas, com o tempo, descobrimos que estávamos perdendo o controle sobre nossas desavenças. Nossas discussões não eram apenas sobre questões profissionais, eram também sobre valores e identidade. Os economistas consideravam os consultores como vendedores de poções milagrosas, e os consultores consideravam os economistas como palermas residentes em torres de marfim. Continuamos tentando resolver as coisas com o estabelecimento de um comitê executivo balanceado e fazendo uma rotatividade na presidência, mas nada funcionou. No final, procuramos ajuda externa e, para transcender as divisões, escolhemos Howard Fisk, um cientista que desenvolveu grande parte de sua carreira na indústria. Tenho que confessar que não fui favorável a essa nomeação, mas fui voto vencido."

Matt Walsh sabia que Curtis não estava sendo totalmente sincero sobre o assunto. Sua oposição não se baseava apenas em princípios; era conduzida em grande parte, senão totalmente, pela ambição pessoal. Marvin Curtis queria o cargo de presidente. Ele era um dos sócios-fundadores da Axion e membro influente da diretoria executiva. Mas ele também tinha um tipo de personalidade difícil que fazia inimigos. Não era segredo que ele acreditava que houvera um acordo por baixo dos panos para buscar um candidato externo, negando-lhe a chance de concorrer à presidência.

"Posso não ter me entusiasmado com Howard", continuou Curtis, "mas concordo com a alegação central dele: temos que mudar se quisermos sobreviver. Minha preocupação é com as mudanças que ele está propondo. Acredito

---

[1] Preparado por Joseph Lampel, City University Business School, Londres, com a assistência de Daniel Ronen. Não pode ser usado ou reproduzido sem permissão do autor. Copyright © Joseph Lampel, 2002.

que essa idéia de dividir a Axion em unidades de negócios, cada uma especializada em uma área diferente, agrava a competição por recursos e reduz nossos incentivos de cooperação entre as unidades. Por que a unidade de negócios de Avaliação de Qualidade deveria ajudar a unidade de Comércio Eletrônico se ambas sabem que, no fim das contas, os recursos são divididos de acordo com o número de clientes conquistados? E, se não houver cooperação entre as diferentes unidades, de onde virá nossa inovação? A especialização é boa para conseguir foco e gerar resultados rápidos no mercado, mas, a longo prazo, acabaremos reprimindo nossos fluxos criativos, que nos trouxeram tanto sucesso no passado."

Walsh ouvia atentamente, mas falava pouco. Ele compartilhava as preocupações de Curtis, mas suas visões eram temperadas pelo conhecimento que adquirira sobre a reorganização. Matt esperava liderar uma das unidades de negócios que Howard Fisk propunha criar. Ou pelo menos isso era o que ele pensava até recentemente.

Há anos Matt Walsh tentava estabelecer um grupo especializado em consultoria gerencial de P&D, mas ficava frustrado com a falta de suporte. Ele acreditava que a Axion estava ignorando uma área importante na economia de conhecimento emergente. O plano que Fisk revelara na última reunião geral propunha o estabelecimento desse grupo, e Matt Walsh evidentemente estava encantado e agradecido por Fisk ter endossado sua idéia. Também era inevitável que ele correspondesse, dando a Fisk seu apoio e seu aval.

Porém, nas semanas seguintes as coisas começaram a mudar. Fisk indicara que talvez não fosse o momento certo para criar a unidade de consultoria de gestão de P&D. O estabelecimento das outras unidades estava consumindo mais recursos do que antecipado inicialmente. Porém, Fisk havia reiterado seu comprometimento com a unidade proposta por Walsh e sugerira que este precisava preparar as bases mais cuidadosamente, conseguindo apoio de outras pessoas na organização. Walsh seguiu o conselho fielmente, defendendo seu projeto sempre que possível. Ele encontrou pouca oposição aberta, mas também tinha a impressão de que, sem um forte aliado na diretoria, seu projeto ia permanecer no limbo. Agora que Martin Curtis estava claramente pedindo seu apoio, ele começou a pensar se Curtis seria a pessoa certa.

Caso 8

Reorganização na Axion Consulting (B)[1]

Howard Fisk empurrou os papéis à sua frente e olhou ao redor da mesa. "Há mais uma coisa que eu gostaria de falar antes que comecemos a comer os deliciosos sanduíches que a Jenny gentilmente encomendou na lanchonete do outro lado da rua. Como alguns de vocês já devem saber, Robert Leonardi, diretor administrativo da Perkins & Evans, anunciou sua intenção de aposentar-se no final do ano. O que vocês provavelmente não sabem é que os principais membros do comitê executivo me procuraram recentemente para explorar a possibilidade de uma fusão entre a Axion e a Perkins & Evans." Ele fez uma pausa, permitindo que a novidade fosse absorvida, e continuou. "Evidentemente, tudo é estritamente informal neste ponto e não irá adiante se eu não tiver o apoio de vocês. Porém, não me incomodo de dizer que estou empolgado com as possibilidades. Acho que vocês concordam que a Perkins & Evans é uma empresa de consultoria jovem e dinâmica. A especialização deles em recuperar empresas de alta tecnologia com problemas financeiros atraiu muita atenção da imprensa. Eles são um pouco menores do que nós e sua base de clientes é mais diversa, mas, para mim, há uma potencial sinergia se estivermos dispostos a trabalhar para consegui-la."

Houve um murmúrio nervoso na mesa. A maioria do comitê fora pega desprevinida e expressava sua surpresa de maneira incerta. Howard Fisk levantou a mão: "Eu sei, eu sei", disse ele, "mais informações são necessárias. Preparei um dossiê com uma análise completa que vocês podem pegar ao sair. O tempo, porém, é fundamental. Devo informar à Perkins & Evans se vamos explorar a idéia mais detalhadamente ou se não estamos interessados. Assim, me dêem suas opiniões e não tenham medo de ser honestos comigo. Eu certamente posso entender".

Matt Walsh olhou ao redor da mesa. O comitê executivo era formado por seis pessoas, excluindo Howard Fisk. Dos seis, dois certamente seriam contra esse movimento e dois dariam apoio total. Marvin Curtis não escondera sua insatisfação sobre o destino da Axion sob a liderança de Fisk, e por isso seria contra a iniciativa. Bruno Néri, que Curtis havia recrutado e treinado, provavelmente seguiria a opinião de seu mentor. Do outro lado, Salma Porter provavelmente apoiaria a iniciativa. Ela admirava abertamente as qualidades de liderança de Howard Fisk. Joe Wolberg devia sua posição no comitê a Howard Fisk. Em princípio, era de se esperar que ele desse seu apoio a Fisk, mas posteriormente ele havia mostrado um temperamento independente, discordando de Fisk em relação à nova iniciativa da Administração de Conhecimento.

Com isso restavam Jeremy Gold e Matt Walsh. Até onde Walsh sabia, Gold era um enigma. Um economista altamente respeitado, ele deixara a academia para juntar-se à recém-criada Axion por razões que não eram totalmente claras. Ele apoiara a nomeação de Fisk, mas não tinha prosperado sob o novo regime. Seu voto poderia ir para qualquer lado. O mesmo poderia ser dito sobre Matt Walsh. Ele estava dividido entre dar apoio ou opor-se a Howard Fisk. Ele apreciava o dinamismo e o talento de Fisk para identificar oportunidades, mas ao mesmo tempo ficava cada vez mais alarmado com a imprevisibilidade de Fisk e sua tendência a adotar iniciativas antes que elas fossem totalmente exploradas. Ele recostou-se em sua cadeira e tentou se concentrar. Mesmo que seu voto não fosse decisivo, sua escolha poderia afetar sua posição e suas possibilidades futuras na Axion.

---

[1] Preparado por Joseph Lampel, City University Business School, Londres, com a assistência de Daniel Ronen. Não pode ser usado ou reproduzido sem permissão do autor. Copyright © Joseph Lampel, 2002.

# Caso 9

Natura: A Mágica por trás da Empresa mais Admirada do Brasil[1]

A revista *Exame*, encarregada de um *ranking* anual das empresas no Brasil, comparou a empresa de cosméticos Natura, ganhadora do prêmio "Empresa mais admirada em 1998"[2], ao modelo brasileiro de empresa ideal:

Uma escola de samba. Razões: sua capacidade de mobilizar, a cada ano, em um movimento sincronizado, espontâneo e informal, uma massa de pessoas altamente motivadas em torno de um objetivo comum.

— Exame, 8 de julho de 1998, "Excelência perfumada"

Luiz Seabra, Guilherme Leal e Pedro Passos, os três presidentes da Natura, reuniram-se no escritório central em São Paulo após a cerimônia de reconhecimento. A publicidade havia aumentado a pressão para que tomassem uma decisão sobre a nova estratégia de crescimento da Natura. A empresa havia aperfeiçoado sua fórmula de sucesso nos últimos anos: uma equipe de vendas direta porta a porta, bem-treinada e motivada, que vendia cosméticos e produtos de higiene pessoal especiais e de alta margem para segmentos da classe média e alta no Brasil (uma base de clientes não-usual no setor de vendas diretas). A Natura construiu uma marca forte com a mais alta lealdade de cliente do setor ao incorporar honestidade e ética em seu método de *marketing*. A rotatividade da empresa cresceu 37% da CAGR[3] (sigla em inglês para Compound Annual Growth Rate, ou taxa de crescimento anual composta) nos seis anos anteriores e, em 1997, o retorno sobre capital alcançou 22,3%, significativamente mais alto do que a média de 4,8% alcançada pelas 500 maiores empresas do Brasil e pelas 500 mais da *Fortune*.

Os três presidentes temiam que a Natura ficasse tentada a deitar-se confortavelmente em seus louros, com crescimento de 9% nas vendas em 1998 que, embora humilde e se comparado a seu desempenho passado, ainda estava muito acima da média de 2% do setor.

O ambiente do mercado tinha apenas começado a se tornar cada vez mais competitivo. A concorrência doméstica tinha se intensificado com a abertura do mercado brasileiro e com a estabilização da economia em 1994, e a segunda tentativa da Natura de internacionalizar-se ainda não tinha gerado ganhos. A remoção das tarifas de importação e a criação de blocos de comércio como o Mercosul tornaram a região muito mais atraente para participantes estrangeiros. Grandes corporações já estabelecidas no Brasil, como a Avon, a P&G e a Gessy Lever, tiveram que começar a sair de sua inatividade e começaram a aparecer novos participantes na região. As importações do setor subiram para US$ 250 milhões em 1997, mais do que o dobro dos US$ 118 milhões em 1996. A tendência da consolidação global colocou mais pressão sobre a Natura. Com 36 grandes fusões e aquisições na década anterior, o setor estava se tornando cada vez mais concentrado nas mãos de uns poucos participantes globais. Para a Natura, as implicações eram o fato de ter que se igualar a padrões globais de qualidade e inovação e o fato de enfrentar concorrentes fortemente capitalizados e portfólios de produto diversificados. O consumidor brasileiro agora tinha uma renda mais estável, mas também estava se tornando mais exigente. Como resultado, o crescimento impressionante da Natura e suas margens estavam ameaçados.

As opções de crescimento significavam uma divergência da fórmula tradicional de sucesso da Natura: expandir as linhas de cosméticos e de cuidados com a pele com suplementos nutricionais e produtos de higiene pessoal, ou considerar canais externos de vendas diretas, como lojas ou a

---

[1] Este caso foi preparado por Marcela Escobari, pesquisadora visitante na LBS, sob supervisão e orientação do Professor Sumantra Ghoshal e Professor Don Sull. Este caso deve ser usado como base para discussões em classe, e não para ilustrar uma forma eficaz ou ineficaz de lidar com uma situação administrativa. A cooperação da Natura S.A. e da Fundação Dom Cabral é gratamente reconhecida.

[2] A Natura foi escolhida a melhor empresa do ano pela revista *Exame*. Também foi a número um no setor de higiene e cosméticos nos últimos três anos, 1997, 1998 e 1999. *Exame* Maiores e Melhores 98.

[3] Taxa de crescimento determinada com base em valores em US$, sujeitos à desvalorização (equivalente à inflação durante o período). Inflação e desvalorização foram relativamente equivalentes no período de 1980-1998.

Internet. Novos segmentos de produtos poderiam alavancar a marca forte da Natura e sua equipe de vendas, mas exigiriam uma nova estratégia de *marketing*, uma nova divisão de P&D e a aquisição de experiência em um segmento completamente diferente. Uma mudança no canal de vendas iria minar a força de vendas atual, mas poderia ser uma antecipação das tendências de mercado futuras.

Como sempre acontecia, cada um dos três presidentes olhou a questão por um ângulo diferente. Seabra, o fundador, estava preocupado por acreditar que seria difícil oferecer aos clientes a mesma qualidade de conceitos inovadores como na área de cosméticos, e achava que ampliar o canal de vendas para além das vendas diretas seria ir contra a filosofia de relacionamento que a empresa pregara nos últimos 30 anos. Seria um ato de traição para com as fiéis consultoras (o nome dado às representantes de vendas direta da Natura). Por outro lado, Leal, CEO e presidente, estava entusiasmado. Vender via Internet era um conceito futurista que ainda não tinha sido testado pela concorrência no Brasil e poderia representar um crescimento ilimitado. Leal achava que uma expansão para novos segmentos exigiria que a Natura fizesse uma fusão ou estabelecesse uma *joint-venture* para adquirir conhecimento. Passos, diretor operacional e presidente, estava preocupado em saber se a Natura tinha os recursos para essas iniciativas e precisava de uma solução rápida para planejar como a nova fábrica que estavam construindo iria incorporar as linhas de produção da área de produtos nutricionais.

Como em todas as grandes decisões, a estratégia de crescimento da Natura teria que ser negociada até que se chegasse a um consenso. Mas nesse caso eles não podiam se dar ao luxo de arrastar a decisão por um ano, como ocorrera na última vez que não conseguiram chegar a um acordo.

Dinâmicas da Indústria Global

Crescimento e Consolidação no Setor Global de Cosméticos

O setor de cosméticos e higiene pessoal era dominado por grandes empresas estabelecidas, com operações globais crescentes. O tamanho do mercado alcançou 168,2 bilhões em 1998, uma queda de 3% em relação a 1997 devido à recessão na América Latina e na Ásia. Isso foi uma exceção ao crescimento impressionante durante os anos 90, quando os consumidores nos países industrializados procuravam marcas especiais, e o setor cresceu com o lançamento constante de novos produtos. O futuro parecia promissor, com os especialistas do segmento apontando para o surgimento de uma classe média global de 2-2,5 bilhões nos próximos 10-15 anos, que iria passar para o mercado de artigos de luxo mais rápido do que qualquer outra classe média já fizera.[4] O poder de capturar esse crescimento e também a recuperação dos mercados emergentes estava no pequeno número crescente de gigantes globais que passara a dominar o setor. A participação de mercado global dos 20 principais participantes tinha crescido para 72% em 1998, sendo que as principais 10 empresas tinham 54% da participação.[5] Durante os anos 90, houve 36 aquisições no setor, avaliadas em US$ 15 bilhões. Entre as maiores estavam a compra da Neutrogena pela J&J, em 1994, por US$ 1 bilhão, a compra da Max Factor pela P&G, em 1991, pelo mesmo valor, e a compra da Aveda pela Estée Lauder, em 1998, por US$ 300 milhões, para acrescentar uma marca "natural".

Fronteiras Indistintas

O setor de cosméticos era tradicionalmente separado em três categorias principais com base em canais de venda e preço: as caras marcas de prestígio, vendidas primariamente por lojas de departamento ou lojas especializadas; as marcas mais baratas do varejo de massa, vendidas por farmácias e supermercados; e as marcas intermediárias, vendidas de porta em porta. Essas divisões estavam se tornando indistintas porque as empresas maiores tentavam alcançar os consumidores de todos os grupos. Alguns exemplos disso incluem a aquisição da Maybelline pela L'Oréal, uma empresa de prestígio tradicional comprando uma marca do mercado de massa, ou a Avon, a maior empresa de venda direta, que passou a vender em lojas de *shopping centers* para capturar clientes mais ricos.

A prioridade estratégica para a maioria dos participantes do setor era desenvolver e promover "megamarcas" em bases globais (como "Oil of Olay" da P&G ou "Nivea" da Beiersdorf), liderar o setor em P&D e expandir participação de mercado por meio de aquisições e *joint-ventures*.

O Setor de Prestígio

O setor de prestígio incluía empresas com marcas caras como a L'Oréal (vendas de US$ 12,4 bilhões em 1998), a principal participante, e outras empresas globais como Estee Lauder, Chanel, Christian Dior, Clarins, Guerlain e Shiseido. Esses participantes concentravam-se em vender *status* e inovação tecnológica. Eles tendiam a investir muito em propaganda e promover marcas separadas para nichos específicos da população. Por exemplo, a *Prescritive* da Estée Lauder era voltada para a mulher executiva; a *Origins* tinha um posicionamento natural ou "verde"; a *M-A-C* apelava para a geração X/turma do *glamour*, enquanto que a *Aramis* comercializava produtos para homens. Construir uma marca de prestígio que pudesse competir por si mesma implicava investimentos gigantescos por longos períodos de tempo; por isso a preferência de expandir por meio de aquisições – tanto para ter acesso a marcas já estabelecidas como para obter os benefícios das sinergias em P&D e despesas administrativas.

---

[4] Arnold Browth, presidente da Weiner, Edrich, Brown Inc., discutiu as principais tendências do segmento na cerimônia "View from the Top" da Fragrance Foundation, em 26 de janeiro de 1999.

[5] Euromonitor, 1998.

O Setor do Mercado de Massa

As marcas tradicionais do mercado de massa, vendidas em farmácias e supermercados por empresas como a P&G (Cover Girl, Oil of Olay), a Unilever, a Gillette, a Colgate-Palmolive e a Revlon, representavam o maior segmento, com 63% das vendas totais de cosmético. O mercado de massa tornou-se mais importante com a globalização, pois era o canal mais acessível nos países estrangeiros. A concorrência tornou-se feroz no setor, com empresas de prestígio entrando no mercado de massa por meio de aquisições (p. ex.: L'Oréal/Maybelline) e com o surgimento de um "mercado de massa superior", oferecendo produtos com avanços científicos normalmente disponíveis em produtos de prestígio, mas a preços mais baixos. A pressão era sentida por empresas como a P&G, que estava passando por uma grande reestruturação, e a Revlon, que parecia estar em processo de vender uma ou mais de suas empresas.

Vendas Diretas

As organizações de vendas diretas (OVD) poderiam ser classificadas como um negócio separado devido às suas estratégias diferenciadas de comercialização, recrutamento e crescimento. Historicamente, as OVDs sempre conseguiram atrair uma população com acesso restrito ao mercado de trabalho formal, garantindo um ambiente de trabalho lucrativo, flexível e com possibilidade de desenvolvimento. Na área de cosméticos, as principais OVDs eram a Avon (US$ 5,2 bilhões em vendas), a Mary Kay (aproximadamente US$ 1,1 bilhão) e a Amway (US$ 5,7 bilhões). Elas direcionavam seus produtos para os segmentos das classes média/baixa, que também eram os níveis sócio-econômicos nos quais elas montavam suas equipes de vendas. A Natura foi uma rara exceção, usando vendas diretas para vender produtos de prestígio no Brasil.

A Avon, principal participante com presença em 131 países, tradicionalmente sempre visava ao mercado das classes baixa/média, mas estava tentando se livrar dessa imagem antiga e atrair clientes mais ricos e mais jovens. A Avon estabeleceu quiosques em *shoppings centers* nos Estados Unidos, um desvio revolucionário dos seus 113 anos de vendas diretas. Embora o experimento tenha atraído novos usuários, esperava-se que fosse tirar negócios das equipes de vendas diretas.

Setor de Cosméticos Brasileiro

Quando a Natura foi criada em 1969, havia uma divisão clara no mercado de cosméticos brasileiro: de um lado estavam os produtos de massa mais baratos, encontrados em farmácias e supermercados, e de outro, uns poucos produtos de luxo, vendidos em lojas especializadas. Além da Avon, que entrara no Brasil em 1959 com instalações locais de produção, quase não havia concorrência estrangeira. As políticas de substituição de importação implementadas nos anos 70, com tarifas de importação proibitivamente altas, estimulavam a produção doméstica para um mercado literalmente cativo. Essas políticas anárquicas perduraram até o início dos anos 80, quando quase todos os bancos norte-americanos cortaram suas linhas de crédito para o Brasil devido à instabilidade política na região, resultando em uma recessão que permaneceu por muito tempo. Em meados dos anos 80, atraídos pelas altas margens do setor, gigantes como a P&G e a Unilever entraram no Brasil – onde a Unilever já operava desde os anos 60 – investindo quantias significativas e comprando marcas e empresas. Nessa época, a Natura já tinha construído uma marca de prestígio e uma base de clientes leais.

Quando o Brasil abriu seu mercado, nos anos 90, entraram mais competidores estrangeiros e muitos produtores brasileiros desapareceram ou foram comprados. A maioria das empresas locais não conseguiu acompanhar as inovações necessárias para competir. Para os participantes internacionais, o Brasil era um mercado naturalmente atraente – o $5^{\underline{o}}$ maior mercado do mundo em consumo de produtos de higiene e beleza (medido em dólar), e o $6^{\underline{o}}$ maior em cosméticos. Também era o $27^{\underline{o}}$ em renda *per capita*, o que, considerando sua grande base populacional (170 milhões), implicava um potencial gigantesco para um consumo ainda maior. Com a entrada de empresas estrangeiras, o setor de cosméticos tornou-se ainda mais concentrado do que o setor de alimentos. A Natura recusou repetidas propostas de aquisição e conseguiu prosperar apesar da forte concorrência.

Em 1998, as vendas de cosméticos e artigos de higiene na América Latina totalizaram US$ 18,5 bilhões, dos quais o Brasil representava quase a metade. O consumo no setor mais que dobrou no Brasil em três anos, a partir de 1994, quando a inflação foi controlada e uma nova classe média começou a surgir. Em 1998, a maior participante do setor era a Avon, com US$ 840 milhões em vendas, seguida pela Natura. Entre as outras empresas com presença significativa estavam Gessy Lever, O Boticário e L'Oréal. Entre os recém-chegados de nível mais alto estavam Christian Dior, Shiseido e Davidoff.

A Avon concorria com a Natura pela mesma equipe de vendas, porém seus produtos eram direcionados para uma base de clientes com renda mais baixa, e seus preços médios eram cerca de um terço dos preços da Natura. A Avon tinha mais de 500.000 revendedoras no Brasil, com uma produtividade muito mais baixa do que as consultoras da Natura. Em 1996, a média de vendas para uma representante da Avon foi de US$ 2.450, enquanto que da Natura foi de US$ 3.432. Em termos de produto, a rival mais próxima era O Boticário, uma empresa brasileira com 1.616 lojas e um portfólio forte em perfumes. O Boticário posicionava seus produtos em um nível 10-20% mais barato que os da Natura.

Histórico da Natura

Em 1999, a Natura comercializava e distribuía 300 produtos de prestígio entre sete categorias principais: perfume, cuidados com a pele, cuidados com o cabelo, cosméticos, proteção solar, desodorantes e produtos infantis, voltados para os segmentos de classe média e alta. A maior parte da produção da Natura era feita na fábrica de Itapecerica, nos arredores de São Paulo, que produzia 300 SKUs (sigla, em inglês, para *stock keeping units*, unidades mantidas em estoque) e operava a 90-95% de sua capacidade. Um projeto de US$ 110 milhões, a ser concluído em 1999, substituiria as instalações da fábrica por outras mais modernas, aumentando a capacidade de produção em cinco vezes. Em 1998, a Natura teve vendas[6] de US$ 692 milhões e ganhos brutos de US$ 83 milhões. Apenas 3% das vendas vinham de operações internacionais, a maioria delas na Argentina, no Chile e no Peru.

História

Luiz Seabra, fundador da Natura, foi apresentado ao mundo dos cosméticos aos 16 anos, quando trabalhava para uma multinacional. Um de seus projetos mais memoráveis foi o lançamento de um barbeador elétrico, um produto pioneiro no Brasil no início dos anos 60. Embora ajudado por um esquema de comercialização inovador, Seabra primeiro descobriu a pele como um "organismo vivo". Ele continuou fazendo cursos de fisiologia, bioquímica e outros tópicos relacionados à cosmética terapêutica, algo bastante incomum para um estudante de economia. Seguindo seu interesse no assunto, em 1966 ele entrou na Bionat, um pequeno laboratório familiar que produzia cosméticos. Após três anos, ele decidiu sair e fundar a Natura junto com Berjeaut – filho do dono da Bionat.

Eles fundaram a Natura com US$ 9.000 e a idéia de incorporar princípios de tratamentos terapêuticos na produção de cosméticos. Eles estabeleceram sua primeira loja em uma garagem, usando os pontos de venda que ainda caracterizavam a Natura: um método personalizado e produtos feitos sob medida para o clima úmido do Brasil e os tipos de pele locais.

Nascimento e Queda da Estrutura de Cinco Empresas

O negócio só decolou quando o método de vendas diretas foi implementado. Após algumas tentativas fracassadas, Seabra associou-se a Yara Amaral, uma executiva com grande experiência em vendas diretas, e fundou a **Pró-Estética** – para distribuir produtos em São Paulo e administrar a equipe de vendas. Outros canais, como farmácias e franquias, foram considerados, mas Seabra achava que seria difícil passar os conceitos terapêuticos da Natura para balconistas de loja ou investidores. Com distribuidores, a Natura teria que pagar margens mais altas e permitir que eles determinassem a forma de vender, ou investir pesadamente em publicidade para ajudar as vendas. Sem recursos para investir em *marketing* e desejando manter a imagem da Natura, o método de vendas diretas parecia ser a única opção viável. Eles ficaram surpresos ao encontrar um grande grupo de mulheres capazes, ansiosas para abraçar a oportunidade oferecida pela Natura. A recessão econômica do momento exerce pressão para que as mulheres encontrassem fontes alternativas de renda e atendessem a uma demanda existente ainda não explorada.

Para ter distribuição nacional, Berjeaut trouxe Guilherme Leal e criou a **Meridiana** em 1979, que iria distribuir os produtos Natura em todo o país exceto São Paulo (coberto pela Pró-Estética) e Rio de Janeiro (coberto por um distribuidor independente). Guilherme foi treinado nos negócios e, após uma mudança de governo, tinha acabado de perder seu emprego em uma empresa ferroviária. A Natura continuou a crescer no início dos anos 80, novos parceiros foram trazidos e foram fundadas empresas adicionais. Yara Amaral, Leal e um produtor de cosméticos fundaram a **YGA** para fabricar cosméticos coloridos e perfumes, e foi criada a **Éternelle** para substituir o distribuidor independente no Rio de Janeiro. Pedro Passos foi trazido por Leal para chefiar a área industrial da fábrica da YGA em 1983. Eles tinham trabalhado juntos na empresa ferroviária e continuavam a jogar futebol no mesmo time todas as semanas. Quando lhe perguntaram o que tinha visto em Passos, um engenheiro de produção formado pelo Instituto Politécnico em São Paulo, Leal respondeu: "Ele era um jogador de caráter e uma energia interna poderosa".

Essa estrutura corporativa crescente ajudou a Natura a ter um crescimento de vendas explosivo nos anos 80, auxiliado pela economia fechada do Brasil, inflação alta e moeda instável, que tornavam a concorrência estrangeira inviável. A estrutura de cinco empresas foi uma resposta efetiva às necessidades de crescimento rápido e infusão de capital. Ela também gerou dinâmica competitiva interna, que empurrou a empresa para a frente.

> *A Meridiana queria ultrapassar a Pró-Estética em vendas, a YGA queria ultrapassar a Natura em vendas. Havia uma briga para ver quem tinha participação mais importante no canal de vendas. Durante esse período, quando estávamos relativamente sozinhos no mercado, aquela energia competitiva interna forçou cada [empresa] a fazer produtos mais inovadores e com mais qualidade, tentando atrair a atenção das consultoras. Essa luta interna criou energia para o crescimento.*
>
> — *Pedro Passos, Diretor Operacional e Presidente, Natura*

As vendas da Natura saltaram de US$ 5 milhões, em 1979, para US$ 170 milhões, em 1989 (CAGR de 43%). O número de consultoras cresceu de 1.000 para 33.000 no mesmo período. O crescimento da Natura foi bastante incomum durante o que foi visto por muitas empresas brasileiras como "a década perdida". Durante esse período, nove zeros foram removidos da moeda, dez planos econômicos fracassados foram tentados e onze ministros da fazenda passaram pelo cargo.

Finalmente, no auge da crise econômica em 1989, o crescimento econômico da Natura teve uma parada gritante. A inflação de 89% ao mês, o capital caro e a abertura da economia brasileira contribuíram para a instabilidade da Natura. Os ganhos caíram e a Natura foi forçada a demitir 15% de sua força de trabalho. Com o surgimento de novos concorrentes, a Natura percebeu que tinha capacidade de produção limitada, um portfólio de produto ultrapassado, serviços de baixa qualidade para sua equipe de vendas e um processo de tomada de decisão complexo devido à estrutura de cinco empresas. Os conflitos internos na empresa dificultavam a reação ao ambiente mutante:

---

[6] As vendas não incluem os 30% inclusos no preço final, que é a margem recebida pelas consultoras.

A energia criada pelas cinco empresas transformou-se em energia negativa. Em 1989, precisávamos de um plano de longo prazo, investir em uma nova fábrica, de tecnologia, de profissionais – mas não conseguíamos chegar a um acordo sobre um plano estratégico comum para as diferentes empresas... Havia quatro sócios majoritários, que possuíam 80% das empresas, mas não eram os mesmos em cada empresa. As decisões tornaram-se lentas, não entrávamos em acordo sobre novos produtos, novas políticas de preço... os interesses (dos principais acionistas) não eram homogêneos. Tínhamos chegado a um impasse.

— *Pedro Passos, Diretor Operacional e Presidente, Natura*

Os acionistas tinham polarizado suas posições; um grupo, liderado por Seabra e Leal, queria investir significativamente para expandir os negócios, enquanto que os outros estavam satisfeitos com o desempenho da Natura e queriam fazer dinheiro. Finalmente Seabra e Leal compraram a participação[7] dos outros acionistas e, junto com Pedro Passos (um acionista minoritário na época), criaram o triunvirato existente para conduzir a empresa ao crescimento. As decisões tinham que ser negociadas e discutidas, mas havia uma meta comum.

Reestruturação e Profissionalização

Seguiu-se um período de transformação de três anos. As duas fábricas e os três centros de distribuição foram todos incorporados em uma única empresa com uma única marca – Natura. Os escritórios foram transferidos para uma nova fábrica, com aumento de 50% na capacidade, e a produção e os centros de distribuição foram centralizados. Os novos proprietários reinvestiram todos os lucros para desenvolver novos sistemas operacionais, de informações e de planejamento, e renovaram a linha de produtos com novas tecnologias. Os valores originais e a visão da empresa foram reforçados e ela tornou-se cada vez mais consciente de suas responsabilidades sociais. Percebendo que a empresa estava se tornando grande demais para ser administrada por seus proprietários, recrutou-se uma nova equipe gerencial com pessoas que vieram de multinacionais. Em 1999, nove dos onze diretores tinham vindo de fora. Esse movimento gerou uma certa tensão com a gerência de nível intermediário e o temor de rompimento na cultura da Natura, embora eles tivessem ajudado a avaliar as melhores práticas e a incorporar ferramentas de gestão internacional na empresa. A Natura estava pronta para a nova explosão de consumo que veio em 1994 com o Plano Real[8] e a subseqüente estabilização econômica. Nos quatro anos seguintes, a empresa cresceu mais de 500%.

---

[7] Seabra e Leal compraram 26% de participação na Natura por US$ 25 milhões de outro acionista importante. Depois disso, Seabra ficou com 37,9%, Leal com 36%, Passos com 9%, e o restante ficou nas mãos de acionistas minoritários.

[8] O Plano Real foi um programa de estabilização da moeda implementado em 1994 por Fernando Henrique Cardoso, na época Ministro da Fazenda. O novo programa de políticas macroeconômicas foi baseado em uma redução dos gastos públicos, aumentos dos impostos federais, maior controle sobre os bancos estaduais e aceleração do programa de privatização. Quando Fernando Henrique tornou-se presidente em 1995, sua equipe administrativa deu mais alguns passos no processo de liberalização econômica no Brasil.

A Tentativa de Internacionalização

Internacionalizar-se parecia ser um progresso natural para uma empresa crescendo ao ritmo da Natura nos anos 80, e uma barreira necessária às crises econômicas esporádicas enfrentadas pelo Brasil. Após três tentativas, a Natura percebeu as dificuldades de exportar uma marca e uma imagem para fora do Brasil. A primeira tentativa de sair do país não foi estruturada; começou com a iniciativa de alguns ex-gerentes da Natura que começaram a distribuição na Bolívia e no Chile, importando os produtos do Brasil. De maneira similar, iniciou-se a distribuição no Peru, Paraguai e Uruguai em pequena escala. Em 1994, o esforço foi revisitado com maior comprometimento na Argentina. Um ex-gerente da Avon foi contratado para liderar o escritório na Argentina, mas sem muita orientação do escritório central e sem conhecimento anterior sobre a Natura, foi um completo fracasso.

Não tínhamos o conhecimento onde precisávamos dele... Criamos uma operação da Avon na Argentina com a marca Natura. Tudo é muito diferente, o conceito, o valor agregado, a demonstração [do produto]... Nossos preços no Brasil são normalmente três vezes mais altos do que os da Avon, pois temos um nicho de mercado, qualidade e uma imagem de marca que nos permitem isso.

— *Guilherme Leal, CEO e Presidente, Natura*

O crescimento no Brasil naquela época era tão alto que não havia recursos humanos internos que pudessem se dedicar à Argentina.

A Natura estava crescendo a um índice de 100% ao ano e, entre crescer 100% no Brasil, onde já tínhamos uma massa crítica importante, e crescer 300% começando do zero, era melhor crescer em casa. Era uma questão de recursos; tínhamos recursos financeiros, mas não tínhamos recursos humanos. A operação no Brasil consumia 110% do tempo deles.

— *Breno Lucki, Diretor de Operações Internacionais, Natura*

A estrutura de vendas usada no Brasil não foi copiada na Argentina. Em um esforço para fazer o canal de vendas crescer mais rápido, a incorporação de novas consultoras não impunha um valor mínimo para o pedido. Mais de 50% do canal eram "fantasmas" (nomes inventados para ganhar os incentivos oferecidos às consultoras que recrutavam novas consultoras) ou clientes finais que queriam se beneficiar com os descontos. A rotatividade de consultoras era alta e o volume de vendas era baixo. O grupo percebeu que a internacionalização era muito mais difícil do que o esperado.

A estratégia foi revisitada novamente em 1998, e os esforços foram direcionados para a Argentina. Foram indicados novos gerentes do Brasil e todos os diretores no escritório central eram responsáveis, com 10% de seu bônus associado ao desempenho das operações internacionais. Em 1999, as vendas internacionais alcançaram US$ 20 milhões e ainda se aguardavam os lucros.

A "Mágica" por Trás da Natura

Em 1999, a Natura era a maior empresa de cosméticos brasileira e a mais lucrativa do setor. Ela tinha uma imagem muito favorável entre os brasileiros, era conhecida e admirada por produzir produtos de qualidade e por ser uma empresa socialmente consciente. A combinação deu à Natura o título de melhor empresa no setor de higiene e cosméticos no Brasil por três anos consecutivos, apesar de não ser a maior do setor. Muitos analistas de negócios tentavam descobrir a fórmula de sucesso da Natura e sempre recorriam à "mágica da Natura" para tentar explicar seu desempenho e a lealdade consistente dos clientes sob circunstâncias difíceis.

A Verdade em Cosmética

O lema da Natura, "a verdade em cosmética", ressoava fortemente entre os funcionários de todos os níveis. Segundo Seabra, fundador da Natura, "em um setor famoso por promessas e pela busca do sucesso a qualquer preço, a Natura se orgulha de oferecer um posicionamento verdadeiro para os consumidores." Essa filosofia se traduzia em produtos claramente identificados e em uma equipe de vendas treinada para dar conselhos em relação aos ingredientes e à adequação de cada produto. Os produtos da Natura devem, de alguma forma, contribuir para o "bem-estar" de seus clientes, tanto por meio da escolha de tecnologia quanto pela mensagem por trás de cada produto. Por exemplo, a Natura não poderia produzir tinta para os cabelos, pois o processo inevitavelmente prejudica o cabelo. O mesmo ocorria com esmalte de unhas; a Natura não os incluiu em sua linha de cosméticos até que o departamento de P&D encontrou uma fórmula que não tinha formaldeído e tolueno, ingredientes que tendem a debilitar as unhas.

Novos produtos e novas linhas eram normalmente lançados com a mensagem de como contribuíam para o bem-estar do cliente, o que era incorporado em comerciais e no treinamento das consultoras. Os cremes Mamãe-Bebê, por exemplo, eram associados ao método Shantalla, encorajando o toque e a carícia que criavam laços mais fortes entre a criança e a mãe. A linha Chronos, um creme "anti-sinais", foi comercializada com a mensagem de que a beleza não era atingida pela da busca da juventude, mas sim pela atitude correta em relação ao envelhecimento. A Natura acredita que esse método contribuiu para sua base de clientes leais e foi um fator fundamental de diferenciação para seus produtos.

Acreditamos que podemos ajudar a transformar a vida das pessoas e a sociedade. Fazemos aquilo em que acreditamos e ganhamos dinheiro com isso. A funcionalidade do produto é apenas um aspecto das necessidades que ele supre... nossos produtos têm muito mais do que respostas funcionais, eles têm emoções, espiritualidade, ideais intelectuais que podem melhorar a vida das pessoas.

— *Guilherme Leal, CEO e Presidente, Natura*

Propaganda

As campanhas de *marketing* da Natura destacavam o tema da "verdade em cosmética", o que algumas vezes ia contra as normas do segmento. Por exemplo, seu comercial para a linha Chronos (creme anti-rugas) usou consumidoras Natura com mais de 30 anos, em vez de jovens modelos, com a mensagem implícita, segundo Leal, de que "você não vai se parecer com a Claudia Schiffer se usar nossos produtos, mas ainda será bonita". Essa campanha, chamada "as verdadeiras mulheres bonitas", exaltava a beleza da mulher com idade intermediária, "pois além da tecnologia, a beleza de uma mulher depende de sua relação harmoniosa com o tempo e as diferentes fases da vida."

Essa campanha fez do Chronos uma das linhas mais lucrativas da Natura, ainda que o produto não fosse muito diferente das outras linhas anti-rugas do setor. Araújo explicou como a forma usada pela Natura para lançar essa linha desafiou a lógica do setor:

Tivemos uma grande discussão sobre como rotular nossos produtos para diferentes faixas etárias. Todos os indicadores de marketing aconselhavam não colocar as idades nos produtos, pois as mulheres tendem a evitar qualquer produto que identifique claramente sua idade. A Natura desafiou essa noção porque ela ia contra o conceito de verdade.

— *Marcelo Araújo, Diretor Comercial, Natura.*

A composição do produto também é diferenciada. A Lancôme tem três produtos diferentes para rugas, um com vitamina A, um com vitamina C e outro com vitamina D, vendidos com base em reconhecimento de marca. Nosso produto incorpora as três vitaminas. Por quê? Porque as três são boas para a pele e porque não teríamos o que responder a uma consumidora que nos perguntasse por que separamos as vitaminas...

— *Philippe Pommez, Diretor de P&D, Natura*

Vendas Diretas: Vencendo Por Meio de Relacionamentos

Luiz Seabra percebeu logo o poder das relações no bem-estar das pessoas e decidiu fazer da Natura um veículo para essas relações compensadoras. O método de vendas diretas era parte integrante da identidade comercial da Natura e, embora métodos alternativos como franquias, ou mesmo vendas por meio de catálogos, tenham sido propostos em algum momento, foram descartados. A Natura acreditava que era a única empresa significativa no mundo a usar de maneira bem-sucedida as vendas diretas para acessar os segmentos demográficos de classe alta e média.

Um exército de 220.000 consultoras, que recebia treinamento contínuo e as mais altas comissões do setor, dava vantagem competitiva à Natura e criava uma barreira de entrada forte para os recém-chegados. Os gerentes de venda da Natura acreditavam que havia cerca de 440.000 revendedoras informais adicionais vendendo produtos Natura. Elas geralmente eram "subcontratadas" pelas consultoras ativas, ou porque não se qualificavam para ser consultoras, ou porque queriam ajudar um membro da família a cumprir as metas de vendas. Os gerentes consideravam essa prática perigosa em virtude da reputação que a Natura estabelecera no mercado.

P&D: Comprar em vez de Produzir Internamente

Em um setor em que a inovação constante era a principal barreira de entrada, a Natura sabia que não poderia concorrer com seus competidores globais se criasse tecnologia a partir do zero. Em vez disso, concentrou-se em descobrir conceitos inovadores e esquemas de comercialização e depois acompanhar patentes e comprar tecnologia de universidades e centros de pesquisa em todo o mundo. Segundo Philippe Pommez, diretor de P&D da Natura, esse eficiente sistema de acompanhamento de patentes era uma política sustentável de P&D porque a tecnologia já existia:

> *A pior parte não era encontrar uma nova tecnologia, era decidir o que estávamos procurando. Era aqui que a conceitualização de Seabra para novos produtos e novas linhas tornava-se indispensável.*
>
> — **Philippe Pommez, Diretor de P&D, Natura**

O departamento de P&D tinha conexões estreitas com universidades na França e nos EUA. Essa estratégia permitiu à Natura ser competitivamente inovadora, produzindo um novo produto a cada três dias úteis (um resultado comparado ao de empresas como a 3M). Quase 40% das receitas da Natura eram derivadas de produtos lançados nos últimos dois anos. Isso era obtido com um departamento de P&D composto de apenas 150 pessoas e um orçamento anual de cerca de 3% das vendas líquidas. A maioria dos concorrentes da Natura gastava cerca de 3,5% das vendas em P&D. A L'Oréal, produtora das marcas Lancôme e Maybelline, gastou em 1998 US$ 370 milhões, equivalentes a 3% das vendas e a 48% da receita líquida, e só a Shiseido gastou US$ 200 milhões em P&D, quatro vezes mais do que a Natura.

Inovação/Desenvolvimento de Produto

O processo de inovação da Natura começou com uma reunião mensal entre os três presidentes, o diretor de *marketing* e o diretor de P&D, na qual eram discutidas novas idéias e avanços tecnológicos. Novas idéias de produtos podiam ser rapidamente testadas no mercado, pois as consultoras podiam obter retorno imediato dos clientes. As consultoras eram encorajadas a ligar para os clientes após a venda de um novo produto simplesmente para avaliar a reação deles e manter uma relação contínua.

> *Podemos ser muito rápidos para colocar um novo produto no mercado porque podemos obter retorno imediato, não há necessidade de criar grupos de teste, etc. A relação próxima entre clientes, consultoras e promotoras pode nos dar uma boa noção da aceitação do produto em uma semana. Com um de nossos perfumes, percebemos que seria um fracasso pela reação das consultoras, mesmo antes de lançá-lo no mercado. Ele foi removido do catálogo em três semanas.*
>
> — **Philippe Pommez, Diretor de P&D, Natura**

A confiança da Natura nos conceitos por trás de seus produtos sempre desafiou os precedentes do setor. Uma das idéias arrojadas na Natura foi a linha de produtos Mamãe-Bebê, lançada em 1993. Embora uma pesquisa mostrasse que a J&J, com 90% de participação, tinha um domínio incontestável nesse mercado, a Natura decidiu entrar de qualquer maneira e conseguiu capturar uma parcela surpreendente do setor. A estratégia de *marketing* que associava o produto à criação de laços mais estreitos entre a mãe e o bebê, a embalagem apeladora e a reputação da marca por alta qualidade ajudaram a entrada da linha nesse mercado. A Natura aventurou-se no mercado de produtos de luxo, que era dominado pelas marcas internacionais já estabelecidas, e capturou impressionantes 30% de participação, com uma inovação conceitual – e não tecnológica – similar.

Os presidentes da Natura acreditavam que estava se tornando mais difícil descobrir conceitos totalmente inovadores e tentavam constantemente evitar que as reuniões de inovação se tornassem rotina.

Valores

Luiz Seabra queria construir a Natura como uma empresa baseada em valores desde o início, e seu comprometimento com a verdade e com o valor das relações impactou em todos os aspectos da empresa: seus produtos, programas de treinamento, relações entre funcionários, etc. O objetivo autodefinido da Natura era fornecer bem-estar/estar bem: "criar e comercializar produtos e serviços que promovam a relação harmoniosa e prazerosa da pessoa com ela mesma e com seu corpo (bem-estar), e ao mesmo tempo com os outros e com o mundo (estar bem). Seabra reconhecia que isso poderia parecer "um oximoro na indústria de cosméticos atual", mas ele acreditava que a Natura tinha projetado e era consistente com essa filosofia em todas as suas relações com funcionários e clientes.

Seabra acreditava firmemente no poder das relações e demonstrava isso na forma como tratava os funcionários e a equipe de vendas. Ele ligava para cada gerente ou diretor no dia do aniversário deles, ele sabia o nome do pessoal da limpeza do escritório e evitava formalidade em suas interações com as pessoas. Sua conduta pessoal tornou-se fonte de muitas histórias e anedotas que quase definiam a alma da empresa. A maioria dos funcionários estava pronta para explicar os valores de transparência e respeito da Natura em suas interações com funcionários, clientes e o mundo ao seu redor. Manoel Luiz, gerente da divisão de serviços de TI, veio para a Natura em 1996, depois de liderar o departamento de TI no Hospital Albert Einstein, o hospital mais prestigiado de São Paulo, e explicou suas razões:

> *Por que trabalho aqui?... Nunca vi uma empresa como essa, nunca. O tratamento de todas as pessoas, a confiança com que trabalhamos em toda a cadeia: com nossos fornecedores, nossos funcionários e nossos revendedores. É tudo, tratamento, confiança, pagamento, benefícios, a missão... Para lhe dar um exemplo, este ano nosso fundador-presidente está morando em Londres, e dia 6 de março foi meu aniversário. Fui passar o fim de semana fora e, quando cheguei, tinha uma mensagem dele de Londres: "Sinto muito por não tê-lo encontrado, mas estou*

ligando para lhe desejar feliz aniversário e um feliz novo ano de vida." É muito diferente – no hospital eu tinha que tratar as pessoas por Sr., Dr. Para demonstrar respeito; essa não é a forma pela qual demonstro respeito. Essas não são as relações que quero para minha vida.

— **Manoel Luiz, Gerente de TI, Natura**

O escritório central da Natura refletia esse senso de abertura e camaradagem. Todos, exceto os três presidentes, sentavam-se em cubículos rosa opacos em um grande espaço aberto, desde os diretores até o pessoal de atendimento a cliente. Todos comem na mesma lanchonete e não há vagas reservadas para os gerentes no estacionamento. Leal compara orgulhosamente a cultura da Natura com a do banco em que trabalhou, onde os elevadores eram bloqueados toda manhã para que o presidente da empresa pudesse subir sozinho enquanto o resto dos funcionários olhava e esperava.

Comprometimento com a Sociedade

Segundo Leal, o valor de uma empresa era proporcional à qualidade das relações que ela mantinha com toda a comunidade, promovendo enriquecimento material, emocional e espiritual. Ele era a força condutora por trás dos empreendimentos sociais da Natura, que se concentravam primariamente em programas educacionais baseados na comunidade. Alguns programas eram conduzidos por funcionários da Natura, enquanto outros eram administrados em conjunto com ONGs para auxiliar escolas públicas. Em 1997, as consultoras Natura arrecadaram US$ 1,5 milhão vendendo camisetas e cartões para custear 46 projetos educacionais da comunidade, e todo ano 10% dos dividendos ia para um departamento que promovia causas sociais. Em 1998, a Natura doou mais de US$ 2,5 milhões dos lucros da empresa.

Flexibilidade para a Gerência Intermediária

A gerência intermediária tinha um nível muito alto de flexibilidade e autonomia na organização. De seu bônus anual, metade dependia das metas de vendas atingidas pela empresa e a outra metade era baseada no cumprimento de metas das suas divisões. Os gerentes projetavam suas próprias metas anuais e depois as discutiam com seus chefes diretos. Por causa dessa flexibilidade no estabelecimento das próprias metas, as pessoas costumavam criar metas muito altas – muito mais altas do que elas aceitariam se as metas viessem de cima.

Embora os gerentes estabelecessem as próprias metas, elas tinham que ser consistentes com as metas gerais da Natura. Todo mês de setembro, todos os gerentes recebiam o plano estratégico anual da Natura, elaborado por um conselho de diretoria liderado por Pedro Passos. O plano descrevia as metas gerais para o ano, incluindo metas de crescimento doméstico e internacional, crescimento em novos negócios, etc. Então, cada gerente preparava o plano estratégico de sua área (vendas, TI, logística, produção, etc.) que ajudaria a Natura a atingir suas metas.

Eu me pergunto o que tenho que fazer para alavancar as metas da Natura. Primeiro, preparo meu plano. Por exemplo, preciso ter mais disponibilidade de sistema, mais instalações para as consultoras, etc. Discuto com meu diretor, que passa para o Pedro. O Pedro me diz onde está bom e onde ainda falta alguma coisa... Discutimos até que todos concordem.

— **Manoel Luiz, Gerente de TI, Natura**

Administração de vendas

A organização de vendas Natura tinha três níveis básicos: gerentes de vendas (20), promotores de vendas (550) e consultoras (220.000). Cada gerente de vendas era responsável por 20-30 promotores, que cobriam uma área geográfica específica. Cada promotor era responsável por treinar e supervisionar um grupo de consultoras em um determinado bairro ou em uma cidade em áreas mais dispersas.

Conquistar novas consultoras para a Natura e mantê-las era uma das principais funções dos promotores. A Natura competia ferozmente com outras grandes empresas internacionais de vendas diretas, como a Avon, a Amway e a Mary Kay, por uma parcela dessa mão-de-obra autônoma e altamente inconstante. Para fazer isso, a Natura oferecia um dos pacotes mais altos de remuneração no setor de vendas diretas, um lucro de 30%[9] sobre qualquer produto vendido. A Natura também tentava se diferenciar por meio de contato constante e personalizado com o promotor de vendas, um sistema completo de suporte de vendas e a imagem positiva da empresa no mercado. Os promotores de vendas organizavam as "Reuniões Natura" para suas consultoras a cada 21 dias (equivalente a um ciclo), nas quais davam treinamento contínuo e reforçavam os valores da Natura. Essas reuniões costumavam ser divertidas, e nelas os promotores apresentavam promoções de novos produtos, davam uma descrição completa do produto, seus ingredientes, atributos e o cliente-alvo. Para cada reunião, o promotor contava com um vídeo e o boletim "Consultoria Natura", fornecidos pelo escritório central a cada ciclo. As consultoras recebiam cursos grátis, material de apoio grátis e faziam parte de um programa de reconhecimento elaborado, que celebrava tanto o desempenho como a senioridade. Elas podiam solicitar produtos por telefone e recebê-los em casa, sem qualquer custo, com um dos serviços mais rápidos do mundo. A equipe de vendas da Avon, por outro lado, precisava entregar os pedidos por meio do promotor somente durante as reuniões periódicas.

A Natura tinha duas linhas telefônicas exclusivas para dar suporte às promotoras no âmbito administrativo. O CAN (Centro de Atendimento Natura) dava suporte pré e pós-venda para as consultoras, 14 horas por dia. Com 400 operadores recebendo 420.000 chamadas por mês, era um dos maiores centros de apoio telefônico no Brasil. Eles recebiam pedidos de produto e davam informações sobre prazo de entrega, faturas, promoções e produtos. Davam qualquer tipo de informação sobre as 23 linhas da Natura e mais de 300 produtos. Quando uma consultora ligava para colocar um pedido, o atendente entrava com a solicitação no com-

---

[9] Para um produto cujo preço sugerido no varejo era de R$ 100,00, as consultoras tinham que pagar R$ 70,00 para a Natura.

putador e o pedido era enviado eletronicamente para o estoque, onde os produtos eram automaticamente separados e colocados em caixas. A Natura podia enviar os produtos 24 horas após a colocação do pedido.

O Serviço Natura de Atendimento ao Cliente (SNAC) desempenhava um papel importante para obter retorno dos clientes. Os 40 operadores telefônicos recebiam 50.000 chamadas por mês, relacionadas a todos os tipos de necessidades dos clientes: reclamações, retorno, perguntas sobre produtos, etc. Para encorajar retorno por parte dos clientes brasileiros, não acostumados a esses serviços, os atendentes tinham um alto grau de flexibilidade e autoridade para resolver os problemas dos clientes. Os atendentes podiam reembolsar ou substituir um produto em quaisquer circunstâncias, podiam pagar honorários médicos em caso de reações adversas aos produtos Natura, reprogramar datas de pagamento para as consultoras se necessário, etc.

Construindo Relações na Estrutura de Vendas

A Natura diferenciava suas operações de vendas diretas ao enfatizar o desenvolvimento de relações fortes entre suas consultoras e o consumidor final. As consultoras eram treinadas para criar relações de confiança com seus clientes, para fornecer aconselhamento personalizado e educar os clientes em relação aos benefícios dos produtos Natura. Em parte devido a esse tratamento personalizado, a Natura tinha o índice mais alto de lealdade do cliente no setor.

A construção de relações era encorajada não apenas com os clientes, mas também dentro da estrutura da organização. Os promotores de vendas, cada um responsável por 250-300 consultoras em uma região específica, tinham mais do que o papel de coordenação de vendas, eles atuavam como conselheiros e amigos. O promotor encontrava as consultoras na casa delas, individualmente, durante o processo de entrevista, e depois ficava disponível para discutir questões não-relacionadas ao trabalho. Ao contrário da concorrência, a maior parte do salário do promotor estava associada à retenção das consultoras, e não às vendas.

Durante as "Reuniões Natura", a cada três semanas, os promotores apresentavam novos produtos e promoções e aproveitavam a oportunidade para socializar e compartilhar experiências. Eles geralmente convidavam uma parte das consultoras – 50-60 a cada reunião – para manter um grupo administrável. As reuniões sempre ocorriam na casa do promotor, onde toda a família participava preparando a comida e a decoração, criando uma atmosfera íntima e pessoal. As reuniões eram cheias de aclamações e aplausos, pois quase 25% das consultoras presentes recebiam um presente de algum tipo; por alto desempenho em vendas, por trazer novas consultoras ou em sorteios aleatórios. Cada promotor era livre para incorporar outras atividades durante essas reuniões. Por exemplo, no começo do ano uma promotora dedicou sua sessão para explicar as razões por trás da recente desvalorização da moeda e sua repercussão e, em outra ocasião, ela celebrou o Dia das Mães lendo poemas e cantando. A Natura tinha o menor índice de rotatividade entre todas as empresas de vendas diretas.

Treinamento e Desenvolvimento da Mão-de-Obra

A Natura providenciava programas de treinamento contínuos para sua equipe de vendas, em tópicos que iam desde portfólio de produtos até palestras sobre ética e cidadania. Os gerentes podiam escolher a partir de uma variedade de programas de treinamento: em 1998, havia 58 cursos disponíveis nas áreas de gestão corporativa, segurança na produção, programas de computador, operações e qualidade. Todos os gerentes e diretores receberam uma média de 180 horas de treinamento em 1998. Além desses programas voluntários, todos os gerentes eram apresentados à missão e aos valores da empresa, seus produtos e sua estrutura de vendas. Os gerentes também tinham a opção de participar de um programa de administração executivo em uma das mais prestigiadas faculdades de Administração de Empresas do Brasil.

Os promotores de vendas beneficiavam-se de um programa de treinamento amplo e estruturado; depois de duas sessões de treinamento formal nos primeiros 3-4 meses de trabalho, pedia-se aos promotores que retornassem ao escritório central a cada dois anos para um programa de formação avançada, com duração de uma semana, ministrado por promotores experientes, gerentes de vendas e especialistas externos. Novos promotores eram reunidos aos promotores mais experientes na mesma região, para garantir aconselhamento e uma relação de suporte que geralmente perdurava durante toda a carreira.

Recrutamento

A maioria dos gerentes e diretores era recrutada por meio do boca a boca ou de recomendação pessoal. Esse método funcionava melhor para encontrar pessoas que se ajustavam à cultura da Natura. Também havia ênfase na contratação interna, e assim as posições eram anunciadas primeiro internamente, dando oportunidades de desenvolvimento de carreira aos funcionários.

Os Três Presidentes

A estrutura de três presidentes no topo tem sido uma característica exclusiva da empresa desde 1995. Internamente, a maioria dos funcionários acreditava que as três personalidades se completavam, em uma simbiose perfeita. Como explicou Seabra:

> *Nossa equipe administrativa não seria tão vigorosa e eficiente se fosse baseada na personalidade de um único líder. O mercado é tão complexo que um líder deve dominar linguagens diferentes: agir com sensibilidade de um lado e com pragmatismo norte-americano de outro.*
>
> — **Luiz Seabra, Fundador e Presidente, Natura**

A distribuição de papéis entre os três era um processo natural e refletia suas diferenças em treinamento e personalidade. A intuição de Seabra para estimar as necessidades dos clientes e seu carisma e abordagem sincera com os funcionários eram a chave para a cultura da Natura. Ele tinha um papel importante no comitê de inovação de produto e era encarregado de liderar cerimônias importantes para a equipe de vendas. Leal era o CEO em exercício, que concentrava a estratégia e a direção futura da empresa, enquanto Pedro Passos mantinha um controle estrito sobre as operações, assegurando-se de que todas as atividades existentes fossem executadas uniforme e eficientemente. A interação entre os três tinha poucos formalismos ou manuais e sempre fora perfeita. Os três eram sempre descritos como partes separadas de um único corpo.

Se Leal é a cabeça e Passos é os braços e as pernas da empresa, Seabra seria a alma e a memória da visão da empresa.

— *Exame, julho 1998*

Três Personalidades

Muitos dos conceitos por trás das linhas de produtos Natura e dos valores que sustentam a cultura da empresa vieram das crenças pessoais de Seabra. Influenciado pela filosofia jungiana e budista, Seabra era uma pessoa mística, de fala suave. Ele construiu dois templos (um budista e um xintoísta) e uma capela católica em seu quintal. Provavelmente influenciado pelo analista jungiano que visitou por mais de uma década, Seabra tentava olhar o mundo através da mitologia. Quando falava com as consultoras, em vez de usar jargão de *marketing* complexo para explicar o que movimentava o mercado, Seabra preferia contar a história de Ananque, a deusa da necessidade. Seabra era provavelmente o mais distante da administração diária da Natura, mas tinha uma visão mais profunda sobre as necessidades do consumidor e atuava como uma força inspiradora durante as reuniões de inovação.

Luiz [Seabra] é um homem com uma grande paixão, que é a filosofia por trás da Natura. Ele é uma pessoa muito boa para se trabalhar, pois é muito calmo e sua abordagem é normalmente conciliatória.

— *Pedro Passos, Diretor Operacional e Presidente, Natura*

Seabra também era a figura-chave nas cerimônias periódicas de premiação dos promotores e consultoras. Sua presença e seus discursos comoventes eram sempre os eventos mais esperados nessas reuniões. Seu papel motivador não era limitado ao palco; ele ligava pessoalmente para cada um dos 150 diretores e gerentes para cumprimentá-los em seu aniversário.

Faço isso como uma reverência à vida. Nem todo mundo valoriza tanto os aniversários. Eu uso essa ocasião para mostrar que a vida deve ser celebrada. Porque a vida é sagrada.

— *Luiz Seabra, Fundador e Presidente, Natura*

Leal era encarregado das questões estratégicas. Ele entrou para a empresa em 1979, no setor de distribuição. Leal cuidava das estratégias da Natura em todos os níveis. Ele liderava o processo de internacionalização e buscava alternativas de crescimento, como mover-se para novos produtos, encontrar potenciais parceiros e modernizar a empresa. Ele tentava constantemente institucionalizar as práticas bem-sucedidas da Natura, mas também olhava para fora em busca de idéias.

O Guilherme [Leal] é diferente [do Seabra]. Ele olha para o futuro e busca novas tendências o tempo todo. Ele é muito provocador – para fazer a empresa mudar. Ele não é nervoso, mas adora apresentar novos desafios constantemente para a empresa.

— *Pedro Passos, Diretor Operacional e Presidente, Natura*

Leal estava por trás da decisão da Natura de trazer uma nova equipe gerencial e desenvolveu o sistema de remuneração variável da Natura. Leal era geralmente quem trazia novas idéias, desafiando o grupo a assumir riscos e apenas *fazer* as coisas. Como dizia ele: "o como será determinado no caminho". Passos deu um exemplo das idéias arrojadas de Leal:

Há dez anos, Guilherme propôs que deveríamos vender na Ásia. Não sabíamos sequer como vender em Porto Alegre (sul do Brasil), mas queríamos vender na Ásia. Ele desafia nossas rotinas com novas idéias.

— *Pedro Passos, Diretor Operacional e Presidente, Natura*

Leal acreditava que criar relações de trabalho positivas e respeitosas dentro da empresa e com a comunidade era essencial para o sucesso sustentável. Ele era a força condutora por trás dos elogiados esforços sociais da Natura. Quando perguntado sobre o objetivo da empresa, Leal respondia:

Quando me perguntaram sobre o futuro dessa empresa há vinte anos, respondi que nosso objetivo era criar a maior empresa de cosméticos do mundo. Esse é um objetivo pequeno. Agora nosso objetivo é ainda maior, fazer do mundo um lugar melhor.

— *Guilherme Leal, CEO e Presidente*

Além da renda proveniente da venda de camisetas e cartões, Leal estabeleceu um percentual fixo dos dividendos da empresa para os programas sociais da empresa. O senso de responsabilidade social de Leal se estendia para além da Natura: ele tinha criado a ETHOS, uma associação para ensinar ética corporativa a executivos, e decidiu doar a maior parte de seus bens para uma fundação que esperava criar no futuro.

Leal trouxe Passos para a Natura em 1983, para acrescentar especialização técnica a uma das fábricas. Três anos mais tarde, ele se tornou acionista e, em 1995, co-presidente da Natura. Passos era descrito como pragmático e eficiente. Ele determinava os meios para atingir as metas da empresa e a administrava em bases diárias. Responsável pelas operações, ele passava metade do seu tempo na fábrica em Itapecerica. Ele reportava para a diretoria o plano estratégico da Natura, sua estrutura de capital e suas políticas de recursos humanos. Os onze diretores reportavam-se diretamente a ele.

Passos geralmente precisava pôr um freio na imaginação corrente de Seabra e Leal e ia direto ao ponto. Ele dava aos demais uma noção do que era muito caro ou perigoso. Poucos na Natura sabiam os números exatos no dia a dia como Passos. Segundo ele, a maioria não precisava saber. Eles precisavam saber se a Natura tinha atingido suas metas gerais – conhecer os detalhes do sobe e desce dos números iria reduzir a motivação das pessoas.

Cada presidente tratava as questões sob uma perspectiva diferente. Leal e Seabra sempre se juntavam aos demais funcionários na lanchonete ou na cafeteria do andar. Leal usava seu tempo para discutir questões pendentes, avaliar preocupações e uma vez aprovou um plano de *marketing* em uma dessas pausas. Seabra, por outro lado, ia simplesmente para desfrutar da companhia das pessoas e afirmava: "não se atreva a pensar que eu busco notícias sobre a empresa."

Reuniões

Os presidentes acreditavam na integração do processo de decisão entre as linhas de negócios. Eles fundiram as cinco empresas originais de forma que todas as decisões tinham que ser negociadas e discutidas entre os três. O percentual de ações que cada um possuía não influenciava seu poder de decisão. A maioria das questões era decidida em uma série de reuniões com diferentes níveis da organização, encorajando trabalho em equipe e discussões, embora a maioria das decisões ainda fosse tomada de maneira informal, "no corredor", como eles diziam. Em um artigo recente sobre a Natura, o autor sumarizou esse sistema:

> *O estilo gerencial da Natura pode harmonizar informalidade, intuição e inteligência com a acuidade necessária para controlar e administrar a empresa.*
>
> — *Revista Exame*

Abertura e inclusão eram muito valorizadas na Natura por meio de uma proliferação de comitês em todos os níveis de tomada de decisão. No topo, os três presidentes se reuniam periodicamente para discutir as principais questões estratégicas, como decidir se continuavam ou não com vendas diretas, se deveriam expandir para a América Latina ou Europa, etc. Essas reuniões começavam com Leal articulando a questão em discussão e suas repercussões. Seabra tendia a examinar a questão de ângulos inesperados, e Passos garantia um controle da realidade, trazendo todos de volta à terra. Eles sempre discordavam abertamente, mas não em nível pessoal. Essas reuniões não eram programadas em bases regulares, elas aconteciam "espontaneamente".

> *Não há um processo, isso é informal e só precisamos "emprestar um ouvido". Quando alguém acha que precisamos de uma regra, tentamos criar uma, por exemplo, com a questão de estabelecer uma diretoria. Caso contrário, procuramos uns aos outros quando o coração manda, nos corredores, por telefone, em reuniões. Raramente é uma questão econômica; geralmente é uma questão relacionada ao clima da empresa. Uma regra, "o que está acima de 5 milhões deve ser decidido por consenso", que é ridícula. Se temos que mudar o clima da empresa, então temos que fazer o que for necessário.*
>
> — *Guilherme Leal, CEO e Presidente, Natura*

O comitê de planejamento estratégico da Natura reunia 10 diretores de diferentes áreas de negócios da empresa com Passos, duas vezes por mês. Eles discutiam resultados, atualizavam as estratégias, as políticas de RH (salários, bônus, benefícios, etc.) e determinavam as principais estratégias que precisavam ser seguidas em um horizonte de cinco anos. A cada três meses os presidentes se reuniam, primeiro com os 96 gerentes seniores e depois com um grupo mais amplo de supervisores, para responder a quaisquer preocupações e ouvir idéias. Seabra acreditava que tais discussões desenvolviam interesse e criatividade entre os funcionários. Por meio dessas reuniões e de uma publicação mensal distribuída para toda a empresa, todos os funcionários tinham a oportunidade de conhecer e entender as decisões tomadas e de ver como elas eram consistentes com os valores da Natura.

Não havia regras estabelecidas para a tomada de decisões. Certas questões, como aquelas relacionadas à estrutura da empresa, precisavam de acordo consensual. Isso algumas vezes acabou gerando impasse. A decisão de separar a produção dos centros de distribuição se arrastou por um ano antes que se chegasse a um consenso.

Contudo, a maioria das decisões era tomada unilateralmente. Por exemplo, Passos decidiu contratar a instalação do sistema SAP, e Leal soube dessa decisão, que envolvia milhões de dólares, pelos dos jornais. Em uma ocasião diferente, Passos decidiu recolher um produto do mercado por problemas de qualidade. Não era um problema que o consumidor pudesse perceber com facilidade; a cera em um dos batons estava cristalizando, o que tornava seu uso desconfortável. Passos deu ordem para que todas as consultoras fossem informadas sobre o incidente para que pudessem passar para os clientes e reembolsá-los. Segundo Passos, essa decisão estava de acordo com os valores da Natura e por isso ele não precisava discuti-la com os outros presidentes.

A Natura Sobrevivendo a seus Donos

Ter três presidentes significava que a empresa podia continuar operando se um deles decidisse tirar uma folga, o que resultou no estabelecimento dos "anos sabáticos". Em 1997, Leal ficou um ano em Boston para fazer alguns cursos em Harvard, examinar algumas possibilidades de aliança para a Natura e também para dar um tempo. Seabra tirou seu ano sabático em 1999 e foi para Londres aperfeiçoar seu inglês e, como disse ele: "manter uma distância dos muros protegidos da Natura e experimentar a vida, com suas alegrias e privações." Além de uma pausa revigorante, isso representava uma separação saudável, a partir da qual eles podiam perceber mais objetivamente as oportunidades e ameaças enfrentadas pela Natura.

> *A empresa precisa ter sua identidade independente da identidade de seus líderes. Esse é nosso desafio hoje, transcender Leal, Seabra e Passos.*
>
> — *Guilherme Leal, CEO e Presidente*

Lentamente, Leal e Seabra estavam tentando se afastar das operações diárias da empresa e institucionalizar seu legado. Isso era difícil, pois muitos gerentes continuavam a contar com a inspiração de Seabra e a liderança de Leal. Considerando que eles explicitamente desencorajavam os membros de suas famílias a trabalharem na empresa, não havia herdeiros para o trono e não havia um plano de carreira para os outros gerentes que os levasse ao topo. A grande questão na cabeça de todos era saber se essa estrutura de liderança poderia ser duplicada quando seus líderes originais saíssem, e se a falta de processos institucionalizados afetaria a capacidade da Natura de sobreviver no futuro. Os presidentes estavam tentando lidar com essas questões.

> Estamos tentando estruturar um processo para tornar a empresa menos dependente de seus fundadores. Temos algumas metas, formar a diretoria, desenvolver pessoas para substituir Guilherme, Luiz e eu. Temos um sistema de remuneração para transformar todos os funcionários em acionistas, temos um plano muito agressivo de opção acionária para os diretores. No futuro, planejamos tornar a Natura pública para facilitar a substituição das pessoas e dos fundadores, envolvendo nossos executivos em nosso credo e nossos valores.
>
> — Pedro Passos, Diretor Operacional
> e Presidente, Natura

Evitando as Falhas do Sucesso: Como Sustentar o Crescimento

Os três presidentes estavam reunidos no escritório central... Leal esclareceu a situação para os outros dois: no lado do crescimento, os anos de explosão da Natura tinham terminado, a concorrência estava aumentando e as margens estavam diminuindo devido à recessão. A Natura tinha apostado em uma nova tentativa renovada de internacionalização, alocando recursos para o mercado argentino em uma tentativa de copiar a fórmula brasileira. Os resultados foram mesclados e a operação ainda estava no vermelho. Uma alternativa era aventurar-se em novos produtos no Brasil, o que se ajustava ao tema de "bem-estar" da marca. Provavelmente seria mais fácil e mais rápido construir sobre a marca Natura em casa do que exportar uma cultura para a Argentina. Se a Natura decidisse entrar nesse novo mercado, deveria considerar uma *joint-venture* com uma empresa experiente ou adquirir uma empresa menor que tivesse a tecnologia necessária? Na opção de fusão, eles se arriscariam a tornar-se uma simples divisão de uma multinacional? Eles poderiam fazer isso sozinhos? Outra opção era usar canais de vendas alternativos, como lojas ou a Internet, para crescer mais rapidamente. Isso afetaria o "jeito de ser Natura"? Eles tinham os recursos para implementar essas estratégias? Eles estavam considerando uma OPI para o próximo ano, o que poderia trazer o capital necessário para esses projetos, mas, ao mesmo tempo, poderia restringir o poder de ação que eles sempre tiveram. A Natura conseguiria sobreviver?

Figura 1 Desempenho financeiro da Natura em 7 anos

Demonstrativos financeiros históricos consolidados (US$ milhões)

Ano encerrado em 31 de dezembro	1993	1994	1995	1996	1997	1998
Vendas brutas	145,7	236,8	462,6	583,1	634,9	691,5
Impostos sobre vendas	−54,9	−88,3	−128,0	−160,5	−172,3	−183,5
Vendas líquidas	90,8	148,5	334,7	422,6	462,6	507,9
Custo dos produtos vendidos	−35,3	−44,6	−128,7	−150,3	−169,3	−190,3
Lucro bruto	55,5	103,9	206,0	272,2	293,3	317,6
Despesas operacionais	−31,0	−65,4	−133,5	−184,2	−206,7	−235,2
Receita operacional – Brasil	**24,5**	38,5	72,5	88,0	86,6	82,4
Receita operacional – internacional	−0,4	−2,5	−4,4	−5,8	−6,4	−6,6
Receita operacional consolidada	24,1	36,0	68,1	82,2	80,2	75,9
Receita (despesa) líquida de juros	5,0	5,6	3,5	−0,4	−1,1	−1,8
Ganho (perda) da conversão em dólares	−9,8	−8,0	−5,7	−2,9	−3,6	−2,6
Outros	−3,0	1,6	–	−4,6	−1,4	−4,7
Itens extraordinários	−10,8	−33,7	−1,9	−26,8	−25,3	−25,3
Imposto de renda	−3,1	−3,1	−18,4	−15,2	−16,2	−17,4
Receita líquida	**2,4**	**−1,6**	**45,6**	**32,3**	**32,6**	**24,0**
Itens	13,2	32,1	47,5	59,1	57,9	49,3
EBIT*	24,1	36,0	68,1	82,2	80,2	75,9
Depreciação e amortização	1,5	2,9	2,2	4,4	5,7	6,6
LAJIDA (EBITDA)**	**25,6**	**38,9**	**70,3**	**86,6**	**85,9**	**82,5**

* Sigla em inglês para Earnings Before Interest and Taxes (ganhos antes da dedução de juros e impostos)
** Sigla em inglês para Earnings Before Interest, Taxes, Depreciation, and Amortization (ganhos antes da dedução de juros, impostos, depreciação e amortização).

Figura 1 — Desempenho financeiro da Natura em 7 anos (continuação).

Demonstrativos financeiros históricos consolidados (US$ milhões)

Ano encerrado em 31 de dezembro	1992	1993	1994	1995	1996
Ativos					
Ativo circulante					
Caixa e equivalentes	10,9	12,7	12,4	32,5	21,1
Contas a receber	5,8	7,0	32,1	41,9	57,2
Estoques	6,2	7,6	17,0	25,8	32,0
Outros ativos circulantes	0,2	0,8	2,1	15,5	13,9
Total do ativo circulante	23,1	28,1	63,6	115,7	124,2
Propriedades líquidas, fábricas & equipamentos	20,1	58,9	26,3	35,3	60,3
Outros ativos	2,2	0,9	2,7	3,0	4,6
Total de ativos	**45,4**	**87,9**	**92,6**	**154,0**	**189,1**
Obrigações circulantes	0,8	2,0	2,1	0,8	16,9
Contas a pagar	2,4	3,8	7,9	13,6	13,4
Impostos a pagar (tributários)	4,4	3,4	9,2	17,3	14,5
Contribuição social	0,8	0,4	1,2	8,8	5,7
INSS	1,0	2,4	5,4	4,2	9,1
Outras obrigações circulantes	2,1	11,0	10,1	11,0	7,5
Total das obrigações circulantes	11,5	23,0	35,9	55,7	67,1
Obrigações não-circulantes					
Dívidas a longo prazo	0,9	0,3	0,2	1,5	1,7
Outras obrigações não-circulantes	5,5	16,1	11,3	2,0	7,9
Total das obrigações não circulante	6,4	16,4	11,5	3,5	9,6
Total das obrigações	**17,9**	**39,4**	**47,4**	**59,2**	**76,7**
Patrimônio líquido					
Ações ordinárias	27,6	48,6	45,1	83,3	72,6
Interesse minoritário	0,0	0,0	0,0	0,0	0,0
Debêntures dos acionistas	0,0	0,0	0,0	0,0	0,0
Total do patrimônio líquido	27,6	48,6	45,1	94,9	112,4
Patrimônio líquido	**45,5**	**88,0**	**92,5**	**154,1**	**189,1**

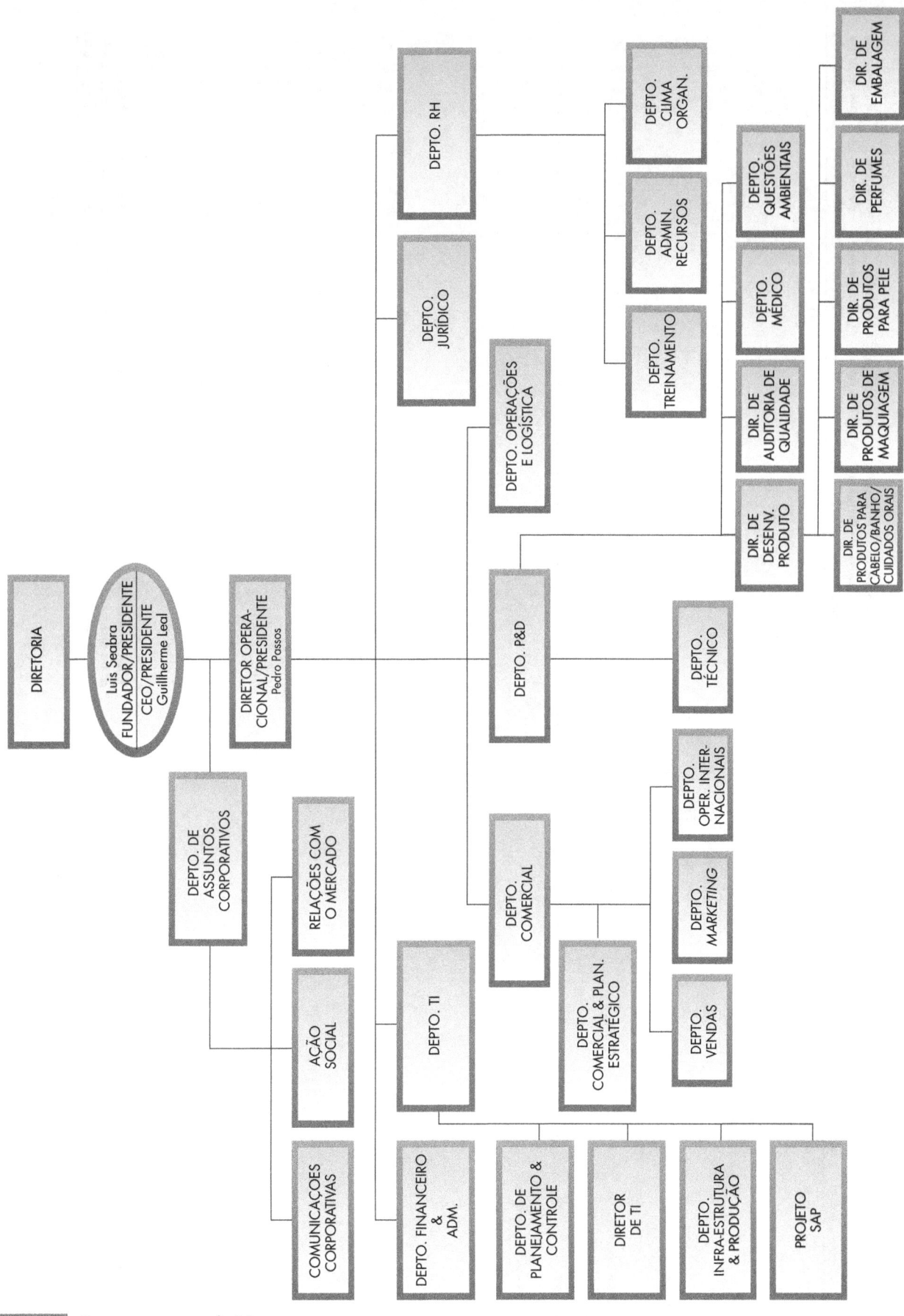

Caso 9 – Natura: A Mágica por trás da Empresa mais Admirada do Brasil

Figura 2 O organograma da Natura.

Figura 3 Concorrentes da Natura

Principais concorrentes (estrangeiros)

	Escritório central	Entrada no Brasil	Marcas	Produtos	Método de vendas	Equipe de vendas/ n.º de distribuidores no Brasil	Vendas no Brasil em 1998 (US$)	Margem de lucro no Brasil 1998	Vendas globais em 1998 (US$)	Margem de lucro global 1998	Número de países onde está presente
L'Oréal	França	1972	Lancôme, Biotherm, Maybelline, Helena Rubinstein	Cosméticos, produtos pessoais, cuidados com a pele	Lojas de departamento, lojas especializadas				12,4 bilhões		
Gessy Lever	EUA	1953	Pond's, Elida Gibbs, Lever	Cuidados com a pele, desodorantes, cabelos, sabonetes	Supermercados, farmácias						
Procter & Gamble	EUA	1988	Oil of Olay, Cover Girl	Maquiagem, desodorantes, cabelo	Supermercados, farmácias						
Johnson & Johnson	EUA	1953	Johnson & Johnson	Cabelo, produtos para bebê, proteção solar	Supermercados, farmácias						
Avon	EUA	1959		Cosméticos, higiene pessoal, bijuterias	Vendas diretas	500.000 revendedoras			5,2 bilhões		131
Shiseido	Japão										
Colgate Palmolive	EUA			Desodorantes, cuidados orais	Supermercados, farmácias						
Revlon	EUA			Maquiagem	Supermercados, farmácias				(143 milhões) perda		
AMWAY		1991		Cosméticos, higiene pessoal, nutrição, produtos para casa, tecnologia para casa	Vendas diretas	70.000 revendedores			5,7 bilhões		49
Estée Lauder	EUA		Clinique, Estée Lauder, Prescriptives, Origins								
Mary Kay Christian Dior Oriflame Davidoff	EUA				Vendas diretas						29
Nature's Sunshine		1994		Suplementos nutricionais e cosméticos naturais		150.000 revendedores/ 300 distribuidores					

Principais concorrentes (locais)

	Escritório central	Entrada no Brasil	Marcas	Produtos	Método de vendas	Equipe de vendas/ n.º de distribuidores no Brasil	Vendas no Brasil em 1998 (US$)	Margem de lucro no Brasil 1998	Vendas globais em 1998 (US$)	Margem de lucro global 1998	Número de países onde está presente
O Boticário		1978		Cosméticos, maquiagem, perfume	Franquia	1.616 lojas					
Natura	São Paulo	1969	Chronos, Simbios, Essencial, Mamãe-Bebê	Cosméticos, cuidados com a pele	Vendas diretas	230.000 revendedoras			69,15	3,5%	

Figura 4 — Participação da Natura no mercado brasileiro de cosméticos.

	Ano	Mercado brasileiro Volume (tons)	Receita líquida (US$)	Natura Volume (tons)	Receita líquida (US$)	Participação da Natura em seu mercado-alvo (vol)
Cuidado com a pele	1997	21.522	355.016	1.954	64.419	18,2%
	1998	21.561	332.170	1.976	63.304	19,1%
Proteção solar	1997	1.589	59.869	130	6.791	10,1%
	1998	1.575	68.190	107	5.329	7,8%
Perfumes	1997	15.823	616.318	1.834	172.090	28,8%
	1998	15.856	598.467	2.028	198.542	33,2%
Desodorantes	1997	34.951	400.311	1.297	54.374	13,7%
	1998	28.220	393.262	1.608	64.966	16,5%
Cabelos	1997	242.752	892.810	3.713	45.916	5,1%
	1998	263.632	882.503	3.716	42.544	4,8%
Sabonetes	1997	210.944	521.100	1.339	33.985	6,5%
	1998	224.275	514.305	1.375	33.204	6,5%
Maquiagem	1997	513	205.433	42	30.500	14,9%
	1998	580	236.916	44	31.629	13,4%
Total Mercado CFT*	1997	636.578	4.245.897			
	1998	669.600	4.256.759			
Total mercado-alvo	1997	530.381	3.086.702	10.393	412.019	13,5%
	1998	571.480	3.063.312	10.958	444.417	14,5%

*Mercado CFT refere-se a Cosméticos, Fragrâncias e produtos de *Toiletes*.

Produtividade por revendedor (Brasil)

	Vendas diretas de cosméticos no Brasil (US$ Bilhões)	Revendedores (mil)	Vendas/revendedores (US$)	Revendedores Natura (mil)	Vendas/revendedores Natura (US$)
1993	1,2	570	2.105	65	2.241
1994	2,0	708	2.754	70	3.382
1995	3,1	865	3.584	112	4.131
1996	4,0	1.269	3.152	145	3.432
1997	4,0	1.195	3.350	185	3.340
1998	3,8	1.128	3.348	207	4.343

Figura 5 Pesquisa de clima organizacional na Natura.

Fatores	Natura 1995	Natura 1997	Natura 1999	Mercado	Indicadores
Número de respostas	*661*	*812*	*990*	*21.079*	*4.895*
Clareza de objetivos	46	59	**62**	60	74
Adequação da estrutura	42	53	**60**	60	73
Qualidade do processo de decisão	36	44	**53**	51	65
Integração e comunicação	41	50	**55**	56	65
Estilo gerencial	41	49	**55**	54	60
Orientação para desenvolvimento pessoal	46	54	**65**	51	58
Vitalidade da organização	64	69	**74**	62	71
Salário	45	54	**56**	50	55
Desenvolvimento de recursos humanos	37	51	**54**	50	62
Imagem	84	89	**93**	80	85
Qualidade e produtividade	67	74	**80**	75	80
Integração com a comunidade	68	77	**85**	69	80
Parcerias	52	58	**62**	57	65
Média	**51**	**59**	**65**	**59**	**68**

Caso 10

Um Restaurante com uma Diferença[1]

Desde que se encontraram pela primeira vez, Mark Rapport e Jenny Lindston sempre brincaram com a idéia de deixar seus empregos e abrir um negócio próprio. Considerando o temperamento, a experiência e a situação deles, isso fazia muito sentido. Ele era um jornalista premiado do *Boston Globe* que já tinha percorrido os pontos problemáticos do mundo em busca de histórias, mas agora estava confinado no escritório central do jornal no Morrissey Boulevard, onde lia as matérias de outras pessoas e desejava nunca ter sido promovido a editor estrangeiro sênior. Ela iniciara sua vida profissional na área de matemática, passando para engenharia de *software* nos anos 70, quando o campo ainda estava sendo desenvolvido, e depois passou a fazer parte da equipe da Vox Tech, que foi pioneira nos primeiros programas comerciais de reconhecimento de voz. A excitação da pesquisa e desenvolvimento, porém, chegou ao fim quando a Vox Tech foi adquirida, há alguns anos, pela Trans Globe Solutions, uma empresa de tecnologia de informações cujo método de compra por computador ("Você nos procura, nós fazemos a compra para você") a transformou em um dos maiores fornecedores de *software* e equipamentos para informática. Porém, pesquisa e desenvolvimento não faziam parte dessa estratégia, de forma que a equipe de reconhecimento de voz foi dispersada e Jenny foi transferida para o suporte a clientes – um trabalho que ela detestava, mas fazia com seu profissionalismo usual.

Quando discutiam seu futuro negócio, eles concordavam que não havia sentido em apenas abrir mais uma empresa. O que eles queriam era um negócio que fizesse da ida ao trabalho todas as manhãs uma aventura. Assim, várias noites após o trabalho eles trocavam idéias. Geralmente, um deles propunha uma idéia sobre a qual já tinha refletido e o outro fazia perguntas e sugeria alternativas. O processo era cansativo – eles sempre prolongavam as discussões – mas eles gostavam da exploração. Por serem diferentes, eles se complementavam muito bem. Mark era um pensador intuitivo, que seguia incansavelmente seus lampejos ou suas idéias. Em contraste, Jenny era uma observadora aguçada, que sistematicamente desenvolvia idéias a partir de coisas que ouvia ou via.

Nessa noite em particular, foi Mark quem chegou em casa com uma idéia que esteve em sua cabeça o dia todo. Jenny podia sentir a excitação de Mark. Entretanto, como de costume, eles não falaram sobre negócios durante o jantar. Assim que terminaram de lavar os pratos, Mark inclinou-se para a frente e começou a explicar sua idéia.

"Você se lembra do Sam's, o restaurante em frente ao prédio onde trabalho? Você sabe, aquele com uma placa de neon que fica piscando com uma tigela de sopa e um sanduíche."

"Sim", disse Jenny, "acho que lembro. Faz um sanduíche de frango decente, mas o café é péssimo."

"Bom", disse Mark, "levei nosso correspondente do Oriente Médio para almoçar hoje e devo dizer que foi um desastre total. Ele consultou o menu e, depois de pensar um pouco, pediu um sanduíche de pastrami de cordeiro. Esperamos por quase meia hora e nada do sanduíche. Quarenta minutos depois, com algumas reclamações de minha parte, o sanduíche chegou. Ele mordeu o sanduíche e a expressão de seu rosto dizia tudo. Chamei a garçonete e disse a ela: "Você chama isso de sanduíche? Por quanto tempo essa carne ficou no congelador?"

"Ela se desculpou e levou o sanduíche embora rapidamente. Porém, eu não estava satisfeito. Chamei o gerente. Ele veio e também se desculpou e disse que o almoço ficaria por conta da casa. Agora eu estava satisfeito, mas também curioso. 'Você sabe', falei para o gerente, 'venho aqui há anos e nunca tive esse problema antes'. O gerente balançou a cabeça e disse: 'Bem, sempre temos esse problema com pratos que estão no cardápio, mas raramente são pedidos. Ao final de cada dia, o cozinheiro confere para assegurar que temos ingredientes suficientes para o dia seguinte, mas ele não verifica se sobrou muita coisa do dia anterior. Geralmente as coisas têm uma movimentação rápida, de forma que isso não representa um problema, mas de vez em quando a comida fica no congelador por muito tempo e então temos que nos desculpar. Se não fosse tão difícil achar bons cozinheiros, eu daria uma bronca no nosso. Mas, sendo ele temperamental como todos os outros, tudo que posso fazer é simplesmente lembrá-lo de verificar mais cuidadosamente e esperar pelo melhor.'"

---

[1] Preparado por Joseph Lampel, City University Business School, Londres. Não pode ser usado ou reproduzido sem a permissão do autor. Copyright © Joseph Lampel, 2002.

"Isso me fez pensar. Por que os restaurantes são tão estáticos? Por que lugares como o Sam's têm o mesmo menu por anos? Evidentemente, o gerente deveria ter tirado esse sanduíche do cardápio há muito tempo, mas o menu permanece o mesmo e os clientes que não estão contentes ou querem algo diferente simplesmente vão a outro lugar."

"E se abríssemos um restaurante diferente? Um restaurante onde o cardápio mudasse à medida que a demanda mudasse? Pense no assunto, Jenny. Com a tecnologia atual, isso não seria tão difícil. Cada garçonete teria um *palm top* em vez de um bloco de papel. Ela anotaria o pedido no *palm* e transmitiria diretamente para a cozinha. No final da semana, os pedidos seriam totalizados e a demanda, analisada. Os pratos que ficassem abaixo de um determinado volume seriam retirados do menu. E usando uma impressora a *laser* poderíamos imprimir um novo menu a cada semana a um custo relativamente baixo."

Enquanto falava, Mark podia ver a dúvida estampada no rosto de Jenny. Então, antes que ela tivesse a chance de falar, ele decidiu jogar sua cartada final. "Você sabe o quanto nós dois adoramos comida. Não apenas procurando novas receitas em restaurantes interessantes, mas também testando novas receitas em nossa cozinha. Bem, esse restaurante nos permitiria combinar nossa paixão por comida com nosso desejo de ter uma empresa que esteja constantemente experimentando e explorando. A cada semana lançaremos novos pratos. Se derem certo, tudo bem, se não, tiramos do cardápio. Pense na diversão que teremos, procurando novas receitas, testando-as em nossa cozinha e depois esperando para ver como serão recebidas."

Jenny não conseguiu mais se conter. "Não me parece divertido!", ela disse um pouco exasperada. "Você já pensou em todos os problemas? Um restaurante onde o menu muda o tempo todo! Você pensou nas operações da cozinha? Onde vamos encontrar um cozinheiro que tolere um menu que muda constantemente? E em relação às compras de provisões e ingredientes? Se já é difícil fazê-las ao menor custo possível quando o cardápio permanece o mesmo, como você vai fazer isso se ele muda o tempo todo?"

Mark ficou na defensiva, mas não ia desistir tão facilmente. "Você deve saber", disse ele, "que um dos princípios empresariais é que 20% de todos os produtos respondem por 80% de todas as vendas. Tenho certeza que restaurantes não são uma exceção. Pode realmente ser verdade que as operações da cozinha acabem sendo mais caras, mas vamos economizar muito mais ao remover do cardápio pratos que só aumentam nosso estoque e nossas despesas gerais."

"Isso pode ser verdade", respondeu Jenny, "mas as pessoas raramente comem sozinhas. Elas sempre vêm com parceiros ou amigos que podem de fato querer experimentar um prato que não seja popular. O que você vai fazer nesse caso? E se elas preferirem ir a outro lugar, levando junto seus parceiros ou seus amigos?"

"Evidentemente, ainda há coisas que precisamos resolver", replicou Mark, "essa é a natureza da boa estratégia. Você não pode prever tudo com antecedência. Seria uma tolice tentar, e mais tolo ainda acreditar que conseguiria. Certamente vamos ter que explorar o assunto e resolver muitos problemas mas, enquanto isso, pense a partir de uma perspectiva mais ampla: esse será o primeiro restaurante de 'aprendizado' da cidade, talvez o primeiro do país. Pense na publicidade que vai gerar. Só isso já vai atrair muita atenção. As pessoas virão de todos os lugares para experimentar nosso conceito. Os negócios iniciais estão garantidos e, com esse período inicial de tempo, podemos resolver nossos problemas. No momento em que a poeira baixar, teremos um restaurante em funcionamento, baseado em um conceito totalmente novo e, além disso, um restaurante com uma diferença, um local de trabalho que satisfaz nosso desejo de exploração e novidade. Vamos lá, Jenny, onde está seu espírito de aventura?"

"Meu espírito de aventura está intacto", respondeu Jenny, "simplesmente não estou convencida de que sua proposta é prática ou de fato inovadora."

Bibliografia

Abbeglen, J. C., & G. Stalk, Jr., *Kaisha, The Japanese Corporation*. New York: Basic Books, 1985.

Abernathy, W. J., & K. Wayne, "Limits on the Learning Curve," *Harvard Business Review,* September-October 1974: 109-119.

Abernathy, W. J. & J. M. Utterback, "Patterns of Industrial Innovation," *Technology Review,* 1978: 40-47.

Ackerman, R. W., *The Social Challenge to Business*. Cambridge, MA: Harvard University Press, 1975.

Aguilar, E. J., *Scanning the Business Environment*. New York: Macmillan, 1967.

Allen, S. A., "Organizational Choices and General Management Influence Networks in Divisionalized Companies," *Academy of Management Journal*, 1978: 393-406.

Allende, I, *Eva Luna*. New York: Bantam Books, 1989.

Ansberry, C., "Kodak, Sanofi Plan Alliance in Drug Sector," *Wall Street Journal*, January 9, A3, 199 1.

Bacon, J., *Corporate Directorship Practices: Membership and Committees of the Board*. Conference Board and American Society of Corporate Secretaries, Inc., 1973.

Baden-Fuller, C., *et al.*, "National or Global? The Study of Company Strategies and the European Market for Major Appliances," London Business School Center for Business Strategy, *Working Paper Series No. 28* (June 1987).

Barnard, C. I, *The Functions of the Executive*. Cambridge, MA: Harvard University Press, 1938.

Barr, P. S., J. L. Stimpert, & A. S. Huff, "Cognitive Change, Strategic Action and Organizational Renewal," *Strategic Management Journal*, 1992: 15-36.

Bartlett, C. A., & S. Ghoshal, "Managing Across Borders: New Strategic Requirements," *Sloan Management Review,* Summer 1987: 7-17.

Bartlett, C. A. , & S. Ghoshal, "Matrix Management: Not a Structure, a Frame of Mind," *Harvard Business Review,* July/August 1990, 68(4): 138-146.

Beckhard, R. *Organizational Development. Strategies and Models*. Reading, MA: Addison-Wesley, 1969.

Beer, M., R. A: Eisenstat, & B. Spector, "Why Change Programs Don't Produce Change," *Harvard Business Review*, 1990: 158-166.

Bettis, R. A., "Performances Differences in Related and Unrelated Diversified Firms," *Strategic Management Journal*, 1981: 379-394.

Bhide, A., "Hustle as Strategy," *Harvard Business Review,* September-October - 1986.

Blau, P. M. & P. A. Schoenherr, *The Structure of Organizations, New* York: . Basic Books, 1971.

Bleeke, J., & D. Ernst, "Is Your Strategic Alliance Really a Sale?" *Harvard Business Review*, 1995: 97-105.

Bolman, L. G., & T. Deal, *Reframing Organizations: Artistry, Choice, and Leadership,* 2nd edition. San Francisco: Jossey-Bass Publishers, 1997.

Boston Consulting Group, *Perspective on Experience*. Boston, 1972.

Boston Consulting Group, *Strategy Alternatives for the British Motorcycle Industry*. London: Her Majesty's Stationery Office, 1975.

Bower, J. L., "Planning Within the Firm," *"The American Economic Review,* 1970:186-194.

Bowers, T., & M. Singer, "Who Will Capture Value in On-Line Financial Services," *The McKinsey Quarterly,* 1996: 78-83.

Braybrook, D. & C. E. Lindblom, *A Strategy of Decision: Policy Evaluation as a Social Process*. New York: New York University Press, 1967.

Brook, P. *The Empty Space*. Hammondsworth, Middlesex: Penguin Books, 1968.

Brown, J. S., & P. Duguid, "Organizational Learning and Communities of Practice: Towards a Unified View of Working, Learning, and Organization," *Organization Science*, 1991: 40-57.

Burns, T., "The Directions of Activity and Communication in a Departmental Executive Group," *Human Relations,* 1954: 73-97.

Burns, T., "Micropolitics: Mechanisms of Institutional Change," *Administrative Science Quarterly,* 1961: 257-281.

Burns, T., & G. M. Stalker, *The Management of Innovation*, 2nd ed. London:Tavistock, 1966.

Business Week, "From the Halls of Ivy: Some Questions About Data and Organization in the Executive Suite," February 18, 1967:202.

Business Week, "Subcompacts: Detroit Is Giving Japan the Right of Way," October 31, 1983: 42-43.

Buzzell, R. D., B. T. Gale, & R. G. M. Sultan, "Market Share – A Key to Profitability," *Harvard Business Review*, January-February 1975: 97-106.

Campbell, A., & M. Goold, *Strategy and Style: The Role of the Centre in Managing Diversified Corporations*. Oxford: Basil Blackwell, 1987.

Chandler, A. D., *Strategy and Structure: Chapters in the History of the Industrial Enterprise*. Cambridge, MA: M.I.T. Press, 1962.

Chandy, R., & G. Tellis, in J. Useem, "Internet Defense Strategy: Cannibalize Yourself," *Fortune,* September 6, 1999: 121-134.

Channon, D. F, "The Strategy, Structure and Financial Performance of the Service Industries;'Working Paper, Manchester Business School, 1975.

Christensen, C. M., & R. S. Rosenbloom, "Explaining the Attacker's Advantage: Technological Paradigms, Organizational Dynamics, and the Value Network," *Research Policy*, 1995: 233-257.

Clemmer, J., *Pathways to Performance: A Guide to Transforming Yourself Your Team, and Your Organization*. Toronto: Macmillan Canada, 1995.

Cole, A. H., *Business Enterprise in Its Social Setting*. Cambridge, MA: Harvard *University Press*, 1959.

Coleman, J. S., *The Foundations of Social Theory*. Cambridge: Harvard University Press, 1990.

Crozier, M., *The Bureaucratic Phenomenon*. Chicago: University of Chicago Press, 1964.

Davis, S. M., *Future Perfect,* Reading, MA: Addison-Wesley Publishing Co., 1978.

Day, G. S., & P. Neclungadi, "Managerial Representations of Competitive Advantage," *Journal of Marketing,* 1994: 31-44.

Dickhout, R., M. Denham, & N. Blackwell, "Designing Change Programs That Won't Cost You Your Job," *The McKinsey Quarterly,* 1995: 101-116.

Doeringer, P. B. & M. J. Poire. *Internal Labor Markets and Manpower Analysis*. Lexington, MA: D.C. Heath, 1971.

Douglas, S.P., & Y. Wind, "The Myth of Globalization," *Columbia Journal of World Business,* Winter 1987: 19-29.

Doz, Y. L., & Thanheiser, H., "Embedding Transformational Capability," *ICEDR, October 1996 Forum Embedding Transformation Capabilities*, INSEAD, Fontainebleau, France, 1996.

Drucker, P., "The Network Society," *Wall Street Journal,* March 29, 1995: 12.

Evered, R., "So What Is Strategy?" *Long Range Planning,* Vol. 16(3), 1983: 57-73.

Fahey, L., & R. M. Randall, *Learning from the Future*: Competitive Foresight Scenarios. New York: John Wiley & Sons, 1998.

Ferguson, C., "Computers and the Coming of US Keiretsus;' *Harvard Business Review,* July-August 1990.

Firsirotu, M. Y. S., "Strategic Turnaround as Cultural Revolution: The Case of Canadian National Express," Doctoral Dissertation, Faculty of Management, 1985.

Fonfara, K., "Relationships in the Complex Construction Venture Market," *Advances in International Marketing,* 1989: 235-247.

Friedman, M., *Capitalism and Freedom*. Chicago and London: The University of Chicago Press, 1962.

Galbraith, J. K., *American Capitalism: The Concept of Countervailing Power*. Boston: Houghton Mifflin, 1952.

Galbraith, J. K., *The New Industrial State*. Boston: Houghton Mifflin, 1967.

Galbraith, J. R., & D. Nathanson, *Strategy Implementation*. St. Paul, MN: West Publishing, 1978.

Galbraith, J. R., *Organization Design*. Reading, MA: Addison-Wesley, 1977.

Galbraith, J. R., *Designing Complex Organizations,* Reading, MA: Addison-Wesley Publishing Co., 1973.

Gerth, H. H., & C. Wright Mills, eds., *From Max Webber: Essays in Sociology*. New York: Oxford University Press, 1958.

Ghemawat, P., *Commitment: The Dynamic of Strategy*. New York: Free Press, 1991.

Gilbert, X., & P. Strebel, "Strategies for Outpacing the Competition," *The Journal of Business Strategy,* June 1987: 28.

Goold, M., "Learning, Planning, and Strategy: Extra Time," *California Management Review,* 1996: 100-102.

Gosselin, R., *A Study of the Interdependence of Medical Specialists in Quebec Teaching Hospitals*. Ph.D. thesis, McGill University, 1978.

Grove, A., *Only the Paranoid Survive*. New York: Doubleday, 1996.

Hamel, G., & C. K. Prahalad. *Competing for the Future*. Boston: Harvard Business School Press, 1994.

Hariharan, S., & C. K. Prahalad, "Strategic Windows in the Structuring of Industries: Compatibility Standards and Industry Evolution," in H. Thomas, D. O'Neal, R. White, & D. Hurst, *Building the Strategically Responsive Organization*. New York: John Wiley & Sons, 1994.

Harrigan, K., & W. Newman, "Bases of Interorganization Cooperation: Propensity, Power, Persistence," *Journal of Management Studies,* 1990: 417-434.

Haspeslagh, R, "Portfolio Planning: Uses and Limits," *Harvard Business Review,* 1982: 58-73.

Hayes, R. H, & D. A. Garvin, "Managing as If Tomorrow Mattered," *Harvard Business Review,* May-June 1982: 70-79.

Hayes, R. H., & W. J. Abernathy, "Managing Our Way to Economic Decline," Harvard *Business Review,* July-August 1980: 67-77.

Henderson, B. D. *Henderson on Corporate Strategy*. Cambridge, MA: Abt. Books, 1979.

Hogarth, R., & H. Kunreuther, "Risk, Ambiguity and Insurance," *Journal of Risk and Uncertainty,* 1989: 5-35.

Hout, T. M., E. Porter, & E. Rudden, "How Global Companies Win Out," *Harvard Business Review,* September-October 1982: 98-108.

Hunt, R. G., "Technology and Organization," *Academy of Management Journal,* 1970: 235-252.

Iacocca, L., with W. Novack, *Iacocca: An Autobiography*. New York: Bantam Books, 1984.

Itami, H., & T. W. *Mobilizing Invisible Assets*. Cambridge, MA: Harvard University Press, 1987.

J. D. Thompson, *Organizations in Action,* New York: McGraw-Hill, 1967.

Jensen, M., "The Eclipse of the Public Corporation," *Harvard Business Review,* September–October 1989.

Kahneman, D., & A. Tversky, "Prospect Theory", *Econometrica*, 1979: 283-291.

Kahneman, D., & D. Lovallo, "Timid Choices and Bold Forecasts: A Cognitive Perspective on Risk Taking," *Management Science,* 1993: 17-31.

Kahneman, D., J. L. Knetsch, & R. Thaler, "Experimental Tests of the Endowment Effect and the Coase Theorem," *Journal of Political Economy,* 1990: 1325-1348.

Kanter, R. M., *The Change Masters*. New York: Simon & Schuster, 1983.

Kauffman, S., *At Home in the Universe*. New York: Oxford University Press, 1995.

Kotter, J. P., "Leading Change: Why Transformation Efforts Fail," *Harvard Business Review,* 1995: 59-67.

Land, E., "People Should Want More from Life...," Forbes, June 1, 1975.

Langley, A., H. Mintzberg, P. Pitcher, E. Posada, & J. Saint-Macary, "Opening Up Decision Making: The View from the Black Stool," *Organization Science,* 1995.

Learned, E. P, D. N. Ulrich, & D. R. Booz, *Executive Action*. Boston: Harvard Business School, 1951.

Levitt, T., "The Globalization of Markets," *Harvard Business Review,* May-June 1983: 92-102.

Lewin, K., *Field Theory in Social Science*. New York: Harper & Row, 1951.

Lindblom, C. E., *The Policy-Making Process*. Englewood Cliffs, NJ: Prentice Hall, 1968.

Mair, A., "The Honda Motor Company, 1967-1995: Globalization of an Innovative Mass Production Model," in M. Freyssenet, A. Mair, K. Shimizu, & G. Volpato, eds., *One Best Way? Trajectories and Industrial Models of the World's Automobile Producers*, 1970-1995. Oxford: Oxford University Press, 1998a.

Mair, A., "Reconciling Managerial Dichotomies at Honda Motors" in R. de Wit and R. Meyer, Eds., *Strategy: Process, Content, Context*. London: International Thomson Business Press, 2nd edition, 1998b.

Makridakis, S., *Forecasting, Planning, and Strategy for the 21st Century*. New York: The Free Press, 1990.

Malone, M. S., *Intellectual Capital: Realizing Your Company's True Value by Finding Its Hidden Brainpower*. New York: HarperBusiness, 1997.

March, J. G., & J. P. Olsen, *Ambiguity and Choice in Organizations*. Bergen, Norway: Universitetsforlaget, 1976.

March, J. G., "Exploration and Exploitation in Organizational Learning," *Organization Science*, (2), 1991: 71-87.

March, J. G., *Three Lectures on Efficiency and Adaptiveness*. Helsinki: Swedish School of Economics and Business Administration, 1994b.

March, J. G., & H. A. Simon, *Organizations*. New York: John Wiley, 1958.

Martin, L. C., "How Beatrice Foods Sneaked Up on $5 Billion," *Fortune,* April 1976: 119-129.

Mason, R., & I. Mitroff, *Challenging Strategic Planning Assumptions*. New York: John Wiley, 1981.

Mathews, J. A., "Holonic Organizational Architectures," *Human Systems Management,* 1996:1–29.

Miller, D., & M. Kets De Vries, *The Neurotic Organization*. San Francisco: Jossey-Bass, 1984.

Miller, D., & P. H. Friesen, "Archetypes of Strategy Formulation," *Management Science,* May 1978: 921-933.

Miller, D., & P. H. Friesen, Organizations: A *Quantum View*. Englewood Cliffs, NJ: Prentice Hall, 1984.

Miller, D., "Configurations of Strategy and Structure: Toward a Synthesis," *Strategic Management Journal,* 1986: 233-249.

Mintzberg, H., & J. A. Waters, "Tracking Strategy in an Entrepreneurial Firm," *Academy of Management Journal,* 1982: 465-499.

Mintzberg, H., "Crafting Strategy," *Harvard Business Review,* 1987: 66-75.

Mintzberg, H, "Introduction: CMR Forum: The 'Honda Effect' Revisited," *California Management Review,* 1996a: 78-79.

Mintzberg, H., "Learning 1, Planning 0: Reply to Igor Ansoff" *Strategic Management Journal,* 1991: 464-466.

Mintzberg, H., "Reply to Michael Goold," *California Management Review,* 1996b:96-99.

Moran, P. & S. Ghoshal, "Value Creation by Firms," in J. B. Keys and N. Dosier, eds., *Academy of Management Best Paper Proceedings,* 1996.

Morgan, G. *Images of Organizations*. Beverly Hills, CA: Sage, 1986.

Moyer, R. C., "Berle and Means Revisited: The Conglomerate Merger," *Business and Society,* Spring 1970, 20-29.

Nadler, D., & M. L. Tushman, *Strategic Organization Design*. Homewood, IL: Scott Foresman, 1986.

Nahaplet, J. & S. Ghoshal, " Social Capital, Intellectual Capital, and the Organizational Advantage," Academy *of Management Review,* 1998: 242-266.

Nathanson, D., & J. Cassano, "Organization Diversity and Performance," *The Wharton Magazine,* Summer 1982: 18-26.

Nonaka, I, & H. Takeuchi, *The Knowledge- Creating Company: How Japanese Companies Create the Dynamics of Innovation*. New York: Oxford University Press, 1995.

O'Neill, H. M., & J. Lenn, "Voices of Survivors: Words That Downsizing CEOs Should Hear," *The Academy of Management Executives*, 1995 (9:4).

Ohmae, K., *The Mind of the Strategist*. New York: McGraw- Hill, 1982.

Pascale, R. T., "Perspectives on Strategy: The Real Story Behind Honda's Success," *California Management Review*, 1984: 47-72.

Pascale, R. T., "Reflections on Honda," *California Management Review*, 1996: 112-117.

Perrow, C., *Complex Organizations. A Critical Essay*. New York: Scott, Foresman, 1972.

Peters, T. J., & R. H. Waterman, *In Search of Excellence: Lessons from America's Best Run Companies*. New York: Harper & Row, 1982.

Piore, M. J., & C. E. Sabel, *The Second Industrial Divide: Possibilities for Prosperity*, New York: Basic Books, 1984.

Piore, M. J., "Dualism as a Response to Flux and Uncertainty," *Dualism and Discontinuity in Industrial Societies*, S. Berger and M. J. Piore, eds., New York: Cambridge University Press, 1980.

Porter, M. E., "Competition in Global Industries: A Conceptual Framework," in M. E. Porter, ed., *Competition in Global Industries. Boston:* Harvard Business School Press, 1986.

Porter, M. E., "What Is Strategy?" *Harvard Business Review*, 1996: 61-78.

Porter, M. E., *Competitive Strategies: Techniques for Analyzing Industries and Competitors*. New York: Free Press, 1980.

Prahalad, C., & G. Hamel, "Strategy as Stretch and Leverage," *Harvard Business Review*, March-April 1993.

Prahalad, C., & G. Hamel, "The Core Competence of the Organization," *Harvard Business Review*, March-April 1990, 68(3): 79-91.

Purkayastha, D., "Note on the Motorcycle Industry 1975." Copyrighted Case, Harvard Business School, 1981.

Quinn, J. B., & P. C. Paquette, "Technology in Services: Creating Organizational Revolutions," *Sloan Management Review*, 1990: 67-78.

Quinn, J. B:,."Honda Motor Company 1994." In Mintzberg, H., & J. B. Quinn, *The Strategy Process: Concepts, Contexts, Cases*. 3rd ed. Upper Saddle River, NJ: Prentice Hall International, 1996:849-863.

Quinn, J. B., "Honda Motor Company." In Mintzberg, H., & J. B. Quinn, *The Strategy Process: Concepts, Contexts, Cases*. 2nd ed. Upper Saddle River, NJ: Prentice Hall International, 1991: 284-299.

Quinn, J. B., *Strategies for Change: Logical Incrementalism*. Homewood, Ill.: Richard D. Irwin, 1980.

Quinn, J. B., *The Intelligent Enterprise*. New York: Free Press, 1992.

Raphael, R., *Edges*. New York: Alfred A. Knopf, 1976.

Reeser, C., "Some Potential Human Problems in the Project Form of Organization," *Academy of Management Journal*, 1969: 459-467.

Roach, S. S., "In Search of Productivity," *Harvard Business Review*, 1998: 153-159.

Rumelt , R. P., "A Teaching Plan for Strategy Alternatives for the British Motorcycle Industry," in *Japanese Business: Business Policy*. New York: The Japan Society, 1980.

Rumelt, R. P., "Diversification Strategy and Profitability," *Strategic Management Journal*, 1982: 359-370.

Rumelt, R. P., *Strategy, Structure and Economic Performance*. Boston: Harvard Business School Press, 1974.

Sakiya, T., "The Story of Honda's Founders," *Asahi Evening News*, June-August 1979.

Sakiya, T, *Honda Motor: The Men, the Management, the Machines*. 2nd ed. Tokyo: Kodansha International, 1981.

Sakiya, T., *Honda Motor. The Men, the Management, the Machines*. Tokyo, Japan: Kadonsha International, 1982.

Salter, M. S., & W. A. Weinhold, *Diversification Through Acquisition*. New York: Free Press, 1979.

Schelling, T. C., *The Strategy of Conflict*. Cambridge, MA: Harvard University Press, 1963.

Schoemaker, P. J. H., "Choices Involving Uncertain Probabilities: Test of Generalized Utility Models," *Journal of Economic Behavior and Organization*, 1991: 295-317.

Schoemaker, P. J. H., "When and How to Use Scenario Planning: A Heuristic Approach with Illustration," *Journal of Forecasting*, 1991: 549-564.

Schon, D., *The Reflective Practitioner*, New York: Basic Books, 1983.

Senge, P. M. *The Fifth Discipline: The Art and Practice of the Learning Organization*. New York: Doubleday, 1990.

Shimizu, R. *The Growth of firms in Japan*. Tokyo: Keio Tsushin, 1980.

Silbiger, S., *The 10-Day MBA*. London: Piatkus, 1994.

Simon, H. A., "The Architecture of Complexity," *Proceedings of the American Philosophical Society*, 1962: 122-137.

Simon, H. A., *Administrative Behavior*. New York: Macmillan, 1947 and 1957.

Smircich, L., & C. Stubbart, "Strategic Management in an Enacted World," *Academy of Management Review*, 1985: 724-736.

Smith, L., "The Boardroom Is Becoming a Different Scene," *Fortune*, May 8, 1978:150-188.

Smith, C. G., &A. C. Cooper, "Entry into Threatening New Industries: Challenges and Pitfalls," in H. Thomas, D. O'Neal, R. White, & D. Hurst, eds., *Building the Strategically Responsive Organization*. New York: John Wiley & Sons, 1994.

Snow, C., R. Miles, and H. Coleman, "Managing the 21st Century Network Organizations," *Organizational Dynamics*, 1992: 5-20.

Spencer, F. C., "Deductive Reasoning in the Lifelong Continuing Education of a Cardiovascular Surgeon," *Archives of Surgery*, 1976: 1177-1183.

Sperry, R., "Message from the Laboratory" *Engineering and Science*, 1974: 29-32.

Stalk, G., & T. M. Hout, *Competing Against Time*. New York: The Free Press, 1990.

Stalk, G., P. Evans, & L. Shulman, "Competing on Capabilities: The New Rules of Corporate Strategy," *Harvard Business Review*, 1992: 57-69.

Taylor, F. W., *Scientific Management*, New York: Harper, 1911.

Taylor, W. H., "The Nature of Policy Making in Universities," *The Canadian Journal of Higher Education*, 1983: 17-32.

Teece, D. J., "Economies of Scope and Economies of the Enterprise," *Journal of Economic Behavior and Organization*, 1980: 123-247.

Terkel, S. *Working*. New York: Pantheon Books, 1972.

Thompson, V. A., *Modern Organizations*. New York: Alfred A. Knopf, 1961.

Tichy, N. M., & S. Sherman, *Control Your Destiny or Someone Else Will: How Jack Welch Is Making General Electric the World's Most Competitive Corporation*. New York: Doubleday, 1993.

Time, "The Most Basic Form of Creativity," June 26, 1972.

Toffler, A., *Future Shock*. New York: Bantam Books, 1970.

Tregoe, B., & I. Zimmerman, *Top Management Strategy*. New York: Simon & Schuster, 1980.

Turner, J. R., & A. Keegan, "The Versatile Project-Based Organization: Governance and Operational Control," *The European Management Journal*, 22(3), 1999: 296-309.

Tushman, M., & C. A. O'Reilly III, *Winning Through Innovation: A Practical Guide to Leading Organizational Change and Renewal*. Boston, MA: Harvard Business School Press, 1997.

Waterman, R. H., T. J. Peters, & J. R. Phillips, "Structure Is Not Organization," *Business Horizons*, June 1980: 14-26.

Weber, M., *The Protestant Ethic and the Spirit of Capitalism*. Upper Saddle River, NJ: Prentice Hall, 1977.

Weick, K. E., "Educational Organizations as Loosely Coupled Systems," *Administrative Science Quarterly*, 1976: 1-19.

Weick, K. E., *The Social Psychology of Organizing*. Reading, MA: Addison–Wesley, first edition 1969, second edition, 1979.

Williamson, O. E., "Comparative Economic Organization: The Analysis of Discrete Structural Alternatives," *Administrative Science Quarterly*, 1991: 269-276.

Williamson, O. E., *Markets and Hierarchies: Analysis and Antitrust Implications*. New York: Free Press, 1975.

Williamson, O. E., *The Economic Institutions of Capitalism*. New York: Free Press, 1985.

Wise, D., "Apple's New Crusade," *Business Week*, November 26, 1984.

Womack, J. P., D. T. Jones, and D. Roos, *The Machine That Changed the World*. New York: Rawson Associates, 1990.

Worthy, J. C., "Organizational Structure and Employee Morale," *American Sociological Review*, 1950: 169-179.

Worthy, J. C., *Big Business and Free Men*. New York: Harper & Row, 1959.

Wrigley, L., "Diversification and Divisional Autonomy," DBA dissertation, Graduate School of Business Administration, Harvard University, 1970.

Yoshino, M. Y., "Global Competition in a Salient Industry: The Case of Civil Aircraft," in M. E. Porter, ed., *Competition in Global Industries*. Boston: Harvard Business School Press, 1986.

Índice de Nomes

Abbeglen, J. C., 146-147, 232-233
Abell, Derek F., 120, 283, 295
Abernathy, W. J., 139-140, 296, 298, 300-301, 306-307
Ackenhusen, Mary, 405n
Ackerman, Robert, 367-368
Aguilar, F. J., 46-47
Ahlstrand, Bruce, 38-39, 151-152, 179, 181
Alexandre, o Grande, 29-31
Allen, S. A., 204-205
Allende, I., 388-389
Amaral, Yara, 460-461
Anderson, Philip, 311, 320-321, 320-321n
Andrews, K. R., 77-78, 78, 94, 151-152, 251, 311
Ansberry, C., 227-228
Ansoff, H. Igor, 39-41, 94, 112, 117-118, 122-123, 147-148
Araujo, Marcelo, 462-463
Argyris, Chris, 72-73n, 73-74, 89
Arnault, Bernard, 46, 438-447

Bacon, J., 366-367
Baden-Fuller, Charles, 152, 156-157, 169-170, 246-247
Balazs, Katherine, 438n
Barabba, Vincent, 216n
Barlett, C. A., 354
Barnard, C. 21, 255-256
Barney, Jay B., 94-95, 101-102
Barr, P. S., 182-183
Bartlett, C. A., 234-235, 237-238n, 240-241n, 251-252, 257-258
Beatty, Richard, 155-156
Beckhard, R., 154-155
Beer, M., 157-158
Bendor, Jonathan, 302-303
Bennis, Warren, 46, 56, 336-337
Bentel, Elisabeth, 278-279
Bertelli, Patrizio, 439-440
Bettis, R. A., 204-205
Bhide, A., 268, 277, 279-280
Blackwell, N., 155-156, 158-159
Blair, Tony, 258-259
Blau, P. M., 305
Bleeke, Joel, 221-222, 229-230
Boberg, Jay, 278-279
Bolman, L. G., 183
Bonaparte, Napoleon, 29-30

Booz, D. R., 39-40, 257
Boulding, Kenneth, 63-64
Bower, J. L., 139-140, 365-368
Bowers, T., 40-41, 215-216
Boynton, Andrew, 283, 304-305
Bramwell, 333-335
Braudo, Marlon, 140-141
Braybrook, D., 33-34, 40-41
Brook, Peter, 270-271
Brown, Shona, 136-137
Browth, Arnold, 458-459n
Brozzetti, Gianluca, 443-444
Bruch, Heike, 417n
Brunet, Pierre, 284n
Burns, T., 47-48, 346-347
Buzzell, R. D., 295

Caldas, Miguel P., 448n
Campbell, Andrew, 368-369
Cardoso, Fernando Henrique, 448-450, 461-462n
Carlson, Chester, 405n
Carmer, Stanley, 453-454
Carson, Rachel, 253-254
Cassano, J., 204-205
Celine, 438, 439-440, 444-445
Cervejarias Kaiser, 450-451
Chandler, A. D., 39-40, 199-200, 305-306, 359
Chandy, R., 219-220
Channon, D.F., 362-363
Christensen, C. M., 33-34, 217-218
Churchill, Winston, 271
Claymore, Jim, 453-454
Claymore, Roy, 453
Clemmel, J., 152-153
Clinton, Bill, 258-259
Cole, A. H., 271-272
Coleman, H, 308-309n, 337, 351-352
Coleman, J. S., 46-47, 336-337
Cooper, A. C., 216-217
Copeland, Miles, 278-279
Cramer, Stanley, 454
Crozier, Michel, 287-288
Curtis, Marvin, 455-457

Davenport, Marcia, 453-454-454
Davis, S. M., 46-47
Day, G. S., 211-212, 215-216
de Pree, Max, 69-70

Deal, T., 183
DeMarchi, Victório, 448-451
Deming, W. Edwards, 67-68
Denham, M., 155-156, 158-159
Dickhout, R., 155-156, 158-159
Doecringer, P. B., 261-262n
Douglas, S. P., 240-241
Doz, Y. L., 154-157
Drucker, P., 26-27, 229-311, 397-398

Eisenhardt, K., 129-130, 136-137
Eisenhower, Dwight D., 47-48
Eisenstat, R. A., 157-158
Ernst, David, 221-222, 229-230
Escobari, Marcela, 458n
Evans, P., 147-148
Evered, R., 24-25

Fayol, Henri, 46
Ferguson, Charles, 372-373
Finkelstein, S., 311, 320-321, 320-321n
Fisirotu, Mihaela, 294-295
Fisk, Howard, 359, 455-457
Fonfara, K., 356-357
Ford, Henry, 24-26, 67-68, 259-260, 270-271, 396-397
Forrester, J., 33-34, 69
Frank, Christoph, 419-420
Franke, Peter, 423-424, 426-428
Frederick the Great, 31-32
Frère, Albert, 441-442
Friedman, Milton, 252-253
Friesen, P. H., 134-135, 151-152, 294-295
Fujisawa, Takeo, 142-144

Galbraith, J. K., 120-121, 184, 199-200, 287, 305, 368
Galbraith, J. R., 203-205
Gale, B. T., 295
Galliano, John, 444-445
Garvin, D.A., 139-140
Gates, Bill, 249-250, 279-280
Gecko, Gordon, 258-259
Geneen, Harold, 258-261
Gerth, H. H., 287-288
Ghemawat, R, 94-95,104-105,219
Ghoshal, S., 234-235, 240-241n, 251-252, 257-258, 354
Ghoshal, Sumantra, 405n, 417n, 458n

482 Índice de Nomes

Gilbert, X., 116-117
Gilmartin, Raymond, 396-398
Godé, Pierre, 438-439
Godfrey, John, 38-39
Gold, Jeremy, 457-457
Goold, Michael, 147-148, 368-370
Gosselin, R., 312, 312n
Grant, Ulysses, 26-27, 33-34
Greenleaf, Robert, 70-71
Grove, A., 56-57, 219, 262-263
Gustafsson, Claes, 251-252

Hach, Peter, 418-420, 426-427
Hackett, Victoria, 278-279
Hamel, G., 43, 77-78, 90-91, 122-123, 147-149, 354-355, 357, 381-382, 389-390
Hammond, John S., 283, 295
Hardy, Cynthia, 311, 312n
Hariharan, S., 216-217
Harrigan, K., 225-226
Haspeslaugh, P., 238-239
Hayes, R. H., 139-140
Heinen, Dieter, 419-420
Henderson, B., 94-95, 109-110, 122-123
Herber, J., 184, 205
Heuser, Michael, 427-429
Hoffmann, Jochen, 420-421, 428-429
Hogarth, R., 216-217
Honda, Sochiro, 142-143, 146-147
Hout, T. M., 146-149, 240-241
Huff, A. S., 182-183
Hunt, R . G . 293-295
Hurst, D., 153-154, 179-180
Huy, Quy Nguyen, 45-46, 74

Iacocca, Lee, 270-271
Inkpen, Andrew C., 221, 229-230
Itami, H., 122-123
Itami, T. W., 122-123

Jacobs, Marc, 443-445
Jakob, Angelike, 419-420
Jansen, Peter, 419-421
Jensen, Michael, 369-370
Jobs, Steve, 271, 383-384
John, Prince, 403-404
Jones, D. T., 309
Jospin, Lionel, 249-250

Kahneman, D., 216-217
Kaku, Ryuzaburo, 405, 411-414, 416
Kant, I., 218-219
Kanter, Rosabeth Moss, 58-59, 236-237
Kauffman, Stuart, 390-391
Kawashima, Kihachiro, 143-144
Keegan, A., 354
Kets de Vries, M., 383-384
Kierkegaard, S., 136-137
Kim Woo Choong, 371-373
King, Martin Luther, 68-69
Knetsch, J. L., 216-217
Kors, Michael, 444-445
Kotter, John, 158-159
Kunreuther, H., 216-217

Lampel, Joseph, 3n, 23-24, 38-39, 151-152, 179, 181, 211-212, 336-337, 354, 453n, 455n, 475n
Lanciaux, Concetta, 438-443, 445-447
Land, E., 117, 271
Lange, Heiko, 418-419

Langley, A., 182-183, 312n
Langton, Christopher, 391-392
Lao Tsu, 74
Lasserre, P, 359-360, 368-369
Leacock, Stephen, 291-293
Leal, Guilherme, 458-463, 467-469
Learned, E. P., 39-40, 257
Learson, T. Vincent, 167
Lee, Robert E., 33-34
Lenin, V, 29-30, 180-181
Leonardi, Robert, 457
Letzelter, Pierre, 439-443, 446-447
Levitt, Theodore, 117, 120-121, 240-241, 246-247
Lewin, Kurt, 272-273
Lindblom, C. E., 33-34, 40-41, 343-344
Lindsay, Jack, 453-454
Lindstrom, Jenny, 475-476
Lodge, George, 81
Lovallo, D., 216-217
Luiz, Manoel, 464-465
Luna, Eva, 388-389

MacArthur, D., 32-33
Machiavelli, N., 29-30
Mair, Andrew, 129-130, 145-148
Maister, David H., 311, 326-327
Maletz, M. C., 336-337, 348-349
Malone, M. S., 25-26
Mao Tse-Tung, 29-30
March, J. G., 181, 316, 381-382, 386-390
Marshall, George, 32-33
Martin, L. C., 364-365
Maruta, Yoshio, 381-382
Marx, K., 388-389
Mason, R., 69
Mathews, J. A., 336-337, 351-352, 352-353n
Mayrhuber, Wolfgang, 418-420, 426-427
McHugh, Alexandra, 337n
McLaren, Norman, 133-134
McNamara, Robert, 395-396
McQueen, Alexander, 444-445
Mehta, Zubin, 333-334
Mercner, John, 453-454
Miles R., 308-309n, 337, 351-352
Miles, Grant, 336-337, 351-352
Miller, D., 134-135, 151-152, 267-268, 294-295, 305-306, 383-384
Miller, Herman, 69-70
Miller, Lawrence, 71-72
Mintzberg, H., 23-25, 26n, 29-30, 38-39, 40-41, 45, 46-47, 69, 94-95, 112, 121-124, 129-130, 147-149, 151-152, 179, 181-185, 211-212, 267-268, 283-284, 311-312, 332-333, 336-337, 359-360, 381-382, 390-391, 395-396
Mitarai, Tekeshi, 406-407
Mitchell, Billy, 302
Mitroff, I., 69-70
Mitterrand, François, 438-439
Moffett, William, 302-304
Mölleney, Mathias, 419-420
Moran, Peter, 251-252, 257-258
Morgan, Gareth, 183
Moyer, R. C., 365-367
Murphy, Joe, 453

Nadler, Larry, 159-160, 272-273
Nathanson, D., 199-200, 203-205
Nedungadi, P., 95, 216
Neti, Bruno, 457

Neustadt, Richard, 47-48
Newman, W. H., 94, 151-152, 158-159, 225-226
Noël, Alain, 49-50, 50
Nohria, Nitin, 336-337, 348-349, 348-349n
Nonaka, I., 230-233, 353
Nordhoff, Heinrich, 291-293

O'Brien, William, 69
O'Neill, H. M., 180-181
O'Reilly, C. A., 108-109, 151-152, 158-160
Ohmae, Kenichi, 222-223
Oliver, Laurence, 270-271
Olivetto, Washington, 449-450
Olsen, J. P., 316-318
Otis, Suzanne, 337n

Paquette, P. C., 309
Pascal, Philippe, 444-445
Pascale, Richard T., 129-130 , 138-139, 146-149
Passos, Pedro, 458-462, 467-469
Perrow, Charles, 27-28, 287
Peters, T. J., 46, 49-50, 56, 160-161, 175, 386
Petroski, Tony, 453-454
Philip of Macedonia, 29-31
Phillips, J. R., 31-32
Picasso, P., 24-25
Pinault, Francois, 438-440
Pine, B., II, 304-305
Pine, Joseph B., 283
Piore, M. J., 261-262n, 305n, 305-306
Pisano, Gary P., 94-95, 108-109 n
Pitcher, P., 45-46, 57-58, 182-183
Pommez, Philippe, 462-464
Ponroy, Thibaut, 446-447
Porsche, Ferdinand, 291-292
Porter, E., 148-149, 240-241
Porter, Michael E., 23-25, 34, 39-40, 43, 56, 87-88, 94-95, 101-102, 112, 114-117, 119-120, 122-125, 127-128, 183, 212, 240-241n, 258-261, 268, 275, 291-292, 359, 373-374
Porter, Salma, 457
Posada, E., 182-183
Prahalad, C. K., 43, 77-78, 90-91, 122-123, 147-149, 216-217, 354-355, 357, 386-387
Preece, Stephen B., 221-222, 224-225
Putman, R., 72-73n

Quinn, J. B., 24-25, 29, 29n, 40-41, 127-128, 146-147, 149, 151-152, 164-165, 229-230, 309, 311, 320-321, 320-321n, 336-337

Racamier, Henry, 438-439
Rangan, Subramanian, 234-235, 247-248, 247-248n
Raphael, R., 386-387
Rapport, Mark, 475-476
Raps, Jüggen, 419-420, 426-427
Ravenscraft, David A., 374-375n
Reeser, C., 342, 346-347
Reininger, Ursel, 418-419
Reynolds, Craig, 390-391
Richard, King, 403-404
Roach, Stephen, 258-259
Robin Hood, 403-404
Robinson, James, 395-396
Rodriguez, Narciso, 444-445
Romanelli, Elaine, 151-152, 158-159
Ronen, Daniel, 455n
Roos, D., 309

Roosevelt, Franklin D., 47-48
Rorty, Jack, 453-454
Rose, Janet, 312n
Rosenbloom, R. S., 33-34, 217-218
Rudden, E., 148-149, 240-241
Ruhnau, Heinz, 417-418
Rumelt, R. P., 26, 26-27, 77-78, 84-85, 141-142, 204-205, 367-368
Russell, John., 302

Sabel, C. F., 305-306
Saint-Macary, J., 182-183
Sakiya, T., 141-143, 147-148
Salk, George, 67-68
Salter, M. S., 336-337, 374-375
Santayana, George, 60-61
Sattelberger, Thomas, 423-424, 427-429
Sayles, Leonard, 55-56, 333-334
Schein, Edgar, 68-69
Schelling, T. C., 24-25, 89-90
Scherer, Frederick M., 374-375n
Schlede, Klaus, 419-420n
Schmitz, Hans, 418-420, 427-428
Schoemaker, P. J. H., 211-212, 215-217
Schoenherr, P. A., 305
Schön, Donald, 72-73n, 89, 322-323
Scully, John, 395-396
Seabra, Luiz, 458-469
Selznick, Philip, 26-27, 39-40, 69, 251-252, 254-255
Semler, Ricardo, 381-382, 392-393
Senge, Peter M., 45-46, 66-68, 71-72n, 231-232
Shamsie, Jamal, 337n
Sheehan, Kevin, 300-301
Shimizu, R., 182-183
Shulman, L, 147-148
Silbiger, S., 149-150
Simon, H. A., 29, 181, 260-261
Simons, Robert, 52-53
Singer, M., 215-216
Singh, J. V., 184, 205
Sloan, Alfred P., 67-68, 259-260, 360-362
Smircich, L., 183
Smith, C. G., 216-217
Smith, D., 72-73n
Smith, Fred, 278-279

Smith, L., 366-367
Smith, W. E., 117
Snow, C., 308-309n, 336-337, 351-352
Spector, B., 157-158
Speer, Albert, 271
Spencer, F. C., 120, 312, 319
Sperry, Roger, 182-183
Spoor, William, 167-168
Stalin, J., 270-271
Stalk, G., 146-149, 232-233
Stalker, G. M., 346-347
Steinberg, Sam, 269-270, 272-273, 289-290
Steiner, Gary, 65-66
Stimpert, J. L., 182-183
Stopford, John M., 152, 156-157, 169-170
Strebel, P., 116-117
Stubbart, C., 183
Sull, Don, 458n
Sultan, R. G. M., 295
Sun Tzu, 29-30, 39-40

Takeuchi, H., 230-231, 353
Takigawa, Seiichi, 414, 416
Tapper, Max, 332-333
Taylor, Frederick W., 211-212, 287-288, 396-397
Taylor, W. H., 305, 317-318
Teckentrup, Ralf, 426-427
Teece, D. J., 104-105, 108-109 n, 307-308
Telles, Marcel Hermann, 448-452
Tellis, G., 219-220
Terkel, S., 284-285
Thaler, R., 216-217
Thanheiser, H., 154-157
Thompson, J. D., 237-238n
Thompson, V. A., 26-27, 287-288, 305
Toffler, Alvin, 336-337, 342-343
Tovey, Bramwell, 332-335
Tregoe, B., 26-27, 199-200
Truman, Harry S., 47-48
Turner, J. R., 354
Tushman, M., 32-33, 151-152, 158-160
Tversky, A., 216-217

Ullman, Myron, 440-443
Ulrich, D. N., 39-40, 155-156, 257
Urwick, Lyndell, 46, 212

Useem, J., 184, 219-220
Useem, Michael, 205
Utterback, J. M., 306-307, 336

Vasconcelos, Flávio, 448n
Vernon, Raymond, 250
Victor, Bart, 283, 304-305
Villiger, Joseph, 449-450
Von Bülow, C., 31-32
Voyer, John, 151-152

Wack, Pierre, 69-70
Walsh, Matt, 251-252, 455-457
Waterman, R. H., 160-161, 175, 199-200, 386
Waters, J. A., 24-25, 26n, 268-269n, 284n
Watson, Tom, 67-68
Wayne, K., 296, 298, 300-301
Weber, Jürgen, 417-421, 426, 429
Weber, Max, 253n, 287-288
Weick, K. E., 40-41, 56-57, 312-313
Weinberger, Caspar, 303-304
Weinhold, W. A., 374-375
Welch, Jack, 155-156, 262-263
Westley, Frances, 268-269n, 270-271
White, R., 33-34
Whitehead, Alfred North, 129-130
Williamson, O., 260-261, 365-366
Wilson, James Q., 283, 300-301
Wilson, Joseph C., 405
Winby, Stu, 209-210
Wind, Y., 240-241
Wise, D., 271
Wolberg, Joe, 457
Womack, J. P., 309
Wood, Thomaz Jr., 448n
Worthy, James, 287-289
Wrapp, Edward, 45-46, 62-63
Wrigley, L., 366-368

Xerxes, 21, 33-34

Yip, George S., 234-235, 240-241
Yoshino, M. Y., 245-246

Zacharkiw, Peter, 279-280
Zaleznik, Abraham, 46, 56, 397-398
Zimmerman, I., 26-27, 199-200

Índice

Abrigos, 126-127
Ação
   administrando, 55-56
   planejamento, 190-191, 343-345
Ação coletiva, 319
Ação estratégica, 99-100
Acomodação estratégica, 145-146
Acordo de venda e arrendamento, 88-89
Adaptação organizacional, 386-390
Adaptações incrementais, 159-161
Addressograph/Multigraph, 405-406
Adhocracia, 197-198, 337-338, 340, 346-347, 383-384, 390-391
   administrativa, 338, 340-343, 347-348
   estratégias variadas de, 343-345
   formação de estratégia em operacional, 343-344
   inovadora, 365-366
   operacional, 338, 340, 342-343, 347-348
   papel da equipe de apoio na, 341-342
   temporária, 342-343
Administração
   ação, 55-56
   de empresas, 235-236
   delegação de poder, 173-174
   diversificação e desenvolvimento, 365-366
   elite, 322-323
   estratégia em, 24-25
   flexibilidade para nível intermediário, 464-465
   funcional, 235-236
   geográfica, 235-236
   método de resultado para, 50-51
   novo manifesto para, 257-263
   por informação, 50-53
   por meio de pessoas, 52-56
   sem controle, 394-396
   silenciosa, 395-399
   trabalho bem-arrematado de, 56-58
Administração com qualidade total, 34-35, 53-54, 152-153, 175-176, 258-259
Administração de iniciantes, 267-282
Administração de mudança, 417-418
Administração de portfólio, 359, 376-377
Administração de subsidiária, 414, 416
Administração de vendas, 464-466
Administração participativa, 53-54
Administrador, líder como, 70-72

Administradores, papéis de, do trabalho profissional, 313-315
Administradores centrais, 316-317
Administrando maturidade, 283-310
Aeroespatiale, 369-370
Agência de propaganda W/Brasil, 449-450
Agência orçamentária, 363
Agenda de administração, 49-50
Agrupamento funcional, 188-190
Agrupamento unitário, 188-190
Air Canada, 134-135, 289-291
Ajuste, 125-127. *Ver também* Desajustes
   de primeira ordem, 38
   de segunda ordem, 38
   de terceira ordem, 38
   entre missão e ambiente da empresa, 86-87
   forçado, 126
   importância de, entre políticas funcionais, 38
   sustentabilidade e, 38-39
   tipos de, 38
   vulnerável, 126
Ajuste mútuo, 185-187, 337-338
Ajuste natural, 126
Ajustes táticos, 167
Alavancagem, 412-414
   competitividade aumentada, 243-244
   em objetivos estratégicos, 226-228
   fornecida por mudança externa, 278-280
ALCO Standard, 373-374
Alcoa, 202-203, 364-365
Aliança Estratégica Internacional (AEI), 224-230
   estruturas, funções e objetivos, 225-226
Alianças, 122-123, 221-230
   aprendendo por meio de, 229-230
   associações entre empresa controladora e, 231
   cancelamento, 223-224
   como arbitragem, 222-224
   conduzidas pelo mercado, 225-226
   conduzidas por finanças, 225-226
   conduzidas por produção, 225-226
   conduzidas por tecnologia, 225-226
   crescimento no número de domésticas e internacionais, 229-230
   expectativa média de vida para, 222-223
   internacionais, 222-224
   razões para criar, 224-230

Alsthom-Alcatel, 369-370
Alternativas, criando múltiplas, 138
Alvos, 121-122
AM, 407, 409
Amazon.com, 206-207
AmBev, 23-24, 234-235, 448-452
   contexto brasileiro, 448-450
   contexto global, 448-449
   decisões em, 451-452
   futuro da, 450-452
Ambiental, precedência na organização inovadora, 346-347
Ambigüidade, reações humanas à, 346-347
Ambigüidade causal, 106-108
American Express, 395-396
American Hospital Supply, 375-376
American Telephone & Telegraph (AT&T) Company, 164-165
Amgen, 389-390
Amway, 459-460, 464-465
Análise ambiental, 101-102
Análise da estratégia, 94-128
   eficaz, 95
   em desempenho superior sustentado, 104-110
   estratégicas empresariais genéricas em, 112-122
   forças competitivas em, 95-102
   manobra competitiva em 109-112
   posicionamento estratégico e, 121-128
   vantagem competitiva em, 101-104
Análise de tendência, 70-71
Análise racional, 317-319
Análise sistêmica, 23
Análise SWOT, 101-103, 183
Andersen Consulting, 164, 209-210
Anheuser-Busch, 449-451
Apego a conceitos, cognição como, 182-183
Ápice estratégico, 185
Apple Computer, 271, 383-384, 389-390, 395-396
Aprendizado, 122-123, 328-329, 382. *Ver também* Conhecimento
   adaptativo, 67-68
   com tentativa e erro, 219
   como objetivo estratégico, 226-227
   contínuo, 60-61
   cumulativo, 108-109
   de ciclo duplo, 89

Índice

de ciclo único, 89
descontínuo, 60-61
estratégia de, 126-127
estratégico, 132-133, 146-147
gerador, 67-68
gerando capacidade, 218-219
interativo, 151-152
objetivos flexíveis em, 231-232
por exemplos, 328-329
por meio de alianças, 229-230
Apropriabilidade, 104
Aproveitamento, 387-388
Aptidões
combinando, 412-413
construindo, 409-413
Aquisições, 119-120, 124, 448-449, 458-459
internacionais, 222-224
Arbitragem
alianças como, 222-224
global, 222-223
Áreas de negócios estratégicos em planejamento estratégico, 423-424
Áreas funcionais, 114-116
Arquétipos, 61-62
Arquétipos corporativos asiáticos, 369-371
Arquétipos corporativos europeus, 368-370
Artesão, 315, 359
identificando, 58-60
oleiro como, 130-137
Articulando em contabilidade, 312-313
Artistas, 359
identificando, 58-59
Asea Brown Boveri (ABB), 207-208, 261-262
Assistência, 271
Assistência médica, 352-353
Associação, 334-335
nos objetivos estratégicos, 227-228
papel, 53-56
Associação Norte-Americana de Livre Comércio (NAFTA), 248-249
Associações
entre controladora e estratégias de aliança, 231
internacionais, 222-223
Associações profissionais, 319
Astra International, 369-370
Ataque aos flancos, 128
Ataque de guerrilha, 128
Ataque frontal, 128
Ataque indireto, 128
Ataque lateral, 128
Atividades de suporte, 114, 116, 377-378
Atividades de valor agregado, 351-352
localização de, 241-242
Atividades primárias, 377-378
Ativos, 122-123
compartilhando, 353
invisíveis, 122-123
Atraso de resposta, 105-106
Ausência de liderança, 256-257
Autonomia, diversificação e, 365-366
Autoridade administrativa, decisões tomadas por, 316-317
Avaliação de estratégia
consistência em, 85-86
consonância em, 86-87
desafio de, 84-85
processo de, 89-90
vantagens competitivas, 86-89
viabilidade em, 88-89

Aveda, 458-459
Avon, 458, 459-465
Axion Consulting, 359, 455-457

Baldwin United, 139-140
Banco Bradesco, 449-450
Bando de gatos, 335
Barreiras de entrada, 124-125
fontes de, 96-98
Barreiras de importação, suspensão das, 448-450
Barreiras de mobilidade, 125-126
Barreiras de mobilidade, mudando, 276-277
Barreiras de saída, 126-127
Base de competência das empresas de engenharia-construção, 354-355
Bases OEM, 407, 409-410, 412-413
BASF, 369-370
Baxter Travenol, 375-376
Beatrice Foods, 364-368, 373-374
Becton Dickinson, 243-244
Beiersdorf, 458-459
Beijing Mirror Corporation, 234-235
BellSouth Corp., 448-449
Benchmarking, 34-35
Benefícios, 439-440
Benefícios da estratégia global, 242-244
Berjeaut, 460-461
Bic Corporation, 38
Bidcom, 394
Big Flower Press, 35-36
Bionat, 460-461
Biotecnologia, 311
Blockbuster Video, 248
Bloomingdale's, 247-248
BMW, 271
Bocados, 154-155
Boeing, 241-242
Bolsões de resistência, 162-163
Boston Consulting Group (BCG), 39-40, 118-119, 122-123, 129-130, 139-142, 145-148, 238-239, 295-296
modelo de parcela de crescimento, 360
Brasil
corporações multinacionais no, 448-452
indústria de cosméticos no, 459-460
Natura no, 458-474
Bridgestone Corporation, 242-243
British Petroleum, 368-369
BSA, 140-141
BSN, 369-370
Burocracia
inovação na 300-304
máquina, 312-313
profissional, 311-313, 319-320, 342
vencer, 155-156
Buropatologias, 287-288

Cachorro, 238-239
CADE, 448-449
Cadeia de *duty-free* DFS, 440-442
Cadeia de supermercados
método empreendedor para formação de estratégia em, 271-274
planejamento como programação em, 289-290
Cadeia de valor, 94-95, 122-123, 378-379
funções, 229-230
genérica, 114-116
personalização, 212-213

Cadeia Sephora, 439-440
Canadelle, 272-273
Canais globais, 244
Canon, 90-92, 217-218, 243-244, 247-248, 405-416
alavancando experiência, 412-414
construindo aptidões, 409-413
copiadoras pessoais, 407, 409-410
gerenciamento de processo, 413-416
histórico da companhia, 405-407
passando para a área de copiadoras, 406-407, 409
Caos criativo, 231-233
Capacidade de adaptação, 387-388
Capacidade de consumo, 256-257
Capacidade de expansão, 321-322
Capacidade estratégica de reconciliação da dicotomia, 149-150
Capacidades, 122-123
desenvolvendo, 108-110
fontes de, 81-83
Capacidades organizacionais, 108-110
Cape Code Potato Company, 278-279
Caráter como competência diferenciada, 257
Carisma, 270-271
Carrefour, 448-449
Cartel, 128
Caterpillar, 90-91, 158-159
CBS, 380
CD Now, 206-207
Cemex, 247-248
Centro de gravidade, 184, 199-200
mudança, 203-204
Cerveja Kaiser, 450-451
Cerveja Miller, 96-97
Cervejaria Brahma, 448-450
Charoen Pokphand, 369-370
Christian Dior, 438-442, 444-445, 458-460
Christian Lacroix, 439-440
Christie's, 439-440
Chrysler, fusão com a Daimler-Benz, 448-449
Chrysler Corporation, 246-247
Ciclos de vida, 384-385
Círculos de qualidade, 93
Citibank, 247-248
Citicorp, fusão com Travelers, 448-449
Clarins, 458-459
Clientes
com base rural *versus* com base urbana, 36-37
globais, 244
necessidades homogêneas, 244
preferência de, na estratégia global, 242-244
Clientes primários, interação entre empresas ECC e, 356-357
Clima de confiança, 231-232
Clima ético, 254-255
Club Med, 248
CNN, 248
Coalizão externa, 185-186
Coca-Cola, 90-91, 247-248, 389-390, 450-451
Código de conduta, 254-255
Cognição, 179-183
como apego a conceito, 182-183
como confusão, 181-182
como construção, 182-183
como mapeamento, 181-183
como processamento de informações, 181-182

danos de objetividade, 179-181
estratégia como, 179, 181-183
Colaboração, 221-232
alianças e 221-230
dicas de Ohmae para, 223
flexibilidade na colaboração bem-sucedida, 222-223
na criação de conhecimento, 229-233
pelas multinacionais, 221-222
Colegiado, 318-319
Colgate-Palmolive, 459-460
Combinação múltipla, 383-384
Combinações, 383-384
divisões nas, 384-385
tipos de, 383-385
Combinando estratégia para empresas de competência empreendedora, 358
Comércio eletrônico, 215-216, 348-349
Comissão de serviço público, 363
Comitês éticos, 254-255
Comitês funcionais para gerar integração, 414-416
Comitês permanentes, 190-191
Companhia AB Dick, 405n, 405-406
Companhia Antarctica Paulista, 448, 449-451
Compaq, 389-390
Compartilhamento, 321-322
atividades, 359, 378-380
Competência, 122-123, 386-387
equilibrando oportunidade e, 82-84
relacional, 356-357
Competência e recursos corporativos, identificando, 81-84
Competências básicas, 122-123
de empresas baseadas em projetos, 354-358
avaliadora, 355-357
empreendedora, 354-355
relacional, 356-357
técnica, 354-356
Competências programáveis, base de conhecimento de, 355-356
Competição estável, 127-128
Competição instável, 127-128
Competindo no limite, 136-137
Complementaridades, 126-127
Comprometimentos
assumindo, 107-108
balanceando opções e, 219-220
Computação interativa, 215-216
Comunicação, 119-120
Comunicação, ineficiência e, 347-348
Comunicador, gerentes intermediários como, 75-76
Comunidade Européia (1992), harmonização em, 240-241
Conceito de transferência de habilidades, 359, 377-379
Conceitos da melhor maneira na administração, 311
Concentração de atividade, 243-244
Concepção, 49-50
Concorrência, 382
benefícios da, 385-386
combinando cooperação e, 386
forças para moldar a estratégia, 95-102
por meio da política, 385-386
Concorrência baseada em tempo, 34-35, 146-147
Concorrência multiponto, 127-128
Condição *sine qua non*, 252-253

Conexão, tipos de organização, 371
Confederação, 370-371
Confiança, 253
Confiança, clima de, 231-232
Configuração, 184, 382, 386-387
contaminação por, 382-384
conteúdo da, 383-384
da organização, 267-268
fora de controle, 383-384
Configuração empreendedora, 337-338, 361-362
Conflito, estimulando rápido, em tomada de decisão estratégica, 137-138
Confusão, cognição como, 181-181-182
Conglomerados empreendedores, 359, 369-370
Conglomerados financeiros, 359, 369-370
Congruência, 386
Conhecimento. *Ver também* Aprendizado
base de competências programáveis, 355-356
cognitivo, 320-321
compartilhamento, 353
criando, por meio de colaboração, 229-233
empresas, 351-352
envolvido em pensamento estratégico, 135-136
explícito, 230-231
idade, 351-352
tácito, 130, 230-231
Consciência organizacional, construindo, 167
Consenso
como qualificação, 138-139
estratégia, 26
Conservadorismo racional, 211
Consistência na avaliação da estratégia, 85-86
Consolidação, 458-459
Consolidação de mercado, 118-119
Consonância na avaliação da estratégia, 86-87
Constelação, 370-371
Construção, cognição como, 182-183
Construção evolucionária/instituição, 155-156
Consultoria, 352-353
Container Corporation, 201-202
Contaminação, 382
por configuração, 382-384
Contestabilidade, 127-128
Conteúdo de configuração, 383-384
Contexto de inovação, 336-337
Contexto maduro, 267-268
Continental Airlines, 36-38
Contingências, 312-313
Continuidade, reconciliando mudança e, 136-137
Contradição, 385-387
Contratações laterais, 329-330
Contrato de longo prazo, 122-123
Contrato moral, 262-263
Contratos/relações, vigência, 104-105
Controladora nacional, 359, 370-371
Controladoras industriais, 359, 368-370
Controle
na liderança dissimulada, 332-334
por estratégia, 371
por sistemas, 371
Controle de estoque sistema KANBAN de, 411-412
Controle ideológico, 371
Controle personalizado, 371

Controle racional, 130
Controles financeiros, 369-371
Convergência, 134-135, 159-162, 218-219, 386
Conversão, 384-385
ciclos de, 384-385
divisão na, 384-385
Cooperação, 253, 319, 382
combinando concorrência e, 386
limites à, 385-386
por meio de ideologia, 385-386
Coordenação, problemas de, 319
Coors, 108
Copiadora centralizada, 405-406
Corporações, 326-328
integração vertical, 363
transição de funcional para diversificada, 363
Corporações diversificadas, 359-359
Corporações multinacionais brasileiras, 448-452
Correção gerencial, 396-397
Courtaulds, 369-370
CPF Deustch, 409-410
Creme dental Crest, 200-201
Crescimento sustentado, 468-469
Criação, 386-387
Criação da estratégia, 130-137
Criando imagem, 130
Criando padrão, 318-319
Criatividade na mensuração dos resultados do espaço em branco, 349-350
Crown Cork & Seal, 99-100
Cruz Vermelha, 117-118
CruzCampo, 448-449
Cubo de mudança, 151-155
Cultura no sistema, 334-335
Curva de experiência, 126-127, 139-140, 146-147, 295-296
Curvas de experiência de preço, 296, 298-299
Cushman & Wakefield, 393-394
Custo, intercâmbio entre qualidade e, 180-181
Custo de entrada, 375-376
Custos afundados, 108, 126-127
falácia de, 217-218
Custos de oportunidade, 108

Daewoo, 371-373
Daimler Benz, 368-369
Daimler Chrysler, 250
Daimler-Benz, fusão com a Chrysler, 448-449
Dassault, 369-370
Datsun, 144-145
de Beers, 441-442
Decisão de tornar-se pública, 454
Decisões estratégicas, 29, 78
Declaração de visão corporativa, 254-255
Declaração sumária de estratégia, 78-79
Declarações *a priori*, 29-30
Delegação, 52-53
Delegação de poder, 396-398
funcionário, 155-157
Dell Computer, 206-207, 247-248
Demanda de mercado, 217-218
Democratas, 317-318
Dennison, 405-406
Departamento de Defesa, EUA, 395-396
Desafios, aumento constante de, 322-323
Desajustes. *Ver também* Ajuste
de capacidade, 126-127
de competência, 126-127

de localização, 126-127
de projeto, 126-127
míope, 126-127
perdido, 126-127
Descentralização, 190-192, 313-314
   horizontal, 190-192
   paralela, 190-192
   vertical, 190-192
Descongelamento, 272-274
Descontinuidade, detectando, 135-136
Deseconomias de escala, 323
Desempenho social de sistema de controle de desempenho, 367-368
Desempenho superior sustentado, 104-110
Desenvolvimento de novos produtos, 152-153
Desenvolvimento de produto, 463-464
   custos, 244-245
   estratégias, 118-120, 123-124
Desenvolvimento interno, 119-120, 124
Desinteresse, 317-318
Desmembramento, 120-121
Diagnóstico de finalidade aberta, 312-314
Dicotomia formulação/implementação, 293-295
Diferenciação, 117-118, 236-237
   estratégias de, 116-117
Dimensões de estratégia, 32-34
Dinâmicas de custo, 295-301
Dinâmicas internas da empresa, 161-162
Diplomacia empresarial em, 109-112
Diplomacia nos negócios, 109-112
Direção, 382
Dirigindo, 333-334
Discernimento, problemas de, 319
Disney, 248
Dispositivo de lançamento, 121-122
Divergência, 134-135
Diversidade, administrando, 359-380
   de vantagem competitiva para estratégia cooperativa, 373-380
   grandes grupos no Oriente e no Ocidente, 368-374
   organização diversificada em, 360-369
Diversidade de mercado, 362-363
Diversificação horizontal, 119-120
Diversificação, 406-407, 411-416
   associadas, 120, 203
   cristalina, 120
   de subproduto, 119-120, 202-203
   estratégias, 119-120, 124
   na criação de valor para os acionistas, 375
   não-relacionada, 203-204
   relação entre divisionalização e, 359
   relacionada, 202-203
   subsistema, 165-166
   vantagens econômicas de, 363-367
Divisão
   em combinações, 384-385
   em conversão, 384-385
Divisionalização, 359, 362-363
   idade e, 362-363
   relação entre diversificação e, 359
   tamanho e, 362-363
Doutrinação, 188-189, 312-313
Dow Chemical, 242-243
Droga autêntica, 226-228
Dualismo industrial, 305
DuPont, 359-361, 374-375

Eastman Kodak, 88-89, 97-98, 217-218, 295, 409-410
Ecletismo, necessidade de, 28-29
Ecole Polytechnique, 438
Ecologia, 80-81
Economia, 80-81
   da empresa de serviços profissionais, 326-328
   de custo de transação, 259-261
   vantagens da diversificação, 363-367
Economia de custos estratégicos, 420-422
Economias de escala, 96-97, 244, 322-323
Economias de escopo, 244
Economias de tamanho, 104-105
Economias organizacionais, 260-261
Efeito de escala, 295
Efeito Honda, 138-146
Efeitos de experiência, 295-296, 298
   fontes de, 296, 298
Eficácia operacional, 34-35-36
Eficiência, 382
   eficácia, *versus*, 298-301
   problemas de, 347-348
Eficiência dinâmica, 260-261
Eficiência estática, 260-261
Eficiência no trabalho, 296, 298
Elaboração de mercado, 118-119
Electrolux, 241-242
Eletrônica e biotecnologia avançada, 351-353
Elite, administrando, 322-323
Empreendedores, 344-345
   criação de estratégia bem-sucedida dos, gerentes intermediários como, 74-75
Empreendendo, 152-153
Empreendimentos
   avaliando atratividade de, 279-281
   filtrando os não-promissores, 278-280
Empreendimentos intrapreendedores, 414, 416
Empresa conglomerada, 363-364
Empresa controladora, associações entre alianças e, 231
Empresa de serviços profissionais, 311, 326-332
   economias de, 326-328
   equilibrando, 330-332
   estrutura de equipe de projeto em, 326-328
   estrutura organizacional de, 326-327
   geração de receita em, 326-329
   mercado para trabalho profissional e, 328-330
   mercado para, 329-331
   planejamento de capacidade em, 326-328
Empresa de subproduto, 363
Empresa dominante, 127-128
Empresa relacionada a produto, 363
Empresas
   como criadoras de valor, 261-262
   natureza do ambiente, 79-82
   primárias, 200-202
   secundárias, 200-202
Empresas artesanais, 315
Empresas asiáticas, decodificando, 372-374
Empresas automobilísticas, mudança estratégica em, 291-293
Empresas baseadas em projeto, 336-337
   competências básicas das, 354-358
      avaliadora, 355-357
      empreendedora, 354-355
      relacional, 356-357
      técnica, 354-356
Empresas de competência empreendedora, estratégias de, da perspectiva da competência essencial, 357-358
Empresas de construção-compras, 336-337
Empresas de engenharia-construção, 354
   base de competência das, 354-355
Empresas de engenharia-construção-compras (ECC), 354
   estratégias de, da perspectiva da competência essencial, 357-358
   interação entre clientes primários e, 356-357
Empresas de produção em massa, 286-287
Empresas embrionárias, 275
Encerrando alianças, 223-224
Enriquecimento no trabalho, 187-188
Entidade de negócios megaestratégicos, 210
Entrada e controle, estratégias de, 119-120
Entrantes posteriores, 128
Entusiasmo, gerando, 350-351
Equilíbrio de poder, 368
Equipe de apoio, 185, 313-314
Era da informação, 351-352
Escassez, 104
Escola ambiental, 41-42
Escola cognitiva, 39-41, 43
Escola cultural, 40-43
Escola de aprendizado, 40-43
Escola de configuração, 41-43
Escola de planejamento, 39-41, 43
Escola de poder, 40, 42-43
Escola de posicionamento, 39-41, 43
Escola do *design*, 39-41, 43
Escola empreendedora, 39-41, 43
Escolha coletiva
   decisões tomadas por, 316-318
   modelos de, 317-319
Escolhas estratégicas, 275-277
Escritório central
   contribuição do, para organizações diversificadas, 366-367
   papel do, na organização diversificada, 360-361
Escritório executivo, 363
Esfera pública, organização diversificada na, 368-369
Espaço em branco, 348-352
   administrando, 349-350
   definido, 348-349
   estabelecendo legitimidade no, 349
   fornecendo apoio em, 349-351
   gerando entusiasmo no, 350-351
   gerando ímpeto no, 349-350
   gerentes seniores e, 349-351
   imperativos estratégicos em, 349-350
   mensurando resultados no, 349-350
   mobilizando recursos em, 349-350
   monitorando processos em, 349-350
   movendo-se para o espaço negro, 350-352
   movendo-se para, 348-349
Espaço negro
   definido, 348-349
   fazendo orçamento no, 349
   movendo, 350-352
   projetos, 349
   sabendo o momento de sair do, 349

Especialistas, 267-268, 311-311
　organização de, 311-335
　　empresas de serviço profissional, 311, 326-332
　　intelecto, 311, 320-325
　　liderança dissimulada, 311, 332-335
　　profissional, 311-312-319-320
Especialização no trabalho, 187-188, 296, 298
Espírito empreendedor, 268, 336-337, 365-366
　organizações estrela cadente e, 324
Espírito empreendedor, unidades de negócios na condução de, 413-414, 416
ESPN, 228-229
Estabilidade, administrando, 135-136
Estabilidade dinâmica, 309-310
Estee Lauder, 458-459
Estilos gerenciais, trabalho em equipe e, 59-61
Estratégia, 23-44
　como cognição, 181-183
　como padrão, 24-26
　como perspectiva, 26-28
　como plano, 24-25
　como posição, 26-29
　como processo deliberado, 131-133
　competitiva, 23-24, 86-87
　contexto cultural de, 139-140
　corporativa. *Ver* Estratégia corporativa
　criação de, bem-sucedida por empreendedores, 277-282
　criação, 130-137
　critérios para eficazes, 33-34
　de consenso, 26
　definida, 34-39, 138-140, 145-146
　deliberada, 23, 25-26
　desconectada, 26
　dimensões de, 32-34
　econômica, 78-79
　efetiva, 132-134
　emergente, 23, 134-136
　empreendedoras,
　exclusividade, 83-84
　forças competitivas na moldagem, 95-102
　genéricas, 86-87
　guarda-chuva, 26, 133-134, 345-346
　ideológica, 26
　imposta, 26
　manobra, 28-29
　mente coletiva, 26-27
　método clássico para, 29-33
　métodos tradicionais para, 136-137
　militar-diplomática, 29-30
　não-realizadas, 25-26
　necessidade de ecletismo em, 28-29
　no contexto empresarial, 138-140
　origens militares de, 130-131
　padrão, 28-29
　para mudança, 29-34
　personalização, 117-118
　perspectiva, 28-29
　planejada, 26
　planejamento da organização e, 199-205
　plano, 28-29
　política, 26-27
　pretendida, 25-26
　realizada, 25-26, 131-132
　segredos da criação, 390-392
　tática *versus*, 29-30
　visão japonesa de, 139-140
Estratégia colaborativa, 128

Estratégia com característica de filme, 131-132
Estratégia competitiva, 23-24, 86-87, 373-374
　em segmentos emergentes, 275-277
Estratégia corporativa, 78-84, 373-374
　conceitos de, 375-380
　declaração sumária de, 78-79
　definida, 78-79
　escolhendo, 379-380
　formulação de, 78-80
　implementação de, 79-80
　planejamento formal em, 166-167
　premissas de, 374-375
　vantagem competitiva para, 373-380
Estratégia de agrupamento, 120-121, 123-124
Estratégia de blefe, 28-29
Estratégia de comodidade, 125-126
Estratégia de crescimento, 438-440, 458-459
Estratégia de demolição, 128
Estratégia de diferenciação, 116-117
　de baixo custo, 123
　de *design*, 117, 124
　de imagem, 117, 123
　de não-diferenciação, 117
　de preço, 117
　de qualidade, 117, 124
　de suporte, 117, 123
Estratégia de empacotamento, 126
Estratégia de empresa intermediária, 112-114
Estratégia de negócios primária, 112-114
Estratégia de negócios secundários, 112-114, 122-123
Estratégia de nicho, 26-27, 117-118, 125-126, 280-282
Estratégia de processo, 26, 133-134
Estratégia de recrutamento, 466-467
Estratégia enraizada, 133-134, 345-347
Estratégia ética, 251-255
　para o futuro, 254-255
Estratégia fortificadora, 126-127
Estratégia multidoméstica, 240-241
Estratégia não-lógica, 111-112
Estratégia nova, 128
Estratégias da realocação essencial, 122-123
Estratégias de desenvolvimento de mercado, 118-119, 123-124
Estratégias de escopo, 117-118, 125-127
　de não-segmentação, 117-118
　de nicho. *Ver* Estratégia de nicho
　de personalização, 118, 126
　de segmentação, 118, 126
Estratégias de expansão geográfica, 118-119
Estratégias de integração de cadeias, 119-120
Estratégias de integração-diversificação, combinadas, 119-120
Estratégias de penetração, 118-119, 123-124
Estratégias de retirada, 120
Estratégias empresariais
　avaliação, 84-90
　genéricas, 112-122
　intermediárias, 112-114
　primárias, 112-114
　recombinação, 120-121
　redefinição, 120
　secundárias, 112-114
Estratégias genéricas de negócios, 112-122
　distinguindo os negócios básicos, 113-118
　elaborando os negócios básicos, 117-120
　localizando os negócios básicos, 112-114
　reconcebendo os negócios básicos, 120-122

Estratégias horizontais, 359
Estrategistas, 45-76
　artesãos como, 58-60
　artistas como, 58-59
　gerentes intermediários como, 74-76
　na tomada de decisões políticas, 62-67
　organizações de aprendizado e, 60-62, 66-74
　regras para, 112
　tecnocratas como, 57-61
　trabalho do gerente como, 46-58
　trabalho em equipe e, 59-61
　visão de, 61-63
Estrela cadente, 311, 323-325
Estrutura administrativa, 313-314
Estrutura de equipes de projeto, 326-331
Estrutura de modelo, 190-192, 337-338
Estrutura de vendas, construindo relações em, 465-466
Estrutura funcional, 363
Estrutura organizacional, 184
Estrutura simples, 268-269
Estrutura uniforme, 313-314
Éternelle, 460-461
Ética
　ambiental, 254-255
　corporativa, 252-253
　estratégica, 251-255
Evolução da organização
　liderança executiva e, 163-164
　padrões na, 159-163
Executivos, inovação e, 302-301
Experimentação, 169-170
Explicações de padrão de comportamento, 70-71
Exploração, 387-388
Externalidades no desenvolvimento do segmento, 276-277
Exxon, 373-374
Exxon, fusão com a Mobil, 448-449

Falência, 417-418
Falhas estratégicas, atribuições de, 135
Fazendo parceria, 34-35, 356-357
Federação, 370-371
Federal Express (FedEx), 278-279
Fendi, 439-440
Fenômeno lata de lixo 318-319
Filosofia de "pare e conserte", 412
Firestone Corporation, 242-243
Flexibilidade, para a gerência intermediária, 464-465
Fluxo de processos cibernéticos, 184
Fluxos intelectuais, 323
Focando estratégias para empresas ECC, 357
Foco multifrontal, 155-156
Fontes de eficiência, 244-245
Força motriz, 184, 199-200
Forças-tarefa, 190-191
Ford Motor Company, 24-25, 91-92, 147-149, 213-214, 244-246, 284-285, 300-301
Forma de rede externa, 207-208
Forma de rede interna, 207-209
Forma divisionalizada de estrutura, 360
Formação de estratégia, 39-40, 129-150
　criando estratégia em, 130-137
　em adhocracia administrativa, 343-345
　essência de, 95

método empreendedor em, em uma cadeia de supermercados, 271-274
modelo enraizado de, 345-347
na adhocracia operacional, 343-344
na organização inovadora, 343-347
na organização profissional, 316-319
no efeito Honda, 138-150
tomada de decisão em, 136-139
Formalização de comportamento, 187-188
Formas diversificadas, 382-383
Formas empreendedoras, 382-383
Formas inovadoras, 382-383
Formas organizacionais, projeto de novas, 205-210
Formas profissionais, 382-383
Formosa Plastics, 369-370
Formulação de estratégia, 77-93
  avaliando estratégia empresarial em, 84-90
  corporativa, 78-84
  objetivo em, 90-93
Formulação deliberada, 23
Franquia, 122-123
Fronteira de produtividade, 34-36
Fuji Television Network (Fuji TV), **255**
Fuji Xerox, 405-406
Funções empresariais, 122-123
Fusão da Boeing com a McDonnell Douglas, 448-449
Fusões, 448-449
Fusões internacionais, 223-224
Fusões. *Ver* Aquisições

Galéries Lafayette, 247-248
Garbage model, 317-318
General Electric, 145-146, 262-263, 374-375
  escândalo da fixação de preços nos anos 69, 368
  reuniões de trabalho/equipe, 157-158
General Mills, 121-122, 205
General Motors, 24-25, 28-29, 69-70, 130-131, 145-149, 219-220, 242-243, 295, 300-301, 359, 361-362, 377-378
Gerenciamento de grupo
  controle corporativo, 371
  ambiente organizacional em 370-371
Gerente profissional, 453-454
Gerentes
  agenda de trabalho, 49-50
  comunicando o papel dos, 51-53
  controlando o papel dos, 52-53
  decisões políticas e, 62-67
  efetivos, 46-48
  estrutura de trabalho, 49-50
  intermediários. *Ver* Gerentes intermediários
  jogando o jogo do poder, 63-65
  mantendo bem-informados, 62-64
  no foco de tempo e energia, 63-64
  papéis externos de, 315
  papel associativo dos, 53-56
  papel condutivo dos, 53-55
  papel executor, 55-56
  pessoas no trabalho de, 48-50
  regras para, 34
  senso de precisão em, 64-65
  trabalho dos, 46-58
Gerentes integradores, 190-191
Gerentes intermediários, 74-76, 313-314
  como comunicadores, 75-76
  como empreendedores, 74-75

como equilibristas, 76
como terapeutas, 75-76
tarefas dos, 284-285
Gerentes seniores, espaço em branco e, 349-351
Gessy Lever, 458-460
Gestão de coalizão, 168-169
Gestão de mudança, 34-35, 396-397
Gestão estratégica, 135-137
  falando sobre, 41-44
  visão convencional de, 133-134
  visão tradicional de, 130-131
Gillette, 295, 459-460
Givenchy, 438-442, 444-445
Glaxo, 368-369
Global Information System for Harmonious Growth Administration (GINGA, Sistema Global de Informações para administração de crescimento harmonioso), 414, 416
Globalização, 234-250, 396-397, 405-406, 416
  administrando além das fronteiras na e, 234-241
  aspectos estratégicos da, 240-247
  benefícios da, 242-244
  condutores da, 243-247
  localização de atividades de valor agregado, 241-242
  mitos relativos a, 247-250
  movimentos competitivos, 241-243
  oferta de produto, 241-242
  participação de mercado e, 240-242
  problemas da, 243-244
Goldman Sachs, 184-248
Grã-Bretanha, indústria de motocicletas na, 139-141
Grandes grupos, administrando, no Oriente e no Ocidente, 368-374
Gresik, 370-371
Grey Advertising, 144
Grupo belga Interbrew, 448-449
Grupo de compras, poder do, 98-100
Grupo de fornecedores, poder de, 98-99
Grupo estratégico, 124-125
Grupos asiáticos, comparando grupos europeus com, 371-373
Grupos, comparando europeus e asiáticos, 371-373
Grupos de controle estratégico, 369-370
Grupos europeus, comparando grupos asiáticos com, 371-373
Grupos industriais, 359, 368-369
Gucci, 439-440, 444-445
Guerlain, 438-440, 458-459
Guerra do Golfo, impacto da, 417-418

Habilidades, 86-87
  padronização de, 187-188
Habilidades intelectuais avançadas, 324-325
Hanover Insurance Company, 69
Hard Candy, 439-440
Harley-Davidson, 139-141
Heineken, 448-449
Henkel, 368-369
Heterogeneidade interna, 236-237
Hewlett-Packard, 26-27, 103-104, 133-134, 209-210, 412-413
Híbrido, 383-384
Hierarquia da estratégia, 93
Hierarquia de cima para baixo, 316-317

Hike and Bike, 453
Hipercompetição, 34-35
Home Depot, 389-390
Homem da companhia, 453-454
Honda Motor Company, 369-370
  campanha das Melhores Pessoas, 144-145
  crise financeira na, 147-149
  estratégia do segmento e, 145-150
  inovações oferecidas por, 142-144
  na Inglaterra, 139-141
  no Japão, 142-144
  no mercado dos Estados Unidos, 140-147
  perspectiva do processo organizacional, 142-145
  pesquisa e desenvolvimento na, 140-141, 148-149
  planejamento sistemático pela, 149
  política regional de, 140-141
  tratamento histórico de, 140-143
Hughes Aircraft, 377-378

IBM, 405-407
IBM Corporation, 26-27, 88-89, 91-92, 161-162, 216, 219-220, 263, 279-280, 295, 373-374, 380, 397-398
ICI, 369-370
Idade, divisionalização e, 362-363
Idéia, 182-183
Identificação de marca, 96-97
Ideologia, 185-186
  cooperação por meio de, 385-386
Ikea, 35-38, 118-119, 247-248
Imagem digital, 215-216
Imaginação, perigos e glórias de, 388-390
Imitabilidade, 103-104
Imitação, 104-106
Imitável, 122-123
Imperativo estratégico no espaço em branco, 349-350
Ímpeto, construindo, no espaço em branco, 349-350
Ímpeto da mudança, mantendo, 417
Implicações estratégicas, 298-300
Imprecisão, 64-65
Incentivos de vendas, 411-412
Incerteza
  estratégica, 275
  tecnológica, 275
Inclinação para objetivos estratégicos, 226-227
Incrementalismo, 151-152
Incrementalismo lógico, 165-169
  lógica de, 165-167
Indecisão, 36-37
Índice de aprendizado, 295-296
Individualização, lógica da, 212-213
Indústria de cosméticos; crescimento e consolidação na global, 458-459
Ineficiência, fontes de, 347-348
Influenciadores, 185-186
Influenciar, 322-323, 328-329
Informação
  administrando por, 50-53
  baseada em contabilidade, 137-138
  de *marketing*, 292-293
  em tempo real, 137-138
  privada, 104-105
Informação baseada em responsabilidade, 137-138

Iniciativa de qualidade total Seis Sigma, 262-263
Injeção de capital, 453
Inovação, 267-268, 336-358, 463-464
  colaborativa, 311
  executivos e, 302-304
  método do Vale do Silício para, 91-92
  na burocracia, 300-302
  problemas de, 319-320
  século XX como era da, 351-353
  sofisticada, 336-337
  tarefas e, 300-302
Inovação competitiva, 92-93
Inovação estratégica, busca por valor e, 389-393
Inovações e melhorias de processo, 296, 298
INSEAD, 359
Instrumentalidade, 253
Integração
  cadeia, 119-120
  comitês funcionais na construção de, 414-416
  reversa, 411-413
  vertical, 118-120, 122-123, 286-287
Integrando ação e análise em grandes corporações, 281-282
Intel, 262-263, 389-390
Intelecto, 311, 320-325
  capacidade de expansão, 322-323
  características de, 320-321
  compartilhamento de, 321-322
  definido, 320-321
  economias de escala em, 322-323
  exponencialidade, 321-323
  organizando em torno do, 323-325
  perfeição do, 321-323
  valor do intelecto da empresa, 320-321
Intelecto cognitivo, 324-325
Intelecto da criatividade motivada, 324-325
Interação adversa, transformando em relação cooperativa, 356-357
Interatividade e comércio eletrônico, 215-216
Intercâmbios para posição estratégica sustentável, 36-38
Interdependência agrupada, 237-238
Interesse comum, 317-318
Interesse próprio, 317-318
Internacionalização em serviços, 247-248
Internalização de conjunto de procedimentos, 312-313
International Paper, 201-202
International Record Syndicate, 278-279
Internet, 324
Interrupção, 105-107
Intuição, 182-183
Intuição coletiva, 137-138
  construindo, na tomada de decisão estratégica, 137-138
Invenção, 305-306
  sinergia entre produção em massa e, 306-307
Investimento em minoria de patrimônio, 225-226
Irreversibilidade, 107-108
ITT, 235-236, 238-239

Janela estratégica, 128
Jantus, 449-450
Japão, estratégia no, 139-140

Jardine Matheson, 369-370
Jiffy Lube International, 35-36
Jogo de duas pessoas, 26-27
Jogo do poder, 63-65
Jogos de n pessoas, 26-27
Jogos olímpicos, 214-215
Johnson & Johnson, 379-380
Johnson Controls, 394
Joint-ventures, 223, 225-226, 409-410
  clima de confiança, 231-232
  compartilhamento de tecnologia em, 230-231
  comprometimento da liderança, 231-232
  interações da controladora com, 230-231
  miopia de desempenho e, 232-233
  movimento pessoal em, 232-233
  norte-americanas/japonesas, 229-230
  objetivos de aprendizado flexíveis, 231-232
Julgamento em empresas baseadas em projeto, 355-356
Julgamento profissional, decisões tomadas por, 316-317

Kai, 251-252
Kao Corporation, 261-262
Keiretsus, 359, 369-372
Kenzo, 439-440
K-Mart, 104
Kodak, 405-406
Kolberg, Kravis and Roberts, 369-370
Komatsu, 90-91
Konishiroku, 405-406
Kreditanstalt für Wiederaufbau, 417-418
Krug e Dom Perignon, 439-440

L'Air Liquide, 368-369
L'Oreal, 247-248, 458-460, 463-464
La Samaritaine, 439-440
Langley, Ann, 311
Lazard Frères (banco), 438-439
Le Bom Marché, 438-440
Lealdade, 253
Legitimidade, estabelecendo, no espaço em branco, 349
Legitimidade gerencial, reclamando, 263
Leica, 406-407
Li Ka Shing, 369-370
Licenciamento, 226, 406-407, 409
  acordos, 122-123
Líder de mercado, 127-128
Líder institucional
  distinguindo o líder interpessoal do, 257
  funções do, 257-258
Líder interpessoal, distinguindo do líder institucional, 257
Liderança
  aberta, 334
  alto nível, 441-443
  ausência de, 256-257
  comprometimento, 231-232
  dissimulada. *Ver* Liderança dissimulada
  na administração, 255-258
  precedência de, em organização empreendedora, 273-274
  visionária, 270-271
Liderança dissimulada, 311, 332-335
  controle em, 332-334
  cultura no sistema, 334-335
  passagem, 335

Liderança executiva
  evolução da organização e, 163-164
  papel da, durante períodos convergentes, 160-161
Líderes
  como administradores, 70-72
  como professores, 69-71
  como projetistas, 69-70
  na construção de organizações de aprendizado, 66-74
  visão tradicional de, 67-68
Liem Sioe Liong, 369-370
Lincoln Electronic Holdings, 248-249
Linha intermediária, 185
Litton, 405-406
Livros de trabalho, 355-357
Localização
  de atividades de valor agregado em estratégia global, 241-242
Loewe, 439-440, 444-445
Lógica de agregação, 212
Lógica incremental, precipitando fatos e, 165-166
Logística favorável, 244-245
Louis Vuitton, 438-444, 447
Lufthansa, 234-235, 417-437
  construindo uma rede estratégica, 421-424
  desafios presentes e futuros, 427-429
  economias de custo estratégicas, 420-422
  história recente, 417-418
  internacionalização e marcas das subsidiárias, 425-427
  lições aprendidas, 426-427
  mantendo o ímpeto da mudança, 417
  moldando o futuro, 428-429
  processo de planejamento estratégico, 423-425
  reestruturação corporativa, 421-422
  transformação, 417-421
  unidades de negócios, 424-426
Luigi's Body Shop, 28-29
LVMH, 23-24, 359, 438-442
  autonomia de marca das empresas na, 440-441
  concorrendo com talento, 444-447
  divulgando a "arte ocidental de viver", 442-445
  estrutura de grupo, 439-443
  foco futuro, 447
  liderança de alto nível, 441-443
  montagem, 438-440
  papel dos presidentes de seções, 440-442
  primeiros dias, 438-439

Macropoder, 40, 42
Macy's, 247-248
Mailbox, Inc., 103-104
Make Up Forever, 439-440
Malabarista, gerentes intermediários como, 76
Manobra competitiva, 109-112
Mão-de-obra, treinamento e desenvolvimento da, 465-467
Mapeamento, cognição como, 181-183
Maquiladoras, 242-243
Máquina, 383-384
  burocracia, 312-313
  formas, 382-383
  organizações profissionais e, 337

Marketing
  na estratégia global, 241-242
  regulamentações comuns, 244-246
  transferível, 244
Marketing na construção de aptidões, 410-412
Marketing uniforme, 243-244
Mary Kay, 459-460, 464-465
Massa crítica, 350-351
Matriz de mudança em produto-processo, 304-305
Matsushita, 369-370, 389-390, 405
Maturidade, administrando, 283-310
Max Factor, 458-459
Maxwell House, 200-201
Maybeline, 458-459
Maytag, 122-123
Mazda, 144-145
McDonald's, 26-29, 248, 385-386
McDonnell Douglas, fusão com a Boeing, 448-449
McKesson, 378-380
McKinsey & Company, 209-210
Mecanismo de isolamento, 126
Mecanismos de reforço, 126
Mecanismos para solução de conflito, 223
Megaprojetos, 214-215
Melhor método, 185
Melhoria contínua, 134-135, 156-157, 258-259, 304-305, 308-310
  características de projeto, 309-310
  sinergia entre personalização em massa e, 309-310
Melhoria de métodos, 296, 298
Memória em empresas baseadas em projeto, 355-357
Mercado de massa, 124
Mercado desgastado, 124-125
Mercado em erupção, 124-125
Mercado emergente, 124-125
Mercado estabelecido (maduro), 124-125
Mercado fraco, 124-125
Mercado fragmentado, 124
Mercado segmentado, 124-125
Mercados de capital, ineficiências de, 365-366
Mercados geográficos, 124-125
Merck, 396-398
Meridiana, 460-461
Merrill Lynch, 323
Metas, 29
Metas estratégicas, 29
Método "é relativo", 185
Método baseado em atividade, 107-108
Método clássico de estratégia, 29-33
Método de capacidades dinâmicas, 43
Método de gerenciamento por resultado, 50-51
Método de poder comportamental, 164-165
Método de sistemas, 342-344
Método empreendedor para formação de estratégia em uma cadeia de supermercado, 271-274
Método *quantum*, 152
Método Vale do Silício, para inovação, 91-92
Métodos formais de planejamento de sistemas, 164-165
Michelin, 250, 368-370
Micromáquinas, 215-216
Micropoder, 40, 42
Microsoft Corporation, 164-165, 279-280, 390

Microtransformação, 309
Militares, estratégia em, 24-25
Minolta, 405-406
Miopia de desempenho, 232-233
Mita, 405-406
Mitsubishi, 369-370
Mitsui, 369-370
Mobil, fusão com Exxon, 448-449
Mobilização em nível unitário, 155-156
Moda, 342-343
Modelo colegiado, 317-318
Modelo crescendo de rejuvenescimento, 169-176
Modelo das cinco forças, 101-102
Modelo de estratégia macroeconômica, 144-146
Modelo estufa de formulação de estratégia, 345-346
Modelos mentais, surgimento e teste, 72-74
Moët et Chandon, 438-443
Moët Hennessey, 438-439
Monitoramento de progresso, 350-351
Moto-Guzzi, 140-141
Motorola, 244-245, 262-263
Movimentadores táticos, 277
Movimentos competitivos integrados, 243-244
Movimentos competitivos na estratégia global, 241-243
Mudança
  centro de gravidade, 203-204
  de processo estável, 305-310
  dinâmica, 304-305
  em *mix* de recursos, 296, 298
  estável, 304-305
  estratégias para, 29-34
  necessidade restrita de, 162-163
  processos de mapeamento de, 153-154
  reconciliando continuidade e, 136-137
  teoria do *quantum*, 134-135
Mudança, abertura para, 427-428
Mudança administrada, 152-153
Mudança ampla, 152-153
Mudança conduzida, 154-155
Mudança cultural, 152-153
  programas para, 175-176
Mudança de baixo para cima, 151-152, 157-159, 166-167
Mudança de cima para baixo, 151-152, 155-159
Mudança de processo, 304-306
Mudança de produto, 304-305
Mudança estratégica, 151-176, 201-204
  administrando, 151
  causas da, 151-152
  convergência e sublevação, 158-165
  incrementalismo lógico, 164-169
  modelo crescendo de rejuvenescimento, 169-176
  nas empresas automotivas, 291-293
  processos de mapeamento de, 153-155
  programas de ampla, 154-159
  transformando organizações, 152-159
Mudança evoluída, 154-155
Mudança externa, alavancagem fornecida por, 278-280
Mudança incremental, 160-161
  administrando, 159-162
Mudança macro, 153-154
Mudança micro, 153-154
Mudança planejada, 153-155

Mudança "quebra-estrutura", 163
  escopo da, 161-163
  forças conduzindo à, 161-162
Mudanças no ciclo de vida do produto, 161-162
Mudanças políticas, 403-404
Multinacionais, colaboração por parte das, 221-222
Múltiplo de faturamento, 326-329

Nashua, 405-406
National Aeronautics and Space Administration (NASA), 281-282, 338, 340
  Projeto Apolo da, 90-91, 214-215, 338, 340, 343-345
National Can, 99-100
National Film Board of Canada (NFB), 131-134, 338, 340, 339, 343-345
National Football League (NFL), 105-106
National Public Radio, 349
Natura, 251-252, 381-382, 458-474
  a mágica por trás da, 462-467
  administração de vendas, 464-466
  comprometimento com a sociedade, 464-465
  crescimento e consolidação, 458-459
  crescimento sustentado, 468-469
  estrutura de vendas, 465-466
  estrutura organizacional, 460-461
  gerência intermediária, 464-465
  globalização, 467-469
  histórico, 460-461
  inovação/desenvolvimento de produto, 463-464
  pesquisa e desenvolvimento, 464
  presidentes, 466-468
  profissionalização, 461-462
  propaganda, 462-463
  recrutamento, 466-467
  reestruturação, 461-462
  reuniões, 467-469
  setor de prestígio, 458-460
  setor do mercado de massa, 459-460
  treinamento e desenvolvimento da mão-de-obra, 465-467
  valores, 463-465
  vendas diretas, 459-460, 463-464
  verdade em cosmética, 462-463
NEC Corporation, 235-236, 238-240, 369-370, 380
Negociações, interrupção, 110-111
Negócios principais
  diferenciando, 113-118
  elaborando, 117-120
  localizando, 112-115
  reconcebendo, 120-122
Neptune, 138-139
New United Motor Manufacturing, Inc. (NUMMI), 309
Newton, 389-390
Nicho de mercados, 278-279
Nike, 389-390
Nintendo, 164-165
Normas, padronização de, 187-188
Norten (Reino Unido), 140-141
Norton, 261
NovaCare, 323-324
Núcleo operacional, 185
Nucor/Steel, 101-102, 390

O Boticário, 459-460
Objetividade, perigos da, 179-181
Objetividade gerencial, 179-180
Objetivos, 29
  claros, decisivos, 33-34
Objetivos estratégicos, 90-93
  alavancando com, 226-228
  apoiando-se em, 226-227
  aprendendo com, 226-227
  associando com, 227-228
  passando para, 227-229
  prendendo em, 228-229
Oleiro como artesão, 130-137
Opções, equilibrando comprometimento e, 219-220
Operadores profissionais, trabalho dos, 312-313
Opiniões divergentes, 218-219
OPIs, 469
Oportunidades
  equiparando, e competência, 82-84
  recursos relacionados a, 79-82
Oposição fragmentada, 167-168
Orbital Sciences, 281-282
Orçamentos base-zero, 89-90
Organização celular, 336-337, 351-358
  agregando valor pelo uso, 353-355
  blocos de construção de, 352-353
Organização de grupo, 403-404
Organização de serviço pessoal, 315
Organização de vendas diretas, 405-407, 459-460, 463-465
Organização integradora, 236-237
Organização invertida, 311, 323-325
Organização multidimensional
  construindo verdadeiramente, 236
  desenvolvimento de, 235-236
Organizações, 104, 184-210, 312-313
  ambidestras, 184, 208-210
  configurações, 194-200
  de aprendizado. *Ver* Organizações de aprendizado
  desafios das, 304-310
  desmembradas, 184, 208-209
  diversificadas. *Ver* Organizações diversificadas
  empreendedoras. *Ver* Organizações empreendedoras
  em rede, 184, 206-209, 353
  estruturação de, 185-200
  fatores situacionais, 192-194
  frente e verso, 184, 209-210
  inovadoras. *Ver* Organizações inovadoras
  lendo a mente das, 130-131
  máquina. *Ver* Organizações máquina
  mecanismos de coordenação, 185-188
  missionárias, 197-199
  parâmetros essenciais de, 187-193
  partes básicas da, 185-186
  políticas, 198-200
  profissionais. *Ver* Organizações profissionais
  sentido e resposta, 184, 210
    ambiente, 193-194
    idade e tamanho, 192-194
    poder, 194
    sistema técnico, 193-194
  virtuais, 184, 206-207

Organizações criativas, organização estrela cadente, nas, 323-324
Organizações de aprendizado, 60-62
  construindo, 66-74
  liderança em, 68-69
Organizações diversificadas, 196-197, 267-268, 360-369
  condições de, 362-363
  contribuição do escritório central para, 366-368
  desempenho social do sistema de controle de desempenho, 367-368
  estágios de transição para, 363-364
  estrutura das divisões, 360-363
  estrutura divisionalizada básica, 360-363
  na esfera pública, 360-361
  papéis do escritório central, 360-361
  questões associadas a, 363-369
Organizações empreendedoras, 194-196, 268-274, 336-337
  condições de, 269-271
  estrutura básica, 268-269
  forma autocrática de, 270-271
  formação de estratégia na, 270-271
  precedência da liderança em 273-274
  questões associadas a, 274
  tomada de decisão em, 268-269
Organizações infinitamente uniformes, 311, 323-325
Organizações inovadoras, 197-198, 312-313, 336-348
  ambiente tendo precedência na, 346-347
  condições de, 342-344
  estrutura básica, 337-342
  formação de estratégia na, 343-347
  questões associadas com, 346-348
Organizações maduras
  desafio às organizações e tecnologia de informações, 304-310
  dinâmicas de custo, 295-301
  organizações máquinas e, 284-295
Organizações máquina, 195-197, 284-295, 312-314, 344-345, 383-384
  como instrumentos e sistemas fechados, 286-288
  comparação de organização profissional com, 312-313, 318-319
  condições de, 286-287
  estrutura básica, 284-287
  formação de estratégia em, 288-295
  organização tendo precedência na, 294-295
  questões associadas a, 287-289
  revoluções estratégicas em, 294-295
  tipos de, 346-347
Organizações profissionais, 196-197, 312-320
  condições de, 315
  estrutura básica, 312-315
  formação de estratégia em, 316-319
  mudança no, 319-320
  poder nas, 315
  problemas de inovação nas, 319-320
  questões associadas com, 318-320
  tipos de, 346-347
  treinamento em, 312-313
  três níveis da tomada de decisão em, 316-319
Organogramas, 313-314, 337-338
Orientação estratégica, 134-135

Orquestra Sinfônica de Winnipeg, 332-333
Otimização de esforço, 38
Otis Elevadores, 248-249

Padrão
  estratégia, 24-26, 28-29
  reconhecedor, 346-347
Padrões técnicos, compatíveis, 244-245
Padronização, 186-187, 211-212
  de habilidades, 187-188
  de normas, 187-188
  de processos de trabalho, 186-188
  de resultados, 186-188
  formas de, 312-313
  personalizada, 213-214
  pura, 213-214
  segmentada, 213-214
Pão de Açúcar, 449-450
Papéis externos do gerente, 315
Papel da comunicação, 51-53
Papel de controle, 52-53
Papel de liderança, 53-55
Papel executor, 55-56
Parceria em rede, 351-352
Parceria estratégica, 207-208
Parcerias, 326-328
Parcerias CAs, 369-370
Participação atrasada, 216
Participação de mercado, 243-244
  na estratégia global, 240-242
Pensamento divergente, 338, 340
Pensamento estratégico
  conhecimento envolvido em, 135-136
  planejamento como impedimento para, em uma empresa aérea, 289-291
People Express, 323-324
PepsiCo, 378-379
Perfeição, 321-323
Perkins & Evans, 457
Persistência adaptativa, 145-146
Personalização, 211
  cadeia de valor, 212-213
  em massa. *Ver* Personalização em massa
  estratégias, 125-126
  padronizada, 117-118
  personalizar a, 211-216
  pura, 214-215
  sob medida, 214-215
Personalização em massa, 211-212, 306-309
  características de projeto, 307-309
  pegando o caminho certo para, 309-310
  sinergia entre melhoria contínua e, 309-310
Perspectiva de processo organizacional, 141-145
Perspectiva estratégica, 26-29
Perspectiva soma-zero, 356-357
Pesquisa e desenvolvimento, 463-464
Pesquisa sobre inteligência artificial, 137-138
Pessoal, rotação de, entre aliança e controladora, 231
Pessoas, administrando por meio de, 52-56
Petronas, 370-371
Peugeot, 369-370
Philip Morris, 96-97, 375-376
Philips, 368-369
Pillsbury, 167, 167-168
Pirâmide inversa, 313-314
Pitney Bowes, 405-406
Planejador desajeitado, 291-292

Planejadores, papéis de, 291-292
Planejamento
　como impedimento ao pensamento estratégico em uma empresa aérea, 289-291
　como programação em uma cadeia de supermercados, 289-290
　de cenário, 138
　imagem, 130
　papel de, 290-291
Planejamento da organização, estratégia e, 199-205
Planejamento de capacidade, 326-328
Planejamento estratégico, 135
Planejamento formal na estratégia corporativa, 166-167
Planos
　estratégia, 24-25, 28-29
　papéis de, 291
Planos de negócios, 416
Poder
　macro, 40, 42
　micro, 40, 42
　na organização profissional, 315
Poder de barganha, maximizando, 223-224
Polaroid, 97-98, 158-159, 271
Política de promoção, 328-329
Política organizacional, 348-349
Políticas, 29, 81-82
　competição por meio de, 385-386
　enfraquecendo, na tomada de decisão estratégica, 138-139
Políticas comerciais favoráveis, 244-245
Políticas estratégicas, 29
Políticas funcionais, importância do ajuste entre, 38
Pommrey, 438
Pontos fortes, identificando, 82-83
Portfólio de formas, 382
Posicionamento, 28-29, 34-35
　baseado em acesso, 36-37
　baseado em necessidades, 35-37
　baseado em variedade, 35-36
　da empresa, 100-101
Posicionamento estratégico, 38-39, 121-128
　mercado alvo, 124-126
　organização do veículo, 122-123
　origens de, 35-37
　posições estratégicas, 125-127
　produtos e serviços, 123-124
　rivalidade da concorrência, 127-128
Posições
　de conexão, 190-191
　estratégicas sustentadas, 36-38
Prada, 439-440
Pressão dos pares, 322-323
Primária, 122-123
Primeiros a se mover, 128
　vantagem, 87-88, 104-105
Princípios de fluxo enxuto, 180-181
Princípios integradores, 68-69
Prioridades analíticas, estabelecendo, 280-282
Privatização, 161-162
Problemas
　de coordenação, 319
　de discernimento, 319
　de inovação, 319-320
Problemas de estratégia global, 243-244
Procedimentos operacionais padronizados (POP), 301-302

Processamento de informação, cognição como, 181-182
Processo de categorização, 312-315, 318-319
Processo de estratégia, 26, 133-134
　refletindo sobre, 38-44
Processo de inovação contínuo, 351-352
Processo de planejamento estratégico, 423-425
　estratégias para áreas de negócios em, 423-424
　seminários regionais, 423-425
Processo dinâmico, 308-309
　mudança no, 308-310
Processos de gestão de conhecimento crítico, 229-230
Processos de trabalho, padronização de, 186-188
Processos empresariais estratégicos
　envolvimento das pessoas em, 426-427
　resolução de problemas em, 426-427
Procter & Gamble, 120-121, 202-203, 236-240, 245-246, 378-380, 389-390, 458-460
Produção, construção de aptidões, 411-413
Produção em massa, 305-306
　sinergia entre invenção e, 306-307
Produto dinâmico, 305-306
　mudança no, 306-309
Produto estável, 305
Produtores locais, 269-270
Produtos
　diferenciação, 96-97, 149-150
　interdependência, 237-238
　oferta em estratégia global, 241-242
　padronização, 243-244, 296, 298
　protótipo 349-350
　reprojeto, 296, 298
　substitutos, 100, 161-162
Pró-Estética, 460-461
Professor, líder como, 69-71
Proficiência, 382
Programa Apolo, 90-91, 214-215, 338, 340, 343-345
Programa de sugestões, 411-412
Programação, 49-50
Programação estratégica, 29, 290-291
Programas, 29
Projéteis, 121-122
Projetistas, líder como, 69-70
Projeto de estratégia de diferenciação, 117, 123-124
Projeto de *software* de computador, 352-353
Projeto Manhattan, 342-343
Projeto organizacional, 69
Projeto PIMS, 39-40
Projetos de serviço profissional, 330
Projetos dominantes, 161-162
Projetos secretos, 344-345
Propaganda, 462-463

Qualidade
　intercâmbio entre custo e, 180-181
　melhorada, na estratégia global, 242-243
Qualidade de vida no trabalho, 53-54
Quebecor, 35-36
Questões estratégicas críticas, 165-167

R.R. Donnelley & Sons Company, 35-36
Raciocínio ético, estruturas de, 253
Raciocínio indutivo, 319
Racionalização na linha de produto, 118-119

Rank Xerox, 405-406
Raridade, 102-104
RCA Records, 405-407
Reações humanas, à ambigüidade, 346-347
Receitas, gerando, 326-329
Receptividade estratégica, diversificação e, 365-366
Recongelamento, 273-274
Recursos, 86-88, 122-123
　mobilizando no espaço em branco, 349-350
　relacionando oportunidades a, 79-82
Rede, 53-55, 334-335
Rede estratégica, construindo, 421-424
Redes, 122-123
Redução de tamanho, 152, 156-157
Reduções de custo, 241-242
　na estratégia global, 242-243
Redundância, tolerância à, 231-232
Reengenharia, 34-35, 180-181
　entusiasmo pela, 179-180
Reengenharia de processo, 175-176, 258-259
Reestruturação, 359, 376-378
Reestruturação corporativa, 184, 421-422
Reestruturação de portfólio, 156-157
Reforçadores, 87-88
Rejuvenescimento, modelo crescendo de, 169-176
Relação estreita com fornecedor, 227-228
Relações cooperativas, transformando interação adversa em, 356-357
Relações humanas, 53-54
Renault-Nissan, 248-250, 369-370
Renovação, processo de quatro passos para, 152
Reorganização, 455-457
Reorientação, 158-159
Reorientações estratégicas, 133-135
Repetição, 270-271
Representação, 270-271
Reprojeto sistemático, 155-156
Republicanos, 317-318
Residência em medicina, 312-313
Residência médica, 322-323
Responsabilidade, 363, 368, 382
Responsabilidade, recíproca, 92-93
Responsabilidade moral, 252-253
Respostas públicas aos problemas, 319-320
Restaurante, estratégia para treinamento, 475-476
Restrição em objetivos estratégicos, 228-229
Resultados, mensurando, no espaço em branco, 349-350
Resultados, padronização de, 186-188
Resultados *a posteriori* da decisão real, 29-30
Retaliação, ameaças da, 104-106
Reuniões
　de comparecimento obrigatório, 137-138
　não perca, 137-138
Reviravolta, 152-155, 293-294
　estratégica, 270-271
　operacional, 270-271
Revisão dos pares, publicações, 316-317
Revitalização, 152-153, 293-294
Revlon, 459-460
Revolução estratégica, 134-135, 318-319
　nas organizações máquina, 294-295
Revolução Industrial, 351-352
Reynolds Metals, 108

RGIS, 394
Rhône-Poulenc, 369-370
Richardson-Vicks, 245-246
Risco, diversificação e, 365-366
Ritmo, mantendo, na tomada de decisão estratégica, 138-139
Rivais, 121-122
Roche, 219-220
Rose, Janet, 311
Rotatividade, 329-330

Saatchi & Saatchi, 243-244
Saks Fifth Avenue, 247-248
Sam's (restaurante), 475-476
Samsung, 247-248
San Miguel, 370-371
Sanofi S.A., 226-228
Sara Lee, 373-374
SAS, 164-165
Saxon, 405-407, 409
SCM, 405-406
Sears, 287-288
Seattle Computers Products, 279-280
Segmentação de mercado, 212
Segmento, 81
　descontinuidades, 161-162
　estratégias de, 113-114
　explorando mudanças, 100-101
　externalidades no desenvolvimento, 276-277
Segmento da estratégia, 130
　Honda Motor Company e, 145-150
　surgimento de, 139-140
Segmentos conduzidos por inovação, 351-352
Segmentos de capital intensivo, 351-352
Segmentos de informação intensiva, 351-352
Segmentos de serviço, estágios dos, 199-200
Segmentos emergentes, estratégia competitiva em, 275-277
Segregação parcial, 275
Segundos a se mover, 128
Semco, 392-396
Seminários de redesenvolvimento, 417-421
Seminários regionais sobre planejamento estratégico, 423-425
Sensores inteligentes, 215-216
Separação organizacional, 219-220
Serviço total para o cliente, 93
Serviços, internacionalização em, 247-248
Serviços de projeto e engenharia, 351-353
Seven-Up Company, 375-376
Sharp, 405-406
Shell, 69-70
Shiseido, 458-460
Siam Cement, 370-371
Siemens, 369-370
Siga o líder, 155-156
Simetria, 236-237
Sinalização de mercado por dissimulação, 128
Síndrome do colégio interno, 394-395
Sinergia, 120, 122-123, 162-163, 219-220
　entre personalização em massa e melhoria contínua, 309-310
　entre produção em massa e invenção, 306-307
Singapore Airlines, 370-371
Singer Sewing Machine, 396-397
Sintonia fina, 159-161
Sistema, cultura em, 334-335

Sistema de controle de desempenho, 190-191
　desempenho social de, 367-368
Sistema de gestão de informações (SGI), 292-294
Sistema KANBAN de movimentação de estoque, 411-412
Sistemas de avaliação no trabalho, 323
Sistemas de conhecimento e intelecto, 324-325
Sistemas de pensamento, 73-74
Sistemas de planejamento de ação, 190-191
Sistemas fechados, 286-288, 361-362, 366-367
Slack (flexibilidade), 106-108
Smith, Prizker, and Cohen, 453-454
SNECMA, 369-370
Sociedade, 81
Sociedade, comprometimento com, 464-465
Sodehxo Alliance, 248
Sony Corporation, 228-229, 242-243, 389-390
South African Breweries, 448-449
Southwest Airlines, 35-38, 101-102
Sportsmake, 453-454
STAR ALLIANCE, 417, 421-424
　administração da, 427-428
Steinberg, Inc., 134-135, 271-274
Steinway and Sons, 87-88
Subsidiárias financeiras cativas, 88-89
Substituição, 105-106, 413-414
Sucessão em liderança, 453-454
Sumários executivos, 372-373
Sumitomo, 369-370
Supercondutividade, 215-216
Supervisão direta, 186-187, 319-320
Suposições, superando as simplificadas, 236
Surpresa e refoco, 155-156
Sustentabilidade, 94-95, 126
　ajuste e, 38-39
　ameaças à, 104, 27-28
Swire, 369-370

Tag-Heuer, 438-442
Talon, 139-140
Tamanho, divisionalização e, 362-363
Tamanho unitário, 189-190
Tarefas, inovação e, 300-302
Tarefas analíticas, lidando com, em estágios, 281-282
Tarefas da figura de proa, 268-269
Táticas, 25-26
　estratégias *versus*, 29-30
　"quebra-estrutura", 138
Tecnocratas, 359
　identificando, 57-59
　triunfo de, 60-61
Tecnoestrutura, 185, 313-314, 341-342
Tecnologia, 80-81, 211-220
　compartilhando, 230-231
　personalizando a personalização, 211-216
Tecnologia, na construção de aptidões, 409-411
Tecnologia de copiadora de papel revestido (CPR), 405-407
Tecnologia de copiadora em papel comum (CPC), 405-407, 409
Tecnologia de informação, desafios para, 304-310
Tecnologias emergentes, evitando armadilhas de, 215-220
"Teia de aranha", 311, 324-325
Teledyne, 203-204
Telefónica, 247-248

Tema corporativo, criando, 380
Tempo de entrada, 276-277
Tensão criativa, 68-69
　liderando por meio de, 68-69
Teoria baseada em tempo, 148-149
Teoria da competência essencial, 149
Teoria da contingência, 41-42, 185
Teoria de competências-capacidades, 147-148
Teoria do caos, 43
Teoria do portfólio, 139-140, 146-147
Teoria dos jogos, estratégia na, 24-25
Teoria *quantum* de mudança, 134-135
Teoria Y, 53-54
Terapeutas, gerentes intermediários como, 75-76
Terapia dos genes, 215-216
Terceirização, 34-35, 122-123, 156-157, 453
Teste de atratividade, 375
Teste de vantagem, 375-378
Tetras, 409-410
Texas Instrument, 409-410
Textron, 203-204, 367-368
The Gap, 38, 389-390
Thermo Electron, 208-209
Tolerância à redundância, 231-232
Tomada de decisão
　em organização empreendedora, 268-269
　em organização profissional, 316-319
　estratégica. *Ver* Tomada de decisão estratégica
　por autoridade administrativa, 316-317
　por escolha coletiva, 316-318
　por julgamento profissional, 316-317
Tomada de decisão de baixo para cima, 149
Tomada de decisão estratégica, 136-139
　construindo intuição coletiva, 137-138
　estimulando o conflito rápido, 137-138
　mantendo o ritmo, 138-139
　mito de, 137-138
　políticas enfraquecidas, 138-139
Tomada de poder, 118-119
Toshiba, 405-406
Trans Globe Solutions, 475
Transferência de conhecimento, 409-410
Travelers, fusão com Citicorp, 448-449
Toyota, 24-25, 144-146, 245-248, 369-370, 385-386, 390-391
Toys "R" Us, 248
Trabalho de projeto, 342
Trabalho em equipe, 356-357
　estilos gerenciais e, 59-61
Trabalho gerencial
　descrição básica, 48-58
　folclore e fatos sobre, 46-49
　métodos dedutivos e indutivos de, 57-58
Trabalho padronizado, 319-320
Trabalho profissional, empresa de serviço profissional e mercado para, 328-330
Trabalho profissional, papéis dos administradores de, 313-315
Transação imediata, 226
Transferindo estratégias para empresas ECC, 357
Transformação, 41-42, 154-155
Transformação estratégica, 270-271, 294-295
Transformação operacional, 270-271
Transformando organizações, 152-159
Transição, perigos de imprópria, 347-348
Transição para objetivos estratégicos, 227-229

Transposição de controle, 189-191, 337-338
Treinamento, 187-189
  na organização profissional, 312-313
Treinamento intenso, 322-323
Treinamento prático, 312-313
3M Company, 122-123, 133-134, 145-146, 203, 261-363, 373-374, 378-380, 405-406
Triunfo, 140-141
TRW, 379-380

Unidade de comando, 337-338
Unidades de negócios, 424-426, 455-456
  na condução do espírito empreendedor, 413-414, 416
Unilever, 236-237, 238-239, 241-242, 245-246
Union Camp, 203
United States Footbal League (USFL), 105-106
United Technologies, 380

"Vacas leiteiras", 118-119, 139-140, 238-239
Valor econômico agregado, 389-390
Valor para os acionistas, 396-397
  diversificação na criação, 375
Valores, 102-103, 251-263, 463-465
  acrescentando com uso de organização celular, 353-355
  atividades, 114, 116
  criando, por pessoas, 261-263
  estratégia de inovação e busca por, 389-393
Valores morais
  expectativas em um futuro próximo, 253-255
  mudanças com o correr do tempo, 253-254
Vantagem competitiva, 38, 86-89, 101-104, 116-117, 122-123, 136-137
  ajuste na condução, 37-39
  imitabilidade e, 103-104
  organização e, 104
  para a estratégia corporativa, 373-380
  raridade e, 102-104
  valor e, 102-103
Vantagem competitiva sustentada, 94-95
  construindo, 106-108
Vantagem de posição, 87-88
Vantagens baseadas em posição, 88-89
Vantagens comparativas, 122-123
Veuve Cliquot, 440-441
Viabilidade, mantendo, 64-65
Viabilidade na avaliação da estratégia, 88-89
Virgin Airways, 248
Virgin Atlantic, 390

Visão baseada em recurso, 106-108
Visão compartilhada, construindo, 71-73
Visão construtivista social, 183
Visão estratégica, 268, 269-271
Visão pessoal, encorajando, 71-72
Volkswagenwerk, 134-135, 245-246, 292-293, 344-345
Votorantin, 449-450
Vox Tech, 475
Vuitton, 444-445

WalMart, 101-102, 104
Waters, James A., 337n
Westinghouse, 261
Westpac Banking Corporation, 210
Weyerhauser, 201-202
Whirpool, 247-248
World Color Press, 35-36
World Football League (WFL), 105-106
Wrigley Chewing Gum, 203-204

Xerox, 90-92, 106-107, 217-218, 295
Xerox Corporation, 405-406, 407, 409

Yamaha, 139-140
Yves Saint Laurent, 439-440